Droit international privé / 1

THÉMIS

COLLECTION FONDÉE PAR MAURICE DUVERGER

THÉMIS

DROIT

SOUS LA DIRECTION DE

CATHERINE LABRUSSE-RIOU
Professeur émérite de l'Université Panthéon-Sorbonne (Paris I)

DIDIER TRUCHET
Professeur émérite de l'Université Panthéon-Assas (Paris II)

et

LOÏC CADIET
Professeur à l'École de droit de la Sorbonne (Paris I)

DOMINIQUE BUREAU
Professeur à l'Université Panthéon-Assas (Paris II)

HORATIA MUIR WATT
Professeur des Universités à Sciences Po

Droit international privé / 1

Partie générale

4e édition mise à jour

puf

ISBN 978-2-13-078755-6
ISSN 0768-0910

Dépôt légal — 1re édition : 2007, septembre
4e édition mise à jour : 2017, septembre

Sommaire

PARTIE GÉNÉRALE

Titre premier
CONFLITS DE JURIDICTIONS

Titre II

CONFLITS DE LOIS

TITRE III
CONFLITS D'AUTORITÉS

Principales abréviations

AFDI	*Annuaire français de droit international*
Arch. phil. dr.	*Archives de philosophie du droit*
ATCA	*Alien Tort Claims Act*
B. G.	Bibliographie générale
Bull. civ.	*Bulletin des arrêts de la Cour de cassation* (*chambres civiles*)
Cass. civ.	Cour de cassation, Chambre civile
Cass. com.	Cour de cassation, Chambre commerciale
Cass. crim.	Cour de cassation, Chambre criminelle
Cass. soc.	Cour de cassation, Chambre sociale
C. civ.	Code civil
C. com.	Code de commerce
CDE	*Cahiers de droit européen*
CE	Conseil d'État
CEDH	Convention européenne des droits de l'homme
Chron.	Chronique
CIEC	Commission internationale de l'état civil
CIJ	Cour internationale de justice
CJCE	Cour de justice des Communautés européennes
CJUE	Cour de justice de l'Union européenne
Colum. L. R.	*Columbia Law Review*
C. org. jud.	Code de l'organisation judiciaire
CPC	Code de procédure civile
D.	*Recueil Dalloz*
Defrénois	*Répertoire du notariat Defrénois*
DH	*Dalloz hebdomadaire*
DMF	*Droit maritime français*
DP	*Dalloz périodique*
DPCI	*Droit et pratique du commerce international*
Droits	*Droits. Revue française de théorie, de philosophie et de culture juridique*
GA	*Grands arrêts de la jurisprudence française de droit international privé*, par B. Ancel et Y. Lequette, 5e éd. Dalloz, 2006
Gaz. Pal.	*Gazette du Palais*
Harv. Int'l L. R.	*Harvard International Law Review*

IPRax	*Praxis des Internationalen Privat- und Verfahrensrechts*
IR	Informations rapides
J.-cl. dr. int.	*Juris-classeur de droit international*
JCP	*Juris-classeur périodique* (*La semaine juridique, Édition générale*)
JDI	*Journal du droit international* (*Clunet*)
JO	*Journal officiel de la République française*
JOCE	*Journal officiel des Communautés européennes*
JOUE	*Journal officiel de l'Union européenne*
LPA	*Les Petites Affiches*
NCPC	Nouveau Code de procédure civile
RabelsZ.	*Rabels Zeitschrift für ausländisches und internationales Privatrecht*
RCADI	*Recueil des cours de l'Académie de droit international de La Haye*
RDC	*Revue des contrats*
Rec.	*Recueil*
Rép. dr. internat.	*Répertoire Dalloz de droit international*
Rev. arb.	*Revue de l'arbitrage*
Rev. crit. DIP	*Revue critique de droit international privé*
Rev. soc.	*Revue des sociétés*
RGDIP	*Revue générale de droit international public*
RIDC	*Revue internationale de droit comparé*
Riv. dir. int. Priv. Proc.	*Rivista di diritto internazionale privato e processuale*
RLDA	*Revue Lamy Droit des affaires*
RLDC	*Revue Lamy Droit civil*
RRJ	*Revue de la recherche juridique*
RTD civ.	*Revue trimestrielle de droit civil*
RTD com.	*Revue trimestrielle de droit commercial*
RTD eur	*Revue trimestrielle de droit européen*
S.	*Recueil Sirey*
Stan. J. Int'l L.	*Stanford Journal of International Law*
TGI	Tribunal de grande instance
Trav. Com. fr. DIP	*Travaux du Comité français de droit international privé*

Introduction générale

1. Selon la conception de la matière généralement retenue par la doctrine française, le droit international privé est la branche du droit visant à régir de manière spécifique l'ensemble des relations privées internationales, à déterminer les conditions d'octroi de la nationalité française et à définir la condition juridique des étrangers (I). Dérogeant à cette tradition, le présent ouvrage nourrit des ambitions plus modestes. Les questions relatives au lien d'appartenance des sujets de droit à un État ou au statut des non-ressortissants présentant en effet un particularisme très marqué, il ne s'agira ici que d'aborder le régime des rapports que les acteurs privés peuvent nouer par-delà des frontières étatiques, sous l'angle de la détermination des diverses autorités compétentes pour en connaître, du droit qui leur est applicable et de la circulation internationale des décisions les concernant (II). Sur l'ensemble de ces points, l'état des solutions positives connaît au cours de la période contemporaine des bouleversements considérables, liés aussi bien à la régionalisation intensive du droit international privé qu'à l'incidence de la globalisation économique sur la configuration des frontières des droits étatiques. Ces changements marquent les sources de la matière du sceau de l'internationalisation et de l'européanisation (III).

I | Le champ du droit international privé

Plaçant l'accent sur les sujets de droit en tant que tels, d'une part (A), sur les relations privées internationales auxquelles ils peuvent être partie, d'autre part (B), le droit international privé se voit doté dans la tradition française d'un vaste domaine dont les contours appellent d'emblée quelques précisions.

A / LES SUJETS DE DROIT

Dans l'ordre des relations internationales s'effectue une répartition entre deux catégories de sujets de droit : les nationaux et les étrangers. À l'égard d'un ordre juridique déterminé, deux séries de questions se trouvent dès lors posées : qui sont les nationaux ? Quelle est la condition des étrangers sur le territoire national ?

2. À la première question, le droit de la nationalité apporte une réponse reposant sur le principe fondamental selon lequel il appartient à chaque État de déterminer si tel individu peut être considéré comme un national de cet État [1]. La matière – classiquement rattachée au droit international privé – se compose donc d'un corps de règles déterminant cette allégeance d'un individu par rapport à l'État. En France, ces dispositions, réintégrées dans le Code civil par la loi du 22 juillet 1993 [2], y occupent désormais les articles 17 à 33-2.

Puisque chaque État dispose en ce domaine d'un pouvoir souverain, il peut en résulter qu'un même individu soit considéré simultanément comme le ressortissant de deux ou de plusieurs États (ce qui peut engendrer un « conflit de nationalités » lorsqu'une règle de droit interne ou de droit international privé fait découler des conséquences juridiques de la nationalité d'un individu) ou au contraire, comme n'étant ressortissant d'aucun (apatridie). Dans ce dernier cas, le statut de l'apatride est défini par le droit international (Convention de New York du 28 septembre 1954 relative au statut des apatrides). Désormais, cependant, les ressortissants des États-membres de l'Union européenne possèdent également la citoyenneté de celle-ci. Bien que revêtant un caractère dérivé, ce statut est de nature à modifier les conditions dans lesquelles les États-membres déterminent leurs nationaux (v. *infra*, n° 11) [3].

Enfin, la question fut longtemps discutée de savoir si le lien entre la personne morale et l'État qui lui confère sa personnalité pouvait se concevoir en termes de nationalité [4], laquelle demeure effectivement problématique dans le cas d'une entreprise transnationale [5].

1. V. l'art. 1er de la Convention de La Haye du 12 avril 1930 concernant certaines questions relatives aux conflits de lois sur la nationalité.
2. Sur laquelle, v. not. P. Lagarde, « La nationalité française rétrécie », *Rev. crit. DIP*, 1993. 535.
3. CJUE, 2 mars 2010, *Rottmann*, C-135/08.
4. V. ainsi J.-P. Niboyet, « Existe-t-il vraiment une nationalité des sociétés ? », *Rev. crit. DIP*, 1927. 402.
5. V. J. Béguin, « La nationalité juridique des sociétés commerciales devrait correspondre à leur nationalité économique », in *Études offertes à P. Catala*, Litec, 2001, p. 859.

3. À la seconde question, le droit de la condition des étrangers répond en déterminant quel est le statut de ces derniers au regard du droit public et de la jouissance de certains droits : à quelles conditions peuvent-ils entrer sur le territoire ou y séjourner ? Quelles sont les prérogatives dont ils disposent ? Peuvent-ils par exemple être électeur, commerçant… ?

S'agissant de la police des étrangers (entrée, séjour, départ forcé), la matière relève essentiellement en droit national commun d'une ordonnance du 2 novembre 1945, maintes fois modifiée au gré des alternances politiques [1] et désormais codifiée [2]. Bien entendu, aujourd'hui, le statut des ressortissants des États-membres de l'Union européenne, bénéficiant à ce titre de la citoyenneté européenne, intègre la liberté fondamentale de circuler inhérente à celle-ci. Quant aux ressortissants non européens, l'Union européenne affirme désormais sa compétence relative au traitement des flux migratoires en provenance des pays-tiers [3].

Sur le terrain des droits civils, l'article 11 du Code civil (« L'étranger jouira en France des mêmes droits civils que ceux qui sont ou seront accordés aux Français par les traités de la nation à laquelle cet étranger appartiendra ») a finalement été interprété comme s'il posait un principe général d'assimilation de l'étranger au national. De sorte que c'est à l'examen de divers textes spéciaux que se laisse encore découvrir l'existence de certains droits accordés aux seuls Français, à l'image par exemple du privilège de juridiction des articles 14 et 15 C. civ. Encore convient-il de relever en ce domaine la spécificité du sort réservé aux ressortissants d'un État-membre, en raison de l'impact des principes de libre circulation des personnes et de non-discrimination de l'Union européenne, qui seront évoqués plus loin. Il arrive également que le jeu des règles relatives au séjour des étrangers s'infléchisse sous l'influence des

1. V. sur la L. du 11 mai 1998, H. Fulchiron, *JDI*, 1999. 5 ; 335. Sur la loi du 26 novembre 2003, D. Turpin, *Rev. crit. DIP*, 2004. 311. Sur la loi du 24 juillet 2006, N. Guimezanes, *JCP*, 2006, I, 167, et D. Turpin, *Rev. crit. DIP*, 2007. 1 ; sur la loi du 20 novembre 2007, N. Guimezanes, *JCP*, 2007, I, 215 ; D. Turpin, *D.*, 2008. 930 ; F. Jault-Seseke, *Rev. crit. DIP*, 2008. 5.

2. Ord. 24 novembre 2004 relative à la partie législative du Code de l'entrée et du séjour des étrangers et du droit d'asile ; et, pour la partie réglementaire : D. n°s 2006-1377 et 2006-1378 du 14 novembre 2006.

3. Celle-ci demeure cependant controversée, de même que la teneur de la législation adoptée dans ce contexte. V. K. Parrot et C. Santulli, « La "directive retour". L'Union européenne contre les étrangers », *Rev. crit. DIP*, 2009. 205. Sur l'articulation entre le droit international privé et le droit d'asile (Règlements dits « Dublin I à III »), v. S. Corneloup, « Can Private International Law contribute to Global Migration Governance ? », in *Private International Law as Global Governance*, H. Muir Watt & D. Fernandez Arroyo (dir.), OUP 2014.

droits fondamentaux [1], en particulier du droit au respect de la vie familiale consacré à l'article 8 de la Convention européenne de sauvegarde des droits de l'homme. À cet égard, le statut des immigrants en situation irrégulière ou demandeurs d'asile fait l'objet d'une vigilance croissante [2], qui n'efface pas cependant le rôle ambivalent du droit dans la construction des situations d'exclusion [3].

4. Exclusion. — Dans la tradition universitaire française, les ouvrages contemporains de droit international privé témoignent de la conception la plus extensive de la matière, englobant l'étude de la nationalité et de la condition des étrangers [4]. Pour n'être pas unanimement admise par l'ensemble des pays, cette vision large de la matière n'en demeure pas moins cohérente, par l'appréhension systématique qu'elle propose des difficultés nées de la séparation du monde en États [5]. Néanmoins, le souci de conserver la relative homogénéité que présentent les questions, à forte composante méthodologique, de conflits de lois et de juridictions, par opposition au caractère à la fois très spécifique, instable et réglementaire des dispositions qui gouvernent d'une part, l'attribution de la nationalité, d'autre part, l'entrée et le séjour des étrangers, explique qu'elle ne soit pas retenue dans le présent ouvrage.

1. Sous l'influence des droits fondamentaux, les droits accordés aux seuls Français sont en effet en diminution sensible. V. ainsi, au sujet du droit au renouvellement du bail commercial : Cass. civ. 3e, 9 novembre 2011, *LPA*, 7 décembre 2011, nº 243, p. 9, note L. d'Avout ; *D.*, 2012. 2331, obs. S. Bollée ; *Rev. crit. DIP*, 2012. 568, note F. Jault-Seseke. Et, au sujet du droit de prélèvement : Cons. const., déc. nº 2011-159 QPC, 5 août 2011, *LPA*, 27 octobre 2011 nº 214, p. 18, note L. d'Avout ; *JDI*, 2012. 135 note S. Godechot-Patris ; M. Attal, *JCP*, 2011. 1139 ; *Rev. crit. DIP*, 2013. 457, note B. Ancel ; *AJ fam.*, 2011. 440, note B. Haftel.

2. Par exemple, s'agissant de la protection des enfants de parents en rétention administrative, v. CEDH 19 janvier 2012, *Popov*, *Rev. crit. DIP* 2012.826 note K. Parrot.

3. V. C. Menjívar, D. Kanstroom (ed.), *Constructing Illegality in America. Critiques, Experiences, and Responses*, Cambridge Univ. Press, 2013 ; Charles Gosme, « Les limbes de l'inéloignabilité : la nouvelle condition juridique de l'étranger », *Rev. crit. DIP*, 2015. 43. Pour un exemple, v. CJUE aff. C-638/16 PPU du 7 mars 2017, admettant (sur le fondement du Règlement (CE) nº 810/2009 établissant un code communautaire des visas tel que modifié par le Règlement (UE) nº 610/2013) la validité du refus par la Belgique de visas sollicités par des requérant syriens, dont l'un déclarait avoir été enlevé par un groupe terroriste, puis battu et torturé, avant d'être finalement libéré contre une rançon, afin de pouvoir quitter la ville assiégée d'Alep et d'introduire une demande d'asile en Belgique.

4. Sur l'exposé des différentes doctrines relatives au domaine du droit international privé, v. Y. Loussouarn, P. Bourel, P. de Vareilles-Sommières, *Droit international privé*, nos 3 et s.

5. Il en est d'autant plus ainsi que la régulation de l'immigration par l'Union européenne a multiplié les passerelles entre le droit international privé et la condition des ressortissants d'États-tiers au point de conférer au premier une « fonction pivotale » (v. V. van den Eeckhout, « Private International Law Questions that Arise in the Relation between Migration Law (in the Broad Sense of the Word) and Family Law : Subjection of PIL to Policies of Migration Law ? » (January 20, 2013) : accessible à SSRN : http://ssrn.com/abstract=2203729 or http://dx.doi.org/10.2139/ssrn.2203729.

B / LES RAPPORTS DE DROIT

Les relations qu'appréhende le droit international privé ont pour spécificité d'être affectées d'*extranéité*. Les mutations politiques et fonctionnelles qui transforment la signification des frontières étatiques dans le monde contemporain brouillent cependant la netteté de ce concept. En outre, le caractère *privé* qui leur est imputé traditionnellement est également problématique aujourd'hui, car ces mêmes mutations tendent à fragiliser la distinction des sphères publique et privée en droit international comme en droit interne.

5. Extranéité. — Les rapports de droit qui relèvent du droit international privé sont marqués tout d'abord par un élément particulier – l'*extranéité* – dont les manifestations se révèlent de diverses manières : au regard de l'ordre juridique français, l'extranéité d'une situation peut ainsi apparaître en raison de la nationalité d'un individu (mariage entre un Français et une Italienne), du pays où il possède son domicile (succession d'un Français domicilié en Allemagne), du lieu de survenance d'un fait juridique (accident de la circulation survenu en Angleterre mettant en cause un conducteur français et domicilié en France), de la destination des marchandises vendues (vente franco-allemande)…

La présence d'un tel élément complique la tâche du juriste : si ce dernier était par exemple amené à se prononcer sur un accident de la circulation routière survenu en France entre deux conducteurs de nationalité française, il n'y aurait pas lieu pour lui d'hésiter ; il tiendrait compte exclusivement du droit français (L. 5 juillet 1985 en l'occurrence) et le cas échéant, il serait assuré de voir le litige tranché par des tribunaux français (à partir des règles de l'art. 46 CPC pour la compétence territoriale et de l'art. R. 212-8 C. org. jud. pour la compétence d'attribution). L'interférence d'un élément d'extranéité vient cependant perturber ce schéma, en y introduisant des éléments de difficulté supplémentaires : si l'accident de la circulation survient en Espagne entre un conducteur français et un piéton italien, on comprendra que cette fois, l'hésitation soit permise dans la détermination du droit applicable (droit espagnol ? droit français ? droit italien ?) ou du tribunal compétent (juridictions espagnoles ? françaises ? italiennes ?). C'est – notamment – à ce type de difficultés que le droit international privé entend apporter des réponses.

Ces difficultés sont cependant d'autant plus complexes aujourd'hui que la construction de l'Union européenne tend à diluer la distinction entre les rapports internes et internationaux lorsqu'ils se nouent sur le territoire des États-membres, qui tend parfois à apparaître comme un seul ressort au regard du régime juridique applicable. La responsabilité du fait d'un produit fabriqué en France et consommé en Allemagne se déterminera ainsi largement de la même façon, quel que soit le tribunal compétent, au regard de la directive du 25 juillet 1985 transposée dans les deux pays ; au point que dans les champs harmonisés par le droit européen, la véritable extranéité pourrait bien être désormais celle qui frappe le rapport échappant à l'empire de celui-ci pour être soumis au droit d'un État-tiers : un droit international privé à deux vitesses ? Encore faudrait-il que les relations purement européennes puissent être réellement définies [1]. À cet égard, la distinction entre les relations relevant de la sphère interne d'un État et celles qui la dépassent – critère traditionnel du conflit de lois ou de juridictions et naguère seuil du régime que le droit de l'Union attachait à la mobilité des personnes physiques et morales – se brouille désormais au regard d'évolutions récentes en matière de citoyenneté européenne et de liberté d'établissement des personnes morales [2].

6. Caractère privé des rapports de droit. — Pour bien distinguer le champ de la discipline de celui du droit international public, il est généralement précisé que le droit international privé concerne les rapports transfrontières de *droit privé*. L'appellation « droit international privé » s'est dès lors imposée au XIXe siècle, à une époque où le cantonnement du droit international aux rapports entre États souverains paraissait aussi acquis que s'annonçait ferme la séparation des sphères publique et privée en droit interne. Aussi bien était-il courant de caractériser le champ du droit international privé par référence soit aux rapports entre particuliers, soit à la nature de droit privé des normes dont il avait pour objet de déterminer le champ d'application. L'État, comme le droit public, en étaient exclus ; le droit privé bénéficiait seul de l'extraterritorialité et le citoyen jouissait du privilège exclusif du commerce et de la mobilité. Pareil cantonnement de la discipline a certainement servi une certaine vision politique de l'ordre international [3].

1. Sur cette difficulté, v. E. Pataut, « Qu'est-ce qu'un litige intracommunautaire ? », in *Études offertes à J. Normand*, Litec, 2003, p. 365 et s.

2. L. Azoulai, « La citoyenneté européenne, un statut d'intégration sociale », in *Mélanges Jean Paul Jacqué. Chemins d'Europe*, Dalloz, 2010, p. 1.

3. Sur le « mythe fondateur » à l'origine de la distinction du droit international public et du droit international privé, v. A. Mills, « The Private History of International Law », 55 *Int. Comp. Law Quarterly 1* (2006).

Aujourd'hui, une telle définition est cependant devenue problématique à plusieurs titres. D'abord parce que l'État et diverses entités infra-étatiques de droit public s'engagent désormais librement dans des activités commerciales transfrontières de droit privé, tandis qu'à l'inverse, les normes de droit international public créant des obligations à la charge des États sont parfois directement invocables par les citoyens ; ainsi se mesure notamment l'essor des droits fondamentaux [1]. Ensuite, en raison du fait que la distinction entre les sphères publique et privée a largement perdu sa clarté en droit interne, entre autres sous l'influence du droit européen qui l'ignore assez largement. Elle vacille également au plan transnational, au regard du phénomène des normativités d'origine non étatique, qu'il est difficile de qualifier de publiques ou de privées puisque le cadre étatique lui-même fait défaut. La sortie de la sphère publique d'un volume croissant de différends – y compris lorsque des questions de politique publique sont en jeu (arbitrages d'investissement ; contentieux propres aux marchés financiers) – soulève de façon aiguë la question de la justice en tant que bien public. Enfin il est difficile d'ignorer que les pouvoirs publics utilisent de plus en plus fréquemment des techniques de droit privé à des fins de régulation sociale et économique, de sorte que les contentieux internationaux entre acteurs privés peuvent mettre en jeu des intérêts étatiques importants. Il en résulte que des réglementations de droit public économique, tel le droit de la concurrence, ou des libertés publiques, telle la liberté d'expression, peuvent désormais se trouver impliquées dans des conflits de lois du fait de l'essor progressif de leur vocation extraterritoriale.

De manière plus significative encore, la privatisation des règles juridiques qui accompagne la globalisation économique et le pouvoir accru qu'elle confère à la volonté des acteurs, expliquent que le droit international privé tende désormais à devenir un instrument essentiel de la « gouvernance » globale, selon une terminologie d'origine anglo-américaine qui désigne sous ces termes l'ensemble des sources d'encadrement des pouvoirs, étatiques ou non, s'exerçant dans le champ transnational [2]. Ainsi, si la distinction entre le public et le privé n'a pas perdu toute signification, l'étude des rapports internationaux suggère du moins que le curseur traditionnel est sans doute à déplacer. À moins que ne se constitue un champ disciplinaire nouveau, constitué de toutes les

1. La justice « trans-étatique » concerne en ce cas des parties privées alors que le droit international s'applique : v. G. Cottereau, *Rép. dr. internat.*, V. « Justice internationale ».
2. V. *Private International Law as Global Governance*, préc., Introduction générale.

questions que soulève l'exercice extraterritorial du pouvoir étatique à l'égard des individus non-citoyens [1].

ÉTAT DES QUESTIONS

B. G. — **Ouvrages anciens** : E. Audinet, *Principes élémentaires de droit international privé*, 2e éd. 1906 – E. Bartin, *Études de droit international privé*, 1899 ; *Principes de droit international privé selon la loi et la jurisprudence françaises*, 3 vol., Domat, Montchrestien, 1930-1935 – C. Brocher, *Nouveau traité de droit international privé*, 1876 ; *Cours de droit international privé*, 1883 – De Vareilles-Sommières, *La synthèse du droit international privé*, 1898 (réimpr. 1972, Éd. Cujas) – F. Despagnet, *Précis de droit international privé*, Larose et Forcel, 2e éd. 1891 – J.-J. G. Foelix, *Traité du droit international privé*, 1843 – A. Lainé, *Introduction au droit international privé contenant une étude historique et critique de la théorie des statuts et des rapports de cette théorie avec le Code civil*, 1888 (réimpr. 1970, éd. Detlev Auvermann KG) – P. Lerebours-Pigeonnière, *Précis de droit international privé*, Dalloz, 1928 – J.-P. Niboyet, *Manuel de droit international privé*, 1928 ; *Cours de droit international privé*, Sirey, 1945 ; *Traité de droit international privé français*, Sirey, 7 vol., 1938-1950 – A. Pillet, *Principes de droit international privé*, 1905 ; *Traité pratique de droit international privé*, 2 vol., Sirey, 1923-1924 – F.-C. von Savigny, *Traité de droit romain*, t. VIII, trad. Guénoux, F. Didot, 1851 (réimpr. 2002, Éd. Panthéon-Assas, Avant-propos H. Synvet) – F. Surville et F. Arthuys, *Cours élémentaire de droit international privé*, 6e éd. 1916 – J. Valéry, *Manuel de droit international privé*, 1914 – A. Weiss, *Traité élémentaire de droit international privé*, 1886 ; Manuel de droit international privé, Sirey, 8e éd. 1920.

Ouvrages contemporains : B. Audit, L. d'Avout, *Droit international privé*, Économica, 7e éd. 2013 – H. Batiffol et P. Lagarde, *Droit international privé*, LGDJ : t. I, 8e éd. 1993 ; t. II, 7e éd. 1983 – D. Bureau, H. Muir Watt, *Le droit international privé*, Puf, « Que sais-je ? », 2009 – P. Courbe, *Droit international privé*, Hachette, « Hachette supérieur », 2007 – S. Clavel, *Droit international privé*, Dalloz, Coll. « Hypercours », 4e éd. 2016 – D. Gutmann, *Droit international privé*, Cours Dalloz, 6e éd. 2009 – D. Holleaux, J. Foyer, G. de Geouffre de La Pradelle, *Droit international privé*, Masson, 1987 – Y. Loussouarn, P. Bourel et P. de Vareilles-Sommières, *Droit international privé*, Précis Dalloz, 10e éd. 2013 – P. Mayer et V. Heuzé, *Droit international privé*, Montchrestien, 11e éd. 2014 – F. Monéger, *Droit international privé*, Paris, Litec, 7e éd. 2014 ; M.-L. Niboyet, G. de Geouffre de La Pradelle, *Droit international privé*, LGDJ, « Manuel », 5e éd. 2015 ; T. Vignal, *Droit international privé*, Armand Colin, « U », 3e éd. 2014. V. ég. H. Fulchiron, C. Nourissat, E. Treppoz, A. Devers (dir.), *Travaux dirigés de droit international privé*, Litec, 5e éd. 2013 ; M.-L. Niboyet, I. Rein Lescatereyres, L. Dimitrov, *Exercices pratiques, Droit international privé*, LGDJ, 2e éd. 2015.

1. C. McClachlan, « The Allocative Function of Foreign Relations Law », *BYIL* 2012.1 ; comp. soulignant l'importance prise par l'extraterritorialité, K Raustiala, *Does the Constitution Follow the Flag ? The Evolution of Extraterritoriality in American Law* (OUP, New York 2009) ; et sur cette question, plus généralement, *infra*, n° 580-2.

Bibliographie étrangère : A. Anton et P. Beaumont, *Private International Law: A Treatise from the Standpoint of Scots Law*, Edinburgh, Green, 1990 ; T. Ballarino, *Diritto internazionale private*, Padoue, Cedam, 1999 ; M. Boguslavy, *Private International Law : The Soviet Approach*, Dordrecht, Nijhoff, 1988 ; A. Briggs, *International Law in English Courts*, OUP, 2014 ; A. Bucher, *Droit international privé suisse*, Bâle, Helbing et Lichtenhanh, I/1, 1998 ; I/2, 1995 ; II, 1992 ; A. Bucher et A. Bonomi, *Droit international privé*, Bâle, Helbing et Lichtenhanh, 3e éd. 2013 ; A. Calvo Caravaca et J. Carrascosa Gonzales, *Derecho internacional privado*, Grande, Comares, 2003 ; J. Castel, *Canadian Conflicts of Laws*, Toronto, Butterworths, 1994 ; *Cheshire North Fawcett Private International Law*, 14e éd. par J. Carruthers et J. J. Fawcett, Butterworth, 1999 ; Dicey, Morris et Collins, *The Conflict of Laws*, 14e éd. 2006, Sweet & Maxwell ; C. Forsyth, *Private International Law*, Cape Town, Juta, 1990 ; G. Goldstein et E. Groffier, *Droit international privé*, Montréal, Yvon Blais Inc., I : Théorie générale, 1998 ; II : Règles spécifiques, 2003 ; M. Issad, *Droit international privé*, Alger, OUP, I et II, 1991 ; J. Gonzales Campos, *Derecho internacional privado*, Madrid, Beramar, Eurolex, 1995 ; G. Kegel et K. Schurig, *Internationales Privatrecht*, 9e éd. 2004, Munich, Beck ; F. Knoepfler, P. Schweizer, S. Othenin-Girard, *Droit international privé suisse*, Berne, Staempfli, 3e éd. 2005 ; A. Mezghani, *Droit international privé*, Tunis, Cérès prod., 1991 ; P. Picone, *La riforma italiana del diritto internazionale privato*, Padoue, Cedam, 1998 ; F. Pocar, *Il nuovo diritto internazionale privato italiano*, Milan, Giuffré, 1997 ; F. Rigaux et M. Fallon, *Droit international privé*, Bruxelles, Larcier, 3e éd. 2005 ; H. J. Sonnenberger, *Münchener Kommentar, Band 7 : Internationales Privatrecht*, Munchen, Beck, 1998 ; M. Tilbury, G. Davis et B. Opeskin, *Conflict of Laws in Australia*, OUP, 2002 ; R. Oppong, *Private International Law in Commonwealth Africa*, Cambridge University Press, 2013 ; S. Symeonides, *Codifying Choice of Law around the World. An International Comparative Analysis*, Oxford University Press, 2014 ; S.C. Symeonides, *Choice of Law*, Oxford Commentaries on American Law, OUP, 2017 ; C. von Bar et P. Mankowski, *Internationales Privatrecht*, Munich, Beck, 2005 ; R. Weintraub, *Commentary on the Conflict of Laws*, Westbury, NY Foundation Press, 12e éd. 2004, Supplément 2005 ; W. Wengler, *Internationales Privatrecht*, 6e tome du RGRK-Kommentar, 2 vol., W. de Gruyter, Berlin-New York, 1981.

Autres systèmes de droit international privé régionaux. — J. Issa-Sayegh, P.-G. Pougoué, F.-M. Sawadogo (dir.), *OHADA*, *Traité et actes uniformes commentés et annotés*, Juriscope, 4e éd. 2012 ; G. Ngoumtsa Anou, *Droit OHADA et conflits de lois*, LGDJ, 2013. D.P. Fernandez Arroyo, *La Codificación del Derecho Internacional Privado en América Latina*, Madrid, 1993 ; *Derecho Internacional Privado Interamericano : Evolución y perspectivas, Comité Juridico Interamericano, Curso de Derecho Internacional*, XXVI, 1999 ; HUANG (Jie), *Interregional Recognition and Enforcement of Civil and Commercial Judgments* (*Lessons for China from US and EU Law*), Hart Publishing, 2014.

Revues spécialisées. — *Journal du droit international* ; trimestriel, anciennement *Journal du droit international privé* (de 1874 à 1914), fondé par E. Clunet en 1874. Cité *Clunet* ou *JDI*. – *Revue critique de droit international privé* ; trimestrielle, anciennement *Revue de droit international privé et de droit pénal international* (de 1905 à 1921), puis *Revue de droit international privé* (de 1922 à 1933), et *Revue critique de droit international* (de 1934 à 1945), fondée par A. Darras, citée *Rev. crit. DIP* – Trois autres revues concernent plus particulièrement le droit du commerce international : la *Revue de l'arbitrage* (fondée en 1955, *Rev. arb.*) ; *Droit et pratique du commerce international* (fondée en 1976, *DPCI*) ; la *Revue de droit des affaires internationales* (fondée en 1985, *RDAI*).

À l'étranger : *Journal of Private International Law*, Hart Publishing (à partir d'avril 2005) ; *European Journal of International Law*, Oxford University Press (orientation publiciste) ; *Rabels Z.* (*Zeitschrift für ausländisches und internationales Privatrecht*) ; *IPRax.* (*Praxis des Internationalen Privat-und Verfahrensrechts*) ; *Riv. dir. int. civ. e proc.*(*Rivista di diritto internazionale civile e processuale*).

Ouvrages divers. B. Ancel, *Éléments d'histoire du droit international privé*, Éditions Panthéon-Assas, 2017 ; B. Ancel et Y. Lequette, *Grands arrêts de la jurisprudence française de droit international privé*, 5e éd. Dalloz, 2006 (cité *Gr. arrêts jurispr. fr. dr. int. priv.*, ou *Grands arrêts*, ou *GA*) ; *Juris-classeur droit international*, 10 vol., Éditions Techniques, dir. H. Fulchiron ; *Répertoire de droit international privé*, 2 vol. publiés sous la dir. de Ph. Francescakis, Dalloz, 1968-1969 ; le Répertoire de droit international a été entièrement refondu sous la direction de D. Carreau, P. Lagarde et H. Synvet, 1999 ; G. Cuniberti, C. Normand, F. Cornette, *Droit international de l'exécution. Recouvrement des créances civiles et commerciales*, LGDJ, 2011 ; H. Péroz, E. Fongaro, *Droit international privé patrimonial de la famille*, LexisNexis, 2010, préf. H. Gaudemet-Tallon M. Revillard, *Droit international privé et communautaire : pratique notariale*, Rép. du notariat Defrénois, 8e éd. 2014 ; H. Gaudemet-Tallon, *Compétence et exécution des jugements en Europe*, LGDJ, 5e éd. 2015. *Travaux du Comité français de droit international privé*, publiés périodiquement par les Éditions du CNRS, et aujourd'hui par les Éditions Pédone. *Recueil des Cours de l'Académie de droit international de La Haye* ; v. not. les cours de MM. Maury (t. 57, p. 325), Ago (t. 58, p. 243), Lewald (t. 69, p. 1), Batiffol (t. 97, p. 430 ; t. 139, p. 75), Evrigenis (t. 118, p. 313), Van Hecke (t. 126, p. 399), Loussouarn (t. 139, p. 269), Lalive (t. 155, p. 1), Vitta (t. 162, p. 11), von Overbeck (t. 176, p. 9), Audit (t. 186, p. 219), Lagarde (t. 196, p. 9), Rigaux (t. 213, p. 9), Droz (t. 229, p. 9), Oppetit (t. 234, p. 335), Symeonides (t. 298, p. 9) ; Audit (t. 305, p. 9), de Mmes Muir Watt (t. 307, p. 27), Gaudemet-Tallon (t. 312, p. 9), de M. Mayer (t. 327, p. 9). Des monographies intéressant le droit international privé ont été publiées dans les collections suivantes : *Bibliothèque de droit international privé* (Dalloz, 23 vol. de 1965 à 1977) ; *Bibliothèque de droit privé* (LGDJ, depuis 1957) ; *Droit civil* (Économica, depuis 1984) ; *Recherches juridiques* (Économica, depuis 2002) ; *Nouvelle Bibliothèque de thèses* (Dalloz, depuis 2001) ; *Doctorat & Notariat* (Defrénois, depuis 2003).

Recueils de textes. — J.-Y. Carlier, M. Fallon, B. Martin-Bosly, *Code de droit international privé 2016*, Bruylant, 7e éd. 2016 ; M. Attal, J. Bauchy, *Code de droit international privé français 2015-2016*, Bruylant, 3e éd. 2015 ; S. Clavel, E. Gallant, *Les Grands Textes du droit international privé*, Dalloz, 2e éd. 2016 ; V. Heuzé, *Les Textes fondamentaux du droit international privé*, LGDJ, 2014 ; G. Payan, *Code de l'Espace judiciaire civil européen annoté*, Bruylant, 2015.

Droit du commerce international. — M. Audit, S. Bollée, P. Callé, *Droit du commerce international et des investissements étrangers*, LGDJ, 2e éd. 2016 ; J. Béguin, M. Menjucq (dir.), *Droit du commerce international*, LexisNexis, 2e éd. 2011 ; O. Cachard, *Droit du commerce international*, LGDJ, 2e éd. 2011 ; R. David, *Droit du commerce international*,

Économica, 1987 ; J.-M. Jacquet, Ph. Delebecque, S. Corneloup, *Droit du commerce international*, Précis Dalloz, 3e éd. 2015 ; C. Kessedjian, *Droit du commerce international*, Puf, « Thémis », 2013 ; Y. Loussouarn, J.-D. Bredin, *Droit du commerce international*, Sirey, 1969 ; M. Menjucq, *Droit international et européen des sociétés*, Montchrestien, 4e éd. 2016 ; J.-M. Mousseron, J. Raynard, R. Fabre, J.-L. Pierre, *Droit du commerce international* (*droit international de l'entreprise*), Litec, 4e éd. 2012 ; J.-B. Racine, F. Siiriainen, *Droit du commerce international*, Cours Dalloz, 2e éd. 2011.

Divers ouvrages collectifs sont essentiellement constitués d'études relatives au droit international privé : *Mélanges offerts à J. Maury*, t. I, Librairie Dalloz et Sirey, 1960 ; H. Batiffol, *Choix d'articles*, LGDJ, 1976 ; H. Motulsky, *Études et notes de droit international privé*, Dalloz, 1978, préf. H. Batiffol et Ph. Francescakis ; *Études offertes à B. Goldman*, Litec, 1982 ; Ph. Francescakis, *La pensée des autres en droit international privé*, Thessalonique, 1985 ; *Mélanges dédiés à D. Holleaux*, Litec, 1990 ; *Mélanges en l'honneur d'A. E. von Overbeck*, Éd. Universitaires Fribourg Suisse, 1990 ; *Études de droit international en l'honneur de P. Lalive*, Helbing & Lichtenhahn, 1993 ; *Nouveaux itinéraires en droit, Hommage à F. Rigaux*, Bruylant, 1993 ; *Mélanges en l'honneur de Y. Loussouarn*, Dalloz, 1994 ; *Mélanges G. Droz*, La Haye, Martinus Nijhoff, 1996 ; *Mélanges en l'honneur de P. Kahn*, Litec, 2000 ; *Essays in Honor of Arthur T. von Mehren*, Transnational Publishers, 2002 ; *Mélanges en l'honneur de P. Lagarde*, Dalloz, 2005 ; *Écrits rédigés en l'honneur de J. Foyer*, Économica, 2008 ; *Mélanges en l'honneur de H. Gaudemet-Tallon*, Dalloz, 2008 ; *Mélanges dédiés à la mémoire du Doyen J. Héron*, LGDJ, 2008 ; *Mélanges à la mémoire de P. Courbe*, Dalloz, 2012 ; *Mélanges en l'honneur du Professeur J.-M. Jacquet*, LexisNexis, 2013 ; *Mélanges en l'honneur du professeur B. Audit*, LGDJ, 2014 ; *Mélanges en l'honneur du professeur P. Mayer*, LGDJ, 2015.

QUESTIONS DE TERMINOLOGIE

7. *Sur la question du langage du droit international privé*, v. P. Lalive, « Cours général de droit international privé », *RCADI*, t. 155 (1977-III), spéc. p. 80 et s. Pour un lexique de droit international privé, v. G. Beliard, E. Riquier, X. Y. Wang, *Glossaire de droit international privé*, Bruxelles, Bruylant, 1992. Dans une perspective historique, l'expression « *private international law* » semble avoir été inventée en 1834 par J. Story, pour être reprise en Allemagne par Schaeffer en 1841 (*Entwicklung des internationalen Privatrechts*) puis en France par Foelix en 1843. L'enseignement du droit international privé, d'ailleurs assez récent en France, a été introduit dans le programme des Facultés de droit par le décret du 28 décembre 1880. De sorte que ce n'est qu'au XIXe siècle que paraissent les premiers grands ouvrages consacrés à l'étude systématique de la matière (Audinet, Despagnet, Pillet, Surville et Arthuys, Weiss...). Ce n'est pas dire cependant que l'histoire des idées ne débute en droit international privé qu'à cette époque, la matière tirant plus profondément « sa substance des œuvres des pères fondateurs que sont Aldricus, Bartolus, Dumoulin, d'Argentré, Huber, Story, Savigny, Mancini » (B. Oppetit, « Le droit international privé, droit savant », *RCADI*, t. 234 (1992-III), spéc. p. 364). V. ainsi, G. Barile, « La fonction historique du droit international privé », *RCADI*, t. 116 (1965-III), p. 302 et s. ; M. Gutzwiller, « Le développement historique du droit international privé »,

RCADI, t. 29 (1929-IV), p. 287 et s. ; E. M. Meijers, « L'histoire des principes fondamentaux du droit international privé à partir du Moyen Âge, spécialement dans l'Europe occidentale », *RCADI*, t. 49 (1934-III), p. 543 et s. Sur le caractère traditionnel de cette branche du droit, v. également, Ph. Francescakis, « Droit naturel et droit international privé », in *Mélanges offerts à J. Maury*, t. I, 1960, p. 113 et s., spéc. p. 119 et s. Pour une synthèse, v. P. Mayer, « Le mouvement des idées dans le droit des conflits de lois », *Droits*, n° 2, 1985, p. 128 et s. ; J.-L. Halpérin, *Entre nationalisme juridique et communauté de droit*, Puf, « Les voies du droit », 1999.

THÉORIE GÉNÉRALE

8. *Le débat existentiel* semblait largement apaisé (v. sur ce point, A. Weiss, « Existe-t-il un droit international privé ? », in *Mémoires de l'Académie internationale de droit comparé*, t. I, 1928, p. 171 et s.), alors que l'appellation même de la matière faisait naguère l'objet de vives controverses : le droit international privé ? un droit interne et public estimait-on parfois (J.-P. Niboyet, *Traité*, t. I, n° 60) ; mais par son objet au moins, la matière serait bien internationale, régissant de surcroît des rapports de droit privé entre les individus (pour l'exposé de la controverse, v. Y. Loussouarn, P. Bourel et P. de Vareilles-Sommières, *Précis*, n°s 55 et s.). Les évolutions contemporaines du droit invitent cependant à nuancer quelque peu. En effet, de profondes mutations (décrites *infra*, n° 517 et s.) appellent la formulation d'un nouveau paradigme explicatif des bouleversements tant méthodologiques qu'épistémologiques qu'elles induisent. Les oppositions traditionnelles (public et privé ; interne et international ; droit international public et droit international privé) se trouvent progressivement discréditées, ou à tout le moins en quête de réalignement.

Public et privé. — Les doutes concernent d'abord le droit interne, lui-même profondément affecté de ce point de vue par le renouvellement des procédés juridiques de gestion de l'économie sous la forte impulsion du droit européen (v. F. Cafaggi (dir.), *The Institutional Framework of European Private Law*, OUP, 2006, p. 1 et s. ; F. Cafaggi et H. Muir Watt (dir.), *Regulatory Strategies and Governance in European Private Law*, Sellier, 2008). C'est ainsi que l'avènement de la régulation économique implique que des techniques de droit privé soient empruntées en vue de pourvoir les citoyens en biens publics, notamment dans le cadre des procédés de corégulation ou d'autorégulation, tandis qu'à l'inverse, les relations interindividuelles se trouvent assujetties à des procédés régulatoires à caractère vertical, sectoriel et instrumental, qui en infléchissent le contenu et la structure dans le sillage des effets correcteurs recherchés sur le marché (A. Ogus, « The Regulation of Services and the Public-Private Divide », in Cafaggi / Muir Watt, préc.). Il en résulte un bouleversement considérable de certains concepts fondateurs du droit civil, perçus jusqu'alors comme intemporels. Par exemple, le droit de propriété ou la notion d'engagement se transforment dans un contexte de régulation économique : v. M.-A. Frison-Roche (dir.), *Les engagements dans les systèmes de régulation*, Presses de Sciences Po, Dalloz, Paris, 2006. On assiste également à une redistribution dans ce même contexte des rôles des acteurs traditionnels, parmi lesquels les entreprises privées qui pèsent sur la production normative alors que les entités publiques se conduisent en simples contractants de droit privé. Le paysage économique s'enrichit de nouvelles autorités quasi privées et expertales chargées d'émettre des normes, tels les standards de qualité, dont l'articulation avec les règles classiques de droit privé des contrats ou de la responsabilité civile s'avère encore incertaine. Du point de vue du seul droit international privé, ces évolutions soulèvent plusieurs questionnements d'ordre fondamental (pour une vue d'ensemble, v. C. Camus, *La Distinction du droit public et du droit privé et le conflit de lois*, LGDJ, 2015, préf. H. Muir Watt). En effet, l'appartenance même de cette discipline au droit privé est à nouveau en discussion, à mesure d'une part que la règle de conflit de lois s'imprègne elle-même des objectifs de la régulation sur le plan transnational et que d'autre part le seuil du conflit de lois devient incertain devant des normes comportant une dimension publique (H. Muir Watt, « Droit public et droit privé dans les rapports internationaux (Vers la publicisation des conflits de lois ?) », *Arch. phil. dr.*, t. 41, Sirey, 1997, p. 207 et s.). De façon plus spécifique, la mutation que subit la distinction entre droit public et droit privé affecte, pour les besoins de diverses institutions également tributaires de la stricte délimitation des deux sphères, la détermination des paramètres, naguère univoques, séparant l'exercice de la puissance publique des activités relevant du simple droit privé. Le champ de l'immunité juridictionnelle de l'État étranger en fournit une illustration déjà bien connue. La multi-fonctionnalité de l'État disqualifie en effet à cet égard les critères purement organiques tenant à la seule intervention d'une entité publique aux fins de définition des activités protégées (sur cette multi-fonctionnalité et ses conséquences au regard des deux personnalités de l'État, v. S. Lemaire, *Les contrats internationaux de l'administration*, LGDJ, 2005, préf. P. Mayer). Il en va de même des instruments de droit international privé européen qui subordonnent leur applicabilité à la qualification « civile ou commerciale » des rapports de droit en cause (sur ce point, v. *infra*, n° 110).

De façon plus générale, sur les mutations quant à la définition du champ disciplinaire qu'induit la perte de vitesse de la distinction du privé et du public, v. H. Muir Watt (dir.), *Private International Law and Public Law*, Elgar 2015 (2 vol.) ; *infra*, n°s 582-9 et s.

Interne et international. — Quelle est la part de l'« international » dans cette matière ? La tension entre universalisme et particularisme, c'est-à-dire la quête de solutions partagées par la communauté internationale des États et la projection sur la scène internationale de conceptions purement internes, est l'un des traits récurrents de l'histoire du droit international privé (v. *infra*, n° 44). Si l'on envisage l'origine de la discipline, l'analogie que suggère la formulation avec le droit international public, délibérée à l'origine, est trompeuse : le droit international privé n'est pas international par nature en ce qu'il serait composé de solutions partagées par tous les États, car chaque État conçoit ses solutions en fonction de ses propres conceptions (rappr. sur l'antériorité de l'ordre interne par rapport à l'ordre international : H. Batiffol, P. Lagarde, *Droit international privé*, t. I, spéc. n° 25, p. 38 ; H. Batiffol, *Aspects philosophiques du droit international privé*, spéc. n° 145, p. 323). Le particularisme s'est imposé en France avec Bartin, qui estimait ainsi que les conflits de lois étaient la projection des institutions de droit interne dans l'ordre international. Il est vrai cependant qu'aujourd'hui, l'essor des droits fondamentaux de source internationale est parfois susceptible de contraindre la liberté du législateur national ; par ailleurs, les sources internationales et européennes du droit international privé se multiplient à grande vitesse.

Droit international public et droit international privé. — Le schisme au sein du droit international est intervenu au moment de la fondation de sa branche publique dans le dernier quart du XIXe siècle ; la branche privatiste en a conservé ses aspirations universalistes un certain temps. Une longue période a suivi, pendant laquelle deux ensembles distincts et parallèles de valeurs, principes et règles, régissaient, d'une part, l'interaction transfrontière des personnes privées, et, d'autre part, les relations entre les États et autres entités à personnalité internationale. Le premier était variable d'une tradition à l'autre ; le second (représenté pour l'essentiel par le cercle des États occidentaux) était vécu comme universel. Leur articulation devient problématique aujourd'hui, affectant le tracé des champs disciplinaires. La théorie positiviste du droit international, liée à la conception westphalienne de la souveraineté, égalitaire et abstraite, tendait en effet à établir une corrélation entre le « national » et le « privé » pour l'attribuer au droit international privé perçu comme une branche du droit national et privé, tout en réservant au champ interétatique les relations « externes » des États souverains mettant en cause des intérêts publics. Les mutations subies dans la pratique des immunités de l'État souverain (v. *infra*, n°s 87 et s.), progressivement relativisées et parfois même vidées de toute substance, ne sont que l'un des indices des divers concessions et accommodements que rendait nécessaire le décalage entre cette théorie et la réalité des relations transnationales. En effet, d'une part, la régulation des relations entre acteurs privés se trouve investie de politiques publiques, de sorte qu'il est très difficile désormais de tracer la ligne de démarcation entre le champ, national et privé, laissé au droit international privé de chaque État, et celui qui, constitué de rencontres entre communautés politiques, relèverait de sources universelles. D'autre part, les droits de l'homme consacrés par des instruments internationaux influent non seulement sur les relations verticales entre les citoyens et l'État mais aussi sur les rapports horizontaux entre acteurs privés, de sorte qu'il est également problématique de soutenir que les obligations de source internationale soient cantonnées à la sphère publique interétatique.

Au fond, il est très probable que la distinction entre un droit international privé particulariste de source nationale et un droit international public de source internationale et à portée universelle soit le fruit de mythes établis, comme tout discours sur le droit, dans un but idéologique, au sens où ils auraient servi à légitimer une certaine vision politique de l'ordre international (sur l'existence de ces mythes et leur fonction idéologique, v. A. Mills, « The Private History of International Law », 55 *Int. Comp. Law Quarterly* 1 (2006)). À cet égard, il est également vraisemblable que le tournant positiviste de la pensée internationaliste-publiciste, remplaçant le fondement jusnaturaliste du droit international par une attention prêtée à la pratique des États et creusant la distinction entre les dimensions interne (privée) et internationale (publique) de la souveraineté, entretenait une affinité particulière avec le libéralisme économique et politique (sur l'impact de celui-ci sur la vision du droit international privé, v. H. Muir Watt, « Le principe d'autonomie entre libéralisme et néolibéralisme », in *La matière civile et commerciale, socle d'un code européen de droit international privé* ?, M. Fallon, P. Lagarde, S. Poillot-Peruzzetto (dir.), Dalloz, « Thèmes et Commentaires », 2009, p. 77). Il n'est pas sans importance de rappeler que nous devons le terme de droit « inter-national » à Bentham, qui entendait marquer par là ses distances avec un droit fondé sur la raison naturelle et surplombant les États plutôt qu'issu de leurs volontés convergentes et égales. Il est certain en tout cas que la représentation d'un droit international comme scindé en deux disciplines distinctes n'a rien d'inéluctable. L'histoire de la discipline révèle au contraire l'existence, jusqu'au tournant positiviste, d'une vision unitaire, qui pourrait être en voie de retour à la faveur de l'essor d'une pensée politisée des droits de l'homme comme du démantèlement de la souveraineté étatique et ses ramifications westphaliennes (v. H. Muir Watt « Private international law beyond the schism », (2011) 2(3) *Transnational Legal Theory* 347-427). La recherche menée par A. Mills (*op. cit.*) en vue de débusquer l'histoire « privée » ou occultée du droit international, en inscrivant la pensée internationaliste dans le contexte de mouvements d'idées plus larges, montre l'impact des constructions théoriques du droit international sur l'apparition, puis l'évolution, d'un champ distinct dénommé droit international « privé ».

9. Sur la notion d'internationalité. — Selon une distinction mise en lumière par la doctrine, une relation pourrait être subjectivement ou objectivement internationale (P. Mayer et V. Heuzé, *Droit international privé*, n° 5). Dans cette perspective, la relation subjectivement internationale serait celle qui présente à l'organe étatique qui la contemple un élément d'extranéité ; mais internationale au regard de cet organe, la situation ne le serait pas nécessairement au regard des organes d'autres États. C'est ainsi qu'une demande en divorce entre deux époux espagnols pourrait être considérée comme présentant les caractéristiques d'une situation internationale pour un juge français, alors qu'il ne s'agirait que d'une situation purement interne pour un juge espagnol. À l'inverse, la relation objectivement internationale serait celle qui met en cause deux ou plusieurs pays par ses éléments intrinsèques. Tel serait le cas par exemple du mariage entre un Anglais et une Italienne, ou du contrat conclu en France entre une société française et un salarié italien pour être exécuté en Algérie. Ces situations impliquent en elles-mêmes un rattachement à plusieurs pays, avant toute saisine d'un organe étatique quelconque. Les conséquences attachées à cette distinction seraient les suivantes : il faut, mais il suffit, que la relation soit subjectivement internationale pour que le droit international privé entre en jeu ; c'est-à-dire qu'elle présente un élément d'extranéité vis-à-vis de l'organe saisi. Quant à la prise en considération de relations objectivement internationales, elle justifierait notamment l'élaboration de règles matérielles spéciales. Séduisante, la distinction ainsi proposée soulève cependant diverses interrogations : ne conduit-elle pas en réalité à une césure entre relations étrangères et internationales ? Pour une relation subjectivement internationale, l'existence d'une relation avec le for ne s'impose-t-elle pas pour que les organes de cet État puissent en connaître (à quel titre autrement deux époux espagnols, pourraient-ils demander à un juge français le divorce s'ils n'étaient par exemple domiciliés en France ?) ? De sorte que la relation serait nécessairement internationale objectivement pour que les organes d'un autre État puissent en connaître (v. P. Lalive, *Cours général*, préc.). La discussion révèle cependant la relativité de l'internationalité : selon les circonstances, tel ou tel élément d'extranéité pourrait en effet être pris en considération. Sur ce thème, aj. P. Louis-Lucas, « Portée de la distinction entre droit privé interne et droit international privé », *JDI*, 1962. 858 ; Q. Alfonsin, « Contribution à l'étude de la relation juridique en droit international privé », in *Mélanges offerts à J. Maury*, t. I, 1960, p. 27 ; W. A. Stoffel, « Le rapport juridique international », in *Mélanges en l'honneur d'A. E. von Overbeck*, 1990, p. 421 ; « L'internationalité, bilan et perspectives », *RLDA*, Suppl.

n° 46, février 2002. Sur les situations homogènes et hétérogènes, v. aussi *infra*, not. n°s 326, 433, 573, 921, 1073.

Plus radicalement, l'importance même de l'élément d'extranéité est parfois contestée. Sur ce point, le débat est propre à la méthodologie bilatéraliste (sur extranéité et unilatéralisme, v. *infra*, n° 326). On a ainsi pu estimer que « l'élément d'extranéité est un autre nom du facteur de rattachement » (A. Prujiner, « Le droit international privé : un droit du rattachement », in *Études de droit international en l'honneur de P. Lalive*, 1993, p. 161 et spéc. p. 165). Si bien que la soumission du droit international privé à l'existence d'un élément d'extranéité serait inutile (J.-L. Elhoueiss, *Personnalité et territorialité en droit international privé*, thèse, Université Paris 2, 2000, spéc. p. 531 et s. ; et, du même auteur, « L'élément d'extranéité préalable en droit international privé », *JDI*, 2003. 39). On objectera cependant à ces analyses que l'application éventuelle de la *lex fori* à une situation juridique préalablement qualifiée d'internationale n'est aucunement contradictoire : l'extranéité suffit à déclencher l'application d'une règle de droit international privé pouvant elle-même conduire à la désignation d'une loi étrangère ou de la *lex fori*. Mieux vaudrait sans doute admettre que n'importe quel élément d'extranéité – aussi faible soit-il – suffit, sauf à préciser que l'absence évidente de pertinence de certains éléments d'extranéité n'invitera à se poser la question de l'application des règles du droit interne ou de celles du droit international que pendant un simple instant de raison. Indubitablement, la question reste difficile – au point que la définition la plus influente est aussi la plus tautologique (v. sur la définition de l'internationalité par référence à un conflit de lois en matière contractuelle, *infra*, n°s 916 et s. ; 921). La complexité s'accroît du fait que la citoyenneté européenne tend à redessiner de son côté la frontière de la situation « interne » (v. *infra*, n° 1155).

Le droit international privé ne se réduit pas au demeurant à la seule résolution des conflits de lois. La question de la définition de l'internationalité apparaît également en matière de compétence juridictionnelle internationale et d'arbitrage (v. s'agissant du domaine du Règlement Bruxelles I, *infra*, n° 124 ; et au sujet des conditions requises pour l'application de l'article 23, *infra*, n° 865 ; au sujet de l'internationalité de l'arbitrage, v. *infra*, n° 877 ; et v. M.-E. Ancel, « L'internationalité à la lumière de la convention d'electio fori », in *Écrits rédigés en l'honneur de J. Foyer*, Économica, 2008, p. 21). Que ce soit sur ce dernier plan ou sous le rapport de l'application du droit dérivé substantiel dans l'espace, elle revêt au demeurant une complexité particulière lorsqu'elle se dédouble du caractère purement européen de la situation envisagée (comp. E. Pataut, « Qu'est ce qu'un litige intracommunautaire ? Réflexions autour de l'article 4 du Règlement Bruxelles I », in *Études offertes à J. Normand*, Litec, 2003, p. 365, et *infra*, n° 124 ; J.-S. Bergé, « La double internationalité interne et externe du droit communautaire et le droit international privé », *Trav. Com. fr. DIP*, 2004-2006, p. 29).

SOCIOLOGIE

10. Qui sont les justiciables de droit international privé ? Suggestion parfois émise : la période contemporaine refléterait une évolution, des grands de ce monde naguère – industriels cosmopolites, princesses et autres figures de la *jet-set* – aux consommateurs ou travailleurs immigrés aujourd'hui. Les méthodes du droit s'en ressentent. En matière de consommation ou de travail, les règles légiférées de conflit de lois et de juridictions participent de la régulation de marchés de masse ; à cet égard, le droit de l'Union européenne met en place de grands principes qui ne font que rarement l'objet de contentieux. Par contraste, les litiges commerciaux forgent le droit applicable aux *happy few*, à la faveur de considérables investissements financiers privés. Il faut admettre qu'au regard de l'accès au droit international privé, la césure sociologique semble être en partie culturelle sinon géographique. Le coût dissuasif d'accès à la justice, joint à la nature accusatoire (*adversarial*) de la procédure devant les juges de *common law*, qui n'interviennent pas d'office pour assister la partie faible, la veuve ou l'orphelin dans la recherche de la loi étrangère, explique l'étiolement du droit international privé de la personne et de la famille en Angleterre, par exemple, au profit d'un corps de solutions sécrétées par les grands contentieux des affaires, où l'ajustement – coûteux – de la compétence juridictionnelle occupe une place importante. Mais ici encore, les grandes lignes se brouillent. Dans un cas comme l'affaire *Chevron*, un arsenal sans précédent d'armes et de contre-mesures a été déployé globalement, dans une bataille engagée non pas par un acteur économique mais par une communauté autochtone (v. *infra*, not. n°s 122-1 ; 1555-9 et 10, 185, 225-1, 300-1, 582-20, 713-2, 1024-3). C'est aussi de groupes culturels divers que s'est nourri, un temps, le contentieux du *Alien Tort Statute* américain (v. *infra*, not. n°s 63 et 65-1, 66, 68, 687-2, 1024-2, 1078-2).

Sur la prise en considération des réalités sociologiques dans l'élaboration ou la mise en œuvre des règles de droit international privé, v. P. Lepaulle, « Les réalités sociales et le droit international privé », *Trav. Com. fr. DIP*, 1966-1969, p. 19 ; C. Labrusse, « La compétence et l'application des lois nationales face au phénomène de l'immigration étrangère », *Trav. Com. fr. DIP*, 1975-1977, p. 11. Influence très nette sur le droit de la nationalité (longtemps tributaire du taux de natalité) et de la condition des étrangers ; influence également sur le droit des conflits de lois, à travers notamment le thème de l'intégration des étrangers (restent-ils soumis à leur loi nationale ? Faut-il privilégier la loi de leur résidence ? Ou, pour dépasser le dilemme, leur laisser choisir la loi applicable ? Sur ces questions, v. *infra*, n°s 634 et s.).

NATIONALITÉ

11. Sur la notion de nationalité, v. F. Terré, « La notion de nationalité », *Rev. crit. DIP*, 1975. 197, mettant l'accent sur la dimension verticale – allégeance de l'individu au regard de l'État – et horizontale – appartenance de l'individu à une communauté dotée d'un certain statut – du lien de nationalité. Sur son évolution à l'épreuve du droit contemporain, comp. le tableau dressé par Y. Lequette, « La nationalité française dévaluée », in *Mélanges en hommage à F. Terré*, 1999, p. 349 et s. Sur le déclin du rôle de la nationalité, en raison notamment de l'affaiblissement de l'exclusivité du cadre national et de la remise en cause de la pertinence même de la distinction entre Français et étrangers, v. E. Pataut, *La Nationalité en déclin*, Odile Jacob, « Corpus », 2014. Le droit de la nationalité fait l'objet de développements particuliers dans les ouvrages contemporains de droit international privé, qui peuvent être utilement complétés par ceux qui lui sont exclusivement consacrés (P. Courbe, *Le Nouveau Droit de la nationalité*, Dalloz, 2e éd. 1998 ; P. Lagarde, *La Nationalité française*, Dalloz, 4e éd. 2011 ; v. ég. : F. Jault-Seseke, S. Corneloup, S. Barbou des Places, *Droit de la nationalité et des étrangers*, Puf,

« Thémis », 2015). Sur la réforme du droit de la nationalité par la loi du 16 mars 1998, v. H. Fulchiron, « Rétablissement du droit du sol et réforme de la nationalité », *JDI*, 1998. 343 ; P. Lagarde, « La loi du 16 mars 1998 sur la nationalité : une réforme incertaine », *Rev. crit. DIP*, 1998. 379.

Si le présent ouvrage n'aborde pas de front le droit de la nationalité, la détermination de la nationalité d'un individu (ou d'une personne morale...) est parfois le préalable nécessaire à la mise en œuvre d'une règle de droit international privé. Ainsi en est-il, en matière de conflits de juridictions, où l'article 14 du Code civil prévoit la compétence des tribunaux français lorsque le demandeur est français ; ou, en matière de conflit de lois, de la règle selon laquelle la loi applicable à la capacité est la loi nationale de l'individu. Dans ces diverses hypothèses, qui seront envisagées plus loin, la nationalité d'un individu sera vérifiée unilatéralement au regard du droit de l'État de la nationalité dont il se prévaut, puisqu'il appartient à celui-ci de déterminer, pour soi, ses propres nationaux (sous réserve, désormais, de l'incidence de la citoyenneté européenne sur les conditions d'exercice par les États-membres de leur compétence en matière de nationalité : CJUE, 2 mars 2010, *Rottmann*, C-135/08, *Rev. crit. DIP* 2010. 540, note P. Lagarde ; *D.* 2010. 2870, note O. Boskovic ; J. Heymann, « De la citoyenneté de l'Union comme révélateur de la nature de l'Union européenne (à propos de l'arrêt Rottmann) », *Europe*, juin 2010, Étude n° 7, p. 5). Lorsque la règle de conflit de lois est elle-même une règle formulée en termes réciproques ou bilatéraux, de sorte qu'il ne s'agit pas seulement de vérifier si un individu est ou non français (pour l'attribution directe d'un droit qui serait réservé aux nationaux par ex.), mais de rechercher sa nationalité en vue de déterminer la loi applicable à sa capacité individuelle, l'unilatéralité du droit de la nationalité des différents États crée le risque de conflits négatifs ou positifs. En cas de conflit négatif ou d'apatridie, définie par l'article 1er de la Convention de New York du 28 septembre 1954 comme concernant l'individu « qu'aucun État ne considère comme son ressortissant par application de sa législation », il sera nécessaire de faire application à titre subsidiaire de la loi de son domicile (art. 12 de la Convention de New York du 28 sept. 1954). En cas de conflit positif, la solution est plus controversée, notamment lorsque l'une des nationalités en cause est celle de l'autorité saisie. Soit dans ce cas « lorsqu'un individu a plusieurs nationalités dont la nationalité française, celle-ci est seule prise en considération par les juridictions françaises » (Cass. civ. 1re, 17 juin 1968, *Rev. crit. DIP*, 1969. 59, note Batiffol, *GA*, n° 46). Soit le règlement du conflit positif pourrait varier en fonction des finalités poursuivies par la règle qui se réfère à la nationalité (P. Lagarde, « Vers une approche fonctionnelle du conflit positif de nationalités », *Rev. crit. DIP*, 1988. 29). Dans le cadre de l'Union européenne, du moins pour la détermination de la compétence juridictionnelle fondée sur la nationalité au regard de l'article 3-1-(6) du Règlement Bruxelles II *bis* (v. *infra*, n° 755), les objectifs propres à l'espace judiciaire commun ont paru imposer que l'individu possédant la nationalité de deux États-membres puisse choisir de faire valoir l'une ou l'autre (v. CJCE, 16 juillet 2009, aff. C-168/08, *Hadadi*, *Rev. crit. DIP*, 2010. 184, note C. Brière ; *JDI*, 2010. 157, note L. d'Avout ; *RTD eur.* 2010. 617, chron. E. Pataut et 769, note P. Lagarde. Et Cass. civ. 1re, 17 février 2010, *JCP*, 2010, 686 note F. Boulanger ; *JDI* 2010. 814, note Ch. Chalas). Franchissant un pas supplémentaire, la CJUE a ensuite estimé que la nationalité étrangère d'un individu devait être prise en considération par les autorités d'un État-membre, alors même que l'intéressé posséderait également la nationalité de cet État (CJUE, 29 mars 2012, aff. C-7/10 et C-9/10, *Kahveci et Inan*, *Rev. crit. DIP* 2012. 918, note E. Pataut).

Nationalité d'un État-membre et citoyenneté européenne. — Sur la différence conceptuelle entre la nationalité traditionnelle et la citoyenneté européenne, lien dérivé avec un espace politique, v. les développements consacrés à leur articulation par l'avocat général Poiares Maduro, CJUE, C-135/08 *Rottmann* du 2 mars 2010, préc. ; sur la citoyenneté comme « statut d'intégration », v. L. Azoulai, « La citoyenneté européenne, un statut d'intégration sociale », in *Mélanges Jean Paul Jacqué. Chemins d'Europe*, Dalloz, 2010, p. 1. Aj., plus généralement, E. Pataut, « Citoyenneté de l'Union européenne et nationalité étatique », *RTD eur.* 2010. 617 ; S. Corneloup, « Réflexions sur l'émergence d'un droit de l'Union européenne en matière de nationalité », *JDI* 2011. 491.

Dans une affaire concernant les conséquences au regard du droit de l'Union européenne d'un conflit négatif de nationalités résultant de la perte ou du retrait de la nationalité de deux États-membres au sujet d'un individu qui risquait par là même de devenir apatride, la Cour de Luxembourg a réaffirmé la compétence de chaque État, consacrée par le droit international général et reconnue par le droit de l'Union, pour déterminer ses propres nationaux (aff. C-135/08, *Rottmann*, préc.). Néanmoins, il ressort du même arrêt que le droit de l'Union régissant la citoyenneté européenne est susceptible de peser sur les conditions d'exercice de cette compétence. L'équilibre est délicat à trouver. La citoyenneté européenne a en effet un statut ambivalent, en ce qu'elle dérive de la nationalité souverainement déterminée par un État-membre, qu'elle a en même temps cependant pour fonction de surplomber. D'un côté, l'accessoire (la citoyenneté) ne peut déterminer le principal (la nationalité) ; de l'autre, il est difficile de concevoir que la compétence étatique puisse s'exercer en ignorant les exigences du droit de l'Union en matière de loyauté ou de non-discrimination, par exemple. En l'occurrence, la Cour admet que la décision d'un État-membre de retirer sa nationalité à un individu qui avait par ailleurs perdu, du fait de l'acquisition de celle-ci, la nationalité de l'État de sa naissance, devait respecter le principe de proportionnalité. Celui-ci exigerait, le cas échéant, qu'il soit accordé un délai à l'intéressé en vue de recouvrer sa nationalité d'origine.

Pareille conclusion se sépare de l'avis de l'avocat général, qui estimait que le retrait de nationalité n'étant pas lié en l'occurrence à l'exercice des libertés du traité ne contrevenait pas au droit de l'Union. Celui-ci n'aurait à limiter la souveraineté des États-membres que dans le cas d'une telle violation. L'exemple donné, qui ne va pas lui-même sans soulever de nouvelles interrogations, est celui d'une violation du principe de loyauté (article 10) par un État-membre qui naturaliserait massivement et de façon injustifiée des ressortissants d'États-tiers. Une meilleure illustration serait tirée de l'article 12 du traité, qui impose certainement que la nationalité d'un État-membre ne soit pas accordée selon des conditions discriminatoires, contaminant du même vice la citoyenneté de l'Union. Pour une analyse de cette décision en termes de conflit « diagonal », v. J. Heymann, obs. préc.

CONDITION DES ÉTRANGERS

12. Le terrain de la police des étrangers (entrée, séjour, départ forcé) est particulièrement instable, devenu l'objet de véritables enjeux politiques. L'esprit de la matière est d'autant plus difficile à saisir qu'entre les spectres savamment entretenus du chômage, de l'insécurité, de l'immigration clandestine et le flambeau parfois brandi d'une France, terre d'asile, le fléau de la balance oscille périodiquement, lorsqu'il n'est pas animé dans le même temps de pressions contraires (v. N. Guimezanes, *Rép. dr. intern.*, Dalloz, V. Immigration).

Sur le terrain des droits civils, l'article 11 du Code civil dispose que « l'étranger jouira en France des mêmes droits civils que ceux qui sont ou seront accordés aux Français par les traités de la nation à laquelle cet étranger appartiendra ». L'interprétation de ce texte, telle qu'aujourd'hui proposée, est le fruit d'une longue évolution.

La première interprétation fut proposée par Demolombe (*Cours de Code Napoléon*, t. I, n°s 240 et s.) qui, comprenant le texte dans son sens le plus littéral, estimait que les droits civils refusés à l'étranger ne bénéficiant pas d'un traité étaient constitués de l'ensemble des droits reconnus par les lois civiles. Sauf à rechercher, pour échapper à la rigueur d'une telle interprétation, les textes particuliers où le législateur aurait manifesté sa volonté d'y déroger (ex. : L. 14 juillet 1819 reconnaissant aux étrangers le droit de transmettre et de succéder à cause de mort ; art. 3, al. 2 C. civ., qui, soumettant à la loi française les immeubles situés en France, même possédés par des étrangers, suppose l'admission des étrangers à jouir en France du droit de propriété)... faisant ainsi dépendre les droits reconnus à l'étranger de simples accidents de rédaction des textes (ex. : l'art. 3 al. 2 C. civ. ne vise que les immeubles ; il faudrait en conclure que les étrangers sont privés de la jouissance du droit de propriété sur les meubles).

La seconde interprétation peut être découverte chez Aubry et Rau (*Droit civil français*, t. I, § 78), et se fonde sur la distinction – connue de l'Ancien Droit – entre facultés de droit civil et facultés de droit des gens, les premières étant seules refusées aux étrangers. Les facultés de droit des gens sont alors comprises comme celles qui découlent du droit naturel ou qui se trouvent en fait généralement admises par les nations policées (la propriété, le mariage) ; les facultés de droit civil sont au contraire les institutions artificiellement créées par les législations particulières (l'adoption, l'hypothèque légale de la femme mariée). Système fort délicat à mettre en œuvre, tant la distinction entre ces facultés paraît hasardeuse.

La troisième interprétation, développée par Demangeat (*Histoire de la condition des étrangers*, 1844, n°s 56 et s.) et Valette (*Explication sommaire du Code civil*, 1859, p. 407 et s.) se fonde sur le même point de départ que la précédente : la distinction des droits civils et des facultés de droit des gens. La différence porte sur la définition des droits civils : les droits civils refusés aux étrangers sont seulement ceux qu'un texte exprès désigne comme tels. C'est vers cette interprétation libérale que s'orientent aujourd'hui doctrine et jurisprudence (v. not. Cass. civ., 27 juill. 1948, *Rev. crit. DIP*, 1949. 75, note H. Batiffol ; *GA*, n° 20 : « il est de principe que les étrangers jouissent en France des droits qui ne leurs sont pas spécialement refusés ». Comp., dans le même sens, Cass. civ., 22 déc. 1959, *D.*, 1960. 93, note G. Holleaux ; *Rev. crit. DIP*, 1960. 361, note F. Terré ; *JDI*, 1961. 420, note B. Goldman. Et, plus récemment, Cass. civ. 1re, 31 janv. 1984, *Rev. crit. DIP*, 1984. 638, note Y. Lequette ; *JDI*, 1985. 444, note G. Légier).

Sur le terrain de la jouissance des droits, le particularisme de la condition des étrangers est aujourd'hui en nette régression, sous la pression notamment des droits fondamentaux (V. ainsi, au sujet du droit au renouvellement du bail commercial : Cass. civ. 3e,

9 novembre 2011, *LPA* 7 décembre 2011, n° 243, p. 9, note L. d'Avout ; *D.* 2012. 2331, obs. S. Bollée ; *Rev. crit. DIP* 2012. 568, note F. Jault-Seseke). En revanche, la régulation par l'Union européenne de ses frontières extérieures a renouvelé sensiblement les paramètres et l'enjeu de la condition de ressortissant.

Les relations entre la question de la condition des étrangers et celle des conflits de lois ont été passablement transformées par l'interprétation évoquée de l'article 11 (sur cette démonstration, v. O. Carmet, *Étude de la distinction entre condition des étrangers et conflit de lois*, thèse, Paris, 1977). Précédant l'affirmation jurisprudentielle du principe aujourd'hui en vigueur, il était en effet classiquement enseigné que la question de la condition des étrangers était préalable à celle du conflit de lois : de sorte qu'il fallait d'abord vérifier si l'étranger était apte à être titulaire d'un droit déterminé, avant même de définir la loi sous l'empire de laquelle ce droit pouvait être exercé (pour cette distinction entre l'exercice et la jouissance des droits, v. not. Batiffol et Lagarde, t. I, n° 5). Dans l'interprétation moderne de ce texte, il en est allé autrement : il s'agissait d'abord de savoir si la loi française était applicable, et dans l'affirmative, de rechercher si les conditions requises par cette dernière étaient alors réunies pour que l'étranger puisse se prévaloir d'un droit déterminé. Aujourd'hui, le statut d'intégration du citoyen européen semble de nature, à nouveau, à bouleverser la donne, en rendant difficile la distinction entre le conflit de lois et l'octroi de droits et de libertés.

Quant aux liens entre condition des étrangers et conflits de juridictions, ils apparaissaient lorsqu'était affirmé au XIXe siècle le principe d'incompétence des juridictions françaises dans les litiges entre étrangers. Il pouvait en effet être soutenu que l'accès à la justice constituait un droit civil refusé aux étrangers en vertu de l'article 11 C. civ. Une telle justification, pour le moins incertaine, devait en tout état de cause céder devant l'affirmation du principe contraire, formulé on ne peut plus clairement par la jurisprudence au XXe siècle (Cass. civ., 30 oct. 1962, *Rev. crit. DIP*, 1963. 387, note Ph. Francescakis ; *D.*, 1963. 109, note G. Holleaux, et déjà, Cass. civ., 21 juin 1948, *JCP*, 1948. II. 4422, note P. Lerebours-Pigeonnière ; *S.*, 1949. 1. 121, note J.-P. Niboyet ; *Rev. crit. DIP*, 1949. 557, note Ph. Francescakis). Désormais, l'accès à la justice est un droit fondamental (en Europe : v. la Convention européenne des droits de l'homme (article 6-1°) ainsi que la Charte des droits fondamentaux de l'Union européenne (article 47). Ses contours – ou ceux du déni de justice qu'il combat – demeurent incertains cependant (v. par exemple, l'histoire tourmentée du *Alien Tort Statute*, *infra*, n° 63 et les réf. citées *supra*, n° 10).

12-1. Droit international privé et crise migratoire. Nul n'ignore la crispation contemporaine des pays occidentaux face à l'afflux de migrants venus de pays en proie à des conflits (Afghanistan, Irak, Syrie, etc.), mais aussi de lieux, souvent situés sur le continent africain, affectés par la famine ou par la grande pauvreté, ou encore par les changements climatiques, situations dans lesquelles ces pays sont impliqués de façon plus ou moins directe (si les interventions militaires sont évidentes, il peut s'agir aussi d'interventions économiques : v. O. de Schutter, K. Cordes, *Accounting for Hunger*, Hart Publishing, 2011 ; B.S. Chimni, « Aid, Relief, and Containment : The First Asylum Country and Beyond », in *International Migration* 40(5) :75 – 94, janvier 2002). Cette crispation est souvent liée à la défense contre la menace terroriste, qui conduit à son tour à l'instauration de l'état d'exception (ainsi l'état d'urgence en France a été instauré pour une période de trois mois par la loi du 20 novembre 2015 et renouvelé depuis à plusieurs reprises).

Elle se traduit par le rétablissement des contrôles à la frontière et par l'instauration de régimes juridiques spécifiques destinés à « canaliser les flux » (sur l'utilisation courante du langage de la biopolitique, v. G. Le Blanc, F. Brugère, *La fin de l'hospitalité*, Flammarion, 2017). Le Règlement dit Dublin III n° 604/2013 de l'Union européenne en constitue l'illustration au niveau européen. Ces mesures concernent directement le droit international privé – même au sens étroit – dans la mesure où elles ont une incidence sur le statut personnel des étrangers (S. Corneloup, « Can Private International Law Contribute to Global Migration Governance ? », *in* H. Muir Watt et D. Fernandez Arroyo, *Private International Law and Global Governance*, OUP, 2014, chap. 17 ; Hans van Loon, « Looking towards a New Model of International Migration », in *Mélanges H. Gaudemet-Tallon*, Dalloz, 2008, p. 419). Le cas des enfants migrants se retrouvant dans la « jungle » de Calais et demandant à être transférés au Royaume-Uni illustre la superposition des conflits, des méthodes et des problématiques qui résulte de la rencontre entre le droit international privé et le droit de l'immigration (v. H. Muir Watt, « Désastre humanitaire et droit international privé : de la jungle de Calais au labyrinthe de Dublin. Tribunal supérieur (Chambre de l'immigration et de l'asile), 21 janv. 2016 », *Rev. crit. DIP*, 2016. 345).

GLOBALISATION ET DROIT INTERNATIONAL PRIVÉ

13. Sémantique. Les termes « global » et « globalisation » sont utilisés par endroits dans cet ouvrage depuis sa première édition. Il nous est parfois demandé les raisons pour lesquelles ils sont alors préférés à « mondial » ou « mondialisation », comme si les concepts sous-jacents étaient parfaitement interchangeables, ou que les premiers reflétaient un simple anglicisme. Mais, bien que certainement plus usité dans un contexte juridique de langue française (v. par exemple, Ph. Moreau Desfarges, *La mondialisation*, Puf, « Que sais-je », 2012, dont la couverture comporte une illustration du globe, sous le titre « un monde globalisé »), « mondial » n'est ni la traduction de « global », ni son synonyme exact, même si, selon les circonstances, il n'est pas exclu que l'un puisse tenir la place de l'autre. La langue anglaise distingue également le « global », qui repose sur une grille de lecture économique, culturelle et technologique des phénomènes sociaux, du plus vénérable « mondial » (« world » ou « worldwide »), qui tend plutôt à conserver une signification géo-politique (comme dans le contexte de « World Trade Organisation » ou « Organisation mondiale du commerce »). Au demeurant, comme on vient de le voir, l'épithète « global » est parfois assorti du terme « monde ». Les deux langues offrent aussi un éventail d'autres mots possibles pour décrire des phénomènes socio-culturels qui dépassent les frontières, ou traversent ou surplombent les structures institutionnelles de l'État-nation (par exemple, préférant le terme « cosmopolite » : W. Twining, (2009) General Jurisprudence : Understanding Law from a Global Perspective, Cambridge University Press ; plus généralement, sur la signification du terme « global » rapporté à un tournant dans la façon de penser l'histoire, v. S. Moyn & A. Sartori, *Global Intellectual History*, Columbia Univ. Press, 2010 ; ou de pratiquer les sciences sociales, R. Banakar & M. Travers (dir.), Law and Social Theory, 2ᵉ éd., Hart. 2013 ; N. Walker, *Intimations of Global Law*, Global Law Series, Cambridge University Press, 2015). Les scientifiques, quant à eux, n'hésitent pas désormais à évoquer l'échelle « planétaire », notamment pour mesurer l'ampleur du désastre écologique contemporain – lequel relève certainement des effets d'une production « globalisée ».

Lorsqu'il s'agit de décrire des phénomènes spécifiquement juridiques – c'est-à-dire la façon dont le droit appréhende un espace, une relation, une institution, un système ou une culture qui n'est pas aligné sur le national-étatique – chacun de ces termes peut s'opposer aux différentes déclinaisons du « national » (supranational, international, transnational), ou encore, lorsqu'il s'agit d'une aspiration, à l'« universel » (ainsi, dans la Déclaration universelle des droits de l'homme et du citoyen). Comme le « mondial », ces dernières catégories appartiennent cependant dans l'ensemble au vocabulaire de la modernité ; bien que les réalités captées par ce dernier paradigme soient contestées (v. B. Latour, *Nous n'avons jamais été modernes. Essai d'anthropologie symétrique*, éd. La Découverte, 1981), y sont cependant incontestablement associées la construction de l'État (et l'état de droit) et une rationalité qui se traduit par la notion d'« ordre » juridique. Par contraste, le « global », apparu à la fin des années 1980 dans la théorie sociale et politique, charrie une conception de l'état de nos sociétés liée à la modernité tardive (ou « liquide ») et à la perte qu'il implique de la stabilité des valeurs et des normes qu'incarnaient le droit, l'État et la souveraineté dans l'espace national (sur la « liquidité » des formes de société postindustrielles, v., en traduction française, Zygmunt Bauman, *L'identité*, éd. de l'Herne, « Carnets », 2010).

C'est pourquoi le global, et non le mondial, décrit un changement de paradigme, en droit comme dans d'autres champs d'étude et d'interprétation de l'humanité et des sociétés (v. insistant sur le caractère paradigmatique du « global », R. Michaels, « Globalisation and Law : Law Beyond the State », in R. Banakar & M. Travers, *op. cit.*, p. 287 et s.), et renvoie à une conscience des interactions accélérées des diverses dimensions de la vie et de la science, plutôt qu'à la seule reconfiguration de territoires, ou d'ordres juridiques ou politiques nationaux ou internationaux qui l'induit. En effet, si ces distinctions sémantiques ont agité les sciences humaines et sociales au cours de la dernière décennie du XXe siècle, les débats nous semblent aujourd'hui suffisamment apaisés (quoique nullement disparus : v. sur l'état de la discussion dans la théorie sociale en tant qu'elle implique le droit, R. Banakar & M. Travers, « Law in a Global Society », in *Law and Social Theory* préc, p. 265 et s.) pour que l'on puisse employer le terme « globalisation » afin de décrire certaines transformations du droit liées au déclin de la centralité de l'État-nation et du « nationalisme méthodologique » qui lui est étroitement lié.

Ces mutations affectent aussi bien le droit international privé en tant que discipline (au point de mettre en jeu son avenir, comme nous le verrons plus loin), que ses objets (les phénomènes sociaux auxquels il s'applique). À ces deux égards – qui sont au demeurant largement interdépendants – le droit international privé offre une perspective d'autant plus privilégiée pour faire ressortir l'ensemble de ces significations nuancées que son seuil traditionnel était le « phénomène de la frontière » (selon l'expression de Niboyet) ; par ailleurs, il a toujours accepté que ses propres sources relèvent, sous des statuts différents, du supra- trans- ou inter- national (droit naturel, droit des nations, droit romain, coutumes, droit commun, conventions internationales, droits de l'homme, droit régional, normes sociales telles la *lex mercatoria*, droit savant, etc.). À la faveur de ces dernières, cette discipline a également développé des méthodologies spécifiques pour appréhender et réguler des relations sociales, des identités ou des flux économiques au-delà des frontières d'un État. À ce titre, elle a largement contribué aux mutations sociopolitiques et économiques caractéristiques de la modernité tardive, par la généralisation de l'autonomie de la volonté individuelle et du forum shopping, l'essor de la concurrence des systèmes juridiques, ou la mise en place d'un système privatisé de justice s'étendant progressivement en matière d'investissement aux politiques publiques des États. La relation de réciprocité, ou mutuellement constitutive, entre droit et société, également tenue pour particulièrement étroite dans la globalisation, est ainsi très visible à travers le prisme de cette matière.

En même temps, peut-être parce que les changements affectant les autres disciplines sociales et politiques ne représentaient pour lui que l'extension, l'accélération ou l'intensification de son objet naturel, le droit international privé a peut-être montré plus de résistance qu'ailleurs à l'accueil d'un nouveau vocabulaire. En tout cas, la discipline est traversée aujourd'hui par une tension forte, car c'est dans son domaine propre qu'apparaissent les phénomènes perçus comme constitutifs du global (par ex. : des acteurs privés plus productifs et plus puissants que beaucoup d'économies nationales ; des marchés constitués d'opérations infiniment complexes, instantanées et volatiles, dont ces dernières dépendent en grande partie ; des avancées technologiques qui réorganisent l'espace, l'individu, la famille ; des flux migratoires qui désorganisent les frontières et rendent perméables les communautés nationales). Alors pourtant que de tels phénomènes emblématiques de la globalisation sont de nature à affecter radicalement l'État et le droit, les outils que continue d'offrir le droit international privé restent arrimés à la modernité qui a vu naître la discipline.

Cette dernière analyse prêtera sans nul doute à controverse ; elle sera explicitée plus loin, en même temps que seront signalés par l'emploi de l'adjectif « global » les changements d'ordre qualitatifs qui nous paraissent inadéquatement saisis par les termes « international », « transnational », « mondial », « universel » ou « cosmopolite ». En attendant, il est sans doute important de souligner ce que la globalisation, au sens où nous l'entendons dans ce contexte, n'est pas. Ainsi, elle n'est pas nécessairement la première évolution culturelle de cette ampleur dans l'histoire, même en ce qui concerne ses effets sur le droit (v. Duncan Kennedy, « Three Globalizations of Law and Legal Thought (1850-2000) », *in* David Trubek et Alvaro Santos (dir.), *The New Law and Economic Development. A Critical Appraisal*, Cambridge, 2006, identifiant la première à la date à laquelle par ailleurs les internationalistes-privatistes situent la naissance moderne de leur discipline ; v. au demeurant du même auteur « Savigny's Family/Patrimony Distinction and its Place in the Global Genealogy of Classical Legal Thought », 58 *Am. J. Comp. L.* 811 (2010) ; pour les éléments de ce grand récit généalogique en droit international privé, v. *infra*, n°s 332 et s. ; n°s 357 et s.). Elle ne tend pas non plus à l'uniformité de ce dernier ; à la différence des revendications ou aspirations mondiales ou universalisantes, elle est faite plutôt d'interactions complexes avec le local, qui exigent des savoirs comparatistes et empiriques. À ce titre, elle ne conduit pas à affirmer la disparition de l'État en tant qu'acteur et espace politique, mais seulement à contester son monopole, voire même sa centralité, ainsi que le caractère fondateur ou immuable des diverses distinctions sur lequel il se fonde ainsi que les catégories philosophiques ou épistémologiques qu'il s'est appropriées (public/privé ; propriété/contrat ; droit/non-droit… mais aussi droit/science ;

nature/culture ; espace/temps…). Elle n'est pas non plus en soi porteuse d'un projet idéologique, bien que les phénomènes les plus notables – ceux qui relèvent du champ du droit international privé – soient associés le plus souvent à l'emprise du néolibéralisme et à ce titre engendrent (selon un vocabulaire lui-même sujet à discussion) des « altermondialismes ».

C'est au vu de l'ensemble de ces réflexions que nous avons considéré qu'un conflit du type de l'affaire *Chevron* comporte des dimensions « globales » (préc. *supra* n° 10 et *infra*, not. n° 122-1), ou encore que la prise de position des juges américains dans l'affaire *Kiobel* affecte la structure de l'économie « globale » (*infra*, n° 63 et *passim*). Le premier exemple oppose une entreprise « multinationale » (au capital anonyme, à structure juridique fiscale complexe et aux revenus colossaux et dispersés), aux revendications identitaires et écologiques d'une communauté locale relevant d'un État (l'Équateur) dont l'économie est très largement tributaire de l'entreprise défenderesse. Bien davantage qu'un simple conflit international de lois (fût-il fortement politisé), il révèle la confrontation, subversion, et fragilisation d'un éventail très ample d'institutions juridiques publiques et privées, d'ordres juridiques locaux et internationaux, de sanctions judiciaires et économiques, qui s'entrecroisent dans un équilibre à la fois instable et désordonné sur fond des rapports Nord-Sud et centre-périphérie au sein du régime désormais très contesté de l'investissement direct étranger. Dans le second exemple, on assiste à l'impact économique du binôme juridique territorialité/extraterritorialité ; celui-ci, tout en faisant partie de la grammaire de base du droit international privé moderne et libéral, offre des contours également très évolutifs et de moins en moins liés à la configuration du territoire. La façon dont cette distinction clé est mise en œuvre ici induit de façon directe et immédiate des conséquences sur la structuration du capital et des revenus des entreprises multinationales ; mais elle engage aussi le positionnement de l'État-nation au regard du corpus croissant de normes secrétées par des institutions concurrentes au nom des droits humains à vocation universalisante et dont la juridicité, le caractère obligatoire et l'applicabilité, sont simultanément en jeu.

Globalisation et fonction du droit international privé. — En tant qu'il détermine le régime juridique de situations nées de la perméabilité des frontières ou du rapprochement des cultures, le droit international privé est au cœur du processus dénommé « globalisation ». Mais si le processus visé est bien associé à certains phénomènes objectifs (telles l'accélération des moyens de transport ou la circulation intensifiée de l'information), la « globalisation » est aussi une représentation du monde, comme l'était l'ère westphalienne de la souveraineté étatique et du compartimentage des territoires qui la précède (v. A. Mills, « The Private History of International Law », 55 *int. Comp. L. Qu.* 1 (2006). À cet égard, le « global » porte sur un paradigme et une logique distincts de ceux que véhiculaient l'« universel » ou le « total » (sur ces trois paradigmes et leurs logiques, respectivement réseau-numérisation, formalisme-reconnaissance, industrie-normalisation, v. F. Gros, « Le modèle néolibéral de justice », séminaire IHEJ, 5 janvier 2009). Pour cette raison, on peut non seulement s'interroger sur l'unicité du processus de globalisation (v. D. Kennedy, « Three Globalizations of Law and Legal Thought : 1850-2000 », in *The New Law and Economic Development. A Critical Appraisal*, David Trubek et Alvaro Santos (dir.), Cambridge, 2006) mais aussi et surtout douter de sa neutralité idéologique

(v. Ugo Mattei, Laura Nader, *Plunder : When the Rule of Law is Illegal*, Blackwell Publishing, 2008). Cette dernière interrogation s'étend bien entendu à la fonction assignée au droit international privé dans ce même contexte (sur sa dimension politique, v. *infra*, n° 23 ; sur sa dimension économique, v. H. Muir Watt, « La fonction économique du droit international privé », *RIDE*, 2010. 103 et *infra*, not. n°s 119, 327, 1014 et s., 1071, 1076).

Globalisation et physionomie changeante du droit international privé. — Pour comprendre l'avenir du droit international privé dans un monde complexe et fragmenté (sur cette fragmentation de la société globalisée, v. Martti Koskenniemi et Päivi Leino, « Fragmentation of International Law. Postmodern Anxieties », 15 *Leiden Journal of International Law* (2002), 553 ; G. Teubner, A. Fischer-Lescano, « Regime-Collisions : The Vain Search for Legal Unity in the Fragmentation of Global Law », *Mich J. Int'l L.* (2004)), il est sans doute temps, au-delà des mutations méthodologiques contemporaines saisies à travers des outils juridiques classiques (bilatéralisme / unilatéralisme, droits acquis, reconnaissance mutuelle), de mobiliser un savoir interdisciplinaire nécessaire à la perspective holistique des « conflits de régimes » dont certains auteurs soulignent aujourd'hui la nécessité (comp. la plaidoirie en ce sens par Karen Knop, Ralf Michaels, Annelise Riles (dir.), « Transdisciplinary Conflict of Laws, Law and Contemporary Problems. Duke University School of Law », vol. 71, n° 3, 2008 et le compte rendu *Rev. crit. DIP*, 2009. 417 ; G. Teubner & Fischer-Lescano, *op. cit.* ; Marie Cornu et Marc-André Reynolds, « Le renouveau des restitutions de biens culturels : les modes alternatifs de règlement des litiges », *JDI*, 2009. 493, montrant que les modes alternatifs permettent la prise en compte de dimensions extrajuridiques, émotionnelles ou culturelles). Ainsi, la caractéristique du nouvel « ordre global sans État » (v. G. Teubner, *Global Law without a State*, Dartmouth Publishing, 1997 ; et, parmi ses très nombreux travaux sur la sociologie de la globalisation, Saskia Sassen, *Losing Control. Sovereignty in An Age of Globalization*, Columbia University Press, 1996) serait l'apparition de lignes de faille inédites et de nouvelles agrégations d'intérêts et de valeurs qui remplaceraient les conflits de lois entre communautés politiques territoriales par une revendication d'autonomie – et partant, un besoin d'articulation – de « secteurs sociaux » transversaux, tels la culture, la santé, les transports…, chacun exprimant des rationalités différentes, de sorte que le paradigme normatif que nous avons connu jusqu'ici, fondé sur la primauté du droit, de la politique ou de la morale, viendrait à être dépassé par un paradigme cognitif fait de science, d'économie et de technologie (v. H. Muir Watt, « Conflicts of Laws Unbounded : The Case for a Legal-Pluralist Revival », *Transnational Legal Theory*, 2016, vol. 7, 313 ; pour une illustration, v. Ch. Byk, « Force normative et multiplicité des sources en droit des sciences de la vie », *JDI*, 2009. 555). Les outils traditionnels de régulation (empruntant tous une approche unidimensionnelle, qu'elle soit juridique, économique ou politique), tendant à la réalisation d'un ordre international unitaire hiérarchisé ou coordonné, doivent être remplacés par la recherche d'une mise en réseau de sphères hétérogènes fondée sur la compatibilité, la « relevance » ou la reconnaissance, et développée à partir de leur observation/irritation mutuelle (v. pour une excellente illustration des pouvoirs de « l'irritation juridique », G. Teubner, « Legal irritants : Good Faith in British Law or How Unifying Law Ends Up in New Divergence », 61 *Modern Law Review* 11, 1998). Sur tous ces points, les travaux sociologiques sur le pluralisme normatif (Santi Romano, *L'ordina-*

mento giuridico (1918), trad. fr. *L'Ordre juridique*, Dalloz, 2002 ; et, outre les très nombreuses publications de cet auteur en langue allemande, Niklas Luhmann, *Essays on Self-Reference*, Columbia University Press, 1990 ; « System as Difference », 13 *Organization* 3, 2006) revêtent une remarquable actualité.

II | L'objet du droit international privé

14. Le droit international privé est un instrument de gestion de la diversité des droits [1].

Cette diversité est tout d'abord celle des droits étatiques. Ainsi, plus précisément, le droit international privé a pour objet de déterminer l'État dont les juridictions sont compétentes pour connaître du contentieux issu d'une situation comportant des liens de fait avec une pluralité de pays, d'indiquer celui dont le droit doit apporter la réponse au litige, ou encore de définir la valeur d'un jugement ou d'un acte public étranger devant le juge national. Dans tous ces cas, le droit international privé fournit des critères de choix ; on dit par conséquent traditionnellement qu'il s'exprime par une méthodologie indirecte, qui ne fournit pas la solution directe du litige – laquelle dépend du relais du droit national pour déterminer le juge spécialement compétent, la règle de fond applicable ou le contenu du jugement appelé à circuler – mais oriente vers des sources de réponses. Ce caractère indirect est cependant discuté et mérite d'être nuancé, la méthodologie du droit international privé dépendant de choix variables dans le temps et dans l'espace, selon les écoles de pensée.

Le pluralisme que le droit international privé est appelé à gérer peut également impliquer la désignation de juridictions, la mise en œuvre de normes, ou la reconnaissance de décisions, qui ne sont pas exclusivement d'origine étatique. Par exemple, il peut arriver que les parties à un rapport commercial international soient liées par une clause d'arbitrage ou que leur contrat soit soumis à une règle coutumière de source professionnelle (la *lex mercatoria*) ou encore qu'une sentence arbitrale soit présentée à l'*exequatur*. Bien que l'autonomie de ces diverses manifestations de normativité extra-étatique demeure actuellement très controversée, la sentence arbitrale pourra être justiciable de l'*exequatur*, le contrat

1. V. Ph. Francescakis, qui, dans sa préface à la traduction française – par P. François et P. Gothot, 1975 – de l'ouvrage de Santi Romano, *L'ordre juridique*, définit la finalité du droit international privé comme « la gestion du pluralisme juridique », p. XVI.

international gouverné par la *lex mercatoria*, et la clause d'arbitrage efficace, au moins dans la mesure où l'État dont les juridictions sont appelées à en connaître y consent.

15. En deçà de telles nuances, les problèmes que le droit international privé devra résoudre sont de plusieurs sortes : quel est le droit applicable à la situation juridique considérée ? Quelle est l'autorité compétente pour connaître du litige qu'elle soulève le cas échéant, ou tout simplement pour instrumenter un acte la concernant ? Si une décision a été rendue à l'étranger, ou un instrument dressé, au sujet de ce rapport de droit, quelle en est la valeur en France ? La première question est celle du conflit de lois. Les deux suivantes sont traditionnellement regroupées sous la catégorie des conflits de juridictions – parce que produits de l'activité juridictionnelle – à laquelle se doit d'être rattaché le régime international de l'acte public (souvent désigné en termes de conflit d'autorités). Fondamentalement, cette division selon le type de norme en cause (loi ou jugement ; règle abstraite ou acte concret d'ordre juridictionnel ou administratif) détermine la méthode par laquelle l'autorité saisie va accueillir des sources de normativité hétérogènes [1]. Le conflit de lois oblige en effet à mettre en œuvre un critère de choix afin de départager une pluralité de lois potentiellement applicables à une même situation juridique ; le choix se fait donc (*ex ante*) en fonction de la meilleure adéquation possible entre l'une et l'autre (A). En revanche, le conflit de juridictions ou d'autorités conduira – sous l'un de ses aspects du moins – à mettre en présence (*ex post*) d'un acte individuel déjà réalisé à l'étranger devant une autorité publique et auquel il s'agira d'attacher des effets en France. Sauf à bouleverser les prévisions que fondent les situations acquises, il devra donc être accueilli dans des conditions libérales, tout en préservant certaines des exigences du for au sein duquel il a vocation à s'intégrer (B).

Cependant, il importe de préciser dès maintenant que la méthode de la reconnaissance, caractérisée notamment par l'effacement de l'exigence du respect du règlement du conflit de lois et classiquement réservée à l'accueil des *décisions* étrangères, est progressivement venue désigner, indépendamment de l'acte décisionnel d'une autorité, une méthode d'accueil plus libérale de simples *situations* vécues comme acquises en dehors du for. La pression des droits de l'homme, qui exigent notamment, à travers le droit au respect de la vie familiale (art. 8, Convention européenne des droits de l'homme), la continuité de la situa-

1. V. P. Mayer, *La distinction entre règles et décisions et le droit international privé*, Paris, Dalloz, 1973, préf. H. Batiffol.

tion familiale des individus par-delà les frontières, est pour beaucoup dans cette extension du champ de la méthode de reconnaissance. Il en résulte un certain brouillage de la distinction traditionnelle entre les conflits de lois et de juridictions, au point que certains prédisent d'ores et déjà un déclin progressif de la méthode du conflit de lois au profit de la reconnaissance des situations acquises [1]. Par ailleurs, les nouveaux instruments de droit dérivé de l'Union européenne tendent à adopter une approche « intégrée » des questions de conflit de lois et de juridictions afin de parvenir à l'unité des compétences (juridictionnelles et législatives), de sorte qu'à terme, l'intérêt de distinguer les deux terrains sera peut-être réduit [2].

A / LE CONFLIT DE LOIS

16. Le conflit de lois naît de la vocation concurrente de diverses lois à appréhender une situation juridique. Un exemple, tiré de l'une des décisions les plus célèbres de la matière – l'arrêt *Lautour* rendu par la Cour de cassation le 25 mai 1948 – permet d'en fournir une illustration : alors qu'une entreprise française de transport employait des conducteurs français, l'un de ces derniers décéda à la suite d'un accident survenu en Espagne ; sa veuve entendit obtenir de l'employeur français des dommages-intérêts pour réparer le préjudice qu'elle avait subi.

Le problème particulier que le droit international privé dut résoudre était donc le suivant : avant de savoir si, oui ou non, des dommages-intérêts pouvaient être accordés, il fallait rechercher la loi applicable à la situation juridique litigieuse ; *a priori*, l'hésitation – telle qu'elle ressort des données de l'espèce – était en effet possible entre la loi espagnole et la loi française. Cette incertitude, que le droit international privé a pour mission de lever, pose la question du conflit de lois.

Cette dernière est donc préalable à la résolution du litige au fond : il faut en premier lieu rechercher quelle est la loi applicable à la question de droit litigieuse. C'est ensuite seulement que l'on recherchera la solution donnée au fond par cette loi : la loi déclarée applicable permet-elle

1. V. G.P. Romano, « La bilatéralité éclipsée par l'autorité. Développements récents en matière d'état des personnes », *Rev. crit. DIP*, 2006. 457.

2. Le Règlement « Obligations alimentaires » (CE, n° 4/2009 du 18 décembre 2008 et *infra*, n° 788) relatif à la compétence, la loi applicable, la reconnaissance et l'exécution des décisions et la coopération en matière d'obligations alimentaires confirme l'actualité de l'approche « globale » du droit international privé, saisi par matières englobant les conflits de juridictions et de lois. Le règlement sur les successions internationales emprunte une démarche analogue (v. *infra*, n°s 836 et s.).

d'accorder des dommages-intérêts au demandeur ? On verra cependant qu'en certaines hypothèses, la règle de droit international privé apporte directement une réponse à la question de droit posée.

17. Les conditions dans lesquelles naît la vocation concurrente de différentes lois à régir une même question de droit doivent cependant être précisées. D'abord, une telle concurrence existe dès lors que plusieurs normes juridiques autonomes sont susceptibles d'apporter une réponse, le statut des législateurs au regard du droit international important peu à cet égard. Ainsi, un conflit de lois peut parfaitement exister au sein d'une fédération politique dès lors que chaque État fédéré (ou État-membre) a compétence pour régir la question envisagée. Par exemple, il peut y avoir un conflit de lois entre l'État de New York et le Texas, ou entre la France et l'Italie, sur la validité des mariages homosexuels, dont le régime relève, selon l'organisation constitutionnelle fédérale, de la souveraineté des États fédérés. En revanche, il pourrait ne plus guère y avoir de conflit de lois entre la France et l'Allemagne en matière de commerce électronique ou de responsabilité du fait des produits, dans les champs où le droit dérivé européen impose une harmonisation maximale des règles substantielles, les États-membres ayant perdu toute compétence pour légiférer en ces domaines [1].

18. La situation de ce qu'on appelle les « conflits internes » est plus délicate [2]. On appelle « conflit interne » la situation qui existe lorsqu'au sein d'un même État souverain, des communautés différentes sont régies par des normes différentes, en fonction de critères personnels (ethniques ou religieux) ou territoriaux (domicile). Dans ce cas, du moins au regard des autorités de cet État, la coexistence de ces diverses règles ne crée aucun véritable conflit de lois dès lors que leur champ respectif est délimité par le même législateur, dont elles émanent toutes (ou du moins, en cas de coutumes, dont elles reçoivent la sanction étatique). Mais les choses se compliquent lorsque la situation se greffe sur un conflit international de lois dont est saisie une autorité extérieure à cet État. Tel sera le cas par exemple si la règle de conflit française désigne la loi

1. Ce que confirme CJCE, 25 avril 2002, aff. C-52/00, Commission v. France. Il pourrait en être autrement en présence de directives d'harmonisation minimale. À ce sujet, v. CJUE, 17 octobre 2013, aff. n° C-184-12, *D.*, 2014. 60, note L. d'Avout ; *JCP* 2013, 1287, note C. Nourissat ; *RDC*, 2014. 80, obs. P. Deumier.

2. Cf V. Parisot, *Les Conflits internes de lois*, préf. P. Lagarde, éd. de l'IRJS (Bibliothèque de l'Institut de Recherche Juridique de la Sorbonne – André Tunc, t. 46, 2013, 2 volumes, proposant de résoudre le conflit interne par référence à la fonction, localisatrice d'intérêts ou non, de la règle de conflit de lois ; et, du même auteur : « Les classifications des conflits internes de lois à l'épreuve de leur solution », *Rev. crit. DIP*, 2014. 469. Sur ce point, v. également, *infra*, n° 513.

libanaise pour régir la validité d'un mariage entre deux ressortissants libanais domiciliés en France (conflit international entre la loi libanaise de la nationalité commune des époux et la loi française du domicile) ; le droit libanais peut en effet prévoir des règles variables selon la communauté religieuse à laquelle appartiennent les intéressés (conflit interne). Dans un tel cas, il est souhaitable que l'autorité tierce respecte le champ d'application des règles tel qu'il est conçu à l'intérieur du système désigné, afin que les solutions soient les mêmes indépendamment du for saisi. C'est là un aspect de ce qu'on appelle plus généralement « l'harmonie internationale des solutions ».

19. La vocation concurrente d'une pluralité de normes de sources différentes suffit-elle à mettre en présence d'un conflit de lois redevable de la méthode de détermination de la loi applicable décrite plus haut, abstraction faite de la différence de contenu des lois en présence ? La question est controversée et la réponse varie à partir des différentes conceptions de la fonction de la règle de conflit de lois qui se succèdent dans l'histoire et selon les pays. Dès lors en effet que, dans une situation affectée d'extranéité, on estime que la loi du for n'a pas de vocation naturelle à fournir la solution du litige, la fonction de la règle de conflit de lois sera de déterminer la base de raisonnement du juge, peu important la teneur des lois en concurrence. Dans cette conception, le conflit de lois existe du seul fait que le rapport de droit litigieux croise le champ de plusieurs lois différentes.

Mais une acception moins abstraite du conflit de lois existe, qui suppose que les lois potentiellement applicables apportent des réponses contradictoires à une même question de droit. Ainsi, dans l'affaire *Lautour* précitée, si les lois française et espagnole avaient abouti de fait à un résultat concret équivalent (refus ou admission de la responsabilité du défendeur), le conflit de lois aurait pu aussi bien ne pas être tranché. Le juge français saisi aurait donc pu, sans incidence sur le fond du litige, continuer d'appliquer la loi française. Dans cette conception, le problème n'est donc plus de fournir une base de raisonnement au juge lorsque la loi du for a perdu sa vocation naturelle à régir le rapport de droit litigieux, mais de régler un « vrai » conflit, perçu soit comme une collision d'intérêts étatiques à l'occasion d'un rapport de droit privé (comme dans la méthodologie fonctionnaliste américaine contemporaine, qui nous lègue la distinction des « vrais » et des « faux » conflits), soit comme une situation contradictoire pour les justiciables, destinataires d'injonctions étatiques différentes dans leur activité transfrontière (un même individu étant tenu simultanément pour marié et célibataire, propriétaire et occupant sans titre, créancier et débiteur, par les différentes lois ayant vocation à s'appliquer).

Si le droit international privé moderne continental a été bâti sur l'assimilation du conflit de lois à une situation de concurrence abstraite, on relève en revanche à l'heure actuelle une certaine évolution vers la prise en compte du contenu des lois en présence [1]. Pareille orientation s'explique tout à la fois par la prééminence acquise par les intérêts individuels parmi les préoccupations du droit positif, qui conduit à ériger en valeur essentielle la continuité du régime des rapports personnels et commerciaux dans les situations transfrontières, et par le retour d'une perception du conflit de lois comme impliquant l'opposition d'intérêts étatiques. Ces deux orientations vont de pair avec l'avènement de la technique de la proportionnalité, qui semble conduire progressivement à ne faire des lois en conflit que des éléments à mettre en balance dans un contexte plus large [2]. Les conséquences méthodologiques de cette façon de raisonner importée du droit public et caractéristique de la constitutionnalisation croissante du droit privé, sont très discutées ; l'émergence de la reconnaissance unilatérale en est le symptôme le plus remarquable [3].

B / LES CONFLITS DE JURIDICTIONS ET D'AUTORITÉS

Sous cette appellation traditionnelle, deux questions distinctes sont en réalité évoquées : celle de la compétence internationale directe des tribunaux ou des autorités ; celle de l'effet en France des décisions rendues à l'étranger.

20. La compétence internationale directe. — Si l'on raisonne à nouveau à partir de l'exemple de l'accident impliquant des parties de nationalité et de domicile français survenu en Espagne, il est aisé de constater qu'une autre hésitation est également concevable : le tribunal compétent

1. V. *infra*, n° 369 sur ce que des considérations d'économie procédurale peuvent conduire à circonscrire le conflit de lois (en France, sur le terrain de la recevabilité des moyens de cassation), aux cas de « vrai conflit », où les lois en présence n'atteignent pas un résultat équivalent.

2. Duncan Kennedy, « A Transnational Genealogy of Proportionality in Private Law », in *The Foundations of European Private Law* 185, Hart Publishing, 2011 ; J.A. Bomhoff, *Balancing Constitutional Rights : The Origins and Meanings of Postwar Legal Discourse*, (Cambridge Studies in Constitutional Law), Cambridge University Press, 2013 ; sur les paramètres spécifiques qui encadrent la jurisprudence de la Cour de justice en matière de libre circulation, v. A. Marzal Yetano, *La dynamique du principe de proportionnalité*, éd. Institut de Varenne, 2014.

3. V. *infra*, n°s 569 et s.

pour connaître du litige est-il le tribunal espagnol ou le tribunal français ? Le droit international privé connaîtra également de cette question, du moins pour déterminer si à ses yeux, les tribunaux français sont bien compétents. La réponse tiendra compte aujourd'hui, pour une large part, du droit de l'Union européenne. L'espace judiciaire européen a en effet pour objet de répartir les contentieux parmi les juridictions des États-membres, notamment en matière civile et commerciale (Règlement CE dit « Bruxelles I », n° 44 du 22 décembre 2000, révisé par le Règlement (UE) n° 1215/2012, applicable depuis le 10 janvier 2015), en matière de désunion conjugale et de responsabilité parentale (Règlement CE dit « Bruxelles II *bis* », n° 2201 du 27 novembre 2003), ou encore en matière de procédures d'insolvabilité (Règlement CE n° 1346 du 29 mai 2000, refondu par le Règlement (UE) 2015/848 du Parlement européen et du Conseil du 20 mai 2015 relatif aux procédures d'insolvabilité) [1].

Dans d'autres hypothèses, c'est la question de la compétence internationale d'une autorité administrative française qui se trouvera posée. L'officier français de l'état civil a-t-il compétence pour célébrer un mariage entre deux ressortissants étrangers ? Le notaire français peut-il instrumenter un testament ou un trust portant sur des biens situés à l'étranger ? La difficulté vient de ce qu'on a longtemps cru qu'une autorité administrative, dont la compétence est liée, ne pouvait agir que dans les termes fixés par sa loi propre. Aujourd'hui, il n'est pas inconcevable qu'un officier public instrumente un acte prévu par une loi étrangère. Il revient au droit international privé, dans sa composante parfois dénommée « conflit d'autorités », d'en déterminer les conditions.

21. L'effet en France des décisions étrangères. — Si l'on poursuit encore l'exemple de l'accident survenu en Espagne, on peut imaginer que la question de l'attribution des dommages-intérêts ait été portée devant un tribunal étranger, et que celui-ci ait rendu un jugement à ce propos. Ce jugement ayant donné gain de cause à la demanderesse, celle-ci pourra souhaiter s'en prévaloir en France : par exemple, pour y saisir, munie de ce jugement, des biens du défendeur situés sur le territoire français. Il va falloir alors vérifier que ce jugement étranger a été rendu dans des conditions telles qu'il puisse produire effet en France. Cela est possible, mais non certain. Les conditions dans lesquelles le jugement étranger pourra produire ses effets en France font partie intégrante du droit international privé, qui comporte à cette fin un régime

1. D'autres règlements tendent également aux mêmes fins : en matière successorale, au sujet des régimes matrimoniaux ou des effets patrimoniaux des partenariats enregistrés…

de reconnaissance des actes juridictionnels étrangers. Dès lors que l'exécution forcée du jugement étranger est recherchée, ce régime sera mis en œuvre à l'occasion de la procédure d'*exequatur*. Ici encore, le droit de l'Union européenne a un impact très important sur la teneur des conditions de reconnaissance et d'exécution des jugements rendus par les juridictions des États-membres, qui connaissent des conditions de circulation internationale très libérales au sein de l'espace judiciaire commun. Au gré d'une accumulation progressive de textes spéciaux puis de l'adoption du Règlement Bruxelles I révisé qui recouvre l'ensemble des jugements rendus en matière civile et commerciale, un jugement rendu dans un autre État-membre accède même désormais directement aux voies d'exécution locales, sans *exequatur*.

Des questions analogues se posent à l'occasion de la détermination des effets en France d'actes publics étrangers ne revêtant aucun caractère juridictionnel. Il en va ainsi quotidiennement des actes de l'état civil, dont la force probante peut être invoquée en France en vue d'obtenir, par exemple, une prestation sociale, ou encore, d'un acte authentique dressé devant un officier public étranger, instrumentant une donation ou contenant une reconnaissance d'enfant naturel. Il arrive au demeurant que certains actes qui, en France, sont confiés aux tribunaux, telle la désunion conjugale, puissent être effectués dans d'autres pays par des autorités administratives. Là encore, il revient au droit international privé de déterminer à quelles conditions ces actes peuvent produire effet en France.

Dans le cas où une situation juridique a été constatée ou créée par une autorité publique étrangère n'exerçant aucun pouvoir juridictionnel, la distinction entre les conflits de lois, qui obligent à rechercher la loi applicable, et les conflits de juridictions, qui conduisent à s'interroger sur les conditions d'efficacité de l'acte pris par une autorité exerçant un pouvoir décisionnel, se brouille. Il n'est pas certain au demeurant que puisse se dégager une méthode propre aux conflits dits d'autorités. Plutôt, la question relèvera tantôt du conflit de lois, tantôt de la méthode de reconnaissance des décisions étrangères, selon la nature de l'effet invoqué [1]. Se superposant à ce débat, l'incidence des droits fondamentaux, et notamment de l'exigence de permanence de la vie familiale, conduit plus largement à se demander dans quelles conditions la règle de conflit de lois doit abdiquer devant une relation personnelle effective-

1. V. P. Callé, *L'acte public en droit international privé*, Économica, 2004, préf. P. Mayer ; v. *infra*, n°s 583 et s.

ment établie à l'étranger, à la faveur ou non de l'intervention d'une autorité.

ÉTAT DES QUESTIONS

ÉVOLUTIONS

22. Mutations. — L'évolution contemporaine du droit international privé est marquée par une double mutation affectant l'environnement dans lequel se nouent les rapports entre systèmes juridiques différents. D'une part, la mobilité accrue des personnes et l'accélération des échanges, associées au phénomène de la mondialisation, tendent à accentuer l'intensité des conflits en mettant en présence d'institutions juridiques très différentes, tout en encourageant l'emprise de la volonté individuelle et de la justice privée. Il en résulte une approche contractualiste qui étend progressivement le champ de la volonté individuelle. D'autre part, l'émergence de structures de coopération régionales impose aux États des obligations de coopération et de reconnaissance mutuelle, qui affectent le règlement des conflits de lois et de juridictions. L'injection dans l'équation d'intérêts publics coïncide avec la constitutionnalisation croissante du droit privé, ou l'emprise des droits fondamentaux. La tâche de l'internationaliste devient alors la recherche d'un équilibre entre ces tensions, veillant à ce que l'emprise de la volonté ne se fasse pas au prix d'une dévaluation du bien commun, que la recherche de l'uniformité ne porte pas atteinte à la diversité culturelle et que les intérêts étatiques ne conduisent pas au sacrifice des intérêts traditionnellement pris en charge par le droit privé. Vaste programme…

Il s'ensuit qu'une certaine politisation du droit international privé est sans doute inévitable, soit en raison de la « perte d'innocence » du conflit de lois, du fait de la pénétration de considérations sociétales dans le droit privé, voire plus radicalement des collisions de secteurs ou d'ordres autonomes poursuivant des stratégies divergentes comme le pensent G. Teubner et A. Fischer-Lescano (« Regime-Collisions : The Vain Search for Legal Unity in the Fragmentation of Global Law », *Mich J. Int'l L.*, 2004). Il est certain en tout cas que de nombreux signes d'une telle évolution affleurent, exigeant parfois la mise en œuvre d'une approche plus politique des conflits de lois (v. de façon générale Karen Knop, Ralf Michaels, Annelise Riles (dir.), *Transdisciplinary Conflict of Laws, Law and Contemporary Problems*, Duke University School of Law, vol. 71, n° 3, 2008, et plus spécifiquement Annelise Riles, *Cultural Conflicts*, p. 273 ; Audra Simpson, *Subjects of Sovereignty : Indigenity, the Revenue Rule, and Juridics of Consent*, p. 191). Dans une large mesure, cette question recoupe celle de l'actualité de la distinction du public et du privé dans les conflits de lois (v. *supra*, n° 8). Le cas – qui n'est certes pas nouveau, mais devient sans doute plus aigu en raison de l'interdépendance croissante des relations économiques et sociales – des conflits entre les lois d'États non reconnus (pour la France, v. Cass. civ. 3 mai 1973, *JCP* 1973, IV, 218 : « le défaut de reconnaissance d'un gouvernement étranger ne permet pas au juge français de méconnaître les lois de droit privé édictées par ce gouvernement, antérieurement à sa reconnaissance pour le territoire sur lequel il exerçait effectivement son autorité »), ou encore en guerre, oblige évidemment à en intégrer la dimension politique, mais le droit international privé peut aussi avoir ses propres modes de gestion de celle-ci (v. par exemple, dans l'ouvrage précité, Karen Knop, « Citizenship, Public and Private », p. 309, montrant comment les juges se servent de la facette privée de la citoyenneté, saisie par le droit international privé, pour adoucir ou modérer la rigueur de ses applications en droit public ; aj. Karayanni, sur le conflit israélo-palestinien, *Journ. PIL*, 2009. 1). À cet égard, on sait que le concept de *Comity* sert à la fois comme instrument politique entre les mains des juges et comme écran du conflit de lois contre la primauté du politique (v. Joel R. Paul, « The Transformation of International Comity », 71 *Law & Contemp. Probs.*, 2008, 19 ; comp., sur l'utilisation judiciaire de cette notion, A. Briggs, *BYIL*, 2009. 36 et s.) ; comp. aussi C. Mclachlan, « The Allocative Function » (préc.).

PHILOSOPHIE

23. Les études directement consacrées à la philosophie demeurent assez rares en droit international privé. V. cependant, H. Batiffol, *Aspects philosophiques du droit international privé*, Dalloz, 1956 (rééd. 2002, avant-propos Y. Lequette) ; Ph. Francescakis, « Droit naturel et droit international privé », in *Mélanges offerts à J. Maury*, t. I, 1960, p. 114 et s. ; W. Goldschmidt, « Système et philosophie du droit international privé », *Rev. crit. DIP*, 1955. 639 ; 1956. 21, 223 ; A. Supiot, « L'inscription territoriale des lois », *Esprit*, 2008, p. 151 ; H. E. Yntema, « Les objectifs du droit international privé », *Rev. crit. DIP*, 1959. 1 ; A. Saris, « La teneur de la norme selon Gény et son actualité en droit international privé », in *François Gény, mythe et réalités*, Éd. Yvon Blain Inc., Dalloz, Bruylant, 2000, p. 179 et s. ; M. Herberg, *Global Governance and Conflict of Laws from a Foucauldian Perspective : The Power/Knowledge Nexus Revisited*, Hart Publishing, 2011 ; G.P. Romano, « Le droit international privé à l'épreuve de la théorie kantienne de la justice » (2011) 2(2) *Transnational Legal Theory* 243-269 ; « Sonderdruck aus Innovatives Recht », in *Festschrift für Ivo Schwander*, Dike Zürich/St. Gallen 2011 repris *JDI* 2012. 59 et le compte rendu des deux publications *Rev. crit. DIP* 2012. 244 ; H. Muir Watt, « A Semiotics of Private International Legal Reasoning », *Swiss Yearbook of PIL* volume 14 (2012/2013), p. 51-70. Réciproquement, les études consacrées au droit international privé demeurent assez rares en philosophie du droit. V. cependant, pour quelques développements spécifiques, H. Batiffol, *Problèmes de base de philosophie du droit*, LGDJ, 1979, *passim* ; X. Dijon, *Droit naturel*, t. I, Puf, « Thémis », 1998, spéc. p. 507 et s., 531 et s. ; B. Oppetit, *Philosophie du droit*, Précis Dalloz, 1999, spéc. n°s 89 et s., n° 103 ; aj. *Le droit international*, *Arch. phil. dr.*, t. 32, Sirey, 1987. La matière y est pourtant éminemment propice : réflexion sur les moyens et les fins, la notion de droit et d'ordre juridique, l'intérêt général et les intérêts particuliers… Désormais, l'émergence de champs normatifs non étatiques place le droit international privé au centre même des débats sur l'autorité transnationale (v. N. Walker, *Intimations of Global Law*, Cambridge Univ. Press, 2015 ; G. Teubner, *Constitutional Fragments : Societal Constitutionalism in Globalization*, OUP, 2011, spéc. p. 152 ; R. Michaels, « Globalisation and Law : Law Beyond the State », in *Law and Society Theory*, Banakar and Travers ed., 2013). Il est vrai qu'au sein de nombreuses contributions doctrinales, d'apparence technique, la philosophie affleure, serait-ce au nom des conceptions les plus positivistes (v. par ex., dans cette perspective : P. Gothot, « D. Holleaux : le dogme, l'histoire et la critique », *Rev. crit. DIP*, 1990. 607).

De manière générale, le droit international privé a toujours été tributaire de la vision – elle-même largement évolutive dans le temps et variable selon la culture juridique dans laquelle elle prend place – que l'on a pu avoir des relations qu'entretiennent les divers systèmes nationaux entre eux et le cas échéant avec un ordre juridique transcendant. Dans l'histoire du droit international privé, qui préexiste largement à la conceptualisation de la souveraineté étatique et à l'ordre juridique international (v. J.-L. Halpérin, « L'apparition et la portée de la notion d'ordre juridique dans la doctrine internationaliste du XIXe siècle », *Droits*, 2001-33, p. 41 et s. ; aj. D. Alland, « De l'ordre juridique international », *Droits*, 2002-35, p. 79 et s.), ce rôle a pu être assumé par le droit romain, la *common law*, ou encore le droit naturel (Sur le rôle de la *common law* dans l'élaboration de la première conceptualisation du droit international privé chez Story, v. Ralph Michaels, « Globalizing Savigny ? The State in Savigny's Private International Law and the challenge of europeanization and globalization », *in* Michael Stolleis et Wolfgang Streeck (dir.), *Dezentralisierung. Aktuelle Fragen politischer und rechtlicher Steuerungim Kontext der Globalisierung* (2007), 119. Sur la place du droit naturel, v. Ph. Francescakis, « Droit naturel et droit international privé », préc.). Aujourd'hui, l'empreinte importante des droits fondamentaux sur cette discipline témoigne à son tour d'un phénomène similaire.

Cette vision est elle aussi largement nourrie par une certaine conception de la nature du droit, relevant de la théorie générale et de l'épistémologie juridique. Ainsi, l'état de la discipline au XXe siècle en Europe est marqué par une conception du droit en tant que composé de normes (dimension épistémologique) hiérarchiquement organisées (dimension théorique), qui explique la place centrale occupée par les conflits de lois et, à travers les rapports qu'elle impose entre le droit et le fait, la théorie de la qualification. D'autres formes de connaissance du droit sont cependant susceptibles d'entraîner des conséquences méthodologiques différentes (v. ainsi, notant le rattachement des « phénomènes juridiques des conflits de lois au fonctionnement de la pensée juridique en général », au sujet de l'ouvrage de W. W. Cook, fortement imprégné de la pensée réaliste américaine et du rejet de la logique formelle : Ph. Francescakis, *La pensée des autres*, préc., p. 17. Et, plus récemment, plaidant pour une épistémologie des conflits de lois, v. Gene R. Schreve, « Law and justice in a multistate world », in *Essays in Honour of Arthur T. von Mehren*, transnat. Publishers, 2002, ed. Nafziger & Symeonides, p. 388). Les secousses que connaît aujourd'hui la théorie du droit en raison de l'apparition de phénomènes normatifs non étatiques se ressentent inévitablement en droit international privé.

L'histoire de la discipline est ainsi marquée par l'emprise successive de différentes doctrines relatives aux rapports qu'entretient le droit avec le pouvoir de contrainte territoriale du souverain, à sa vocation à l'universalité, ou encore à la séparation étanche qu'il opère entre les domaines public et privé (sur la signification conceptuelle de la distinction entre droit public et droit privé dans les diverses théories du conflit de lois, v. Ph. Francescakis, compte rendu de l'œuvre de R. Monaco, repr. in *La pensée des autres*, préc. p. 87 ; sur l'histoire de la séparation, v. A. Mills, « The Private History of International Law », 55 *Int. Comp. L. Qu.* 1, 2006). De telles idées, qui conduisent à envisager les relations mutuelles des lois nationales en termes de cloisonnement étanche, mais aussi de symbiose, de coopération, de concurrence ou d'affrontement, influent à leur tour sur la méthodologie mise en œuvre en vue d'en assurer la coexistence. Tantôt sont privilégiés les intérêts des États, tantôt ceux des individus, élargissant ou restreignant par là même le domaine du droit international privé, et ouvrant ou fermant selon les cas la passerelle qui relie les conflits de lois de droit privé au droit de la répartition des compétences étatiques dans l'ordre international public. Les intérêts de la communauté d'États en tant que telle, ou ceux de l'humanité, évoqués parfois comme arguments d'appoint au soutien d'autres méthodologies, ont plus rarement été l'objet d'une réflexion propre au sein du droit international privé (en droit international public, v. E. Jouannet, « L'idée de communauté humaine », *APD*, t. 47, p. 191). Nourries par des données changeantes, qu'elles soient idéologiques (telles la doctrine universaliste de l'Église catholique ou l'idéologie protestante indépendantiste), philosophiques (tels le néo-jusnaturalisme des droits de l'homme ou le positivisme particulariste), culturelles (tels le légicentrisme de la tradition romano-germanique ou l'attachement des systèmes de *common law* au *judge-made law*), politiques (telles l'indépendance des États et la décolonisation), sociologiques (telles les vagues d'immigration), matérielles (tels l'accroissement de la mobilité et des échanges, ou le développement des nouvelles technologies de communication) ou structurelles (telles les diverses voies de coopération régionale et supranationale, qui peuvent aller jusqu'aux contraintes du fédéralisme), ces différentes conceptions entretiennent entre elles un caractère dialectique. Territorialisme ou personnalisme, cloisonnement institutionnel ou communauté de droit, intérêts étatiques ou intérêts privés, unilatéralisme ou multilatéralisme, neutralité ou politisation, répartition ou régulation, primauté du conflit de lois ou prévalence de la dimension juridictionnelle des conflits : les oppositions se succèdent et se croisent dans un effort constant de meilleure gestion de la diversité des droits, que ce soit au bénéfice de l'épanouissement des rapports privés ou de la coexistence pacifique des souverainetés, dans un monde économiquement et socialement interconnecté.

23-1. Désancrage territorial des lois et idéal scientiste. — La globalisation, cause ou symptôme de la « désinscription territoriale » (A. Supiot, « L'inscription territoriale des lois », *Esprit*, novembre 2008, p. 151) ou du « désancrage » (v. R. Wai, « Transnational Liftoff and Juridical Touchdown : The Regulatory Function of Private International Law in an Era of Globalization », 40 *Colum. J. Transnat'l L.*, 209, 2002) des lois, signalerait le retour de l'idéal universel contre lequel le droit moderne s'était construit par renoncement (A. Supiot, *op. cit.*, p. 152 ; sur les fondements idéologiques de ce tournant qui a laissé le champ de la régulation des relations entre États au droit international public, cantonnant le rôle du droit international privé, v. A. Mills, « The Private History of International Law », 55 *Int. Comp. L. Quart.* 1, 2006). Relève certainement de cet idéal l'avènement du paradigme cognitif fondé sur la science, l'économie et les technologies (v. G. Teubner et A. Fischer-Lescano, « Regime-Collisions : The Vain Search for Legal Unity in the Fragmentation of Global Law », *Mich J. Int'l L.*, 2004), qui substitue à l'universalisme des religions dans l'Europe médiévale un universalisme non transcendant mais immanent aux choses (A. Supiot, *op. cit.*, p. 153). Mais aussi désirable que paraisse le projet de « retrouver le sens de la mesure pour redessiner un monde vivable » (*ibid.*) et aussi réelle que soit la dérive néolibérale qui accompagne la globalisation et tend à faire de l'individu « son propre législateur » (*op. cit.*, p. 162 ; comp. sur la transformation de l'autonomie, *supra*, n° 22), doit-on pour autant en conclure inéluctablement, pour y remédier, à la nécessité d'une réinscription territoriale de nos sociétés et des lois qui les gouvernent ? Il semble bien en effet qu'un espace public transnational se dessine (v. *infra*, n°s 575 et s.), respectueux de la dignité humaine et de la diversité culturelle, qui ne rime pas nécessairement avec l'efficacité économique (sur les enseignements de l'anthropologie des sociétés plurielles, v. L. Sermet, *Une anthropologie juridique des droits de l'homme*, Éd. des Archives contemporaines, 2009, préf. Abdou Diouf). Le droit international privé est sans doute voué à se transformer en raison du déclin du territoire (v. Paul Schiff Berman, « The Globalization of Jurisdiction », *V. Penn. L. Rev.*, 2002, p. 311), mais le besoin d'articuler des revendications normatives disparates – sectorielles plutôt que territoriales – demeure : v. G. Teubner et A. Fischer-Lescano, *op. cit.*

RÈGLES ET DÉCISIONS

24. Conflits de lois, de juridictions et d'autorités : la distinction entre règles et décisions. — Transposant au droit international privé l'analyse structurale de la règle de droit proposée en France par Motulsky (*Principes d'une réalisation méthodique du droit privé* (*la théorie des éléments générateurs des droits subjectifs*), Librairie du Recueil Sirey, 1948, réimpr. Dalloz, 2002), et se situant dans le droit fil de la pensée normativiste d'Ago (« Règles générales des conflits de lois », *RCADI*, 1936, t. 58, p. 243), P. Mayer a élaboré dans sa thèse de doctorat (*La distinction entre règles et décisions et le droit international privé*, Dalloz, 1973) une dichotomie opposant « règles » et « décisions » sous l'angle des méthodes qui leur sont respectivement applicables, laquelle est devenue fondatrice dans la pensée française contemporaine du droit international privé (v. récemment de cet auteur, « Existe-t-il des normes individuelles ? », in *L'architecture du droit, Mélanges en l'honneur de Michel Troper*, Économica, 2006, 678). Relayée notamment dans le domaine du droit international privé processuel par Jacques Héron (v. de cet auteur, appliquant la même analyse aux conflits de lois dans le temps, « Étude structurale de l'application de la loi dans le temps », *RTD civ.*, 1985. 277 ; « L'application dans le temps des règles de conflit », *Rev. crit. DIP*, 1987. 305 ; comp. les études menées sous la direction de cet auteur et s'appuyant pareillement sur une analyse structurale des normes, C. Bléry, *L'efficacité substantielle des jugements civils*, LGDJ, 2000 ; P. Callé, *L'acte public en droit international privé*, Économica, 2004 ; H. Péroz, *La réception des jugements étrangers dans l'ordre juridique français*, LGDJ, 2005) et tout récemment dans le domaine de l'arbitrage par S. Bollée (*Les méthodes du droit international privé à l'épreuve des sentences arbitrales*, Économica, 2004), la pensée de P. Mayer a contribué très largement à clarifier les domaine et raison d'être respectifs de la démarche qui consiste à rechercher la loi applicable à une question juridique *ex ante*, et de celle qui, sous l'appellation « conflit de juridictions », consiste à reconnaître une norme *ex post*, sans passer par le règlement du conflit de lois. Le critère de distinction réside dans la nature de la norme en cause :

— *La règle*, abstraite, hypothétique et permanente, est en concurrence avec un nombre indéfini de normes du même type et la méthode appropriée consiste à déterminer laquelle doit constituer la base du raisonnement du juge. Pareille analyse postule à la fois que la norme de droit privé désignée par le biais de la règle de conflit a une vocation universelle, en ce sens qu'elle est apte à régir toute situation qui entre dans ses prévisions (ou qui correspond à son présupposé) quelle qu'en soit la localisation géographique, et que tout ordre juridique a toujours une norme de droit privé apte à apporter une réponse à la question aiguillée vers lui par la règle de conflit (fût-ce sous la forme d'un principe de « non-imputation » ou de neutralité, ce qui ne va pas sans discussion : v. J. Héron, « Existe-t-il des règles de non-imputation ? », in *Droit civil, procédure, linguistique juridique. Écrits en l'honneur de G. Cornu*, Puf, 1994, p. 217). On voit bien que cette analyse présuppose que la concurrence normative constitutive du conflit de lois mette en présence d'ordres juridiques, entendus comme des ensembles complets de normes abstraites hiérarchiquement organisés. La décision de la rendre applicable ou non, qui est confiée à la règle de conflit bilatérale, tient à des considérations diverses (de proximité, de faveur à un résultat donné) qui sont extérieures à la norme qui déterminera finalement le règlement du litige (sur l'opposition des méthodes, v. *infra*, n°s 346 et s.). La distinction entre l'ordre juridique, objet de la désignation par la règle de conflit de lois et les normes qu'il contient, qui peuvent exceptionnellement comporter une autolimitation spatiale, est par ailleurs à la base des travaux du même auteur sur les lois d'application immédiate (qui forcent la compétence de l'ordre juridique : v. P. Mayer, « Les lois de police étrangères », *JDI*, 1981. 277 ; comp. *infra*, n°s 552 et s.). Pareille position est en contradiction très nette avec la pensée fonctionnaliste néostatutaire venue d'outre-Atlantique qui tend à recentrer le conflit de lois sur la norme elle-même, perçue comme comportant une délimitation intrinsèque de son propre champ d'application, sans qu'il y ait lieu de solliciter l'intermédiation de la notion abstraite d'ordre juridique.

— La méthode de la reconnaissance (ou le conflit de juridictions), qui dispense de rechercher la loi applicable, tient compte en revanche, selon la pensée de P. Mayer, du caractère concret, catégorique et non permanent de la norme que constitue la *décision* prononcée par une juridiction ou une autorité administrative étrangère. Prise en vertu d'une règle abstraite qui s'est déjà réalisée, de sorte qu'il n'est plus temps de s'interroger sur la loi applicable au rapport de droit qui en est l'objet, la décision pose la question, spécifique et différente, de sa reconnaissance ou de sa non-reconnaissance, sa seule existence plaidant en faveur d'un accueil libéral, dans la mesure où les parties ont pu fonder sur elle des prévisions. Sur ce point, la pensée de P. Mayer rejoint les idées influentes de D. Holleaux relatives au régime de l'accueil des jugements étrangers (*Compétence du juge étranger et reconnaissance des jugements*, Dalloz, 1970). Cette analyse a contribué à déplacer le tracé du domaine de la méthode de la reconnaissance en droit positif, pour y inclure notamment les mesures de nationalisation, qui, bien que d'origine législative, sont clairement des décisions individuelles.

L'analyse ainsi proposée a été prolongée et affinée sur deux terrains importants, avant de faire l'objet de certaines critiques. D'abord, s'agissant du régime applicable aux actes dressés par des autorités administratives, dont le régime oscille entre le conflit de lois et de juridictions en fonction de l'intensité décisionnelle de leur contenu. Faut-il traiter une reconnaissance notariée d'enfant naturel, du point de vue de la méthode applicable, comme un jugement ? ou faut-il s'interroger sur la loi applicable pour en déterminer les effets ? Il a parfois été proposé d'élaborer une méthodologie spécifique pour les actes du troisième type impliquant l'intervention non juridictionnelle d'une autorité (Niboyet, Pamboukis). Toutefois, dans la ligne de la pensée de P. Mayer et de J. Héron, P. Callé a proposé une analyse de cette catégorie en fonction de la nature des effets que l'on cherche à faire produire à l'acte public étranger en France (*L'acte public en droit international privé*, préc.). La catégorie « conflits d'autorités » s'effondre, les effets des actes publics se distribuant entre les conflits de lois (effet de titre) et le régime des jugements (force exécutoire, force probante : v. *infra*, n°s 593 et s.). De son côté, envisageant le statut international des sentences arbitrales, S. Bollée (*Les méthodes du droit international privé à l'épreuve des sentences arbitrales*, préc.) démontre qu'en réalité la décision, justiciable de la méthode de reconnaissance, ne se distingue pas par sa structure des actes privés, tel le contrat – qui mettent également en présence d'un choix reconnaissance/non-reconnaissance, et qui, en cas de réponse affirmative, constituent ensuite la base du raisonnement du juge – alors pourtant que leur efficacité internationale est soumise au conflit de lois ; le critère déterminant de la méthode de la reconnaissance (ou du conflit de juridictions) ne réside donc pas dans la seule structure de la norme en cause, mais dans l'origine étatique de celle-ci. Acte privé, la sentence arbitrale ne relève dès lors du domaine des conflits de juridictions qu'à la faveur d'une fiction (v. *infra*, n° 241).

À l'heure actuelle, l'essor d'une méthode de reconnaissance unilatérale des situations acquises, qui tend à soustraire celles-ci au conflit de lois, est cependant de nature à déplacer à nouveau le curseur (v. *infra*, n° 575). Il a d'ailleurs été démontré plus récemment que la dichotomie entre règles et décisions, fondée sur les termes de la problématique que chacune des ces catégories soulève (choisir *ex ante* entre règles concurrentes ou reconnaître/refuser *ex post* une décision individuelle), est en réalité le résultat d'un parti pris méthodologique (S. Bollée, « L'extension du domaine de la méthode de reconnaissance unilatérale », *Rev. crit. DIP*, 2007, 307). La méthode de la reconnaissance étant désormais appliquée à des situations individuelles configurées selon une loi étrangère, en l'absence de toute intervention normative d'une autorité publique, il s'ensuit en effet qu'une concurrence virtuelle caractérise la situation des décisions individuelles autant que les règles abstraites ; la distinction entre les deux tend au demeurant à s'effacer. Si la dualité des méthodes subsiste bien néanmoins, elle est dictée par des considérations de politique juridique et non par la structure de la problématique que soulèvent respectivement les deux catégories.

DROIT COMPARÉ

25. Plus encore qu'en d'autres matières, le droit comparé joue ici un rôle essentiel : en vue de l'application d'un droit étranger, de la compréhension des institutions tant du for qu'étrangères, de l'appréhension des attentes culturellement variables des particuliers dans la perspective d'élaborer des règles de droit international privé, de la comparaison des interprétations des normes uniformes, de la mise œuvre du seuil de tolérance que constitue l'ordre public, de la place accordée à la personne ou au territoire… La tendance comparatiste, naguère ignorée, est apparue entre les deux guerres en Allemagne, sous le nom de *Dritte Schule* (troisième école, par opposition aux deux autres : universaliste et particulariste ; v. K. Zweigert, « Die dritte Schule im internationalen Privatrecht. Zur neueren Wissenschaftsgeschichte des Kollisionsrecht », in *Festschrift für Léo Raape*, Hamburg, 1948, p. 35 et s.), magistralement représentée par E. Rabel, *The Conflict of Laws, A Comparative Study*, 4 vol., 1945-1958. Pour une illustration, v. G. A. L. Droz, « Regards sur le droit international privé comparé », *RCADI*, t. 229 (1991-IV), p. 9 et s.

De manière générale, v. H. Batiffol, « Droit comparé, droit international privé et théorie générale du droit », *RIDC*, 1970. 661 ; « Les apports du droit comparé au droit international privé », in *Livre du centenaire de la Société de législation comparée*, 1969, p. 131 ; Y. Loussouarn, « Le rôle de la méthode comparative en droit international privé français », *Rev. crit. DIP*, 1979. 307. Aj. B. Fauvarque-Cosson, « Droit comparé et droit international privé : la confrontation de deux logiques à travers l'exemple des droits fondamentaux », *RIDC*, 2000. 797 ; G. A. Bermann, « Le droit comparé et le droit international : alliés ou ennemis ? », *RIDC*, 2003. 519. La question est distincte de celle de la comparaison des droits internationaux privés nationaux, qui donne lieu elle-même à une littérature croissante : v. S. Symeonides, *Codifying Choice of Law around the World. An International Comparative Analysis*, Oxford University Press, 2014 ; G. Cuniberti, *Conflict of Laws : A Comparative Approach. Text and Cases*, Elgar, 2017.

Aujourd'hui, cependant, les rapports entre droit international privé et droit comparé sont affectés par les mutations de l'environnement international autant que l'est chacune de ces disciplines prise en elle-même. En effet, comme le droit international privé, les études juridiques comparatives se sont épanouies dans le contexte d'un monde compartimenté en fonction des souverainetés territoriales ; les deux disciplines exprimaient alors de façon complémentaire une aspiration à la rencontre de l'altérité par-delà des frontières, à la compréhension et à la coordination mutuelles. Or, la déconstruction progressive de l'espace et du temps qu'implique le phénomène de la globalisation est de nature à ébranler les conceptions fondatrices sur lesquelles elles reposent de part et d'autre, tels la relation entre système juridique et État territorial, ou les schémas d'interaction entre différentes traditions juridiques. Les deux matières semblent en perte de repères face à l'émergence de nouvelles sphères de normativité distinctes de l'État-nation (*lex mercatoria* ou droits de l'homme) ; à l'apparition de puissants acteurs transnationaux remodelant les frontières à leur gré et sécrétant une culture de groupe ; aux relations nouvellement configurées entre communautés politiques ; au brouillage de la vision occidentale d'un monde réparti entre centre et périphérie, qui a commandé la méthodologie comparative et largement influé sur le contenu de l'ordre public (v. sur l'ordre public colonial et la vision du monde qui le sous-tend, D. Boden, *L'ordre public : limite et condition de la tolérance. Recherches sur le pluralisme juridique*, thèse Paris 1, 2002, t. II, n° 754, p. 795). On se demande alors si le projet comparatif est encore viable dans le contexte de l'interdépendance accrue entre traditions nationales, de la même façon que l'on s'interroge sur l'avenir du droit international privé dans un monde uniforme. Il n'est pas impossible cependant que les deux matières ne s'en trouvent réinvesties. Le droit comparé se recentre sur les réactions différenciées qu'engendre l'intensification des contacts avec l'autre (v. P. Legrand et R. Munday (dir.), *Comparative Legal Studies : Tradition and Transition*, CUP, 2003), tandis que le droit international privé, on l'a vu, a pour défi de ré-amarrer les relations privées dans un monde où l'autorité de la norme étatique tend à s'effacer (R. Wai, « Transnational Liftoff and Juridical Touchdown : The Regulatory Function of Private International Law in a Global Age », 40, *Colum. J. Transnat'l L.*, 209, 2002). On n'oubliera pas non plus, dans le contexte des droits fondamentaux, le rôle que joue le droit comparé dans la détermination d'un consensus et donc de la marge d'appréciation dont disposent les États dans la mise en œuvre de ces derniers. Sans que ce soit pour autant inéluctable, plus la teneur des lois est dissonante, plus s'éloigne le consensus sur lequel ces droits sont en partie fondés. Or, l'étendue de la marge d'appréciation nationale est aussi, à front renversé, le domaine du conflit de lois.

III | Les sources du droit international privé

26. La connaissance d'une branche du droit passant traditionnellement par l'étude de ses sources, le droit international privé n'échappe évidemment pas à cette règle commune ; avec plus d'insistance qu'en d'autres matières, les sources du droit international privé paraissent cependant avoir été marquées par l'influence de la doctrine, justifiant la qualification de droit savant parfois donnée à la matière [1]. Les influences doctrinales croisées ont d'ailleurs eu pour effet de tempérer le particularisme que pouvaient conférer à la matière ses origines résolument nationales (A). La période contemporaine met cependant en présence d'un phénomène nouveau. À côté de la multiplication de conventions internationales unifiant le droit international privé ou, le cas échéant, uniformisant le droit substantiel applicable aux rapports internationaux, l'incidence du droit de l'Union européenne s'avère déjà considérable sur les deux plans ; mais sa véritable spécificité est de conférer à des concepts d'ordre économique (reconnaissance mutuelle, principe d'origine, libertés de circulation) ou aux droits fondamentaux une vocation à influer sur le règlement des questions de droit international privé (B).

A / LES SOURCES NATIONALES

De manière classique, la loi et la jurisprudence composent pour l'essentiel les sources nationales du droit international privé. Moins fréquemment étudiées, les sources administratives de la matière paraissent elles aussi mériter une certaine attention, à la mesure du rôle qu'elles sont appelées à jouer en pratique.

1 / La loi

26-1. La présentation de la loi en droit international privé révèle une problématique assez originale, voire insolite en droit français où le

1. V. B. Oppetit, « Le droit international privé, droit savant », *RCADI*, t. 234, 1992-III.

droit écrit occupe le plus souvent une place essentielle. L'examen du droit positif invite en effet à se demander si la loi constitue une source adéquate de la matière ; à supposer qu'une réponse affirmative soit apportée à cette question, une autre viendrait d'ailleurs à se poser : les dispositions législatives de droit international privé devraient-elles alors être rattachées à un corps de règles de droit substantiel ou réunies de manière séparée, autonome ? C'est là le problème de la codification du droit international privé, qui invite à comparer l'expérience française aux expériences étrangères.

a) L'expérience française

26-2. Dans le Code civil de 1804, on ne trouve qu'assez peu de dispositions intéressant le droit international privé. Exceptionnelles en matière de conflit de lois (art. 3), sommaires en matière de conflit de juridictions (art. 14 et 15) ou de condition des étrangers (art. 11 ; art. 16), un peu plus nombreuses en matière de nationalité (art. 8-10 ; 12, 13, 17-21), elles ne donnaient pas même l'illusion d'une réglementation systématique de cette branche du droit. Du caractère parcellaire de la législation écrite, la doctrine prit d'ailleurs compte assez rapidement [1].

Cette place modeste du droit international privé au sein du Code civil s'expliquait à l'époque de diverses manières. Elle reposait sans doute pour partie sur l'insuffisant développement des systématisations doctrinales en la matière, de sorte que firent défaut aux rédacteurs du Code civil les œuvres qui constituèrent en d'autres domaines une source d'inspiration privilégiée (v. notamment les œuvres de Domat et Pothier). Par ailleurs, la problématique même du droit international privé n'était encore guère développée : c'est plus tard en effet que l'essor des relations privées internationales fit apparaître pleinement le besoin d'une réglementation qui leur fût spécifique.

27. Le temps passant, divers projets de codification globale furent cependant envisagés : projet Niboyet en 1954 ; projet Batiffol en 1959 ; projet Foyer, en 1967. Aucun n'a pourtant abouti. Des facteurs purement conjoncturels expliquent sans doute ces échecs successifs : ainsi, l'abandon du projet général de réforme du Code civil entraîna dans son sillage celui des deux premiers projets de codification du droit international privé auquel ils étaient liés ; quant au troisième, le départ du garde

1. V. ainsi Brocher, *Clunet*, 1881. 5 : « Quand on compare les règles de droit international privé contenues dans le Code civil français avec les problèmes qu'elles doivent résoudre, on est frappé du contraste qui existe entre le petit nombre des premières et l'infinie multitude des seconds. »

des Sceaux en avril 1967 n'y fut pas sans doute étranger. Mais des raisons plus profondes expliquent également cette absence de codification de la matière, dont le principe même est souvent mis en doute pour des raisons d'ailleurs inégalement convaincantes (risque de figer le droit ; de bloquer l'adhésion aux conventions internationales). Les difficultés d'ordre technique sont également souvent mises en lumière (comment codifier : loi d'introduction, code à part, détail ou principe ?).

28. Reste alors, à défaut de codification, des traces parcellaires du droit écrit, dont l'intensité est variable selon les matières. Le droit de la nationalité est ainsi d'origine essentiellement législative, l'une de ses dernières modifications en date (L. 22 juillet 1993) ayant eu formellement pour conséquence de lui faire réintégrer le Code civil (art. 17 à 33-2). Quant à la condition des étrangers, elle repose également pour l'essentiel sur la base de dispositions écrites (Ord. 2 novembre 1945) maintes fois modifiées sous l'influence des majorités politiques se succédant en France (v. *supra*, n° 3, n. 1) [1]. D'autres dispositions écrites complètent d'ailleurs ce dispositif, à travers le Code civil (art. 11) et de nombreux textes particuliers. Il n'en demeure pas moins que, pour les matières constituant le cœur du droit international privé, la place de la législation est longtemps demeurée relativement faible. Cela reste vrai du conflit de juridictions, même si certaines dispositions du Code civil demeurent en vigueur (art. 14 et 15). Cela l'est un peu moins aujourd'hui en matière de conflit de lois, où, depuis l'article 3 du Code civil – présent dans le Code de 1804 – diverses lois spéciales y ont été intégrées, souvent liées aux réformes de droit substantiel qu'elles ont accompagnées : loi du 3 janvier 1972 sur la filiation (art. 311-14 et s. C. civ.) ou loi du 11 juillet 1975 sur le divorce (art. 310 C. civ., devenu 309 depuis l'Ord. 4 juillet 2005). Plus récemment le législateur est encore intervenu à diverses reprises en matière de droit international privé : loi du 28 octobre 1997 en matière de régimes matrimoniaux (art. 1397-2 et s. C. civ.) ; loi du 6 février 2001 en matière d'adoption internationale (art. 370-3 et s. C. civ.) ; loi du 17 juin 2008 en matière de prescription (art. 2221, C. civ.) ; loi du 12 mai 2009 à propos des partenariats enregistrés (art. 515-7-1, C. civ.) ; loi du 17 mai 2013 à propos du mariage (art. 202-1 et s. C. civ.) [2].

1. La matière est désormais codifiée : Code de l'entrée et du séjour des étrangers et du droit d'asile.

2. Comp. cependant L. n° 2016-1547 du 18 novembre 2016, introduisant un divorce sans juge en droit français (art. 229-1 et s. C. civ.), conçu sans aucune considération pour le droit international privé (v. *infra*, n°s 753 et s.).

b) Les expériences étrangères

29. L'analyse, fut-elle sommaire, du droit comparé, révèle rapidement l'ampleur du mouvement de codification. Depuis celle réalisée dans le Canton de Zürich en 1854 – la première à être systématique et complète – de nombreuses réalisations ont été achevées : au Portugal, en Espagne, en Autriche, en Allemagne, en Suisse, en Italie, en Belgique... mais aussi en Algérie, en République Centrafricaine, en Guinée, au Gabon, au Pérou, au Sénégal, au Yémen, en Chine...

Ces codifications diverses ont offert à la doctrine une place importante au stade de leur préparation, offrant même parfois aux spécialistes étrangers l'occasion d'exprimer leur point de vue sur la qualité des travaux entrepris. L'accès aux sources de la matière en est largement facilité, notamment pour les juristes étrangers.

30. Il est vrai qu'en revanche, le concept de code tel que nous le connaissons est de prime abord assez étranger à l'esprit américain. On doit cependant tenir compte des travaux entrepris par l'*American Law Institute* depuis 1923, débouchant sur la publication de *Restatements* en diverses matières. Ces *Restatements* n'ont certes pas de force obligatoire, mais apparaissent comme une sorte de codification officieuse, constituée d'un exposé systématique du droit positif accompagné de commentaires doctrinaux. Le premier *Restatement* du droit des conflits de lois, dont le rapporteur fut J. H. Beale, professeur à Harvard, date de 1935 ; le second, dont le rapporteur était W. Reese, professeur à la Columbia University, date de 1971 [1].

2 / La jurisprudence

31. **La place de la jurisprudence**. — Essentielle dans le domaine des conflits de lois, la jurisprudence a également joué un rôle important en matière de conflit de juridictions. L'insuffisance – précédemment décrite – du droit écrit suffit à l'expliquer, à tel point que l'essentiel de la théorie générale des conflits de lois demeure d'origine jurisprudentielle et doctrinale. Les grandes étapes de la formation du droit international privé sont ainsi marquées par les arrêts de la Cour de cassation [2], que l'on désigne par leur nom (*Patino*, *Bisbal*, *Rivière*...). Dans cette

1. V. B. Audit, « Le second *Restatement* du conflit de lois aux États-Unis », *Trav. Com. fr. DIP*, 1977-1979, p. 29.

2. V. *Les grands arrêts de la jurisprudence française de droit international privé (GA)*, par B. Ancel et Y. Lequette, Dalloz, 5e éd. 2006.

perspective, il apparaît que la Cour régulatrice craint moins qu'en d'autres domaines d'exprimer ses solutions par voie d'arrêts de principe.

Dans la jurisprudence contemporaine, on notera d'ailleurs la multiplication de références aux « principes », alors même que le bien-fondé d'une telle qualification est assez souvent discutable. Dans bien des hypothèses, le visa de « principes » dans les arrêts de la Cour de cassation ne masque en effet que très imparfaitement une simple règle d'origine purement prétorienne [1]. Leur emploi pourrait s'expliquer par des raisons diverses : à l'occasion de l'affirmation d'une solution nouvelle, pour désigner un arrêt de principe ; à l'occasion de la reprise d'une solution ancienne, pour témoigner de l'existence d'une jurisprudence constante. Plus rarement, c'est à de véritables principes généraux du droit qu'il est fait référence, préexistant à leur application par les tribunaux (ex. : *fraus omnia corrumpit*).

Le rôle de la jurisprudence dans le développement du droit international privé fut longtemps à la mesure de ses propres qualités : dotée d'une grande stabilité allant jusqu'à prévenir de ses propres revirements ; sensible aux diverses influences doctrinales ; soucieuse de construire un ensemble cohérent. La période contemporaine, moins stable, moins cohérente également, a pu laisser parfois craindre que les grandes heures de la jurisprudence de droit international privé seraient désormais derrière elle, alors même que d'importantes décisions ont encore récemment révélé que la source était loin d'être tarie (*Cornelissen*, *Itraco*, *Prieur*...).

32. L'influence de la doctrine fut très grande en ce domaine. Pour des raisons structurelles sans doute, tenant à l'institutionnalisation des discussions entre l'École et le Palais au sein d'une société savante, le Comité français de droit international privé, et au fait que d'influents magistrats provenaient de l'Université (P. Lerebours-Pigeonnière ; A. Ponsard). Des raisons plus profondes doivent également être retenues, révélant une écoute respectivement attentive de la doctrine et de la jurisprudence (v. par ex. à ce sujet l'influence du Doyen Batiffol). Il en est résulté de nombreuses influences directes de la doctrine sur la jurisprudence (*exequatur*, litispendance...).

1. V. par ex. : « Vu les principes du droit international privé français en matière de régimes matrimoniaux », Cass. civ. 1re, 6 juill. 1988, *Rev. crit. DIP*, 1989. 360, note G. Khairallah ; *JDI*, 1989. 715, note G. Wiederkehr. « Vu les principes du droit international privé relatifs au statut personnel », Cass. civ. 1re, 25 juin 1991, *JDI*, 1991. 975, note H. Gaudemet-Tallon ; *JCP*, 1992. II. 21798, note H. Muir Watt.

3 / Les sources administratives

33. Moins fréquemment évoquées, les sources administratives du droit international privé contribuent pour une part non négligeable à la connaissance de la matière [1]. En témoigne ainsi la place occupée par les circulaires, censées présenter aux agents de l'administration les nouveaux textes qu'ils auront à appliquer, mais révélant parfois une interprétation assez audacieuse de ces derniers [2].

Il en va de même des réponses ministérielles aux questions écrites des parlementaires, qui contiennent fréquemment des informations relatives à la matière qu'elles contribuent parfois à éclairer, le plus souvent sous réserve de l'interprétation des tribunaux [3].

D'une positivité douteuse, ces sources administratives n'en sont pas moins dotées d'une certaine efficacité, ne serait-ce que par l'influence qu'elles exercent sur l'administration, les praticiens et parfois même la jurisprudence.

B / LES SOURCES INTERNATIONALES

34. Aujourd'hui, la question des sources internationales du droit international privé se pose dans des termes inédits, qui reflètent les transformations affectant la teneur même de la matière. En effet, en dehors des sources qui portent spécifiquement sur la détermination de l'autorité compétente, de la loi applicable ou des conditions d'accueil des jugements ou actes publics étrangers, d'autres, de portée plus générale, sont susceptibles d'infléchir le traitement que reçoivent ces différentes problématiques dans les ordres nationaux. À commencer par le droit international général, dont on se demande aujourd'hui s'il ne contiendrait pas une obligation émergente d'exercice raisonnable des compétences éta-

1. D. Bureau, « Les sources administratives du droit international privé français », in *Mélanges en l'honneur de P. Lagarde*, Dalloz, 2005, p. 169 et s.

2. V., par ex. en matière d'adoption internationale, H. Muir Watt, « Vers l'inadoptabilité de l'enfant étranger de statut personnel prohibitif ? À propos de la circulaire du 16 février 1999 relative à l'adoption internationale », *Rev. crit. DIP*, 1999. 469.

3. V. par ex. : Rép. min. (*JO, déb. Ass. nat.*, 20 février 1971, p. 493), *Rev. crit. DIP*, 1971. 143, note P. Lagarde ; Rép. min. (*JO déb. Sénat Q*, 11 février 1999, p. 467), *Rev. crit. DIP*, 1999. 380, note H. M. W. ; Rép. min. (*JO, déb. Sénat.*, 21 décembre 1967, p. 2512), *Rev. crit. DIP*, 1968. 169 ; G. Droz, « Changement de régime matrimonial, Époux mariés sous un régime étranger, Commentaire de la réponse ministérielle faite à M. d'Andigné, sénateur », *J. not.*, 1968, art. 48525, p. 601.

tiques[1]. Plus encore, les droits fondamentaux issus de la Convention européenne des droits de l'homme ou de la Charte de l'Union européenne sont de nature à orienter les solutions de droit international privé dans les États concernés. Il en va ainsi, tout d'abord, sur le terrain de la compétence juridictionnelle internationale, du droit au procès équitable consacré à l'article 6 CEDH (art. 47 Charte), qui peut conduire à imposer de rendre accessible un for en cas de risque de déni de justice, ou encore à garantir le droit à l'exécution d'un jugement étranger régulièrement obtenu. Au plan du conflit de lois, la protection contre la discrimination ou celle de la vie privée ou familiale pèsent lourdement sur le régime international des situations acquises. Sans pour autant dicter le contenu d'une règle de conflit de lois – elles ne sont pas sous cet angle une source directe de règles de droit international privé –, une obligation contraignante de respect ou d'accueil incombe à la communauté des États, afin d'assurer la continuité des relations créées par l'un d'eux. Cette obligation induit des changements méthodologiques importants que, de son côté, le droit de l'Union européenne tend à renforcer, en contribuant au titre de la citoyenneté européenne à l'émergence de droits individuels dérivés des valeurs consacrées par le traité de Lisbonne – notamment le droit à l'égalité de traitement et à la mobilité sans entraves[2]. Il ne sera cependant question ici que des sources portant spécifiquement sur cette discipline, à savoir les traités internationaux, d'une part, et les instruments du droit de l'Union européenne, d'autre part.

1 / Les traités

a) La diversité du droit conventionnel

34-1. Quantitativement, le développement des traités est assez inégal selon les matières. Ils sont ainsi très nombreux pour ce qui relève de la condition des étrangers afin que les États, par réciprocité, accordent des droits comparables à leurs ressortissants et aux étrangers. Ils figurent également en bon nombre en matière de conflits de juridictions, notamment afin de simplifier les conditions de reconnaissance des jugements

1. La question avait été posée en ces termes à la Cour internationale de justice dans un différend opposant la Belgique à la Suisse au sujet de l'application par celle-ci de la Convention de Lugano sur la compétence et la reconnaissance des jugements. Faisant suite à une demande du Royaume de Belgique, la CIJ a cependant rayé l'affaire de son rôle par une ordonnance du 5 avril 2011.

2. V. par ex., P. Kinsch, « Principe d'égalité et conflit de lois », *Trav. Com. fr. DIP*, 2002-2004, p. 117 et s.

étrangers : si des échanges sont importants entre deux États, la reconnaissance mutuelle de leurs jugements sous des conditions communes apparaît vite en effet comme un impératif. Le droit conventionnel est proportionnellement moins abondant dans le domaine des conflits de lois. Pourtant, la période contemporaine témoigne d'un réel accroissement des traités en diverses matières (Convention de Rome du 19 juin 1980 sur la loi applicable aux obligations contractuelles, désormais transformée en Règlement CE n° 593/2008, dit Règlement Rome I ; Convention de La Haye du 14 mars 1978 sur la loi applicable aux contrats d'intermédiaires et de représentation ; Convention de La Haye du 14 mars 1978 sur la loi applicable aux régimes matrimoniaux...).

35. Les instances d'élaboration de ce droit conventionnel sont diverses, principalement représentées par la Commission des Nations unies pour le droit du commerce international (CNUDCI [1] ; v. ainsi la Convention de Vienne du 11 avril 1980 sur la vente internationale de marchandises) et la Conférence de La Haye [2], instituée en 1893 (v. ainsi les Conventions sur la loi applicable aux régimes matrimoniaux, ou aux contrats d'intermédiaires).

36. L'objet de ces traités est également marqué du signe de la diversité. Il ne s'agit parfois que d'unifier les procédés de résolution du problème des conflits de lois entre les différents États signataires (tel est le cas par exemple, des conventions précitées relatives aux obligations contractuelles, aux régimes matrimoniaux, à la représentation). En d'autres hypothèses, il s'agit d'élaborer un droit matériel propre aux rapports juridiques internationaux, venant en quelque sorte s'ajouter à la réglementation du même rapport pour une relation purement interne (tel est le cas par exemple de la Convention de Vienne sur la vente internationale de marchandises). Enfin, le droit conventionnel a parfois pour objet l'unification même des droits internes (Conventions de Genève de 1930 sur la lettre de change et le billet à ordre et de 1931 sur le chèque).

b) Le régime des traités

L'essentiel du régime des traités relève d'un enseignement distinct : le droit international public. Aussi, seules quelques précisions relatives à certains éléments de leur régime, utiles à l'étude du droit international privé seront ici présentées.

1. V. « La Commission des Nations unies pour le droit commercial international : à propos de 35 ans d'activité », *LPA*, 18 décembre 2003, n° 252.

2. J. H. A. van Loon, « The Hague Conventions on Private International law », in *The Effect of Treaties on Domestic Law*, United Kingdom Nat. Comm. Comp. Law, t. 7, Londres, Sweet & Maxwell, 1987, p. 221.

37. Le conflit entre la loi et le traité. — Le problème se pose lorsqu'au sein d'un même ordre juridique, le traité et la loi interne contiennent des dispositions inconciliables : lesquelles faire alors prévaloir ? Apparemment, la question ne paraît guère soulever de difficulté, en raison de l'article 55 de la Constitution : « *Les traités ou accords régulièrement ratifiés ou approuvés ont, dès leur publication, une autorité supérieure à celle des lois sous réserve, pour chaque accord ou traité, de son application par l'autre partie.* » Aussi bien, en cas de conflit entre un traité et une loi interne antérieure, tout porte à faire prévaloir le traité, les dispositions de l'article 55 étant d'ailleurs corroborées par la solution classique du conflit de lois dans le temps offrant précellence au traité nouveau sur la loi ancienne (*lex posterior derogat priori*). Dans l'hypothèse inverse d'un conflit entre une loi nouvelle et un traité antérieur, et en dépit des incertitudes mêmes que recèle en réalité l'article 55 de la Constitution [1], la Cour de cassation fait prévaloir le traité [2]. Le Conseil d'État s'y est quant à lui longtemps refusé au motif qu'il serait interdit au juge administratif français de se faire le censeur de la loi. Tel n'est plus le cas désormais : à la suite d'un revirement retentissant, le Conseil d'État accepte aujourd'hui de faire prévaloir le traité sur la loi interne postérieure [3]. Plus encore, il a récemment affirmé qu'en raison des obligations qui sont celles de l'État pour assurer le respect des conventions internationales par les autorités publiques, il était tenu de réparer l'ensemble des préjudices résultant de l'intervention d'une loi adoptée en méconnaissance des engagements internationaux de la France, et spécialement de la Convention européenne de sauvegarde des droits de l'homme et des libertés fondamentales [4].

Hiérarchiquement supérieur à la loi, le traité ne l'emporte pas cependant sur la Constitution, à l'égard des juridictions internes tout au moins [5]. Pour le Conseil d'État en effet, « la suprématie conférée [par l'article 55 de la Constitution] aux engagements internationaux ne

1. V. ainsi Ph. Francescakis, « Remarques critiques sur le rôle de la Constitution dans le conflit entre le traité et la loi interne devant les tribunaux judiciaires », *Rev. crit. DIP*, 1969. 425 ; P. Lagarde, « La condition de réciprocité dans l'appréciation des traités internationaux : son appréciation par le juge interne », *Rev. crit. DIP*, 1975. 31.

2. Ch. mixte, 24 mai 1975, *Jacques Vabre*, *Rev. crit. DIP*, 1976. 347, note J. Foyer et D. Holleaux ; *JDI*, 1975. 801, note D. Ruzié ; *D.*, 1975. 497, concl. Touffait ; *GA*, n° 55.

3. Ass., 20 octobre 1989, *Nicolo*, *Rev. crit. DIP*, 1990. 125, concl. Frydman, note P. Lagarde ; *JDI*, 1990. 5, chron. J. Dehaussy ; *D.*, 1990, 135, note Sabourin ; *GA*, n° 56.

4. CE, 8 févr. 2007, n° 279522, *Gardedieu*, *JCP*, 2007, 11, 10045, note M.-C. Rouault.

5. V. en effet CPJI, avis du 3 février 1932, *Traitement des prisonniers de guerre polonais à Dantzig*, Sér. A/B, n° 44 ; CJCE, 15 juill. 1964, *Costa*, *Rec.*, p. 1141. Comp. cep. la position du Cons. constit., réaffirmant la primauté de la Constitution sur l'ordre juridique interne : Déc. n° 2004-505 DC du 19 novembre 2004, *Rec.*, p. 173 ; *JO*, 24 nov. 2004, p. 19885 ; *Gr. déc. cons. const.*, 17e éd. 2013, n° 25.

s'applique pas, dans l'ordre interne, aux dispositions de nature constitutionnelle [1] », tandis que la Cour de cassation a adopté peu de temps après une solution identique [2].

38. L'interprétation des traités. — L'existence d'une autorité unique chargée d'interpréter les termes d'un traité présente l'avantage notable d'éviter les disparités nées des interprétations divergentes entre les tribunaux des différents États signataires. La solution, pour n'être pas ignorée du droit positif (v. ainsi la Cour de justice de l'Union européenne pour l'interprétation des Règlements européens), n'en demeure pas moins assez rare [3].

Il convient alors de se tourner vers les autorités compétentes au sein de chaque État pour interpréter le droit conventionnel. En France, les juridictions administratives ont longtemps refusé d'interpréter les traités lorsqu'ils contenaient des dispositions obscures, au motif que cette attribution relevait de la fonction diplomatique. À la suite d'un revirement, le juge administratif peut désormais, à partir des pièces du dossier, déterminer le sens d'une convention internationale sans nécessairement renvoyer au ministre des Affaires étrangères pour en établir l'interprétation [4].

La première Chambre civile de la Cour de cassation faisait quant à elle obligation aux tribunaux judiciaires d'interpréter eux-mêmes les traités, sauf lorsqu'il s'agissait d'une question touchant à l'ordre public international [5] ou que le gouvernement avait décidé de publier au *JO*

1. CE Ass., 30 oct. 1998, *Sarrand*, *D.*, 2000. 152, note E. Aubin ; *RFDA*, 1998. 1081, concl. C. Maugüe ; 1094, chron. D. Alland ; *Europe*, mars 1999, chron. n° 3, D. Simon ; *RTD civ.*, 1999. 232, obs. N. Molfessis, *GA*, n° 85. Ceci étant, le Conseil d'État, s'inspirant de la jurisprudence du Conseil constitutionnel en matière de contrôle des lois transposant des directives communautaires (Cons. const., 10 juin 2004, n° 2004-496 DC, loi « économie numérique » ; 27 juill. 2006, n° 2006-540 DC, loi « droit d'auteur », *RTD civ.*, 2007. 80, obs. R. Encinas de Munagorri, et les réf.) a plus récemment affirmé que dans cette même hypothèse, si le principe constitutionnel invoqué trouvait son équivalent dans le droit communautaire, la question devait alors être renvoyée à la CJCE : CE Ass., 8 févr. 2007, n° 287110, *Sté Arcelor Atlantique et Lorraine*, *JCP*, 2007. II. 10049, note P. Cassia ; *D.*, 2007 . 2272, note M. Verpeaux ; P. Deumier, *D.* 2007, Chron. p. 2742.

2. Ass. plén., 2 juin 2000, *Fraisse*, *JCP*, 2001. II. 10453, note A.-C. de Foucauld ; *RTD civ.*, 2000. 672, obs. R. Libchaber ; *GA*, n° 86.

3. Et, sur les difficultés qu'elle recèle, v. M. Audit, « L'interprétation autonome du droit international privé communautaire », *JDI*, 2004. 789.

4. CE, Ass., 29 juin 1990, *GISTI*, *Rev. crit. DIP*, 1991. 61, concl. Abraham, note P. Lagarde ; *JDI*, 1990. 965, note F. Julien-Laferrière ; *GA*, n° 80. Et, pour l'abandon définitif de la question préjudicielle au ministre des Affaires étrangères en matière d'interprétation d'une convention internationale, v. : CE ass., 9 juillet 2010, *Cheriet-Benseghir*, *AJDA* 2010. 1635, chron. S.-J. Liéber et D. Botteghi ; *Dr. adm.* 2010, comm. 131, note M. Gautier ; *JCP* 2010, 1101, chron. B. Plessix.

5. Cass. civ. 1re, 7 juin 1989, *JCP*, 1990. II. 21448, note J.-P. Rémery.

son interprétation officielle [1]. La première distinction est cependant assez délicate à mettre en pratique et source d'incertitude. Aussi peut-on approuver le revirement de jurisprudence de la première Chambre civile, résultant d'un arrêt en date du 19 décembre 1995 : désormais, il est affirmé qu'il est de l'office du juge d'interpréter les traités internationaux, sans qu'il soit nécessaire de solliciter l'avis d'une autorité non juridictionnelle [2].

39. Les conflits de conventions. — Le développement quantitatif des traités internationaux a donné naissance à une figure nouvelle de conflit : le conflit de conventions, apparaissant lorsqu'une même situation juridique est susceptible d'être régie par plusieurs d'entre elles.

Dans cette perspective, la solution la plus efficace repose sur la mise en œuvre de techniques destinées à éviter que le conflit de conventions ne se produise. Il en va ainsi par exemple lorsque, pour adhérer à la convention nouvelle, il faut préalablement dénoncer l'ancienne avec laquelle un éventuel conflit aurait pu se produire, ou lorsque la nouvelle Convention indique qu'elle se substituera au droit conventionnel antérieur au moyen d'une clause d'abrogation. Cet anéantissement anticipé du conflit de conventions pourrait également être provoqué en amont, notamment par le développement de la coopération entre les organisations internationales ayant pour mission d'élaborer le droit conventionnel [3].

À défaut, il demeure possible en certaines hypothèses de tenter de neutraliser le conflit, c'est-à-dire de s'efforcer de concilier, dans la mesure du possible, les conventions en présence. Tel est le cas en présence de clauses de neutralisation qui, contenues dans les traités, prennent en considération le risque de conflit et s'efforcent d'assurer la coexistence pacifique entre plusieurs conventions. On parle traditionnellement à leur sujet de clauses de compatibilité ou d'incompatibilité, déclinées sous des formes diverses : clauses de déconnexion, de sauvegarde des conventions antérieures ou plus favorables, clauses de sauvegarde des droits des États-tiers… Leur efficacité est cependant variable. Parfois, l'impératif qu'elles recèlent est en effet suffisamment explicite pour pouvoir produire l'effet recherché. Tel est le cas par exemple lorsqu'en vertu d'une telle clause, la Convention qui la contient accepte

1. Cass. civ. 1re, 6 nov. 1990, *Rev. crit. DIP*, 1991. 147, note P. L.

2. *Rev. crit. DIP*, 1996. 468, note B. Oppetit ; *RGDIP*, 1996. 867 et chron. D. Alland, p. 603 ; *GA*, n° 81.

3. V. à cet égard la récente adhésion de la Communauté à la Conférence de La Haye de droit international privé (décision du Conseil du 5 octobre 2006, *JOUE*, n° 297).

explicitement de s'effacer devant une autre. En témoigne ainsi l'article 7 de la Convention de Bruxelles du 10 mai 1952 en matière d'abordage, qui contient la disposition suivante : « Ce traité ne sera pas appliqué aux cas qui tombent sous le coup des dispositions de la convention concernant la navigation sur le Rhin, en date du 17 octobre 1868. »

Il serait en revanche assez vain de vouloir chercher la solution définitive du conflit de conventions dans des clauses rédigées dans les termes suivants : « La présente Convention ne porte pas atteinte à l'application des conventions internationales auxquelles un État-contractant est ou sera partie » ; ou dans des termes voisins : « La Convention ne déroge pas aux instruments internationaux auxquels un État-contractant est ou sera Partie et qui contiennent des dispositions sur les matières réglées par la présente Convention. » Ces clauses n'imposent en effet pas véritablement de ligne de conduite au juge à qui il incombera donc de déterminer à laquelle des conventions en présence il donnera la préférence. D'autant que ces diverses clauses peuvent parfaitement se renvoyer dos à dos, lorsque les conventions en conflit contiennent de telles dispositions rédigées en termes identiques : à défaut de neutraliser le conflit, ce sont les deux clauses qui se neutralisent alors.

Aussi, lorsque ces clauses seront absentes ou auront révélé leurs insuffisances, il faudra songer à se tourner vers d'autres procédés de neutralisation du conflit ; à défaut de jurisprudence significative en ce domaine, c'est essentiellement la doctrine qui s'est efforcée de les établir à l'aide de directives plus ou moins précises.

Le procédé le plus fréquemment avancé repose sur la délimitation du champ d'application des conventions en présence. De manière générale, c'est bien sûr une exigence élémentaire que de vérifier si une question de droit entre bien dans le domaine de tel ou tel texte. Et lorsqu'une hésitation est possible, la règle de la spécialité pourra alors contribuer plus précisément à la détermination du domaine respectif de ces conventions. C'est là un procédé d'interprétation tout à fait classique, aux termes duquel la règle spéciale l'emporte sur la règle générale, et dont on voit mal pourquoi il serait inapte à prodiguer ses bienfaits en matière de conflit de conventions. Dans nombre de cas, la mise en œuvre de cette directive ne soulèvera pas de difficulté particulière : s'agissant par exemple de la détermination de la loi applicable aux obligations du vendeur, elle permettait d'expliquer la priorité qu'il convenait d'accorder à la Convention de La Haye de 1955 relative à la loi applicable à la vente sur la Convention de Rome régissant quant à elle les obligations contractuelles en général [1].

1. Sur les solutions résultant désormais de l'entrée en vigueur du Règlement Rome I, v. *infra*, n°s 893 et s.

Lorsqu'aucun moyen de neutralisation n'apparaît efficace, il faudra bien alors trancher le conflit. Pour ce faire, on peut songer à comparer les finalités que poursuivent les conventions en cause afin de donner préférence à celle qui permet au mieux de les réaliser. C'est ainsi que dans certains cas, le sacrifice de l'une des conventions pourrait peut-être s'effectuer au profit d'une cause commune, puisque serait finalement appliquée celle des conventions assurant de la manière la plus efficace l'objectif poursuivi. C'est donc la recherche de l'efficacité qui pourrait tout d'abord servir de guide en la matière. Dans le domaine de la reconnaissance et de l'exécution des décisions judiciaires étrangères par exemple, la règle de l'efficacité maximale conduirait ainsi à donner préférence à la disposition conventionnelle permettant la reconnaissance et l'exécution du jugement, au détriment de la disposition qui aurait conduit à les refuser.

En revanche, lorsque l'une de ces conventions consacre des *valeurs essentielles*, comme en témoigne notamment la Convention européenne des droits de l'homme (ou encore, désormais, la Charte de l'Union européenne), le conflit revêt une configuration particulière, en raison de la primauté qu'elles revendiquent. De nouvelles difficultés surgissent ensuite lorsque deux instruments de ce type imposent des solutions divergentes dans le même cas d'espèce. L'hypothèse s'est présentée à l'occasion de l'articulation entre le droit de l'Union européenne (lui-même encadré par la Charte) et la Convention européenne des droits de l'homme, et a donné lieu à l'élaboration prétorienne d'un dispositif de coordination complexe, à partir de la présomption dite « *Bosphorus* » (sur laquelle nous reviendrons *infra*, n°s 283, 787, 798, 1121, 1200).

2 / Le droit de l'Union européenne [1]

40. Pendant assez longtemps, le droit communautaire – auquel est désormais substitué le droit de l'Union européenne depuis l'entrée en vigueur du traité de Lisbonne – n'intervint qu'assez rarement en matière de droit international privé. Il n'en va plus de même aujourd'hui, spécialement depuis l'entrée en vigueur du traité d'Amsterdam du 2 octobre

1. Depuis l'entrée en vigueur du traité de Lisbonne (2 décembre 2009), les Communautés européennes ont été remplacées par l'Union européenne et le droit communautaire par le droit de l'Union européenne. En conséquence, c'est désormais l'adjectif « européen » qui sera employé dans l'ouvrage, là où on évoquait jusqu'à présent le « communautaire ». Ainsi comprise, la modification parvient à être paradoxalement à la fois plus exacte… et moins précise !

1997[1]. Par la technique du reformatage – transformant en règlement des traités en vigueur ou à l'état de projet –, mais également par l'adoption directe de règlements, nombre de textes sont désormais de droit positif, modifiant assez sensiblement le visage de la matière (v. ainsi Règlement CE n° 1346-2000 du 29 mai 2000 relatif aux procédures d'insolvabilité, *JOCE*, L 160, 30 juin 2000, p. 1, issu de la Convention de Bruxelles du 23 novembre 1995 et refondu par le Règlement (UE) n° 2015/848 du Parlement européen et du Conseil du 20 mai 2015 relatif aux procédures d'insolvabilité ; Règlement CE, n° 1347-2000 du 29 mai 2000 relatif à la compétence, la reconnaissance et l'exécution des décisions en matière matrimoniale et en matière de responsabilité parentale des enfants communs, devenu le Règlement dit « Bruxelles II *bis* » n° 2201/2003 du 27 novembre 2003 ; Règlements « Rome I » n° 593/2008 du 17 juin 2008 et « Rome II » n° 864/2007 du 11 juillet 2007 sur la loi applicable respectivement aux obligations contractuelles – précédemment codifiée dans la Convention de Rome du 19 juin 1980 – et non contractuelles ; Règlement n° 4/2009 du 10 janvier 2009 sur les obligations alimentaires ; Règlement 1259/2010 du 20 décembre 2010 mettant en œuvre une coopération renforcée dans le domaine de la loi applicable au divorce et à la séparation de corps ; Règlement 650/2012 du Parlement européen et du Conseil du 4 juillet 2012 relatif à la compétence, la loi applicable, la reconnaissance et l'exécution des décisions, et l'acceptation et l'exécution des actes authentiques en matière de successions et à la création d'un certificat successoral européen ; Règlement (UE) 2016/1103 du Conseil du 24 juin 2016 mettant en œuvre une coopération renforcée dans le domaine de la compétence, de la loi applicable, de la reconnaissance et de l'exécution des décisions en matière de régimes matrimoniaux ; Règlement (UE) 2016/1104 du Conseil du 24 juin 2016 mettant en œuvre une coopération renforcée dans le domaine de la compétence, de la loi applicable, de la reconnaissance et de l'exécution des décisions en matière d'effets patrimoniaux des partenariats enregistrés…). Bien que bâti sur des bases institutionnelles pour le moins contestées[2], le droit international privé dérivé occupe donc désormais une place considérable encore appelée à se développer (notamment dans

1. La compétence des États-membres pour conclure des traités avec des États-tiers s'amenuise (v. l'avis I/03 du 7 février 2006, confirmant l'exclusivité de la compétence externe de l'Union européenne dans le champ couvert par le droit international privé dérivé).

2. V. s'agissant par exemple du Règlement Bruxelles I révisé, l'analyse de L. Gillies, « Creation of Subsidiary Jurisdiction Rules in the Recast of Brussels I: Back to the Drawing Board? », *Journ. PIL* 2012. 498 et s.

le champ des régimes matrimoniaux et des effets patrimoniaux des partenariats enregistrés, où des textes sont actuellement en préparation)[1].

Dans la mesure où ils intéressent les conflits de lois, ces instruments portent des règles d'application universelle ayant vocation à devenir le droit international privé commun des États-membres (sauf lorsqu'ils organisent eux-mêmes la préséance d'un autre texte conventionnel dans les rapports entre États-membres contractants). Concrètement, cela signifie qu'ils se substituent aux règles de conflit existantes dans ces États et peuvent conduire à la désignation, indifféremment, de la loi d'un État-membre ou à celle d'un État-tiers. En revanche, les règles de conflit de juridictions ne portent que sur la compétence juridictionnelle et les jugements des États-membres dans leurs rapports réciproques ; elles constituent à cet égard un système clos. Toutefois, dans certains cas, elles valent même dans les contentieux non intégrés à l'Union européenne, en ce sens qu'elles prévoient la compétence des juridictions des États-membres lorsque le défendeur est domicilié dans un État-tiers[2].

41. C'est également par voie de directives que se développe ce droit international privé européen[3]. Il en résulte un droit extrêmement complexe, de qualité souvent médiocre, pas même en harmonie avec d'autres instruments européens et dont la transposition dans les différents États-membres donne lieu à des résultats pour le moins variables[4]. Ce droit dérivé comporte assez fréquemment des indications relatives à son champ d'application dans l'espace et, à défaut, dans les situations qui

1. Sur l'incidence du traité de Lisbonne, v. I. Barrière-Brousse, « Le traité de Lisbonne et le droit international privé », *JDI*, 2010. 1 ; D. Boden, « Le droit international privé et l'entrée en vigueur du traité de Lisbonne », Conférence du 27 mars 2010 à l'Institut culturel italien ; J. Heymann, *Le droit international privé à l'épreuve du fédéralisme européen*, Économica, 2010, préf. H. Muir Watt. Comp. aussi l'arrêt « Lisbonne » de la Cour constitutionnelle allemande du 30 juin 2009, concluant à la constitutionnalité du traité à condition que l'Union européenne soit une association d'États et non une entité fédérale (sur cet arrêt, v. les obs. de Ch. Maurer, *D.*, 2009. 2912).

2. Sur la distinction entre compétence subsidiaire (Règlement « Obligations alimentaires ») et compétence résiduelle (Règlements Bruxelles I et II *bis*), v. F. Paulino Pereira, « La coopération judiciaire en matière civile dans l'Union européenne : bilan et perspectives », *Rev. crit. DIP*, 2010. 12.

3. V. ainsi, par ex. : directive n° 88/357 du Conseil du 22 juin 1988, portant coordination des dispositions législatives, réglementaires et administratives concernant l'assurance directe autre que l'assurance sur la vie (*Rev. crit. DIP*, 1989. 144 ; v. en application de cette directive, L. 31 décembre 1989, traduite dans les art. L. 181-1 et s. C. ass.) ; directive n° 93/7 du Conseil du 15 mars 1993, relative à la restitution de biens culturels ayant quitté illicitement le territoire d'un État-membre (*Rev. crit. DIP*, 1993. 354) ; directive 93/13 du 5 avril 1993, concernant les clauses abusives dans les contrats conclus entre les consommateurs (*Rev. crit. DIP*, 1993. 495) ; v. en application de cette directive, L. 1er février 1995, ajoutant un art. L. 135-1 au Code de la consommation (devenu L. 232-1 C. cons.).

4. V. not. E. Jayme et C. Kohler, « L'interaction des règles de conflit contenues dans le droit dérivé de la Communauté européenne et des conventions de Bruxelles et de Rome », *Rev. crit. DIP*, 1995. 1.

impliquent des États-tiers, la Cour de justice en précise les critères d'applicabilité. Il s'agit alors, non pas de régler des conflits de lois entre lois nationales, mais de délimiter unilatéralement le champ du droit matériel uniforme dans les situations qui comportent des liens avec des États-tiers [1].

42. Jusqu'à une date récente, les principes gouvernant le fonctionnement du marché intérieur – libre établissement et la libre prestation de services – ne paraissaient quant à eux susceptibles de produire l'essentiel de leurs effets que sur le terrain de la condition des étrangers. Néanmoins, depuis quelque temps désormais, la Cour de justice a fait produire des effets très importants à la liberté d'établissement sur le terrain du droit international privé des sociétés des États-membres, tandis qu'a parfois été affirmée, sous la bannière très controversée du « principe d'origine », l'idée selon laquelle ces libertés pourraient être entravées pour la seule raison qu'un prestataire de services, établi dans un État-membre et désirant exercer son activité dans un autre État-membre, devrait se conformer à la législation de cet État, différente par hypothèse de celle en vigueur dans son État d'origine. La clause « marché intérieur » apparue dans certaines directives récentes tend il est vrai à accréditer cette thèse [2]. La Cour de justice lui a donné son aval, sous la forme d'une exception de reconnaissance mutuelle, en interprétant la directive « commerce électronique [3] ». De sorte qu'au-delà du principe de non-discrimination, la diversité même des législations serait un obstacle à la libre circulation. Il reste à se demander si, en dehors de ce cadre législatif, le droit européen comporterait des règles de conflit – ou du moins des principes d'évaluation – occultes, qui obligeraient à passer le conflit de lois de droit privé au crible des libertés de circulation. Pour critiquable qu'elle soit, une réponse positive semble s'être imposée, déjà, en matière de libre établissement des sociétés [4].

1. V., emblématique à cet égard, CJCE, 9 nov. 2000, C-381/98, *Ingmar* (sur lequel v. *infra*, not. n° 555).

2. Directive « télévision sans frontières » n° 97/36 (modifiée) ; directive « commerce électronique » n° 2000/31 ; en revanche, la clause ne figure pas dans la directive Services (n° 2006/123) en raison du débat provoqué par le principe d'origine, devenu désormais tout simplement « la libre prestation de services » (v. *infra*, n°s 534 et 539).

3. V. *infra*, n° 539, 1020, 1023, 1188, 1199.

4. V. *infra*, n°s 534 et s. Cohérente en matière d'autorisations administratives ou de qualifications professionnelles, la thèse de la loi d'origine serait en revanche – si elle était transposée aux relations de droit privé – de nature à induire une distorsion de concurrence législative que ces libertés ont pour objet propre d'encourager. Dans une perspective critique, v. not. H. Muir Watt, « Les principes généraux en droit international privé français », *JDI*, 1997. 403, spéc. p. 413 et s. ; « L'entrave à la libre prestation de services : réflexions sur l'impact des libertés économiques sur le droit international privé des États-membres », in *Études offertes à J. Béguin*, Litec, 2005, p. 545 ; *GA*, p. 527 et s. ; V. Heuzé, « De la compétence de la loi du pays d'origine en matière contractuelle ou l'anti-droit européen », in *Mélanges en l'honneur de P. Lagarde*, Dalloz, 2005, p. 393 et s.

À ce stade, cependant un nouveau défi se profile. Reste en effet à mesurer l'incidence de la citoyenneté européenne sur les paramètres des conflits des lois. Ceux-ci revêtent désormais un degré de spécificité tel dans les rapports intra-européens que nous avons estimé le temps venu d'en esquisser une théorie générale. Celle-ci sera présentée au début du tome II de cet ouvrage.

ÉTAT DES QUESTIONS

THÉORIE JURIDIQUE

43. Au-delà du positivisme étatique ? — Les sources du droit sont traditionnellement entendues – positivisme oblige – en tant que sources formelles, à de rares exceptions près : sur l'influence de la doctrine, considérée comme source matérielle d'importance majeure, v. B. Oppetit, « Le droit international privé, droit savant », *RCADI*, t. 234 (1992-III), p. 331 et s. (pour une défense du rôle éminent de la doctrine en droit international privé dans une perspective historique et philosophique) ; sur les emplois positifs du droit naturel en droit international privé, v. Ph. Francescakis, « Droit naturel et droit international privé », in *Mélanges offerts à J. Maury*, t. I, 1960, p. 114 et s. Aujourd'hui, cependant, le pluralisme des sources non étatiques à caractère privé tend à se développer (v. *infra*, n° 54 ; plus généralement, sur les aspects méthodologiques de ces nouveaux champs normatifs, *infra*, n°s 582-9 et s.). Par ailleurs, la question se pose de savoir si l'exercice raisonnable de la compétence étatique – c'est-à-dire fondé sur des liens suffisants entre l'État et la situation visée – est une obligation émergente du droit international public (sur cette question, v. *infra*, n° 62).

44. La controverse entre universalisme et particularisme. — M. Ancel, « La tendance universaliste dans la doctrine comparative française au début du XXe siècle », in *Festschrift für E. Rabel*, t. I, 1954, p. 17 ; G. Bolard, « Universalisme ou nationalisme : l'hésitation française », *Annuaire suisse de droit international*, 1977, 83 ; G. Van Hecke, « Universalisme et particularisme des règles de conflit au XXe siècle », in *Mélanges en l'honneur de J. Dabin*, t. I, 1963, p. 939 ; J. A. Carrillo Salcedo, « Le renouveau du particularisme en droit international privé », RCADI, t. 160 (1978-II), p. 183. Sur l'histoire de la pensée juridique en ce domaine, v. J.-L. Halpérin, *Entre nationalisme juridique et communauté de droit*, Puf, « Les voies du droit », 1999.

Le droit international privé *doit-il* être régi par des sources internes ou internationales ? C'est bien en termes de devoir que la question fut à l'origine posée par une doctrine militante (souvent raillée aujourd'hui sous le nom de dogmatique… injure suprême du pragmatisme positiviste à tendance suiviste). Dans le premier traité systématique de droit international privé publié par Joseph Story en 1834, fortement inspiré par l'École hollandaise qui s'était épanouie à la faveur de la nouvelle indépendance politique des Pays-Bas au XVIIe siècle, il était ainsi estimé que les règles de répartition des compétences étatiques étaient dictées par le droit international public et par conséquent étaient les mêmes partout. En Europe, la perception que la matière était régie par des principes transcendants a pris la forme chez l'auteur le plus influent – Savigny –, du rattachement à la raison naturelle, délibérément réservé cependant à la communauté de droit romano-chrétienne. Paradoxalement, le rattachement au droit international public fut rapidement effacé aux États-Unis, du moins dans le domaine des conflits de lois de droit privé, par la concentration sur les conflits intra-fédéraux ; il a connu un regain en Europe au début du XIXe siècle, avant de se faire éliminer par un tournant particulariste reconnaissant que chaque État pouvait agir en ce domaine comme il l'entendait.

Aujourd'hui, le vent semble tourner à nouveau, en faveur d'une certaine quête d'universalisme ; de récents facteurs, comme la globalisation économique et la régionalisation du droit, contribuent d'ailleurs fortement à modifier la donne. En dehors même des droits humains, ou de la recherche du raisonnable en droit international, une source supranationale comme le droit de l'OMC se voit désormais attribuer une fonction répartitrice des compétences législatives (v. J. Trachtmann, « Regulatory Jurisdiction and the WTO », 10 *Journ. Int' Econ. L.* 1093, 2007).

LA JURISPRUDENCE

45. Sur les liens tendus entre doctrine et jurisprudence, v. de manière générale, P. Mayer, « Les réactions de la doctrine à la création du droit par les juges », *Trav. Ass. H. Capitant*, 1980, p. 385 et s. (employant pour décrire ces relations le terme de *dialogue*, p. 392) ; aj., pour une illustration magistrale, Y. Lequette, « L'influence de l'œuvre d'Henri Batiffol sur la jurisprudence française », *Trav. Com. fr. DIP*, 1991-1993, p. 32 et s. Sur l'importance de la jurisprudence en droit international privé, aj. B. Ancel, Y. Lequette, *Grands arrêts* (avant-propos), p. IX et s. ; J. Foyer, « La jurisprudence en droit international privé entre création et adaptation de la règle de droit », *Arch. phil. droit*, t. 50, 2007, p. 261 ; P. Courbe, « Le juge, la jurisprudence et le droit international privé », in *Mélanges dédiés à la mémoire du doyen J. Héron*, LGDJ, 2008, p. 181 et s. Le droit international privé fait ici figure de test dans la controverse classique, sur le point de savoir si la jurisprudence est source de droit (comme traduction d'un simple raisonnement sinon comme réalité juridique légitimement posée) : le nierait-on que la matière apparaîtrait alors singulièrement asséchée.

LÉGISLATION ET CODIFICATION

46. Au-delà d'une réflexion sur la place de la loi en droit international privé (B. Bourdelois, « La loi comme source de droit international privé », in *La loi. Bilan et perspectives*, Économica, 2005, p. 89 et s.), la thématique de la codification de cette discipline, entreprise dans de nombreux autres pays, renaît périodiquement de ses cendres : v. ainsi, dans la doctrine contemporaine, D. Bureau, « La codification du droit international privé », in *La codification*, Dalloz, « Thèmes et Commentaires », 1996, p. 119 et s. ; Y. Loussouarn, « Les vicissitudes de la codification du droit international privé français », in *Mélanges G. Droz*, 1996, p. 191 et s. ; P. Lagarde, « Sur la non-codification du droit international privé français », *Syracuse Journal of International Law*, 1998, vol. 25, p. 45 ; H. Muir Watt, « La codification en droit international privé », *Droits*, n° 27, 1998, p. 149 et s. ; C. Kessedjian, « La codification en droit international privé », in *La codification du droit international*, A. Pedone, 1999, p. 101 et s. ; E. Putman, « Réflexions sur la question de la codification du droit international privé », *ibid.*, p. 111 et s. ; H. Gaudemet-Tallon,

« Droit international privé et Code civil », in *1804-2004, Le Code civil, un passé, un présent, un avenir,* Dalloz, 2004, p. 749 et s. ; V. Heuzé, « Le droit international privé », in *Le Code civil 1804-2004, Livre du bicentenaire,* Dalloz-Litec, 2004, p. 401 et s. ; A. Bodénès-Constantin, *La codification du droit international privé français,* Defrénois, 2005, préf. I. Fadlallah ; L. Perreau-Saussine, « Le droit international privé français : l'avenir de la codification est-il national ou européen ? », in *Codification du droit privé et évolution du droit de l'arbitrage : Journées franco-sudaméricaines de droit comparé,* 3-4 octobre 2013, Société de législation comparée, 2014, p. 83 et s. *Pro* : la prévisibilité des solutions ; la simplification dans l'accès à la connaissance ; *Contra* : la rigidité des solutions ; l'inutilité de la codification. Sur le contenu des codifications récentes, dans une perspective méthodologique, v. E. Vassilakakis, *Orientations méthodologiques dans les codifications récentes du droit international privé en Europe,* LGDJ, 1987, préf. P. Lagarde.

47. Panorama des législations de droit international privé. — ***Algérie*** : Ord. 26 septembre 1975 portant C. civ., *Rev. crit. DIP,* 1977. 380 ; G. Peyrard, « La solution des conflits de lois en Algérie », p. 382. ***Allemagne*** : L. 25 juillet 1986 portant réforme du droit international privé et modifiant la loi d'introduction au Code civil, EGBGB, *Rev. crit. DIP,* 1987. 170 ; présentation H.-J. Sonnenberger (Introduction générale, p. 1), F. Sturm (Personnes, famille et succession, p. 33), J. Basedow (Conflits de juridictions, p. 77) ; L. 21 mai 1999, modifiant la loi d'introduction du C. civ., EGBGB, *Rev. crit. DIP,* 1999. 870 ; H. J. Sonnenberger, « La loi allemande du 21 mai 1999 sur le DIP des obligations non contractuelles et des biens », p. 647. ***Argentine*** : D.P. Fernández Arroyo « Main Characteristics of the New Private International Law of the Argentinian Republic », *RabelsZ*,vol. 80, janvier 2016, p. 130. ***Autriche*** : L. 15 juin 1978, *Rev. crit. DIP,* 1979. 176 ; présentation F. Schwind, p. 174. ***Belgique*** : Loi du 16 juill. 2004 portant le Code de droit international privé, *Rev. crit. DIP,* 2005.154 ; J.-Y. Carlier, « Le Code belge de droit international privé », *Rev. crit. DIP,* 2005. 11. ***Chine*** : L. 28 octobre 2010, *JDI* 2011.389 ; présentation Chen Weizuo et L. Bertrand, *JDI* 2011.375 ; Chen Weizuo, « La codification du droit international privé chinois », *RCADI* 2013, vol. 359. ***Émirats arabes unis*** : Code des transactions civiles, 15 déc. 1985, *Rev. crit. DIP,* 1986. 390 ; comm. S. A. Aldeeb Abu-Sahlieh, p. 393. ***Espagne*** : titre prél. C. civ., D. L. 31 mai 1974 ; L. I. Buigues, « Le nouveau système de règles de conflit du DIP espagnol », *Rev. crit. DIP,* 1976. 397. ***Hongrie*** : D. L. n° 13/1979, *Rev. crit. DIP,* 1981. 161 ; présentation F. Majoros, p. 158. ***Italie*** : L. 31 mai 1995, *Rev. crit. DIP,* 1996. 174 ; présentation A. Giardina (Caractères généraux, p. 1), T. Ballarino (Personnes, famille, régimes matrimoniaux et successions, p. 21), F. Pocar (Droit des obligations, p. 41), V. Starace (Conflits de juridictions, p. 67). ***Japon*** : Loi de réforme du Horei en vigueur au 1er janvier 2007 ; K. Takahashi, « A Major Reform of Japanese Private International Law », *Journ. PIL,* 2006, vol. 2, 311-338 ; Y. Okada, « Aspects de la réforme du droit international privé au Japon », *JDI,* 2007. 899 ; Loi n° 36 du 2 mai 2011 portant sur la réforme partielle du Code de procédure civile et de la loi sur les mesures provisoires, sur laquelle, v. B. Elbalti, D. Yokomizo, « La compétence internationale des tribunaux japonais en matière civile et commerciale à la lumière de la nouvelle législation », *Rev. crit. DIP,* 2016. 417. ***Louisiane*** : Acte de 1991, portant promulgation du chap. 3 du titre prél. du C. civ., *Rev. crit. DIP,* 1992. 394 ; S. Symeonides, « Les grands problèmes de DIP et la nouvelle codification de Louisiane », p. 223. ***Montenegro*** : Loi sur le droit international privé (*JO du Monténégro* n° 1/2014 du 9 janv. 2014) ; T. Rajcevic, « La Loi sur le droit international privé de la République de Monténégro du 23 décembre 2013 », *Rev. crit. DIP,* 2015.

261. ***Pays-Bas*** : L. 19 mai 2011 établissant et instaurant le Livre 10 (Droit international privé) du Code civil néerlandais, *Rev. crit. DIP*, 2012.674, 1058. ***Pérou*** : C. civ., 24 juill. 1984 ; J. Lisbonne, « Les dispositions de droit international privé du nouveau C. civ. du Pérou », *Rev. crit. DIP*, 1986. 192. ***Pologne*** : L. 4 février 2011, *Rev. crit. DIP*, 2012. 225 ; présentation T. Pajor, p. 5. ***Portugal*** : C. civ., D. L. 25 nov. 1966, *Rev. crit. DIP*, 1968. 369. ***Québec*** : L. 18 déc. 1991 codifiant le DIP en un livre 10ᵉ du nouv. C. civ., *Rev. crit. DIP*, 1992. 574 ; E. Groffier, « La réforme du DIP québécois », p. 584. ***République dominicaine*** : L. n° 544-14 de droit international privé du 15 octobre 2014, *Rev. crit. DIP*, 2015. 488 ; J. C. Fernández Rozas, « Le nouveau droit international privé de la République dominicaine », *Rev. crit. DIP*, 2015. 303. ***Roumanie*** : nouveau C. civ. roumain, entré en vigueur le 1er octobre 2011, *Rev. crit. DIP*, 2012.459 ; C. Avasilencei, « La codification des conflits de lois dans le nouveau Code civil roumain : une nouvelle forme en attente d'un contentieux », *Rev. crit. DIP*, 2012.247. Nouveau code de procédure civile roumain, entré en vigueur le 15 février 2013, *Rev. crit. DIP*, 2014. 225 ; C. Avasilencei, L. E. Piciarca, « Regard sur les conflits de juridictions dans le nouveau Code de procédure civile roumain », *Rev. crit. DIP*, 2014. 43. ***Royaume-Uni*** : L. 1995 portant diverses dispositions en matière de DIP, *Rev. crit. DIP*, 1996. 377 ; A. E. Anton, « Loi du Royaume-Uni portant diverses dispositions en matière de DIP », *Rev. crit. DIP*, 1996. 267. ***Russie*** : I. V. Getman-Pavlova et E. V. Postnikova, « La réforme du droit international privé de la Russie » *Rev. crit. DIP*, 2015. 751. ***Suisse*** : L. 18 déc. 1987 ; *Rev. crit. DIP*, 1988. 409 ; présentation F. Knoepfler et P. Schweitzer (Partie générale, p. 207), A. E. Von Overbeck (Personnes, famille, régimes matrimoniaux et successions, p. 237), S. Stojanovic (droit des obligations, p. 261). ***Turquie*** : L. 20 mai 1982, *Rev. crit. DIP*, 1983. 141 ; obs. N. Uluocak, p. 149. ***Tunisie*** : L. 27 novembre 1998, portant promulgation du code de DIP, *Rev. crit. DIP*, 1999. 382 ; M. El Arbi Hachem, « Le code tunisien de DIP », p. 227 ; S. Bostanji, « Les survivances du communautarisme dans l'application judiciaire du droit international privé tunisien », *Rev. crit. DIP*, 2009. 251. ***Venezuela*** : Loi de DIP du 6 août 1998, *Rev. crit. DIP*, 1999. 392 ; G. Parra-Aranguren, « La loi vénézuélienne de 1998 sur le DIP », p. 209. ***Vietnam*** : Quoc Chien Ngo, Van Anh Ly, « Le nouveau droit international privé vietnamien : grands pas et faux pas de la réforme », *Rev. crit. DIP*, 2016. 615. Plus généralement, v. S. Symeonides, *Codifying Choice of Law around the World. An International Comparative Analysis*, Oxford University Press, 2014.

LES PRINCIPES

48. V. les travaux fondateurs de B. Oppetit, « Les principes généraux en droit international privé », *Arch. phil. droit*, t. 32, 1987, p. 179 ; « Les principes généraux dans la jurisprudence de cassation », *JCP*, éd. E, 1989, *Cahiers de droit de l'entreprise*, n° 5, p. 14. Aj. D. Bureau, *Les sources informelles du droit dans les relations privées internationales*, thèse, Paris 2, 1992 ; P. Hammje, *La contribution des principes généraux du droit à la formation du droit international privé*, thèse, Paris 1, 1994 ; H. Muir Watt, « Les principes généraux du droit international privé français », *JDI*, 1997. 403 ; F. Terré, « Les principes généraux du droit », in *La cour de cassation et l'élaboration du droit*, dir. N. Molfessis, Économica, 2004, p. 171 ; D. Bureau, « L'ambivalence des principes généraux du droit devant la Cour de cassation », *ibid.*, p. 181. Fréquemment employés en jurisprudence, les principes demeurent l'objet de nombreuses interrogations doctrinales : source autonome du droit ? Fonction de systématisation ou simple artifice destiné à masquer des créations prétoriennes ? Place au sein de l'ordonnancement juridique ?

LES TRAITÉS

49. Jouissant d'un *a priori* généralement assez favorable, les traités se développent – comme des champignons a-t-on pu écrire – en droit international privé, au nom d'une unification jugée souhaitable de la matière. Pour autant que les réserves et ratifications parcellaires n'altèrent pas, en amont, l'unification, parfois détruite – en aval – par les interprétations divergentes, inéluctables à défaut d'instance internationale d'interprétation (comp., sur une acception, beaucoup plus largement entendue, de l'interprétation : K. Parrot, *L'Interprétation des conventions de droit international privé*, Dalloz, 2006, préf. P. Lagarde ; et, sur le moyen de résoudre les conflits de lois nés de telles divergences : V. Espinassous, *L'Uniformisation du droit substantiel et le conflit de lois*, LGDJ, 2010, préf. P. Mayer). Un mouvement contestataire commence à émerger, dénonçant, outre la complexité des règles portées par le droit conventionnel, le reflet des divergences d'écoles et d'intérêts nationaux qu'il cristallise, les compromis boiteux entre tendances antagonistes qu'il réalise, la destruction de la cohérence de la catégorie des rattachements, le dépeçage des institutions… (v. pour une sévère critique, Y. Lequette, « Le droit international privé de la famille à l'épreuve des conventions internationales », *RCADI*, t. 246, 1994-II, p. 9 et s.). Ici, comme ailleurs, la vérité est peut-être à mi-chemin : le droit conventionnel n'est pas nécessairement en tant que tel la solution miracle aux problèmes de droit international privé ; il ne peut l'être qu'en raison de la qualité des règles exprimées… variable selon les conventions (sur ce thème, v. not. S. Lécuyer, *Appréciation critique du droit international privé conventionnel*, préf. M.-N. Jobard-Bachellier, LGDJ, 2007).

50. ***Sur les conflits de conventions***, v. F. Majoros, *Les conventions internationales en matière de droit privé*, Pédone, t. I, 1976 ; t. II, 1980, et, pour une heureuse synthèse, B. Dutoit et F. Majoros, « Le lacis des conflits de conventions en droit privé et leurs solutions possibles », *Rev. crit. DIP*, 1984. 566 ; C. Brière, *Les conflits de conventions internationales en droit privé*, LGDJ, 2001, préf. P. Courbe ; D. Bureau, « Les conflits de conventions », *Trav. Com. fr. DIP*, 1999-2000, p. 201 ; A. Malan, *La concurrence des conventions internationales dans le droit des conflits de lois*, PUAM, 2002, préf. B. Audit ; D. Alland, « Le juge interne et les conflits de traités internationaux », *RFDA*, 2012.26. L'effectivité des directives proposées pour résoudre cette forme très particulière de conflit demeure incertaine, d'autant que leur mise en œuvre se révèle parfois délicate. À tout le moins, on prendra conscience de l'importante marge de manœuvre laissée aux juges en ce domaine, réduisant d'autant l'harmonisation que le droit conventionnel s'efforçait de poursuivre. L'hypothèse, sinon du conflit, du moins des degrés variables de protection des droits fondamentaux, entre la Charte de l'Union européenne et la Convention européenne des droits de l'homme, revêt dans ce contexte une physionomie particulière qui ne se prête pas aux principes élaborés pour les autres situations d'antinomie de conventions (v. *infra*, n°s 1195 et s.). Sur l'avis de la Cour de justice du 18 décembre 2014 (2/13) rejetant l'adhésion de l'Union à la Convention européenne des droits de l'homme, v. D. Dero-Bugny, *JDI*, 2015. 708 ; J.-P. Jacqué, « CJUE-CEDH : 2-0 », *RTD eur.*, 2014. 823 ; F. Picod, « La Cour de justice dit non à l'adhésion de l'Union européenne à la Convention EDH », *JCP*, 2015. 145.

51. La hiérarchie des normes. — La question, fondamentale en droit international public, de la hiérarchie entre le traité et les normes internes est devenue un véritable pont-aux-ânes (M. Virally, « Sur un pont-aux-ânes : les rapports entre droit international et droits internes », in *Mélanges Rolin*, Pedone, 1964, p. 488 et s.). Sur l'ensemble de la discussion, v. not. : D. Alland (dir.), *Droit international public*, Puf, 2000, n°s 335 et s., p. 366 et s. ; aj. not. D. Alland, « Consécration d'un paradoxe : primauté du droit interne sur le droit international », *RFDA*, 1998. 1095. Mais le règlement du conflit de normes est susceptible de varier selon qu'il est envisagé dans l'ordre international ou dans l'ordre interne (v. K. Parrot, *L'interprétation des conventions de droit international privé*, Dalloz, 2006, préf. P. Lagarde, spécialement sur la portée de la distinction à cet égard entre monisme et dualisme, n°s 55 et s. ; et, sur une analyse originale des théories moniste et pluraliste en droit international privé : D. Boden, « Le pluralisme juridique en droit international privé », *Arch. phil. dr.,t. 49*, *Le pluralisme*, 2006, p. 275 et s.) et, au sein de ce dernier, selon l'organe (Conseil constitutionnel, juge administratif ou juge judiciaire) appelé à la trancher, et encore, selon qu'il met ou non en cause le droit européen. V. ainsi G. Bachellier, « La norme internationale et le droit interne devant le juge administratif : où en sommes-nous ? », *Rev. crit. DIP*, 2000. 1 ; B. Mathieu, « Le Conseil constitutionnel conforte la construction européenne en s'appuyant sur les exigences constitutionnelles nationales », *D.*, 2004. 1739 ; P. Deumier, obs. *RTD civ.*, 2005. 561 ; *GA*, n° 85-86 (arrêts Sarran, CE, 30 oct. 1998 ; et Fraisse, Cass. Ass. plén., 2 juin 2000). Par ailleurs, l'autonomie des deux grandes juridictions européennes, statuant chacune le cas échéant sur les conflits de normes dans l'ordre international ne réduit pas la complexité du conflit (v. D. Simon, « Des influences réciproques entre CJCE et CEDH : "Je t'aime, moi non plus" ? », *Pouvoirs*, n° 96, 2001, p. 31 et comp. aussi les références citées au numéro précédent), surtout lorsque les voies de recours doivent s'articuler à leur tour avec la question prioritaire de constitutionnalité (v. par ex, CJUE 11 sept. 2014, aff. C-112/13, *Rev. crit. DIP*, 2015 p. 904, note P. Callé ; *AJDA*, 2014. 2295, chron. E. Broussy, H. Cassagnabère et C. Gänser, *RTD eur.*, 2015. 353, obs. L. Coutron). Sur les prolongements d'ordre méthodologique susceptibles de résulter de la hiérarchie des normes, sur le terrain du droit international privé, v. L. Gannagé, *La Hiérarchie des normes et les méthodes du droit international privé. Étude de droit international privé de la famille*, LGDJ, 2001, préf. Y. Lequette ; H. Gaudemet-Tallon, « De quelques sources internationales du droit international privé : ordre ou désordre ? », in *Écrits rédigés en l'honneur de Jacques Foyer*, Économica, 2008, p. 463.

L'INFLUENCE DE L'UNION EUROPÉENNE

52. A. Struycken, « Les conséquences de l'intégration européenne sur le développement du droit international privé », *RCADI*, 1992, p. 260 et s. ; L. Radicati di Brozolo, « L'influence sur les conflits de lois des principes de droit communautaire en matière de liberté de circulation », *Rev. crit. DIP*, 1993. 401 ; « Libre circulation dans la CE et règles de conflit », in *L'européanisation du droit international privé*, 1996, p. 87 et s. ; M. Fallon, « Variations sur le principe d'origine entre droit communautaire et droit international privé », in *Mélanges Rigaux*, 1993, p. 187 ; « Les conflits de lois et de juridictions dans un espace économique intégré : l'expérience de la communauté européenne », *RCADI*, 1995, p. 85 ; A. Gosselin-Gorand, *L'influence des principes communautaires de libre circulation sur les règles nationales de conflit de lois*, thèse dact., Caen, 2001 ; *Le droit interna-*

tional privé communautaire : émergence et incidences, *LPA*, 2002, n° 248 ; J. Heymann, *Le droit international privé à l'épreuve du fédéralisme européen*, Économica, 2010, préf. H. Muir Watt ; M.-P. Puljak, *Le droit international privé à l'épreuve du principe communautaire de non-discrimination en raison de la nationalité*, thèse dact., Paris 2, 2002 ; *La réception du droit communautaire en droit privé des États-membres*, dir. J.-S. Bergé et M.-L. Niboyet, Bruylant, 2003, préface M. Fallon ; *Les conflits de lois et le système juridique communautaire*, dir. A. Fuchs, H. Muir Watt, E. Pataut, Dalloz, « Thèmes et commentaires », 2004 ; M. Wilderspin et A.-M. Rouchaud-Joët, « La compétence externe de la Communauté européenne en droit international privé », *Rev. crit. DIP*, 2004. 1 ; F. Viangalli, *La théorie des conflits de lois et le droit communautaire*, PUAM, 2004, préf. G. Légier ; S. Francq, *L'applicabilité du droit communautaire dérivé au regard des méthodes du droit international privé*, Bruylant, LGDJ, 2005, préf. M. Fallon ; M. Audit, « Régulation du marché intérieur et libre circulation des lois », *JDI*, 2006. 1333 ; C. Nourissat, « Sur l'élaboration d'une source perturbatrice : à propos du droit international privé communautaire », *D.*, 2007. 1098 ; « Le droit international privé à l'épreuve du droit communautaire ? Quelques brèves observations optimistes », *LPA*, 2007, n° 79, p. 82.

Controverse(s). — Tout en ce domaine la suscite, depuis la compétence des institutions européennes à intervenir jusqu'aux résultats de ses interventions. Certains y voient le signe d'un progrès en raison de cette harmonisation renouvelée du droit international privé entre les pays membres de l'Union européenne. D'autres font au contraire valoir qu'il ne s'agit là que d'un universalisme au petit pied, dont sont exclus les autres États : un droit international marqué par le régionalisme, comme par une sorte de résurgence – imposée cette fois – de la communauté de droit savignienne. L'adhésion de la Communauté (désormais de l'Union européenne) à la Conférence de La Haye de droit international privé (décision du Conseil du 5 octobre 2006, *JOUE*, n° 297) est de nature cependant à assurer, dans une certaine mesure au moins, la prise en considération des positions des États-tiers. Mais la Conférence de La Haye elle-même est-elle réellement universaliste ? (J. d'Oliveira, « Universalisme ou régionalisme de la Conférence de La Haye », *Rev. crit. DIP*, 1966. 347). La compétence externe de l'Union européenne s'accroît en tout cas, depuis qu'il est admis par la jurisprudence de la Cour de justice (v. notamment l'arrêt *AETR* du 31 mars 1971, aff. 22/70 et l'avis 1/03 du 7 février 2006 portant sur la conclusion de la Convention de Lugano ; v. aussi désormais l'avis 1/13 rendu en vertu de l'article 218, paragraphe 11, TFUE sur l'adhésion d'États-tiers à la Convention sur les aspects civils de l'enlèvement international d'enfants, admettant l'exclusivité de la compétence externe de l'Union du fait du Règlement (CE) Bruxelles II *bis* n° 2201/2003) que la Communauté acquiert par « occupation du terrain », c'est-à-dire en exerçant sa compétence législative interne (sur ce point, v. M. Wilderspin et A.-M. Rouchaud-Joët, « La compétence externe de la Communauté européenne en droit international privé », *Rev. crit. DIP*, 2004. 1, et spéc. p. 38 ; P. Franzina (ed.), *The External Dimension of EU Private International Law After Opinion 1/13*, Intersentia, 2017). Une fois que des règles communes ont été adoptées dans un domaine déterminé, les États-membres ne peuvent plus contracter avec les États-tiers d'autres obligations susceptibles de les « affecter » (pour un exemple, v. le Règlement CE n° 662/2009 du 13 juillet 2009 instituant une procédure de réciprocité d'accords entre les États-membres et des États-tiers).

Entre membres de la doctrine, la discordance a parfois été vive (rappr. ainsi : « L'union européenne, la démocratie et l'État de droit : lettre ouverte au président de la République », *JCP*, 2006, act. 586 ; « Observations sur la lettre ouverte au président de la République intitulée : L'union européenne, la démocratie et l'État de droit », *JCP*, 2007, act. 18 ; V. Heuzé, « L'honneur des professeurs de droit. Explication d'une lettre ouverte sur l'Union européenne, la démocratie et l'État de droit », *JCP*, 2007. I. 116). À l'égard des questions de compétence, leur méconnaissance par les institutions de l'Union européenne – spécialement dans le domaine des conflits de lois – fragilise il est vrai l'ensemble des réalisations, dans une assez large indifférence semble-t-il... Les termes mêmes de l'article 65 traité CE évoquaient pourtant l'adoption de mesures visant à « favoriser la compatibilité des règles applicables dans les États-membres en matière de conflits de lois et de compétence » ; et si les mots ont un sens, « favoriser la compatibilité » n'équivaut pas à « unifier », ni à « uniformiser », à l'encontre des dernières réalisations communautaires (v. K. Kohler, « Interrogations sur les sources du droit international privé européen après le traité d'Amsterdam », *Rev. crit. DIP*, 1999. 1 ; V. Heuzé, « D'Amsterdam à Lisbonne, l'État de droit à l'épreuve des compétences communautaires en matière de conflit de lois », *JCP*, 2008, 1, 166 ; Y. Lequette, « De Bruxelles à La Haye » Acte II), in *Mélanges en l'honneur de H. Gaudemet-Tallon*, Dalloz, 2008, p. 503 et s. ; J. Heymann, *op. cit.*) ; et l'entrée en vigueur du traité de Lisbonne n'a aucunement résolu ce problème (v. art. 81 TFUE ; v. V. Heuzé, *op. cit.* ; « Construction européenne, État de droit et droit international privé », in *Construction européenne et État de droit*, dir. V. Heuzé, J. Huet, éd. Panthéon-Assas, 2012, p. 129 et s. ; J. Heymann, *op. cit.*).

Au regard des justifications données dans les considérants des nouveaux instruments, la compétence de l'Union européenne pour légiférer dans le champ du conflit de lois semble fondée sur le soutien que constitue l'harmonisation des règles de conflit à la reconnaissance mutuelle des décisions et la coopération judiciaire. Cet argument ne tient cependant que s'il est démontré que la reconnaissance mutuelle des décisions de justice présuppose, au-delà de la simple fongibilité, l'identité des lois appliquées. Or, en droit commun, c'est la vocation légitime du juge ayant rendu le jugement qui commande la circulation de celui-ci, indépendamment de tout contrôle *ex ante* de la loi appliquée. La supervision plus grande des décisions circulant dans l'espace judiciaire commun s'expliquerait alors par le souci d'éradiquer les distorsions de concurrence sur le marché intérieur qui proviendraient de la divergence des conditions de responsabilité des opérateurs économiques. Mais les inégalités étant créées par la différence de règles substantielles, pareil argument ne convainc guère en tant qu'il s'applique aux règles de conflit de lois. Il ne reste alors qu'à rechercher la justification dans le souci de sécurité juridique, qui demeure cependant fragile en raison de la prévisibilité très relative qui résulte des instruments adoptés. Depuis le traité de Lisbonne, qui affermit la compétence de l'Union européenne tout en affichant la valeur de la diversité, le droit international privé de l'Union européenne poursuit inexorablement son chemin.

En outre, le respect des principes de subsidiarité et de proportionnalité qui devrait conditionner l'intervention des institutions européennes est plus souvent proclamé que démontré ; il est vrai que le Parlement français paraît témoigner du même laxisme à cet égard (v. par ex. : Délégation pour l'Union européenne de l'Assemblée nationale, compte rendu n° 181, Réunion du mardi 19 septembre 2006 à 15 heures : Examen au regard de la subsidiarité et de la proportionnalité de la proposition de règlement sur la compétence et les règles relatives à la loi applicable en matière matrimoniale). Quant aux résultats, il est moins contestable encore qu'à l'aune de ses réalisations concrètes, ce droit international privé européen ne brille ni par sa qualité technique, ni par sa simplicité. Triomphe de la technocratie : le droit international serait-il chose trop sérieuse pour être confié à des internationalistes ? Une source supplémentaire de tensions importantes est l'incompréhension (la méfiance ?) mutuelle entre traditions civilistes et de *common law*, qui s'exprime de façon aiguë en matière juridictionnelle. La « réponse anglaise » est explicitée par J. Harris, « Understanding the English Response to the Europeanisation of Private Law », *Journ. PIL*, 2008, vol. 4, 347.

Nouvelles problématiques. — À partir d'une analyse de l'Union européenne en termes de fédération d'États, il a été proposé de mettre en lumière les nouvelles formes de conflits susceptibles de s'y développer (J. Heyman, thèse précitée). Intermédiaires entre les conflits de lois de type vertical (à l'image de ceux qui naissent entre le droit de l'Union européenne et le droit des États, et se résolvent en termes de hiérarchie) et horizontal (à l'image de ceux qui naissent de situations marquées d'un élément d'extranéité, et se résolvent en termes de conflits de lois), des conflits diagonaux pourraient en effet surgir, appelant de nouvelles méthodes de résolution, recherchées par l'auteur auprès d'une réactivation du principe de subsidiarité ou de l'adoption de rattachements spéciaux, tel le domicile. En deçà de telles suggestions, révélant de nouvelles évolutions du droit international privé, on notera que le droit de l'Union européenne, loin de faire disparaître le conflit de lois, tend ainsi à en faire surgir d'autres, sous des formes parfois inédites. Par ailleurs, l'incidence du raisonnement fondé sur la proportionnalité, qui accompagne la mise en œuvre des libertés de circulation, est de nature à infléchir sensiblement celui qui a généralement cours en droit international privé, dès lors que les frontières internes sont franchies : v. A. Marzal Yetano, *La Dynamique du principe de proportionnalité. Essai dans le contexte des libertés de circulation du droit de l'Union européenne*, Institut Univ. Varenne, 2014, préface H. Muir Watt.

52-1. Quelle incidence du Brexit ? La question est celle du régime de la compétence, de la circulation des jugements et des conflits de lois dans les rapports entre le Royaume-Uni et les États-membres, lorsqu'elles étaient régies avant le Brexit par des instruments du droit de l'Union. Du côté du Royaume-Uni, « The Great Repeal Bill » en préparation, qui a été publié par le gouvernement le 30 mars 2017 (https://www.gov.uk/government/publications/the-great-repeal-bill-white-paper), émet la proposition d'incorporer le droit de l'UE directement applicable mais aussi la jurisprudence passée de la CJUE interprétant le droit de l'UE (p. 14). Du côté des États-membres, les questions de loi applicable seront relativement peu affectées, du moins en matière civile et commerciale, car les instruments (Règlements Rome I et II notamment) sont de portée universelle (v. *infra*, n°s 893 et 1002). En revanche, le Royaume-Uni sera considéré du point de vue de l'espace judiciaire européen comme un État-tiers. Par exemple, la circulation de ses jugements sera soumise au droit international commun de chaque État-membre. La question est de savoir si d'autres instruments conventionnels serviront à ré-instituer un régime de coopération sur ce plan. Il est très possible que la Convention de la Haye sur les accords de for puisse jouer ce rôle en partie (sur cette Convention, v. *infra*, n°s 142, 858-3, 873 et s., 995). Par ailleurs, l'hypothèse du Brexit a donné une impulsion significative aux travaux de la Conférence de la Haye, abandonnés au début du millénaire en raison des désaccords avec les États-Unis, vers une Convention « mondiale » relative à la circulation des jugements analogue à celle de New York de 1958 sur les sentences arbitrales : v. https://assets.hcch.net/docs/d6f58225-0427-4a65-8f8b-180e79cafdbb.pdf. Sur la question du statut juridique des différentes Conventions (Rome, Bruxelles, Lugano) préexistant au traité d'Amsterdam et dont il est parfois soutenu qu'elles seraient susceptibles de « ressusciter » dans les rapports entre le Royaume-Uni et les États-membres, v. la *Note sur les implications du Brexit dans le domaine de la coopération judiciaire en matière civile* établie le 20 janvier 2017 par H. Muir Watt, L. Azoulai et R. Bismuth, sur le site du Haut Comité juridique de la place financière de Paris (hcjp.fr).

L'INFLUENCE DES DROITS FONDAMENTAUX

53. Influence suggérée en doctrine dès les années 1950 : P. Lerebours-Pigeonnière, « La déclaration universelle des droits de l'homme et le droit international privé français », in *Études offertes à G. Ripert*, 1950, p. 255 ; B. Goldman, « La protection internationale des droits de l'homme et l'ordre public international dans le fonctionnement de la règle de conflit de lois », in *René Cassin Amicorum Discipulorumque Liber*, 1969, p. 449. L'influence croissante des droits fondamentaux s'étant également fait sentir en droit international privé au cours de la période contemporaine, la doctrine s'emploie plus fréquemment aujourd'hui à en étudier les ressorts : R. Abraham, « Le droit international privé face à la Convention européenne des droits de l'homme », *Trav. Com. fr. DIP*, 1995-1996, p. 23 (essentiellement sous l'angle de la condition des étrangers) ; D. Cohen, « La convention européenne des droits de l'homme et le droit international privé français », *Rev. crit. DIP*, 1989. 541 ; P. Courbe, « Le droit international privé et les difficultés d'insertion de la convention dans le système français », in *Quelle Europe pour les droits de l'homme ?*, 1996, p. 249 ; L. d'Avout, « Droits fondamentaux et coordination des ordres juridiques en droit privé », *in* E. Dubout, S. Touzé (dir.), *Les Droits fondamentaux : charnière entre ordres et systèmes juridiques*, Pedone 2010, p. 165 ; V. Egea, « Les droits fondamentaux ont-ils simplifié les solutions de droit international privé ? », in *La Simplification du droit*, PUAM, 2006, p. 49 ; P. Hammje, *La contribution des principes généraux du droit à la formation du droit international privé*, thèse, Paris 1, 1994 ; « Droits fondamentaux et ordre public », *Rev. crit. DIP*, 1997. 1 ; P. Kinsch, « Droits de l'homme, droits fondamentaux et droit international privé », *RCADI*, 2005, t. 318 ; Y. Lequette, « Le droit international privé et les droits fondamentaux », in *Libertés et droits fondamentaux*, Dalloz, 22e éd. 2016, p. 127 et s. ; F. Marchadier, *Les Objectifs généraux du droit international privé à l'épreuve de la Convention européenne des droits de l'homme*, Bruylant, 2007, préf. J.-P. Marguénaud ; P. Mayer, « La convention européenne des droits de l'homme et l'application des normes étrangères », *Rev. crit. DIP*, 1991. 651 ; H. Muir Watt, « Concurrence ou confluence ? Droit international privé et droits fondamentaux dans la gouvernance globale », in *Le Droit entre tradition et modernité, Mélanges P. Courbe*, 2012, p. 459 ; « Fundamental rights and recognition in private international law », *European Journal of Human Rights*, 2013. 411 ; J. Oster, « Public Policy and Human Rights », *Journ. PIL*, 2015. 542 ; S. Vrellis, « Quelques réflexions sur l'influence des droits fondamentaux en droit international privé », *RIDC*, 2017. 47.

En droit français, la nécessité pour les règles de droit international privé d'être conformes aux principes constitutionnels de l'ordre juridique du for s'est manifestée de manière aléatoire, pour des raisons – peu convaincantes – longtemps tirées du contrôle de constitutionnalité des lois : en raison du contrôle *a priori*, les textes nouveaux font parfois l'objet de recours portés devant le Conseil constitutionnel (condition des étrangers ; nationalité) ; mais le contrôle de constitutionnalité *a posteriori* étant longtemps demeuré absent du droit français, les règles en vigueur y ont échappé jusqu'alors (conflits de lois ; conflits de juridictions). Il est vrai cependant que le contrôle de la conventionnalité par le juge judiciaire était largement de nature à compléter ce manque. La période récente révèle cependant diverses évolutions : sur le terrain du contrôle *a priori*, des dispositions relatives à la détermination du droit applicable ont pu être examinées par le Conseil constitutionnel, sans que le principe même d'un tel examen ait soulevé le moindre doute (v. ainsi : Décision n° 2013-669 DC du 17 mai 2013, *JORF* du 18 mai 2013, p. 8281. Sur la décision, v. not. : J.-R. Binet, *Dr. famille* 2013, comm. 98 ; F. Chénedé, *AJ Famille* 2013.332 ; A. Zarca, *Rev. jurid. Personnes et Famille*, 2013, n° 007/008, Tribune ; J.-M. Larralde, *LPA* 4 juillet 2013, n° 133, p. 5 ; D. Bureau, « Le mariage pour tous à l'aune de la diversité », in *Mélanges en l'honneur du professeur B. Audit*, LGDJ, 2014, tiré à part) ; sur le terrain du contrôle *a posteriori*, l'instauration de la Question prioritaire de constitutionnalité (QPC) en droit français (v. B. Mathieu, « La question prioritaire de constitutionnalité : une nouvelle voie de droit », *JCP* 2009, 602, sur les conditions de mise en œuvre du nouvel art. 61-1 de la Constitution ; aj., sur certaines difficultés : D. Simon, « Les juges et la priorité de la question prioritaire de constitutionnalité : discordance provisoire ou cacophonie durable ? », *Rev. crit. DIP* 2011. 1) a jusqu'à présent conduit à des résultats variables en matière de droit international privé (v. ainsi, affirmant l'inconstitutionnalité du droit de prélèvement : Décision n° 2011-159 QPC du 5 août 2011 ; M. Attal, « Les conséquences en droit international privé de l'inconstitutionnalité du droit de prélèvement », *JCP* 2011, 1139 ; *LPA* 27 octobre 2011 n° 214, p. 18, note L. d'Avout ; *JDI* 2012. 135 note S. Godechot-Patris ; *Rev. crit. DIP* 2013. 457, note B. Ancel ; *AJ Famille* 2011. 440, note B. Haftel. Rappr., refusant de transmettre au Conseil constitutionnel l'examen de l'article 14 C. civ. : Cass. civ. 1re, 29 février 2012 ; L. Usunier, « La compatibilité de l'article 14 du Code civil avec les droits fondamentaux, une question dépourvue de caractère sérieux ? À propos de l'arrêt Cass. civ. 1re, 29 février 2012 », *Rev. crit. DIP* 2012. 775). Pour une première application de la Charte sur les droits fondamentaux au conflit de lois, qui influe ici sur l'interprétation de la directive 96/71 sur le détachement des travailleurs, v. CJUE 12 février 2015, aff. C-396/13, *Rev. crit. DIP*, 2015. 680, note S. Corneloup ; *Dr. Soc.*, 2015, étude J.-P. Lhernould.

Dans d'autres pays, c'est depuis beaucoup plus longtemps qu'ont parfois été écartées pour inconstitutionnalité des règles de conflit de lois adoptant un critère de rattachement inégalitaire, telles celles qui en matière de mariage donnaient compétence à la loi nationale du seul mari. V. ainsi, pour l'Allemagne : C. Labrusse, « Droit constitutionnel et droit international privé en Allemagne fédérale », *Rev. crit. DIP*, 1974. 1 ; pour l'Italie, B. Ancel, note sous C. const., 26 février 1987, *Rev. crit. DIP*, 1987. 563. Aj. D. Bureau, thèse, préc., spéc. nos 743 et s. ; P. Hammje, thèse préc., spéc. nos 460 et s. ; A. M. El Hawary, *Le droit international privé et la Constitution. Réflexions sur leurs relations*, thèse, Nice, 1988.

Mais c'est également sur le terrain méthodologique que les droits fondamentaux exercent une influence significative sur le droit international privé, car leur mise en œuvre s'accompagne d'une épreuve de proportionnalité, laquelle encadre elle-même le conflit de lois et en modifie les termes (sur l'incidence de la proportionnalité dans le contexte, différent, de al mise en œuvre des libertés économiques, v. A. Marzal Yetano, *op. cit.*, *supra*, n° 52). Par ailleurs, certains de ces droits revêtent en effet une signification particulière dans les situations transfrontières car (sous réserve de proportionnalité) ils commandent la reconnaissance transfrontière de relations personnelles. Sur la problématique de leur champ spatial, v. *infra*, n° 580-2.

La Charte des droits fondamentaux de 2000, qui codifie, au-delà des droits de la Convention européenne des droits de l'homme, divers autres droits économiques et sociaux, n'a pas été intégrée aux traités, mais elle lie les institutions de l'Union en vertu de l'article 6 § 1 TUE. Ce processus de constitutionnalisation par référence fait de la Cour de justice une cour constitutionnelle en devenir. En revanche, la Charte ne lie les États-membres que dans la mesure où ils « mettent en œuvre » le droit de l'Union (sur ce point, v. *infra*, n° 1197), mais s'applique pleinement dans ce contexte (sous réserve de l'exclusion, par protocole, de toute application directe par les juridictions du Royaume-Uni et du Portugal, lesquelles sont néanmoins tenues d'interpréter le droit national en fonction des valeurs contenues dans la Charte et par ailleurs soumises en toute hypothèse aux droits de la Convention européenne visés à l'article 6 § 3). L'adhésion de l'Union européenne à la Convention européenne des droits de l'homme n'est plus à l'ordre du jour depuis l'avis 2/13 de la Cour de justice de l'Union (sur les embûches : J. Callewaert, « The European Convention on Human Rights and European Union Law : A Long Way to Harmony », *European Human Rights Law Review*, 2009, p. 768-783. Sur l'Avis : D. Dero-Bugny, *JDI*, 2015. 708 ; J.-P. Jacqué, « CJUE-CEDH : 2-0 », *RTD eur.*, 2014. 823 ; F. Picod, « La Cour de justice dit non à l'adhésion de l'Union européenne à la Convention EDH », *JCP*, 2015. 145).

LEX MERCATORIA

54. La *lex mercatoria*. — Dans le domaine particulier du droit du commerce international, l'existence d'un droit marchand – *lex mercatoria* – demeure l'objet de controverses passionnées. Ce droit spontané, né de la pratique commerciale (règles et usances relatives au crédit documentaire) ou de la jurisprudence arbitrale (sur ce que l'arbitre serait le juge de droit commun du commerce international, v. G. Cuniberti, « Beyond Contract. The Case for Default Arbitration in International Commercial Disputes », 32 *Fordham Int' L. J.* 417, 2009) fait en effet l'objet de nombreuses discussions sous l'ensemble de ses aspects. Sur cette *lex mercatoria*, débat immense, entretenu par une bibliographie impressionnante (v. encore récemment, G. Cuniberti, « La *lex mercatoria* au XXIe siècle », *JDI*, 2016. 765). Pour une idée des termes de la controverse, comp. : d'une part, B. Goldman, « Frontières du droit et *lex mercatoria* », *Arch. phil. droit*, 1964, p. 177 ; « La *lex mercatoria* dans les contrats et l'arbitrage internationaux : réalité et perspectives », *Trav. Com. fr. DIP*, 1977-1979, p. 221 ; d'autre part, P. Lagarde, « Approche critique de la *lex mercatoria* », in *Études offertes à B.Goldman*, 1982, p. 125. Pour l'exposé de ces controverses, v. D. Bureau, *Les sources informelles du droit dans les* *relations privées internationales*, préc. ; *Dictionnaire de la culture juridique*, dir. D. Alland et S. Rials, Lamy-Puf, 2003, v. « *Lex mercatoria* ». Tout – ou presque – y est discuté : Quel est le contenu de la *lex mercatoria* ? S'agit d'un problème de sources ou de méthode ? Les règles la composant accèdent-elles à la juridicité ? Selon quelles techniques sont-elles applicables ? Leur réunion contribue-t-elle à la reconnaissance d'un ordre juridique ? On retrouvera plus loin la question du statut juridique de la *lex mercatoria* lorsqu'elle est désignée par les parties pour régir un contrat international (v. *infra*, n° 896).

ÉTHIQUE

54-1. Une nouvelle éthique du commerce international ? — L'éthique est-elle source du droit du commerce international (sur cette question, v. B. Oppetit, *Droit et Modernité*, Puf, spéc. p. 11 et s.) ? Au cœur du régime de la responsabilité sociale des multinationales (v. *infra*, n° 1022-1 ; n° 1064), le droit international privé joue un rôle essentiel, traduit par des accords contractuels entre entreprises et communautés locales (v. C. Renouard, « La responsabilité sociale des multinationales spécialisées dans l'extraction des minerais et hydrocarbures : nouveaux enjeux éthiques et juridiques », *JDI*, 2008. 485, soulignant la nécessité d'une éthique « agissante » et offrant une analyse à ce titre des accords entre Total et des collectivités locales au Nigeria). Pareille injection de l'éthique dans le commerce international s'étend également à des secteurs traditionnellement plus rétifs et exige le relais du droit international général (v. G. Bastid-Burdeau, « Le commerce international des armes : de la sécurité à la défense de l'éthique et des droits de l'homme ? », *JDI*, 2007. 413). L'éthique a ses ambivalences ou « côtés sombres » cependant (comme la vertu humanitaire ; v. David Kennedy, *The Dark Sides of Virtue. Reassessing international humanitarianism*, Princeton Univ. Press, 2004). Ainsi, les géants industriels tentent d'apprivoiser les revendications qui leur sont régulièrement opposées en intégrant la promotion de l'éthique dans leur politique commerciale de façon à se conformer au moins en apparence avec le corpus grandissant d'un *soft-law* économiquement coercitif, tout en cherchant à éviter les conséquences juridiques qui pourraient résulter d'engagements plus fermes devant les tribunaux nationaux. Parfois une telle stratégie s'avère contreproductive, se retournant contre les intérêts dont la protection est recherchée. Un tel cas est illustré par l'affaire *Nike*, qui montre le pouvoir de fait exercé par le marché des consommateurs sur le comportement des entreprises dans l'espace global non régulé. Pareil levier est le seul à pouvoir obtenir un résultat que la mise en œuvre du droit par les organes étatiques est impuissant à imposer. *Nike* a engagé sa responsabilité pour publicité commerciale mensongère en ayant tenu à l'intention des consommateurs américains un discours, appuyé par une charte de l'entreprise, aux termes duquel ses produits, fabriqués dans des usines délocalisées, l'étaient dans des conditions décentes, respectueuses de la dignité, de l'hygiène et de la sécurité des travailleurs. La réalité sordide des *sweatshops* de l'Asie du Sud-Est a conduit à la désaffection des consommateurs et des fonds de pension investisseurs à l'égard de ses produits, tandis que le juge a refusé de laisser *Nike* s'abriter derrière la liberté d'expression protégée par le premier amendement de la Constitution fédérale. Cette responsabilité a eu pour effet de rendre opposable à *Nike* sa propre charte de bonne conduite, unilatéralement assumée. Un levier aussi puissant que la pression du marché de la consommation et de l'investissement « verts » et « propres » est renforcé par l'action du régulateur des marchés financiers au titre des obligations de transparence incombant aux sociétés cotées émettrices de titres (v. *Kasky v. Nike*, Cour suprême de Californie, 2002, 02 CDOS 3790). V. H. Muir Watt « Les normes sociales et le marché global du travail : comment sortir de la spirale vers le bas ? », in *Le Droit du travail à l'épreuve de la globalisation*, A. Lyon-Caen et Q. Urban (dir.), Dalloz, « Actes et Commentaires », 2008, p. 9. On trouve le même mécanisme d'opposabilité d'un code de conduite privée dans l'affaire *Total*, Paris, 30 mars 2010, *D.* 2010. 967, obs. S. Lavric, et 2238 obs. L. Neyret ; sur cette question, v. H. Muir Watt, « Private international law beyond the schism », préc., spéc. p. 416-417. Adossées à la pression citoyenne et parfois même à l'autorité du gouvernement du pays d'origine, les victimes déploient des stratégies procédurales devant des fors multiples, publics et privés ; une panoplie de mesures de rétorsion se déclenche alors qui contribuent largement à multiplier les lieux de confrontation et à réaménager le paysage des sources mêmes du droit applicable. Au-delà du caractère sophistiqué des techniques juridiques déployées, la fragmentation et la politisation du débat ne peuvent qu'interpeller l'internationaliste (privatiste ?), qui assiste ainsi à l'effritement continuel des catégories fondatrices de son champ d'action et de recherche, qu'il s'agisse de la distinction du public et du privé, de l'international et du transnational, du droit et de la politique, ou des règles (dures) et des normes (floues). Pour une analyse très approfondie des questions théoriques que soulèvent les codes de conduite, en rapport avec la responsabilité sociale des entreprises, v. A. Beckers, *Taking Corporate Codes Seriously. Towards Private Law Enforcement of Voluntary Corporate Social Responsibility Codes*, OUP, 2015.

Sur les aspects méthodologiques de l'émergence de champs normatifs non étatiques, v. *infra*, n°s 582-9 et s.

PLAN DE L'OUVRAGE

Discipline aux aspects méthodologiques éminemment prononcés, le droit international privé se prête à l'exposé d'une théorie générale, destinée à analyser les principes fondamentaux régissant la matière, à travers les différentes questions que cette dernière prend en charge : compétence, loi applicable, effet des décisions étrangères, conflits d'autorités. Tel est l'objet de la Partie générale de cet ouvrage (t. 1).

Parce qu'il a vocation à régir, de manière concrète, des relations privées internationales, celles-ci doivent également être analysées de manière plus précise, selon qu'elles se nouent dans la sphère individuelle, familiale ou économique. C'est précisément à leur étude que sera dès lors consacrée une Partie spéciale [1] (t. 2).

1. Alors même qu'en raison de l'importance prise par le droit spécial de l'Union européenne au sein du droit international privé général, une tentative de théorie générale sera également consacrée à ces règles spéciales en conclusion du tome 2.

Partie générale

55. La présence d'une partie générale au sein des ouvrages de droit international privé, d'ailleurs exprimée de diverses manières, est le reflet d'une tradition ancienne, dont on trouve trace notamment dès la fin du XIXe siècle chez Vareilles-Sommières puis chez Bartin ou Pillet, par exemple. Aujourd'hui répandue, elle n'est cependant destinée le plus souvent qu'à présenter la théorie générale des conflits de lois, à l'exclusion des conflits de juridictions [1]. Diverses raisons incitent cependant à en retenir l'acception la plus large, en même temps qu'à conserver le principe de cette division essentielle. Au point qu'au-delà de motifs d'ordre pédagogique, une telle présentation pourrait même constituer aujourd'hui une forme de résistance au danger qui guette l'ensemble de la matière et auquel elle avait semblé échapper jusqu'à une période encore assez récente de son histoire. À l'instar d'autres disciplines, le droit international privé est en effet désormais exposé à la dissémination, à la parcellisation résultant de la multiplication de règles spéciales largement dépourvues de liens systématiques et sans souci de cohérence d'ensemble. Au point que les caractéristiques d'ordre méthodologique de cette branche du droit pourraient à l'avenir s'estomper, jusqu'à substituer au raisonnement une simple collection de solutions.

C'est très exactement dans le courant inverse qu'entend s'inscrire cet ouvrage. Si le temps est mûr désormais pour tenter plus loin (T. 2) une théorie générale du droit international privé spécial de l'Union européenne, cette

1. V. cependant P. Mayer et V. Heuzé, *Droit international privé* ; et, depuis sa 7e édition (2013), B. Audit, L. d'Avout, *Droit international privé*.

partie générale du droit international privé commun exposera – et interrogera – successivement les théories et les principes qui gouvernent les questions centrales de la discipline : conflits de juridictions (titre I), conflits de lois (titre II) et conflits d'autorités (titre III).

TITRE PREMIER

Conflits de juridictions

55-1. Ce n'est pas l'attachement à une conception purement contentieuse du droit international privé qui justifie de débuter l'étude de la matière par la présentation des conflits de juridictions, même s'il faut bien admettre que les stratégies contentieuses et les transactions auxquelles ces dernières peuvent mener en dehors du prétoire s'élaborent bien à l'ombre des règles sur le for compétent. Mais, en premier lieu, c'est, autrement compris, l'exigence d'une certaine prévisibilité des solutions applicables aux rapports juridiques internationaux, qui impose d'intégrer – en dehors même de tout procès – la question de la compétence, tandis que l'existence d'une décision déjà prononcée à l'étranger estompe quant à elle la question du conflit de lois au profit d'une méthode simplement destinée à l'autoriser – ou non – à produire effet sur un territoire autre que celui où elle a été rendue. En second lieu, de profondes mutations affectant les conceptions contemporaines de l'espace juridique international conduisent à accorder une place primordiale aux questions juridictionnelles. En effet, celles-ci sont désormais hissées au premier plan par le biais du droit fondamental au juge, composante essentielle des exigences du procès équitable telles qu'elles résultent de l'article 6 CEDH (47 Charte UE). Par ailleurs, l'essor du principe d'autonomie en matière contractuelle dans un contexte politique et économique n'assurant plus le dernier mot à l'État souverain à l'égard des actions privées, a considérablement contribué à l'émergence d'un marché global de services judiciaires, dont l'opération – qui s'épuise souvent au stade du provisoire – est de nature à éclipser dans une large mesure les questions de conflits de lois. Enfin, la consolidation des effets transfrontières de droits fondamentaux d'ordre substantiel induit une redéfinition du champ du conflit de lois par rapport au conflit de juridictions, au profit de ce dernier.

Sous ce titre générique, deux séries de questions, toutes deux profondément affectées aujourd'hui par l'avènement d'un espace européen, seront classiquement rassemblées, portant sur la compétence juridictionnelle internationale (sous-titre I), puis sur la circulation internationale des jugements (sous-titre II).

Sous-titre I

LA COMPÉTENCE JURIDICTIONNELLE INTERNATIONALE

55-2. Les règles de compétence juridictionnelle internationale déterminent, du point de vue de chaque État (ou pour les besoins d'un groupe d'États, dans une structure de type fédérale), les cas dans lesquels des litiges entretiennent avec sa sphère d'intérêts un lien estimé suffisamment significatif pour que ses juridictions soient autorisées à les trancher. Le risque, inhérent à l'unilatéralité de cette définition, d'une extension excessive de cette compétence, ou au contraire, de restrictions dissuasives, oblige à s'interroger sur la régulation par le droit international public de l'accès à la justice dans les situations transfrontières (chap. 1er). En réalité, au-delà des hypothèses d'interférence indue ou de déni de justice, et sous réserve d'une obligation émergente d'exercice raisonnable des compétences étatiques, les contraintes imposées par le droit international public sont réduites, du moins en ce qui concerne la détermination des critères que les États peuvent légitimement utiliser pour définir les cas d'intervention de leurs juridictions. C'est donc l'aménagement concret par les États de leur compétence internationale, dans l'exercice de cette liberté, qu'il conviendra d'envisager ensuite (chap. 2).

Chapitre premier

L'INCIDENCE DU DROIT INTERNATIONAL PUBLIC

56. En matière de compétence, l'État pose avec constance des critères qui permettent d'exclure certaines catégories de litiges trop éloignés de son champ d'intervention, lequel n'est jamais totalement illimité (ne serait-ce qu'en raison du coût de l'administration de la justice). Le serait-il, et un État s'attribuerait-il compétence pour connaître de litiges n'ayant aucun rapport avec son territoire ou sa sphère d'intérêts, que la question se poserait de savoir s'il se heurterait pour cette raison à des limites imposées par le droit international [1]. La réponse à cette question – qui rebondit aujourd'hui avec l'apparition en droit comparé de fors de nécessité ou de protection des droits fondamentaux en matière civile – s'exerçant indépendamment de liens de fond avec l'État du for [2], a considérablement évolué au gré de la perception de la fonction et du contenu du droit international public en ce domaine. En effet, on a longtemps conçu cette discipline comme déterminant les limites spatiales dans lesquelles l'État pouvait exercer sa compétence pour poser des normes, y compris sous forme de jugement. Dans le contentieux de droit commun, cette conception se trouve cependant largement abandonnée aujourd'hui, même s'il est à nouveau admis que la liberté de chaque État de déterminer les cas d'intervention de ses organes pour trancher des litiges de droit privé en matière internationale rencontre des limites qui pourraient se résumer en une exigence du raisonnable et qui doivent

1. Sur cette question, posée aujourd'hui à l'occasion de la mise en œuvre du *Alien Tort Statute* aux États-Unis, v. *infra*, not. nº 63.

2. Un for de nécessité revêt un caractère subsidiaire ou exceptionnel et n'est institué que pour remédier à un déni de justice. En matière civile, une compétence véritablement « universelle » en matière de droits fondamentaux est concevable – c'est ainsi qu'a pu être lu, pendant un temps, l'*Alien Tort Statute* – mais serait sans doute à tempérer par l'exigence de l'épuisement des voies de recours locales.

être recherchées du côté des exigences substantielles du procès équitable (sect. 1).

En revanche, dans un certain nombre de cas liés à l'exercice de la souveraineté, l'État jouit d'une compétence normative exclusive, y compris sur le plan juridictionnel (sect. 2).

SECTION 1
Le contentieux de droit commun

Au regard de l'incidence du droit international public, le contentieux de droit commun – autrement dit celui qui n'implique pas la souveraineté d'un État – est marqué par un double mouvement : le premier révèle le déclin d'une telle incidence sur la portée des règles définissant la compétence juridictionnelle (§ I) ; le second, plus récent, traduit un renouveau de l'incidence du droit international public sur la teneur des règles encadrant l'exercice de la compétence juridictionnelle (§ II).

I | Le déclin de l'incidence du droit international public sur la portée des règles définissant la compétence juridictionnelle

57. Au début du XXe siècle, la conviction était répandue selon laquelle l'exercice par les États de leur activité normative de droit privé, y compris en matière juridictionnelle, était enfermée dans les limites personnelles et territoriales de la souveraineté, lesquelles correspondaient elles-mêmes aux éléments constitutifs de l'État. C'est dans un tel contexte que dans son grand arrêt *Lotus* de 1927 [1], la Cour permanente de justice internationale eut à se prononcer sur la conformité au droit international de l'exercice par la Turquie de sa compétence internationale pour juger les actes d'un ressortissant français à l'occasion d'un

1. CPJI, série A, n° 10, du 7 septembre 1927 (sur l'analyse duquel v. P. de Vareilles-Sommières, *La compétence internationale de l'État en matière de droit privé*, LGDJ, 1997, préf. P. Mayer, n°s 310 et s. et les réf.).

abordage en haute mer entre un paquebot français et un vapeur turc. Elle estima alors que si le droit international interdisait bien à un État d'exercer sa puissance en dehors de son territoire, il ne lui défendait en revanche aucunement d'exercer, *dans son propre territoire*, sa juridiction dans toute affaire où il s'agirait de faits qui se seraient passés à l'étranger : « Loin de défendre d'une manière générale aux États d'étendre leurs lois et leur juridiction à des personnes, des biens et des actes hors du territoire, il leur laisse à cet égard une large liberté, qui n'est limitée que dans quelque cas par des règles prohibitives ; pour les autres cas, chaque État reste libre d'adopter les principes qu'il juge les meilleurs et les plus convenables » ; et la Cour d'ajouter : « Dans ces conditions, tout ce qu'on peut demander à un État, c'est de ne pas dépasser les limites que le droit international trace à sa compétence ; en deçà de ces limites, le titre à la juridiction qu'il exerce se trouve dans sa souveraineté. »

58. Ainsi, en l'état de cette jurisprudence, le droit international public n'impose *a priori* aucun critère particulier de compétence juridictionnelle qui puisse se déduire des limites (territoriales ou personnelles) de la souveraineté. Un État est libre, en vertu même de cette souveraineté, de donner effet aux critères qu'il estime appropriés pour déterminer les cas d'intervention de ses tribunaux et de ses lois, dès lors qu'il ne s'agit pas de réaliser des actes de coercition sur le territoire d'un autre État. Par exemple, il peut indifféremment reconnaître compétence à ses organes sur le fondement de liens personnels entre l'un ou l'autre plaideur et le for, ou encore à raison de la localisation de divers éléments de la situation litigieuse dans son ressort, voire du simple fait de l'applicabilité de sa loi au fond. Au demeurant, l'idée selon laquelle les critères de compétence juridictionnelle seraient dictés par le droit international a perdu progressivement de son influence à mesure qu'il a été admis que l'objet du droit international privé n'était pas non plus de répartir les souverainetés dans l'espace : tandis que les règles de conflit de lois et de reconnaissance des décisions servent simplement à indiquer, dans l'ordre du for, la norme individuelle ou générale, le cas échéant étrangère, dont le juge doit se servir pour trancher une question de droit privé selon des considérations de politique législative diverses, les règles de compétence juridictionnelle servent à définir les cas d'accès aux tribunaux selon des critères qu'il revient pareillement à chaque État de déterminer, comme étant « les meilleurs et les plus convenables ».

ÉTAT DES QUESTIONS

B. G. — P. de Vareilles-Sommières, *La compétence internationale de l'État en matière de droit privé* (*Droit international public et droit international privé*), LGDJ, 1997, préf. P. Mayer ; F. C. Mann, « The doctrine of jurisdiction in international law », *RCADI*, 1964, I, 3, et « The doctrine of jurisdiction revisited after twenty years », *RCADI*, 1984. III. 9 ; P. Mayer, « Droit international privé et droit international public sous l'angle de la notion de compétence », *Rev. crit. DIP*, 1979. 1.

THÉORIE GÉNÉRALE

59. Compétence internationale et compétence interne. — Définissant les cas dans lesquels un État accepte de faire intervenir ses organes dans des situations qui ne lui sont pas exclusivement internes, les règles de compétence juridictionnelle internationale répondent à une question très différente de celle qui intéresse les règles de compétence territoriale interne, même si dans la tradition juridique civiliste, les liens qui servent à définir l'étendue de la compétence internationale d'un État sont souvent les mêmes que ceux qui, une fois réglée la question de la compétence internationale, indiquent lequel des tribunaux de son ordre interne pourra connaître du litige à raison de sa situation géographique (v. ainsi, pour le droit français : Cass. civ., 30 octobre 1962, *GA*, n° 37, aux termes duquel « *la compétence internationale se détermine par extension des règles de compétence territoriale interne* »). L'identité du facteur de rattachement utilisé dans les deux contextes ne doit cependant pas occulter le fait que la définition de la compétence juridictionnelle internationale tend à délimiter l'exercice par l'État de sa compétence normative à l'égard des autres États – d'où l'appellation « conflit de juridictions » pour désigner cette matière – alors que la répartition géographique des litiges dans l'ordre interne relève de considérations purement procédurales intéressant la bonne administration de la justice sur le seul territoire national. C'est l'enjeu spécifique de la détermination par l'État de sa compétence juridictionnelle en matière internationale qui explique que cette détermination ne peut être qu'unilatérale, sauf si la répartition des contentieux transfrontières se fait par voie de convention internationale ou dans le cadre d'une structure de type fédéral. Pareille unilatéralité, qui exclut qu'un État attribue ou retire une compétence internationale aux organes d'un autre, traduit la souveraineté de chaque État sur les conditions de fonctionnement de la justice dans son propre ressort.

60. Répartition et régulation. — Au XIXe siècle, rendre un jugement était perçu comme impliquant, selon les termes de Bartin, « la délimitation du domaine du pouvoir juridictionnel de la souveraineté française par opposition au domaine du pouvoir juridictionnel d'un État étranger ». Cette conception entretenait un parallélisme étroit avec la théorie répartitrice du *Grenzrecht* en matière de conflit de lois (v. *infra*, n° 338). Ainsi, pour Bartin, le droit international privé avait pour objet de « concilier, en fixant les justes limites de chacune d'elles, les différentes souverainetés, dans leur double fonction législative et juridictionnelle » (*Principes*, § 55). Elle se heurtait cependant à la difficulté de définir les contours de la souveraineté personnelle (s'exerçait-elle à raison de la nationalité ? du domicile ?), et s'est surtout fortement ressentie du déclin de la conception du droit international public comme attributive de compétences étatiques. La rupture avec cette conception est consacrée en 1927 par l'arrêt *Lotus*, qui reconnaît toute liberté aux États pour établir leurs règles de compétence, sauf à respecter l'intégrité des territoires des autres dans l'exercice du pouvoir de contrainte.

Cependant, les inconvénients inhérents à la définition à la fois libre et unilatérale par chaque État de sa compétence juridictionnelle (conflits positifs et risque de jugements ou d'injonctions judiciaires contradictoires ; conflits négatifs et risque de déni de justice) expliquent l'importance du réseau conventionnel bilatéral développé dès la fin du XIXe siècle, puis la place prise au sein de l'Union européenne par la promotion d'un espace judiciaire commun, perçu à la fois comme indispensable au fonctionnement harmonieux du marché intérieur et comme le reflet de garanties relatives à l'accès à la justice, à la qualité de celle-ci et à la sécurité juridique due aux citoyens de l'Union. Par un intéressant renversement de perspective, la compétence juridictionnelle est donc déterminée aujourd'hui, au moins en partie, par des règles effectivement répartitrices, de source supranationale. À défaut de principes de répartition de source supranationale et de portée universelle, il a alors été proposé que la coordination de l'espace juridictionnel international pourrait être recherchée au moyen de principes communs de régulation – laquelle est associée à l'émergence du nouveau paradigme du droit qu'est le réseau, « modèle d'interaction organisé selon une structure complexe et horizontale » – qui impliqueraient que chaque État accepte de limiter raisonnablement sa compétence directe, tout en acceptant de prendre en compte la compétence des autres (L. Usunier, *La régulation de la compétence juridictionnelle en droit international privé*, Économica, 2008, préf. H. Muir Watt). À cet égard, l'évolution contemporaine du droit positif tend à accréditer l'existence d'un principe régulateur transversal, tiré des liens caractérisés entre le juge et le litige (v. *infra*, n° 139-1).

LA POSITION DU DROIT INTERNATIONAL : L'ARRÊT *LOTUS*

61. CPJI, 7 sept. 1927, Publications de la PPJI, série A, n° 10 ; *Rev. crit. DIP*, 1928. 377, note H. Donnedieu de Vabres ; R. Portail, *L'affaire du Lotus devant la Cour permanente de justice internationale et l'opinion publique*, thèse Paris, 1928 ; J. H. W. Verzijl, « L'affaire du Lotus devant la Cour permanente de justice internationale », *Rev. dr. int. législ. comp.*, 1928. 1 ; R. Ruzé, « L'affaire du Lotus », *Rev. dr. int. législ. comp.*, 1928. 124 ; M. Travers, « L'affaire du Lotus », *Rev. dr. int. législ. comp.*, 1928. 400.

Les motifs de l'arrêt Lotus. — Dans son grand arrêt *Lotus* de 1927, la Cour permanente de justice internationale a énoncé que « la limitation primordiale qu'impose le droit international à l'État est celle d'exclure – sauf l'existence d'une règle permissive contraire – tout exercice de la puissance sur le territoire d'un autre État. Dans ce sens, la juridiction est certainement territoriale : elle ne pourrait être exercée hors du territoire, sinon en vertu d'une règle permissive découlant du droit international coutumier ou d'une convention ».

« Mais il ne s'ensuit pas que le droit international défend à un État d'exercer dans son propre territoire sa juridiction dans toute affaire où il s'agit de faits qui se sont passés à l'étranger et où il ne peut s'appuyer sur une règle permissive de droit international. Pareille thèse ne pourrait être défendue que si le droit international défendait d'une manière générale aux États d'atteindre par leurs lois et de soumettre à la juridiction de leurs tribunaux, des personnes des biens et des actes hors du territoire, et si, par dérogation à cette règle générale prohibitive, il permettait aux États de le faire dans des cas spécialement déterminés. Or, tel n'est certainement pas l'état actuel du droit international. Loin de défendre d'une manière générale aux États d'étendre leurs lois et leur juridiction à des personnes, des biens et des actes hors du territoire, il leur laisse à cet égard une large liberté, qui n'est limitée que dans quelques cas par des règles prohibitives ; pour les autres cas, chaque État reste libre d'adopter les principes qu'il juge les meilleurs et les plus convenables ».

« C'est cette liberté que le droit international laisse aux États, qui explique la variété de règles qu'ils ont pu adopter sans opposition ou réclamation de la part des autres États ; c'est en vue d'apporter un remède aux inconvénients qui dérive de pareille variété qu'on s'efforce, depuis des années, en Europe aussi bien qu'en Amérique, d'élaborer des conventions dont l'effet serait justement de restreindre la liberté que le droit international laisse actuellement aux États en cette matière, en comblant ainsi des lacunes de compétences et en faisant disparaître des concurrences de compétences résultant de la diversité des principes adoptés dans les différents États. »

« Dans ces conditions, tout ce qu'on peut demander à un État, c'est de ne pas dépasser les limites que le droit international trace à sa compétence ; en deçà de ces limites, le titre à la juridiction qu'il exerce se trouve dans sa souveraineté. »

La portée de l'arrêt Lotus. — Le droit international reconnaît aux États une compétence pour poser des normes (*prescriptive jurisdiction*), dont l'activité juridictionnelle (*judicial jurisdiction*) n'est qu'une des expressions (F.C. Mann, « The Doctrine of Jurisdiction in International Law », *RCADI*, 1964, t. III, 3). En affirmant le caractère essentiellement permissif du droit international public en ce qui concerne l'exercice par les États de cette compétence normative, l'arrêt *Lotus* implique trois séries de conséquences fondamentales pour le droit international privé :

1 / La première consiste à priver de fondement les doctrines qui déduisaient les limites spatiales de la compétence normative des États des attributs supposés de la souveraineté étatique. De l'arrêt *Lotus* il résulte que du moins en matière de droit privé, c'est-à-dire lorsque l'État n'est pas directement impliqué dans la relation litigieuse, cette compétence normative n'est pas exclusive mais concurrente, les États disposant d'une liberté très large qui ne cède que devant quelques règles prohibitives et qui n'exclut aucunement des chevauchements de compétences. La notion de souveraineté est impuissante à tracer des limites à l'activité normative des États dans l'espace, ou en tout cas n'est pas investie de cette fonction. « La règle de droit international public, n'excluant aucun État, ne peut alors en rien inspirer l'auteur de la règle de droit international privé » (P. Mayer, « Droit international privé et droit international public sous l'angle de la notion de compétence », *Rev. crit. DIP*, 1979. 1, p. 547). Les doctrines répartitrices demeurent curieusement tenaces, cependant (comp. en ce sens, B. Audit, « Extraterritorialité et commerce international. L'affaire du gazoduc sibérien », *Rev. crit. DIP*, 1983. 401). L'explication réside peut-être dans le fait qu'à défaut de répartir les compétences normatives de l'État dans l'espace, le droit international public reconnaît à chaque État une compétence exclusive pour se définir en tant qu'État. Il est généralement admis que la compétence pour définir les conditions de fonctionnement du service public de la justice – y compris à travers la définition de la compétence internationale – en fait partie (v. *infra*, n° 71). Cependant,

comme l'a démontré P. Mayer (« Droit international privé et droit international public sous l'angle de la notion de compétence », préc., p. 356 et s.), ce serait une illusion d'optique de voir dans cette exclusivité l'expression de la répartition spatiale des compétences par le droit international, car en réalité, la capacité ainsi reconnue à chaque État est tributaire de la seule implication de sa propre souveraineté (en déterminant les conditions d'accès à la justice, la compétence de l'État français ne concerne que les seuls tribunaux français), et s'exerce par définition sans rencontrer la concurrence dans l'espace des compétences normatives des autres puisque l'objet ne peut jamais en être le même (la compétence normative de l'État français pour définir l'accès à la justice n'a pas pour objet les tribunaux russes...).

2 / La deuxième implication de l'arrêt *Lotus* est de dissocier la compétence normative de l'État au sens du droit international des questions de conflits de lois et de juridictions en droit international privé. Il condamne donc la conception, présente dans la théorie du *Grenzrecht*, selon laquelle les règles de compétence juridictionnelle ou de conflit de lois auraient pour objet d'attribuer compétence à l'État pour édicter une norme, comme si l'affirmation, ou la négation, de la compétence d'un juge ou d'une loi étrangère impliquait un jugement sur la régularité ou la validité des processus étatiques d'édiction des normes des États étrangers. Il a été démontré que la confusion tenait à l'ambivalence de la notion de « compétence » telle qu'elle est utilisée en droit international privé, où elle représente seulement l'indication des cas dans lesquels l'État acceptera de juger (« compétence » juridictionnelle) ou, dans l'hypothèse du conflit de lois, la désignation de la norme dont le juge devra faire application (P. Mayer, « Droit international privé et droit international public sous l'angle de la notion de compétence », préc.). La réhabilitation récente de l'optique organiciste de la compétence au sens du droit international privé (P. de Vareilles-Sommières, *La compétence normative de l'État en matière de droit privé*, préc.), continue de se heurter à la même objection. Il est vrai que les règles de compétence juridictionnelle délimitent le champ dans l'espace de l'activité normative des tribunaux de l'État du for. Cependant, elles ne participent pas pour autant, ne serait-ce qu'à titre unilatéral, à la répartition des souverainetés étatiques dans le champ de l'activité juridictionnelle. Elles concernent seulement l'exercice de cette fonction normative, en indiquant dans quelles conditions l'État du for autorise ses tribunaux à intervenir, et cette permission sera généralement très en deçà de ce qu'autorise le droit international public. Ainsi, pas plus que la règle de conflit de lois, la compétence juridictionnelle ne pose de limite à la compétence normative de l'État. Inversement, le droit international public ne fournit aucun paramètre spatial qui puisse servir de règle de conflit de lois ou de juridictions. Condamnant toute tentative de construire le droit international privé à partir du droit international public, désormais dépouillé de sa fonction répartitrice des compétences normatives des États et donc impuissant à fournir un paramètre à la détermination des compétences juridictionnelle et législative, l'arrêt *Lotus* semble même suggérer que, dès lors qu'elle n'est pas accompagnée d'actes de contrainte s'accomplissant en dehors de son ressort, l'affirmation par l'État d'une compétence juridictionnelle exorbitante ne heurterait pas le droit international. En réalité, alors même que celui-ci ne contiendrait pas de paramètres spatiaux, il renferme toutefois des limites qualitatives de nature à condamner les abus de compétence juridictionnelle internationale (v. *infra*, n° 62).

3 / Le troisième effet de l'arrêt *Lotus* est de briser tout lien entre la compétence normative de l'État (*prescriptive jurisdiction*) et la compétence pour contraindre ou accomplir des actes matériels d'exécution (*enforcement jurisdiction*), à travers la signification attribuée au principe de territorialité. Selon cet arrêt, la « limitation primordiale » qu'implique le droit international concerne l'exercice matériel de la puissance de l'État par les organes de contrainte sur le territoire d'autrui. C'est donc le territoire qui trace les limites de la compétence de l'État pour accomplir des actes d'exécution et définit par conséquent la portée de la force exécutoire des décisions qui émanent de lui (v. *infra*, n°s 74 et s.). En revanche, à l'intérieur de son territoire, l'État est libre d'édicter des normes sans restriction spatiale : il conçoit comme il l'entend ses règles de conflit de lois et de juridictions. Les conséquences de cette interprétation de la portée de la territorialité sont surtout importantes au regard de la tradition de *common law*. Ainsi, les règles juridictionnelles des systèmes de *common law* procédaient traditionnellement de la conviction selon laquelle le droit international public poserait une règle répartitrice de compétences normatives sous la forme de la territorialité du pouvoir juridictionnel. C'est pourquoi la présence physique même passagère du défendeur dans le ressort du juge suffisait à fonder la compétence de ce dernier (sous réserve d'exigences constitutionnelles tel *due process* ou du jeu correcteur de l'exception du *forum non conveniens*). Une conviction identique se retrouvait en matière de conflit de lois, où elle explique l'importance de la théorie des droits acquis (v. *infra*, n° 570).

II | Le renouveau de l'incidence du droit international public sur la teneur des règles encadrant l'exercice de la compétence juridictionnelle

Si le droit international public ne délimite pas la compétence normative des États à l'égard de personnes, d'événements ou de choses au moyen de critères d'ordre personnel ou territorial, il n'en contient pas moins des valeurs d'ordre substantiel que la détermination de la compétence juridictionnelle doit respecter. Du point de vue du droit international privé français, ces valeurs sont consacrées formellement, pour l'essentiel, par la Convention européenne de sauvegarde des droits de l'homme, à travers l'exigence du procès équitable. Il est fort possible que le droit international général tende également à consacrer une obligation d'exercice raisonnable de la compétence étatique. À ce titre, deux sortes de limites apparaissent. La première empêche l'État d'abuser de sa liberté d'aménager sa compétence internationale en la définissant de façon intrusive (A). À l'autre extrême, le droit fondamental au juge empêche les États de restreindre à l'excès l'accès au prétoire (B).

A / L'EXCÈS DE COMPÉTENCE INTERNATIONALE

62. L'existence d'un lien entre le for saisi et les parties ou la cause est-elle une condition de légitimité internationale de la compétence juridictionnelle ? Ou au contraire, la liberté des États quant à la détermination des critères selon lesquels leurs organes interviendront en matière de droit privé les autorise-t-elle à proclamer une compétence si large qu'elle permettrait la saisine de ces organes en dehors de toute connexion avec l'ordre juridique du for ? Cette dernière question renvoie à la définition généralement admise de la compétence exorbitante, dont la formulation même pourrait suggérer que de tels critères devraient être nécessairement condamnés. D'autant que le concept de *Comity*, initialement lié à la conviction selon laquelle le droit international privé relevait des rapports de courtoisie politique entre États souverains, semble connaître un nouvel essor comme principe régulateur des abus dans l'exercice de la compétence juridictionnelle sur le plan international, comme si le droit international enfermait l'exercice de la compétence dans des limites raisonnables tendant à respecter la souveraineté d'autrui. Les juridictions internationales semblent le penser [1].

Reste alors à justifier, et au-delà même, à tracer, de telles limites. Pour ce faire, certains auteurs estiment qu'une définition trop large de la compétence se heurterait à la prohibition d'une immixtion systématique d'un État dans les affaires d'autrui. Mais si une telle immixtion – à la supposer réalisée – serait certainement constitutive d'un abus de souveraineté, il resterait encore à préciser la portée de cette prohibition dans des hypothèses qui ne seraient pas purement internes à un État donné. On peut alors se tourner du côté des exigences du procès équitable et s'interroger sur les effets d'une affirmation de compétence étatique sur les justiciables. Ainsi, un for complaisant offert sans condition,

1. Pour un exemple de compétence exorbitante en matière de mesures provisoires, ayant concouru à l'inconventionnalité de la sanction dont celles-ci étaient pourvues, v. *Canada Trust co v. Stolzenberg & Gambazzi*, (2002) 1 AC 1 (H. L.) puis CJCE, 2 avril 2009, affaire *Gambazzi-Stolzenberg*, C-394/07, *Gaz. Pal.*, 27-28 nov. 2009, p. 22, obs. M. Nioche et L. Sinopoli ; *Rev. crit. DIP*, 2009. 685, chr. G. Cuniberti. V. aussi au sujet de l'exercice raisonnable de la compétence internationale, le contentieux ayant opposé la Belgique à la Suisse devant la Cour internationale de justice à l'occasion de l'application de la Convention de Lugano sur la compétence et les jugements dans une affaire concernant les principaux actionnaires de l'ancienne compagnie aérienne belge Sabena (même si, faisant suite a une demande du Royaume de Belgique, la CIJ a rayé l'affaire de son rôle par une ordonnance du 5 avril 2011).

tel celui, célèbre, de l'île de Tobago [1], pourrait constituer, par son imprévisibilité, un instrument de harcèlement procédural, et, par le risque de procédures parallèles et de décisions contradictoires qu'il crée, une source d'incohérence pour l'ordre international.

63. Pour autant, les contours d'une telle interdiction demeurent incertains. La question est ainsi très débattue de savoir si le fait d'ouvrir le prétoire en vue de la réparation civile des conséquences de violations des droits de l'homme à des plaideurs dépourvus de lien avec l'État du for, serait attentatoire aux exigences du procès équitable à l'égard du défendeur, ou constitutive d'un abus de souveraineté de la part de cet État. Sorti d'un sommeil de deux siècles, l'*Alien Tort Statute* [2] a donné lieu à ces interrogations depuis les années 1980, lorsqu'il a été invoqué pour fonder la compétence des juridictions fédérales américaines dans diverses catégories de contentieux sans qu'il y eût nécessairement un lien entre les faits litigieux ou les parties, et les États-Unis : soit dans des cas de torture individuelle par des agents d'État étranger, soit dans des cas de collusion de firmes multinationales à des formes de violence étatique. Accueillies par certaines cours d'appel, ces tentatives se sont heurtées cependant à deux reprises à la position bien plus restrictive de la Cour suprême des États-Unis. Marquant un coup d'arrêt à l'interprétation de cette loi comme conférant une portée universelle au for américain en cas de violation du droit des nations, son arrêt *Kiobel* de 2012 [3] exprime

1. *Buchanan v. Rucker*, 103 *Eng. Rep.* 546, 547 (K. B. 1808) : « Supposing however that the Act [at issue] had said in terms, that though a person sued in the island [of Tobago] had never been present within the jurisdiction, yet that it should bind him upon proof of nailing up the summons at the Court door ; how could that be obligatory upon the subjects of other countries ? Can the island of Tobago pass a law to bind the rights of the whole world ? Would the world submit to such an assumed jurisdiction ? »

2. L'*Alien Tort Claims Act* permet à des demandeurs étrangers de demander la réparation civile aux États-Unis de violations du « droit des nations » intervenues hors du territoire américain. Il fait partie intégrante du *Federal Judiciary Act* du 24 septembre 1789, énonçant que : « [T]he district courts shall also have cognizance, concurrent with the courts of several States, or the circuits courts, as the case may be, of all causes where an alien sues for a tort only in violation of the law of nations or a treaty of the United States. » Dans sa version actuelle, cette législation se trouve transposée à la section 1350 de l'article 28 de l'United States Code qui énonce que : « [T]he districts courts shall have original jurisdiction of any civil action by an alien for a tort only, committed in violation of the law of nations or a treaty of the United States. » Le *Torture Victim Protection Act* (TVPA) a été promulgué en 1992, dix ans après que le *Second Circuit* a ressuscité l'*Alien Tort Statute* (ATS) dans l'affaire *Filartiga v. Pena-Irala* (1980). V. pour une application, *Kadic v. Karadzic*, 70 F. 3d 232, 2nd Cir. 1995. Le *Torture Victim Protection Act* étend la protection aux citoyens américains mais limite la responsabilité aux seuls individus agissant comme des agents de l'État et personnes assimilées.

3. *Kiobel v. Royal Dutch Petroleum Co*, 621 F. 3d 111. Pour l'évolution du contentieux après cet arrêt, notamment dans le cas où le défendeur a des liens forts avec les États-Unis, v. US District Court, D Massachussetts, *Sexual Minorities Uganda v. Scott Lively*, *Rev. crit. DIP* 2014. 861, note

la crainte de déployer une compétence internationale exorbitante ou expansionniste [1]. Depuis, la Cour suprême a confirmé sa volonté de restreindre plus généralement l'accès des demandeurs étrangers à la justice fédérale [2]. La parenthèse d'ouverture semble désormais refermée.

B / LE DÉNI DE JUSTICE

64. Se pourrait-il, inversement, que le droit international commande qu'un for saisi d'une demande de réparation se rapportant à la violation de droits fondamentaux se reconnaisse compétent pour la sanctionner ? Il faudrait alors, pareillement, définir les conditions dans lesquelles il serait interdit à un État de restreindre l'accès au prétoire au nom du droit d'accéder effectivement à la justice (art. 6, § 1 CEDH). Ce droit fait partie des exigences du procès équitable, qui ne se bornent pas à garantir le déroulement loyal de la procédure juridictionnelle mais assurent aussi, en amont, que chacun puisse faire entendre sa cause. Cependant la consistance précise de ce droit, comme les conditions de son opposabilité à un État déterminé, sont elles aussi problématiques [3].

H. Muir Watt. En revanche, confirmant que pour larges qu'en soient ses termes, il ne permet pas de déroger à l'exigence d'une compétence personnelle des juridictions fédérales à l'égard du défendeur, v. l'arrêt de la Cour suprême, *Daimler AG v. Bauman et al.* (du 14 janvier 2014, v. *infra*, n° 1078-2), qui refuse cette compétence pour connaître d'une action en responsabilité pour des faits survenus en Argentine, argués de violation du droit des nations, à l'égard d'une société allemande avec une activité commerciale en Californie (comp. aussi *infra*, n°s 1024-6, 1078-2).

1. Il n'en reste pas moins que les juges étaient profondément divisés sur les limites précises que dicte la diplomatie judiciaire ; en l'occurrence, en effet, le groupe *Royal Dutch Shell*, assigné en réparation de violations des droits fondamentaux survenues au Nigeria par des membres de la communauté locale, n'entretenait pas avec les États-Unis des liens qui auraient été de nature à fonder une compétence personnelle à son égard. V. H. Muir Watt, « *L'Alien Tort Statute* devant la Cour suprême des États-Unis. Territorialité, diplomatie judiciaire ou économie politique ? », *Rev. crit. DIP*, 2013. 595.

2. Le coup de frein semble résulter, en dehors du champ des droits de l'homme, de l'arrêt *RJR Nabisco*, USSC 15-138 du 20 juin 2016, *Rev. crit. DIP*, 2017.70, note H. Muir Watt et J. Pratter.

3. Le droit fondamental d'accès à la justice se conjugue parfois avec divers champs du droit international privé substantiel, entraînant des conséquences étendues. Ainsi, le droit d'accès au juge implique le droit de créanciers étrangers de contester la compétence du juge français pour ouvrir, sur le fondement du Règlement n° 1346/2000 du 29 mai 2000 (v. *infra*, n° 1097), une procédure de sauvegarde à l'égard d'une société dont le siège statutaire n'est pas situé sur le territoire français (Cass. com., 30 juin 2009, *Rev. crit. DIP*, 2010. 179, note D. Bureau). En effet, la compétence du juge d'ouverture, à raison de la présence du centre des intérêts principaux du débiteur (article 3 du Règlement), bénéficie de la confiance mutuelle, de sorte que l'exercice de cette compétence ne peut être remis en cause dans un autre État-membre à l'occasion de la reconnaissance (*Eurofood*, CJCE, 2 mai 2006, C-341/04, *infra*, n° 1097). Le seul contrepoids au risque de protectionnisme juridictionnel réside donc dans le droit des créanciers étrangers intéressés de le contester, fût-ce en infléchissant les règles processuelles du for.

L'article 6, § 1 n'oblige pas en effet les organes d'un État à exercer inconditionnellement leur compétence, ni n'interdit que l'action en justice soit soumise à des restrictions d'ordre processuel qui, telle la prescription ou la qualité à agir, sont de nature le cas échéant à fermer l'accès effectif au prétoire [1]. Toutefois, un arrêt récent de la Cour européenne des droits de l'homme (*Arlewin c/ Suède*) juge que, dès lors que la situation litigieuse présente de très fortes connexions avec un État partie (en l'occurrence, un Suédois résidant en Suède dénonçant une atteinte à sa réputation réalisée en Suède), celui-ci est tenu de garantir le droit d'accès au juge nonobstant les règles de compétence (et donc la possible incompétence) posées par le droit de l'Union européenne [2]. À défaut cependant de pouvoir identifier pour un litige international déterminé le juge « naturel » dont la disponibilité devrait ainsi être assurée, le droit au juge s'exprime plutôt sous la forme d'un correctif exceptionnel, dans le cas où en raison de sa situation particulière, un justiciable ballotté entre plusieurs systèmes juridiques ne pourrait saisir aucun tribunal [3]. D'où l'apparition de « fors de nécessité » destinés à répondre à une carence accidentelle ou structurelle [4].

1. V. à ce sujet, Cass. soc., 12 juill. 2010, *Soc. Trans. Team Grupo Vialle Iberica*, *Rev. crit. DIP* 2011. 72, note F. Jault-Seseke (1re esp.), *JDI* 2011. 600, note V. Parisot, estimant qu'un délai de vingt jours pour contester une décision de licenciement ne prive pas un salarié licencié de son droit d'accès au juge.

2. CEDH, 1er mars 2016, n° 22302/10, *Rev. crit. DIP*, 2016. 560, note F. Marchadier, s'interrogeant sur la portée que revêtirait, au regard de cette solution, l'existence d'une compétence exclusive des tribunaux d'un autre État contractant.

3. Cass. civ. 1re, 1er févr. 2005, *NIOC*, *Rev. arb.*, 2005. 693, note H. Muir Watt, *Rev. crit. DIP*, 2006. 140, note T. Clay ; *D.*, 2005. 2727, note S. Hotte ; *RTD com.*, 2005. 266, obs. E. Loquin ; *Gaz. Pal.*, 27-28 mai 2005, p. 37, note F.-X. Train, consacrant, au nom des exigences du procès équitable, la compétence internationale du juge français, en l'absence de tout rattachement significatif du litige avec la France, sur le fondement d'un déni de justice. Cependant, la spécificité de l'espèce, dans laquelle le juge normalement compétent au fond était un tribunal arbitral dont la constitution était paralysée, explique qu'aujourd'hui encore, la consistance du lien requis entre le litige et le for-havre reste incertaine (v., depuis la réforme du droit de l'arbitrage par le D. n° 2011-48 du 13 janvier 2011, l'art. 1505-4° CPC, fondant la compétence du président du TGI de Paris comme juge d'appui lorsque « *l'une des parties est exposée à un risque de déni dejustice* », sans exiger aucun lien de rattachement avec la France). Dans le domaine très différent de la lutte contre l'esclavage domestique, un arrêt également remarqué semble fonder la compétence internationale française sur l'impossibilité pour l'esclave-domestique d'obtenir ailleurs que dans le pays d'où elle s'est échappée (pays du « travail ») la protection judiciaire du droit fondamental violé (Cass. soc., 10 mai 2006, *Rev. crit. DIP*, 2006. 856, note P. Hammje et E. Pataut ; *JCP*, 2006. II. 10121, note S. Bollée ; *D.*, 2006. 1400, note P. Guiomard ; *Jurisp. Soc. Lamy*, 2006, n° 192, note J. E. Tourreil ; *RDC*, 2006. 1260, obs. P. Deumier ; *JDI*, 2007. 531, note J.-M. Jacquet ; *D.*, 2007, Pan. 1752, obs. P. Courbe).

4. Une analyse du droit comparé distingue à cet égard la nécessité accidentelle de pourvoir un for exceptionnel du fait d'un conflit négatif de compétences, de la nécessité structurelle, qui suppose de porter un jugement qualitatif sur le système judiciaire étranger ; dans ce cas, il y aurait déni de justice à renvoyer les parties subir une procédure inéquitable (V. Retornaz et B. Volders, « Le for de nécessité : tableau comparatif et évolutif », *Rev. crit. DIP*, 2008. 225). Comme on le voit dans la pratique

ÉTAT DES QUESTIONS

B. G. — C. Chalas, *L'exercice discrétionnaire de la compétence juridictionnelle en droit international privé*, PUAM, 2000, préf. H. Muir Watt ; L. Corbion, *Le déni de justice en droit international privé*, PUAM, 2004, préf. Y. Lequette ; P. de Vareilles-Sommières, *La compétence internationale de l'État en matière de droit privé*, LGDJ, 1997, préf. P. Mayer ; D. Holleaux, *Compétence du juge étranger et reconnaissance des jugements*, Paris, Dalloz, 1970, préf. H. Batiffol ; P. Mayer, « Droit international privé et droit international public sous l'angle de la notion de compétence », *Rev. crit. DIP*, 1979. 1 ; H. Muir Watt, « Qui a peur de la compétence exorbitante ? », *Justices*, 1995, n° 2, p. 332 ; « Harcèlement sur harcèlement ne vaut (des conceptions divergentes du droit fondamental d'accéder à la justice dans l'espace conventionnel européen) », *Rev. gén. proc.*, 1999. 747 ; L. Sinopoli, *Le droit au procès équitable dans les rapports privés internationaux. Recherche sur le champ d'application de l'article 6, § 1er de la Convention européenne des droits de l'homme en droit international privé*, thèse, Paris 1, 2000 ; L. Usunier, *La Régulation de la compétence juridictionnelle en droit international privé*, Économica, 2008, préf. H. Muir Watt.

LE DEVOIR D'EXERCICE RAISONNABLE DE LA COMPÉTENCE NORMATIVE

65. L'exercice raisonnable de la compétence étatique – c'est-à-dire fondé sur des liens suffisants entre l'État et la situation visée – est-il une obligation émergente du droit international public ? Pareille thèse, induite d'une série de manifestations convergentes de l'expression du principe du raisonnable dans divers systèmes juridiques, est soutenue de façon convaincante par Laurence Usunier, s'agissant de la régulation de la compétence juridictionnelle (*La régulation de la compétence juridictionnelle en droit international privé. Étude de droit comparé en matière civile et commerciale*, Économica, 2008), et par Nathalie Joubert, qui étend la même hypothèse aux conflits de lois (*La notion de liens suffisants avec l'ordre juridique* (*Inlandsbeziehung*) *en droit international privé*, Litec, 2007, vol. 29, préf. P. Lagarde). Ainsi, une discipline de la compétence normative, à travers l'exigence de liens suffisants, s'imposerait à l'État. À l'intérieur des limites ainsi fixées, le choix des rattachements en fonction de considérations pragmatiques ou idéologiques diverses reste libre. La technique mise en œuvre est analogue à celle qui, sur le plan fédéral américain, consiste à faire valoir des outils de discipline constitutionnelle de la conduite des États fédérés dans leurs rapports mutuels – notamment *Due Process* et *Full Faith and Credit* –, sans imposer par ailleurs de méthode ou de solution précise dès lors que les exigences de

anglaise du *forum non conveniens*, qui a une rationalité similaire, le risque de dérive est toujours présent. Parmi les nouveaux cas du for de nécessité, celui-ci apparaît sous une forme légèrement différente au sein du nouveau règlement relatif aux obligations alimentaires (v. *infra*, n° 788), qui en précise les conditions de mise en œuvre à l'article 7 : « Aucune procédure ne doit pouvoir raisonnablement être introduite dans un État-tiers avec lequel le litige a un lien étroit ou doit s'y révéler impossible ; le litige doit présenter un lien suffisant avec l'État-membre de la juridiction saisie ». La carence des fors tiers envisagée semble correspondre à l'impossiblité objective, sinon d'accéder à un for, du moins d'y introduire une action alimentaire. On peut sans doute considérer que pareille situation inclut le cas d'une défaillance des garanties fondamentales du procès équitable. Mais reste à savoir si l'impossibilité d'obtenir des aliments au regard de la loi applicable au fond devant un for tiers serait également couverte.

ces textes relatives aux « contacts » justifiant l'application de la loi du for sont satisfaites. Nulle surprise alors à ce que l'un des canaux par lesquels s'exprime en Europe la condition de liens étroits en matière de compétence juridictionnelle internationale soit la notion de procès équitable.

65-1. La résurgence d'un vieux débat : l'extraterritorialité des lois en question. Usité en droit international public, où il permet de qualifier les compétences étatiques dans leurs rapports réciproques, le vocabulaire de la territorialité/extraterritorialité, disparu de la tradition civiliste de droit international privé en même temps que la théorie des statuts, s'était davantage enraciné dans la *common law* en raison de l'influence qu'y a conservé la théorie des droits acquis (v. *infra*, n° 334 ; n°s 570 et s.). Conforté dans ce contexte par le fédéralisme, qui se préoccupe, comme le droit international général, de l'étendue des pouvoirs des États, il est utilisé également dans la délimitation du champ international de la loi fédérale – y compris, plus curieusement, lorsqu'elle revêt une nature juridictionnelle (cas du *Alien Tort Statute* délimité par l'arrêt *Kiobel*, évoqué *supra*, n° 63). Désormais, une « présomption de territorialité » prévaut sur les tentatives des cours d'appel de définir plus souplement sa portée (sur la jurisprudence de la Cour suprême fédérale des États-Unis dans les arrêts *Morrison* et *RJR Nabsico*, v. *infra*, n° 113). Où que soit placé le curseur entre les deux pôles, la terminologie est elle-même porteuse d'une vision « publiciste » du conflit de lois ; elle est toujours associée, en effet, à la définition du champ d'un pouvoir étatique, à l'exclusion de la perspective des intérêts individuels. La centralité de ces derniers dans la tradition européenne explique précisément pourquoi le langage du droit international privé a changé pour faire place à celui des rattachements, personnels ou réels.

Mais l'ancienne grammaire, qui fait décliner les concepts du droit international privé en termes de territorialité/extraterritorialité, est en train de s'y réintroduire progressivement. Il en va ainsi notamment dans la question de la « portée des droits » dans l'espace (v. J. Bomhoff, (2008) « The reach of rights : "the foreign" and "the private" in conflict-of-laws, state-action, and fundamental-rights cases with foreign elements », *Law and Contemporary Problems*, 71 (3). 39-71). Il y a là sans doute le signe d'une confluence entre les deux champs disciplinaires, le public et le privé, dont les outils respectifs s'entremêlent pour définir une problématique qui ne peut plus se concevoir dans les termes propres à l'un ou à l'autre. Ainsi, les conditions d'exercice du pouvoir étatique à l'égard des personnes se trouvant sur un territoire étranger se définissent aujourd'hui selon un enchaînement complexe (v. H. Muir Watt, « Les enjeux de l'affaire *Kiobel* : le chaînon manquant dans la mise en œuvre de la responsabilité des entreprises multinationales en droit international public et privé », *Trav. Com. fr. DIP*, 2010-2012, p. 233) et appellent le cas échéant la systématisation d'un corps de principes spécifiques, s'exprimant en grande partie à travers une terminologie marquée de droit public et de pouvoir étatique (C. McClachlan, « The Allocative Function of Foreign Relations Law », préc.).

Un autre terrain qui pourrait bien voir réapparaître la terminologie de la territorialité et de l'extraterritorialité est celui du droit de l'Union, et plus précisément ses libertés de circulation. Dans un contexte de mobilité institutionnalisée, il est en effet désormais difficile d'utiliser le concept de fraude à la loi pour stigmatiser un comportement consistant à se prévaloir d'une offre de lois nationales, qui sont soit délibérément mises en compétition dans l'intérêt du marché, soit offertes comme un privilège de citoyenneté. En revanche, il est également certain que, sauf harmonisation des droits (ou « domaine coordonné » au sens de la clause marché intérieur), la diversité des solutions de droit substantiel (dans les limites du respect des droits fondamentaux) est un bien que poursuivent démocratie et libéralisme, lesquels supposent de protéger l'autorité des lois nationales contre les tentatives de contournement. Cette fonction naguère assumée par la fraude à la loi semble désormais dévolue à une régulation de l'extraterritorialité de la loi. Au lieu de se demander dans quelles conditions le fait de partir à l'étranger rechercher ce qu'on ne peut obtenir chez soi revêt un caractère frauduleux, la question devient celle de la légitimité du contrôle par un État du comportement extra-territorial de ses citoyens mobiles (v. *infra*, n° 582-6).

COMPÉTENCE UNIVERSELLE ET RÉPARATION DES PRÉJUDICES DE L'HISTOIRE

66. On a pu voir dans l'exercice de la compétence – que l'on qualifiait à une époque « universelle » – américaine en matière civile (sur le fondement du *Alien Tort Claims Act* de 1789) à l'égard du contentieux de la Shoah (v. C. Kessedjian, « Les actions civiles pour violation des droits de l'homme. Aspects de droit international privé », *Trav. Com. fr. DIP*, 2002-2004, p. 151 ; I. Moutier, « Observations sur *l'Alien Tort Claim Act* et ses implications internationales », *AFDI*, 2003. 129 ; H. Muir Watt, « Privatisation du contentieux des droits de l'homme et vocation universelle du juge américain : les actions en justice des victimes de l'Holocauste devant les tribunaux des États-Unis », *RIDC*, 2003. 883. Comp. pour la Belgique : A. Bailleux, « L'histoire de la loi belge de compétence universelle. Une valse à trois temps : ouverture, étroitesse, modestie », *Droits et Société*, 59/2005, p. 107 et s.) une tentative de réécriture de l'histoire du monde par le juge américain (une analyse analogue, souvent formulée en termes de néocolonialisme, est fréquente s'agissant de la compétence pénale universelle, plus répandue, voire même théoriquement obligatoire pour les États signataires de la *Convention contre la torture et autres peines ou traitements cruels, inhumains ou dégradants* du 10 décembre 1984 qui fait obligation à tout État partie d'« établir sa compétence aux fins de connaître [des infractions visées] au cas où l'auteur présumé de celles-ci se trouve sur tout territoire sous sa juridiction et où ledit État ne l'extrade pas conformément à l'article 8 vers l'un des États visés au § 1 du présent article »). On sait qu'aujourd'hui, en toute hypothèse, cette ouverture des juridictions fédérales américaines n'était pas destinée à durer, ou du moins à déroger aux paramètres de la compétence de droit commun en matière civile (v. l'affaire *Kiobel*, préc.) Sans pour autant sous-estimer l'importance symbolique du geste qu'avait constitué, de la part des juridictions fédérales, l'ouverture du prétoire aux victimes de dommages massifs venus du monde entier, on peut se demander si le développement d'autres modes, non judiciaires, de réparation, ne serait pas plus approprié en cas de préjudices liés à l'Histoire, à l'image des principes dits Van Boven sur le droit à réparation des victimes de violations massives des droits de l'homme (Commission de l'ONU des droits de l'homme, Sous-commission sur la prévention de la discrimination et la protection des minorités, E/CN.4/Sub.2/1996/17) envisagés dans le processus de réparation des conséquences de l'esclavage des Afro-Américains, ou celle des dommages subis par les

« stolen generations » des enfants aborigènes en Australie (v. A. Garapon, *Peut-on réparer l'histoire ?*, Odile Jacob, 2008).

DYSFONCTIONNEMENTS DE LA JUSTICE

67. Déni de justice et arbitrage. En vertu de l'arrêt NIOC (Cass. civ. 1re, 1er février 2005, *Rev. arb.* 2005. 693, note H. Muir Watt), le déni de justice recouvre « l'impossibilité pour une partie d'accéder au juge, *fût-il arbitral*, chargé de statuer sur sa prétention... ». Le droit fondamental d'accéder à la justice se trouve ainsi consacré dans le domaine de l'arbitrage international. La Cour de Paris s'était déjà faite le champion du « droit à l'arbitre », suggérant l'existence d'une notion de déni de justice spécifique au cas de privation d'accès à la justice arbitrale. En l'occurrence, en se plaçant sur le terrain de l'article 6-1 de la Convention européenne, l'arrêt admet qu'en refusant d'apporter leur concours à la constitution du tribunal arbitral, les juridictions françaises commettraient elles-mêmes un déni de justice (sur les solutions résultant aujourd'hui de l'art. 1505-4° CPC, v. Ch. Seraglini, J. Ortscheidt, *Droit de l'arbitrage interne et international*, Montchrestien, 2013, spéc. n° 770). La question est donc celle de l'imputabilité aux juridictions françaises d'un refus d'accès au juge qui a sa cause directe dans le comportement d'un État étranger. Sur ce point, le problème n'est pas spécifique au déni de justice arbitrale et reste donc distinct de celui, très controversé, de l'applicabilité de l'article 6-1 au domaine de l'arbitrage (v. Ch. Jarrosson, « L'arbitrage et la Convention européenne des droits de l'homme », *Rev. arb.*, 1989. 573). Il ne s'agit pas ici de savoir si l'article 6-1 est applicable devant l'arbitre, mais de déterminer l'effet indirect ou dérivé de ce dernier texte. À cet égard, une jurisprudence importante de la Cour de Strasbourg a progressivement admis l'hypothèse de la violation indirecte ou dérivée du procès équitable dans les arrêts *Soering c/ Royaume-Uni* (1989, 11, *Rec.*, 439), *Drozd et Janousek c/ France et Espagne* (1992, 14, *Rec.*, 745), et *Pellegrini c/ Italy* (2002, 35, *Rec.*, 44). Une telle situation se présente lorsqu'un État partie prolonge par sa propre action une atteinte au procès équitable, virtuelle ou acquise, commise dans un État étranger qu'il soit partie ou non à la Convention (sur le concept d'imputabilité de l'acte de l'État étranger dans ce cas, v. L. Sinopoli, *Le droit au procès équitable dans les rapports privés internationaux. Recherche sur le champ d'application de l'article 6, § 1er de la Convention européenne des droits de l'homme en droit international privé*, thèse, Paris 1, 2000). Cela peut être le cas de l'extradition d'un individu vers un État où il risquerait de subir une peine elle-même contraire aux exigences de la Convention, ou encore, celui de l'*exequatur* d'une décision issue d'un procès inéquitable dans son État d'origine. En admettant qu'un État puisse prolonger un déni de justice initial par un refus d'y apporter un remède, l'arrêt rapporté vient ainsi enrichir la catégorie de la violation indirecte de l'article 6-1 d'un nouveau cas de figure : l'impossibilité d'accéder à la justice dans un État devient imputable à un autre dès lors qu'il ne met pas ses propres juridictions au service de l'accès du demandeur à la justice.

Le refus d'exécution d'une clause d'arbitrage à l'égard d'une partie privée, constitutif d'un déni de justice au regard du droit international privé, a fait l'objet d'une réflexion particulière au sein de la doctrine internationaliste publiciste. C'est ainsi que dans son ouvrage intitulé *International Arbitration : Three Salient Problems* (Cambridge, Grotius,

1987), Stephen W. Schwebel, juge à la Cour internationale de justice, conclut après une étude très approfondie des tendances contemporaines du droit international public, que la privation par un État de l'accès de son cocontractant au juge arbitral est bien constitutif de déni de justice au sens du droit international public (« Denial of justice by governmental negation of arbitration », p. 61 et s.). Cette conclusion suit au demeurant celle à laquelle était parvenu Mann vingt ans plus tôt, en l'état d'une jurisprudence internationale bien moins fournie, lorsqu'il écrivait que : « Whatever the position may be in regard to contractual obligations in general, the repudiation of an arbitration clause has a distinct and special character in that it involves the denial of access to the only tribunal which has jurisdiction… » ; et d'ajouter : « Obstruction by a State has a different quality from obstruction by a private person » (*British Yearbook of International Law*, 1967). Par contraste, c'est bien la seule atteinte au droit au juge dont se soucie l'ordre public de droit international privé, abstraction faite du problème de savoir s'il a pour origine l'acte illicite d'un État ou la survenance de diverses circonstances, le cas échéant internationalement licites (guerre, succession d'États), qui l'empêcheraient en fait de faire entendre sa cause. Le droit international privé n'intervient en effet que pour assurer, en cas de privation du droit d'accès au juge, un tribunal de substitution ; il se préoccupe de l'effet de la situation de blocage sur les droits du justiciable, non de sa cause au regard des relations entre États. Il arrive cependant que la paralysie de la clause soit imputable au cocontractant, titulaire d'un privilège juridictionnel (Paris, 19 juin 1998, *Boulois c/ Unesco*, *Rev. arb.*, 1999. 343, note Ch. Jarrosson). Dans ce cas, le droit au juge prévaut sur l'immunité : comp. Paris, 19 juin 1998, préc., estimant que permettre à l'Unesco de s'abriter derrière son immunité juridictionnelle en refusant de désigner un arbitre, « conduirait inéluctablement à interdire (au cocontractant privé) de soumettre sa cause à un tribunal, cet état de fait étant contraire à l'ordre public en ce qu'il constitue un déni de justice et une violation des dispositions de l'article 6-1 de la Convention européenne des droits de l'homme et des libertés fondamentales ».

67-1. Recours contre l'État. En cas de violation du droit fondamental à un procès équitable, par exemple en raison de la lenteur de la procédure, l'État s'expose à une action en responsabilité du fait du fonctionnement défectueux du service public de la justice. La responsabilité à raison de la phase judiciaire relève de la compétence judiciaire (v. article L. 781-1 du Code de l'organisation judiciaire). En cas de contentieux mixte, il a été admis (par Cass. civ. 1re, 22 mars 2005, n° 03-10355) au nom du principe de dualité de juridiction et de la séparation des pouvoirs, que le juge judiciaire ne pouvait apprécier le fonctionnement de la juridiction administrative. En droit international privé, cependant, cette répartition de compétence subit quelques ajustements.

DROIT AU JUGE ET *FORUM NON CONVENIENS*…

68. Un important débat engagé aux États-Unis met en cause le droit au juge dans deux hypothèses très sensibles. Au regard des critères traditionnellement admis, la compétence internationale américaine n'a de limites que dans les exigences constitutionnelles de l'équité procédurale, lesquelles s'avèrent satisfaites en cas de « contact minimum » entre le défendeur et les États-Unis. Mais si la compétence est établie dès lors que les « contacts minima » existent et qu'elle paraît raisonnable, le mécanisme du *forum non* *conveniens* permet néanmoins au tribunal américain de se dessaisir s'il existe un for alternatif et que diverses considérations d'ordre privé et public le justifient. La première difficulté est apparue dans l'hypothèse des accidents industriels liés à des activités délocalisées d'entreprises multinationales, où la question se pose de savoir dans quelle mesure le for du domicile de la société mère défenderesse doit être accessible aux victimes étrangères. La considération du coût des procès, pris en compte au titre de l'« intérêt public » dans l'appréciation de l'opportunité d'exercer ou non la compétence à l'égard de plaideurs venus d'ailleurs, a fréquemment conduit à un refus d'accès au prétoire américain (v. *Re Union Carbide Corp Gas Plant Disaster at Bhopal, India in Dec. 1984*, 634 F. Sup. 842, sdny1986, aff'd, 809 F. 2d 195, 2d Circuit, 1987). À cet égard, le for est moins facilement supposé approprié en présence d'un demandeur étranger (« *when plaintiff is foreign, assumption that choice of forum is convenient deserves less deference* » : *Piper Aircraft Co. v. Reyno*, 454 us 235 [1981]). Techniquement, il n'y a jamais de déni de justice dans ce cas, car la déclaration de *forum non conveniens* est conditionnée par la disponibilité d'un for alternatif. Mais lorsque le for local (du lieu de l'accident) n'est pas en mesure d'offrir un remède adéquat, les victimes se trouvent privées, en fait, de tout accès au juge. Le plus souvent, l'absence d'avantages procéduraux analogues à ceux qui font toute l'attractivité du for américain (*class action, contingency fees, discovery, injunctive relief*) rend leur droit d'action illusoire, soit en raison du coût du procès, soit en raison de l'absence de moyens à la disposition du tribunal pour contraindre les défendeurs à coopérer effectivement à l'administration de la justice. On frôle de très près ici l'hypothèse d'un déni de justice résultant de l'absence de for alternatif effectif. Dans ce cas, l'idée fait son chemin qu'il relève de la responsabilité morale de la communauté à laquelle appartient le défendeur et qui bénéfice des revenus engendrés par l'activité litigieuse, de mettre ses juridictions à la disposition des demandeurs. Le juge du domicile du défendeur apparaît dans ce cas comme le for naturel du litige et toute restriction à l'accès à ce juge paraît constitutive d'injustice.

La seconde hypothèse concerne les procès en matière de droits de l'homme (v. *supra*, n° 65) où la doctrine du *forum non conveniens* peut être utilisée pour détourner des tribunaux américains les actions fondées sur leur violation. L'idée s'était fait jour cependant que cette défense n'est pas admissible lorsque la compétence du juge est fondée sur le *Alien Tort Claims Act*, qui contiendrait une ferme politique législative en faveur de l'accès à la justice des victimes d'atteintes couvertes par cette loi : *Jota v. Texaco, Inc.*, 157 F.3d 153 (2d Cir., 1998). Sur cette jurisprudence, v. Phillip I. Blumberg, « Asserting human rights against multinational corporations under United States law : Conceptual and procedural problems », *Am. Journ. Comp. Law*, 2002. 493 ; pour une vision critique, Aric K. Short, « Is the alien tort act sacrosanct ? Retaining forum non conveniens in human rights litigation », 33 *NYU, Journ. Law and Policy*, 100). En doctrine, elle a reçu un écho beaucoup plus large encore : quel que soit le fondement de la compétence exercée, il faudrait bannir l'exercice du *forum non conveniens*, qui sert trop souvent à protéger les intérêts d'entreprises américaines assignées en réparation de violation massive des droits de l'homme ; une affaire comme *Bhopal* (précitée) en est la tragique illustration. Dans l'affaire *Kiobel* (préc.), le for saisi sur le fondement du *Alien Tort Statute* n'a pas exercé sa compétence ; certaines des raisons invoquées (la courtoisie à l'égard des autres souverains ; l'épuisement des voies de recours locales…) ressemblent à s'y méprendre aux considérations, d'ordre public et privé, que recouvre le *forum non conveniens*.

… OU DÉFIANCE MUTUELLE ?

Si la confiance mutuelle connaît des applications contestables (v. *infra*, n°s 84, 183, 873), il est également incontestable que, succédanée de la communauté juridique savignienne, elle est la condition *sine qua non* du droit international privé (même si, bien entendu, elle n'est pas aveugle et doit composer avec le seuil de tolérance de l'ordre juridique du for : D. Boden, *L'ordre public : limite et condition de la tolérance* (*essai sur le pluralisme juridique*), thèse, Paris 1, 2002). Or, une sérieuse dérive induite par l'incitation donnée au *forum shopping* (elle-même liée à l'avènement d'un marché mondial de services juridictionnels : v. *infra*, n°s 119, 892 et s.) est en train d'apparaître à ce dernier égard dès lors que la dénonciation des déficiences d'un système juridique étranger constitue une passerelle d'accès aux services du for dans des cas ne présentant aucun lien significatif avec ce dernier (v. ainsi, illustrant une telle dérive dans la jurisprudence anglaise : *Cherney v. Deripaska*, [2009], EWCA Civ 849 ; *Pacific International Sports Clubs Ltd v. Soccer Marketing International Ltd* [2009], EWHC 1839 ; *Sharab v. Prince Al Waleed Bin Talal Bin Abdal Aziz al Saud* [2009], EWCA Civ 353 [2009], 2 Lloyd's Rep 160). S'introduisant, dans le cadre du *forum non conveniens*, à travers l'appréciation de l'existence d'un for alternatif – autrement dit, sur l'argument selon lequel un refus d'exercer la compétence du for reviendrait à renvoyer le demandeur au sort d'un procès inéquitable et donc équivaudrait à un déni de justice, un tel courant est à juste titre dénoncé par la doctrine anglaise elle-même (v. A. Briggs, *British Yearbook International Law*, vol. 80, 2009) et invite à une réflexion très sérieuse sur les conditions d'exercice d'une compétence exceptionnelle fondée sur le droit d'accès au juge.

Renvois : abus de compétence et privilège de juridiction (v. *infra*, n° 158) ; excès de compétence et champ d'application exorbitant de la Convention de Bruxelles (v. *infra*, n° 126) ; régime de l'action fondée sur le droit du juge (v. *infra*, n° 79 *bis*) ; sur le droit du juge et les injonctions *anti-suit* (v. *infra*, n° 84-3).

SECTION 2
Le contentieux mettant en cause la souveraineté de l'État

69. À défaut d'enfermer l'exercice de la compétence normative en matière de droit privé dans des limites spatiales, le droit international reconnaît néanmoins à l'État une compétence normative exclusive pour se définir en tant qu'État souverain. Cela implique que lui seul peut définir, unilatéralement, ses propres aspects organiques, tels son régime politique, son organisation judiciaire[1] ou son appareil répressif, de même que ses propres éléments constitutifs, à savoir sa population et son territoire. L'identité de l'État souverain s'étend certainement aussi au champ économique, de façon à inclure dans le domaine de la compétence normative exclusive que lui reconnaît le droit international la politique fiscale et la réglementation des marchés qui soutiennent son économie. Ainsi, cette compétence normative exclusive de l'État se traduit par l'existence de vastes pans de droit public – constitutionnel, administratif, processuel, fiscal, droit de la nationalité, police des étrangers – dont les conflits de juridictions sont traditionnellement exclus[2]. Dans ces domaines, les compétences juridictionnelle et législative coïncident, puisque les organes de l'État impliqué seront nécessairement et exclusivement compétents pour mettre en œuvre ce droit, que l'État soit lui-même ou non partie au litige. Corrélativement, les autorités de l'État du for seront dépourvues du pouvoir d'appliquer ou de se prononcer sur la régularité du droit d'un État étranger, ou pour connaître d'une action en justice engagée contre lui lorsqu'il agit dans sa capacité souveraine dans les mêmes domaines. « For de défiance » à l'égard des organes des États étrangers (E. Pataut), « principe d'abstention » interdisant en même temps l'ingérence dans le domaine réservé d'autrui (Ph. Théry), l'allocation exclusive des compétences normatives par le droit international donne lieu à une certaine autarcie sur le terrain des conflits de juridictions.

Aujourd'hui, le privilège de l'État sur le terrain juridictionnel est très fortement contesté dans la société civile transnationale, notamment en cas de violation de droits fondamentaux ou de principes de *ius cogens*, mais il repose encore sur l'autorité de la Cour internationale de justice. Il est vrai que la vulnérabilité croissante de la dette souveraine des pays pauvres face à la spéculation financière rendrait problématique sa suppression, car l'immunité reste l'un des seuls moyens de défense de ces derniers dans ce contexte[3]. Aussi bien, pour l'heure, se bornera-t-on ici à rappeler les critères traditionnellement prétoriens[4] qui encadrent la souveraineté de l'État. L'implication de celle-ci se traduira ainsi soit par des cas de compétences juridictionnelles nécessaires et exclusives lors-

1. Y compris ses règles de compétence juridictionnelle internationale, qui revêtent par conséquent une forme unilatérale.

2. V. *infra*, n°s 115-116.

3. Sur la dette souveraine et les fonds vautours, v. *infra*, n° 81-2 ; n° 100.

4. V. cepdt, à défaut d'entrée en vigueur de la Convention des Nations unies sur l'immunité juridictionnelle des États et de leurs biens du 2 décembre 2004, l'article 24 de la Loi dite « Sapin II » du 8 novembre 2016, sur les immunités d'exécution, sur lequel *infra*, n°s 81, 99 s.

qu'il y va de la protection de la souveraineté du for (§ I), soit par le défaut de pouvoir juridictionnel des organes du for lorsque celle des États étrangers est en cause (§ II).

I | La protection de la souveraineté du for

70. Il arrive que l'État réserve à ses propres organes juridictionnels le règlement de certaines catégories de litiges qui mettent en jeu ses fonctions d'État souverain. Ces fors de souveraineté manifestent une certaine défiance à l'égard des justices étrangères, se traduisant par une compétence juridictionnelle nécessaire, exclusive et impérative. Nécessaire, tout d'abord : dès lors que la compétence normative de l'État est en jeu, un organe de cet État sera nécessairement disponible pour connaître du contentieux y afférant. Comme la même compétence conduira à l'applicabilité de la loi du for, on l'explique souvent par la primauté du conflit de lois en matière de droit public, qui commanderait dans un tel cas la compétence juridictionnelle ; en réalité, la disponibilité nécessaire du for de l'État impliqué et l'applicabilité simultanée de sa loi sont les deux faces d'un phénomène identique. Exclusive, ensuite : cette exclusivité se laisse découvrir au niveau des effets des jugements, où elle signifie qu'aucune décision étrangère se prononçant dans le domaine réservé au for de souveraineté ne peut être reconnue dans l'État du for, ni en principe, et à condition de s'entendre sur les contours de la souveraineté, dans un État-tiers. Impérative, enfin : la compétence fondée sur la souveraineté de l'État est dite impérative, en ce sens que les parties ne peuvent pas valablement y déroger par contrat pour attribuer compétence à un for étranger. On trouve des applications de ces fors de souveraineté dans deux types de cas, lorsque sont en cause la compétence organique de l'État (A) et le monopole territorial de la contrainte (B).

A / LES CONTENTIEUX IMPLIQUANT LES ASPECTS ORGANIQUES DE L'ÉTAT

71. Des compétences nécessaires, exclusives et impératives existent pour protéger la capacité de l'État à « s'auto-organiser » ou à « déterminer la machinerie gouvernementale »[1]. Elles recouvrent le contentieux

1. Ces expressions sont empruntées respectivement à P. Mayer, « Droit international privé et droit international public sous l'angle de la notion de compétence », *Rev. crit. DIP*, 1979. 1, p. 374, et à H. Baade, « The Operation of Foreign Public Law », 30 *Tex Int'l L. J.*, 429 (1995), p. 495.

du fonctionnement des services publics, comme celui de la nationalité du for et de la police des étrangers. Le juge saisi mettra en œuvre le droit public du for, qu'il s'agisse de déterminer la qualité de ressortissant national d'une personne physique, de statuer sur l'action en inscription de faux contre un officier public ou encore d'apprécier la légalité des conditions de rétention administrative d'un étranger sur le territoire du for. Bien entendu, la question de savoir si ces contentieux relèvent de la compétence des juridictions judiciaires ou administratives au regard de l'État du for, est justiciable au même titre de la détermination exclusive de celui-ci. Aucun de ces points ne pourra être valablement tranché, de son point de vue et sans doute aussi de celui du droit international, par les organes d'un autre État.

72. Ces principes se retrouvent au sein de l'espace judiciaire européen. En premier lieu, seule la « matière civile et commerciale » relève de celui-ci, excluant les actions trouvant leur cause dans l'exercice par l'État d'une activité de puissance publique [1]. Au sein même de la matière ainsi circonscrite, le Règlement Bruxelles I contient à l'article 22 (ex-16 Convention ; 24 Règlement révisé) une liste de cinq compétences exclusives généralement présentées comme étant fondées sur l'implication de la souveraineté de l'État et susceptibles d'infléchir la répartition ordinaire des compétences juridictionnelles. Dans cette liste, le for du lieu de l'immeuble, exclusivement compétent pour statuer sur les droits réels

1. L'arrêt *Lechouritou* de la Cour de justice exclut l'applicabilité de la Convention/Règlement Bruxelles I à une action en justice de nature délictuelle qui avait son origine dans des faits de guerre (CJCE, 15 février 2007, aff. C-292/05, *Europe*, 2007. Comm. 125, obs. L. Idot). La raison de l'exclusion est que « des opérations menées par des forces armées constituent l'une des émanations caractéristiques de la souveraineté étatique, notamment en ce qu'elles sont décidées de façon unilatérale et contraignante par les autorités publiques compétentes et se présentent comme étant indissociablement liées à la politique étrangère et à la défense des États ». L'acte *iure imperii*, non justiciable de la Convention ou du Règlement selon la lecture traditionnelle de l'article 1er, n'est-il pas précisément celui qui est régi par le droit public de l'État auteur et donc hors de la portée des tribunaux du for ? Mais dans le cas d'un acte de puissance publique étrangère ayant produit des conséquences dommageables qui, elles, donnent lieu à une action délictuelle devant le juge du for, ce dernier n'a à connaître que de la loi applicable à la prétention, qui sera généralement – en tout cas au regard du Règlement n° 864/2007 dit « Rome II » – la loi du lieu de réalisation des conséquences dommageables de l'activité litigieuse, sauf superposition de normes internationales porteuses de droits fondamentaux. Il ne s'agit donc aucunement d'exiger du juge du for qu'il se prononce sur la licéité d'un *Act of State* étranger au regard de son ordre juridique d'origine – appréciation normalement exclue du pouvoir juridictionnel des tribunaux du for ; la question de la licéité propre de l'acte public étranger reste une question distincte de la vocation de celui-ci à générer un dommage réparable. Il n'est au demeurant nullement certain que le droit public d'origine ait quelque titre à intervenir. Le Règlement Bruxelles I révisé (n° 1215/2012 du 12 décembre 2012) exclut désormais expressément de son champ d'application « la responsabilité de l'État pour des actes ou des omissions commis dans l'exercice de la puissance publique (*acta jure imperii*) » (art. 2-1). Sur la question, v. *infra*, n° 110.

immobiliers et les baux d'immeubles, est sans doute conceptuellement un intrus, sorte de réminiscence de l'idée ancienne selon laquelle l'immeuble est une fraction du territoire sur lequel s'exerce la souveraineté de l'État. Au demeurant, l'exception prévue à l'article 22-1 (*b*) dans le cas de certains litiges concernant les locations de vacances semble confirmer que le « tabou » de l'immeuble tend progressivement à s'effacer pour céder devant un for plus accessible pour les parties [1]. Dans la même liste, la compétence exclusive du juge de l'État du lieu d'exécution des décisions pour connaître du contentieux afférant à la réalisation des mesures d'exécution se rattache autant au monopole territorial de la contrainte qu'à la compétence réservée en matière de fonctionnement de la force publique [2].

73. Restent les cas des § 2, 3, 4, où le contentieux porte sur les aspects organiques des groupements et personnes morales, le fonctionnement des registres publics, ou l'inscription et la validité des droits de propriété intellectuelle. Ici, le litige porté devant le juge concerne le fonctionnement de services publics de l'État du for [3]. Une autorité juridictionnelle n'a aucun pouvoir pour annuler une société dont la personnalité morale résulte de l'immatriculation dans un autre État, ni pour rayer une inscription d'un registre public étranger. La partie privée qui conteste la validité d'une inscription se trouve dans une relation verticale avec l'autorité publique, dont l'acte contesté est un acte de souveraineté. Bien que ces cas apparaissent positivement sous la forme de règles de compétence (exclusive), l'incompétence qui en résulte pour les autres États-membres traduit en réalité un défaut international de pouvoir juridictionnel.

1. Le for de l'article 22-1 est également compétent pour connaître d'une action en déclaration (négative) d'invalidité de droits réels immobiliers, v. CJUE, 4 avril 2014, 133/11 *Weber* ; sur les conséquences de l'exclusivité en cas de procédures parallèles, v. *infra*, n° 207 s. ; 222-1.

2. V. *infra*, n° 74.

3. Dans cette perspective, la question de la « *validité des décisions [des] organes* » de ces sociétés ou personnes morales étrangères s'éloigne cependant d'une telle explication, car les décisions des organes délibérants ne sont pas imputables au fonctionnement d'un service public. La solution peut encore se comprendre à l'égard des décisions modificatives des statuts, qui devront faire l'objet de mesures de transcription sur un registre au même titre que ce qui relève de la validité, de la nullité ou de la dissolution de la société. Mais même limitée – en dépit de la lettre du texte – à celles qui intéressent le fonctionnement de la société, elle se comprend beaucoup moins à l'égard des autres décisions, si ce n'est peut-être en raison d'une idée de centralisation du contentieux. En toute hypothèse, le lien avec le fonctionnement d'un service public de l'État est alors pour le moins distendu. Pour une interprétation raisonnablement restrictive de l'art. 22, § 2, v. CJCE, C-372/07, *Rev. crit. DIP*, 2009. 71, note B. Ancel ; *D.*, 2009. 2388, obs. L. A.

B / LE MONOPOLE TERRITORIAL DE LA CONTRAINTE

74. Rappelée par la Cour internationale de justice dans l'arrêt du *Lotus*, la souveraineté de l'État sur son propre territoire, notamment pour y effectuer des actes matériels de contrainte, constitue sans doute le principe le moins incontestable du droit international public. Ainsi, « la limitation primordiale qu'impose le droit international à l'État est celle d'exclure – sauf l'existence d'une règle permissive contraire – tout exercice de la puissance sur le territoire d'un autre État ». Au regard du droit international privé, la conséquence pratique la plus évidente en est de fonder la compétence exclusive des tribunaux de l'État territorial pour y ordonner des mesures d'exécution forcée [1]. Il s'ensuit également que les jugements étrangers, non revêtus de la formule exécutoire française, doivent recevoir l'*exequatur* afin d'accéder à la force exécutoire sur le territoire français, c'est-à-dire, afin d'y donner lieu à des actes matériels d'exécution. On mesure par là même l'avancée exceptionnelle qu'impliquent la création d'un titre exécutoire européen (Règlement CE n° 805/2004 du 21 avril 2004 portant création d'un titre exécutoire européen pour les créances incontestées), ainsi que la suppression de l'*exequatur* entre États-membres de l'Union par le Règlement Bruxelles I révisé qui tendent à neutraliser l'impact des frontières sur la force exécutoire des jugements dans certains cas [2].

75. Toutefois, la simplicité du principe n'est qu'apparente. La contrainte, paramètre du monopole de l'État territorial, ne se laisse pas définir facilement. C'est ainsi que l'on ne peut aligner les contours de la contrainte sur ceux de l'*imperium* du juge, car certains actes relevant de son pouvoir de commandement et sortant du cadre de sa fonction strictement juridictionnelle, n'en constituent pas pour autant des actes d'exécution. Une difficulté analogue se pose au sujet de la délimitation des pouvoirs de l'arbitre international, qui en qualité de juge privé n'est pas détenteur du pouvoir de contrainte, mais qui peut néanmoins accomplir certains actes de commandement préparatoires à l'exécution

1. Cass. civ., 12 mai 1931, *Cie française de navigation Cyprien Fabre*, *S.*, 1932. 1. 137, rap. Casteil, note Niboyet ; *DP*, 1933. 1. 60, note Silz ; *JDI*, 1932. 387, note Perroud. Pour un rappel récent, v. Cass. civ. 2e, 21 janvier 2016, *RD bancaire et fin.*, 2016, comm. 79, note S. Piédelièvre ; *RTD civ.*, 2016. 444, obs. Ph. Théry (« En vertu du principe de l'indépendance et de la souveraineté respective des États, le juge français ne peut, sauf convention internationale ou législation communautaire l'y autorisant, ordonner ou autoriser une mesure d'exécution, forcée ou conservatoire, devant être accomplie dans un État étranger »).

2. V. *infra*, n° 311.

proprement dite. La délimitation de l'immunité d'exécution n'échappe pas à ces incertitudes affectant les contours de la contrainte, car elle se distingue elle-même des règles d'insaisissabilité qui empêchent la réalisation de mesures d'exécution sur certains biens protégés, mais se situe en aval de l'activité juridictionnelle, qui recouvre les actes préparatoires à l'exécution, lesquels comprennent l'*exequatur* des jugements rendus à l'encontre de l'État étranger [1]. Enfin, s'agissant de l'exigence d'*exequatur* qui permet aux jugements étrangers d'accéder à la force exécutoire, la jurisprudence retient une conception élargie de l'exécution [2].

76. Par ailleurs, le droit positif semble bien attester un certain assouplissement du monopole territorial, dont le principe même est sérieusement remis en cause en matière civile dans le cadre de l'Union européenne. Il en va ainsi tout d'abord en matière de mesures conservatoires. On a longtemps déduit de la compétence exclusive du juge territorial en matière de contrainte, l'impossibilité pour le juge du for d'autoriser des mesures conservatoires sur des biens situés à l'étranger. Aujourd'hui, cette catégorie tend cependant à se détacher de l'exécution, de sorte que les mesures ordonnées à titre conservatoire peuvent avoir une vocation extraterritoriale [3]. À cet égard, dans le contexte de l'Union européenne, la jurisprudence de la Cour de justice interprétant les dispositions de la Convention de Bruxelles – du Règlement « Bruxelles I » – a largement contribué à libérer le régime international des mesures conservatoires de l'emprise de la catégorie « exécution ». Il existe bien au regard de l'article 31 du Règlement Bruxelles I (art. 24 Convention) un *forum loci* compétent pour prendre des mesures conservatoires dans son propre ressort alors même que la compétence au fond appartient au juge d'un autre État [4]. Mais le juge compétent au fond l'est également pour prendre toutes les mesures provisoires que requiert le règlement du litige ; à ce titre, il peut autoriser des mesures conservatoires sur des biens situés à l'étranger [5]. Par ailleurs, même en droit commun, depuis

1. V. *infra*, n° 95.
2. V. *infra*, n° 250.
3. G. Cuniberti, *Les mesures conservatoires sur les biens situés à l'étranger*, LGDJ, 2000. Et s'agissant de l'astreinte, v. du même auteur, « Quelques observations sur le régime de l'astreinte en droit international privé », *Gaz. Pal.*, 22-28 nov. 2009, n°s 331 à 332, p. 2.
4. V. *infra*, n° 151.
5. CJCE, 2 mars 1980, *de Cavel*, C-120/79, *Rec.*, 731, concl. Warner ; *Rev. crit. DIP*, 1980. 614, note G. Droz ; *JDI*, 1980. 442, obs. A. Huet ; 21 mai 1980, *Denilauler* C-125/79, *Rec.*, 1553, concl. Mayras ; *Rev. crit. DIP*, 1980. 801, note E. Mezger ; *JDI*, 1980. 939, obs. A. Huet ; *D.*, 1981, som. com. 158, obs. B. Audit ; *Gaz. Pal.*, 1980. I, jurispr. 659, note Mauro. *Adde* CJCE, 17 nov. 1998, *Van Uden*, C-391/95 ; *Rec.*, I. 7091, concl. Léger ; *Rev. crit. DIP*, 1999. 340, note J. Normand ; *JDI*, 1999. 613, obs. A. Huet ; *D.*, 2000. 378, note G. Cuniberti ; *Rev. arb.*, 1999. 143, note H. Gaudemet-Tallon.

l'arrêt *Cie française de navigation Cyprien Fabre* [1], la compétence exclusive du juge territorial pour ordonner des mesures d'exécution dans son propre ressort était traditionnellement considérée comme s'étendant à la compétence pour statuer sur la validité d'une saisie [2]. L'exclusivité est cependant également en recul sur ce dernier point. Ainsi, la Cour de cassation (et désormais le législateur européen [3]) admet aujourd'hui qu'une saisie-attribution produise ses effets sur un compte tenu dans une succursale étrangère de la banque française tiers-saisie [4]. En outre, tant l'abolition de l'*exequatur* intra-européen en matière civile et commerciale par le Règlement Bruxelles I *bis*, que l'instauration de procédures transfrontières *fast-track* en matière familiale par le Règlement Bruxelles II *bis*, ou l'automatisation de l'exécution par divers instruments spécifiques du droit de l'Union, tendent plus généralement à réduire l'importance de la frontière ou du territoire pour délimiter la portée spatiale du pouvoir de contrainte.

ÉTAT DES QUESTIONS

B. G. — G. Cuniberti, *Les mesures conservatoires sur les biens situés à l'étranger*, LGDJ, 2000, préf. H. Muir Watt ; « Quelques observations sur le régime de l'astreinte en droit international privé », *Gaz Pal.*, 22-28 nov. 2009, n°s 331 et 332, p. 2. ; G. Cuniberti, C. Normand, F. Cornette, *Droit international de l'exécution. Recouvrement des créances civiles et commerciales*, LGDJ, 2011 ; D. Holleaux, *Compétence du juge étranger et reconnaissance des jugements*, Paris, Dalloz, 1970, préf. H. Batiffol ; P. Mayer, « Droit international privé et droit international public sous l'angle de la notion de compétence », *Rev. crit. DIP*, 1979. 1 ; M. Nioche, *Les mesures provisoires en droit international privé*,

1. Préc.

2. Cass. civ. 1re, 17 janv. 1995, *JCP*, 1995. II. 22430, note H. Muir Watt ; Cass. civ. 1re, 18 nov. 1986, *Banque camerounaise de développement*, *Rev. crit. DIP*, 1987. 772, note H. Muir Watt.

3. Règlement (UE) 655/2014 du 14 mai 2014, *JOUE* 27 juin 2014, n° L 189, p. 59, applicable au 18 janvier 2017.

4. Civ. 2e, 14 févr. 2008, *D.*, 2008. Pan. 2567, obs. S. Bollée, et Chron. C. cass., 2373, obs. J.-M. Sommer et C. Nicolétis ; *RTD civ.*, 2008. 357, obs. R. Perrot ; *RTD com.*, 2008. 601, obs. D. Legeais ; *Banque et droit*, mars-avr. 2008. 33, obs. J. Stoufflet ; *RD banc. fin.*, mai-juin 2008. 26, obs. F.-J. Crédot et T. Samin ; *JDI*, 2008. 1100, note S. Bollée, *D.*, 2009, Pan. 1044, obs. H. Synvet. V. déjà, au sujet de la phase initiale de la saisie, consistant en la déclaration par le tiers saisi des avoirs de son client : Cass. com., 30 mai 1985 (*Rev. crit. DIP*, 1986. 329, note H. Batiffol), admettant que la saisie-arrêt s'exerce sur l'ensemble des sommes dont le tiers saisi est débiteur envers le saisi, de sorte que la banque française tiers-saisie devait faire mention, dans sa déclaration affirmative, du solde créditeur d'un compte ouvert dans les livres d'une succursale étrangère ; 30 janvier 2002, *Crédit suisse Hottinger* (*JCP E*, 2003, 587, note G. Cuniberti ; J.-M. Delleci, « La déclaration des avoirs déposés chez une succursale étrangère ». À propos d'un arrêt rendu par la Cour de cassation le 30 janvier 2002 en matière d'obligation d'information du banquier tiers saisi, *RD banc. fin.*, 2003. 179).

Paris 1, 2007 ; E. Pataut, *Principe de souveraineté et conflits de juridictions*, LGDJ, 1999, préf. P. Lagarde ; Ph. Théry, *Pouvoir juridictionnel et compétence. Étude de droit international privé*, thèse dactyl., Paris 2, 1981.

LE CHAMP DE LA SOUVERAINETÉ ORGANIQUE

77. Ce qu'il faut entendre par les aspects organiques de l'État. — La détermination des matières impliquant la souveraineté de l'État est incertaine et évolutive. De telles incertitudes, qui affectent l'étude des immunités juridictionnelles et qui se retrouvent au cœur du débat sur l'applicabilité du droit public étranger (v. *infra*, n° 345), n'ont rien de surprenantes. Elles sont le reflet du contenu mouvant de la distinction entre les sphères publique et privée. Le recours par les États à des techniques de régulation des secteurs publics empruntées au droit privé brouille notamment les pistes à cet égard. Il ne s'évince d'ailleurs du droit international lui-même aucune réponse exhaustive quant au champ précis de la souveraineté. Sa vocation même à dicter une exclusivité prenant effet dans l'ordre interne des États est au demeurant contestée (M. Audit, *Les conventions transnationales entre personnes publiques*, LGDJ, 2002, préf. P. Mayer). Force est en tout cas d'admettre qu'en dehors de quelques cas particuliers (sur la compétence exclusive de l'État de déterminer ses nationaux, v. CIJ, 6 avr. 1955, *Nottebohm*, *Rec.*, 1955. 23), les revendications convergentes de souveraineté par les États constituent les principales indications dont on dispose sur le contenu de celle-ci. Ainsi, il semble difficile aujourd'hui de contester le titre exclusif de chaque État, au nom de sa souveraineté, pour déterminer les conditions de fonctionnement de ses propres organes juridictionnels, définir ses propres nationaux, réguler des flux d'immigration, prélever les impôts, ou sanctionner les comportements économiques qui affectent son marché.

Mais à partir du moment où l'émergence d'une souveraineté économique fait passer d'une définition organique vers une définition fonctionnelle de cette souveraineté, la séparation des cas où elle est impliquée et de ceux où elle ne l'est pas au contraire devient beaucoup plus difficile. C'est ainsi que la distinction entre droit public et droit privé, mais aussi entre droit public et lois internationalement impératives de droit privé, devient extrêmement mouvante (v. ainsi les discussions nées de l'art. 9 du Règlement Rome I aux termes duquel : « Une loi de police est une disposition impérative dont le respect est jugé crucial par un pays pour la sauvegarde de ses intérêts publics [...] » ; sur la question, v. *infra*, n° 561). Il est fort possible que le passage à une définition fonctionnelle de la souveraineté, qui pourrait alors être assimilée à l'idée de l'intérêt direct de l'État au règlement de certains litiges (E. Pataut, *Principe de souveraineté et conflit de juridictions*, LGDJ, 1999, préf. P. Lagarde) rende inutile le détour par le droit international pour expliquer l'existence de certains domaines réservés. La compétence normative exclusive est alors tout simplement celle qui est revendiquée comme telle par l'État, qui tiendra pour exclusif le titre d'intervention de ses propres organes et prévoira l'applicabilité nécessaire du droit du for érigé en loi de police. La question de savoir s'il s'agit alors de droit public ou de lois de police perd son intérêt, de même que la question de savoir si de tels cas relèvent de l'incompétence ou du défaut de pouvoir juridictionnel, puisque la notion d'intérêt de l'État suffirait à justifier l'existence de compétences réservées. Très souvent, en effet, la revendication de souveraineté économique de l'État se traduira par la mise en place d'autorités de régulation des marchés chargées d'appliquer le droit public économique du for. Or, pour exclusive que soit cette revendication, il n'est pas exclu que des conflits de lois réapparaissent à travers un chevauchement des compétences de ces autorités, ni qu'une certaine forme de coordination internationale se développe entre elles (pour l'exemple de la coordination entre autorités de surveillance des marchés financières en cas de multi-cotation, v. X. Boucobza, *L'acquisition internationale de société*, LGDJ, 1998, préf. Ph. Fouchard ; A. Tenenbaum, « La compétence internationale des autorités de surveillance des marchés financiers en matière d'offre publique. Réflexions à propos de l'offre publique de la société Mittal Steel sur les titres de la société Arcelor », *Rev. crit. DIP*, 2006. 557. Aj., plus généralement : I. Stibbe, *Les autorités administratives indépendantes et le droit du commerce international*, thèse, Paris 2, 2001). Par ailleurs, l'essor des poursuites privées fondées sur la violation du droit public économique (action du *private attorney general*) tend à brouiller les pistes en y introduisant des problèmes de conflit de lois (H. Buxbaum, « The private attorney general in a global age : Public interests in private international litigation », 26, *Yale J. Int'l L.*, 219, 2001).

COMPÉTENCE ÉTATIQUE EXCLUSIVE ET ORGANISATION DE LA JUSTICE

78. La compétence normative exclusive de l'État pour « s'auto-organiser », qui comprend celle d'organiser son propre service de la justice, emporte plusieurs conséquences pratiques importantes pour le droit international privé.

— La première concerne la *définition de la catégorie procédure*, qui est précisément soustraite au conflit de lois en tant qu'elle s'identifie aux règles qui participent activement au fonctionnement du service public. La conséquence en est que la dissociation entre le fond et la procédure, condition du conflit de lois, commence seulement lorsque la question à trancher ne met plus en cause la souveraineté du for. La partition entre le fond et la procédure en droit international privé ne résulte donc pas d'une règle de conflit de lois (sur la catégorie procédure, v. *infra*, n°s 187 et s.).

— La deuxième concerne *l'obtention des preuves à l'étranger*. Source de malentendus en droit comparé, cette fonction est considérée, dans la tradition processuelle civiliste, comme relevant de la seule prérogative du juge (sur ce point, v. *infra*, n°s 198 et s.).

— En troisième lieu, le monopole de chaque État sur la détermination de sa propre compétence juridictionnelle rend problématique l'octroi des injonctions *anti-suit* dans le domaine international par les juges de *common law* (v. *infra*, n° 84).

Néanmoins, une série de facteurs – l'assimilation, au moyen d'une puissante fiction, de la sentence arbitrale internationale au jugement étatique du point de vue de son statut, l'accessibilité de services privés de règlement de litiges sur l'Internet ou « Online Dispute Resolution » (tels *SquareTrade* ou *Smartsettle*), la proposition qui se fait entendre au sein de l'analyse économique aux États-Unis de délocaliser dans d'autres pays des « antennes » de la justice locale (sur le modèle des capitulations de la justice impériale ottomane ou chinoise, ou encore de la Cour fédérale américaine pour le « District of China » qui a fonctionné pour le compte des États-Unis en Chine de 1906 à 1943) – oblige à se demander si le monopole territorial de l'État en matière de justice revêt réellement l'intangibilité qu'on lui prête généralement. À l'image de la loi devenue produit, voici qu'à la faveur de l'attention nouvellement portée à l'économie de la justice, se préparerait alors un marché mondial des services judiciaires (v. sur ce point, *infra*, n° 206) ?

DROIT AU JUGE ET IMMUNITÉ JURIDICTIONNELLE

79. Une question très discutée concerne la légitimité, au regard du droit au juge, du privilège juridictionnel de l'État en matière civile (v. *Le droit international des immunités : contestation ou consolidation ?*, dir. J. Verhoeven, Larcier, 2004 ; *Droit des immunités et exigences du procès équitable*, dir. I. Pingel, Pédone, 2004 ; H. Muir Watt, « Les droits fondamentaux devant les juges nationaux à l'épreuve des immunités juridictionnelles. À propos de l'arrêt de la Cour internationale de justice, Immunités juridictionnelles de l'État (Allemagne c/ Italie (Grèce intervenant)) du 3 février 2012 », *Rev. crit. DIP* 2012. 539). L'irrecevabilité d'une action privée pour des raisons tenant à l'immunité de juridiction de l'État défendeur n'est pas *en soi* contraire au droit fondamental d'accès à un tribunal. En témoignent tant le refus récent de la Cour européenne des droits de l'homme, dans son arrêt *Al-Adsani c/Royaume-Uni* du 21 septembre 2001, d'imposer au Royaume-Uni d'écarter l'immunité de l'État du Koweit dans une action civile liée à des faits de torture, que l'arrêt de la Cour internationale de justice dans une affaire opposant des prisonniers de guerre italiens à l'Allemagne en raison de dommages causés par ses forces d'occupation pendant la deuxième guerre mondiale (V. spécifiquement sur cet arrêt, *infra*, n° 81-1). En effet, d'une part, l'argument prouve trop : les droits nationaux de procédure sont truffés de diverses restrictions à la compétence juridictionnelle ou à la recevabilité des prétentions qui, à supposer qu'elles ne soient ni discriminatoires ni déraisonnables, coexistent en toute harmonie avec le droit d'accès à la justice ; c'est pourquoi l'hypothèse d'un conflit de normes qui opposerait ce dernier à l'immunité de juridiction ne peut être retenue qu'exceptionnellement. La Cour de Strasbourg admet en revanche que le conflit pourrait se réaliser dans le cas où un État prétendrait « *soustraire à la compétence des tribunaux toute une série d'actions civiles ou exonérer de toute responsabilité de larges groupes ou catégories de personnes* » (comp. déjà *Fayed c/ Royaume-Uni*, du 21 septembre 1994, série A, n° 294.B). D'autre part et surtout, l'immunité ne tend pas à priver le demandeur de toute possibilité de voir sa cause entendue, mais lui signale seulement que le for choisi – celui d'un État souverain qui répugne à juger les actes de ses pairs – est inapproprié. C'est en distinguant l'immunité juridictionnelle de l'accès à la justice, d'un côté, et du litige au fond, de l'autre, que la Cour internationale de justice a justifié son refus de considérer qu'une telle immunité violait le droit international, des droits fondamentaux fussent-ils invoqués.

Toutefois, la question de fond demeure celle de la légitimité des privilèges juridictionnels dans un ordre mondial qui cultive des valeurs directement concurrentes. Il faut se demander en effet, à l'ère de la globalisation et des droits de l'homme, dans un monde où l'État souverain n'est plus totalement maître de son économie ou de son environnement – ni peut-être même de son histoire –, où les individus tiennent de l'ordre international le droit d'accès à un tribunal et où la communauté internationale ébauche un système de justice pénale supranationale, si cela a encore un sens d'invoquer des impératifs liés au fonctionnement interne de l'État pour le mettre à l'abri du devoir de rendre des comptes à l'égard de ceux qui ont pâti de ses actions. L'apogée des immunités juridictionnelles n'allait-elle pas de pair avec un certain nombre de présomptions relatives à la nature de la compétence internationale, voire à la fonction judiciaire dans un monde cloisonné, fait de souverainetés hermétiquement closes sur elles-mêmes ? Posée en termes de mutations de l'ordre international, la question oblige à constater que le sort de la théorie privatiste des immunités est tributaire de la même vision de l'ordre international que la théorie traditionnelle du droit international privé, qui reste aujourd'hui à repenser en profondeur.

80. Le fait est que l'immunité opposée par l'État allemand lors des procès engagés contre lui devant les tribunaux nationaux (pour les actions aux États-Unis : *Princz v. Federal Republic of Germany*, 26 F.3d 1166 DC Circ., 1994), confirmée aujourd'hui par la Cour de justice, a préparé le terrain pour l'explosion d'actions dirigées contre les entreprises, les établissements de crédit et les compagnies d'assurance ayant participé de près ou de loin aux actions du IIIe Reich. Il est vrai qu'aujourd'hui, depuis l'arrêt *Kiobel* préc., le sort de ces revendications est devenu bien incertain aux États-Unis, mais il pourrait bien renaître ailleurs (pour les suites néerlandaises, actuellement en cours, de l'affaire *Kiobel*, v. le site néerlandais https://www.milieudefensie.nl/english/shell/oil-leaks/courtcase ; le dernier développement est une demande d'obtention de preuves sur le territoire américain : v. http://royaldutchshellplc.com/2016/10/18/esther-kiobel-torture-case-against-shell-returns-to-nyc-john-donovans-role/). Ce nouveau contentieux des droits de l'homme contourne l'État souverain et ses actes, rendus intouchables par les immunités juridictionnelles, pour atteindre tous ceux qui ont cru pouvoir s'enrichir en toute impunité aux dépens des victimes du pouvoir politique ; refoulées dans leurs actions contre les États, les victimes demandent des comptes aux entreprises privées qui ont profité de la disparition des titulaires de comptes ou de polices d'assurance, blanchi de l'or volé, fabriqué en connaissance de cause le Zyklon-B utilisé dans les chambres à gaz, fourni un service rémunéré de transport des victimes vers les camps de concentration, financé la construction d'Auschwitz ou assuré Dachau. Une grande partie de ce contentieux est en réalité détourné de sa cible première, l'État souverain, pour viser les acteurs privés de drames dont ils ont retiré le profit économique. En effet, à travers les actions privées en restitution de ce dernier, ce sont bien les actes d'États souverains qui sont jugés. Par conséquent, pareil développement du contentieux de droit privé ne peut cacher la forte implication de ces derniers. Il en résulte une politisation caractérisée des litiges, qui conduit paradoxalement les États à descendre dans l'arène judiciaire – alors même que leur immunité juridictionnelle leur confère par ailleurs le privilège de rester à l'écart.

81. Le régime de l'action exercée en vertu du droit d'accès au juge. — Une fois imposé le droit d'accès au juge, reste à déterminer le régime de l'action ainsi devenue possible. Dans l'affaire de la BAD opposant un salarié licencié à une organisation internationale dont l'immunité a été écartée en vertu du droit fondamental au juge, la question s'est posée du délai de prescription dans lequel l'action en indemnisation était enfermée. La Cour de cassation estime inapplicable le délai stipulé pour les revendications du personnel dans le Règlement de l'organisation défenderesse car celui-ci ne concernait pas une action devant une autorité étatique (Cass. soc. 11 janvier 2007, *Rev. crit. DIP*, 2007. 591, note L. Sinopoli, *Dr. Social*, 2007. 638, note F. Jault, *JCP S*, 2007, n° 1238, note N. Nord). Dès lors, la prescription semblait devoir être régie par la loi désignée par la Convention de Rome pour régir le rapport de travail (Rappr., dans un contexte de pur droit privé :

Cass. soc., 12 juill. 2010, *Soc. Trans. Team Grupo Vialle Iberica*, *Rev. crit. DIP* 2011. 72, note F. Jault-Seseke (1re esp.), *JDI* 2011. 600, note V. Parisot).

81-1. Le droit international privé devant la Cour internationale de justice. — Comme le grand arrêt *Boll* (du 28 novembre 1958, *CIJ Rec.* 1958, p. 55), le différend opposant l'Allemagne à l'Italie dans une affaire très remarquée *Allemagne c/ Italie* du 3 février 2012 (préc.), élève jusqu'à la Cour internationale de justice une cause relevant initialement du droit international privé devant les tribunaux nationaux. Le contentieux originaire, impliquant la compétence juridictionnelle internationale et l'*exequatur* de décisions étrangères, est lui-même le fruit de la confrontation des immunités juridictionnelles de l'État souverain et des droits fondamentaux. L'essor de ces derniers rendait inéluctable, un jour ou l'autre, un tel affrontement, quel que fût le juge saisi. Diverses actions en réparation avaient été intentées contre l'État allemand par des citoyens grecs et italiens devant les juridictions de leurs pays respectifs, à raison de dommages subis aux mains de la *Wehrmacht* pendant l'occupation du IIIe Reich, entre septembre 1943 et mai 1945. Les tribunaux italiens ont non seulement exercé leur compétence internationale à l'égard de l'Allemagne au profit de ses citoyens et ordonné la saisine d'un bien public allemand situé sur le territoire du for, mais ont également octroyé l'*exequatur* à un jugement grec condamnant l'Allemagne dans des termes similaires. Cette dernière a réagi en assignant l'Italie devant la Cour internationale de justice, sur le fondement de la Convention européenne de 1957 sur le règlement pacifique des différends. La Cour conclut ici à la violation par l'Italie des immunités juridictionnelles de l'Allemagne, nonobstant le caractère fondamental du droit du demandeur ou, plutôt, la nature indérogeable de la norme qui le consacre. D'emblée, la Cour rappelle (§ 53) qu'elle « n'est pas appelée à se prononcer sur la question de savoir si ces actes étaient illicites, point qui n'est pas contesté. La question qu'il lui incombe de trancher est… celle de savoir si, dans le cadre des actions en réparation engagées sur le fondement de ces actes, la justice italienne était tenue d'accorder l'immunité à l'Allemagne ».

Ainsi, au regard du droit international public judiciairement défini, des atrocités militaires sont encore des actes de souveraineté dont l'État auteur n'a aucun compte à rendre devant les tribunaux civils de ses pairs, fussent-elles accomplies sur le territoire de ces derniers. Dans des termes plus familiers au droit international privé, l'accès à la justice locale est refusé à ceux qui se prétendent victimes d'une violation des droits de l'homme dans leur propre pays, alors même que le défendeur est un État étranger. La méthode d'interprétation adoptée par la Cour traduit une conception de sa propre fonction comme arbitre neutre des différends propres à la communauté fermée des États acteurs et non comme organe d'épanouissement des fondements – qu'on a de bonnes raisons de penser humanistes – de l'ordre international. C'est certainement une perception restrictive de sa mission, ou la volonté de ne pas outrepasser ses pouvoirs, qui la conduit à ne pas situer l'horizon normatif plus loin que le seul différend bilatéral dont elle est saisie ; mais cette vision modeste l'engageant à son tour à garder le cap sur l'objet strictement interétatique du droit applicable, ouvre paradoxalement un débat sur sa propre légitimité. En effet, en contrepoint de la position majoritaire, l'opinion dissidente tente de déplacer l'horizon normatif vers l'émergence d'un nouvel état de droit international fondé sur la garantie effective des droits humains, dont la Cour serait la gardienne active. L'immunité souveraine serait alors une valeur relative et évolutive, dont l'importance devrait être pondérée en fonction de la force des valeurs concurrentes et de ses conséquences concrètes. L'architecture même du droit international, à travers la détermination et l'agencement de son contenu, de ses sujets et de ses sources, autant que la contribution de la juridiction internationale à son élaboration, sont impliquées par cette confrontation qui est d'ordre politique avant d'être herméneutique.

81-2. – La dette souveraine et les fonds vautours. — Alors même, comme on vient de le voir, que l'immunité juridictionnelle de l'État est très contestée au nom du *ius cogens*, elle a servi récemment à protéger, au contraire, un principe de justice universelle. Elle reste l'une des armes les plus puissantes de protection des pays pauvres contre la spéculation sur la dette souveraine et l'action des fonds dits « vautours » (v. H. Muir Watt, « Dette souveraine et main visible du marché : de nouveaux enjeux du droit international privé des contrats », *Rev. crit. DIP*, 2015. 331). La raison d'être de tels fonds est de racheter des dettes souveraines à bas prix sur le marché secondaire et de poursuivre ensuite le paiement de la valeur nominale de la créance, plus les intérêts, généralement considérables. Le succès de cette stratégie contentieuse est évidemment tributaire de « trous » suffisants dans les privilèges juridictionnels dont bénéficie l'État débiteur devant le for saisi. Il s'agit alors pour le cessionnaire de la créance de choisir avec soin les juridictions les plus accueillantes (les plus favorables à la restriction des immunités, ou les plus complaisantes à l'égard des créanciers), sur le terrain de l'une ou l'autre immunité, et, au moyen de l'argumentation juridique la plus habile, d'obtenir des mêmes ou d'autres fors, les interprétations les plus favorables à l'exécution du titre acquis contre l'État débiteur. Par exemple, dans les instances opposant le fonds NML à l'Argentine, les jugements ont été obtenus dans l'État de New York, où l'exception d'activité commerciale est largement interprétée ; ensuite l'exécution a été obtenue dans les divers ressorts, tels la France ou l'Angleterre, où le contentieux de la reconnaissance et de l'exécution permet le moins de regard sur le fond. La création de précédents judiciaires favorables dans les divers ressorts où l'exécution peut être utilement poursuivie constitue un enjeu d'autant plus important que le contenu même du droit international coutumier, d'où jaillit le droit des immunités, résulte de l'accumulation de pratiques nationales analogues. Par ailleurs, les fréquentes références croisées entre les juridictions de *common law* génèrent une convergence par osmose. Les tactiques procédurales déployées pour surmonter l'immunité de l'État débiteur sont multiples et relativement transparentes. D'abord, l'opération peut être scindée en deux étapes : par exemple, un jugement obtenu contre un débiteur souverain devant un for pratiquant un droit de l'immunité de juridiction moins tolérant à l'égard des exceptions invoquées par l'État débiteur réputé commerçant lorsqu'il contracte avec un investisseur étranger, n'y est pas forcément exécutable, en raison d'un décalage de régime entre les deux immunités ; l'exécution sera alors recherchée ailleurs sur des biens situés dans un ressort moins protecteur, ou au regard duquel le contentieux de l'exécution des jugements joue comme un écran à l'égard de l'enjeu du litige au fond. Une variante sur cette première stratégie consiste à acquérir une créance résultant d'une procédure arbitrale, au regard de laquelle l'État partie à la clause compromissoire sera réputé avoir renoncé à l'immunité de juridiction.

Ensuite, sur le terrain de l'exécution, il s'agira de faire admettre l'assiette la plus étendue possible de biens saisissables. L'interprétation la plus expansive sur ce point consistera à y inclure des flux de revenus ou des paiements localisés en dehors du territoire de l'État souverain – *royalties*, mais aussi dans le cas notoire *des Brady Bonds* émis par le Pérou, de paiements effectués par l'entremise d'Euroclair. Une autre voie consiste à décloisonner le patrimoine d'une entreprise publique bénéficiant de revenus industriels ou commerciaux propres, afin de les rendre disponibles pour les créanciers de l'État dont cette entité dépend. Pour un exemple frappant (et les références aux cas cités dans ce paragraphe), v. H. Muir Watt, « L'immunité souveraine et les fonds "vautour". À propos de *La Générale des Carrières et des Mines v. F.G. Hemisphere Associates LLC* », *Rev. crit. DIP* 2012. 789. À cet égard, lorsque les juridictions françaises ont été appelées à accorder ou non l'immunité à un État étranger poursuivi en exécution sur le territoire français par de tels fonds, la jurisprudence de la Cour de cassation a reflété l'incertitude juridique entourant les conditions dans lesquelles un État étranger peut valablement renoncer à son immunité. Fallait-il ou non une renonciation « spéciale » ? (D. Alland et Th. Fleury Graff, « Les limites de la renonciation par l'État à son immunité d'exécution », *Rev. crit. DIP*, 2016. 1). Le suspense semble aujourd'hui terminé, car la loi dite « Sapin II » exige, de manière générale, que l'État ait expressément consenti à l'application de telles mesures ou qu'il ait réservé ou affecté les biens à la satisfaction de la demande (article L. 111-1-2). En outre, il résulte désormais de l'art. L. 111-1-3 que des « mesures conservatoires ou des mesures d'exécution forcée ne peuvent être mises en œuvre sur les biens, y compris les comptes bancaires, utilisés ou destinés à être utilisés dans l'exercice des fonctions de la mission diplomatique des États étrangers ou de leurs postes consulaires, de leurs missions spéciales ou de leurs missions auprès des organisations internationales qu'en cas de renonciation expresse et spéciale des États concernés ». Enfin, l'article 60 de la loi du 9 décembre 2016 est venu créer un régime spécial d'immunité d'exécution, dérogatoire aux dispositions des articles L. 111-1-1 et suivants du Code des procédures civiles d'exécution et voulu comme un mécanisme de défense contre les fonds vautour.

Lorsque les conditions prévues par le texte sont réunies, aucune mesure conservatoire et aucune mesure d'exécution forcée ne peut être autorisée par le juge. Selon son initiateur, Michel Sapin, « un tel dispositif doit ainsi permettre à la France de préserver les États étrangers de stratégies contentieuses pouvant méconnaître la protection conférée par le droit international à un certain nombre de biens ». Néanmoins, cette restriction a été contestée au nom des droits des créanciers (par ex, http://www.lefigaro.fr/conjoncture/2016/06/10/20002-20160610ARTFIG00199-l-amendement-poutine-adopte-dans-la-loi-sapin-2.php). Le Conseil constitutionnel a cependant rendu à propos de ce texte une décision de conformité à la Constitution, en estimant que l'autorisation préalable du juge, « accordée par ordonnance sur requête, c'est-à-dire par une décision rendue non contradictoirement dans les cas où le requérant est fondé à ne pas appeler la partie adverse [v. CPC, art. 493] [...] préserv[ait] le créancier d'un déplacement des biens visés par la mesure conservatoire ou d'exécution forcée », et ne méconnaissait ainsi ni son droit de propriété, ni son droit à obtenir l'exécution d'une décision juridictionnelle (Cons. const., 8 déc. 2016, n° 2016-741 DC, pt. 72, pt. 74). V. également *infra* n° 99.

LES COMPÉTENCES JURIDICTIONNELLES EXCLUSIVES

82. Les intrus. — Une compétence juridictionnelle exclusive n'est pas nécessairement l'expression d'une compétence exclusive de l'État. Ainsi, l'article 22-1 du Règlement « Bruxelles I » (24-1 Règlement révisé) continue à conférer un caractère exclusif au for de l'immeuble, mais la justification de cette exclusivité semble résider bien davantage aujourd'hui dans la force d'attraction que l'immeuble continue à exercer sur le plan juridictionnel pour des raisons essentiellement pratiques, tenant à l'exécution effective au lieu de situation de l'immeuble des décisions concernant la propriété immobilière, que dans les exigences de la souveraineté qui avaient pu la fonder historiquement. C'est ainsi qu'en droit international privé commun, cette compétence est parfois écartée pour des raisons purement pratiques, comme celle de l'unicité du for de la liquidation du régime matrimonial. On peut en dire autant des contentieux de la validité des décisions des personnes morales (v. *supra*, n° 72).

L'exclusivité de la compétence juridictionnelle peut également se retrouver dans des cas qui ne mettent pas en cause la souveraineté de l'État, mais où le recours à un régime dérogatoire tend notamment à fournir une protection juridictionnelle à une partie faible. Il s'agit alors de lui garantir la disponibilité d'un for facilement accessible, proche de son centre de vie ou d'activités, dans la mesure où l'obligation de saisir un for éloigné pourrait la dissuader d'agir, et l'obligation de s'y défendre lui imposer une charge procédurale excessive. Les meilleurs exemples en sont les compétences protectrices des sections III à V du chapitre II du Règlement « Bruxelles I » (*id.* pour le Règlement révisé), qui tendent à garantir au consommateur, à l'assuré ou au salarié l'accès au for le plus proche, sans pour autant le priver de la possibilité de choisir un autre for lorsque lui-même prend l'initiative de la demande (v. *infra*, n°s 927 et 938). Dans la mesure où la protection de la partie faible est fréquemment assurée sur le plan du droit substantiel par la présence de lois de police, la coïncidence des compétences législative et juridictionnelle est parfois perçue comme signalant un enjeu de souveraineté de l'État. En droit international privé commun, il a cependant été admis que l'applicabilité d'une loi de police de for ne faisait pas obstacle à l'efficacité d'une clause attributive de juridiction au profit d'un tribunal étranger : Cass. civ. 1re, 22 oct. 2008, *JCP*, 2008. II. 10187, note L. d'Avout ; *D.*, 2009. 2000, note F. Jault-Seseke ; *Gaz. Pal.*, 21 février 2009, n° 52, p. 27, note Ph. Guez ; *JDI*, 2009. 599, note M.-N. Jobard-Bachellier, F.-X. Train ; *D.*, 2009. 2385, obs. S. B. Aj. : D. Bureau, H. Muir Watt, *Rev. crit. DIP*, 2009. 1 ; A. Huet, *D.*, 2009, chron. 684. En outre, la présence éventuelle d'une loi de police dans le domaine litigieux ne suffit pas à fonder la compétence des tribunaux du for : Cass. com., 24 novembre 2015 ; *JDI*, 2016. 939, note L. Usunier ; *Rev. crit. DIP*, 2017, note D. Bureau, H. Muir Watt. Sous l'empire du Règlement Bruxelles I, les modalités mêmes de ces compétences, dont l'exclusivité est à la fois unilatérale et susceptible de renonciation par son bénéficiaire, attestent en outre le poids de considérations fonctionnelles traduisant une politique de protection, mais ne reflétant aucunement de la part de l'État la revendication d'une compétence normative exclusive au regard du droit international.

83. Compétence juridictionnelle et compétence étatique exclusive. — La compétence normative exclusive de l'État pour déterminer sa propre compétence juridictionnelle internationale n'implique pas que la souveraineté de l'État du for soit systématiquement engagée par l'exercice de celle-ci (v. cependant, voyant dans la compétence juridictionnelle directe un cas de délimitation de la compétence normative de l'État, M. Audit, *Les conventions transnationales entre personnes publiques*, LGDJ, 2002, préf. P. Mayer, n° 542). En dehors des cas où la matière litigieuse implique elle-même une compétence normative exclusive de l'État, comme dans les cas envisagés ci-dessus, la compétence juridictionnelle internationale dans le champ du droit privé est perçue comme concurrente. C'est ce qui explique, en matière de reconnaissance des jugements étrangers, le libéralisme du droit international privé commun en ce qui concerne la « compétence » indirecte du juge étranger : s'il y a un lien substantiel entre le juge étranger et la situation litigieuse, la décision étrangère sera reconnue alors même que les tribunaux du for auraient pu exercer leur compétence directe à l'égard du même litige. Toutefois, il n'en a pas toujours été ainsi. D'abord, l'histoire du privilège juridictionnel fondé sur la nationalité montre que le droit de juger ses propres sujets a pu être perçu comme une prérogative proprement seigneuriale, l'exclusivité de la compétence tendant directement à protéger l'autorité du souverain. Ensuite, l'influence de la théorie du *Grenzrecht*, relayée notamment par les écrits de Bartin, a été si puissante que, jusqu'en 1985, le droit positif continuait à se servir des critères français de compétence directe pour contrôler la compétence indirecte des juges étrangers, en application de l'idée selon laquelle toutes les compétences françaises directes étaient exclusives ; il suffisait qu'un for français soit compétent pour que le juge étranger soit automatiquement privé du pouvoir de statuer. Il faut dire que l'idée d'un ordre universel de juridictions, donnant lieu à une répartition des fonctions juridictionnelles souveraines entre les différents États, va de pair avec une vision corollaire de la reconnaissance des jugements étrangers (P. Picone, « Les méthodes de coordination entre ordres juridiques en droit international privé », *RCADI*, 1999, t. 276. 9, p. 61, développant l'idée de W. Wengler, selon laquelle les procédés de reconnaissance produisent des « *disguised allocational rules* »). Cette position a été abandonnée par la Cour de cassation dans son grand arrêt *Simitch* (Cass. civ. 1re, 6 févr. 1985, *Rev. crit. DIP*, 1985. 369 et chron. Francescakis, p. 243 ; *JDI*, 1985. 460, note A. Huet ; *D.*, 1985. 469, note J. Massip et IR 497, obs. B. Audit ; *GA*, n° 70), sous l'influence des travaux de D. Holleaux, qui avait montré que la compétence juridictionnelle en droit privé n'engage que très exceptionnellement la souveraineté de l'État (D. Holleaux, *Compétence du juge étranger et reconnaissance des jugements*, Paris Dalloz, 1970, préf. H. Batiffol). Faut-il considérer pour autant que « l'histoire de la compétence juridictionnelle est donc à bien des égards celle du désengagement de l'État du litige international » (E. Pataut, *Principe de souveraineté et conflits de juridictions*, préc., spéc. n° 4) ? Rien n'est moins certain. Seulement, les champs d'engagement de l'État se sont déplacés vers des domaines où les intérêts économiques pèsent sur les relations privées. La présence de forts intérêts étatiques sous-tendant des litiges entre parties privées, signalés par l'intervention d'États étrangers en tant qu'*amicus curiae* ou le développement d'armes juridictionnelles destinés à protéger une compétence (injonctions *anti-suit*) ou des intérêts économiques (*forum non conveniens*) témoignent au contraire d'un mouvement contraire de publicisation des contentieux privés.

Sur le recours contre l'État pour dysfonctionnement de la justice et séparation des ordres judiciaire et administratif, v. *supra*, n° 67.

LA CONTRAINTE

84. La compétence dérivée du for de l'exécution. — La compétence du for territorial en matière d'exécution s'étend-elle au contentieux de fond affectant le titre du demandeur à l'exécution ? Pour des raisons d'économie procédurale et d'efficacité de l'exécution lorsque celle-ci est tributaire d'une détermination judiciaire préalable au fond relevant en principe de la compétence des organes d'un État étranger, relative notamment à la validité de la créance du saisissant, il est à la fois parfaitement concevable et très opportun d'admettre la compétence dérivée du for de l'exécution pour statuer immédiatement sur le fond, au lieu d'attendre l'aboutissement d'une instance étrangère au fond et l'issue de la procédure en *exequatur* autorisant l'exécution. L'idée, que l'on retrouve dans la compétence *quasi in rem* du droit anglais, est que la présence du bien à saisir justifie la compétence des tribunaux locaux pour prononcer le cas échéant un jugement au fond contre le propriétaire du bien, à hauteur de la valeur de celui-ci. En droit international privé commun français, la Cour de cassation avait admis une telle compétence dérivée des tribunaux français dans son arrêt *Nassibian* (Cass. civ. 1re, 6 nov. 1979, *JDI*, 1980. 95, rapport Ponsard, *Rev. crit. DIP*, 1980. 588, note G. Couchez, *GA*, n° 59-60). Seuls compétents en raison de l'implication d'une voie d'exécution pour statuer sur l'instance en validité d'une saisie-arrêt pratiquée en France, les juges français pouvaient également statuer « éventuellement » et à titre dérogatoire sur l'existence de la créance invoquée par le saisissant. Toutefois, la crainte de voir les tribunaux français mêlés, en l'absence de tout lien avec la France autre que la situation souvent très provisoire du bien, à des litiges diplomatiquement sensibles ont conduit la Cour de cassation à abandonner cette solution (Cass. civ. 1re, 11 févr. 1997, *Strojexport*, *GA*, n° 59-60). La voie ainsi choisie est regrettable, car il suffit au débiteur mauvais payeur de faire parvenir son bien en France pour le mettre pratiquement à l'abri de l'exécution. Elle n'était guère nécessaire, au demeurant, car le caractère facultatif de la compétence dérivée confiait au juge le soin de mesurer l'opportunité de sa saisine au fond, lui permettant ainsi de réserver le cas où l'instance au fond mettrait en cause un État étranger ou se heurterait à une procédure déjà engagée à l'étranger. Jointe à l'absence de pouvoir injonctif des tribunaux en matière conservatoire et à la négation du pouvoir du juge du provisoire de trancher les conflits de lois (v. *infra*, n° 152), elle n'améliore guère l'attractivité du droit international privé français au regard de la protection des créanciers. Aujourd'hui la question de la portée de la compétence du juge de l'exécution rebondit au sujet de celle du for de l'article 16-5 de la Convention de Bruxelles (22-5 Règlement), exclusivement compétent en matière d'exécution. L'économie procédurale rend désirable une telle compétence dérivée, mais un arrêt de la CJCE refusant de laisser le juge de l'exécution statuer sur une demande en compensation relevant de la compétence des juges d'un autre État-contractant, pourrait en signifier la condamnation (CJCE, 4 juill. 1985, *AS-Autoteile*, C 220/84, *Rec.*, 2267, concl. Lenz).

85. Le juge compétent pour prononcer et liquider une astreinte. — Tandis que l'arrêt *Banque Worms* admet la compétence du juge français pour prononcer une astreinte assortissant une injonction s'adressant à des personnes domiciliées en France mais destinée à produire indirectement effet à l'étranger (v. *infra*, n° 83), les arrêts *Zeturf* (Cass. civ. 2e, 6 nov. 2008 et 15 janvier 2009) semblent admettre (dans un cas relevant du champ du Règlement Bruxelles I, et donc sans doute sur le fondement de son article 24), au visa de l'article 9-2 du décret du 31 juillet 2009, que la compétence pour liquider l'astreinte du juge soit celle du lieu du domicile du débiteur ou celle du lieu d'exécution de l'astreinte (sur ces points et sur le développement en droit international privé français de la pratique des injonctions sous astreinte assortissant des mesures devant s'accomplir à l'étranger, v. G. Cuniberti, « Quelques observations sur le régime de l'astreinte en droit international privé », *Gaz Pal.*, 27-28 nov. 2009, n°s 331 à 332, p. 2). La question se pose de savoir si l'astreinte pourrait être liquidée par un juge autre que celui qui l'a prononcée (v. G. Cuniberti, *op. cit.*, p. 4). Si la coïncidence des compétences est certainement de nature à assurer la cohérence de la sanction et l'efficacité de la supervision, il y a des cas où l'indissociabilité peut être source de rigidité excessive (comp. pour une discussion approfondie, la chronique d'A. Briggs, *BYIL*, vol. 50, 2009).

Sur la question des injonctions judiciaires extraterritoriales, qui sont peut-être de nature à mettre en jeu la souveraineté des autres États, v. *infra*, n°s 155 et s.

II | L'abstention à l'égard d'un État étranger

86. L'exclusivité de certaines compétences étatiques implique que tout en se réservant le monopole de l'édiction de normes le concernant en propre, l'État s'abstienne corrélativement d'interférer dans le champ réservé des autres. La reconnaissance de l'exclusivité de la compétence des autres États dans ces domaines se traduit ainsi par une sorte d'autodiscipline de chacun : les États adoptent une attitude d'abstention ou de non-interférence à l'égard des domaines souverains des autres. On n'imagine pas que les autorités françaises régulent l'émission de la monnaie brésilienne, donnent des ordres à l'armée japonaise ou confèrent la nationalité australienne… Du point de vue de son impact sur l'activité juridictionnelle de l'État du for, ce « principe d'abstention » revêt des formes diverses. Ainsi, lorsque l'État étranger est assigné comme défendeur devant les juges du for à une action mettant en cause l'exercice de ses fonctions souveraines, le jeu des immunités juridictionnelles traduit le défaut international de pouvoir des organes du for (A). Inversement, une demande intentée par un État étranger dans sa capacité souveraine se heurte au refus de statuer des autorités de l'État du for (B). Entre ces deux situations, les contentieux entre personnes privées mettant en jeu des normes étrangères édictées dans l'exercice d'une compétence normative exclusive appellent un traitement nuancé (C).

A / LES IMMUNITÉS JURIDICTIONNELLES

87. Expression caractéristique de ce principe d'abstention, les immunités juridictionnelles protègent les États souverains contre les jugements et actes d'exécution émanant des organes juridictionnels de leurs pairs. Le principe même de l'existence de ces immunités découle pareillement du droit international public. Ainsi, la Cour de cassation vise expressément le droit international coutumier lorsqu'elle statue en ce domaine. Mais leur portée dépend de la conception que s'en fait chaque État dont les tribunaux sont saisis d'un contentieux intéressant les actes d'un autre État ou impliquant l'exercice de la contrainte sur ses biens. À cet égard, le contentieux volumineux relatif à l'immunité souveraine, porté désormais devant les cours supranationales, atteste de profondes tensions qui traversent toute la matière [1]. D'un côté, un sentiment répandu que l'État n'est pas légitime à opposer une forme d'impunité en cas d'oppression subie par des ressortissants étrangers ; de l'autre, la nécessité de protéger l'État ou tout au moins la communauté qu'il représente, contre les abus d'acteurs privés agissant notamment sur la dette souveraine [2]. Un grand nombre d'États a légiféré sur cette question, mais à une époque où le principal objectif consistait à réduire l'immunité de l'État commerçant ; en France, il est revenu à la seule jurisprudence d'en faire de même [3]. Affectée désormais par les mêmes contradictions qui affectant le droit international des immunités sur lequel elle se fonde, celle-ci définit les cas dans lesquels les tribunaux français s'abstiennent de juger un État étranger défendeur (1) et d'ordonner des actes d'exécution sur ses biens (2).

1 / L'immunité de juridiction : l'intangibilité des actes de puissance souveraine de l'État étranger

88. L'immunité de juridiction (immunité contre l'exercice par les tribunaux du for de leur pouvoir de juger) était à l'origine attachée à la personne du souverain étranger, que l'on distinguait mal de l'État lui-même. Elle était absolue, en ce sens qu'aucune exception n'était possible : chaque fois que le défendeur était un souverain étranger, les tribu-

1. CIJ, 3 février 2012, sur lequel v. H. Muir Watt, *Rev. crit. DIP* 2012.
2. Sur les fonds vautours, v. *infra*, n° 100.
3. Dans l'attente du moins de l'entrée en vigueur de la Convention des Nations unies sur les immunités juridictionnelles des États et de leurs biens (v. à ce sujet la loi n° 2011-734 du 28 juin 2011 autorisant la ratification de la Convention des Nations unies sur les immunités juridictionnelles des États et de leurs biens. Sur le texte de la Convention, v. not. G. Hafner, L. Lange, *AFDI*, 2004. 45). Pour un exemple de droit écrit, v. l'art. L. 153-1 C. mon. fin., créant une immunité d'exécution au bénéfice des avoirs des banques centrales étrangères placés en France (et, pour son application par les tribunaux, v. C. Legros, « Affaire Noga : l'émergence d'une nouvelle immunité d'exécution ? », *Gaz Pal.*, 20-21 février 2009. 2 ; Paris, 17 sept. 2009, *Gaz. Pal.* 28-29 mai 2010, n°s 148-149, p. 51, note C. Legros ; Paris, 17 septembre 2009, Versailles, 7 janvier 2010, *D.* 2010. 1043, obs. H. Synvet).

naux s'abstenaient de juger, indépendamment de la nature de l'activité litigieuse. La situation s'est cependant compliquée lorsque l'État a commencé à diversifier ses activités et à nouer des échanges économiques, comme pourrait le faire un simple particulier. Le problème s'est dès lors posé dès la première moitié du XXe siècle, d'abord avec les États du bloc socialiste qui étaient les interlocuteurs obligés pour tous les échanges commerciaux avec l'extérieur ; puis, progressivement, les États occidentaux ont également assumé un rôle interventionniste dans l'économie et développé une activité de gestion, tandis que les États nouvellement indépendants et en voie de développement concluaient fréquemment des contrats commerciaux, par exemple dans le domaine de l'investissement. La jurisprudence a dès lors été confrontée à des contentieux commerciaux ordinaires… si ce n'est que le défendeur était une personne de droit public étranger. Y avait-il alors une raison de protéger l'État étranger par un régime juridictionnel dérogatoire s'il était débiteur au titre d'un contrat commercial ou si ses activités de gestion avaient causé un dommage ? Progressivement, la jurisprudence en est venue à consacrer une restriction du domaine de l'immunité (*a*) et à en préciser le régime (*b*).

a) Domaine

Naguère absolu, le domaine de l'immunité n'est plus désormais que relatif, encadré par un double critère, finaliste et fonctionnel.

89. Le critère finaliste. — L'essentiel au regard de la fonction de l'immunité est d'éviter que le litige survenu au sujet d'un acte de l'État étranger n'oblige ce dernier à descendre dans le prétoire pour justifier ses politiques souveraines. Car autant il n'est pas choquant qu'un État engagé dans des activités commerciales au même titre qu'une entreprise privée soit conduit à se défendre devant les juges de ses pairs au moyen d'arguments purement juridiques, autant il paraît inadmissible de l'obliger à discuter des motifs d'ordre politique qui ont pu le conduire à nationaliser une entreprise ou à mettre fin au contrat de travail d'un salarié auquel il aurait confié une mission de responsabilité. Dans l'un ou l'autre cas, l'acte litigieux a pu être fautif, mais peu importe : l'immunité signifie seulement qu'il n'appartient pas à l'État du for de s'en faire le juge, car un débat judiciaire entraînerait nécessairement une immixtion dans l'intimité de la souveraineté étrangère [1]. Mais comment discriminer les actes protégés des autres ?

1. Sur le risque d'interférence que représentent les actions des fonds d'investissement « vautours » contre des États étrangers à l'égard des plans de rééchelonnement des dettes, v. R. Thominette, « Faut-il interdire au créancier d'un État étranger d'avoir accès aux juridictions françaises ? », *D.*, 2007. 1897.

90. Dans un très important arrêt *Soc. Levant Express* rendu en 1969[1], la Cour de cassation a consacré la relativité de l'immunité de juridiction en la définissant par un critère alternatif, dont la substance est empruntée au droit administratif interne. Désormais l'immunité est octroyée à l'État étranger au vu de la nature de l'acte litigieux, lequel doit constituer un acte de puissance publique *ou* avoir été accompli « *dans l'intérêt d'un service public* ». Les actes de puissance publique se reconnaissent relativement facilement : ils sont ceux qu'un particulier ne pourrait pas accomplir (manœuvres militaires, émission d'une monnaie, etc.). Un contrat conclu dans l'exercice de la puissance publique se signale le plus souvent par des clauses exorbitantes, dérogatoires en faveur de l'État. Les vraies difficultés tiennent au critère du service public, car il est potentiellement très expansif. Il permet d'attirer dans le domaine de l'immunité des contentieux relatifs aux actes ou activités ordinaires qui pourraient être accomplis par un particulier, du seul fait de leur finalité de service public – tel est le cas, par exemple, des conséquences dommageables de la collision en plein vol entre un parachutiste civil français avec un photographe militaire américain lors d'un stage d'entraînement organisé par l'armée américaine[2]. Est-ce pourtant vraiment attentatoire à la souveraineté de l'État étranger que de condamner ce dernier à réparer un dommage dans ces conditions ?

Dans la logique – strictement comprise – de ce critère, la jurisprudence s'est récemment refusée à écarter l'immunité juridictionnelle d'un État ayant commis des actes de terrorisme[3].

91. Dans le domaine spécifique des contentieux du travail (concernant essentiellement le licenciement du personnel des ambassades), on perçoit une volonté de la Cour de cassation de canaliser le jeu du critère finaliste. En effet, l'étendue de l'immunité de juridiction de l'État étranger employeur dans les contentieux l'opposant aux employés d'ambassade – femmes de ménage, concierges, infirmières, journalistes, secrétaires, interprètes – a donné lieu ces dernières années à un contentieux croissant. Toute contribution à la bonne marche de la mission diplomatique ou du bien-être de son personnel ne se rattache-t-elle pas à la finalité du service public ? Les Chambres civile et sociale de la Cour de cassation ont adopté ces derniers temps une jurisprudence conver-

1. Cass. civ. 1re, 25 févr. 1969, *JDI*, 1969. 923, note P. Kahn ; *Rev. crit. DIP*, 1970. 98, note P. Bourel.

2. Cass. civ. 1re, 2 juin 2004, *Rev. crit. DIP*, 2005. 95, note H. Muir Watt.

3. Cass. civ. 1re, 9 mars 2011, *Rev. crit. DIP* 2011. 385, Avis de l'avocat général P. Chevalier, Rapport de Mme le conseiller Pascal ; *JDI* 2011. 953, note Ph. Delebecque, S. Adeline. Rappr. CIJ, 3 février 2012, sur lequel v. H. Muir Watt, *Rev. crit. DIP* 2012. 359.

gente et plutôt restrictive, réservant l'immunité à l'hypothèse où le salarié licencié exerçait une « responsabilité particulière » dans la conduite du service public étranger. Mais le critère qui sépare la fonction subalterne de la mission de responsabilité reste difficile à tracer. En témoignent un fort taux d'arrêts de censure, des contentieux prolongés, ou encore des distinctions fort subtiles (refus de l'immunité dans le cas d'un journaliste, mais octroi de l'immunité dans l'hypothèse d'un ancien journaliste, rédacteur de rapports politiques, ou encore d'un traducteur). C'est l'état d'incertitude de la jurisprudence relatif au seuil de l'immunité dans le contentieux du travail qui a motivé la réunion d'une Chambre mixte le 20 juin 2003 [1], dont l'arrêt semble marquer la volonté de la Cour de recentrer les immunités sur leur fondement, à savoir le respect de la souveraineté de l'État étranger dans les relations internationales. Ainsi, elle a refusé l'immunité à l'Arabie Saoudite dans le contentieux qui l'opposait à une salariée, professeur de langue arabe à l'École saoudienne de Paris. La formulation de l'attendu de principe innove : le rattachement de l'acte litigieux à l'exercice de la souveraineté de l'État remplace la référence dualiste puissance publique/service public constamment invoquée depuis l'arrêt *Société Levant Express* pour tracer le domaine de l'immunité [2].

92. Le critère fonctionnel. — À partir du moment où l'immunité s'attache à la nature de l'acte litigieux et non à la personne du défendeur, on peut admettre l'extension du bénéfice de l'immunité à des personnes ou entités distinctes de l'État, dès lors qu'ils agissent sur l'ordre ou pour le compte de celui-ci. C'est ce qu'a fait la Cour de cassation très rapidement après avoir adopté une conception relative de l'immunité dans *Société Levant Express*. Ce sont essentiellement les actes saisis par le critère finaliste qui sont concernés ici. Ainsi, la Cour de cassation admet qu'une banque centrale, personne distincte de l'État, puisse bénéficier de l'immunité lorsqu'elle agit comme chargée du contrôle des changes « du moment qu'il est constaté que les actes qui lui sont reprochés correspondaient à l'objet même de la délégation de pouvoirs qui lui avait été conféré par l'État [3] ». Le fait pour une personne ou entité, publique ou privée, d'être distincte de l'État n'est donc pas un obstacle à l'octroi

1. *Rev. crit. DIP*, 2003. 647 note H. Muir Watt ; *JDI*, 2003. 1115, Chron. I. Pingel ; *JCP*, 2004.II.10010, note J.-C. Mahinga ; *D.*, 2005, pan. 1197, obs. H. Chanteloup. Rappr., Cass. soc., 28 février 2012, *JDI* 2012. 1394, note S. El Sawah ; *Rev. crit. DIP* 2013. 179, note L. d'Avout.

2. Et, dans le même sens, en matière immobilière, v. Cass. civ. 1re, 19 novembre 2008, *JCP*, 2009, II, 10002, note L. d'Avout, L. Perreau-Saussine ; *RDBF*, 2009, comm. 28, note S. Piedelièvre.

3. Cass. civ. 1re, 19 mai 1976, *Zavicha Blagojevic c/ Banque du Japon*, *Rev. crit. DIP*, 1977. 359, note H. Batiffol ; *JDI*, 1976. 687, note Ph. Kahn.

de l'immunité. Au demeurant, il serait anormal de faire dépendre l'octroi de l'immunité du fait de savoir si l'entité exerçant une activité de souveraineté est dotée ou non d'une personnalité juridique propre. À la différence d'autres droits, la jurisprudence française assimile les autres entités ou personnes privées à l'État dès lors que la condition tenant à la nature de l'acte est remplie. Lorsque l'État est défendeur, il appartient au demandeur de prouver que l'acte litigieux ne revêt pas une nature souveraine pour écarter l'immunité. En revanche, on peut penser qu'une personne privée assignée à raison d'un acte qu'elle prétend avoir été accompli pour le compte de l'État et dans une finalité de service public devrait au contraire assumer la charge de cette double preuve[1].

b) Régime

93. L'immunité est un privilège auquel l'État titulaire peut renoncer. Bien entendu, la renonciation n'a de sens que si l'immunité joue en principe, c'est-à-dire dans le champ des actes de souveraineté. Elle peut être implicite, si l'État assigné à raison d'une activité de puissance publique comparaît puis s'abstient d'invoquer son immunité devant le juge, car l'immunité n'est pas en principe invocable d'office. Elle peut aussi résulter d'une clause d'arbitrage signée par l'État étranger, qui implique selon la jurisprudence une renonciation de sa part à invoquer l'immunité de juridiction devant le juge étatique saisi ensuite d'une demande d'*exequatur* de la sentence[2].

94. La question s'est posée du régime procédural de l'immunité : est-ce un cas d'incompétence ou de défaut de pouvoir ? La Cour de cassation opte aujourd'hui pour la seconde analyse, ce qui implique que l'immunité est sanctionnée procéduralement par une fin de non-recevoir[3]. En effet, si les tribunaux de l'État du for ne peuvent pas statuer, ce n'est pas parce qu'il manque un lien de rattachement suffisant avec l'État du for (ce serait de l'incompétence), mais parce que l'État français ne peut pas permettre à ses organes de statuer sur un acte de souveraineté étrangère. Il manque donc aux organes saisis le pouvoir de statuer au regard du droit international public.

1. Cependant, peu clair sur cette question, Cass. civ. 1re, 14 déc. 2004, *Rev. crit. DIP*, 2005. 470, note I. Pingel.
2. Cass. civ. 1re, 18 nov. 1986, *SEEE*, *JDI*, 1987. 120, note B. Oppetit ; *Rev. crit. DIP*, 1987. 786 note P. Mayer ; *Rev. arb.*, 1987. 149, note J.-L. Delvolvé.
3. Cass. civ. 1re, 15 avr. 1986, *Rev. crit. DIP*, 1986. 723, note G. Couchez. Et, depuis : Cass. civ. 1re, 9 mars 2011, *Rev. crit. DIP* 2011. 716, note H. Gaudemet-Tallon ; *RTD civ.* 2011. 382, note Ph. Théry.

2 / L'immunité d'exécution : l'intangibilité des biens affectés à une activité souveraine

95. L'immunité d'exécution est encore une immunité à caractère juridictionnel. Cela veut dire qu'elle protège les biens de l'État étranger contre l'exercice par le juge du for de son *imperium*. L'idée est encore que ces biens sont nécessaires au fonctionnement de l'État, de sorte qu'un acte de contrainte à leur égard serait gravement attentatoire à sa souveraineté [1]. Il faut donc les protéger indépendamment de la nature du litige qui a donné lieu au jugement de condamnation. Peu importe par exemple, que l'État soit débiteur à raison d'un simple acte de gestion ou de commerce. Il ne bénéficie pas dans ce cas d'une immunité contre le prononcé d'un jugement le condamnant à payer, mais une fois la condamnation obtenue, la protection de ses biens répond à des besoins et à des critères différents. Ainsi, dès lors que l'immunité de juridiction ne joue pas, un jugement assorti de la force exécutoire peut être rendu contre l'État étranger. Son immunité d'exécution ne s'y oppose pas. Elle le protège seulement lors de la mise en œuvre de la force exécutoire. Il n'est cependant pas toujours facile de savoir où commencent l'*imperium* et la contrainte judiciaire [2] ; pratiquement, le juge du for ne pourra du moins pas ordonner une voie d'exécution, comme la saisie, sur les biens protégés.

Pendant longtemps, l'immunité d'exécution a revêtu un caractère absolu, en ce sens qu'elle s'étendait à tous les biens de l'État. Désormais, le domaine de l'immunité d'exécution est plus restreint (*a*), tandis que son régime s'est assoupli (*b*).

a) Domaine

96. Dès lors que tous les biens de l'État ne sont pas systématiquement protégés, il faut un critère pour délimiter le champ de l'immunité. Bien entendu, les biens visés ici sont ceux qui se trouvent sur le territoire de l'État du for, c'est-à-dire à l'égard desquels le juge du for est par ailleurs compétent pour ordonner une saisie. Quand un bien est très clairement affecté, par sa nature, à une activité de puissance publique, il n'y a pas beaucoup de difficulté à admettre qu'il doive être à l'abri de

1. Sur ce que l'État irakien conserve sa souveraineté au regard de l'immunité d'exécution nonobstant diverses résolutions du Conseil de sécurité de l'ONU l'obligeant à respecter ses engagements, v. Cass. civ. 1re, 25 avril 2006, *Rev. crit. DIP*, 2007. 113, note S. Lemaire.

2. Pour le contentieux de l'*exequatur*, jugé relever de l'immunité de juridiction, Cass. civ. 1re, 18 nov. 1986, préc.

la saisie. Il serait choquant qu'un créancier privé, aussi légitime que soit son titre, puisse priver un État de l'usage d'un navire de guerre. Mais *quid* des fonds se trouvant sur un compte bancaire ou des créances, neutres par nature ? N'est-il pas plus normal de permettre au créancier privé de les saisir pour se faire payer, dès lors qu'ils ne financent pas clairement une activité de souveraineté ? La jurisprudence de la Cour de cassation a d'abord admis que des fonds neutres par nature pouvaient être saisis s'ils étaient affectés à une activité commerciale et non de service public. Mais la preuve d'une telle affectation, qui devait être rapportée par le demandeur à l'exécution, se trouvait pratiquement entre les mains de l'État lui-même ! C'est pourquoi une solution plus nuancée s'est ensuite imposée, selon que les biens à saisir appartiennent en propre à l'État lui-même ou à un organisme public, personnalisé ou non.

97. Les biens de l'État. — Dans le cas où les fonds sont au nom de l'État, la Cour de cassation a posé un critère très restrictif dans un arrêt *Eurodif* de 1984 [1]. Dans cette affaire, le gouvernement impérial iranien avait conclu des accords de coopération commerciale pour l'exploitation de l'énergie nucléaire avec la société Eurodif. Cette coopération s'accompagnait de la part de l'Iran d'un prêt au Commissariat à l'énergie atomique, dont le remboursement était garanti par l'État français. Après la révolution iranienne, les accords furent dénoncés. Eurodif mit alors en œuvre la clause d'arbitrage contractuellement prévue et fit pratiquer une saisie conservatoire des fonds dus par le Commissariat à l'énergie atomique à l'État iranien. Les juges du fond admirent l'immunité d'exécution de l'État iranien. L'arrêt d'appel fut cassé : l'immunité est écartée et la saisie du bien (fonds, créances) possible « *lorsque le bien saisi a été affecté à l'activité économique ou commerciale relevant du droit privé qui a donné lieu à la demande en justice* ». Ici, le bien saisi (les fonds prêtés) avait précisément été affecté à l'activité commerciale qui faisait l'objet de la demande en justice (la coopération commerciale entre Eurodif et l'Iran). Ce critère, qui est clairement très restrictif de l'immunité d'exécution de l'État, a été mis en œuvre par un arrêt plus récent [2], confirmant l'exigence d'un lien entre le fondement de la demande (de droit privé) et l'affectation (de droit privé) des fonds. La République du Congo, condamnée à payer des charges de copropriété afférant à des logements

1. Cass. civ. 1re, 14 mars 1984, *Eurodif*, *Rev. crit. DIP*, 1984. 644, note J.-M. Bischoff ; *JDI*, 1984. 598, note B. Oppetit ; *D.*, 1984. 629, rapport Fabre, note J. Robert ; *JCP*, 1984. II. 20205, concl. Gulphe, note H. Synvet ; *GA*, n° 65-66.

2. Cass. civ. 1re, 25 janv. 2005, *République du Congo*, *Rev. crit. DIP*, 2006. 123, note H. Muir Watt, comp. Cass. civ. 1re, 19 novembre 2008, *JCP G*, 2009.II.10002, note L. d'Avout, L. Perreau-Saussine.

acquis pour son personnel diplomatique, avait fait l'objet d'une saisie-exécution sur les lots de copropriété. Pour écarter l'immunité d'exécution invoquée, la Cour de cassation releva que l'acquisition des logements saisis (qui n'étaient pas affectés aux services de l'ambassade et n'étaient pas la résidence de l'ambassadeur) était une opération habituelle de gestion relevant du droit privé, et que la créance de la copropriété s'y rattachait.

98. Les biens des organismes publics, personnalisés ou non. — L'immunité est plus facilement écartée si les fonds ou créances à saisir appartiennent à un organisme public distinct de l'État. Dans son arrêt *Sonatrach* de 1985 [1], la Cour de cassation avait à statuer dans un cas où un ingénieur français avait été licencié par la *Sonatrach*, société nationale algérienne (transport et commercialisation d'hydrocarbures) et avait obtenu une décision prud'homale en sa faveur. Devant le refus de *Sonatrach* d'exécuter, il avait fait saisir une créance de *Sonatrach* sur *Gaz de France*. Cette fois-ci, l'immunité fut écartée : « *À la différence des biens de l'État étranger qui sont en principe insaisissables, sauf exceptions, les biens des organismes publics personnalisés ou non, distincts de l'État étranger, peuvent être, lorsqu'ils font partie d'un patrimoine que celui-ci a affecté à une activité principale relevant du droit privé, saisis par tous les créanciers, quels qu'ils soient, de cet organisme.* » On retrouve ici le critère de l'affectation du bien saisi (affectation du patrimoine dont fait partie la créance ou les fonds saisis), présumée d'ordre privé ou commercial (sauf si l'organisme distinct démontre le contraire). Cet organisme n'a donc pas besoin d'avoir une personnalité juridique propre, il suffit qu'il ait un patrimoine d'affectation. Il vaut mieux en conséquence être créancier d'un organisme distinct que de l'État lui-même ! Cependant, il suffit que l'État sous-approvisionne le patrimoine de l'organisme autonome pour que le cloisonnement des patrimoines se retourne contre le créancier [2].

b) Régime

99. Comme l'immunité de juridiction, l'immunité d'exécution peut faire l'objet d'une renonciation (distincte) de l'État qui en est titulaire.

1. Cass. civ. 1re, 1er oct. 1985, *Sonatrach*, *Rev. crit. DIP*, 1986. 527, note B. Audit ; *JDI*, 1986. 170, note B. Oppetit, *JCP*, 1986. II. 20566, concl. Gulphe, note H. Synvet ; *GA*, n° 65-66.

2. Sur les risques liés au cloisonnement des patrimoines des entités autonomes, v. P. Mayer, « La neutralisation du pouvoir normatif en matière de contrats d'État », *JDI*, 1986. 16. Pour une hypothèse où l'organisme étranger avait conclu un accord avec la France, aux termes duquel l'immunité n'était écartée que pour certaines créances : Cass. civ. 1re, 14 oct. 2009, *JCP G*, n° 44, 379, obs. E. Cornut ; *RGDIP* 2010. 227, note M. Cosnard.

Mais une telle renonciation est peu fréquente en pratique, l'État condamné par un juge ou un arbitre pouvant n'avoir aucune intention d'exposer ses biens au risque d'exécution. Si le fait pour un État de souscrire à une clause d'arbitrage lui interdit, on le sait, de s'opposer à l'*exequatur* de la sentence, la jurisprudence a longtemps estimé que l'exécution effective demeurait cependant impossible tant que l'État n'avait pas renoncé expressément à son immunité d'exécution. La seule acceptation de l'arbitrage ne signifiait pas une renonciation à l'immunité d'exécution.

La situation a par la suite évolué : aux termes d'un arrêt de la Cour de cassation [1], l'engagement par un État d'exécuter la sentence en acceptant la clause d'arbitrage a ainsi été considéré comme impliquant renonciation de cet État à l'immunité d'exécution. En l'occurrence, l'État avait accepté d'exécuter la sentence dans les termes de l'article 24 du règlement d'arbitrage CCI, mais tout porte à croire que la solution peut se voir dotée d'une portée générale.

Plus récemment, la Cour de cassation a jugé que « si les États peuvent renoncer, par contrat écrit, à leur immunité d'exécution sur des biens ou des catégories de biens utilisés ou destinés à être utilisés à des fins publiques, il ne peut y être renoncé que de manière expresse et spéciale, en mentionnant les biens ou la catégorie de biens pour lesquels la renonciation est consentie [2] ». Il en résulte que les clauses de renonciation générale, à l'image de celles emportant renonciation « à toutes les immunités » de l'État étranger, ne pourront plus désormais produire d'effet qu'à l'égard des biens de l'État simplement utilisés à des fins privées.

La Cour de cassation a cependant changé d'avis à nouveau, en estimant que « les règles du droit international coutumier relatives à l'immunité d'exécution des États » n'exigeaient « pas une renonciation autre qu'expresse à l'immunité d'exécution » [3].

1. Cass. civ. 1re, 6 juill. 2000, *JDI*, 2000. 1054, note I. Pingel-Lenuzza ; *Rev. arb.*, 2001. 114, note Ph. Leboulanger ; *RTD com.*, 2001. 410, obs. E. Loquin ; *Gaz. Pal.*, 10-12 juin 2001, p. 18, chron. Ph. Théry ; *JCP* 2001, II, 10512, note Ch. Kaplan, G. Cuniberti.

2. Cass. civ. 1re, 28 mars 2013, *D.*, 2013. 1728, note D. Martel ; *JDI*, 2013. 899, rapport A. Maîtrepierre, note G. Cuniberti ; *Rev. crit. DIP*, 2013.671, note H. Muir Watt, *RDC*, 2013. 1485, obs. M. Laazouzi. Et déjà, posant la même exigence au profit des missions diplomatiques des États étrangers : Cass. civ. 1re, 28 septembre 2011, *Rev. crit. DIP*, 2012. 124, note H. Gaudemet-Tallon, *JDI*, 2012. 668, note G. Cuniberti.

3. Cass. civ. 1re, 13 mai 2015, *Rev. crit. DIP*, 2015. 652, note H. Muir Watt ; *D.*, 2015. 1936, note S. Bollée ; *JCP*, 2015. 759, note M. Laazouzi ; *Gaz. Pal.*, 5 sept. 2015, n° 248, p. 11, obs. Cl. Brenner ; *JCP E*, 2015. 1426, note R. Kaminsky, J. Dalmasso ; *JDI*, 2016. 141, note S. El Sawah, Ph. Leboulanger. Aj. : D. Alland, Th. Fleury Graff, « Les limites de la renonciation par l'État à son immunité d'exécution », *Rev. crit. DIP*, 2016. 1.

Finalement, la loi dite « Sapin II » est revenue pour partie sur cette dernière jurisprudence. Étant désormais prescrit que « des mesures conservatoires ou des mesures d'exécution forcée ne peuvent être mises en œuvre sur un bien appartenant à un État étranger que sur autorisation préalable du juge par ordonnance rendue sur requête » (art. L. 111-1-1 CPCE), les textes distinguent à présent au sujet des renonciations par l'État à se prévaloir de leur immunité entre une hypothèse générale (soumise à renonciation expresse : art. L. 111-1-2-2°) et celle, particulière, concernant des biens, y compris les comptes bancaires, utilisés ou destinés à être utilisés dans l'exercice des fonctions de la mission diplomatique des États étrangers ou de leurs postes consulaires, pour laquelle une renonciation expresse et spéciale des États concernés est cette fois requise (art. L. 111-1-3 CPCE)[1].

ÉTAT DES QUESTIONS

B. G. — P. Bourel, « Aspects récents de l'immunité d'exécution des États et services publics étrangers », *Trav. Com. fr. DIP*, 1983-1984, p. 133 et s. ; CEDIN, *L'immunité d'exécution de l'État étranger*, Montchrestien, 1990 ; M. Cosnard, *La soumission des États aux tribunaux internes*, Paris, Pédone, 1996, préf. B. Stern ; S. Lemaire, *Les contrats internationaux de l'administration*, préf. P. Mayer, LGDJ, 2005 ; D. Nedjar, « Tendances actuelles du droit international des immunités des États », *JDI*, 1997. 59 ; I. Pingel, *Les immunités des États en droit international*, Bruxelles, Bruylant, 1997 ; H. Synvet, « Quelques réflexions sur l'immunité d'exécution de l'État étranger », *JDI*, 1985. 865 ; J. Verhoeven (dir.), *Le droit international des immunités : contestation ou consolidation ?*, Larcier, 2004 ; S. El Sawah, *Les immunités des États et des organisations internationales. Immunités et procès équitable*, Larcier, 2012, préf. V. Heuzé ; H. Muir Watt, « Les droits fondamentaux devant les juges nationaux à l'épreuve des immunités juridictionnelles. À propos de l'arrêt de la CIJ du 3 février 2012 », *Rev. crit. DIP* 2012.539 ; « L'immunité souveraine et les fonds vautour », *Rev. crit. DIP* 2012. 789.

IMMUNITÉ ET DETTE SOUVERAINE

100. La question des fonds vautours.

— Il a fallu la saisie spectaculaire de la *Libertà* dans les eaux du Ghana pour faire prendre conscience au grand public du drame contentieux qui se joue de façon récurrente autour de la dette argentine, qui est également au cœur de l'affaire portée devant la Cour de cassation 28 mars 2013 (sur ces aspects de l'affaire, v. H. Muir Watt, note sous cet arrêt, *Rev. crit. DIP* 2013. 671. Mais le problème est à la fois plus ample (puisque gagnant désormais l'arbitrage d'investissement) et plus grave (car captant l'aide au développement

1. Sur ce texte, v. : J. Heymann, « La loi Sapin II et les immunités d'exécution. À propos de la loi n° 2016-1691 du 9 décembre 2016 », *JCP*, 2017, 102.

versée aux pays les plus pauvres d'Afrique) que ne le laisse paraître le récit médiatique. L'action des fonds attire l'attention sur au moins trois séries de questions très difficiles de gouvernance globale. Tout d'abord, elle interfère avec les mesures, d'origine tant publique que privée, tendant à faire sortir les pays les plus pauvres de la spirale de la dette. Ensuite, elle pose la question de la fonction du marché secondaire, lui-même indispensable en l'état actuel du système bancaire international pour permettre l'accès au crédit des pays émergents et pauvres. Enfin, elle met en cause la régulation par le droit de l'économie souterraine.

La tactique procédurale des fonds, dont le coût est financé par l'ampleur du bénéfice dans les cas où la procédure judiciaire aboutit, semble consister à tenter initialement la voie juridiquement la plus étroite en vue d'ouvrir la brèche la plus large possible dans le cordon sanitaire dont le droit entoure la souveraineté. La bataille judiciaire continue le cas échéant jusqu'en dernière instance. Puis, si cette première initiative tourne court, on voit se réaliser un nouvel essai avec des arguments moins téméraires, et ceci jusqu'à ce que l'exécution s'ensuive. Ainsi, aux États-Unis, dans le ressort du Second Circuit, la tentative de saisir des fonds détenus au nom de l'Argentine dans sa banque centrale demeure infructueuse en 2011, mais la même démarche réussit, plus prévisiblement en 2012, entre les mains d'un établissement de crédit privé. De même, paralysée aux Royaume-Uni par le *UK Debt Relief Act 2010*, l'action menée à Jersey sur les comptes d'une personne juridique autonome a manqué sa cible de très peu (v. V. H. Muir Watt, « L'immunité souveraine et les fonds "vautour". À propos de *La Générale des Carrières et des Mines v. F.G. Hemisphere Associates LLC* », *Rev. crit. DIP* 2012. 789). Un des plus grands dangers, en effet, est de voir le fonds demandeur siphonner l'aide au développement accordée à l'État débiteur. À l'heure où les pays occidentaux s'accordent, par exemple, pour soutenir l'économie du Mali par la voie d'un secours exceptionnel, est-il concevable que les juges laissent partir ces fonds entre les mains des vautours ? C'est ce qui s'est passé, au Royaume-Uni, dans *Donegal v. Zambia* [2007] EWHC 197 (Comm.), mais c'est aussi pourquoi le législateur britannique est intervenu par une loi spéciale pour protéger les ressources des pays les plus pauvres (v. sur ce point, nos obs., *Rev. crit. DIP* 2012. 793). Pour le juge, pareille voie est sinon interdite, du moins fort périlleuse, car seule l'équité pourrait lui donner un fondement. La voie de l'arbitrage d'investissement s'ouvre désormais aux fonds vautour qui y apportent la dette grecque (v. New York Times, 7 mai 2013, « Slovak and Cypriot Investors Have Filed the First ICSID Claim against Greece Arising from its 2012 Restructuring of Sovereign Debt Worth € 200 Billion »), ou encore celle de l'Éthiopie et de Djibouti (v. « Ethiopia and Djibouti Face Claims at PCA », *Global Arbitration Review* du 5 avril 2014).

Du point de vue du droit français, un régime spécial des immunités d'exécution, voulu comme un mécanisme de défense contre les fonds vautour, a été introduit par l'article 60 de la L. n° 2016-1691 du 9 décembre 2016 (sur ce texte, v. J. Heymann, « La loi Sapin II et les immunités d'exécution. À propos de la loi n° 2016-1691 du 9 décembre 2016 », *JCP*, 2017, 102).

IMMUNITÉ DES DIPLOMATES, IMMUNITÉ DES AMBASSADES, IMMUNITÉ DES ORGANISATIONS INTERNATIONALES

101. L'immunité diplomatique, codifiée par la Convention de Vienne de 1961, revêt un caractère absolu. Cependant, dans les contentieux concernant le personnel des ambassades, l'ambassadeur est assigné en sa qualité de représentant de l'État étranger et non en qualité de diplomate. Il existe aussi un contentieux du licenciement du personnel des organisations internationales, qui relève encore d'un régime différent, défini par leur statut propre. Le problème de l'immunité se pose en des termes différents, car alors que le salarié d'un État étranger aura en principe un recours (administratif) devant les tribunaux de cet État, celui d'une organisation internationale n'a aucun for naturel alternatif devant lequel porter son litige. La Cour de cassation a jugé (Ch. soc., 25 janv. 2005, *Rev. crit. DIP*, 2005. 477, note I. Pingel ; 11 janvier 2007, *Rev. crit. DIP*, 2007 591, note L. Sinopoli, *Dr. Social*, 2007, p. 638, note F. Jault-Seseke, *JCP* S., 2007, n° 1238, note N. Nord) que dans ces conditions, l'immunité empêche le justiciable d'accéder à un juge et est donc constitutif de déni de justice fondant la compétence française dès lors qu'il existe un lien de rattachement avec la France (comp., Cass. soc., 13 mai 2014, *RDC*, 2014. 694, obs. M. Laazouzi). Cependant, pareille position peut être à nuancer. V. ainsi N. Angelet et A. Weerts, « Les immunités des organisations internationales face à l'article 6 de la Convention européenne des droits de l'homme », *JDI*, 2007. 3, prônant une lecture plus souple de la jurisprudence de la Cour de Strasbourg (arrêts *Waite & Kennedy* n° 26083/94 et *Beer & Regan* n° 28934/95 du 18 février 1999), aux termes de laquelle l'immunité d'une organisation internationale ne serait pas attentatoire aux exigences du procès équitable dès lors que le demandeur disposerait d'un moyen alternatif raisonnable de faire valoir ses droits (ce qui ne signifie pas nécessairement un recours devant un for alternatif), et rappelant qu'en cas de conflit entre deux obligations internationales (immunité, d'une part, droit d'accès à la justice, d'autre part), le droit international ne prévoit lui-même aucune solution, de sorte qu'il revient au juge national de trouver un équilibre raisonnable. Pour une hypothèse dans laquelle l'organisation internationale avait mis en place en son sein des procédures de règlement des litiges pouvant survenir entre elle-même et son personnel, v. Cass. civ., 11 février 2009, *JDI*, 2009 ; 1247, note L. Condé. Comp., Cass. civ. 1re, 25 mai 2016, *JDI*, 2016. 1207, note G. Cuniberti ; *JDI*, 2017. 139, note G. Poissonnier. Sur l'ensemble de la question, v. J. Verhoeven, « Les immunités propres aux organes ou autres agents des sujets de droit international », in *Le Droit international des immunités : contestation ou consolidation ?*, Larcier, 2004, p. 61 ; H. Chanteloup, « Les immunités de juridiction et le droit d'accès à la justice », *Gaz. Pal.*, 14-15 janv. 2005. 2 ; N. Angelet et F. Weerts, préc. ; J.-F. Flauss, « Immunité des organisations internationales et droit international des droits de l'homme », in *La Soumission des organisations internationales aux normes institutionnelles relatives aux droits de l'homme*, SFDI, Pédone, 2009, p. 71.

LE STATUT PROCÉDURAL DES ENTITÉS DISTINCTES

102. Le statut des entités distinctes de l'État au regard des immunités juridictionnelles a toujours donné lieu à des difficultés. Aujourd'hui, l'immunité d'exécution ne protège que très exceptionnellement les biens d'un organisme doté d'un patrimoine distinct, personnalisé ou non (v. *supra*, n° 98). Périodiquement, cependant, il est fait appel dans la jurisprudence des juges du fond à la « théorie de l'émanation », développée dans le domaine maritime à l'instar de la pratique anglo-américaine en matière de « *single ship companies* », pour expliquer que réponde des dettes de l'État un navire appartenant nominativement à une personne distincte. L'avantage pour le créancier n'est que relatif, au demeurant, l'élargissement de l'assiette de la saisie du fait de l'assimilation des biens de l'organisme distinct à ceux de l'État impliquant l'extension corrélative du champ de l'immunité d'exécution. Toutefois, avant d'admettre le décloisonnement des patrimoines, la Cour de cassation exige qu'il soit démontré en quoi le propriétaire ostensible ne dispose pas d'un patrimoine propre (v. Cass. com., 1er oct. 1997 et le rapport J.-P. Rémery, *Rev. crit. DIP*, 1997. 751). Rigoureuse, pareille démonstration n'est nullement inconcevable pour autant (v. dans le cas de la Société nationale des pétroles du Congo, dont il a été démontré qu'elle « *n'était pas dans une indépendance fonctionnelle suffisante pour bénéficier d'une autonomie de droit et de fait à l'égard de l'État et que son patrimoine se confondait avec celui de l'État* » de sorte qu'elle devait être considérée comme une émanation de la République du Congo, Cass. civ. 1re, 6 févr. 2007, *Rev. arb.* 2007. 483, note L. Franc-Menget ; *RGDIP* 2007. 967, note T. Haas). On voit apparaître aujourd'hui un contentieux lié à l'assignation d'entités distinctes de l'État à raison de dommages causés aux déportés lors de la Deuxième Guerre mondiale, sachant qu'une action privée ne peut pas être portée contre l'État allemand pour des faits imputables au IIIe Reich (v. octroyant l'immunité à l'État allemand car les actes dommageables constituaient un déploiement de la puissance publique : Cass. civ. 1re, 2 juin 2004, *Rev. crit. DIP*, 2005. 75, note H. Muir Watt). Ainsi, la SNCF a été assignée aux États-Unis pour avoir transporté des passagers juifs vers les camps d'extermination (*Abrams v. SNCF*, nov. 2004, Cour fédérale d'appel du 2[d] Circuit (389 F.3d 61). À l'époque des faits, elle était une entité distincte de l'État français, de sorte qu'au regard du droit fédéral, elle n'aurait pu à cette époque invoquer l'immunité. Mais depuis, elle est devenue une « instrumentalité » sous contrôle de l'État français, au regard du *Foreign Sovereign Immunities Act*, 1976. Elle a donc été admise à invoquer le privilège juridictionnel, car la qualité du défendeur s'apprécie au moment du procès, l'immunité conférant une protection à caractère procédural à l'État. Les actions analogues portées en France contre la SNCF devant les juridictions administratives, accueillies favorablement en première instance (Tribunal administratif de Toulouse, 6 juin 2006), se sont heurtées ensuite, devant la Cour administrative de Bordeaux (27 mars 2007), à l'irrecevabilité à raison de l'incompétence des juridictions de l'ordre administratif, « la SNCF ne [pouvant] être regardée comme ayant, par les prestations requises, assuré l'exécution d'un service public administratif ni davantage comme ayant disposé de prérogatives de puissance publique » (aj., confirmant l'incompétence de la juridiction administrative, CE, 21 déc. 2007, *Dr. administratif*, 2008, n° 3, p. 32, note F. Melleray ; *JCPA*, 2008, n° 6, p. 36, note E. Prada-Bordenave).

CONTOURS DE L'ACTE DE SOUVERAINETÉ

103. Si le ménage, les soins médicaux ou le secrétariat semblent clairement exclus du champ de l'immunité de juridiction, on peut hésiter devant des activités de nature plus politique. Le cas du journaliste, de l'interprète ou de l'enseignant engendre ainsi des appréciations plus aléatoires. Pour éviter ces incertitudes, diverses législations nationales, ainsi que la Convention de Bâle de 1972, font une place à part au contrat de travail, excluant très largement l'immunité lorsqu'il s'exécute sur le territoire du for. De façon intéressante, la Convention sur les immunités juridictionnelles des États et de leurs biens adoptée le 2 décembre 2004 par l'Assemblée générale des Nations unies prévoit pareillement une exception large pour le rapport de travail, sauf si l'employé a été engagé pour s'acquitter de « fonctions particulières dans l'exercice de la puissance publique ». Au regard de ce dernier critère, le cas de l'enseignante à l'École saoudienne (v. C. cass., Ch. mixte, 20 juin 2003, *Rev. crit. DIP*, 2003. 647, note H. Muir Watt ; *JCP*, 2004. II. 10010, note J.-G. Mahinga ; *D.*, 2005, Panor., p. 1197, obs. H. Chanteloup) reste difficile : du point de vue d'un pays musulman en particulier, l'enseignement de l'arabe dispensé aux enfants de l'ambassade pouvait relever de la politique culturelle et religieuse de l'État, comme le suggéraient au demeurant les clauses exorbitantes du contrat de travail, qui rendaient celui-ci résiliable *ad nutum* pour motif d'intérêt public et plaçaient la salariée sous l'autorité directe d'un cabinet ministériel. En envisageant cet argument, l'avocat général le rejette néanmoins, au motif que ce serait faire varier le champ de l'immunité en fonction de la structure politique ou religieuse de l'État. On reconnaît là l'argument qui avait conduit naguère à qualifier *lege fori* les actes relevant de la souveraineté ou accomplis *iure gestionis* ; toute autre solution aurait conduit à étendre démesurément l'immunité des États du bloc socialiste, dont les activités commerciales portaient l'étiquette de l'administration publique. On peut toutefois se demander si la fonction de l'immunité n'est pas précisément de protéger les zones sensibles de la souveraineté étrangère, plutôt que d'imposer les propres conceptions du for sur ce que devrait être, par exemple, le rôle de l'enseignement de la langue nationale. La *comitas gentium*, dont l'immunité est l'avatar, n'a-t-elle pas toujours assumé une fonction médiatrice entre les diverses souverainetés, fondée sur la tolérance et la réciprocité (Joel Paul, « Comity in international law », *Harv. Int. L. Journ.*, 1991. 1) ?

Sur ce point, on observe les liens entre l'immunité et la théorie de l'*Act of State*, qui commande au juge du for de s'abstenir (dans certains cas) de juger – c'est-à-dire d'apprécier la validité – des actes souverains d'un État étranger même quand celui-ci n'est pas présent dans le prétoire. Cela est logique : très souvent, l'identité du défendeur (État ou personne privée) à une action qui met pourtant en jeu la validité ou les conséquences d'un acte de souveraineté tient à peu de choses. Ainsi dans le cas du contentieux de la nationalisation, l'immunité de juridiction joue quand l'État est défendeur, mais non quand ce sont les nouveaux actionnaires ou propriétaires privés qui sont assignés : Paris, 7 nov. 1983, *Rev. crit. DIP*, 1984. 344, note P. Lagarde ; P. Herzog, « La théorie de l'*Act of State* dans le droit des États-Unis », *Rev. crit. DIP*, 1982. 617.

NATURE DE L'ACTE LITIGIEUX ET MÉTHODE D'ANALYSE

104. La formule traditionnelle de l'arrêt *Société Levant* fait dépendre l'immunité de juridiction de la nature de « *l'acte qui donne lieu au litige* ». Si celui-ci a été accompli *iure imperii*, sa connaissance doit échapper aux juridictions de l'État du for. Mais que faut-il entendre par « acte litigieux » lorsque l'événement précis qui donne lieu au contentieux, tel le licenciement ou le refus d'affiliation du salarié à un organisme social, prend place dans le contexte d'un rapport de droit plus ample tel le contrat de travail ? Pour identifier l'acte à prendre en considération, faut-il se borner à envisager le seul acte qui est directement à l'origine de la contestation, indépendamment de son contexte, ou faut-il tenir compte de la situation globale dont le différend n'est que l'incident ? Il arrive que le choix soit indifférent. Par exemple, le contentieux engendré par un acte de nationalisation ne requiert pas, pour apprécier la nature privée ou souveraine de l'action de l'État étranger, de regarder plus loin que la seule mesure litigieuse. En revanche, en matière contractuelle, et en particulier dans le domaine des rapports de travail, isoler l'événement litigieux de son contexte, c'est s'obliger à analyser la nature souveraine ou non de l'acte de rupture. Or celui-ci, qu'il s'agisse de licenciement ou de refus de payer le prix d'un marché public, est intrinsèquement neutre ; son rattachement aux actes de souveraineté de l'État ne peut venir que de la prise en considération de l'environnement contractuel dans lequel il prend place. C'est pour cette raison que la jurisprudence semble adopter une analyse « globale » ou « de l'ensemble de la relation contractuelle ». Ainsi, dans le contentieux du travail, ce n'est pas le licenciement en lui-même qui est apprécié, mais le rapport de droit sous-jacent entre l'État employeur et son salarié. La même analyse vaut, par exemple, dans le cas du non-paiement du prix d'un marché public : la seule inexécution de l'obligation de payer le prix est neutre ; seul l'examen de la nature du rapport contractuel permettra de dire si l'acte a été accompli *iure imperii*. L'acte de licenciement, pour peu qu'il concerne un haut fonctionnaire chargé d'une mission à coloration politique, exigerait de l'État employeur des explications relevant de son intimité de souverain. En revanche, le contentieux qui met en cause l'obligation de l'État employeur d'affilier ses salariés aux organismes sociaux français (v. C. cass., Ch. mixte, 20 juin 2003, préc.) est tributaire de conditions d'ordre purement technique, notamment celle de la qualité de résident.

Mais on voit immédiatement poindre de nouvelles difficultés. Pareille analyse ne peut se faire que par référence au fond du litige. Refuser l'immunité dans le cas du contentieux relatif à l'affiliation du salarié auprès des organismes sociaux, c'est préjuger de l'applicabilité de la loi de police sociale du for et du type de débat auquel elle pourrait donner lieu devant le juge. Or, l'immunité ne concernant que la recevabilité de l'action, elle devrait pouvoir être déterminée indépendamment de toute considération tenant au fond du litige. En réalité, l'indépendance de l'immunité par rapport au fond signifie que la décision de l'octroyer ne peut dépendre d'un pronostic relatif à la responsabilité de l'État ; il n'est pas pour autant interdit de rechercher si la question litigieuse est de nature à entraîner le débat judiciaire sur le terrain des prérogatives et politiques souveraines de ce dernier. Par ailleurs, la catégorie des actes de « gestion administrative » (par ex., ceux qui conditionnent l'accès des salariés aux prestations sociales), semble revêtir une consistance assez précise pour ne pas ouvrir la porte à une immixtion plus extensive dans des questions de fond. Soustraire ces actes de l'immunité en toute hypothèse, indépendamment du point de savoir si le rapport de travail lui-même a été conclu *iure imperii* ou non, introduit par ailleurs un élément bienvenu de sécurité juridique sous la forme d'un début de codification judiciaire du domaine de l'immunité, dont l'absence est clairement perçue par les magistrats comme un manque (sur la question de la codification du droit des immunités, v. H. Synvet, « Quelques réflexions sur l'immunité d'exécution de l'État étranger », *JDI*, 1985. 865). Enfin, refuser de détacher l'acte litigieux de son contexte dans le cas particulier d'un différend portant sur l'accès aux droits sociaux, c'est prendre le risque, en lui refusant le droit au juge local, de priver un salarié résidant en France de prestations sociales prévues par la loi française : en termes d'analyse des « intérêts gouvernementaux » en présence, il est peu contestable que la France a un intérêt à ce que ses tribunaux retiennent le contrôle des conditions d'application de sa loi de police.

IMMUNITÉS JURIDICTIONNELLES ET DUALITÉ DE L'ÉTAT

105. Les critères français de l'immunité de juridiction font l'objet d'une critique sévère de la part de S. Lemaire, *Les contrats internationaux de l'administration*, préc., dans l'hypothèse d'un contrat international passé avec une personne publique. Cette critique a pour point de départ, emprunté à Anzilotti, la dualité de l'entité qu'est l'État, à la fois personne de droit interne et de droit international. Concrètement, au moins dans la perspective de l'ordre juridique français, ce critère signifie que seront qualifiées de souveraines et imputables à l'État sujet de droit international, les « fonctions étatiques suprêmes » (législative, juridictionnelle, gouvernementale au sens étroit), en ce qu'elles ne sont susceptibles d'aucun appel devant une instance interne supérieure, par opposition aux fonctions non souveraines de gestion des tâches administratives, qui peuvent être sanctionnées dans l'ordre juridique interne, et qui sont imputables à l'État personne publique interne. Dans son application aux immunités, la démonstration consiste en ce que les critères personnel et fonctionnel de l'immunité retenus par la jurisprudence sont en réalité incompatibles en pratique. L'arrêt *Société Levant* a puisé le critère de l'immunité dans ceux de l'acte administratif de droit interne, l'existence d'une prérogative de puissance publique ou d'un intérêt de service public permettant de distinguer l'acte immunisé, expression de la souveraineté de l'État, de l'acte de commerce justiciable des tribunaux du for. Il faut donc comprendre que le souverain qui bénéficie de l'immunité est celui qui accomplit un acte *iure imperii* qualifié en vertu de critères empruntés au droit administratif interne (§ 553). Or « comment imaginer que la souveraineté internationale s'apparente à une quelconque prérogative pratique, à une prérogative de puissance publique ? » (§ 556). En mêlant la souveraineté et la puissance publique alors que ces notions devraient être individualisées, la jurisprudence « procède à des raccourcis de langage qui affectent le raisonnement » (§ 557). Le pouvoir administratif ne relève pas des pouvoirs de l'État pris comme sujet de droit international, mais ne concerne que les activités régaliennes bénéficiant d'une immunité au plan interne. La confusion des deux plans est à l'origine, selon l'auteur, des incertitudes actuelles de la jurisprudence. En réalité, celle-ci méconnaît la distinction établie par M. Cosnard (*La soumission des États aux tribunaux internes*, Paris, Pédone, 1996, préface B. Stern) entre les deux relations, primaire et secondaire, qui sont en jeu dans l'immunité. L'une est la relation contractuelle qui amène l'État dans le prétoire, l'autre lie les États dans l'ordre international. Or, dans l'hypothèse d'un contrat international conclu par l'État, le bénéficiaire du privilège ne peut être que l'État-contractant, partie au rapport primaire, et non l'État sujet de droit international, partie au rapport secondaire. Mme Lemaire propose alors de restituer une lecture cohérente au privilège de juridiction en re-déterminant les bénéficiaires de l'immunité. Si l'État-administration y figure au premier chef, à l'exclusion de l'État-sujet de droit international, les collectivités territoriales sont plus problématiques. L'analyse conduite par Mme Lemaire conduit à leur ouvrir l'immunité lorsqu'elles ont agi dans l'exercice de la puissance publique, car le fait qu'elles sont infra-étatiques et ne sont pas sujets de droit des gens est indifférent, dès lors précisément que l'immunité ne s'attache pas à cette qualité.

L'ORDRE ADRESSÉ À UNE AUTORITÉ PUBLIQUE ÉTRANGÈRE

106. Il est inadmissible qu'un État accomplisse un acte d'autorité à l'égard d'un autre, notamment en adressant un ordre à un organe institué au nom d'un État étranger. C'est pour cette raison que les injonctions *anti-suit*, qui s'adressent au plaideur mais qui affectent néanmoins le fonctionnement d'une juridiction étrangère, se situent à l'extrême limite de ce qui est acceptable au regard du droit international (v. *supra*, n° 84). De même, cette interdiction explique que le juge de l'exécution ne puisse pas adresser un ordre à un organe de contrainte étranger. Les limites en sont toutefois délicates à tracer. Ainsi, la compétence du juge français pour statuer sur la validité d'une saisie pratiquée à l'étranger semble désormais admise (Cass. civ. 1re, 22 juin 1999, *Rev. crit. DIP*, 2000. 42, note G. Cuniberti ; *D. Aff.*, 2000. 211, note D. Ammar). En revanche, la contestation de la validité d'un acte public étranger pour défaut de sincérité de l'officier public étranger relève de la compétence exclusive de l'État qui a investi l'organe, car elle tend à remettre en cause la présomption de véracité qui s'attache à l'activité de l'officier public en tant qu'il est délégataire de la souveraineté étrangère. Seule est envisageable dans ce cas une action en inopposabilité ou dénégatoire d'efficacité, dont la forme n'impliquerait aucun blâme à l'égard de l'autorité étrangère. La Cour de cassation a ainsi décidé que le juge du for est dépourvu du pouvoir juridictionnel d'annuler un acte notarié étranger du fait de la fraude du notaire, l'action en inscription de faux étant donc irrecevable (Cass. civ. 1re, 20 mars 2001, *Rev. crit. DIP*, 2001. 697, note H. Muir Watt). Le respect de la compétence exclusive de l'État étranger interdit en effet aussi bien l'annulation de l'instrument que la prise de mesures en marge de l'acte faux ou l'émission d'une injonction à l'officier public dépositaire de l'acte litigieux.

Le seuil de l'interdiction de critiquer l'acte d'autorité d'un organe public étranger est subtil. Les juridictions du for peuvent connaître de la validité du *negotium* reçu par un officier public étranger, dès lors qu'ils sont internationalement compétents pour ce faire (v. *infra*, n° 596). La validité de l'acte juridique soulève alors un simple problème de conflit de lois. Par exemple, le juge français peut annuler un testament reçu par un notaire étranger par application de la loi régissant la succession au fond. Il en va pareillement lorsque la validité formelle de l'acte juridique est contestée, même si les formes requises par la loi applicable à la forme sont des exigences organiques imposées à l'autorité instrumentante. Par exemple, le défaut de signature du notaire chargé d'instrumenter un acte public peut être relevé par le juge du for par application de la loi régissant la forme de l'acte, qui demeure indifférente à l'égard de la nature publique ou privée des formes requises. Par ailleurs, lorsque le juge du for annule le mariage dressé à l'étranger entre deux ressortissants du for, pour des raisons tenant à leur capacité matrimoniale, l'annulation revêt une portée globale, en ce sens qu'elle affecte l'instrument lui-même, qui semble alors atteint de caducité par accessoire. La même interdiction n'empêche pas non plus de constater une irrégularité de forme en application de la *lex loci* même si les formes revêtent un caractère organique. Dans ce cas, la nullité affecte pareillement l'ensemble de l'acte juridique, et l'instrument dressé par l'autorité publique tombe pour irrégularité formelle. Est-ce donc le jugement de valeur portant sur l'acte émis au nom de la souveraineté étrangère qui est interdit ? Il ne le semble pas non plus, car le juge du for peut prononcer la nullité de l'acte en cas d'omission négligente par l'organe public étranger d'une formalité requise par la loi organique. Pareillement, rien ne l'empêche de refuser effet sur son territoire à un acte public étranger dont il a été démontré qu'il manque d'authenticité. Dans son grand cours de La Haye, Fedozzi avait suggéré que seule était permise la mise en œuvre *incidente* de la loi organique étrangère, comme lorsqu'il s'agit de tirer les conséquences du non-respect de cette loi sur la validité de l'acte authentique (« De l'efficacité extraterritoriale des lois et actes de droit public », *RCADI*, 1929, t. 27, p. 211). En revanche, dès lors qu'il s'agirait d'émettre un ordre à l'égard du dépositaire de l'acte, délégataire de la souveraineté étrangère, comme dans le cas de l'inscription de faux, le seuil de l'interdiction se trouverait franchi. À le supposer mis en cause dans une procédure pour inscription de faux, l'officier public devrait pouvoir invoquer une immunité de juridiction. En réalité, l'abstention que s'imposent ici les organes judiciaires du for devant l'acte d'autorité d'un officier public étranger rejoint par ses fondements et ses effets la doctrine américaine de l'*Act of State*, qui constitue l'aboutissement de la théorie fonctionnelle de l'immunité de juridiction (v. *supra*, n° 100).

Sur le critère d'intervention d'une autorité publique au regard de l'article 1er du Règlement Bruxelles I, v. *infra*, n° 110.

B / L'ÉTAT ÉTRANGER DEMANDEUR

107. Il est traditionnellement admis qu'un État étranger est irrecevable à porter une demande devant les tribunaux du for en sa qualité souveraine, c'est-à-dire, en somme, fondée sur son droit public, pénal ou fiscal[1]. Cette exclusion de l'État étranger demandeur du prétoire explique au demeurant que le Règlement « Bruxelles I » écarte du champ d'application des règles de compétence qu'il pose les contentieux de droit public signalés par « l'intervention d'une autorité publique agissant dans l'exercice de la puissance publique[2] ». Le fondement, attribué par la Cour de cassation aux « principes de droit international qui régissent les relations entre États », en est cependant plus mystérieux que celui des immunités juridictionnelles. En outre, l'irrecevabilité de l'action *iure imperii* de l'État étranger tendrait à protéger non pas celui-ci, qui chercherait précisément une assistance internationale afin, par exemple, de recouvrer des impôts, un bien culturel illicitement exporté ou à appréhender un délinquant, mais la souveraineté de l'État

1. Cass. civ. 1re, 2 mai 1990, *République du Guatemala*, *Rev. crit. DIP*, 1991. 378, note B. Audit ; *JDI*, 1991. 137 et chr. J. Dehaussy ; *GA*, n° 79.

2. CJCE, 14 oct. 1976, *Eurocontrol*, 1976, aff. 29/76, *Rec.*, 1541, concl. Reischl ; *Rev. crit. DIP*, 1977. 772, note G. Droz ; *JDI*, 1977. 707, obs A. Huet ; *CDE*, 1977. 146, note Leleux ; CJCE, 16 déc. 1980, *Rüffer*, aff. 814/79, *Rec.*, 3807, concl. Warner ; *JDI*, 1982. 463, obs. J.-M. Bischoff. Sur l'abondante jurisprudence précisant ce critère par la suite, et sur les termes du Règlement Bruxelles I révisé v. *infra*, n° 110.

du for. À cet égard, on considère même que l'État qui tenterait de revendiquer un droit public devant le juge d'un autre État – directement ou par l'intermédiaire d'une entité privée dotée de prérogatives étatiques – commettrait à l'égard de ce dernier un abus de souveraineté en exerçant une prérogative de puissance publique dans son ressort [1]. Il est difficile cependant de comprendre en quoi une telle demande serait de nature à menacer l'intégrité de l'État du for dès lors que celui-ci conserve la maîtrise des conditions de son accueil au fond, y compris la faculté d'opposer son ordre public si la demande de l'État étranger heurte ses intérêts ou ses valeurs. En effet, la vraie raison du refus traditionnel d'entendre des demandes émanant d'un État étranger sur le fondement de son droit public tient au risque de voir les tribunaux du for asservis aux intérêts de celui-ci, dans des domaines qui ne revêtent plus la neutralité politique imputée au droit privé. L'appréciation d'un tel danger étant naturellement variable, la pratique judiciaire comparée apparaît dès lors assez aléatoire en ce qui concerne la portée de l'irrecevabilité [2].

108. Par ailleurs, le développement spectaculaire de la coopération pénale transfrontière contre le terrorisme ou contre le blanchiment d'argent suggère que le dogme de l'irrecevabilité des actions exercées *iure imperii* peut céder lorsque des intérêts étatiques communs et non antagonistes sont en jeu. L'arrêt *République du Guatemala* admet bien, d'ailleurs, que le principe « *peut être écarté notamment si, du point de vue du for, les exigences de la solidarité internationale ou la convergence des intérêts en cause le justifient* ». Ainsi, progressivement consacrée en droit international privé commun comparé avant de connaître un essor sans précédent en droit européen et conventionnel [3], la recevabilité des demandes d'États étrangers en restitution de biens culturels illicitement

1. V. estimant que la demande d'un État en restitution d'un bien culturel illicitement exporté par application d'une loi qui l'investit de plein droit de la propriété de ce bien équivaut à l'exercice d'une prérogative de souveraineté dans le ressort du for, *Attorney-General of New Zealand v. Ortiz and Others* [1984], AC 1.

2. V. pour la position des juridictions américaines : *Canada v. R. J. Reynolds* (2001), 268 F. 3d 103 (2nd Cir. 2001), *Rep. Honduras v. Philip Morris Companies, Inc.*, 341 F. 3d 1253 (11th Cir. 2003), refusant d'entendre l'action d'un État étranger, fondée en l'occurrence sur le statut fédéral RICO et tendant ainsi à la répression de la fraude et de la corruption, lorsqu'elle revient à rechercher l'exécution *indirecte* de sa loi fiscale ou douanière (droits sur marchandises importées en contrebande). Mais dans *Pasquatino v. United States* [545 US 125, S. Ct 1766 (2005)], une Cour suprême très divisée autorise l'action du gouvernement américain sur le même fondement du RICO dans un cas analogue de fraude aux droits de douane canadiens, refusant de considérer qu'il y a là une exécution indirecte de la loi étrangère de droit public ou fiscal. Elle ne se prononce pas cependant sur le point de savoir si la même action intentée par un État étranger serait ou non recevable.

3. Directive 93/7 CE relative à la restitution des biens culturels ayant illicitement quitté le territoire d'un État-membre ; Convention Unidroit 1995 sur les biens culturels volés ou illicitement exportés.

exportés montre bien que la qualité étatique du demandeur n'est aucunement un obstacle intrinsèque au développement du contentieux international impliquant l'exercice d'une prérogative souveraine. Au demeurant, comme on le verra, le « tabou » du droit public devant les tribunaux judiciaires en matière international est pareillement en train de se dissoudre.

ÉTAT DES QUESTIONS

B. G. — **Sur le statut de l'État demandeur** : J. Dehaussy, « Le statut de l'État étranger demandeur sur le plan français : droit international coutumier et droit interne », *JDI*, 1991. 109 ; F. A. Mann, « L'exécution internationale des droits publics », *Rev. crit. DIP*, 1988. 1.

Sur le champ du Règlement Bruxelles I ou I *bis* : A. Raclet, *Droit communautaire des affaires et prérogatives de puissance publique nationales*, Dalloz, 2002, préf. H. Gaudemet-Tallon ; P. Rogerson, V° article 1, in *European Commentaries on Private International Law. Brussels I bis Regulation*, par Ulrich Magnus et Peter Mankowski (dir.), 3e éd. 2016, Otto Schmidt, 2016.

DROIT COMPARÉ : UN TOUT PETIT MONDE

109. Dans la célèbre affaire *Spycatcher*, la Haute Cour d'Australie a rejeté la demande du Royaume-Uni tendant à interdire la publication d'un ouvrage portant sur des questions couvertes par le *Official Secrets Act*. La Cour a fait entrer cette action dans la catégorie des actions de droit public impliquant des « intérêts gouvernementaux » et nées de l'exercice de « certains pouvoirs spécifiques au gouvernement d'un pays ». Elle a également considéré que la mise en balance des facteurs indiqués par la loi anglaise afin de déterminer le risque pour l'État britannique dépassait les moyens d'une cour étrangère. La cour d'appel de la Nouvelle-Zélande a adopté une approche très différente, assimilant l'action du Royaume-Uni contre un ex-agent de son propre Service Secret, afin de lui interdire la publication d'informations privilégiées, à une action née d'un contrat de travail et fondée sur une clause de confidentialité : « An employer other than the State would presumably not be barred by the non-enforceability rule from enforcing abroad an obligation of confidentiality arising from the employment. » Il a notamment été observé que dans un monde qui va en rétrécissant, il serait anachronique pour une juridiction de se refuser le pouvoir de venir en aide pour sauvegarder la sécurité d'un État ami, à condition qu'une telle demande n'entre pas en conflit avec les intérêts de l'État du for. En revanche, plus récemment, dans *Att. Gen. Canada v. R. J. Reynolds et al.*, 2001, le Canada agissait devant les tribunaux des États-Unis contre un groupement de commerçants, dont des Indiens Mohawks, pour contrebande de cigarettes, sur le fondement du *Racketeer Influenced and Corrupt Organisations Act* (RICO) ; la cour d'appel fédérale pour le 2e Circuit a rejeté la demande, au motif qu'elle ne pouvait accueillir une demande tendant au recouvrement de taxes au profit d'un État étranger (v. analysant cette affaire comme mettant en cause un conflit occulté avec une partie tierce, le peuple Mohawk, v. A. Simpson, « Subjects of Sovereignty : Indigenity, the Revenue Rule and Juridics of Consent », in K. Knop, R. Michaels, A. Riles (dir.), « Transdisciplinary Conflict of Law », *Law and Contemporary Problems*, vol. 71, n° 3, 2008, p. 191).

LE CRITÈRE DE « L'INTERVENTION D'UNE AUTORITÉ PUBLIQUE » AU REGARD DE L'ARTICLE 1er DU RÈGLEMENT BRUXELLES I *BIS*

110. « La matière civile et commerciale. » — « L'exception de droit public » continue de figurer dans les nouveaux textes européens de droit international privé processuel, selon le modèle mis en place en 1968 par la Convention de Bruxelles sur la compétence juridictionnelle et la reconnaissance des jugements. Selon le dessein initial de cette Convention, la matière civile et commerciale coïncidait avec le champ négatif de l'immunité juridictionnelle, les actes régis par le droit public étant présumés *ipso facto* des actes de souveraineté et exclus du champ conventionnel (Rapport Schlosser, *JOCE* C 59, 5 mars 1979, n° 23). À une époque où l'immunité relative ne s'était pas encore imposée dans le droit des six État-contractants originaires, les actes imputables à l'État souverain étaient donc très largement couverts par le privilège de juridiction et exclus corrélativement du champ du conflit de juridictions. L'évolution sensible, dans le sens de la relativisation, du droit des immunités n'a pas conduit à modifier la délimitation du champ de l'espace judiciaire commun. Ainsi, les Règlements Bruxelles I, Rome I, Rome II, TEE, obtention des preuves, petites créances, etc., délimitent leur champ d'application conformément au modèle fourni par l'article 1-1 de la Convention de Bruxelles. De même, le Règlement Bruxelles II *bis* indique à son article 1er qu'il s'applique aux « matières civiles » relatives aux diverses questions de droit familial qui composent son objet propre. En matière économique, ces divers textes adoptent également tous la précision apportée par l'arrêt *Eurocontrol* (*LTU c. Eurocontrol*, C-29/76, *Rev. crit. DIP*, 1977. 772, note G. Droz, *JDI* 1977. 707, obs. A. Huet) et intégrée dans le texte de la Convention d'adhésion de 1978, selon lequel la matière civile et commerciale ne couvre pas notamment les questions douanières, fiscales et administratives.

Cependant, le texte de l'article 1-1 de la Convention, désormais du Règlement Bruxelles I *bis*, a donné lieu à une jurisprudence dense et difficile à systématiser, relative à la qualification de contentieux qui, bien qu'impliquant une personne de droit public, trouvent leur cause dans des actes régis par le droit privé interne. La question est également classique, mais non résolue, de savoir si un contentieux entre deux entités privées pourrait ne pas relever de la matière civile et commerciale dès lors qu'en application d'un critère exclusivement fonctionnel l'activité qui fonde la prétention en justice revêt un caractère public. La jurisprudence de la Cour semble présupposer la présence d'au moins une entité publique (v. par ex. les conclusions de l'avocat général Colomer sous l'arrêt *Lechouritou*, point 46, précisant, pour déterminer si le litige relève de la matière civile et commerciale, qu'il convient d'abord de mettre en œuvre un critère d'ordre organique, en recherchant si l'une des parties est une entité publique ; ce n'est qu'ensuite que le paramètre est d'ordre fonctionnel, tenant à la nature de l'activité qui fonde l'action). Jusqu'ici, le souci de la Cour semble avoir été de cantonner l'extension du champ matériel de la Convention et désormais du Règlement, clairement perçu comme étant inapte à fournir les critères de compétence ou de circulation des jugements lorsque le litige touche un tant soit peu aux prérogatives de l'État. La jurisprudence de la Cour fait apparaître que ce n'est pas l'objet de l'action qui compte mais la relation juridique, publique ou privée, dans laquelle elle a sa cause. À cet égard, la délimitation fonctionnelle du champ de la Convention ou du Règlement tend à protéger le cœur de l'action de la puissance publique – ce sur quoi, en somme, devant les juridictions du for, porte encore le privilège des États depuis l'avènement de l'immunité relative. Ainsi, les actes *iure imperii* ne sont pas justiciables de la Convention ou du Règlement – autrement dit, les situations où l'État, exerçant des prérogatives souveraines, n'est pas soumis au droit privé (*Préservatrice foncière TIARD SA*, C-266/01, point 30 et s.). Ce dernier critère revêt cependant une certaine circularité car il ne dispense pas d'identifier les cas où l'action en justice trouve sa source dans une activité exorbitante du droit privé ou dans une activité impliquant de la part d'une autorité publique l'exercice de prérogatives qui dépassent celles des individus, ou qui n'ont pas d'équivalent dans les relations entre personnes relevant du droit privé. La difficulté est accrue du fait de la diversité des paramètres qui, dans les différents systèmes juridiques nationaux, permettent d'identifier le champ du droit privé, justifiant que la Cour de justice s'efforce d'en définir les périmètres de façon autonome (*LTU c. Eurocontrol*, précité). Relèvent ainsi de la sphère publique, selon la jurisprudence de la Cour, l'utilisation obligatoire de certains équipements et services dans le cadre d'une relation unilatérale (*Eurocontrol*, précité), ou le sauvetage d'une épave au titre de la police fluviale (*Ruffer*, CJCE, 16 décembre 1980, aff. 814/79, *JDI*, 1982. 463, note J.-M. Bischoff). Ressortissent en revanche à la matière civile et commerciale les activités de surveillance d'un professeur, même appartenant à la fonction publique (*Sonntag*, CJCE, 21 avril 1993, aff. C-172/91, *Rev. crit. DIP*, 1994. 105, note H. Gaudemet-Tallon, *JDI*, 1994. 528, note J.-M. Bischoff) ; les pouvoirs conférés à une association de consommateurs en vue de faire prohiber des clauses abusives (*Henckel*, CJCE, 1er octobre 2002, aff. C-167/00, *Rev. crit. DIP*, 2003. 682, note P. Rémy-Corlay) ; la dette générée par le versement de diverses prestations sociales lorsqu'elle donne lieu à un recours en restitution d'un organisme payeur de droit public (*Baten*, CJCE, 14 novembre 2002, aff. C-271/00, *JDI*, 2003. 659, note A. Huet) ; et, en principe, un contrat de garantie d'une dette douanière dès lors que la relation entre le créancier et le garant relève du droit privé ordinaire (*Préservatrice foncière TIARD*, CJCE, 15 mai 2003, aff. C-266/01, *JDI*, 2003. 646, note A. Huet, *Frahuill*, CJCE, 5 février 2004, aff. C-265/02, *CDE*, 2005. 558, note Tagaras). En revanche, est incluse dans la matière « *civile et commerciale* » une action en répétition de l'indû s'agissant d'un paiement fait par erreur par une entité étatique, de sorte que la connexité fondée sur l'article 6 § 1 est également applicable : v. CJUE 11 avril 2013, aff. C-645/11, *Rev. crit. DIP*, 2014. 110, note M. Laazouzi. S'agissant dans ce dernier cas d'un ordre de payer effectué par une autorité instituée par une loi réparatrice des dommages subis par les victimes d'un régime totalitaire, cette solution est à mettre en relation avec l'affaire *Lechouritou*. Dans ce dernier cas (CJCE, 15 février 2007, aff. C-292/05, précité) exclut du champ de la Convention de Bruxelles une action en réparation de dommages de guerre. Du point de vue de la seule définition de la « matière civile et commerciale », la solution consistant à exclure ce contentieux du champ de la Convention était en harmonie avec le critère « causal » suivi par la jurisprudence de la Cour, pour laquelle ce n'est pas l'action en justice qui importe mais les circonstances dans lesquelles la prétention – fût-elle de simple réparation – prend naissance ; en l'occurrence, en effet, l'action en justice, quoiqu'empruntant les formes du droit civil délictuel, avait son origine dans des faits de guerre. La solution est désormais cristallisée dans l'article 1-1 du Règlement Bruxelles I *bis* (Règlement n° 1215/2012 du 12 décembre 2012), précisant que le texte ne s'applique pas « à la responsabilité de l'État pour des actes ou des omissions commis dans l'exercice de la puissance publique (*acta jure imperii*) ».

C / LA MISE EN ŒUVRE DU DROIT PUBLIC ÉTRANGER

111. Tout comme l'irrecevabilité des demandes intentées par un État étranger, le « tabou » traditionnel qui prive les tribunaux du for du pouvoir de mettre en œuvre le droit public étranger est fondé sur la conviction, exprimée par Lord Wilberforce dans l'affaire *Westinghouse* au sujet du droit public économique, selon laquelle l'application du droit public étranger équivaut nécessairement à la promotion par l'État du for d'un intérêt *antagoniste*[1]. Longtemps incontesté, cet état de choses ne s'impose cependant pas nécessairement. Tandis que divers courants doctrinaux s'expriment dans le sens d'une ouverture vers l'applicabilité du droit public étranger, les signes récents d'une orientation plus souple, parfois appelé « *positive comity*[2] », ne manquent pas en droit positif comparé.

112. Tout d'abord, les conséquences de droit privé des lois étrangères de droit public peuvent être mises en œuvre incidemment par le juge judiciaire. Par exemple, si le juge français est dépourvu de tout pouvoir juridictionnel pour attribuer la nationalité d'un État étranger, il peut, en vue de statuer sur la filiation d'un enfant soumise selon la règle de conflit du for à la loi nationale de la mère, mettre en œuvre le droit étranger de la nationalité pour identifier cette dernière loi. De même, s'il ne peut décider à la place d'un État étranger de l'affiliation d'un salarié au régime étranger de Sécurité sociale, il peut prendre en considération le droit public étranger sur ce point en vue de mettre en œuvre le droit de la responsabilité du for[3]. La loi étrangère de droit public ne lui fournit pas la base de son raisonnement, mais est prise

1. « *It is axiomatic that in anti-trust matters, the policy of one state may be to defend what it is the policy of another to attack* » (1978 AC, p. 616-617). Pour une attitude bien plus coopérative dans le même champ, de la part de la Cour suprême des États-Unis, v. *F. Hoffmann – La Roche Ltd. v. Empagran S.A.*, 542 U.S. 155 (2004).

2. J. Basedow, « Souveraineté territoriale et globalisation des marchés », *RCADI*, 1997, t. 264, p. 9.

3. V. Cass. soc., 24 février 2004, *Rev. crit. DIP*, 2005.62, note L. d'Avout. Comp. Cass. com., 16 mars 2010, *JCP*, 2010, 530, note D. Bureau et L. d'Avout ; *RDC*, 2010. 1385, obs. P. Deumier ; *JDI*, 2011. 98, note A. Marchand (et, sur renvoi : Poitiers, 29 novembre 2011, *RDC*, 2012. 1335, obs. P. Deumier) ; sur la discussion, v. *infra*, n° 915.

en considération incidemment, à l'occasion de l'application de la règle française de droit privé. Simple condition d'application de cette dernière, elle figure dans le raisonnement du juge comme un *datum* – fait et non norme – qui importe par la seule circonstance qu'il existe.

113. Mais le juge du for pourrait-il faire un pas de plus et donner effet directement au droit public étranger ? Par exemple, concevrait-on que le juge européen de la concurrence mette en œuvre le droit fédéral américain de préférence au sien propre en constatant l'existence d'un conflit, ou inversement ? Le droit positif n'a pas encore franchi ce pas. Ainsi, aux États-Unis, les tribunaux fédéraux disposent d'une compétence d'attribution limitée (*subject-matter jurisdiction*) au cas où une loi fédérale est en jeu ; leur compétence n'existe donc pas au-delà de l'applicabilité de la loi fédérale au fond [1]. Une situation similaire existe pour les autorités européennes de la concurrence statuant sur le champ d'application du droit de l'Union européenne, dont la situation tranche pareillement avec celle du juge de droit privé mettant en œuvre indirectement ce dernier. Leur compétence est tributaire de l'applicabilité au fond du droit européen. Il est vrai que l'action privée (du *private attorney general*) exercée sur le fondement de la loi économique tend à brouiller quelque peu les cartes sur ce point, en créant l'illusion d'une simple situation de conflits de lois de droit privé, alors qu'en réalité, même si une place est faite aux intérêts des divers États, la démarche du juge ne tend qu'à définir unilatéralement le champ dans l'espace de la loi du for.

114. Toutefois, dans les cas où des objectifs « typiques » sont identifiables, telle la protection des investisseurs en matière de régulation boursière, ou l'élimination des cartels restrictifs de concurrence, diverses formes de coopération positive semblent possibles, même dans un contexte global. Par exemple, dès 1998, le Tribunal fédéral suisse a accepté que les autorités du for prêtent leur concours à la mise en œuvre du droit étranger de la concurrence, en raison de l'analogie des objectifs poursuivis [2]. Ces décisions acceptent la coopération avec des demandes émanant des autorités de marché étrangères, dans l'intérêt bien compris de la Suisse elle-même, qui peut espérer à son tour une réciprocité de la part d'États étrangers. Dans une certaine mesure, la globalisation des économies apparaît désormais à cet égard comme un *fait* qui exige de surmonter le « tabou » traditionnel du droit public étranger – tout

1. L'arrêt *Morrison* de la Cour suprême de 2010 (*infra*, n° 923) vient d'affirmer son attachement au principe de territorialité de la loi fédérale (en l'espèce du *Securities Exchange Act*, 1934, art. 10-6).

2. B.G. 125, I, p. 65 et 79, sur lesquels v. H. Kronke, « Capital markets and the conflict of laws », *RCADI* 2000, t. 286, p. 249 s., et spéc. p. 270.

comme l'accélération des moyens de transport et de communication avait imposé aux juges de surmonter le tabou qui à la fin du XIXe siècle affectait encore l'application du droit étranger en matière de droit privé. Il est parfois suggéré qu'en ouvrant leurs marchés et en en acceptant l'interconnexion, les États renoncent au monopole traditionnel du droit public économique du for devant leurs propres autorités.

ÉTAT DES QUESTIONS

B. G. — M. Audit, *Les conventions transnationales entre personnes publiques*, LGDJ, 2002, préf. P. Mayer ; H. Baade, « The operation of foreign public law », 30, *Tex Int'l L. J.*, 429 (1995), p. 495 ; J. Basedow, « Souveraineté territoriale et globalisation des marchés », *RCADI*, 1997, t. 264, p. 9 ; H. Buxbaum, « The private attorney general in a global age : Public interests in private international litigation », 26, *Yale J. Int'l L.*, 219 (2001) ; « Transnational regulatory litigation », 46, *Va. J. Int'l.L.*, 251, 2006 ; H. Kronke, « Capital markets and the conflict of laws », *RCADI*, 2000, t. 286, p. 249 ; M. Laazouzi, *Les contrats administratifs à caractère international*, Économica, 2008, préf. P. Mayer ; S. Lemaire, *Les contrats internationaux de l'administration*, préf. P. Mayer, LGDJ, 2005 ; C. Camus, *La distinction du droit public et du droit privé et le conflit de lois*, LGDJ, 2015, préf. H. Muir Watt. V. Plus généralement, H. Muir Watt (dir.), *Private International Law and Public Law*, 2 vol., Elgar, 2015.

DROIT PUBLIC ÉTRANGER ET JUGE JUDICIAIRE

115. Il est souvent rappelé que tout conflit de lois de droit public impliquerait une appréciation d'ordre politique qui serait incompatible avec la fonction du juge judiciaire. L'inaptitude du juge à évaluer l'importance respective des intérêts des divers États représente l'un des principaux arguments formulés en faveur de l'« unilatéralisme judiciaire », entendu comme le refus de toute mise en balance des intérêts par le juge du for. Ainsi, les juges ne devraient pas apparaître comme les rouages de la politique extérieure de l'État dont ils relèvent. Cependant, la présence d'intérêts proprement étatiques dans le champ des contentieux entre personnes privées rend problématique toute distinction tranchée entre les litiges transfrontières qui mettraient en cause les seuls intérêts privés, et les considérations spécifiques qui entrent en compte lorsqu'il s'agit de définir le champ spatial de lois de police ou « régulatoires ». Il ne s'agit pas, bien sûr, de nier l'irréductible spécificité des conflits de lois impliquant des enjeux étatiques. Mais tant la typicité des intérêts qui apparaissent désormais dans le domaine des rapports économiques transfrontières que leur interdépendance, tendent à suggérer que leur gestion n'est pas nécessairement en dehors de la portée du juge de droit privé, qui est en mesure de s'y livrer sans que sa fonction s'en trouve nécessairement dénaturée ; l'arbitrabilité des contentieux internationaux mettant en cause des intérêts à caractère public tendrait à le confirmer amplement. À cet égard, on a l'impression que les conflits de droit public économique en sont aujourd'hui au même point que celui où se sont trouvés les conflits de lois de droit privé au tournant du siècle dernier, lorsqu'on doutait de la possibilité pour le juge du for de mettre en œuvre la loi étrangère et qu'il fallait donc rechercher des subterfuges, tels les droits acquis, pour permettre d'y parvenir néanmoins lorsque la justice l'exigeait. À cette époque, pareillement, la reconnaissance tant de la parenté des intérêts en jeu – qui a permis la construction des catégories de rattachement – que de leur étroite interconnexion – qui a fait comprendre la nécessité économique et sociale de pratiquer l'ouverture à l'égard des lois étrangères – a conduit à surmonter les obstacles tirés des liens entre le juge et la souveraineté du for. Une évolution analogue est certainement envisageable, sur le terrain des conflits de droit public économique, lorsqu'ils apparaissent devant le juge judiciaire à l'appui d'actions privées. Des objectifs « typiques » sont ainsi identifiables dans divers domaines du droit économique, telle la protection des investisseurs en matière de régulation boursière ou l'élimination des cartels restrictifs de concurrence. Alors que la Convention de Rome sur la loi applicable aux obligations contractuelles était par son article 7, § 1 de nature à encourager une évolution sur ce terrain, la question se pose aujourd'hui de savoir si la position du Règlement Rome I qui la remplace peut la freiner (sur ce point, *infra*, n° 916).

DROIT PUBLIC ÉTRANGER ET JUGE ADMINISTRATIF

116. Les conflits de lois de droit public existent-ils ? La réponse négative, fréquente, tient à l'idée que les règles prises dans l'exercice d'une compétence étatique exclusive ne sont jamais concurrentes, de sorte que les conditions de tels conflits ne sont pas réunies (v. P. Mayer, « Droit international public et droit international privé sous l'angle de la notion de compétence », *Rev. crit. DIP*, 1979. 1). Par exemple, il ne peut y avoir de conflit entre deux droits de la nationalité, car chacun a pour seul objet l'attribution de la nationalité d'un État déterminé. Tout au plus, l'unilatéralité de l'attribution conduit-elle à des cumuls ou « conflits de nationalité », lorsque, s'appliquant simultanément, deux États confèrent chacun leur nationalité à un même individu, mais il ne s'agit pas alors de conflits de lois. Le même raisonnement s'appliquerait en matière fiscale, par exemple (v. cependant, J.-P. Bertholas et D. Cohen, note sous Cass. com., 24 mars 1992, *Rev. crit. DIP*, 1993. 261). Cette position a cependant été contestée, notamment dans le cas des contrats transnationaux conclus entre entités publiques infra-étatiques, qui ne sont pas des traités entre États, mais pas non plus des contrats internationaux de droit privé : ils engendrent donc des conflits de lois de droit public (M. Audit, *Les conventions transnationales entre personnes publiques*, LGDJ, 2002, préf. P. Mayer). De son côté, Mme S. Lemaire (*Les contrats internationaux de l'administration*, LGDJ, 2005, préf. P. Mayer), se propose de vérifier l'hypothèse selon laquelle une part au moins des contrats étatiques internationaux a traditionnellement été imputée à l'État sujet de droit international au lieu et place de son homonyme de droit public interne, et, cette erreur démontrée, d'examiner les conséquences de l'idée selon laquelle ces contrats sont conclus par l'État-administration, sujet de droit public interne. Distinguant alors selon que ces contrats sont des contrats *iure imperii* ou *iure gestionis* de l'Administration, les seconds étant purement et simplement assimilés par la jurisprudence aux contrats internationaux de droit privé, l'auteur s'attache à élaborer pour les premiers un régime international qui tienne compte de leur spécificité mais les relève de l'isolement auquel semblait les condamner l'approche traditionnelle des effets internationaux de l'acte administratif. Elle estime que le droit administratif n'est réfractaire au conflit de lois que pour les règles administratives de droit public posées en vertu d'une compétence exclusive de l'État et n'ayant pas de concurrentes étrangères. Pour le reste, le droit administratif semble s'ouvrir au conflit de lois en matière contractuelle. L'examen de contrats de travails conclus avec l'Administration le confirme (v. M. Audit, « Les contrats de travail conclus par l'administration à l'étranger », *Rev. crit. DIP*, 2002. 39). Plus récemment, Malik Laazouzi (*Les contrats administratifs à caractère international*, Économica, 2008, préf. P. Mayer) voit dans l'absence de communauté de droits publics la justification du recours à l'unilatéralisme en ce domaine, qui ne serait pas justiciable d'une répartition venue du droit international public. Tout comme les institutions religieuses, le domaine administratif est sacré pour les uns, inconnu des autres. La revendication d'exclusivité traduit alors essentiellement un besoin de protection d'un régime particulier face à des législations étrangères perçues comme inadéquates à sauvegarder les intérêts qu'il exprime. Ainsi, seule la détermination unilatérale du champ d'application du droit administratif français, impliqué dès lors qu'est en cause un contrat administratif selon les critères posés par ce dernier droit, permettrait de sauvegarder la cohérence du droit public interne en cas de franchissement de la frontière, en évitant de maintenir la qualification administrative du contrat international dans la dépendance de la loi applicable et par là même d'en diluer l'administrativité par sa soumission à un droit étranger. Pareille contribution à la démystification de l'exclusivité en matière de droit public donne à réfléchir sur la fonction répartitrice généralement attribuée au droit international public dans les domaines relevant de la souveraineté de l'État. C'est l'absence de convergence sur les frontières des sphères publique et privée qui rend nécessaire un raisonnement unilatéraliste du point de vue de l'État qui entend maintenir ses relations administratives sous l'empire d'un régime spécifique, mais qui empêche en même temps de justifier ce dernier par référence à un ordre répartiteur transcendant.

INTERNATIONALITÉ OU ADMINISTRATIVITÉ : LAQUELLE PRIME ?

116-1. En vue de déterminer le juge compétent pour connaître d'un rapport administratif comportant des éléments d'extranéité, faut-il ignorer son administrativité pour faire prévaloir son internationalité, ou l'inverse ? Le Conseil d'État a admis que les juridictions administratives ont une compétence matérielle, commandée par l'applicabilité du droit public français au fond pour connaître d'un contrat administratif, fût-il international (CE sect. 19 avr. 1999, *Tegos*, Lebon 361 ; *RFDA*, 2000. 833, concl. J. Arrighi de Casanova ; *JDI*, 2000. 742, note J.-F. Flauss ; *Rev. crit. DIP*, 2000. 409, concl. J. Arrighi de Casanova, note S. Lemaire ; *RD publ.*, 2000. 378, obs. C. Guettier : « Le juge administratif français n'est pas compétent pour connaître d'un litige né [...] d'un contrat qui n'est en aucune façon régi par le droit français »), de sorte que « la matière administrative efface la localisation » géographique (M. Laazouzi, *Les Contrats administratifs à caractère international*, préc., p. 335) – même si l'applicabilité est établie au regard de la règle de conflit issue de la Convention de Rome du 19 juin 1980 sur la loi applicable aux obligations contractuelles. Cependant, définissant de façon autonome la matière civile et commerciale, le Règlement Bruxelles I est susceptible de fonder la compétence internationale (qui, elle, est bien fondée sur la localisation) des juridictions des États-membres, dans des cas où une personne publique est impliquée (v. H. Muir Watt et E. Pataut, « Les actes *iure imperii* et le Règlement Bruxelles I (à propos de l'affaire *Lechouritou*) », *Rev. crit. DIP*, 2008. 61 et *supra*, n° 110). Admettre l'applicabilité du Règlement Bruxelles I (I *bis*) à un contrat administratif signifie, d'une part, que la compétence matérielle du juge administratif français, tirée de l'administrativité du contrat litigieux, pourrait théoriquement se voir limitée par un critère spatial, d'autre part, que la compétence internationale des juridictions françaises pourrait exister alors même que les juridictions administratives seraient matériellement incompétentes en raison de la présence d'une personne publique étrangère comme partie au contentieux. Or, il n'est nullement établi que la spécificité du contentieux du droit public rendrait substantiellement inappropriés les critères de répartition des litiges dans l'espace dès lors que ceux-ci sont effectivement justiciables des tribunaux du for. En effet, le dessein initial de la Convention postulait la coïncidence de son champ négatif – l'exclusion du droit public étranger – avec celui de l'immunité juridictionnelle. Selon ce schéma, qui reposait ainsi sur un parallélisme entre recevabilité (des demandes fondées sur le droit public étranger) et compétence (à l'égard de l'État étranger), le contentieux civil et commercial coïncidait négativement avec le champ du privilège de l'État étranger, de sorte que les contentieux inclus ou exclus tombaient ainsi de façon nette d'un côté ou de l'autre de la ligne séparatrice du droit privé et du droit public. La Convention tendait en somme à répartir les litiges relevant des seuls tribunaux judiciaires, du moins dans les systèmes qui connaissent un ordre juridictionnel dual. En 1968, à la date de l'adoption de la Convention de Bruxelles, aucun des États européens contractants n'avait encore admis la relativité de l'immunité, et tous maintenaient l'irrecevabilité des demandes fondées sur le droit public étranger. Aujourd'hui, cependant, devant l'évolution intervenue sur ces deux points, on peut se demander si le critère tiré de la matière civile et commerciale en tant qu'il délimite le champ matériel de l'instrument européen ne constitue pas un paramètre dépassé. On ne voit guère ce qui empêche l'extension des règles de compétence conçues spécifiquement en fonction des besoins de la matière délictuelle ou contractuelle, auxquels la nature publique ou privée des entités présentes au prétoire est indifférente. La démonstration en a déjà été faite pour les conventions transnationales entre personnes publiques infra-étatiques, que rien, sinon des réticences essentiellement culturelles, n'empêcherait de faire entrer dans le domaine du Règlement Bruxelles I *bis* (M. Audit, *op. cit.*, p. 285 et s.). Les raisons de bonne administration de la justice (proximité des preuves, accessibilité du juge, etc.) qui fondent la compétence du for du délit lorsque l'action en responsabilité a son origine dans une activité de droit privé ne perdent pas leur signification du seul fait que d'une façon ou d'une autre le litige peut mettre en cause un acte régi par le droit public étranger (v. en ce sens, H. Muir Watt et E. Pataut, « Les actes *iure imperii* et le Règlement Bruxelles I », préc.). Ne conviendrait-il pas désormais, en effet, de procéder comme en matière de droit de la famille, de droit des faillites ou de droit de la sécurité sociale et d'établir positivement en quoi le modèle du procès véhiculé par le Règlement Bruxelles I *bis*, comme les rattachements de compétence retenus, serait intrinsèquement inadapté au contentieux contenant des éléments de droit public ? L'exemple de l'affaire *Lechouritou* (CJCE, 15 février 2007, aff. C-292/05, *Europe*, 2007. Comm. 125, obs. L. Idot) montre que les critères du Règlement pourraient, si l'immunité devait effectivement être écartée, conduire à des solutions qui n'auraient rien de déraisonnable.

Renvois : Sur la responsabilité de l'État pour dysfonctionnement de la justice, v. *supra* n° 67 ; sur la répartition des compétences administratives et judiciaires pour connaître des recours contre des sentences arbitrales impliquant l'État, v. *infra*, n° 241.

Chapitre 2

L'AMÉNAGEMENT CONCRET DE LA COMPÉTENCE INTERNATIONALE EN DROIT PRIVÉ

117. La façon dont un État définit sa propre compétence juridictionnelle internationale peut refléter des considérations très diverses, d'intérêt public ou d'ordre purement privé, dont chacune occupe au demeurant une place variable au regard de l'histoire et du droit comparé. Il peut s'agir ainsi de privilégier la proximité entre le for et les faits litigieux afin de faciliter la bonne administration de la justice, notamment du point de vue de la recherche des preuves ; d'assurer l'accès de ses propres citoyens ou de certaines catégories d'entre eux à ses tribunaux, notamment afin de les faire bénéficier de l'applicabilité de la loi du for ; de poursuivre certains objectifs d'ordre substantiel, pouvant aller de la protection de l'enfant en cas de désunion des parents à la lutte contre la pollution ; de favoriser le commerce international par la promotion des prorogations volontaires de compétence ; de donner corps à des exigences de souveraineté étatique de façon à réserver le traitement de certaines questions aux seuls organes du for ; d'exprimer une forme d'expansionnisme de la justice du for ou au contraire, de réduire les coûts des procédures internationales en régulant l'accès des demandeurs étrangers. Variables sont également la répartition du risque de l'internationalité entre demandeur et défendeur, l'importance donnée à la nationalité des plaideurs comme facteur de compétence juridictionnelle, la structure rigide ou flexible des règles de compétence, le parallélisme entre compétence internationale et compétence interne, ou encore le degré d'asservissement des règles de compétence à des objectifs plus larges, tel le bon fonctionnement du marché intérieur.

118. Si le destin des règles de compétence internationale devait jusqu'à récemment son caractère relativement paisible à son appartenance à la catégorie – perçue comme essentiellement technique – des règles de procédure, il connaît aujourd'hui des remous importants. La première raison réside dans le fait que la globalisation des contentieux voit s'épanouir le rôle du juge et en fait un acteur essentiel de l'équilibre des pouvoirs – ou de ce qui est parfois dénommé la *gouvernance* – dans l'espace mondial. L'exercice de la compétence en devient ainsi un enjeu politique ou économique, même dans le contexte de litiges opposant des personnes privées. En même temps, les services juridictionnels tendent à devenir l'objet d'un marché, qui résulte de l'essor des clauses de choix de for et de stratégies contentieuses d'une sophistication croissante [1]. D'autres transformations de l'environnement international impliquent des bouleversements aussi significatifs. Ainsi, la territorialité et les attaches purement géographiques ne peuvent plus pourvoir à elles seules à la répartition des litiges internationaux, devant la dématérialisation croissante des rapports transfrontières. Au point que les contentieux nés dans l'espace virtuel obligent à revisiter les fondements de la compétence des tribunaux du monde réel.

Mais l'événement contemporain le plus important du point de vue des États européens est la mise en place d'un espace judiciaire commun, qui tend à instaurer des règles uniformes de compétence internationale destinées à assurer le bon fonctionnement du marché intérieur, et à garantir au citoyen européen un accès effectif à la justice dans les rapports intra-européens. À l'heure actuelle, cet espace, devenu très étendu, recouvre d'une part, le domaine patrimonial civil et commercial, d'autre part, le champ de la désunion conjugale et de la responsabilité parentale, ainsi que les procédures d'insolvabilité, les obligations alimentaires et les successions, pour les rapports intégrés à l'Union européenne [2]. Les dispositions sur la compétence y sont complétées par un régime spécifique de libre circulation des jugements dont le Règlement Bruxelles I *bis* constitue l'aboutissement [3], tandis que divers textes importants viennent faciliter, sur le plan des règles de procédure, le déroulement du procès transfrontière (obtention des preuves, transmission des actes, émission d'un titre exécutoire européen, injonction de payer, etc.) [4]. Aujourd'hui,

1. Pour illustrer ce phénomène, v. la saga *Chevron*, *infra*, not. n° 122-1.

2. Règlement CE dit « Bruxelles I », n° 44/2001 du 22 décembre 2000 en matière civile et commerciale (Révisé par le Règlement n° 1215/2012 du 12 décembre 2012 dit « Bruxelles I *bis* ») ; Règlement CE dit « Bruxelles II *bis* », n° 2201/2003 du 27 novembre 2003 en matière de désunion conjugale et de responsabilité parentale ; Règlement CE n° 1346/2000 du 29 mai 2000, en matière de procédures d'insolvabilité ; Règlement n° 4/2009 en matière d'obligations alimentaires ; Règlement n° 650/2012 en matière successorale. Sur le champ d'application de ces instruments, v. *infra*, n° 124.

3. Règlement n° 1215/2012 préc.

4. Règlement n° 1206/2001 du 28 mai 2001 relatif à la coopération des États-membres dans le domaine de l'obtention des preuves en matière civile et commerciale ; Règlement n° 805/2004 du 21 avril 2004 portant création d'un titre exécutoire pour les créances incontestées ; Règlement n° 1896/2006 du 12 décembre 2006 sur l'injonction de payer ; Règlement n° 861/2007 du

cependant, l'espace ainsi constitué n'est pas à l'abri d'incertitudes. Certaines revêtent un caractère technique : ainsi, on peut s'interroger sur l'actualité du modèle constitué par le Règlement Bruxelles I *bis* en matière civile et commerciale, en raison de l'essor probable de contentieux collectifs auxquels il n'est pas adapté. D'autres sont liés au contexte politique international. En effet, la sortie du Royaume-Uni de l'Union européenne (ou « Brexit ») oblige à s'interroger sur ses conséquences quant aux règles de compétence et de circulation des jugements applicable entre les États concernés.

On gardera à l'esprit ces diverses mutations et tensions en envisageant successivement les fondements (sect. 1) et le régime (sect. 2) de la compétence juridictionnelle en droit positif comparé. On y ajoutera la présentation des règles de procédure que doit suivre le juge chargé de trancher un litige international (sect. 3), ainsi que les solutions apportées en cas de procédures concurrentes, qui représentent aujourd'hui un grave risque de fragmentation de l'espace transfrontière et, au-delà des incohérences qu'elles créent pour les justiciables, risquent de saper les fondements même de l'ordre international au sein desquelles elles se développent (sect. 4).

ÉTAT DES QUESTIONS

B. G. — **Sur l'impact de la mondialisation sur la compétence internationale** : J. Allard et A. Garapon, *Les juges dans la mondialisation*, Le Seuil, « République des Idées », 2005 ; H. Muir Watt, « Économie de la justice et droit international privé : une étude de politique judiciaire », *in* S. Chassagnard-Pinet et D. Hierz (dir.), *Approche renouvelée de la contractualisation*, PUAM, 2007, p. 75 ; « La globalisation des marchés : l'économie politique du droit international privé », *Arch. phil. dr.*, 2003, t. 47, p. 232 ; H. Van Loon, « Quelques aspects de la mondialisation dans le domaine des conflits de juridictions », *Trav. Com. fr. DIP*, 2004-2006, p. 227 ; M.-L. Niboyet, « La globalisation du procès civil international dans l'espace judiciaire européen et mondial », *JDI* 2006. 937. *Adde*, F. Mailhé, *L'organisation de la concurrence internationale des juridictions*, Économica, 2016, préf. B. Audit.

Sur l'espace judiciaire européen : G. A. L. Droz, *Compétence judiciaire et effets des jugements dans le Marché commun* (*Étude de la Convention du 27 septembre 1968*), Dalloz,

11 juillet 2007 instituant une procédure européenne de règlement des petits litiges ; Règlement n° 1393/2007 du 13 novembre 2007 relatif à la signification et à la notification dans les États-membres des actes judiciaires et extrajudiciaires en matière civile ou commerciale (signification ou notification des actes), et abrogeant le Règlement (CE) n° 1348/2000 du Conseil ; Règlement n° 655/2014 du 15 mai 2014 portant création d'une procédure d'ordonnance européenne de saisie conservatoire des comptes bancaires, destinée à faciliter le recouvrement transfrontière de créances en matière civile et commerciale.

1972 ; H. Gaudemet-Tallon, *Compétence et exécution des jugements en Europe*, LGDJ, 5e éd. 2015 ; P. Gothot et D. Holleaux, *La Convention de Bruxelles du 27 septembre 1968*, Jupiter, 1985 ; E. Jeuland et A.-M. Leroyer (dir.), *Quelle cohérence pour l'espace judiciaire européen*, Dalloz, « Thèmes et commentaires », 2004 ; E. Jeuland, *Droit processuel*, LGDJ, Précis Domat, 2e éd. 2012, titre 8, nos 554 et s. ; U. Magnus, P. Mankowski (éd.), *Brussels I Regulation*, Sellier, 2e éd. 2012 ; E. Jeuland, « Les développements procéduraux récents de l'espace judiciaire européen : la naissance d'un ordre processuel interétatique », *Trav. Com. fr. DIP*, 2008-2010, p. 55 ; C. Nourissat, « La Cour de justice face aux règlements de coopération judiciaire en matière civile et commerciale », *Trav. Com. fr. DIP*, 2010-2012, p. 19 ; S. Guinchard, C. Chainais, F. Ferrand, *Procédure civile. Droit interne et droit de l'Union européenne*, Précis Dalloz, 33e éd. 2016 ; M.-L. Niboyet, « L'européanisation du droit des conflits de juridictions. Les frontières de l'espace européen de justice », in *Union européenne et Droit international. En l'honneur de P. Daillier*, Pedone, 2013, p. 815.

Sur la révision du Règlement Bruxelles I : N. Castell, P. de Lapasse, « La révision du Règlement Bruxelles I à la suite de la publication du Livre vert de la Commission », *Gaz. Pal.*, 28-29 mai 2010, nos 148-149, p. 26 ; A. Nuyts, « La refonte du Règlement Bruxelles I », *Rev. crit. DIP* 2013. 1014 ; L. d'Avout, « La refonte du Règlement Bruxelles I (Règlement UE no 1215/2012 du 12 décembre 2012) », *D.*, 2013, 1014 ; C. Kessedjian, « Commentaire de la refonte du Règlement no 44/2001 », *RTD eur.* 2011. 1 ; « Le Règlement Bruxelles I révisé : Much ado about… what ? », *Europe*, mars 2013, Étude 3 ; J.-P. Beraudo, « Regards sur le nouveau Règlement Bruxelles I sur la compétence judiciaire, la reconnaissance et l'exécution des décisions en matière civile et commerciale », *JDI* 2013. 741 ; F. Cadet, « Le nouveau Règlement Bruxelles I ou l'itinéraire d'un enfant gâté », *JDI* 2013. 765 ; P. Deumier, M. Laazouzi, E. Treppoz, « Le Règlement Bruxelles I *bis* et la géométrie dans l'espace », *RDC* 2013. 1037 ; G. Cuniberti, « La réforme du Règlement Bruxelles I », *Droit et procédures*, févr. 2013, p. 26 ; H. Gaudemet-Tallon, C. Kessedjian, « La refonte du Règlement Bruxelles I », *RTD eur.*, 2013. 435 ; E. Guinchard (dir.), *Le Nouveau Règlement Bruxelles I bis. Règlement (UE) no 1215/2012 du 12 décembre 2012 concernant la compétence judiciaire, la reconnaissance et l'exécution des décisions en matière civile et commerciale*, Bruylant, 2014.

Sur la théorie générale de la compétence internationale : R. Fentiman : *International commercial litigation, OUP 2010* (et le compte rendu par H. Muir Watt, *Rev. crit. DIP* 2010. 622) ; L. Usunier, *La régulation de la compétence juridictionnelle en droit international privé*, Économica, 2008, préf. H. Muir Watt ; E. Pataut, S. Bollée, L. Cadiet, E. Jeuland (dir.), *Les nouvelles formes de coordination des justices étatiques*, IRJS éd. 2013 ; F. Mailhé, *L'organisation de la concurrence internationale des juridictions*, Économica, 2016, préf. B. Audit.

119. Philosophie politique. — La justice (au sens de l'activité juridictionnelle) est-elle un bien public, dans la mesure où sa fourniture serait nécessairement assurée et financée par l'État ? Les premières réflexions sur l'économie de la justice (v. William M. Landes & Richard A. Posner, « Adjudiciation as a Private Good », 8 *Journal of Legal Studies* 235) tendaient à rechercher (sans pour autant trouver) dans la pratique de l'arbitrage commercial les composantes d'un marché efficient des prestations juridictionnelles, en vue d'améliorer la qualité de la justice étatique dans un cadre purement interne. Une distinction essentielle est déjà très présente dans les préoccupations de Landes et Posner, entre deux dimensions de l'activité juridictionnelle, l'une étant consacrée au seul règlement des différends entre les parties, l'autre impliquant selon des modalités et des conceptualisations diverses, la production normative. Au regard de cette distinction, s'il peut exister un marché privé efficient dans le champ du contentieux commercial privé, sur le modèle de l'arbitrage, un tel marché ne peut concerner que la fonction de règlement ponctuel des différends. Une justice privatisée n'est pas apte, en revanche, à produire des normes sociales efficientes.

Trois décennies plus tard, désormais fortement autonomisé par rapport aux systèmes judiciaires étatiques, l'arbitrage offre des prestations juridictionnelles parallèles dans ce qui a été identifié comme un « marché global des services judiciaires » (J. Dammann, H. Hansmann, « Globalizing Commercial Litigation », 94 *Cornell Law Review* 1). De fait, il est tenu très généralement aujourd'hui pour substituable à la justice étatique, laquelle y trouve son compte au demeurant, car débarrassée de l'ajustement d'intérêts disponibles, ses ressources peuvent être consacrées à la production normative d'intérêt général. À première vue, on arriverait donc à une répartition des rôles : à la justice privée le règlement d'intérêts commerciaux disponibles ; à la justice publique étatique la production normative transfrontière. Cependant, les choses ne sont pas si simples. L'accès à la justice étatique se privatise également au plan international par le biais des clauses de choix de for, tandis que dans les systèmes nationaux les plus compétitifs, les juridictions commerciales nationales tendent aujourd'hui à se comporter elles-mêmes en arbitres. Le récent ouvrage d'un éminent auteur anglais relatif aux accords de choix de for et de loi est très significatif à cet égard, en ce qu'il présente une vision privatisée de la justice en matière internationale, qui transforme les conflits de lois et de juridictions en simple excroissance du droit des contrats, caractérisée par la volonté judiciaire de rendre la justice dans les mêmes conditions que dans ce dernier champ (A. Briggs, *Agreements on Jurisdiction and Choice of Law*, OUP, 2008). Mettre de puissantes voies procédurales étatiques au service des contrats privés n'a donc rien de paradoxal (sur le pouvoir injonctif des juges anglais, v. *infra*, n°s 151, 154, 155). La contractualisation de l'accès à la justice publique signale que les juges étatiques entrent dans le marché privé du règlement des contentieux commerciaux. Dans cette perspective, au sein du marché global des services judiciaires, le juge étatique concourt à égalité avec l'arbitre privé, autant en raison de la progressive autonomisation de l'arbitrage que par la privatisation délibérée de la justice étatique.

Aujourd'hui, la contractualisation de l'accès aux services juridictionnels en matière internationale devient synonyme de la maîtrise des acteurs économiques sur la production normative, dont les États sont peu à peu dépouillés. Pour une large part, en effet, l'activité productrice de normes des juridictions étatiques est neutralisée dans les rapports internationaux par la mobilité juridictionnelle dont jouissent très largement les acteurs économiques, qui s'en trouvent de fait investis du pouvoir d'en disposer, c'est-à-dire de disqualifier la justice dans sa dimension de bien public. Pareille transformation de la justice commerciale internationale en bien privé, objet d'un marché global, incite, sur le plan théorique, à s'interroger sur la place laissée, à l'intérieur ou à côté du traitement de ce contentieux, à la régulation prétorienne des rapports transfrontières. Celle-ci revient-elle aux seules juridictions publiques, ou la globalisation est-elle aussi nécessairement synonyme de privatisation rampante de la production normative, en somme de dérégulation ?

THÉORIE GÉNÉRALE

119-1. Qu'est ce qu'un « *conflit* » de juridictions ? — Le « conflit » dont il s'agit est devenu, dans la perception doctrinale dominante, un concept bien paisible. Suggérant une analogie avec les conflits de lois, le terme est traditionnellement utilisé pour désigner la situation dans laquelle il est nécessaire de déterminer la compétence internationale des tribunaux du for en raison de la vocation concurrente des tribunaux d'un autre État. Cette concurrence repose sur le postulat, progressivement conquis (en France depuis l'abandon du principe de l'incompétence des tribunaux étrangers à raison de l'extranéité des plaideurs en 1948 : v. *infra*, n° 128), d'une possible fongibilité des juridictions des différents pays en matière de droit privé. Les raisons de souveraineté étant passées à l'arrière-plan (v. *supra*, n°s 57 et s.), le choix du juge (sur la signification du « juge » au regard de la règle de compétence internationale, v. *infra*, n°s 121, 240) qui tranchera le litige reposera sur des considérations de simple proximité géographique, comme si le seul enjeu était d'ordre processuel, tenant à la bonne administration de la justice, comme dans l'espace judiciaire purement interne. Le caractère paisible de la matière est cependant quelque peu perturbé par le fait que le contentieux international suscite désormais de « vrais » conflits juridictionnels, dans lesquels l'affirmation d'une compétence devient enjeu de pouvoir et s'accompagne d'armes puissantes (v. *infra*, not. n° 155, n° 185).

Qu'est-ce qu'un conflit de « *juridictions* » ? — Que ce soit sous l'angle de la détermination de la compétence internationale directe ou des effets des jugements étrangers, les conflits de « juridictions » ne mettent pas nécessairement en présence deux autorités juridictionnelles. La compétence juridictionnelle internationale désigne en réalité la vocation d'un État à faire intervenir un organe pour trancher un litige. Il revient ensuite à cet État de déterminer la compétence interne, mais aussi la nature de l'organe habilité à prendre la décision en question. Le conflit de « juridictions » peut donc, apparemment, mettre aux prises deux autorités administratives, par exemple, ou concerner les effets internationaux d'une décision prononcée par un organe public non judiciaire : en réalité, le « conflit », ou la vocation à intervenir, concerne l'État lui-même, et ce n'est que par économie de langage qu'on le déplace d'un cran vers les organes qui le représentent.

Toutefois, l'essor de l'administration publique du droit privé, le développement d'autorités administratives indépendantes, la déjudiciarisation de certains contentieux (comme celui du divorce), l'accroissement du champ de la juridiction gracieuse, ont conduit au cours de la période contemporaine à reconnaître l'existence d'un champ disciplinaire distinct, constitué des conditions et des effets du déploiement international des activités des organes publics non juridictionnels. La détermination des frontières de la matière dénommée par Niboyet « les conflits d'autorités » oblige cependant à certaines précisions. Le « conflit de juridictions » désignant essentiellement une méthodologie, les activités des officiers publics ainsi que les actes publics qui présentent les mêmes caractéristiques fonctionnelles que le jugement contentieux – longtemps le paradigme de la décision individuelle – continuent certainement à en relever. Par exemple, dans le célèbre exemple du divorce administratif dans l'affaire *Rivière* (Cass. civ. 1re, 17 févr. 1953, *Rev. crit. DIP*, 1953. 412, note Batiffol ; *JDI*, 1953. 860, note Plaisant ; *JCP*, 1953. II. 7863, note Buchet ; *RabelsZ*, 1955. 520, note Francescakis ; *GA*, n° 26), la méthode de reconnaissance des décisions étrangères élaborée pour les jugements contentieux était – et demeure – applicable. De manière comparable, la compétence internationale directe dans un cas de divorce se détermine de façon identique, même si, comme dans cette même affaire *Rivière*, l'organe qui l'exerce au nom de l'État n'est pas un organe judiciaire. Dans les deux cas, la méthodologie propre aux conflits de juridictions est applicable parce qu'est en cause le prononcé d'une décision individuelle – peu important qu'elle soit judiciaire ou non (sur ce critère, v. P. Mayer, *La Distinction entre règles et décisions en droit international privé*, Paris, Dalloz, 1973 ; *supra*, n° 24). En revanche, dès lors qu'il s'agit d'émettre un acte qui n'est pas décisionnel – peu important que l'organe habilité à le faire soit ou non judiciaire : par exemple, un juge qui donne acte d'un accord entre les plaideurs n'exerce aucune activité juridictionnelle – la méthodologie spécifique au conflit de juridictions n'est plus applicable, et il s'agira de déterminer les cas d'intervention de l'autorité publique, comme les conditions de circulation des actes publics qu'elle émet, selon des critères propres (sur lesquels *infra*, nos 593 et s.). Le critère du conflit de « juridictions » est donc fonctionnel, non institutionnel (pour une illustration des difficultés relatives à la détermination des décisions pouvant recevoir *exequatur*, v. not. Paris, 2 avr. 1998, *Rev. crit. DIP*, 1999. 102, note C. Pamboukis, cassé par Cass. civ. 1re, 17 oct. 2000, *Rev. crit. DIP*, 2001. 121, notes (distinctes) J.-P. Rémery et H. Muir Watt ; *D.*, 2001. 688, note J.-L. Vallens).

Sur le conflit mettant en présence une autorité étatique (ou un jugement ou acte public) et une juridiction arbitrale (ou une sentence arbitrale), v. *infra*, nos 241, 891.

120. Qu'est-ce qu'une règle de compétence ? — La question est celle des rapports entre compétence et procédure. En principe, les deux catégories se distinguent nettement. La compétence détermine les cas d'intervention des tribunaux et la procédure les modalités de leur fonctionnement. L'enjeu est important : dans l'espace judiciaire européen, si la première relève des règles uniformes, la seconde appartient au droit des États-membres. Toutefois, une certaine interférence entre les deux catégories est inévitable. Par exemple, dans le cadre de la Convention/Règlement Bruxelles I, le for dérivé de l'article 6 habilite le juge d'un État-membre à connaître d'une demande connexe à celle dont il est saisi et relevant normalement de la compétence d'un autre for, mais les règles de procédure de celui-ci peuvent ne pas permettre la jonction des demandes. Ainsi s'explique la mise en garde de la Cour de justice dans *Kongress Agentur Hagen v. Zeehage BV*, qui rappelle dans ce cas que les règles nationales de procédure ne doivent pas priver les règles conventionnelles de compétence de leur effectivité (CJCE, 15 mai 1990, aff. C-365/88, Rec., I-1845 ; *Rev. crit. DIP*, 1990. 568, note H. Gaudemet-Tallon ; *JDI*, 1991. 498, obs. A. Huet). Une autre illustration aiguë de ce risque concerne le pouvoir injonctif du juge anglais, qui figure parmi les sanctions procédurales de l'abus de droit, mais qui, dans sa version *anti-suit*, affecte la mise en œuvre de règles de compétence (v. *supra*, n° 84). Il ne faut pas oublier enfin que les diverses traditions peuvent retenir des conceptions variables de la catégorie procédure (comp. sur ce point les interrogations de A. Layton, « The prohibition on antisuit injunctions and the relationship between European rules on jurisdiction and domestic rules on procedure », in P. de Vareilles-Sommières (dir.), *Forum Shopping in the European Judicial Area*, Oxford, Hart Publishing, 2007).

121. Quel est l'objet propre de la règle de compétence internationale ? — Une règle de compétence interne désigne un tribunal déterminé. La règle de compétence internationale désigne un État, ou plutôt l'ensemble des tribunaux d'un État (ceux du for, ou, en cas de traité ou de règlement européen, ceux des États participants). La détermination du tribunal spécialement compétent relève alors des règles de compétence territoriale ou d'attribution internes à l'État auquel la compétence juridictionnelle est ainsi reconnue. Par exemple, la présence du domicile du défendeur en France donne vocation à la France, au regard de la règle de compétence internationale, à exercer sa compétence juridictionnelle. Savoir plus précisément quel tribunal est spécialement habilité à le faire dépend des règles de compétence interne. En droit international privé commun, cette distinction n'est guère sensible, car la règle de compétence internationale est unilatérale. La détermination de la compétence globale des tribunaux français n'est pas toujours perçue comme une opération distincte de celle qui consisterait par exemple à justifier celle du tribunal de grande instance de Paris dans une affaire déterminée : la même règle de compétence territoriale interne est d'ailleurs dédoublée pour servir les deux fonctions. Toujours en droit commun, la compétence juridictionnelle d'un État étranger n'est en cause qu'à l'occasion des effets des jugements. Dans ce dernier contexte, l'exigence de compétence « indirecte » vise bien à vérifier que le jugement émane de l'État reconnu par le for requis comme ayant vocation à émettre une décision à l'égard du litige ; en revanche, la compétence du tribunal étranger spécialement habilité à trancher le litige n'est pas, quant à elle, vérifiée (v. Cass. civ., 4 oct. 1967, *Bachir, Rev. crit. DIP*, 1968. 98, note P. Lagarde ; *JDI*, 1968. 102, note B. Goldman ; *D.*, 1968. 95, note E. Mezger ; *JCP*, 1968. II. 15634, note J. B. Sialelli ; *GA*, n° 45, et *infra*, n° 276).

En droit européen, la répartition multipartite des compétences dans l'espace judiciaire intégré renouvelle cependant la donne. La fonction de la règle de compétence, désormais répartitrice et non simplement unilatérale, est toujours de distribuer les litiges entre les différents États-membres. Par exemple, aux termes de l'article 4 du Règlement Bruxelles I *bis*, est compétent l'État-membre du lieu où le défendeur a son domicile. Les règles de procédure civile interne de cet État prendront alors le relais pour désigner le tribunal spécialement compétent. Mais il arrive que certaines règles de compétence se dédoublent pour désigner, au-delà de la compétence globale des tribunaux d'un État-membre, le tribunal spécialement compétent. Il en va ainsi des options de compétence de l'article 7 ou encore des fors spécifiques de protection (v. *infra*, n°s 140, 788, 954, 968). Par exemple, au regard de l'article 7-2, en matière délictuelle, le demandeur peut saisir soit le for de l'article 4 (ce qui renvoie globalement aux tribunaux du domicile du défendeur) soit le tribunal situé précisément au lieu du fait dommageable. Dans ce dernier cas, la règle européenne désigne le tribunal spécialement compétent et modifie le cas échéant la compétence territoriale interne de l'État-membre concerné.

Cette situation rapproche le statut de l'espace judiciaire commun de celui d'un territoire unique, du point de vue de la compétence juridictionnelle. L'existence de ces règles spéciales crée l'impression d'une répartition purement interne des compétences territoriales. À terme, l'effacement des frontières juridictionnelles, désormais acquis avec la disparition de l'*exequatur* et l'apparition du titre exécutoire européen (v. *infra*, n°s 311 et s.) conduira peut-être à faire de l'ensemble du territoire que recouvre l'Union européenne un territoire unique du point de vue juridictionnel. Dans ce cas, la règle de compétence européenne aurait pour objet la détermination de la compétence interne de l'espace européen. La révision du Règlement Bruxelles I ne s'est pas encore orientée cependant vers une voie aussi radicale. Pour l'heure, la coexistence entre l'article 4 (compétence générale) et les règles de compétence spéciales montre toutefois que ces dernières jouent en réalité une double fonction, celle, implicite, de désigner d'abord l'État-membre compétent, puis, le tribunal spécialement compétent.

De cette analyse, il résulte qu'alors même que la règle de compétence internationale se sert des mêmes critères que la règle de compétence territoriale interne (sur ce point, v. *infra*, n° 127), la première a toujours une fonction répartitrice des litiges sur le plan international, qui la distingue par nature de la règle procédurale interne (sur le débat relatif à la nature des règles de compétence internationale, qui a surtout des incidences sur leur régime procédural, v. *infra*, n°s 176 et s.).

122. Quels sont les conflits visés ? — Tout d'abord, l'existence d'un conflit de juridictions suppose-t-elle une situation internationale ? À vrai dire, l'attention portée à cette question est généralement réduite, l'unilatéralité des règles de compétence juridictionnelle rendant superflue toute recherche préalable de l'internationalité des situations dans lesquelles elles s'appliquent – à l'exception cependant de la prorogation volontaire de for, où la condition d'internationalité est exigée (comp. au sujet des conditions de mise en œuvre de l'article 17 de la Convention de Bruxelles [25 Règlement Bruxelles I *bis*], Cass. civ. 1re, 4 oct. 2005, *Rev. crit. DIP*, 2006. 413, note M. Audit ; *contra* cependant, G. A. L. Droz, *Compétence judiciaire et effets des jugements dans le marché commun*, Dalloz, 1972, p. 23 et s.). Cependant, le débat relatif au champ d'application dans l'espace du Règlement Bruxelles I (v. *infra*, n° 125) introduit de nombreux remous dans ce domaine jusqu'ici paisible. La Convention de La Haye de 2005 sur les clauses exclusives d'élection de for subordonne quant à elle son applicabilité à un critère d'internationalité objective (article 1er, § 1 et 2), mais omet d'exiger cette dernière condition s'agissant de l'*exequatur* des jugements rendus en vertu d'une telle clause (article 1er, § 3 ; sur ce point, v. L. Usunier, « La Convention de La Haye du 30 juin 2005 sur les accords d'élection de for. Beaucoup de bruit pour rien ? », *Rev. crit. DIP*, 2010. 37, et spéc. p. 50).

Le conflit de juridictions peut également mettre en présence de la vocation concurrente d'une procédure étatique et d'une instance arbitrale. Théoriquement, le conflit se réglera alors en faveur de celle-ci dès lors qu'elle résulte d'une clause d'arbitrage valable et licite (v. *infra*, n°s 875 et s.). Il sera tranché par l'arbitre lui-même, auquel le juge étatique cède la primauté de la détermination de l'efficacité de la clause d'arbitrage, en vertu du principe « compétence-compétence » (v. *infra*, n° 876). Cependant, de récentes affaires telles la saga *Chevron* (*infra*, n° 122-1) illustrent la réalité, plus complexe, de l'arbitrage d'investissement utilisé comme mesure de rétorsion contre une procédure judiciaire en cours dans l'État d'accueil.

122-1. La dynamique du droit de la compétence internationale : le rôle des grandes affaires contentieuses. L'une des caractéristiques essentielles en ce domaine est l'interaction particulièrement remarquable entre la pratique, inventive, et le droit, réflexif. L'explication est probablement d'ordre économique : la bataille déterminante se livre lors de la définition de la compétence internationale et commande ainsi de considérables investissements dans le renouvellement des arguments et des stratégies juridiques. Ainsi, de grandes affaires aux ramifications multiples repoussent constamment les limites de l'acquis. D'où une impression de désordre global ou de spirale sans fin. Par exemple, les rebondissements juridiques spectaculaires de l'affaire *Chevron*, qui ont tenu le monde en haleine ces dernières années. La bataille, engagée après une première décision de *forum non conveniens* aux États-Unis, a impliqué successivement ou simultanément : les juridictions de l'Équateur ; plusieurs procédures d'exécution pendantes en Argentine, au Brésil et au Canada contre des filiales de Chevron ; la Cour permanente d'arbitrage de La Haye au titre de l'arbitrage d'investissement ; de multiples interventions, mesures et contre-mesures de la part des juridictions américaines, qui ont relevé avec une inventivité implacable le défi de l'effectivité du pouvoir judiciaire dans un monde en fragmentation croissante. L'affaire intéresse aussi bien le droit de la corruption que celui de l'environnement. Techniquement, elle engage la loi RICO (*Racketeers Influence and Corrupt Organisations*) autant que la rétorsion sous forme de trust. Elle met en présence de la figure inédite de l'ordre « anti-exécution global » (pour une chronique des diverses étapes v. H. Muir Watt, *Rev. crit. DIP*, 2011. 339, puis 2014. 397). D'autres grands contentieux, tels ceux développés dans l'affaire *Kiobel* (*infra*, n° 63) permettent de comprendre, par exemple, la relation entre la compétence fondée sur une clause attributive de juridiction et l'ordre public (v. ég. l'affaire *Lloyd's*, *infra*, n° 892-1), ou encore comment la définition de la compétence internationale affecte la structure du capital des entreprises. Ce qui est vrai des contentieux « globaux » l'est également dans la sphère intra-européenne, où de grands cas comme *Owusu*, *Krombach*, *Viking* et *Laval*, ou *Wagner* ont infléchi sensiblement les contours des conflits de juridictions.

L'ESPACE JUDICIAIRE EUROPÉEN

123. La rationalité de l'espace européen. — Le rappel de quelques grandes lignes suffira ici, afin de situer l'espace judiciaire européen dans le contexte des conflits de juridictions de droit commun. De la perspective du juge saisi, il est important de pouvoir déterminer l'applicabilité des règles qui gouvernent cet espace par rapport au droit commun, et d'en comprendre l'économie. Mais sa spécificité et le volume de contentieux qu'il recouvre désormais sont tels qu'il y a lieu de lui consacrer des développements autonomes (*infra*, n° 124, n° 1119). Par ailleurs, le contenu des règles de compétence spéciales fera l'objet de développements plus approfondis en rapport avec la matière concernée, dans le tome 2 de cet ouvrage.

Comprendre la rationalité de l'espace judiciaire européen est facile à un premier niveau : fondé sur des règles de compétence uniformes et sur le principe de libre circulation des jugements, cet espace se définit par référence à deux séries de considérations complémentaires.

D'une part, sa rationalité *politique* : le principe fondamental de confiance mutuelle conduit à répartir les compétences de façon à éliminer les risques d'abus, notamment sous la forme de fors exorbitants, et à s'assurer qu'une fois le jugement rendu, les frontières nationales – naguère aptes à abriter les mauvais payeurs – ne constituent pas une entrave à la libre circulation des jugements. Sur le premier point, la teneur des divers textes a évolué progressivement de façon à transformer une entreprise de simple aplanissement technique des différences nationales en un instrument actif d'intégration, conférant aux règles de compétence juridictionnelle une fonction substantielle qu'elles ne revêtaient jusqu'alors que rarement dans les droits des États-membres. S'agissant de la circulation des jugements, l'ambition du législateur européen, désormais concrétisée dans le titre exécutoire, est de parvenir à la suppression de l'*exequatur*, dont la fonction traditionnellement protectrice des intérêts nationaux est déjà très largement entamée par l'inversion du contentieux opérée par le Règlement n° 44/2001. Cette suppression est désormais pleinement consacrée par le Règlement Bruxelles I révisé. Sur l'un et l'autre plan, la confiance mutuelle que se doivent les États-membres est à la mesure des concessions réciproquement consenties. La discipline requise des États tend ainsi à établir un espace judiciaire sans frontières, constitué de juridictions largement fongibles.

D'autre part, sa rationalité *économique* : comme le montrent les travaux des auteurs espagnols M. Virgos Soriano et F. Garcimartin Alferez (*Derecho Processual Civil Internacional*, Civitas, Madrid, 2000 et le compte rendu, *Rev. crit. DIP*, 2001. 263), les règles communes de compétence et de circulation des jugements sont conçues de façon à diminuer les coûts de transaction liés au contentieux transfrontière et à faire peser le risque de l'internationalité sur celui des plaideurs qui est le mieux à même d'en assurer le coût (cependant, pour une approche plus critique du coût des règles de compétence, v. J. Dammann, « A New Approach to Corporate Choice of Law », 38 *Vand. J. Transnat'l L.*, 51, 2005). Ce sont des raisons d'économie procédurale qui expliqueraient ainsi la compétence de principe du juge du domicile du défendeur, ou la consécration du *forum loci* en matière de mesures provisoires, ou encore le critère purement chronologique permettant de départager deux juges concurremment saisis en cas de litispendance (comp. aussi l'instauration de procédures européennes destinée à accélérer et à réduire le coût de la justice transfrontière : *infra*, n°s 311 et s.). La fluidité des échanges économiques transfrontières que tend à instaurer le marché intérieur impliquerait en effet aussi bien d'éliminer les entraves résultant des conflits de lois nationales au fond que de neutraliser le compartimentage procédural lié aux particularismes des droits des États.

Mais ces analyses, qui représentent l'« acquis » positif de l'espace judiciaire européen, ne suffisent sans doute pas à en capter toute la spécificité. Il est en effet important de mettre en exergue l'importance pour la compréhension de cet acquis de ce qui n'est pas unifié. Dans cette perspective, l'espace judiciaire est aussi un instrument de gestion et de rencontre des différences, se construisant dans un contexte de diversité des droits processuels nationaux. On sait depuis l'arrêt *Kongress Agentur* (CJCE, 15 mai 1990, préc.) que l'espace judiciaire européen n'est pas un espace d'uniformité procédurale. Sa spécificité est ainsi de constituer un ordre processuel sans unité de règles de procédure. Or, le problème est très nettement de trouver un point d'équilibre entre les politiques européennes décrites plus haut, qui supposent un certain gommage des différences, et l'autonomie des États-membres, dans un contexte d'hétérogénéité procédurale considérable. À cet égard, la Cour de justice se fonde sur le principe de confiance mutuelle pour éliminer les unilatéralismes nationaux : « *La convention repose nécessairement sur la confiance que les État-contractants accordent mutuellement à leurs systèmes juridiques et à leurs institutions judiciaires. C'est cette confiance mutuelle qui a permis la mise en place d'un système obligatoire de compétence, que toutes les juridictions entrant dans le champ d'application de la convention sont tenues de respecter, et la renonciation corrélative par ces mêmes États à leurs règles internes de reconnaissance et d'exequatur des jugements étrangers au profit d'un mécanisme simplifié de reconnaissance et d'exécution des décisions de justice* » (CJCE, 9 déc. 2003, *Gasser*, C-116/02, et *Turner v. Grovit*, C-159/02 [2004], *Rec.*, I-3565 ; *Rev. crit. DIP*, 2004. 654, note H. Muir Watt). Le modèle en résultant est le modèle processuel civiliste. Sur la perception de l'espace judiciaire commun par les juristes du *common law*, v. J. Harris, « Understanding the English Response to the Europeanisation of Private International Law », *Journ. PIL*, 2008.347.

124. Qu'est-ce qu'un conflit de juridictions intra-européen ? — La question revêt une importance particulière dès lors que, depuis le Brexit, les échanges générateurs de contentieux concernant le Royaume-Uni seront sans doute, au moins en partie, hors marché intérieur. Sur le champ d'application dans l'espace du droit judiciaire européen : H. Gaudemet-Tallon, « Les frontières extérieures de l'espace judiciaire européen : quelques repères », in *Mélanges Droz*, Martinius Nijhoff, 1996, p. 85 ; E. Pataut, « Qu'est-ce qu'un litige "intracommunautaire" ? Réflexions autour de l'article 4 du Règlement Bruxelles I », in *Études offertes à J. Normand*, Litec, 2003, p. 365 ; R. Libchaber, obs. *Rev. crit. DIP*, 1995. 754 ; M. Fallon, « L'applicabilité du Règlement Bruxelles I aux situations externes après l'avis 1/03 », in *Mélanges en l'honneur de H. Gaudemet-Tallon*, Dalloz, 2008, p. 241 ; P. de Vareilles-Sommières, « La compétence internationale de l'espace judiciaire européen », *ibid.*, p. 397. Si les frontières extérieures de l'Union européenne sont celles des territoires de l'ensemble des États-membres (v. la décision du Conseil du 20 sept. 2005 d'étendre l'application du Règlement Bruxelles I au Danemark, *JOUE*, n° L 299), la détermination – distincte – du champ spatial des instruments de droit dérivé ne va pas sans difficultés (v. sur l'ensemble, S. Francq, *L'applicabilité du droit communautaire dérivé au regard des méthodes du droit international privé*, Bruylant, LGDJ, 2005, préf. M. Fallon). La difficulté ne s'est cependant pas manifestée immédiatement. Du moins le champ de la Convention de Bruxelles du 27 septembre 1968, à laquelle a succédé le Règlement dit « Bruxelles I » (et désormais « Bruxelles I *bis* », dont la numérotation est utilisée ci-après), est-il défini de façon apparemment simple selon trois paramètres, qui indiquent le degré d'intégration à l'Union européenne de diverses catégories de litiges (tout en se servant par ailleurs de critères de compétence à l'intérieur de l'Union européenne. Sur la double fonction de l'article 4, v. *infra*, n° 125). Ainsi, le litige est intra-européen, justifiant l'applicabilité des seules règles de compétence uniformes, dès lors que le défendeur est domicilié dans un État-membre (art. 4), ou que le juge d'un État-membre a été désigné par une clause attributive de juridiction (art. 25 Règlement), ou que l'un des chefs de compétence exclusive (visé par l'art. 24 Règlement, sur lesquels v. *supra*, n° 72) se réalise sur le territoire d'un État-membre. En réalité, chacun de ces critères appelle des précisions ou soulève des difficultés. Ainsi, si le domicile du défendeur (défini selon le droit de l'État-membre dont il est prétendu qu'il l'héberge : art. 63 Règlement) entraîne en principe l'applicabilité du Règlement, encore faut-il savoir si tel est nécessairement le cas lorsque le contentieux est interne à un État-membre ou propre à cet État-membre et un État-tiers (*infra*, n° 125). Par ailleurs, alors même que le défendeur serait domicilié à l'extérieur de l'Union européenne, le Règlement exerce néanmoins un impact important en prévoyant dans ce cas un privilège de juridiction au profit de tout demandeur domicilié dans un État-membre, qui est ainsi habilité à se prévaloir des règles de droit commun de cet État à l'encontre d'un défendeur domicilié dans un État-tiers (art. 6-2 Règlement). Enfin, alors que le Règlement Bruxelles I *bis* tient compte dans une certaine mesure des procédures se déroulant dans des États-tiers pour les besoins de la litispendance (v. *infra*, n° 210-1), les chefs de compétence exclusive de l'article 24 continuent de soulever la question de l'effet dit « réflexe » ou réciproque du Règlement (identifiée par G. A. L. Droz, *Compétence judiciaire et effets des jugements dans le Marché commun* (*Étude de la Convention du 27 septembre 1968*), Dalloz, 1972, n° 164 ; M. Fallon, art. préc.), dans le cas où ils se réalisent dans un État-tiers.

Par ailleurs, le Règlement Bruxelles I *bis* introduit cependant quelques modifications : ainsi, les règles de compétence relatives au consommateur (art. 17 et s. ; spéc. 18) et au salarié (art. 20 et s. ; spéc. 21-2°) seront à l'avenir applicables alors même que l'employeur où le professionnel défendeur ne serait pas situé sur le territoire de l'UE ; s'agissant par ailleurs des clauses attributives de juridiction, il ne sera plus exigé que l'une des parties à l'élection de for soit domiciliée dans un État-membre (art. 25).

Des interrogations analogues surgissent au sujet des autres instruments relatifs à la compétence. Les instruments « satellites » du Règlement Bruxelles I *bis* (v. *infra*, n°s 151, 197, 199, 311 et s.) suivent, peu ou prou, le même modèle.

En revanche, le champ du Règlement Bruxelles II *bis* se présente comme virtuellement illimité, sachant qu'il devient en réalité le droit commun de la compétence en matière de désunion (v. B. Ancel et H. Muir Watt, « La désunion européenne : le Règlement dit Bruxelles II », *Rev. crit. DIP*, 2001. 403 ; comp. « L'intérêt supérieur de l'enfant dans le concert de juridictions : le Règlement Bruxelles II *bis* », *Rev. crit. DIP*, 2005. 569). La répartition entre le droit commun et les règles uniformes s'opère ensuite sous l'égide des articles 6 et 7 (qui distribuent les règles s'appliquant à titre exclusif et les compétences « résiduelles »), l'article 7, al. 2 consacrant en outre un privilège de juridiction au profit du demandeur résidant habituellement dans un État-membre, qui peut invoquer les règles de compétence y compris exorbitantes de cet État à l'encontre du défendeur résidant habituellement dans un État-tiers.

Quant au Règlement sur les procédures d'insolvabilité, de façon assez insolite, son champ d'application n'est défini que dans le Préambule, qui précise que l'instrument ne s'applique que lorsque le centre des intérêts principaux du débiteur est situé dans l'Union européenne. Cependant, le dispositif coopératif qu'il met en place ne peut trouver sa pleine efficacité que si l'entreprise est entièrement située sur le territoire européen, c'est-à-dire, lorsque les procédures principale et ancillaire(s) sont toutes régies par lui et les divers syndics tenus d'exercer leurs pouvoirs dans le respect des principes de coordination qu'il pose. En revanche, la compétence du juge du lieu du centre des intérêts principaux du débiteur pour ouvrir une procédure principale (art. 3) s'impose à l'exclusion du droit international privé commun dès lors que ce lieu est situé dans le ressort d'un État-membre. Il en résulte en pratique une singulière diversité des situations qui en découleront (v. D. Bureau « La fin d'un îlot de résistance. Le Règlement du Conseil relatif aux procédures d'insolvabilité », *Rev. crit. DIP*, 2002. 613, spéc. p. 621, et v. *infra*, n°s 1097 et s.).

Ainsi, la CJUE a admis qu'il suffisait pour que le Règlement s'applique que le centre des intérêts principaux du débiteur soit situé sur le territoire d'un État-membre, alors même que le seul élément d'extranéité de la situation serait situé sur le territoire d'un État-tiers (CJUE, 16 janvier 2014, *D.*, 2014. 915, note F. Jault-Seseke, D. Robine ; *JCP*, 2014, 253, note F. Mélin ; *Rev. crit. DIP*, 2014. 670 note D. Bureau).

Une conception extensive du champ d'application du droit juridictionnel de l'Union européenne caractérise également les nouveaux règlements sectoriels récemment adoptés (Obligations alimentaires : *infra* n° 788 ; Successions : *infra* n° 852), la compétence des juridictions des États-membres étant en principe prévue même lorsque le domicile du débiteur d'aliments ou du défunt est ou était dans un État-tiers. Il en va de même dans le cas des instruments régimes matrimoniaux (*infra*, n°s 813 et s.) et partenariats (*infra*, n°s 816 et s.) où une compétence, soit dérivée soit volontaire, est complétée par une série très étendue de critères subsidiaires.

125. L'impérativité de l'article 4 du Règlement Bruxelles I *bis* : la nouvelle « question anglaise ». — En obligeant à affronter la question du champ d'application dans l'espace des règles de compétence contenues dans la Convention (Règlement) de Bruxelles, les arrêts *Groupe Josi* (CJCE, 13 juill. 2000, C-412/98, *Rec.*, I-5925, concl. N. Fennelly ; *JDI*, 2002. 623, obs. F. Leclerc ; *Rev. gén. dr. ass.*, 2000. 931, note V. Heuzé) et *Owusu* (CJCE, 1er mars 2005, C-281/02, *Rev. crit. DIP*, 2005. 698, note C. Chalas, *Gaz. Pal.*, 2005, n° 148, p. 31, note M.-L. Niboyet ; *JDI*, 2005. 1177, note G. Cuniberti, M. Winkler) ont eu pour effet de relancer la discussion sur la définition du conflit de juridictions (v. *supra*, n° 119) de façon inattendue et a conduit dans le Règlement Bruxelles I *bis* à la prise en compte explicite des pays-tiers dans les cas évoqués *supra* n° 124). Comme le fait remarquer C. Chalas (note préc.), l'arrêt *Groupe Josi* (qui tranchait un cas où était en cause la compétence des tribunaux belges du domicile du défendeur saisis sur le fondement de l'article 2 de la Convention (et du Règlement Bruxelles I), devenu 4 du Règlement Bruxelles I *bis*, et des tribunaux français dont la compétence était invoquée sur le fondement du droit commun), ne fait que préciser quels plaideurs pouvaient invoquer ou se voir opposer la Convention de Bruxelles (celle-ci est applicable chaque fois que le défendeur est domicilié dans un État-contractant, même si le demandeur est domicilié dans un pays-tiers), mais n'identifie pas les conflits de juridictions (impliquant les seuls État-contractants ou s'étendant aux pays-tiers) concernés. Le même auteur propose d'interpréter l'arrêt *Owusu* comme s'appliquant aux conflits de juridictions intra-européens (ce qui était le cas en l'occurrence en raison du domicile anglais du demandeur), mais de ne pas en étendre la portée au cas où le seul conflit de juridictions en présence est celui qui met en concurrence le for du domicile du défendeur et un for tiers.

Pareille conception suppose d'identifier, au sein de l'article 4, une double fonction qui n'appelle pas un régime unitaire. D'abord celle, qui ne soulève pas de difficulté particulière, de répartir les litiges entre les tribunaux des États-membres ; ensuite celle, plus problématique depuis l'arrêt *Owusu*, de trancher les conflits de juridictions entre tribunaux européens et ceux des États-tiers (comp. dans le même sens, P. de Vareilles-Sommières, « The mandatory nature of article 2 of the Brussels convention and derogation from the rule it lays down », in *Forum Shopping in The European Judicial Area*, préc.).

Elle oblige aussi à s'interroger sur le caractère exorbitant que revêt désormais la compétence fondée sur l'article 4 (P. Schlosser, « Jurisdiction in international litigation. The issue of human rights in relation to national law and the Brussels Convention », *Riv. dir. int.*, 1991. 5, et le compte rendu de P. Lagarde, *Rev. crit. DIP*, 1992. 626 ; F. K. Juenger, « La Convention de Bruxelles du 27 septembre 1968 et la courtoisie internationale », *Rev. crit. DIP*, 1983. 37), dès lors qu'elle revêt un caractère impératif même dans le cas où le litige entretient des liens étroits avec un autre État-tiers (*Owusu*, préc.). L'article 4 l'emporte ainsi sur la compétence concurrente du for d'un pays-tiers saisi en vertu de son propre droit commun. Pareille fondamentalisation de l'article 4 est de nature à perturber les rapports avec les pays non membres de l'Union européenne. Dans l'affaire *Owusu*, il n'y avait aucune raison en effet de penser que les objectifs du droit de l'Union européenne étaient inhibés par le dessaisissement du juge anglais saisi au profit d'un juge tiers, dont la compétence aurait été admise au regard de l'article 5-3 (7-2 Bruxelles I *bis*) ou de l'article 6-1 (8-1 Bruxelles I *bis*) s'il avait été juge d'un État-contractant. Quoi qu'il en soit, on peut s'interroger sur la portée de la solution, et se demander si le conflit doit se régler de la même façon quel que soit le fondement de la compétence du for tiers. Sur les difficultés que soulève cette extension du domaine de l'instrument européen en cas de litispendance impliquant un pays-tiers, v. *infra*, n° 210-1.

Il résulte du droit positif que le litige est donc suffisamment intégré à l'Espace judiciaire européen pour relever du Règlement Bruxelles I *bis* : lorsque le défendeur est domicilié dans un État-membre, alors même que le demandeur serait domicilié quant à lui dans un État-tiers (CJCE, 13 juillet 2000, *Groupe Josi*, préc.) ; lorsque le demandeur et le défendeur sont domiciliés dans un même État-membre, mais que le litige entretient des liens avec un autre État-membre (Cass. com., 30 janvier 2001, *Rev. crit. DIP* 2001. 539, note S. Poillot-Peruzzetto) ; lorsque le demandeur et le défendeur sont domiciliés dans un même État-membre, alors que le litige n'entretient d'autres liens qu'avec un États-tiers (CJCE, 1er mars 2005, *Owusu*, préc.).

125-1. La vocation subsidiaire des règles nationales de compétence. — La tentative, menée à l'occasion de la préparation du Règlement Bruxelles I *bis*, de remplacer les règles de compétence nationales par des règles communes à l'égard de défendeurs domiciliés dans des pays-tiers afin de renforcer l'intégration de l'espace judiciare, a été un échec (L. Gillies, « Creation of Subsidiary Jurisdiction Rules in the Recast of Brussels I : Back to the Drawing Board ? », *Journ.PIL* 2012.489). Dans la mesure où les textes européens (ou les traités internationaux) leur laissent encore une place, les règles nationales de compétence internationale directe ne continueront donc à s'appliquer qu'aux litiges n'entrant pas dans le champ d'application des premiers.

Encore faut-il préciser qu'au sein même des règles nationales de compétence, une autre forme de subsidiarité doit être prise en compte. Selon la jurisprudence en effet, l'article 14 C. civ. « n'a lieu de s'appliquer que lorsqu'aucun critère de compétence ordinaire de compétence territoriale n'est réalisé en France » (Cass. civ. 1re, 19 novembre 1985, *Soc. Cognac and Brandies*, *Rev. crit. DIP* 1986. 712, note Y. Lequette ; *JDI* 1986. 719, note A. Huet ; *D.* 1986. 362, note J. Prévault, et Somm. comm., p. 268, obs. B. Audit ; *JCP* 1987, II, 20810, note P. Courbe. Et, au sujet de l'art. 15 C. civ. : Cass. civ. 1re, 18 avril 2000, n° 96-15723). V. cepdt, Cass. civ. 1re, 26 octobre 2011, *Rev. crit. DIP* 2013. 173, note J. Heymann (rappelant la subsidiairité de l'art. 14 C. civ. à l'égard des traités internationaux ou des règlements européens, mais omettant d'évoquer sa subsidiarité à l'égard des critères ordinaires de compétence territoriale).

126. Le modèle juridictionnel classique et l'avènement des actions de groupe. — Tandis que les législations des États-membres (dont la France désormais : L. n° 2014-344 du 17 mars 2014 relative à la consommation) tendent aujourd'hui à faire une certaine place aux actions collectives, représentatives (par le biais d'associations) ou de groupe dans divers secteurs économiques, divers contentieux transatlantiques récents attirent l'attention sur l'importance grandissante de la participation massive d'actionnaires ou de consommateurs, en provenance de pays différents, à des actions judiciaires qui tendent à établir une responsabilité à l'égard du marché – lui-même transfrontière – des grands opérateurs financiers ou des fabricants de produits de consommation. L'essor contemporain des actions collectives sous des formes diverses n'est guère surprenant au regard de la transformation des comportements et des structures sociaux et économiques – l'avènement de la consommation de masse et de l'économie financière. Il n'est pas pour autant dépourvu de difficultés, dont la première est son adaptation au modèle juridictionnel (qui perdure aujourd'hui dans le Règlement Bruxelles I *bis*), fondé sur une vision interindividuelle, contentieuse et privatiste des mécanismes de réparation des dommages et de sanction des comportements liés au marché. Cette vision tend à être remplacée aujourd'hui non seulement par celle qui voit dans l'action judiciaire un mécanisme de régulation aux effets qui dépassent les seuls intérêts des parties à la procédure, mais aussi par une perspective non contentieuse du règlement des différends, qui peuvent ainsi trouver la solution dans la négociation et la transaction collective. Ainsi s'explique l'existence de « *class action settlements* » qui supposent qu'un accord soit acquis avant même que le juge donne son agrément à l'action collective (sous forme de « certification du groupe »). Pratiquée aux États-Unis, y compris dans le champ de l'arbitrage, cette forme d'approbation judiciaire d'un règlement extra-contentieux de masse a été consacrée aux Pays-Bas dans une loi de 2005, et a déjà donné lieu à une application en matière transatlantique dans l'affaire *Royal Dutch* (citée *supra*). Si de telles actions collectives devaient se généraliser, elles nécessiteraient un certain nombre d'aménagements importants au sein de l'espace judiciaire commun (v. H. Muir Watt, « Brussels I and Aggregate Litigation. Or the Case for Redesigning the Common Judicial Area in Order to Respond to Changing Dynamics, Functions and Structures in Contemporary Adjudication and Litigation », *IPRax*, 2010. 111 ; v. également n° 192). Sur les actions de groupe, v. *infra*, not. n°s 203 ; 946-1 ; 958 ; 971 ; 976 ; 979 ; 1079.

126-1. Le Règlement Bruxelles I affecte-t-il l'arbitrage commercial international ? Son article 1 (2) (d) l'exclut ; l'arrêt de la Cour de justice rendu dans l'affaire connue sous le nom de « *West Tankers* » décide néanmoins que les contestations portant sur la validité de la clause d'arbitrage relèvent bien du champ de compétence du juge d'un État-membre saisi sur le fondement du Règlement (*Allianz SpA, anciennement Riunione Adriatica di Sicurtà SpA, Generali Assicurazioni Generali SpA, c. West Tankers Inc.*, CJCE, 10 février 2009, C-185/07, *D.*, 2009. 981, note C. Kessedjian ; *RTD civ.*, 2009. 357, obs. Ph. Théry ; *Rev. arb.*, 2009. 407, note S. Bollée ; *Rev. crit. DIP*, 2009. 373, note H. Muir Watt ; *JCP G*, 2009, n°s 37, 227, note P. Callé ; *JDI*, 2009. 1281, note B. Audit ;

et comp. A. Briggs, « Fear and Loathing in Syracuse and Luxembourg. The "Front Comor" », [2009] *LMCLQ* 161, 165.21), contribuant ainsi à un débat déjà difficile (v. B. Audit, « Le juge, l'arbitre et la Convention de Bruxelles », in *Mélanges Y. Loussouarn*, Dalloz, 1993, p. 15).

En effet, la question préjudicielle, qui obligeait à se pencher sur la signification de l'exclusion de l'arbitrage figurant à l'article 1 (2) (d) du Règlement Bruxelles I, a été posée par la Chambre des Lords à l'occasion de l'octroi par le juge anglais, au soutien d'une procédure arbitrale devant se dérouler à Londres, d'une injonction *anti-suit* à l'encontre du demandeur à une procédure introduite devant le juge d'un autre État-membre. Dans le sillage de l'arrêt *Turner* (C-159/02, 2004, Rec. I-3565), qui a banni l'usage de cette forme de pouvoir injonctif de l'espace judiciaire commun, la Cour de justice a également neutralisé le pouvoir du juge du siège de l'arbitrage d'empêcher la saisine parallèle des juridictions d'un autre État-membre en vue de protéger la procédure arbitrale. Reprenant en substance, mais sous une forme très abrégée, les conclusions de l'avocat général, l'arrêt de la Cour de justice rappelle que le Règlement Bruxelles I exclut l'arbitrage de son champ d'application à son article 1 (2) (d), de sorte que la procédure qui a pour objet la protection de l'arbitrage ne relève pas du Règlement. Cependant, estime-t-elle, cette extranéité n'autorise pas pour autant qu'il soit porté atteinte à l'effet utile du Règlement, lequel s'identifierait à l'objectif d'uniformité des règles de conflit de juridictions en matière civile et commerciale et la libre circulation des décisions (point 24), et à la confiance mutuelle entre États-membres, qui exige que chaque juge saisi puisse décider de sa propre compétence (points 29 et 30). L'exclusion de l'arbitrage du champ du Règlement n'empêche donc pas d'appliquer les principes communautaires élaborés sur le fondement de celui-ci à la procédure judiciaire qui a l'arbitrage pour objet.

Cette motivation est de nature à soulever diverses interrogations. Il en va ainsi, tout d'abord, de la qualification de question préliminaire de la contestation de la compétence du juge étatique parallèlement saisi, sur le fondement de la clause d'arbitrage. Le raisonnement suivi par la Cour consiste à considérer que l'appartenance du contentieux au fond au champ du Règlement suffit à y attirer la question préalable tirée de l'existence d'une clause d'arbitrage, même si celle-ci se trouvait à titre principal en dehors de ce champ, rappelant sa propre jurisprudence dans les affaires *Marc Rich* (C-190/89, Rec. I-3855) et *Van Uden* (C-391/95, Rec. I-7091) aux termes de laquelle l'applicabilité du Règlement est tributaire de la seule nature de la question principale en litige. Lorsque le juge d'un État-membre est saisi, comme en l'occurrence, d'un différend relevant bien, à titre principal, de la matière civile et commerciale, la validité et la portée d'une clause d'arbitrage ne constituent donc qu'une simple question préliminaire que le juge étatique saisi sur le fondement du Règlement doit examiner lorsque sa compétence est contestée (points 26 et 27). Le juge d'un État-membre étant saisi d'un litige relevant du domaine matériel du Règlement, l'arbitrage est donc transformé en question incidente, justifiant que le juge étatique conserve sa compétence pour se prononcer sur la validité de la clause invoquée pour la contester. Cependant, la validité d'une clause d'arbitrage est non seulement en dehors du champ du Règlement, mais aussi de nature à elle seule à disqualifier la compétence même de l'ensemble des juridictions étatiques, soumises toutes au demeurant par ailleurs à l'obligation de se dessaisir en vertu de la Convention de New York. Il ne suffit pas à cet égard de rappeler que, si la clause d'arbitrage est valable, le dessaisissement du juge étatique interviendra tôt ou tard, car il reste à justifier la primauté donnée sur le fondement du Règlement au juge étatique de décider de sa propre compétence, alors même que les raisons de la contestation sont précisément tirées de l'existence d'une procédure arbitrale, elle-même exclue.

Il en va ainsi, ensuite, de la fonction de la confiance mutuelle comme principe attributif de compétence. Une décision relative à l'arbitrage, *a priori* exclue du champ du Règlement, peut donc porter atteinte à la confiance mutuelle en empêchant les juges d'un État-membre d'exercer leur compétence sur le fondement de cet instrument (point 29). Que chaque État-membre doive tenir les tribunaux des autres pour fongibles, ou fonctionnellement équivalents, avec les siens propres dans le champ du droit européen est la condition même de la création d'un espace judiciaire commun ; la libre circulation des décisions rendues par les juges des États-membres ne se justifierait pas autrement, pas plus que la répartition des litiges entre ces derniers, comme si le territoire des États-membres était un territoire unique. Mais, la confiance mutuelle semble avoir acquis une nouvelle signification, enjoignant aux juges de tout État-membre de se déférer à la compétence de n'importe quel autre juge antérieurement saisi, qui aurait seul la maîtrise de la décision sur sa propre compétence. La confiance mutuelle joue ainsi pour neutraliser une clause attributive de juridiction, au motif que le juge saisi – n'importe lequel et même de mauvaise foi – a nécessairement une priorité sur le juge élu, car (toujours selon le raisonnement suivi) rien ne justifie que le juge non élu soit moins digne de confiance que le juge élu... Or, non seulement la question de la confiance est invoquée ici à mauvais escient – quand on estime que le juge élu devrait avoir la priorité pour statuer sur sa propre compétence en cas de saisine parallèle d'un juge non élu, ce n'est pas un problème de confiance dans le système de justice de ce dernier, ni même dans sa capacité à se déclarer rapidement incompétent – mais tout (confiance mutuelle, effet utile, promotion de la bonne foi, faveur pour l'autonomie...) plaide en faveur de la priorité du juge élu. Et si le rayonnement de la confiance mutuelle signifie que les clauses d'arbitrage sont aspirées dans le champ du droit européen, rien ne disqualifie à leur égard non plus la pertinence de ces mêmes considérations.

Quant aux conséquences de cette position, elles sont également problématiques.

— Selon un premier scénario, le plus favorable, le juge étatique, vérifiant la validité de la clause, renvoie les parties à l'arbitrage en vertu de l'article II (3) de la Convention de New York. La voie est libre pour l'arbitrage, mais la partie qui tentait de faire respecter la clause aura subi le cas échéant un dommage stratégique considérable en termes de temps et de coûts, voire de révélation de documents ou d'argumentaires au fond si la procédure étatique a dû aborder le fond avant de décider sur la compétence. Dans ce cas, et dès lors que les termes de la clause d'arbitrage le permettent, l'arbitre pourra ordonner l'indemnisation du dommage causé par la violation de la clause d'arbitrage, sous forme de coûts et de préjudices collatéraux liés à l'engagement de la procédure parallèle (v. la pratique décrite par J. Harris, « Understanding the English Response... », préc., spéc. p. 383 et s. ; Dicey & Morris, *The Conflict of Laws*, 14e éd., 2nd Supplement, 2008, § 12-143). Et l'affaire se terminerait là. Mais comme on le sait, l'arbitrage *West Tankers* s'est bien poursuivi, en attendant la déclaration d'incompétence du juge italien... (v. pour le récit de la procédure arbitrale et ses vicissitudes dans l'État du siège, High Court of

Justice (Angleterre). – Queen's Bench Division : Commercial Court. – 4 avril 2012, *Rev. crit.* 2012. 636, note H. Muir Watt).

— Selon un second scénario, le juge étatique ne se dessaisit pas sur le fondement de la clause, jugée nulle, ou, tarde simplement à rendre sa décision sur sa propre compétence. Le juge du siège est désormais impuissant à accélérer les choses ou à faire cesser une procédure au fond qu'il estimerait commencée en violation de la clause d'arbitrage. On peut se demander cependant si le tribunal arbitral lui-même, que rien dans l'arrêt West Tankers n'empêche de se constituer et de décider au fond en dépit de la procédure parallèle, ne pourrait pas émettre à titre provisoire, au nom de la réparation du dommage subi, une injonction *anti-suit*, sanctionnée par des dommages-intérêts d'ordre punitif et reconnue par l'État du siège sur le fondement de la Convention de New York. La suite de l'affaire West Tankers elle-même montre que pareille hypothèse se réalise en pratique.

— Mais même si l'arbitre se borne à rendre sa décision au fond, les autres États-membres vont tôt ou tard se trouver devant une difficulté inextricable, puisque tenus par la Convention de New York de reconnaître sa sentence, tout en étant assujettis par ailleurs au régime de libre circulation des jugements de fond émanant des autres États-membres. La suite de l'affaire *West Tankers* montre que ce second scénario n'est pas non plus exclu.

On peut se demander, au regard du considérant 12 du Règlement Bruxelles I *bis*, si la priorité donnée au régime conventionnel est de nature à résoudre la difficulté. L'inapplicabilité de cet instrument à l'arbitrage est maintenue, mais la survie de la jurisprudence *West Tankers* demeure en effet discutée. Le considérant 12 (qui soulève la question récurrente du statut juridique des considérants) indique notamment que : (3) « si une juridiction d'un État-membre, dans le cadre de l'exercice de sa compétence en vertu du présent Règlement ou de son droit national, a constaté qu'une convention d'arbitrage est caduque, inopérante ou non susceptible d'être appliquée, cela ne devrait pas empêcher que sa décision au fond soit reconnue ou, le cas échéant, exécutée conformément au présent Règlement. Cette règle devrait être sans préjudice du pouvoir des juridictions des États-membres de statuer sur la reconnaissance et l'exécution des sentences arbitrales conformément à la convention pour la reconnaissance et l'exécution des sentences arbitrales étrangères signée à New York le 10 juin 1958 [...] qui prime sur le présent Règlement ». Le sens de la primauté ainsi reconnue à la Convention sur le Règlement suscite des interrogations (comp. ainsi : H. Gaudemet-Tallon, C. Kessedjian, *RTD eur.*, 2013. 435 ; S. Bollée, *Rev. arb.*, 2013. 979 ; L. d'Avout, *D.*, 2013. 1014 ; A. Nuyts, *Rev. crit. DIP*, 2013. 1). Il semble signifier que la reconnaissance de la sentence doit prévaloir sur la circulation d'un jugement ayant écarté la clause et statué au fond. Néanmoins, ce point n'était pas réglé en toute hypothèse par l'arrêt *West Tankers*, comme l'atteste le déroulement procédural de la suite de l'affaire... Toujours est-il que lorsque l'arbitre prétend interférer avec une procédure judiciaire en cours dans un État-membre, notamment en interdisant à une partie d'y présenter certaines demandes fondées sur l'existence d'une compétence arbitrale, le Règlement ne s'oppose pas à ce qu'une juridiction d'un État-membre reconnaisse et exécute, ou à ce qu'elle refuse de reconnaître et d'exécuter, cette sentence (CJUE 13 mai 2015, « Gazprom » OAO, aff. C-536/13, *JCP*, 2015. 804, note C. Nourissat ; *Rev. arb.*, 2015. 871, note S. Bollée). Autrement dit, le Règlement, inapplicable à l'arbitrage, ne tranche pas cette question.

SECTION 1
Les fondements des règles de compétence internationale

127. Les raisons pour lesquelles un État définit sa propre compétence juridictionnelle de telle ou telle façon, varient dans le temps de façon cyclique. Des deux côtés de l'Atlantique, le XXe siècle a été marqué par la transition progressive d'une conception féodale, publiciste, de la compétence (*power theory*), fondée sur un lien d'allégeance avec le souverain [1], vers une acception plus processualiste, axée pour l'essentiel sur la satisfaction des besoins d'une bonne administration de la justice de droit privé. Cette transition s'accompagne d'une certaine désaffection pour la nationalité (ou le domicile d'origine) en tant que critère de compétence, au profit de paramètres induits de considérations pratiques (au premier rang desquels figure aujourd'hui – dans les Règlements européens tout du moins – la résidence habituelle). Une large faveur pour l'autonomie des parties semble souligner la privatisation de la compétence, qui a certainement favorisé par ailleurs la dissociation du for compétent et de la loi applicable et poussé dans le sens de l'épanouissement de l'arbitrage commercial international.

C'est dans ce contexte qu'en France, la jurisprudence s'est affranchie en 1948 du principe de l'incompétence des tribunaux français dans les litiges entre étrangers [2] où l'avait menée l'assimilation du droit d'accès à la justice à un droit civil interdit aux étrangers non admis à domicile. Elle a dès lors naturellement puisé les paramètres de la compétence internationale dans ceux de la compétence territoriale de droit interne, portant à son comble la conception processualiste de la compétence internationale : tel est le principe de transposition des règles de compétence territoriale interne en droit judiciaire international commun [3]. Dans une large mesure, telle est également la conception reconduite en 1968 dans la Convention de Bruxelles du 27 septembre 1968, en 2000

1. Sur ce qu'une telle conception s'exprimerait encore, de façon anachronique, à travers les compétences exclusives et exorbitantes, v. D.-P. Fernandez Arroyo, « Compétence exclusive exorbitante dans les relations privées internationales », *RCADI*, t. 323, 2006, p. 23.

2. Cass. civ. 1re, 21 juin 1948, *Patiño*, *JCP*, 1948. II. 4422 note P. Lerebours-Pigeonnière ; *S.*, 1949. I. 121, note J.-P. Niboyet ; *Rev. crit. DIP*, 1949. 557, note Ph. Francescakis.

3. Cass. civ. 1re, 19 oct. 1959, *Pelassa*, *D.*, 1960. 37, note G. Holleaux ; *Rev. crit. DIP*, 1960. 215, note Y. L. ; Cass. civ. 1re, 30 oct. 1962, *Scheffel*, *Rev. crit. DIP*, 1963. 387, note Ph. Francescakis ; *D.*, 1963. 109, note G. Holleaux ; *GA*, n° 37.

par le Règlement dit « Bruxelles I », puis en 2012 par le Règlement Bruxelles I *bis*. La tradition civiliste a en effet en partage la compétence du juge du domicile du défendeur, assortie de règles spéciales pour chaque type de contentieux, répartis selon des critères essentiellement géographiques.

A l'heure actuelle, la judiciarisation marquée de l'espace international induit d'autres mutations. La fondamentalisation contemporaine du droit au juge place la question de l'accès international à la justice dans la sphère publique. Par ailleurs, la politisation des contentieux entre parties privées, à la faveur de l'action du procureur privé (*private attorney general*) ou encore des actions transfrontières de masse, investit à bien des égards l'exercice d'une compétence judiciaire internationale d'un enjeu économique ou politique qui touche au plus près aux intérêts de l'État. D'une certaine façon, le modèle privatiste et interindividuel qui soustend l'architecture de l'espace judiciaire commun est dépassé [1]. On note ainsi l'essor d'armes juridictionnelles, destinées à traquer l'abus de procédure ou à protéger le champ d'une réglementation impérative. Mais on voit également émerger, sur un mode plus pacifique, un véritable dialogue judiciaire transnational, au sein mais aussi en dehors de l'espace judiciaire européen [2]. La figure du réseau judiciaire se substitue progressivement au compartimentage territorial des ressorts juridictionnels.

Il s'ensuit aujourd'hui une singulière diversité des fondements de la compétence internationale, qui justifie une variété assez importante de chefs de compétence en droit positif comparé. Il n'est pas à exclure cependant qu'au-delà de cette diversité, émerge un principe régulateur à caractère transversal, fondé sur l'existence de liens caractérisés ou raisonnables entre le juge et le litige et propre à justifier ou à canaliser la majorité des chefs de compétence retenus.

ÉTAT DES QUESTIONS

B. G. — **Pour diverses tentatives d'analyse et de systématisation des fondements de la compétence internationale** : D.-P. Fernandez Arroyo, « Compétence exclusive et compétence exorbitante dans les relations privées internationales », *RCADI*, 2006, t. 323, p. 13 ; D. Holleaux, *Compétence du juge étranger et reconnaissance des jugements*, Paris, Dalloz,

1. V. *supra*, n° 126.
2. Pour une vision coopérative de l'ordre international, v. D.-P. Fernandez Arroyo, « Compétence exclusive et compétence exorbitante dans les relations privées internationales », *RCADI*, 2006, t. 323, p. 23.

1970, préf. H. Batiffol ; P. Lagarde, « Le principe de proximité dans le droit international privé contemporain », *RCADI*, 1986-I, vol. 196, p. 9 ; E. Pataut, *Principe de souveraineté et conflit de juridictions*, Paris, LGDJ, 1999, préf. P. Lagarde ; L. Usunier, *La régulation de la compétence juridictionnelle en droit international privé*, Économica, 2008, préf. H. Muir Watt ; A. T. von Mehren, « Adjudicatory jurisdiction : General theories compared and evaluated », *63 Boston Law Review*, 279 [1983] et « Theory and Practice of Adjudicatory Authority in Private International Law : A Comparative Study of the Doctrine, Policies and Practices of Common and Civil Law Systems », *RCADI*, 2002, vol. 295, p. 9. Comp., F. Mailhé, *L'Organisation de la concurrence internationale des juridictions*, Économica 2016, préf. B. Audit.

Renvois. — Sur les compétences exclusives fondées sur un intérêt de souveraineté, v. *supra*, n° 70.

ÉVOLUTION HISTORIQUE

128. La situation des étrangers : l'incompétence des tribunaux français dans les litiges entre étrangers. — Ce principe d'incompétence fut déduit d'un arrêt prononcé par la Cour de cassation le 22 janvier 1806. En fait, cette décision n'affirmait pas exactement ce principe, qui en fut déduit par interprétation et ne fut d'ailleurs pas strictement appliqué. En effet, ce « principe » a toujours connu des exceptions, qui se sont peu à peu développées : pour la réparation des délits survenus en France (Cass. civ., 17 nov. 1834, *S.*, 1841.1.544) ; pour les litiges relatifs aux immeubles situés en France (Req., 10 nov. 1847, *S.*, 1848.1.52) ; en matière successorale, lorsque le dernier domicile de fait du *de cujus* était situé en France (Req., 7 juill. 1874, *D.*, 1875.1.271). Au fil des évolutions, l'ultime bastion de résistance demeurait celui de l'état des personnes. Mais la jurisprudence leva par la suite ce dernier obstacle (Cass. civ., 21 juin 1948, *Patiño*, *JCP*, 1948.I. 4422, note P. Lerebours-Pigeonnière ; *S.*, 1949.1.121, note J.-P. Niboyet ; *Rev. crit. DIP*, 1949. 557, note Ph. Francescakis : « *Les tribunaux français sont compétents pour statuer sur l'action en divorce entre étrangers lorsque le mari, défendeur, chez qui la femme est également domiciliée, établit qu'il a en France son domicile* »). À ce stade, il ne manquait plus que la formulation du principe de compétence des tribunaux français dans les litiges entre étrangers : c'est-à-dire l'inversion du principe – ou prétendu tel – antérieur, réalisée par l'arrêt *Scheffel* (Cass. civ. 1re, 30 oct. 1962, *Rev. crit. DIP*, 1963. 387, note Ph. Francescakis ; *D.*, 1963. 109, note G. Holleaux, *GA*, n° 37 : « Attendu que l'extranéité des parties n'est pas une cause d'incompétence des juridictions françaises »).

129. La situation des étrangers : la caution *judicatum solvi*. — Pouvant saisir les tribunaux français (ne serait-ce que dans l'hypothèse visée à l'article 15 C. civ.), l'étranger fut alors longtemps soumis à une obligation particulière, le versement d'une caution judicatum solvi. Celle-ci était imposée par l'art. 16 C. civ. : « En toutes matières, autres que celles de commerce, l'étranger qui sera demandeur, sera tenu de donner caution pour le payement des frais et dommages-intérêts résultant du procès, à moins qu'il ne possède en France des immeubles d'une valeur suffisante pour assurer ce payement. » La règle trouvait sans doute à son soutien des raisons théoriques : si chaque souverain dispose de la faculté exclusive de juger ses nationaux, ce n'est que par dérogation, par exception que l'étranger peut être jugé ; cette mesure exceptionnelle s'accompagnera donc tout naturellement de mesures restrictives. Des raisons pratiques l'expliquent également, le versement d'une caution permettant de s'assurer que l'étranger demandeur s'acquittera des frais éventuellement mis à sa charge. Aujourd'hui, la caution *judicatum solvi* a disparu. Au départ, le mouvement conventionnel conduisit à écarter cette exigence (v. not., Convention de La Haye du 1er mars 1954 relative à la procédure civile). Puis, la loi du 9 juillet 1975 abrogea purement et simplement l'art. 16 C. civ.

130. Le principe de transposition des règles de compétence territoriale interne en droit judiciaire international commun. — Dans le Code civil de 1804, seuls les art. 14 et 15 traitaient de la compétence internationale. C'est donc à la jurisprudence qu'a été laissé le soin d'élaborer des règles ordinaires de compétence, une fois totalement abandonné le principe de l'incompétence des tribunaux dans les litiges entre étrangers (par Cass. civ., 21 juin 1948, *Patiño, supra*, n° 128). Longtemps empirique, cette jurisprudence a progressivement forgé le « principe qui étend à l'ordre international les règles françaises internes de compétence » (Cass. civ. 1re, 19 oct. 1959, *Pelassa, D.*, 1960. 37, note G. Holleaux ; *Rev. crit. DIP*, 1960. 215, note Y. L.). La Cour de cassation a ultérieurement précisé le contenu de cette directive, en affirmant que « la compétence internationale des juridictions françaises se détermine par extension des règles de compétence territoriale interne » (Cass. civ. 1re, 30 oct. 1962, *Scheffel, Rev. crit. DIP*, 1963. 387, note Ph. Francescakis ; *D.*, 1963. 109, note G. Holleaux ; *GA*, n° 37). Cette jurisprudence se maintient depuis, l'entrée en vigueur du nouveau Code de procédure civile n'en ayant pas modifié le principe (v. ainsi par ex., Cass. civ. 1re, 6 nov. 1979, *Nassibian, Rev. crit. DIP*, 1980. 588, note G. Couchez ; *JDI*, 1980. 95, rapp. A. Ponsard ; *GA*, n° 59, évoquant le « *principe qui étend à l'ordre international les règles internes de compétence territoriales* ». Aj., dans le même sens, Cass. civ. 1re, 13 janv. 1981, *Rev. crit. DIP*, 1981. 331, note H. Gaudemet-Tallon ; *JDI*, 1981. 360, note A. Huet ; Cass. soc., 20 oct. 1983, *Rev. crit. DIP*, 1985. 99, note H. Gaudemet-Tallon). Ainsi, ce sont aujourd'hui les articles 42 et s. du Code de procédure civile, relatifs à la compétence territoriale interne, qui servent de base à la détermination de la compétence internationale de droit commun. Servent de base, c'est-à-dire que leurs critères peuvent, à titre de principe, être transposés dans le domaine des relations privées internationales, sans préjuger la nature ou le régime des règles de compétence internationale et sous réserve d'adaptation. Les mêmes critères se retrouvent, pour l'essentiel, dans l'espace judiciaire européen, qui emprunte très largement à cet égard au modèle processuel civiliste.

Mais l'architecture juridictionnelle qui en résulte a son prix. Transposées dans un espace de diversité juridique tel l'Union européenne, les règles de compétence territoriale – investies dans un contexte interne d'unité du droit et de communauté de culture judiciaire où leur seul objectif est d'assurer une bonne administration géographique de la justice – pèsent lourdement sur des orientations normatives de fond. Ainsi, il est devenu apparent aujourd'hui que l'un des enjeux majeurs du débat actuel sur la teneur des règles de compétence en matière délictuelle au sein de l'espace judiciaire européen concerne très directement le sort de la liberté d'expression dans les médias (v. *infra*, n° 973-1). Par ailleurs, la neutralité de ces règles est remise en question par l'analyse de leur coût pour les acteurs économiques (J. Dammann, « A New Approach to Corporate Choice of Law », 38 *Vand. J. Transnat'l L.* 51-107, 2005, démontrant que le risque d'actions des tiers au lieu de l'incorporation d'une société commerciale représente un coût inefficient, qui ne peut être justifié sur le terrain de la bonne administration de la justice ; comp. aussi, pour une approche économique des clauses de for en matière maritime, C. A. Arrue-Montenegro, « Les orientations économiques du droit maritime international du Panama en matière d'accords de juridiction », *Rev. crit. DIP*, 2009. 275). Par ailleurs, structure issue du modèle de droit interne de la compétence est inadaptée au phénomène, croissant, des actions de groupe (v. *supra*, n° 126). Ces évolutions sont de nature à créer de fortes tensions dans le droit des conflits de juridictions, dont on essaiera néanmoins d'esquisser à présent les grandes orientations.

I | La convergence du pragmatisme et du dogmatisme : le domicile du défendeur

131. Aujourd'hui, le droit international privé commun français aussi bien que le droit de l'espace judiciaire européen confèrent une valeur de principe à la compétence des juges de l'État du domicile du défendeur. D'origine romaine, la règle *actor sequitur forum rei* permettait de regrouper toutes les actions mobilières devant le for du lieu d'enracinement de la personne, déterminé à la naissance de celle-ci et destiné à survivre à l'expatriation passagère. Centrale par la suite dans le monde féodal où l'exercice de la compétence, prérogative du souverain, constituait la contrepartie de l'allégeance politique, elle est probablement elle-même à l'origine du privilège de nationalité tel que consacré par le Code civil, la patrie ne constituant pas alors un concept distinct du domicile. Aujourd'hui, la valeur de principe qu'elle continue à occuper en droit international privé commun résulte de la transposition à l'ordre international des règles de compétence territoriale interne [1]. La Convention de Bruxelles [2], s'appuyant largement sur la tradition processualiste des systèmes romano-germanique, a pareillement conféré une valeur de principe à la compétence fondée sur le domicile du défendeur. Dans les deux cas, cette compétence est celle, globale, de l'ordre juridictionnel de l'État où demeure le défendeur [3].

132. L'effacement progressif au cours du XIXe siècle de la doctrine publiciste du juge naturel, ainsi que l'autonomie acquise par la notion

1. V. *supra*, n° 130 et *infra*, n° 138.
2. Le Règlement Bruxelles I, dans sa version initiale et révisée, a conservé la solution.
3. V. *supra*, n° 121.

de domicile par rapport à la nationalité, laissent place aujourd'hui à quatre sortes de justifications de la valeur de principe attribuée à la compétence fondée sur le domicile. La première, d'ordre processualiste, réside dans la considération que le défendeur est facilement atteint au lieu où il demeure, et l'exécution des jugements facilitée sur les biens qu'il y possède. La deuxième, d'ordre économique, est que le demandeur, initiateur du procès, doit supporter en contrepartie le risque d'internationalité de celui-ci. L'inversion de la charge du risque peut cependant se faire pour des raisons de protection délibérée du demandeur [1]. La troisième, d'ordre philosophique, est que l'assujettissement aux tribunaux de la communauté à laquelle on appartient fait partie des charges et des bénéfices de la vie au sein de cette communauté, volontairement assumés au titre du contrat social. Enfin, la quatrième, plus politique, emprunte à une certaine conception de la compétence juridictionnelle, alors considérée comme l'expression de la responsabilité de la communauté à laquelle appartient le défendeur ; c'est ainsi notamment que le refus d'exercice de la compétence du juge de l'État du domicile du défendeur pourrait être interprété comme une démission de la communauté, qui profite par ailleurs des revenus générés par les activités extraterritoriales de ce dernier. L'émergence d'une dimension collective dans les contentieux de droit privé, reflet de la fonction progressivement plus régulatrice du droit privé, donne une force particulière à cette dernière considération.

ÉTAT DES QUESTIONS

B. G. — **Sur l'histoire de la règle *actor sequitur*** : B. Ancel et Y. Lequette, *Grands arrêts*, p. 321 et s. ; Ph. Francescakis, « Les avatars du concept de domicile dans le droit international privé actuel », *Trav. Com. fr. DIP*, 1962-1964, p. 291 et s. ; H. Gaudemet-Tallon, *Recherches sur les origines de l'article 14 du Code civil*, Paris, Puf, 1964 ; D. Holleaux, *Compétence du juge étranger et reconnaissance des jugements*, Dalloz, 1970, préf. H. Batiffol, n°s 296 et s.

Sur la définition du domicile et de la résidence aux fins de la compétence internationale : P. MacEleavy, « La résidence habituelle : un critère de rattachement en quête de son identité », *Trav. Com. fr. DIP*, 2008-2010, p. 127 ; H. Muir Watt, « Le domicile dans les rapports internationaux », *J.-cl. dr. int.*, fasc. 543-10 ; V° « Domicile », *Dictionnaire de la culture juridique*, Lamy-Puf, « Quadrige », 2003 ; A. Richez-Pons, *La résidence en droit international privé* (*conflits de juridictions, conflits de lois*), thèse Lyon, 2004 ; « La notion de résidence », *Dr. et patrimoine*, juin 2005, p. 53 ; R. Urquhart, « Le concept anglais de domicile », in *Mélanges en l'honneur de M. Revillard*, Defrénois, 2007, p. 313.

1. V. *infra*, n° 140.

Sur la nature de la compétence fondée sur le domicile : J.-J. Fawcett (dir.), *Declining Jurisdiction in Private International Law,* Oxford, Clarendon Press, 1995.

HISTOIRE

133. Les liens conceptuels entre domicile d'origine et patrie dans l'Ancien droit étaient si étroits qu'au lendemain du Code civil, le principe d'incompétence des tribunaux français entre étrangers, induit d'une interprétation *a contrario* des articles 14 et 15 et conforté par une lecture jurisprudentielle de l'article 11 excluant les étrangers (non admis à domicile) du bénéfice de l'accès à la justice française, aurait paradoxalement été secrété par le principe *actor sequitur* lui-même (D. Holleaux, *Compétence du juge étranger et reconnaissance des jugements,* préc., n°s 296 et s. ; B. Ancel et Y. Lequette, *Grands arrêts,* p. 321 et s.). Sur le principe d'incompétence à raison de l'extranéité des plaideurs, son abandon et la transposition à l'ordre international des chefs de compétence territoriale interne, y compris l'article 42 CPC, v. *supra,* n° 130 et *infra,* n° 138.

DROIT COMPARÉ

134. En dépit de l'enracinement de la règle *actor sequitur* dans la tradition processualiste civiliste, le droit comparé, notamment celui des systèmes de *common law,* montre que l'accès au juge du domicile du défendeur n'a rien d'inéluctable. Non pas que le domicile du défendeur ne soit pas perçu *a priori* comme fondant une compétence acceptable. Aux États-Unis, il répond indubitablement aux exigences constitutionnelles de *due process* relatives à la qualité du lien requis entre le for et le défendeur. Toutefois, le fait que la compétence (*jurisdiction*) existe ne signifie pas qu'elle doive nécessairement s'exercer. Aux États-Unis, par exemple, la considération du coût des procès pour le contribuable peut conduire – au titre du *forum non conveniens* et non à raison de l'absence de compétence internationale – à refuser accès à la justice locale aux plaideurs venus d'ailleurs, même lorsque le défendeur a son domicile sur le territoire du for. Le fait que les juges soient dans certains cas élus, la longueur très onéreuse des procès, la complexité particulière que recèle une *class action* composée de demandeurs étrangers, la présence de jurés (même en matière civile), expliquent la sensibilité particulière de la question du coût. Cela ne justifie pas cependant l'immunité de fait que confère ainsi le *forum non conveniens* aux défendeurs établis dans l'État du for et poursuivis à raison de dommages engendrés à l'étranger, notamment à l'occasion d'activités industrielles délocalisées et génératrices de revenus pour la communauté du for (v. pour une illustration tragique, l'affaire *Bhopal* : v. *In re Union Carbide Corp Gas Plant Disaster at Bhopal, India, in* Dec., 1984, 634 F. Supp. 842 (sdny, 1986) aff'd, 809 F. 2d 195, 202 [2d Cir., 1987] ; mais le cas est loin d'être isolé : v. John T. Suttles, « Transmigration of global industry : The global race to the bottom, environmental justice and the asbestos industry », 2002 *Tulane Environmental Law Journal,* 1).

Pour légitimer cependant le refus d'exercer une compétence ainsi fondée, on invoque parfois l'argument du « *deference* », l'idée que l'intervention des tribunaux de l'État du for serait constitutive d'une ingérence dans la sphère de compétence d'autrui. Ainsi, dans l'affaire *Bhopal,* le juge fédéral américain a considéré que l'affaire relevait de la responsabilité politique du gouvernement indien et que l'exercice de la compétence américaine en constituerait la négation – argument qui n'est pas sans paradoxe lorsqu'on sait que le gouvernement indien représentait officiellement les victimes en quête de réparation aux États-Unis. Il est vrai que sur ce point, la barre a été redressée à l'occasion de la seconde étape de la même affaire, lorsqu'était en cause la remise en état du site pollué (*Bano v. Union Carbide Corp.*, C. A.2 (ny), 2004, 361 F.3d 696). Sur le développement des contentieux fondés sur le *Alien Tort Statute*, v. not. *supra*, n° 63, *infra*, n° 1024-2. En tout cas, pareil argument tiré de la volonté de respecter la sphère de compétence d'un État étranger n'est pas inconnu en France : il est visible par exemple dans les raisons qui ont conduit à la suppression du for dérivé en matière de mesures provisoires (v. *infra*, n° 153). Mais il est à manier avec précaution, car il peut masquer une démission de responsabilité judiciaire sur le plan international (v. sur ce point, le dilemme dont fait état le juge dans une affaire portée devant les tribunaux fédéraux par des travailleurs libériens en tant qu'ils auraient été victimes de travaux forcés sur une plantation de caoutchouc au profit d'une entreprise américaine : le juge américain n'est pas investi d'une mission d'améliorer les conditions sociales au Libéria, eût-il le profond désir de le faire : v. *John Doe I v. Budgestone*, 492F Supp. 2d 988). De façon intéressante, aux États-Unis et sur le plan des conflits de lois, la théorie des intérêts gouvernementaux de Currie met en face d'une dialectique similaire dans laquelle le souci de respecter les intérêts des autres États justifie un unilatéralisme dont la ligne de partage est fine par rapport à une attitude démissionnaire voire discriminatoire (v. *infra*, n° 358).

THÉORIE GÉNÉRALE

135. Les destinées de la règle *actor sequitur*. — La tradition civiliste fondée sur la règle *actor sequitur*, reprise par la Convention de Bruxelles, et désormais par le Règlement Bruxelles I *bis*, instaure le domicile comme chef de compétence générale ou de principe, l'assortissant le cas échéant de règles spéciales qui viennent s'y additionner. Ce qui veut dire que (sauf les cas exceptionnels de compétence exclusive, sur lesquels v. *supra*, n° 70), le for du domicile du défendeur est toujours disponible. Mais pareille architecture du système de compétence, construit ici selon une hiérarchie principe/exceptions, n'est pas la seule envisageable. Prenant acte du caractère de plus en plus engagé des règles de compétence, qui ne poursuivent plus exclusivement des objectifs purement processuels (v. *infra*, nos 140 et s.), certains émettent l'idée que le for du domicile du défendeur n'est pas nécessairement approprié dans tous les cas. Il en irait ainsi, par exemple, lorsque la règle de compétence est l'apanage d'une politique de marché, ou d'un objectif de protection de l'environnement, etc. Dans tous ces cas, on se demande si des règles spéciales sur mesure ne seraient pas plus appropriées qu'une compétence générale fondée sur le domicile du défendeur, ou si un mécanisme analogue au *forum non conveniens* ne devrait pas être disponible, même lorsque la compétence du juge saisi est fondée sur ce dernier critère (v. l'ensemble des contributions dans Fawcett (dir.), *Declining Jurisdiction in Private International Law*, Oxford, Clarendon Press, 1995). Toujours est-il que, notamment dans le domaine de la protection des intérêts catégoriels des parties faibles, le domicile du défendeur perd progressivement sa valeur de chef de compétence de principe. La Cour de justice est elle-même revenue sur sa défiance initiale à l'égard du *forum actoris* pour consacrer, avec éclat, le for du centre des intérêts de la personne, lorsqu'elle se prétend victime d'une atteinte à la vie privée (v. CJUE, 25 octobre 2011, Aff. jointes C-509/09, *eDate Advertising* et 161/10 *Martinez*, *JCP* 2012, 28, note S. Francq ; *JDI* 2012, 198, note G. Guiziou ; *D.*, 2012.1279, note T. Azzi ; *D.*, 2012.1285, note S. Bollée, B. Haftel ; *Rev. crit. DIP* 2012.389, note H. Muir Watt ; sur ces affaires, v. *infra*, not. n°s 535 ; 637 ; 972 ; 973-1 ; 1018). Par ailleurs, en matière familiale (désunion et responsabilité parentale, aliments, successions), le domicile est largement détrôné dans le nouveau droit international privé européen par la résidence habituelle. Comp. aussi les compétences qui résulteront de la transposition à l'ordre international du nouvel article R. 631-3, C. consomm., *infra*, n° 925.

La signification méthodologique de l'essor actuel de la résidence habituelle. — La place faite à cette dernière en tant que facteur de rattachement juridictionnel n'a pas toujours la même signification dans les nouveaux textes de l'Union européenne (pour une définition uniforme de la notion même, v. CJCE, 2 avril 2009, aff. C-523/07, *Rev. crit. DIP*, 2009. 791, note E. Gallant ; *infra*, n°s 137 ; 789). Pour faciliter l'accès à la désunion judiciaire, le Règlement Bruxelles II *bis* instaure un système de compétences concurrentes, où la résidence habituelle figure parmi d'autres facteurs de rattachement (v. *infra*, n°s 755 et s.). Mais en matière d'autorité parentale (à nouveau le Règlement Bruxelles II *bis*), d'obligations alimentaires (Règlement n° 593/2008, *infra*, n° 788) ou de successions (Règlement n° 650/2012, *infra*, n° 840), la résidence habituelle sert de pivot fédérateur des compétences juridictionnelle et législative. Elle induit la prééminence de la loi du milieu de vie de l'individu ou de la famille, et, par là même, pourvoyant chacun d'un statut personnel reconnu en tout lieu, s'inscrit dans un courant néo-statutiste émergent (v. M. Hunter-Hénin, *Pour une redéfinition du statut personnel*, PUAM, 2004, préf. H. Muir Watt ; et, du même auteur, « Droit des personnes et droits de l'homme : combinaison ou confrontation », *Rev. crit. DIP*, 2006. 743). L'intégration effective qui caractérise cette notion est également au cœur de la notion plus récente de citoyenneté européenne qui sert de rattachement à statut spécifique au regard du droit de l'Union (v. *supra*, n° 11 ; *infra*, *not.* n° 1162).

TECHNIQUE JURIDIQUE

136. Modalités de la règle *actor sequitur*. — La règle *actor sequitur*, qui fonde une compétence générale au profit du juge du domicile du défendeur s'exprime en droit interne à l'article 42 CPC dans les termes suivants : « *La juridiction territorialement compétente est, sauf disposition contraire, celle du lieu où demeure le défendeur.* » Transposée dans l'ordre international en droit international privé commun, elle s'énoncera alors de la manière suivante : « Les juridictions françaises sont compétentes si le défendeur est domicilié en France. » Dans les rapports intra-européens, l'article 4 du Règlement Bruxelles I *bis* énonce pareillement que « ... les personnes domiciliées sur le territoire d'un État-membre sont attraites... devant les juridictions de cet État-membre ». En effet, on sait que cette règle de compétence désigne globalement l'ordre juridictionnel français (même si, en droit commun, l'article 42 CPC, se dédoublant, prend immédiatement le relais en désignant le tribunal spécialement compétent (v. *supra*, n° 121)). Dans la mise en œuvre de cette directive, l'article 43 CPC précise que « le lieu où demeure le défendeur s'entend : s'il s'agit d'une personne physique, du lieu où celle-ci a son domicile ou, à défaut, sa résidence ; s'il s'agit d'une personne morale, du lieu où celle-ci est établie ». Si l'article 43 donne en outre compétence au tribunal du lieu de la résidence du défendeur, c'est seulement en l'absence de domicile connu, en France ou à l'étranger. Le seul défaut de domicile en France n'est donc pas équivalent à l'absence de domicile au sens de ce texte. La résidence en France du défendeur sera retenue comme chef de compétence internationale en droit commun en l'absence de domicile connu.

Pareille possibilité n'existe pas au regard de l'article 4 du Règlement Bruxelles I *bis*, rien dans le texte n'autorisant à recourir subsidiairement, pour justifier l'applicabilité du texte ou pour fonder la compétence des juges d'un État-membre, à la simple résidence du défendeur. En revanche, à l'égard des personnes morales, la jurisprudence des gares principales s'applique en droit international privé commun, permettant ainsi de retenir la compétence des juridictions françaises lorsque la société a un établissement en France, pour autant que le litige ait un lien avec l'activité de cet établissement. Pareil critère joue dans les rapports intra-européens (art. 7-5°) dès lors que la société défenderesse a son établissement principal sur le territoire d'un État-membre, mais ne permet pas de rattacher à l'Union européenne aux fins de l'applicabilité du Règlement et de l'application de l'article 4, une société ayant son siège statutaire et son administration centrale dans un État-tiers (déterminé selon les art. 62 et s.), sauf le cas très particulier de l'article 17-2, qui répute domiciliée au lieu du simple établissement dans un État-membre la société cocontractante d'un consommateur, en vue de faire jouer les règles de compétence protectrices de ce dernier.

137. La définition du domicile et de la résidence habituelle aux fins de la compétence internationale. — En droit commun, la notion de domicile sera définie à partir de la loi française, dès lors qu'il s'agit d'établir la compétence des juridictions françaises. Il sera donc fait application en matière internationale des articles 102 et s. C. civ. qui se réfèrent au lieu où le défendeur a son principal établissement, entendu comme le lieu où il réside et dont il a l'intention de faire le centre de ses intérêts. La pratique judiciaire n'exclut pas un certain fonctionnalisme selon la nature du contentieux en cause. Cependant, les diverses difficultés liées à la définition du domicile sont en train de disparaître, la résidence habituelle le remplaçant progressivement en droit européen et dans les Conventions de La Haye. Les avantages de cette dernière notion sont généralement perçus comme résultant de l'absence de « résidences de dépendance » (par analogie aux domiciles de dépendance figurant à l'article 108 du Code civil), ainsi que de son caractère plus factuel, exclusif de toute recherche divinatoire d'intention et par conséquent plus approprié lorsqu'il s'agit seulement de déterminer le for compétent. Cela étant, si le premier avantage est incontestable, le second l'est bien moins. Il n'est pas certain en effet que la recherche d'intention puisse être évitée, dès lors qu'une certaine effectivité de la résidence est exigée : l'effectivité et l'intention qui s'en induit se rejoignent très largement (v. l'admettant expressément, CJCE, 2 avril 2009, aff. C- 6523/07, *Rev. crit. DIP*, 2009. 791, note E. Gallant, dans le cadre de l'article 8-1 du Règlement Bruxelles II *bis* : la résidence y est définie comme se situant « au lieu qui traduit une certaine intégration de l'enfant dans un environnement social et familial. À cette fin, doivent notamment être pris en considération la durée, la régularité, les conditions et les raisons du séjour sur le territoire de l'État-membre et du déménagement de la famille dans cet État, la nationalité de l'enfant, le lieu et les conditions de scolarisation, les connaissances linguistiques ainsi que les rapports familiaux et sociaux entretenus par l'enfant dans ledit État. Il appartient à la juridiction nationale d'établir la résidence habituelle de l'enfant en tenant compte de l'ensemble des circonstances de fait particulières à chaque cas d'espèce »). Sur la définition de la résidence au regard du Règlement Bruxelles II *bis*, v. P. McEleavy, « La résidence habituelle : un critère de rattachement en quête de son identité », *Trav. Com. fr. DIP*, 2008-2010, p. 127 ; v. *infra*, n° 789. Il est d'autant plus difficile d'éviter une recherche d'intention que la mobilité intra-européenne des citoyens européens est désormais à la fois une donnée et un objectif. Les caractéristiques exigées de la résidence habituelle doivent donc être affinées, comme le montre, par exemple, cette définition figurant au considérant 23 du Règlement « Successions » : « Afin de déterminer la résidence habituelle, l'autorité chargée de la succession devrait procéder à une évaluation d'ensemble des circonstances de la vie du défunt au cours des années précédant son décès et au moment de son décès, prenant en compte tous les éléments de fait pertinents, notamment la durée et la régularité de la présence du défunt dans l'État concerné ainsi que les conditions et les raisons de cette présence. La résidence habituelle ainsi déterminée devrait révéler un lien étroit et stable avec l'État concerné, compte tenu des objectifs spécifiques du présent Règlement. »

II | La bonne administration de la justice : les règles de compétence ordinaires

138. L'objectif d'une bonne administration de la justice, qui tend à faciliter l'administration de la preuve, favoriser l'accès au tribunal, et assurer la prévisibilité du for, conduit à retenir des critères de compétence internationale qui traduisent la proximité géographique entre le for et le litige. Ce sont ces considérations, éminemment pratiques, point d'achèvement d'une longue évolution historique [1], qui inspirent les règles françaises de compétence internationale de droit commun dites « ordinaires [2] », qui résultent de la transposition à l'ordre international des règles de compétence territoriale internes [3]. Les mêmes considérations sont reconduites dans l'espace judiciaire européen, où la Cour de justice rappelle fréquemment que l'objectif de proximité, instrument d'une bonne administration de la justice, sous-tend notamment toutes

1. Sur laquelle v. *supra*, n° 128 s.

2. Par opposition à la compétence privilégiée (v. *infra*, n° 158), ou à d'autres fors exceptionnels fondés sur des besoins spécifiques à l'ordre international.

3. Cass. civ. 1re, 19 oct. 1959, *Pelassa*, *D.*, 1960. 37, note G. Holleaux ; *Rev. crit. DIP*, 1960. 215, note Y. L. ; Cass. civ. 1re, 30 oct. 1962, *Scheffel*, *Rev. crit. DIP*, 1963. 387, note Ph. Francescakis ; *D.*, 1963. 109, note G. Holleaux ; *GA*, n° 37.

les options de compétence de l'article 7 du Règlement Bruxelles I *bis* (et, avant, de la Convention de Bruxelles, puis du Règlement Bruxelles I). Ainsi, dans ce dernier contexte et pour ne prendre que les exemples les plus usités, par dérogation à la compétence du juge du lieu du domicile du défendeur, et au choix du demandeur, le for du contrat est celui [1] du lieu d'exécution de l'obligation contractuelle (art. 7-1), tandis que le for du délit, selon l'article 7-2, se situe au lieu du fait dommageable. Cependant, ces règles apparemment anodines ont bien, elles aussi, un coût [2] tandis que leur mise en œuvre dans des champs particuliers est parfois de nature à peser sur l'évolution du droit substantiel [3].

ÉTAT DES QUESTIONS

B. G. — M.-E. Ancel, *La Prestation caractéristique du contrat*, Économica, 2002 ; N. Joubert, *La Notion de liens suffisants avec l'ordre juridique* (*Inlandsbeziehung*) *en droit international privé*, Litec, 2007, préf. P. Lagarde ; P. Lagarde, « Le principe de proximité dans le droit international privé contemporain », *RCADI*, 1986-1, vol. 196, p. 9 ; L. Usunier, *La Régulation de la compétence juridictionnelle en droit international privé*, Économica 2008, préf. H. Muir Watt.

DANS L'ESPACE JUDICIAIRE EUROPÉEN

139. La Cour de justice a très tôt attribué aux options de compétence de l'article 5 de la Convention de Bruxelles, désormais article 7 du Règlement Bruxelles I *bis*, un fondement tiré de la bonne administration de la justice. Ce dernier objectif, appréhendé en termes de commodité d'accès au tribunal et d'administration efficace de la preuve, devait guider l'interprétation de ces textes, fréquemment sollicités en pratique. Ainsi, par exemple, c'est l'égale proximité entre le litige et le lieu du fait générateur ou celui du dommage qui a déterminé l'orientation donnée par la Cour de justice à l'article 5-3 (7-2) en cas de délits dissociés, ouvrant une option de compétence, mais freinant son extension au nom de la faveur de la victime (*infra*, n° 965). Le résultat a été plus insolite cependant dans le cas de l'interprétation de l'article 5-1 (7-1), l'objectif de bonne administration de la justice ayant conduit, paradoxalement, à façonner un for sans lien réel avec le litige (v. *infra*, n°s 880 et s.). Le Règlement Bruxelles I, modifiant la rédaction de ce texte, rectifia partiellement le tir sur ce point (v. *infra*, n° 889).

Désormais, la neutralité économique et politique des règles fondées ostensiblement sur des objectifs purement processuels est en question (v. le texte, *supra*, n° 138). Par

1. Peu ou prou : v. *infra*, n°s 884 et s.
2. V. J. Dammann, « A New Approach to Corporate Choice of Law », 38 *Vand J' Transnat'l* L. 51, 2005, et *supra*, n° 130.
3. Sur l'enjeu du maintien de l'article 7-3 en cas de diffamation transfrontière, v. *infra*, n° 973-2.

ailleurs, la pertinence des critères fondés essentiellement sur une proximité d'ordre géographique est discutable dans le contexte de contentieux intéressant le cyberespace (v. *infra*, n°s 1016 et s.). Enfin, s'agissant des dommages économiques, généralement subis au lieu du domicile ou de la résidence de la victime (ou de son compte bancaire), l'option de compétence de l'article 7-2 se trouve systématiquement neutralisée dès lors que l'on refuse d'en faire un for de protection (v. CJCE, *Kronhofer*, 10 juin 2004, C-168/02, *infra*, n° 968). C'est sans doute cette raison, au-delà de l'adéquation particulière entre la protection de la vie privée et le milieu de vie de la personne, qui a conduit la Cour de justice à consacrer, sur le fondement même de l'article 5-3 (ancien), un for spécifique fondé sur ce dernier en cas d'atteinte à la vie privée par internet (v. *infra*, not. n° 644-2 ; 973-2).

139-1. Le critère de la proximité semble cependant revêtir une autre signification lorsque la situation litigieuse est « quasi interne » ; il impose alors un droit d'accès « raisonnable et pratique » à un tribunal. Ainsi, dans un arrêt *Arlewin v Suède* du 1er mars 2016 (requête n° 22302/10, *Rev. crit. DIP*, 2016. 560, note F. Marchadier), la Cour européenne des droits de l'homme a jugé que l'État suédois était tenu, au regard de l'article 6 de la Convention européenne, de garantir au requérant un accès effectif à un tribunal dans un cas où le Règlement Bruxelles I semblait conduire à la compétence des juridictions britanniques sur le fondement de l'article 5-3 (7-2). Cependant, les faits suggèrent que le demandeur avait été placé dans ce cas dans une situation proche du déni de justice dans la mesure où, au regard du droit suédois, il ne pouvait imputer à personne la responsabilité de la diffamation dont il se plaignait. La CJUE estime que le fait d'imposer à M. Arlewin d'agir devant les juridictions du Royaume-Uni ne constitue pas pour lui une solution raisonnable et pratique. En conséquence, elle conclut que les restrictions apportées au droit d'accès de M. Arlewin à un tribunal sont trop étendues et que, eu égard aux circonstances de l'espèce, elles ne sauraient passer pour proportionnées.

Renvoi : sur la nature des règles de compétence ordinaire, v. *infra*, n° 179.

III | L'interférence d'objectifs substantiels : le for du demandeur

140. Les règles de compétence internationale sont désormais mises au service d'autres objectifs, d'ordre substantiel, qui les éloignent de la neutralité procédurale dont elles ont été traditionnellement parées. L'essor du *forum actoris*, for du demandeur, signale cette nouvelle orientation de façon significative. Honni par le passé comme trahissant la protection procédurale qu'offre au défendeur la règle *actor sequitur* [1], le

1. La condamnation du *forum actoris* ainsi que le souci de protection procédurale du défendeur sont encore récurrents dans la jurisprudence de la Cour de justice (en dehors du cas particulier de la protection de la partie faible) : v. par ex., CJCE, 11 janv. 1990, *Dumez*, C-220/88, *Rec.*, I-49, concl. Darmon ; *Rev. crit. DIP*, 1990. 363, note H. Gaudemet-Tallon ; *JDI*, 1990. 497, obs. A. Huet ; CJCE,

for de la résidence ou du domicile du demandeur est appelé de plus en plus à instaurer un équilibre différent au profit de la partie faible au procès [1]. Celle-ci se voit garantir le droit à un for accessible et donc effectif, de sorte que le risque de l'internationalité se trouve alors réparti autrement. Souvent, la coïncidence des compétences est d'ailleurs recherchée. Il en va ainsi des fors des sections 3, 4 et 5 du Règlement Bruxelles I *bis*, qui correspondent à des domaines relevant de réglementations de police protectrices (respectivement, les assurés, les consommateurs et les travailleurs). La partie réputée faible a toujours la possibilité de saisir le for de son propre domicile, tandis que son cocontractant, assujetti aux contraintes de la règle *actor sequitur*, devra toujours saisir ce même for. Dans ces cas, on pourrait se demander pourquoi le jeu des règles de conflit spéciales protectrices issues de la Convention de Rome, puis du Règlement Rome I, ou alors du droit dérivé dans les domaines harmonisés, ne suffit pas à assurer la protection de ces catégories de plaideurs : qu'importe en effet le juge saisi si les mêmes dispositions protectrices sont en toute hypothèse applicables au fond ? La réponse réside certainement dans le fait que la proximité du juge compétent est considérée en soi comme un élément du dispositif de protection, en raison du caractère dissuasif des coûts alourdis, de l'éloignement géographique et de l'extranéité du juge, indépendamment même de la garantie d'obtenir l'application de la loi la plus protectrice au fond. S'agissant en revanche de la protection de la vie privée, on peut se demander si la consécration du for du centre d'intérêts du demandeur en cas de diffamation par internet répond à la sollicitude particulière du droit de l'Union à l'égard de la victime d'une telle atteinte, ou à une orientation plus profonde de l'espace judiciaire européen, qui tendrait à prendre ses distances à l'égard de sa défiance initiale à l'égard du for du demandeur [2].

1er mars 2005, *Owusu v. Jackson*, C-281/02, *Rec.*, I-1383 ; *Rev. crit. DIP*, 2005. 698, note C. Chalas ; *Gaz. Pal.*, 2005, n° 148, p. 31, note M.-L. Niboyet ; *JDI*, 2005. 1177, note G. Cuniberti, M. Winkler. Et déjà : CJCE, 29 juin 1994, *Custom Made*, C-288/92, *Rec.*, I. 2913, concl. Lenz ; *Rev. crit. DIP*, 1994. 692, note H. Gaudemet-Tallon ; *JDI*, 1995. 461, obs. A. Huet.

1. V. ainsi, pour la protection du consommateur, le nouvel art. R. 631-3 C. consomm., sur lequel v. *infra*, n° 925.

2. V. CJUE, 25 octobre 2011, aff. jointes C-509/09, *eDate Advertising* et 161/10 *Martinez*, *JCP* 2012, 28, note S. Francq ; *JDI* 2012, 198, note G. Guiziou ; *D.*, 2012.1279, note T. Azzi ; *D.*, 2012.1285, note S. Bollée, B. Haftel ; *Rev. crit. DIP* 2012.389, note H. Muir Watt ; v. *supra*, n° 135 ; *infra*, not. n° 972 ; n° 1018.

ÉTAT DES QUESTIONS

B. G. — E Pataut, *Principe de souveraineté et conflits de juridictions*, LGDJ, 1998, préf. P. Lagarde.V. également la bibliographie citée à l'occasion de l'étude de chacune des règles de compétence protectrices : *infra*, sous n° 954.

THÉORIE GÉNÉRALE

141. Le for du demandeur peut servir un objectif substantiel autre que la protection de la partie faible. Ainsi, il peut contribuer à la réalisation d'une finalité de régulation économique. C'est le cas du for mis à la disposition du travailleur détaché par la directive n° 96/71 du 16 décembre 1996 sur le détachement intra-européen de travailleurs, lequel, en garantissant l'effectivité des droits du travailleur déplacé, vise à réguler la concurrence sur le marché. Sa finalité est économique, non sociale (M.-A. Moreau, « Le détachement des travailleurs effectuant une prestation de services dans l'Union européenne », *JDI*, 1996. 889, p. 890). De même, on peut penser que l'option de compétence ouverte par l'arrêt *Mines de Potasses* (précité) en cas de dommages causés par une pollution transfrontière, est de nature à encourager les actions civiles en cas d'atteinte à l'environnement, de façon à améliorer la protection de celui-ci à travers le territoire de l'Union européenne (v. la discussion sur les objectifs multiples, et la légitimité variable, du *forum actoris*, dans C. McClachlan et P. Nygh (dir.), *Transnational Tort Litigation*, Oxford, Clarendon Press, 1996 et le compte rendu *Rev. crit. DIP*, 1996. 842). On peut en dire autant du for du cyberdélit de diffamation, qui poursuivrait ainsi le respect renforcé des droits de la personnalité ; mais comme le montrent les tensions sur ce point au sein du Règlement Rome II sur la loi applicable aux obligations non contractuelles, l'équilibre entre cet objectif et celui de la liberté d'expression ne fait pas l'objet d'un consensus parmi les États-membres (v. *infra*, n° 973-12).

IV | Le respect de la volonté des parties : les clauses attributives de juridiction et les clauses compromissoires

142. Le libre choix d'un for étatique par les parties en matière contractuelle, très largement admis – en France depuis l'arrêt *Mardelé* en 1930[1], aux États-Unis depuis l'arrêt *The Bremen* en 1972[2], par le Règlement Bruxelles I (art. 23 ; art. 17 Convention ; art. 25 Bruxelles I *bis*) et désormais par la Convention de La Haye du 30 juin 2005

1. Cass. civ., 19 févr. 1930, *Mardelé*, *Rev. crit. DIP*, 1931. 514, note Niboyet.
2. *The Bremen v. Zapata Off-Shore Co*, 407 US 1 (1972).

sur les clauses exclusives d'élection de for[1] – accentue en ce dernier domaine la fongibilité internationale des juridictions qu'implique déjà le caractère concurrent des compétences en matière de droit privé. Si aucune raison particulière ne justifie que le contentieux soit réservé à un for déterminé, rien ne s'oppose non plus à ce que les parties décident seules du tribunal compétent, quitte à déroger au jeu normal des règles de compétence et même à désigner un for sans aucun lien objectif avec la situation litigieuse. Un tel choix peut se justifier par toutes sortes de raisons, comme le souci de neutralité (dans le cas du choix du juge d'un État-tiers par rapport à la nationalité des parties), ou l'expertise particulière du tribunal choisi (par exemple, un juge anglais est fréquemment choisi en matière maritime).

143. Ce libéralisme va plus loin encore car les États admettent non seulement que les parties aient recours aux organes d'un autre État mais également qu'elles soumettent leur litige à la justice privée. Ici encore, la politique des États consiste à encourager l'essor de l'arbitrage international, d'abord en le dotant d'un régime juridique extrêmement favorable, ensuite en étendant le champ de l'arbitrabilité des litiges[2]. Cette position témoigne d'une certaine indifférence à l'égard de la juridiction saisie autant que du résultat consacré, pourvu que la paix propice aux échanges soit retrouvée. Si la validité des clauses attributives de juridiction implique que le litige puisse être réglé selon les vues des organes d'un autre État et en dehors du jeu des règles de conflit de lois du for, la soumission d'un litige à l'arbitrage implique également l'admission qu'il puisse être réglé en dehors de toute référence à un ordre juridique étatique. Au demeurant, dans l'un et l'autre cas, le régime de circulation internationale des jugements et des sentences tend à se libéraliser de plus en plus.

144. Cette orientation est parfaitement explicable dans les cas où les parties pourraient en toute hypothèse régler leur litige par voie contractuelle. Toutefois, la mobilité métaphorique qu'un tel régime – licéité des clauses, jointe à un régime libéral de circulation des décisions – tend aujourd'hui à conférer aux acteurs du commerce international leur donne également une certaine maîtrise sur l'applicabilité des réglementations impératives normalement destinées à être indérogeables au plan international. Il suffit d'élire un juge privé ou appartenant à un autre

1. V. *infra*, n°s 858-3 et s. ; 873 et s.
2. V. *infra*, n° 878.

État pour échapper dans une large mesure à ces dernières [1]. Dans ce cas, rien ne garantit en effet que ces réglementations recevront application, ni que le contrôle exercé le cas échéant lors de l'exécution des décisions suffira à en assurer la sanction. Les acteurs privés, dit-on, ont réussi à « décoller » des contraintes étatiques, sans que rien n'en assure l'atterrissage dans les bornes prévues. Pareil « décollage » pourrait revêtir un caractère plus préoccupant encore si les clauses d'élection de for étaient facilement opposables aux tiers intervenant en aval dans une opération contractuelle complexe [2].

ÉTAT DES QUESTIONS

B. G. — **Sur les clauses attributives de juridiction** : B. Audit, « Observations sur la Convention de La Haye du 30 juin 2005 relative aux élections de for », in *Mélanges en l'honneur de H. Gaudemet-Tallon*, Dalloz, 2008, p. 171 ; O. Cachard, « La force obligatoire vis-à-vis du destinataire des clauses relatives à la compétence internationale stipulée dans les connaissements », in *Liber amicorum H. Gaudemet-Tallon*, p. 189 ; N. Coipel-Cordonnier, *Les conventions d'arbitrage et d'élection de for en droit international privé*, LGDJ, 1999, préf. P. Mayer ; H. Gaudemet-Tallon, *La prorogation volontaire de juridiction en droit international privé*, Dalloz, 1965, préf. H. Batiffol ; J. Jodlowski, « Les conventions relatives à la prorogation et à la dérogation à la compétence internationale en matière civile », *RCADI*, 1974, t. III, p. 477 ; G. Kaufmann-Kohler, *La clause d'élection de for dans les contrats internationaux*, Helbing et Lichtenhahn, 1980 ; M. Keyes et B. Marshall, « Jurisdiction Agreements: Exclusive, Optional and Asymmetrical », *Journ. PIL*, 2015, p. 345 ; C. Kessedjian, « La Convention de La Haye du 30 juin 2005 sur l'élection de for », *JDI* 2006.813 ; B. Rémy, « De la profusion à la confusion : réflexions sur la justification des clauses d'élection de for », *JDI* 2011. 51 ; D. Sindres, « Retour sur la loi applicable à la validité de la clause d'élection de for », *Rev. crit. DIP*, 2015. 787 ; L. Usunier, « La Convention de La Haye du 30 juin 2005 sur les accords d'élection de for : beaucoup de bruit pour rien ? », *Rev. crit. DIP*, 2010. 38 ; H. Van Loon, « Quelques aspects de la mondialisation dans le domaine des conflits de juridictions », *Trav. Com. fr. DIP*, 2004-2006, p. 227.

Sur l'arbitrage international. — M. de Boisséson, *Le droit français de l'arbitrage interne et international*, GLN-Joly éd., 1990 ; R. David, *L'arbitrage dans le commerce international*, Économica, 1982 ; Ph. Fouchard, *L'arbitrage commercial international*, Dalloz, 1965, préf. B. Goldman ; Ph. Fouchard, E. Gaillard, B. Goldman, *Traité de*

1. V. ainsi Cass. civ. 1re, 22 oct. 2008, *Gaz. Pal.*, 21 févr. 2009, n° 52, p. 27, note Ph. Guez ; *JDI*, 2009. 599, note M.-N. Jobard-Bachellier, F.-X. Train ; *D.*, 2009. 2385, obs. S. B. ; aj. A. Huet, *D.*, 2009, chron. 684 ; D. Bureau, H. Muir Watt, « L'impérativité désactivée », *Rev. crit. DIP*, 2009. 1 ; comp., Cour de justice fédérale d'Allemagne, 5 septembre 2012, *Rev. crit. DIP*, 2013. 890, note F. Jault-Seseke.

2. V. *infra*, nos 861-1 ; 872 ; 892-3, sur l'opposabilité des clauses de choix de for aux tiers.

l'arbitrage commercial international, Litec, 1996 ; Ph. Fouchard, *Écrits*, Com. fr. arb., 2007 ; E. Gaillard, *Aspects philosophiques du droit de l'arbitrage international*, ADI-Poche, 2008 ; B. Le Bars, J. Dalmasso, *Arbitrage commercial international. Les grands arrêts du droit français*, LexisNexis, 2016 ; E. Loquin, *L'Arbitrage du commerce international*, Joly éditions, 2015 ; H. Motulsky, *Écrits*, vol. II : *Études et notes sur l'arbitrage*, Dalloz, 1974 ; B. Oppetit, *Théorie de l'arbitrage*, Puf, 1998 ; J. Robert, *L'arbitrage. Droit interne et droit international privé*, Dalloz, 6e éd. 1993, avec la de B. Moreau ; Ch. Seraglini, J. Ortscheidt, *Droit de l'arbitrage interne et international*, Montchrestien, 2013 ; J.-B. Racine, *Droit de l'arbitrage*, Puf « Thémis », 2016.

Sur le pouvoir des parties de se soustraire à l'application des réglementations impératives étatiques : H. Muir Watt et L. Radicati di Brozolo, « Party Autonomy and Mandatory Rules in a Global World », *Global Jurist Advances*, 2004, vol. 4, issue 1, art. 2 ; L. Radicati di Brozolo, « Mondialisation, juridiction, arbitrage : vers des règles d'application semi-immédiate ? », *Rev. crit. DIP*, 2003. 1 ; R. Wai, « Transnational liftoff and juridical touchdown : The regulatory function of private international law in a global age », 40, *Colum. J. Transnat'l L.*, 209 (2002) ; D. Bureau, H. Muir Watt, « L'impérativité désactivée », *Rev. crit. DIP*, 2009. 1 ; H. Gaudemet-Tallon, « La clause attributive de juridiction, un moyen d'échapper aux lois de police ? », in *Liber Amicorum K. Siehr*, Eleven International Publishing, 2010, p. 707.

POLITIQUE LÉGISLATIVE

145. La contractualisation favorise-t-elle la prévisibilité ?— L'époque est à la faveur de la contractualisation – totale (clauses d'arbitrage) ou partielle (clauses attributives) – des modes de résolution du contentieux international. En témoignent aussi bien l'essor de l'arbitrage que la promotion des clauses attributives de juridiction dans l'espace judiciaire commun (Règlement Bruxelles I *bis*) ou en dehors de celui-ci (Convention de La Haye 2005 sur les accords d'élection de for). Pareille délégation aux parties de cette faculté de planification comporte ses avantages et ses risques ; de toute évidence elle n'est pas neutre du point de vue de la gouvernance globale et n'est pas étrangère au déploiement de stratégies contentieuses d'une sophistication croissante. Par ailleurs, la multiplication d'instruments législatifs multilatéraux destinés à clarifier le régime de ces clauses et à éviter des conflits (positifs ou négatifs) de compétence, ne favorise pas nécessairement la clarté. Ainsi, le champ d'application respectif du Règlement Bruxelles I *bis* et de la Convention de la Haye précités, régi par une clause dite de déconnexion, ne se laisse pas définir sans difficultés (v. *infra*, n° 783 ; n° 858-3). Le régime conventionnel comporte par ailleurs un mécanisme de règlement du conflit de systèmes – une forme de renvoi intégrée au conflit de juridictions – qui oblige le juge d'un État-contractant saisi mais non élu à vérifier la validité de la clause au regard du droit international privé du for élu. Expression de la méthode de l'ordre juridique de référence (v. *supra*, n° 83 et *infra*, not. nos 512, 516, 578), ses avantages théoriques n'en compensent pas nécessairement les difficultés pratiques !

TECHNIQUE JURIDIQUE

145-1. Sur la comparaison entre clause compromissoire et clause attributive de juridiction. — C. Blanchin, *L'autonomie de la clause compromissoire : un modèle pour la clause* *attributive de juridiction ?*, LGDJ, 1995, préf. H. Gaudemet-Tallon ; G. R. Delaume, « Clauses d'élection de for et clauses compromissoires : évolution et gestation d'un nouveau droit américain », *JDI*, 1975. 486 ; N. Coipel-Cordonnier, *Les conventions d'arbitrage et d'élection de for en droit international privé*, préc. ; A. Sinay-Cytermann, « Une disparité étonnante entre le régime des clauses attributives de juridiction et les clauses compromissoires dans le contrat de travail international et dans le contrat de consommation international », *Rev. crit. DIP*, 2009. 427. Idée généralement soutenue : le régime (très favorable) de la clause compromissoire pourrait sans difficulté bénéficier aux clauses attributives de juridiction. Faudrait-il d'ailleurs accorder moins de confiance aux juges étrangers qu'aux juges privés ? En termes de politique juridique, il n'est pourtant pas avéré que les deux types de clause puissent être analysés de la même manière : le libéralisme affiché par la jurisprudence française au sujet des clauses compromissoires a pour but d'attirer – pour des raisons économiques – les arbitrages internationaux sur le sol français ; le même libéralisme, rapporté aux clauses attributives de juridiction, conduirait au contraire à distraire les litiges internationaux du sol français, au profit des tribunaux étrangers désignés. Le droit positif maintient encore un régime différencié entre ces deux types de clause. V., par ex., sur la question de leur transmission, *infra*, n° 892. Sur la question de leur parenté au regard de l'interdiction des injonctions *anti-suit* protectrices dans l'ordre judiciaire européen, v. P. Schlosser, « Anti-suit injunctions zur Unterstützung von internationalen Schiedsverfahren » (2006), *RIW*, 486-492 et *supra*, n° 84. Sur les clauses offrant une option entre juge étatique et arbitre, v. J. Barbet, P. Rosher, « Les clauses de résolution de litiges optionnelles », *Rev. arb.*, 2010. 45.

146. Les limites du principe de transposition à l'ordre international des règles de compétence territoriale interne. — Le principal ajustement admis par la jurisprudence et reconduit sous l'empire du nouveau Code de procédure civile (v. Cass. civ. 1re, 17 déc. 1985, *Rev. crit. DIP*, 1986. 537, note H. Gaudemet-Tallon, *D.*, 1986. IR. 265, obs. B. Audit, *GA*, n° 72), concerne la licéité de principe des clauses attributives de juridiction dans les contrats internationaux, les termes plus restrictifs de l'article 48 étant donc cantonnés aux contrats internes (v. *infra*, n° 860).

ARBITRAGE

147. L'arbitre, juge naturel du commerce international ? — Affirmation maintes fois répétée, chez les spécialistes de la matière. Pour un plaidoyer récent, v. G. Cuniberti, « The Case for Default Arbitration in International Commercial Disputes », 32 *Fordham J. lat'. L.*, 417, 2009. Au-delà de la difficulté à cerner la notion même de juge naturel, son application à l'arbitrage international appelle en toute hypothèse quelques nuances, ne serait-ce que parce qu'il faut tout de même un acte de volonté des parties pour fonder la compétence de l'arbitre, et parce que le contentieux développé devant les juridictions étatiques – pourvues d'armes puissantes (v. *supra*, n° 84) – révèle assez clairement que les litiges du commerce international ne leur échappent pas – pas encore – totalement (v. not. H. Gaudemet-Tallon, « L'introuvable juge naturel », in *Mélanges en hommage à J. Gaudemet*, puf, 1999, p. 591 et s., et spéc. p. 597-599).

148. Sociologie. — L'intense activité de la Cour d'arbitrage de la Chambre de commerce internationale est marquée par un constant essor des requêtes d'arbitrage qu'elle est chargée d'organiser (433 requêtes nouvelles en 1996, 452 en 1997, 466 en 1998, 599 en 2007, 663 en 2008, 818 en 2009. V. des statistiques plus complètes in *Bull. CCI*). Les affaires traitées concernent essentiellement les opérations de commerce international, transport, distribution et concession (32,9 % des affaires en 1998) ainsi que les litiges relatifs à la construction et aux entreprises communes (26,4 % en 1998) ; en outre, 34,9 % des litiges portaient à la même date sur des montants s'échelonnant de 1 à 10 millions de dollars. Pour des données statistiques, précédant l'analyse de sentences, v. la livraison annuelle du *JDI*, n° 4. Dans la ligne des thèses soutenues par P. Bourdieu, l'arbitrage commercial international a été décrit comme un véritable marché, pour la domination duquel les juristes s'affrontent avec pour armes le droit, leurs connaissances et leurs relations d'affaires. Ses acteurs développeraient ainsi une stratégie de conquête, profondément marquée par l'arrivée sur ce marché des cabinets anglo-américains, ce qui aurait d'ailleurs contribué à transformer la physionomie de l'arbitrage en provoquant la professionnalisation de la fonction d'arbitre et une forte judiciarisation des procédures (Y. Dezalay et B. G. Garth, *Dealing in virtue. International Commercial Arbitration and the Construction of a Transnational Legal Order*, Chicago, 1996). En effet, la rapide généralisation de la faculté de choix du for des parties, une fois adoptée par un État économiquement puissant, est très clairement le résultat d'un phénomène compétitif. Sur ce point, Michael Reisman suggère que la libéralisation du régime de l'arbitrage international tient bien davantage à la volonté des États d'attirer l'industrie de l'arbitrage qu'à une conviction profonde relative aux bienfaits de celui-ci (*Systems of Control in International Adjudication and Arbitration*, 1992, 109-15). Cette analyse est corroborée par celle d'Yves Dezalay et Bryant Garth (*op. cit.*) relative au rôle des groupes d'intérêt dans ce domaine.

149. Espace judiciaire européen et arbitrage. — Le maintien par le Règlement Bruxelles I *bis* de l'exclusion de l'arbitrage de son champ d'application, sans reprendre la proposition de la Commission d'instaurer un régime de litispendance imposant les juges de tout autre État-membre de surseoir à statuer au profit de la juridiction du siège de l'arbitrage, première saisie d'une question de validité ou d'efficacité de la clause d'arbitrage, ne signifie pas cependant que le débat soit clos (v. R. Garnett, « Coexisting and Conflicting Jurisidiction and Arbitration Clauses », *Journ. PIL*, 2013. 361 ; sur la proposition de la Commission, L. Radicati di Brozolo, « Arbitration and the Draft Revised Brussels I Regulation : Seeds of Home Country Control and of Harmonisation », *Journ PIL* 2011.423). V. *supra*, n° 126-1.

V | La recherche de l'efficacité : le contentieux du provisoire

150. La physionomie du contentieux international se transforme, se jouant de plus en plus désormais au stade du provisoire. Celui-ci est devenu depuis quelque temps à la fois un enjeu de compétition normative entre États désireux de s'attirer les litiges commerciaux d'envergure et une donnée incontournable dans la stratégie procédurale des plaideurs, qui s'adonnent fréquemment au *forum shopping* dans l'ordre international. La disponibilité d'un arsenal de mesures conservatoires rapides, flexibles et énergiques, constitue ainsi désormais un facteur essentiel de l'attractivité d'une « place » judiciaire. Traditionnellement attelé au principe de territorialité, au regard duquel les mesures conservatoires semblaient rattachées indifféremment à la catégorie exécution, le droit international privé commun français admet la compétence des juges nationaux pour prendre des mesures conservatoires devant se réaliser localement, en vertu du « principe d'indépendance et de souveraineté des États [1] », lequel semblait cependant interdire d'en autoriser la réalisation en dehors du ressort du for. Mais, progressivement, l'emprise de la territorialité semble se desserrer, de sorte qu'il n'est plus exclu que le juge du for puisse autoriser des mesures conservatoires sur des biens sis à l'étranger [2]. L'extraterritorialité est largement admise outre-Manche, sous la forme de mesures d'injonction ou de gel prises *in personam* à l'égard du défendeur, qui se voit interdire de déplacer ses avoirs à l'étranger (ou, selon d'autres variantes, obligé d'en révéler la situation, de les rapatrier, etc.).

151. L'impact de l'espace judiciaire européen sur les pratiques nationales est significatif à cet égard. En effet, dans les rapports intra-européens, le juge compétent au fond peut toujours prendre les mesures provisoires qui s'imposent pour le règlement du litige principal, même si elles doivent se réaliser dans un autre État-membre [3]. Par ailleurs, l'article 35 du Règlement Bruxelles I *bis* consacre un for dérogatoire, qui autorise le juge d'un État-membre à prendre toute mesure provisoire ou conservatoire qu'autoriserait son propre droit, alors même qu'en vertu du Règlement, une juridiction d'un autre État-membre serait compétente pour connaître du fond du litige [4]. L'arrêt *Van Uden* de la Cour de justice en a identifié la justification dans l'économie procédurale que représente la disponibilité d'un for au lieu même de réalisation de la

1. Cass. civ., 12 mai 1931, *Cie française de navigation Cyprien Fabre*, *S.*, 1932. 137, rap. Casteil, note Niboyet ; *DP*, 1933. 1. 60, note Silz ; *JDI*, 1932. 387, note Perroud.

2. V. par ex., implicitement, Cass. civ. 1re, 22 juin 1999, *Rev. crit. DIP*, 2000. 42, note G. Cuniberti ; *D. Aff.*, 2000. 211, note D. Ammar.

3. CJCE, 27 mars 1979, *De Cavel*, aff. 143/78, *Rec.*, 1055, concl. Warner ; *Rev. crit. DIP*, 1980. 621, note G. Droz ; *JDI*, 1979. 681, obs. A. Huet ; *D.*, 1979. IR. 457, obs. B. Audit.

4. L'article 35 du Règlement Bruxelles I *bis* étend quant à lui la solution au cas où les juridictions d'un autre État-membre seraient compétentes pour connaître du fond, en vertu du Règlement lui-même, mais aussi désormais en vertu d'un droit national. V. sur ce point, A. Dickinson, « Provisional Measures in the Brussels I Review : Disturbing the Statu Quo ? », *Journ PIL* 2010. 519.

mesure – le *forum loci* –, qui évite d'avoir à recourir à l'*exequatur* d'une mesure conservatoire ordonnée par le juge compétent au fond [1]. Pareille justification conduit à exiger un « lien réel » entre le juge saisi et l'objet de la mesure, celle-ci devant se réaliser dans le ressort du juge saisi [2]. En outre, la question des mesures d'expertise, dont le référé-probatoire de l'art. 145 CPC, soulève de délicates interrogations relatives à l'articulation entre le for du Règlement Bruxelles I *bis* et le Règlement n° 1206/2001 relatif à l'obtention des preuves [3]. Cela étant, les véritables difficultés concernent la compatibilité de ces mesures avec l'ordre public procédural, au regard des droits de la défense du destinataire de la mesure ou encore des droits des tiers [4].

ÉTAT DES QUESTIONS

B. G. — S. Clavel, *Le pouvoir d'injonction extraterritorial pour le règlement des litiges privés internationaux*, thèse, Paris 1, 1999 ; G. Cuniberti, *Les mesures conservatoires sur les biens situés à l'étranger*, LGDJ, 2000, préf. H. Muir Watt ; H. Muir Watt, « Extraterritorialité des mesures conservatoires in personam », *Rev. crit. DIP*, 1998. 27 ; M. Nioche, *La décision provisoire en droit international privé européen : Qualification et régime en matière civile et commerciale*, Bruylant, coll. FEDUCI, 2012.

DROIT COMPARÉ

152. Le champ des mesures provisoires fait l'objet d'une forte concurrence intersystémique (v. par ex., M. Wilderspin, « La compétence juridictionnelle en matière de litiges

1. CJCE, 17 nov. 1998, *Van Uden*, C-391/95, *Rec.*, I-7091, concl. Léger ; *Rev. crit. DIP*, 1999. 340, note J. Normand ; *JDI*, 1999. 613, obs. A. Huet ; *Rev. arb.*, 1999. 143, note H. Gaudemet-Tallon ; *RTD com.*, 2000. 340, obs. J.-Cl. Dubarry et E. Loquin ; *D.*, 2000. 378, note G. Cuniberti.

2. Le caractère personnel des injonctions dites « Mareva » à effet conservatoire émises par les juges anglais (aujourd'hui appelées « ordres de gel » des avoirs) a pu conduire à se demander si elles sont condamnées ou non par le même critère dans les rapports intra-européens : le Brexit privera sans doute cette question de son objet. Pour une tentative de clarification du régime de ces mesures dans l'espace judiciaire européen, v. M. Nioche, *Les mesures provisoires en droit international privé*, Paris 1, 2007.

3. V. sur l'ensemble de la question, G. Cuniberti, « L'expertise judiciaire en droit judiciaire européen », *Rev. crit. DIP*, 2015. 519. Dans l'arrêt *St Paul's Dairy*, aff. C-104/03, *Rev. crit. DIP*, 2005. 742, note E. Pataut, la Cour de justice a semblé admettre le caractère exclusif du règlement sur l'obtention des preuves, avant d'en cantonner ensuite la portée au cas où l'objet de la mesure recherchée serait dans le ressort du juge saisi (CJUE 21 févr. 2013, *ProRail BV c/ Xpedys NV*, aff. C-332/11, *AJDI*, 2013. 690, obs. H. Heugas-Darraspen ; *Journal des Tribunaux*, 2014. 564, note A. Nuyts ; *IPRax*, 2014. 282, note Ch. Thole, p. 255). Cependant, comme il a été observé (G. Cuniberti, préc.), le résultat de cette valse-hésitation n'a pas de sens, car le règlement sur l'obtention de la preuve est précisément applicable à l'obtention des preuves dans un autre État-membre.

4. Sur ce point, v. spéc. : CJUE, 25 mai 2016, *Meroni*, aff. C-559/14, *JDI*, 2016, p. 1235, note L. Pailler ; *Rev. crit. DIP*, 2017. 103, note D. Bureau, H. Muir Watt ; *infra*, not. n° 155-1.

concernant la violation de la propriété intellectuelle », *Rev. crit. DIP*, 2006. 777, spéc. p. 804). Aujourd'hui, l'avantage concurrentiel en matière provisoire au sein de l'Europe se trouve indéniablement du côté des systèmes de *common law*, dont les juges sont investis de redoutables pouvoirs injonctifs *in personam*, à portée extraterritoriale et très largement accessibles aux créanciers du monde entier – même lorsque l'instance au fond est engagée ailleurs, devant un for plus pauvrement loti (sur l'affaire *Crédit suisse v. Cuoghi* [1997], 2 All ER 724, où la *Court of Appeal* a émis une injonction au soutien de la procédure suisse sans aucune demande de la part de la Suisse, v. H. Muir Watt, « Extraterritorialité des mesures conservatoires *in personam* », préc.). En son état actuel, le droit français semble bien moins compétitif. Il est vrai que, récemment, la Cour de cassation a franchi un pas très significatif en approuvant l'introduction en droit français du mécanisme qui confère toute son efficacité à l'arsenal anglais du provisoire, à savoir l'injonction *in personam* à effet extraterritorial (Cass. civ. 1re, 19 nov. 2002, *Banque Worms*, *JCP*, 2002. II. 10, 201, concl. Sainte-Rose, note S. Chaillé de Néré ; *D.*, 2003. 797, note G. Khairallah ; *RTD com.*, 2003. 169, obs. J.-L. Vallens ; *JCP*, éd. E, 2003, 1470, note M. Menjucq ; *Gaz. Pal.*, 25-26 juin 2003, p. 29, note M.-L. Niboyet ; *Rev. crit. DIP*, 2003. 631, note H. Muir Watt ; *JDI*, 2003. 132, note Ph. Roussel Galle ; *LPA*, 20 oct. 2003, n° 209, p. 7, note C. Legros ; les conclusions de l'avocat général révèlent que l'inspiration d'une telle initiative vient bien du droit anglais). Paradoxalement, désormais, le créancier qui chercherait à immobiliser des avoirs situés à l'étranger pourrait être mieux servi que celui qui, titulaire d'une créance issue d'un contrat international, voudrait, tout simplement, obtenir une mesure conservatoire en France. En particulier, la jurisprudence de la Cour de cassation qui interdit au juge saisi d'une demande de mesure conservatoire de trancher un conflit de lois a pour effet, pratiquement, de priver de toute protection conservatoire le créancier dont le droit est affecté d'un élément d'extranéité (Cass. civ. 1re, 16 avr. 1996, *Denney*, *Rev. crit. DIP*, 1997. 716, note P. de Vareilles-Sommières ; *RTD civ.*, 1996. 717, obs. R. Perrot ; *Justices*, 1997. 175, obs. H. Muir Watt). Ainsi, selon cet arrêt *Denney*, « *il n'est pas dans le pouvoir du juge de l'exécution, qui doit seulement apprécier l'apparence de fondement de la créance invoquée, d'appliquer la règle de conflit de lois, qui concerne le fond du litige* ». La formule semble assez générale pour être transposée au juge des référés comme à tout juge du provisoire. Pour une interprétation plus optimiste cependant, qualifiant cet arrêt d'« épiphénomène », v. J.-P. Rémery, « Le juge des référés face au conflit de lois », in *Mélanges en l'honneur de P. Lagarde*, Dalloz, 2005, p. 707. Cependant, un arrêt ultérieur est venu préciser que « *la mise en œuvre de mesures d'instruction sur le fondement de l'article 145 du nouveau code de procédure civile est soumise à la loi française* ». Ce motif fonde la censure des juges du fond d'avoir fait référence à la loi étrangère applicable pour caractériser l'existence d'un motif légitime, alors qu'il est difficile de voir comment la plausibilité de la demande pourrait être établie sans prendre en considération la loi régissant le fond du litige, à l'image de la vérification analogue opérée dans un contexte de droit interne (Cass. civ. 1re, 4 juillet 2007, *Rev. crit. DIP*, 2007. 840, note H. Muir Watt).

FEU LA JURISPRUDENCE *NASSIBIAN*

153. L'arrêt *Nassibian* de la Cour de cassation du 6 novembre 1979 (*Rev. crit. DIP*, 1980. 588, note G. Couchez ; *JDI*, 1980. 95, rapp. Ponsard ; *GA*, n° 59-60) avait consacré un for dérivé mais facultatif au profit du juge saisi de la demande de mesure conservatoire pour statuer sur l'existence de la créance invoquée par le saisissant (comp. aussi Cass. civ. 1re, 18 nov. 1986, *Banque camerounaise de développement*, *Rev. crit. DIP*, 1987. 773, note H. Muir Watt ; *JDI*, 1987. 632, obs. Ph. Kahn ; *JCP*, 1987. II. 20909, note B. Nicod). Ce for répondait au besoin d'économie procédurale et de rapidité dans le domaine des mesures provisoires, évitant au créancier saisissant d'avoir à porter sa demande devant un juge étranger et à obtenir ensuite l'*exequatur* du jugement obtenu, tout en préservant une marge d'appréciation du juge, au cas où l'exercice de la compétence dérivée lui paraîtrait trop inopportun. Le mécanisme évoque celui du *forum non conveniens*, dont la raison d'être est également de corriger les effets jugés trop intrusifs au cas par cas d'une compétence internationale largement conçue (v. *infra*, nos 177 et s.). C'est le cas où, par exemple, l'affirmation de la compétence du for dérivé serait source d'une difficulté diplomatique car impliquant un État étranger. C'est pourquoi la suppression de ce for (Cass. civ. 1re, 11 févr. 1997, *Bull. I*, n° 47, *GA*, n° 59-60, annoncé déjà par Cass. civ. 1re, 17 janv. 1995 ; *Rev. crit. DIP*, 1996. 133, note Y. Lequette ; *JCP*, 1995. II. 22340, note H. Muir Watt) a été unanimement regrettée par la doctrine, car les raisons qui semblent avoir motivé le revirement de jurisprudence, notamment la crainte de voir les juridictions françaises mêlées à des contentieux sensibles et éloignés de la sphère d'intérêts de l'État du for, trouvaient précisément leur réponse dans les caractéristiques mêmes de ce chef de compétence, que le juge du fond restait libre de ne pas exercer.

DÉFINITION DES MESURES PROVISOIRES

154. Analyse structurale. — Sur la notion et le régime des mesures provisoires au regard d'une analyse structurale, v. C. Bléry, *L'efficacité substantielle des jugements civils*, LGDJ, 2000, préf. P. Mayer, nos 414 et s. Selon cet auteur, si ces mesures sont certes dépourvues de certains attributs par rapport aux jugements qui tranchent le principal, elles ont toutes une autorité de chose jugée, emportent le dessaisissement du juge, et sont dotées d'une force exécutoire.

Distinction des mesures et des décisions *per partes* et *per officium*. — Afin de clarifier la teneur de la catégorie « mesures provisoires et conservatoires » au regard de l'article 35 du Règlement Bruxelles I et de mieux cerner les pouvoirs du juge d'appoint sur le fondement de ce texte, il a été proposé (M. Nioche, *La décision provisoire en droit international privé européen : Qualification et régime en matière civile et commerciale*, préc.) de distinguer les « mesures » ordonnées par le juge du provisoire des « décisions » – de nature juridictionnelle quoique dépourvues d'autorité de chose jugée – qui les prononcent. Pour cet auteur, contrairement à la qualification généralement retenue de ces dernières (perçues soit comme étant *in rem* en tant que produisant effet directement sur une chose, soit comme obligeant le défendeur personnellement à faire ou à ne pas faire), ces décisions seraient toujours *in personam*.

Cependant, parmi elles, il importerait ensuite de différencier les décisions *per partes*, dont l'exécution dépend de l'action des parties (par exemple, un ordre de paiement à titre conservatoire) et qui, relevant des pouvoirs du juge saisi au fond, seraient admises à circuler internationalement, et les décisions *per officium*. Cette dernière catégorie regroupe les décisions (telles celles ordonnant une saisie) dont la mise en œuvre est tributaire de l'intervention d'agents d'exécution. Insusceptibles de déployer des effets extraterritoriaux, elles pourraient seules être prononcées par le juge d'appoint, dont les pouvoirs seraient ainsi strictement circonscrits. Cependant, pour cet auteur, l'injonction équitable de droit anglais (de type Mareva/*freezing order*) pourrait également être imposée par le juge d'appoint sur le fondement de l'article 35 bien que prononcée *per partes*, pour tenir compte du fait que les mesures *per officium* n'existent pas en droit anglais. Sur les mesures injonctives du droit anglais, v. *supra*, n°s 83 et s. Sur la question de savoir si les mesures d'instruction *in futurum* sont ou non des mesures provisoires, v. (pour une réponse négative) : CJCE, 28 avril 2005, aff. C-104/03, *Rev. crit. DIP*, 2005. 742, note E. Pataut ; *RDAI*, 2005. 530, note A. Mourre et Y. Lahlou ; aj. *infra*, n° 200.

L'URGENCE EST-ELLE UN CHEF DE COMPÉTENCE ?

154-1. Bien qu'il soit souvent soutenu le contraire, il a été démontré que l'urgence n'est dans la pratique judiciaire qu'une condition matérielle de mise en œuvre des mesures provisoires et conservatoires et non un chef de compétence à titre autonome (C. Chodkiewicz, *L'Urgence en matière de conflits de juridictions*, thèse, Paris 1, 2000). Sur la simplification des procédures dans l'espace judiciaire européen, gage de leur rapidité, v. *infra*, n°s 311 et s. Sur le for de nécessité, v. *supra*, n° 64.

LES MESURES D'INJONCTION : UN MODÈLE, PLUSIEURS DÉCLINAISONS

155. Injonctions : droit de cité ? Procédé fondé sur l'*Equity* dans la tradition des pays de common law, le remède injonctif a deux grandes forces : son caractère personnel (ou *in personam*) qui lui permet de faire fi des frontières, et les sanctions quasi pénales – quasi irrésistibles – attachées au *contempt of court*. Longtemps honnie, leur pratique s'est accélérée dans le contentieux international contemporain au point d'avoir acquis droit de cité dans les textes régissant l'espace judiciaire commun. Ainsi, en vertu du Règlement Bruxelles I *bis*, lorsqu'une décision provenant d'un autre État-membre et présentée à l'exécution comporte une autre mesure ou une injonction, en particulier une mesure condamnant une partie à une obligation de faire, et que cette mesure « est inconnue dans le droit de l'État-membre requis », elle doit être « adaptée autant que possible à une mesure ou une injonction connue dans le droit dudit État-membre ayant des effets équivalents et poursuivant des objectifs et des intérêts similaires » (art. 54-1). Cette disposition rappelle la position prise par la Cour de Luxembourg s'agissant d'une interdiction de poursuivre des actes ou des menaces de contrefaçon d'une marque communautaire, et consistant à imposer à l'État-membre requis de substituer le cas échéant une mesure équivalente à la mesure coercitive inconnue de son droit national (CJUE 12 avr. 2011, *DHL Express*, aff. C-235/09, *D.* 201. 1135 ; *ibid.* 2434, obs. L. d'Avout et S. Bollée ; *ibid.* 2012. 1228, obs. H. Gaudemet-Tallon et F. Jault-Seseke ; *RTD eur.* 2011. 847, obs. E. Treppoz).

Dès lors il n'est pas inutile d'envisager les nombreuses façons dont la mesure injonctive se décline :

155-1. Injonctions à fonction conservatoire. — Le cas des mesures injonctives à portée extraterritoriale et à effet conservatoire, adressée par le juge de *common law* au défendeur *in personam*, mais concernant des biens situés en dehors du ressort du juge, reste problématique au regard de la délimitation de la catégorie « contrainte » (v. H. Muir Watt, « L'extraterritorialité des mesures conservatoires *in personam* (à propos de l'arrêt de la Court of Appeal, *Credit Fides Trust sa v. Cuoghi*, du 11 juin 1997) », *Rev. crit. DIP*, 1998. 27). L'action exercée à distance sur le territoire étranger est à la fois effective et indirecte. De telles mesures sont dépourvues d'effet réel, car elles s'adressent au défendeur *in personam*. Elles ont cependant pour effet pratique d'immobiliser des biens situés dans un autre État par l'effet de la menace des sanctions sévères qui assortissent en *Equity* le *contempt of court* et qui s'étendent au demeurant aux tiers complices de la violation (sur le caractère problématique de la situation des tiers, v. Ph. Théry, obs. *RTD civ.*, 2005. 549 ; comp. aussi l'affaire *Meroni* (CJUE 25 mai 2016, aff. C-559/14, *JDI*, 2016. 1235, note L. Pailler ; *Rev. crit. DIP*, 2017. 103, note D. Bureau, H. Muir Watt), statuant au regard de l'équité du procès sur les conditions dans lesquelles un tiers affecté par une mesure conservatoire ordonnée dans un État-membre (Angleterre) pouvait s'opposer à son exécution dans un autre État-membre (Lettonie) pour des raisons d'ordre public procédural sans avoir soulevé, ou pu soulever, la même objection dans l'État d'origine). En droit international privé commun, le caractère intrusif de la mesure oblige à prêter une attention particulière aux fondements de la compétence internationale du juge qui la prononce ; on sait que, dans de nombreux cas où la licéité internationale de mesures injonctives est discutable, c'est moins la teneur de la mesure que la compétence du juge qui est en cause. Se servant des ressources qu'offre l'astreinte, la Cour de cassation française a consacré un mécanisme analogue dans l'arrêt *Banque Worms* (Cass. civ. 1re, 19 nov. 2002, *JCP*, 2002. II. 10201, conclusions de l'avocat général Sainte-Rose, note S. Chaillé de Néré ; *D.*, 2003. 797, note G. Khairallah ; *Gaz. Pal.*, 25 et 26 juin 2003, p. 29, obs. M.-L. Niboyet ; *Rev. crit. DIP*, 2003. 631, note H. Muir Watt ; *JDI*, 2003. 132, note Ph. Roussel Galle ; *Rapport de la Cour de cassation*, 2002. 606 ; aj. H. Muir Watt, *Le for naturel du litige : l'injonction* anti-suit *en droit international privé français* (*réflexions au sujet de l'arrêt* Brachot *de la Cour de cassation*), in *Mélanges Lombois*, Litec, 2004, p. 897). Elle s'y montre sensible à ce besoin d'autodiscipline juridictionnelle, lorsqu'elle subordonne la légalité de l'injonction à la condition qu'elle ait été « prononcée par le juge français de la faillite légitimement compétent au fond » (comp. les conclusions de l'avocat général, soulignant l'importance du fait que « la compétence au fond soit solidement établie »).

Le régime de telles mesures, au regard de la Convention puis du Règlement de Bruxelles, reste incertain. Rien ne semble s'opposer à ce que le juge anglais saisi au fond puisse les ordonner sur des biens sis à l'étranger : qui peut le plus peut le moins. Mais le même juge pourrait-il émettre une telle injonction alors qu'il est saisi sur le fondement de l'article 24 de la Convention (31 Règlement ; 35 Règlement révisé) qui institue un *forum loci* ? L'arrêt *Van Uden* de la Cour de justice subordonne l'exercice de la compétence sur ce fondement à l'existence d'un « lien réel » entre le juge et l'objet de la mesure (CJCE, 17 novembre 1998, *D.*, 2000. 378, note G. Cuniberti ; *RTD com.*, 2000. 340, obs. J.-Cl. Dubarry et E. Loquin ; *Rev. arb.*, 1999. 143, note H. Gaudemet-Tallon ; *JDI*, 1999. 613, obs. A. Huet ; *Rev. crit. DIP*, 1999. 340, note J. Normand). Selon que l'on interprète le qualificatif « réel » comme « se rapportant à la chose », comme le font la plupart des commentateurs de tradition civiliste, ou comme « substantiel » comme on le pense outre-Manche, on obtient une réponse différente relative à la légitimité d'une mesure prise par le *forum loci* et dont la portée ne s'épuise que formellement à l'intérieur du ressort du juge saisi.

155-2. Injonctions *anti-suit*. — Plus problématiques sont les objections adressées à la pratique des injonctions anti-suit, qui consistent non pas à exiger du défendeur qu'il immobilise un bien à l'étranger, mais qu'il se désiste d'une procédure étrangère. La difficulté concerne l'admissibilité même de l'interférence du for dans le fonctionnement du service public étranger de la justice (S. Clavel, *Le pouvoir d'injonction extraterritoriale des juges pour le règlement des litiges privés internationaux*, thèse, Paris 1, 2001). En droit anglais, l'injonction *anti-suit* sert avant tout à protéger le for naturel du litige dans un environnement propice au *forum shopping*, où la texture ouverte des règles de compétence juridictionnelle constitue une incitation constante des plaideurs à jouer sur celles-ci pour obtenir le bénéfice d'un for plus favorable (v. A. Bell, *Forum Shopping and Venue in Transnational Litigation*, Oxford, 2003). Lorsque le jeu tourne à l'abus, l'injonction permet de rapatrier un contentieux dont la poursuite devant un juge étranger constituerait une injustice à l'égard de l'une des parties. L'injonction accordée par le juge français dans l'affaire *Banque Worms* (Cass. civ. 1re, 19 nov. 2002, préc.) correspond précisément à cette hypothèse. Fréquemment, l'injonction sera accordée en vue de protéger une clause attributive de juridiction. Au demeurant, en droit international privé commun, la Cour de cassation a estimé que, dans une hypothèse où, en violation d'une clause attributive de juridiction en faveur d'un tribunal américain, l'une des parties avait saisi un tribunal français, la décision du juge américain saisi par l'autre partie et prévoyant un *anti-suit injunction* interdisant la poursuite de la procédure engagée en France pouvait y recevoir l'*exequatur* dès lors que « n'est pas contraire à l'ordre public international l'anti-suit injunction dont, hors champ d'application des conventions ou du droit communautaire, l'objet consiste seulement, comme en l'espèce, à sanctionner la violation d'une obligation contractuelle pré-existante » (Cass. civ. 1re, 14 oct. 2009, *JCP G*, 2009, n° 49, 505, note C. Legros ; *Rev. crit. DIP*, 2010. 158, note H. Muir Watt ; *D.*, 2010, 177, note S. Bollée).

Le sort des injonctions *anti-suit* semble désormais réglé dans les rapports intra-européens par l'arrêt *Turner v. Grovit* de la CJCE, 27 avr. 2004 (C-159/02, *Rev. crit. DIP*, 2004. 654, note H. Muir Watt ; R. Carrier, « Anti-suit injunction : la CJCE met fin à un anachronisme (à propos de l'arrêt de la CJCE du 27 avril 2004) », *DMF*, 2004. 403 ; *Gaz Pal.*, 15 janv. 2005. 30, obs. M.-L. Niboyet ; *RTD civ*, 2004. 549, obs. Ph. Théry ; *adde* la question préjudicielle de la House of Lords du 13 décembre 2001, *Rev. crit. DIP*, 2003. 116, note H. Muir Watt), qui en condamne l'usage au sein de l'espace judiciaire commun pour des raisons de confiance mutuelle. Bien que ce litige ne mette pas en cause la protection d'une clause attributive de juridiction mais un cas de pur harcèlement procédural (v. *infra*, n° 85), les motifs avancés par la Cour de justice pour exclure l'injonction, et qui sont fondés essentiellement, d'une part, sur la confiance mutuelle, d'autre part, sur l'existence de mécanismes de règlement du conflit de procédures propres au droit de l'Union européenne, valent sans doute dans ce cas également. Toutefois, le Brexit est désormais de nature à modifier profondément la donne avec la sortie de l'Union européenne du Royaume-Uni, seul pays à utiliser ces injonctions de façon systématique (sur le Brexit de façon générale, v. *infra*, not. n° 1203. En dehors du domaine du Règlement Bruxelles I *bis*, cependant, la question se pose de la place de ces injonctions au regard du Règlement « Insolvabilité » : v. pour un exemple, l'affaire *Mag Export*, Cass. civ. 1re, 6 juillet 2016, n° 15-14664, *Rev. crit. DIP*, 2017, et la chronique de G. Cuniberti).

155-3. Injonctions *anti-anti-suit*. L'injonction fonctionne comme mécanisme de police des procédures tant que le « juge-injoncteur » est seul. C'est la crainte de voir se multiplier les injonctions contradictoires qui a joué un rôle important dans leur interdiction au sein de l'espace judiciaire européen par l'arrêt *Turner v Grovit* (préc.). L'hypothèse n'est pas d'école. Dans l'affaire *Laker*, juges anglais et américains s'étaient engagés dans une bataille transatlantique à coup d'injonction et de contre-injonction, qui ne s'est achevée qu'avec une négociation diplomatique : US Court of Appeals District of DC 1984, DC 577 F. Supp.348 ; House of Lords 1985, AC 58.

155-4. Injonctions *anti-suit* au soutien d'une procédure d'arbitrage. — Simple variante de la première, l'injonction *anti-suit* est souvent émise en vue de protéger une procédure arbitrale, généralement par le juge du siège. L'arrêt *West Tankers* est venu mettre fin à cette pratique dès lors que le juge saisi en violation (alléguée) de la clause est le juge d'un État-membre, sur le fondement des principes de confiance mutuelle et d'effet utile (v. sur cette affaire, *supra*, n° 83 ; n° 126-1). Le juge saisi doit donc statuer sur l'efficacité de la clause d'arbitrage et le cas échéant renvoyer les parties devant l'arbitre ; mais le processus ne peut être court-circuité par une injonction. On peut cependant s'interroger sur le destin de la jurisprudence *West Tankers* à l'issue du Règlement Bruxelles I révisé. Comme on l'a vu (*supra*, n° 126-1), l'interprétation du considérant 12 semble laisser ouvertes toutes les portes… En revanche, lorsqu'elle est prononcée par l'arbitre lui-même, à l'égard de l'une des parties à la procédure arbitrale afin qu'elle se désiste de demandes devant le juge d'un État-membre, l'injonction ne relève pas du champ du Règlement Bruxelles I *bis*. L'éventuel conflit entre un jugement relevant de ce dernier et une sentence arbitrale relevant de la Convention de New York de 1958 sera donc à trancher par le juge national selon ses propres critères (CJUE *Gazprom*, cité *supra*, n° 126-1).

155-5 Les injonctions *anti-suit* et le for tiers élu. — Si l'injonction *anti-suit* est désormais interdite lorsque le juge saisi en violation d'une clause de choix de for est dans un État-membre, est-elle admissible à l'encontre du juge saisi dans un État-tiers ? Le vrai problème réside dans la jurisprudence *Owusu* (CJCE, 1er mars 2005, C-281/02, *Rev. crit. DIP*, 2005. 698, note Ch. Chalas ; *Gaz. Pal.* 2005, n° 148, p. 31, note M.-L. Niboyet ; *JDI* 2005. 1177, note G. Cuniberti, M. Winkler) et ses implications incertaines quant au champ du Règlement s'agissant des contentieux impliquant des États-tiers, lorsque le défendeur est domicilié dans un État-membre. La question a été posée à la Cour de justice dans le cas de procédures parallèles dans un État-membre (l'Irlande) et un pays-tiers dans un cas d'action en déclaration négative (*Goshawk Dedicated Limited and Kite Dedicated Limited formerly known as Goshawk Dedicated* (*No. 2*) *Ltd*, [2009] IESC 7), mais l'affaire a été transigée. Désormais, l'article 34 du Règlement Bruxelles I *bis* confère au juge d'un État-membre le pouvoir de suspendre la procédure en cours, puis se dessaisir, en cas de procédure parallèle dans un pays-tiers si le jugement de ce pays est susceptible de reconnaissance (v. *infra*, nos 214 ; 221). Faut-il en conclure, inversement, que le juge d'un État-membre pourrait, nonobstant la présence du domicile du défendeur sur le territoire de l'Union européenne, ordonner par voie d'injonction que celui-ci se désiste d'une procédure étrangère ?

155-6 Les injonctions *anti-suit* hors espace judiciaire commun : interdites au sein de l'espace judiciaire commun, les injonctions se déploient de plus belle en dehors. Le Brexit leur promet d'ailleurs un avenir radieux. Dans l'arrêt *In Zone Brands* du 14 octobre 2009 (préc.), la Cour de cassation donne effet à un jugement américain prononçant une injonction *anti-suit* destinée à empêcher la poursuite d'une action engagée en France en violation d'une clause attributive de juridiction en faveur d'un for américain figurant dans un accord de distribution exclusive pour l'Europe, entre un fabricant américain de boissons et un distributeur français (sur l'état du droit aux États-Unis sur les injonctions, v. G. Bermann, « The Use of Anti-Suit Injunctions in International Litigation », 28 *Colum. J. Transnat'l L.* 589). Soulignant que par le biais de l'injonction, il ne s'agissait au fond que de sanctionner la force obligatoire de la clause de choix de for entre les parties au contrat, elle exprime un point de vue largement soutenu dans la doctrine anglaise (v. A. Briggs, *Agreements on Jurisdiction and Choice of Law*, Oxford University Press, Private International Law Series, 2008, et le compte rendu, *Rev. crit. DIP*, 2008, p. 980). Il était difficile dans ces circonstances, estime-t-elle, de reprocher à la décision américaine d'entraver le droit fondamental d'accès au juge, invoqué pour empêcher qu'il soit donné effet à l'injonction, alors que sa décision avait précisément pour objet de protéger l'exclusivité du for élu. Le droit fondamental au for ne peut évidemment être invoqué pour justifier n'importe quelle violation stratégique de la clause attributive !

En réalité, l'orientation de la jurisprudence antérieure était déjà audacieuse dans sa réception du remède injonctif, allant au-delà de l'accueil d'une mesure étrangère pour admettre que les juges français puissent eux-mêmes y recourir. Ainsi, on sait que dans l'affaire *Banque Worms* (préc. n° 155-1), la Cour de cassation avait dans un cas de faillite internationale antérieur à l'entrée en vigueur du Règlement « Insolvabilité » (n° 1346/2000), approuvé l'octroi d'une injonction, sous la forme d'un ordre adressé personnellement au défendeur de se désister d'une procédure étrangère sous peine d'astreinte et afin d'assurer l'égalité des créanciers.

La même orientation d'ouverture à l'égard des mesures originaires d'Equity s'exprime également dans un arrêt récent par lequel la Cour de cassation a permis qu'il soit donné effet à un jugement américain octroyant une somme d'argent très importante contre un directeur de société au titre du *contempt of court* (Cass. civ., 28 janvier 2009, n° 07-11.729, *Bull. civ. I*, n° 15, *D.*, 2009. 2392, obs. S. Bollée), balayant l'argument selon lequel le caractère quasi pénal de la décision la rendait nécessairement contraire à l'ordre public international. Cette position était déjà celle, très clairement affirmée, de la Cour régulatrice dans l'affaire *Stolzenberg* (Cass. civ. 1re, 30 juin 2004, *Rev. crit. DIP*, 2004. 815 note H. Muir Watt). Invoqué ici par le distributeur français défendeur à l'*exequatur*, ce dernier arrêt contenait cependant un *obiter dictum* selon lequel les injonctions *anti-suit* (par opposition aux injonctions *Mareva* ou ordres de gel) sont de nature à affecter la compétence juridictionnelle d'un État étranger. Ce *dictum* semble avoir été voulu comme mise en garde des juges du fond contre le danger inhérent au fait d'enjoindre à un plaideur de se désister d'une procédure étrangère – mais n'exclut pas nécessairement le recours à de telles mesures lorsqu'elles paraissent appropriées, par exemple, lorsqu'il s'agit de protéger une clause de choix de for (ou du moins de protéger la compétence du juge élu pour se prononcer sur la validité de celle-ci).

155-7. Ersatz de l'injonction. — L'ersatz peut être d'origine judiciaire. D'importants dommages-intérêts pour violation de la clause de choix de for auraient désormais vocation à devenir l'équivalent fonctionnel de l'émission d'injonctions *anti-suit*, et s'imposeraient ainsi en principe régulateur de la compétence internationale. Retenant sa propre compétence sur ce point, la *Commercial Court* a accordé des dommages-intérêts en considération des (seuls) coûts engagés pour défendre à une action intentée en violation d'un engagement contractuel attributif de juridiction : v. A/S D/S Svendborg v. Akar [2003], EWCH, 797 (Comm). Ainsi, « le contentieux relatif au lieu du contentieux sera remplacé par un contentieux sur le lieu où le contentieux aurait dû avoir lieu » (A. Briggs, « Anti suit injunctions and utopian ideals » [2004], *Int.Law Quarterly Review*, 529) ! Sur la position de la jurisprudence américaine, moins claire et surtout moins favorable à l'admissibilité de dommages-intérêts dans un tel cas, v. D. Tan, « Damages for breach of forum selection clauses, principled remedies, and control of international civil litigation » [2005], 40, *Tex. Int'l Law Journ.*, 623.

L'ersatz peut résulter aussi d'un contrat. Ainsi, à défaut de pouvoir compter sur un soutien judiciaire dans l'espace européen, la pratique s'établit des clauses pénales et de dommages-intérêts en cas de violation d'une clause de choix de for (avec la bénédiction des tribunaux étatiques : v. Tribuna Supremo d'Espagne : 12 janvier 2009, *Pepsi Cola di Espana*, *Rev. crit. DIP*, 2009. 756, note D. Fernandez Arroyo ; v. sur cette pratique, A. Briggs, *Agreements on Choice of Law and Jurisdiction*, OUP, 2007, p. 511, § 12.73 et s.). Il ne semble pas en effet qu'un accord des parties relatif à une sanction contractuelle encoure les objections relatives à l'exercice unilatéral du pouvoir juridictionnel auxquelles s'est heurtée l'injonction *anti-suit*. Par ailleurs, si la pénalité assortit une clause d'arbitrage, elle devrait normalement échapper au champ du Règlement Bruxelles I. Toutefois, on peut estimer en sens contraire que dès lors qu'elle a pour objet non seulement d'obliger les parties à respecter leur accord mais de contourner par là même la compétence ou le jugement d'un État-membre, elle devient illicite de ce seul fait.

155-8. Les super-injonctions. — L'affaire *Trafigura*, qui concernait la responsabilité d'une entreprise multinationale de courtage en pétrole, à raison de dommages corporels et environnementaux liés au transport et aux dépôts de déchets en Côte d'Ivoire, est bien connue du public (notamment à raison du parcours maritime mouvementé du *Probo Koala* étiqueté « le navire de la mort »), à travers les actions de *Greenpeace*. On soulignera en passant, et sans prendre position sur le fond du conflit sur la causalité, qui se règle à coups d'expertises scientifiques titanesques (et de transactions plus discrètes), la dramatique banalité de ce type de dommage en Afrique, dont les occurrences sont même trop fréquentes pour attirer l'attention (v. dans le contexte de l'actuelle catastrophe dans le Golfe du Mexique, l'article « Far From Gulf, a Spill Scourge 5 Decades Old », *The New York Times*, 16 juin 2010).

C'est dans ce contexte qu'a été prise en *Equity* l'injonction (ou *gagging order*) de la *High Court* dont le résumé est rapporté ici. Techniquement, la spécificité qu'elle revêt consiste en ce que l'ordre principal pris à l'encontre du journal *The Guardian* (dont les talents d'investigation sont remarquables : pour son rôle dans la révélation de l'affaire « Lloyd's on the rocks », v. *Rev. crit. DIP*, 2002. 531) de ne pas révéler des informations qui seraient susceptibles de nuire aux intérêts de *Trafigura* (dont l'identité est cachée dans l'injonction), est accompagné d'un second ordre (dénommé « super-injonction ») de ne pas révéler le premier. La super-injonction est en quelque sorte une injonction sur une injonction, qui boucle la boucle du secret en bâillonnant doublement la presse. Le dispositif a été fort efficace : les pages de *The Guardian*, qui avait en sa possession divers documents jugés compromettants pour *Trafigura*, notamment un rapport scientifique concluant que les déchets provenant du *Probo Koala* comportaient un risque de « conséquences sévères pour la santé humaine », sont restées effectivement muettes.

Le conflit politique derrière le redoutable outil judiciaire injonctif concerne, bien entendu, la liberté d'expression du journaliste bâillonné. Celui-ci (ainsi qu'une fratrie indéterminée : « *Notice to anyone notified of this order* ») s'est vu interdire, sous peine des lourdes sanctions équitables du *Contempt of Court*, non seulement de rapporter certaines informations de fond sur les causes des dommages désastreux subis en Côte d'Ivoire, mais encore de rapporter l'existence de l'interdiction judiciaire les concernant. On ne manquera pas alors de se demander comment, finalement, dans de telles conditions, l'information a pu devenir publique. La réponse est que la machine judiciaire avait sous-estimé le pouvoir des nouveaux modes de communication et de diffusion sans frontières de l'information, notamment par le biais du réseau *Twitter*. C'est ainsi qu'une semaine après l'octroi de l'injonction secrète, le 19 octobre 2009, un député, Paul Farrelly, a posé une question à la chambre des Communes à propos de l'affaire *Trafigura*. *The Guardian* – évitant soigneusement d'enfreindre la lettre de l'injonction dont il faisait l'objet, a alors « twitté » qu'il ne pouvait mentionner la question à propos d'un sujet dont il lui était interdit de parler… La non-information s'est propagée instantanément, amenant les conseils de *Trafigura* à se préoccuper presqu'aussi immédiatement de la minimisation des dégâts qu'un tel phénomène pouvait représenter en termes d'image. Ainsi, soucieux d'*accountability* et n'ayant rien à cacher, les avocats faisaient savoir le lendemain au nom de *Trafigura* que celle-ci renonçait au bénéfice de la super-injonction, de façon à ce que la presse soit débâillonnée, les conclusions du rapport litigieux publiées, et la teneur de l'ordre judiciaire connu du public (sur cette affaire, v. H. Muir Watt, *Rev. crit. DIP*, 2010. 495).

155-9. — Les injonctions anti-exécution. — L'affaire *Chevron* a donné naissance à une forme inédite d'injonction, destinée à empêcher l'exécution d'un jugement étranger que le for requis estime avoir été obtenu abusivement. Le juge de première instance (juge fédéral de district du District de New York Sud) avait fait droit à une demande d'inopposabilité d'un tel jugement (le jugement rendu par les juridictions de l'Équateur condamnant Chevron à indemniser des atteintes environnementales dans les forêts amazoniennes), assortissant cette inopposabilité d'une injonction interdisant la poursuite de l'exécution n'importe où dans le monde. La portée « globale » de l'injonction a été réduite en appel ; elle n'avait plus pour objet que l'interdiction de rechercher l'exécution sur le territoire américain (v. *supra*, n° 122-1).

155-10 — Les mesures hybrides : le trust judiciaire. — Deux autres figures inédites sont nées dans la même affaire *Chevron*. D'une part, l'utilisation de la figure familière d'un trust judiciaire (*constructive trust*) destiné à capter les revenus provenant de l'exécution – interdite – d'un jugement étranger perçu comme abusivement obtenu. Le trust se dote, par conséquent d'une portée potentielle extraterritoriale. L'effectivité d'une telle sanction sera tributaire de l'action du réseau international bancaire, car la capture des revenus ne peut se faire en cas de résistance des banques qui reçoivent les fonds couverts par le trust. D'autre part, l'utilisation du RICO – loi anti-corruption qui démultiplie à titre punitif les sommes à restituer en cas de corruption avérée illicitement – comme mesure de rétorsion contre les *avocats* des titulaires du jugement obtenu (sur la loi RICO, v. *supra*, not. n° 122-1) !

155-11. — Le petit dernier : le *Tomlin Order*. — En cas de transaction, la procédure transigée est « suspendue » (*stayed*) « sauf aux fins de mettre en œuvre les termes de l'accord entre les parties » (*save for the purposes of carrying into effect the terms agreed*...). En cas de violation de la transaction, notamment par la saisine d'un for étranger en vue des demandes transigées, la procédure initiale, suspendue, peut donc être ressuscitée. Pareille situation, illustrée par l'affaire *The Alexandros T*, soulève des difficultés de chronologie au regard de la litispendance (régime du Règlement Bruxelles I) : la reprise de l'instance suspendue devant le for élu s'accompagnera d'une demande de réparation pécuniaire qui sera nécessairement nouvelle par rapport à l'action-torpille. Le Règlement Bruxelles I révisé répond cependant à cette difficulté (article 31) en donnant la priorité au juge élu, indépendamment de la chronologie des demandes.

155-12. — Sans oublier l'injonction de payer européenne. Celle-ci relève-t-elle d'un tout autre esprit, ou consacre-t-elle le triomphe du remède injonctif ? Sur cette procédure spécifique du droit dérivé de l'Union européenne, v. *infra*, n°s 316 et s.

155-13. — Et enfin, la plus irritante de toutes, l'injonction *anti-suit* prononcée par l'arbitre. La Cour de justice a refusé de s'en occuper (dans son arrêt *Gazprom*, préc., *supra*, n° 126-1). Ce faisant, elle laisse entière la question de savoir ce qu'il faut faire en cas de poursuite simultanée d'une procédure arbitrale et d'une procédure judiciaire, lorsque les décisions émanant respectivement de l'une et de l'autre relèvent d'instruments (Règlement Bruxelles I *bis*, Convention de New York de 1958) qui imposent simultanément à un État de les reconnaître et exécuter prioritairement. Des mesures *anti-anti-suit* (v. *supra*, n° 155-3) ne sont pas à exclure...

VI | La faveur au dialogue judiciaire international : la coopération interétatique

156. Le développement récent de réseaux judiciaires internationaux, notamment sous l'impulsion du Conseil de l'Europe et de l'Union européenne [1], permet d'espérer qu'au moins dans certains cas, l'enjeu

1. Dans l'Union européenne, un réseau judiciaire européen en matière civile et commerciale a été créé par décision du Conseil du 28 mai 2001 (*JOCE*, n° L. 174, 27 juin 2001, p. 25 ; *JCP*, 2001. I. 362, n° 23, obs. L. Cadiet). Sous l'égide du Conseil de l'Europe, la Commission européenne pour l'efficacité de la justice (CEPEJ) se donne pour but l'amélioration de l'efficacité et du fonctionnement de la justice dans les États-membres.

conflictuel de la détermination de la compétence internationale, né d'antagonismes nationalistes ou tout simplement de l'état cloisonné de l'espace judiciaire mondial, sera remplacé par un dialogue judiciaire, soumis aux garanties du procès équitable [1].

Parfois, les textes y incitent eux-mêmes en organisant précisément ce dialogue judiciaire. Il en va ainsi de toutes les Conventions de La Haye reposant sur un dispositif de coopération entre autorités centrales (Convention du 25 octobre 1980 sur les aspects civils de l'enlèvement international d'enfants ; Convention du 29 mai 1993 sur la protection des enfants et la coopération en matière d'adoption internationale), des divers instruments européens qui adoptent le même système (Règlement CE n° 1206/2001 du 28 mai 2001 relatif à la coopération entre les juridictions des États-membres dans le domaine de l'obtention des preuves en matière civile et commerciale), ou encore du Règlement (CE) n° 2015/848 du 25 mai 2015 relatif aux procédures d'insolvabilités transnationales (refonte), qui oblige à une coopération entre les organes des procédures concurrentes – même si les premières applications de ce dernier ont suscité un débat dont les réflexes nationalistes ne sont pas absents [2].

Pareillement, en matière d'autorité parentale, le Règlement Bruxelles II *bis* intègre le dialogue dans le schéma même des règles de compétence, selon un modèle que mettent en œuvre par ailleurs les Conventions de La Haye en matière de protection des enfants (19 oct. 1996) et des adultes (13 janv. 2000). Ainsi, l'article 15 du Règlement autorise le juge normalement compétent au fond à renvoyer l'affaire à un autre juge « *mieux placé* ». Les aspects procéduraux du mécanisme de l'article 15 méritent une attention particulière, car ils traduisent une judiciarisation marquée de l'ensemble du processus tendant à l'aménagement de l'autorité parentale. En admettant en effet la possibilité d'une demande directe sur ce point émanant d'une autre juridiction, qui s'estime mieux placée pour connaître de l'affaire, le Règlement Bruxelles II *bis* a instauré une figure inédite de dialogue judiciaire [3]. On

1. Si la Cour de Strasbourg n'a pas compétence pour interpréter les Conventions de La Haye (v. CEDH, 24 oct. 2006, req. n° 23547/06 *Gettliffe*), il suffit que celles-ci intéressent par leur objet le domaine matériel de la Convention européenne des droits de l'homme pour qu'elle assume le contrôle de leur respect à l'occasion de leur mise en œuvre. Elle a ainsi attiré l'attention sur la nécessité que la coopération transfrontière d'autorités instituées par ces instruments se fasse dans le respect des garanties fondamentales du procès équitable ou du respect de la vie privée (v. F. Marchadier, « La contribution de la Cour européenne des droits de l'homme à l'efficacité des Conventions de La Haye de coopération judiciaire et administrative », *Rev. crit. DIP*, 2007. 677).

2. V. *infra*, n° 1116.

3. Suivi au demeurant par le Règlement européen n° 650/2012 en matière de succession internationale, qui emprunte une technique analogue. V. *infra*, n° 852. Pareil mécanisme de transfert coopératif

est très loin des variantes plus agressives ou plus intéressées qui ont pu faire la notoriété du *forum non conveniens* dans un contexte non coopératif. Aux termes de l'art. 15 § 6 du Règlement, cette coopération interjuridictionnelle est facilitée par la possibilité de s'appuyer sur l'assistance pratique des autorités centrales.

ÉTAT DES QUESTIONS

B. G. — P. Berman, « The Globalization of Jurisidiction », 151, *U Pa L. Rev.*, 311 (2002) ; M.-L. Niboyet, « La globalisation du procès civil international dans l'espace judiciaire européen et mondial », *JDI*, 2006. 937 ; J.-L. Westbrook, « International judicial negotiation », 38, *Tex. Int'l L. J.*, 567(2003).

DÉCLINER LE DIALOGUE JUDICIAIRE

157. L'émergence du dialogue judiciaire spontané. — Parfois, une coopération transfrontière spontanée se met en place dans des litiges complexes, qui sont ainsi gérés à plusieurs mains, là où une pluralité de compétences pourrait s'exercer simultanément et unilatéralement, dans l'indifférence du règlement reçu ailleurs. Le meilleur exemple est sans doute la gestion commune de l'insolvabilité transnationale par les juges de *common law* (v. *Re Maxwell Communication Corp.* : 170 B. R. 800, 818 (Bankr. SDNY, 1994), *aff'd*, 186 B. R. 807, 822 (SDNY, 1995), *aff'd*, 93 F.3d 1036, 1051 (2d Cir., 1996)). En France, dans l'affaire *Charm-el-Cheik*, les décisions successives des juges américain puis français sur la compétence de l'un et de l'autre (v. *infra*, n°s 163 et 191) sont perçues par la cour d'appel de Paris comme s'inscrivant « *dans un contexte de confiance mutuelle qui appelle à une coopération et une coordination des différents systèmes de droit* » (Paris, 1re ch., sect. C., 6 mars 2008, *Flash Airlines*, *JDI*, 2009. 171 note G. Cuniberti ; *D.*, 2008, 1452, note P. Courbe ; *JCP*, G 2008, II, 10115, note L. Bruneau). Mais pour un point de vue plus critique, v. G. Cuniberti, *op. cit.* (pour une autre expression de ce dialogue judiciaire en application de la Convention de Montréal du 28 mai 1999, v. : Cass. civ. 1re, 7 décembre 2011, *Rev. crit. DIP* 2012. 138, rapport A. Maitrepierre ; *JCP* 2012, 241, note L. d'Avout ; *JDI* 2012. 1384, note S. Clavel ; *D.* 2012. 254, note Ph. Delebecque ; 1237, obs. F. Jault-Seseke ; *RTD civ.* 2012. 367, obs. Ph. Théry ; *RDC* 2012. 957, obs. E. Treppoz).

Le principe d'une communication spontanée transfrontière entre juges nationaux, indéniablement séduisant - pour des raisons d'efficacité, de meilleure circulation des informations, d'économie procédurale, de lutte contre le *forum shopping* – soulève néanmoins des difficultés au regard des droits procéduraux des parties, notamment des droits de la défense et du principe du contradictoire, dans un cas donné.

Les formes du dialogue. — Où s'arrête le dialogue et où commence une pression inacceptable d'une juridiction sur une autre ? On a pu présenter la variante conditionnelle

de compétence a aussi des émules ailleurs. Ainsi, au Canada, le « Court jurisdiction and proceedings transfer act » : sur cet « innovative transfer mechanism », v. G. Saumier *Journ. PIL* 2013. 349.

du *forum non conveniens* comme l'expression d'un dialogue salutaire (J. L. Westbrook, « International judicial negotiation », 38, *Tex. Int'l L. J.*, 567 [2003]). Toutefois, une affaire comme *Bhopal*, où la technique a été mise en œuvre par la juridiction fédérale se déclarant *forum non conveniens* à condition que la juridiction indienne jugée plus appropriée mette en œuvre certains principes processuels américains, notamment le *discovery*, s'apparente à une pression indue. D'ailleurs, sur ce dernier point, la décision du premier juge a été réformée en appel (*Bhopal* : v. *In re Union Carbide Corp Gas Plant Disaster at Bhopal, India, in* Dec. 1984, 634 F. Supp. 842 (SDNY, 1986), *aff'd*, 809 F. 2d 195, 202 [2d Cir., 1987]). Dans l'affaire de l'accident de *Charm-el-Cheik* (v. *infra*, n° 163), le caractère réellement coopératif du dialogue entrepris entre les juridictions parisiennes et californiennes prête également à discussion (comp. G. Cuniberti, note citée).

Les conditions du dialogue. — Les illustrations d'une coopération spontanée sont pour la plupart tirées des relations entre juges des systèmes de *common law* ayant des cultures proches et des facilités de communication linguistiques. Mais la convergence des intérêts de fond est de toute évidence un facteur essentiel. De façon très intéressante, dans le champ du droit public économique, la découverte d'intérêts communs à l'ensemble des États facilite un certain altruisme lors du règlement de litiges entre personnes privées (v. H. Buxbaum, « Transnational regulatory litigation », 46, *Va J. Int'l L.*, 251 [2006]). Ainsi, dans les systèmes où le juge est à même d'apprécier sa propre compétence, la prise en considération de la position des autres sous la forme de la courtoisie positive (*positive comity*) tend à devenir un véritable principe de régulation du contentieux international (v. illustrant ce principe *Empagran sa v. Hoffman Laroche*, 542 us 155 [2004], sur lequel H. Muir Watt, « Aspects économiques du droit international privé », *RCADI*, t. 307, 2004. 29, p. 333). Sur les réseaux d'experts et d'autorités non judiciaires, qui se développent également en matière administrative, v. *infra*, n° 592.

Dialogue et désarmement juridictionnel. — En faveur de la limitation des compétences exclusives et exorbitantes – vestiges d'un état aujourd'hui suranné du droit international privé construit sur le fondement de la territorialité et de la souveraineté – et proposant de mobiliser une panoplie de méthodes alternatives, d'ordre coopératif ou puisées dans les droits fondamentaux, en vue de protéger les intérêts ou valeurs qui méritent de l'être dans le contentieux international, v. D. P. Fernandez Arroyo, « Compétence exclusive et compétence exorbitante dans les relations privées internationales », *RCADI*, t. 323, 2006, p. 23.

À l'opposé du dialogue. — Pour éviter au moins un déni de justice, l'institution d'un for de nécessité permet d'autoriser un tribunal, normalement incompétent, à connaître du litige. V. à ce sujet, V. Rétornaz, B. Volders, « Le for de nécessité : tableau comparatif et évolutif », *Rev. crit. DIP*, 2008. 225 et *supra*, n° 64.

Théoriser le dialogue des juridictions régionales européennes. — Jusqu'ici relativement invisibles, des points de tension émergent aujourd'hui, en droit international privé, dans l'interaction entre le droit de l'Union, qui étend son champ matériel et se dote d'une Charte des droits fondamentaux, et la Convention européenne des droits de l'homme. Le dialogue entre les deux juridictions supranationales est devenu l'objet de réflexions théoriques, nourries par la philosophie politique. V. sur ce point, *infra*, n° 1200.

VII | Le patriotisme processuel : le privilège de nationalité

158. Les articles 14 et 15 du Code civil instaurent un privilège de juridiction fondé sur la nationalité française du plaideur, indépendamment de sa position procédurale [1]. Demandeur ou défendeur, le ressortissant français peut donc réclamer le bénéfice d'un for français, même en l'absence de tout autre lien entre la situation litigieuse et la France, qui aurait été de nature à fonder la compétence ordinaire [2]. D'ailleurs, depuis l'arrêt *Société Cognac and Brandies* de 1985, c'est dans cette seule hypothèse que le privilège a vocation à jouer, ce qui justifie désormais le qualificatif de compétence exorbitante qui lui est fréquemment attribué [3]. Historiquement, il est pourtant probable que ce chef de compétence internationale, qui constituait à lui seul le droit commun, ne fut pas d'abord perçu comme différent de celui que l'Ancien droit fondait sur le domicile d'origine du justiciable (*actor sequitur*).

159. L'autonomie conceptuelle progressivement acquise par la nationalité au cours du XIXe siècle explique cependant que l'extranéité des parties soit alors devenue une cause d'incompétence des juridictions françaises, l'accès à la justice nationale ayant été compris jusqu'en 1948 [4] comme un droit civil dont les étrangers (autres que ceux qui avaient été

1. Selon l'article 14 C. civ. : « L'étranger, même non résidant en France, pourra être cité devant les tribunaux français, pour l'exécution des obligations par lui contractées en France avec un Français ; il pourra être traduit devant les tribunaux de France, pour les obligations par lui contractées en pays étranger envers des Français. » Ce texte donne ainsi compétence aux tribunaux français lorsqu'un Français est demandeur. Par ailleurs, selon l'article 15 C. civ. : « Un Français pourra être traduit devant un tribunal de France, pour des obligations par lui contractées en pays étranger, même avec un étranger. » Ce texte donne quant à lui compétence aux tribunaux français lorsqu'un Français est défendeur.

2. V. sur ce point Cass. civ. 1re, 30 sept. 2009 (1re esp.), *D.*, 2010, 58, note B. Audit (2e esp.), *Rev. crit. DIP*, 2010. 133, note H. Gaudemet-Tallon, censurant un arrêt d'appel pour avoir admis que la compétence privilégiée revêtait un caractère facultatif pour le juge saisi sur ce fondement (sur ce point, v. *infra*, n° 160). Aj. : Cass. civ. 1re, 26 octobre 2011, *Rev. crit. DIP*, 2013. 173, note J. Heymann ; Cass. civ. 1re, 25 mars 2015, *JCP*, 2015, Actu. 431, obs. J. Heymann ; *JDI*, 2015. 859, note F. Marchadier.

3. Cass. civ. 1re, 19 nov. 1985, *Société Cognac and Brandies*, *Rev. crit. DIP*, 1986. 712, note Y. Lequette ; *JDI*, 1986. 719, note A. Huet ; *D.*, 1986. 362, note J. Prévault ; *D.*, 1986. IR. 268, obs. B. Audit ; *JCP*, 1987. II. 20810, note P. Courbe ; *GA*, n° 71. Comp. cepdt : Cass. civ. 1re, 26 octobre 2011, *Rev. crit. DIP* 2013.173, note J. Heymann.

4. Cass. civ., 21 juin 1948, *Patiño*, *JCP*, 1948. II.4422, note P. Lerebours-Pigeonnière ; *S.*, 1949. 1. 121, note J.-P. Niboyet ; *Rev. crit. DIP*, 1949. 557, note Ph. Francescakis.

admis à domicile dans les conditions de l'article 13 du Code civil, abrogé par la loi du 10 août 1927) étaient exclus. Et même lorsque le statut du privilège se modifia, d'abord du fait de la concurrence de chefs de compétence empruntés à la compétence territoriale interne, et fondés sur la localisation géographique du litige [1], ensuite en acquérant un caractère subsidiaire par rapport à ceux-ci [2], le privilège de nationalité continua longtemps à être interprété comme l'expression de la souveraineté de l'État français, revêtant à ce titre un caractère exclusif sauf renonciation de l'intéressé, et se transformant ainsi en arme du ressortissant français expatrié à l'abri de toute condamnation étrangère.

160. Aujourd'hui, le privilège de nationalité, corrélé à l'idée du juge naturel des Français, connaît un déclin certain. Certes, les contestations dont fait l'objet sa légitimité, au regard notamment du principe de non-discrimination à raison de la nationalité, ne suffisent pas, selon la Cour de cassation, à soulever une question sérieuse de constitutionnalité [3]. Cependant, la jurisprudence s'est évertuée à en neutraliser la nocivité, d'une part au niveau de la circulation des jugements étrangers [4], d'autre part en matière patrimoniale, où la disponibilité d'un for fondée sur la nationalité d'un des contractants est de nature à bouleverser l'économie contractuelle, notamment en cas de transmission des droits [5]. Enfin, désormais, l'article 14 revêt un caractère « facultatif » dans l'instance directe [6]. En dépit d'un débat sur ce point, cependant, un tel qualificatif ne signifie pas que le juge aurait la faculté de ne pas exercer sa compétence sur ce fondement [7].

1. Cass. civ. 1re, 30 oct. 1962, *Rev. crit. DIP*, 1963. 387, note Ph. Francescakis ; *D.*, 1963, 109, note G. Holleaux.
2. Cass. civ. 1re, 19 nov. 1985, *Société Cognac and Brandies*, préc.
3. Cass. civ. 1re, 29 février 2012, *Rev. crit. DIP*, 2012.775, note L. Usunier.
4. Où, depuis l'arrêt *Prieur* du 23 mai 2006, l'exclusivité séculaire attribuée à cette compétence a été abandonnée : pour l'article 15, Cass. civ. 1re, 23 mai 2006, *Prieur*, *D.*, 2006, p. 1846, chron. B. Audit, *LPA*, 22 sept. 2006, p. 10, note P. Courbe ; *Rev. crit. DIP*, 2006. 870, note H. Gaudemet-Tallon ; *JDI*, 2006. 1377, note C. Chalas, *JCP*, 2006. II. 10134, note P. Callé ; *Gaz. Pal.*, 29 avril – 3 mai 2007, n° 119 à 123, p. 21, note M.-L. Niboyet ; *GA*, n° 87. Pour l'article 14, Cass. civ. 1re, 22 mai 2007, *Fercometal*, *Rev. crit. DIP*, 2007. 610, note H. Gaudemet-Tallon, *JDI*, 2007. 956, note B. Ancel et H. Muir Watt, *D.*, 2007. 2548, chron. B. Audit, *Gaz. Pal.*, 2007. 1918, note M.-L. Niboyet. Cass. civ. 1re, 30 sept. 2009, *D.*, 2010. 58 (3e esp.), note B. Audit, *Rev. crit. DIP*, 2010. 133 (2e et 4e esp.), note. H. Gaudemet-Tallon, 16 déc. 2009, *Rev. crit. DIP*, 2010. 163, note H. Muir Watt ; *JDI* 2010. 825 (3e esp.), note L. Sinopoli.
5. V. *infra*, n° 169.
6. Cass. civ. 1re, 22 mai 2007, *Fercometal*, préc., qui en tire par ailleurs comme conséquence que le privilège du demandeur n'est pas indirectement exclusif (v. *infra*, n° 265).
7. Cass. 1re, 30 sept. 2009, préc. *supra*, n° 158. Sur le débat qui entoure le caractère facultatif de la compétence privilégiée, v. *infra*, n° 163.

Par ailleurs, la portée du privilège de nationalité est fortement entamée par le droit européen. Il est naturellement exclu des rapports entre États-membres dans le domaine civil et commercial, où il est de surcroît transformé par l'article 6-2 du Règlement Bruxelles I *bis* en privilège de domicile à l'égard des défendeurs domiciliés dans les États-membres. Même en matière de désunion conjugale, où les liens traditionnels entre la nationalité et le droit des personnes et de la famille auraient rendu sa présence moins surprenante, le rôle de la nationalité de l'un ou l'autre époux reste marginal. En même temps, cette évolution dans le sens du déclin de la nationalité dans les rapports intra-européens est à mettre en perspective, désormais, au regard de la citoyenneté européenne[1].

ÉTAT DES QUESTIONS

B. G. — G. A. L. Droz, « Réflexions pour une réforme des articles 14 et 15 du Code civil français », *Rev. crit. DIP*, 1975. 1 ; H. Gaudemet-Tallon, *Recherches sur les origines de l'article 14 du Code civil*, Paris, Puf, 1966 ; « Nationalisme et compétence judiciaire : déclin ou renouveau ? », *Trav. Com. fr. DIP*, 1986-1988, p. 177 ; « Le destin mouvementé des articles 14 et 15 du Code civil de 1804 au début du XXIe siècle », in *Liber Fausto Pocar*, Giuffré, 2009, p. 433 et s. ; D. Holleaux, *Compétence du juge étranger et reconnaissance des jugements*, Dalloz, 1970, préf. H. Batiffol ; J. Hudault, « Sens et portée de la compétence du juge naturel dans l'ancien droit français », *Rev. crit. DIP*, 1972. 2 ; 249 ; A. Huet, « Le nouvel article 15 du Code civil », in *Mélanges en l'honneur de H. Gaudemet-Tallon*, Dalloz, 2008, p. 311 ; L. Rigaud, « La conception nationaliste de la compétence judiciaire en droit international privé », *Rev. crit. DIP*, 1938. 605 ; A. Sinay-Cytermann, « État des lieux sur les articles 14 et 15 du Code civil en droit international privé », in *Mélanges en l'honneur du Professeur J.-M. Jacquet*, LexisNexis, 2013, p. 433 ; L. Usunier, « La compatibilité de l'article 14 du Code civil avec les droits fondamentaux, une question dépourvue de caractère sérieux ? À propos de l'arrêt Cass. civ. 1re 29 février 2012 », *Rev. crit. DIP*, 2012. 775.

HISTOIRE

161. Sur l'origine de ces textes. — En dépit des études qui leur ont été consacrées, les origines de ces textes demeurent assez obscures. Il n'est pas même avéré qu'en rédigeant ces dispositions, les rédacteurs du Code civil aient eu pleinement conscience d'édicter des règles nouvelles. D'un point de vue formel, le Tribunat avait demandé que ces textes fussent déplacés dans le Code de procédure alors en préparation, parce qu'ils fixaient des règles de compétence analogue à celles de l'article 59, porté par ce dernier. La proposition fut rejetée, car on estima alors préférable de réunir dans le Code civil tous les textes relatifs aux droits et obligations des étrangers. Où se manifestent les liens

1. V. not. *supra*, n° 11 ; *infra*, n° 1162.

entretenus entre la condition des étrangers et les conflits de juridictions d'une part, et d'autre part l'imperfection de l'intitulé même de ce qui était à l'origine le Code civil des Français (art. 1, L. 30 ventôse, an XII). Sur l'examen des travaux préparatoires du Code civil – pour le moins décevants –, v. not. Bartin, *Principes*, § 132.

L'évolution de leur champ d'application traduit un développement constant. V. à ce sujet la sévère appréciation de Pillet, *Principes*, p. 229 : « Loin de tendre à limiter dans les bornes les plus strictes l'application de l'article 14, la jurisprudence, faisant par rapport à la loi acte de courtisan bien plus que de serviteur, a étendu dans la mesure du possible l'application du principe. » Mais pouvait-il en être autrement ? Peut-être après tout, tant il est vrai qu'en d'autres hypothèses la jurisprudence a su s'affranchir des textes, et que le caractère exorbitant de ces derniers pouvait en inspirer une interprétation restrictive. D'autant que la doctrine y invitait de manière pressante : relevant que l'art. 14, comme l'art. 15, visait « les obligations contractées », les premiers commentateurs du C. civ. proposèrent de s'en tenir à la lettre du Code pour limiter le champ d'application des art. 14 et 15 au seul domaine contractuel. On reprocha à cette doctrine, par trop exégétique, d'être excessivement fondée sur la lettre des textes, sans en rechercher l'esprit : soit, mais encore eût-il alors fallu qu'ils en fussent pourvus... Sauf à préciser qu'une telle limite aurait manqué peut-être son objectif, tant il apparaît aujourd'hui que c'est sans doute en matière contractuelle que le privilège est le plus contestable. Rien ne devait cependant arrêter le mouvement jurisprudentiel : dès 1842, la Cour de cassation appliqua ainsi l'article 14 en matière délictuelle (Req., 13 déc. 1842, *DP*, 1843. 1. 15). Puis, l'expansion atteignit l'état des personnes (Cass. civ., 19 juill. 1848, *DP*, 1848. 1. 129) jusqu'à ce que la portée générale de ces textes fût affirmée, à propos de l'article 15 tout d'abord (Cass. civ. 1re, 15 févr. 1955, *Rev. crit. DIP*, 1955. 327, note H. Batiffol), de l'article 14 ensuite (Cass. civ. 1re, 16 juin 1959, *Rev. crit. DIP*, 1959. 501 ; *D.*, 1959. 377, note G. Holleaux).

LE STATUT CONTEMPORAIN DU PRIVILÈGE

162. Politique législative. — Fallait-il abroger les articles 14 et 15 du Code civil ? Il en fut parfois question en législation, du moins pour l'article 14 dont on annonçait à la fin du XIXe siècle qu'il était « appelé à disparaître prochainement de la législation française », sur la foi des dispositions proposées en ce sens par le projet de réforme du Code de procédure civile (R. Vincent, E. Pénaud, *Dictionnaire de droit international privé*, Paris, Larose et Forcel, 1888, V° « Compétence en matière civile », n° 26 ; v. également F. Despagnet, *Précis de droit international privé*, 2e éd. 1891, n° 282). Le projet, déposé à la Chambre le 25 octobre 1898, ne fut cependant jamais discuté devant le Parlement... D'autres occasions, telles que l'élaboration du nouveau Code de procédure civile ne furent pas saisies, tant et si bien que les textes sont demeurés, en leur version originaire, au sein du Code civil. Ce n'est pas dire cependant que la doctrine se soit désintéressée de la question (v. ainsi G. Droz, « Réflexions pour une réforme des articles 14 et 15 du Code civil français », *Rev. crit. DIP*, 1975. 3). Certains d'ailleurs pour suggérer le maintien de cette arme d'échange dans la négociation des conventions internationales (J. Lemontey, *Trav. Com. fr. DIP*, 1985-1986, p. 65-66). D'autres, plus nombreux, pour en proposer l'abrogation pure et simple, dénonçant à leur propos une inadmissible manifestation de nationalisme conduisant à privilégier systématiquement les Français ou l'insoutenable défiance envers les juridictions étrangères sur laquelle ils se fonderaient (F. Despagnet, *op. cit.*, *loc. cit.*).

Au stade de la compétence directe, d'abord, le débat s'est quelque peu apaisé pour des raisons pratiques : on relève ainsi que le défendeur ne sera le plus souvent assigné en France que s'il y possède des biens saisissables. Sinon, la compétence des tribunaux français n'aura guère d'intérêt, d'autant que la décision rendue en France sur le fondement d'un tel privilège risque fort de n'être pas reconnue à l'étranger. Par ailleurs, leur subsidiarité même a également contribué à tempérer leur rigueur : depuis l'arrêt *Société Cognac and Brandies*, ces textes n'ont vocation à « *s'appliquer que lorsqu'aucun critère ordinaire de compétence territoriale n'est réalisé en France* ». Sur le terrain de la compétence indirecte, ensuite, c'est la jurisprudence qui a considérablement réduit la nocivité du privilège du défendeur, en lui ôtant l'exclusivité qui lui était traditionnellement attachée (Cass. civ. 1re, 23 mai 2006, *Prieur*, préc.), avant de confirmer la même solution pour l'article 14 – du moins quand un juge étranger est déjà saisi (Cass. civ. 1re, 22 mai 2007, *Fercometal*, préc.), en lui conférant dans le même temps un caractère facultatif au plan direct (*supra*, n° 160).

L'étroite association dans laquelle apparaît ainsi le régime des deux compétences soulève la question de savoir s'il n'y existerait pas en toute hypothèse une solidarité inéluctable entre le statut de la compétence directe, fût-elle privilégiée, et le régime de la compétence indirecte, qui repose sur la vérification des liens caractérisés entre le juge et le litige. L'arrêt *Prieur* lui-même incite fortement à explorer cette voie de réflexion, au-delà de la prudence que manifeste la cour régulatrice dans la rédaction de l'arrêt rapporté. Il ne s'agit pas de revenir sur le fait, acquis depuis les travaux de Dominique Holleaux, que la compétence directe pose un *problème* différent de celui du contrôle de la compétence du juge étranger lors de la reconnaissance des décisions, mais d'induire de l'évolution de la jurisprudence dans le sillage libéral dessiné par l'arrêt *Simitch* (auquel se joignent les arrêts *Prieur* et, plus récemment, *Cornelissen*, Cass. civ. 1re, 20 févr. 2007, sur lequel v. *infra*, nos 263-1 ; 276 ; 287 ; 303-1 ; sur le rôle du rattachement caractérisé dans ce dernier, v. B. Ancel et H. Muir Watt, « Les jugements étrangers et la règle de conflit de lois : chronique d'une séparation », *Mélanges en l'honneur de H. Gaudemet-Tallon*, Dalloz, 2008, p. 133 et s.). La question est donc celle de l'existence d'un principe régulateur, sous la forme de la vérification de liens de proximité caractérisés, qui surplomberait l'accès au juge indépendamment de l'angle (compétence directe ou indirecte) sous lequel cette question est envisagée (v. en faveur d'un tel principe, L. Usunier, *La régulation de la compétence juridictionnelle en droit international privé*, Économica, 2008, préf. H. Muir Watt).

Que reste-t-il du privilège de juridiction ? — Le privilège de juridiction (des articles 14 et 15 du Code civil) « n'ouvre au demandeur français qu'une simple faculté et n'édicte pas à son profit une compétence impérative, exclusive de la compétence indirecte d'un tribunal étranger dont le choix n'est pas frauduleux ». Le démantèlement de l'effet indirectement exclusif du privilège juridictionnel de nationalité française (décidé pour l'article 15 du Code civil par l'arrêt *Prieur*, Cass. civ. 1re, 23 mai 2006, avec la chron. B. Audit, *D.*, 2006, p. 1846 et les notes P. Callé, *JCP*, 2006.II.10134 ; P. Courbe, *LPA*,

22 sept. 2006, p. 10 ; C. Chalas, *JDI*, 2007. 1377 ; M.-L. Niboyet, *Gaz. Pal.*, 29 avril-3 mai 2007, n° 119-123, p. 21 ; H. Gaudemet-Tallon, *Rev. crit. DIP*, 2006. 870 ; B. Ancel et Y. Lequette, *G.A.* n° 87 ; Cass. civ. 1re, 6 février 2008, *Rev. crit. DIP*, 2008. 644, note H. Muir Watt ; puis pour l'article 14, en cas de litispendance, par l'arrêt *Fercometal*, Cass. civ. 1re, 23 mai 2007, *Rev. crit. DIP*, 2007. 610, note H. Gaudemet-Tallon, *JDI*, 2007. 956, note B. Ancel et H. Muir Watt) se poursuit, notamment en cas de conflit de procédures, où le privilège de juridiction n'est plus de nature à assurer la primauté de la procédure du for (v. ainsi pour l'article 14, Cass. civ. 1re, 30 septembre 2009 (2e et 4e esp.), *Rev. crit. DIP*, 2010. 133, note H. Gaudemet-Tallon (3e esp.), *D.*, 2010. 58, note B. Audit, *JDI* 2010. 825, note L. Sinopoli (1re esp.) ; 16 décembre 2009, *Rev. crit. DIP*, 2010. 164, note H. Muir Watt). En effet, l'arrêt *Fercometal* avait laissé ouverte une fenêtre en cas de procédures parallèles, puisqu'il condamnait l'effet exclusif de l'article 14 dans le cas où un tribunal étranger est *déjà saisi*. Cependant, aujourd'hui, il ressort que le privilège de juridiction, défait de son exclusivité, subsiste comme chef de compétence directe subsidiaire en droit international privé commun où il peut encore fonder la compétence française comme n'importe quel autre chef de compétence directe. Toutefois, le juge saisi sur ce fondement doit se dessaisir en cas de procédure étrangère antérieurement engagée et invoquée à l'appui d'une exception de litispendance. Par ailleurs, un jugement étranger rendu en cours de procédure prévaudra toujours, indépendamment de la présence du privilège.

Ainsi :

Le privilège n'a pas disparu en tant que chef de compétence directe de droit commun.

Cependant, à ce titre, son régime s'aligne sur celui des autres chefs de compétence de droit commun. Il a donc perdu son exclusivité et ne peut être invoqué pour empêcher la reconnaissance d'un jugement étranger par ailleurs régulier.

Dès lors que la procédure étrangère a été engagée la première, le privilège de juridiction ne peut fonder une procédure française concurrente.

En cas de conflit de procédures, dès lors que la procédure étrangère engagée donne lieu à un jugement, celui-ci prévaut, nonobstant la présence du privilège (par ailleurs, l'antériorité de la saisine du juge du for importe peu).

Même en l'absence de jugement étranger, le privilège ne fait pas obstacle au jeu de l'exception de litispendance, dès lors que le tribunal étranger a été antérieurement saisi.

En revanche, tant qu'il n'y a pas eu de jugement étranger, et que la procédure du for a été antérieurement engagée, la compétence fondée sur le privilège de juridiction peut jouer.

THÉORIE JURIDIQUE

163. S'agit-il d'un privilège ? — Beaucoup l'affirment, mais non tous : v. ainsi, Ph. Francescakis, *Rev. crit. DIP*, 1958. 133, préférant évoquer un « chef objectif de compétence fondé sur la nationalité ». Chef objectif ? Niboyet (*Cours*, p. 649) découvrait pourtant dans la compétence des tribunaux français fondée sur la seule nationalité des parties une base politique, caractérisée par son indépendance vis-à-vis de l'objet du procès puisque reposant sur le seul rattachement politique du plaideur à la différence des règles de compétence ordinaire, ancrées à une base juridique en seule considération de l'objet du litige. Vaine question ? Pas nécessairement : du privilège réservé aux sujets de nationalité française à la prérogative qui leur serait ainsi conférée, il n'y a qu'un pas que l'on pourrait franchir. Dès lors, si les prérogatives sont des « règles de droit qui n'entrent en jeu que sur l'initiative du plaideur » (H. Motulsky, *Écrits*, t. I, spéc. n° 10, p. 108, n. 28) le pur avantage qu'elles concèdent réserverait à ces derniers le monopole de leur exercice. Conclusion : à l'image de la prescription (v. 2247 C. civ.), les juges ne pourraient pas suppléer d'office un tel moyen, ce que l'explication tirée de la seule absence du caractère d'ordre public des règles ne suffit pas à établir. Ne serait-il d'ailleurs pas dans la logique du caractère exorbitant de ces dispositions que d'imposer à leur bénéficiaire d'en réclamer expressément l'application ? La jurisprudence a fortement évolué sur ce point, déclarant le privilège inapplicable d'office (Cass. civ. 1re, 26 mai 1999, *Bull. civ. I*, n° 171, p. 113) après avoir affirmé le contraire (Cass. civ. 1re, 16 avril 1985, *Rev. crit. DIP*, 1987. 584, note G. Khairallah, *D.*, 1985. IR. 496, obs. B. Audit). Par ailleurs, si elle a longtemps maintenu que la faculté des plaideurs ne s'accompagne pas d'une faculté du juge, dès lors que l'article 14 « instaure au profit du demandeur français une règle de compétence qui s'impose au juge français et ne peut être écartée, si son bénéficiaire ne renonce pas à s'en prévaloir, que par un traité international » (Civ. 1re, 18 déc. 1990, *Rev. crit. DIP*, 1991. 759, note B. Ancel), elle a consacré la position inverse dans son arrêt *Fercometal* (Cass. civ. 1re, 22 mai 2007, préc.).

Dans la formulation de ce dernier arrêt, qui admet le caractère « facultatif » et indirectement concurrent de l'article 14, on reconnaît immédiatement celle que la Cour de Paris avait naguère tenté de faire prospérer (v. par ex., Paris, 11 janv. 1989, *D.*, 1989, Somm. comm. p. 256, obs. B. Audit ; 16 nov. 1989, *JDI*, 1990. 127, note A. Huet ; 15 nov. 1991, *D.*, 1992. IR. 60 ; v. déjà, remarquablement, Lyon, 24 juill. 1929, *JDI*, 1930. 116, note J. P.) mais en vain (v. notamment, Cass. civ. 1re, 18 déc. 1990, *Rev. crit. DIP*, 1991. 759, note B. Ancel ; Cass. civ. 1re, 21 janv. 1992, *D.*, 1993, Somm. comm. p. 351, obs. B. Audit ; *Defrénois*, 1992, art. 35335, p. 1053, n° 90, obs. J. Massip ; Cass. civ. 1re, 27 janv. 1993, *D.*, 1993. 602, note J. Massip ; après cassation, Versailles, 22 sept. 1993, *JCP*, 1995. II. 22459, note H. Muir Watt). Ce rapprochement avec une jurisprudence qui tendait à investir le juge d'un pouvoir d'appréciation de sa propre compétence directe incite à se demander si telle est la signification du caractère « facultatif » de la compétence privilégiée. Mais les décisions ultérieures ne permettent pas de le soutenir (v. Cass. civ. 1re, 30 sept. 2009, préc. *supra*, n° 158 ; aj. *JDI* 2010.475, note C. Chalas). En toute hypothèse, il serait difficile, en l'état actuel du droit positif, de défendre le privilège de nationalité de façon inconditionnelle, c'est-à-dire non assorti d'un correctif, quelle qu'en soit la forme. À cet égard, la subordination des compétences exorbitantes à la condition d'une proximité caractérisée avec le litige serait conforme à une analyse téléologique du droit de la compétence internationale, dont la jurisprudence a progressivement chassé les vestiges publicistes pour le faire basculer du côté de la bonne administration de la justice (A. Nuyts, *L'exception de forum non conveniens*, Bruylant/LGDJ, 2003, n° 520). Plus encore, il semble bien que l'exigence d'un lien effectif entre le for et le contentieux s'impose au nom du procès équitable, en ce qu'elle constitue une composante nécessaire du droit d'accès au juge (A. Nuyts, *op. cit.*, n° 431 ; L. Usunier, *La régulation de la compétence internationale*, préc. nos 65 et s.).

L'affaire de l'accident de Charm-el-Cheik, dans laquelle une juridiction américaine s'est déclarée conditionnellement « *non conveniens* », en subordonnant son propre dessaisissement à l'absence de for alternatif en France, accessible aux demandeurs de nationalité française (et de domicile français au regard de l'article 4, § 1 du Règlement Bruxelles I), redonne une certaine actualité à ce débat. Les mêmes demandeurs faisaient valoir en effet que s'agissant d'un privilège, le for de l'article 14 n'était plus disponible dès lors qu'en portant leur action à l'étranger ils y avaient renoncé. La cour d'appel de Paris leur avait donné raison (Paris, 6 mars 2008, *JDI*, 2009. 171, note G. Cuniberti ; *D.*, 2008, 1452, note P. Courbe : *JCP G*, 2008 II.10115, note L. Bruneau ; *Gaz. Pal.* 20 février 2009, p. 48, note M.-L. Niboyet). La Cour de cassation a cependant censuré cet arrêt pour un autre motif de procédure (Cass. civ. 2e, 30 avril 2009, *JCP G*, 2010, nos 31-35, 165, p. 19, note M. Attal).

164-166 : réservés.

CHAMP D'APPLICATION DU PRIVILÈGE

167. Champ d'application *ratione materiae*. — Au lendemain du Code civil, la doctrine tenta de restreindre le domaine des articles 14 et 15. La jurisprudence, quant à elle, ne s'y est pas arrêtée, dans un mouvement allant jusqu'à la reconnaissance de leur compétence générale en matière patrimoniale et extra-patrimoniale, formulée de manière synthétique par l'arrêt *Weiss*, aux termes duquel l'article 14 (mais l'affirmation vaut aussi bien pour l'article 15) « a une portée générale s'étendant à toutes matières… » (Cass. civ. 1re, 27 mai 1970, *Rev. crit. DIP*, 1971. 113, note H. Batiffol ; *GA*, no 49). Mais il y eut des limites néanmoins : « […] à l'exclusion des actions réelles immobilières et demandes en partage portant sur des immeubles situés à l'étranger, ainsi que des demandes relatives à des voies d'exécution pratiquées hors de France », poursuit l'arrêt *Weiss* (v. ainsi, pour les demandes relatives à des procédures conservatoires ou d'exécution diligentées hors de France, Paris, 18 déc. 1996, *Rev. crit. DIP*, 1997. 527, note M. Santa-Croce). De telles limites s'expliquent pour partie de la manière suivante : dans les hypothèses ainsi énoncées, la décision s'exécutera nécessairement à l'étranger. Il ne servirait donc à rien d'offrir à la partie française le privilège de saisir une juridiction française, puisque l'exécution à l'étranger de la décision ainsi rendue sera pour le moins aléatoire en raison de ce privilège même. Il est donc plus simple, plus réaliste, plus efficace aussi de s'adresser directement aux tribunaux étrangers.

168. Champ d'application *ratione personae*. — De manière générale, les art. 14 et 15 s'appliquent en vertu de la seule nationalité française de l'une des parties au procès (demandeur ou défendeur), sans qu'il soit besoin d'autre rattachement avec la France. Les personnes physiques comme les personnes morales peuvent se prévaloir de ces textes, la seule condition posée étant relative à la nationalité française du plaideur *au moment de l'introduction de l'instance*. Peu importe donc la nationalité au moment où la relation s'est formée, tandis que le changement de nationalité postérieur à l'introduction de l'instance ne modifie pas davantage la compétence. S'il n'est pas à exclure en outre que les textes soient invoqués entre deux Français (v. ainsi : Trib. civ. Seine (ord.), 30 novembre 1956, *JCP*, 1957. II. 9806), la mise en œuvre de l'article 15 présuppose-t-elle que le demandeur soit étranger, auquel cas l'article 14 suffirait à fonder la compétence des tribunaux français ? Pas nécessairement : le demandeur, lui-même Français, pourrait ne pas se prévaloir des dispositions de l'article 14 (v. ainsi Cass. civ., 9 déc. 1964, *Rev. crit. DIP*, 1966. 72, note M. Weser). On précisera en outre que l'article 15 ne présente d'utilité que pour les personnes physiques : la nationalité des personnes morales se déterminant essentiellement en droit français à partir de la situation de leur siège social, si celui est situé en France, l'adage classique *actor sequitur forum rei* suffira à asseoir la compétence des tribunaux français ; le tribunal du lieu du domicile du défendeur l'emporte donc tout naturellement sur le tribunal de l'État dont il a la nationalité.

169. Hypothèses de transmission de droits. — V. P. Courbe, « Privilège de juridiction et transmission de la clause de compétence », in *Mélanges Colomer*, 1993, p. 143 et s. En diverses hypothèses (cession de créance, subrogation) l'une des parties au litige (cessionnaire, subrogé...), de nationalité française, tient ses droits d'un auteur étranger, ces droits étant issus d'un rapport originairement tissé entre deux étrangers ; pour définir le tribunal compétent, ne faut-il pas alors tenir compte de l'origine du rapport de droit litigieux ? Autrement dit, comme l'auteur (étranger) ne bénéficiait pas du privilège, son ayant droit ne devrait-il pas en être également privé ? C'est une réponse négative qu'a apportée la Cour de cassation, dans une hypothèse de subrogation légale (Cass. civ. 1re, 21 mars 1966, *Cie La Métropole, Rev. crit. DIP*, 1966. 670, note A. Ponsard ; *D.*, 1966. 429, note Ph. Malaurie ; *JDI*, 1967. 380, note J.-D. Bredin ; *Rec. gén. lois*, 1966. 441, obs. G. Droz ; *GA*, n° 43). Le privilège reposant sur la nationalité des parties, c'est au moment du procès qu'il convient de l'apprécier ; la nationalité prise en considération est donc celle de l'ayant cause et non celle de son auteur. La règle sera cependant écartée en cas de fraude : tel serait le cas par exemple d'une cession de créance d'un étranger à un Français, réalisée dans la seule intention de permettre la saisine des juridictions françaises, en vue de compliquer l'éventuelle action du cocontractant initial, étranger lui aussi. La solution de principe énoncée par l'arrêt *Cie La Métropole* s'accompagne en outre de tempéraments. Si l'on repart du principe, celui-ci est formulé de la manière suivante : « la compétence internationale des tribunaux français est fondée, non sur les droits nés des faits litigieux, mais sur la nationalité des parties » (Cass. civ. 1re, 21 mars 1966, *Cie Le Métropole*, préc.).

Le premier tempérament permet alors de faire échec au privilège de juridiction lorsque la convention initiale renfermait une clause attributive de compétence à un tribunal étranger. Selon la Cour de cassation en effet : « L'insertion d'une clause attributive de compétence dans un contrat international fait partie de l'économie de la convention et emporte renonciation à tout privilège de juridiction ; cette clause s'impose aussi bien à l'égard de l'ancien titulaire du droit qu'à l'assureur français subrogé et doit produire ses effets » (Cass. civ. 1re, 25 nov. 1986, *Siaci, Rev. crit. DIP*, 1987. 396, note H. Gaudemet-Tallon ; *RTD civ.*, 1987. 547, obs J. Mestre). Quant au second tempérament, il résulte de ce « que le cessionnaire français d'une créance n'est pas en droit de se prévaloir des dispositions de l'article 14 du Code civil lorsque cette créance fait l'objet d'un litige devant un tribunal étranger saisi par le cédant ou dont le cédant a accepté la compétence » (Cass. civ. 1re, 24 nov. 1987, *Soc. Europe Aéro Service, Rev. crit. DIP*, 1988. 364, note G. Droz ; *JDI*, 1988. 793, note E. Loquin ; *JCP*, 1989. II. 21201, note Ph. Blondel et L. Cadiet, *RTD civ.*, 1988. 544, note J. Mestre).

LE STATUT PROCÉDURAL DU PRIVILÈGE

170. Office du juge. — La jurisprudence a d'abord affirmé que, dans l'hypothèse où ceux qui bénéficient du privilège de juridiction ne l'avaient pas invoqué, il n'appartenait pas au juge de le faire jouer d'office en raison de l'absence de caractère d'ordre public des dispositions en cause (v. ainsi, pour l'article 14, Cass. civ. 1re, 21 mai 1963, *Rev. crit. DIP*, 1964. 340, note Y. Loussouarn ; *Clunet*, 1964. 113, obs. J.-B. Sialelli ; *RTD civ.*, 1963. 795, obs. P. Hébraud ; pour l'article 15 : Cass. com., 9 oct. 1967, *Clunet*, 1968. 918, note J.-D. Bredin ; *RTD com.*, 1969. 368, obs. Y. Loussouarn). Plus tard, la Cour de cassation semble avoir admis le pouvoir du juge d'appliquer d'office l'article 14 du Code civil, sur le fondement de l'article 12 (nouv.) CPC (Cass. civ. 1re, 16 avril 1985, préc. *supra*, n° 163), avant de revenir à sa position initiale, plus conforme sans doute à la nature facultative de la compétence privilégiée (dans Cass. civ. 1re, 26 mai 1999, préc. *supra*, n° 163).

171. Pouvoir des parties. — Une jurisprudence ancienne reconnaît aux parties le pouvoir de renoncer au jeu des articles 14 et 15, une telle renonciation devant émaner de celui auquel l'offre de compétence bénéficiait. Ainsi, lorsque le Français est demandeur, c'est à lui que l'art. 14 donne un privilège : c'est donc lui qui peut y renoncer. En revanche, lorsque le Français est défendeur, le texte n'exprime plus depuis l'arrêt *Prieur* (préc.) qu'une faveur au demandeur étranger en lui permettant de saisir les tribunaux français. Dès lors, la renonciation du défendeur français ne s'impose plus désormais. Une telle renonciation peut tout d'abord être expresse. Tel sera le cas par exemple si les parties déclarent explicitement renoncer à la compétence des tribunaux français fondée sur les art. 14 et 15, mais aussi si elles sont préalablement convenues d'une clause attributive de juridiction ou d'une clause compromissoire. Toutefois, si le tribunal étranger élu se déclare incompétent, le privilège semble retrouver son aptitude à fonder la compétence française, la renonciation étant alors privée d'objet (Cass. civ. 1re, 30 sept. 2009, 1re esp., *D.*, 2010, 58, note B. Audit, 3e esp., *Rev. crit. DIP*, 2010. 133, note H. Gaudemet-Tallon). La renonciation tacite, quant à elle, s'exprimera de manière différente selon la situation procédurale de la partie française. Si le demandeur est Français, le simple fait de former sa demande devant un tribunal étranger vaudra renonciation à se prévaloir de l'article 14. Lorsque le Français est défendeur, s'il est attrait devant un tribunal étranger, il ne manifeste à proprement parler aucun choix ; son attitude n'est pas, en tant que telle, une renonciation à l'article 15 (il peut refuser de comparaître, contester la compétence...). Mais la jurisprudence interprète parfois son silence comme une renonciation. Aussi mieux vaut pour lui se prévaloir expressément de l'article 15 devant la juridiction étrangère saisie.

La Cour de cassation exerce ici son contrôle (Cass. civ. 1re, 16 juin 1981, *Rev. crit. DIP*, 1981. 721, 1re esp., note H. Gaudemet-Tallon), sans enthousiasme excessif, selon une voix autorisée (A. Ponsard, *Trav. Com. fr. DIP.*, 1985-1986, p. 5). Quant à la qualité du renonçant, l'article 15 conduit à admettre la compétence des tribunaux français, alors même que le défendeur français y renoncerait si le demandeur étranger s'en prévaut (Cass. civ. 1re, 17 juill. 1980, *JCP*, 1982. II. 19717, note P. Courbe). Désormais, le caractère facultatif revêt également un autre sens, car il concerne le statut du privilège devant le juge.

LA PORTÉE INDIRECTE DU PRIVILÈGE

172. La Cour de cassation reconnaît désormais un caractère facultatif à la compétence française privilégiée en ce sens qu'à l'occasion de la reconnaissance d'un jugement étranger en droit international privé commun, il est « *impropre à exclure la compétence indirecte d'un tribunal étranger* » (Cass. civ. 1re, 23 mai 2006, *Prieur*, préc. ; 22 mai 2007, *Fercometal*, préc. ; 30 sept. 2009, *D.*, 2010.58, 3e esp., note B. Audit ; *Rev. crit. DIP*, 2010. 133, 2e et 4e esp., note H. Gaudemet-Tallon). Mettant fin ainsi à l'exclusivité traditionnelle et fortement critiquée que sa propre jurisprudence avait conférée, dès 1830, au privilège du défendeur (D. Holleaux, *op. cit.*, nos 242 et s.) dès lors qu'un jugement étranger est opposé à un ressortissant français (ou, dans le champ du Règlement Bruxelles I à un domicilié français, en vertu de l'article 4 de ce texte), la Cour de cassation en atténue sensiblement les aspects les plus nocifs (la symétrie réelle entre les articles 14 et 15 sous ce rapport est douteuse : v. D. Holleaux, *op. cit.*, n° 359 ; la jurisprudence soumet cependant les deux privilèges à un régime unique ; v. avant les arrêts *Prieur* et *Fercometal*, précités, Cass. civ. 1re, 6 déc. 2005, *ép. Zadner*, pourvoi n° 02-19291, inédit, cité *G.A.*, p. 759). Ce faisant, sa jurisprudence se met en conformité avec la résolution de l'Institut de droit international du Caire de 1987 (si la compétence est fondée sur la nationalité, elle ne doit pas être exclusive). Sur ce qu'il reste du privilège, v. *supra*, n° 162.

LA DÉTERMINATION DU TRIBUNAL SPÉCIALEMENT COMPÉTENT

173. Les difficultés afférentes à la détermination du tribunal spécialement compétent n'apparaissent pas lors de l'étude des règles ordinaires de compétence, le principe de la transposition des règles de compétence interne suffisant à régler le problème : en application de ces textes, seront en effet compétents le tribunal du domicile du défendeur, ou bien celui du lieu de situation de l'immeuble… (v. *supra*, n° 138). Dans la mise en œuvre des articles 14 et 15 en revanche, la solution est moins évidente : ces textes ne s'appliquent en effet que lorsqu'aucun critère de compétence territoriale interne n'est réalisé en France ; par ailleurs, le simple critère de la nationalité sur lequel ils reposent apparaît tout à fait insuffisant à déterminer précisément le tribunal compétent. En application de ces textes, un tribunal français est certes compétent, mais lequel ? Naguère, la jurisprudence avait eu l'occasion d'affirmer à ce propos que la compétence spéciale du tribunal devant être saisi était déterminée par application des règles internes de compétence territoriale. Mais l'arrêt *Cognac and Brandies* devait frapper de caducité un tel principe de solution, les articles 14 et 15 ne jouant désormais plus qu'à défaut de compétence fondée sur les règles de compétence territoriale. Aussi la réponse passe-t-elle par l'élaboration de règles de compétence spécifiques, exprimées par la directive suivante : « *Le demandeur peut valablement saisir le tribunal français qu'il choisit en raison d'un lien de rattachement de l'instance au territoire français ou, à défaut, selon les exigences d'une bonne administration de la justice* » (Cass. civ., 13 juin 1978, *Rev. crit. DIP*, 1978. 722, note B. Audit ; *JDI*, 1979. 414, obs. Ph. Kahn).

ANALYSE ÉCONOMIQUE

174. Au départ, une confidence, révélant que « dans certains contrats internationaux, des hommes d'affaires s'engageaient de manière formelle à ne jamais contracter une assurance auprès d'une compagnie française afin d'éviter le risque d'une subrogation entraînant la compétence du tribunal français » (G. Droz, *Rev. crit. DIP*, 1975, p. 13). Ce serait donc une forme particulière d'effet pervers des lois (sur ce phénomène, de manière générale, v. Ph. Malaurie, in *Écrits en hommage à G. Cornu*, Puf, 1994, p. 309), l'excès de protection offert aux plaideurs français se répercutant directement sur les intérêts des entreprises françaises. V. déjà, Pillet, *Principes*, p. 230-231, relevant qu'au point de vue économique, ce privilège ne manquerait pas « de se retourner contre la nation qui les a imprudemment inscrits dans le corps de ses lois ». À moins d'y découvrir – de manière pour le moins paradoxale – une technique permettant par le désir de contournement qu'elle provoque d'éviter l'engorgement des tribunaux… français. Rapprochons à cet égard le cas du privilège de juridiction de la jurisprudence de la Cour de cassation refusant l'opposabilité de la clause de choix de for au destinataire de marchandises en matière maritime, qui a conduit un grand *Protection & Indemnity Club* à émettre l'avertissement suivant : « les membres doivent être informés que les tribunaux français ignorent les clauses d'arbitrage inscrites sur les connaissements quand le demandeur est une société française »… (cité par C. Legros, *JDI*, 2006. 632) : v. *infra*, n° 892-3.

DROIT COMPARÉ

175. Les mêmes articles se retrouvent dans le Code civil luxembourgeois ; l'article 15 dans le Code belge ; l'article 14 dans le Code de procédure civile algérien. Aj. la liste des fors exorbitants *in* Règlement Bruxelles I, montrant que les privilèges de juridiction existent – sous des formes diverses – dans de nombreux États (v. *Rev. crit. DIP*, 1989, p. 13-14). Pour une perspective historique et comparative, v. D.-P. Fernandez Arroyo, « Compétence exclusive et compétence exorbitante dans les relations privées internationales », *RCADI*, 2006, t. 323, p. 13. Bien entendu, la compétence la plus exorbitante est celle qui, dans la tradition de *common law*, se fonde sur la seule présence du défendeur sur le territoire du for. Mais une telle compétence a pour correctif le *forum non conveniens* (sur lequel, v. *infra*, n° 185).

SECTION 2
Le régime des règles de compétence internationale

La question de la nature des règles de compétence internationale pose avant tout celle du rapport du juge à leur égard. À ce titre, elle engage les ressorts profonds des diverses cultures juridiques, qui conçoivent très différemment la fonction juridictionnelle. La méthodologie employée en vue de réaliser ces objectifs très divers peut prendre la forme soit de règles de compétence prédéterminées, comme dans les pays de tradition civiliste où la question de la compétence internationale est perçue et traitée dans des termes analogues à celle de la compétence territoriale interne, soit, comme dans les pays de tradition de *common law*, d'une ouverture très large de l'accès aux tribunaux du for, contrebalancée par des mécanismes correcteurs au cas par cas. Pratiquement, ces différences apparaissent à travers le régime procédural de la compétence internationale. Celui-ci répond au problème de savoir d'une part, si le juge est tenu d'exercer une compétence par ailleurs établie (§ I) et d'autre part si, dans le silence des parties, son incompétence est invocable d'office (§ II).

I | Le juge est-il tenu d'exercer sa compétence ?

176. Les rapports du juge à sa compétence internationale sont conçus de façon très variable selon les cultures juridiques. Celles-ci se divisent sur la question du *forum non conveniens*, mécanisme par lequel les juges anglo-américains peuvent décider au cas par cas s'il est opportun d'exercer une compétence internationale par ailleurs établie. La tradition civiliste s'en méfie. Au regard de cette dernière, la répartition des litiges dans l'espace répond à un modèle pragmatique, processualiste. Démystifiant la fonction du juge dans l'ordre international, elle n'est pas loin d'établir une identité conceptuelle entre la compétence internationale et la compétence territoriale interne, voyant dans les deux cas une simple question de répartition géographique des litiges selon des critères analogues. L'enjeu étant identique, le statut procédural des règles de compétence est le même, du moins sur ce point, dans les deux cas. Il ne viendrait donc à l'idée de personne [1] d'attribuer à la compétence internationale un caractère facultatif pour le juge. Bien au contraire, comme l'explique la Cour de justice dans le contexte de l'espace judiciaire européen, la sécurité juridique ainsi que la protection du défendeur s'y opposent [2]. Ce dernier point laisse sceptique cependant, dans

1. Ou presque… V. en effet les interprétations diverses auxquelles a donné lieu le retentissant arrêt *Prieur* de la Cour de cassation du 23 mai 2006 relatif au privilège de nationalité (préc.), énonçant que l'article 15 ne consacre qu'une compétence facultative de la juridiction française (v. *supra*, n° 160 et *infra*, n° 265). Par ailleurs, dans certains cas, les fors européens en matière d'autorité parentale (Règlement Bruxelles II *bis*) ou de succession (Règlement n° 650/2012) permettent au juge de se dessaisir au profit d'un for plus approprié (v. *infra*, n° 783 ; n°s 841-1 et s.).

2. CJCE, 1er mars 2005, *Owusu v. Jackson*, C-281/02, *Rec.*, I-1383 ; *Rev. crit. DIP*, 2005. 698, note Ch. Chalas. Et déjà : CJCE, 29 juin 1994, *Custom Made*, C-288/92, *Rec.*, I. 2913, concl. Lenz ; *Rev. crit. DIP*, 1994. 692, note H. Gaudemet-Tallon ; *JDI*, 1995. 461, obs. A. Huet.

la mesure où la mise en œuvre du *forum non conveniens* ne peut se faire sans demande expresse du défendeur.

177. Dans la tradition de *common law*, le poids symbolique du juge explique qu'au postulat de la pluralité des juridictions potentiellement compétentes dans l'ordre international pour connaître d'un même litige, succède l'hypothèse du monopole du for naturel. Ce for est celui que légitime non seulement le jeu abstrait de règles juridictionnelles perçues comme traduisant la compétence de l'État à l'égard du litige, mais aussi une appréciation dans chaque cas des rattachements et intérêts qui le rendent particulièrement apte à intervenir ; à cet égard, le for fondé sur le choix des parties en matière contractuelle revêt une valeur toute particulière. L'enjeu purement procédural que prête la tradition civiliste aux règles de répartition des litiges est ici démenti par le développement d'armes judiciaires redoutables, destinées à protéger ce for exclusif contre l'interférence de procédures concurrentes. Tandis que le *forum non conveniens* conduit le juge de *common law* à s'abstenir d'exercer sa compétence quand il n'est pas le for idoine, son corollaire de facture plus agressive est l'injonction *anti-suit*, ordre adressé au défendeur de se désister d'une procédure engagée devant un tribunal étranger lorsque celui-ci est jugé à son tour sans titre pour trancher le litige.

178. Ces deux traditions coexistent au sein de l'espace judiciaire européen. Cependant, les textes constitutifs et leur interprétation par la Cour de justice penchent plutôt du côté des choix de la tradition civiliste, suscitant une partie des tensions qui ont culminé à propos du Brexit [1]. C'est ainsi que la jurisprudence de la Cour de justice a progressivement condamné comme incompatibles avec les valeurs fondatrices de prévisibilité juridique des justiciables et de confiance mutuelle entre État-contractants (membres), les divers mécanismes modérateurs et protecteurs qui assortissent l'exercice de la compétence internationale devant les juges de *common law*. Cependant, pour une large part, le Règlement Bruxelles I *bis* a arrondi les angles de cette jurisprudence, assouplissant les solutions les plus critiquées et introduisant dans le modèle de l'espace judiciaire davantage d'espaces pour que puisse s'exercer un pouvoir d'appréciation du juge [2].

1. A. Dickinson, « Back to the Future : The UK's EU Exit and the Conflict of Laws », *Journ. PIL*, 2016. 195.

2. Le cycle a commencé en 2003 avec l'affaire *Gasser*, qui, en refusant de faire figurer l'élection de for parmi les exceptions admises au jeu de la litispendance, en a diminué sensiblement la valeur (CJCE, 9 décembre 2003, *Erich Gasser GmbH v. MISAT SRL*, C-116/02, *Rec.*, I-14694 ; *Rev. crit. DIP*, 2004. 444, note H. Muir Watt.). Or, c'est précisément afin de protéger la force obligatoire de telles clauses que les juges de *common law* enjoignent au plaideur qui a pris l'initiative d'une action devant une juridiction étrangère de s'en désister sous peine des sanctions sévères attachées en

II | Le juge peut-il relever d'office son incompétence internationale ?

179. Dans la tradition civiliste, le débat relatif à la nature de la compétence internationale porte moins sur le point de savoir si le juge dispose d'un pouvoir d'appréciation quant à l'exercice de sa compétence, une fois établie, que sur celui de savoir s'il peut invoquer d'office sa propre incompétence internationale. La réponse à cette dernière question est en effet tributaire du point de savoir si les règles qui la fondent relèvent de la simple compétence territoriale (dont elles sont en large partie la transposition dans les rapports internationaux), de la compétence d'attribution [1] ou d'une catégorie *sui generis*. Ce débat, qui naît de la conviction selon laquelle, en délimitant le champ d'intervention des tribunaux de l'État du for, la compétence internationale a un objet et un enjeu qui ne sont pas la simple identification de la juridiction territorialement compétente, a été relancé à l'occasion de l'entrée en vigueur du nouveau Code de procédure civile. Sans qu'il y ait lieu d'entrer dans la discussion relative aux implications des changements ainsi opérés au regard de la nature propre de la compétence internationale [2], le régime procédural de cette dernière en droit intertional privé commun ne laisse plus guère de place à l'hésitation. Il résulte en effet de l'article 92 CPC, al. 2 que « devant la cour d'appel et la Cour de cassation, [l'] incompétence [d'attribution] ne peut être relevée d'office... que si l'affaire

Equity au *contempt of court*. Cette possibilité leur a été fermée en 2004 par l'arrêt *Turner v. Grovit* (CJCE, 27 avr. 2004, C-159/02, *Rec.*, I-3565 ; *Rev. crit. DIP*, 2004. 654, note H. Muir Watt). Cependant, le Règlement Bruxelles I *bis* a agi sur les causes de la difficulté, en donnant au juge élu la priorité pour statuer sur sa compétence, même s'il est second saisi (art. 31 -2). Enfin, en 2005, dans son arrêt *Owusu*, la Cour a exclu le *forum non conveniens*, qu'on supposait déjà écarté des rapports intra-européens, des rapports avec les pays-tiers, au motif que les règles de compétence de la Convention revêtent un caractère impératif dès lors que le défendeur a son domicile sur le territoire d'un État-membre (CJCE, 1er mars 2005, *Owusu v. Jackson*, préc.). Cette exclusion a été en partie assouplie par le Règlement Bruxelles I *bis*, qui permet de tenir compte, dans certains cas, de procédures préalablement engagées dans des pays-tiers (v. art. 33). Sur l'incidence du Règlement Bruxelles I *bis* sur tous ces points, v. *infra*, n° 183.

1. Comme le soutenait Bartin, *Principes*, t. I, p. 124.

2. G. Couchez, « Les nouveaux textes de la procédure civile et la compétence internationale », *Trav. Com. fr. DIP*, 1977-1979, p. 113 ; H. Gaudemet-Tallon, « La compétence internationale à l'épreuve du Nouveau Code de procédure civile », *Rev. crit. DIP*, 1977. 1 ; A. Huet, « Le Nouveau Code de procédure civile du 5 décembre 1975 et la compétence internationale des tribunaux français », *JDI*, 1976. 342.

échappe à la connaissance de la juridiction française ». L'incompétence peut donc être relevée d'office en matière internationale [1].

180. Dans les rapports intra-européens, le régime de l'incompétence se modifie radicalement. Dans trois cas, le juge saisi doit se déclarer d'office incompétent. D'une part, selon l'article 27, lorsque les juridictions d'un autre État-membre sont exclusivement compétentes en vertu de l'article 24. D'autre part, en vertu de l'article 28, lorsque le défendeur domicilié sur le territoire d'un État-membre est attrait devant une juridiction d'un autre État-membre et ne comparaît pas (sauf si sa compétence découle des dispositions du Règlement). Enfin, aux termes de l'article 26-2, lorsque le bénéficiaire d'un contrat d'assurance, la victime, le consommateur ou le travailleur est défendeur à l'action, la juridiction doit, avant de se déclarer compétente en raison de la comparution de cette partie, « s'assure[r] que le défendeur est informé de son droit de contester la compétence de la juridiction saisie et des conséquences d'une comparution ou d'une absence de comparution ». Il ne semble pas cependant que la méconnaissance de ce devoir soit une cause de refus d'exécution [2].

En dehors de ces cas, la comparution volontaire devant un juge incompétent vaut prorogation tacite de compétence [3] au regard de l'article 26 du Règlement Bruxelles I *bis* [4]. Bien qu'aucune condition de domicile du défendeur dans un État-membre n'y soit énoncée, elle est vraisemblablement sous-entendue [5]. En revanche, une comparution en vue de contester la compétence du for saisi ne vaut pas prorogation de celle-ci [6]. Cette dernière solution s'applique également aux nouveaux régimes de circulation sans *exequatur*. La Cour de justice en a jugé ainsi à propos de l'injonction de payer (Règlement 1896/2006) [7] : l'opposition

1. Un arrêt semble en déduire que la cour d'appel est tenue de rechercher si le défendeur avait renoncé à son privilège de juridiction (Cass. civ. 1re, 25 mai 1987, *Bull. civ.*, I, n° 167, p. 127).

2. La Cour de justice a admis que le juge saisi avait la possibilité (et non l'obligation) d'interpeller la partie faible sur le caractère conscient de la renonciation à contester la compétence (arrêt du 20 mai 2010, *Bilas*, aff. C-111/09, Rec. I-4545, spéc. point 32, *Rev. crit. DIP*, 2010. 575, note E. Pataut).

3. Même en présence d'une clause attributive de juridiction : CJUE, 17 mars 2016, aff. C-175/15, *Rev. crit. DIP*, 2016. 684, note Ch. Chalas.

4. Le Règlement Bruxelles I *bis* introduit des dispositions destinées à protéger la partie faible (assuré, consommateur, salarié). En ce cas, la partie faible doit être informée de son droit de contester la compétence et des conséquences d'une comparution ou d'une absence de comparution (art. 26.2).

5. Sur la controverse, v. H. Gaudemet-Tallon, *Compétence et exécution des jugements en Europe*, préc., et spéc. n° 164.

6. CJCE, 24 juin 1981, *Elefanten Shuh*, aff. C-150/80, *Rev. crit. DIP*, 1982. 152, note H. Gaudemet-Tallon ; *JDI*, 1981. 903, obs. A. Huet.

7. Sur laquelle, v. *infra*, n° 316 s.

à l'injonction dans le pays requis, même pour des motifs de fond et sans contestation de la compétence des juridictions de l'État-membre d'origine, n'est pas une comparution au sens de cet instrument [1].

ÉTAT DES QUESTIONS

B. G. — C. Chalas, *L'exercice discrétionnaire de la compétence juridictionnelle en droit international privé français*, PUAM, 2000, préf. H. Muir Watt ; H. Gaudemet-Tallon, « L'introuvable "juge naturel" », in *Mélanges en hommage à Jean Gaudemet*, Paris, Puf, 1999, p. 591 ; G. Goldstein, « Le *forum non conveniens* en droit civil. Analyse comparative à la lueur du droit international privé du Québec et du Japon », *Rev. crit. DIP*, 2016. 51 ; D. Holleaux, *Compétence du juge étranger et reconnaissance des jugements*, Paris, Dalloz, 1970, préf. H. Batiffol ; H. Muir Watt, « Le for naturel du litige : l'injonction anti-suit en droit international privé français (réflexions au sujet de l'arrêt Brachot de la Cour de cassation) », in *Études offertes à Claude Lombois*, Pulim, 2004, p. 897 ; A. Nuyts, *L'exception de forum non conveniens, Étude de droit international privé comparé*, Bruylant, LGDJ, 2003, préf. A. T. von Mehren ; L. Usunier, *La régulation de la compétence juridictionnelle en droit international privé français*, Économica, 2008, préf. H. Muir Watt ; P. de Vareilles-Sommières, « The mandatory nature of article 2 of the Brussels Convention and derogation from the rule it lays down », in *Forum Shopping in the European Judicial Area*, Hart Publishing, 2007.

PHILOSOPHIES DU DROIT, COMPARÉES

181. La conception que retient une tradition juridique donnée de la compétence juridictionnelle internationale et de ses rapports avec le conflit de lois est clairement tributaire de celle de la fonction du juge au sein du système juridique et de ses rapports avec le droit objectif. Dans la tradition de *common law*, la moindre indépendance des compétences juridictionnelle et législative tient au fait que le droit est indissociable du dire du juge au cas par cas, et ne revêt pas la forme d'une norme abstraite et générale. Au contraire, le droit, lui-même de source judiciaire, y est conceptualisé comme l'expression du pouvoir de contrainte du souverain ; ainsi, lorsque la compétence judiciaire est appelée à s'exercer à l'égard de personnes, de choses ou d'événements situés en dehors du ressort du juge, elle est perçue comme une extension extraterritoriale de son *imperium*. C'est ce qui explique que les conflits de lois ont tardé à émerger à titre autonome par rapport à la question du pouvoir juridictionnel. En revanche, la tradition civiliste, où le schéma de la compétence internationale est emprunté directement à celui de la procédure civile interne, postule que les compétences nationales sont *a priori* concurrentes et que les règles qui les départagent sont affaire de commodité et de prévisibilité avant tout. Nulle revendication de compétence étatique mais simple mise à disposition du prétoire

1. CJUE 13 juin 2013, aff. C-144/12, *Rev. crit. DIP*, 2014. 135, note M. Lopez de Tejada. Dans ce cas, les effets sont ceux de l'article 17-1 du Règlement 1896/2006 : le passage automatique du litige vers la procédure civile ordinaire (v. pt 31 de l'arrêt).

au profit des justiciables engagés dans les relations transfrontières, la saisine d'un juge donné plutôt qu'un autre n'est pas perçue comme engageant le pouvoir de l'État qui l'a institué, de sorte que rien ne s'oppose à la dissociation des compétences judiciaire et législative et qu'un simple critère chronologique, sûr sinon affiné, suffit à départager les procédures concurrentes sur le plan international. La relative indifférence dans laquelle sont tenues les questions de compétence juridictionnelle s'explique par référence à la conception de la fonction judiciaire, le juge y ayant été traditionnellement considéré comme jouant un rôle ancillaire par rapport à la loi, reléguant au second plan les questions de compétence judiciaire au profit des conflits de lois. L'évolution récente de la jurisprudence française ne permet pas d'exclure cependant l'existence d'un principe régulateur de la compétence internationale fondé sur la proximité du juge par rapport au litige (v. *supra* n° 162).

182. Aux États-Unis, la structure de la règle de compétence internationale est particulièrement complexe, car l'existence même de la compétence (avant que ne se pose la question du *forum non conveniens* ou de l'opportunité de son exercice) est tributaire du respect des exigences de *due process* (v. le XIVe Amendement à la Constitution, § 1 : « Toute personne née ou naturalisée aux États-Unis et soumise à leur juridiction est citoyenne des États-Unis ou de l'État où elle réside. Aucun État ne fera ou n'appliquera de loi qui restreindrait les privilèges ou immunités des citoyens des États-Unis ; ni ne privera aucune personne de vie, de liberté ou de propriété sans le bénéfice des protections dues par le droit (*without due process of law*) ; ni ne refusera à quiconque relève de sa juridiction l'égale protection des lois »). Cette constitutionnalisation très forte de la compétence directe oblige à des analyses de proximité au cas par cas qui sont parfois difficiles à distinguer de la question de l'opportunité de l'exercice d'une compétence sur le terrain du *forum non conveniens.* Cet état de choses est d'autant plus critiqué en doctrine qu'une fois compétent, le juge applique le plus souvent la loi du for. On estime donc qu'il devrait y avoir davantage de contraintes constitutionnelles au niveau de la loi applicable, tandis que la détermination du for compétent devrait être plus simple et prévisible (v. B. Posnak, « The Court Doesn't Know its Asahi from its Wortman : A Critical View of the Constitutional Constraints of Jurisdiction and Choice of Law », 41, *Syracuse L. Rev.*, 875, 1990).

182-1. Sur l'exemple du droit japonais. — La faculté de décliner la compétence se trouve consacrée dans le code de procédure civile japonais (art. 3-9), lorsque le tribunal trouve des « circonstances spéciales » selon lesquelles une procédure et une décision des juridictions japonaises pourrait affecter l'équité entre les parties ou la justice et l'efficacité de la procédure. Cette faculté, qui était déjà présente dans la jurisprudence, ne peut être exercée lorsque les tribunaux japonais sont saisis sur la base d'un accord exclusif d'élection de for (v. B. Elbalti, D. Yokomizo, « La compétence internationale des tribunaux japonais en matière civile et commerciale à la lumière de la nouvelle législation », *Rev. crit. DIP*, 2016. 417 ; D. Fernandez Arroyo, « La tendance à la limitation de la compétence judiciaire à l'épreuve du droit d'accès à la justice », in *Mélanges en l'honneur du professeur B. Audit*, LGDJ, 2014, p. 285).

POUVOIR MODÉRATEUR DU JUGE DANS L'ESPACE INTRA-EUROPÉEN

183. L'exception de *forum non conveniens* a été écartée du champ de l'espace judiciaire commun par l'arrêt *Owusu* (CJCE, 1er mars 2005, *Owusu v. Jackson*, C-281/02, *Rec.*, I-1383 ; *Rev. crit. DIP*, 2005. 698, note Ch. Chalas) au motif, peu convaincant, de la protection du défendeur (c'est bien lui, en effet, qui soulève l'exception !). Il y va en réalité du rejet par la Cour de justice de toute une conception de la compétence juridictionnelle, des pouvoirs du juge et de la fonction de détermination du for dans le déroulement du contentieux (car elle commandera le plus souvent les termes d'une transaction). En soi, cette exclusion n'est pas critiquable : l'exception a été conçue comme mécanisme d'autolimitation d'un chef de pouvoir juridictionnel très large et n'a donc pas forcément sa place dans un système de compétences régulées, où le risque d'extension exorbitante d'un for déterminé est par définition plus réduit. La vraie difficulté créée par l'arrêt *Owusu* est ailleurs : elle réside dans le caractère impératif que la Cour a reconnue à l'article 4 du Règlement (ex-article 2 de la Convention) non pas en ce qu'il s'oppose à la faculté au juge de refuser d'exercer sa compétence fondée sur le lieu du domicile du défendeur, mais en ce que le même texte délimite le champ d'application de cet instrument à l'égard des contentieux impliquant un État-membre (ou plusieurs, le cas échéant...) et un État-tiers. À cet égard, la conséquence de cette jurisprudence a été non seulement d'englober des conflits de juridictions qui n'impliquaient pas les rapports intra-européens, mais aussi d'imposer les compétences européennes dans les rapports avec les États-tiers sans aucune des concessions qui sont pourtant faites (sous forme d'exceptions) dans les rapports intra-européens au profit des considérations concurrentes (telles l'existence de procédures parallèles ; la présence de rattachements spéciaux ; la désignation du for d'un État-tiers). Autrement dit, en rendant impératif l'article 4, l'arrêt *Owusu* semblait signer l'arrêt de mort de l'effet dit « réflexe » (*supra*, n° 125 ; *infra*, n° 1136).

Cependant, le Règlement Bruxelles I *bis* modifie la donne sur ce point, en introduisant une dose de souplesse bienvenue dans les rapports avec les État-tiers en cas de procédure parallèle pendante devant un for non européen. Ainsi, l'article 34 confie au juge d'un État-membre second saisi (dans certains cas) le pouvoir de surseoir à statuer au profit de la juridiction tierce. Selon les considérants 23 et 24, il s'agit d'« un mécanisme souple permettant aux juridictions des États-membres de tenir compte des procédures pendantes devant les juridictions d'États-tiers », en évaluant... « l'ensemble des circonstances du cas d'espèce. Ces circonstances peuvent inclure les liens entre les faits du cas d'espèce, les parties et l'État-tiers concerné, l'état d'avancement de la procédure dans l'État-tiers au moment où la procédure est engagée devant la juridiction de l'État-membre et la probabilité que la juridiction de l'État-tiers rende une décision dans un délai raisonnable ».

184. Par ailleurs, dans les rapports intra-européens, le Règlement Bruxelles II *bis* confie également au juge saisi un rôle régulateur *ex post* de sa propre compétence dans certains cas (v. art. 15, sur lequel v. *infra*, nos 798 ; 1129), accomplissant par là même un pas d'autant plus remarquable qu'une telle approche semblait définitivement exilée, à l'époque, comme on vient de le voir, du champ civil et commercial. Ce décalage méthodologique entre les deux instruments avertit d'emblée contre la tentation de se servir de l'« acquis » jurisprudentiel élaboré par la Cour de justice dans un contexte, pour le transposer dans l'autre, téléologiquement distinct (v. B. Ancel et H. Muir Watt, « L'intérêt de l'enfant dans le concert des juridictions : le Règlement Bruxelles II *bis* », *Rev. crit. DIP*, 2005. 569). Le Règlement n° 650/2012 sur les successions internationales s'engage dans la même voie en autorisant le juge de la résidence habituelle à se dessaisir en faveur du for de la nationalité du défunt en cas de *professio iuris* et à l'initiative d'un ayant-droit (art. 6, sur lequel v. *infra*, n°s 838 ; 842-1 ; 854).

LA DOUBLE FACE DU FORUM *NON CONVENIENS*

185. Né comme l'expression d'une saine autodiscipline de l'État, dont les règles de compétence étaient définies de façon excessivement large (v. sur les origines écossaises du mécanisme, Ch. Chalas, *L'exercice discrétionnaire de la compétence juridictionnelle en droit international privé*, préc., p. 44), le *forum non conveniens* a acquis d'une certaine façon une double face. Le contexte est celui du phénomène décrit par un auteur comme le « trafic international des voies de droit » (M. Galanter, « Bhopal and the Transnational Traffic in Remedies », *in* M. Likovsky (dir.), *Transnational Legal Processes. Globalisation and Power Disputes*, Butterworths, 2002, p. 172), qui vise l'instrumentalisation du droit international privé par les États développés au service des intérêts des entreprises multinationales dont les revenus – et parfois les activités politiques dans les pays d'accueil – leur profitent directement. La globalisation de l'économie a été en effet l'occasion d'une augmentation spectaculaire de la pratique par les tribunaux anglo-américains du *forum non conveniens*, opposé aux recours judiciaires des victimes d'accidents industriels survenus dans le pays d'accueil lors d'activités délocalisées des firmes transnationales, exercées à travers leurs filiales de droit local. De tels accidents sont liés le plus souvent à l'insuffisance des normes de sécurité ou de protection de l'environnement du pays d'accueil – carences elles-mêmes induites par la perversion de la concurrence législative sous la forme d'une course vers le bas. Le refus d'exercer la compétence juridictionnelle à l'égard des défendeurs qui, au-delà des montages juridiques, demeurent économiquement intégrés à l'État du for, est de nature à favoriser l'externalisation des coûts de production par les entreprises, qui bénéficient à l'occasion des désastres massifs de l'impunité offerte par l'inefficacité procédurale ou la faible réglementation du pays d'accueil. Pour l'illustration la plus emblématique : *In re Union Carbide Corp Gas Plant Disaster at Bhopal, India, in Dec 1984*, 634 F. Supp. 842 (SDNY 1986) aff'd, 809 F. 2d 195, 202 (2d Cir. 1987). Dans l'affaire *Chevron*, (v. *supra*, n° 122-1), c'est le refus initial des juridictions américaines d'exercer leur compétence à l'égard du groupe défendeur Texaco-Chevron qui a déclenché par la suite des conséquences désastreuses pour tous (v. *Aguinda v. Texaco, Inc.*, 303 F.3d 470 (2d Cir. 2002) ; comp. déjà, *Jota v. Texaco, Inc.*, 157 F.3d 153, 2d Cir. 1998).

Toutefois, diverses pressions s'exercent à l'heure actuelle sur l'État du siège de la société mère dans le sens de l'élargissement de l'accès au prétoire au profit des victimes. Il y va du devoir de vigilance de cet État (ou de la société mère elle-même : v., en droit français, la récente L. n° 2017-399 du 27 mars 2017 relative au devoir de vigilance des sociétés mères et des entreprises donneuses d'ordre). Reproblématisées en contentieux de réparation des atteintes à des droits de l'homme, ces actions en indemnisation revêtent une dimension politique incontestable et incitent à repenser la compétence juridictionnelle internationale en termes de responsabilité de l'État du siège à l'égard de la communauté internationale (v. *supra*, n° 132). Il semblerait en tout cas que la compétence des juridictions américaines exercée sur le fondement de l'*Alien Claims Act* soit exclusive du *forum non conveniens* à raison de son caractère législatif fédéral mais que diverses voies d'autolimitation de la compétence s'y réintroduisent cependant, soit par le biais de l'obligation d'épuiser les voies de recours locales, soit par une prudence judiciaire rattachée formellement à la territorialité (v. *infra*, n° 1024-2).

TECHNIQUE JURIDIQUE

186. L'exception d'incompétence. — Comment contester la compétence du for saisi ? Selon l'article 74 CPC, les exceptions de procédure doivent, à peine d'irrecevabilité, être soulevées simultanément et avant toute défense au fond. Rien n'étant prévu de façon spécifique au sujet de l'exception d'incompétence internationale, ce principe processuel interne semble devoir y être transposé (v. ainsi : Cass. civ. 1re, 23 mai 2012, *RTD civ.* 2012. 566, obs. Ph. Théry. Comp., cepdt. : Cass. civ. 1re, 7 mai 2010, *D.* 2010. 2196, Chron. A. Bolze, L. Perreau-Saussine ; *RTD civ.* 2010. 808, obs. Ph. Théry). En revanche, tandis que l'article 75 exige, en matière interne, que la partie qui invoque l'incompétence la motive et désigne la juridiction compétente, la Cour de cassation adoucit cette exigence en matière internationale. Le déclinatoire de compétence peut désigner globalement les tribunaux du pays dont relève le juge spécialement compétent (Cass. civ. 1re, 10 oct. 1978, *JDI*, 1979. 142, note Ph. Kahn ; Dijon, 27 mai 1992, *Rev. crit. DIP*, 1993. 291, note H. Muir Watt ; Orléans, 6 mai 2003, *Rev. crit. DIP*, 2004. 138, note H. Gaudemet-Tallon ; *contra*, Cass. soc., 22 janv. 1992, *Rev. crit. DIP*, 1992. 511, note H. Muir Watt). Il était logique en effet que la solution soit la même que celle qui prévaut en matière de clauses attributives, qui sont valables si elles désignent globalement les juridictions d'un État dès lors que le droit interne choisi permet d'identifier le tribunal spécialement compétent (comp. en droit commun, Cass. civ. 1re, 17 déc. 1985, *Rev. crit. DIP*, 1986. 537, note H. Gaudemet-Tallon ; *D.*, 1986. IR. 265, obs B. Audit ; *GA*, n° 72 ; et comp. les termes mêmes de l'art. 23 Règlement Bruxelles I et *infra*, n° 863). De même, si la procédure de contredit (voie de recours contre la décision sur la compétence) doit être motivée et indiquer le juge que le demandeur estime compétent, en revanche, la cour d'appel qui juge que l'affaire relève d'une juridiction étrangère se bornera à renvoyer les parties à mieux se pourvoir (art. 96 CPC). L'organe du for évitera en effet d'adresser un ordre à un tribunal étranger (v. *supra*, n° 106). Dans le cadre du Règlement Bruxelles I, l'incompétence doit pareillement être soulevée, devant le tribunal français, avant toute défense au fond, conformément à l'article 74 CPC. En effet, le droit européen exige que l'exception soit présentée avant le seuil considéré par le droit national de procédure comme étant la première défense au fond (CJCE, *Elefanten Shuh*, C 150/80, précité). Un droit qui accepterait que l'exception d'incompétence soit invoquée après la première défense au fond serait donc primé par le seuil uniforme européen.

Les divers cas dans lesquels le Règlement Bruxelles I *bis* impose au juge saisi une vérification de sa propre compétence et le cas échéant un désaississement peuvent poser de singulières difficultés dans le contexte d'une procédure accusatoire. Le cas *The Alexandros T* (*infra*, n° 221-1 en matière de litispendance) illustre bien cette difficulté : que faire lorsqu'en cas de procédures parallèles dans deux États-membres, le juge du fond second saisi aurait dû en faire état d'office, sachant que les deux parties se sont sciemment abstenues de l'invoquer dans un premier temps et qu'au-delà, le délai procédural pour contester la décision d'appel sur ce point est expiré ?

SECTION 3
La procédure

187. La compétence de la loi du for en matière de procédure constitue l'un des principes les mieux établis du droit international privé [1], mais sans doute aussi l'un des plus difficiles à délimiter [2]. Par ailleurs, même définie par rapport au contenu d'autres rattachements, la catégorie « procédure » revêt une considérable hétérogénéité [3], tandis que la nature même de la règle qui attribue compétence à la loi du for demeure controversée. Selon l'explication dominante aujourd'hui, cette compétence se fonde sur le fait que le déroulement du procès est étroitement lié à la souveraineté de l'État, de sorte que la compétence normative exclusive de ce dernier pour « s'auto-organiser » comprend nécessairement celle d'agencer et d'actionner comme il l'entend son propre service public de la justice [4]. Il s'ensuit que les règles qui se rattachent à cette

1. Sur l'origine de la distinction entre les règles *ordinatoria litis* (relatives à l'organisation du procès) et *decisoria litis* (relatives à la substance du droit), v. not. E. M. Meijers, « L'histoire des principes fondamentaux du droit international privé à partir du Moyen Âge, spécialement dans l'Europe occidentale », *RCADI*, t. 49 (1934-III), p. 543 et s.

2. La délimitation du droit processuel est également problématique en droit interne. Sur les divers critères proposés, v. E. Jeuland, *Droit processuel*, Manuel LGDJ, 3e éd. 2014, no 17 ; S. Guinchard et *alii*, *Droit processuel*, Précis Dalloz, 8e éd. 2015, spéc. no 1 et s. (comp., axé sur la définition du litige, A. Bolze, « La notion de litige juridique », in *Études offertes à J. Dupichot*, Bruxelles, Bruylant, 2004, p. 41 et s.) ; il n'est pas certain cependant que ceux-ci soient directement utiles pour délimiter le champ de la loi du for en droit international privé. Pour un exemple emblématique, v. à propos de la loi applicable à la prescription d'un jugement (en l'occurrence étranger) : Civ. 1re, 4 novembre 2015 et la chronique à propos de cet arrêt de D. Foussard, « Prescription et exécution des condamnations étrangères », *Rev. crit. DIP*, 2016. 453.

3. À titre d'exemple, les principes de procédure civile internationale élaborés par l'*American Law Institute* et *Unidroit* (*Rev. dr. uniforme*, 2004-4 et Cambridge Univ. Press, 2006), proposant des directives processuelles communes pour les procès transnationaux, traitent aussi bien des exigences du procès équitable (par ex. : impartialité du juge, égalité des parties…), que du déroulement organique ou matériel du procès (par ex. : office du juge, écrits, langue de procédure…). Ils régissent également des points relatifs à la compétence, au régime et à l'obtention des preuves, ou encore aux caractéristiques des jugements et à leur exécution.

4. *Supra*, no 71.

fonction se trouvent précisément soustraites au champ du conflit de lois [1]. Il ne s'agirait donc pas d'une catégorie de rattachement comme les autres, la partition entre le fond et la procédure en droit international privé ne résultant pas d'une règle de conflit de lois, mais de la présence d'une compétence exclusive de l'État s'exprimant sous la forme d'une règle de conflit de juridictions [2]. La sensibilité des intérêts qui s'y profilent explique que, même au sein de l'espace judiciaire européen où les règles de compétence juridictionnelle sont unifiées, la procédure proprement dite relève toujours de la compétence des États [3].

La conséquence de cette analyse est que la dissociation entre le fond et la procédure, condition même du conflit de lois, commence seulement à se poser du point de vue du juge saisi lorsque la question à trancher ne met plus en cause la souveraineté de l'État du for. La catégorie revêt ainsi un caractère fonctionnel et à géométrie variable, puisque tributaire de la conception que retient l'État quant à la mission et aux prérogatives de ses organes juridictionnels : dans un système donné, le divorce peut être affaire de procédure et la recherche des preuves d'intérêt privé, alors que le pays voisin adoptera sur les deux mêmes points la position exactement inverse.

188. Par ailleurs, rien n'interdit à un État, même sur des questions qui impliquent le fonctionnement de la justice du for, d'emprunter des règles étrangères. Le régime des commissions rogatoires en provenance d'un État étranger (art. 739 CPC) l'atteste, dans la mesure où il peut être fait usage des règles étrangères en matière d'obtention de preuves. Mais pour des raisons pratiques, de telles concessions sont relativement rares. Imagine-t-on, par exemple, de composer un tribunal selon les règles d'organisation judiciaire d'un État étranger sous prétexte que la

1. Puisqu'il s'agit de compétence exclusive, la catégorie est composée de règles qui se délimitent unilatéralement (sur l'objet de la catégorie de rattachement dans le conflit de lois, v. *infra*, n° 396).

2. Il lui est parfois attribué une double portée : règle de conflit de juridictions, en tant qu'il s'agit d'appliquer le droit public interne régissant le service public de la justice dans le contentieux international ; règle de conflit de lois, dans la mesure où le fonctionnement du service public de la justice est indissociable des règles de droit privé dont elle organise la sanction (Batiffol et Lagarde, t. II, n° 697).

3. V., confirmant la vocation des règles nationales de procédure, CJCE, 7 juin 1984, *Zelger*, aff. 129/83, *JDI*, 1985. 165, note A. Huet ; *Rev. crit. DIP*, 1985. 374, note D. Holleaux ; réservant cependant l'atteinte à l'effet utile à la Convention de Bruxelles, CJCE, 15 mai 1990, *Kongress Agentur*, C-365/88, *Rev. crit. DIP*, 1990. 568, note H. Gaudemet-Tallon ; *JDI*, 1991. 498, obs. A. Huet. La loi nationale du for définit ainsi le régime procédural des règles de compétence européennes (H. Gaudemet-Tallon, *Compétence et exécution des jugements en Europe*, préc., n° 313). Étroitement liée à la souveraineté en droit international privé, la procédure est généralement perçue en droit comparé comme l'expression particulièrement dense de la tradition culturelle nationale : v. M. Cappelletti, D. Tallon, *Fundamental Guarantees of the Parties in Civil Litigation*, Giuffrè, Oceano, 1973.

loi de celui-ci est applicable[1] ? Cela dit, il arrive que l'État du for consente à l'application sur son territoire de règles de procédure uniformes de source internationale, notamment dans le contexte de litiges transfrontières. L'Union européenne en fournit des illustrations significatives, tandis qu'il existe désormais des principes modélisés à cet effet par l'Unidroit et l'*American Law Institute*[2].

Si l'emprise croissante des exigences du procès équitable issues de l'article 6-1 de la CEDH tend désormais à conférer une signification essentielle à la dimension procédurale du contentieux international, il est également vrai que l'histoire du droit international comparé révèle un rétrécissement progressif du domaine de cette catégorie au fur et à mesure que les institutions s'internationalisent et que les pouvoirs du juge s'affranchissent des seuls modèles du droit substantiel du for[3]. Par ailleurs, dans divers domaines où la preuve entretient des liens particulièrement intimes avec le régime des droits subjectifs, la sophistication croissante des moyens de recherche de la vérité, liée au progrès de la biotechnologie ou encore des communications, tend à resserrer la solidarité entre la matière litigieuse et le régime probatoire. En même temps, cependant, l'essor contemporain de l'administration publique du droit privé accroît l'intervention non contentieuse d'autorités publiques dans les relations entre particuliers, de sorte que, parfois, des questions qui revêtaient un caractère purement consensuel ont acquis par la suite une dimension procédurale, impliquant de cette façon des questions nouvelles relatives, par exemple, à la force probante d'actes publics étrangers.

L'hétérogénéité de la catégorie procédure explique pourquoi divers thèmes qui en relèvent indubitablement ont été ou seront traités ailleurs dans le présent ouvrage. Il en va ainsi précisément de la force probante

1. Même la *foreign court theory*, qui commande au juge du for de statuer comme s'il était le for étranger, ne va pas aussi loin ! Il arrive cependant parfois que l'applicabilité du droit processuel de la loi étrangère désignée soit soutenue : v. condamnant expressément un tel argument (qui se rapportait en l'occurrence à l'office du juge), Cass. civ. 1re, 11 juin 1996, *Agora Sopha, Rev. crit. DIP*, 1997. 65, note P. Lagarde ; *JDI*, 1996. 941, 2e esp., note D. Bureau.

2. Préc. *supra*, n° 187, n. 2. Sur l'influence « croisée » de l'espace pénal sur l'espace civil européen, v. F. Jault-Seseke, J. Lelieur, Ch. Pigache (dir.), *L'espace judiciaire européen civil et pénal*, Dalloz, « Thèmes et Commentaires », 2009.

3. Par exemple, la prescription extinctive est aujourd'hui libérée de la tutelle de la loi du for qui l'a longtemps caractérisée en droit privé comparé (v. sur les différentes conceptions en présence, F. Hage Chahine, « La prescription extinctive en droit international privé », *RCADI*, 1995, t. 255, 233, spéc. p. 261 et s.). À ce sujet, v. désormais l'art. 2221 C. civ., réd. L. 17 juin 2008 : « La prescription extinctive est soumise à la loi régissant le droit qu'elle affecte ».

des actes publics étrangers [1], ou encore de l'exécution [2], du droit d'accès international au juge [3] ou des mesures provisoires [4]. On se bornera donc ici à évoquer les deux séries de problèmes qui semblent conférer sa véritable cohérence à la catégorie. Celle-ci a pour noyau, en effet, le déroulement de la procédure judiciaire dans l'État du for (§ I), tandis que cette procédure peut exiger l'accomplissement de certains actes processuels à portée extraterritoriale (§ II).

I | Les règles relatives au déroulement du procès dans l'État du for

La question de l'accès au juge, objet d'un droit fondamental, a été traitée au titre des conditions d'exercice de la compétence internationale [5]. Ici, sera examinée la délimitation du champ de la loi du for en ce qui concerne l'action en justice (A) et l'administration de la preuve (B).

A / L'ACTION EN JUSTICE

189. La question est essentiellement de savoir dans quelle mesure le droit individuel d'agir [6] est régi par la loi du for ou soumis au contraire au conflit de lois. Un tel droit entretient en effet des liens étroits avec le droit subjectif que l'action sanctionne autant qu'avec l'acte de procédure qui en est le support. Or, d'importantes divergences peuvent apparaître entre la loi du for et la loi applicable au fond, relatives aux diverses conditions subjectives (personnes habilitées [7], intérêt à agir) et objectives (délais dans lesquels est enfermée l'action, fins de non-recevoir) du droit d'action. Sur l'ensemble de ces points, la loi applicable au fond conserve

1. *Infra*, n°s 608 et s.
2. *Infra*, n° 250 sur l'exécution des jugements étrangers ; *supra*, n°s 74 et s. sur la territorialité de la contrainte.
3. *Supra*, n° 64.
4. *Supra*, n°s 150 et s.
5. *Supra*, n° 64.
6. Défini à l'article 30 CPC comme « le droit pour l'auteur d'une prétention d'être entendu sur le fond de celle-ci afin que le juge la dise bien ou mal fondée ».
7. La question du droit d'ester en justice est distincte de celle de la qualité pour agir évoquée ici en tant qu'elle relève de la condition des étrangers.

une vocation importante [1]. Il en va ainsi de la qualité pour agir, de la prescription et de tous les délais liés à des considérations tenant à la substance des droits litigieux) [2], et à la plupart des fins de non-recevoir (qu'elles soient propres à la matière litigieuse ou tirées de l'attitude des parties). Le droit positif rattache en revanche à la loi du for l'autorité de chose jugée, mais ce rattachement est contesté en doctrine au profit de l'application de la loi propre de l'action, entendue comme la loi régissant le droit substantiel litigieux [3].

190. Plus délicate est la détermination de la loi applicable à l'intérêt à agir. Dans son arrêt *Coveco*, la Cour de cassation a retenu une qualification procédurale de l'exigence d'un intérêt né et actuel, en conséquence déterminé par la loi du for [4]. Il y va en effet de la définition de la fonction juridictionnelle au regard de la *lex auctoris*, qui n'institue pas ses organes en vue de délivrer des consultations juridiques abstraites. Toutefois, l'arrêt ajoute que « la loi applicable au fond n'est à prendre en considération que si elle n'accorde pas de droits à celui qui agit en justice ». La lecture la plus crédible de cette réserve consiste à considérer que les conditions de l'intérêt sont régies par la loi du for (il faut que cet intérêt soit né et actuel) mais que la loi étrangère est consultée pour savoir si un tel intérêt se concrétise en l'espèce, et plus précisément pour déterminer si les droits du demandeur à l'action sont réellement menacés [5]. Dans des circonstances quelque peu équivoques, la Cour de cassation a cependant affirmé plus récemment que « les principes [du droit français] régissant l'action en justice [s'appliquent] à toute instance introduite en France, quelle que soit la loi gouvernant le fond du litige ou la loi en vertu de laquelle le demandeur indique agir pour le compte d'autrui [6] ».

1. Sur l'ensemble, v. M.-L. Niboyet-Hoegy, V. « Action en justice », *Rép. dr. internat.*, 2ᵉ éd. nᵒˢ 21 et s.

2. V., illustrant la façon dont le conflit de lois relatif à la prescription (en l'occurrence ses causes de suspension) est de nature à affecter le droit d'agir : Cour suprême du Royaume-Uni, 12 mai 2016, *Ministry of Defence v. Iraki Citizens* [2016] UKSC 25, *Rev. crit. DIP*, 2016. 657, note H. Muir Watt.

3. V. M.-L. Niboyet-Hoegy, *L'action en justice dans les rapports internationaux de droit privé*, Économica, 1986, préf. B. Goldman, nᵒˢ 441 et s.

4. Cass. civ. 1ʳᵉ, 4 déc. 1990, *Rev. crit. DIP*, 1991. 558, note M.-L. Niboyet-Hoegy ; *JDI*, 1991. 371, note D. Bureau, refusant à une société néerlandaise le droit d'agir en responsabilité alors qu'elle avait déjà été indemnisée par son assureur.

5. En ce sens, G. Bolard, *Essai sur l'application judiciaire du droit international privé*, thèse Dijon, 1968, nᵒ 256 ; H. Motulsky, Vᵒ « Procédure civile et commerciale », *Rép. dr. internat.*, 1ʳᵉ éd. nᵒ 117. Il faut reconnaître cependant que ce n'est pas exactement ce que dit l'arrêt, selon lequel la loi étrangère est à prendre en considération dans le seul cas où elle n'accorde pas de droits au demandeur – le privant par là même de tout intérêt à agir.

6. Cass. civ. 1ʳᵉ, 14 avril 2010, nᵒ 08.70229, *Gaz. Pal.* 28-29 mai 2010, nᵒˢ 148-149, p. 52, note M.-L. Niboyet.

191. Conformément au principe de la compétence de la *lex fori* énoncé par l'arrêt *Coveco,* la loi du for fixe seule également la recevabilité des actions purement déclaratoires ou dénégatoires [1]. Il s'ensuit que dans les rapports intra-européens, cette recevabilité relève de la compétence des États-membres, du moins dans la mesure où elle ne nuit pas à l'effet utile des instruments européens [2]. Cependant, il n'est pas certain que ceux-ci conservent indéfiniment une telle compétence, dès lors du moins que l'action déclaratoire en non-responsabilité, notamment, peut être source de contournement des règles communes sur la litispendance [3]. À cet égard, il se peut également qu'apparaisse une notion européenne d'abus de droit, détrônant à nouveau l'exclusivité de la vocation de la loi nationale de procédure pour établir les sanctions de l'abus d'agir [4].

1. Exceptionnellement, et précisément en droit international privé, le droit français admet l'action déclaratoire, par exemple, en matière de régimes matrimoniaux (TGI Paris, 25 mars 1981, *Rev. crit. DIP,* 1982. 329, note H. Gaudemet-Tallon et *infra,* n° 833), et de régularité ou d'irrégularité des jugements étrangers (Cass. civ., 22 janv. 1951, *Weiller, Rev. crit. DIP,* 1951. 167, note Ph. Francescakis ; *GA,* n° 24-25, et *infra,* n° 288). La question de la recevabilité d'une action déclaratoire relative à l'(in)compétence du juge français s'est posée sous un jour particulier dans l'affaire *Flash Airlines,* dans le contexte du tragique accident de Charm-el-Cheik (v. CA Paris, 1re ch., sect. C., 6 mars 2008, *Flash Airlines, JDI,* 2009. 171, note G. Cuniberti ; *D.,* 2008. 1452, note P. Courbe ; *JCP G,* 2008, II, 10115 note L. Bruneau). Une première décision de la US District Court of Central California (qui siège à Los Angeles) s'était déclarée *forum non conveniens* conditionnellement, c'est-à-dire, sous réserve de l'existence d'un for alternatif en France qui puisse entendre la cause des victimes. Or, celles-ci ne disposaient en France que du privilège de nationalité de l'article 14 du Code civil, auquel elles avaient renoncé en portant leur action à l'étranger. Elles s'adressèrent donc au juge français pour obtenir la confirmation que celui-ci se considérait incompétent. Elles n'avaient cependant aucune demande au fond à faire à la juridiction française de sorte que leur intérêt à agir pouvait poser problème : les actions déclaratoires ne sont pas, généralement, recevables. À cet égard, il est admis que l'exception d'incompétence est nécessairement un moyen de défense, qui ne peut donc être soulevé par le demandeur, qui a initié l'action (Cass. civ. 2e, 7 déc. 2000 : *Bull. civ.,* 2001, II n° 163). Cependant, pour la cour d'appel de Paris, l'intérêt à agir des parties afin d'obtenir une déclaration d'incompétence tenait à ce que le juge américain avait lui-même « *opéré matériellement un transfert du litige à la juridiction française* », en invitant le juge français « à épuiser la question ». Cet arrêt a été cassé, mais pour un motif de procédure sans rapport avec la question évoquée (v. Cass. civ. 2e, 30 avril 2009, *JCP G,* 2010, nos 31-35, 165, p. 19, note M. Attal).

2. Dans la ligne de la jurisprudence *Kongress Agentur* évoquée *supra,* n° 120 ; 187.

3. V. L. Collins, « The Marc Rich case and actions for negative declarations », in *Essays in International Litigation and the Conflict of Laws,* Oxford, Clarendon Press, 1993, p. 274 ; G. Cuniberti, « Action déclaratoire et droit judiciaire européen », *JDI,* 2004. 77.

4. A. Nuyts, *L'exception de forum non conveniens (Étude de droit international privé comparé),* Bruylant, LGDJ, 2003, p. 756 et s. Aj., plus récemment : H. Gaudemet-Tallon, « De l'abus de droit en droit international privé », in *Mélanges en l'honneur du professeur B. Audit,* LGDJ 2014, p. 383. Comp. cependant la prise de position de la Cour de Luxembourg en faveur de l'inclusion de l'action dénégatoire dans le champ d'application de l'article 5-3° du Règlement Bruxelles I dans son arrêt *Folien Fischer, infra,* n° 211 ; 978-1. En revanche, s'agissant d'une déclaration d'invalidité de droits réels immobiliers, qui relève bien de la compétence exclusive de l'article 22, excluant donc le jeu de la litispendance, v. CJUE *Weber c. Weber* (C-438/12 du 4 avril 2014) et *infra,* n° 211.

192. Le droit du for commande incontestablement aussi l'admissibilité d'une action collective [1]. Quels que soient les liens entre de telles actions et les finalités de régulation sociale qu'assume dans ce cas le droit substantiel dans le domaine concerné (responsabilité du fait des produits, droit de la consommation, droit boursier et des sociétés) – que signale fréquemment la présence d'une action de procureur privé et des dommages-intérêts punitifs –, l'applicabilité au fond d'une loi étrangère ne permet pas d'« importer » le mécanisme procédural de l'action de groupe. Inversement, cependant, l'application au fond d'une loi étrangère qui ignore l'action collective est parfaitement concevable dans le cadre d'une telle action devant un for qui l'admet, même s'il est vrai qu'en toute hypothèse, l'existence d'un conflit de lois compliquera sérieusement la certification de la classe [2]. À cet égard, il existe désormais, en droit européen, une action transfrontière en cessation au profit des groupes de consommateurs [3]. Mais de par la fonction qu'elle remplit, qui consiste à faire respecter la législation européenne sur les clauses abusives, pareille action ne semble guère pouvoir être mise au service d'un droit autre que le seul droit dérivé européen.

B / LA PREUVE

Le droit interne admet une distinction entre l'administration de la preuve, catégorie procédurale qui comprend la charge et l'objet de la

1. V. désormais, en droit français : L. n° 2014-344 du 17 mars 2014 relative à la consommation. Aj. Cons. const. 7 nov. 2014, n° 2014-424 QPC, *Rev. crit. DIP*, 2015. 383 note L. d'Avout, jugeant conforme à la Constitution française le troisième alinéa de l'article 5 de la loi du 1er juillet 1901 (exigence d'une déclaration administrative pour les associations de siège étranger) à condition que ces dispositions ne soient pas interprétées comme privant les associations ayant leur siège à l'étranger, dotées de la personnalité morale en vertu de la législation dont elles relèvent mais qui ne disposent d'aucun établissement en France, de la qualité pour agir devant les juridictions françaises dans le respect des règles qui encadrent la recevabilité de l'action en justice.

2. Sur l'état de la question devant les juridictions fédérales américaines, v. S. Issacharoff, « Settled expectations in a world of unsettled law : Choice of law after the Class Action Fairness act », 106, *Colum. L. Rev.*, 1839 (2006). À l'heure actuelle, on assiste au développement, en matière boursière, d'actions de groupe composées d'investisseurs étrangers et dirigées contre des sociétés étrangères devant les juridictions américaines (affaires *Vivendi*, *Alsthom*, v. *infra*, n° 203). Ces actions dites « *F(foreign)-cubed* » traduisent parfois un phénomène de *forum shopping* global, auquel la Cour suprême américaine tend à donner un coup d'arrêt dans son arrêt *Morrison* de 2010 (*infra*, n° 923), dans lequel elle juge la loi fédérale inapplicable dans un tel cas, dès lors du moins que le marché américain n'est pas en cause.

3. Aux termes de la directive 98/27 (dont l'effet est renforcé par le Règlement CE n° 2006/2004 relatif à la coopération entre des autorités en matière de protection des consommateurs), les entités qualifiées pour représenter les consommateurs dans un État-membre peuvent agir afin d'obtenir une injonction contre un professionnel dans l'État-membre où ce dernier est établi, à raison d'un agissement dans un État-membre consistant en la violation de toute directive tenant aux commerces avec

preuve, et les aspects du régime probatoire liés au fond, qui recouvrent l'admissibilité des modes de preuve et la force probante. Mais, comme dans le cas de l'action en justice, la transposition de cette distinction dans les rapports internationaux ne va pas sans difficulté lorsqu'il s'agit de départager la loi du for et la loi de fond. En effet, la catégorie procédure au sens du droit international privé inclut les matières qui, fonctionnellement, relèvent de la mise en œuvre du service public de la justice, y compris celles qui concernent les conditions dans lesquelles le juge fonde sa conviction. C'est pourquoi la loi du for revendique un champ qui dépasse largement la simple administration de la preuve. De vrais conflits peuvent alors apparaître entre la loi du for et la loi de fond s'agissant de l'admissibilité des modes de preuve (la possibilité même de recourir à tel mode de preuve) et de leur force probante (la valeur à accorder par le juge aux informations ainsi obtenues). On envisagera successivement ces deux dimensions du problème.

1 / L'admissibilité des modes de preuve

Il faut distinguer selon que la preuve à apporter concerne un fait juridique ou un acte juridique.

a) Faits juridiques

193. Souvent présentée comme relevant d'un rattachement unitaire à la loi du for, l'admissibilité des modes de preuve des faits juridiques appartient en réalité tantôt à la loi du for gouvernant l'administration de la preuve, tantôt à la loi de fond. En effet, la répartition entre les deux lois dépend de la teneur du régime probatoire applicable. Si la loi de fond n'admet pas l'admissibilité de tel mode de preuve (interdiction ou ignorance de la preuve génétique, exclusion de l'aveu...), l'administration de la preuve sera naturellement soumise à la même contrainte, même si pareille restriction n'existe pas selon la loi du for. En revanche, si la loi de fond admet la liberté de la preuve, la loi du tribunal saisi déterminera seule les modes de preuve disponibles à ce titre (indices recueillis ou non à l'aide d'un technicien, expertise, présomptions, témoignages... [1]), peu important si les mêmes modes de preuves ou mesures judiciaires seraient disponibles devant le for étranger.

des consommateurs. Sur les actions transfrontières en injonction, v. *infra*, n° 924. Sur les difficultés soulevées par les actions de groupe plus généralement, v. aussi, not., *infra*, n° 203.

1. Sur le régime spécifique de l'aveu cependant, v. A. Huet, « Procédure civile et commerciale dans les rapports internationaux. Domaine de la *lex fori* : instance », *J.-cl. dr. internat.*, 582-2, n° 65.

S'agissant des faits juridiques en général, il est vraisemblable que les deux lois concorderont le plus souvent sur le régime de la liberté de la preuve. C'est pour cette raison que l'on peut admettre, par économie de raisonnement, que la preuve des faits juridiques est soumise à la loi du for. Les véritables difficultés (les vrais conflits) concernent par conséquent, pour l'essentiel, l'établissement de la filiation [1], où des divergences peuvent exister entre les deux lois, notamment quant à l'admissibilité de la preuve génétique (loi étrangère plus contraignante que l'article 16-11 du Code civil), ou relativement à la portée de la protection de la dignité de la personne ou d'autres droits de la personnalité devant la recherche de la vérité des filiations. Dans ce cas, sauf à établir une filiation boiteuse selon des modes de preuve biologique ou génétique exclus par la loi applicable au fond, il semble préférable de respecter le régime de l'admissibilité de la loi applicable au fond [2].

b) *Actes juridiques*

194. Les modes de preuve admissibles relèvent en droit positif de la règle de conflit dualiste posée par l'arrêt *Isaac* [3]. Selon cette jurisprudence, le juge français accueille les modes de preuve de la loi du for, mais les parties peuvent se prévaloir des règles de preuve du lieu d'accomplissement de l'acte. L'arrêt *Ollanescu* du 5 janvier 1999, qui étend la règle de conflit à la preuve d'un acte juridique de nature patrimoniale, montre que cette règle ne permet pas toujours d'assurer la preuve de l'acte, écartée en l'espèce par le jeu combiné des deux lois en présence [4]. On peut cependant s'interroger sur la portée réelle de la jurisprudence *Isaac*, dont il a été suggéré qu'elle s'apparenterait à une règle matérielle du droit du for ordonnant la prise en considération de

1. Parfois, cette dernière loi admettra que la preuve d'un fait peut être rapportée librement ; la loi du for dira par conséquent quels modes de preuve peuvent alors être utilisés. Ainsi, dès lors que la loi allemande applicable à un rapport de filiation alimentaire admet que la preuve des relations sexuelles entre la mère de l'enfant et le défendeur peut être rapportée par tous moyens, la loi du for dira si elle peut l'être au moyen d'un serment (Cass. civ. 1re, 16 juill. 1974, *Rev. crit. DIP*, 1975. 461, note G. Wiederkehr, et déjà dans ce sens, A. Ponsard, note sous Dijon, 7 juin 1967, *JDI*, 1969. 87).

2. Une décision de la Cour de Paris va dans ce sens, vérifiant la possibilité de recourir à une expertise sanguine selon la loi californienne applicable au fond (Paris, 8 mars 1983, 2e esp., *Rev. crit. DIP*, 1984. 290, note J. Foyer).

3. Cass. civ. 1re, 24 févr. 1959, *Isaac*, *Rev. crit. DIP*, 1959. 368, note Y. L. ; *D.*, 1959. 485, note Ph. Malaurie ; *JDI*, 1959. 1144, note J.-B. Sialelli ; 12 févr. 1963, *Ruffini*, *D.*, 1963. 325, note G. Holleaux ; *Rev. crit. DIP*, 1964. 121, note P. Lagarde ; 25 nov. 1981, *Rezki*, *Rev. crit. DIP*, 1982. 701, note B. Ancel.

4. Cass. civ. 1re, 5 janv. 1999, *Ollanescu*, *Rev. crit. DIP*, 1999. 293, note A. Huet.

la loi étrangère dans le seul cas où la loi du for exige une preuve préconstituée [1].

2 / La force probante

195. En tant qu'elle détermine la conviction du juge, la force probante touche au plus près au fonctionnement de la justice et semble devoir légitimer à ce titre la compétence de la *lex fori*. Il est vrai que lorsque le régime probatoire est libre, le juge appréciera la valeur des preuves apportées, de sorte qu'il y aura rarement des divergences profondes entre la loi du for et la loi applicable au fond sur ce point. Mais dans les autres cas, la jurisprudence semble pencher plutôt pour la compétence de cette dernière, ou, en matière d'actes juridiques, pour l'extension du bénéfice de la loi du lieu de conclusion de l'acte, également applicable à l'admissibilité de la preuve. Le maintien d'un rattachement unitaire commun à l'admissibilité des preuves et à leur force probante est certainement légitime en raison de leur interdépendance étroite ; il pourrait justifier au demeurant la vocation de la loi du for à l'égard des deux questions [2]. Mais la Cour de cassation a admis, en matière d'actes juridiques sous seing privé, que la loi du lieu de conclusion de l'acte régissant l'admissibilité d'une preuve non écrite détermine également sa valeur probatoire [3]. Récemment, elle a étendu la même solution à la force probante d'un instrument public étranger [4]. En matière de filiation, la doctrine dominante semble pencher pareillement pour l'extension de la compétence de la loi personnelle applicable au fond au caractère concluant des modes de preuve admissibles [5].

II | Les actes processuels extraterritoriaux

Il arrive que le for saisi ait à accomplir des actes de procédure ayant vocation à s'exécuter dans le ressort juridictionnel étranger. Si le cloisonnement territorial de l'institution judiciaire oppose des barrages parfois

1. P. Callé, *L'acte public en droit international privé*, préc., spéc. n° 393, n. 2. Pour cet auteur, la détermination des modes de preuve admissibles relève de la compétence exclusive de la loi du for, au même titre que la force probante.
2. En faveur d'un tel rattachement, P. Callé, *op. cit.*, *loc. cit.*
3. Cass. civ., 10 janv. 1951, *Rev. crit. DIP*, 1952. 95 ; *JDI*, 1951. 882, note B. Goldman.
4. Cass. civ. 1re, 28 juin 2005, *Aubin*, *Rev. crit. DIP*, 2005. 645, note B. Ancel et H. Muir Watt ; *D.*, 2005. 2853, note N. Bouche, et *D.*, 2006. 1498, obs. P. Courbe et F. Jault-Seseke, *Droit & Patrimoine*, nov. 2005, p. 107, obs. M.-E. Ancel, *Gaz. Pal.*, 24.25 févr. 2006, p. 20, obs. M.-L. Niboyet, *LPA*, 28 déc. 2005, note J.-G. Mahinga ; et sur cette solution, *infra*, n° 608.
5. Batiffol et Lagarde, t. II, n° 472.

insurmontables en droit international privé commun, le droit conventionnel et surtout européen s'est donné pour objet d'y porter remède au moyen de mécanismes d'entraide transfrontière énergiques. Deux catégories d'actes de procédure en particulier en ont bénéficié : il s'agit de la communication (signification, notification) d'actes processuels à l'étranger (A) et des mesures tendant à l'obtention extraterritoriale des preuves (B).

A / LA COMMUNICATION DES ACTES

196. La Convention de La Haye du 15 novembre 1965 relative à la signification et à la notification des actes judiciaires et extrajudiciaires a constitué une première étape significative dans l'instauration d'une coopération judiciaire interétatique en matière de communication extraterritoriale des actes de procédure. Il s'agissait là d'une condition essentielle pour le bon déroulement du contentieux international en plein essor, dont le développement est de toute évidence paralysé, quels que soient le nombre et le degré d'ouverture des règles de compétence internationale, si le défendeur ne peut être atteint faute de signification possible d'un acte d'assignation à son domicile à l'étranger. Toutefois, ce modèle pionnier a montré ses limites, qui tiennent essentiellement à ce qu'il repose sur la méthode de coopération traditionnelle de relais interétatiques [1]. En effet, comme on l'a justement fait observer, la poursuite de la coopération est tributaire d'une décision politique de l'État requis, dont les justiciables n'ont aucun droit d'exiger la réalisation ; et si l'État requis y accède, la réponse se fera selon son propre droit procédural, entraînant un cumul de procédures qui augmente les frictions entre elles et les risques d'erreurs [2].

197. C'est la raison pour laquelle le Règlement CE n° 1393/2007 [3], abrogeant le Règlement n° 1348/2000, instaure, dans un espace judiciaire déjà largement décloisonné, une « nouvelle génération » de dispositif coopératif, axé non plus sur l'entraide interétatique mais au moyen d'un

1. Il faut reconnaître qu'à cette date, la Conférence n'avait pas encore songé à doubler la coopération judiciaire et diplomatique par la coopération d'autorités administratives, qui allaient conférer plus tard une efficacité accrue aux conventions d'entraide relatives à l'enfant (v. G. A. L. Droz, « La Conférence de La Haye et l'entraide judiciaire internationale », *RCADI*, 1980, t. 168, p. 159).

2. B. Hess, « Nouvelles techniques de la coopération transfrontière en Europe », *Rev. crit. DIP*, 2003. 215, spéc. p. 218 et s.

3. *JOUE* n° L. 324, 10 déc. 2007, p. 79 ; *Rev. crit. DIP*, 2008. 169. En conséquence, une nouvelle circulaire du ministère de la Justice a été publiée (*BOMJ* 2009, 28 févr. 2009 ; *D.*, 2009. 1081).

changement important de perspective, sur les intérêts et besoins des justiciables [1]. À ce titre, la coopération judiciaire s'inscrit dans la protection fondamentale de l'accès à la justice, notamment à travers le droit d'être entendu du destinataire de la notification [2]. Substituant au modèle des relais celui d'un échange direct entre les juridictions, il autorise notamment une transmission directe au destinataire de l'acte de procédure dans le ressort où celui-ci est domicilié, sans même de contrainte de traduction si le destinataire comprend la langue de l'État du for (art. 8) [3]. Remarquablement, la frontière ne s'oppose plus ainsi à l'accomplissement extraterritorial de la signification ou la notification de l'acte introductif d'instance [4]. Une telle mutation va de pair avec le décloisonnement des ressorts juridictionnels en matière d'exécution [5]. On retrouve au demeurant le même effacement progressif des exigences de la souveraineté territoriale en matière d'obtention de preuves.

B / L'OBTENTION DES PREUVES

198. À nouveau, c'est par la voie conventionnelle qu'a été mis en place en ce domaine le premier dispositif coopératif transfrontière. Source de malentendus en droit comparé [6], l'obtention des preuves à l'étranger est considérée, dans la tradition processuelle civiliste, comme relevant de la seule prérogative du juge [7]. En revanche, selon le modèle accusatoire des pays de *common law*, la collecte des preuves dans le cadre d'une procédure de *discovery* est conduite par les parties pour les besoins d'un procès en cours ou (dans le cas du *pre-trial discovery* pratiqué aux États-Unis) à venir. L'extension d'une telle procédure au ressort d'un

1. Sur le texte précédent, v. B. Hess, *op. cit.*, p. 222.
2. *Ibid.*
3. Sur l'exigence linguistique de l'article 8 (1) Règlement n° 1348/2000, v. CJCE, C-443/03, *Götz Leffler* jugeant que, lorsque le destinataire d'un acte a refusé celui-ci au motif que cet acte n'est pas rédigé dans une langue officielle de l'État-membre requis ou dans une langue de l'État-membre d'origine que ce destinataire comprend, l'expéditeur a la possibilité d'y remédier en envoyant la traduction demandée. La solution a été entérinée à l'art. 8-3, Règlement n° 1393/2007. Sur d'autres difficultés liées à la traduction, v. CJCE, 8 mai 2008, C-14/07, *Rev. crit. DIP*, 2008. 665, note F. Cornette.
4. Sur les difficultés liées à la détermination de la date de signification d'un jugement, v. Cass. civ. 2e, 4 juillet 2007, *LPA*, 20 nov. 2007, n° 232, p. 18, note J. Degenère.
5. *Infra*, nos 311 et s.
6. L. Collins, « The Hague Evidence Convention and Discovery : A Serious Misunderstanding », in *Essays in International Litigation*, Oxford, Clarendon Press, 1994, p. 289 et s.
7. B. Ancel, « Le transfert international des informations nécessaires à l'administration du droit privé », in *Mélanges en l'honneur de Y. Loussouarn*, Dalloz, 1994, p. 1.

for civiliste est perçue par conséquent comme attentatoire à la souveraineté de l'État territorial. L'adoption de la Convention de La Haye du 18 mars 1970 sur l'obtention des preuves à l'étranger en matière civile et commerciale a tenté de régler cette opposition en facilitant la coopération, notamment au moyen de commissions rogatoires (v. sa transposition dans les articles 733 et s. et 736 et s. CPC). Loin cependant de pacifier les conflits, son application a conduit à un incident diplomatique transatlantique à la suite de l'affaire *Aerospatiale*, dans laquelle la Cour suprême fédérale a jugé que le recours aux procédures mises en place par la Convention était une simple faculté ne représentant aucunement, comme on le pensait en Europe, une voie exclusive des procédures nationales de droit commun [1]. Si le malentendu subsiste et que, de ce côté-ci de l'Atlantique, la Convention est invoquée de façon récurrente pour paralyser des entreprises de *discovery* sur le territoire du for [2], c'est sans doute que la question de l'admissibilité même de cette dernière procédure sur le territoire du for est souvent mal dissociée d'une appréciation négative portée sur la compétence internationale du juge (américain) saisi, la question se posant fréquemment dans des contentieux impliquant du droit public économique, où la compétence met en jeu des intérêts étatiques sensibles.

199. Dans les rapports intra-européens, le Règlement n° 1206 CE du 28 mai 2001 relatif à la coopération entre les juridictions des États-membres dans le domaine de l'obtention des preuves en matière civile et commerciale utilise le procédé, emprunté aux Conventions de La Haye plus récentes, de la coopération entre autorités centrales. Prolongeant la voie déjà ouverte en ce sens par la Convention de La Haye de 1970, le Règlement fait une place non négligeable à la loi étrangère de

1. 482 US 522 [1987]. V. P. Matthews, « The role of the Hague convention for gathering evidence abroad : *Société Nationale Aerospatiale v. United States District Court for the Southern District of Iowa* », *Stanford J. Int'l L.*, 309 [1987] ; sur la question des lois de blocage, interdisant par riposte la communication d'informations en vue d'une procédure judiciaire à l'étranger, v. L. Cohen-Tanugi, « Les juridictions américaines face aux lois étrangères interdisant la communication de renseignements économiques », *Rev. crit. DIP*, 1983. 213. Sur l'effectivité retrouvée de la loi de blocage du 16 juillet 1980, dans l'affaire *Executive Life*, v. Cass. crim. 12 déc. 2007, *Rev. crit. DIP*, 2008. 626, note D. Chilstein, *JCP E*, 2008, n° 35, p. 21, note M. Danis (et sur ce texte, v. M. Névot, *Rev. crit. DIP*, 198. 423), jugeant que la recherche par l'une des parties à une instance américaine de renseignements à caractère économique en vue de la constitution de preuves, sans respecter les procédures prévues par la Convention de La Haye, caractérise une infraction réprimée par l'article 3 de cette loi.

2. V. Y. Le Berre et E. Pataut, « La recherche des preuves en France au soutien de procédures étrangères de fond », *RDAI*, 2004. 41 ; N. Meyer-Fabre, « L'obtention des preuves à l'étranger », *Trav. Com. fr. DIP*, 2002-2004, p. 199.

procédure (v. par ex., l'article 10, al. 3 et 4)[1]. Mettant en place deux méthodes distinctes d'obtention de preuves situées dans un autre État-membre, il prévoit soit que le juge saisi au fond demande à la juridiction de cet État de procéder à un acte d'instruction sur son territoire (1. 1. *a*), soit, de manière beaucoup plus novatrice, qu'il y procède directement lui-même (1. 1. *b*), à la condition d'y être autorisé auparavant par l'autorité centrale du lieu d'exécution de la mesure et que celle-ci puisse se réaliser sans coercition (art. 17)[2]. Par exemple, un expert nommé par le tribunal saisi au fond pourra dans ces conditions se rendre dans cet autre État-membre pour y conduire des investigations[3].

200. De la même manière qu'au sujet de la Convention de La Haye, la question se pose aujourd'hui de l'exclusivité de l'instrument européen par rapport au droit commun des États-membres[4]. La jurisprudence de la Cour de justice n'est pas facile à suivre sur ce point. Elle semble avoir admis incidemment cette exclusivité dans son arrêt *St Paul Dairy Industries*[5]. Cependant, ce précédent s'est révélé « bien encombrant[6] ». Dans son arrêt *Lippens*, la Cour de justice a dit pour droit que lorsque

1. Le recours à une commission rogatoire en vue de l'audition de témoins à l'étranger implique de laisser s'appliquer le droit de l'État requis pour désigner l'autorité ayant compétence pour l'exécuter, sans que le juge du for ne puisse à ce stade interposer ses propres conceptions de la séparation des pouvoirs (Cass. civ. 1re, 22 mai 2007, *Rev. crit. DIP*, 2008. 278, note D. Foussard).

2. Sur ce dispositif, v. V. Chauveau, « Le Règlement communautaire n° 1206/2001 du 28 mai 2001 relatif à la coopération entre États-membres pour l'obtention des preuves en matière civile et commerciale : à la recherche de son efficacité », *in* F. Jault-Seseke, J. Lelieur, Ch. Pigache (dir.), *L'Espace judiciaire européen civil et pénal. Regards croisés*, Dalloz, « Thèmes et Commentaires », 2009, p. 145.

3. Naguère, un arrêt très critiqué de la cour d'appel de Versailles avait précisément permis ce mode d'intervention directe d'un expert commis en référé (9 avr. 1993, *Rev. crit. DIP*, 1995. 80, note G. Couchez ; *JCP*, 1995. II. 22436, note P.-A. Rosenfeld). Interdite sous l'empire de la Convention de La Haye de 1970, pareille démarche est donc désormais parfaitement régulière.

4. Sur cette question et présentant les (quatre) diverses méthodes d'obtention des preuves à l'étranger pratiquées dans les États de l'Union européenne, v. A. Nuyts, « Le règlement communautaire d'obtention des preuves : un instrument exclusif ? », *Rev. crit. DIP*, 2007. 53.

5. CJCE, 28 avr. 2005, aff. C-104/03, *Rev. crit. DIP*, 2005. 742, note E. Pataut ; *RDAI*, 2005. 530, note A. Mourre et Y. Lahlou, jugeant qu'une mesure d'instruction *in futurum* (audition provisoire de témoins avant l'introduction de l'instance au fond) n'était pas une mesure provisoire et conservatoire (au sens de l'article 35 Règlement Bruxelles I *bis*,) de nature à fonder le *forum loci* selon ce texte. Pour fonder l'incompétence du juge (néerlandais), la Cour a également précisé qu'« au surplus » une telle mesure *in futurum*, demandée afin d'apprécier l'opportunité d'une action éventuelle, « pourrait être utilisée comme un moyen d'échapper aux règles [du Règlement n° 1206/2001] régissant, sous les mêmes garanties et avec les mêmes effets pour les justiciables, la transmission et le traitement des demandes formulées dans un État-membre et visant à faire procéder à un acte d'instruction dans un autre État-membre ». Ce motif semble bien de nature à exclure le jeu du *forum loci* de l'article 35 en matière de mesures d'instruction. Il faudra le concilier ensuite avec la précision donnée ultérieurement dans l'arrêt *ProRail* selon laquelle la portée de l'arrêt *St Paul Dairy* devait ête cnsidérée come limitée aux cas où l'objet de la mesure rechercée se trouve sur le teritoire du juge saisi.

6. V. G. Cuniberti, « L'expertise judiciaire en droit judiciaire européen », *Rev. crit. DIP*, 2015. 519.

la juridiction saisie est compétente pour connaître de l'affaire au fond, cette juridiction n'est pas tenue d'utiliser les procédures prévues par le Règlement n° 1206/2001 pour entendre un témoin résidant dans un autre État-membre [1]. Elle a réitéré le caractère facultatif également dans l'arrêt *ProRail*. Cette jurisprudence ne devrait pas être remise en cause car le considérant 25 du Règlement Bruxelles I révisé indique que l'interprétation de la notion de mesures provisoires qui y est donnée est « sans préjudice » du Règlement n° 1206/2001 sur l'obtention des preuves dans les relations intra-européennes [2].

ÉTAT DES QUESTIONS

B. G. — **Sur la loi de procédure** : A. Bolze, *Recherche sur les règles de procédure dans le litige privé international*, thèse dact., Paris 2, 1996 ; P. Callé, *L'acte public en droit international privé*, Économica, 2004, préf. P. Mayer ; J. D. Gonzales Campos, « Les liens entre la compétence judiciaire et la compétence législative en droit international privé », *RCADI*, 1977, t. 156, p. 227 et s. ; A. Huet, « Procédure civile et commerciale dans les rapports internationaux », *J.-cl. dr. int.*, fasc. 582-1 et s. ; H. Motulsky, V° « Procédure civile et commerciale », *Rép. dr. internat.*, 1re éd. ; M.-L. Niboyet, « Contre le dogme de la *lex fori* en matière de procédure », in *Mélanges H. Gaudemet-Tallon*, Dalloz, 2008, p. 363 ; E. Pataut, V° « Procédure civile et commerciale », *Rép. dr. internat.*, 2e éd. ; D. Foussard, « La loi étrangère dans le domaine de la procédure », in *Écrits rédigés en l'honneur de J. Foyer*, Économica, 2008, p. 347.

Sur l'action en justice : M.-L. Niboyet-Hoegy, *L'action en justice dans les rapports internationaux de droit privé*, Économica, 1986, préf. B. Goldman ; F. Terré, « Les conflits de lois en matière d'action en justice », *Trav. Com. fr. DIP*, 1964-1966, p. 111.

Sur l'entraide judiciaire et les règles internationales ou européennes de procédure : ALI/Unidroit, *Principles of International Civil Procedure*, Cambridge Univ. Press, 2006 ; B. Ancel, « Le transfert international des informations nécessaires à l'administration du droit privé », in *Mélanges en l'honneur de Y. Loussouarn*, Dalloz, 1994, p. 1 ; O. Capatina, « L'entraide judiciaire internationale en matière civile et commerciale », *RCADI*, 1983, t. 179, p. 305 ; C. cass. (*Bull. inf.*, n° 162, 1er déc. 2007), « La signification des actes de procédure par les huissiers de justice » ; G. Cuniberti, « L'expertise judiciaire en droit judiciaire européen », *Rev. crit. DIP* 2015.519 ; F. Ferrand (dir.), *La procédure civile mondiale modélisée*, 2004, EJT, « Droit et procédures » ; Ph. Fouchard (dir.), *Vers un procès civil universel ? Les règles transnationales de procédure civile de* l'American Law Institute, Éd. Panthéon-Assas, 2001 ; S. Guinchard, « La procédure mondiale modélisée : le projet de l'American Law Institute et d'Unidroit de principes et règles transnationaux de procédure civile », *D.*, 2003, chron. 2183 ; B. Hess, « Nouvelles techniques de la coopération

1. CJUE 6 sept. 2012, *Lippens c/ Kortekaas et al.*, aff. C-170/11, CJUE 21 févr. 2013, *ProRail c/ Xpedys et al.*, aff. C-332/11.
2. V. A. Nuyts, « Le Règlement Bruxelles I révisé », préc., *Rev. crit. DIP*, 2013. 1, spéc. § 27.

judiciaire transfrontière en Europe », *Rev. crit. DIP*, 2003. 215 ; F. Jault-Seseke, J. Lelieur, Ch. Pigache (dir.), in *L'Espace judiciaire européen civil et pénal. Regards croisés*, Dalloz, « Thèmes et Commentaires », 2009 ; M.-L. Niboyet, « La globalisation du procès civil international dans l'espace judiciaire européen et mondial », *JDI*, 2006. 937 ; A. Nuyts, « Le règlement communautaire sur l'obtention des preuves : un instrument exclusif ? », *Rev. crit. DIP*, 2007. 53 ; J.-F. Sampieri-Marceau, « Notification d'un jugement à domicile élu à la partie demeurant à l'étranger (CE) », *D.*, 2008. 801 ; F. Paulino Pereira, « La coopération judiciaire en matière civile dans l'Union européenne : bilan et perspectives », *Rev. crit. DIP*, 2010. 1.

Sur la communication des actes : M. Douchy, B. Menut (dir.), *Transmission, signification ou notification des actes : les droits du requérant et du destinataire, aspects de droit interne, communautaire et international*, Litec, 2002 ; L. Chatin, « Régime des notifications à l'étranger », *Rev. crit. DIP* 1977. 622 ; F. Rigaux ; « La signification judiciaire des actes à l'étranger », *Rev. crit. DIP* 1963. 447 ; F. Cornette, *La notification internationale des actes*, thèse dact., Rouen, 2011 ; G. Cuniberti, Cl. Normand, F. Cornette, *Droit international de l'exécution. Recouvrement des créances civiles et commerciales*, LGDJ, 2011.

Sur les conflits de lois en matière de preuve : E. Fongaro, *La loi applicable à la preuve en droit international privé*, LGDJ, 2004, préf. B. Beigner et J. Foyer ; T. Habu Groud, *La preuve en droit international privé*, PUAM, 2000, préf. I. Fadlallah ; A. Huet, *Les conflits de lois en matière de preuve*, Dalloz, 1965, préf. R. Perrot.

Sur les actions de groupe dans les rapports internationaux : « Les actions de groupe. Implications processuelles et substantielles », *RLDC*, 2006 (n°s 32 et 33), avec les contributions de M.-L. Niboyet, « Action de groupe et droit international privé » (n° 32, p. 78), et de M.-N. Jobard-Bachellier, « Introduction à la table ronde "Action de groupe, consommateurs et investisseurs" » (n° 33, p. 79) ; J. Lemontey, N. Michon, « Les class actions américaines et leur éventuelle reconnaissance en France », *JDI*, 2009. 535 ; Ch. Seraglini, « Les effets en France des actions de groupe étrangères », *Trav. Com. fr. DIP*, 2008-.2010, 157 ; H. Muir Watt, « Brussels I and aggregate litigation or the case for redesigning the commun judicial area in order to respond to the changing dynamics, functions and structures in contemporary adjudication and litigation », *IPRax*, 2010. 111 ; Richard A. Nagareda, « Aggregate Litigation across the Atlantic and the Future of American Exceptionalism », 62 *Vand. L. Rev.* 1 (2009) ; Kathryn E. Spier, « Tied to the Mast : most Favored Nation Clauses in International Litigation », 34 *Rand. J. Econ* 78 (2003) ; H. Muir Watt, « Régulation de l'économie globale et émergence de compétences déléguées : sur le droit international privé des actions de groupe (à propos de l'affaire *Vivendi Universal*) », *Rev. crit. DIP*, 2008. 581 ; Linda Silberman, « Choice of Law in National Class Actions : should CAFA make a Difference ? », 14 *Roger Williams U. L. Rev.* 54 ; Samuel Issacharoff, « Group Litigation of Consumer Claims : Lessons of the American Experience », 34 *Tex. Int'l L. J.*, 135, 136, (1999) ; S. Strong, « The Sounds of Silence : are US Arbitrators Creating Internationally Enforceable awards when Ordering Class Arbitration in cases of Contractual Silence or Ambiguity ? », 30 *Mich. J. Int'l L.*, 1017, (2009) ; J.-J. Kuipers, « La loi sur le règlement collectif de dommages de masse aux Pays-Bas et ses ambitions dans l'espace judiciaire européen », *RIDC* 2012. 213. Aj., à la lumière de la loi française du 17 mars 2014 : M. Chagny, V. Pironon, « Les recours collectifs en droit du marché », in *Mélanges en l'honneur du professeur B. Audit*, LGDJ,

2014, p. 203 ; L. Usunier, « Droit d'agir en justice et actions de groupe transnationales », *ibid.*, p. 681.

L'ACCÈS AU JUGE

201. La caution *judicatum solvi*. — Ce n'est plus en raison du conflit de lois – puisque nul ne conteste sur ce point l'applicabilité de la loi du for – mais en vertu des exigences du procès équitable que la caution *judicatum solvi* a fait son entrée dans l'actualité processuelle transfrontière. La Cour de justice y avait traqué, de façon récurrente, une discrimination à raison de la nationalité dans les rapports intra-communautaires (CJCE, 1er juill. 1993, *Hubbard*, C-20/92 ; 26 sept. 1996, *Data Delecta*, C-43/95 ; 20 mars 1997, *Hayes*, C-323/95 ; 2 oct. 1997, *MSA Saldanha et MTS Securities*, C-122/96, et les notes de G. A. L. Droz respectivement à la *Rev. crit. DIP*, 1994. 633, 1997. 33, 1997. 475, 1998. 283). Mais la caution exigée par le droit anglais de tous les demandeurs non-résidents, même de nationalité britannique, en raison du risque de les voir disparaître sans payer en cas de débouté, de transaction ou d'abandon, semblait passer à travers les mailles du filet. C'était cependant faire « fausse route », comme l'avait expliqué G. A. L. Droz (*Rev. crit. DIP*, 1998. 290), car l'existence d'un système conventionnel (désormais européen) de circulation accélérée des décisions de justice était de nature à supprimer ce risque pour ce qui est des plaideurs disposant de biens à l'intérieur de l'Union européenne. Imposer une caution néanmoins, c'était opposer un obstacle indu à l'accès du demandeur européen à la justice, en violation des exigences de l'article 6-1 CEDH. Pareil argument a été entendu par la Cour de cassation, dans son arrêt *Pordea* du 19 mars 1999 (H. Muir Watt, obs. *Rev. gén. proc.*, 1999. 747 ; G. A. L. Droz, « Variations *Pordea* (à propos de l'arrêt de la Cour de cassation, 1re Chambre civile, du 16 mars 1999) », *Rev. crit. DIP*, 2000. 181). Le recours dans cet arrêt aux exigences de l'ordre public procédural pour fonder le refus de reconnaissance d'un jugement anglais condamnant un plaideur résidant en France au paiement de la caution précéda d'un an l'intégration par la Cour de justice des exigences du procès équitable au sein de l'ordre public du for requis, au sens de l'article 27-1 de la Convention de Bruxelles (v. *infra*, n° 275).

201-1. Accès au juge et prescription. — Les droits fondamentaux sont de nature à affecter la nature de l'action en justice qui tend à en obtenir la protection judiciaire, lui conférant, par osmose, le même caractère fondamental. Le droit fondamental d'accès au juge tend en effet à sanctionner des droits qualifiés eux-même de fondamentaux. Une autre façon d'observer le même phénomène est de le faire à travers la compétence internationale fondée sur le déni de justice ou plus largement sur la violation des droits de l'homme (v. *supra*, n° 64). Généralement, les droits en cause sont imprescriptibles. Cependant, il arrive que leur protection prenne la forme d'une sanction civile fondée sur la responsabilité délictuelle. Il faut s'interroger alors sur la loi applicable au régime de l'action. Lorsque la prescription est en cause, la loi applicable au fond prend le relais, comme on l'a vu (*supra*, n° 189). Il peut en résulter une paralysie de l'action et par conséquent du droit invoqué. On le voit dans l'affaire *Ministry of Defence v. Iraki Citizens* [2016] UKSC 25 (préc. au n° 189), mettant en œuvre un raisonnement sophistiqué de conflit de lois pour conclure que la loi irakienne, applicable au régime de l'action d'un groupe de resortissants civils contre les autorités britanniques, prescrivait cette action devant les tribunaux britanniques.

En dehors de l'hypothèse où l'action tend à sanctionner la violation d'un droit fondamental, on peut se demander si une très courte prescription est de nature à priver le demandeur de son droit fondamental au juge ? Un arrêt suggère, *a contrario*, que tel pourrait être le cas (Cass. soc., 12 juillet 2010, *Soc. Trans. Team Grupo Viale Iberica*, *JDI*, 2011. 600, note V. Parisot), y compris lorsque le for saisi met en œuvre une loi étrangère (en l'occurrence, la loi espagnole régissant le contrat de travail du salarié demandeur ; sur la loi applicable à la prescription, v. *supra*, n° 188). Cependant, le seuil de tolérance semble extrêmement libéral à l'égard des lois qui ne le sont pas : en l'espèce, le délai pour agir était de vingt jours !

202. La détermination de l'organe compétent. — La compétence exclusive de l'État en matière d'organisation de la justice recouvre certainement celle à laquelle il conviendra de se référer pour déterminer la nature de l'organe, administratif ou judiciaire, habilité à prendre une décision en son nom. Les divers organes juridictionnels habilités par leurs États respectifs sont désormais considérés comme fonctionnellement équivalents au regard de leur aptitude à trancher des litiges au fond, du moins en droit privé. Cette substituabilité internationale des organes juridictionnels est à la fois la condition et la conséquence de la distinction entre procédure et fond. Elle signifie que l'activité juridictionnelle de l'organe institué par l'État du for et fonctionnant dans le respect des règles de procédure de celui-ci peut se déployer en vue de trancher un litige régi quant au fond par une loi étrangère.

En revanche, la substituabilité internationale des autorités administratives investies de pouvoirs liés est plus problématique, car l'équivalence organique qui existe en matière juridictionnelle n'est pas acquise, du fait de la moindre autonomie de la procédure et du fond (v. P. Callé, *L'acte public en droit international privé*, préc. et *infra*, n° 587). À cet égard, la difficulté de déterminer les limites de la catégorie procédure apparaît lorsque la loi (étrangère) applicable au fond exige l'intervention d'un organe comme condition de validité ou d'opposabilité d'un acte juridique donné. Si la maxime *auctor regit actum* a pu longtemps être opposée à toute fongibilité organique, on tend à admettre aujourd'hui qu'un organe du for ayant des attributions équivalentes puisse recevoir l'acte. À cette occasion, le lien se distend entre procédure et fond, puisqu'il est alors accepté qu'une autorité publique du for soit mise au service d'une loi étrangère.

203. Les actions de groupe. — La reconnaissance au titre de la directive n° 98/27 CE du 19 mai 1998 d'un droit d'action de toute entité habilitée selon la loi de procédure d'origine apporte une modification sensible par rapport au droit commun antérieur (le droit d'agir d'une entité étrangère étant doublement limité par la loi d'origine et la loi du for : Paris, 17 mars 1960, *Scotch Whisky*, *Rev. crit. DIP*, 1961. 147, note Y. Loussouarn ; Cass. crim., 15 oct. 1959, *Rev. crit. DIP*, 1963. 56 note Y. Loussouarn, et 12 mars 2002, *Gaz. Pal.*, somm. 2003, p. 262, n° 51). Sur cette directive, v. M.-L. Niboyet, « L'harmonisation européenne en matière d'actions en cessation transfrontières : un exemple concluant de l'intervention du droit communautaire dans les relations de droit international privé », *Gaz. Pal.*, 2000, n°s 61 et 62. L'analyse des difficultés posées par les contentieux de masse transfrontières dans leur contexte d'origine, à savoir les États-Unis, est instructive pour l'Europe, où les actions de groupe tendent à s'installer progressivement depuis une dizaine d'années dans le droit processuel des États-membres – sans nécessairement emprunter les formes de la *class action* américaine –, car elle permet d'identifier les terrains qui risquent d'être les plus problématiques. Aux États-Unis, le *Class Action Fairness Act* de 2005 (28 USC Sections 1332(d), 1453, et 1711-1715) tente de réduire la pratique du *forum shopping* associée à l'action collective à portée nationale (c'est-à-dire regroupant des consommateurs résidant sur l'ensemble du territoire américain à raison de dommages massifs causés par des produits diffusés sur l'ensemble du marché intérieur), en présence de fors potentiellement multiples. Dans un tel contexte, en effet, il suffit de trouver un seul for qui accepte de « certifier » la classe nationale (c'est-à-dire lui reconnaître qualité pour agir à raison de questions de droit communes), même lorsque tous les autres fors s'y opposent (sur la constitutionnalité de l'exercice par un for de sa compétence à l'égard d'une action intentée par un groupe dont une large partie des membres est sans lien avec lui, v. la décision de la Cour suprême fédérale dans *Phillips Petroleum Co. v. Shutts*, 472 US 797, 1985). Les juges de certains États fédérés s'étaient donc taillés une réputation de facilité sur ce point, favorisant ensuite la condamnation du défendeur à des sommes (souvent sous forme de dommages-intérêts punitifs) importantes – sans que la certification empêche (en vertu de son « *preclusive effect* ») de nouvelles actions, individuelles ou non, intentées par des victimes (se désolidarisant du groupe) devant les autres fors prêts à les entendre (mais sur le coup de frein apporté par l'arrêt *Morrison* en matière internationale, v. *supra*, n° 192 ; *infra*, not. n° 932). La loi de 2005 permet donc que le litige soit porté devant une cour fédérale (laquelle doit décliner sa compétence dans des cas où les demandeurs seraient néanmoins intégrés pour une large partie dans un seul État fédéré) à l'initiative du défendeur. Toutefois, cette loi ne se prononce pas sur le règlement du conflit de lois devant le juge fédéral (proposant qu'il y ait une solution fédérale spécifique, v. Linda Silberman, *op. cit.*) ; il importe de rappeler qu'en l'état actuel du droit, la multiplicité de lois applicables aux actions individuelles peut être une cause de refus de certification de la classe, au regard de l'exigence du caractère commun des questions juridiques à l'ensemble de ses membres, de sorte que tant que s'applique le principe *Klaxon* (*Klaxon Co. v. Stentor Elec. Mfg. Co.*, 313 U.S. 487 (U.S. 1941) qui rend applicable la règle de conflit de l'État du lieu où le juge fédéral siège), le risque demeure que les défendeurs établissent leur siège dans un État dont les règles sont susceptibles de décourager de telles actions.

Ce dernier problème ne se pose pas dans le contexte européen, où des règles de conflit communes à l'échelle fédérale en matière d'obligations existent bien – même si le modèle processuel qui sous-tend les Règlements Rome I et II n'est pas parfaitement ajusté à la nouvelle donne collective (H. Muir Watt, « Brussels I and Aggregate Litigation or the Case for Redesigning the Common Judicial Area in order to Respond to Changing Dynamics, Functions and Structures in Contemporary Adjudication and Litigation », *IPRax*, 2010.111). En revanche, l'Europe devra faire face à d'autres difficultés, dont la plus importante, qui est en dehors du champ du droit international privé, tient sans doute, pour l'instant, aux divergences et incertitudes relatives à la fonction de l'action collective (consiste-t-elle à faciliter la mise en œuvre procédurale de demandes individuelles multiples ou à susciter un contentieux massif en guise de régulation de l'activité de certains acteurs économiques, tels les fournisseurs de produits et de services circulant sur le marché intérieur ?) et par là même à la forme qu'elle doit prendre (*opt-in* ou *opt-out* ?, cette dernière modalité paraissant condamnée en France par la décision du Conseil constitutionnel n° 89-257 du 25 juillet 1989, § 24-26, garantissant le droit d'action individuelle des membres d'un syndicat) et à la qualité pour agir au nom des intérêts représentés (associations ou autres entités agréées, ou membres individuels agissant en vertu d'un mandat tacite ?). Sur le terrain du droit international privé, plusieurs séries de problèmes se posent :

1. la capacité d'accueil de l'espace judiciaire européen : les règles de compétence, de conflit de procédures et de reconnaissance des jugements du Règlement Bruxelles I n'ont pas été conçues pour les actions de groupe et exigeront des ajustements. Si la règle de compétence de principe des tribunaux de l'État du domicile du défendeur pourrait permettre de fédérer des actions multiples de demandeurs de provenances diverses et les règles protectrices du consommateur d'héberger des actions d'associations, il importerait tout de même, avant de décider de leur applicabilité, de réfléchir à l'équilibre souhaité entre les intérêts en présence. Celui-ci est tributaire à son tour de la fonction que l'on veut faire remplir aux actions collectives (v. *supra*). Par ailleurs, il importe que le problème de « décalage juridictionnel » (*regulatory misfit* : R. Nagareda, *op. cit.*), qui découle de l'exercice par un for donné de sa compétence à l'égard d'un groupe parfois vaste comportant des membres résidant ailleurs et qu'il n'aurait pas normalement vocation à juger en tant que défendeurs mais à l'égard desquels s'étend la vocation de son jugement, soit réglé à travers des principes appropriés de règlement des procédures parallèles qui ont pu être engagées en vue de disloquer l'action collective ou de neutraliser les effets du jugement dans les États de résidence des membres du groupe. Mais afin que cette dernière voie ne favorise pas à l'excès l'action collective et la circulation des jugements, il serait opportun qu'il existe des règles spécifiques de conflits de lois et, en attendant, qu'il soit fait usage de la « méthode d'anticipation » pratiquée dans le contexte de procédures américaines à portée transatlantique.

2. les questions transatlantiques : à cet égard, des affaires récentes (*Vivendi*, 242 FRD 76 SDNY, 2007 ; *Alstom*, 253 FRD 266, SDNY, 2008) venues devant la cour fédérale du district du Sud de New York montrent comment, à la faveur de l'exigence de « supériorité » de l'action de groupe par rapport à l'action individuelle posée par l'article 23, les juges saisis d'actions comportant des membres venus d'ailleurs se servent d'une méthodologie particulière, que l'on pourrait appeler « d'anticipation », afin de s'assurer qu'en exerçant une compétence destinée à produire des effets dans d'autres États, celle-ci y soit bien reconnue (v. H. Muir Watt, « Régulation de l'économie globale », préc.). Il s'agit d'une méthode de gestion de l'extraterritorialité d'un jugement du for. Ainsi, le juge saisi d'une action de groupe comportant des investisseurs résidant en Europe s'interroge sur la probabilité de reconnaissance d'un jugement collectif dans divers pays européens dont la France, notamment au regard de la condition d'ordre public. Bien entendu, une telle méthodologie comporte une part divinatoire – les deux jugements cités ayant abouti à des conclusions différentes sur la position du droit français sur ce point – mais sans doute pas plus grande que lorsqu'il s'agit de mettre en œuvre la loi étrangère sur un point de droit incertain. À ce stade il n'est pas inutile de préciser que l'arrêt *Morrison* de la Cour suprême des États-Unis (juin 2010 : v. *infra*, not. n° 923), se prononçant pour la territorialité (et l'inapplicabilité en l'occurence) de la loi fédérale sur les marchés boursiers (art. 10-(b) Securities Exchange Act, 1934) dans l'hypothèse d'une action dite "*F(foreign)-cubed*", où les parties et le marché concerné étaient étrangères (australiennes), est de nature à freiner la prolifération de telles actions de groupe, mais n'en interdit aucunement l'exercice, dès lors que les actions litigieuses sont acquises sur le marché américain.

3. les transactions : une nouvelle figure de l'action de groupe a fait son apparition en 2005 aux Pays-Bas, reflétant sur ce point une pratique également connue aux États-Unis, consistant dans le fait pour le juge d'autoriser (exclusivement) une transaction collective. Autrement dit, la reconnaissance de l'existence des intérêts du groupe et son étendue intervient judiciairement *ex post*, une fois trouvés les termes de la transaction avec le défendeur (*Netherlands Act on Collective Settlement of Mass Damages*, 2005). La mise en œuvre d'un tel mécanisme, qui tend à favoriser la négociation entre les parties et le règlement amiable des différends, n'est pas sans problème. On fait observer, notamment, qu'il supprime le levier que représente normalement, entre les mains des demandeurs, l'action contentieuse. Lorsque cette considération est conjuguée avec le jeu du marché des avocats spécialisés dans les actions de groupe, dont l'effet est de diviser le marché transatlantique, induisant de chaque côté une transaction la moins favorable possible aux intérêts des demandeurs (v. sur le procédé de « *reverse auction* », Kathryn E. Spier, « Tied to the Mast : Most Favored Nation Clauses in International Litigation », 34 *Rand J. Econ* 78, 2003), il n'est pas certain que le résultat global corresponde à l'objectif recherché (pour une illustration, v. *Royal Dutch Shell Settlement*, Amsterdam Court of Appeals, *www.royaldutchshellsettlement.com*, 29 mai 2009). S'agissant de la mise en œuvre du droit de la concurrence par des actions privées, le gouvernement du Royaume-Uni envisage une solution originale, différenciant le régime de l'action (*opt-in* ou *opt-out*) selon le domicile des consommateurs (Department for Business Innovation & Skills, *Private Actions in Competition Law : A Consultation on Options for Reform – Government Response* https://www.gov.uk/government/uploads/system/uploads/attachment_data/file/70185/13-501-private-actions-in-competition-law-a-consultation -on-options-for-reform-government response1.pdf). Autrement dit, le mode *opt-out* ne jouerait que pour les consommateurs domiciliés dans cet État. Pareille solution résoudrait le problème du décalage entre l'étendue de la compétence juridictionnelle et l'étendue du groupe. Cependant, elle laisserait subsister des niveaux d'accès variables à la justice selon l'État-membre, pour des faits identiques. Au regard de la mise en œuvre du droit de l'Union, pareille inégalité pourrait être problématique en soi, cependant.

4. L'action collective à la française : Sur les incidences de la L. n° 2014-344 du 17 mars 2014 relative à la consommation, v. : M. Chagny, V. Pironon, « Les recours collectifs en droit du marché », in *Mélanges en l'honneur du Professeur B. Audit*, LGDJ, 2014, p. 203 ; et, plus généralement : L. Usunier, « Droit d'agir en justice et actions de groupe transnationales », *ibid.*, p. 681 ; aj., *infra*, n° 924. La compétence interne est régie par le décret n° 2014-1081 du 24 septembre 2014 relatif à l'action de groupe en matière de consommation : art. R. 423-2. – alinéa 1er : « Le tribunal de grande instance territorialement compétent est celui du lieu où demeure le défendeur » ; – alinéa 2 : « Le tribunal de grande instance de Paris est compétent lorsque le défendeur demeure à l'étranger ou n'a ni domicile ni résidence connus ». Ce texte pose une règle de compétence territoriale pour l'action de groupe de consommateurs, dans le cas où le défendeur demeure à l'étranger. Comment cette règle s'articule-t-elle avec la compétence internationale ? Trois hypothèses sont à distinguer :

– Lorsque le défendeur a son domicile en France, la compétence internationale des juridictions françaises résulte de l'article 4 du Règlement Bruxelles I *bis*. L'alinéa 1er détermine la compétence territoriale sans aucune difficulté particulière (et l'alinéa 2 n'a pas lieu de jouer).

– Lorsque le défendeur a son domicile dans un autre État-membre de l'Union européenne, la compétence internationale des juridictions françaises ne peut résulter que du jeu des articles de compétence du Règlement autres que l'article 4. Certains (possiblement applicables), tel l'article 7-2, ne laissent aucune place au jeu de la compétence territoriale interne, de sorte qu'aucun des deux alinéas ne peut s'appliquer. Mais l'article 18 du Règlement permettra d'assigner le défendeur domicilié à l'étranger devant les juridictions de l'État du domicile du demandeur (dont on ne sait s'il faut le comprendre comme celui de l'ensemble des consommateurs composant le groupe, ou comme le siège de l'association demanderesse). Dans ce cas, l'alinéa 2 du texte jouera pour déterminer la compétence interne.

– De même, lorsque le défendeur a son domicile dans un État-tiers (État non membre de l'Union européenne), la compétence internationale française résultera du privilège de juridiction (article 14 du Code civil, étendu par le Règlement Bruxelles I *bis* aux demandeurs domiciliés en France). Dans le cas d'un groupe de demandeurs-consommateurs de nationalité ou domicile français, l'alinéa 2 déterminera alors la compétence territoriale interne du tribunal de grande instance de Paris. On retrouve par là même la solution jurisprudentielle créée jadis pour les besoins du jeu du privilège de nationalité du demandeur, à l'époque où celui-ci définissait à titre principal la compétence internationale de droit commun des tribunaux français.

204. L'arbitrage de groupe. Une autre situation aux implications jusqu'ici peu explorées concerne les actions de groupe devant l'arbitre international (H. Muir Watt, « Économie de la justice et arbitrage international », *Rev. arb.*, 2008. 389, p. 413 et s.). Ces actions concernent pour l'essentiel des actions de consommateurs ayant souscrit des contrats d'adhésion comportant chacun une clause d'arbitrage, licites en droit américain mais de licéité plus douteuse en France (v. *infra*, n° 926). Mais l'arbitrage semble opposer une résistance active à l'avènement d'actions de groupe, y compris au plan international. Aux États-Unis, une jurisprudence très controversée de la Cour suprême poursuit une lecture très expansive du *Federal Arbitration Act* (FAA) qui revient à exclure, au détriment des consommateurs, salariés ou d'autres groupes potentiellement défavorisés dans le rapport contractuel, toute possibilité de recours collectif, que l'inclusion d'une clause d'arbitrage paralyserait doublement (par la renonciation qu'elle implique à la compétence judiciaire, puis par la présomption contre l'arbitrage de groupe). Ainsi : *Stolt–Nielsen S.A. v. AnimalFeeds Int'l Corp.*, 559 U.S. 662 (2010) dont il résulte qu'un arbitre ne peut décider de réunir de multiples demandes individuelles identiques en une classe que si les parties l'ont autorisé. S'il est vrai que l'arbitre reste souverain pour interpréter la volonté des parties sur ce point (après l'arrêt de la Cour suprême, *Bazzle*, 539 U.S. 444, 2003), la faculté d'exclusion explicite, qui ne tardera pas à figurer dans les contrats d'adhésion, vaut même dans le cas où ces demandes sont fondées sur le *Sherman Act*, et en dépit de la promesse incluse dans la célèbre note 19 de l'arrêt *Mitsubishi* que la vigilance judiciaire s'exercerait à l'égard du risque de privation contractuelle de droits résultats de la loi (*statutory rights*) : 2013 *American Express Co. v. Italian Colors Rest.* no. 12-133 2013 (v. sur l'ensemble, très critique : G. Borne, http://kluwerarbitrationblog.com/2011/07/01/the-u-s-supreme-court-and-class-arbitration-a-tragedy-of-errors/.

LA VOCATION DE LA LOI DU FOR : PORTÉE

205. Signes d'infléchissement des procédures nationales. — Si les États conservent leur compétence en matière de procédure au sein de l'espace judiciaire commun, c'est sous réserve que l'application des règles nationales ne porte pas atteinte aux finalités de celui-ci (CJCE, *Kongress Agentur*, préc.). Cette réserve revient fréquemment dans la jurisprudence de la Cour, par exemple, à l'occasion de la mise en œuvre des règles communes en matière de connexité (v. *infra*, n° 213), ou, plus spectaculairement, au sujet de l'injonction *anti-suit* (v. *supra*, n° 84). Mais l'incidence des finalités européennes n'est pas seulement d'ordre négatif. Elle induit parfois un infléchissement de la teneur même des règles nationales. Il en va ainsi de la protection procédurale de l'enfant à travers son droit d'être entendu (B. Ancel et H. Muir Watt, « L'intérêt supérieur de l'enfant dans le concert des juridictions : le Règlement de Bruxelles II *bis* », *Rev. crit. DIP*, 2005. 568 ; I. Barrière-Brousse, « L'enfant et les conventions internationales », *JDI*, 1996. 843 ; E. Gallant, *Responsabilité parentale et protection des enfants en droit international privé*, Defrénois, 2004, n° 498). Cet infléchissement peut même consister en l'aménagement d'une voie de recours inédite afin d'assurer la réalisation d'objectifs jugés essentiels (F. Jault-Seseke et C. Pignault, « Contribution procédurale à l'efficacité de la Convention de La Haye du 25 octobre 1980 sur les aspects civils de l'enlèvement international d'enfants », *D.*, 2006, chron. 1778). Ainsi, selon la Cour de cassation (Cass. civ. 1re, 13 juill. 2005, *RJPF*, 2005, n° 12, p. 22, obs. F. Eudier, *RTD civ.*, 2005. 763, obs. J. Hauser ; *JCP*, 2005. I. 199, n° 9, obs. J. Rubellin-Devichi, *Dr. fam.*, 2006, comm. 42, note M. Farge), le retour immédiat d'enfants doit être assuré, même si cela implique la rétractation d'une ordonnance (d'autorisation de résidence de l'épouse en France). Le droit fondamental à un recours approprié impose ici le recours prétorien au référé-rétractation. En revanche, il a récemment été rappelé par la Cour de justice que l'obligation de coopération de l'article 10 traité CE n'oblige pas les États à écarter les règles nationales de procédure pour qu'il soit statué à nouveau, au regard du droit communautaire, sur une question couverte par l'autorité de chose jugée (C-235/04, *Rosmarie Kapferer*). Le développement d'actions injonctives de groupe illustre, en matière de droit de la consommation, une incidence analogue du droit de l'Union européenne sur le droit processuel naturel.

Sur le développement de procédures spécifiquement européennes, v. *infra*, nos 311 et s.

ANALYSE ÉCONOMIQUE

206. Sur la disponibilité des droits et l'économie de la justice. — Sur le terrain de la procédure et plus particulièrement de l'office du juge en matière de loi étrangère, le Rapport de la Cour de cassation de 1993 marque très clairement l'entrée de considérations d'économie de la justice dans la gestion du contentieux international d'intérêt privé, fondées sur la distinction entre droits litigieux disponibles et indisponibles (v. J. Lemontey et J.-P. Rémery, « La loi étrangère dans la jurisprudence actuelle de la Cour de cassation », *Rapport*, 1993, p. 85). Sur l'importance croissante de telles considérations et l'avènement d'un marché global des services judiciaires, v. H. Muir Watt, « Économie de la justice et arbitrage international : réflexions sur la gouvernance privée sous la globalisation », *Rev. arb.*, 2008. 389 et *supra*, n° 119 ; sur les perspectives qu'induit l'avènement de l'e-justice dans l'Union européenne, v. F. Paulino Pereira, « La coopération judiciaire en matière civile dans l'Union européenne », *Rev. crit. DIP*, 2010. 1, spéc. p. 24.

SECTION 4
La gestion de procédures parallèles

207. Les « conflits de procédures » engagées simultanément devant les juges de plusieurs États tiennent aussi bien à la structure des règles de compétence internationale qu'aux stratégies des plaideurs. En droit international privé commun, l'unilatéralité des règles de compétence juridictionnelle, de teneur variable et de facture généralement extensive, est de nature à engendrer soit des lacunes exprimées sous forme de conflits négatifs de compétence [1], soit plus fréquemment des conflits positifs entre instances engagées simultanément dans plusieurs États sur le fondement de chefs de compétence offerts dans chacun d'eux. Des saisines multiples peuvent en effet résulter de l'exploitation délibérée de ce manque de coordination internationale des compétences par des plaideurs désireux de s'assurer la saisine du for le plus favorable. Ce phénomène stratégique, dénommé *forum shopping*, est favorisé par des règles de compétence souples ou à l'égard desquelles le juge exerce un pouvoir d'appréciation sur l'opportunité de sa propre saisine. C'est précisément pour y répondre que les juges de *common law* ont développé des armes puissantes, telles les injonctions *anti-suit*, destinées à neutraliser les comportements procéduraux abusifs [2].

Mais les conflits de procédures ne sont pas nécessairement le fruit d'un jeu stratégique. Comme on l'a vu, il arrive aussi qu'un instrument uniforme, tel le Règlement Bruxelles I *bis*, offre délibérément des options de compétence parce que les exigences de l'administration de la justice commandent la disponibilité de plusieurs fors. Il suffit alors que chacun des plaideurs saisisse un for différent pour que, là encore, et de façon

1. V. *supra*, n° 64 pour le déni de justice.
2. V. *supra*, n° 84.

parfois accidentelle, le problème de la concurrence de procédures parallèles se pose. Tel est aussi le cas lorsque deux actions séparées, introduites sans volonté stratégique particulière devant des fors distincts dans des pays différents, entretiennent entre elles des liens étroits.

208. Outre le coût élevé qu'implique le déroulement de procédures redondantes, le risque est de voir les actions simultanément engagées aboutir à des décisions contradictoires. Chaque système juridique développe dès lors pour y remédier des instruments de gestion des conflits de procédures, dont la nature varie en fonction de la conception de la compétence qui y prévaut. Au modèle préventif que représente l'émission, par les juges de tradition de common law, d'injonctions *anti-suit* destinées à protéger le for naturel du litige, la tradition civiliste préfère des modes de règlement *ex post* et plus mécaniques, fondés essentiellement sur un critère de primauté chronologique. Ces différences d'approche s'affrontent au demeurant au sein de l'espace judiciaire européen et leur extension à l'arbitrage commercial international, voire à des procédures se déroulant devant des juridictions internationales est aujourd'hui en question [1]. Se défiant des méthodes fondées sur le pouvoir du juge [2], les instruments européens ont pris parti pour les solutions plus pacifiques des systèmes civilistes (§ I). Opérant *ex post*, celles-ci n'évitent pas le risque que l'une des procédures concurrentes aboutisse à une décision alors que l'autre est encore en cours ; il existe donc des principes de règlement spécifique à l'hypothèse où une décision a été rendue alors qu'une procédure parallèle est pendante (§ II).

I | Le concours de procédures pendantes

L'approche qu'adopte la tradition civiliste à l'égard de la concurrence des procédures est tributaire de l'idée qu'à partir du moment où deux fors dont la compétence est concurrente étaient disponibles dans un cas donné, aucun n'est *a priori* plus approprié que l'autre pour trancher le litige. Il faut donc les départir selon un critère qui leur est extérieur, objectif et conforme aux exigences processuelles d'une bonne

1. V. sur cette extension, C. McLachlan, *Lis Pendens in International Litigation*, Pocketbooks of The Hague Academy of International Law, 2009.

2. Sur la jurisprudence de la Cour de justice *Turner*, *Owusu* et *West Tankers* condamnant l'utilisation des armes développées par le juge anglais pour régler préventivement les conflits de procédures, v. *supra*, n° 178.

administration de la justice. C'est ainsi qu'un critère chronologique est généralement utilisé pour régler les cas de litispendance (A) et de connexité (B).

A / LA LITISPENDANCE

Au-delà du droit international privé commun (1), le Règlement Bruxelles I pousse à son paroxysme le critère purement chronologique de règlement des concours de procédures parallèles tandis que le Règlement Bruxelles II *bis* adopte quant à lui une position bien plus souple (2).

1 / Droit international privé commun

209. La litispendance implique deux instances en cours, entre les mêmes parties, sur le même litige, soumises à des tribunaux différents également compétents. En matière interne, elle conduit le juge saisi en second à se dessaisir, en cas d'exception soulevée par le défendeur (art. 100 CPC). En droit international privé commun, ce n'est qu'assez tardivement qu'a été admise la recevabilité de l'exception de litispendance internationale, par une importante décision de la Cour de cassation aux termes de laquelle « l'exception de litispendance peut être reçue devant le tribunal français, en raison d'une instance engagée devant un tribunal étranger également compétent [1] ». Mais l'accueil de l'exception au fond suppose que la décision à intervenir soit susceptible d'être reconnue en France [2] : le juge français fera donc un pronostic [3] sur la conformité de la future décision étrangère aux conditions de régularité en France des jugements étrangers [4]. Depuis l'arrêt *Soc. Miniera di Fragne*, le pronostic de régularité sera fréquemment positif, en raison de la libéralisation considérable des exigences relatives à l'accueil des jugements étrangers – notamment sur le terrain de l'appréciation de la compétence indirecte du juge étranger concurremment saisi [5], qui posa

1. Cass. civ. 1re, 26 nov. 1974, *Soc. Miniera di Fragne, Rev. crit. DIP*, 1975. 491, note D. Holleaux ; *JDI*, 1975. 108, note A. Ponsard ; *GA*, n° 54. Comp. le refus péremptoire de Cass. civ. 1re, 1er déc. 1969, *Soc. Anciens établissements Valla et Richard, Rev. crit. DIP*, 1972. 84, note H.-J. Lucas ; *JDI*, 1970. 707, note A. Huet.
2. Cass. civ. 1re, 26 nov. 1974, *Soc. Miniera di Fragne*, préc.
3. V. D. Holleaux, « La litispendance internationale », *Trav. Com. fr. DIP*, 1971-1973, p. 205.
4. Sur lesquelles, v. *infra*, nos 263 et s.
5. Cass. civ. 1re, 6 févr. 1985, *Simitch, Rev. crit. DIP*, 1985. 369 et chron. Ph. Francescakis p. 243 ; *JDI*, 1985. 460, note A. Huet, *D.*, 1985. 469, note J. Massip et IR. 497, obs. B. Audit ; *GA*, n° 70 ; Cass. civ. 1re, 23 mai 2006, *Prieur*, préc. ; Cass. civ. 1re, 22 mai 2007, *Fercometal*, préc. Sur la mise en œuvre de ces exigences en présence d'un traité bilatéral, v. Cass. com., 19 février 2013, *Rev. crit. DIP*, 2013. 638, Rapport J.-P. Rémery.

longtemps difficulté. Désormais, le privilège de juridiction fondé sur la nationalité ne permet plus à son titulaire de s'opposer à une procédure étrangère engagée la première [1]. Si ces conditions sont réunies, la question se pose cependant de savoir si le juge français dispose du pouvoir d'apprécier l'opportunité de son dessaisissement [2].

2 / Droit de l'Union européenne

210. *Dans l'espace judiciaire européen*, la décision que rendra le juge de tout autre État-membre premier saisi est présumée régulière dans l'État du for. Les situations de litispendance sont donc traitées selon un critère purement chronologique, qui ne laisse aucune place à l'appréciation du juge second saisi, tenu de surseoir d'office, puis le cas échéant de se dessaisir. Ainsi, aux termes de l'article 29 du Règlement Bruxelles I *bis*, « lorsque des demandes ayant le même objet et la même cause sont formées entre les mêmes parties devant des juridictions d'États-membres différents, la juridiction saisie en second lieu sursoit d'office à statuer jusqu'à ce que la compétence du tribunal premier saisi soit établie ». Le caractère essentiel qu'y revêt la prévention de décisions contradictoires – qui touche à la raison d'être même de l'espace commun – conduit à concevoir de façon large les conditions de la litispendance, qui relève d'une définition européenne autonome [3]. Il conduit en effet à admettre qu'il y a litispendance dès lors que l'aboutissement des deux procédures parallèlement engagées entre les mêmes parties risquerait de conduire à des décisions inconciliables au sens de l'article 45-1-d) du Règlement [4]. Ainsi, l'obligation du juge saisi en second de surseoir, puis le cas échéant de se dessaisir, existe dès lors que les demandes respectivement introduites concernent le même rapport juridique, indépendamment de l'identité formelle de cause ou d'objet. Il en va ainsi des actions tendant respectivement à l'exécution et à l'annulation d'un

1. Cass. civ. 1re, 30 sept. 2009, préc. *supra*, n° 160. Comp., dans l'hypothèse où les tribunaux du for sont compétents sur le fondement de l'article 2-2 du Règlement Bruxelles II *bis*, alors que le juge étranger premier saisi relève d'un État-tiers, Cass. civ. 1re, 17 juin 2009, *Rev. crit. DIP*, 2010. 170, note E. Pataut, *JDI*, 2010. 825, note L. Sinopoli (1re esp.), affirmant que la compétence du for « n'avait pas un caractère universel, excluant toute autre compétence ».

2. V. répondant par la négative, Cass. civ. 1re, 17 juin 1997, *Rev. crit. DIP*, 1998. 452, note B. Ancel ; *Defrénois*, 1998. 305, note J. Massip.

3. CJCE, 8 déc. 1987, *Gubisch*, aff. 144/86, *Rev. crit. DIP*, 1988. 374, note H. Gaudemet-Tallon ; *JDI*, 1988. 537, obs. A. Huet.

4. V. *infra*, nos 216 et s.

même rapport contractuel [1], ou à établir et à nier la responsabilité d'une même partie [2].

210-1. Le Règlement Bruxelles I *bis* introduit en outre de nouvelles règles en matière de litispendance (art. 33) pour ce qui concerne *les relations entre les juridictions d'un État-membre et les juridictions des États-tiers.* Ces règles nouvelles s'appliqueront à condition que le juge de l'État-tiers ait été premier saisi et que la compétence de la juridiction d'un État-membre soit fondée sur l'article 4 (règle de principe) ou sur les articles 7 à 9 du Règlement (compétences spéciales en matière contractuelle, délictuelle, hypothèses de codéfendeurs, etc.). En ce cas, et si une procédure est pendante devant les juridictions d'un État-tiers, la juridiction de l'État-membre saisie *pourra* surseoir à statuer si les conditions visées au texte sont remplies (alors que, s'agissant de la litispendance entre deux juridictions européennes, la juridiction saisie en second doit surseoir à statuer). Le mécanisme mis en place conduira le juge de l'État-membre à établir une sorte de pronostic sur la procédure engagée dans l'État-tiers : il faut qu'elle puisse donner lieu à une décision qui serait susceptible d'être reconnue ou exécutée dans l'État-membre. Il faut aussi que la juridiction de l'État-membre soit convaincue que le sursis à statuer est la meilleure méthode pour une bonne administration de la justice. Si la juridiction de l'État-membre est en revanche convaincue que la juridiction de l'État-tiers ne rendra pas de décision dans un délai raisonnable, ou que la décision à intervenir ne pourrait pas être reconnue, elle pourra alors poursuivre la procédure dont elle est saisie.

211. La mise en œuvre de l'exception de litispendance européenne ne va pas sans d'importantes difficultés. En arrière-plan de l'actualité législative très commentée, la Cour de justice poursuit une œuvre significative, orientant le régime de la litispendance à partir des questions émergeant de la pratique contentieuse :

– La première concerne l'articulation respective des exceptions de litispendance et de connexité, l'acception extensive donnée à la première, qui s'applique en l'absence d'identité formelle d'objet ou de cause des deux instances, étant de nature à empiéter sur le domaine de la seconde, dont le régime est pourtant très différent [3].

1. *Gubisch*, préc.

2. CJCE, 6 déc. 1994, *Ship Tatry*, aff. C-406/92, *JDI*, 1995. 543, obs. A. Huet ; *Rev. crit. DIP*, 1996. 487, note P. Lagarde.

3. V. *infra*, n° 213.

– Une autre, qui était apparue sous la Convention de Bruxelles, concerne la détermination de l'antériorité de la date de saisine de l'un ou l'autre tribunal, dont les droits processuels respectifs, renvoyant chacun à un critère différent, peuvent engendrer un nouveau conflit positif [1]. Les Règlements Bruxelles I et II *bis* se sont efforcés de trouver une solution sur ce point, en énonçant une règle matérielle complexe destinée à aménager la diversité des approches nationales [2]. Cependant, de nouvelles questions affectant la chronologie des procédures apparaissent en pratique, à l'image par exemple du décalage horaire entre deux États-membres [3].

– Une troisième difficulté concerne le statut, au regard de la litispendance, des actions en déclaration négatives, admises par certains droits [4]. Celles-ci, introduites par le défendeur potentiel à une action en justice (le plus souvent, une action en responsabilité), tendent à obtenir une déclaration judiciaire négative (de non-responsabilité par ex.). En prenant les devants par une telle action, la partie qui risque d'être assignée peut neutraliser le principe *actor sequitur* et court-circuiter le choix de for normalement offert à son adversaire (par exemple, à la victime d'un dommage par l'article 7-2). Si ce dernier tente néanmoins de saisir un autre for, la litispendance lui sera opposable. C'est du moins ce qu'a admis l'arrêt *The Ship Tatry* [5], très critiqué en tant qu'il autorise une source importante d'abus de procédure. S'il n'appartient pas au droit européen de condamner sur ce point les options processuelles des États-membres, qui peuvent retenir le principe d'une pareille action pour des raisons très légitimes, telles la sécurité juridique des assureurs, en revanche, il serait certainement opportun de les exclure du champ de la litispendance. Sur ce point cependant, le Règlement Bruxelles I *bis* n'a pas modifié l'état du droit. Celui-ci a été conforté par ailleurs par l'arrêt *Folien Fischer* de la Cour de justice, qui accepte que l'action dénégatoire relève bien de la définition de la matière délictuelle aux fins de

1. V. ainsi CJCE, 7 juin 1984, *Zelger c/ Salintrini*, aff. 129/83, *Rev. crit. DIP*, 1985. 378, note D. Holleaux ; *D.*, 1985. IR. 177, obs. B. Audit ; *JDI*, 1985. 165, obs. A. Huet. Comp. : Cass. civ. 1re, 6 déc. 2005, *Rev. crit. DIP*, 2006. 428, note E. Pataut. V., cependant, sur la détermination de la date de signification : Cass. com., 28 oct. 2008, *Rev. crit. DIP*, 2009. 93, note E. Pataut.

2. Aux termes de l'article 30, la juridiction est saisie soit à la date du dépôt soit à la réception par l'autorité chargée de signifier l'acte au défendeur, à condition dans les deux cas que le demandeur prenne les mesures nécessaires pour que la procédure se poursuive. S'agissant de procédures de divorce parallèles, au regard du Règlement Bruxelles II *bis*, la date de saisine se détermine au regard de la « procédure dans son ensemble », comprenant en l'occurrence une phase administrative préalable : v. Cass. civ. 1re, 17 juin 2009, *Rev. crit. DIP*, 2010. 170, note E. Pataut.

3. CJUE, 6 octobre 2015, aff. C-489/14, *Rev. crit. DIP*, 2016. 387, note Ch. Chalas.

4. V. les références citées *supra*, n° 191.

5. Préc.

l'article 5-3 (7-2) [1]. Seule l'existence d'une compétence exclusive du juge second saisi permet de neutraliser cette pratique : ainsi, la Cour de justice a admis que l'action en déclaration d'invalidité de droits réels immobiliers relève bien de la compétence du for de l'article 22-1 (24-1), fût-il second saisi [2] ; désormais il faut ajouter, très heureusement, la compétence du for élu.

La jurisprudence *Gasser* de la Cour de justice [3] avait en effet attiré l'attention sur la difficulté que pose le jeu de la litispendance lorsque le juge saisi en second est le juge désigné par une clause d'élection de for. Cet arrêt avait imposé au for élu d'attendre la décision du juge premier saisi sur sa propre compétence (et notamment sur l'efficacité du choix de for), ouvrant ainsi la porte à des « manœuvres [4] » sous la forme de « torpilles [5] » destinées à engager une procédure préemptive devant un for de préférence lent. Mais le Règlement Bruxelles I *bis* abandonne la

1. CJUE 25 oct. 2012, C-133/11 *Rev. crit. DIP*, 2013.501, note H. Muir Watt et *infra*, n° 978-1.

2. CJUE, 3 avril 2014, C-438/12, *Weber*, *Rev. crit. DIP*, 2014. 704, note L. d'Avout ; *JDI*, 2015. 659, note M. Nioche.

3. CJCE, 9 déc. 2003, *Erich Gasser GmbH c/ MISAT Srl.* (C-116/02), *Rev. crit. DIP*, 2004. 444, note H. Muir Watt. Il était en effet acquis que lorsque le juge saisi en second l'est en vertu d'un chef de compétence exclusive (relevant de l'article 22 du Règlement), il n'est pas tenu de surseoir, car il faut supposer qu'en toute hypothèse (sauf appréciation divergente d'un critère d'application du for concerné) le juge premier saisi se reconnaîtra inéluctablement incompétent. L'arrêt *Gasser* a cependant refusé d'étendre la portée de cette solution au cas où le juge second saisi l'est sur le fondement d'une clause attributive, excluant ainsi à l'égard de cette dernière le jeu du principe de compétence-compétence. Cette solution a été perçue par la pratique comme une incitation aux comportements procéduraux abusifs, car elle prive pratiquement la clause d'élection de for de sa force obligatoire, au moins dans la première phase de la procédure qui peut s'avérer cruciale en termes de stratégie contentieuse et de coût. Il suffit à la partie qui ne souhaite pas respecter la clause de saisir plus rapidement le juge d'un autre État-membre. De surcroît, les *anti-suit*, utilisées jusqu'alors pour sanctionner ce type de comportement, ne sont plus disponibles depuis l'arrêt *Turner* de 2004 (*supra*, n° 155-2).

4. Des « manœuvres judiciaires » (*sic* : considérant 22, Règlement Bruxelles I *bis*).

5. Les « torpilles » juridictionnelles connaissent des variantes. L'exploitation stratégique de la lenteur juridictionnelle (la torpille italienne) ou de l'indissociabilité procédurale de la compétence et du fond (la torpille grecque), est facilitée dans un régime de compétence-compétence fondée sur la confiance mutuelle, puisque toute saisine d'un for autre que celui qui a *a priori* une vocation exclusive à intervenir (notamment le for élu) peut, en inhibant le retour des parties devant celui-ci, constituer un avantage stratégique significatif. L'affaire *The Alexandros T.* (*infra*, n° 222-1) illustre une variante de cette pratique, dans un cas où toute tentative de *forum shopping* stratégique en dehors du for élu (anglais) semblait exclue en raison de l'existence d'une transaction mettant fin à la procédure devant celui-ci. Cependant, une fois exécutés les termes de celle-ci définissant les sommes dues par des assureurs à raison du naufrage d'un navire, les propriétaires de celui-ci ont porté une action délictuelle devant le juge grec (du pavillon) contre les mêmes assureurs, entre autres pour paiement tardif de l'indemnité. S'en est suivi un contentieux très complexe, où il s'est agi de déterminer si cette dernière action était ou non identique au regard de l'article 27 avec celle que les assureurs, invoquant l'autorité de la chose transigée, avaient ressuscitée en Angleterre devant le for antérieurement élu en l'assortissant de demandes de dommages-intérêts pour avoir violé la clause de for.

solution résultant de l'arrêt *Gasser*, par de nouvelles dispositions désormais inscrites à l'art. 31.2. Le texte donne priorité au tribunal élu pour déterminer si, en vertu de l'accord, il est effectivement compétent, c'est-à-dire si l'accord est valable. En attendant, toute autre juridiction d'un État-membre doit surseoir à statuer. Et ce sursis à statuer devra être maintenu jusqu'à ce que la juridiction désignée par la clause se prononce sur sa propre compétence. À ce moment-là, soit la juridiction désignée a établi sa compétence conformément à la convention, et dans ce cas, toute juridiction d'un autre État-membre se dessaisit en faveur de ladite juridiction (art. 31.3) ; soit la juridiction désignée déclare qu'elle n'est pas compétente en vertu de la convention, et dans ce cas, le sursis à statuer prend fin, la procédure pouvant alors se poursuivre (art. 31.2). L'art. 31.2 précise de surcroît que l'obligation du juge non désigné de surseoir à statuer ne vaut que lorsque le juge élu est saisi ; tant qu'une action n'est pas portée devant le juge élu, le juge non désigné peut donc poursuivre la procédure et, le cas échéant, se prononcer sur le déclinatoire de compétence qui serait soulevé sur la base de la clause attributive de juridiction. Il en résulte que la partie ayant avantage à faire jouer la clause d'élection de for aura tout intérêt à saisir lui-même le juge élu.

– Une quatrième difficulté tient à la définition de la saisine d'un juge en vue d'identifier une situation de litispendance. À partir de quel moment cette compétence est-elle « établie », lorsque la compétence du juge premier saisi résulte exclusivement d'une omission ou d'une abstention – en bref, d'une absence de contestation – du défendeur, demandeur à la procédure concurrente ? C'est le cas dès lors que la compétence du juge premier saisi résulte du seul jeu de l'article 26 [1].

– Enfin, une cinquième difficulté concerne la nature des procédures en cause, et plus précisément la question de savoir s'il y a litispendance lorsque l'une des procédures tend à l'obtention de mesures provisoires, par exemple, la nomination d'un expert [2]. Sur ce point, la réponse de la Cour de justice est en principe négative, du moins au regard du Règlement Bruxelles II *bis*, où « il ne saurait exister de litispendance entre une

1. CJUE, 27 février 2014, aff. C-1/13, *Cartier parfums-lunettes (Sté) c/ Ziegler France (Sté)*, *Rev. crit. DIP*, 2014. 694, note H. Muir Watt, jugeant que la compétence du tribunal saisi en premier lieu doit être considérée comme établie, au sens de cette disposition, dès lors que ce tribunal n'a pas décliné d'office sa compétence et qu'aucune des parties ne l'a contestée avant ou jusqu'au moment de la prise de position considérée, par son droit procédural national, comme la première défense au fond présentée devant ledit tribunal.

2. Sur cette question, v. G. Cuniberti, « L'expertise en droit judiciaire européen », *Rev. crit. DIP* 2015. 519.

demande visant à l'obtention de mesures provisoires au sens de l'article 20 dudit Règlement et une demande au fond [1] ».

212. Dans le même contexte de la lutte contre l'instrumentalisation des procédures judiciaires, le Règlement Bruxelles II *bis* [2] en matière de désunion et de responsabilité parentale, avait déjà développé des moyens innovants et préventifs des conflits de procédure qui conduiront sans doute à un certain déclin des cas de litispendance, prévus à l'art. 19 [3]. Il faut dire que l'impulsion est venue pour une large part du « dépeçage juridictionnel » que crée le Règlement lui-même. Le ton était déjà donné par le Règlement Bruxelles II, qui avait multiplié les compétences et le risque de procédures parallèles pour développer ensuite des instruments très sophistiqués de règlement de la litispendance et des actions pendantes. Le Règlement Bruxelles II *bis* instaure pareillement divers mécanismes qui tendent à rétablir l'unité et la cohérence de la compétence atteintes par le morcellement juridictionnel, soit en intégrant des mécanismes d'ajustement au sein du rattachement, soit en faisant du juge le régulateur de sa propre compétence. Théoriquement, de ce dessin affiné et souple de la compétence, il devrait résulter un déclin des cas de concours de procédures. Emblématique de la conception flexible spécifique à cet instrument est l'article 15 du Règlement Bruxelles II *bis*, qui admet le renvoi exceptionnel de l'affaire par le juge compétent à une juridiction mieux placée [4]. Une manifestation plus discrète mais non moins intéressante de la même idée apparaît aussi au sein du nouveau régime de circulation des décisions de retour de l'enfant enlevé, où il ne

1. CJUE 9 novembre 2010, aff. C-296/10, *Purrucker II*, Rec. I-11163 ; *D.*, 2011. 1374, obs. F. Jault-Seseke, jugeant (au regard du Règlement Bruxelles II *bis)*, qu' il ne saurait exister de litispendance entre une demande visant à l'obtention de mesures provisoires au sens de l'article 20 dudit Règlement et une demande au fond, sous réserve de la possibilité d'une « unité procédurale entre la prétention faisant l'objet des mesures provisoires et une prétention au fond introduite ultérieurement » qui donnerait la priorité au juge saisi à titre provisoire ou conservatoire ; au regard du Règlement Bruxelles I *bis*, v. Cass. civ. 1re, 28 janvier 2015, nos 13-24.742 et 14-11.208 (*D.*, 2015. 1056, obs. H. Gaudemet-Tallon et F. Jault-Seseke ; *Rev. crit. DIP*, 2015. 454, note N. Ciron ; *JDI*, 2015. 893, note V. Parisot), jugeant que la saisine d'une juridiction aux fins du prononcé d'une mesure d'expertise n'est pas constitutive d'une saisine susceptible de faire obstacle à la compétence d'une autre juridiction d'un État-membre saisie au fond.

2. Sur l'inapplicabilité des dispositions de ce texte relatives à la litispendance (art. 19) à propos de la saisine d'une juridiction d'un État hors Union européenne, v. : Cass. civ. 1re, 10 octobre 2012, *Rev. crit. DIP* 2013. 678, note C. Chalas.

3. V., cependant, Cass. civ. 1re, 11 juin 2008, *D.*, 2008. 2367, obs. P. Chauvin ; *RTD civ.*, 2008. 723, obs. R. Perrot ; *Rev. crit. DIP*, 2008. 859, note B. Ancel ; *JDI*, 2009. 587, note E. Fohrer-Dedeurwaerder ; *D.*, 2009. 1566, obs. F. Jault-Seseke. Comp., dans l'hypothèse où le juge premier saisi est celui d'un État-tiers : Cass. civ. 1re, 17 juin 2009, *JDI*, 2010. 825, note L. Sinopoli (1re esp.).

4. Rappr. art. 6 Règlement n° 650/2012 en matière successorale.

s'agit pas d'inciter le juge d'origine à surseoir et le cas échéant à se dessaisir en faveur d'un autre for, comme dans l'hypothèse de l'article 15, mais de l'obliger à prendre au sérieux les motifs de la juridiction de l'État-membre de la situation actuelle de l'enfant avant de prendre une décision dans l'exercice d'une compétence simultanément revendiquée par cette dernière. On sait toutefois qu'en pratique, cette dernière disposition a donné lieu à des conflits juridictionnels exacerbés, car opposant *in fine* des considérations issues des deux ordres juridiques européens supranationaux.

B / LA CONNEXITÉ

213. Il peut arriver qu'en l'absence d'identité d'objet, de cause ou de parties, plusieurs affaires soient réunies par un lien si étroit qu'il y aurait intérêt – dans un souci de bonne administration de la justice – à les examiner ensemble. C'est sur de telles considérations que repose l'exception de connexité, régie en matière interne par l'article 101 CPC : « S'il existe entre des affaires portées devant deux juridictions distinctes un lien tel qu'il soit de l'intérêt d'une bonne justice de les faire instruire et juger ensemble, il peut être demandé à l'une de ces juridictions de se dessaisir et de renvoyer en l'état la connaissance de l'affaire à l'autre juridiction. » En droit international privé commun, la Cour de cassation paraît avoir admis implicitement la recevabilité de l'exception de connexité internationale [1]. Encore faudrait-il, pour admettre la faculté pour le juge français de se dessaisir, que la décision étrangère soit susceptible d'être reconnue en France.

Plus aisément admise dans l'espace judiciaire européen, la connexité permet de regrouper des demandes étroitement interdépendantes dans deux séries de circonstances. D'une part, l'article 28 du Règlement Bruxelles I prévoit une *exception de connexité* (v. art. 34 Règlement révisé). D'autre part, son article 6 (v. art. 8 Règlement révisé) prévoit plusieurs cas de *compétence dérivée* fondés pareillement sur un lien étroit entre différentes demandes [2].

214. *L'exception de connexité* de l'article 30 du Règlement Bruxelles I *bis* suppose, comme l'exception de litispendance, deux actions

1. Cass. civ. 1re, 20 oct. 1987, *Rev. crit. DIP*, 1988. 540, note Y. Lequette ; *JDI*, 1988. 446, note A. Huet ; Paris, 19 janv. 1994, *D.*, 1994, somm. 353, obs. B. Audit. Aj. Cass. civ. 1re, 22 juin 1999, *Rev. crit. DIP*, 2000. 42, note G. Cuniberti.

2. Les dispositifs originaux mis en place par le Règlement Bruxelles II *bis* pour éviter les conflits de procédures recouvrent également les cas de connexité.

déjà pendantes devant les juridictions de deux États-membres [1]. En effet, à la différence des cas où l'article 8 instaure un for dérivé [2], la connexité de l'article 30 n'est pas un chef de compétence. Si deux actions sont étroitement corrélées [3], le juge saisi en second a la faculté – et non l'obligation – de surseoir à statuer ou de se dessaisir dans certaines circonstances. Dans ce dernier cas, en vertu de l'art. 30-2, la juridiction première saisie doit être compétente pour connaître de la demande connexe. Cela signifie que l'article 30 joue seulement pour joindre deux demandes pendantes, au profit d'une juridiction qui aurait pu en connaître dès l'origine, mais aussi que ce texte ne fonde pas une compétence dérivée d'une juridiction autrement incompétente, à la différence là encore de l'article 8. Ainsi, la connexité ne peut jouer pour joindre devant le for du contrat de l'article 7-1 du Règlement une demande délictuelle connexe introduite devant le for du délit de l'article 7-2, car le premier n'a pas compétence pour connaître d'une action extra-contractuelle, et réciproquement [4]. De même, dans le cas d'une multiplicité d'actions délictuelles intentées contre le même défendeur (par exemple, l'éditeur d'un journal assigné pour diffamation) devant les juges de tous les États-membres où ont été ressentis les effets dommageables d'un même fait générateur, la connexité ne peut jouer, aucun des juges n'étant compétent pour réparer un dommage qui ne s'est pas produit sur son propre territoire [5].

215. *Les fors dérivés* de l'article 8 dérogent à l'agencement normal des compétences posées par le Règlement Bruxelles I, dans la mesure où ils ont pour effet d'étendre à une demande connexe la compétence d'un for qui ne pourrait pas normalement en connaître. À cette première différence par rapport à l'article 34, s'ajoute le fait que leur mise en œuvre n'exige pas que la demande connexe soit déjà pendante devant un autre for ; le for dérivé peut être saisi directement de l'action connexe.

1. S'agissant de relations impliquant les juridictions d'un État-tiers, le Règlement Bruxelles I *bis* introduit au sujet de la connexité (art. 34) des dispositions largement comparables à celles régissant la litispendance en cette même hypothèse (art. 33) ; v. *supra*, n° 210-1.

2. V. *infra*, n° 215.

3. Mais non identiques : ce serait un cas de litispendance – dont la définition extensive peut toutefois soulever des questions de frontière : v. *supra*, n° 210.

4. CJCE, 27 sept. 1988, *Kalfelis*, aff. C-189/87, *Rec.*, 5565, concl. Darmon ; *D.*, 1989, som. com. 254, obs. B. Audit ; *Rev. crit. DIP*, 1989. 117, note H. Gaudemet-Tallon, *JDI*, 1989. 457, obs. A. Huet ; CJCE, 27 oct. 1998, *La Réunion européenne*, aff. C-51/97, *Rec.*, I. 6511, concl. Cosmas ; *Rev. crit. DIP*, 1999. 322, note H. Gaudemet-Tallon ; *JDI*, 1999. 625, obs. F. Leclerc.

5. CJCE, 7 mars 1995, *Fiona Shevill*, aff. C-68/93, *Rec.*, I. 415 concl. Darmon et Léger ; *JDI*, 1995. 543, obs. A. Huet ; *Rev. crit. DIP*, 1996. 487, note P. Lagarde ; *Europe*, juin 1995, chron. n° 7, L. Idot ; *D.*, 1996. 61, note G. Parléani.

Toutefois, loin de reposer sur un quelconque principe général, les fors dérivés de l'article 8 n'existent que dans des cas déterminés. Ainsi, le for compétent pour le tout peut être celui du domicile d'un co-défendeur ; celui de la demande originaire s'il s'agit d'une demande en garantie ou en intervention ou reconventionnelle ; celui de l'immeuble, en cas d'action contractuelle liée à une action réelle immobilière (dans l'hypothèse où une créance contractuelle est garantie par une sûreté réelle immobilière).

Le caractère dérogatoire des fors dérivés, qui portent par conséquent un risque d'abus plus important que l'exception de connexité de l'article 30, explique que la Cour de justice en a toujours retenu une interprétation étroite. Notamment, dans l'arrêt *La Réunion européenne* [1] elle a refusé d'admettre le jeu de l'article 6-1 (désormais 8-1) dans un cas où le for devant lequel la jonction des demandes était recherchée n'était pas celui de l'un des domiciles d'un co-défendeur mais résultait du jeu d'une autre règle de compétence du Règlement. Elle exige de la juridiction saisie qu'elle vérifie dans tous les cas qu'il existe un lien entre les demandes suffisant pour exclure l'abus [2]. À cet égard, l'article 8-1 contient désormais une définition codifiée de la connexité introduite à la suite de l'arrêt *Kalfelis* [3] et identique à celle de l'article 30-3. Ainsi, le lien exigé entre les demandes doit être « si étroit qu'il y a intérêt à les instruire et à les juger en même temps afin d'éviter des solutions qui pourraient être inconciliables si les causes étaient jugées séparément ». Cette exigence vaut implicitement pour chacun des fors dérivés de l'article 8.

Cependant, l'arrêt *Freeport* [4] admet (point 51) que la connexité établie aux fins de l'article 6-1 (désormais 8-1) est exclusive de détournement de for. On peut cependant en douter [5]. Il se peut que ce risque de manipulation du for dérivé explique que les règles de compétence dérivée ne soient pas applicables au contentieux individuel du travail [6]. Mais, comme l'illustre l'affaire *GlaxoSmithKline*, une telle solution peut tour-

1. *La Réunion européenne*, préc.

2. CJCE, 26 mai 2005, *GIE Réunion européenne c/ Zurich Espana*, aff. C-77/04, *Rev. crit. DIP*, 2006. 168, note A. Sinay-Cytermann.

3. *Kalfelis*, préc. ; et, pour l'étude d'une série de décisions récentes mettant en œuvre l'art. 6-1, v. les observ. de M.-E. Ancel, *Rev. crit. DIP*, 2007. 618. Comp. Cass. soc., 23 sept. 2008, *Bull. Joly sociétés*, 2009. 57, note M. Menjucq.

4. CJUE, 11 octobre 2007, aff. C-98/06, *RJ com.* 2007. 442, obs. A. Raynouard ; *Europe* 2007, comm. 364, obs. L. Idot.

5. Comp. pour un débat similaire relatif aux rapports entre le lien caractérisé et la fraude au jugement, *infra*, n° 267.

6. CJCE, 22 mai 2008, aff. C-462/06, *GlaxoSmithKline*.

ner au détriment du salarié mobile ou détaché, contraint d'assigner deux sociétés co-employeurs d'un même groupe devant deux tribunaux distincts[1].

En outre, le for dérivé ne peut primer un choix contractuel de for. Ainsi dans l'hypothèse où le défendeur serait assigné au tribunal de son domicile, et un co-défendeur attrait sur le fondement de l'article 6-1 devant le même for, celui-ci serait en droit de refuser la compétence de ce tribunal en opposant une clause attributive de juridiction qui le lierait au demandeur[2].

II | Les conflits impliquant une décision

Lorsque, des deux procédures parallèles, l'une au moins a déjà abouti à une décision, la présence de celle-ci modifie les principes de règlement applicables en cas de concours entre instances pendantes. Il ne s'agit plus de consacrer la compétence d'un for plutôt qu'un autre pour régler le litige, mais de déterminer les effets d'une décision déjà rendue. Or, même dans l'espace commun européen, la solution sera différente selon que la décision est celle du for (A), ou si une décision étrangère intervient au cours de la procédure encore engagée devant le for (B).

A / DÉCISION DU FOR

216. En droit international privé commun, lorsque la procédure du for aboutit la première à une décision, celle-ci va emporter des effets dans l'ordre juridique du for exclusifs du jugement étranger à venir, quelle que soit la date respective des saisines. Plus remarquablement, le même principe de solution – priorité à la décision du for – vaut même si une décision étrangère a été rendue antérieurement, mais n'est pas dotée d'une efficacité de plein droit[3], ou n'a pas été invoquée de façon

1. V. H. Gaudemet-Tallon, *op. cit.*, n° 301.

2. Cass. civ. 1re, 20 juin 2006, *Bull. civ. I*, n° 314, p. 271 : « Vu les articles 6, 1) et 23 du Règlement CE n° 44/2001 du 22 décembre 2000 ; Attendu qu'il résulte de ces textes qu'une clause attributive de juridiction valable au regard du second et qui désigne un tribunal d'un États-contractant prime la compétence spéciale prévue à l'article 6, 1). »

3. V. *infra*, nos 286 et s.

à paralyser la procédure en cours dans l'État du for [1]. Le jugement du for une fois rendu et devenu définitif, il n'est plus temps d'invoquer l'autorité – anticipée ou non – de la chose jugée à l'étranger pour régler la concurrence de procédures, qui obéit désormais à des principes de solution propres. En effet, le prononcé de la décision du for, même postérieur, va paralyser définitivement toute instance en reconnaissance ou en exécution de la décision étrangère concurrente portant sur le même objet et rendue entre les mêmes parties. En droit international privé commun, la priorité de la décision du for, indépendamment de toute considération de chronologie, résulte de l'arrêt *Patiño* [2].

217. De façon plus surprenante, le même principe de priorité de la décision du for même postérieure s'applique au sein de l'espace judiciaire européen [3], où cette subordination de l'accueil d'un jugement étranger antérieurement prononcé à la cohérence de l'ordre juridique du for est plus difficile à justifier [4]. En effet, en cas de conflit entre deux décisions rendues dans deux autres États-membres, celles-ci sont départagées selon un simple critère chronologique, énoncé expressément par le Règlement Bruxelles I *bis* à l'article 45-1-d).

218. Encore faut-il identifier l'existence du conflit de décisions. Le droit judiciaire européen tient deux décisions rendues par les juridictions de l'État du for requis et d'un autre État-membre pour être en conflit au regard de l'article 45-1-d) si elles sont inconciliables, c'est-à-dire, si elles « entraînent des conséquences juridiques qui s'excluent mutuellement », notamment sur le terrain de leur exécution [5]. Pareille condition peut incontestablement se réaliser alors même que les parties aux deux instances ne sont pas les mêmes ; les textes imposent cependant cette dernière condition, restreignant le champ de l'inconciliabilité de façon à en exclure les cas où seule la connexité, et non la litispendance, aurait permis de joindre les deux instances en cours de procédure. L'inconcilia-

1. V. *infra*, n° 290.

2. Cass. civ. 1re, 15 mai 1963, *Patiño*, *Rev. crit. DIP*, 1964. 532, note P. Lagarde ; *JDI*, 1963. 1016, note Ph. Malaurie ; *JCP*, 1963. II. 13365, note H. Motulsky ; *GA*, n° 38-39.

3. V. article 45-1- c) du Règlement, ne comportant aucune restriction chronologique à la primauté de la décision rendue dans l'État requis (le refus de reconnaissance intervient « si la décision est inconciliable avec une décision rendue entre les mêmes parties dans l'État-membre requis »).

4. Comp. P. Gothot et D. Holleaux, *La Convention de Bruxelles du 27 septembre 1968*, Jupiter, 1985, n° 280, envisageant de les traiter comme deux décisions internes inconciliables, et de leur appliquer la procédure spécifique de l'article 618 du (nouveau) Code proc. civ.

5. CJCE, 4 févr. 1988, *Hoffman c/ Krieg*, C-145/86, *Rec.*, I-645 ; *Rev. crit. DIP*, 1988. 598, note H. Gaudemet-Tallon ; *JDI*, 1989. 449, obs. A. Huet. Comp., rejetant une appréciation fondée sur les seules conditions d'octroi des décisions prises de part et d'autre, CJCE, 6 juin 2002, *Italian Leather*, C-80/00, *Rev. crit. DIP*, 2002. 713 (3e espèce), note H. Muir Watt.

bilité entre deux décisions émanant de deux autres États-membres est admise plus restrictivement encore, puisque la triple identité de parties, d'objet et de cause est également exigée par le même texte.

Le conflit ne peut exister cependant que s'il met en présence de véritables décisions ou normes individuelles au sens de l'article 36 du Règlement Bruxelles I *bis*. Selon la Cour de justice, cette exigence disqualifie la transaction, qui ne bénéficie donc pas d'aucune priorité, même s'il est reçu par un acte judiciaire dans l'État du for [1]. En revanche, le caractère purement conservatoire d'une décision ne semble pas la disqualifier à cet égard [2].

B / DÉCISION ÉTRANGÈRE RENDUE EN COURS DE PROCÉDURE DEVANT LE FOR

219. Une décision étrangère peut paralyser une procédure en cours devant le juge du for et empêcher le prononcé de sa décision. Il en va ainsi, bien entendu, d'une décision étrangère qui accède à l'autorité de chose jugée dans l'État du for avant l'aboutissement de la procédure dans cet État. En droit international privé commun, cette accession est subordonnée à l'*exequatur* dans certains cas (décisions patrimoniales déclaratives). En revanche, les jugements constitutifs et l'ensemble des jugements émanant des autres États-membres au regard du Règlement Bruxelles I *bis*, accèdent à une efficacité de plein droit [3] et peuvent être invoqués à l'appui d'une exception de chose jugée ou d'une fin de non-recevoir au cours de l'instance française au fond. Le juge qui en est saisi exercera une vérification incidente de la décision étrangère invoquée et, si celle-ci répond aux conditions de régularité internationale [4], en tirera les conséquences sur le déroulement de l'instance, que celle-ci soit privée d'objet du fait de la décision étrangère précédemment rendue, ou qu'elle se heurte à l'autorité négative de chose jugée. Ces principes s'appliquent aussi bien en droit international privé commun qu'au sein de l'espace judiciaire européen. Dans les deux contextes, une transaction judiciaire

1. CJCE, 2 juin 1994, *Solokleinmotoren GmbH*, C-414/92, *Rec.*, I-2237, concl. Gulmann ; *JDI*, 1995. 466, obs. A. Huet ; *CDE*, 1995. 209, note H. Tagaras ; comp pour une transaction non judiciaire, Cass. civ. 1re, 11 févr. 1997 ; *JDI*, 1997. 1026, note M.-L. Niboyet ; *Rev. crit. DIP*, 1998. 326, note P. Mayer, et obs. H. Muir Watt : « La rencontre dans l'espace de figures hybrides », *Rev. gén. proc.*, 1998. 711.

2. V. CJCE, 6 juin 2002, *Italian Leather*, préc.

3. Pour la détermination des exclusions éventuelles, qui ne concernent que le droit international privé commun, v. *infra*, n° 286-2.

4. Sur lesquelles, v. *infra*, nos 263 et s.

peut paralyser une procédure judiciaire en cours devant le juge du for, en vertu de sa seule autorité de la chose convenue. Il en va autrement, en revanche, lorsque, cette procédure aboutie, la transaction se heurte à une décision [1].

ÉTAT DES QUESTIONS

B. G. — **Sur la litispendance** : H. Gaudemet-Tallon, « La litispendance internationale dans la jurisprudence française après la communication de D. Holleaux au Com. fr. DIP », in *Mélanges D. Holleaux*, 1990, p. 121 ; P. Lagarde, « *Perpetuatio fori* et litispendance en matière internationale », *ibid.*, p. 237 ; D. Holleaux, « La litispendance internationale », *Trav. Com. fr. DIP*, 1971-1973, p. 203 ; A. T. Kastanidis, « La litispendance internationale au regard du Règlement (UE) 1215/2012 », *Rev. crit. DIP*, 2015. 579 ; C. McLachlan, *Lis Pendens in International Litigation*, The Pocketbooks of The Hague Academy of International Law, 2009 ; J. Pellerin, « L'exception de litispendance internationale », *Bull. Ch. avoués Paris*, 1991, 125 ; D. Alexandre, A. Huet, « Litispendance et connexité dans les relations entre un État-membre de l'Union européenne et un État-tiers », *D.* 2013. 1499.

Sur la connexité : S. Lemaire, « La connexité internationale », *Trav. Com. fr. DIP*, 2008-2010, p. 95 ; D. Alexandre, A. Huet, art. préc.

Sur les diverses figures des conflits de procédures et leurs solutions : V. Moissinac-Massénat, *Les conflits de procédures et de décisions en droit international privé*, LGDJ, 2007, préf. H. Muir Watt ; H. Muir Watt, « La rencontre dans l'espace de figures hybrides », *Rev. gén. proc.*, 1998. 711 ; M.-L. Niboyet, « Les conflits de procédures », *Trav. Com. fr. DIP*, 1995-1998, p. 71 ; C. Debourg, *Les Contrariétés de décisions dans l'arbitrage international*, LGDJ 2012, préf. F.-X. Train.

Sur l'article 6 du Règlement Bruxelles I : H. Muir Watt, V. « Articles 8 et 9 », *European Commentaries on Private International Law, Brussels I Regulation*, Sellier, 2e éd. 2014 (dir. P. Mankowski).

Sur le forum shopping : P. de Vareilles-Sommières, « Le forum shopping devant les juridictions françaises », *Trav. Com. fr. DIP*, 1998-1999, p. 49 ; A. Bell, *Forum shopping and venue*, OUP, 2003 ; A. Nuyts, *L'exception* de forum non conveniens, Bruylant, 2003 ; F. Ferrari, « *Forum shopping* : Pour une définition ample dénuée de jugements de valeurs », *Rev. crit. DIP*, 2016. 85.

Sur le *forum non conveniens* : v. not. *supra*, nos 177 et s. et la bibliographie citée sous n° 180.

CONFLITS DE PROCÉDURES

220. La nature juridique des conflits de procédures et de décisions. — Naguère envisagés isolément, les conflits de procédures et de décisions tendent aujourd'hui à faire l'objet d'une réflexion d'ensemble d'ordre transversal. Le rapprochement de l'expérience euro-

1. V. *infra*, n° 612.

péenne de celle, plus ancienne, du système fédéral américain, où les principes de règlement de ces conflits se différencient très nettement de ceux que consacre le droit judiciaire international commun, conduit à s'interroger sur l'impact d'un espace judiciaire intégré tant sur la nature juridique de ces conflits que sur les principes de solution applicables. Conflit de normes ou conflits entre ordres juridiques ? Critère chronologique ou recherche du juge le plus compétent ? Dans les espaces judiciaires intégrés, les conflits de procédures et de décisions semblent se rattacher à la catégorie des conflits de normes et leur règlement résulte en ce cas de la règle *prior tempore*, alors que dans l'espace international, ces conflits sont constitutifs de conflits entre ordres juridiques dont le règlement, fondé sur la compétence judiciaire internationale, dépend de la désignation du juge le plus compétent (V. Moissinac-Massénat, *Les conflits de procédures et de décisions en droit international privé*, préc., n°s 362 et s.).

Divers arrêts, statuant en droit international privé commun (et en présence du privilège de juridiction) semblent aligner celui-ci sur la solution du conflit de procédures déjà consacrée dans l'espace judiciaire européen de façon à donner effet au jugement étranger premier rendu, alors même que le juge du for, devant lequel la procédure est toujours en cours, a été saisi le premier (v. les références citées *supra*, n°s 160 et 209). Le premier jugement rendu met donc fin – du moins du point de vue de l'ordre juridictionnel du for – aux deux procédures parallèlement engagées, dans le cas où l'exception de litispendance n'aurait pas été invoquée ou n'aurait pas fonctionné et ceci indépendamment de la chronologie des saisines. Certainement imparfaite, la primauté du jugement rendu sur la procédure parallèle en cours paraît néanmoins s'imposer. On peut évidemment reprocher à cette solution de favoriser la justice la plus expéditive (encore qu'à l'époque contemporaine, ce sont plutôt les « torpilles » de lenteur qui sont autant à craindre !). Il n'est pas certain cependant que si l'on modifiait le critère chronologique pour donner la priorité à la première saisine, la « course au juge » (« *race to the courthouse* ») ainsi favorisée serait plus désirable. Le problème, sans doute, réside plus généralement dans l'utilisation de la chronologie comme critère de solution, peu important qu'il s'attache à la saisine (dans la recherche de plus de loyauté) ou au jugement (en vue de la meilleure économie procédurale). Une solution alternative, présentée de façon très convaincante (Véronique Moissinac-Massénat, *op. cit.*) consisterait à fonder la préférence sur des considérations qualitatives, afin de faire prévaloir la procédure ayant les rattachements les plus significatifs avec le litige. Cependant, dans certains cas (ceux qui nourrissent le contentieux transatlantique du divorce), les liens sont difficiles à départager, de sorte que la primauté du jugement premier rendu conserve son utilité, à tout le moins à titre subsidiaire.

220-1. Procédures parallèles, courtoisie internationale et tribunaux religieux. — Si la question semble très rarement posée en pratique en dehors de l'hypothèse de deux procédures étatiques à caractère civil (au sens large) ou de la concurrence entre une procédure de ce type et une instance arbitrale, la procédure parallèle à celle du for peut relever d'une instance religieuse (arbitrale ou non : sur l'essor de l'arbitrage religieux en matière familiale, v. S. Shakargy, « Marriage by the State or Married to the State ? On choice of law in marriage and divorce », *Journal PIL* 2013.499). Pour une illustration en matière de divorce, v. Cass. civ. 1re 4 déc. 2013, n° 12-16899, où était en cause la loi israélienne (des dispositions de 1953 modifiées en 2005) qui, selon l'arrêt, prévoit que le tribunal rabbinique ne se reconnaît pas compétent dès lors qu'un divorce est en cours à l'étranger et que le *gueth* n'a pas encore été délivré. Un tel exemple suggère qu'il est parfaitement possible de concevoir, au-delà du *forum non conveniens* dont la part d'imprévisibilité dérange, des règles de compétence comportant des dispositions « auto-limitantes », qui subordonnent leur propre mise en œuvre à l'absence d'exercice d'une compétence étrangère (prioritaire ou non).

221. Litispendance et régime des jugements étrangers. — Pointant la solidarité qui peut exister entre le règlement du conflit de procédures et les effets des jugements, l'auteur italien P. Picone (« Les méthodes de coordination entre ordres juridiques en droit international privé », *RCADI*, 1999, t. 276, 13, spéc. p. 64), souligne que les possibilités désormais réduites de recourir au *forum shopping*, notamment par l'acceptation de la litispendance et donc de la priorité du procès étranger, justifient un contrôle plus étendu du contenu des décisions étrangères. Antérieurement, les parties qui ne se prévalaient pas de la priorité du procès dans l'État du for exprimaient une renonciation à profiter des règles de conflit du for. Désormais, cependant, cette renonciation ne peut être présumée et une protection plus large peut se révéler nécessaire.

Litispendance, effet réflexe et pays-tiers. — Plusieurs années après l'arrêt *Owusu* (*supra*, not. n°s 125 ; 183), la question de l'articulation des règles de compétence communes avec celles des États-tiers n'a pas trouvé de solution pacifiée à l'occasion de la révision du Règlement Bruxelles I. Le Règlement révisé s'en remet sur ce point à la Conférence de La Haye (résolution du Parlement européen du 7 septembre 2010, point 15 ; comp. article 79 du Règlement Bruxelles I *bis*). La seule concession significative faite à l'environnement juridictionnel externe est le sursis à statuer autorisé en situation de litispendance impliquant la juridiction d'un État-tiers première saisie (article 33 ; comp. aussi pour la connexité, article 34), sous réserve de pronostic favorable à la reconnaissance ultérieure de la décision étrangère et d'une appréciation des besoins de la bonne administration de la justice, qui ressemble fort, dans un cadre bien délimité, au *forum non conveniens* (A. Nuyts, « *La refonte du Règlement Bruxelles I* », *Rev. crit. DIP*, 2013. 1, p. 8 ; sur le jeu déguisé de ce dernier mécanisme : v. la chronique de Ch. Chalas sur l'arrêt de la High Court du 3 avril 2012, *Ferrexpo*, *Rev. crit. DIP*, 2013. 359). Cependant, le considérant 24-2 semble entrouvrir la porte au jeu de l'effet réflexe, dans le cas où le for aurait eu, dans une hypothèse symétrique, une compétence exclusive. Mais cette circonstance fait partie des considérations qu'il revient au for de l'État-membre d'apprécier, dans le contexte d'un sursis à statuer au titre de la litispendance (ou de la connexité). Si le juge étranger n'est pas déjà saisi, comme dans l'affaire *Owusu*, rien n'est dit sur le sort de la procédure engagée par ailleurs dans un État-membre. L'omission est regrettable (sur l'effet réflexe « tel qu'il aurait pu être », v. Ch. Chalas, préc., p. 383 et s.). Sur le régime issu du Règlement Bruxelles I *bis*, v. *supra*, n° 210-1. Dans le cas du Règlement Bruxelles II *bis*, la Cour de cassation a admis le jeu de la litispendance au profit du juge d'un pays-tiers, écartant en même temps l'exclusivité du privilège de juridiction invoqué pour fonder la compétence du juge français second saisi : Cass. civ. 1re, 17 juin 2009, cité *supra*, n° 209 ; la mise en œuvre de l'exception de litispendance ne relève pas alors cependant de l'article 19 du Règlement : Cass. civ. 1re, 10 octobre 2012, cité *supra* n° 212.

FORUM SHOPPING ET PROCÉDURES PARALLÈLES

222. ***Forum shopping bonum* et *malum*. À l'endroit et à l'envers.** — La pratique qu'on dénomme le *forum shopping*, consiste à s'assurer l'accès au for le plus favorable, que ce soit sur le plan procédural (comme la disponibilité de la procédure de *discovery* facilitant l'accès aux preuves détenues par l'adversaire ou encore la licéité des *contingency fees* permettant à des plaideurs démunis d'obtenir le service d'avocats prêts à se faire rémunérer sur les dommages-intérêts obtenus) ou sur le terrain du fond ; que la compétence internationale soit devenue un enjeu en soi du contentieux international explique la fréquence de transactions à ce stade pourtant préliminaire. Le *forum shopping* peut être indifféremment le fait du demandeur ou du défendeur assigné devant un for défavorable, qui prend alors l'initiative d'une procédure devant un for étranger pour neutraliser la première (dans ce cas, on parle de *forum shopping* « à l'envers »). Si elle n'a rien de frauduleux tant que le forum shoppeur se borne à poursuivre au mieux ses propres intérêts sans se livrer à la manipulation des facteurs générateurs de compétence ou au harcèlement procédural de l'adversaire, elle engendre souvent une course malsaine au tribunal, soit pour prendre l'adversaire de vitesse, soit pour s'assurer de l'inopposabilité dans l'État du for d'une procédure étrangère régulièrement entreprise (c'est le *forum shopping malum*, selon l'expression de P. de Vareilles-Sommières, *Trav. Com. fr. DIP*, 1998-1999, p. 49).

Parmi les facteurs incitatifs du *forum shopping* figure très certainement la structure particulière des règles de compétence internationale. Ainsi, le paradoxe du juge naturel dans la tradition de *common law* est qu'elle est tout à la fois source de *forum shopping* (y compris « à l'envers » : A. Bell, *Forum Shopping and Venue*, OUP, 2003) et remède à celui-ci. La détermination casuistique du for approprié encourage les comportements stratégiques en même temps qu'elle légitime le recours à de puissantes armes dissuasives. Il est vrai que lorsque les règles de compétence sont uniformes, précises, et échappent à toute appréciation casuistique du juge, les comportements stratégiques ont moins de prise et les armes de dissuasion sont par conséquent moins nécessaires. Mais on a également fait remarquer que le refoulement du *forum shopping* dans les systèmes civilistes, du fait de l'admission de plus en plus libérale de la litispendance au profit d'une procédure étrangère première engagée, peut avoir pour effet pervers de resserrer les conditions d'accueil des jugements étrangers au niveau de l'exigence de conformité de la loi appliquée, les parties étant désormais privées du choix de la loi applicable au fond qu'offrait une plus grande maîtrise du choix du juge (P. Picone, « Les méthodes de coordination entre ordres juridiques en droit international privé », *RCADI*, 1999, t. 276. 13, p. 64).

222-1. Le *shopping* de luxe : transaction et litispendance. — L'affaire *The Alexandros T* ([2013] UKSC 70, *Rev. crit. DIP* 2014. 71 note H. Muir Watt ; comp. M. Ahmed, « The enforcement of settlement and jurisdiction agreements and parallel proceedings in the European Union: The Alexandros T litigation in the English courts », *Journ. PIL*, 2015. 406) porte à un degré de sophistication remarquable les stratégies contentieuses intra-européennes, intégrant dans leur jeu le régime de la litispendance et se servant de la transaction comme outil. C'est ce type d'affaire qui peut faire dire que l'espace judiciaire européen doit être vu, désormais, comme un espace à deux vitesses. À l'origine : la perte d'un navire ; le refus des assureurs (navire et cargo) d'indemniser ; une action devant le for anglais élu ; une transaction comportant une clause attributive exclusive en cas de difficulté de mise en œuvre ; une nouvelle action délictuelle contre les assureurs en Grèce pour des dommages prétendument collatéraux ; la résurrection de la procédure anglaise initiale... La question de l'applicabilité de l'article 27 se posait alors sous plusieurs angles : celle de savoir s'il y avait bien ici deux « procédures » simultanément pendantes (en Angleterre et en Grèce) au sens de cette disposition ; celle (à les supposer toutes deux pendantes) de leur identité d'objet et de cause ; celle de savoir si, dans un tel cas, le juge du fond aurait dû en faire état d'office, sachant que les deux parties s'étaient sciemment abstenues de l'invoquer dans un premier temps et qu'au-delà, le délai procédural pour contester la décision d'appel sur ce point était expiré. Une fois ces questions préliminaires résolues, restait encore celle de la priorité chronologique de l'une ou l'autre procédure, au vu de la configuration complexe et évolutive des instances, l'action anglaise originaire s'étant gonflée progressivement de nouvelles parties et de nouvelles demandes largement provoquées par l'engagement de la procédure grecque. La solution était largement tributaire de l'identification des « *lites* » : la demande devant le for élu, dépouillée des arguments opposés en défense (par l'effet de l'arrêt *Gantner Electronic GmbH v Basch Exploitatie Maatschappij BV* (C-111/01) [2003] qui commande d'apprécier l'identité d'objet et de cause sans tenir compte des arguments opposés en défense § 52), n'était pas le reflet de l'autre portée au fond sur un fondement délictuel devant le juge grec. Les procédures n'étant pas parallèles, le for élu n'était pas obligé de se dessaisir... et la tactique a été déjouée par un raisonnement judiciaire tout aussi stratégique.

222-2. *Forum shopping* à l'envers et clause attributive : La protection du for élu par le renforcement de la force obligatoire de la clause attributive participe certainement de l'efficacité de la lutte contre le *forum shopping* abusif du demandeur (celui qui viole l'accord) mais ouvre également la porte à l'abus par l'autre partie, qui pourrait se prévaloir d'un accord fantaisiste pour paralyser une procédure engagée devant le for (autrement) compétent naturel. Dans le sillage de la Convention de La Haye de 2005, le Règlement Bruxelles I *bis* accorde alors au juge non élu la possibilité de refuser de se dessaisir en cas de clause manifestement nulle ou inapplicable, ce qui tend à neutraliser toute tentative par des parties trop habiles de déjouer le système. Le recours à la méthode de l'ordre juridique compétent (élevant la validité de la clause au niveau du conflit de systèmes) répond à la même préoccupation. Cependant, il est intéressant d'observer qu'aux États-Unis, le transfert entre juridictions fédérales (du for non élu au for élu) en cas de violation de clause de choix de for, n'affecte pas l'applicabilité des règles de conflit du for initialement saisi (v. l'arrêt de la Cour suprême fédérale *Atl. Marine Const. Co., Inc. v. U.S. Dist. Court for W. Dist. of Tex*, N°. 12 -929, 569 U. S. (2013). Cette solution destinée à répondre à un souci analogue, semble être exactement l'inverse de celle consacrée dans l'Union européenne.

223. *Forum shopping* et abus de droit. — Même lorsque les règles de compétence sont prédéterminées et rigides, les abus existent (dans l'espace judiciaire européen, l'affaire *Turner* en est la preuve : v. *supra*, n° 84). L'abus peut prendre la forme du harcèlement procédural par assignation en série (v. H. Muir Watt, « Harcèlement sur harcèlement ne vaut », *Justices*, 1999. 747). Par ailleurs, feue la jurisprudence *Gasser* avait favorisé la violation stratégique des clauses attributives (v. *infra*, n° 874). On est donc amené à s'interroger sur la possibilité d'une sanction de l'abus qui, dans les rapports intra-européens, soit compatible avec les valeurs de l'espace judiciaire commun – et notamment avec la confiance mutuelle qui conduit à condamner l'emploi du pouvoir injonctif dans ce contexte.

La Cour de justice s'est servie à plusieurs reprises du concept d'abus de droit afin de paralyser l'instrumentalisation des règles de compétence uniformes à des fins stratégiques. Le premier cas est une mise en garde contre le risque de soustraire le co-défendeur à son for naturel sur le fondement de la connexité (C-189/87, *Kalfelis* [1988], Rec., 5565 ; comp. C-51/97, *Réunioneuropéenne* [1998], Rec., I-6534). Le deuxième cas apparaît dans le contexte de la mise en œuvre de l'article 7 (1), où est stigmatisée la désignation d'un lieu d'exécution sans lien avec la réalité aux seules fins de circonvenir les règles de la Convention (C-106/95, *M. S. G. v. Les Gravières rhénanes* [1997], Rec., I-911). Le troisième concerne la compétence exclusive de l'article 16 (5) Convention/22 (5) Règlement. Dans l'affaire *Autoteile* (C-220/84 [1985], Rec., 2267), le défendeur cherchait à empêcher l'exécution en invoquant une compensation dont il n'avait pu obtenir la déclaration judiciaire pour défaut de compétence. La Cour a jugé ce comportement abusif car il revient à rechercher indirectement ce qui est indisponible directement. Enfin, dans le cas C-4/03, *Gesellschaft für Antriebstechnik* [2006], elle a estimé que la compétence exclusive en matière de brevet (article 24 (3) Règlement) s'applique même quand la question de sa validité est soulevée par voie d'exception. L'avocat général, qui avait proposé cette solution, avait également suggéré une exception en cas de comportement de mauvaise foi de l'auteur de l'exception. Une notion européenne de l'abus semble donc émerger (comp. également *supra*, n° 85).

223-1. ***Forum shopping* et *globe-trotting*.** — Le développement, devant les juridictions américaines, d'actions de groupe composées d'investisseurs étrangers et dirigées contre des sociétés étrangères à l'occasion d'activités sur un marché boursier étranger (actions dites "*F(foreign)-cubed*"), représente une forme extrême de *forum shopping* global consistant à tirer profit du dispositif procédural des *class action*. L'arrêt *Morrison* de juin 2010 de la Cour suprême des États-Unis marque un coup de frein à de telles pratiques, en ce que le champ (et le bénéfice) de la loi fédérale ne s'étend pas à des opérations qui n'ont pas lieu sur le marché américain (v. *infra*, n° 923). La « sanction » du *forum shopping* prend donc la forme d'une auto-limitation au fond de la loi, qui détermine à son tour l'étendue de la compétence juridictionnelle. Lorsque la constitution d'une classe composée de demandeurs de nationalités (pays d'établissement) différentes est admise, le fait même qu'il existe un décalage entre le groupe certifié et l'étendue de la compétence juridictionnelle est de nature à créer des espaces pour des formes de *forum shopping* particulièrement subtiles : v. R. Nagareda, « Aggregate Litigation Across the Atlantic and the Future of American Exceptionalism », 62 *Vand. L. Rev.* 1 (2009).

224. Abus de droit et option de compétence. — L'exercice d'une option de compétence peut-il constituer un abus ? La Cour de justice relie l'abus dans l'exercice d'un recours au critère de la disproportionnalité manifeste (v. l'arrêt *Diamantis*, C-373/97, Rec., I. 1705, concl. Saggio, *RTD com.*, 2000, p. 777, obs. M. Luby, où la disproportion s'induisait de la gravité du préjudice causé aux intérêts d'autrui). Exercer l'option de compétence de façon à choisir le for qui nuise aux intérêts de l'adversaire, sans en retirer un intérêt propre, serait-il donc abusif ? Certains le pensent (E. Cornut, « Forum shopping et abus du choix du for en droit international privé », *JDI*, 2007. 27 ; comp. A. Nuyts, *L'exception de forum non conveniens*, préc., n° 548, proposant un critère objectif lié à l'(in) accessibilité du for choisi). Mais la Cour de justice excluant tout paramètre de proximité relative des fors optionnels (au sujet de l'article 5-1, désormais 7-1, v. *Custom Made*, C-288/92, *Rev. crit. DIP*, 1994. 698, note H. Gaudemet-Tallon ; *JDI*, 1995. 461, obs. A. Huet, *CDE*, 1999. 222, obs. H. Tagaras ; *RTD eur.*, 1995. 87, obs. E. Tichadou), ceux-ci étant présumés répondre à des critères de bonne administration de la justice (Bruxelles I *bis*) ou de faveur à l'accès au juge (Bruxelles II *bis*), il est extrêmement difficile d'identifier les contours de l'abus. La caractérisation de ce dernier exigerait en tout cas la preuve de circonstances subjectives spécifiques, au-delà des seules difficultés matérielles ou financières d'accès au for choisi, ou du caractère défavorable du droit applicable.

224-1. Litispendance, *forum shopping* à l'envers et action dénégatoire de responsabilité. — En tant qu'elle constitue le moyen de paralyser le jeu normal de la litispendance en cas de procédures parallèles, l'action dénégatoire de responsabilité (ou *negative Feststellungsklage*) initiée par le défendeur potentiel ou son assureur, est une forme de *forum shopping* à l'envers (v. L. Collins, « Negative Declarations and the Brussels Convention » (1992), 108 *Law Quarterly Review* 545). À ce titre, il a souvent été envisagé qu'il ne soit pas tenu compte, aux fins de la litispendance, de la saisine chronologiquement première d'un for à des fins purement déclaratoires de non-responsabilité. Mais pareille idée n'a rencontré aucun succès auprès du législateur. Qui plus est, par son arrêt *Folien Fischer* (CJUE, 25 octobre 2012, aff. C-133/11, *Folien Fischer, Rev. crit. DIP*, 2013. 501, note H. Muir Watt, comp. *infra*, n° 961, note 6), abordant cette question pour la première fois de façon explicite (v. la passant sous silence, l'arrêt *The owners of the cargo lately laden on board the ship « Tatry » c/ the owners of the ship « Maciej Rataj »*, aff. C-406/92, *Rev. crit. DIP* 1995. 588, note E. Tichadou), la Cour de justice retient que l'action dénégatoire revêt bien un caractère délictuel (v. sur ce point, *infra* n° 301 et n° 978-1), de sorte que l'utilisation habile de l'action dénégatoire est susceptible de paralyser le for de l'aricle 7-2, au détriment de la victime d'un délit.

225. Litispendance et droit international public. — La prolifération de juridictions multiples de nature et de statut différents – étatiques et privées, nationales et supranationales, spécialisées et généralistes –, jointe au volume croissant du contentieux transnational lié à la globalisation de l'économie induit une augmentation sans précédent de conflits de procédures. Ces derniers, qui révèlent parfois des luttes d'influence internationales ou interinstitutionnelles (sur les conflits de stratégies qu'induit la fragmentation sectorielle de l'ordre global, v. G. Teubner, A. Fischer-Lescano, « Regime-Collisions : The Vain Search for Legal Unity in the Fragmentation of Global Law », *Mich J. Int'l L.* (2004), et *supra*, n° 13), sont de nature à fragiliser l'État de droit. Elles sont à l'origine des affaires les plus spectaculaires de la dernière décennie (sur l'affaire *West Tankers*, v. *supra*, not. n° 126-1 ; dans le champ des droits de l'homme, comp. le conflit entre la Cour internationale de justice et la Cour suprême des États-Unis au sujet du bénéfice de *l'Habeas corpus* d'un prisonnier condamné à mort : *Breard v. Greene*, 523 US 371, 118 S Ct 1352, 1998), qui génèrent à leur tour une quête de principes de coordination de ces activités juridictionnelles multiples. Certains convoquent le droit international public pour imposer une forme d'auto-discipline de chacun, au nom du raisonnable (v. A. Lowenfeld, *International Litigation and the Quest for Reasonableness*, Oxford, Clarendon Press, 1996), lequel, comme la proportionnalité, ferait désormais partie intégrante de la notion contemporaine de régulation (L. Usunier, *La régulation de la compétence juridictionnelle en droit international privé*, Économica, 2008). Il a également été proposé d'y puiser un principe général et transversal de litispendance, harnaché aux besoins de l'ordre global (Campbell McLachlan, *Lis Pendens in International Litigation*, préc.). Celui-ci prendrait cependant la forme d'un nouveau modèle (proche de celui consacré par l'article 15 du Règlement Bruxelles II *bis* ; comp. la proposition de l'ILA Rés. 1/2000), autorisant le juge premier saisi à renvoyer la compétence au juge second saisi si celui-ci est mieux placé pour connaître du litige, neutralisant ainsi la « course au tribunal » qu'induit inévitablement le règlement purement chronologique de la litispendance).

225-1. Procédures parallèles et désordre international public : guérilla, circonvention et « claw-back ». — L'affaire *Chevron* (citée *supra*, n° 122-1) montre cependant les limites de tout idéal d'ordre raisonnable universel. Dans le contentieux qui l'oppose à un groupe d'habitants d'une région dévastée par les forages pétroliers de l'Ecuador, *Chevron* mobilise, sur une longue durée, l'arsenal entier d'outils stratégiques offerts par le droit international privé, en multipliant les ordres juridiques impliqués. Mais la nouveauté n'est pas seulement le degré de complexité de ces conflits, ni leur caractère frontal, mais aussi la généralisation de mécanismes permettant à chacun des ordres juridiques de neutraliser ou circonvenir le résultat obtenu dans l'autre. Ainsi, les procédures parallèles déclenchées dans cette affaire impliquent tout à la fois des juridictions étatiques et arbitrales, des ordres nationaux et internationaux, des actions au fond et des mesures d'exécution, des initiatives et des contre-mesures, des saisines multiples et des refus d'exercice de la compétence. L'affaire a donné le jour à un ordre anti-exécution (dont la version initiale s'est reconnu une portée « mondiale » !) ; impliqué pour la première fois une mesure de rétorsion contre l'avocat des demandeurs ; et conduit à la création d'un trust judiciaire à portée extraterritoriale. Impossible, bien entendu, de concevoir que la litispendance puisse servir ici de principe régulateur ! Il ne reste plus qu'un bras de fer juridictionnel, qui déterminera désormais le succès ou l'épuisement des nombreuses procédures d'exécution engagées à travers le monde par les habitants des forêts amazoniennes titulaires du jugement de fond, contre les biens de Chevron.

TECHNIQUE JURIDIQUE

226. Les contradictions du droit judiciaire international commun. — La recevabilité en droit commun de l'exception de litispendance internationale signifie qu'à certaines conditions (pronostic de régularité), une procédure étrangère en cours est revêtue d'une autorité anticipée de chose jugée. À cet égard, aucune distinction ne semble exister en droit commun selon la nature de la matière litigieuse. Curieusement, telle du moins qu'elle est traditionnellement enseignée, la situation est radicalement différente une fois la procédure étrangère aboutie, car un jugement étranger déclaratif rendu en matière patrimoniale n'est pas revêtu de l'autorité de chose jugée indépendamment de l'*exequatur*. La simple introduction d'une procédure au fond devant le juge du for avant l'obtention de l'*exequatur* du jugement étranger (dénommée « action contre le jugement étranger » par D. Holleaux) est de nature à priver définitivement celui-ci de toute chance d'accéder à l'efficacité. La vraie question est de savoir si la catégorie de jugements (patrimoniaux et déclaratifs) privé d'efficacité de plein droit existe réellement encore en droit judiciaire privé commun (v. *infra*, n° 286). La recevabilité de l'exception de litispendance, consistant à reconnaître l'autorité d'une procédure qui est seulement en cours, constitue à cet égard un puissant argument *a fortiori* en faveur de la généralisation de l'efficacité de plein droit en faveur de tous les jugements étrangers.

227. Litispendance ou conflit de décisions ? — Il peut y avoir une situation de litispendance alors même que l'une des procédures en cause a déjà donné lieu à une décision. La situation de litispendance perdure en effet quand la décision étrangère est frappée de recours ou susceptible de l'être (v. Cass. civ. 1re, 15 juin 1994, *Rev. crit. DIP*, 1996. 127, note B. Ancel). C'est au demeurant ce qui explique l'irrecevabilité en pareil cas d'une fin de non-recevoir tirée de la dissolution du lien conjugal intervenue à l'étranger, qui suppose que la décision étrangère soit passée en force de chose jugée. En attendant, le problème est celui de l'autorité de la procédure étrangère en cours (v. D. Alexandre, « Sur la possibilité d'obtenir le divorce lorsqu'un jugement a déjà été rendu à l'étranger à propos du divorce », *Rev. crit. DIP*, 1983. 597, p. 606).

228. Conflits de choses jugées ou inconciliabilité des décisions ? — Il existe une certaine tendance à étendre la portée des principes applicables au règlement du conflit de procédures à l'hypothèse de la concurrence entre deux décisions définitives : v. ainsi CJCE, 4 févr. 1988, *Hoffman c/ Krieg*, C-145/86, *Rev. crit. DIP*, 1988. 598, note H. Gaudemet-Tallon, *JDI*, 1989. 449, obs. A. Huet et Cass. civ. 1re, 9 janv. 1996, *Rev. crit. DIP*, 1996. 720, note H. Muir Watt, recourant pareillement aux critères qui déterminent l'accession des jugements étrangers à la force exécutoire ou à l'efficacité substantielle alors qu'est seule en cause leur inconciliabilité sur le terrain de l'exécution. Que faire lorsque le jugement étranger premier rendu et revêtu de plein droit de l'autorité de chose jugée, n'accède à la force exécutoire par l'octroi de l'*exequatur* que postérieurement au prononcé d'une décision, par hypothèse immédiatement exécutoire, du for – ce qui suppose que ni la litispendance au profit du juge étranger, ni l'autorité de chose jugée à l'étranger, n'aient été opposées au cours de la procédure française ? La Cour de cassation a fait prévaloir les effets de la décision étrangère antérieure en vertu de l'efficacité de plein droit dont elle jouissait en l'espèce, alors que le problème se situait clairement sur le terrain de l'exécution. Pour la même critique à l'encontre de l'arrêt *Hoffman*, v. A. Huet, obs. préc.

229. Litispendance et autorité de chose jugée. — Aux termes de l'arrêt *Cesareo* de l'Assemblée plénière du 7 juillet 2006 (*D.*, 2006. 2135, note L. Weiller ; *JCP*, 2006.II.10070, note G. Wiederkehr ; *RTD civ.*, 2006. 825, obs. R. Perrot ; *JCP*, 2006.I.183, obs. S. Amrani-Mekki), « *il incombe au demandeur de présenter dès l'instance relative à la première demande l'ensemble des moyens qu'il estime de nature à fonder celle-ci* ». Élargissant les critères de l'autorité de chose jugée de façon à faire prévaloir l'unicité du résultat concrètement recherché (effacement d'un contrat, rémunération de services rendus) sur la diversité des moyens juridiques invocables (nullité ou inopposabilité ; paiement de salaires ou enrichissement sans cause), la cour régulatrice oblige les plaideurs à concentrer en une seule instance l'ensemble des moyens tendant à une même finalité. Alors même que le fondement des deux demandes n'est pas identique, l'identité de cause – c'est-à-dire, en somme, de finalité – suffit désormais à rendre une seconde demande irrecevable. Évocateur du mécanisme de « forclusion substantielle » prôné par Motulsky, la définition finaliste de l'autorité de chose jugée vise à neutraliser les manœuvres d'une partie qui garderait des « armes » pour une nouvelle action en justice tendant aux mêmes fins que la première. Le parallélisme est frappant entre cette orientation récente du droit judiciaire interne et celle prise par la Cour de justice en matière de litispendance, où une définition élargie de celle-ci poursuit des objectifs similaires de concentration du procès, d'économie procédurale et d'évitement de décisions inconciliables.

230. Connexité et for dérivé. — À observer la coexistence dans le Règlement Bruxelles I *bis* de l'article 30, d'une part, et de l'article 8, d'autre part, qui se fondent tous deux sur une définition de la connexité comme supposant « un rapport si étroit qu'il y a intérêt à instruire [les demandes] en même temps afin d'éviter des solutions qui pourraient être inconciliables si les causes étaient jugées séparément », on peut se demander pourquoi la connexité n'y constituerait pas un chef général de compétence, permettant la saisine d'un for unique chaque fois qu'il y a un risque réel de jugements inconciliables. Certains cas tombent en dehors des chefs particuliers de l'article 8, alors que l'article 30 n'en permet pas nécessairement leur jonction ultérieure. La Cour de justice a cependant refusé jusqu'ici de suivre cette voie. Dans *Elefanten Schuh v. Jacquemain* (C-150/80) [1981], Rec., 1671) elle s'est opposée à ce que l'art. 22 de la Convention (24 Règlement Bruxelles I *bis*) opère autrement que comme une exception pour joindre deux actions pendantes, tandis que dans *La Réunion européenne v. Spliethoff's Bevrachtingskantoor e.a.* (C-51/97) [1998], Rec., I-6511), elle a refusé d'admettre que l'indivisibilité entre deux demandes puisse justifier exceptionnellement de contourner ou élargir les cas de l'article 6 (désormais 8). Cette ligne très restrictive se maintient dans la jurisprudence plus récente de la Cour relative à la teneur même de la connexité au regard de l'article 6 (désormais 8), qui est cependant au cœur de turbulences en matière de propriété intellectuelle, notamment s'agissant de l'incidence d'un conflit de lois. Ainsi, dans C-539/03, *Roche Nederland* (sur lequel, v. M. Wilderspin, « La compétence juridictionnelle en matière de litiges concernant la violation des droits de propriété intellectuelle », *Rev. crit. DIP*, 2006. 777), elle a refusé d'admettre la connexité entre des actions en contrefaçon intentées dans divers États-membres lorsque le contenu des droits violés est identique (en vertu d'un brevet européen) et que les défendeurs appartiennent tous à un même groupe de sociétés, au motif que la différence de droits applicables aux diverses actions engagées suffisait à éloigner le risque d'inconciliabilité des décisions. Cependant, la Cour a semblé par la suite vouloir revenir sur cette dernière position, en admettant que la diversité de lois applicables ou de fondements juridiques différents n'excluait pas nécessairement la connexité et en laissant au juge national le soin d'apprécier s'il en résulterait un risque de solutions inintelligibles en cas de dissociation du contentieux (v. ainsi la série d'arrêts *Freeport* C-98/06 ; *Painer* C-145/10 ; *Solvay* C- 616/10 ; *Melzer* C-228/11).

231. Fors dérivés et droit international privé commun. — En droit interne, l'article 42 CPC prévoit que s'il y a plusieurs défendeurs, le demandeur peut saisir, à son choix, la juridiction du lieu où demeure l'un d'eux. Cette règle, étendue en matière internationale, permet d'attraire en France un défendeur domicilié à l'étranger, dès lors qu'un codéfendeur est domicilié en France (v. ainsi Cass. civ., 17 juin 1958, *Rev. crit. DIP*, 1958. 704, note Ph. Francescakis ; Cass. civ. 1re, 15 décembre 1982, *Rev. crit. DIP*, 1983. 318, note P. Lagarde ; Toulouse, 20 juin 1995, *D.*, 1995. 628, note E. Agostini). La règle ne joue donc pas si la compétence des tribunaux français ne repose que sur les art. 14-15, C. civ. (l'art. 42 renvoie au lieu où demeure l'un des codéfendeurs). D'ailleurs, si le demandeur est français, l'art. 14 suffit à attraire tous les codéfendeurs en France. En revanche, si le demandeur est étranger, il pourra seulement attraire le défendeur français devant les tribunaux français (art. 15), mais pas les autres, étrangers domiciliés à l'étranger. On relèvera cependant qu'en présence de deux codemandeurs dont un seul a la nationalité française, la Cour de cassation paraît avoir admis que l'art. 14 fonderait la compétence des tribunaux français à l'égard du codemandeur étranger, pour une action intentée contre un défendeur étranger domicilié à l'étranger (Cass. civ. 1re, 28 juin 1989, *Rev. crit. DIP*, 1990. 111, note H. Gaudemet-Tallon ; comp., dans un contexte différent, Cass. civ. 1re, 3 déc. 1996, *Rev. crit. DIP*, 1997. 318, note B. Ancel). La solution demeure cependant assez contestable, comparée à l'hypothèse précédente de la pluralité de défendeurs (en faveur d'un revirement, v. l'une des interprétations possibles de Cass. civ. 1re, 5 décembre 2012, *JDI* 2013. 935, note L. Usunier).

INTERFÉRENCE ENTRE UNE PROCÉDURE JUDICIAIRE
ET UNE PROCÉDURE ARBITRALE

232. Sur la litispendance arbitrale. — Le jeu de la litispendance lorsqu'une procédure arbitrale est impliquée est controversé (v. Ch. Seraglini, « Brèves remarques sur les recommandations de l'Association de droit international sur la litispendance et l'autorité de la chose jugée en arbitrage », *Rev. arb.*, 2006. 909 ; Campbell McLachlan, *Lis pendens in International Litigation*, préc.). Sur le principe de compétence-compétence qui protège la compétence de l'arbitre pour statuer sur la validité de la clause qui l'investit, v. *infra*, n° 877). Dans l'espace judiciaire européen, l'arrêt *West Tankers* de la Cour de Luxembourg du 10 février 2009 prohibe le recours à une injonction *anti-suit* pour arrêter la procédure étatique engagée devant le for d'un État-membre en violation d'une clause d'arbitrage (v. *supra*, n° 84-1) mais ne règle pas le conflit de procédures qui subsiste dès lors que l'arbitre est saisi. Jugeant que la litispendance ne peut trouver de solution-miroir lorsque la procédure parallèle est arbitrale : *Youell v. La Réunion aérienne* [2009] EWCA CIV 175, [2009] 1 Lloyd's Rep 586. En 2015, dans l'affaire *Gazprom* (*supra*, not. n° 126-1), en revanche, la Cour de justice dit pour droit que l'arbitrage ne relevant pas du champ du règlement, celui laisse le juge national libre de donner priorité soit à la décision d'un État-membre soit à la sentence arbitrale. Ce qui vaut pour le conflit entre deux décisions semble devoir valoir pour deux procédures en cours.

Sur la diversité des conflits de décisions susceptibles de naître en ce domaine, v. C. Debourg, *Les contrariétés de décisions dans l'arbitrage international*, LGDJ 2012, préf. F.-X. Train.

Sous-titre II

LA CIRCULATION INTERNATIONALE DES JUGEMENTS

233. Comme les lois étrangères, les jugements prononcés au nom d'un État étranger se heurtent au « phénomène de la frontière », selon l'expression de Niboyet [1] : en raison de l'indépendance des ordres juridiques, ils n'ont par eux-mêmes aucun effet normatif propre devant les organes de l'État du for, pas plus qu'ils n'y jouissent d'effets procéduraux, telle la force exécutoire. Mais rien ne s'oppose en revanche à ce que l'ordre juridique du for leur attache de tels effets, à certaines conditions et selon des voies procédurales spécifiques. Si on parle alors, par économie de langage d'« accueil », d'« autorité », ou d'« efficacité » du jugement étranger, il n'en reste pas moins que les effets ainsi déployés sont simplement ceux que l'État du for accepte de lui attacher. En certains cas, les conditions de l'accueil sont cependant si libérales, et les procédures à ce point allégées, que l'on a alors l'impression que la frontière s'est effacée pour laisser place à une « autorité de plein droit » des jugements étrangers. Ainsi, ces derniers sont généralement considérés comme modifiant de plein droit les droits et obligations des parties, et peuvent également être invoqués, sans aucune formalité, au cours d'une procédure en France à l'appui d'une exception de chose jugée ou d'une fin de non-recevoir. Toutefois, il y a là une simple illusion d'optique, car l'efficacité des jugements étrangers devant les organes de l'État du for résulte nécessairement d'une norme habilitante posée par celui-ci, aussi libérale soit-elle [2]. Il relève en effet de la compétence exclusive de l'État de déterminer à partir de quelles normes, générales ou individuelles, doivent raisonner ses propres juges, de même que cet État a seul vocation à dire quels jugements sont assortis de la force exécutoire devant ses

1. J.-P. Niboyet, *Cours de droit international privé*, Sirey, 1946, spéc. n° 12, p. 22.
2. V. notamment le régime de certaines décisions (urgentes, incontestées ou portant sur des sommes de faible importance, v. *infra*, n°s 311 et s.) ou de certains secteurs (décisions en matière de garde ou en matière alimentaire, v. *infra*, n°s 787, 788 et s.).

propres organes de contrainte [1]. Or, l'accueil très libéral des jugements étrangers trouve sa limite, en droit international privé commun, à l'occasion de l'exécution du jugement étranger, car celui-ci n'est pas doté de la force exécutoire sans avoir reçu l'*exequatur* à l'issue d'une procédure spécifique.

Néanmoins, il en va autrement désormais au sein de l'espace judiciaire européen, où un effort politique concerté – ayant abouti au Règlement « Bruxelles I » (aujourd'hui, sous sa forme révisée, « Bruxelles I *bis* »), à divers textes satellites [2] et au Règlement « Bruxelles II *bis* », ainsi qu'à d'autres instruments spécifiques (notamment les Règlement relatifs à la matière successorale, les régimes matrimoniaux, les partenariats enregistrés ou encore le Règlement insolvabilité) – tend à neutraliser, plus ou moins, les effets de la frontière [3]. Ainsi, le régime instauré par le Règlement Bruxelles I *bis* généralise la suppression de l'*exequatur* en matière civile et commerciale [4]. Il oblige l'État d'accueil à conférer la force exécutoire, dans les mêmes conditions qu'une décision nationale (art. 41), à un jugement exécutoire émanant d'un autre État-membre, sans qu'une déclaration constatant la force exécutoire soit nécessaire (art. 39) [5]. À cet égard, il est indiscutable que l'ensemble du régime de circulation des jugements au sein de l'espace judiciaire européen revêt désormais une réelle spécificité ; des développements propres lui seront donc également consacrés plus loin [6], au-delà des questions d'ordre transversal qui seront envisagées ici.

1. À cet égard, il lui est d'ailleurs loisible de conférer aux sentences arbitrales internationales une efficacité analogue à celles qu'il concède aux jugements étrangers.

2. V. sur les nouvelles procédures uniformes accélérées qui, pour l'injonction de payer et le règlement des petits litiges, débouchent également sur des titres exemptés d'*exequatur* (*infra*, n°s 311 et s.).

3. En matière civile et commerciale, outre le Règlement Bruxelles I *bis*, v. désormais aussi le Règlement n° 805/2004 portant création d'un titre exécutoire européen pour les créances incontestées. Sur l'applicabilité temporelle de ces instruments : la Cour de Luxembourg a dit pour droit, au sujet de l'interprétation de l'article 66 § 2 du Règlement Bruxelles I, que l'application du régime de circulation facilitée des décisions exige que le Règlement qui le porte soit entré en vigueur à la fois dans l'État d'origine et dans l'État requis (CJCU aff. C-514/10 du 21 juin 2013, *Wolf Naturprudukte*, *Rev. crit. DIP* 2014. 145, note Ch. Chalas).

4. Sans abandonner pour autant toute possibilité de contrôle au sein de l'État d'accueil. L'abandon de tout contrôle au sein du pays d'accueil fut un temps envisagé lors de la procédure de révision du Règlement Bruxelles I, la discussion s'étant orientée pendant un temps vers une fongibilité absolue des jugements prononcés au sein de l'Union européenne. La version finale du texte révisé, bien que marquant un net assouplissement du mécanisme de circulation européenne des jugements, ne va pas aussi loin. Sur la questionde savoir si le régime de l'exécution automatisée (ou quasi automatisée) des jugements étrangers dans l'espace commun européen laisse ou non place à un recours (dans l'État requis) consistant à faire valoir l'absence de voies de recours (dans l'État d'origine), v. *infra*, n° 275.

5. L'existence d'une force exécutoire spécifiquement européenne est controversée (v. *infra*, n° 321).

6. *Infra*, n°s 311 et s. ; 1123.

233-1. En toute hypothèse, les conditions d'accueil des jugements étrangers relèvent d'une méthode spécifique, soustraite l'emprise de la règle de conflit de lois applicable au fond du litige et tendant essentiellement, sous la réserve du respect de l'ordre public, au respect des prévisions des justiciables désormais destinataires d'une norme individuelle et concrète. En cela, la méthode de la reconnaissance des jugements s'oppose à la méthode conflictuelle, qui demeure en revanche applicable lorsqu'il s'agit d'admettre le déploiement dans l'ordre du for des effets d'actes purement privés, tels le contrat [1]. La détermination des décisions admises à produire leurs effets devant les organes du for selon cette méthode spécifique n'est pas cependant sans soulever quelques difficultés. Les premières viennent de l'émergence récente d'une méthodologie dite de « reconnaissance des situations », calquée sur l'accueil des jugements en ce sens qu'elle se dissocie des conflits de lois. La question, encore très débattue à l'heure actuelle, est alors d'en déterminer le seuil dès lors que sa mise en œuvre ne suppose pas nécessairement l'existence d'un jugement ou d'un acte public. Puisqu'il s'agit avant tout de déplacer le seuil du conflit de lois, elle sera traitée avec celui-ci, où elle participe du réassemblage des méthodes en cours [2]. Les autres, qui seront traitées ici, sont propres au régime traditionnel de reconnaissance et d'exécution des jugements. Ainsi, au sein de celui-ci, il apparaît que le contenu de la catégorie « jugements » étrangers est d'ordre purement fonctionnel (chap. 1er). Les effets qu'implique l'accueil des jugements étrangers méritent également d'être précisés (chap. 2), comme les conditions auxquelles est soumis cet accueil (chap. 3), et les voies procédurales qui permettent aux jugements étrangers d'accéder à l'efficacité en France (chap. 4).

1. Sur la méthode d'accueil des actes publics non juridictionnels, v. *infra*, nos 593 et s. La sentence arbitrale, acte pourtant privé, est cependant traitée de ce point de vue comme un acte à caractère public, en raison de son caractère quasi juridictionnel.
2. V. *infra*, n° 582.

Chapitre premier

LA DÉFINITION DE LA CATÉGORIE « JUGEMENTS » ÉTRANGERS

234. La qualification « jugement », qui rend applicable la méthode de la reconnaissance plutôt que la méthode conflictuelle, n'est pas tributaire de la nature formelle de l'organe ou de la dénomination de l'acte au sein du système étranger. Ainsi, les décisions admises à circuler selon la méthode de la reconnaissance peuvent parfaitement avoir été prises par une autorité non juridictionnelle. Par exemple, en droit international privé commun, toute décision [1] étrangère de désunion conjugale, qu'elle émane d'une autorité judiciaire, administrative, ou confessionnelle, est soumise à un régime identique [2]. Pareillement, au regard de l'article 36 du Règlement Bruxelles I *bis*, la voie simplifiée de reconnaissance et d'exécution des décisions émanant des autres États-membres en matière civile et commerciale s'applique « à toute décision rendue par une juridiction d'un État-membre, quelle que soit la dénomination qui lui est donnée, telle qu'arrêt, jugement, ordonnance ou mandat d'exécution, ainsi que la fixation par le greffier des frais de justice [3] ». L'unité de la catégorie est donc purement fonctionnelle, en ce sens qu'elle regroupe

1. Sur les actes publics non décisionnels, en revanche, v. *infra*, n°s 603-1 et s.

2. Pour des divorces prononcés par des autorités administratives étrangères, v. TGI Paris, 10 mai 1990, *Rev. crit. DIP*, 1991. 391, note H. Muir Watt, et 17 octobre 1991, *Rev. crit. DIP*, 1992. 508, note H. Muir Watt. Aj., admettant – dans le cadre de la litispendance – la compétence internationale indirecte d'une autorité religieuse libanaise : Cass. civ. 1re, 18 janvier 2017, n° 16-11630. Depuis le 1er janvier 2017, en France, le divorce par consentement mutuel est pareillement « déjudiciarisé » et prend la forme d'un acte sous signature privée, contresigné par les avocats des parties et établi dans les conditions prévues à l'article 1374 du Code civil, puis déposé au rang des minutes d'un notaire (v. article 229-1 Code civil). Sur l'incidence de cette réforme en droit international privé, v. *infra*, n°s 753-1 ; 758-1 et 3 ; 760 ; 764.

3. Sur les critères (formels et matériels) de la décision au sens de ce texte, v. M. Nioche, L. Sinopoli, note sous CJCE, 2 août 2009, *Gambazzi*, aff. C-394/07, *Gaz. Pal.*, 27-28 nov. 2009, p. 22 et s. ; comp., pour une décision d'incompétence : CJUE, 15 novembre 2012, *Gothaer*, aff. C-456/11, *Rev. crit. DIP* 2013. 686, note M. Nioche.

tous les actes individuels, qu'ils soient formellement judiciaires, législatifs ou administratifs (sect. 1) dès lors qu'ils sont pourvus d'une vocation normative (sect. 2) ; il est de surcroît traditionnellement enseigné qu'ils doivent porter sur un rapport de droit privé (sect. 3).

SECTION 1
Actes individuels

235. La méthode de la reconnaissance est fondée essentiellement sur l'idée que l'existence d'une décision individuelle s'adressant directement et spécifiquement à des justiciables déterminés est de nature à susciter de leur part des prévisions que la bonne gestion des rapports internationaux commande de respecter *a priori*, sauf si elles sont déraisonnables. L'individualisation de la décision est ainsi à la fois le fondement et la limite de la méthode. Celle-ci repose sur un postulat libéral, en ce sens que généralement, l'acte de l'organe étranger sera reconnu, même s'il n'a pas un contenu identique à celui qu'une autorité du for aurait elle-même pris – sauf par exemple si la décision était fondée sur des considérations inacceptables ou si elle a été frauduleusement obtenue. La question qui se pose au juge requis est de savoir s'il y a une raison sérieuse de ne pas lui donner effet.

Il en va très différemment en revanche, dans le cas où aucune norme individuelle n'a encore été émise et qu'il s'agit de déterminer préalablement la loi applicable à la situation litigieuse. L'autorité du for est confrontée alors au problème du choix parmi plusieurs normes abstraites ayant toutes une certaine vocation à régir le litige, entre lesquelles il faut trancher en fonction de considérations plus variées et plus exigeantes que le simple respect des prévisions existantes, qui peuvent d'ailleurs ne pas s'être encore cristallisées. C'est alors un conflit de lois qu'il s'agira de résoudre [1].

235-1. La question du sort des décisions étrangères statuant sur des recours collectifs soulève évidemment des problèmes d'ordre différent. L'avènement progressif des actions de groupe de consommateurs en Europe [2], et l'essor aux États-Unis des contentieux collectifs, souvent

1. V. *infra*, titre II.
2. Comp. not. *infra*, n° 924.

en matière financière, impliquant des demandeurs étrangers originaires d'États qui ne les admettent pas, s'accompagnent de nouvelles difficultés s'agissant de la reconnaissance des jugements statuant en de telles circonstances. Celles-ci sont en réalité très liées au jeu du mécanisme dit de *opt-out*, et à la portée très large qu'il confère au jugement quant aux *demandeurs* qu'il inclut dans le groupe. Lors de la circulation des jugements, apparaît alors un décalage entre l'étendue de la compétence juridictionnelle de la juridiction « certifiante » (qui reconnaît l'unité du groupe au regard des questions juridiques) à l'égard des demandeurs présumés inclus et celle de l'autorité, bien plus limitée, du jugement qu'elle rend au fond. Pareil décalage ouvre la porte à une forme particulière de *forum shopping* [1], sous la forme d'offensives unilatérales contre ce jugement de la part de demandeurs non inclus [2].

SECTION 2
Actes pourvus d'une vocation normative

236. La vocation normative des actes redevables de la méthode de la reconnaissance signifie d'une part qu'ils revêtent un caractère décisionnel, d'autre part qu'ils sont émis au nom d'un État. Le caractère décisionnel de l'acte se signale par le pouvoir d'appréciation de l'autorité qui le prononce. Le jugement contentieux est l'archétype de la décision individuelle et a constitué au demeurant le modèle à partir duquel la méthode de la reconnaissance s'est élaborée, à travers le régime de l'*exequatur* [3]. Mais cette méthode s'est progressivement étendue aux jugements gracieux, qui revêtent un caractère décisionnel même s'ils ne tranchent pas de litige. Elle s'applique de même, on l'a vu, aux actes émanant d'une autorité administrative, dès lors que cette dernière exerce un pouvoir d'appréciation à l'égard d'une situation individuelle.

Pour être redevable de la méthode de la reconnaissance, la décision doit revêtir une valeur normative et avoir été émise au nom de l'État. Cette dernière condition en exclut les actes privés, comme les contrats,

1. V., sur les différentes variantes de *forum shopping*, *supra*, n° 222.

2. De telles attaques seraient paralysées par l'effet de la certification ou de la chose jugée dans un contexte purement interne : v. R. Nagareda, « Aggregate Litigation across the Atlantic and the Future of American Exceptionalism » 62 *Vand. L. Rev.* 1, 2009.

3. V. *infra*, n° 291.

qui restent soumis à la méthode du conflit de lois. Si les sentences arbitrales, rendues au nom de la volonté privée, échappent néanmoins au conflit de lois pour bénéficier de la méthode de la reconnaissance, ce n'est que par le biais d'une puissante fiction juridique [1], corroborée il est vrai par la proximité naturelle du rôle du juge et de l'arbitre dans le prononcé d'une décision visant à trancher un litige.

SECTION 3
Actes portant sur un rapport de droit privé ?

237. Les décisions répressives étrangères, comme celles qui mettent en œuvre le droit public ou fiscal étranger, sont en l'état actuel du droit positif comparé réputées dépourvues de toute vocation à accéder à l'efficacité internationale, en dehors des hypothèses d'entraide conventionnelle. La raison généralement donnée, identique à celle qui fonde l'incompétence directe des juridictions du for pour connaître une demande fondée sur le droit public étranger [2], est celle de la protection de la souveraineté de l'État du for, dont les organes risqueraient d'être mis au service d'intérêts étatiques antagonistes. Le droit européen dérivé s'en fait l'écho, puisque les décisions intéressant un rapport de droit public auquel un État étranger est partie sont exclues du champ du chapitre III du Règlement Bruxelles I *bis* [3]. Pour identifier le caractère public d'une décision, seul compte son objet, peu important la nature de l'organe étranger qui l'a rendue ; par exemple, le jugement d'une juridiction pénale sur l'action civile, ou un divorce prononcé par une autorité administrative, peuvent parfaitement accéder à l'efficacité.

En réalité, le caractère public d'une décision étrangère fait cependant de moins en moins obstacle à ce qu'un certain effet lui soit donné devant le juge de droit privé, au moins incidemment. Ainsi, s'agissant des décisions statuant sur un rapport auquel l'État étranger est directement partie en sa qualité de puissance publique, il importe de distinguer leur exécution du seul déploiement de l'autorité positive de chose jugée [4].

1. S. Bollée, *Les méthodes du droit international privé à l'épreuve des sentences arbitrales*, Économica, 2004, préf. P. Mayer.
2. V. *supra*, n°s 86 et s.
3. V. *supra*, n°s 107 et s.
4. Sur ces catégories, v. *infra*, n°s 246 et s.

On ne voit guère en effet, dès lors que la décision de droit public n'est pas porteuse d'intérêts antagonistes, pourquoi elle ne recevrait pas effet. En tout cas, dès lors que l'État du for reste maître des conditions d'accueil des décisions étrangères, son intégrité est sauve.

ÉTAT DES QUESTIONS

Pour un panorama général de la jurisprudence française et les perspectives européennes : P. Chevalier, « La nouvelle cartographie des voies ouvertes pour la reconnaissance ou l'exécution en France des décisions étrangères. L'office du juge de l'*exequatur*, l'ordre public et le portolan », *Rev. crit. DIP* 2014. 1.

Sur les effets internationaux des décisions pénales : A. Huet et R. Koering-Joulin, *Droit pénal international*, Puf, 3e éd. 2005 ; D. Rebut, *Droit pénal international*, Précis Dalloz, 2e éd. 2015 ; M. Behar-Touchais, « La reconnaissance internationale des sanctions pécuniaires et la règle *non bis in idem* », *Trav. Com. fr. DIP*, 2005-2006.

Sur le statut des sentences arbitrales : S. Bollée, *Les méthodes du droit international privé à l'épreuve des sentences arbitrales*, Économica, 2004, préf. P. Mayer ; C. Panou, *Le consentement à l'arbitrage. Étude méthodologique du droit international privé de l'arbitrage*, IRJS Éditions, 2011, préf. V. Heuzé.

Sur la méthode de reconnaissance (et ses rapports avec l'accueil des jugements) : v. *infra*, n° 569.

QU'EST-CE QUE LA RECONNAISSANCE ?

238. Polysémie. — Le terme « reconnaissance » est polysémique, spécialement en droit international privé où l'on peut relever la pluralité des méthodes qu'elle emprunte et des objets auxquels elle s'applique. On y parle de reconnaissance des jugements mais aussi de reconnaissance mutuelle, de reconnaissance de situations acquises, de reconnaissance unilatérale de relations familiales, voire même de la fonction « récognitive » de la règle de conflit de lois (v. D. Gutmann, *Le sentiment d'identité, étude de droit des personnes et de la famille*, LGDJ, 2000, préf. F. Terré).

S'agissant spécifiquement des jugements étrangers, un « État *reconnaît* une décision étrangère lorsqu'il accepte d'insérer dans son ordre juridique la norme dont la décision est en quelque sorte porteuse. Il fait sienne la situation juridique que la décision consacre » (P. Gothot et D. Holleaux, *La Convention de Bruxelles du 27 septembre 1968*, Paris, Éd. Jupiter, n° 247). Évoquer la « reconnaissance » des jugements signifie d'abord que l'on est en présence d'une méthode ou d'un procédé, distinct de la méthode conflictuelle (destinée quant à elle à résoudre un conflit de lois) et permettant à l'ordre juridique d'accueil de trancher l'alternative entre l'acceptation ou le rejet des effets d'un jugement étranger. Une difficulté terminologique apparaît cependant lorsqu'il s'agit de mettre en lumière la diversité des effets qu'est susceptible de produire un jugement étranger (*infra*, nos 242-1 et s.) : certains effets n'impliquent pas leur efficacité (force probante, effet de titre, effet de fait), ne dépendent donc pas de conditions de régularité et ne sont pas soumis à un contrôle judiciaire ; d'autres effets imposent en revanche de reconnaître au jugement étranger une valeur normative en France, conduisant à évoquer à ce sujet l'efficacité internationale du jugement étranger (d'une part : reconnaissance – là est la difficulté terminologique –, c'est-à-dire autorité de chose jugée et efficacité substantielle ; d'autre part : force exécutoire). C'est seulement à ce propos que le droit international privé français soumet des jugements à des conditions de régularité – de moins en moins exigeantes – dont le contrôle peut être mis en œuvre de différentes manières. On comprend donc que le même mot de « reconnaissance » évoque à la fois, selon le contexte, le procédé autorisant de manière générale l'accueil d'un jugement en France, et certains des effets qu'il est susceptible de produire.

Aspects méthodologiques. — Le régime de réception des décisions individuelles étrangères est généralement perçu comme s'opposant au conflit de lois. Dans son ouvrage fondateur (*La distinction des règles et des décisions en droit international privé*, Paris, Dalloz, 1973, préf. H. Batiffol), P. Mayer a démontré que l'existence d'une décision individuelle pose un simple problème de reconnaissance/non reconnaissance *ex post* d'une norme identifiée. En revanche, le conflit de lois met en présence de plusieurs normes générales potentiellement applicables, dont aucune ne s'adresse spécifiquement à des justiciables déterminés ; il se présente donc comme un choix *ex ante* entre des normes concurrentes. Même si, dans les deux cas, il s'agit d'indiquer aux organes du for la base de raisonnement qui doit fonder leur décision, les paramètres d'accueil de la norme dans l'ordre juridique du for ne seront pas les mêmes. Notamment, la reconnaissance d'une décision individuelle se fera selon des critères plus libéraux, qui n'impliquent pas (sauf anomalie) d'en vérifier la conformité à la règle de conflit de lois du for.

Cette distinction tend cependant à perdre aujourd'hui de sa netteté. D'une part, la difficulté consiste, face à la multiplication de figures hybrides, à identifier les actes qui comportent une part décisionnelle suffisante pour justifier d'être soustraits à la méthode du conflit de lois et de bénéficier de celle de la reconnaissance des décisions (v. *infra*, n° 612). D'autre part, une mutation méthodologique s'opère, notamment dans le domaine des rapports de famille. Des situations qui se sont constituées à l'étranger en dehors de toute intervention d'une autorité sont accueillies dans l'État du for sans passer par la règle de conflit de lois mais en utilisant la méthode de la reconnaissance. Cet effacement du conflit de lois est en grande partie l'effet du forçage de la règle de conflit de lois par les droits fondamentaux (v. G. P. Romano, « La bilatéralité éclipsée par l'autorité. Développements récents en matière d'état des personnes », *Rev. crit. DIP*, 2006. 457). Dans ce cas, l'État d'accueil sera par exemple tenu de reconnaître une situation familiale constituée à l'étranger, même si pareille situation ne serait pas valable en vertu de sa propre règle de conflit (sur l'accueil du statut familial étranger, A. Bucher, « La famille en droit international privé », *RCADI*, t. 283, 2000, p. 13, spéc. p. 115 et s.). Cette mutation méthodologique affecte essentiellement le domaine des conflits de lois et sera traitée *infra*, n°s 569 et s. Dès lors, lorsqu'est évoquée, en l'absence de jugement, la reconnaissance d'une situation juridique (telle une société ou un mariage), cette acception extensive semble signifier surtout l'effacement du conflit de lois dans l'appréciation de la validité de constitution de situations juridiques (v. *infra*, n°s 569 et s.).

Dans la mesure où le terme est susceptible de désigner des dispositifs multiples, le mot « acceptation » est apparu récemment, en remplacement de « reconnaissance », pour nommer l'accueil d'actes publics étrangers (dans le cadre du Règlement Successions : v. *infra*, n° 839 ; n° 853).

La reconnaissance d'un jugement : norme habilitante. — Comment – par quel procédé juridique – le jugement étranger accède-t-il à la valeur normative dans l'ordre du for ? Pour Mme H. Péroz (*La réception des jugements étrangers dans l'ordre juridique français*, LGDJ, 2005, préf. H. Gaudemet-Tallon), la reconnaissance a pour objet de proclamer la normativité du jugement étranger dans l'État du for, moyennant un contrôle de sa régularité. La reconnaissance tient donc le rôle de norme habilitante. Elle signifie que tout litige mettant en jeu la question de droit déjà tranchée par ce jugement sera régi par ce dernier. Le jugement étranger constitue ainsi une proposition normative (ou base de déduction) pour le juge du for, qui tiendra pour fixés les droits des parties tels qu'ils en résultent.

Sur la reconnaissance mutuelle, v. *infra*, n°s 433 ; 534 et s. Sur la reconnaissance appliquée à des actes authentiques ou publics étrangers, v. *infra*, n°s 594 et s.

SOUVERAINETÉ TERRITORIALE ET DÉCISIONS ÉTRANGÈRES RÉPRESSIVES, FISCALES OU DE DROIT PUBLIC

239. Le principe de souveraineté territoriale tel qu'il est traditionnellement conçu (comp. la « *revenue rule* » d'outre-Manche) conduit à refuser qu'une décision étrangère répressive, fiscale ou de droit public (telle une décision relative au statut d'un bien culturel illicitement exporté prise sur le fondement d'une législation protectrice du patrimoine culturel : la décision emblématique est un arrêt anglais *Attorney-General of New Zealand v. Ortiz and others* [1982], QB 349, déclarant irrecevable la demande de restitution faite par la Nouvelle-Zélande au sujet d'un objet maori en raison de son fondement de droit public) puisse fonder une mesure de contrainte en France (Cass. crim., 21 mars 1862, *S.*, 1862. I. 541, excluant toute exécution des décisions répressives en France pour des motifs de souveraineté territoriale). Par exemple, la détention en France d'un individu condamné à l'étranger constitue une voie de fait, car effectuée en l'absence d'un titre régulier de détention au regard du droit français (Saint-Denis-de-la-Réunion, 4 mai 1990, *Rev. crit. DIP*, 1991. 366, note A. Fournier ; *JDI*, 1992. 402, note J. Chappez). Ce cloisonnement territorial des souverainetés est au demeurant bien plus inflexible qu'en matière civile, car s'il exclut que les jugements répressifs, fiscaux ou de droit public étrangers puissent bénéficier de plein droit de la force exécutoire en France, il conduit également à refuser l'existence même à leur égard d'une procédure d'*exequatur*. Sous ce rapport, on voit que l'inefficacité de ces catégories de décisions est le pendant de l'incompétence des organes du for à l'égard des demandes fondées sur le droit pénal, public ou fiscal étranger (*supra*, n° 107). Dès lors que les organes de l'État du for ne peuvent pas entretenir une demande directe engagée par l'État étranger, ils ne peuvent pas davantage statuer sur l'exécution d'une décision des autorités de celui-ci tendant à la même fin (mesure de détention, recouvrement d'impôt, restitution d'un bien culturel… Sur l'état de la jurisprudence en droit comparé sur ce point, v. H. Muir Watt, « La revendication internationale des biens culturels : à propos de la décision américaine *Église autocéphale* », *Rev. crit. DIP*, 1992. 1 ; C. Armbrüster, « La revendication de biens culturels du point de vue du droit international privé », *Rev. crit. DIP*, 2004. 723 ; v. *infra*, n° 670).

Il est difficile cependant de comprendre en quoi la souveraineté du for serait atteinte, alors que l'État du for conserve la maîtrise des conditions d'accès à l'efficacité des décisions étrangères sur son territoire, fussent-elles pénales, fiscales ou de droit public. À ce dernier égard, en effet, à partir du moment où l'État du for détermine les bases normatives à partir desquelles ses organes doivent raisonner, rien ne s'oppose à ce qu'il décide d'y inclure des décisions rendues sur le fondement du droit public, répressif ou fiscal étranger. La justification généralement avancée, identique à celle qui fonde l'incompétence des juridictions du for à l'égard d'une demande directe, consiste à faire valoir que les organes du for ne sont pas institués pour promouvoir les objectifs répressifs, politiques ou fiscaux d'un État étranger. Mais elle n'est convaincante que si la solidarité qu'elle implique à l'égard des politiques poursuivies par l'État étranger subvertissait celles menées par l'État du for. Or, si l'antagonisme des intérêts étatiques n'est pas à exclure, il est loin d'être systématique et pourrait donner lieu à un règlement au cas par cas au moyen de l'exception de l'ordre (ou de l'intérêt) public. La Résolution d'Oslo de l'Institut de droit international de 1977 peut être invoquée en ce sens. En effet, loin de desservir les intérêts de l'État du for, l'instauration d'une solidarité internationale sur le plan pénal, fiscal et de droit public permettrait d'éviter que le territoire de l'État du for ne devienne un refuge pour des malfaiteurs, des fraudeurs ou encore des détenteurs illicites de biens publics déjà condamnés dans d'autres pays. On ne voit guère par exemple, pourquoi un jugement ordonnant sur le fondement du droit public étranger la restitution d'un bien culturel illicitement exporté ne devrait pas pouvoir être mis à exécution dans les autres États, comme le prévoient au demeurant désormais le droit européen dérivé et le droit conventionnel international (v. *infra*, n° 670 ; comp. décelant des domaines d'intérêts solidaires des États, H. Buxbaum, « Transnational regulatory litigation », 46, *Va J. Int'l L.*, 251, 2006).

Au demeurant, il existe une certaine tendance à l'ouverture des tribunaux du for à l'égard des décisions étrangères statuant sur une relation à laquelle l'État est partie, dès lors qu'elles n'expriment pas une prérogative dérogatoire de puissance publique mais mettent en œuvre des institutions analogues à celles du droit privé, telle une demande en restitution de l'indu ou un recours subrogatoire après l'indemnisation de la victime. Mais il semble aussi que même dans le premier cas, rien ne s'oppose à ce que la décision accède à l'efficacité en dehors de l'État d'origine si sa portée initiale relève bien de la sphère de compétence exclusive de celui-ci (v. Cass. civ. 1re, 15 nov. 1983, *Rev. crit. DIP* 1985. 100, note H. Batiffol, accordant l'*exequatur* à une décision algérienne fixant la créance de la Banque nationale algérienne sur une société française sur le fondement d'une ordonnance de droit public et relevant qu'il ne s'agit pas pour autant de donner un effet extraterritorial à cette ordonnance). En effet, dès lors que la demande d'exécution ne tend pas à conférer à l'exercice par l'État étranger d'une prérogative de puissance publique une portée qu'elle ne devrait pas avoir, il n'y a aucune raison que l'interposition de la frontière au niveau de l'exécution de la décision conduise *a priori* à en empêcher la réalisation. Dans d'autres cas encore, on voit surgir un conflit de lois en matière de droit public, par exemple, en matière de conventions transnationales entre personnes publiques où deux régimes nationaux de droit public ont une vocation concurrente à s'appliquer. Dans une telle hypothèse, l'État du for, investi d'une compétence seulement concurrente, devrait également se montrer prêt à accueillir une décision émanant de l'État étranger dont relève la personne publique partenaire sur le fondement du droit public de ce dernier (M. Audit, *Les conventions transnationales entre personnes publiques*, LGDJ, 2002, préf. P. Mayer, § 616).

En dehors de toute perspective d'exécution, le déploiement de l'effet normatif de la décision étrangère répressive, fiscale ou rendue en matière de droit public ne pose aucune difficulté dès lors qu'il a lieu selon la méthode de la prise en considération (v. E. Fohrer-Dedeurwaerder, *La prise en considération des normes étrangères*, LGDJ, 2008, préf. B. Audit). En effet, rien ne devrait empêcher qu'il soit tenu compte d'une décision étrangère compétemment rendue par l'organe d'un État étranger appliquant son propre droit public en tant que présupposé ou condition d'application d'une règle française ; il s'agit seulement de tenir compte de son existence dans la mise en œuvre de la règle de droit substantiel applicable, et non pas de l'appliquer en tant que telle. Par exemple, une décision attribuant une nationalité étrangère peut être prise en considération en vue de l'application d'une règle française visant la nationalité de l'intéressé (par ex., l'article 311-14 C. civ.). En matière pénale, la territorialité semble parfois comprise de façon plus rigide, afin de refuser, en dehors des conventions internationales d'entraide, à attacher les effets prévus par la loi française à une condamnation prononcée à l'étranger, par exemple en assortissant une condamnation pénale étrangère d'une incapacité française, ou au regard de la règle *non bis in idem* (V. cepdt. A. Huet et R. Koering-Joulin, *Droit pénal international*, n° 227). Pourtant, dans ce dernier contexte, et dès lors qu'elle est envisagée comme un simple événement ou *datum*, la nature pénale, publique ou privée de la norme étrangère est parfaitement indifférente. L'assouplissement semble, ici aussi, se profiler (M. Behar-Touchais, « La reconnaissance internationale des sanctions pécuniaires et la règle *non bis in idem* », *Trav. Com. fr. DIP*, 2005-2006).

Sur les effets internationaux des décisions pénales dans l'espace européen. — Une décision-cadre du Conseil du 24 novembre 2006 a pour objet de faciliter la coopération entre les États-membres en matière de reconnaissance mutuelle et d'exécution des décisions de confiscation de biens. Elle impose à un État-membre de reconnaître et d'exécuter sur son territoire les décisions de confiscation rendues par un tribunal compétent en matière pénale d'un autre État-membre. Selon le principe général, les autorités compétentes de l'État d'exécution reconnaissent une décision de confiscation qui a été transmise conformément aux règles énoncées dans la décision-cadre, sans qu'aucune autre formalité ne soit requise, et prennent toutes les mesures nécessaires pour son exécution. Dans cette perspective, les motifs de non-reconnaissance sont limitativement prévus : non-respect des formalités imposées, risque de contradiction au principe *non bis in idem*, immunité… (décision-cadre 2006/783/JAI, 6 oct. 2006, relative à l'application du principe de reconnaissance mutuelle aux décisions de confiscation : *JOUE*, n° L 328, 34 nov. 2006, p. 59). V. sur la mise en place d'un espace judiciaire pénal, l'ouvrage collectif dirigé par F. Jault-Seseke, J. Lelieur, Ch. Pigache, *L'espace judiciaire européen civil et pénal. Regards croisés*, Dalloz, « Thèmes et Commentaires », 2008, et en particulier sur la mise en œuvre du mandat d'arrêt, la contribution sous ce titre de S. Petit-Leclair, p. 99.

ACTES ASSIMILÉS AUX JUGEMENTS

240. Acte individuel et mesure législative. — Des difficultés de délimitation du champ respectif du conflit de lois et de la méthode de reconnaissance apparaissent dès lors que la décision individuelle est prise par un organe législatif. Le cas des nationalisations est emblématique. En droit positif, l'effet sur le patrimoine d'une entreprise de sa nationalisation intervenue dans un État étranger était déterminé traditionnellement selon la méthode des conflits de lois. Les tribunaux recherchaient donc la loi applicable au bien nationalisé (par exemple, la *lex rei sitae* s'il s'agissait d'un bien corporel). Pratiquement, cela revenait à dire que la nationalisation ne pouvait avoir d'effet qu'à l'égard des biens localisés sur le territoire de l'État nationalisant, car c'est dans cette seule hypothèse que l'opération pouvait être conforme à la loi applicable. C'est pour critiquer cette solution que Pierre Mayer a développé la distinction entre deux catégories de normes, les règles redevables du conflit de lois et les décisions justiciables de la méthode de reconnaissance. Il a ainsi démontré que l'acte de nationalisation, émanât-il d'un organe législatif, revêtait un caractère catégorique et individuel et devait par conséquent échapper au conflit de lois pour voir son efficacité mesurée selon les paramètres plus libéraux de la méthode de reconnaissance. La jurisprudence de la Cour de cassation semble avoir été sensible à ces critiques méthodologiques (v. ainsi, Cass. civ. 1re, 1er juill. 1981, *Total Afrique*, *Rev. crit. DIP*, 1982. 336, note P. Lagarde, *JDI*, 1982. 146, note P. Bourel).

En revanche, les effets internationaux d'une décision constitutionnelle ou administrative statuant sur la légalité *erga omnes* d'un acte législatif ou administratif relèvent du conflit de lois ; ne s'adressant pas à un destinataire individualisé, une telle décision fait partie du droit objectif et doit être appliquée à ce titre en vertu de la règle de conflit de lois (v. *infra*, n° 449).

241. La sentence arbitrale privée est-elle un « jugement » ? — Si la catégorie des jugements se définit selon un critère purement fonctionnel et non organique, il n'en reste pas moins qu'elle ne semble recouvrer en principe que les décisions prononcées au nom d'un État étranger et non les simples actes privés. Pour cette raison, les actes publics étrangers, qui sont des actes juridiques privés reçus par un officier public, ne revêtent pas un caractère normatif, même si l'enveloppe publique de l'acte (*instrumentum*) peut obtenir l'*exequatur* indépendamment de la validité de son contenu (*infra*, n°s 603 et s.). À cet égard, le débat s'est engagé au sujet des sentences arbitrales, pour savoir si ce sont des décisions, au sens où elles seraient naturellement justiciables de la méthode de la reconnaissance, ou de simples actes privés appelant la mise en œuvre de la méthode du conflit de lois. Il a été avancé (S. Bollée, *Les méthodes du droit international privé à l'épreuve des sentences arbitrales*, Économica, 2004, préf. P. Mayer) qu'en dépit de la proximité entre le régime de circulation des sentences tel qu'encadré par l'article 1502 CPC (1520 CPC depuis la réforme du 13 janvier 2011) ou par la Convention de New York de 1958, et celui auquel sont soumis les jugements étrangers, les sentences arbitrales ne seraient pas des normes juridiques individuelles mais des actes privés. La sentence arbitrale ne s'ancre en effet dans aucun ordre juridique, national ou transnational, qui pourrait lui conférer la qualité de norme. La méthode de reconnaissance d'efficacité, exclusive du conflit de lois, ne pourrait donc se justifier à l'endroit des sentences qu'au moyen d'une fiction juridique, adoptée pour de pures raisons d'opportunité. Sur ce que, en revanche, dès lors qu'une fiction juridictionnelle est adoptée, il est incohérent de jouer simultanément sur le tableau de l'acte privé afin de justifier la pérennité de celui-ci, même lorsqu'il a été annulé dans l'État du siège (v. *infra*, n° 891).

L'intérêt de cette analyse est de poser le problème du champ de la méthode de la reconnaissance dans des termes entièrement nouveaux. Jusqu'ici, depuis l'étude fondatrice de P. Mayer, la question avait été posée essentiellement en vue de départager le champ des conflits de lois et de juridictions en présence d'actes hybrides issus d'une conjonction de la volonté privée et de l'intervention d'un organe public (v. *infra*, n° 612). L'analyse s'étant ainsi concentrée sur l'intensité de l'élément décisionnel ou normatif dans l'acte de l'autorité publique, l'importance de son caractère public ou étatique, sans jamais être niée, a dès lors peut-être été occultée dans les discussions relatives à la détermination des champs respectifs des deux méthodes, au profit du paramètre purement structurel proposé par P. Mayer : l'efficacité de l'acte met-elle ou non en présence de l'alternative refus/accueil ? La tentation est forte en effet de considérer que l'efficacité de toute base de déduction structurellement décisionnelle est redevable de la méthode du conflit de juridictions. Or, divers actes privés, dont notamment la transaction, comportent bien une structure décisionnelle sans que l'on songe pour autant à les soustraire quant au fond à la méthode du conflit de lois. La caractéristique qui constitue la véritable originalité de la méthode du conflit de juridictions tiendrait donc « beaucoup moins à l'énoncé du problème qu'à la manière dont celui-ci est traité » (S. Bollée, *op. cit.*, n° 183). Soit un acte privé est invoqué devant le juge en tant que base de déduction d'un état de droit ; le juge en contrôle alors la conformité par référence à des critères tirés d'une loi désignée par la règle de conflit du for. Soit une décision est invoquée pareillement en tant que base de déduction d'un état de droit ; le juge en contrôle la conformité par référence à des paramètres tirés exclusivement du droit du for. La particularité de la méthode du conflit de juridictions, que l'on reconnaît dans ce dernier cas, serait « l'exclusion des normes étrangères pour déterminer l'efficacité de la base de déduction litigieuse » (*ibid.*, n° 183).

AU SEIN DES JUGEMENTS : LE SEUIL DE LA CHOSE JUGÉE

242. Juridiction gracieuse. — Les hésitations éprouvées en droit interne quant au caractère juridictionnel des jugements gracieux avaient contribué, à l'époque où les décisions étrangères d'état des personnes jouissaient par ailleurs de conditions d'accueil spécifiques (v. *infra*, n° 286-2), à l'idée que de tels jugements relevaient de voies d'efficacité propres, leur qualification au regard de l'*exequatur* apparaissant par ailleurs discutable en raison de l'absence dans leur cas de toute perspective d'exécution forcée. Mais l'uniformisation progressive des conditions d'accueil des diverses catégories de décisions, jointe à l'émergence de la fonction purement déclaratoire de l'*exequatur* (v. *infra*, n° 287), a mis fin à ces doutes. Ainsi, les jugements étrangers d'adoption, d'expédient, d'envoi en possession, de protection des incapables, comme tous ceux qui nomment des organes ou donnent des autorisations, peuvent recevoir l'*exequatur* à des fins de simple opposabilité, même si, aucune exécution forcée n'étant recherchée, leur efficacité en France n'est pas tributaire de cette procédure. Selon la terminologie développée par Motulsky, l'absence de contestation n'empêche pas le jugement gracieux de constituer un acte volitif de l'autorité judiciaire, qui, même lorsqu'elle se borne à homologuer l'expression d'une volonté privée, reprend à son propre compte, après vérification du respect de la loi, les éléments qui lui sont fournis (comp. la définition donnée par Paris, 2 avril 1998, *Rev. crit. DIP*, 1999. 102, note C. Pamboukis). En revanche, en l'absence d'un tel élément volitif, l'acte de l'autorité publique n'est pas une décision au sens strict. Ainsi s'explique la disqualification à cet égard de la transaction judiciaire (v. au regard du titre III de la Convention de Bruxelles, CJCE, 2 juin 1994, Rec., I-2237, *JDI*, 1995. 466, obs. A. Huet). Sur les difficultés spécifiques que soulèvent les effets des actes publics étranger non décisionnels, v. *infra*, n°s 605 et s.

Jugement par défaut. V. CJCE, 2 avril 2009, aff. C-394/07, *Gambazzi*, *Gaz. Pal.*, 27-28 nov. 2009, p. 22, note M. Nioche, L. Sinopoli ; G. Cuniberti, « La reconnaissance en France des jugements par défaut anglais », *Rev. crit. DIP*, 2009. 685 (v. *infra*, n° 269). Comp. depuis, CJUE, 6 septembre 2012, *Trade Agency*, aff. C-619/10, sur laquelle, v. L. Idot, « Exécution d'un jugement rendu par défaut, ordre public et droits fondamentaux », *Europe*, n° 11, novembre 2012, comm. 469.

Nature d'une mesure provisoire. Une mesure provisoire est-elle un jugement au sens du régime de l'accueil de ceux-ci ? Il a été proposé que la « décision provisoire » fasse l'objet d'une nouvelle catégorie, définie comme « tout acte juridictionnel dépourvu d'autorité de chose jugée au principal » (M. Nioche, *La décision provisoire en droit international privé européen. Qualification et régime en matière civile et commerciale*, Bruylant, 2012, spéc. n° 259 ; comp. du même auteur « La reconnaissance de l'autorité de la chose jugée d'une décision provisoire relative à une saisie conservatoire : conséquence de sa nature décisionnelle », *Rev. crit.DIP*, 2012. 277). Comp. ci-dessous pour la discussion, transposable, sur l'autorité de chose jugée des décisions sur la compétence.

Nature d'une décision sur la compétence. CJUE, 15 novembre 2012, aff. C- 456/11, *Gothaer Allgemeine Versicherung AG, e.a. c. Samskip GmbH*, *Rev. crit. DIP*, 2013. 686, note M. Nioche ; comp. A. Dickinson, « Provisional measures in the Brussels I review : Disturbing the status quo ? » *Journ. PIL*, 2010. 519 ; R. di Noto, « Règlement Bruxelles I : à propos de la reconnaissance et de l'autorité de la chose jugée d'une décision nationale d'incompétence », note sous CJUE 15 nov. 2012, www.gdr-elsj.eu. L'arrêt apporte des précisions importantes sur la notion de « décision » au sens du Règlement Bruxelles I *bis*, en y incluant une décision d'incompétence. Il confirme par ailleurs que l'autorité d'une telle décision s'étend à ses motifs « qui constituent le soutien nécessaire de son dispositif et sont, de ce fait, indissociables de ce dernier » (comp. déjà CJCE 1er juin 2006, *P&O European Ferries* (*Vizcaya*) *et Diputación Foral de Vizcaya c/ Commission*, C-442/03 P et C-471/03 P, point 44 ; CJUE 19 avr. 2012, *Artegodan c/ Commission*, C-221/10 P, point 87, *RTD eur.*, 2012. 598, obs. L. Coutron). Ainsi, l'article 36 « doit être interprété en ce sens qu'il vise également une décision par laquelle la juridiction d'un État-membre décline sa compétence sur le fondement d'une clause attributive de juridiction, indépendamment de la qualification d'une telle décision par le droit d'un autre État-membre ». La Cour estime que l'application uniforme des règles communes de compétence issues du Règlement requiert que l'autorité des décisions appliquant ces règles soit « définie au niveau de l'Union » (point 39). L'autorité de chose jugée des décisions d'incompétence est donc soumise à un « régime propre » (point 42). Cette approche signifie qu'il ne s'agit pas, ou plus, de se référer à la loi de l'État d'origine pour déterminer l'étendue de l'autorité de la chose jugée de la décision belge d'incompétence (comp. la jurisprudence *Hoffmann c/ Krieg* de la Cour de justice, selon laquelle « la décision étrangère [...] doit déployer en principe dans l'état requis les mêmes effets que ceux qu'elle a dans l'état d'origine » (CJCE 4 févr. 1988, *Hoffmann c/ Krieg*, aff. 145/86, point 11). Ainsi, « la juridiction devant laquelle est invoquée la reconnaissance d'une décision par laquelle la juridiction d'un État-membre a décliné sa compétence sur le fondement d'une clause attributive de juridiction est liée par la constatation relative à la validité de la clause, qui figure dans les motifs du jugement [...] » (point 42).

Chapitre 2

LE CONTENU DES EFFETS DU JUGEMENT ÉTRANGER

242-1. Un jugement étranger peut être appelé à produire des effets multiples, dans des contextes très divers et à des fins variées. Certains effets s'attachent ainsi au jugement étranger considéré comme un simple événement ou en sa seule qualité d'acte public ; sa normativité n'est alors pas en cause et sa régularité s'avère par conséquent indifférente (sect. 1). D'autres effets – ceux qui s'attachent à la valeur normative et à la force exécutoire du jugement étranger – impliquent en revanche que soit vérifiée son aptitude à fixer les droits des parties au regard des organes du for ; des conditions d'accueil spécifiques doivent alors être réunies, qui tendent à constater la régularité internationale de la décision étrangère (sect. 2).

SECTION 1
Effets indépendants de la régularité internationale

Un jugement étranger, même irrégulier, peut être pris en considération par une règle de droit substantiel en tant que simple événement (§ I). Pareillement, l'effet de titre du jugement étranger (§ II) comme sa force probante (§ III) s'attachent à sa qualité d'acte public, indépendamment de la reconnaissance de son contenu normatif.

I | Effet de fait

243. Un jugement étranger – même irrégulier – peut constituer une simple donnée factuelle, à laquelle une règle de droit substantiel attache des effets juridiques. Dans ce cas, le caractère juridictionnel du jugement étranger est indifférent, tandis que les effets qui lui sont attachés ne traduisent pas une normativité propre, car il ne sera pas pris dans l'État du for pour avoir fixé les droits des parties. Cet « effet de fait », selon la terminologie de Bartin, qui résulte non pas de sa qualité d'acte normatif ou juridictionnel, mais de sa seule existence brute, se manifeste, par exemple, dans le cas où le jugement étranger constitue une contrainte que le défendeur est admis à invoquer au titre de fait du prince exonératoire de responsabilité au regard de la loi applicable au contrat. Le jugement est envisagé en tant que simple événement empêchant le débiteur d'exécuter, de la même façon que tout autre fait constitutif de force majeure. Il peut réaliser aussi, dans le même ordre d'idées, une éviction déclenchant une obligation de garantie selon la loi applicable au fond, ou constituer un acte interruptif de prescription. L'effet de fait se manifeste ainsi par une véritable spécificité méthodologique : le jugement en tant que fait est *pris en considération* par une autre règle, dont il réalise l'une des conditions d'application, mais il ne déploie pas d'efficacité à titre autonome[1].

II | Effet de titre

244. Légué pareillement par Bartin[2], le concept d'effet de titre procède de la signification qu'attache une règle de fond à la qualité d'officier public de l'auteur d'un acte. Il concerne avant tout les instruments publics étrangers qui n'ont pas de contenu normatif propre, mais auxquels une règle de droit substantiel peut attacher une certaine efficacité, qu'il s'agisse de la validité formelle d'un acte privé ou son opposabilité aux tiers. Ainsi, l'instrument notarié, l'enregistrement d'un acte par

1. V. ainsi, Cass. com., 4 oct. 2005, *JDI*, 2006. 601, note G. Cuniberti, *Rev. crit. DIP*, 2006. 405, note H. Muir Watt ; Cass. civ. 1re, 25 avril 2006, *Rev. crit. DIP*, 2007. 113, note S. Lemaire ; Cass. civ. 1re, 11 juill. 2006, *JDI*, 2007. 554, note E. Fohrer-Dedeurwaerder, *Rev. crit. DIP*, 2007. 414, note H. Muir Watt ; Cass. civ. 1re, 22 janv. 2009, *Rev. crit. DIP*, 2009. 533, note H. Muir Watt (où, au-delà de l'effet de fait expressément évoqué, la cour régulatrice fait produire un effet de droit au jugement étranger pris en compte en l'espèce. Et, revenant à une conception plus raisonnable des frontières de l'effet de fait : Cass. civ. 1re, 22 mars 2012, *JCP* 2012, 669, note T. Azzi ; *Rev. crit. DIP* 2012. 894, note S. Bollée). L'emploi de la notion d'effet de fait n'est, il est vrai, pas toujours à l'abri de la critique (v. *infra*, n° 251).

2. Bartin, *Étude sur les effets internationaux des jugements*, Paris, 1907, qui aurait repris à Foelix l'idée du « titre probatoire » (v. Batiffol et Lagarde, *Droit international privé*, t. 2, n° 74 ; B. Ancel et Y. Lequette, *GA*, n° 4, p. 31).

l'officier public en charge d'un registre, l'intervention d'une autorité administrative, sont le plus souvent invoqués en France dans leur effet de titre, en tant qu'ils conditionnent la validité ou l'opposabilité d'un acte au fond [1]. Tel qu'il est appliqué aux jugements étrangers, le concept d'effet de titre revêt en revanche un caractère plus fuyant, car il est plus rare que la qualité publique de l'organe juridictionnel soit envisagée indépendamment du contenu de la norme qu'il émet. Cette ambivalence s'illustre dans le cas des exemples les plus fréquemment évoqués de l'effet de titre, à l'image de celui où le jugement étranger condamnant un individu au paiement de sa dette est notamment invoqué – à défaut d'*exequatur* – pour pratiquer une saisie conservatoire ou pour produire à une procédure collective [2].

III | Force probante de l'instrument

245. Indépendamment de la régularité de son contenu décisionnel, le jugement en tant qu'instrument public étranger bénéficie, en ce qui concerne les données de fait constatées personnellement par le juge en sa qualité d'officier public, d'une force probante particulière [3]. Ainsi, le jugement étranger peut être invoqué en tant qu'instrument de preuve d'une déclaration faite devant lui par un plaideur, ou encore, comme preuve d'un fait de l'état civil. Dans ce dernier cas, en vertu de l'article 47 du Code civil, le jugement fait foi des constatations matérielles opérées par le juge étranger, jusqu'à preuve contraire [4]. Il importe cependant de bien distinguer la force probante des constatations n'impliquant aucune appréciation personnelle du juge, de celles qui, en revanche, supposant une décision de sa part, relèvent de l'efficacité substantielle du jugement, comme lorsque le juge ne se borne pas à constater un fait de l'état civil, mais se prononce sur une question d'état ; ou lorsqu'il ne se limite pas à décrire des faits constants, mais en tire une conclusion quant à l'existence d'un rapport d'obligation entre les parties. La foi due à cette dernière opération ne concerne plus en effet la seule

1. Sur l'effet de titre des actes publics non juridictionnels, v. *infra*, n° 598.
2. Pour ces exemples et les doutes qu'ils inspirent, v. D. Holleaux, J. Foyer, G. de la Pradelle, *Droit international privé*, n° 906.
3. Sur les conditions auxquelles un acte public étranger accède à la qualité d'instrument, *infra*, n° 612.
4. Cass. crim., 3 juin 1986, *Rev. crit. DIP*, 1987. 731, note M. Revillard ; Cass. civ. 1re, 12 oct. 1986, *Rev. crit. DIP*, 1987. 557, note E. Poisson-Drocourt.

force probante de l'instrument, car elle vise le contenu normatif de la décision, l'état de droit consacré entre les parties [1].

SECTION 2
Effets tributaires de régularité

246. Parmi les effets des jugements étrangers, on distingue traditionnellement la reconnaissance du jugement et l'octroi de sa force exécutoire. Cette distinction est d'ailleurs reflétée dans les articles 45 et 46 s. du Règlement Bruxelles I *bis*, dans les articles 21 et s. et 28 et s. du Règlement Bruxelles II *bis* et dans les art. 39 et s. et 43 et s. du Règlement n° 650/2012 en matière successorale. Distincte de la force exécutoire, la reconnaissance proprement dite recouvre à son tour deux catégories d'effets : l'efficacité substantielle et l'autorité négative de chose jugée. L'efficacité substantielle correspond à l'apport normatif du jugement en tant qu'il fixe les droits des parties au fond, tandis que l'autorité négative de chose jugée opère sur le plan processuel, pour empêcher le renouvellement du procès en France. Ces deux catégories d'effets du jugement étranger peuvent être invoquées par voie incidente au cours d'une instance au fond dans l'État du for [2]. La classification ainsi opérée part donc du statut procédural des différents effets invoqués.

Cependant, cette présentation appelle aujourd'hui quelques nuances. D'une part, en raison de mutations spécifiques au droit de l'Union européenne, la distinction entre reconnaissance et exécution tend à perdre de sa netteté au regard du statut procédural respectivement applicable, puisque la force exécutoire du jugement émanant d'un autre État-membre s'attache désormais à celui-ci de plein droit. Il n'y a plus qu'en droit commun que l'accession à la force exécutoire requiert l'octroi de l'*exequatur* lorsque la réalisation du jugement implique des actes de contrainte. D'autre part, la doctrine processualiste contemporaine propose plus généralement une analyse un peu différente de celle évoquée ci-dessus, qui tend aujourd'hui à prendre le pas sur la précédente. Dans

1. Sur l'efficacité substantielle des décisions étrangères, v. *infra*, n°s 247 et s.
2. V. article 33, § 3 du Règlement Bruxelles I, 21, § 4 Bruxelles II *bis*, et 39, § 3 du Règlement n° 650/2012.

cette voie, la distinction oppose les effets et les attributs du jugement étranger. Tandis que les premiers, qui correspondent à l'effet normatif ou substantiel du jugement étranger, résultent de l'intervention intellectuelle du juge, les seconds, comprenant l'autorité de chose jugée et la force exécutoire, lui sont attribués automatiquement par le droit objectif.

En tenant compte de ces réserves, on présentera successivement l'efficacité substantielle du jugement étranger (§ I), son autorité de chose jugée (§ II) et sa force exécutoire (§ III).

I | Efficacité substantielle

247. L'efficacité normative du jugement étranger devant les tribunaux français représente la vocation de ce jugement à fixer les droits des parties et à fournir au juge une base de raisonnement. L'état de droit consacré par le jugement étranger est ainsi tenu pour identique au sein de l'ordre juridique français. En principe, cette efficacité substantielle est donc calquée purement et simplement sur le contenu propre du jugement étranger : celui-ci n'aura ni plus ni moins d'effets normatifs que dans son ordre juridique d'origine. Par exemple, un jugement étranger d'« adoption-protection » n'emportant aucun effet sur la filiation de l'enfant, ne pourra faire l'objet en France d'une transcription sur les registres de l'état civil [1].

La mise en œuvre de ce principe ne va pas cependant sans difficulté. Ainsi, lorsque le rapport juridique qui fait l'objet du jugement est accueilli dans l'ordre juridique du for par la technique de la substitution [2], il peut arriver que le jugement étranger emporte indirectement un effet normatif plus important que dans son pays d'origine. Cette amplification n'est pas sans créer des tensions avec le principe, qui semble recueillir un consensus en droit commun et conventionnel, selon lequel, du moins de vue de l'autorité de chose jugée, un jugement étranger ne déploie pas plus d'effet dans l'État requis qu'il n'en a dans son pays d'origine [3]. En réalité, il ne s'agit plus alors de donner effet au jugement étranger lui-même mais d'y attacher des conséquences qui trouvent nécessairement leur fondement dans la loi du for. L'effet amplificateur de la substitution est illustré à nouveau en matière d'adoption

1. Paris, 4 juin 1998, *Rev. crit. DIP*, 1999. 108, note H. Muir Watt.
2. V. *infra*, n°s 478 et s.
3. V. *infra*, n° 293.

internationale. Un jugement étranger peut avoir prononcé une adoption rompant de façon irrévocable le lien de filiation par le sang tout en restant elle-même révocable dans des circonstances exceptionnelles. Lors de son accueil dans l'ordre juridique du for, l'adoption ainsi prononcée sera pourtant assimilée à une adoption plénière, en vertu de l'article 370-5 du Code civil, ou de l'article 26-2 de la Convention de La Haye du 29 mai 1993 sur la protection des enfants et la coopération internationale en matière d'adoption internationale. L'adoption, révocable dans son pays d'origine, en deviendra irrévocable en France [1].

II | Autorité de chose jugée

248. L'autorité *négative* de chose jugée empêche le renouvellement en France d'un procès qui a déjà eu lieu à l'étranger. Cependant, elle est souvent confondue sous ce rapport avec la valeur normative ou efficacité substantielle du jugement étranger, qui justifie le plus souvent l'irrecevabilité d'une action ultérieure portant sur un litige qui a déjà été tranché à l'étranger. Par exemple, c'est l'efficacité substantielle d'un jugement étranger de divorce qui empêche de demander à nouveau la dissolution du lien conjugal, fût-ce selon une loi différente et selon d'autres modalités. Pratiquement, donc, l'utilité d'invoquer l'autorité négative de chose jugée se limite au cas où le demandeur a été débouté à l'étranger.

248-1. L'autorité *positive* de la chose jugée est souvent confondue avec l'efficacité substantielle. S'il est effectivement possible d'employer l'une ou l'autre de ces notions lorsqu'il s'agit de refuser ou d'attacher des conséquences nouvelles à un jugement étranger, la partie de celui-ci qui est invoquée au titre de l'efficacité substantielle est cependant la décision proprement dite, alors qu'au regard de l'autorité positive de chose jugée, c'est la seule vérification juridictionnelle effectuée par le juge étranger qui servira dans une instance ultérieure. Par exemple, si l'existence judiciairement constatée à l'étranger d'un lien de filiation est contestée lors d'une instance française relative à la succession du parent, c'est bien l'efficacité substantielle du jugement étranger dans sa dimension proprement décisionnelle qui empêchera de remettre en cause cette

1. La révocation du lien dans le pays d'origine de l'enfant ne pourra donc être reconnue en France, créant ainsi une adoption boiteuse : Cass. civ. 1re, 18 mai 2005, *Rev. crit. DIP*, 2005. 483, note H. Muir Watt.

filiation. En revanche, si lors d'un premier procès le juge étranger saisi d'une action à fins de subsides a retenu l'existence de relations sexuelles entre la mère de l'enfant et le défendeur, l'incontestabilité de cette vérification judiciaire pourra être invoquée, au titre de l'autorité positive de chose jugée, lors d'une instance ultérieure en recherche de paternité. Il y a donc autorité positive de chose jugée quand les mêmes faits correspondent au présupposé de deux règles différentes : la vérification effectuée au regard de l'une peut servir à l'application de la seconde.

249. La question de la loi applicable à l'autorité de chose jugée, débattue en droit commun, était généralement considérée comme absorbée par celle de la double limite imposée aux effets des jugements étrangers : cette autorité ne pouvait être plus étendue que celle définie tout à la fois par la loi d'origine et par le droit de l'État requis [1]. Mais s'agissant des jugements émanant d'un État-membre, la Cour de justice en retient désormais une définition autonome. De sorte qu'une décision sur la compétence, qui n'est pas nécessairement pourvue de l'autorité de chose jugée selon le droit national (d'origine ou d'accueil), la déploie nécessairement, dès lors qu'elle s'insère dans l'espace judiciaire commun par l'intermédiaire des règles de compétence directe [2].

III | Force exécutoire

250. Désormais, à compter du 10 janvier 2015, le régime de l'accueil en vue de l'exécution, dans un État-membre de l'Union européenne des jugements émanant d'autres États-membres, se distingue très nettement de celui du droit international privé commun, car l'*exequatur* n'est plus un préalable à l'exécution des décisions dans les rapports intra-européens [3]. Progressivement vidé de sa substance pour devenir une simple formalité [4], il disparaît avec l'entrée en vigueur du Règlement Bruxelles I *bis* [5]. Reste à

1. V. *infra* n° 293.
2. CJUE, 15 novembre 2012, *Gothaer*, aff. C-456/11, *Rev. crit. DIP* 2013. 686, note M. Nioche et v. *supra*, n° 242.
3. Pour cette raison, la spécificité du droit de l'Union sur ce point sera examinée *infra*, n°s 311 et s. ; 1138 et s.
4. V. *infra*, n° 297 ; 320-1 s. pour l'allégement des conditions de régularité et l'inversion procédurale accomplis par le Règlement Bruxelles I. Déjà, le principe général était assorti d'exceptions : v. ainsi le cas du titre exécutoire et de l'injonction de payer européens, sur lesquels, v. *infra*, n°s 311 et s.
5. Sur la disparition de l'*exequatur* en vertu du Règlement Bruxelles I *bis*, v. *infra*, n°s 291 ; 320-1 et s.

savoir si, à l'égard des jugements émanant d'États-tiers, l'affirmation d'un droit à l'exécution au titre des exigences du procès équitable affaiblira aussi l'étanchéité des frontières nationales [1]. Pour cette dernière catégorie des jugements, en tout cas, il demeure nécessaire de définir le seuil de l'*exequatur*, car celui-ci reste encore, pour ceux-ci, le passage obligé pour accéder aux voies d'exécution locales.

C'est la définition prétorienne de ce seuil qui a dessiné les contours de la notion d'exécution. L'exécution forcée pour laquelle l'*exequatur* constitue un préalable nécessaire en droit international privé commun comprend les actes d'exécution matérielle sur les biens ou de coercition sur les personnes [2]. Ainsi, elle comprend les cas où il s'agit de se faire remettre un enfant par la partie condamnée, ou de faire pratiquer une voie d'exécution sur les avoirs du débiteur. Mais certains cas engendrent de plus importantes difficultés de qualification. Ainsi, en principe, une qualité conférée par une décision étrangère et l'exercice de pouvoirs qui lui sont attachés relèvent de la seule reconnaissance et non de l'exécution ; au demeurant, les décisions constitutives de pouvoirs ont traditionnellement été reconnues de plein droit, indépendamment de l'*exequatur*, même en matière patrimoniale [3]. Par exemple, la qualité de gardien d'un enfant peut être reconnue en l'absence de toute procédure, et, hormis la remise forcée de l'enfant, ses pouvoirs exercés à ce titre. Mais la pratique subordonne fréquemment à l'*exequatur* le droit pour des administrateurs, syndics ou exécuteurs, eux-mêmes investis par une décision étrangère constitutive de pouvoirs, d'appréhender des biens en France en la qualité qui leur est conférée par le jugement étranger. L'*exequatur* ne devrait pourtant pas être nécessaire lorsque les biens se trouvent entre les mains d'un tiers dépositaire, dès lors que l'appréhension des biens constitue une mesure non contentieuse de pure administration patrimoniale. À cet égard, une source importante de complexité concerne le champ excessif que donne le droit international privé commun positif à l'exigence d'*exequatur* en matière de procédures collectives. Le dessaisissement du débiteur par l'effet du jugement étranger d'ouverture y est perçu comme une mesure d'exécution forcée nécessitant l'*exequatur*, alors même que le syndic nommé par le même jugement

1. Illustrant cette conventionnalisation du droit à l'exécution, qui est de nature à affaiblir l'étanchéité des frontières nationales sur ce terrain : CEDH, 19 mars 1997, *Hornsby*, Série A, n° 147, *JDI*, 1998. 185, obs. H. Ascencio ; *JCP*, 1997. II. 22949, note O. Dugrip et F. Sudre ; *D.*, 1998. 74, note N. Fricero ; *RTD civ.*, 1997. 1009, obs. J.-P. Marguénaud.

2. Cass. req., 3 mars 1930, *Hainard*, *S.*, 1930. I. 377, note Niboyet ; *Rev. dr. int. priv.*, 1931. 329, note Niboyet.

3. V. *infra*, n° 286-2.

est en principe investi de plein droit de ses pouvoirs d'appréhender les biens du débiteur en France [1].

ÉTAT DES QUESTIONS

B. G. — **Sur les effets des jugements indépendamment de l'*exequatur*** : D. Alexandre, « Les effets des jugements étrangers indépendants de l'*exequatur* », *Trav. Com. fr. DIP*, 1975-1977, p. 51 ; E. Fohrer-Dedeurwaerder, *La prise en considération des normes étrangères*, LGDJ, 2008, préf. B. Audit ; H. Muir Watt, « Remarques sur les effets en France des jugements étrangers indépendamment de l'*exequatur* », in *Mélanges dédiés à D. Holleaux*, Litec, 1990, p. 301 ; « Le mythe de l'"effet de titre" : le statut des jugements étrangers dans le contentieux du provisoire », in *Mélanges J. Buffet*, Petites Affiches, 2004, p. 347.

Sur l'efficacité substantielle : C. Bléry, *L'efficacité substantielle des jugements civils*, LGDJ, 2000, préf. P. Mayer ; D. Holleaux, *Compétence du juge étranger et reconnaissance des jugements*, Dalloz, 1970, préf. H. Batiffol ; G. Holleaux, « Remarques sur l'évolution de la jurisprudence en matière de reconnaissance des décisions étrangères en matière d'état et de capacité », *Trav. Com. fr. DIP*, 1948-1952, p. 179 ; H. Péroz, *La réception des jugements étrangers dans l'ordre juridique français*, LGDJ, 2005, préf. H. Gaudemet-Tallon.

Sur l'autorité de chose jugée : A. Huet, « L'autorité (négative) de chose jugée des jugements étrangers. Réflexions sur le droit international privé commun français », in *Mélanges en l'honneur du doyen G. Wiederkehr*, Dalloz, 2009, p. 397 et s. ; P. Mayer, « Réflexions sur l'autorité négative de chose jugée », in *Mélanges dédiés à la mémoire du doyen J. Héron*, LGDJ, 2008, p. 331 et s. ; M. Nioche, *La décision provisoire en droit international privé européen. Qualification et régime en matière civile et commerciale*, Bruylant, 2012.

Sur la notion d'exécution : C. Baker-Chiss, *Contribution à l'étude de l'exécution des jugements civils dans les rapports internes et internationaux de droit privé*, thèse Paris 1, 2008. D. Foussard, « Entre *exequatur* et exécution forcée (De quelques difficultés théoriques et pratiques relatives à l'exécution des jugements étrangers) », *Trav. Com. fr. DIP*, 1995-1998, p. 175 ; K. D. Kerameus, « Enforcement in the international context », *RCADI*, 1997, t. 254, p. 179 ; Ph. Théry, « Judex Gladii », in *Mélanges en l'honneur de R. Perrot*, Dalloz, 1996, p. 477.

EFFETS INDÉPENDANTS DE LA RÉGULARITÉ INTERNATIONALE

251. Les limites de l'effet de fait. — L'hypothèse de la prise en considération d'une décision étrangère irrégulière est à distinguer de celle de l'efficacité substantielle d'une décision étrangère régulière, laquelle peut pourtant se déployer selon une méthodologie analogue. Par exemple, si l'on admet que la règle *non bis in idem* a un fondement humanitaire ou équitable, l'existence d'une condamnation antérieure d'un délinquant pour les

1. V. *infra*, n° 1089.

mêmes faits à l'étranger est à prendre en considération en tant que simple fait, peu important qu'elle ait été compétemment rendue ; ce qui importe au regard de la règle applicable est la sanction déjà subie à l'étranger. En revanche, assortir une condamnation étrangère d'une incapacité en France suppose davantage que le simple constat de l'existence brute de la décision ainsi prise, car il serait intolérable d'attacher un tel effet à un jugement prononcé par un juge incompétent ou entaché d'une autre cause d'irrégularité. L'exigence ou non de la régularité de la décision prise en considération – qu'elle déploie une efficacité substantielle ou un simple effet de fait – dépend donc de l'interprétation de la règle dont la condition d'application se réalise à travers la décision étrangère.

Les contours de l'effet de fait restent très flous en jurisprudence. Ainsi, la Cour de cassation (Cass. com., 4 oct. 2005, *Rev. crit. DIP*, 2006. 405, note H. Muir Watt, *JDI*, 2006. 601, note G. Cuniberti) a qualifié de « simple fait juridique » un jugement étranger ordonnant la vente en justice d'un navire, qui devait être pris en considération par les juridictions françaises afin de rendre opposable au créancier saisissant le changement de propriétaire du navire par l'effet de vente judiciaire. Cependant, ce n'est aucunement le fait nu de l'événement judiciaire étranger qui importait ici, ni même son exécution brute – comme dans le cas où le jugement étranger serait invoqué en tant que constitutif de force majeure, empêchant le navire de quitter le port, par exemple. Ici, le jugement étranger était invoqué au soutien de l'opposabilité du transfert de propriété ordonné et sanctionné par l'autorité judiciaire étrangère. C'est donc bien l'effet normatif de la décision qui était recherché. Les mêmes observations valent au sujet d'une autre décision (Cass. civ. 1re, 11 juill. 2006, *Rev. crit. DIP*, 2007. 414, note H. Muir Watt, *JDI*, 2007. 554, note E. Fohrer-Dedeurwaerder), donnant effet à des ordonnances anglaises homologuant une cession de créance. La reconnaissance de l'état de droit résultant de l'intervention de la *High Court*, imputée ici encore à l'effet de fait de ces ordonnances, revenait en réalité à leur reconnaître une efficacité de plein droit. Il peut également y avoir confusion entre l'effet de fait d'un jugement et la prise en considération à titre préalable d'un état de droit consacré par un jugement étranger régulier (v. Cass. civ. 1re, 22 janv. 2009, *Rev. crit. DIP*, 2009. 533, note H. Muir Watt, dans l'hypothèse où la recevabilité d'une action en contrefaçon dépendait de l'effet déployé en France par un jugement belge relatif à la titularité des droits d'auteur. V. cepdt., revenant sur cette confusion : Cass. civ. 1re, 22 mars 2012, *JCP* 2012, 669, note T. Azzi ; *Rev. crit. DIP* 2012. 894, note S. Bollée). En revanche, la notion d'effet de fait a été utilisée à bon escient par un arrêt de la même formation du 25 avril 2006 (*Rev. crit. DIP*, 2007. 113, note S. Lemaire), conférant un statut de simple fait juridique à des résolutions du Conseil de Sécurité de l'ONU, dépourvues d'effet normatif direct en France. Sans être lié par ces dernières, par conséquent, le juge était libre d'y puiser des éléments d'appréciation relatifs au maintien de la souveraineté de l'État irakien au regard de l'immunité d'exécution.

252. Les limites de la force probante. — Théoriquement, la force probante doit être soigneusement distinguée du cas où la décision étrangère est invoquée en tant que preuve de son contenu proprement juridictionnel, car on passe alors du crédit dû à un titre officiel étranger, à l'effet véritablement normatif de la décision. Mais la distinction n'a pas toujours été respectée, y compris par Bartin lui-même. Historiquement, la perméabilité de ces catégories a ainsi permis d'attribuer l'efficacité substantielle de façon détournée à des catégories de décisions qui en étaient par ailleurs dépourvues. La première et plus remarquable illustration de ce détournement de la force probante du titre a été consacrée par le célèbre arrêt *Bulkley*, qui a réussi par cette voie à faire reconnaître l'efficacité de plein droit aux jugements d'état (Cass., 28 févr. 1860, *S.*, 1860.1.210, *DP*, 1860.1.57, *GA*, n° 4, avec l'analyse approfondie consacrée par B. Ancel et Y. Lequette au phénomène du détournement de la notion de force probante du jugement étranger). L'idée selon laquelle le titre étranger sert de preuve privilégiée de l'état de droit qu'elle constitue (v. encore les motifs de l'arrêt *de Wrède*, Cass., 9 mai 1900, *S.*, 1901.I.185, *JDI*, 1900.613, *GA*, n° 10, admettant qu'une décision russe de désunion matrimoniale est « *un fait juridique… qui ne saurait être méconnu en France* ») a contribué pareillement au rayonnement de plein droit des jugements constitutifs conférant une qualité ou un titre en matière patrimoniale (v. par ex. pour un administrateur de succession, Cass. civ., 6 juin 1967, *Schapiro*, *Rev. crit. DIP*, 1969. 75, note J. Déprez ; *JDI*, 1967. 890, note J.-D. Bredin). La justification correspond précisément à celle par laquelle le grand arrêt *de Wrède*, reconnaissant effet à des sentences russes en tant que « *fait juridique… qui ne saurait être méconnu en France* », avait, en 1900, posé les fondements modernes du régime d'efficacité des jugements étrangers (v. l'analyse donnée, sous l'arrêt *de Wrède*, par B. Ancel et Y. Lequette, *op. cit.*, n° 10). Il est vrai qu'au XIXe siècle, la déformation de la notion de force probante permettait aux décisions étrangères dispensées d'*exequatur* de bénéficier de l'efficacité substantielle, mais non de l'autorité de chose jugée. Toutefois, dans beaucoup de cas, les tribunaux évitaient de renouveler le procès au moyen de l'incompétence entre étrangers ou de l'assimilation du jugement à un contrat judiciaire (D. Holleaux, *Compétence du juge étranger et reconnaissance des jugements*, préc., n° 66). L'affirmation contraire de l'arrêt *Le Goaster* (Cass. Req., 11 nov. 1908, *DP*, 1914.1. 118, rapp. Denis) est ambiguë, car en réalité, il s'agissait bien dans ce cas d'efficacité substantielle.

Aujourd'hui, la même idée connaît encore un certain succès en matière de procédures collectives, où le recours à la notion de force probante du jugement étranger permet d'atténuer les inconvénients liés à l'absence générale de rétroactivité de l'*exequatur*, dont le domaine est hypertrophié en droit commun (v. déjà, Bordeaux, 10 févr. 1824, *S.*, 1824.II.119 et en dernier lieu, Cass. civ. 1re, 22 févr. 2000, *Rev. crit. DIP*, 2000. 778, note B. Ancel et H. Muir Watt). L'idée qu'exprime cette jurisprudence est que « la décision fait preuve de l'état des affaires du débiteur mais aussi des mesures ordonnées pour y faire face » (B. Ancel et Y. Lequette, obs. sous l'arrêt *Bulkley*, *GA*, n° 4). Une déformation analogue se rencontre dans l'hypothèse, qui affleure parfois dans la jurisprudence en matière de garde d'enfant ou d'adoption, où le jugement étranger est invoqué à titre persuasif à l'appui d'une nouvelle action sur le fond en France. Pareille pratique, parfois dénommée « action sur le jugement étranger », est pourtant une anomalie dès lors que le jugement étranger est régulier, puisque son efficacité propre devrait s'opposer à la recevabilité d'une demande nouvelle ; s'il est en revanche inefficace, son contenu peut servir tout au plus de présomption de fait de l'homme, mais ne suffit pas à fonder une voie d'efficacité spécifique.

253. Autorité de chose jugée et force probante. — L'arrêt *Brianti* (Cass. civ. 1re, 14 févr. 2006, *Rev. crit. DIP*, 2006. 833, note S. Bollée ; déjà Paris, 23 janv. 1990, *Ép. Odell*, *Rev. crit. DIP*, 1991. 92, note Y. Lequette ; *JDI*, 1990. 994, note M.-L. Niboyet-Hoegy ;

JCP, 1991.II.21637, note M. Béhar-Touchais) accepte de prendre en considération un jugement étranger à titre d'élément d'information relatif au contenu de la loi étrangère (sanctionné par la dénaturation). Mais l'effet ainsi reconnu au jugement étranger pouvait se justifier aussi bien sur le terrain de l'autorité positive de chose jugée attachée à la « vérification juridictionnelle » étrangère (v. sur ce concept, controversé, J. Héron, « Localisation de l'autorité de chose jugée ou rejet de l'autorité de chose jugée », in *Mélanges en l'honneur de Roger Perrot*, Dalloz, 1996, p. 131 et s.). Pour l'évolution ultérieure, qui restreint la portée reconnu à l'effet de fait : Cass. civ. 1re, 22 mars 2012, *JCP* 2012, 669, note T. Azzi ; *Rev. crit. DIP* 2012. 894, note S. Bollée.

Force probante et reconnaissance. – L'avènement de la certification au sein de l'espace judiciaire commun conduit à transférer vers ce nouveau dispositif une fonction probatoire, qui oblige à s'interroger sur la distinction entre force probante et reconnaissance, elle-même polysémique (sur cette polysémie, v. *supra*, n° 238).

Autorité et opposabilité de la chose jugée. — L'autorité (relative) de chose jugée d'un jugement ou d'une sentence arbitrale se distingue de son opposabilité aux tiers. Ceux-ci, quoique non parties à l'instance et non liés par la décision qu'ils ne sont pas tenus d'exécuter, ne peuvent pour autant méconnaître l'existence de celle-ci. Cependant, l'opposabilité d'une sentence retenant la responsabilité du défendeur n'autorise pas, sans violer les droits de la défense, à tenir pour établie la faute de celui-ci dans une instance distincte à l'égard d'un tiers (v. Cass. com., 23 janvier 2007, *Rev. arb.*, 2007. 769, note P. Mayer ; 2 déc. 2008, *Rev. arb.*, 2009. 327, note P. Mayer).

Autorité négative de chose jugée et *estoppel*. — L'arrêt *Cesareo* (Cass. ass. plén., 7 juillet 2006, *D.*, 2006. 2135, note L. Weiller, *JCP*, 2006.II.10070, note G. Wiederkehr ; *RTD civ.*, 2006. 825, obs. R. Perrot ; *Rev. huiss.*, 2006. 348, obs. N. Fricero) oblige le demandeur, au nom de l'autorité de chose jugée, à présenter dès l'instance relative à la première demande l'ensemble des moyens de nature à fonder celle-ci. Il y a là une forme *d'estoppel* procédural (*cause of action estoppel*), destinée à pourchasser les moyens dilatoires ou abusifs, qui trouve également expression, en matière d'arbitrage international, dans la Résolution de l'Association de droit international de 2006 (reproduite *Rev. arb.*, 2006. 1121, avec le commentaire de Ch. Seraglini, *ibid.*, p. 909), laquelle étend l'autorité négative de la chose jugée à tous les moyens relatifs à une même contestation qui auraient pu être soulevés au cours de la procédure ayant abouti à la sentence (v. sur l'ensemble de la question, P. Mayer, « Réflexions sur l'autorité négative de chose jugée », in *Mélanges dédiés à la mémoire de Jacques Héron*, LGDJ, 2008, p. 331).

Chose jugée et motifs de la décision étrangère. – L'autorité de la chose jugée s'étend-elle aux motifs de la décision ? La question est particulièrement intéressante dans le cas d'une décision d'incompétence qui se fonde sur l'appréciation de la validité d'une clause attributive. Or, il n'existe aucune disposition dans le Règlement Bruxelles I *bis* sur le régime de l'autorité de la chose jugée, et notamment sur son étendue. Dans le cas d'une décision d'incompétence, la Cour de justice a penché vers l'extension de l'autorité de la chose jugée à la question de la validité de la clause (CJUE, 15 novembre 2012, *Gothaer*, aff. C-456/11, *D.*, 2013. 1503, obs. F. Jault-Seseke ; *Rev. crit. DIP*, 2013. 686, note M. Nioche).

254. Les limites de l'effet de titre. — Le caractère très répandu de l'analyse en termes d'effet de titre de l'effet du jugement étranger constatant une créance au regard de l'article L. 511-2 du Code des procédures civiles d'exécution (ex art. 68 de la loi du 9 juillet 1991 sur les voies d'exécution), n'empêche pas de se demander si cette analyse ne relève pas d'une illusion d'optique. L'article L. 511-1 du Code des procédures civiles d'exécution (ex art. 67 de la loi du 9 juillet 1991) permet à toute personne ayant une créance paraissant fondée en son principe, de solliciter une autorisation judiciaire de pratiquer une mesure conservatoire, tandis que l'article L. 511-2 dispense de toute autorisation préalable à cette fin le bénéficiaire d'un titre exécutoire ou d'une décision de justice qui n'a pas encore acquis force exécutoire, ainsi que les créanciers munis de quelques autres titres privés limitativement énumérés et présentant des garanties suffisantes pour faire présumer l'existence de la créance (v. G. Cuniberti, « La mesure conservatoire pratiquée sur le fondement d'un jugement étranger : un nouveau défi pour l'huissier de justice », *Rev. huiss.*, 2004. 120). Il est très généralement admis, en l'absence de précision contraire de la loi et par référence à la jurisprudence antérieure à la réforme des procédures civiles d'exécution – qui acceptait déjà qu'un jugement étranger non revêtu de l'*exequatur* permette de pratiquer une saisie-arrêt en France (Trib. civ. Seine, 1er février 1956, *Rev. crit. DIP*, 1956. 336, note H. Batiffol) – que le terme « décision de justice » englobe les décisions étrangères non revêtues de l'*exequatur* (v. l'admettant « sans conteste », G. Couchez, « L'incidence de la réforme des voies d'exécution sur le droit international privé », *Trav. Com. fr. DIP*, 1996-1997, p. 123). Bien entendu, l'intérêt pratique de cette question diminue sensiblement désormais, s'agissant des jugements des États-membres revêtus de plein droit de la force exécutoire en vertu du Règlement Bruxelles I *bis*. Mais s'agissant des jugements relevant du droit commun, l'analyse du fondement de l'effet ainsi attaché à un jugement étranger indépendamment de l'*exequatur* reste délicate. Selon l'analyse doctrinale traditionnelle – laquelle ne semble guère avoir été affectée par la réforme des procédures civiles d'exécution – la possibilité d'invoquer un jugement étranger pour fonder une mesure conservatoire est une application de l'effet de titre des jugements étrangers, qui permettrait à celui dont la créance est reconnue par un jugement étranger, d'invoquer sa qualité de créancier en France. C'est ainsi qu'un jugement étranger constatant une créance permet, par exemple, de produire dans une procédure collective en France ; l'instrument public étranger constitue donc un titre qui fait présumer la qualité de créancier de celui qui l'invoque. On rattache volontiers à cette catégorie d'hypothèses le fait que le jugement étranger peut servir de fondement à une mesure conservatoire en France, en constituant l'apparence de la créance.

Dans aucun de ces cas, il ne s'agit à proprement parler d'exécuter la décision étrangère ; l'effet invoqué est en deçà de l'exécution, et ressemble fortement à la reconnaissance d'une qualité (celle de créancier) ou d'un état de droit (l'existence d'un rapport d'obligation) créés par le jugement étranger. Il implique en effet qu'une force probante particulière s'attache à « l'état de droit consacré » par le jugement étranger. C'est précisément ce qui semble distinguer l'effet de titre de la notion, *a priori* fort proche, de force probante de l'instrument. Au regard de celle-ci, le jugement envisagé en tant qu'instrument public étranger bénéficie, en ce qui concerne les données de fait constatées personnellement par le juge en sa qualité d'officier public, d'une valeur probatoire particulière (v. *supra*, n° 245). Selon cette analyse, par conséquent, un jugement étranger constatant une créance fait foi non seulement, par exemple, des déclarations des parties ou des témoignages qu'il constate – c'est la force probante de l'instrument – mais aussi de l'existence même de la créance qu'il déclare. Il fait présumer le caractère fondé de cette créance par sa force de titre. Mais on voit tout de suite ce qu'une telle analyse a d'artificiel ; il est pratiquement impossible de dissocier, pour expliquer le crédit qu'on prête au titre, l'enveloppe envisagée abstraitement en tant qu'instrument et l'appréciation juridictionnelle des faits par le juge étranger. Qu'est-ce donc que l'effet de titre dans ce cas, si ce n'est la reconnaissance de la dimension décisionnelle du jugement étranger ?

LA DISTINCTION ENTRE EFFETS ET ATTRIBUTS

255. Cette distinction, développée en particulier sous l'impulsion de la pensée processualiste de J. Héron (v. ainsi J. Héron, *Droit judiciaire privé*, Montchrestien, 1re éd. 1991, nos 273 et s. ; C. Bléry, *L'efficacité substantielle des jugements civils*, LGDJ, 2000, dir. J. Héron, préf. P. Mayer ; H. Péroz, *La réception des jugements étrangers dans l'ordre juridique français*, LGDJ, 2005, dir. J. Héron, préf. H. Gaudemet-Tallon) revêt au moins trois intérêts :

1 / Elle permet de trancher le débat qui oppose la thèse de l'extension des effets du jugement étranger et celle de son assimilation aux jugements du for de même type (sur l'état du débat relatif à l'espace judiciaire européen, v. H. Gaudemet-Tallon, *Compétence et exécution des jugements en Europe*, 5e éd. 2015, n° 348). En effet, alors que le contenu normatif déployé par la décision étrangère est en principe calqué sur celui qui lui appartient dans l'État d'origine (sauf les entorses visées au texte), ses attributs sont ceux que détermine, indépendamment de son contenu concret, le droit processuel du for d'accueil.

2 / Quelle est la loi applicable à l'autorité de chose jugée s'attachant au jugement étranger ? Une autre façon de poser la question est de savoir s'il faut considérer que l'autorité de chose jugée étrangère produit ses effets en France ou si au contraire ce sont les attributs français qui sont octroyés au jugement étranger. La nature procédurale des attributs du jugement commande la réponse : ils sont nécessairement consentis par l'ordre juridique du for. Toutefois, la prise en considération de la loi du pays d'origine sur ce point n'est aucunement exclue. Ainsi, le droit judiciaire étranger sera consulté pour savoir si le jugement revêt l'autorité de chose jugée dans le pays où il a été rendu, de façon à pouvoir lui attacher l'autorité de chose jugée au regard de l'ordre juridique du for.

3 / L'intérêt de requalifier en termes d'attribut – et non d'effet – du jugement étranger l'autorité de chose jugée, apparaît enfin lorsqu'il s'agit de déterminer le moment où cette autorité se déploie. Il est enseigné en effet que l'autorité *de plano* s'attache en France aux jugements constitutifs de façon immédiate, sans attendre la vérification de leur régularité par le juge du for, ce qui est généralement compris comme signifiant que l'autorité négative de chose jugée s'y attache dès leur prononcé. Une telle conclusion procède cependant d'une confusion avec l'efficacité substantielle du jugement étranger. Comme le démontre Mme Hélène Péroz (*op. cit.*), l'autorité de chose jugée n'a de sens que par rapport à une seconde demande. C'est à cette occasion seulement que cette autorité s'exprime. L'autorité immédiate ou « rétroactive » des jugements étrangers constitutifs et d'état signifie seulement qu'elle peut être invoquée à titre incident en France lors d'une seconde demande, indépendamment de l'*exequatur*, mais ne modifie pas le fait qu'elle ne

se déploie jamais qu'à cette dernière date. Sur ce que l'effet extinctif de la chose jugée à l'étranger ne s'attache pas au jugement étranger préalablement au contrôle de régularité internationale, mais présuppose qu'une nouvelle demande ait été introduite en France, à l'occasion de laquelle ce contrôle peut être mené incidemment, et ne peut en conséquence être rétroactif, v. A. Huet, « L'autorité négative de chose jugée des jugements étrangers. Réflexions sur le droit international privé commun français », in *De code en code, Mélanges en l'honneur du doyen Georges Wiederkehr*, Dalloz, p. 397.

LES CONTOURS DE L'EFFICACITÉ SUBSTANTIELLE

256. Définition de l'efficacité substantielle. — L'effet essentiel du jugement étranger sur le plan du droit substantiel est celui par lequel le droit subjectif du demandeur se trouve concrétisé au moyen de la novation de sa source. Selon l'analyse proposée sur ce point par C. Bléry (*L'efficacité substantielle des jugements civils*, préc. ; et déjà J. Héron, *Droit judiciaire privé*, n°s 276 et s.) l'effet normatif du jugement est ainsi à la fois constitutif, puisqu'il concrétise le droit subjectif du demandeur, et novateur, car il modifie la norme régissant ce droit, qui d'abstraite et générale devient singulière et concrète. Une perspective publiciste, plus traditionnelle, traduit la même idée en identifiant l'efficacité normative du jugement à la modification qu'il effectue de l'ordonnancement juridique, obligatoire pour ses destinataires et opposable aux tiers. L'efficacité substantielle des jugements prend ainsi la forme de la dissolution du lien conjugal, de l'établissement d'un lien de filiation, de l'annulation d'un contrat, de l'existence d'un droit de créance… On voit donc que cette efficacité se déploie indépendamment de la nature supposée déclarative ou constitutive du jugement ; ce n'est pas parce qu'elle consacre un droit préexistant, telle une créance de somme d'argent, que l'intervention du juge n'opère pas de novation de la source de ce droit. C'est ce qui explique pourquoi, sauf exception, l'efficacité des jugements rétroagit à l'égard des parties jusqu'au jour de la naissance du droit consacré.

L'étendue de l'efficacité substantielle du jugement étranger. — Le jugement étranger peut statuer sur un ensemble de questions qui relèvent, au regard du droit international privé du for, de catégories de rattachement diverses. Par exemple, il peut, dans la même instance, dissoudre un mariage, statuer sur les conséquences patrimoniales de la désunion et se prononcer sur l'autorité parentale à l'égard des enfants communs. En droit commun, la régularité de la décision fut longtemps vérifiée par le juge du for au regard d'autant de règles de conflit qu'il y avait de catégories de rattachement impliquées. Pareil contrôle aboutissait ainsi à un refus de reconnaissance en cas de « vrai » conflit ou d'absence d'équivalence entre la loi applicable selon le droit du for et celle appliquée par le juge étranger (v. cependant, supprimant le contrôle de la loi appliquée : Cass. civ. 1re, 20 févr. 2007, *infra*, n° 263).

Par ailleurs, la reconnaissance ne pourra être accordée à l'ensemble de la décision que si le juge étranger avait une compétence indirecte au regard de l'ordre juridique d'accueil pour trancher toutes les questions qui lui étaient posées. Il se peut que pour l'une d'elles, l'ordre du for pose une règle de compétence exclusive, rendant le juge étranger corrélativement incompétent (v. ainsi, Règlement Bruxelles I, art. 35 ; Règlement Bruxelles I révisé, art. 45. En revanche, le Règlement Bruxelles II *bis* exclut tout contrôle de la compétence des juges des autres États-membres à l'article 24. Il en va de même du

Règlement « successions »). Dans ce cas, la reconnaissance sera nécessairement sélective, portant sur la seule partie de celui-ci pour laquelle le juge étranger était indirectement compétent.

Autorité de chose jugée et efficacité substantielle. — La vérification juridictionnelle effectuée par le juge de la matérialité des faits et de leur correspondance aux conditions d'application de la règle de droit ne se confond aucunement avec la décision proprement dite, qui ensuite individualise, concrétise et « inconditionnalise » la norme abstraite ainsi reconnue applicable (H. Péroz, *op. cit.*, not. n° 92). En revanche, la décision est le passage de cette opération intellectuelle, pure œuvre d'intelligence du juge, à la concrétisation de la norme, qui s'exprime dans le dispositif du jugement. À son tour, selon le même auteur, la décision elle-même, tirant les conséquences de la vérification dans le cas individuel, comporterait toujours une « proclamation » de l'état de droit. Cette proclamation, qui se suffit à elle-même dans certaines hypothèses (dont les décisions d'état constituent le meilleur exemple), existerait même lorsque le jugement est purement déclaratif. Le cas échéant, elle est assortie d'aménagements concrets (par exemple, une responsabilité proclamée requiert une expression concrète sous la forme d'une somme d'argent) pour l'efficacité desquels l'octroi de la force exécutoire prend tout son sens.

La distinction entre autorité négative de chose jugée et valeur normative ou efficacité substantielle du jugement a un enjeu pratique. Il ressort de la jurisprudence relative aux effets en France des décisions de divorce que par emprunt au droit interne, pour que le jugement étranger déploie une autorité négative de chose jugée, il suffit qu'il soit doté de l'autorité de chose jugée selon sa loi d'origine, alors que l'efficacité substantielle n'appartient qu'aux jugements qui sont définitifs ou passés en force de chose jugée (c'est-à-dire après épuisement des voies de recours). Ainsi, une fin de non-recevoir tirée de la dissolution préalable du lien conjugal est impuissante à paralyser une nouvelle action en divorce devant un tribunal français, tant que la décision étrangère n'est pas passée en force de chose jugée (Paris, 28 sept. 1979, *Rev. crit. DIP*, 1983. 111, note Y. Lequette) ; en revanche, cette hypothèse relève de la litispendance (v. *supra*, n°s 209 et s.). Sur l'ensemble, v. D. Alexandre, *Rev. crit. DIP*, 1983. 603.

LE SEUIL DE LA FORCE EXÉCUTOIRE

257. Hésitations du droit positif. — Certaines situations, qui peuvent sembler à cheval entre la reconnaissance et l'exécution, ont donné lieu à des hésitations du droit positif. Certaines se soldent aujourd'hui en faveur de la seule reconnaissance. Ainsi, un jugement d'état peut être transcrit sans *exequatur* sur les registres de l'état civil, cette transcription étant une mesure de publicité, non d'exécution. Pareillement, un jugement d'adoption plénière opère de plein droit attribution de la nationalité française. En revanche, l'hypothèque judiciaire attachée à une décision étrangère a été jugée relever de l'exécution (Paris, 14 déc. 1988, *D.*, 1989. 280, note J. Prévault, *JDI*, 1990. 159, obs. crit. A. Huet ; rejetant le pourvoi contre cet arrêt, Cass. civ. 2e, 9 janv. 1991, *JCP*, 1991. II. 21681, note crit. J.-P. Rémery), alors pourtant qu'elle ne constitue pas en elle-même une mesure d'exécution forcée sur les biens du débiteur et tend plutôt, en garantissant la créance, à conférer à son titulaire le statut de créancier privilégié. Pareille analyse trouve une certaine confirmation dans le fait que, par ailleurs, le Code des procédures civiles d'exécution ouvre l'accès aux mesures conservatoires au créancier muni d'un titre de justice n'ayant pas encore force exécutoire (art. L. 511-2, ex-art. 68 L. 9 juillet 1991). Un jugement étranger non revêtu de l'*exequatur* suffit ainsi à fonder de telles mesures, qui ne relèvent donc pas de l'exécution forcée (v. aussi sur ce point, *supra*, n° 150).

258. Délimitation des compétences du juge d'origine et du for requis. — De telles hésitations quant à la présence ou non d'une question relevant de la reconnaissance ou de l'exécution ont pu conduire également à des difficultés de répartition entre la sphère de compétence du juge d'origine et celle du juge requis (D. Foussard, « Entre *exequatur* et exécution forcée… », préc., p. 184). Il en va ainsi en ce qui concerne la liquidation de l'astreinte prononcée par un jugement étranger (*ibid.*, p. 179). S'il s'agit d'un moyen de pression visant la seule obligation, l'astreinte semble relever de la seule *juridictio* du juge étranger et donc de la reconnaissance de la décision étrangère ; si en revanche elle a trait à l'exécution de la décision étrangère et ressortit à *l'imperium* du juge d'origine, elle serait privée d'effet extraterritorial. Toutefois, dans les deux cas, la liquidation devrait sans doute pouvoir s'effectuer dans l'État du for, la question étant plutôt de savoir si la compétence pour ce faire appartient au juge de l'*exequatur* saisi à cet effet par une demande accessoire au fond, ou au juge de l'exécution, statuant sur des difficultés d'exécution de la décision exequaturée. Le délai de grâce assortissant la décision étrangère soulève des interrogations analogues. À cet égard, il semble que seul le juge requis, chargé de l'exécution, ait le pouvoir d'octroyer un délai de grâce paralysant l'exécution forcée en France. Sur l'ensemble, v. G. Cuniberti, « Quelques observations sur le régime de l'astreinte en droit international privé », *Gaz. Pal.*, 27-28 nov. 2009, p. 2. Sur les intérêts moratoires attachés au jugement étranger, v. *infra*, n° 306-1.

259. Exécution et dessaisissement du débiteur. — La définition de l'exécution qui s'évince de celle du champ de l'*exequatur* n'est pas toujours cohérente. Les décisions étrangères ouvrant une procédure collective sont traditionnellement réfractaires en droit commun au jeu de l'efficacité substantielle de plein droit, tant en ce qui concerne le dessaisissement du débiteur que le régime des actes de la période suspecte et la suspension des poursuites, alors même que la qualité du syndic nommé à l'étranger pour administrer son patrimoine doit être reconnue sans *exequatur*. Pratiquement, le seul effet de cette dernière reconnaissance sera d'habiliter le syndic à agir sur le territoire français en *exequatur* du jugement étranger, afin d'étendre la portée territoriale du dessaisissement du débiteur ; mais en l'absence de l'*exequatur* ainsi recherché, aucun acte de réalisation de l'actif du débiteur ne peut être accompli par le syndic étranger, car ce dernier n'est pas dessaisi. S'il faut rejeter l'explication traditionnelle tirée du caractère prétendument déclaratif du jugement étranger d'ouverture, qui serait dépourvu par conséquent d'efficacité substantielle propre, cette solution semble s'expliquer par le fait que le dessaisissement du débiteur est perçu comme une mesure d'exécution à l'encontre de ce dernier. Or, s'il est difficile de dissocier les divers effets du jugement d'ouverture, en refusant le dessaisissement tout en admettant la suspension des poursuites, par exemple, il est clair aussi qu'un refus tranché de reconnaître le moindre effet au jugement étranger induit la fraude, puisque le débiteur demeure libre en France de disposer comme il l'entend des biens dont il n'a plus la disposition à l'étranger. La jurisprudence a cependant remédié aux inconvénients de ce système en droit commun, en admettant par un raisonnement évocateur de celui qui avait permis jadis de reconnaître certains effets sans *exequatur* aux jugements d'état, la rétroactivité de l'*exequatur* en ce qui concerne « certains effets » que la loi du fond attache au prononcé de la décision étrangère, en l'occurrence, l'irrecevabilité d'une action individuelle en paiement et l'inopposabilité d'une inscription provisoire d'hypothèque (Cass. civ. 1re, 25 févr. 1986, *Kléber*, JCP, 1987.II.20776, note J.-P. Rémery ; *Rev. crit. DIP*, 1987. 589, note H. Synvet ; *JDI*, 1988. 425, note A. Jacquemont). La protection qu'offre pareil assouplissement contre la fraude aux droits des créanciers n'est que d'une effectivité partielle ; la seule solution réellement cohérente sur ce point semble devoir passer en effet par la coopération judiciaire internationale, dont l'espace judiciaire européen fournit une illustration. Ainsi, au regard du Règlement CE n° 1346 du 29 mai 2000 relatif aux procédures d'insolvabilité (art. 18), le syndic nommé par la juridiction compétente « *peut exercer sur le territoire d'un autre État-membre tous les pouvoirs qui lui sont conférés par la loi de l'État d'ouverture* ».

260. Exercice des pouvoirs faisant grief. — Hormis le cas particulier des procédures collectives, la qualité de tout exécuteur ou *trustee* nommé à l'étranger pour administrer un patrimoine en vertu d'une décision constitutive de pouvoirs, est reconnue sans *exequatur*. En revanche, dès lors que cette appréhension risque de faire grief aux héritiers, l'*exequatur* est nécessaire : la qualification de l'acte d'exécution forcée ne dépend pas de la nature intrinsèque de l'acte à accomplir, à savoir l'appréhension des biens, mais du risque qu'il comporte de faire grief à quelqu'un. La Cour de cassation a ainsi admis que l'administrateur d'une succession nommé à l'étranger pouvait exercer, sans *exequatur*, les actions appartenant au défunt, y compris l'action en restitution à l'encontre d'un tiers, à condition que pareille action ne s'exerce pas à l'encontre des héritiers (Cass. civ. 1re, 6 juin 1967, *Schapiro*, *JDI*, 1967. 890, note J.-D. Bredin ; *Rev. crit. DIP*, 1969. 75, note J. Déprez). Plus récemment, l'arrêt *Meroni*, (CJUE, 25 mai 2016, aff. C-559/14, *JDI*, 2016. 1235, note L. Pailler ; *Rev. crit. DIP*, 2017. 103, note D. Bureau et H. Muir Watt), rendu au sujet du recours dont dispose un tiers, dans l'État d'exécution, contre une décision étrangère affectant ses droits, offre une illustration intéressante du cas d'une décision faisant grief – en l'occurrence un ordre de gel des avoirs non contradictoire – ordonnée par voie d'injonction par un juge anglais.

261. Exécution ou injonction ? — Une autre difficulté, connexe, est liée à l'objet propre de l'action en *exequatur*, qui tend à obtenir la réalisation de la décision étrangère, moyennant le concours de la force publique, à l'encontre de la personne à laquelle elle fait grief, mais non à vaincre la résistance injustifiée des tiers, dont le concours est nécessaire à la réalisation de la décision étrangère. Ce dernier cas relève de l'objet de l'action en injonction, et non de celle de l'*exequatur*, car l'exécution forcée de la décision étrangère n'est pas en cause. Ainsi, l'action en *exequatur* n'est pas le moyen approprié pour vaincre la résistance de l'officier requis de transcrire le dispositif d'un jugement sur les registres de l'état civil. Le refus d'exécution spontanée du tiers est justifié dès lors que son concours dépend de l'accord de la partie à laquelle la décision fait grief. Par exemple, le banquier dépositaire requis de remettre des avoirs en application d'une décision étrangère en l'absence du consentement des héritiers, a certainement le devoir d'exiger que le jugement soit revêtu de l'*exequatur*. Dans ce dernier cas, le défendeur à l'action est évidemment la partie à laquelle la décision fait grief, et non le tiers lui-même.

262. Force exécutoire et mise à exécution. — L'octroi de la force exécutoire ne se confond pas avec la mise à exécution effective de la décision étrangère. La fonction de l'*exequatur* s'épuisant dans l'octroi de la force exécutoire, l'exécution effective de la décision étrangère relève ensuite des voies d'exécution de droit interne. Les conséquences pratiques de cette distinction sont importantes. Ainsi, les questions relatives à l'exécution ne relèvent pas du domaine des Règlements de Bruxelles (y compris du Règlement n° 805/2004 portant titre exécutoire européen, v. *infra*, n°s 311 et s.). En effet, en dépit d'une confusion fréquente en pratique, ni les conditions de régularité, ni les circonstances dans lesquelles les décisions étrangères accèdent à l'efficacité internationale, ne peuvent servir à départager le conflit entre deux décisions devenues exécutoires (v. illustrant cette confusion, CJCE, aff. 145/86, 4 févr. 1988, *JDI*, 1989. 449, obs. A. Huet ; Cass. civ. 1re, 9 janv. 1996, *Rev. crit. DIP*, 1996. 719, note H. Muir Watt). Elle signifie également qu'une décision non assortie d'une astreinte dans l'État d'origine devrait pouvoir en bénéficier, une fois exequaturée, dans l'État du for requis, puisque le juge du for peut en assortir toutes les créances bénéficiant de la formule exécutoire (sur cette question v. D. Foussard, « Entre *exequatur* et exécution forcée », préc., p. 184 ; comp., CJCE, *Italian Leather SpA*, 6 juin 2002, *Rev. crit. DIP*, 2002. 713, 3e espèce, note H. Muir Watt, qui ne la résout pas cependant). Enfin, l'octroi de l'*exequatur* d'une décision rendue contre un État étranger relève de l'immunité de juridiction et non de l'immunité d'exécution, en tant qu'il « *ne constitue pas en lui-même un acte d'exécution* » (Cass. civ. 1re, 11 juin 1991, *Rev. crit. DIP*, 1992. 331, note P. L. ; sur cette solution, v. (critique) P. Bourel, « Aspects récents de l'immunité d'exécution des États et services publics étrangers », *Trav. Com. fr. DIP*, 1982-1984, p. 140 ; Ph. Théry, « Judex Gladii », in *Mélanges en l'honneur de R. Perrot*, Dalloz, 1996, p. 477, spéc. p. 479). Cette distinction conserve toute son importance sous l'empire du Règlement Bruxelles I *bis*, supprimant l'*exequatur* dans l'espace judiciaire européen. Même lorsqu'un jugement émanant d'un autre État-membre accède immédiatement à la force exécutoire dans les autres, sa mise à exécution effective relève encore des voies d'exécution locales. Il peut arriver au demeurant qu'une mesure étrangère requière une adaptation avant de pouvoir être mise en œuvre dans l'État du for. V. sur ces points, *infra*, n°s 320-2 et s.

262-1. Exécution et recouvrement d'une astreinte : v. G. Payan, *Droit européen de l'exécution en matière civile et commerciale*, Bruylant, 2012, spéc. p. 172 et s. Le principe de la libre circulation s'étend-il aux décisions de justice ordonnant une astreinte ? La mise à exécution dans l'État requis d'une astreinte ordonnée par le juge d'un autre État-membre est soumise au même régime que celle de la décision que l'astreinte assortit. Par exemple, une astreinte assortissant un droit de visite doit être déclarée exécutoire selon les règles définies par le Règlement n° 2201/2003 du Conseil du 27 novembre 2003 relatif à la compétence, la reconnaissance et l'exécution des décisions en matière matrimoniale et en matière de responsabilité parentale (v. CJUE, 9 sept. 2015, aff. C-4/14, *Bohez c/ Wiertz*, *Rev. crit. DIP*, 2016, p. 195, note G. Payan). Il en résulterait qu'une astreinte non liquidée relevant du domaine matériel du Règlement Bruxelles I *bis* serait alors immédiatement exécutoire. La Commission européenne l'avait souhaité [COM(2010) 748 final], proposant qu'une astreinte puisse être liquidée dans un État-membre différent de celui dans lequel elle a été prononcée. Cependant, le législateur de l'Union européenne n'a pas retenu cette solution dans le Règlement Bruxelles I *bis*. Par conséquent, même dans ce cadre, les décisions étrangères condamnant à une astreinte ne sont exécutoires dans l'État-membre requis que si le montant en a été définitivement fixé par les tribunaux de l'État-membre d'origine (*Bohez c/ Wiertz*, préc.).

262-2. Exécution et prescription du jugement étranger. Selon la Cour de cassation, la prescription relève du droit de l'exécution forcée ; par conséquent, dès lors que celle-ci se déroule sur le territoire français, la loi française est applicable (Cass. civ. 1re, 4 nov. 2015, *Rev. crit. DIP*, 2016. 453 et la chronique de D. Foussard). C'est en effet parmi les dispositions sur l'exécution forcée que prend place la règle, d'origine légale désormais, fixant à dix ans (au lieu de trente) le délai de prescription des jugements en droit français (v. L. n° 2008-561 du 17 juin 2008). Néanmoins, cette solution apparemment simple soulève diverses interrogations. Notamment, on peut se demander si, lorsque la prescription n'est pas acquise selon le droit du for, la loi étrangère de l'État dont émane le jugement peut avoir son mot à dire. La difficulté est alors de déterminer la fonction de la prescription selon cette dernière. Si elle se borne à s'opposer à la mise en œuvre des voies d'exécution, elle n'a aucune raison de s'appliquer dans l'État du for. Si, au contraire, elle atteint soit la créance née du jugement étranger, soit l'obligation originaire, la loi étrangère peut être prise en considération en tant qu'elle éteint la créance (v. sur ces points, D. Foussard, chronique préc.).

Chapitre 3

LES CONDITIONS DE RÉGULARITÉ INTERNATIONALE DES JUGEMENTS ÉTRANGERS

263. La reconnaissance définitive de la décision étrangère, aussi bien que l'octroi de la force exécutoire, résultent dans tous les cas d'un contrôle de conformité à certaines conditions d'accueil [1]. Ces conditions de régularité internationale restent cependant très variables selon la source de droit applicable. Allégées au sein de l'espace judiciaire européen, où la circulation des décisions connaît de moins en moins d'entraves, les exigences progressivement élaborées par la jurisprudence en droit commun en ont certainement reçu une forte impulsion dans le sens de la libéralisation. En même temps, la raréfaction du contentieux de droit commun corrélative à l'essor du droit dérivé européen entrave quelque peu l'évolution cohérente du premier. La préparation par la Conférence de la Haye d'une (seconde) Convention à vocation mondiale sur les effets des jugements sera sans doute de nature à modifier la donne, à l'avenir [2]. Pour l'heure, on envisagera successivement l'état du droit international privé commun (sect. 1), puis les apports du droit de l'Union européenne (sect. 2), dans l'attente de l'achèvement possible du nouveau régime conventionnel « mondial » actuellement en cours d'élaboration à la Conférence de la Haye, et auquel le Brexit donne une impulsion imprévue.

1. Sur les voies procédurales de ce contrôle, qui n'intervient pas nécessairement à titre principal, ni de façon immédiate, ni même, s'agissant des jugements régis par le Règlement Bruxelles I *bis*, devant le juge du pays d'accueil, v. *infra*, n°s 286 et s.

2. V. le projet publié en février 2017 : https://assets.hcch.net/docs/af3162c2-abbe-40b2-b214-8f8039e5406f.pdf. Ce projet succède à la tentative avortée, aux alentours de l'année 2000, d'élaborer une Convention mondiale portant à la fois sur la compétence judiciaire et les jugements. Il s'ajoutera à la Convention de la Haye de 2005 sur le choix de for, qui régit également les conditions de circulation des jugements des fors élus (v. *infra*, not., n° 142 ; 858-3 ; 873 s. ; 995).

SECTION 1
Droit commun

263-1. La manifestation la plus ancienne du contrôle de régularité internationale des jugements étrangers impliquait une appréciation par le juge requis du bien-jugé en fait et en droit de la décision étrangère. Pareille voie, dite de la « révision au fond » des jugements étrangers, a été supprimée, d'abord pour les décisions extrapatrimoniales et constitutives [1], puis pour l'ensemble des décisions, par l'arrêt *Munzer* de 1964 [2]. Il était désormais interdit, pour octroyer ou refuser l'*exequatur*, de refaire le raisonnement du jugement étranger au fond, de tenir compte, dans l'exercice du contrôle de régularité, d'éléments extrinsèques à la décision et enfin d'en modifier le contenu [3]. Le contrôle de la rectitude de l'opération intellectuelle qui fonde la décision céda alors la place à des exigences de régularité d'ordre extrinsèque. Ce tournant marque la reconnaissance plus franche de la valeur propre du jugement étranger, aussi différent soit-il de celui qu'auraient pu rendre les tribunaux de l'État du for. L'évolution s'est poursuivie depuis dans le sens de la libéralisation des conditions d'accueil des jugements étrangers et de la reconnaissance de leur valeur normative.

Selon les termes de l'arrêt *Munzer*, le juge français devait « s'assurer que cinq conditions se trouvent remplies, à savoir la compétence du tribunal étranger qui a rendu la décision, la régularité de la procédure suivie devant cette juridiction, l'application de la loi compétente d'après les règles françaises de conflit, la conformité à l'ordre public international et l'absence de toute fraude à la loi ». Aujourd'hui, la régularité internationale du jugement étranger, condition de sa reconnaissance et de son accession à la force exécutoire, n'est cependant plus tributaire que de deux séries de conditions relatives à la compétence internationale du juge étranger et au respect de l'ordre public. Le contrôle de la procédure suivie devant la juridiction étrangère, initialement prévu par l'arrêt

1. Cass. civ., 9 mai 1900, *de Wrède*, *S.*, 1901. I. 185, *JDI*, 1900. 613, *GA*, n° 10.

2. Cass. civ. 1re, 7 janv. 1964, *Rev. crit. DIP*, 1964. 344, note H. Batiffol ; *JDI*, 1964. 302, note B. Goldman ; *JCP*, 1964.II.13590, note M. Ancel, *GA*, n° 41.

3. V., encore récemment, Cass. civ. 1re, 19 sept. 2007, *Rev. crit. DIP*, 2008. 617, note E. Pataut ; *JDI*, 2008. 153, note C. Chalas ; Cass. civ. 1re, 14 janv. 2009, *Rev. crit. DIP*, 2009. 331, note L. d'Avout ; *JCP*, 2009.II.10033, note J.-G. Mahinga ; Cass. civ. 1re, 22 juin 2016, *JDI*, 2017. 565, note C. Chalas ; Cass. civ. 1re, 7 décembre 2016, *JCP*, 2016, Act. 1408, F. Mailhé.

Munzer, est en effet mesuré aux seules exigences de l'ordre public [1] ; quant au contrôle de la loi appliquée, objet de critiques doctrinales parfois vives, progressivement dilué par la jurisprudence [2], et ne servant plus que très exceptionnellement à refuser la reconnaissance d'une décision étrangère, il a été définitivement supprimé par la Cour de cassation [3]. Restent la compétence indirecte du juge étranger, qui inclut en réalité le contrôle de l'absence de fraude (§ I), et l'ordre public, tant de fond que de procédure [4] (§ II). Cette dernière condition est appelée aujourd'hui seule à remplir la fonction de filtrage qui était répartie, naguère, sur des critères multiples [5].

I | La compétence indirecte du juge étranger

264. Les modalités d'appréciation de la compétence indirecte du juge étranger, laquelle est devenue aujourd'hui la condition cardinale de régularité internationale, ont fait l'objet d'une évolution très importante. La suppression de la révision avait conduit à substituer à l'exigence d'une identité au fond entre le jugement étranger et son homologue virtuel français, la recherche d'une certaine symétrie procédurale ; l'octroi de l'*exequatur* était ainsi subordonné à la vérification que le lien fondant la compétence du juge ayant prononcé le jugement coïncidait avec le critère qui aurait justifié la compétence directe française dans un

1. Cass. civ. 1re, 4 oct. 1967, *Bachir*, *Rev. crit. DIP*, 1968. 98, note P. Lagarde ; *JDI*, 1969. 102, note B. Goldman ; *D.*, 1968. 95, note E. Mezger ; *JCP*, 1968. II. 15634, note J.-B. Sialelli, *GA*, n° 45. En outre, il semblerait que le contrôle de la compétence interne du juge étranger, initialement prévu par l'arrêt *Munzer*, ait également disparu, car l'incompétence interne est couverte le cas échéant par l'autorité qui s'attache au jugement étranger dans son pays d'origine.

2. V. sauvant des décisions non conformes au moyen d'une exception d'équivalence : Cass. civ., 29 juill. 1929, *Drichemont*, *Rev. crit. DIP*, 1931. 334, *JDI*, 1930. 377, *DH*, 1929. 458, *S.*, 1930. 1. 20 ; Cass. civ. 1re, 24 nov. 1965, *Loesch*, *Rev. crit. DIP*, 1966. 289, note P. Lagarde ; *JDI*, 1966. 369, note Ph. Kahn.

3. Cass. civ. 1re, 20 févr. 2007, *Cornelissen*, *D.*, 2007. 1115, note L. d'Avout et S. Bollée ; *LPA*, 2007, n° 102, p. 15, note C. Lecuyer-Thieffry ; *Gaz. Pal.*, 29 avril-3 mai 2007, n° 119 à 123, p. 2, Chron. M.-L. Niboyet ; *Rev. crit. DIP*, 2007. 420, note B. Ancel et H. Muir Watt ; *JDI*, 2007. 1195, note F.-X. Train. Ce contrôle demeure, exceptionnellement, dans le cadre de certaines conventions bilatérales : Cass. civ. 1re, 22 juin 2016, *Rev. crit. DIP*, 2017. 82, note Ch. Chalas.

4. Pour une application récente de ces critères de contrôle, v. par ex. : Cass. civ. 1re, 30 janvier 2013, n° 11-10588, *JCP* 2013, 165, obs. D. Akchoti. Et, dans le contexte de l'opposabilité d'une décision étrangère : Cass. civ. 1re, 29 janvier 2014, *Rev. crit. DIP*, 2014. 609, note Ch. Chalas.

5. P. Chevalier, « La nouvelle cartographie des voies ouvertes pour la reconnaissance ou l'exécution en France des décisions étrangères. L'office du juge de l'*exequatur*, l'ordre public et le portolan », *Rev. crit. DIP*, 2014. 1.

cas analogue. L'arrêt *Simitch* a bouleversé la méthode d'appréciation de la compétence du juge étranger en 1985 [1]. Désormais, le juge de l'*exequatur* doit s'interroger sur l'existence d'un cas de compétence exclusive, avant de vérifier la présence d'un lien caractérisé et non frauduleux entre le for étranger et le litige qu'il a tranché.

A / COMPÉTENCE EXCLUSIVE

265. Aux termes de l'arrêt *Simitch*, la compétence du juge étranger suppose en premier lieu que le litige tranché par ce dernier ne relevait pas de la compétence exclusive des tribunaux français. L'anomalie de l'exclusivité indirecte du privilège de juridiction étant désormais effacée [2], le droit commun semble cependant dépourvu de doctrine propre quant à la détermination exacte du domaine de la compétence exclusive ; sans doute peut-on y voir la conséquence de l'emprise durable sur la jurisprudence de la doctrine bartinienne de la bilatéralisation des chefs de compétence directe, aux termes de laquelle chaque fois qu'un chef de compétence se réalisait en France, il était nécessairement exclusif de toute compétence étrangère. Aujourd'hui, l'arrêt *Simitch* n'autorisant plus à lier ainsi l'exclusivité à la seule réalisation en France d'un critère de compétence directe, le droit conventionnel et dérivé européen est souvent pris comme modèle, qui retient en substance les hypothèses où la souveraineté de l'État requis se trouve en jeu et celles où le besoin se fait ressentir de protéger les intérêts d'une catégorie particulière de justiciables [3]. En dépit de quelques flottements de la jurisprudence de la Cour de cassation en matière de reconnaissance des répudiations musulmanes [4], le divorce a quant à lui quitté, depuis l'arrêt *Simitch*, le domaine de la compétence exclusive.

1. Cass. civ. 1re, 6 févr. 1985, *Simitch*, *Rev. crit. DIP*, 1985. 369 et chron. Ph. Francescakis, p. 243 ; *JDI*, 1985. 460, note A. Huet ; *D.*, 1985. 469, note J. Massip et IR 497, obs. B. Audit, *GA*, n° 70.

2. Pour l'art. 15 : Cass. civ. 1re, 23 mai 2006, *Prieur*, *D.*, 2006. 1846, chron. B. Audit ; *LPA* 22 septembre 2006, n° 190, note P. Courbe ; *JDI*, 2006. 1377, note C. Chalas ; *JCP*, 2006.II.10134, note P. Callé ; *Gaz. Pal.*, 2007, nos 119-123, p. 21, note M.-L. Niboyet ; *Rev. crit. DIP*, 2006. 870, note H. Gaudemet-Tallon ; *GA*, n° 87 ; pour l'art. 14 : Cass. civ. 1re, 22 mai 2007, *Fercometal*, *Rev. crit. DIP*, 2007. 610, note H. Gaudemet-Tallon ; *JDI*, 2007. 956, note B. Ancel et H. Muir Watt ; *D.*, 2007, chron. B. Audit, p. 2548 et Cass. civ. 1re, 30 sept. 2009, 1re esp., *D.*, 2010. 58, note B. Audit, 2e et 4e esp., *Rev. crit. DIP*, 2010. 133, note H. Gaudemet-Tallon ; 16 déc. 2009, *Rev. crit. DIP*, 2010. 164, note H. Muir Watt ; comp. *supra*, nos 158 et s., n° 209.

3. V. *supra*, n° 140.

4. V. *infra*, n° 761.

B / LIEN CARACTÉRISÉ

266. C'est dans l'hypothèse où la compétence internationale directe du for est jugée revêtir un caractère concurrent qu'apparaît le second apport essentiel de l'arrêt *Simitch*. Au lieu de mesurer la compétence étrangère à l'aune des critères français de compétence directe, il suffit désormais de constater l'existence d'un lien caractérisé entre le pays dont le juge a été saisi et le litige [1]. Le contenu de ce lien reste encore à définir précisément. La question se pose notamment de savoir si l'appréciation du lien caractérisé doit être fonction de la nature du litige, ou si le critère recherché revêt surtout un caractère procédural, devant satisfaire à des exigences de proximité et de commodité, indépendamment de la matière litigieuse. Le domicile du défendeur semble toujours constitutif d'un lien caractérisé entre les parties et le litige, mais en son absence, la consistance des indices pouvant être retenus relève de la casuistique, même si la Cour régulatrice entend exercer son contrôle sur la qualification de lien caractérisé [2].

C / ABSENCE DE FRAUDE

267. La jurisprudence est peu abondante sur la teneur du lien caractérisé, ayant été largement mobilisée par la détermination de la fraude au jugement, dont l'absence demeure selon l'arrêt *Simitch* une condition de la compétence du juge étranger [3]. Si la Cour de cassation a fait de cette dernière une condition supplémentaire par rapport au lien substantiel, c'est sans doute afin de conserver son contrôle sur le critère de la compétence indirecte qui, tiré de la seule absence de fraude, aurait été

1. V., par ex. : Cass. civ. 1re, 11 février 2015, *Rev. crit. DIP*, 2015. 891, note L. Usunier.

2. V. par exemple, Cass. civ. 1re, 5 mai 1998, *Mailian*, *Rev. crit. DIP*, 1998. 662, note H. Muir Watt ; 28 janv. 2003, *Rev. crit. DIP*, 2004. 398, note H. Muir Watt ; *JDI*, 2003. 468, note J.-M. Jacquet. Cette conclusion s'induit ainsi de la dissociation de la condition du lien caractérisé et de l'absence de fraude dans l'arrêt *Simitch*, qui autrement se fondrait dans une seule condition subjective relevant de l'appréciation souveraine des juges du fond (v. B. Ancel et Y. Lequette, *GA*, n° 70, § 17, p. 638).

3. Cette dernière idée renvoie à celle qui s'exprimait déjà dans l'arrêt *Mack Trucks* de la Cour de Paris, selon laquelle il n'existe aucune raison *a priori* de refuser effet à un jugement obtenu sans déloyauté auprès d'un juge étranger se reconnaissant compétent ; la vérification de l'absence de fraude suffisait alors à elle seule à assurer l'existence du lien recherché : Paris, 10 nov. 1971, *Mack Trucks*, *RTD com.*, 1972. 239, obs. Y. Loussouarn ; *JDI*, 1973. 239, note A. Huet ; comp. aussi de la même formation, 5 mars 1976, *Giroux*, *JDI*, 1977. 880, obs. A. H. ; *Rev. crit. DIP*, 1978. 149, note B. Audit ; 27 nov. 1981, *DS*, 1983. 143, note G. Paire.

purement subjectif[1]. Les liens entre la fraude et l'exigence d'un lien caractérisé font cependant l'objet de diverses interrogations. Ainsi, alors même que le juge étranger est dépourvu de lien caractérisé avec les parties, la possibilité de recourir à la fraude à la compétence demeure parfois discutée[2]. Mais en sens inverse, il devient extrêmement difficile de cerner les cas de fraude au jugement, lorsque le demandeur, quels qu'en soient les mobiles, a saisi un juge ayant un lien caractérisé avec le litige[3]. Par le passé, cette dernière exigence suffisait en effet à régler les manifestations familières des divorces « touristiques » obtenus à Reno ou aux îles Vierges en l'absence totale de connexion entre le juge saisi et la situation des époux[4]. Le critère de la fraude est d'ailleurs introuvable dans les cas de répudiation unilatérale, où le mari oppose la dissolution du lien conjugal obtenue dans le pays d'origine des époux dans une procédure de divorce engagée par la femme en France. En effet, la compétence des autorités de l'État de la nationalité commune des époux est alors parfaitement légitime, sauf à réinvestir la compétence du juge de la résidence commune des époux d'un caractère exclusif, écarté cependant par l'arrêt *Simitch*[5]. Dans ce cas, la difficulté de saisir la fraude lorsque les parties disposent d'un choix de for explique que la réaction de l'ordre juridique du for se soit déplacée sur le terrain de l'ordre public[6]. Le même schéma s'est reproduit récemment, en matière de gestation pour autrui. L'acte de l'état civil obtenu à l'étranger par des parents d'intention en vue de faire reconnaître en France un lien de filiation à l'égard d'un enfant né d'une convention dite de « mère-porteuse », a d'abord été tenu pour frauduleux. Cependant, dans cette hypothèse, il était difficile de distinguer la fraude de l'obtention d'un résultat perçu comme incompatible avec l'ordre public du for. À son tour, néanmoins, le recours à cette dernière solution a été condamné

1. La dualité des deux conditions a ainsi été maintenue dans la jurisprudence de la Cour de cassation (Cass. civ. 1re, 20 févr. 2007, préc.).

2. Tel est le cas notamment en matière de gestation pour autrui.

3. Récemment, la Cour de cassation est venue exclure la fraude en présence de liens caractérisés : Cass. civ. 1re, 4 mai 2017, *D.*, 2017. 1283, note D. Sindres ; *Rev. crit. DIP*, 2017; note D. Bureau, H. Muir Watt.

4. Par ex., parmi les derniers exemples de fraude au divorce au moyen du tourisme juridictionnel : Cass. civ. 1re, 2 oct. 1984, *Rev. crit. DIP*, 1986. 91, note M.-N. Jobard-Bachellier ; *JDI*, 1985. 495, note B. Audit ; 22 avr. 1986 et 6 juill. 1988 ; *Rev. crit. DIP*, 1989. 89, note H. Gaudemet-Tallon.

5. V. cepdt, retenant la fraude au jugement au sujet d'une décision algérienne de divorce obtenue par un Algérien domicilié en Algérie, et invoquée pour faire échec à l'action en contribution aux charges du mariage intentée en France par son épouse algérienne : Cass. civ. 1re, 20 juin 2012, *Rev. crit. DIP* 2012. 900, note H. Gaudemet-Tallon ; *JDI* 2013. 165, note E. Fohrer-Dedeurwaerder.

6. V. empruntant cette voie, peut-être pour éviter d'avoir à confronter la convention franco-algérienne de 1964 à la CEDH : Cass. civ. 1re, 30 sept. 2009, *JDI* 2010. 841, note J. Guillaumé.

par la Cour européenne des droits de l'homme au nom des droits de l'enfant, dès lors qu'aucune issue n'était ouverte pour le protéger par la loi du for [1].

II | La conformité à l'ordre public

Initialement formulées en deux conditions distinctes, les exigences de l'ordre public portent sur la conformité de la décision étrangère aux valeurs fondamentales de l'ordre juridique du for, tant en ce qui concerne la solution consacrée au fond (A) qu'en ce qui concerne la procédure suivie (B).

A / VALEURS SUBSTANTIELLES

268. Sur le fond, le seuil de tolérance de l'ordre public en matière de reconnaissance des jugements étrangers est plus élevé que dans l'instance directe, l'accueil des jugements étant, depuis l'arrêt *Rivière*, le domaine d'élection de l'ordre public « atténué [2] ». Selon cette dernière notion, seuls les effets de la décision étrangère, envisagés *in concreto*, sont confrontés aux valeurs du for, le fait que la situation source n'aurait pu se constituer directement devant un tribunal français étant indifférent. C'est ainsi que la Cour de cassation avait admis, du moins dans un premier temps, qu'une répudiation musulmane prononcée à l'étranger conformément au statut personnel des époux, n'était pas contraire à l'ordre public français, dès lors que son caractère discrétionnaire était tempéré par les garanties pécuniaires accordées à la femme répudiée [3]. L'important contentieux de la reconnaissance des répudiations révèle cependant qu'il est difficile de dissocier l'appréciation de la situation source de celle de ses effets. On peut sans doute y voir la marque des droits fondamentaux, réfractaires à toute atténuation de leur intensité même en présence d'un jugement étranger, dès lors du moins que les parties ont un lien substantiel avec l'ordre juridique du for. De fait, c'est sans doute sous l'influence de ces derniers que le jeu de l'ordre public

1. V. *infra*, n° 780.
2. Cass. civ., 17 avr. 1953, *Rivière*, *Rev. crit. DIP*, 1953. 412, note H. Batiffol ; *JDI*, 1953. 860, note Plaisant ; *JCP*, 1953. II. 7863, note Buchet ; *RabelsZ*, 1955. 520, note Ph. Francescakis ; *GA*, n° 26.
3. Cass. civ. 1re, 3 nov. 1983, *Rohbi*, *Rev. crit. DIP*, 1984. 325, 1re esp., note I. Fadlallah ; *JDI*, 1984. 329, note Ph. Kahn ; *JCP*, 1984. II. 20131, concl. Gulphe.V. aussi, *infra*, n° 761.

dit « de proximité » trouve désormais sa place sur le terrain des effets des jugements étrangers [1]. Ainsi, après avoir utilisé dans un premier temps le détour de l'exception d'ordre public pour affirmer le principe d'égalité des époux [2], une série remarquée de cinq arrêts du 17 février 2004 a admis que, lorsque l'épouse répudiée est domiciliée en France, la répudiation unilatérale est contraire au principe fondamental d'égalité des époux consacré par l'article 5 du Protocole n° 7 du 22 novembre 1984, additionnel à la Convention européenne des droits de l'homme, « même si elle résulte d'une procédure loyale et contradictoire [3] ».

Moins fréquente en matière patrimoniale, l'invocation de l'ordre public international y est parfois cependant couronnée de succès. La circulation de jugements américains octroyant des dommages-intérêts punitifs perçus comme disproportionnés lui donne sur ce point une certaine actualité [4].

B / VALEURS PROCÉDURALES

269. La composante procédurale de l'ordre public tend à revêtir une importance croissante, sous l'égide du droit fondamental au procès équitable, auquel elle tend aujourd'hui à s'assimiler [5], indépendamment de la question de savoir si l'État d'où émane le jugement est partie ou non à la Convention européenne des droits de l'homme. Assimilé pendant très longtemps au respect des droits de la défense, dont le noyau dur était constitué par l'information du défendeur avant le procès, se prolon-

1. Cass. civ. 1re, 10 févr. 1993, *Rev. crit. DIP*, 1993. 620, note J. Foyer, à qui revient la paternité de l'expression « ordre public de proximité » ; *JDI*, 1994. 124, note I. Barrière-Brousse ; *D.*, 1994. 66, note J. Massip et *somm. comm.*, p. 32, obs. B. Audit ; Paris, 13 janv. 2000, *D.*, 2000. 898, note S. Aubert ; *JCP*, 2001. I. 293, obs. J. Rubellin-Devichi.

2. Cass. civ. 1re, 11 mars 1997, *D.*, 1997. 400, note M.-L. Niboyet ; *JCP*, 1998. I. 101, n° 3, obs. H. Fulchiron.

3. Cass. civ. 1re, 17 févr. 2004, *Rev. crit. DIP*, 2004. 423, note P. Hammje ; *JDI*, 2004. 1200, note L. Gannagé ; *D.*, 2004. 824, concl. Cavarroc, et p. 815, chron. P. Courbe ; *JCP*, 2004. II. 10128, note H. Fulchiron ; *Defrénois*, 2004. 812, note J. Massip ; *GA*, 63-64.

4. V. ainsi : Cass. civ. 1re, 1er décembre 2010, *Rev. crit. DIP* 2011.93, note H. Gaudemet-Tallon ; *JDI* 2011.614, note O. Boskovic (condamnation à des dommages-intérêts punitifs, qui pour n'être pas en elle-même contraire à l'ordre public, le devient lorsque le montant alloué est disproportionné au regard du préjudice subi et des manquements aux obligations contractuelles du débiteur). Aj., la note de L. Usunier sous Cass. civ. 1re, 7 novembre 2012, *Rev. crit. DIP*, 2013. 898.

5. V., ainsi, estimant que « *la contrariété à l'ordre public international de procédure d'une décision étrangère ne peut être admise que s'il est démontré que les intérêts d'une partie ont été objectivement compromis par une violation des principes fondamentaux de la procédure* » : Cass. civ. 1re, 19 sept. 2007, *Rev. crit. DIP*, 2008. 617, note E. Pataut ; *JDI*, 2008. 153, note C. Chalas.

geant dans l'impartialité lors de l'appréciation des preuves et l'exigence d'une motivation [1], le concept plus large de procès équitable a attiré sous l'égide de l'ordre public la protection procédurale du demandeur, et plus précisément son droit d'accéder à la justice [2].

SECTION 2
Droit européen

270. Le droit européen (constitué ici par le Règlement n° 1215/2012 « Bruxelles I *bis* » en matière civile et commerciale et ses Règlements « satellites » : Règlement n° 805/2004 portant création d'un titre exécutoire européen ; n° 2201/2003 « Bruxelles II *bis* » en matière matrimoniale et de responsabilité parentale ; n° 4/2009 en matière d'obligations alimentaires ; 650/2012 en matière successorale ; 2016/1103 en matière de régimes matrimoniaux ; 2016/1104 en matière d'effets patrimoniaux des partenariats enregistrés ; et encore le Règlement (UE) 2015/848 du 20 mai 2015 relatif aux procédures d'insolvabilité, pour certaines décisions, v. art. 32) allège les conditions de circulation des jugements émanant des États-membres au sein de l'espace judiciaire commun, en

1. Une jurisprudence abondante subordonne la conformité du jugement étranger à l'ordre public procédural à l'existence d'une motivation, sous réserve pour le demandeur à l'*exequatur* de produire des « *documents équivalents à la motivation défaillante* » (depuis Cass. civ. 1re, 17 mai 1978, *JDI*, 1979. 380, note Holleaux et, plus récemment, v. par exemple : Cass. civ. 1re, 22 oct. 2008, *D.*, 2009. 59, note D. Motte-Suraniti ; Cass. civ. 1re, 11 février 2015, *Rev. crit. DIP*, 2015. 891, note L. Usunier. Cass. civ. 1re, 9 septembre 2015, *Rev. crit. DIP*, 2016. 189, note L. Usunier). Pour une application rigoureuse de cette condition, reconduite à l'identique sous l'égide de l'article 27-1 de la Convention de Bruxelles, v. au sujet de jugements anglais non motivés, Cass. civ. 1re, 20 sept. 2006, *Brero*, et 28 nov. 2006, *Sté Union Discount Ltd*, *JDI*, 2007. 139, note G. Cuniberti et, sur la 2e espèce, *JDI*, 2007. 543, note H. Péroz, soulignant que les jugements par défaut étant fréquemment dépourvus de motivation, le refus de reconnaissance peut avoir pour effet de conforter la stratégie d'évitement du défendeur. Aj., sur l'impossibilité pour des décisions interprétatives postérieures de remédier à l'insuffisance originaire de la motivation, reconnue défaillante par le juge de l'*exequatur* : Cass. civ. 1re, 7 novembre 2012, *JCP* 2013, 170, note A. Piacitelli-Guedj ; *LPA* 10 janvier 2013, n° 8, p. 9, note V. Legrand ; *JDI* 2013, 1176, note C. Chalas ; *Rev. crit. DIP*, 2013. 898, note L. Usunier.

2. Pareille extension conduit aujourd'hui à se demander si l'ordre public procédural n'est pas de nature à rendre compte à lui seul des exigences de l'ordre juridique du for relative à la compétence indirecte du juge étranger. Un lien caractérisé ou substantiel n'est-il pas en réalité un lien qui n'est abusif pour aucune des deux parties ? Il est significatif que certains critères de compétence jugés exorbitants ou abusifs sont désormais sévèrement critiqués à l'aune du procès équitable. On doit ainsi à ce dernier la condamnation récente de l'effet exclusif du privilège de l'article 15 du Code civil : Cass. civ. 1re, 23 mai 2006, *Prieur*, préc.

l'automatisant désormais dans un grand nombre de cas [1]. Ainsi, lorsque les décisions émanant d'autres États-membres bénéficient de plein droit tant de la reconnaissance que de la force exécutoire sur le territoire du for, les conditions de régularité qui subsistent ne peuvent faire l'objet que d'un contrôle *a posteriori* au stade de la mise à exécution effective. La disparition progressive du contrôle des décisions étrangères au stade de l'*exequatur* tient alors au fait que les deux conditions tenues pour cardinales en droit commun, à savoir un lien raisonnable entre le for requis et le litige et le respect de l'ordre public, notamment dans sa composante procédurale, sont présumées remplies dans le cadre de l'espace judiciaire commun.

D'une part, les règles de compétence directe communes s'imposent en effet aux juges des États-membres, qui en assurent d'office le respect [2]. Il ne peut être procédé, sauf exception, au contrôle de la compétence des juridictions de l'État d'origine de la décision, le critère de l'ordre public ne pouvant pas abriter un tel contrôle [3]. Seule la violation d'une compétence exclusive – dont il n'y a d'exemples que dans le Règlement Bruxelles I *bis* – peut encore donner lieu à un refus de reconnaissance, *ex post* (§ I).

D'autre part, les États-membres étant tous liés par la Convention européenne de sauvegarde des droits de l'homme, la conformité de leurs procédures à l'article 6 de cet instrument peut désormais être présumée, même si la confrontation des traditions nationales aux exigences fondamentales du procès équitable est encore suffisamment nouvelle pour justifier le maintien de la condition du respect de l'ordre public au niveau de la reconnaissance (§ II).

I | Les compétences exclusives

271. À la différence du Règlement Bruxelles I *bis*, le Règlement Bruxelles II *bis* ne hiérarchise pas les chefs de compétence qu'il prévoit. La compétence directe en matière de désunion conjugale est ouverte très largement afin de favoriser l'accès des deux époux au juge, tandis qu'en

1. V. *infra*, n° 320-3.
2. Au regard de l'article 26-1 « Bruxelles I », en cas de défaillance du défendeur domicilié dans la Communauté ; et dans tous les cas, en vertu de « Bruxelles II *bis* » article 17, Règlement « Obligations alimentaires », art. 10, Règlement « Successions », art. 15, Règlement « Bruxelles I révisé », art. 27.
3. Article 35-3 « Bruxelles I » ; art. 24 « Bruxelles II *bis* ».

matière de responsabilité parentale, la compétence de principe du for de la résidence habituelle de l'enfant (art. 8) connaît de nombreux assouplissements ou exceptions [1]. Il s'ensuit que la protection des fors ainsi prévus réside entièrement dans l'obligation du juge saisi d'une instance directe de vérifier d'office sa compétence, tandis que le non-respect d'une règle de compétence directe, peu vraisemblable ou peu vérifiable, n'est pas sanctionné au niveau de la circulation du jugement.

Dans le système fortement hiérarchisé du Règlement Bruxelles I *bis*, l'article 45 I -e) prévoit que le refus de reconnaissance est justifié en cas de violation des seules sections 3, 4, 5 et 6 du chapitre II [2]. En revanche, la violation d'une clause attributive de juridiction, qui fonde pourtant une compétence « exclusive » selon l'article 25-1, ne donne pas lieu à un refus de reconnaissance [3].

272. La méconnaissance par le juge d'origine des fors exclusifs de l'article 24 (sect. 6), justifie le refus de reconnaissance de sa décision en raison du fondement des compétences prévues par ce texte, qui, hormis le cas des droits réels immobiliers [4], traduisent en principe l'existence d'une compétence normative exclusive de l'État au regard du droit international public en matière de services publics [5].

Dans la mesure où, par conséquent, l'incompétence des juridictions d'autres États-membres ne résulte pas, à la différence des autres cas de compétence directe, d'une rationalité purement européenne de répartition des contentieux, elle devrait concerner aussi le cas où la personne morale (art. 24-2), le registre (art. 24-3 et 24-4) ou l'exécution (art. 24-5) se situe sur le territoire d'un État-tiers. Pareillement, si la compétence exclusive des juridictions de l'État du lieu de l'immeuble en matière de droits réels immobiliers (24-1) se justifie essentiellement par des considérations d'effectivité, celles-ci conservent toute leur valeur lorsque l'immeuble est situé dans un État-tiers. Par conséquent, les tribunaux des États-membres devraient également se déclarer incompétents, et refuser de reconnaître un jugement rendu en violation d'une compétence

1. Articles 9 à 15, dont certains impliquent une appréciation très active du juge saisi, par exemple dans le cas du renvoi à un juge mieux placé prévu à l'article 15.

2. Le Règlement Bruxelles I *bis* innove sur ce point s'agissant des rapports individuels de travail (art. 45-1-e-i).

3. V. *infra*, n°s 282 et 872.

4. Sur le jeu de ce chef de compétence exclusive dans un cas de litispendance, v. CJUE, 3 avril 2014, aff. C-438/12, *Rev. crit. DIP*, 2014. 704, note L. d'Avout ; *JDI*, 2015. 659, note M. Nioche.

5. V. *supra*, n°s 71 et s. Revisitant la notion d'exclusivité, v. D.-P. Fernandez Arroyo, « Compétence exclusive et compétence exorbitante dans les relations privées internationales », *RCADI*, t. 323, 2006, p. 13, spéc. p. 80 et s.

exclusive visée à l'article 24 lorsque les rattachements retenus par ce texte se réalisent dans un État-tiers, soit que leur droit commun intègre les mêmes paramètres issus du droit international public, soit que le Règlement engendre un « effet réflexe » dans ce cas[1].

273. La méconnaissance par le juge d'origine d'une compétence protectrice relevant des sections 3 (en matière d'assurance), 4 (contrats conclus par les consommateurs) et 5 (rapports individuels de travail) entraîne le refus de reconnaissance des décisions rendues dans un autre État (État-membre ou État-tiers) parce que la proximité et l'accessibilité du tribunal font partie intégrante du dispositif impératif de protection mis en place. Il ne suffit donc pas pour couvrir l'incompétence du juge saisi en violation de ces textes qu'il ait appliqué des dispositions de police (souvent issues de textes de droit dérivé européen) destinées à assurer un régime de protection sur le plan du droit substantiel. La saisine d'un for autre que le for de protection fait présumer un abus de pouvoir de la part de la partie forte.

C'est là la différence essentielle avec les autres cas d'incompétence du juge d'origine, qui sont sans incidence sur la circulation de la décision incompétemment rendue dès lors que les exigences de l'ordre public de fond, y compris l'ordre public européen de protection, ont effectivement été respectées par le juge incompétemment saisi.

II | L'ordre public

La contrariété manifeste à l'ordre public de l'État requis, visée dans tous les instruments précités (par ex. à l'article 45-1-a) du Règlement « Bruxelles I *bis*», 22 *-a*) et 23 *-a*) du Règlement « Bruxelles II *bis* », 24 du Règlement « Obligations alimentaires », 40 du Règlement « Successions », 37 du Règlement « Régimes matrimoniaux » et 37 du Règlement « Partenariats enregistrés ») recouvre aussi bien des valeurs substantielles (A) que des exigences d'équité procédurale (B).

A / VALEURS SUBSTANTIELLES

274. La Cour de justice a jugé que la détermination du contenu de l'ordre public au stade de la circulation intra-européenne des jugements

1. V. *supra*, n° 126. Il est vrai que la jurisprudence de la Cour de justice jette le trouble sur ce point, en déclarant l'article 4 impératif dans les rapports avec les États-tiers.

relevait des seuls États [contractants] membres, mais qu'il lui incombait néanmoins « de contrôler les limites dans le cadre desquelles le juge d'un État-contractant peut avoir recours à [la] notion [d'ordre public] pour ne pas reconnaître une décision émanant d'une juridiction d'un autre État-contractant [membre] [1] ». C'est ainsi que la contrariété de la décision étrangère à l'ordre public de l'État requis doit revêtir un caractère « inacceptable », en tant qu'elle heurterait un principe fondamental de l'ordre juridique requis. En réalité, la Cour va parfois plus loin que le simple encadrement de la catégorie, en imposant un certain contenu à l'ordre public des États-membres. Ainsi, ceux-ci doivent désormais protéger, par le refus de reconnaissance des jugements contraires, les droits fondamentaux et les valeurs portées par les lois de police d'origine européenne [2]. Bien que de tels contenus aient vocation, pour l'essentiel, à être opposés aux jugements émanant d'État-tiers, il n'en reste pas moins que dans les rapports intra-européens, des conflits d'interprétation comme des conflits de droits pourraient nourrir cette rubrique. Sans doute est-ce pour cette raison que dans le domaine des rapports de famille, le Règlement Bruxelles II *bis* érige explicitement en cause de refus de reconnaissance, aux côtés de la violation manifeste de l'ordre public, la contrariété aux intérêts supérieurs de l'enfant d'une décision statuant sur la responsabilité parentale (art. 23-*a*), même si cette protection de l'enfant serait certainement prise en charge en toute hypothèse par l'exception d'ordre public en raison de l'importance primordiale qu'elle revêt désormais parmi les obligations conventionnelles des États-membres.

274-1. Sans doute peut-on également mesurer à l'aune de la contrariété à l'ordre public l'hypothèse dans laquelle une décision rendue par les tribunaux d'un État-membre serait inconciliable avec une autre décision, rendue entre les mêmes parties au sein de l'État requis [3]. La présence dans un même État de deux décisions contradictoires serait en effet de nature à contrarier l'ordre public de l'État d'accueil [4].

1. CJCE, 28 mars 2000, *Krombach*, C-7/98, *Rev. crit. DIP*, 2000. 481, note H. Muir Watt ; *Gaz. Pal.* 3 octobre 2000, note M.-L. Niboyet ; *JDI*, 2001. 690, obs. A. Huet.

2. *Ibid.* ; et C-126/97 *Eco Swiss China Time Ltd*, 1er juin 1999, *Rec.*, I-03055 ; *Rev. arb.*, 1999. 631, note L. Idot ; *Contrats, conc. consom.*, 1999, n° 162, obs. S. Poillot-Peruzzetto, n° 18-19 ; C-38/98 *Maxicar*, 11 mai 2000, *Rec.*, I, 2973, concl. Alber ; *Rev. crit. DIP*, 2000. 497, note H. Gaudemet-Tallon ; *JDI*, 2001. 696, obs. A. Huet.

3. Art. 45 c Bruxelles I *bis* ; 23-e Bruxelles II *bis* ; 24 c Obligations alimentaires ; 40 c Successions….

4. Le Règlement n° 44/2001 ne s'applique cependant pas aux décisions de justice inconciliables rendues dans un même État-membre (CJUE, 26 septembre 2013, aff. C-157/12, *D.*, 2014. 1059, obs. H. Gaudemet-Tallon, F. Jault-Seseke ; *RTD com.*, 2013. 833, obs. A. Marmisse-d'Abbadie d'Arrast.

B / VALEURS PROCÉDURALES

275. L'importance croissante de la composante procédurale de l'ordre public se vérifie à l'histoire de l'interprétation de l'article 27-1 de la Convention, devenu aujourd'hui 45-1 (a) du Règlement Bruxelles I *bis*, initialement destiné à abriter le seul ordre public de fond. L'alinéa 2 (ou désormais le (b)) de ce texte semble en effet cantonner les exigences du procès équitable à la seule protection des droits de la défense dans la phase précédant le procès lui-même, et ceci dans l'unique hypothèse où le défendeur n'aurait pas comparu. Désamorçant le conflit qui se dessinait ainsi avec le contenu de l'article 6-1 de la Convention européenne, la Cour de Luxembourg a cependant estimé dans son important arrêt *Krombach* (préc.) que le droit au procès équitable devait s'imposer lors de la circulation des jugements européens à travers la réserve générale d'ordre public figurant au premier alinéa de ce texte [1]. Désormais, la même solution semble devoir s'imposer s'agissant de l'article 47 de la Charte de l'Union européenne, applicable à l'occasion de la mise en œuvre du droit dérivé [2].

Pareille inclusion implicite des exigences du procès équitable par le biais de la clause générale d'ordre public a certainement vocation à concerner les autres instruments de droit dérivé qui impliquent la circulation de jugements, dès lors du moins que la jurisprudence *Krombach* postule la primauté des droits fondamentaux de la procédure sur les mécanismes du droit de l'Union européenne [3]. Poursuivant dans la voie qu'elle avait ainsi ouverte, la jurisprudence de la Cour de justice confirme que la liberté des États-membres de définir eux-mêmes les contours de leur ordre public procédural dans leurs rapports réciproques est désormais réduite [4]. Les juges nationaux doivent notamment intégrer

1. La Cour de cassation avait jugé peu de temps auparavant dans le même sens : Cass. civ. 1re, 19 mars 1999, *Pordea*, *Rev. crit. DIP*, 2000, p. 224 et la chron. G. A. L. Droz, « Variations Pordea », *ibid.*, p. 181 ; H. Muir Watt, obs. *Rev. gén. proc.*, 1999. 74.

2. Même si le contenu de l'ordre public relève en principe encore du droit national, son encadrement par le droit de l'Union semble justifier l'intervention de la Charte.

3. S'agissant de la circulation des décisions prises en matière de responsabilité parentale au regard du Règlement Bruxelles II *bis*, ce dernier instrument intègre de façon plus explicite les exigences procédurales fondamentales issues des textes conventionnels destinés à protéger les intérêts supérieurs de l'enfant, notamment en érigeant à l'article 23 (*b*) en cause de refus de reconnaissance, une décision prise (sauf urgence) en l'absence d'audition de l'enfant – dès lors du moins que la non-audition viole les règles fondamentales de procédure de l'État requis.

4. Ainsi, la motivation de la décision étrangère, ou tout au moins la possibilité de ses destinataires d'en comprendre les raisons, une composante essentielle de cette exigence CJUE, 6 septembre 2012, *Trade Agency*, aff. C-619/10, et *infra*, n° 1197. Toutefois, il est laissé une marge d'appréciation au

l'exigence de la proportionnalité des sanctions [1]. À cet égard, le déplacement du contrôle vers le juge de l'exécution d'un jugement certifié dans un autre État-membre ne change rien à la donne [2].

Le contenu de l'ordre public procédural est indirectement affecté par l'effet structurel de la suppression de l'*exequatur*. En effet, la question se pose de savoir à quel stade de la procédure, ou en quel lieu, entre l'État d'origine du jugement et l'État requis, peut être contestée l'équité processuelle de la décision rendue au fond. S'il est indispensable que la partie condamnée puisse se défendre et le cas échéant contester le jugement rendu à son encontre, la Cour de justice exige aujourd'hui qu'elle ait épuisé les voies de recours dans l'État d'origine [3]. Le contrôle *a posteriori* dans l'État requis ne doit pas servir à compenser une omission sur ce point. La question revêt cependant un caractère particulièrement délicat lorsque le grief lui-même réside dans l'absence de voie de recours effectif dans le pays d'origine [4].

ÉTAT DES QUESTIONS

B. G. — **Sur la compétence indirecte** : B. Audit, « La fin attendue d'une anomalie jurisprudentielle : retour à la lettre de l'article 15 du Code civil », *D.*, 2006. 1846 ;

juge national pour apprécier l'existence d'une atteinte *in concreto* : aff. C-394/07, *Gambazzi, Gaz. Pal.*, 27-28 nov. 2009, p. 22, note M. Nioche, L. Sinopoli ; G. Cuniberti, chron., *Rev. crit. DIP*, 2009. 685. Sur ce que le principe d'une telle motivation fait bien partie des exigences de l'ordre public de chacun des États-membres sur ce point (CJUE, *Trade Agency*, préc.).

1. Même (ou peut-être surtout) lorsque la décision étrangère émane d'un pays-tiers. Ainsi, la Cour de Luxembourg a jugé, dans l'affaire *Gambazzi-Stolzenberg* (CJCE, 2 avril 2009, préc.) que le fait de priver le destinataire d'une mesure provisoire (en l'occurrence, une injonction sanctionnée par le *Contempt of Court*) du droit de se défendre au fond en cas d'inexécution de cette mesure viole le principe de proportionnalité des sanctions.

2. Cf l'arrêt *Trade Agency* préc. : pt 34 « *il importe alors de relever que le fait que la décision étrangère est accompagnée du certificat ne saurait limiter l'étendue de l'appréciation qui doit être effectuée, en vertu du double contrôle, par le juge de l'État-membre requis, dès lors qu'il analyse le motif de contestation mentionné à l'article 34, point 2, du Règlement n° 44/2001* ». On peut penser que ce motif est transposable à l'hypothèse où le second contrôle n'est pas effectué par le juge de l'*exequatur*.

3. V. CJUE, 16 juillet 2015, aff. C-681/13, *Diageo Brands, Rev. crit. DIP*, 2016. 367, note T. Azzi ; *JDI*, 2015. 155, note J. Heymann ; *D.*, 2015. 1606, obs. H. Gaudemet-Tallon et F. Jault-Seseke ; *RTD eur.*, 2015. 872, obs. E. Treppoz ; comp. sous l'égide du Règlement Bruxelles II *bis* : CJUE, 19 nov. 2015, aff. C-455/15 PPU, *P. c/ Q.*, *D.*, 2016. 1045, obs. H. Gaudemet-Tallon et F. Jault-Seseke ; *AJ fam.*, 2016. 48, obs. E. Viganotti ; *RTD eur.*, 2016. 444, obs. V. Egéa ; *Europe*, janv. 2016, Comm. 35, L. Idot ; *Procédures*, janv. 2016, Comm. 16, C. Nourissat, *Rev. crit. DIP*, 2016.479, chron. S. Corneloup.

4. CEDH, 25 févr. 2014, n° 17502/07, *Avotins c/ Lettonie*, *Rev. crit. DIP*, 2014. 679, note F. Marchadier ; *RDC*, 2014. 428, obs. P. Deumier ; *JCP*, 2014. 313, note C. Pichelar. CJUE, 25 mai 2016, aff. C-559/14, *Meroni*, *JDI*, 2016. 1235, note L. Pailler ; *Rev. crit. DIP*, 2017. 103, note D. Bureau et H. Muir Watt.

Ph. Francescakis, « Le contrôle de la compétence du juge étranger après l'arrêt *Simitch* de la Cour de cassation », *Rev. crit. DIP*, 1985. 243 ; H. Gaudemet-Tallon, « Le destin mouvementé des articles 14 et 15 du Code civil français de 1804 au début du XXIe siècle », in *Liber Fausto Pocar*, Giuffré, 2009, p. 433 et s. ; A. Huet, « Le nouvel article 15 du Code civil », in *Mélanges en l'honneur de H. Gaudemet-Tallon*, Dalloz, 2008, p. 311 ; D. Holleaux, *Compétence du juge étranger et effets des jugements*, Dalloz, 1970, préf. H. Batiffol.

Sur le contrôle de la loi appliquée : B. Ancel, « Loi appliquée et effets en France des décisions étrangères », *Trav. Com. fr. DIP*, 1986-1987, p. 25 ; E. Agostini, « L'*exequatur* : capilotade ou peau de chagrin ? », *D.*, 2008. 1110 ; S. Gressot-Léger, « Faut-il supprimer le contrôle de la loi appliquée par le juge étranger lors de l'instance en *exequatur* ? », *JDI*, 2003. 768 ; M.-L. Niboyet, « L'abandon du contrôle de la compétence législative indirecte », *Gaz. Pal.*, 29 avril-3 mai 2007, n° 119 à 123, p. 2 ; B. Ancel et H. Muir Watt, « Les jugements étrangers et la règle de conflit de lois : chronique d'une séparation », in *Mélanges H. Gaudemet-Tallon*, Dalloz, 2008, p. 133.

Sur l'ordre public : D. Boden, L'Ordre public : limite et condition de la tolérance. Recherches sur le pluralisme juridique, thèse, Paris 1, 2002. G. Cuniberti, « Abolition de l'*exequatur* et présomption de protection des droits fondamentaux », *Rev. crit. DIP*, 2014. 303 ; L. Milano, « Protection des droits fondamentaux et mécanismes de reconnaissance mutuelle dans l'Union européenne », *JCP*, 2016. 898 ; F. Monéger, G. Pluyette, « *Exequatur* et principes essentiels du droit français », in *Mélanges à la mémoire de P. Courbe*, Dalloz, 2012, p. 447.

Sur l'incidence des droits fondamentaux de la procédure : D. Cohen, « La convention européenne des droits de l'homme et le droit international privé français », *Rev. crit. DIP*, 1989. 450 ; G. A. L. Droz, « Les droits de la demande dans les relations privées internationales », *Trav. Com. fr. DIP*, 1993-1995, p. 97 ; « Variations *Pordea* (À propos de l'arrêt de la Cour de cassation, 1re Chambre civile, du 16 mars 1999) », *Rev. crit. DIP*, 2000. 181 ; B. Juratowitch, « The European Convention on Human Rights and English Private International Law », *Journal PIL*, 2007. 173 ; P. Mayer, « La convention européenne des droits de l'homme et l'application des normes étrangères », *Rev. crit. DIP*, 1991. 651 et « Droit au procès équitable et conflits de juridictions », in *Les nouveaux développements du procès équitable au sens de la Convention européenne des droits de l'homme*, 1996, p. 125 ; H. Muir Watt, « Contre une géométrie variable des droits fondamentaux de la procédure », *Justices*, 1996. 329 ; « Harcèlement sur harcèlement ne vaut (Des conceptions divergentes du droit fondamental d'accéder à la justice dans l'espace conventionnel européen) », *Rev. gén. proc.*, 1999. 747 ; L. Sinopoli, *Le droit au procès équitable dans les rapports privés internationaux*, thèse, Paris 1, 2000 ; « Droit au procès équitable et *exequatur*. Strasbourg sonne les cloches à Rome (à propos de l'arrêt *Pellegrini c/ Italie* du 20 juillet 2001) », *Gaz. Pal.*, n° 4, juillet-août 2002, doctrine, p. 1157 ; « Variations sur le contrôle de la CEDH sur les procédures nationales d'*exequatur* », *Gaz. Pal.*, 21 févr. 2009, n° 52, p. 50.

Sur le régime européen : v. la bibl. générale *infra* sous le n° 320-3.

DROIT INTERNATIONAL PRIVÉ COMMUN

276. Éléments d'histoire. — Les conditions auxquelles l'*exequatur* est octroyé à un jugement étranger ont considérablement évolué, et restent variables selon le régime, conventionnel ou de droit commun, applicable. Cette évolution s'est faite dans le sens d'une libéralisation progressive. Déniant tout effet, serait-ce de pur titre, à un jugement étranger dépourvu d'*exequatur*, le célèbre arrêt *Parker* (Cass. civ., 19 avr. 1819, *S.*, 1819.I.129, *D. jur. gén.*, V° « Droit civil », n° 442, *Journ. Aud.*, 1819. 257, *GA*, n° 2), revint sur les acquis plus libéraux de l'Ancien droit. Par ailleurs, l'*exequatur* était alors accordé à des conditions extrêmement restrictives : une décision étrangère rendue à l'encontre d'un ressortissant français et relevant par conséquent de la sphère de compétence des tribunaux nationaux, n'accédait à la force exécutoire que si elle était identique au fond à celle qui aurait été prononcée par un juge français dans les mêmes circonstances ; le seul intérêt pour le bénéficiaire du jugement étranger de demander l'*exequatur* plutôt que de recommencer le procès en France résidait dès lors dans le transfert au défendeur de la charge de la preuve de la différence entre la solution retenue par le juge étranger et celle qu'aurait consacrée le juge français. Dans le même temps, le réexamen au fond était exclu en ce qui concerne les décisions, plus rarement invoquées à des fins d'exécution en France, qui émanaient du juge naturel du défendeur.

Cette distinction en fonction de l'origine nationale du défendeur s'est effacée cependant, progressivement, au profit d'une nouvelle opposition fondée sur la nature du jugement étranger, qui préfigurait déjà en réalité la suppression généralisée du pouvoir de révision du juge de l'*exequatur*. En effet, la jurisprudence ayant admis, par un recours déformant au concept de force probante, que les jugements étrangers rendus en matière d'état et de capacité des personnes, puis constitutifs de pouvoirs, pouvaient être invoqués à titre incident soit afin de fonder des conséquences de droit substantiel (notamment en cas de divorce étranger, le remariage, v. Cass. civ., 28 févr. 1860, *Bulkley*, concl. Dupin, *S.*, 1860,1, 210, *DP*, 1860, 1, 57), soit à l'appui d'une véritable exception de chose jugée (Cass. req., 11 nov. 1908, *Le Goaster*, *DP*, 1914.1.118, rapp. Denis), le contrôle ainsi effectué sur leur « régularité », indépendamment de l'origine des parties, se démarqua de la révision exercée par le juge de l'*exequatur* pour gagner ensuite l'action principale ; exclusif désormais de toute appréciation du bien-jugé du jugement étranger, l'octroi de l'*exequatur* aux jugements d'état des personnes était soumis aux mêmes conditions extrinsèques de reconnaissance que la reconnaissance incidente (*De Wrède*, Cass. civ., 9 mai 1900, *S.*, 1901.1.185, *JDI*, 1900. 613, *GA*, n° 10). Étendu ensuite aux jugements constitutifs de pouvoirs en matière patrimoniale (Cass. civ., 30 janv. 1912, *S.*, 1916.1.113, note Audinet ; *Rev. crit. DIP*, 1913. 131), ce régime favorable fit basculer l'instance en *exequatur* parmi les contentieux objectifs, portant sur la seule régularité de l'acte étranger lui-même et exclusif par là même de toute appréciation des droits subjectifs litigieux (Cass. req., 11 avr. 1933, *Hertzfeld*, *Rev. crit. DIP*, 1933. 638).

Le tournant de l'arrêt *Munzer*. — Généralisant la suppression de la révision au fond au stade de l'*exequatur*, l'arrêt *Munzer* (Cass. civ. 1re, 7 janv. 1964, cité au texte) marque l'acceptation de la fongibilité internationale des systèmes nationaux de justice, la divergence de contenu entre la décision étrangère et celle qu'aurait rendue un juge français ne faisant plus obstacle à la reconnaissance. Certes, telles qu'énoncées par l'arrêt *Munzer* ou en tout cas interprétées à cette époque par la jurisprudence, les conditions de régularité extrinsèque des jugements étrangers reflètent encore une conception narcissique de l'ordre international, n'acceptant de reconnaître que ce qui est conforme aux règles de compétence ou de conflit de lois du for. Mais la suite jurisprudentielle témoigne d'une prise de conscience progressive que les actes prononcés par des organes juridictionnels étrangers doivent pouvoir déployer leurs effets dans l'État d'accueil, alors même qu'ils sont l'expression d'un modèle différent, dès lors qu'ils ont été de nature à engendrer des prévisions légitimes chez leurs destinataires.

Évolution ultérieure : allégement et libéralisation. — Les six conditions énoncées par l'arrêt *Munzer* ont été réduites au nombre de cinq par l'arrêt *Bachir*, qui a supprimé le contrôle de la régularité de la procédure suivie par le juge étranger, jugé incompatible avec la suppression de la révision, et inutile si le jugement étranger était néanmoins exécutoire dans son pays d'origine, puisque n'affectant pas la recevabilité de l'action en *exequatur* (Cass. civ. 1re, 4 oct. 1967, *DS*, 1968. 95, note E. Mezger ; *Rev. crit. DIP*, 1968. 98, note P. Lagarde ; *JCP*, 1968. II.15634, note J.-B. Sialleli, *JDI*, 1969. 102, note B. Goldman, *GA*, n° 45). Aujourd'hui, ces conditions tendent à se contracter encore avec la suppression de la vérification de la conformité de la loi appliquée à la règle de conflit du for (v. Paris, 25 mars 1994, *Rev. crit. DIP*, 1996. 119, note H. Muir Watt, réduisant la portée du contrôle de la loi appliquée en le remplaçant par une simple présomption d'équivalence au fond ; Cass. civ. 1re, 4 juill. 2006, *Enfant Viola*, *Rev. crit. DIP*, 2007. 413, n'exigeant plus que l'adéquation du droit choisi à la situation litigieuse ; Cass. civ. 1re, 20 févr. 2007, préc., supprimant totalement le contrôle). Par ailleurs, s'agissant du contrôle de la compétence indirecte du juge étranger, le retentissant arrêt *Simitch* (Cass. civ. 1re, 6 févr. 1985, cité au texte) a rompu avec le système qui consistait à exiger le respect par ce dernier des critères de compétence directe du for, y substituant un critère sensiblement plus libéral et signalant par là même l'importance de l'évolution intervenue en ce qui concerne les fondements du statut des jugements étrangers, admis désormais à déployer leurs effets en raison de leur valeur propre, plutôt que de leur conformité à l'image que se fait l'ordre du for de la répartition dans l'espace des prérogatives étatiques. En reformulant cette condition, cet arrêt a fait de l'absence de fraude au jugement une condition de la compétence indirecte du juge étranger, de sorte que l'exigence générale de l'absence de fraude est devenue pratiquement redondante par ailleurs. Ainsi, en somme, comme en témoigne également le sens de l'évolution du droit conventionnel, il importe avant tout de s'assurer que le jugement a été obtenu loyalement, sans empiéter sur les prérogatives juridictionnelles que se réserve l'État requis. L'effacement de l'exclusivité indirecte du privilège de juridiction du défendeur opéré par l'arrêt *Prieur* (préc.) et la suppression du contrôle de la conformité de la loi appliquée à la règle de conflit du for contribuent très sensiblement à rapprocher le droit commun du régime très libéral de circulation des jugements en droit européen.

Perspectives d'avenir. — L'évolution n'est sans doute pas achevée, cependant, même si le droit commun n'a désormais qu'une place résiduelle par rapport au régime applicable aux jugements issus d'autres États-membres de l'Union. Ce droit souffre encore d'une certaine ambiguïté affectant la finalité du contrôle de l'*exequatur*. D'une part, celui-ci était conçu par l'arrêt *Munzer* comme visant à assurer la protection des intérêts français et de l'ordre juridique du for ; pareille conception, qui expliquait alors la bilatéralisation des critères de compétence du for, comme la présence du contrôle de la loi appliquée, laisse encore une certaine empreinte sur les conditions de l'*exequatur*, notamment à travers la formulation objective du critère de compétence indirecte du juge étranger. Il serait plus conforme au sens de l'évolution libérale du droit positif de distinguer deux hypothèses distinctes, et d'y ajuster en conséquence les conditions de l'efficacité des jugements étrangers. Soit le litige met en jeu un intérêt absolument impérieux de l'État du for, justifiant qu'il le réserve à la compétence exclusive de ses propres tribunaux ; dans ce cas, qui doit demeurer exceptionnel puisqu'il repose sur une présomption d'inaptitude d'un tribunal étranger à veiller sur les intérêts en cause, aucun jugement étranger ne pourrait être reconnu, sous réserve cependant de l'exception d'équivalence – signifiant la protection adéquate des intérêts étatiques en jeu – dès lors du moins que la règle de compétence exclusive n'intègre pas un objectif de protection procédurale de l'une des parties. Soit un tel intérêt n'est pas présent, de sorte qu'il suffirait de vérifier, voire de présumer, que le jugement a été obtenu sans abus procédural. La thèse de Dominique Holleaux, qui est à l'origine du tournant accompli par la jurisprudence *Simitch*, plaidait en ce sens (*Compétence du juge étranger et effets des jugements*, préc.) ; il n'est pas à exclure qu'après le droit européen dérivé, qui ne maintient la condition de compétence du juge étranger qu'en cas de violation d'une compétence *exclusive*, le droit commun s'y rallie un jour (comp. déjà, la jurisprudence *Mack Trucks* de la Cour de Paris citée au texte).

D'autre part, l'ambiguïté affectant le sens du contrôle de la loi appliquée, largement brouillé par l'exception d'équivalence (v. aussi *infra*, n° 280), avait empêché le contentieux de la régularité de basculer dans le champ du contentieux objectif où pourtant l'arrêt *Munzer* semblait l'avoir placé. Mais c'est chose faite désormais, avec l'arrêt *Cornelissen* (Cass. civ. 1re, 20 févr. 2007, préc.) : v. sur ce point, les obs. B. Ancel et H. Muir Watt, « Les jugements étrangers et la règle de conflit de lois : chronique d'une séparation », in *Mél. H. Gaudemet-Tallon*, Dalloz, 2008, p. 133.

277. L'identification des compétences exclusives. — Si l'arrêt *Simitch* ne renonce pas à exiger du juge de l'*exequatur* qu'il vérifie l'existence d'un lien caractérisé d'ordre objectif entre le juge et le litige (et non la seule absence d'abus : sur les raisons procédurales de ce choix, qui autorise le maintien du contrôle de la Cour de cassation, v. B. Ancel et Y. Lequette, *GA*, p. 532), sa véritable portée est d'avoir rompu avec la conception de la compétence exclusive admise jusque-là par la jurisprudence, sous l'influence de Bartin. Au lieu d'attribuer un caractère exclusif à tout critère de compétence se réalisant en France, comme le voulait, sous l'impulsion de cet auteur la pratique antérieure de la bilatéralisation des règles de compétence directe du for (selon laquelle, notamment, la compétence française fondée sur le domicile du défendeur excluait automatiquement la compétence indirecte du juge étranger dès lors que le défendeur était domicilié en France), la compétence exclusive des organes du for n'existe désormais que s'il existe une raison positive, exceptionnelle, de leur réserver la connaissance d'un contentieux donné. Si l'identification de telles raisons reste aléatoire en droit commun, l'arrêt *Simitch* rompt également avec l'état antérieur du droit positif en admettant désormais que la compétence du juge de l'article 1070 CPC en matière de divorce est simplement concurrente, laissant place à la reconnaissance de jugements étrangers prononcés sur le fondement d'autres chefs de compétence, même si le critère visé par ce texte se réalise dans l'État du for (v. cepdt., sur le fondement de la Convention franco-algérienne du 17 févr. 1964, Cass. civ. 1re, 17 févr. 2004, *Abbaci*, *JDI*, 2004. 867, note G. Cuniberti ; *D.*, 2004. 824, concl. Cavarroc, et chron. P. Courbe, p. 819 ; *Defrénois*, 2004. 812, note J. Massip ; *Gaz*

Pal., 2004. 3366, note M.-L. Niboyet ; *JCP*, 2004.I.159, n° 3, obs. Attal ; mais depuis, revenant vers une interprétation conforme à l'arrêt *Simitch*, Cass. civ. 1re, 10 mai 2006, *Itchir, Bull. civ. I*, n° 225, p. 197). Par ailleurs, depuis l'important arrêt *Prieur* (Cass. civ. 1re, 23 mai 2006, cité au texte), la nationalité française du défendeur ne donne plus lieu à une compétence exclusive des tribunaux nationaux.

278. Le paramètre du lien substantiel. — Dans l'arrêt *Simitch*, la compétence de la juridiction étrangère a été jugée suffisamment fondée en matière de divorce au regard d'un faisceau d'indices d'ordre fonctionnel – c'est-à-dire constitutifs d'un lien adéquat au regard d'un contentieux conjugal – comprenant la résidence de l'époux demandeur, et le lieu de célébration du mariage. Mais il n'est sans doute pas nécessaire de réunir plusieurs critères dès lors qu'un seul est significatif. Comment l'identifier ? *A priori*, les critères de compétence français et européens, retenus dans la matière litigieuse semblent devoir suffire à cet égard. Ainsi, même avant l'entrée en vigueur du Règlement Bruxelles II *bis*, qui ouvre désormais un éventail de critères de compétence directe très largement définis et fongibles dans le domaine de la désunion conjugale et autorise le jeu des articles 14 et 15 C. civ. dès lors que le défendeur n'est pas résident ou ressortissant d'un État-membre (v. B. Ancel et H. Muir Watt, « La désunion européenne », *Rev. crit. DIP*, 2001. 403, p. 414), la nationalité des époux a été jugée suffisamment caractérisée en matière de dissolution du mariage (v. par ex, Cass. civ. 1re, 4 mai 1994, *Asfi*, *Rev. crit. DIP*, 1995. 103, note J. Déprez). En revanche, une résidence provisoire est insuffisante à constituer le lien substantiel requis en matière de divorce (Cass. civ. 1re, 5 mai 1998, *Mallian*, *Rev. crit. DIP*, 1998. 662, note H. Muir Watt).

279. La fraude au jugement et la répudiation unilatérale. — La caractérisation de la fraude au jugement dans les termes de l'arrêt *Simitch* a soulevé de très importantes difficultés dans l'hypothèse des répudiations marocaines ou algériennes, au sujet desquelles il est trop facile de confondre l'appréciation du comportement du demandeur, jugé frauduleux alors même qu'il saisit le juge de son pays d'origine, avec le caractère choquant de l'institution dont le bénéfice est recherché ; le retour chez soi pour obtenir la dissolution judiciaire et égalitaire du mariage n'induisait pas en effet chez tous les juges le même rejet. À moins que la condamnation de l'attitude du demandeur ne tienne précisément au fait qu'il recherche auprès des autorités du pays de sa nationalité une décision qu'il n'aurait pu obtenir dans celui de son domicile ou de sa résidence, alors même que le privilège de nationalité de l'article 14 C. civ. a pour fonction de garantir un tel choix aux ressortissants français ; pareille attitude reviendrait donc soit à rétablir le caractère exclusif de la compétence du juge du domicile en matière de divorce, soit à modifier le concept de fraude au jugement, la ramenant à une déloyauté procédurale, consistant à saisir le juge étranger une fois la procédure entamée en France. Devant ces difficultés de cerner la fraude au jugement, la Cour de cassation a accepté de condamner la répudiation en elle-même au nom du principe de l'égalité des époux (d'abord par le détour de l'ordre public, ensuite, par la série spectaculaire du 17 février 2004 citée au texte, directement sur le fondement de l'article 5 du protocole 7 additionnel à la Convention européenne des droits de l'homme). Récemment cependant, l'existence d'une fraude au jugement a été reliée plus explicitement à la circonstance que les époux résidaient en France ; en réinvestissant la résidence commune d'un caractère prioritaire, la Cour de cassation évite d'avoir à trancher le conflit de conventions qui se profile entre la CEDH et la Convention franco-algérienne du 27 août 1964 (Cass. civ. 1re, 30 sept. 2009, *JDI* 2010.841, note J. Guillaumé).

280. Le contrôle de la loi appliquée. — Supprimée par la Cour de cassation le 20 février 2007 (arrêt préc.), la condition de conformité à la règle de conflit du for de la loi appliquée devait son existence à une certaine lecture de la jurisprudence, propagée par Bartin (sur les antécédents chez G. F. von Martens, *Recueil général de traités et autres actes relatifs aux rapports de droit international*, 1791, v. B. Ancel, « Analyse critique de l'érosion du paradigme conflictuel », *Cours Master 2*, Paris 2, 2006-2007, dont la substance est reprise dans B. Ancel et H. Muir Watt, « Les jugements étrangers et la règle de conflit de lois : chronique d'une séparation », préc. ; sur la doctrine de Bartin et son influence, v. D. Holleaux, *Compétence du juge étranger et effets des jugements*, préc., n° 124 ; B. Ancel, « Loi appliquée et effets en France des décisions étrangères », *Trav. Com. fr. DIP*, 1986-1987, p. 25 ; P. de Vareilles-Sommières, *La compétence internationale de l'État en matière de droit privé. Droit international public et droit international privé*, LGDJ, 1997, préf. P. Mayer, n° 24 *bis*). Selon cette lecture, inspirée par la théorie du *Grenzrecht*, aucun jugement ne pouvait prétendre à la régularité internationale s'il ne respectait pas la répartition des souverainetés dans l'espace établie par la règle de conflit du for. Il est vrai qu'en matière d'état des personnes, une jurisprudence ancienne avait admis la reconnaissance des décisions étrangères rendues dans l'État d'origine des intéressés dans le respect de la loi nationale ; l'autorité reconnue à cette dernière, lorsqu'elle était mise en œuvre par le juge naturel des personnes concernées, avait permis d'attribuer certains effets aux décisions ainsi rendues indépendamment de l'*exequatur*, s'érigeant alors en condition cardinale de leur reconnaissance. Généralisée cependant à tous les jugements, où elle devait jouer à titre autonome par rapport à la condition de compétence juridictionnelle indirecte, elle apparaît dans la doctrine de Bartin comme l'expression d'une conception parfaitement narcissique de l'ordre international, selon laquelle le règlement français, se dédoublant fonctionnellement, avait vocation à s'imposer à titre universel ; ainsi fondée, elle est clairement dépourvue de signification depuis que la finalité de pur droit privé désormais attribuée au conflit de lois incite plutôt à admettre la relativité des règles du for, et à se soucier avant tout de la protection des prévisions que les parties ont pu légitimement fonder sur l'intervention d'une autorité étrangère, indépendamment de la loi appliquée par cette dernière. Elle a disparu ainsi du droit européen et connaît peu d'écho en droit comparé.

Cependant, si l'exigence de conformité à la règle de conflit du for a néanmoins été retenue par l'arrêt *Munzer*, c'est sans doute qu'en favorisant l'identité au fond des solutions obtenues par application d'une loi identique, elle adoucissait la rupture avec la pratique de la révision. Plus tard, alors que le caractère extrinsèque des conditions de l'*exequatur* s'était en revanche imposé, le contrôle de la conformité à la règle de conflit du for avait permis encore de compenser le libéralisme concédé au niveau de la compétence juridictionnelle ; l'équivalence fonctionnelle des juges du for et étranger n'était admise en effet qu'à la condition que ce dernier ne se soit pas écarté de la « bonne » loi. À cet égard, le contrôle de la loi appliquée apparaît avant tout comme une assurance contre la manipulation volontaire des règles de compétence par les plaideurs ; il a été démontré en effet que cette condition a servi essentiellement dans la pratique jurisprudentielle à sanctionner la fraude (B. Audit, *La fraude à la loi*, Dalloz, 1974, préf. Y. Loussouarn, n° 271). Mais au moment même où les transformations affectant les fondements du conflit de lois pouvaient conduire à douter de l'intérêt d'une protection aussi rigide des rattachements du for, la vérification de la compétence législative a trouvé une justification nouvelle dans le renouveau, contemporain de l'arrêt *Munzer*, du raisonnement unilatéraliste, notamment à la faveur des lois d'application immédiate (comp. P. Gothot, « Le renouveau de la tendance unilatéraliste en droit international privé », *Rev. crit.DIP*, 1971. 1, spéc. p. 444 et s.) ; le contrôle de la loi appliquée pouvait servir à tout le moins à garantir le domaine d'application impérative de la loi du for. On touche là au cas où le règlement du contentieux met en jeu, au fond, un intérêt étatique. Cependant, la sauvegarde de ce dernier semble assurée, sur le terrain de la compétence juridictionnelle, par le biais de la compétence exclusive (sur l'interaction entre compétence exclusive et contrôle de la loi appliquée, v. B. Ancel, « Loi appliquée et effets en France des décisions étrangères », préc.).

Paradoxalement, c'est la seule justification crédible de la condition, quasi esthétique, du respect de la règle du conflit du for, perçue d'une façon ou d'une autre comme empêchant les parties de se jouer de l'ordre juridique du for en saisissant un juge étranger, qui contenait les germes de son déclin. Ainsi, l'exception d'équivalence permettait de « sauver » un jugement étranger ayant appliqué une loi non conforme à la règle de conflit, dès lors que la solution consacrée au fond était bien celle qu'aurait consacrée la mise en œuvre de la « bonne » loi (déjà, en matière d'état des personnes, Cass. civ. 1re, 29 juill. 1929, *Drichemont*, *DH*, 1929. 458 ; *JDI*, 1930. 377 ; *S.*, 1930. 1. 20 ; *Rev. crit. DIP*, 1931. 334). Aucune atteinte aux intérêts de l'État du for n'était à craindre en effet si, en dépit du non-respect de la règle de conflit du for par le juge étranger, le résultat atteint était le même ou substantiellement analogue. Pareil assouplissement s'avéra particulièrement nécessaire devant la multiplication et la diversification des règles de conflit de lois en droit comparé à partir des années 1960, qui, dans l'hypothèse de l'indisponibilité du renvoi, risquait de paralyser la reconnaissance de bon nombre de jugements, dont la probabilité diminuait qu'ils fussent conformes à la règle de conflit du for.

En même temps, cependant, le sens de la condition s'en est trouvé modifié ; la fonction répartitrice de la règle de conflit n'étant plus directement assurée, le souci de protéger la valeur propre des décisions étrangères apparaît comme l'emportant progressivement sur les préoccupations issues du conflit de souverainetés. À vrai dire, le déclin du modèle de la règle de conflit bilatérale n'a pu qu'accélérer celui de la condition de conformité elle-même ; en matière de divorce, la vocation de l'article 309 C. civ. (ex. 310) à intervenir au stade de la reconnaissance des jugements était ainsi fragile en théorie et délicate en pratique. Mais surtout, dans la mesure où l'arrêt *Simitch* se contente d'un lien caractérisé pour fonder la compétence juridictionnelle, c'est toute une logique répartitrice qui avait disparu. En l'absence de compétence réservée aux juridictions du for, il suffit que le litige se rattache au for saisi par un lien caractérisé pour que le jugement mérite d'être reconnu même s'il a tranché le litige autrement que ne l'aurait fait le for requis (v. mettant en œuvre le même paramètre pour ce qui est du contrôle de la loi appliquée, Cass. civ. 1re, 4 juill. 2007, *Enfant Viola*, *Rev. crit. DIP*, 2007. 413). L'évolution contemporaine tend ainsi vers la dissociation qui s'est faite, pour la compétence juridictionnelle, sous l'impulsion doctrinale de Dominique Holleaux, concrétisée dans l'arrêt *Simitch*, entre les critères de règlement du conflit qui servent dans l'instance directe et le régime plus libéral qu'il convient de mettre en œuvre en présence d'un jugement étranger. Le pas a d'abord été franchi par le droit conventionnel et dérivé européen, qui se dispense désormais de toute recherche de la loi applicable, avant que la Cour de cassation n'y ajuste le droit commun (Cass. civ. 1re, 20 févr. 2007, préc.).

La suppression du contrôle de la loi appliquée : questions de méthode. — L'effacement de la règle de conflit du for dans ce dernier arrêt prend place dans un contexte de multiplication de phénomènes unilatéralistes, portant sur les situations acquises à l'étranger et dont il est malaisé de mesurer la portée (v. *infra*, n° 575). Divers, ils ont pour point commun d'abandonner la méthode du conflit de lois alors même que les situations en question se sont constituées en dehors de tout jugement étranger, obligeant par là même à admettre que le critère de la méthode d'efficacité, tributaire jusqu'ici de la présence d'une décision d'une autorité publique étrangère (ou assimilée, car il faut désormais tenir compte de la fiction de décisionnalité des sentences arbitrales telle que déconstruite par S. Bollée, *Les méthodes du droit international privé à l'épreuve des sentences arbitrales*, préc. *supra*, n° 241), ne réside plus dans cette dernière circonstance. L'effacement du contrôle de la loi appliquée par le juge étranger ne serait donc pas le seul reflet d'une nouvelle économie propre au régime des effets des jugements, recentré sur le foyer de régularité que constitue la compétence indirecte, mais le signe d'une mutation méthodologique plus profonde, au regard de laquelle la circonstance qu'un juge étranger a rendu une décision ne commande plus la méthode d'accueil applicable. Jusqu'ici en effet, les cas dans lesquels, en dehors des jugements étrangers, le conflit de lois s'effaçait pour faire place à la reconnaissance d'une situation acquise avaient tout naturellement été marginaux tant que le paradigme conflictuel était prépondérant. L'époque contemporaine atteste en revanche une véritable poussée de la démarche internationaliste, qui serait de nature – si elle devait se poursuivre – à redessiner à terme le champ des méthodes de conflits de lois et de juridictions.

281. De l'ordre public atténué à l'ordre public de proximité — Tant qu'était pratiqué le système de la bilatéralisation des règles de compétence directe, le seul fait qu'un jugement étranger fût susceptible d'être reconnu au regard de la condition de compétence du juge étranger signifiait que le litige ne comportait pas, par hypothèse, de lien étroit avec le for ; aucun chef de compétence ne se trouvait réalisé en France. Mais depuis que la compétence directe française est devenue en principe simplement concurrente, il peut évidemment arriver, comme le montre l'arrêt *Simitch* lui-même, qu'un jugement étranger soit régulier sous l'angle de la compétence, tout en comportant une connexion substantielle avec la France. Il n'y a aucune raison alors que le seuil de tolérance diffère de celui qui s'applique dans l'instance directe. L'intensité de l'ordre public sera donc avant tout tributaire de celle des liens entre la situation litigieuse et le for. Il s'agit d'une manifestation de l'ordre public dit « de proximité » (v. *infra*, n° 462). Cette dernière notion est probablement elle-même largement liée à l'affirmation des droits fondamentaux, revendiquant chacun un champ d'application dans l'espace (v. *infra*, nos 471, 575 et s.). On retrouvera cette question avec celles des diverses questions intéressant le statut des personnes et la bioéthique qui mettant en cause la liberté de rechercher ailleurs ce qui est interdit chez soi (v. *infra*, n°s 780 et s.).

DROIT EUROPÉEN

282. Exclusivité et révision au fond. — Aux termes de l'article 45-2 du Règlement Bruxelles I *bis*, l'autorité requise qui procède à la vérification du respect des compétences exclusives « est liée par les constatations de fait sur lesquelles la juridiction de l'État-membre d'origine a fondé sa décision ». Par exemple, le juge requis ne peut requalifier un contrat dont le juge d'origine a retenu qu'il s'agissait, ou ne s'agissait pas, d'une vente à la consommation au sens de l'article 15 (v. Douai, 9 févr. 1989, *JDI*, 1991. 160, obs. A. Huet). Cette restriction réduit considérablement la portée du contrôle, car elle a pour effet de couvrir la méconnaissance d'une compétence exclusive dès lors qu'elle a sa source dans la qualification des faits par le juge d'origine. Elle vaut même si la décision étrangère revêt un caractère provisoire (v. M. Nioche, « Décision provisoire et autorité de chose jugée », *Rev. crit. DIP*, 2012. 277 et *supra*, n° 154).

Exclusivité et clauses attributives. — L'exclusivité reconnue expressément par l'article 25-1 du Règlement Bruxelles I *bis* à la compétence résultant d'une clause attributive est énigmatique. L'effet principal d'une clause de choix de for à la fois valable et licite est d'attribuer compétence au juge désigné, par dérogation aux autres règles de compétence du Règlement ne revêtant pas un caractère impératif. Toutefois, cette « exclusivité » ne signifie pas que la méconnaissance de la clause entraîne un refus de reconnaissance de la décision rendue par un juge autre que le juge élu, car l'article 45-1 ne fait pas figurer ce cas parmi les causes de refus de reconnaissance. Sur l'exclusivité que revêt en revanche la clause attributive au regard de la Convention de la Haye de 2005 sur les accords d'élection de for, v. *infra*, n°s 873 et s.

Exclusivité et effet réflexe. — La réalisation sur le territoire d'un État-tiers de l'un des critères de compétence exclusive visés à l'article 24 du Règlement Bruxelles I *bis* doit-elle conduire les juridictions des États-membres à refuser de reconnaître une décision émanant du juge d'un autre État-membre ? Le rapport Jénard-Moller sous la Convention de Lugano au § 54, repris au § 25 du rapport Almeida Cruz, Desantes Real et Jenard sous la Convention de San Sébastien suggère une réponse négative, dès lors que le défendeur est domicilié dans l'Union européenne. Celle-ci semble confortée par le caractère impératif reconnu par la Cour de justice à l'article 4 (*supra*, n° 125). Cependant, une certaine place est faite désormais à l'effet dit « réflexe » (*supra*, n° 126). Or, si l'effet réflexe doit conduire le juge d'un État-membre à se déclarer incompétent au profit du juge d'un État-tiers, il se conçoit qu'il protège également la compétence de ce dernier en permettant aux États-membres de refuser effet aux jugements provenant d'un juge d'un autre d'entre eux en méconnaissance des conditions dans lesquelles il aurait pu se dessaisir.

283. L'ordre public de fond : rétrécissement ou transformation. — Le risque de divergences entre les États-membres portant sur les valeurs de fond est limité en matière patrimoniale. C'est du moins cette idée qui fonde l'allégement de l'*exequatur*, puis sa suppression dans le contexte du Règlement Bruxelles I *bis*. L'hypothèse la plus probable est celle où les valeurs ou politiques portées par une loi de police économique d'origine nationale, s'exprimant à travers l'ordre public du for, s'opposeraient à la reconnaissance d'un jugement étranger contraire. S'il s'agit d'une loi de police ayant son origine dans le droit de l'Union, celle-ci intégrera automatiquement l'ordre public du for (v. par analogie avec l'accueil des sentences arbitrales, CJCE, 1er juin 1999, *Eco Suisse c. Bennetton*, aff. C-126/97). Dans un tel cas, il importe cependant de veiller à ce que le refus de reconnaissance soit lui-même conforme au principe de proportionnalité (v. *infra*, n° 1193).

Dans le domaine des rapports de famille, en revanche, le risque de telles divergences paraît de prime abord plus important. Cependant, en matière de désunion, la simple disparité entre législations nationales ne suffit pas à constituer la contrariété inacceptable de valeurs que requiert le déclenchement de l'ordre public (v. l'article 25 Règlement Bruxelles II *bis* en ce qui concerne le cas où la loi de l'État requis ne permettrait pas la désunion sur la base de faits identiques). Par ailleurs, en même temps, l'emprise croissante des droits fondamentaux est de nature d'une part, à conférer un contenu uniforme au contenu de l'ordre public national (à l'image de l'ordre public procédural). D'autre part, paradoxalement, la même évolution est de nature à réduire les causes de refus, puisque l'État de jugement est lui-même tenu par les mêmes exigences que l'État requis. C'est bien ce qui explique le fast-track du Règlement Bruxelles II *bis* en matière d'enlèvement d'enfant et la position très rigoureuse de la Cour de justice à l'égard de toute tentative de contournement (v. *infra*, n° 787 ; 798). En somme c'est là le fondement – ou le prolongement – de la confiance mutuelle.

L'européanisation de l'ordre public procédural. — On sait qu'aux termes de l'arrêt *Krombach*, les « *éléments fondamentaux du procès équitable* » sont désormais pris en charge dans les rapports intra-européens à travers l'article 45-1 (a) du Règlement Bruxelles I *bis* (et, par analogie, par l'article 22 (a) Règlement Bruxelles II *bis*). On peut supposer désormais, qu'il en va de même des principes (à les supposer différents et non incompatibles, dégagés en vertu des articles 47 s. de la Charte de l'Union). L'arrêt *Trade Agency* (CJUE, 6 septembre 2012, aff. C-619/10) est venu confirmer que les États-membres n'ont qu'une liberté très relative pour dessiner eux-mêmes les contours de l'ordre public. (v. *supra*, n° 275). La question se pose de savoir si tous les principes issus ces textes constituent des éléments fondamentaux susceptibles de fonder le refus de reconnaissance d'un jugement non conforme, ou s'ils revêtent, comme les dispositions de procédure civile interne, une impérativité variable, sachant que les garanties en cause sont elles-mêmes déjà des exigences cadre.

Charte de l'Union ou Convention européenne ? La Charte s'applique, selon son article 51, dès lors que le droit de l'Union est « mis en œuvre » par les juridictions nationales (v. *infra*, n° 471). La jurisprudence de la Cour de justice (v. par ex. arrêts *Diageo Brands*, *Meroni*, cités *supra*, nos 155-1 ; 260 ; 275) suggère que tel est le cas lorsque le juge national met en œuvre l'exception d'ordre public à l'occasion de l'accueil d'un jugement émanant d'un autre État-membre. La Cour européenne des droits de l'homme utilise dans ce cas la présomption dite « *Bosphorus* » (v. son arrêt *Avotins* cité *supra*, n° 275 laissant ouverte cependant la possibilité que celle-ci soit renversée *in concreto*).

284. Inconciliabilité des décisions. — Selon l'arrêt *Hoffman* de la Cour de justice (C-145/86, *Rev. crit. DIP*, 1988. 605, note H. Gaudemet-Tallon, *JDI*, 1989. 449, note

A. Huet), l'obstacle d'inconciliabilité ne suppose pas que le jugement du for relève nécessairement du champ d'application de la Convention de Bruxelles / Règlement Bruxelles I *bis* Cette hypothèse est illustrée de façon intéressante par une situation impliquant une décision administrative française (exclue en l'occurrence du champ de la Convention de Lugano) et un jugement civil suisse incompatible : v. Cass. civ. 1re, 28 févr. 2006, *Rev. crit. DIP*, 2006. 848, note M. Audit ; *D.*, 2006. 1586, note N. Bouche, et déjà dans un cas similaire, CE, 27 oct. 2000, *Rev. crit. DIP*, 2002. 103, note M. Audit. En revanche, s'agissant des décisions concernées par l'inconciliabilité, v. CJUE 26 septembre 2013, *Salzgitter Mannesmann Handel GmbH*, aff. C157/12, *Rev. crit. DIP*, 2014.175, note H. Gaudement-Tallon, excluant du champ de l'article 34 § 4 (45- 1 -c et d) du Règlement Bruxelles I le conflit entre deux décisions provenant d'un *même* État-membre.

PROCÈS ÉQUITABLE ET ÉTAT-TIERS

285. La portée indirecte de l'article 6-1 CEDH. — Quelle est la portée « indirecte » de l'article 6-1 de la Convention européenne de sauvegarde des droits de l'homme, dans une hypothèse de reconnaissance et d'exécution d'un jugement d'un État non partie à la Convention ? Après d'importants flottements (v. Cass. civ. 1re, 10 juill. 1990, *Rev. crit. DIP*, 1991. 757 refusant de confronter un jugement gabonais à l'article 6-1 CEDH, le Gabon n'étant pas partie à cet instrument), la jurisprudence de la Cour de cassation admet aujourd'hui que les exigences de l'article 6-1 sont applicables devant les juges français lorsqu'ils appliquent une loi étrangère, ou donnent effet à un jugement étranger, émanant d'un État non partie (Cass. civ. 1re, 3 déc. 1996, *Rev. crit. DIP*, 1997. 328, note H. Muir Watt ; v. sur la question, P. Mayer, « La convention européenne des droits de l'homme et l'application des normes étrangères », *Rev. crit. DIP*, 1991. 651 ; L. Sinopoli, « Droit au procès équitable et *exequatur*. Strasbourg sonne les cloches à Rome (à propos de l'arrêt *Pellegrini c/ Italie* du 20 juillet 2001) », *Gaz. Pal.*, n° 4, juillet-août 2002, doctrine, p. 1157). Confirmant cette solution avec éclat, l'apport essentiel de l'arrêt *Pelligrini* (*Pellegrini c/ Italie* (2002), 35, *Rec.*, 44 ; *Rev. crit. DIP*, 2004. 106, note L.-L. Christians, et la bibliographie citée) est d'avoir exigé que les tribunaux italiens, appelés à reconnaître une sentence de nullité du mariage prononcée par les juridictions du Saint Siège, vérifient à cette occasion que la procédure suivie devant le juge ecclésiastique était bien conforme aux exigences de l'article 6 de la CEDH. Cette vérification « *s'impose, en effet, lorsque la décision dont on demande l'exequatur émane des juridictions d'un pays qui n'applique pas la Convention. Pareil contrôle est d'autant plus nécessaire lorsque l'enjeu de l'exequatur pour les parties est capital* » (n° 40). En l'occurrence, en estimant que les exigences du contradictoire avaient été suffisamment respectées à l'occasion de la procédure canonique, « *les juridictions italiennes ont manqué à leur devoir de s'assurer, avant de donner l'exequatur à l'arrêt de la Rote romaine, que dans le cadre de la procédure ecclésiastique, la requérante avait bénéficié d'un procès équitable* » (n° 47). À aucun moment, la Cour ne précise davantage le fondement de l'obligation ainsi imposée aux juridictions italiennes, de sorte que les commentateurs y ont naturellement vu une expression de l'idée, qui s'était dégagée progressivement de la jurisprudence *Soerig* et *Drodz*, selon laquelle, à travers la reconnaissance de la décision étrangère, le non-respect initial des garanties procédurales de l'article 6 était imputable à l'État requis de façon à en constituer de la part de ce dernier une violation dérivée (*Soering c/ Royaume-Uni* (1989), 11, *Rec.*, 439 ; *Drozd et Janousek c/ France et Espagne* (1992), 14, *Rec.*, 745). Cette interprétation de la portée de l'arrêt *Pelligrini*, qui serait venu ainsi concrétiser les acquis de la jurisprudence antérieure dans le domaine spécifique de l'*exequatur*, était d'autant plus naturelle que, comme il a été souligné (L. L. Christians, obs. *Rev. crit. DIP*, 2004, 114), le fait que le jugement à reconnaître soit présenté comme émanant de l'État du Cité du Vatican, et non pas seulement du Saint-Siège, semble signaler la volonté de la Cour de transposer l'arrêt aux relations entre États. L'arrêt énonce en outre que le contrôle des garanties de l'article 6 CEDH « s'impose… lorsque la décision dont on demande l'exequatur émane des juridictions d'un pays qui n'applique pas la Convention », plaçant d'emblée sa motivation sur le terrain des rapports de droit international privé.

L'idée selon laquelle l'État requis pourrait engager sa responsabilité à raison d'une violation dérivée de la CEDH a son origine dans l'arrêt *Soering*. Dans ce cas, il a été jugé que l'extradition par un État partie d'un particulier ne relevant pas directement de sa juridiction au sens de l'article 1er de la Convention, est néanmoins de nature à constituer une violation de cet instrument si par son acte il expose le requérant à un traitement dégradant dans un État non partie. L'opinion du juge Matscher dans l'affaire *Drodz* (préc. p. 795), développe et approfondit cette idée, la transposant à l'hypothèse de la violation indirecte de l'article 6 à l'occasion de la reconnaissance d'un jugement étranger lui-même rendu dans des conditions qui violent l'article 6. La violation initialement commise est imputable à l'État requis dès lors qu'il prête main forte à l'exécution du jugement ainsi rendu, de même que, dans le cas de l'extradition, l'atteinte à l'article 3 par l'État de destination engage en quelque sorte par ricochet la responsabilité de l'État extradant (sur la notion d'imputation qui fonde la responsabilité pour violation dérivée de la Convention, v. L. Sinopoli, « Droit au procès équitable et *exequatur*. Strasbourg sonne les cloches à Rome (à propos de l'arrêt *Pellegrini c/ Italie* du 20 juillet 2001) », préc. ; déjà P. Mayer, « La convention européenne des droits de l'homme et l'application des normes étrangères », préc. ; comp. également, sur la violation indirecte de la Convention européenne du fait de la reconnaissance par un État-contractant d'un jugement étranger qui viole lui-même celle-ci, et l'éventuelle obligation qui en découle par ailleurs pour l'État du for d'exercer une compétence exorbitante afin d'éviter un déni de justice dans le même cas, B. Juratowitch, « The European Convention on Human Rights and English Private International Law », *Journ. PIL*, 2007. 173). Pareille perception de l'*exequatur* en tant que prolongement de l'instance directe est en harmonie avec une conception unitaire du procès qui rend le droit à l'exécution solidaire de l'accès même à la justice, déjà largement présente dans la doctrine de la Cour de Strasbourg (comp. l'arrêt *Hornsby c/ Grèce*, cedh, 19 mars 1997, Série A, n° 147, *JDI*, 1998. 185, obs. Ascencio ; *JCP*, 1997.II.22949, note Dugrip et Sudre ; *D.*, 1998. 74, note Fricero ; *RTD civ.*, 1997. 1009, obs. Marguénaud ; sur la constitutionnalisation du droit à l'exécution, v. C. Kérameus, « Enforcement in the international context », *RCADI*, 1997, t. 254, p. 179). Elle est au demeurant à l'origine de l'idée, plus ancienne, selon laquelle les exigences de l'ordre public procédural ne s'atténuent pas au niveau des effets de jugements, le phénomène de la frontière ne purgeant pas la procédure suivie du vice originaire (H. Muir Watt, « Contre une géométrie variable des droits fondamentaux de la procédure », *Justices*, 1996. 329). C'est précisément cette solidarité entre les différentes étapes de l'instance, directe et indirecte, au regard des exigences du procès équitable, dont se prévalait la défenderesse à l'exécution en l'occurrence : donner effet à la sanction américaine elle-même constitutive de violation de l'article 6, c'était s'en rendre indirectement mais nécessairement complice.

Dans l'arrêt *Pelligrini*, le contrôle imposé à l'État requis à l'égard de la procédure suivie par la juridiction ecclésiastique, non liée par la CEDH, était un contrôle « plein », non atténué (L. L. Christians, *ibid.*). Or, s'il est vrai que ce contrôle pouvait s'expliquer par référence au contenu de l'article 8 (2)-B du Concordat, le juge Costa a en revanche exprimé l'opinion (dans (2002), *Rivista internazionale dei diritti dell'uomo*, 435, 437-439) que l'arrêt *Pellegrini* dépassait sur ce point les exigences des arrêts *Soering* et *Drozd*, en ce sens précisément que la vérification du respect de l'ensemble des exigences de l'article 6 s'imposerait inconditionnellement aux juridictions de l'État requis. Dans ces conditions, il ne semble pas que le juge requis puisse effectuer un tri entre les exigences « fondamentales » et celles qui le paraissent moins. Enfin, on peut se demander si le droit au procès équitable implique un droit à l'exécution du jugement étranger dans l'État du for. Le refus de l'*exequatur* peut constituer une ingérence dans le droit au procès équitable de celui qui a obtenu une telle décision dans des conditions conformes aux exigences de celui-ci (CEDH, 29 avril 2008, *Rev. crit. DIP*, 2008. 830, note P. Kinsch ; en ce sens déjà, raisonnant également à partir de l'arrêt *Hornsby c/ Grèce*, 19 mars 1997, Rec. 1997-II, p. 495, C. Baker, *Contribution à l'étude de l'exécution des jugements civils dans les rapports internes et internationaux de droit privé*, thèse Paris 1, 2008). En l'occurrence, le refus critiqué était fondé sur le caractère exclusif que revêtait l'article 15 du Code civil avant l'arrêt *Prieur* (v. *supra*). À cet égard, la Cour admet que les règles de compétence (indirecte) des État-contractants sont justiciables d'un contrôle au regard de l'article 6 CEDH. Cependant, afin que ce dernier ne soit pas invoqué en vue de garantir l'exécution de n'importe quel jugement (ou de tout autre acte public étranger ou arbitral), il semble important de distinguer ce cas, où le privilège juridictionnel exclusif heurtait de front les exigences du procès équitable, de celui où le refus d'*exequatur* est attentatoire à un droit substantiel indépendamment de la qualité intrinsèque des conditions de régularité internationale mises en œuvre (analysant le refus d'*exequatur* comme atteignant un droit fondamental d'ordre substantiel, notamment le droit au respect de la vie familiale, v. notamment *Wagner v. Luxembourg*, 28 juin 2007, *D.*, 2007. 2700, note F. Marchadier, *Rev. crit. DIP*, 2007. 807, note P. Kinsch, *JDI*, 2009. 183, note L. d'Avout ; *infra*, n° 576). Comme le fait observer par ailleurs P. Kinsch (note précitée, p. 840), dans cette dernière hypothèse, le contrôle de la proportionnalité est plus aisé à mener qu'en cas d'atteinte à un principe à caractère processuel.

Perspectives d'avenir ? La future Convention de la Haye sur les jugements. V. https://assets.hcch.net/docs/af3162c2-abbe-40b2-b214-8f8039e5406f.pdf. Dans certaines conditions, notamment de lien du défendeur avec l'État dont émane le jugement (art. 5, et sous réserve de compétences exclusives, art. 6), le jugement rendu par une juridiction d'un État-contractant sera reconnu, sauf les motifs énumérés à l'article 7, qui comprennent aussi bien les causes traditionnelles d'irrégularité (violation des droits de la défense ou de l'ordre public, ou encore la fraude) que celles qui tiennent à l'existence d'un jugement préalablement rendu et inconciliable ou même (à titre facultatif) à une situation de litispendance.

Chapitre 4

LES VOIES PROCÉDURALES DE L'EFFICACITÉ

286. En dehors du cas où la mise à exécution est recherchée, la reconnaissance des décisions étrangères [1] ne nécessite en principe aucune procédure particulière : hormis un doute qui perdure en ce qui concerne les jugements patrimoniaux déclaratifs émanant d'États non membres de l'Union européenne, les jugements peuvent aujourd'hui déployer de plein droit efficacité substantielle et autorité de chose jugée, indépendamment de toute procédure préalable, le contrôle de leur régularité pouvant être mené à titre incident, par le juge saisi d'une action principale au fond (sect. 1). La mise à exécution d'une décision étrangère suppose qu'elle soit revêtue de la force exécutoire dans l'État requis, laquelle est octroyée en droit international privé commun à l'occasion de l'instance principale en *exequatur* (sect. 2). Cependant, dans toute la matière civile et commerciale et dans divers autres cas, le droit de l'Union européenne autorise l'accession directe à la force exécutoire des jugements étrangers sans aucune formalité [2] (sect. 3).

1. V. art. 509 s. CPC, mod. D. n° 2014-1633, consacré à la « Reconnaissance transfrontalière ».
2. À l'heure des projets (dont l'histoire et les modalités sont rapportées par F. Paulino Pereira, « La coopération judiciaire en matière civile dans l'Union européenne : bilan et perspectives », *Rev. crit. DIP*, 2010. 1, spéc. p. 18 et s.), cette perspective souleva de nombreuses controverses : P.-F. Schlosser, « The Abolition of *Exequatur* Proceedings – Including Public Policy Review? », *IPRax*, 2010. 101 ; P. Beaumont, E. Johnston, « Abolition of the *Exequatur* in Brussels I: is a Public Policy Defence Necessary for The Protection of Human Rights? », *IPRax*, 2010. 105 ; L. d'Avout, « Faut-il supprimer l'*exequatur* dans le contentieux transfrontière en Europe ? », *Droit et Procédures*, novembre 2010, p. 68 ; V. Heuzé, « La reine morte : la démocratie à l'épreuve de la conception communautaire de la justice », *JCP* 2011, 359 ; 397.

SECTION 1
La reconnaissance de plein droit

286-1. Dire que la reconnaissance [1] des jugements étrangers s'impose de plein droit signifie qu'elle ne nécessite aucune procédure particulière. Déjà admise depuis longtemps en droit commun, tout au moins en matière d'état des personnes [2], la reconnaissance de plein droit s'est dès lors imposée sans difficulté dans l'espace judiciare européen, dès la Convention de Bruxelles de 1968 (art. 26) ; elle s'y est évidemment maintenue dans le cadre de l'Union européenne, à travers le Règlement Bruxelles I (art. 33) et la version révisée de ce dernier (art. 36). De la même manière, la reconnaissance des décisions rendues dans un État-membre s'impose sans qu'il soit nécessaire de recourir à aucune procédure en vertu du Règlement Bruxelles II *bis* (art. 21), et des Règlements « Obligations alimentaires » (art. 17 ; art. 23) « Successions » (art. 39), « Régimes matrimoniaux » (art. 36) et « Partenariats enregistrés » (art. 36). Le jugement étranger peut donc être invoqué à titre incident au cours d'une procédure française au soutien soit d'une fin de non-recevoir, soit d'une exception de chose jugée.

En droit commun, pour des raisons historiques, les jugements patrimoniaux déclaratifs ont cependant été exclus du domaine de la reconnaissance de plein droit (§ I). En outre, tant qu'il n'y a pas eu de vérification judiciaire de la régularité d'un jugement étranger, cette reconnaissance est précaire. Les parties qui souhaitent être fixées rapidement sur leur sort ont donc la possibilité de provoquer une décision relative à la régularité du jugement étranger, à titre incident ou principal (§ II).

1. Entendue comme recouvrant l'efficacité substantielle et l'autorité négative de chose jugée. L'objet propre de la reconnaissance (ou de l'*exequatur*) octroyée par le juge du for, est discuté. Une fois déclaré régulier (ou revêtu de la force exécutoire), le jugement étranger pénètre-t-il en tant que tel dans l'ordre juridique du for, où il déploierait les effets processuels et de fond assortissant les actes juridictionnels du for, ou celui-ci reproduit-il l'original à l'identique dans un jugement local, de sorte que ce ne serait jamais le jugement étranger qui serait exécuté sur le territoire du for ? Soutenue en France par P. Mayer, cette position est également celle, outre-Manche, d'A. Briggs.

2. Depuis les arrêts *Bulkley* (*D. P.*, 1860. 1. 57 ; *S.*, 1860. 1. 210) et *de Wrède* (*S.*, 1901, 1, 185 ; *JDI*, 1900. 613 ; *GA*, n° 10), respectivement pour les jugements constitutifs puis les jugements déclaratifs en matière d'état des personnes (v. *supra*, n° 252).

I | Le domaine de la reconnaissance de plein droit

286-2. En droit commun, les jugements étrangers en matière d'état des personnes, puis constitutifs de pouvoirs, ont bénéficié, très tôt, d'une reconnaissance de plein droit [1]. En revanche, le bénéfice de cette efficacité immédiate a été refusé aux jugements patrimoniaux et déclaratifs par une jurisprudence aujourd'hui ancienne [2]. L'enseignement traditionnel voudrait que ces jugements, dont la définition même suscite de nombreuses difficultés, n'aient aucune efficacité indépendamment de l'*exequatur*, qu'il s'agisse de l'autorité de chose jugée ou de l'efficacité substantielle. Selon cette conception, une nouvelle action sur le fond introduite avant l'octroi de l'*exequatur* aurait toujours pour effet de paralyser la reconnaissance du jugement étranger, qui ne pourrait par ailleurs être invoquée incidemment, à l'appui d'une fin de non-recevoir, dans une instance au fond en France. La raréfaction du contentieux de droit commun en matière patrimoniale à la faveur de l'expansion de l'espace judiciaire européen a réduit il est vrai les occasions pour les tribunaux de démentir cette position ancienne. Il est cependant difficilement concevable que les jugements déclaratifs patrimoniaux puissent rester à ce point à l'écart du mouvement qui tend, progressivement, à admettre la valeur propre des décisions étrangères en tant qu'elles fondent les prévisions des justiciables.

287. De fait, divers indices sont apparus en droit positif dans le sens de l'efficacité de plein droit des jugements déclaratifs patrimoniaux. D'abord, en 1974, l'arrêt *Locautra* a admis l'effet normatif, indépendamment de l'*exequatur*, d'un jugement allemand prononçant la nullité d'un contrat, que ne régissait pas encore la Convention de Bruxelles [3]. Par ailleurs, en 1983, l'action en opposabilité a été admise en matière patrimoniale et déclarative [4]. Or, puisque l'intérêt à agir à titre déclaratoire d'un jugement étranger est généralement lié à l'incertitude qu'engendre la précarité des effets qu'il produit de plein droit, l'admission d'une telle

1. V. *supra*, n° 252.
2. Cass. civ., 26 juin 1905, *Negrotto*, *JDI*, 1905. 1014, concl. Baudouin, *DP*, 1905. 1. 513, concl. Baudouin, note Thaller, *S.*, 1905. 1. 433, note Lyon-Caen.
3. Cass. civ. 1re, 9 déc. 1974, *Rev. crit. DIP*, 1975. 504, note E. Mezger, *JDI*, 1975. 534, note A. Ponsard.
4. Cass. civ. 1re, 17 mai 1983, *Rev. crit. DIP*, 1985. 346, note B. Ancel.

action tendrait à accréditer l'idée selon laquelle ces jugements déploient bien, comme tous les autres, une efficacité immédiate quoique précaire, génératrice de l'insécurité qui justiife l'existence de l'action en oppasabilité. Au demeurant, le domaine des procédures collectives, qui a longtemps été considéré comme le bastion même du principe de l'absence d'effets de cette catégorie de décisions indépendamment de l'*exequatur*, a connu en 1986 une évolution importante, qui ne permet plus d'assimiler le jugement étranger à un néant juridique avant l'*exequatur*[1]. Dans un autre domaine encore, les créances résultant d'un jugement étranger non exequaturé sont de nature à fonder des mesures conservatoires en France[2]. Enfin et surtout, il avait été admis dès 1974 que l'exception de litispendance tirée de l'existence d'une procédure étrangère en cours permet de paralyser l'instance ultérieurement engagée en France[3] ; il faut alors admettre, *a fortiori*, qu'un jugement étranger, fruit d'une procédure achevée, puisse être invoquée à l'appui d'une exception de chose jugée avec un effet identique. En 2007, l'arrêt *Cornelissen* est venu conforter encore cette évolution, en faisant basculer le contentieux de la régularité des jugements étrangers dans le champ du contentieux objectif[4].

II | Les procédures destinées à mettre fin à l'incertitude

La précarité de la reconnaissance de plein droit engendre une incertitude relative au statut du jugement étranger à laquelle il peut être mis fin au moyen d'une action déclaratoire en opposabilité ou en inopposabilité (A). Lorsque l'incertitude n'est pas insupportable, le jugement étranger peut attendre d'être invoqué à l'occasion d'une instance au fond

1. Cass. civ. 1re, 25 févr. 1986, *Kléber, JCP*, 1987. II. 20776, note J.-P. Rémery ; *Rev. crit. DIP*, 1987. 589, note H. Synvet ; *JDI*, 1988. 425, note A. Jacquemont, et *infra*, nos 664 ; 1096.

2. V. l'article L. 511-2 du Code des procédures civiles d'exécution (ex art. 68 de la loi du 9 juillet 1991) dispensant d'autorisation préalable à cette fin le bénéficiaire d'une décision de justice non revêtue de la formule exécutoire, interprété comme englobant les décisions étrangères non exequaturées (v. déjà, en cas de saisie-arrêt, Trib. civ. Seine, 1er févr. 1956, *Rev. crit. DIP*, 1956. 336, note Batiffol).

3. Cass. civ. 1re, 26 nov. 1974, *Sté Miniera di Fragne, JDI*, 1975. 108, note Ponsard, *Rev. crit. DIP*, 1975. 491, note Holleaux, *Rép. Commaille*, 1976. 78, obs. Droz, *GA*, no 54 et *supra*, no 209.

4. Cass. civ. 1re, 20 févr. 2007, *Cornelissen*, cité et analysé *supra*, nos 263, 276.

devant les tribunaux du for, provoquant un contrôle judiciaire de sa régularité à titre incident (B).

A / L'ACTION DÉCLARATOIRE EN (IN)OPPOSABILITÉ

288. L'existence et les modalités procédurales d'un contrôle purement déclaratoire de régularité d'un jugement étranger ont été longtemps discutées en doctrine et ont donné lieu à un certain nombre de flottements jurisprudentiels. En droit commun, en matière de statut personnel, la Cour de cassation a d'abord admis l'action dénégatoire ou en inopposabilité qui emprunte le moule, inversé, de l'action en *exequatur* [1]. Plus tard, en 1980, la recevabilité de l'action en *exequatur* à titre déclaratoire, « à toutes fins utiles », fut consacrée par le grand arrêt *Garino* [2]. C'est ainsi que l'*exequatur* peut être octroyé à titre purement déclaratoire, afin d'asseoir l'opposabilité en France des jugements admis par ailleurs à y déployer leurs effets et attributs de plein droit indépendamment de toute procédure d'autorisation spécifique.

En droit de l'Union européenne, les articles 36-2 du Règlement Bruxelles I *bis* [3] et 21 § 3 du Règlement Bruxelles II *bis* admettent quant à eux que l'action en *exequatur* serve aussi à constater la reconnaissance à titre principal des décisions émanant des autres États-membres (comp. aussi les art. 39-2 « Successions », 23-2 « Obligations alimentaires » 36-2 « Régimes matrimoniaux » et 36-2 « Partenariats enregistrés »), le Règlement Bruxelles II *bis* affirmant même expressément que cette action puisse tendre à une décision de non-reconnaissance [4].

En ce qui concerne la qualité pour agir en (in)opposabilité, il résulte de l'arrêt *Garino* qu'elle n'est plus réservée à la partie victorieuse. L'action déclaratoire est dépourvue en effet du caractère attitré qui caractérise l'action intentée à des fins d'exécution du jugement étranger [5]. Banalisée, l'action en reconnaissance est ouverte à toute personne y ayant intérêt, ce qui comprend la partie condamnée elle-même ou des

1. V. déjà, Cass. civ. 1re, 22 janv. 1951, *Weiller*, *Rev. crit. DIP*, 1951. 167, note Francescakis ; *RTD civ.*, 1951. 279, obs. Hébraud ; *S.*, 1951. 1. 187 ; *JCP*, 1951. II. 6151, note S. et T. ; *GA*, n° 24 ; et plus explicitement, Cass. civ. 1re, 10 févr. 1971, *Bielski*, *JDI*, 1971. 582, obs. Ph. K. ; *Rép. Commaille*, 1971. 663, obs. Droz, *Rev. crit. DIP*, 1972. 123.

2. Cass. civ. 1re, 3 janv. 1980, *Garino*, *JDI*, 1980. 341, note A. Huet ; *Rev. crit. DIP*, 1980. 597, note D. Holleaux ; *D.*, 1981. IR, 161, obs. B. Audit.

3. V. *infra*, n° 320-1 s.

4. Aj. pour le Règlement « Obligations alimentaires », les dispositions de l'art. 23 et, pour le Règlement « Successions », celles de l'art. 39.

5. V. *infra*, n° 292.

tiers. Cette solution est également consacrée en droit européen en ce qui concerne l'action en reconnaissance, qui appartient à « toute partie intéressée » – sans que cette notion fasse l'objet d'une définition propre au droit de l'Union européenne.

L'intérêt à agir en opposabilité est celui de mettre fin à l'incertitude résultant de l'efficacité précaire des jugements autorisés à déployer des effets de plein droit. La jurisprudence admettant un tel intérêt sans distinguer les catégories de jugements étrangers en cause tendrait à accréditer l'idée selon laquelle les jugements patrimoniaux et déclaratifs accèdent bien à l'efficacité de plein droit [1]. L'existence d'une incertitude postule que la situation du demandeur ait un certain lien avec la France. Par ailleurs, cet intérêt doit être légitime. Pareille condition a servi à sanctionner l'attitude de celui qui a obtenu par fraude une décision dont il dénie ensuite la régularité [2].

289. L'utilité d'une telle action déclaratoire ou dénégatoire, dissociée de l'exécution, est indiscutable. Elle le reste au demeurant, même dans la perspective de la suppression généralisée de l'*exequatur* [3]. En revanche, la mise en place d'une procédure non contentieuse aurait été souhaitable à des fins d'opposabilité, car l'utilisation de la procédure d'*exequatur* conduit à une confusion, sur le plan de son régime procédural, entre l'action intentée en vue d'obtenir l'exécution et l'action déclaratoire ; elle engendre de surcroît des incohérences : tel est notamment le cas lorsque l'*exequatur* est demandée à de simples fins d'opposabilité par une personne intéressée autre que la partie victorieuse à l'étranger, alors que l'instance débouche dans tous les cas sur l'octroi de la formule exécutoire, ce qui est un non-sens. À tout le moins, lorsqu'elle est engagée à des fins d'opposabilité, l'action en *exequatur* devrait subir des ajustements quant à ses conditions de recevabilité [4]. Le caractère gracieux de l'instance en *exequatur* au regard des Règlements Bruxelles I et Bruxelles II *bis* en facilite en revanche le dualisme fonctionnel.

B / LE CONTRÔLE INCIDENT

290. Le jugement étranger peut également être invoqué au cours d'une procédure au fond en France à l'appui d'une fin de non-recevoir,

1. V. *supra*, n° 286-1.
2. Cass. civ. 1re, 19 janv. 1983, *Conlon*, *Rev. crit. DIP*, 1984. 492, note P. Mayer ; *JDI*, 1984. 899, note G. Wiederkher.
3. Sur laquelle v. *infra*, n° 320-1 s.
4. V. *infra*, nos 298 et s.

tirée soit de l'efficacité substantielle, soit de l'autorité de la chose jugée [1]. Dans ce cas, le juge saisi de l'action principale vérifiera incidemment la régularité du jugement invoqué avant de lui reconnaître l'effet demandé, même si cette juridiction n'aurait pu connaître d'une demande principale en *exequatur* [2]. Le contrôle incident des jugements émanant des autres États-membres est également acquis en vertu des articles 36-3 du Règlement Bruxelles I *bis*, 21-4 du Règlement Bruxelles II *bis*, (comp. aussi les art. 23-3 du Règlement « Obligations alimentaires », 39-3 du Règlement « Successions », 36-3 « Régimes matrimoniaux » et 36-3 « Partenariats enregistrés ») devant la juridiction statuant au fond, même si sa compétence à l'égard de l'instance principale ne relève pas de l'instrument européen [3].

En droit commun, la jurisprudence semble admettre que lors du contrôle incident, la charge de la contestation de la régularité pèse sur le défendeur à la reconnaissance [4]. La raison en serait que seuls sont dans le débat les effets de la décision invoquée à l'appui d'une fin de non-recevoir, de sorte que sa régularité n'y figure qu'en raison de la contestation. Il faut donc admettre que le débat sur la régularité de la décision étrangère ne soit pas vidé lors d'un contrôle incident. Par ailleurs, les parties au litige principal peuvent ne pas être celles de l'instance originaire portée devant le juge étranger. C'est la double raison pour laquelle l'autorité du jugement statuant incidemment sur la régularité du jugement étranger semble devoir être limitée tout à la fois à la condition contrôlée et à la question pour les besoins de laquelle le contrôle incident a eu lieu. Dans une autre instance de fond portant sur un objet différent, la régularité du jugement étranger non exequaturé pourra être vérifiée à nouveau, tandis que le juge de l'*exequatur* saisi à titre principal en (in)opposabilité ou à des fins d'exécution ne sera pas lié par la reconnaissance incidente.

1. Sur lesquelles, v. *supra*, n°s 246 et s.

2. Cass. civ. 1re, 25 juin 1991, *JCP*, 1992. II. 21798, note H. Muir Watt ; *JDI*, 1991. 975, note H. Gaudemet-Tallon ; *Defrénois*, 1991. 1255, note J. Massip ; Cass. civ. 1re, 10 mai 2007, *D.*, 2007. 2327, chron. P. Chauvin ; *LPA*, 6 nov. 2007, n° 227, p. 15, note J.-G. Mahinga, confirmant, au vu de l'article 509 NCPC que « *le contrôle à titre incident de la régularité internationale d'un jugement étranger peut être opéré par tout juge devant lequel ce jugement est invoqué pour contester son pouvoir de juger* ». Comp. pour des exemples plus récents : Cass. civ. 1re, 10 mai 2007, (*D.*, 2008. pan. 1507, obs. P. Courbe et F. Jault-Seseke) ; 25 mai 2008, n° 07-14342.

3. Et quelle que soit la nature (contentieuse ou gracieuse) de l'instance principale au fond : v. *infra*, n° 297.

4. Cass. civ. 1re, 19 janv. 1983, *Conlon*, précité, et la note P. Mayer, *Rev. crit. DIP*, 1984. 500.

Section 2
L'instance en exequatur

291. L'*exequatur* est une autorisation judiciaire d'exécuter, accordée à un acte juridictionnel ou gracieux dépourvu de force exécutoire dans l'ordre juridique du juge requis, soit en raison de son extranéité (jugement ou acte public étranger : art. 509 CPC), soit en raison de son caractère privé (sentence arbitrale). À cet égard, il est une expression de la souveraineté de l'État du for requis, héritier de la procédure de « *pareatis* », qui permettait, dans l'Ancien droit, de conférer force exécutoire aux jugements rendus dans une autre province. C'est pour cette raison qu'il a sans doute pu longtemps se maintenir – dans une mesure qui se réduit considérablement aujourd'hui – dans les rapports entre États-membres au sein de l'espace judiciaire européen. Dans ce dernier contexte, l'abolition de l'*exequatur* était précédée par la transformation de l'acte octroyant la force exécutoire en simple formalité (sur simple présentation de documents), dépourvue de tout caractère décisionnel. Aujourd'hui, sa suppression pure et simple tend à se généraliser : sont exécutoires de plein droit dans l'État du for les décisions rendues dans un autre État-membre relatives au droit de visite et au retour de l'enfant au sein du Règlement Bruxelles II *bis*, celles relevant du Règlement « Obligations alimentaires » pour les décisions rendues dans un État lié par le Protocole de La Haye de 2007, et, en matière civile et commerciale, toutes celles régies par le Règlement n° 1215/2012 Bruxelles I *bis* [1]. D'autres exceptions au contrôle à la frontière s'y ajoutent (v. ainsi le régime du TEE et des petites créances [2]).

Si la fonction historique de l'action en *exequatur* a été de permettre aux jugements étrangers d'accéder à la force exécutoire en France, son champ s'est considérablement élargi, en servant également à la reconnaissance du jugement à exécuter ; par la suite, elle s'est même imposée, indépendamment de toute perspective d'exécution, à titre purement déclaratoire, à de simples fins d'opposabilité [3]. Son régime, archaïque en droit commun, simplifié en droit européen, se ressent de ces contradictions affectant sa fonction, en ce qui concerne les conditions de recevabi-

1. V. *infra*, n°s 320-1 et s.
2. Sur lequel v. *infra*, n°s 311-1 et s.
3. V. *supra*, n° 288.

lité (§ I), le déroulement de l'instance (§ II), ou les pouvoirs du juge de l'*exequatur* (§ III). S'agissant de l'*exequatur* des jugements émanant des États-membres de l'Union européenne, et pour autant que cette procédure demeure applicable, le droit commun conserve sa vocation à régir les points de procédure non réglés par les instruments européens.

I | Les conditions de recevabilité

La recevabilité de l'action suppose la qualité et l'intérêt pour agir (A), le caractère exécutoire et définitif du jugement étranger (B), et l'absence de toute décision inconciliable antérieurement efficace dans l'État du for (C).

A / QUALITÉ ET INTÉRÊT POUR AGIR

292. Conçue à des fins d'exécution forcée, l'action en *exequatur* de droit commun est une action attitrée puisque seule a qualité pour l'exercer la partie victorieuse à l'étranger contre la partie condamnée, l'instance étant contentieuse[1]. Le droit européen l'avait ouverte en revanche à « toute partie intéressée », en lui conférant un caractère gracieux[2]. Cependant, selon le rapport Jenard (p. 49), cet élargissement apparent du cercle des personnes ayant qualité pour exercer l'action à des fins d'exécution s'étend seulement aux ayants droit qui pouvaient se prévaloir de la décision dans l'État d'origine. En toute hypothèse, et pour autant que la procédure reste applicable, l'intérêt à obtenir l'*exequatur* suppose qu'il existe dans l'État requis une perspective d'exécution, se traduisant notamment par l'existence présente ou probable de biens sur le territoire du for.

B / CARACTÉRISTIQUES EXIGÉES DU JUGEMENT

293. Le droit judiciaire international commun et européen semble adhérer dans l'ensemble à l'idée selon laquelle le jugement étranger est

1. V. *infra*, n° 297.
2. Art. 38-1 Règlement Bruxelles I ; 28-1 Bruxelles II *bis* ; 43 Règlement « Successions ».

reconnu tel qu'il est ; ce « principe d'assimilation [1] » signifie qu'il ne peut produire plus d'effet qu'il n'en a dans son pays d'origine [2]. Sur ce point, la jurisprudence récente de la Cour de justice soustrait toutefois à la loi d'origine la définition de l'autorité de la chose jugée, changeant quelque peu la donne [3]. Il en va sans doute également ainsi de la seconde conséquence de ce principe, aux termes de laquelle le jugement émanant d'un autre État-membre ne peut pas déployer plus d'effet qu'un jugement local du même type [4]. Cette double limite explique en tout cas la façon dont sont conçues traditionnellement les caractéristiques exigées du jugement étranger pour que l'action exercée à des fins d'exécution soit recevable. À cet égard, la décision étrangère doit être exécutoire dans son pays d'origine, ou, s'agissant de la simple reconnaissance, revêtir un caractère « définitif ».

294. Caractère exécutoire. — Pour pouvoir être déclaré exécutoire en France, le jugement étranger doit être exécutoire dans son pays d'origine, au moins par provision. Cette condition, tradtionnellement exigée, vaut également s'agissant de la force exécutoire immédiate dont jouissent désormais les décisions pour lesquelles l'*exequatur* a été supprimé (v. par ex, art. 39 du Règlement Bruxelles I *bis*). En revanche, les obstacles de fait ou de droit auxquels se heurterait l'exécution dans le pays d'origine n'entrent pas en considération pour déterminer le caractère exécutoire de la décision. Pareille indifférence à l'égard des circonstances, même juridiques, qui empêchent la réalisation de la décision à l'étranger est parfois d'une opportunité discutable, comme le montre dans les rapports intra-européens l'arrêt *Coursier* de la Cour de justice [5], où la suspension des poursuites intervenues en France n'a pas empêché d'obtenir l'exécution contre le débiteur au Luxembourg d'un jugement de condamnation au vu de son caractère exécutoire selon la loi française. L'arrêt *Apostolides c. époux Oram* confirme cette solution et son inopportunité, dans une hypothèse où l'exécution était impossible en terri-

1. Sur ce principe, A. Nuyts, « La refonte du Règlement Bruxelles I », *Rev. crit. DIP* 2013. 1, spéc. Ire partie.

2. V. en droit européen, l'art. 54 du Règlement Bruxelles I *bis* au sujet de l'adaptation de la décision étrangère, qui « ne peut pas entraîner d'effets allant au-delà de ceux prévus dans le droit de l'État-membre d'origine ». En droit commun, v. Paris, 4 juin 1998, *Rev. crit. DIP*, 1999. 108, note H. Muir Watt. Il en va parfois autrement, cependant, du fait du jeu délibéré de la substitution : v. l'article 370-5 C. civ. et *infra*, nos 478 et s., no 775.

3. CJUE *Goather*, aff. C. 456/11, sur lequel v. *supra*, nos 242, 249.

4. CJCE, 4 févr. 1988, aff. 145/86, *Hoffman c/ Krieg*, *Rec.*, 645, concl. Darmon ; *Rev. crit. DIP*, 1988. 605, note H. Gaudemet-Tallon ; *JDI*, 1989. 449, obs. A. Huet.

5. CJCE, 29 avr. 1999, aff. C-267/97, *Rec.*, I, 2543, concl. La Pergola : *Rev. crit. DIP*, 2000. 236, note G. Droz ; *JDI*, 2000. 534, obs. A. Huet.

toire occupé [1]. Bien entendu, lorsque l'action en *exequatur* tend à obtenir ou à faire déclarer l'opposabilité du jugement étranger en dehors de toute perspective d'exécution [2], il n'y a aucune raison d'exiger que ce dernier présente un caractère exécutoire. Si le jugement étranger relève d'un système de procédure analogue au droit français, cela signifierait qu'il n'est pas nécessaire d'attendre que les recours suspensifs soient épuisés.

295. Caractère « définitif ». — L'expression est ambiguë. Peu importe en effet que la décision étrangère reste modifiable puisque dépourvue d'autorité de chose jugée, comme ce serait le cas par exemple d'une décision statuant sur la garde d'un enfant [3]. La condition renvoie plutôt à l'épuisement des voies de recours à l'étranger, de façon à éviter que l'*exequatur* ne soit accordé à une décision ultérieurement annulée dans son pays d'origine. S'agissant de l'action en simple reconnaissance, l'efficacité substantielle de la décision étrangère suppose que celle-ci soit passée en force de chose jugée, c'est-à-dire que les voies de recours ordinaires soient épuisées. La même condition est implicite, dans le cas de l'action en vue de l'exécution, dans l'exigence que la décision étrangère revête un caractère exécutoire. En droit commun, la circonstance que la décision étrangère soit effectivement frappée d'un tel recours dans son pays d'origine est désormais un obstacle à l'octroi immédiat de l'*exequatur* [4]. Si, en dépit de ce remède préventif, pareil risque se réalise, l'octroi de l'*exequatur* devient caduc de plein droit [5]. Le droit européen résout la difficulté en prévoyant que le juge (ou une autre autorité) devant lequel est invoquée une décision rendue dans un autre État-membre peut surseoir à statuer, intégralement ou partiellement, si cette décision est contestée dans l'État-membre d'origine (v. art. 38 Règlement Bruxelles I *bis*).

1. CJUE, 28 avril 2009, aff. C-420/07, *Meletis Apostolides c. époux Oram* : « Le fait qu'une décision rendue par les juridictions d'un État-membre concernant un immeuble sis dans une zone de cet État-membre sur laquelle le gouvernement de celui-ci n'exerce pas un contrôle effectif ne peut pas, en pratique, être exécutée au lieu où se trouve l'immeuble ne constitue pas un motif de refus de reconnaissance ou d'exécution au titre de l'article 34, point 1, du Règlement n° 44/2001 et n'implique pas non plus une absence de caractère exécutoire d'une telle décision au sens de l'article 38, paragraphe 1, dudit Règlement ».
2. V. *supra*, n° 288.
3. CF. M. Nioche, « Décision provisoire et autorité de chose jugée », *Rev. crit. DIP*, 2012. 277.
4. Cass. civ. 1re, 21 mai 1997, *Rev. crit. DIP*, 1998. 306, note H. Muir Watt.
5. Cass. civ. 1re, 12 nov. 1986, *Rev. crit. DIP*, 1987. 750, note C. Kessedjian.

C / ABSENCE DE JUGEMENT ANTÉRIEUREMENT EFFICACE

296. L'existence d'un jugement ayant déjà tranché le litige et pourvu d'efficacité dans l'État du for empêche la reconnaissance d'un jugement étranger inconciliable [1]. Cet obstacle à la reconnaissance est traditionnellement considéré comme une cause d'irrégularité de la décision étrangère, rattachée à la question de l'ordre public [2]. Il est difficile cependant de la mettre sur le même plan que les autres conditions de régularité, car elle n'implique aucune appréciation d'ordre qualitatif sur l'aptitude du jugement à être accueilli par l'ordre juridique français, mais y « conditionne sa pénétration », en supprimant *a priori* sa vocation à l'efficacité, sans regard pour sa régularité intrinsèque [3]. Dans ce cas, l'intérêt à obtenir la reconnaissance ou l'exécution d'un jugement qui se heurtera nécessairement à la chose jugée ou à l'efficacité d'une décision antérieurement efficace fait défaut. Il en va de même dans l'hypothèse où l'octroi de l'*exequatur* créerait un risque de simple inconciliabilité des décisions du point de vue de leur exécution [4].

II | Le déroulement de l'instance

297. Pour autant que la procédure est encore applicable en droit de l'Union européenne, l'instance en *exequatur* est une instance gracieuse en premier ressort, réservant le débat contradictoire pour l'appel. En premier ressort, l'octroi de l'*exequatur* n'est plus un acte décisionnel mais une simple formalité, l'organe requis n'ayant aucun pouvoir d'apprécier la régularité du jugement étranger. C'est pourquoi la mission

1. V. par ex,. art. 45 (c) et (d) Règlement Bruxelles I *bis*. Il peut s'agir aussi bien d'un jugement rendu dans l'État requis entre les mêmes parties que d'un jugement rendu dans un autre État (membre ou tiers) entre les mêmes parties et ayant le même objet et la même cause (c'est-à-dire, réunissant les conditions de la litispendance des art. 29 et 33, indépendamment de la primauté chronologique de la saisine). Comp. art. 22 (c) et (d) du Règlement Bruxelles II *bis*, art. 24 (c) et (d) « Obligations alimentaires », art. 40 (c) et (d) « Successions »...

2. V. Cass. civ., 9 mai 1900, *de Wrède*, préc. ; comp. art. 45-1 (c)et (d) Règlement Bruxelles I *bis* et articles 22 *(d)* et 23 *(e)* Règlement Bruxelles II *bis* ; 24 c Obligations alimentaires ; 40 c Successions...

3. H. Motulsky, note sous l'arrêt *Patiño*, Cass. civ., 15 mai 1963, *JCP*, 1963. II. 13366.

4. Sur cette hypothèse, v. CJCE, aff. 145/86, 4 févr. 1988, *Hoffman v. Krieg*, préc. ; Cass. civ. 1re, 9 janv. 1996, *Rev. crit. DIP*, 1996. 719, note H. Muir Watt et *supra*, n° 228.

en a été confiée au greffier du tribunal de grande instance (art. 509-2 CPC).

En droit commun, le régime procédural de l'instance, contentieuse, en *exequatur* se ressent en revanche des incertitudes affectant aussi bien les conséquences de la prohibition de la révision que la fonction même de l'action et la mesure dans laquelle les conditions d'accession des jugements étrangers à l'efficacité induisent ou non à leur profit une véritable présomption de régularité. En sorte qu'au-delà de la question de la compétence, résolue en faveur du tribunal de grande instance statuant à juge unique (art. R. 212-8 COJ), d'autres difficultés sont apparues, concernant la nature et l'étendue de l'instance (A), ainsi que l'office du juge et les charges des parties (B).

A / NATURE, OBJET, ÉTENDUE DE L'INSTANCE

298. Élaboré en fonction du caractère contentieux du jugement étranger soumis à *exequatur*, dans une perspective d'exécution forcée, le régime procédural de l'instance n'est que très partiellement adapté à la diversification des fonctions de l'*exequatur*. Le prix à payer pour l'utilisation d'une action unique à des fins multiples réside, par exemple, dans le fait qu'elle débouche nécessairement sur l'octroi de la force exécutoire, même si la demande émane d'un tiers intéressé, ou de la partie condamnée elle-même, ou encore si elle n'a pour objet que l'opposabilité du jugement étranger. En même temps, le caractère objectif du contentieux implique une indifférence excessive des règles du déroulement de l'instance à l'égard de l'objet propre de la décision étrangère. Ainsi, les débats sont toujours publics, quels que soient les intérêts en jeu, tandis que la cause n'est pas communicable au ministère public au regard de l'article 425 CPC. Par ailleurs, l'instance en *exequatur* revêt toujours une nature contentieuse, alors même que l'acte étranger qu'elle concerne, décision ou instrument, est d'ordre gracieux. Pour atténuer ce dernier inconvénient, en l'absence de contradicteur véritable, le demandeur à l'*exequatur* d'un jugement ou instrument gracieux étranger assigne généralement le ministère public.

Le juge de l'*exequatur* se prononce sur l'aptitude de la décision étrangère à être reconnue et mise à exécution au regard de critères extrinsèques, son contenu restant intangible [1]. Admise à la faveur de la

1. Cass. civ. 1re, 18 décembre 1979, *Rev. crit. DIP*, 1981. 90 ; *D.*, 1980. 553, note E. Poisson-Drocourt ; *JDI*, 1981. 597, obs. Ph. Kahn.

suppression de la révision au fond [1], cette intangibilité du contenu du jugement étranger, jointe au caractère objectif attribué à l'instance en *exequatur*, a entraîné dans la période suivant l'arrêt *Munzer* un cantonnement strict des pouvoirs du juge de l'*exequatur*, qui apparaît comme excessif aujourd'hui. Le spectre de la révision s'effaçant à l'heure actuelle, le souci de souplesse et d'efficacité du contrôle tend désormais à l'emporter sur les anciens interdits. S'agissant par exemple des moyens d'exercice par le juge de ses pouvoirs de contrôle du jugement étranger, il ne lui est plus interdit de prendre en compte deséléments extrinsèques et postérieurs à la décision contrôlée [2]. Par ailleurs, si l'interdiction d'apprécier le bien-jugé du jugement étranger demeure, le contrôle de l'ordre public procédural exige parfois de scruter de très près le raisonnement suivi par le juge étranger [3].

À l'occasion du contrôle de régularité, le juge de l'*exequatur* peut « traduire » la décision étrangère de façon à assurer son intégration dans l'ordre du for, en faisant courir des intérêts moratoires [4] ; en convertissant en francs français une dette libellée dans une monnaie étrangère ; en précisant la date de cessation de paiements par application de la loi applicable au fond, en cas d'omission du jugement étranger sur ce point ; en qualifiant une « adoption » étrangère afin de savoir si une requête en révocation est recevable devant le juge français en vue d'admettre ou non la transcription du dispositif du jugement étranger sur les registres de l'état civil [5].

1. V. pareillement, Règlement Bruxelles I, art. 36, et Bruxelles II *bis*, art. 26.

2. Cass. civ. 1re, 3 déc. 1996, *Rev. crit. DIP*, 1997. 328, note H. Muir Watt ; comp. Cass. civ. 1re, 22 oct. 2002, *Rev. crit. DIP*, 2003. 299, note E. Pataut.

3. Par ex. : Cass. civ. 1re, 30 janvier 1979, *JDI*, 1979. 393, note D. Mayer ; *Rev. crit. DIP*, 1979. 629, note Y. Lequette. La circonstance que le juge de l'*exequatur* doive vérifier l'ensemble des conditions juridiques constitutives de la régularité (ou de l'irrégularité) n'exclut aucunement qu'il puisse demander aux parties d'apporter leur concours à l'occasion de cette vérification ; bien au contraire, le contrôle nécessitera souvent l'examen d'éléments de fait générateurs de régularité (ainsi, « la contrariété à l'ordre public procédural ne peut être admise que s'il est démontré que les intérêts d'une partie ont été objectivement compromis par une violation des principes fondamentaux de la procédure » : Cass. civ. 1re, 19 septembre 2007, *Rev. crit. DIP*, 2008. 617, note E. Pataut).

4. Alors même que ces intérêts moratoires n'avaient pas été prévus par le jugement étranger : Cass. civ. 1re, *D.*, 2007. 2328, chron. P. Chauvin ; *Rev. crit. DIP*, 2007. 784, note R. Libchaber ; *JDI*, 2008. 537, note S. Bollée. Sur cette question, v. *infra*, n° 306-1.

5. Que cette tâche revienne au juge de l'*exequatur* ou au juge de l'exécution, elle ne doit pas cependant induire en erreur quant à la fonction propre du contrôle de régularité qu'il exerce sur le jugement étranger ; alors même qu'il serait appelé à en qualifier le contenu en vue de faire droit à une telle demande accessoire, l'autorisation d'exécution, qui sanctionne la seule aptitude de la décision étrangère à produire un effet normatif dans l'ordre du for, ne dépend que de sa conformité extrinsèque aux conditions de régularité internationale posées par la jurisprudence *Munzer*, et nullement de la correspondance de son contenu au fond aux catégories du for. Le fait par exemple que la décision étrangère concerne une institution inconnue de ces dernières n'affecte aucunement la

Cette nécessité d'adapter ainsi un jugement étranger, qui n'est pas propre au droit commun, se déplace vers le juge de l'exécution dès lors que l'institution de l'*exequatur* disparaît ; elle est expressément prévue par le Règlement Bruxelles I *bis* [1].

B / CHARGE DE LA PREUVE ET OFFICE DU JUGE

299. Lors de l'instance principale en *exequatur*, le juge a le devoir de vérifier d'office que les conditions de régularité sont bien remplies [2]. Cependant, le jeu du principe dispositif vient tempérer cette obligation, le juge ne pouvant élargir le débat à des faits générateurs d'irrégularité qui ne lui ont pas été soumis, eussent-ils une forte coloration juridique (absence de lien juridictionnel substantiel ; existence d'une fraude au jugement ; contrariété à l'ordre public du for). C'est ainsi qu'il faut comprendre la jurisprudence qui autorise à tenir la régularité pour acquise en l'absence de contestation par le défendeur à la reconnaissance [3]. La question reste cependant débattue en droit commun de savoir si le cantonnement de l'office du juge dans les limites de la contestation résiste ou non à l'implication de l'ordre public au sens du droit procédural interne [4]. À cet égard, en droit européen, pour autant que la procédure est applicable, le juge saisi en première instance sur requête n'a plus le devoir de contrôler d'office l'existence d'une cause de refus de reconnaissance, sa propre intervention s'apparentant à une simple formalité

recevabilité de l'action. V. Paris, 4 juin 1998, *Rev. crit. DIP*, 1999. 108, note H. Muir Watt ; Cass. civ. 1re, 31 janv. 2006, *D.*, 2006. 1662, note C. Montfort.

1. Si cette mesure « est inconnue dans le droit de l'État-membre requis », elle doit être « adaptée autant que possible à une mesure ou une injonction connue dans le droit dudit État-membre ayant des effets équivalents et poursuivant des objectifs et des intérêts similaires » (art. 54-1°). Comp., imposant au juge de l'État-membre requis de réaliser l'objectif poursuivi par une mesure d'interdiction prononcée dans l'État d'origine « en recourant aux dispositions pertinentes de son droit national qui sont de nature à garantir de manière équivalente le respect de l'interdiction initialement prononcée » CJUE 12 avr. 2011, *DHL Express*, aff. C-235/09, *D.* 2011. 1135 ; *ibid.* 2434, obs. L. d'Avout et S. Bollée ; *ibid.* 2012. 1228, obs. H. Gaudemet-Tallon et F. Jault-Seseke ; *RTD eur.* 2011. 847, obs. E. Treppoz.

2. Cass. civ. 1re, 7 janv. 1964, *Munzer*, préc. ; 9 nov. 1971, *Mme Camus*, *Rev. crit. DIP*, 1972. 314, note D. Holleaux.

3. Cass. civ., 3 juin 1969, *Rev. crit. DIP*, 1971. 743, note D. Holleaux. L'interprétation préconisée au texte, parfois contestée, reçoit l'aval de P. Chevalier, « La nouvelle cartographie des voies ouvertes pour la reconnaissance ou l'exécution en France des décisions étrangères. L'office du juge de l'*exequatur*, l'ordre public et le portolan », *Rev. crit. DIP* 2014. 1, et spéc. p. 10.

4. Sur le caractère incertain de l'office du juge de l'*exequatur* au regard du Titre III du Règlement de Bruxelles I, lequel, en l'absence d'indication dans le texte, relève de la loi du for, v. H. Gaudemet-Tallon, *Compétence et exécution des jugements en Europe*, préc., n° 454.

d'enregistrement. Lorsque la procédure redevient contentieuse devant la cour d'appel, l'office de cette dernière est tributaire de la contestation par le défendeur à l'*exequatur*. Cette dernière solution semble valoir même lorsque l'irrégularité résulte de la non-conformité de la décision invoquée à l'ordre public [1]. Il en va évidemment ainsi, en tout cas, dès lors que l'*exequatur* a été supprimé (au regard des instruments énumérés plus haut) et que l'opposition à l'accueil du jugement émanant d'un autre État-membre ne peut qu'emprunter la voie qu'une contestation devant le juge de l'exécution.

ÉTAT DES QUESTIONS

B. G. — D. Alexandre, *Les pouvoirs du juge de l'exequatur*, LGDJ, 1970, préf. A. Weill ; C. Baker Chiss, *Contribution à l'étude des jugements civils dans les rapports internes et internationaux*, thèse Paris 1, 2008 ; G. Cuniberti, « Abolition de l'*exequatur* et présomption de protection des droits fondamentaux », *Rev. crit. DIP* 2014. 303 ; P. de Vareilles-Sommières, *Rép. dr. internat.*, V° « Jugement étranger » ; H. Gaudemet-Tallon, *Compétence et exécution des jugements en Europe*, 5e éd. 2015, spéc. n°s 436 et s. ; F. Paulino Pereira, « La coopération judiciaire en matière civile dans l'Union européenne : bilan et perspectives », *Rev. crit. DIP*, 2010. 1 ; H. Péroz, *La réception des jugements étrangers dans l'ordre juridique français*, LGDJ, 2005, préf. H. Gaudemet-Tallon ; M. López de Tejada, *La disparition de l'exequatur dans l'espace judiciaire européen*, LGDJ, 2013, préf. B. Ancel.

LES VOIES PROCÉDURALES DE L'EFFICACITÉ

300. L'intérêt à agir en (in)opposabilité. — L'intérêt à agir en opposabilité est celui de mettre fin à l'incertitude liée à l'efficacité précaire des jugements autorisés à déployer des effets de plein droit. On sait que la jurisprudence admet un tel intérêt sans distinguer les catégories de jugements étrangers en cause, ce qui tendrait à accréditer l'idée selon laquelle les jugements patrimoniaux et déclaratifs accèdent bien à l'efficacité de plein droit (v. cepdt, Cass. civ. 1re, 18 oct. 1988, *Rev. crit. DIP*, 1989. 527, note P. Lagarde, rendu dans l'affaire *Air Afrique*, politiquement très sensible, et déclarant irrecevable l'action dénégatoire à l'égard d'un jugement prononçant la résolution de contrats de travail, mais en vertu d'un échange de lettres interprétant en ce sens l'Accord de coopération franco-ivoirien du 24 avril 1961). Néanmoins, la vérification concrète d'un tel intérêt peut conduire à différencier les jugements en cause selon leur nature. Ainsi, selon une analyse doctrinale (proposée par B. Ancel, note sous Cass. civ. 1re, 9 nov. 1983, *Rev. crit. DIP*, 1984. 501), en matière d'état des personnes, il y aurait toujours un intérêt « générique » à mettre fin à une incertitude affectant son statut personnel. Pour obtenir une déclaration

1. Comme il avait été admis sous l'empire de la Convention de Bruxelles : Cass. civ. 1re, 9 novembre 1983, *Rev. crit. DIP*, 1984. 501, note B. Ancel ; et, de nouveau : 17 nov. 1999, *Rev. crit. DIP*, 2000. 52, note B. Ancel.

d'opposabilité d'un jugement rendu dans le domaine patrimonial, en revanche, la démonstration d'un intérêt spécifique serait requise. La jurisprudence entend ce dernier assez souplement, cependant ; par exemple, dans l'affaire *Garino* (Cass. civ. 1re, 3 janv. 1980, cité au texte), l'intérêt du demandeur à l'*exequatur* à obtenir une déclaration d'opposabilité du jugement étranger de condamnation lui permettait simplement de préparer un recours en contribution à la dette.

300-1. L'action « anti-exécution » : une nouvelle figure procédurale ? — Au delà de l'action dénégatoire en inopposabilité d'un jugement étranger, une action en interdiction d'exécution sans restriction de lieu a fait son apparition dans la complexe affaire *Chevron* (*supra*, n° 122-1). Revêtant la forme d'une action en *exequatur* renversée (en quelque sorte), elle a été accueillie en première instance par un juge fédéral soucieux d'empêcher qu'un avocat jugé corrompu puisse obtenir l'exécution (à son propre profit autant qu'à celui des parties qu'il représentait) l'exécution d'un jugement étranger dans quelque pays que ce fût. L'inexécutabilité du jugement étranger a cependant été cantonnée en appel à l'aire géographique des États-Unis. En revanche, a été maintenue en appel l'institution d'un trust judiciaire, destiné à recueillir les revenus provenant de l'exécution du jugement contesté dans des État-tiers. L'originalité de cette création judiciaire, et la portée extraterritoriale qu'elle confère à l'exécution, méritent d'être soulignées.

301. L'action dénégatoire et le Règlement Bruxelles I *bis*. — L'action dénégatoire n'est pas expressément prévue par le texte du Règlement Bruxelles I *bis* (comp. en revanche le Règlement Bruxelles II *bis* : article 37, implicitement). Une décision du TGI Paris du 10 février 1993 (*Rev. crit. DIP*, 1993. 664, note H. Gaudemet-Tallon, *JDI*, 1993. 599, note C. Kessedjian), relève que rien ne s'oppose pas à sa recevabilité, mais lui applique la procédure de droit commun. Le retour au droit commun s'impose certainement lorsque le jugement statue à la fois sur des questions qui relèvent du domaine du Règlement et sur des questions qui appartiennent au droit commun (sur ce point, H. Gaudemet-Tallon, *Compétence et exécution des jugements en Europe*, préc. n° 438). Dans les autres cas, la difficulté d'imposer l'exclusivité de la procédure européenne tient au fait soit que celle-ci a disparu, soit qu'il ne peut effectivement être statué sur la cause d'irrégularité invoquée qu'en cause d'appel, ce qui suppose que l'*exequatur* ait préalablement été demandée. Il est donc souhaitable que la partie condamnée conserve la possibilité d'engager une procédure de droit commun, même si, bien entendu, les conditions de régularité au fond doivent être celles, allégées, du Règlement.

Sur l'action dénégatoire et le jeu de la litispendance au sein de l'espace judiciaire commun, v. *supra*, n° 224-1 ; sur sa qualification aux fins de l'article 7-2 du Règlement Bruxelles I *bis*, v. *infra* n° 978-1.

OFFICE DU JUGE DE L'*EXEQUATUR*

302. Définition de l'intérêt à agir et office du juge en droit européen. — Visée par diverses dispositions du droit de l'Union européenne, et notamment par les Règlements Bruxelles I *bis* (art. 36-2) et Bruxelles II *bis* (art. 21-3), la notion d'intérêt à agir en reconnaissance ou en exécution, ou en contestation de la reconnaissance, n'est pas pour autant définie. Le rapport Jénard indique seulement que, pour l'action en *exequatur*, a intérêt à agir toute partie pouvant s'en prévaloir à des fins d'exécution dans l'État d'origine (p. 49). Rien n'est indiqué pour la simple reconnaissance, ce qui implique que la détermination des parties intéressées relève aussi de la loi de procédure nationale – qui peut cependant ignorer une telle action. Une définition autonome, sans doute inévitable ici (H. Gaudemet-Tallon, *op. cit.*, n° 440), signifierait une forte altération des concepts procéduraux nationaux en vue d'assurer l'effet utile du droit européen.

303. Contestation d'opposabilité : charge de la preuve. — La preuve que la décision étrangère revêt les caractères exigés en vue de sa reconnaissance ou de son exécution (caractère exécutoire le cas échéant, caractère « définitif », absence de jugement antérieur efficace, etc.) appartient naturellement à celui qui s'en prévaut, que ce soit à titre principal ou incident. Un arrêt impose ainsi cette charge au défendeur à l'inopposabilité, dans une hypothèse où ce dernier avait invoqué le jugement étranger à titre incident (Cass. civ. 1re, 19 oct. 1999, *Rev. crit. DIP*, 2000. 49, note H. Muir Watt). Mais l'attribution de cette charge est plus délicate lorsque la décision étrangère est invoquée par celui qui en *conteste* l'opposabilité à titre principal. Le demandeur à l'inopposabilité n'a aucun intérêt en effet à démontrer que la décision dont il conteste l'aptitude à accéder à l'exécution, est exécutoire. La jurisprudence fait défaut sur ce point en droit commun. En droit européen, le Règlement Bruxelles II *bis* impose à celui qui invoque ou conteste la reconnaissance, la charge (certes très allégée) de la production des documents attestant notamment l'authenticité du jugement étranger (art. 37).

303-1. Demande principale en reconnaissance et charge de la contestation. — L'existence ou non d'une charge de la contestation de la régularité internationale pesant sur le défendeur à la reconnaissance (v. *supra*, n° 299) continue d'être discutée en droit commun et ne donne lieu à aucune prise de position très nette de la jurisprudence. En premier lieu, il importe de souligner que dans les décisions de censure généralement invoquées pour illustrer une obligation de contrôle d'office incombant au juge du fond, la Cour de cassation se place en réalité sur le terrain du manque de base légale, signifiant au juge du fond qu'il n'a pas intégré dans sa décision l'ensemble des éléments constitutifs de régularité internationale du jugement étranger, sans qu'il y ait lieu nécessairement d'en déduire un devoir de recherche d'office. Ainsi, dans l'affaire *Enfant Viola* (Cass. civ. 1re, 4 juillet 2006, *Rev. crit. DIP*, 2007. 413), l'arrêt d'appel est censuré pour avoir repoussé une action en inopposabilité « *sans rechercher si le jugement étranger remplissait toutes les conditions de régularité internationale tant au regard de la compétence du juge saisi que de l'application au litige de la loi appropriée* » (comp. sur le même fondement et dans les mêmes termes, Cass. civ. 1re, 10 mai 2007, n° 06-11323, dans le cas où le contrôle aurait dû intervenir à l'occasion d'une fin de non-recevoir tirée d'un jugement étranger de divorce). Or, la régularité internationale du jugement étranger avait bien été contestée devant les juges du fond au regard des différentes conditions énoncées, de sorte que, rendu avant la suppression très délibérée de la condition de conformité de la loi appliquée l'année suivante (par l'arrêt *Cornelissen* du 20 février 2007, précité), l'arrêt *Enfant Viola* semble vouloir marquer bien davantage la survie de cette condition, tant qu'elle n'a pas été formellement effacée, qu'une volonté de modifier l'office du juge de l'*exequatur*.

Par ailleurs, l'office du juge n'est pas nécessairement identique d'une part dans les instances en reconnaissance / exécution et en inopposabilité, et d'autre part dans le cadre d'une action principale en reconnaissance et d'un contrôle incident. L'arrêt *Enfant Viola* concerne une action principale en inopposabilité, qui suppose par définition que la régularité du jugement étranger est contestée ; la censure semble donc signifier que, saisi de la contestation, le juge de l'*exequatur* doit alors vider le débat sur la régularité du jugement étranger. En effet, il est admis par ailleurs que le juge de l'*exequatur*, écartant la demande en inopposabilité, peut déclarer immédiatement exécutoire le jugement contesté à la demande de la partie défenderesse à l'inopposabilité (Cass. civ. 1re, 23 janvier 2008, *Rev. crit. DIP*, 2008. 636, note B. Ancel). Il est vrai qu'une censure a été prononcée dans les mêmes termes à l'occasion d'un contrôle incident, dans un cas cependant où le juge du fond avait nié l'efficacité substantielle du jugement étranger dans son principe même (Cass. civ. 1re, 10 mai 2007, nº 06-11323) de sorte qu'il ne peut en être déduit de façon nécessaire la suppression de la charge de la contestation.

LES CARACTÈRES EXIGÉS DE LA DÉCISION ÉTRANGÈRE

304. Caractère « définitif ». — Le droit international privé commun français est souvent présenté comme se singularisant par rapport au droit de l'Union européenne ou comparé par le fait que l'accueil de la décision étrangère n'y est pas tributaire de son caractère « définitif ». L'*exequatur* pourrait donc être accordé en France alors que cette décision ferait l'objet dans son pays d'origine d'un recours même ordinaire (au sens d'un « développement normal et prévisible du procès », selon la définition autonome donnée par la Cour de justice dans *Industrial Diamond Supplies*, Aff. 43/77 du 22 nov. 1997, pt 37). Mais la réalité pratique est beaucoup plus nuancée (v. les interventions des magistrats après la communication de D. Foussard, « Entre *exequatur* et exécution forcée », *Trav. Com. fr. DIP*, 1985-1989, p. 175, spéc. p. 204). En effet, deux situations sont à distinguer, selon que l'*exequatur* est recherché à des fins d'exécution forcée ou non :

— si l'action est intentée à des fins d'exécution forcée, sa recevabilité est subordonnée au caractère exécutoire de la décision étrangère (v. par ex., TGI Paris, 1er juill. 1987, *Rev. crit. DIP*, 1987. 720, note B. Ancel), l'appréciation s'en faisant par rapport à la loi de procédure étrangère. La même condition est exigée par l'article 39 du Règlement Bruxelles I *bis*, s'agissant de l'octroi de lain droit de la force exécutoire. Cependant, les modalités d'accession au caractère exécutoire peuvent diverger selon les systèmes juridiques. En droit français, le caractère exécutoire de la décision suppose en principe que les recours suspensifs soient épuisés, éliminant par là même, en ce qui concerne les décisions rendues en France, le risque d'incohérence qu'implique l'octroi de l'*exequatur* à une décision frappée de recours ; dans le cas de l'exécution par provision, le risque de mise à exécution d'une décision ultérieurement annulée, qui existe pareillement en droit interne, pourrait précisément être géré par transposition à l'ordre international de l'article 517 CPC exigeant la constitution d'une garantie. Dans la tradition de *Common Law*, les jugements sont immédiatement exécutoires, le juge saisi du recours pouvant cependant en suspendre l'exécution moyennant la constitution d'une garantie (v. les éléments de droit comparé donnés par le rapport Schlosser sur la Convention de Bruxelles, § 204). L'article 38 du Règlement Bruxelles I *bis* règle cette difficulté en autorisant le juge requis à surseoir à statuer si le jugement est frappé d'un recours ordinaire ou si le délai pour ce faire n'est pas expiré.

— si l'action est intentée à de simples fins de reconnaissance ou d'opposabilité, l'exigence du caractère exécutoire de la décision étrangère n'a plus de sens. Pourtant, le risque d'incohérence engendré par la reconnaissance d'une décision ultérieurement annulée est aussi important. En réalité, contrairement aux idées reçues, ce risque est également réduit dans ce contexte, mais il importe de nuancer encore. Il est vrai que l'autorité négative de la chose jugée à l'étranger requiert seulement que la décision étrangère revête cette autorité dans son pays d'origine ; elle n'implique donc pas que les recours suspensifs soient épuisés. Mais l'autorité négative de chose jugée ne sera invoquée à titre autonome en France qu'à l'occasion d'une instance principale au fond. À cette occasion, il existe un risque d'incohérence, largement atténué par la relativité de l'autorité du jugement français statuant sur invocation incidente de la décision étrangère. C'est pourquoi il semble bien que l'article 38 du Règlement Bruxelles I *bis*, autorisant le sursis à statuer du juge requis, vise le (seul) cas spécifique de la reconnaissance incidente (P. Gothot et D. Holleaux, *La Convention de Bruxelles du 27 septembre 1968*, préc., n°s 391 et 400 ; *contra*, H. Gaudemet-Tallon, *op. cit.*, n° 394). En effet, par contraste, dans la mesure où l'action principale en reconnaissance recouvre aussi l'octroi de l'efficacité substantielle du jugement étranger et que celle-ci suppose que les voies de recours suspensives soient épuisées à l'étranger (v. Paris, 28 sept. 1979, *Rev. crit. DIP*, 1979. 109, note Y. Lequette, et 23 juill. 1979, *Rev. crit. DIP*, 1981. 681, note M. Santa-Croce, et l'analyse donnée par D. Alexandre, *Rev. crit. DIP*, 1983, p. 608), l'*exequatur* ne peut être accordé que si la décision étrangère est « définitive ».

Reste l'hypothèse où la décision étrangère est frappée dans son pays d'origine d'une voie de recours extraordinaire, tel un recours en révision (*quid* d'un pourvoi en cassation ? au regard du droit européen, la définition retenue du recours ordinaire est assez large pour englober le pourvoi en cassation ; tel ne semble pas être le cas en droit commun, en revanche : v. Cass. civ. 1re, 2 mai 1990, *Rev. crit. DIP*, 1990. 751). Dès lors que l'existence d'un tel recours est soulevée devant le juge de l'*exequatur*, celui-ci est désormais tenu de rechercher si elle est de nature à affecter la chose jugée à l'étranger ou, selon les cas, sa force exécutoire (Cass. civ. 1re, 21 mai 1997, *Rev. crit. DIP*, 1998. 306, note H. Muir Watt, revenant sur la solution contraire, consacrée encore par Cass. civ. 1re, 2 mai 1990, préc. ; comp. aussi déjà, implicitement, Cass. civ. 1re, 3 déc. 1996, *Rev. crit. DIP*, 1997. 328, note H. Muir Watt) et, faut-il supposer, dispose alors de la faculté de surseoir à statuer.

305. Caractère exécutoire et signification du jugement étranger. — Le caractère exécutoire de la décision étrangère constitue-t-il ou non une condition distincte de celle de sa signification régulière dans son pays d'origine ? La différence de rédaction entre l'article 54 du Règlement Bruxelles I et l'article 47-1 de la Convention de Bruxelles avait jeté un certain trouble sur cette question en suggérant que l'exigence relative à la signification aurait disparu du texte le plus récent (v. sur ce débat, E. Pataut, obs. *Rev. crit. DIP*, 2003, p. 302-303). La portée de la question concerne notamment la possibilité de régularisation tardive de l'absence de signification (admise par CJCE, 14 mars 1996, aff. C-275/94, *Van der Linden*, Rec., I. 1393, concl. Fennelly, *Rev. crit. DIP*, 1996. 505, note H. Gaudemet-Tallon ; *JDI*, 1997. 616, obs. A. Huet), car dès lors que la signification a pour fonction non seulement de vérifier que la décision étrangère est bien exécutoire à l'étranger, mais également de garantir le droit du défendeur à l'information exigée au titre de l'ordre public procédural (v. les articles 45-1 (b) Règlement Bruxelles I *bis* et 22 (b) Règlement Bruxelles II *bis*), il semble plus difficile d'admettre qu'une régularisation puisse intervenir après coup (v. E. Pataut, obs. préc.). Au demeurant, la Cour de justice fait preuve d'un extrême pointillisme concernant la condition de régularité de la signification, dont elle refuse d'alléger la portée devant le juge de l'*exequatur* (aff. C-305/88 du 3 juillet 1990, *Isabelle Lancray*, *Rev. crit. DIP*, 1990. 161, note G. Droz, *JDI*, 1991. 503, obs. A. Huet). Ainsi, la régularité de la signification doit être appréciée par le juge requis au regard du Règlement n° 1393/2007 (v. *supra*, n° 197).

LES POUVOIRS DU JUGE DE L'*EXEQUATUR*

306. Les contentieux accessoires. — Le caractère objectif du contentieux de l'*exequatur* était traditionnellement invoqué pour limiter tout élargissement de l'instance aux contentieux accessoires. Cependant, quelle que soit l'objection opposée à l'extension de l'instance, il faut reconnaître que juger un contentieux non soumis au juge étranger, ce n'est ni modifier la décision étrangère, ni substituer au contrôle de la régularité une appréciation des droits subjectifs tranchés au fond. En droit commun, la jurisprudence a donc progressivement assoupli cette restriction, admettant, dans l'intérêt de l'économie procédurale, que le juge de l'*exequatur* puisse connaître de questions de droit substantiel découlant de l'efficacité du jugement étranger, sans pour autant modifier la nature ou l'objet du contrôle de régularité préalablement porté sur ce dernier. Le juge de l'*exequatur* peut ainsi connaître de demandes connexes, telle que la demande subsidiaire au fond en cas d'échec de l'action en *exequatur*, ou, selon une jurisprudence plus novatrice, en cas d'octroi de celui-ci, de questions telles que la légitimité des enfants en cas d'*exequatur* d'une décision étrangère d'annulation de mariage, l'attribution d'une pension après divorce, ou la transcription du dispositif d'un jugement étranger en matière d'état des personnes sur les registres de l'état civil. Il devrait en aller de même de l'appel en garantie exercé au cas où l'*exequatur* est accordé, ainsi que du recours de la caution ou du co-obligé. On peut penser aussi que dans l'hypothèse d'une demande d'*exequatur* d'un acte public étranger tel qu'une transaction judiciaire, le défendeur à l'exécution devrait pouvoir exciper à cette occasion de la nullité de l'acte au fond (v. *infra*, n° 613). À cet égard, le droit commun offre paradoxalement une souplesse supérieure sous certains aspects à celle du droit européen, où la nature gracieuse de l'instance interdit de l'élargir à des demandes accessoires à caractère contentieux. La suppression de l'*exequatur* repose le problème des demandes accessoires sous un jour nouveau. Si le juge de l'exécution peut « adapter » la décision étrangère (article 54, Règlement Bruxelles I *bis*), en revanche, une demande qui excéderait la simple adaptation requiert une nouvelle action au fond.

306-1. Intérêts moratoires. — En l'absence de précision du jugement ou de la sentence sur ce point, l'indemnité prononcée dans une sentence arbitrale ou un jugement étranger produit des intérêts moratoires en application de la loi du for de l'*exequatur*, soit l'article 1153-1 du Code civil (v. Cass. civ. 1re, 6 mars 2007, *Delsey*, *Rev. crit. DIP*, 2007. 784, note critique R. Libchaber ; *JDI* 2008.537, note S. Bollée). Le point de départ de ce délai a fait l'objet d'hésitations jurisprudentielles. Si un arrêt de 2004, très critiqué, avait fait courir les intérêts moratoires à compter du prononcé de la sentence (Cass. civ. 1re, 30 juin 2004, *Rev. arb.* 2005. 645, note R. Libchaber ; *JDI* 2005. 785, note

M. Raimon ; *RTD com.* 2005. 267, obs. E. Loquin), celui de 2007 prend comme point de départ le jour du jugement d'*exequatur* en appliquant la loi française à titre de loi de procédure d'exécution. Cette solution demeure controversée. Selon une analyse très convaincante, elle doit cependant être approuvée (C. Kleiner, « Les intérêts de sommes d'argent en droit international privé (ou l'imbroglio entre la procédure et le fond) », *Rev. crit. DIP*, 2009. 639, et plus généralement du même auteur, *La monnaie dans les relations privées internationales*, LGDJ, 2010, préf. P. Mayer). Il importe en effet de reconnaître la distinction, méconnue en droit français, des intérêts véritablement moratoires, c'est-à-dire ceux dus en raison d'un retard du débiteur d'une obligation de somme d'argent (qui relèvent uniquement de l'article 1153 du Code civil), d'autre part les intérêts judiciaires, c'est-à-dire ceux dus en raison de l'existence d'un procès (visés par l'article 1153-1 du Code civil). Selon C. Kleiner, la complexité du droit français des intérêts, tant en droit civil qu'en droit international privé, vient de ce qu'il n'a pas su choisir entre la nature substantielle ou procédurale de ces derniers, l'article 1153-1 du Code civil pâtissant d'un régime hybride, qui place les intérêts dus sur une indemnité tout à la fois dans le giron des intérêts substantiels et procéduraux. Les difficultés rencontrées par la jurisprudence dans le choix de la loi applicable à ce type d'intérêt trouvent leur origine dans cet imbroglio (et, pour une tentative d'exploitation de celui-ci : Cass. com., 2 octobre 2012, *Rev. crit. DIP* 2013. 201, note D. Bureau).

307. Éléments d'appréciation extrinsèques et postérieurs. — Il était traditionnellement interdit au juge de l'*exequatur* de prendre en compte des éléments extérieurs à la décision qui lui était soumise. S'agissant des faits antérieurs au prononcé de cette dernière, l'interdiction se conçoit, sous peine d'admettre une critique de la façon de juger du juge les ayant écartés, ou alors, d'accueillir un moyen nouveau ; il est par conséquent interdit d'invoquer devant le juge de l'*exequatur* le moyen tiré d'une fraude ou déloyauté affectant l'acte juridique litigieux, distinct des causes spécifiques d'irrégularité internationale, qui aurait pu être tranché par ce dernier (Cass. civ. 1re, 17 mai 1983, *Rev. crit. DIP*, 1985. 346, note B. Ancel). En revanche, le contrôle de la régularité de la décision, dans l'hypothèse d'une fraude au jugement ou d'une atteinte à l'ordre public du for, oblige parfois à tenir compte d'éléments extérieurs, soit qu'ils ont été révélés postérieurement, soit que, concomitants ou postérieurs à la décision étrangère, le juge étranger n'a pu par hypothèse en connaître. À ce dernier égard, une jurisprudence traditionnellement prohibitive (Cass. civ. 1re, 8 juill. 1969 et 27 janv. 1971, *Rev. crit. DIP*, 1972. 100, note E. Schaeffer) s'est récemment assouplie, pour permettre au juge de l'*exequatur* de tenir compte de circonstances constitutives de partialité du juge étranger, qui ne se sont révélées qu'après le prononcé du jugement étranger (Cass. civ. 1re, 3 déc. 1996, *Rev. crit. DIP*, 1997. 328, note H. Muir Watt ; comp. Cass. civ. 1re, 22 oct. 2002, *Rev. crit. DIP*, 2003. 299, note E. Pataut).

À vrai dire, l'admission (acquise depuis déjà Cass. civ. 1re, 11 juill. 1961, 2 arrêts, *Rev. crit. DIP*, 1961. 813, note H. Motulsky ; *D.*, 1961. 577, note G. Holleaux ; *JDI*, 1962. 184, note J.-B. Sialleli ; *Rép. Commaille*, 1962. 321, obs. G. Droz) selon laquelle le demandeur à l'*exequatur* pouvait rapporter des éléments extrinsèques « *équivalents à la motivation défaillante* » pour démontrer la conformité de la décision étrangère à l'ordre public du for, allait déjà largement dans ce sens. L'interdiction de la révision au fond s'oppose en revanche naturellement à ce que le juge de l'*exequatur* modifie une condamnation pécuniaire à somme fixe en raison d'une dévaluation de la monnaie étrangère antérieurement au jugement étranger (Cass. civ. 1re, 19 sept. 2007, *Rev. crit. DIP*, 2008. 617, note E. Pataut).

307-1. L'équivalent de la motivation défaillante. Comme on vient de le voir, en droit international privé commun, la contrariété à l'ordre public de procédure des jugements étrangers non motivés peut être « rattrapée » par la production de documents de nature à servir d'équivalent à la motivation défaillante (comp. aussi : Cass. civ. 1re, 17 janv. 2006, *JCP*, 2006. II. 10052, note D. Martel ; *Dr. et proc.*, 2006. 220, obs. G. Cuniberti. Cass. civ. 1re, 28 nov. 2006, *JDI*, 2007. 139 [2e esp.], note G. Cuniberti ; *ibid.* 543, note H. Péroz. Cass. civ. 1re, 22 oct. 2008, *RLDC*, février 2009, n° 3320, obs. L. Miniato). Cependant, l'équivalence exigée semble être conçue strictement, sans que ses contours ne soient réellement déterminés. Notamment, les attestations émanant du juge étranger lui-même sont traitées avec méfiance : v. Cass. civ. 1re, 7 nov. 2012, *D.*, 2013. 1503, obs. F. Jault-Seseke ; *ibid.* 2293, obs. L. d'Avout et S. Bollée ; *Rev. crit. DIP*, 2013. 898, note L. Usunier ; *JCP*, 2013, n° 170, note A. Piacitelli-Guedj. Cass. civ. 1re, 9 sept. 2015, *D.*, 2016. 1045, obs. H. Gaudemet-Tallon et F. Jault-Seseke ; *Rev. crit. DIP*, 2016. 189, note L. Usunier. À regarder de plus près, cependant, on voit que dans ce dernier cas, une attestation du juge étranger (Guernesey) révélait qu'il avait fondé sa décision sur le seul constat que le défendeur ne s'était pas défendu pleinement, plutôt que sur des éléments de preuve produits par le demandeur. C'est donc en réalité l'acceptabilité plutôt que l'absence de la motivation qui est en cause. Cette position se rapproche de celle que consacre le droit de l'Union européenne, où un jugement étranger rendu par défaut et dépourvu de motivation ne se heurte à un refus d'exécution pour contrariété à l'ordre public que si la décision a porté une atteinte manifeste et démesurée au droit du défendeur à un procès équitable (v. not. CJUE, 6 sept. 2012, aff. C-619/10, *Trade Agency*, *D.*, 2013. 1503, obs. F. Jault-Seseke ; *RTD com.*, 2012. 870, obs. A. Marmisse-d'Abbadie d'Arrast ; *RTD eur.*, 2013. 686, obs. F. Benoît-Rohmer ; v. aussi, exprimant une conception modérément exigeante de l'obligation de motivation : CJUE, 23 oct. 2014, aff. C-302/13, *flyLAL-Lithuanian Airlines*).

308. Le bien-jugé de la décision étrangère. — La juridiction requise est liée par les constatations de fait sur lesquelles le juge étranger a fondé sa décision, y compris sur les points qui font l'objet du contrôle de régularité. Pareille conséquence de l'interdiction de la révision est expressément énoncée par le Règlement Bruxelles I *bis* (art. 45-2). Mais il y a lieu de distinguer sous ce rapport les constatations de fait, par lesquelles le juge de l'*exequatur* est lié, et leur qualification au regard du contrôle de régularité qu'il exerce, pour lequel il doit conserver sa liberté d'appréciation. En effet, au moins en droit commun, l'objet de l'appréciation respectivement portée par les deux juges sur les faits constitutifs de compétence n'est pas le même ; le juge de l'*exequatur* ne détermine pas si le juge étranger a bien appliqué sa règle de compétence, mais si les éléments retenus répondent au critère de compétence indirecte du for. C'est ainsi qu'il était admis, même lorsque la coïncidence des règles de compétence était encore recherchée, que le juge de l'*exequatur* pouvait examiner à nouveau les faits ayant fondé la compétence du juge étranger (v. Cass. civ. 1re, 9 nov. 1971, *Rev. crit. DIP*, 1972. 314, note D. Holleaux) ; cette permission s'impose *a fortiori* depuis que le juge de l'*exequatur* recherche seulement si les circonstances ayant fondé la compétence (et, le cas échéant, d'autres indices n'ayant pas servi à cette fin) révèlent un lien substantiel ou caractérisé entre le for et le litige. Si la vérification de la régularité de la procédure interne a été écartée par l'arrêt *Bachir* (*supra*, n° 276) c'est bien pour éviter que le contrôle de la juridiction requise ne porte sur une condition déjà soumise à l'appréciation du juge étranger.

La ligne de partage entre l'appréciation interdite et le réexamen nécessaire au contrôle de la régularité est cependant plus difficile à tracer en ce qui concerne l'ordre public procédural, notamment sous le rapport de la motivation suivie par le juge étranger. Ainsi, dans l'hypothèse d'un jugement étranger statuant sur la garde d'un enfant, la prohibition de la révision interdit de remettre en cause directement l'appréciation faite par le juge étranger de l'intérêt de l'enfant ; en revanche, le contrôle de l'ordre public procédural autorise à rechercher si, en appréciant cet intérêt, le juge étranger n'a pas mis en œuvre un critère rigide, tiré du sexe et de l'âge de l'enfant (Cass. civ. 1re, 30 janv. 1979, *JDI*, 1979. 393, note D. Mayer ; *Rev. crit. DIP*, 1979. 629, note Y. Lequette ; comp. dans le même esprit, CEDH, 16 déc. 2003, n° 64927/01, *RTD civ.*, 2004. 78, obs. J. Hauser, jugeant attentatoire à la vie privée et familiale l'attribution de l'autorité parentale en fonction d'un motif général tiré de la pratique religieuse d'un parent). Une distinction du même ordre apparaît dans l'abondante jurisprudence concernant le contentieux franco-allemand en matière de recherche de paternité naturelle. Ici, le respect des droits de la défense conduit à refuser l'*exequatur* à une décision fondant la constatation de paternité sur la seule affirmation par la mère de l'enfant qu'elle avait entretenu des relations sexuelles avec le défendeur lors de la conception ; en revanche, dès lors que le juge déclare avoir tenu compte d'autres éléments, tels le défaut du défendeur, l'interdiction de la révision emporte celle de critiquer la valeur accordée à ces derniers. Ces exemples montrent que les interdits anciens demanderaient à être assouplis ; si le sens de la prohibition de la révision est bien de proscrire une méfiance systématique à l'égard des jugements étrangers, il suffit d'admettre que le juge de l'*exequatur* jouit d'une liberté de recherche suffisante pour apprécier si la décision qui lui est soumise résulte ou non d'une recherche loyale de la vérité.

309. *Exequatur* sélectif et révision au fond. — En cas de contrariété de la décision à l'ordre public de fond, la prohibition de la révision interdit de modifier « qualitativement » le jugement afin de lui octroyer l'*exequatur* dans une version amoindrie mais acceptable. Ainsi, si le prononcé d'une adoption plénière devait s'avérer contraire à l'ordre public, dans des circonstances où une adoption simple aurait été admissible, le juge de l'*exequatur* ne pourrait pas décider de reconnaître cette décision en tant qu'adoption simple (Paris, 14 déc. 1971, *Rev. crit. DIP*, 1973. 703, note J. Foyer ; 27 mars 1997, *Rev. crit. DIP*, 1997. 732, note H. Muir Watt). En revanche, si le jugement comporte plusieurs chefs de décision dissociables, rien n'interdit d'accorder l'*exequatur* partiel à l'un d'entre eux, si les autres s'avèrent non conformes aux conditions de régularité (sur la distinction entre l'*exequatur* partiel sélectif et réductif, v. J. Foyer, *Rev. crit. DIP*, 1970. 725). Pour un exemple d'*exequatur* partiel, v. TGI Paris, 26 nov. 2008, *Rev. crit.DIP*, 2009. 310, note B. Ancel.

310. Rétroactivité de l'*exequatur*. — Il est traditionnellement enseigné que l'*exequatur* n'a pas d'effet rétroactif. Pareille affirmation ne peut cependant concerner les cas où, antérieurement à et indépendamment de l'*exequatur*, le jugement étranger est efficace dès son prononcé. La question des effets de l'*exequatur* dans le temps ne se pose par conséquent que lorsqu'il est considéré comme constitutif de l'efficacité du jugement, c'est-à-dire, à supposer que cette solution soit encore de droit positif, pour les jugements déclaratifs patrimoniaux. Sur ce point, la jurisprudence est cependant empreinte d'une certaine ambiguïté, qui contribue au demeurant à douter de la réalité de son effet constitutif d'efficacité de cette catégorie de jugements. C'est ainsi qu'un courant ancien admet qu'en dépit de la prétendue non-rétroactivité de l'*exequatur*, les droits des parties remontent au jour du prononcé de la décision étrangère, quelle que soit la nature, constitutive ou déclarative, attribuée à celle-ci. En matière alimentaire, intérêts et arrérages courent à partir de la date du jugement étranger, de sorte qu'une fois l'*exequatur* accordé, le créancier peut réclamer ceux qui sont échus avant son octroi. Pareillement, en matière de faillite, la jurisprudence a admis qu'une fois l'*exequatur* prononcé, certains effets attachés au prononcé de la décision étrangère par la loi de fond, pouvaient se produire rétroactivement (v. Cass. civ. 1re, 25 févr. 1986, *Kléber, JCP*, 1987.II.20776, note J.-P. Rémery ; *Rev. crit. DIP*, 1987. 589, note H. Synvet ; *JDI*, 1988. 425, note A. Jacquemont). La même solution permet de rendre inopposable une saisie pratiquée en France entre la date du prononcé du jugement étranger suspendant les poursuites individuelles, et l'*exequatur* lui donnant effet. Il est intéressant de relever que les deux cas relèvent de « l'hypertrophie » de la notion d'exécution forcée ; la rétroactivité de l'*exequatur* semble indicative de l'existence d'une efficacité du jugement étranger indépendamment de son octroi.

SECTION 3
La force exécutoire européenne

311. Destinés à faciliter le recouvrement de l'impayé au sein de l'Union européenne, les Règlements CE n° 805/2004 portant création d'un titre exécutoire européen pour les créances incontestées [1], et CE n° 1896/2006 instituant une procédure européenne d'injonction de payer [2] ainsi que le Règlement CE n° 861/2007 du 11 juillet 2007 organisant une procédure européenne de règlement des petits litiges [3], ont été les premiers textes à effacer les frontières entre États-membres au regard

1. *JOCE*, L 230 du 17 novembre 2005, p. 6-18 ; *D.*, n° 2008. 484, 22 mai 2008.
2. *JOCE*, L 399 du 30 décembre 2006, p. 1-32 ; *D.*, n° 2008. 1346, 17 déc. 2008 (art. 1424-1 à 1424-15 CPC).
3. *JOCE*, L. 199 du 31 juillet 2007, p. 1-22 ; *D.*, n° 2008. 1346, 17 déc. 2008 (art. 1382 à 1390 CPC).

de la force exécutoire [1]. Proches quant à leurs domaines, leurs finalités, et leurs mécanismes respectifs au point de se superposer dans une très large mesure, les trois instruments organisent l'accession directe d'un titre national à la force exécutoire dans les autres États-membres, sans formalité d'*exequatur* [2]. Le titre exécutoire européen y parvient par un procédé de certification dans l'État d'origine d'un jugement ou acte public national dont la conformité à certaines conditions est ainsi attestée en vue de sa circulation trans-européenne. L'injonction de payer est en revanche un titre émis spécifiquement en vue d'un litige transfrontière, comme l'est la procédure désormais prévue pour les demandes de faible importance. Le rapprochement de ces nouveaux instruments européens incite à distinguer selon qu'il s'agit de faire accéder un titre national à une force exécutoire transfrontière (§ I) ou à instaurer directement une procédure spécifique, exemptée d'*exequatur* (§ II).

Au-delà de ces hypothèses particulières, la disparition de l'*exequatur* au sein de l'Espace judiciaire a ensuite été généralisée par le Règlement Bruxelles I *bis* [3], en des termes renforçant singulièrement la vigueur de la force exécutoire européenne des jugements rendus en matière civile et commerciale au sein d'un État-membre (§ III).

I | Les effets transfrontières d'un titre national : le titre exécutoire européen

311-1. Le titre ainsi institué est en réalité bien moins un « titre exécutoire européen » qu'un certificat conférant une force exécutoire transfrontière à un titre national. Son principal effet est non pas de supprimer tout contrôle de l'aptitude à la circulation intra-européenne des jugements des États-membres, mais de confier cette vérification aux autorités de l'État d'origine lui-même, contournant par là même l'étape de l'*exequatur* dans l'État requis en vue de leur mise à exécution dans cet État.

1. Sur l'avènement de l'e-justice, destinée à permettre l'utilisation dans ce contexte de moyens électroniques plus rapides et plus économiques, v. F. Paulino Pereira, « La coopération judiciaire en matière civile dans l'Union européenne : bilan et perspectives », *Rev. crit. DIP*, 2010. 1, spéc. p. 24.

2. V. présentant ces textes comme préfigurant la suppression généralisée de l'*exequatur*, F. Paulino Pereira, « La coopération judiciaire en matière civile dans l'Union européenne », préc.

3. Règlement (UE) n° 1215/2012 du Parlement européen et du Conseil concernant la compétence judiciaire, la reconnaissance et l'exécution des décisions en matière civile et commerciale (refonte), *JOUE*, L. 351 du 20 décembre 2012, p. 1-32.

Pareil déplacement de la procédure d'efficacité de l'État d'accueil vers l'État d'origine n'est admissible qu'à la condition d'une protection adéquate du débiteur, privé désormais de toute possibilité de contester la reconnaissance d'un jugement de condamnation le concernant dans l'État d'accueil, qui sera souvent le lieu de son domicile. Il n'est pourtant pas certain que les garanties procédurales mises en place soient réellement suffisantes pour justifier l'extension que revêt désormais le régime exécutoire européen. On le voit à l'examen des créances concernées (A), des conditions de régularité intra-européenne des condamnations certifiées (B), de la détermination de l'autorité chargé d'octroyer le certificat (C) et de la portée de celui-ci (D).

A / CRÉANCES CONCERNÉES

312. Conçu pour supprimer l'obstacle souvent dissuasif qu'oppose – en termes de coûts et de délais liés à la procédure d'*exequatur* – l'effet de la frontière intra-européenne au recouvrement des petites créances indiscutables, le Règlement portant titre exécutoire européen définit son domaine de façon en réalité extensive, par référence à l'objet et à la nature des créances susceptibles d'accéder à la force exécutoire transfrontière.

Ainsi, en premier, lieu, les créances concernées relèvent de la matière civile et commerciale, c'est-à-dire du même champ matériel que le Règlement Bruxelles I *bis*. Les obligations entre deux consommateurs y échappent cependant [1]. Sont visées en revanche les seules créances de somme d'argent, les créances d'une prestation en nature relevant du Règlement Bruxelles I *bis*, ce qui n'est pas sans instaurer une certaine inégalité entre les parties à un même contrat. Elles sont exigibles ou à terme, de sorte que le titre exécutoire peut être obtenu à titre préventif. De même, la créance peut être constatée par un jugement exécutoire par provision seulement dans l'État-membre d'origine.

En second lieu – et c'est là la condition essentielle – les créances concernées doivent présenter un caractère « incontesté ». On conçoit en effet que la procédure en vue de l'accession à la force exécutoire dans un autre État-membre soit allégée en ce qui concerne les créances dont le débiteur a clairement reconnu le bien-fondé. Cependant, le Règlement définit son domaine par référence aux créances « réputées incontestées »

1. CJUE, 5 déc. 2013, aff. C-508/12, *Walter Vapenik c. Josef Thurner*, *RTD com.*, 2014. 448, obs. A. Marmisse-d'Abbadie d'Arrast ; *Rev. crit. DIP*, 2014. 648, note J. Knetsch.

(art. 3) de façon à englober aussi bien celles qui ont fait l'objet d'une reconnaissance expresse par le débiteur au cours d'une procédure judiciaire ou d'une transaction (3-1-*a*), que celles qui n'ont pas fait l'objet d'une opposition de sa part (3-1-*b*), ou qu'il a tacitement reconnues du fait de sa non-comparution ou de sa non-représentation dans la procédure relative à une créance initialement contestée (3-1-*c*). L'article 3-2 répute également incontestées les créances constatées par des décisions rendues suite à un recours engagé contre un jugement certifié. L'extension donnée au concept de créances incontestées dans ces deux derniers cas est cependant très… contestable. Il est certainement discutable d'assimiler la défaillance du débiteur, qui peut s'expliquer aussi bien par un empêchement dû à la distance que par un refus délibéré de participer à une procédure qu'il estime irrégulièrement engagée, à une acceptation tacite de la créance. Mais plus difficilement concevable encore est l'inclusion dans la catégorie des créances incontestées, des créances constatées par une décision rendue à la suite d'un recours contentieux formé par le débiteur et… contestant le principe ou le montant de la créance !

B / CONDITIONS DE RÉGULARITÉ INTRA-EUROPÉENNE

313. Parmi les conditions de régularité exigées de la décision à certifier, figure d'abord l'exigence selon laquelle le juge d'origine doit avoir respecté les règles de compétence exclusive des sections 3, et 6 du Règlement Bruxelles I[1] ; le contentieux du travail (sect. 5) est laissé pour compte[2]. Dans le cas des for protecteurs du consommateur, l'exigence du respect des compétences de la section 4 est écartée si le consommateur a expressément reconnu la créance (hypothèse de l'article 3-1-*a*). Aucune exception analogue n'est prévue au profit de l'assuré.

La condition essentielle réside dans le respect de certaines « normes minimales » garantissant les droits de la défense, notamment à travers l'information du débiteur, dans le cas où le caractère incontesté de la créance résulte soit d'une reconnaissance tacite soit d'une absence d'opposition de sa part. Concernant donc, pour l'essentiel, les jugements contentieux rendus par défaut, la protection ainsi prévue au profit du débiteur n'empêche pas que soit certifiée et qu'accède à la force exécu-

1. Concernant respectivement le contentieux en matière d'assurance, de contrats conclus avec les consommateurs, et impliquant des droits réels immobiliers ou un service public : v. *supra*, n°s 72 et s., n° 140. Le texte vise toujours à ce jour le Règlement Bruxelles I.

2. Une omission analogue existait dans l'article 35 du Règlement Bruxelles I, mais a été corrigée dans le Règlement Bruxelles I *bis* : *supra*, n° 273.

toire européenne une décision rendue en violation d'une règle conventionnelle ou issue du droit de l'Union européenne qui ne soit pas visée par les normes minimales.

C / AUTORITÉ COMPÉTENTE POUR DÉLIVRER LE CERTIFICAT

314. La question se pose de savoir laquelle, parmi les autorités de l'État d'origine de la décision à certifier, a compétence pour délivrer le certificat. Les articles 6-1 et 24-1 permettent que la certification d'un jugement ou d'une transaction judiciaire soit faite à tout moment par la juridiction qui rend la décision au fond, laquelle peut donc délivrer le certificat immédiatement, sur vérification des conditions d'octroi, si la demande lui en est faite en cours d'instance. À cette occasion, la juridiction d'origine est appelée à pratiquer une forme d'autocontrôle dont on conçoit difficilement qu'il puisse aboutir à une conclusion d'irrégularité procédurale. Mais le formulaire du certificat lui-même laisse clairement à entendre qu'il peut également être octroyé, ultérieurement, par un organe – le cas échéant non juridictionnel – autre que celle qui a rendu la décision. En France, un décret du 22 mai 2008 est venu préciser les autorités chargées de délivrer un certificat de titre exécutoire européen [1]. L'article 509-1 CPC confère ainsi cette compétence au greffier en chef de la juridiction qui a rendu la décision. Cependant, un arrêt *Imtech* de la Cour de justice [2] fait douter de la légalité du regroupement opéré par le législateur français de toutes les tâches de certification entre les mains d'une seule autorité. En effet, selon cet arrêt, il faut distinguer la certification proprement dite de la décision et l'acte formel de délivrance du certificat. La première requiert l'intervention d'un juge car elle revêt un caractère juridictionnel, alors que la simple délivrance est une formalité que peut accomplir un greffier. Au regard du regroupement opéré par le décret de 2008, la difficulté réside alors dans l'hétérogénéité des divers régimes de certification prévus par le droit de l'Union, qui font de la certification tantôt une simple formalité tantôt un acte quasi juridictionnel ou encore (dans le cas du titre exécutoire européen) un véritable contrôle de la régularité au fond [3].

1. Sur ce texte, v. H. Péroz, *JDI*, 2009. 137.

2. CJUE, 17 décembre 2015, aff. C-300/14, *Imtech Marine Belgium NV c/ Radio Hellenic SA*, *D.*, 2016. 1045, obs. H. Gaudemet-Tallon et F. Jault-Seseke ; *Procédures*, n° 2, février 2016, Comm. 57, note C. Nourissat.

3. V. sur ces difficultés, G. Cuniberti, V. Richard, « Actualité des procédures européennes de recouvrement de créance », *Rev. crit. DIP*, 2016. 493.

D / PORTÉE DU CERTIFICAT

315. Le certificat fait accéder la décision portant la créance incontestée à la force exécutoire dans l'ensemble des États-membres. Là se situe son avantage essentiel par rapport à la procédure d'*exequatur* du Règlement Bruxelles I, laquelle reste incontournable [1] pour les créances contestées ainsi que pour les créances incontestées portant sur une prestation non monétaire. En effet, si la procédure d'*exequatur* au regard de ce dernier Règlement, désormais une simple formalité, est elle-même plus allégée que celle qui, devant les juridictions de l'État d'origine, tend à l'obtention du certificat de titre exécutoire, elle doit en revanche être engagée dans chaque État où l'exécution est recherchée ; le titre exécutoire vaut quant à lui pour la totalité du territoire européen.

En revanche, si la décision certifiée déploie automatiquement une force exécutoire dans l'ensemble du territoire européen, sa mise à exécution effective relève des procédures civiles d'exécution propres à chacun des États-membres où cette exécution est recherchée. L'efficacité du titre exécutoire européen revêt par conséquent une géométrie variable. Par ailleurs, le droit national du contentieux de l'exécution n'étant pas affecté par la certification du titre invoqué, les voies de contestation, comme les pouvoirs du juge de l'exécution, restent les mêmes que lorsque le titre exécutoire invoqué est d'origine locale. Le débiteur ne pouvant plus s'opposer à l'octroi de la force exécutoire à l'occasion d'une procédure d'*exequatur* peut encore faire valoir ses griefs, le cas échéant, à l'occasion d'une opposition à exécution (en France, devant le juge de l'exécution, en vertu de l'article L. 213-6 C. org. jud.). À l'avenir, le déplacement vers le juge de l'exécution de la protection procédurale du débiteur, naguère assurée par le juge de l'*exequatur*, n'est pas à exclure. C'est ainsi que la Cour de justice a jugé dans l'arrêt *Imtech* [2] que les procédures nationales doivent autoriser un réexamen complet de la décision initiale, tant en fait qu'en droit. Elle pose aussi comme condition que les procédures nationales autorisent la prorogation des délais de recours dans les deux hypothèses d'empêchement du défendeur prévues, c'est-à-dire non seulement en cas de force majeure, mais aussi en présence de « circonstances extraordinaires [3] ».

1. Du moins l'était-elle jusqu'à l'entrée en vigueur du Règlement Bruxelles I *bis*.
2. CJUE 17 déc. 2015, aff. C-300/14, *Imtech* (préc.).
3. V. G. Cuniberti et V. Richard, « Actualité des procédures européennes de recouvrement de créance », préc.

II | Les procédures européennes propres à certaines créances

Deux procédures propres aux litiges transfrontières et régies par des sources d'origine européenne coexistent désormais, et le cas échéant se chevauchent ; en matière d'injonction de payer, d'une part (A) ; de règlement des petits litiges, d'autre part (B).

A / LA PROCÉDURE EUROPÉENNE D'INJONCTION DE PAYER

316. L'injonction de payer [1] ne se greffe pas quant à elle sur un titre national : il s'agit d'une procédure spécifique aux litiges transfrontières [2] permettant à certains créanciers d'obtenir rapidement un titre exécutoire par un mécanisme qualifié en termes « d'inversion du contentieux » ; c'est en effet au destinataire de l'injonction qu'il appartient, le cas échéant, d'engager une procédure contradictoire s'il prétend la contester. Toutefois, il suffit de consulter les considérants du Règlement pour constater la très grande proximité fonctionnelle qu'elle entretient avec le titre exécutoire européen. Destinée à simplifier, accélérer et réduire les coûts de procédure dans les litiges transfrontières, elle concerne pareillement les « créances pécuniaires incontestées » et tend à « assurer la libre circulation des injonctions de payer européennes au sein de l'ensemble des États-membres en établissant des normes minimales dont le respect rend inutile toute procédure intermédiaire dans l'État-membre d'exécution préalablement à la reconnaissance et à l'exécution ». Ainsi, « une injonction de payer européenne délivrée dans un État-membre et devenue exécutoire devrait être traitée, aux fins de l'exécution, comme si elle avait été délivrée dans l'État-membre dans lequel l'exécution est demandée ».

317. La compétence du juge d'origine est déterminé conformément au Règlement Bruxelles I *bis*, à ceci près que « si la créance se rapporte

1. Règlement (CE) n° 1896/2006 du Parlement européen et du Conseil, du 12 décembre 2006, instituant une procédure européenne d'injonction de payer.

2. Ou « transfrontaliers » selon le texte, mais on peut supposer que sa vocation dépasse les rapports entre États mitoyens. En effet, en vertu de l'article 3-1, « un litige transfrontalier est un litige dans lequel au moins une des parties a son domicile ou sa résidence habituelle dans un État-membre autre que l'État-membre de la juridiction saisie ».

à un contrat conclu par une personne, le consommateur, pour un usage pouvant être considéré comme étranger à son activité professionnelle et si le défendeur est le consommateur, la compétence appartient aux seules juridictions de l'État-membre où le défendeur a son domicile, au sens de l'article 59 du Règlement (CE) n° 44/2001 » (art. 6).

Ce juge, dont il faut présumer que le régime de la compétence est, en l'absence d'autres précisions, celui du Règlement, est saisi d'une demande d'injonction au moyen d'un formulaire type (figurant à l'annexe I) – qui peut être envoyé par voie électronique si une telle voie est admise par la loi de procédure du for – comprenant, parmi d'autres éléments formels énoncés à l'article 7 : le montant de la créance (notamment le principal et, le cas échéant, les intérêts, les pénalités contractuelles et les frais) ; la cause de l'action, y compris une description des circonstances invoquées en tant que fondement de la créance et, le cas échéant, des intérêts réclamés ; une description des éléments de preuve à l'appui de la créance ; le caractère transfrontalier du litige au sens de l'article 3. En réponse, en vertu de l'article 8, « la juridiction saisie d'une demande d'injonction de payer européenne examine, dans les meilleurs délais et en se fondant sur le formulaire de demande, si les conditions énoncées aux articles 2, 3, 4, 6 et 7 sont réunies [champ d'application, litige transfrontière, compétence, réponses au formulaire], et si la demande semble fondée. Cet examen peut être effectué au moyen d'une procédure automatisée ». Ensuite, si la juridiction saisie estime que les conditions visées à l'article 8 sont réunies, elle délivre l'injonction de payer européenne « dans les meilleurs délais et en principe dans un délai de trente jours à compter de l'introduction de la demande, au moyen du formulaire type E figurant dans l'annexe V » (art. 12).

318. La protection du demandeur est assurée au moyen de normes procédurales minimales qui encadrent la délivrance de l'injonction, et par une faculté d'opposition sur sa réception. Ainsi, il appartient à la juridiction d'origine de veiller à ce que l'injonction de payer soit signifiée ou notifiée au défendeur selon des modalités conformes aux normes minimales indiquées (aux articles 13, 14 et 15, qui distinguent selon les différentes circonstances de réception de l'injonction). Par ailleurs, aux termes de l'article 12. 4, le défendeur est informé par le titre lui-même, que : a) « l'injonction a été délivrée sur le seul fondement des informations fournies par le demandeur et n'a pas été vérifiée par la juridiction » ; b) « l'injonction deviendra exécutoire à moins qu'il ait été formé opposition auprès de la juridiction conformément à l'article 16 » ; c)« lorsqu'il a été formé opposition, la procédure se poursuit devant les juridictions compétentes de l'État-membre d'origine conformément aux règles de la procédure civile ordinaire, sauf si le demandeur a expressément demandé qu'il soit mis un terme à la procédure dans ce cas ».

319. L'opposition à l'injonction de payer européenne est formée auprès de la juridiction d'origine au moyen d'un formulaire (figurant à l'annexe VI), qui est transmis au défendeur en même temps que l'injonction. Envoyée (par tout autre moyen de communication accepté par l'État-membre d'origine et utilisable par la juridiction d'origine, y compris par voie électronique [1]) dans un délai de trente jours à compter de la signification ou de la notification de l'injonction au défendeur, elle indique que le défendeur conteste la créance, sans être tenu de préciser les motifs de contestation. Si une opposition est formée dans le délai prévu, la procédure se poursuit devant les juridictions compétentes de l'État-membre d'origine conformément aux règles de la procédure civile ordinaire.

À défaut de contestation, en vertu de l'article 19, une injonction de payer européenne devenue exécutoire dans l'État-membre d'origine est reconnue et exécutée dans les autres États-membres sans qu'une déclaration constatant la force exécutoire soit nécessaire et sans qu'il soit possible de contester sa reconnaissance.

B / LA PROCÉDURE EUROPÉENNE DE RÈGLEMENT DES PETITS LITIGES

320. Applicable depuis le 1er janvier 2009, le Règlement n° 861/2007 du 11 juillet 2007 instituant une procédure européenne de règlement des petits litiges (modifié par le Règlement n° 2015/2421) [2] prévoit un dispositif simplifié destiné à faciliter le recouvrement de « petites » créances – de moins de 2 000 € (5 000 € à partir du 14 juillet 2017) –, même contestées, résultant des (seuls) litiges transfrontières. Ceux-ci sont définis à l'article 3 comme impliquant l'extranéité de la résidence habituelle ou du domicile de l'un des plaideurs par rapport au for saisi. À cette

1. Lorsque l'opposition est introduite par voie électronique conformément au § 4, elle est signée conformément à l'article 2, § 2, de la directive 1999/93/CE. La signature est reconnue dans l'État-membre d'origine sans qu'il soit possible de la soumettre à des conditions supplémentaires. Néanmoins, cette signature électronique n'est pas nécessaire si et dans la mesure où les juridictions de l'État-membre d'origine sont dotées d'un autre système de communication électronique accessible à un groupe donné d'utilisateurs certifiés préalablement inscrits et permettant une identification sûre de ces utilisateurs.

2. Ce Règlement est applicable à partir du 14 juillet 2017.

fin, des règles processuelles uniformes sont établies, qui ne modifient pas la compétence internationale telle qu'elle résulte du Règlement Bruxelles I *bis*. La procédure ainsi prévue ne se substitue ni aux procédures nationales existantes ni aux nouvelles procédures européennes dont elle recoupe le cas échéant le domaine, mais revêt un caractère alternatif, au choix du créancier. Sont cependant exclus du champ du Règlement les créances liées au domaine fiscal, du travail, des régimes matrimoniaux, du droit des successions et les créances alimentaires.

Dans un esprit d'accélération de l'instance et de réduction des coûts, les parties auront à leur disposition un formulaire standardisé pour l'introduction de la demande et la présentation d'une défense, la procédure demeurant écrite sauf si le tribunal juge utile d'organiser une audience, les plaideurs n'étant pas alors obligés de se faire représenter par un avocat. Le for saisi est tenu d'administrer la preuve selon les moyens les plus simples et les moins onéreux, y compris en utilisant les ressources offertes par les nouvelles technologies lorsqu'elles sont disponibles (y compris l'audition des témoins par vidéo-conférence). Le tribunal doit statuer dans un délai très réduit (en principe dans les trente jours après la réception d'une éventuelle défense), les possibilités de recours contre la décision ainsi rendue étant très limitées et en toute hypothèse non suspensives d'exécution [1]. Plus remarquablement, cette décision est immédiatement exécutoire, sans autre formalité, dans tout autre État-membre (sauf le Danemark).

On voit donc que, jusqu'au seuil des 2 000 € (5 000 € à partir du 14 juillet 2017), le souci du recouvrement de l'impayé intra-européen fait disparaître les frontières. Par ailleurs, le faible montant de la demande se substitue ici au caractère incontesté de la créance pour légitimer l'accélération du processus juridictionnel et la dérogation aux contraintes procédurales applicables aux « grands » procès commerciaux internationaux – lesquels tendent à fuir, comme on l'a vu, vers l'arbitrage international…

1. Sur la mise en œuvre du droit de réexamen ouvert au défendeur, v. l'art. 4. D. n° 2010-433, ajoutant au CPC un art. 1391 (sur ce texte, v. L. Lauvergnat, *JCP*, 2010, 523).

III | La disparition de l'*exequatur* en matière civile et commerciale : le Règlement Bruxelles I *bis*

320-1. Envisagée lors de différentes étapes de la réflexion ayant précédé la révision du Règlement Bruxelles I, la suppression de l'*exequatur* a soulevé de très vives controverses. Encore convient-il de rappeler que l'*exequatur* s'était déjà transformé en une simple une formalité dont la suppression n'avait sans doute pas la portée qu'on lui a parfois prêtée.

C'est en tout cas à une position intermédiaire que s'est arrêté – provisoirement ? – le nouveau texte, supprimant la formalité (préalable) et maintenant un contrôle (ultérieur).

320-2. S'agissant de la formalité de l'*exequatur*, c'est son utilité même qui avait été mise en doute pour en justifier l'abrogation, aggravée par son coût et la longueur des délais de son obtention. En dépit de l'absence de données vraiment fiables en ce domaine, la disparition programmée de la formalité a été consacrée par le Règlement Bruxelles I *bis*.

Ne serait-ce que d'un point de vue purement symbolique, l'innovation la plus importante du texte – applicable depuis le 10 janvier 2015 – concerne en effet la suppression de l'*exequatur* pour les jugements rendus au sein de l'Union européenne en matière civile et commerciale. Aux termes de l'art. 39 : « Une décision rendue dans un État-membre et qui est exécutoire dans cet État-membre jouit de la force exécutoire dans les autres États-membres sans qu'une décision constatant la force exécutoire soit nécessaire. » Toute décision entrant dans le champ d'application du Règlement est donc désormais exécutoire de plein droit, permettant ainsi de procéder immédiatement aux mesures d'exécution prévues par la loi du pays requis de l'exécution forcée. Autrement dit : la décision doit être traitée comme si elle avait été rendue dans l'État-membre requis (v. : considérant 26) ; en conséquence, elle sera exécutée « dans les mêmes conditions qu'une décision rendue dans l'État-membre requis » (art. 41.1°).

Pour assurer la force exécutoire de tels jugements, il suffit d'adresser à l'autorité compétente chargée de l'exécution une copie de la décision et un certificat attestant qu'elle est exécutoire dans le pays d'origine (art. 42 ; 53). L'autorité compétente pourra alors exiger une traduction du contenu du certificat, mais ne pourra faire de même pour la décision que si sa traduction est indispensable pour l'accomplissement de la mesure d'exécution (art. 42, dernier §). Les droits de la défense demeurent quant à eux sauvegardés par l'effet d'une notification, obligatoire et préalable, du certificat et de la décision à la personne condamnée. Si cette dernière n'est pas domiciliée dans l'État d'origine, elle pourra du moins exiger une traduction de la décision dans une langue qu'elle comprend, ou dans la langue officielle du pays de son domicile (cette demande est suspensive des mesures d'exécution forcée (art. 43).

Pour le reste, la procédure d'exécution proprement dite sera « régie par le droit de l'État-membre requis » (art. 41.1°). Le créancier pourra donc se prévaloir du droit de l'exécution propre à l'État requis sans devoir obtenir préalablement une autorisation d'exécution dans l'État-membre concerné. Si la décision étrangère comporte une mesure ou injonction inconnue dans le droit de l'État-membre requis, cette mesure ou cette injonction devra être « adaptée autant que possible à une mesure ou une injonction connue dans le droit dudit État-membre ayant des effets équivalents et poursuivant des objectifs et des intérêts similaires » (art. 54-1°).

320-3. La formalité étant ainsi supprimée, pouvait-on corrélativement faire disparaître tout moyen de contrôle des jugements ayant vocation à circuler au sein de l'Union européenne ? Une vision très ambitieuse tendait à assurer une circulation totalement libre des jugements au sein de l'Espace judiciaire européen et supprimant pour ce faire toute procédure de contrôle. Au-delà même de la représentation de l'Europe que postulait une telle solution, il apparut cependant que son adoption supposait une fongibilité absolue des jugements qui était encore loin d'être assurée en Europe, ne serait-ce qu'en raison de la réserve des compétences étatiques en matière procédurale.

Le contrôle s'est donc maintenu, mais n'intervient plus désormais que par le biais de nouvelles procédures permettant au débiteur de la décision de contester l'exécution du jugement. Soit en demandant une suspension de la procédure d'exécution devant le juge requis si la force exécutoire de la décision est suspendue dans l'État-membre d'origine (art. 44 dernier §). Soit en déclenchant la procédure de refus d'exécution prévue aux articles 46 à 51, qui se déroulera dans l'État-membre requis et autorisera alors la mise en œuvre des critères de contrôle prévus à l'article 45 : contrariété à l'ordre public, protection du défendeur pour les décisions rendues par défaut, inconciliabilité des décisions, méconnaissance des chefs de compétence exclusive.

La possibilité d'un contrôle juridictionnel ultérieur a donc été finalement maintenu, sous la forme d'une action curative, en refus d'exécution et visant à bloquer la mesure d'exécution forcée entreprise dans un État-membre autre que celui d'origine. Cependant, la jurisprudence de la Cour de justice est désormais très claire : le contrôle dans l'État d'exécution est d'ordre exceptionnel et ne doit pas constituer une occasion de faire valoir des moyens qui auraient du être opposés devant le juge d'origine statutant au fond. Aussi bien, en précisant notamment les contours de l'ordre public procédural, la Cour exige désormais que les voies de recours disponibles pour formuler le grief en question aient été utilisés et épuisés dans l'État d'origine du jugement [1].

ÉTAT DES QUESTIONS

B. G. — Z. Amri-Touchent, « L'injonction de payer européenne », *LPA*, 2007, n° 168, p. 3 ; L. d'Avout, « La circulation automatique des titres exécutoires imposée par le Règlement 805/2004 du 21 avril 2004 », *Rev. crit. DIP*, 2006. 1 ; C. Baker, « Le titre exécutoire européen : une avancée pour la libre circulation des décisions ? », *JCP*, 2003.I.137 ; F. Ferrand, « L'injonction de payer européenne est arrivée ! », *Dr. et proc.*, 2007. 66 ; « Le titre exécutoire européen ou les possibles tensions entre jugement sans frontières et procès équitable », in *Mélanges en l'honneur de M. Revillard*, Defrénois, 2007, p. 107 ; F. Garcimartin Alferez, *El Titulo Ejecutivo Europeo*, Thomson-Civitas, 2006 ; E. Guinchard, « L'Europe, la procédure civile et le créancier : l'injonction de payer européenne et la procédure européenne de règlement des petits litiges », *RTD com.*, 2008. 405 ; A. Huet, *Rép. dr. internat.*, V. « Titre exécutoire européen » ; « Un titre exécutoire européen parmi d'autres : l'acte authentique », in *Mélanges en l'honneur de M. Revillard*, Defrénois, 2007, p. 183 ; *L'espace judiciaire européen civil et pénal. Regards croisés*, dir. F. Jault-Seseke, J. Lesieur, Ch. Pigache, Dalloz, « Thèmes et Commentaires », 2009 ; E. Jeuland, « Le titre exécutoire européen : un jalon perfectible », *Gaz. Pal.*, 16-18 nov. 2003, p. 10 ; « Le titre exécutoire européen : un château en Espagne ? », *Gaz. Pal.*, 27-28 mai 2005, p. 15 ; W. Kennett, *The Enforcement of Judgements in Europe*, Oxford Monographies in Private International Law, OUP, 2000 ; C. Legros, « Commentaire du Règlement CE n° 1896/2006 instituant une procédure d'injonction de payer européenne », *LPA*, 2007, n° 151, p. 8 ; M. López de Tejada, L. d'Avout, « Les non-dits de la procédure européenne d'injonction de payer », *Rev. crit. DIP*, 2007. 717 ; H. Péroz, « Le Règlement CE n° 805/2004 du 21 avril 2004 portant création d'un titre exécutoire européen pour les créances incontestées », *JDI*, 2005. 637 ; « Les autorités certificatrices de titre exécutoire européen. À propos du décret n° 2008. 404 du 22 mai 2008 », *JDI*, 2009. 137.

Sur l'acte authentique en tant que titre exécutoire, v. *infra*, n° 603.

1. V. notamment les arrêts *Diageo Brands* et *Meroni*, cités *supra*, n°s 155-1 ; 260 ; 275 ; 283.

Sur la disparition de l'*exequatur* par le Règlement Bruxelles I révisé : F. Schlosser, « The Abolition of *Exequatur* Proceedings – Including Public Policy Review?, *IPRax*, 2010. 101 ; P. Beaumont, E. Johnston, « Abolition of the *Exequatur* in Brussels I: is a Public Policy Defence Necessary for The Protection of Human Rights? », *IPRax*, 2010. 105 ; L. d'Avout, « Faut-il supprimer l'*exequatur* dans le contentieux transfrontière en Europe ? », *Droit et Procédures*, novembre 2010, p. 68 ; V. Heuzé, « La reine morte : la démocratie à l'épreuve de la conception communautaire de la justice », *JCP* 2011, 359 ; 397 ; S. Pierre-Maurice, « La nouvelle action en refus d'exécution d'un jugement européen : entre simplicité, équilibre et stratégie », *D.*, 2015. 692. M. López de Tejada, *La Disparition de l'exequatur dans l'espace judiciaire européen*, LGDJ, 2013, préf. B. Ancel. Aj., les commentaires du Règlement Bruxelles I révisé cités *supra*, dans la B. G. suivant le § 118.

UNE FORCE EXÉCUTOIRE EUROPÉENNE ?

321. Qualification. — Le mécanisme juridique emprunté pour assurer l'accession immédiate à la force exécutoire dans l'État de l'exécution (d'accueil) soulève des interrogations. La force exécutoire est-elle celle de ce dernier État, ou est-ce une force exécutoire proprement « européenne » ? D'un côté, on voit bien que le titre certifié se passe de toute formalité dans l'État d'exécution pour accéder à la force exécutoire, de l'autre, il est difficilement concevable que la formule exécutoire d'origine se déploie extraterritorialement. Selon une thèse (H. Péroz, « Le Règlement CE n° 805/2004… », *JDI*, 2005. 638), il ne peut y avoir de « force exécutoire européenne », la compétence pour exercer la contrainte relevant en toute hypothèse du « bras séculier » des États-membres. La force exécutoire attachée au jugement certifié est donc toujours celle qu'institue la loi de l'État d'accueil, en vertu de la compétence exclusive qui est la sienne pour déterminer les cas dans lesquels la force publique se déploie sur son propre territoire. Mais cette analyse se heurte au fait que cette force exécutoire éminemment nationale serait conférée par les organes d'un autre État, ce qui est tout de même singulier – à moins d'admettre une fongibilité totale des procédures nationales, allant jusqu'à concevoir que les voies de recours contre la décision de certification prise dans l'État d'origine puissent s'exercer dans l'État-membre d'accueil (v. spéculant sur cette dernière hypothèse, L. d'Avout, « La circulation automatique des titres exécutoires imposées par le Règlement 805/2004 du 21 avril 2004 », *Rev. crit. DIP*, 2006. 1, p. 40).

Alternativement, on peut admettre que l'accession à la force exécutoire implique soit une prorogation automatique d'efficacité spécifiquement intra-européenne (en ce sens L. d'Avout, *ibid.*, p. 12), soit (ce qui revient au même) l'attachement, en vertu d'une règle européenne, de la force exécutoire nationale au jugement étranger. À cet égard, il y aurait lieu sans doute de distinguer la force exécutoire, au sens de l'aptitude intrinsèque d'un jugement ou acte public à accéder à l'exécution, et la formule exécutoire elle-même, qui est nécessairement celle de l'État d'accueil, dont elle conditionne l'intervention des organes de contrainte (C. Baker, *L'exécution : étude de droit international privé*, thèse, Paris 1, 2007). Selon cette analyse, la force exécutoire représente un attribut du titre, lié à la force normative de ce dernier, qui est admise à circuler librement. En revanche, seule la formule exécutoire traduirait un ordre d'exécution émanant de l'État-détenteur de la force publique. Le titre exécutoire européen ne serait jamais qu'une exception de plus, au regard du droit français de l'exécution, à l'exigence d'apposition de la formule exécutoire (v. art. 493 et 495 CPC ; 489, al. 2 CPC). Pour trancher, il faut sans doute distinguer deux questions. D'une part, dès lors que la création du titre exécutoire relève bien de la compétence communautaire / de l'Union européenne, il est difficile de contester que la force exécutoire qu'il déploie ait cette même étendue. En revanche, en l'absence de procédures d'exécution proprement européennes, qui supposeraient des agents d'exécution habilités à intervenir sur l'ensemble du territoire de l'Union européenne sur le fondement d'un titre commun, un « raccordement » est encore nécessaire entre le titre européen, qui bénéficie bien d'une vocation à l'exécution extra-territoriale, et les procédures d'exécution locales, qui continuent de dépendre de chaque État-membre.

C'est alors que la détermination de l'objet propre de cette force exécutoire fait apparaître une nouvelle interrogation. Est-ce le certificat lui-même qui, doté de cette force européenne, circule sur l'ensemble du territoire de l'Union (comme le pensent P. Mayer et V. Heuzé, *Précis*, n° 477-1) ? Il semble plutôt – et ce n'est pas le moindre paradoxe du concept de titre exécutoire européen – que la force exécutoire s'attache à l'acte juridictionnel national, revêtu par l'effet de la certification d'une aptitude transfrontière à circuler. « Tapis volant » (R. Perrot, cité par C. Nourrissat, « Le Règlement CE n° 805/2004... », *Europe*, 2005. 6, p. 12), le certificat est le simple vecteur de l'efficacité du titre national (L. d'Avout, *op.* et *loc. cit.*).

Limites de la force exécutoire de la décision certifiée. — Selon l'article 11 du Règlement n° 805/2004 portant titre exécutoire européen, celui-ci ne produit ses effets que dans les limites de la force exécutoire propre de la décision certifiée. L'idée qui inspire ce texte est que le jugement certifié ne doit pas être plus facilement exécutable dans les autres États-membres que dans son pays d'origine. Ainsi, les éventuelles restrictions dont le juge d'origine aurait assorti l'exécution, tel un délai pour exécuter, doivent être respectées. Comme l'observe H. Péroz (« Le Règlement CE n° 805/2004... », préc., p. 662), de telles restrictions contenues dans le jugement d'origine s'imposent naturellement en tant qu'elles relèvent de l'efficacité substantielle de la décision certifiée. En revanche, le juge chargé du contentieux de l'exécution dans le pays d'accueil semble devoir rester compétent pour accorder un délai de grâce, comme en cas d'*exequatur* du jugement étranger (v. D. Foussard, « Entre *exequatur* et exécution forcée. De quelques difficultés théoriques et pratiques relatives à l'exécution des jugements étrangers », *Trav. Com. fr. DIP*, 1995-1998, p. 175, spéc. p. 183).

FORCE EXÉCUTOIRE ET RECONNAISSANCE AUTOMATIQUE DES JUGEMENTS

322. Bien que l'objet du certificat soit de faire accéder le jugement certifié à la force exécutoire dans les autres États-membres, il a également pour effet indirect de rendre incontestable la reconnaissance *de plan* déjà acquise au profit d'un tel jugement en vertu du Règlement Bruxelles I *bis*. En effet, l'efficacité de plein droit dont jouissent tous les jugements relevant du chapitre III du Règlement est précaire, comme en droit commun, en ce sens qu'elle peut être remise en cause lors d'une vérification judiciaire de régularité menée à titre principal ou incident dans l'État-membre requis. Mais dans certains cas, comme celui des créances incontestées résultant d'une procédure judiciaire, la délivrance du certificat supprime toute contestation ultérieure de la reconnaissance de la décision dans l'État-membre requis. C'est ainsi que l'article 5 du Règlement CE n° 805/2004 précise que la décision certifiée est reconnue dans les autres États-membres « sans qu'il soit possible de contester sa reconnaissance ». Il y a là une différence importante entre les jugements et les actes publics. Pour ces derniers, la délivrance du certificat n'affecte aucunement la possibilité de contester ultérieurement la validité de l'acte juridique privé ou du *negotium* qu'il contient (v. *infra*, n° 596). L'obligation inconditionnelle de reconnaissance des jugements, sorte de prorogation automatique d'efficacité imposée en l'absence de procédure civile uniforme, fait l'objet de très vives critiques (v. L. d'Avout, *op. cit.*, spéc. p. 47).

On peut s'interroger sur la nature juridique du titre exécutoire européen. Au regard du Code des procédures civiles d'exécution, le titre exécutoire entre en effet difficilement dans les catégories prévues par ce texte. La certification n'est pas une « décision non susceptible d'un recours suspensif d'exécution » tendant à déclarer le titre étranger exécutoire (art. L. 113-3-2°), puisqu'il l'est précisément déjà ! L'assimilation voulue par les autorités européennes du titre exécutoire au titre national conduit alors à lui appliquer le régime de l'article L. 113-3-1° et non de l'article L. 113-3-2°. Il faudrait sans doute accepter de tenir le titre exécutoire européen pour l'équivalent fonctionnel des titres visés à l'article L. 113-3-2° et souhaiter que son statut fasse l'objet d'une précision législative explicite.

TITRE II

Conflits de lois

323. La partie du droit international privé portant sur le « conflit de lois » a pour objet de déterminer, à l'intention de l'organe compétent ou de l'interprète qui en anticipe la décision, le droit sur le fondement duquel il doit résoudre une question juridique issue d'une situation de fait comportant des liens avec plusieurs pays. Ces liens, dont la teneur n'est l'objet d'aucune définition précise, sont constitutifs de l'internationalité de cette situation, laquelle fonde la vocation potentielle de plusieurs lois étatiques à la régir. Le risque est alors de la voir assujettie à des régimes juridiques incompatibles, variables en fonction de l'organe saisi et susceptibles d'engendrer des conséquences néfastes pour les individus impliqués. C'est ce risque qui est constitutif du « conflit » de lois simultanément aptes à s'appliquer. Si pareil risque peut être partiellement conjuré par la régulation de la compétence juridictionnelle internationale, il appartient encore au for saisi, face à une relation partagée entre plusieurs lois et donnant lieu à des prévisions diverses de la part des justiciables, de choisir le droit applicable de façon à satisfaire au mieux aux exigences de la sécurité juridique indispensable au bon déroulement des rapports transfrontières et au respect de l'autorité des lois nationales.

324. Dans certains cas, la réponse est apportée par des règles matérielles propres aux rapports internationaux, d'origine conventionnelle et exprimant des politiques étatiques communes, ou de source informelle et représentatives des intérêts d'une communauté économique ou professionnelle [1]. Mais en l'absence d'un tel droit uniforme, l'organe saisi est confronté au problème du choix entre diverses lois nationales qui présentent chacune de prime abord un titre à régir la situation de fait. Dans

1. Sur ces règles matérielles, et sur les difficultés particulières soulevées par les règles matérielles d'origine nationale, v. *infra*, n°s 540-1 et s.

ce cas, le respect des prévisions des parties et les exigences des politiques des États ne pourront sans doute être atteints que de façon approximative, à travers la détermination – certes estimée la plus judicieuse, mais du point de vue du seul organe saisi – du droit étatique applicable. Tel est cependant l'objet du droit des conflits de lois, qui vise ainsi à établir les critères aptes à assurer cette détermination au moyen de règles de conflit, parfois unifiées à leur tour par des instruments internationaux. Une telle entreprise d'unification des règles de conflit de lois a d'ailleurs été menée de longue date par la Conférence de La Haye de droit international privé. Désormais, au sein de l'Union européenne, l'uniformisation des règles de compétence et d'effets des jugements s'accompagne également – non sans réserves de toutes sortes – de l'élaboration d'instruments d'unification des règles de conflit de lois de portée générale [1] et d'alignements sectoriels des critères de choix de la loi applicable par l'intermédiaire de diverses directives d'harmonisation du droit matériel. À défaut de tels accords interétatiques, le règlement du conflit de lois demeure particulier à chaque État.

325. En ce qu'il n'apparaît qu'en l'absence d'une réglementation matérielle complète et spécifique des relations transfrontières, le conflit de lois pourrait dès lors être considéré par certains aspects comme constitutif à l'égard de cette dernière d'un régime juridique par défaut. Pareil constat renvoie d'ailleurs au dilemme fondateur du conflit de lois, confrontant la légitimité du commerce international à la nécessité pour les droits internes de suppléer l'absence de société internationale organisée [2]. Il n'est pourtant pas certain que le défaut d'une réglementation matérielle complète et spécifique des relations transfrontières soit nécessairement à considérer comme une lacune, devant être comblée par le recours subsidiaire – selon un critère départiteur à déterminer – aux lois internes. En effet, le postulat de l'inadaptation des lois internes, facteur influent du développement de régimes matériels libéraux, spécifiques et dérogatoires en matière de relations internationales, n'est pas démontré

1. V. spéc. le Règlement Rome I, visant à moderniser la Convention de Rome du 19 juin 1980 sur la loi applicable aux obligations contractuelles et le Règlement Rome II sur la loi applicable aux obligations extra-contractuelles, mais également les textes relatifs aux procédures d'insolvabilité, aux successions ou au divorce, par exemple (sur ces textes, v. *infra*, vol. 2). Le droit international privé de l'Union européenne tend en effet à se saisir progressivement de l'ensemble des relations privées internationales.

2. Ainsi que l'a parfaitement formulé B. Ancel en évoquant « le dilemme de la primauté de l'ordre interne » (*Dictionnaire de la culture juridique*, V. « Droit international privé »), comme l'une des idées fondatrices des conflits de lois. Et, sur le principe d'antériorité de l'ordre interne par rapport à l'ordre international, v. déjà Batiffol, *Aspects philosophiques du droit international privé*, p. 323, n° 145.

de façon générale ; bien au contraire, les analyses fonctionnalistes qui sous-tendent diverses méthodologies de règlement du conflit de lois (dont il sera question plus loin) invitent à fonder celui-ci sur l'identification des valeurs ou des politiques dont il serait approprié d'assurer la réalisation, même dans une situation ne comportant pas de liens exclusifs avec l'ordre juridique du for. En outre, dans des hypothèses où, précisément, aucun État n'a de vocation exclusive à imposer sa propre perspective à l'ensemble de la situation litigieuse, la diversité des lois est mise au profit d'un règlement respectueux du caractère hétérogène de la situation plurilocalisée et non pas au service des seules exigences d'un ordre juridique considéré dans sa singularité. À quoi il faut d'ailleurs ajouter que le pluralisme normatif avec lequel il faut composer peut être perçu comme désirable en soi : d'abord en ce qu'il traduit une saine diversité culturelle ; ensuite en tant qu'il constitue un moteur essentiel de la concurrence entre ordres juridiques, elle-même facteur d'émulation et d'amélioration des normes qui entrent ainsi en contact les unes avec les autres.

Plan du titre : Dans l'élaboration des solutions du conflit de lois, les questions de méthode ont toujours occupé une place essentielle, liée – cause ou effet ? – au caractère « savant » de la discipline [1]. Celle-ci est constituée dans une large mesure d'assemblages d'éléments méthodologiques divers, qui varient en fonction de contingences politiques et de conceptions philosophiques. C'est à partir de leur étude que l'on peut comprendre la problématique du conflit de lois (sous-titre I).

L'exposé même de cette problématique permet d'ailleurs de comprendre que les questions généralement regroupées sous l'appellation « théorie générale du conflit de lois » ont été en réalité développées pour rendre compte des questions concrètes soulevées par la mise en œuvre de la règle de conflit bilatérale, instrument classique de résolution du conflit de lois. Il convient dès lors de les étudier avec d'autant plus d'attention qu'elles renvoient à un modèle méthodologique qui reste dominant aujourd'hui (sous-titre II).

Encore faut-il cependant garder présent à l'esprit que l'approche qui s'en induit tend progressivement à perdre du terrain, en raison de la transformation profonde de la nature et du champ du droit privé qu'elle présuppose, comme des mutations de l'ordre international dans lequel elle s'insère, elles-mêmes liées à la perte du monopole de l'État-nation dans la production normative. L'incidence conjuguée de l'expansion du

1. « Le droit international privé, droit savant », *RCADI*, t. 234, 1992, p. 331 et s.

droit de l'Union européenne, du phénomène de la globalisation économique et de l'essor des droits fondamentaux entraîne en effet de nouvelles évolutions, qui, au-delà de l'annonce du retour d'une certaine tendance unilatéraliste, révèlent de profondes mutations méthodologiques (sous-titre III).

Sous-titre I : La problématique du conflit de lois.
Sous-titre II : La méthode classique de résolution du conflit de lois.
Sous-titre III : Le dépassement de la méthode conflictuelle classique.

ÉTAT DES QUESTIONS

B. G. — **Sur les textes conventionnels ou communautaires unifiant le droit international privé** : G. Droz, « La Conférence de La Haye de droit international privé en 1980 : bilan et perspectives », *RCADI*, t. 168 (1980-III), p. 133 et s. ; V. Espinassous, *L'uniformisation du droit substantiel et le conflit de lois*, thèse dact., Paris 1, 2008 ; S. Francq, *L'applicabilité du droit communautaire dérivé au regard des méthodes du droit international privé*, Bruylant, LGDJ, 2005, préf. M. Fallon ; E. Jayme, C. Kohler, « L'interaction des règles de conflit contenues dans le droit dérivé de la Communauté européenne et des Conventions de Bruxelles et de Rome », *Rev. crit. DIP*, 1995. 1 ; C. Kohler, « Interrogations sur les sources du droit international privé européen après le traité d'Amsterdam », *Rev. crit. DIP*, 1999. 1 ; H. van Loon, « Quelques réflexions sur l'unification progressive du droit international privé dans le cadre de la Conférence de La Haye », in *Liber memorialis F. Laurent*, 1989, p. 113 ; A. E. von Overbeck, « La contribution de la Conférence de La Haye au développement du droit international privé », *RCADI*, t. 233 (1992-II), p. 13 ; Ch.-P. Pamboukis, « Droit international privé holistique : droit uniforme et droit international privé », *RCADI*, t. 330 (2007-V), p. 9 et s. ; K. Parrot, *L'interprétation des conventions de droit international privé*, Dalloz, 2006, préf. P. Lagarde ; P. E. Partsch, *Le droit international privé européen, De Rome à Nice*, Larcier, 2003, préf. F. Rigaux ; W. Stoffel, « Le rapport juridique international », in *Mél. von Overbeck*, Fribourg, 1990, p. 421 ; M. H. Van Hoogstraten, « La codification par traités en droit international privé dans le cadre de la Conférence de La Haye », *RCADI*, t. 122 (1967-III), p. 337 et s.

Sur la concurrence législative et le conflit de lois : J. Heymann, *Le droit international privé à l'épreuve du fédéralisme européen*, Économica, 2010, préf. H. Muir Watt ; H. Muir Watt, « Concurrence d'ordres juridiques et conflits de lois de droit privé », in *Mélanges en l'honneur de P. Lagarde*, Dalloz, 2005, p. 615.

L'INTERNATIONALITÉ, CONDITION DU CONFLIT DE LOIS ?

326. La vérification de l'internationalité de la situation de fait litigieuse est-elle une condition préalable et spécifique de la mise en œuvre du règlement de conflit de lois ? (v. J.-L. Elhoueiss, « L'élément d'extranéité préalable en droit international privé », *JDI*, 2003. 39 ; « L'internationalité : bilan et perspectives », *RLDA*, suppl. févr. 2002). La question est de savoir si le règlement du conflit de lois opère en deux temps, la recherche de l'internationalité précédant l'application de la règle de conflit. L'exemple du régime du contrat international, traditionnellement présenté comme subordonnant le bénéfice de la loi d'autonomie à l'internationalité du contrat, fut longtemps de nature à le laisser penser, tout comme pourrait toujours le suggérer le statut procédural de la règle de conflit de lois, laquelle s'impose au juge en cas d'invocation par les parties d'un élément d'extranéité, fût-il autre que l'élément de rattachement qui désigne la loi applicable. La réponse semble cependant devoir différer selon la méthodologie employée.

La méthodologie bilatéraliste postule l'existence d'une condition préalable et autonome de « vraie » internationalité, distincte de la simple extranéité visée par une règle de conflit particulière et qui ramène la relation sous l'emprise d'un ordre national. Cependant la portée de cette condition donne parfois lieu à débat. Il a ainsi été suggéré que la condition autonome d'internationalité était en réalité une déformation de l'idée, présente dans la doctrine de Savigny, selon laquelle les rapports de droit hétérogènes se rattachaient à une communauté de droit transcendant les communautés nationales ; elle serait alors une survivance du raisonnement mené en termes de condition des étrangers, laquelle tout au long du XIXe siècle s'était posée comme préalable au conflit de lois (v. J.-L. Elhoueiss, « L'élément d'extranéité préalable en droit international privé », préc. p. 42). Certes, il est sans doute indifférent de dire, par exemple, qu'une situation impliquant un individu de nationalité étrangère est internationale dès lors que la règle de conflit de lois applicable à la question litigieuse (succession, contrat, etc.) ne retient pas la nationalité comme élément de rattachement : pratiquement, la distinction s'estompe entre une situation purement interne et une situation qui, comportant un élément d'extranéité non significatif, est soumise à la loi du for. Cependant, sauf à admettre que la règle de conflit joue *dans tous les cas* pour déterminer le champ de la loi du for – même en présence d'une situation purement interne –, il faut bien considérer, un instant de raison, que seul un élément d'extranéité quelconque déclenchera la recherche par le juge de l'applicabilité de la règle de conflit de lois, et que sa présence la déclenchera en toute hypothèse, quel qu'en soit le résultat. C'est là, en effet, où se manifeste la différence entre la méthodologie bilatéraliste et la démarche unilatéraliste.

Les méthodologies statutistes (qui comprennent aujourd'hui le fonctionnalisme américain : v. *infra*, n°s 353 et s.) se passent de toute condition préalable d'extranéité, puisqu'elles impliquent de rechercher directement la visée normative de la loi dans l'espace. La différence est particulièrement visible en matière contractuelle (sur l'unilatéralisme et le contrat, v. P. Gothot, « La méthode unilatéraliste face au droit international privé des contrats », *Trav. Com. fr. DIP*, 1975-1977, p. 201). En effet, ces méthodologies tendant à favoriser la réalisation rationnelle des politiques publiques, la réflexion est centrée sur l'intensité des intérêts des États à étendre leur législation au contrat. Pour reprendre une formule de P. Gothot, la méthode unilatéraliste « fait voir que l'application d'une loi étrangère est toujours un appui prêté à la politique de l'État étranger, c'est-à-dire aux objectifs que poursuit sa loi » (*op. cit.*, p. 216). Au regard d'une telle analyse, aucune distinction dogmatique entre les situations internes, visées tout entières par les politiques du for, et interétatiques, redevables de la catégorie plus restreinte des lois de police (sur cette catégorie, v. *infra*, n°s 552 et s.), ne permet de faire l'économie d'une réflexion dans chaque cas relative au poids respectif à accorder aux politiques en présence en fonction des liens qu'elles entretiennent avec la situation litigieuse. Dans une telle perspective, l'internationalité du contrat perd tant son caractère prédéfini que sa fonction départitrice des régimes applicables. La présence d'éléments d'extranéité révélera tout au plus une gradation dans l'intensité de l'intérêt respectif des États à régir le litige. La loi de police ne se signalera pas parmi les autres dispositions du droit des contrats par le caractère dérogatoire de sa prétention à s'appliquer, car la loi normalement applicable est précisément celle dont l'intérêt à cet égard est le plus fort.

Situations homogènes et hétérogènes. — Une autre façon de penser la question de l'internationalité – sans que le critère en soit nécessairement plus clair – est de distinguer les situations homogènes, entièrement constituées selon un ordre juridique déterminé, et les situations hétérogènes, qui comportent *ab initio* un élément d'extranéité. Les premières forment le noyau (*Kernanwendungsbereich*) du domaine d'application de la loi du for local. L'extranéité peut s'y introduire de façon subséquente, si les éléments en sont mobiles (v. *infra*, n°s 418 et s.). En revanche, pour les situations hétérogènes, le domaine de la loi du for a nécessairement un caractère marginal (*Randanwendungsbereich*) : aucun État ne peut prétendre au monopole de compétence à leur égard (sur cette distinction, dont la paternité revient au grand internationaliste allemand W. Wengler, v. de cet auteur : « The general principles of private international law », *RCADI*, 1961, t. 104, p. 273 ; F. Rigaux, « Les situations juridiques individuelles dans un système de relativité générale », *RCADI*, 1989, t. 213, p. 13, spéc. p. 84 et s.). La question est alors celle des limites admissibles de l'extension de la loi du for. La distinction et sa fonction doivent cependant composer avec les incertaines avancées du droit positif, à l'image spécialement de celles qui résultent de l'article 3.3 de la Convention de Rome sur la loi applicable aux obligations contractuelles (v. art. 3.3 Règlement Rome I) dessinant le régime d'un choix de loi par les parties alors que tous les éléments de la situation sont localisés au moment de ce choix dans un seul pays.

Extranéité et limites d'applicabilité de la loi du for. — D'une certaine façon, la distinction entre situations homogènes et hétérogènes rejoint celle qui s'induit de la discipline constitutionnelle dans un système fédéral. Aux États-Unis, la Cour suprême américaine mesure ainsi à l'aune des clauses de *Due process* et de *Full Faith and Credit* la légitimité de l'application par une juridiction étatique de la loi du for. Celle-ci est jugée sans titre en cas de « faux conflit » au profit d'un autre État, c'est-à-dire de situation dans laquelle seul celui-ci a un intérêt exclusif à réaliser sa politique en l'espèce. Mais ce dernier critère est discuté au sein même de la doctrine américaine : pareil intérêt se mesure-t-il en des termes purement quantitatifs d'« agrégation de contacts » entre le for et le litige comme semble le suggérer la jurisprudence de la Cour suprême fédérale elle-même (v. sur cette jurisprudence, *infra*, n° 358), ou revêt-il, comme le pense l'école de Currie (sur laquelle, v. *infra*, n°s 353, 358) un caractère fonctionnel, en ce sens que les seuls contacts à prendre en compte seraient ceux qui revêtiraient une signification au regard des politiques substantielles en présence ? Cette dernière approche déplace le curseur cependant, car un État peut être dépourvu d'intérêt à appliquer sa loi alors même qu'il entretiendrait avec la situation litigieuse des contacts, jugés non significatifs pour la mise en œuvre des politiques en présence. On revient donc au problème de savoir si tout élément d'extranéité, quel qu'il soit, est générateur ou non d'internationalité.

Extranéité et vocation universelle de la loi du for. — Le débat qui vient d'être évoqué est à relier à celui du titre d'application de la loi du for dans des situations hétérogènes.

La loi du for revêt-elle, devant les organes de l'ordre juridique dont elle relève, une plénitude de compétence, de sorte que le règlement du conflit de lois a pour fonction essentielle de déterminer les cas dans lesquels une loi étrangère lui est substituée ? Ou est elle rendue applicable elle-même par la règle de conflit de lois du for, qui agit alors comme méta-norme de répartition (fût-ce dans le seul champ de l'ordre juridique du for). Depuis les travaux de R. Ago (« Règles générales des conflits de lois », *RCADI*, 1936, t. 58, p. 243, se référant lui-même à Kelsen p. 278), l'école normativisite continentale opte, au nom de l'exclusivisme de l'ordre juridique (v. *supra*, n° 45), pour la première solution, qui confère alors à la règle de conflit de lois une fonction duale, consistant d'une part à délimiter le champ de la loi du for, d'autre part à servir de « norme sur la production juridique » en ce qui concerne les lois étrangères, qu'elle importe comme base de raisonnement pour les besoins de la cause (v. pour une discussion de ce débat, P. Picone, « Les méthodes de coordination entre ordres juridiques en droit international privé », *RCADI*, 1999, t. 276, p. 9, spéc. p. 31). Mais une autre façon de voir – essentiellement statutaire ou unilatéraliste (v. *infra*, n°s 346 et s.) – est d'estimer que, loin d'avoir une portée universelle, la loi du for contient une limitation intrinsèque de son champ dans l'espace, en dehors duquel elle n'a ni légitimité à s'appliquer, ni volonté de le faire. Si le juge est amené néanmoins, pour des raisons pragmatiques, à la mettre en œuvre, notamment pour combler une lacune (ou trancher un « vrai » conflit dans la méthodologie fonctionnaliste, v. *infra*, n° 353), c'est de vocation subsidiaire, et non universelle, qu'il s'agit (sur la vocation subsidiaire de la loi du for en cas de défaillance de la loi applicable, v. *infra*, n° 377). Sur les diverses conceptions de la vocation de la loi du for – titre subsidiaire ou plénitude de compétence, v. B. Ancel et Y. Lequette, *Grands arrêts*, p. 295 ; J.-M. Bischoff, *La compétence du droit français dans le règlement du conflit de lois*, LGDJ, 1959 ; M. Céalis-Santa Croce, *La vocation générale subsidiaire de la loi du juge saisi dans le règlement des conflits de lois*, thèse multigr., Paris, 1975 ; P. Louis-Lucas, « Existe-t-il une compétence générale du droit français pour le règlement des conflits de lois ? », *Rev. crit. DIP*, 1959. 405.

Compétence juridictionnelle et compétence législative. — Bien entendu, la façon dont on pose la question de la vocation de la loi du for est entièrement tributaire, en pratique, de celle dont se définit la compétence juridictionnelle internationale. Si celle-ci est alignée sur le champ de la loi du for, ou inversement si la compétence de la *lex fori* s'impose en toute hypothèse, le problème de la dissociation du *forum* et du *ius* ne se pose pas. C'est le cas, par exemple, de la compétence *ratione materiae* des juridictions fédérales américaines, dont la vocation à trancher un litige est tributaire de l'applicabilité dans l'espace de la loi fédérale. Inversement, la loi du for a conservé longtemps son emprise dans certaines matières encore faiblement internationalisées (divorce, responsabilité délictuelle). Jusqu'à récemment encore, l'histoire contemporaine du droit international privé commun reposait plutôt sur la dissociation progressive des chefs de compétence juridictionnelle et des rattachements du conflit de lois, ce qui signifie concrètement le recul corrélatif des considérations de souveraineté en matière conflictuelle. À cet égard, la vocation de la loi du for pour ce qui relève de la procédure, naguère plus étendue et en toute hypothèse d'extension variable selon les traditions juridiques, est précisément le signe de l'absence de fongibilité normative en ce qui concerne les matières qu'elle recouvre ; l'admission d'une telle fongibilité est en revanche le postulat même du conflit de lois. Toutefois, pareille dissociation n'exclut ni la coïncidence des compétences (qui caractérise le domaine immobilier, mais aussi le champ contractuel ou délictuel notamment depuis que l'espace judiciaire européen fonde les règles de compétence optionnelles sur des concepts de droit matériel proches des rattachements du conflit de lois), ni la préférence avouée des juges (v. par ex., Req. 9 mars 1910, *Soulié*, *DP*, 1912. 1. 262, rapp. Denis, relevant l'intérêt qu'il y a à ce que « la loi française régisse d'après ses propres vues tous les conflits qui naissent sur son territoire ») et parfois de la doctrine (Savigny lui-même prônait un « lien intime entre la juridiction et le droit local à appliquer », *Traité de droit romain*, préc., § 356, p. 79) pour l'applicabilité maximale de la loi du for. Sur la catégorie procédure, v. *supra*, n° 187 ; sur la relation entre compétences législative et juridictionnelle : H. Batiffol, « Observations sur les liens de la compétence judiciaire et de la compétence législative », in *Mélanges Kollewijn et Offerhaus*, Leyde, 1962, p. 55 et s., repr. in *Choix d'articles*, LGDJ, 1976, p. 303 ; J. D. Gonzales Campos, « Les liens entre la compétence judiciaire et la compétence législative en droit international privé », *RCADI*, 1977, t. 156, p. 227 et s. ; P. Hébraud, « De la corrélation entre la loi applicable à un litige et le juge compétent pour en connaître », *Rev. crit. DIP*, 1968. 205.

Aujourd'hui, cependant, le droit international privé de l'Union européenne tend de plus en plus à instaurer une convergence des compétences, tant en matière de droit des obligations que dans le champ nouvellement investi du droit de la famille (aliments, successions). À cet égard, on observe l'émergence d'une forme de néo-statutisme élaboré autour de la résidence habituelle (v. M. Hunter-Hénin, *Pour une redéfinition du statut personnel*, PUAM, 2004, préf. H. Muir Watt, et *infra*, n°s 353 et s.).

DIVERSITÉ DES LOIS ET CONCURRENCE LÉGISLATIVE

327. Le conflit de lois perçu comme une compétition entre législateurs. — La mobilité des acteurs privés, qu'elle soit réelle (du fait du déplacement physique) ou virtuelle (par le biais de la faculté de choix de la loi applicable) tend à créer un marché du droit, transformant celui-ci en produit soumis au libre choix des parties. Le marché intérieur européen se construit largement sur le concept d'arbitrage des consommateurs mobiles (*consumer arbitrage*) qui fait déjà partie intégrante de la théorie économique du fédéralisme aux États-Unis. Au-delà des interrogations que suscite l'extension progressive du domaine ainsi offert à la liberté des « consommateurs de droit » (le contrat ? les successions ? le divorce ?...), le déplacement, métaphorique ou non, du consommateur/citoyen en quête du meilleur rapport qualité-prix est censé induire, par l'émulation qu'il engendre entre législateurs (et le souci d'attirer des votes, des taxes, des capitaux, ou des revenus pour le barreau local), une amélioration de la qualité globale des « produits » juridiques offerts sur le marché du droit. Dans un cadre de type fédéral, les risques généralement liés à la compétition sont en contrepartie canalisés par la discipline exercée sous la férule d'une autorité supra-étatique. Dans l'espace communautaire, la CJCE aurait sans doute pu jouer ce rôle si elle n'avait délibérément choisi d'encourager le « *law shopping* » au profit des législations les moins exigeantes (sur l'affaire *Centros*, particulièrement caractéristique à cet égard, v. *infra*, n°s 435, 1059). Dans le monde global enfin, et en l'absence totale d'une telle discipline, la mobilité des investisseurs est plus encore de nature à conduire à une « course vers le bas », puisqu'elle agit dans le sens de la réduction des coûts de production dans les pays d'accueil d'industries délocalisées au détriment de la protection (coûteuse) de l'environnement ou de la sécurité des personnes. À l'heure actuelle, seule la reconnaissance d'une responsabilité des entreprises internationales – du fait des juges, ou sous l'impulsion des médias agissant sur l'opinion, donc le marché, des consommateurs – serait de nature à briser la spirale.

QU'EST-CE QUE LA « LOI » EN CONFLIT ?

328. Ordre juridique, loi, règle individuelle ? — La question de savoir ce que signifie la « loi » en conflit peut revêtir des sens multiples. Se pose-t-elle dans le contexte, procédural, de la « connaissance de la loi étrangère » ? Elle vise alors à savoir si les éléments d'information qui incombent au juge ou aux parties incluent ou non l'ensemble des sources du droit positif étranger (v. *infra*, n°s 442, 449). Est-elle soulevée en présence d'un renvoi, d'un conflit de qualifications ou d'une question préalable ? Elle tend dans ce cas à faire préciser si la référence à la loi désignée emporte l'utilisation de l'ensemble des règles d'applicabilité spatiale du système auquel appartient la loi substantielle. Dans le cadre d'un contentieux relatif à la reconnaissance de droits prétendument acquis à l'étranger, la définition de la « loi » qui aurait conféré ces derniers pose en réalité une question de délimitation entre la méthode du conflit de lois et le conflit d'autorités (v. *infra*, n°s 579, 618). Et si l'on passe du sens de la question vers la variété des réponses, on constate que celles-ci sont fonction de la méthodologie appliquée. Le fonctionnalisme identifie la « loi » en conflit comme étant la règle substantielle individualisée qui se veut applicable (v. *infra*, n° 353). Le bilatéralisme tend traditionnellement à lui conférer une signification plus abstraite, puisqu'il s'agit alors de l'ensemble des règles composant « l'ordre juridique » aux frontières duquel la fonction de la règle de conflit s'épuise (*infra*, n° 347). Brouillant les distinctions, la théorie de « l'ordre juridique de référence » vient enfin identifier la loi au point de vue concret d'un système juridique étranger, y compris dans la mesure où il est déterminé par les règles relatives à la reconnaissance des jugements étrangers (v. *infra*, n° 581).

À cette complexité, il importe d'ajouter que la distinction entre ordre et système juridiques n'est peut-être pas indifférente du point de vue des conflits de lois (D. Sindres, *La distinction des ordres et des systèmes juridiques dans les conflits de lois*, LGDJ, 2008, préf. H. Muir Watt). En effet, si les deux termes sont fréquemment tenus pour synonymes dans la doctrine internationaliste, l'opposition est tenue en revanche pour significative au regard de la théorie du droit contemporaine : v. M. Van de Kerchove et F. Ost, *Le système juridique entre ordre et désordre*, Puf, « Les voies du droit », 1988, spéc. p. 22 et s. ; E. Bulygin, « Système juridique et ordre juridique », in *Mélanges en l'honneur de M. Troper*, Économica, 2006, p. 223.

Loi étatique ou norme de source privée ? — Le débat est vif en matière de contrats internationaux, où dans le droit international privé de l'Union européenne, le Règlement « Rome I », reste méfiant à l'égard du libre choix par les parties de la *lex mercatoria* ou d'autres sources de droit informelles. Pourtant, au regard du principe d'autonomie, les lois étatiques revêtent toutes un caractère disponible (v. en ce sens, G.-P. Romano, « Le choix des principes Unidroit par les contractants à l'épreuve des dispositions impératives », *JDI*, 2007. 473) et ne sont donc pas de nature à s'opposer à la désignation d'un droit non étatique, la question de savoir s'il s'agit alors d'incorporation ou de choix d'un droit régissant le contrat demeurant cependant discutée (sur ce débat, v. *infra*, n° 916). En réalité, cette question en occulte une autre, de portée plus vaste. L'État semble être en voie de perdre le monopole qui lui était reconnu, naguère, tout à la fois en tant que producteur de normes et de sujet de droit international. On peut donc s'interroger sur le devenir même de la discipline du conflit de lois, en tant que sa méthodologie ne semble apte qu'à désigner des normes étatiques. Des développements spécifiques seront consacrés à ces perspectives d'avenir, *infra*, n°s 582-9 et s.

La loi : facettes alternatives. — Préférant l'effectivité à la diplomatie, le conflit de lois a pu servir à faire prévaloir dans les rapports interindividuels la loi d'un État non reconnu par le gouvernement du for. D'une certaine façon, les juges œuvrent, parallèlement aux relations politiques entre États, sur le terrain du lien social transnational, tantôt opposant une barrière, tantôt établissant une passerelle entre ces deux champs (Joel Paul, « Comity in International Law », 32 *Harv. Int'l L. J.* 1 ; D. Boden, *L'ordre public : limite et condition de la tolérance* (*essai sur le pluralisme juridique*), thèse Paris 1, 2002). Diverses illustrations en sont fournies par l'actualité. Ainsi, une analyse de la jurisprudence de la Cour suprême d'Israël en matière de conflits de lois impliquant Israël et les territoires occupés de Palestine dans un contexte de dépendance économique croissante de ces derniers montre qu'après une période où les demandeurs palestiniens (notamment en matière délictuelle ou dans le contentieux du travail) se voyaient appliquer systématiquement le droit palestinien, même dans leurs rapports avec des acteurs économiques israéliens opérant localement, ceux-ci continuant en revanche à pouvoir se prévaloir de leur propre loi personnelle, un infléchissement est venu appliquer la loi israélienne pour des raisons de « justice privée » (v. *Yanon v. Qara'an* (2004) et *Amutat Kav la-Oved v. National Labor Court in Jerusalem* (2007) et les références citées par Michael M. Karayanni, « Choice of Law under Occupation : how Israeli Law Came to Serve Palestinian Plaintifs », *Journ. PIL*, 2009. 1). Dans un autre domaine, mais sur un registre analogue, une recherche menée sur la complexité des fonctions de la citoyenneté (Karen Knop, « Citizenship, Public and Private », *in* Karen Knop, Ralf Michaels, Annelise Riles (dir.), *Transdisciplinary Conflict of Laws, Law and Contemporary Problems. Duke University School of Law*, vol. 71, n° 3, 2008, p. 309) retrace la façon dont les juges se servent de la facette privée de la citoyenneté, saisie par le droit international privé, pour adoucir ou modérer la rigueur de ses applications en droit public. Par exemple, la perspective privatiste peut conduire à reconnaître divers droits à une personne que le droit de l'immigration considère comme résident expulsable. La raison en est que le droit international privé « pose une série de questions plus cosmopolites » que le droit public. Ainsi, selon K. Knop, « les effets sociologiques du droit international privé consistent à redéfinir, ou à définir autrement et en parallèle une société, en déterminant qui en fait partie ou non, en y introduisant de la diversité, et créer des passerelles vers d'autres communautés par une forme d'extériorisation (ou *outsourcing*) du multiculturalisme ».

Sous-titre I

LA PROBLÉMATIQUE DU CONFLIT DE LOIS

329. Selon la définition la plus neutre possible, le règlement du conflit de lois a pour fonction de déterminer, du point de vue de l'organe saisi, la règle de décision applicable à une question de droit issue de faits liés à plusieurs pays. Toutefois, cette première approche est loin d'épuiser l'éventail des difficultés liées à l'identification même du conflit de lois, aux fondements du règlement qui lui est appliqué, au choix de la méthodologie appropriée et à la détermination de son domaine, toutes étroitement tributaires de la façon dont en sont problématisés les enjeux. L'étude de l'histoire comparée de la pensée internationaliste en la matière révèle en effet l'existence de plusieurs sujets d'interrogation étroitement solidaires et qui reçoivent des réponses différentes en fonction du contexte politique ou de l'environnement intellectuel dans lesquels elles apparaissent.

330. C'est ainsi que dans l'histoire de la discipline, sous des variantes multiples, deux grandes approches méthodologiques opposées se succèdent, se croisent et s'influencent mutuellement. La première, qui a son origine dans la théorie des statuts du Moyen Âge et qui est reprise aujourd'hui par l'école fonctionnaliste américaine, consiste à penser le conflit de lois en termes d'affrontement d'objectifs législatifs concrétisés dans des normes déterminées, et à le résoudre par une recherche du champ d'application spatial de celles-ci à partir d'une analyse des politiques étatiques poursuivies. Elle tend à privilégier les intérêts des États, qui constituent à la fois l'orientation axiologique et le paramètre opératoire de la méthode. Dès lors qu'elle est mise en œuvre en dehors du contexte d'une communauté juridique, elle emprunte une forme *unilatéraliste*, se bornant à délimiter le champ spatial de la seule norme du for, laissant aux autres droits le soin de définir leur propre domaine d'application dès lors que la loi du for ne se veut pas applicable.

331. La seconde, qui domine dans la tradition continentale depuis l'œuvre de Savigny [1], limite son propre champ aux rapports de droit privé et tend à mettre en avant l'importance cardinale des intérêts des individus dans le règlement du conflit. Évacuant toute dimension de conflit de pouvoirs, elle voit dans le conflit de lois une situation de concurrence virtuelle entre ordres juridiques (au sens d'ensembles complets et cohérents de règles juridiques en vigueur dans un État donné), tous également aptes à résoudre la question de droit privé soumise à l'organe compétent. Un critère départiteur externe sera donc recherché, parfois dans un ordre transcendant (droit naturel ; communauté idéologique ou historique ; droit international ; droits de l'homme), parfois dans les exigences d'un traitement satisfaisant des intérêts privés impliqués, compte tenu de l'intensité respective des divers rattachements qu'entretient la situation litigieuse avec les différents pays en présence. La méthode est alors *bilatéraliste*, en ce que la règle de conflit ayant intégré ce critère répartiteur sera apte à désigner aussi bien la *lex fori* qu'une loi étrangère.

On voit donc que la représentation du conflit de lois, variable dans l'histoire et en droit comparé (chap. 1er), commande l'assemblage, pareillement évolutif et diversifié, des éléments de méthode mis en œuvre pour le résoudre (chap. 2).

1. *System des heutigen römischen Rechts, traité de droit romain*, t. VIII, 1849, trad. Guenoux, 1856 (rééd. Éd. Panthéon-Assas, 2002, avant-propos H. Synvet), et *infra*, nos 339 et s.

Chapitre premier

LA REPRÉSENTATION DU CONFLIT

332. Abandonnant l'universalisme qui l'a vu éclore, le dernier siècle a été marqué essentiellement par la rupture entre traditions européenne et nord-américaine, relative à la place des intérêts de l'État dans le règlement du conflit de lois. Pareille opposition s'est alimentée de l'influence de la pensée juridique réaliste aux États-Unis, qui y a accéléré le déclin du dogme de la neutralité politique des conflits de lois aussi bien que le décloisonnement du droit public et du droit privé. De nouvelles méthodologies fonctionnalistes centrées sur la recherche des intérêts gouvernementaux y ont eu raison du territorialisme qui avait inspiré la doctrine des droits acquis, puis la méthodologie bilatéraliste du Premier *Restatement* des conflits de lois rédigé sous la plume de Beale en 1935. Si la tradition de l'Europe continentale, restée plus attachée à la primauté de la loi et à la séparation des domaines public et privé, a maintenu plus longtemps sa foi en l'aptitude du seul règlement du conflit de lois, majoritairement bilatéraliste et ostensiblement neutre, à parvenir à l'aménagement satisfaisant de tous les intérêts que mettent en jeu les rapports transfrontières entre personnes privées, elle a eu aussi à répondre aux conséquences de l'émergence de l'État interventionniste en matière économique et sociale ainsi qu'à l'importance accrue de la dimension juridictionnelle des conflits. Elle s'est cependant refusée à repenser le conflit de lois en termes de conflit de pouvoirs, reléguant pour l'essentiel de telles perturbations en marge d'un règlement conçu en fonction de lois de pur droit privé.

La définition du conflit de lois résulte ainsi du choix entre au moins deux séries de termes. En premier lieu, le conflit peut être perçu comme issu de la revendication simultanée par plusieurs souverainetés politiques d'un même rapport international litigieux, ou comme une situation de concurrence abstraite entre diverses lois potentiellement applicables (sect. 1). Sans que ce premier choix préjuge du suivant, le règlement du conflit peut être en second lieu représenté comme investi d'une fonction répartitrice de souverainetés législatives, ou d'une mission régulatrice d'intérêts privés (sect. 2).

SECTION 1
Revendication concrète ou concurrence abstraite ?

333. Le conflit de lois peut être perçu comme mettant en présence des affrontements de pouvoirs ou de politiques étatiques revendiquant simultanément le règlement concret d'un même rapport de droit à rattachements multiples – c'est la conception que retient la méthode unilatéraliste, dans sa forme statutaire et néostatutaire [1] – ou comme créant une concurrence virtuelle entre une pluralité de lois ayant toutes une vocation abstraite à régir une même situation de fait – c'est la perception qu'en retient l'approche bilatéraliste, qui se réclame des travaux de Savigny [2]. La différence profonde entre ces deux approches réside dans le fait que la méthode bilatéraliste opère à partir d'un espace clos dont tout conflit est en réalité évacué – ou du moins considérablement réduit par une concurrence purement abstraite entre les lois en présence –, tandis que l'unilatéralisme part au contraire de ce conflit, achoppant au demeurant sur les « vrais » conflits en cas de revendication simultanée d'un même rapport de droit par les législations de plusieurs États. Ces deux approches sont séparées par des représentations théoriques opposées de l'ordre juridique, lesquelles se déclinent en deux temps.

334. La première opposition concerne le degré de fongibilité prêté aux différents ordres juridiques. Ainsi, la tradition bilatéraliste savignienne repose sur la conviction de l'aptitude virtuelle de tout ordre juridique à régir une situation juridique affectée d'extranéité. En somme, la coexistence des divers ordres juridiques dans le monde offrirait un éventail aussi large de réponses possibles et réputées équivalentes à une question de droit donnée. Cette approche présuppose que les conflits de lois se nouent dans le seul domaine du droit privé, lui-même représenté comme politiquement neutre et virtuellement universel. Sont alors postulées – du moins à titre de principe – l'indifférence du résultat concrète-

1. V. *infra*, n° 353.
2. V. *infra*, n° 347.

ment atteint, aussi bien que la complétude (au sens de l'aptitude à apporter une réponse à toute question qui lui serait soumise) de chaque système juridique désigné le cas échéant par un critère départiteur externe, induit de considérations très diverses [1].

335. Renouant avec le statutisme médiéval européen, la méthodologie fonctionnaliste rejette ce double postulat de fongibilité et de complétude des ordres juridiques. De manière différente, elle perçoit le (vrai) conflit de lois comme résultant de la confrontation de deux règles individualisées et contradictoires, représentant chacune l'expression d'une revendication de compétence de la part d'un État. Loin d'être indifférente au résultat auquel conduirait le règlement du conflit au profit de l'une ou de l'autre des règles en présence, elle repose sur l'analyse des politiques diverses que les États en conflit cherchent à réaliser par leur intermédiaire, dans le cas concret. Ce sont d'ailleurs ces politiques elles-mêmes qui permettront de déterminer le champ spatial respectif des statuts en conflit, dont l'analyse se passe de tout critère extérieur de répartition.

336. La seconde opposition, étroitement solidaire de la première, porte précisément sur le conditionnement spatial des règles en conflit. Selon la tradition bilatéraliste, les lois en présence, postulées de droit privé, sont présumées de ce fait dépourvues d'un champ naturel dans l'espace et également aptes à résoudre toute question de droit à laquelle il leur échoit de répondre. La détermination de celle qui fournira la réponse concrète implique donc nécessairement le recours à un critère extérieur. Ainsi, un accident de la circulation survenu en Espagne entre deux ressortissants français pourrait trouver son règlement substantiel aussi bien dans le droit espagnol que dans le droit français, que seul un critère externe – déduit aussi bien des prévisions des parties que de la fonction commutative de la responsabilité civile ou du désir d'indemniser les victimes – est à même de départir ; en une telle occurrence, c'est ainsi « *la loi du lieu où le délit a été commis* » – *lex loci delicti* – qui fut retenue par la jurisprudence française, conduisant à la désignation de la loi espagnole pour résoudre le litige [2].

337. Par contraste, le fonctionnalisme repose sur la conviction selon laquelle les règles en conflit sont porteuses d'une limite spatiale implicite,

1. V. *infra* n°s 347 et s.

2. On reconnaît l'arrêt *Lautour*, Cass. civ., 25 mai 1948, *Rev. crit. DIP*, 1949. 89, note Batiffol ; *D.*, 1948. 357, note P. L. P. ; *S.*, 1949. 1. 21, note Niboyet ; *JCP*, 1948. II. 4532, note Vasseur, *GA*, n° 19 (v. *infra*, not. n°s 981 ; 982).

qu'il appartient au juge de découvrir par des procédés d'interprétation qui ne diffèrent pas de ceux qui sont mis en œuvre en droit interne. Si de nombreux exemples connus peuvent en être trouvés en matière délictuelle dans la jurisprudence américaine [1], le droit européen dérivé semble désormais se prêter à la même démarche néostatutaire dans les rapports avec les pays-tiers. L'arrêt *Ingmar* [2] tient ainsi pour relevant du champ d'application de la loi anglaise de transposition de la directive de 1986 [3], un rapport d'agence exécuté en Angleterre. La définition du domaine spatial de la loi est essentiellement fonction de la politique qu'elle poursuit ; son applicabilité au cas concret dépend de la présence de rattachements générateurs de l'intérêt de l'État à réaliser cette politique en l'espèce [4].

SECTION 2
Répartition de compétences ou règlement d'intérêts privés ?

338. Selon la conception que l'on retient du conflit de lois, le règlement de celui-ci sera perçu de deux manières radicalement différentes : dans une perspective politique ou publiciste, il sera considéré comme voué à la répartition dans l'espace de souverainetés ou de volontés législ-

1. L'affaire *Babcock v. Jackson* (Court of Appeals of New York, 1963, 12 NY 2d 473 ; 63, *Columbia Law Review*, 1219 (1963), comm. D. F. Cavers ; *Rev. crit. DIP*, 1964. 284, note J.-G. Castel) permet de l'illustrer : soucieuse que les victimes d'accidents ne soient pas laissées à la charge de la communauté au sein de laquelle elles vivent, la loi de New York, fortement indemnisatrice, vise implicitement à faire bénéficier de son régime d'indemnisation tous les accidentés habitant cet État, quel que soit le lieu de l'accident. En revanche, en présence de litiges ne mettant pas en présence une victime new-yorkaise, l'intérêt de cet État à réaliser sa politique d'indemnisation sera réduit au point de justifier l'inapplicabilité de sa propre loi (*Neumeier v. Kuehner*, Court of Appeals of New York, 1972, 31 NY 2d 121). Sur cette jurisprudence et la doctrine qui la sous-tend, v. *infra*, not. n° 354 ; 992.

2. CJCE, 9 nov. 2000, aff. C-381/98, *Rev. crit. DIP*, 2001. 107, note L. Idot ; *JDI*, 2001. 511, note J.-M. Jacquet.

3. *Commercial Agents (Council Directive) Regulations 1993* (réglementation portant transposition d'une directive du Conseil relative aux agents commerciaux), entrée en vigueur le 1er janvier 1994.

4. Aux termes des attendus 24 et 25 de l'arrêt *Ingmar*, « le régime prévu par les articles 17 à 19 de la directive a… pour objectif de protéger, à travers la catégorie des agents commerciaux, la liberté d'établissement et le jeu d'une concurrence non faussée dans le marché intérieur… La fonction que remplissent les dispositions en cause exige… qu'elles trouvent application dès lors que la situation présente un lien étroit avec la Communauté, notamment lorsque l'agent commercial exerce son activité sur le territoire d'un État-membre ».

latives (*Grenzrecht*) [1] ; si les intérêts privés sont privilégiés au contraire, il sera envisagé comme tendant à éviter que les particuliers ne soient écartelés entre plusieurs prescriptions contradictoires dans leurs activités transfrontières (*Pflichtenkonflikt*) [2]. Sur ce terrain, l'opposition dépend étroitement du point de savoir si les critères de règlement sont compris comme étant dictés ou non par un ordre supérieur ou transcendant, tel le droit naturel, le droit international public ou le droit constitutionnel dans un État fédéral ; et selon la conception retenue, la détermination de la loi applicable obligera à trancher une question de droit international public ou fédéral se posant préalablement au règlement du litige, ou impliquera seulement d'indiquer au juge la norme à partir de laquelle il doit raisonner pour traiter au mieux, pour le compte de l'État du for, les intérêts individuels entretenant des liens avec plusieurs pays.

339. Chez Savigny, la représentation d'une certaine communauté entre les lois en conflit (en l'occurrence, celles des principautés allemandes unies par une même tradition juridique romano-chrétienne) lui évitait d'avoir à choisir entre ces deux conceptions possibles de la fonction de la règle de conflit, le champ d'application des lois s'induisant parfaitement de la découverte du « siège » des rapports de droit à partir d'une analyse convergente de la « nature » de ces derniers [3]. Transposée dans les rapports entre États souverains et privée du support d'une communauté juridique homogène, la problématique du conflit de lois est cependant rapidement devenue une question de *comitas* ou de droit international public, le contenu des rattachements étant alors dicté bien moins par la nature intrinsèque, devenue introuvable, des rapports de droit, que par les attributs de la souveraineté. Largement diffusé en Europe par la doctrine personnaliste de Mancini à la fin du XIXe siècle, relayé en France par la doctrine fonctionnaliste de Pillet, le renouveau de l'approche statutiste a peiné à son tour à survivre aux effets conjugués de la thèse selon laquelle le droit international ne répartit pas les compétences normatives des États [4], de la prise de conscience accompagnant la découverte du conflit du systèmes [5] et de la démission politique de l'universalisme.

1. Ou « droit des limites ». Sur la filiation doctrinale de ce terme, v. P. de Vareilles-Sommières, *La compétence internationale de l'État en matière de droit privé*, LGDJ, 1997, préf. P. Mayer, n°s 9 et s.
2. Ou « conflit de prescriptions ». Le terme nous vient de Wilhelm Wengler (« Die Beauchtlichkeit des fremden Kollisionsrecht », *Internationales Recht und Diplomatie*, 1956, p. 56 et s.).
3. Sur ces notions, v. *infra*, n° 348.
4. V. *supra*, n°s 57 et s.
5. V. *infra*, n° 434.

340. Ainsi émergea progressivement au début du XXe siècle une perception nouvelle du conflit de lois, à partir du constat que le règlement de celui-ci n'avait de portée que pour l'État du for. Ce repli n'a cependant pas empêché que perdure, un certain temps, la conceptualisation du conflit de lois en termes de conflit de souverainetés, mais les solutions étaient désormais recherchées dans les seules analyses, valeurs et politiques de l'État du for, elles-mêmes assez curieusement rattachées au concept savignien de siège naturel du rapport de droit. Le conflit se nouait dès lors dans un espace clos, évacuant dans une large mesure sa réalité même par assimilation à une simple situation de concurrence abstraite des lois. Réalisant cette singulière synthèse entre le particularisme – qui n'avait alors de savignien que le choix d'une méthodologie « bilatéraliste », élaborée à partir d'une analyse des rapports de droit et non des revendications spatiales des lois – et une conception répartitrice de la règle de conflit, cette doctrine de Bartin préparait en réalité l'avènement, vers le milieu du XXe siècle, d'une théorie résolument privatiste, au regard de laquelle la règle de conflit, délestée de toute velléité répartitrice, était devenue simple « recette » d'intérêt privé en vue de découvrir la loi la plus adéquate pour le règlement du litige [1]. Témoin d'une recherche de plus en plus affinée de cette adéquation, la seconde moitié du dernier siècle verra en conséquence se développer le « principe de proximité » ou de la loi des « liens les plus étroits » avec la matière litigieuse [2].

341. Aujourd'hui, cette représentation privatiste de la fonction de la règle de conflit est quelque peu bousculée à son tour par des variantes contemporaines de la démarche statutiste ou répartitrice. C'est ainsi qu'aux États-Unis, l'influente doctrine des intérêts gouvernementaux de Brainerd Currie, directement évocatrice de l'œuvre de Pillet, est née d'une lecture de la Constitution fédérale américaine comme imposant des limites fonctionnelles à la portée donnée par les juges des États fédérés à la loi du for. C'est ainsi également que le contexte de l'Union européenne semble désormais propice au développement d'une forme analogue d'autodiscipline des États-membres, qui se voient au demeurant progressivement délestés de leur compétence en matière de droit international privé au profit du législateur européen. Sur le plan mondial enfin, l'attention se déplace vers l'hypothèse d'une éthique économique

1. V. Francescakis, *La théorie du renvoi et les conflits de systèmes en droit international privé*, Paris, Sirey, 1958, n° 50.
2. Sur ce principe, v. *infra*, n° 351.

de l'allocation globale des ressources, tributaire d'une répartition efficiente des lois nationales de régulation économique.

342. Parallèlement, le droit international privé conventionnel connaît au cours de la période contemporaine un développement sans précédent, la coopération de tribunaux ou d'autorités venant fréquemment soutenir, voire remplacer la seule uniformisation des règles de conflit de lois. De tels courants à tendance universaliste ou cosmopolite coïncident avec une représentation renouvelée du champ des conflits de lois comme recouvrant des intérêts publics : le brouillage de l'axe public/privé rend en effet difficilement tenable aujourd'hui la restriction du domaine des conflits de lois aux seuls rapports ou règles de droit privé, à telle enseigne que les finalités poursuivies par le législateur reviennent naturellement au premier plan, induisant une nouvelle problématisation du conflit de lois en des termes politiques.

ÉTAT DES QUESTIONS

BIBLIOGRAPHIE THÉMATIQUE

Sur l'évolution historique des doctrines : B. Ancel, *Éléments d'histoire du droit international privé*, Éd. Panthéon-Assas, 2017 ; G. Barile, « La fonction historique du droit international privé », *RCADI*, 1965, t. 116, p. 301 ; H. Batiffol, « Le pluralisme des méthodes en droit international privé », *RCADI*, 1973, t. 139, p. 79 et s. ; D. Evrigenis, « Tendances doctrinales en droit international privé », *RCADI*, 1966, t. 118, p. 105 ; Ph. Francescakis, *La théorie du renvoi et les conflits de systèmes en droit international privé*, Paris, 1958 ; M. Gutzwiller, « Le développement historique du droit international privé », *RCADI*, 1929, t. 29, p. 1 ; J.-L. Halpérin, *Entre nationalisme juridique et communauté de droit*, Puf, 1999 ; P. Lalive, « Tendances et méthodes en droit international privé », *RCADI*, 1977, t. 155, p. 1 ; H. Meijers, « L'histoire des principes fondamentaux du droit international privé à partir du Moyen Âge, spécialement dans l'Europe occidentale », *RCADI*, 1934, t. 49, p. 543 ; H. Muir Watt, *La fonction de la règle de conflit*, thèse, Paris 2, 1985.

Sur Savignyet le « savignisme » : A. Bucher, « Vers l'adoption de la méthode des intérêts ? Réflexions à la lumière des codifications récentes », *Trav. Com. fr. DIP*, 1993-1995, p. 209 ; P. Gothot, « Simples réflexions à propos de la saga du conflit de lois », in *Mélanges en l'honneur de P. Lagarde*, Dalloz, 2005, p. 343 ; G. Kegel, « Story and Savigny », 37, *Am. Journ. Comp. Law*, 39 (1989).

Sur la théorie du *Grenzrecht* : P. de Vareilles-Sommières, *La compétence internationale de l'État en matière de droit privé*, LGDJ, 1997, préf. P. Mayer, spéc. n°s 11 et s. ; F. A. Mann, « The doctrine of jurisdiction in international law », *RCADI*, 1964, III, p. 3 ; P. Mayer, « Droit international public et droit international privé sous l'angle de la notion de compétence », *Rev. crit. DIP*, 1979. 1, 349 et 537.

Sur le *Pflichtenkonflikt* : R. Quadri, « Quelques considérations sur la contribution du Pr Wengler au progrès du droit international privé », in *Festschrift für W. Wengler*, vol. 2, Berlin, Interrecht, 1973, p. 1 ; F. Rigaux, « Une imposante synthèse allemande en droit international privé. Le traité du Pr Wilhelm Wengler », *Rev. crit. DIP*, 1982. 245, spéc. p. 257 et s. ; W. Wengler, « General principles of private international law », *RCADI*, 1961, t. 104, p. 273.

Sur les rapports entre droit international public et conflit de lois : P. de Vareilles-Sommières, *La compétence internationale de l'État en matière de droit privé*, préc. ; P. Mayer, « Droit international public et droit international privé sous l'angle de la notion de compétence », préc. ; A. Mills, « The Private History of International Law », 55 *Int. Comp. Law Quaterly*, 2006 ; J. Verhoeven, « Droit international public et droit international privé : où est la différence ? », *APD*, 1987, t. 32, p. 23.

Sur le public et le privé dans les conflits de lois : H. Buxbaum, « Conflict of economic laws : From sovereignty to substance », *Virginia Journal of International Law*, vol. 42 : 931, 2002, p. 931-977 ; H. Muir Watt, « Droit public et droit privé dans les rapports internationaux (vers la publicisation des conflits de lois ?) », in *APD*, t. 41, Sirey, 1997, p. 206 ; K. Knop, R. Michaels, A. Riles (dir.), *Transdisciplinary Conflict of Laws, Law and Contemporary Problems*, vol. 71, n° 3, 2008 ; H. Muir Watt, « Private International Law beyond the Schism », (2011) 2(3) *Transnational Legal Theory* 347-427 ; Cl. Camus, *La distinction du droit public et du droit privé et le conflit de lois*, thèse Paris 1, 2013, dir. H. Muir Watt.

LA COMMUNAUTÉ DE DROIT

343. Communauté de droit et problème du « savignisme ». — Se réclamant de la « tradition savignienne », la doctrine bilatéraliste continentale, largement forgée au tournant du siècle par Bartin (où le modèle est devenu « savigniano-bartinien » : B. Ancel, « Destinées de l'article 3 du Code civil », in *Mélanges en l'honneur de P. Lagarde*, Dalloz, 2005, p. 1, n. 3), se caractérise plutôt par son infidélité à la pensée de Savigny, obligeant à réfléchir longuement à la présentation de l'histoire des doctrines (P. Gothot, « Simples réflexions à propos de la saga du conflit de lois », préc.). La rupture s'est produite lorsque la méthode proprement savignienne de la recherche du siège des rapports de droit selon leur nature a été employée en dehors du contexte de la communauté de droit, entre États souverains n'appartenant plus à une même culture juridique, même si la permission en a été puisée dans l'œuvre de Savigny lui-même, qui tout en constatant l'équivalence entre pareille recherche et la méthodologie statutaire, ne cacha pas sa préférence pour la première, accréditant par là même l'idée selon laquelle elle pouvait servir de façon autonome, détachée de cette communauté d'analyse des institutions qui en avait conditionné l'émergence. De fait, ce décentrage de la démarche conflictualiste est étroitement lié au caractère abstrait de la règle de conflit de forme savignienne, qui la rend apte à s'accorder à la physionomie très variable des droits internes (sur la définition élargie des catégories de rattachement dans la théorie bilatéraliste contemporaine, v. *infra*, n° 385). Il s'est accompagné à son tour d'une dilution de la notion de communauté de droit, qui tendrait à se confondre aujourd'hui avec la communauté de civilisations ou d'ordres publics (G. Salamé, *Le devenir de la famille en droit international privé. Une perspective* *postmoderne*, PUAM, 2006, n°s 270 et s.) ; la restriction, déjà présente chez Dicey, du jeu du principe de reconnaissance des droits acquis aux hypothèses où le droit a été acquis sous l'empire de la loi d'un pays civilisé, semble d'ailleurs se référer plutôt à cette dernière idée. Nouvelle configuration d'une telle communauté, la civilisation régionale des droits de l'homme marque à nouveau les limites de la méthode conflictuelle et le réinvestissement de la démarche statutiste (H. Muir Watt, « Les modèles familiaux à l'épreuve de la mondialisation », in *APD*, 2003, t. 47, p. 243).

Communauté de droit et néo-statutisme. — Le fonctionnalisme américain contemporain a vu le jour, tout comme le conflictualisme qu'il combat, dans un contexte de communauté juridique, lequel était, dans les deux cas, déterminant de l'émergence de la méthodologie. Chez Savigny, cette communauté était d'ordre culturel et conceptuel, en ce que la découverte du siège naturel des rapports de droit et la substituabilité des institutions résultant de l'applicabilité d'une loi étrangère présupposaient que les droits en conflit adhéraient au même découpage du droit, à travers les mêmes catégories juridiques romano-chrétiennes. Dans la méthodologie fonctionnaliste, elle repose pareillement sur l'héritage partagé de la *common law* anglaise ; dans beaucoup de cas, les conflits ont résulté de l'existence de règles dérogatoires par rapport à ce fonds commun juridique dans les différents États fédérés. Toutefois, cette communauté culturelle y est aussi dédoublée par une importante dimension de nature politique, traduisant dans le règlement du conflit de lois des exigences d'autodiscipline constitutionnelle des États fédérés. En effet, si l'analogie entre les doctrines fonctionnalistes et la théorie des statuts est assez fréquemment relevée, on oublie en revanche trop souvent de ce côté-ci de l'Atlantique que l'analyse des intérêts gouvernementaux proposée par Brainerd Currie (*Selected Essays on the Conflict of Laws*, Durham, Duke Univ. Press, 1963), qui représente encore aujourd'hui une référence incontournable en dépit de la multiplicité des théories doctrinales et de l'état incertain de la pratique judiciaire (v. S. Symeonides, « The american choice of law revolution in the courts : Today and tomorrow », *RCADI*, 2003, t. 298, p. 13), a été profondément influencée par la jurisprudence constitutionnelle de la Cour suprême fédérale, statuant sur les limites admissibles de l'application par les juridictions étatiques de la *lex fori*, au regard des clauses de *Due Process* et *Full Faith and Credit* (sur ce point, v. H. Muir Watt, « Aspects économiques du droit international privé », *RCADI*, 2004, t. 307, p. 29, spéc. n°s 185 et s.).

Communauté juridique, faux conflits, équivalence. — La distinction entre les « vrais » et les « faux » conflits est l'apanage d'une méthodologie fonctionnaliste, qui conçoit le conflit de lois comme mettant en présence des règles individualisées et non des ordres juridiques (la méthodologie proposée est *rule-selecting*). Le faux conflit signifie : soit que les règles en conflit ont un contenu analogue ; soit que, ayant des contenus contraires, elles ne revendiquent pas simultanément leur application à un même rapport de droit. Cette dernière variante du faux conflit, qui résulte d'un consensus des États impliqués non pas sur le terrain des contenus substantiels mais sur le champ d'application de leurs règles respectives, est évocatrice de la communauté juridique relative à la finalité des institutions qui autorise un accord sur la qualification des rapports juridiques (v. *infra*, n° 382). Nullement ignorée par la doctrine européenne (sur la théorie de l'« antichoix »,

v. Jessurun d'Oliveira, *De antikiesregel. Een paar aspekten van de behandeling van buitenslands recht in het burgerlijk proces*, Deventer, 1971 ; sur sa présentation en langue française, v. not. P.-Y. Gautier, *Rev. crit. DIP*, 1989, p. 84 et s. ; sur la théorie de l'équivalence, v. P. Picone, « Les méthodes de coordination entre ordres juridiques en droit international privé », *RCADI*, 2000, t. 276, p. 52 et s. ; H. Gaudemet-Tallon, « De nouvelles fonctions pour l'équivalence en droit international privé ? », in *Mélanges en l'honneur de P. Lagarde*, p. 303), la notion de faux conflit a fait son entrée dans le droit français des effets des jugements par le canal de la théorie de l'équivalence (v. *supra*, n° 276) et dans celui des conflits de lois par le biais du statut procédural de la règle de conflit et la charge de la preuve de la loi étrangère, où elle tend à devenir l'un des principes directeurs du procès (v. *infra*, n° 369). En un certain sens, elle y fait figure d'intruse, dans la mesure où la méthode conflictuelle problématise le conflit de lois en termes de concurrence abstraite entre ordres juridiques ; autrement dit, la règle de conflit de tradition savignienne est bien sélective d'ordres juridiques (*jurisdiction-selecting*), de sorte que l'identité ou l'analogie de contenu des lois en présence ne supprime pas l'existence du conflit. Pareillement, la théorie du *Grenzrecht* est hostile à l'interférence de l'équivalence : le juge saisi d'un litige de droit privé ne peut éviter de trancher une question préalable de conflit de compétences législatives (*prescriptive jurisdiction*). Dans cette optique, dès lors qu'on laisse place au rôle de l'équivalence, que ce soit en dispensant le juge de trancher le conflit de lois ou en admettant que celui-ci n'existe qu'à partir du moment où la différence est prouvée, le conflit se réduit à la chose des parties (v. H. Muir Watt, « Les péripéties internationales de l'article 12 NCPC ou la définition contemporaine du conflit de lois dans l'espace », in *Mélanges en l'honneur de C. Gavalda*, Dalloz, 2001, p. 235). Constat paradoxal, car le concept de vrai conflit est né dans le contexte du fonctionnalisme, où le conflit de lois est perçu à travers les politiques et intérêts étatiques en conflit.

LA FONCTION DE LA RÈGLE DE CONFLIT

344. Le conflit de lois, question de droit privé ou de droit public ? — L'idée selon laquelle l'existence d'un conflit de lois soulève un problème préalable de droit international public ou de compétence législative, qui prévalait à la fin du XIXe siècle sous l'empire de la théorie du *Grenzrecht*, a connu un renouveau récent dans la doctrine française, au nom d'une conception organiciste selon laquelle se prononcer sur les effets d'une norme impliquerait d'attribuer compétence à son auteur (P. de Vareilles-Sommières, *La compétence internationale de l'État en matière de droit privé*, préc.). Il paraît cependant difficile d'admettre qu'en reconnaissant compétence à une loi étrangère, un organe national – n'étant investi d'aucune mission législative supranationale ou fédérale – puisse octroyer la titularité du pouvoir de poser une norme ; dire qu'une loi étrangère est « compétente », c'est en effet seulement poser un critère de régularité tenant à la provenance de la norme ou à ses liens avec la situation litigieuse (sur les ambiguïtés de la notion de compétence, v. P. Mayer, « Droit international public et droit international privé sous l'angle de la notion de compétence », préc.). En revanche, la critique de l'analyse « privatiste » qui, en attribuant comme objet au conflit de lois des rapports privés, en déduit la nature de droit privé de la règle de conflit de lois, semble fondée (sur ce point, v. S. Bollée, *Les méthodes du droit international privé à l'épreuve des sentences arbitrales*, Économica, 2004, préf.

P. Mayer, n°s 196 et s.). En effet, la règle de conflit de lois tend, le cas échéant, à rendre efficace dans l'ordre juridique du for une norme étrangère, ou, si l'on veut, à indiquer au juge la base de déduction qui lui servira à rendre sa décision sur le fond. Elle n'est pas elle-même porteuse de droits ou d'obligations ; au sens hartien du terme, elle est une norme secondaire portant sur l'application des normes, à l'instar des règles de droit transitoire (v. H. L. A. Hart, *Le concept de droit*, trad. M. van de Kerchove, Bruxelles, 1976, et spéc. p. 103 et s.). Sous ce dernier angle, sa fonction est la même que celle du régime d'efficacité des jugements et actes publics étrangers. La règle de droit international privé apparaît dans les deux cas comme une règle de décision qui a pour destinataire le seul juge, autorité, ou interprète, appelé à répondre à la question de droit ainsi posée. Ceci étant, se bornant à indiquer l'État dont la loi servira à trancher le litige, la règle de conflit ne tranche pas pour autant un conflit de compétences législatives au sens organiciste du terme.

Monisme, pluralisme et juridicité. — Fonctionnant dans un espace clos dont le « vrai » conflit est évacué (comme le démontrent P. Gothot, « Le renouveau de la tendance unilatéraliste », *Rev. crit. DIP*, 1971. 1, spéc. p. 22, et P. Picone, « Les méthodes de coordination entre ordres juridiques en droit international privé », *RCADI*, 1999, t. 276, p. 13, p. 39 et *supra*, n° 340), la règle de conflit bilatérale est parfois considérée comme exprimant une perspective moniste, en ce qu'elle apparaîtrait comme une règle d'habilitation (conférant la juridicité) selon ses propres termes (sur la pensée normativiste qui sous-tend ce point de vue, v. également *infra*, n° 447). Elle s'opposerait ainsi à la perspective pluraliste qui est celle de l'unilatéralisme, lequel, en partant de l'hypothèse du « vrai » conflit entre lois revendiquant simultanément le règlement du rapport litigieux, reconnaîtrait la valeur normative propre de la loi étrangère (sur ces deux perspectives, v. D. Boden, *L'ordre public : limite et condition de la tolérance. Recherches sur le pluralisme juridique*, thèse, Paris 1, 2002, spéc. n°s 400 et s.). Pour D. Boden, l'enchevêtrement au sein de la pensée internationaliste des raisonnements relevant de l'une et de l'autre de ces deux perspectives est la source d'autant d'anomalies argumentatives identifiables dans les grandes questions de la théorie générale du conflit de lois (la pétition de principe du maintien des droits acquis ; le cercle vicieux de la règle savignienne ; les cercles vicieux du renvoi ; le problème de la lacune et du cumul ; les divers cercles vicieux liés aux qualifications ; le paradoxe de Burkhardt ; le problème de l'ordre public ; l'aporie de la naturalisation de la loi étrangère ; le problème des questions préalables ; le paradoxe de l'autorité de la jurisprudence étrangère ; le problème du caractère substantiel de la règle de conflit ; le cercle vicieux de la clause d'*electio iuris* ; l'aporie de la bilatéralisation des lois d'application immédiate ; le problème des normes suprêmes : *ibid.*, n°s 430 et s.).

Fondements privés, fondements publics. — Que la fonction du règlement des conflits de lois soit de répartir les compétences législatives des États au nom d'un ordre supérieur ou de déterminer la norme applicable pour le compte du seul ordre juridique du for, la question reste posée des considérations susceptibles d'entrer en ligne de compte pour déterminer le contenu des critères pouvant servir, soit à départager de l'extérieur les lois en concurrence, soit à délimiter unilatéralement leur champ spatial. Dans cette perspective, si les doctrines néo-statutistes de Mancini ou de Pillet déduisent directement le champ des lois des attributs de la souveraineté législative, la conception répartitrice-publiciste dans sa variante bilatéraliste n'a jamais hésité à fonder le choix des rattachements sur des considérations de droit privé. La doctrine de Bartin en est l'illustration la plus parfaite : puisque la fonction de la règle de conflit est de répartir dans l'espace les compétences étatiques *en matière de droit privé*, ce sont des considérations tirées de ce dernier domaine qui serviront à tracer les limites des souverainetés. Voire ! Ces limites résultent en effet de la projection des analyses de droit privé au plan international ; de sorte que la prise en considération de la souveraineté se manifeste bien davantage dans le choix de la méthode de règlement (bilatéraliste ou unilatéraliste ? l'argument de la souveraineté est à double tranchant : v. *infra*, n°s 347 et s.), que dans la détermination du contenu des rattachements. À la même époque, les juridictions anglo-américaines ont été en revanche plus enclines à introduire des considérations politiques dans leur analyse du conflit de lois, le concept omniprésent et éminemment flexible de *Comity* servant de ce point de vue à en réguler l'intensité, et ce depuis les premiers conflits entre États fédérés américains au sujet du statut extraterritorial des esclaves (J. Paul, « Comity in International Law », 32, *Harv. Int. Law Journ.*, 1, 1991). Aujourd'hui, qu'il s'agisse de l'Europe ou des États-Unis, de nouveaux appels à un ordre transcendant tendent progressivement à contrebalancer le mouvement de privatisation des conflits de lois qui, depuis le milieu du XXe siècle, a porté le principe de proximité (sur lequel, *infra*, n°s 357, 518). Qu'il s'agisse de l'éthique de l'ordre international sous la forme des droits de l'homme ou de la bonne allocation des ressources économiques, on voit réapparaître la tentation d'un certain universalisme, qui réinvestit le règlement de conflit d'une fonction puisant largement dans le droit international public. Le récent renouveau de l'orientation répartitrice est renforcé au demeurant par la fédéralisation du droit de l'Union européenne ainsi que par les nouveaux besoins en frontières politiques de l'espace virtuel (comp. sur ces orientations, H. Muir Watt, « Aspects économiques du droit international privé », *RCADI*, 2004, t. 307, n°s 280 et s.).

Extraterritorialité des lois et conflits de pouvoirs. — Paradoxalement, l'extraterritorialité, associée dans la culture de *common law* à une problématique de pouvoir, a été plus difficile à conceptualiser pour celle-ci que pour la tradition continentale, plutôt adepte du personnalisme et du rattachement par la nationalité, et par conséquent moins rétive à la dissociation des champs d'autorité rationnelle et impérative de la loi (H. Batiffol, *Aspects philosophiques du droit international privé*, p. 110 ; sur le rôle joué par « le problème d'impérativité » dans l'évolution des méthodologies de conflits de lois, v. P. Gothot, « Le renouveau de la tendance unilatéraliste », *Rev. crit. DIP*, 1971. 1, spéc. p. 11 et s.). Les difficultés rencontrées par la pensée anglo-américaine pour problématiser le conflit de lois autrement qu'en termes de pouvoir ont trouvé leur solution dans la doctrine des droits acquis, laquelle a permis de fonder, sous couvert de reconnaissance des droits conférés par le souverain territorial étranger, l'application d'une loi étrangère, avant de s'effacer à son tour lorsque fut accepté le principe que rien n'empêche de faire application d'une loi étrangère avec le consentement du souverain local (v. H. Muir Watt, « Quelques remarques sur la doctrine anglo-américaine des droits acquis », *Rev. crit. DIP*, 1986. 425).V. également sur cette question, qui est au cœur de la relation entre les deux branches du droit international, *supra*, n° 65-1. À cet égard, il a été proposé de construire un nouveau champ disciplinaire, composé d'un ensemble de questions de pouvoir extraterritorial à l'égard des personnes privées (v. C. McClachlan, « The Allocatory Function of Foreign Relations Law », *BYIL* 2012. 1) ; on y reviendra *infra*, n° 582-6.

La fonction répartitrice de la règle de conflit de lois et l'OMC. — Il a été proposé de voir dans les conflits économiques réglés par l'OMC des conflits de compétence législative (J. Trachtmann, « Regulatory jurisdiction and the WTO », 10, *J. Int. Eco.* L. 631, 2009). Relevant l'analogie entre la célèbre affaire des crevettes (rapport de l'organe d'appel, *United States – Import Prohibition of Certain Shrimp and Shrimp Products,* WT/DS58/AB/R, adopté le 6 novembre 1998, DSR 1998 :VII, 2755), le conflit États-Unis / Antigua relatif à la provision transfrontière de services de paris en ligne (rapport de l'organe d'appel, *United States – Measures Affecting the Cross-Border Supply of Gambling and Betting Services,* WT/DS285/AB/R, adopté le 20 avril 2005) et la question de la licéité de la revendication extraterritoriale de la loi Helms-Burton (*OAS Inter-American Juridical Committee Opinion Examining the US Helms – Burton Act,* 35 ILM (1996) 1322), Joel Trachtmann relève que, quoique présentés dans tous ces cas comme des problèmes d'accès des produits et services aux marchés nationaux, ils concernent en réalité la vocation des lois ou mesures nationales que les règles de l'OMC sont appelées en définitive à répartir. L'existence d'un cadre institutionnel supranational ou fédéral est certainement de nature à réinstituer une fonction de répartition des compétences (que ne peut remplir par définition une règle de conflit édictée unilatéralement et opérant horizontalement : sur le tournant particulariste dans l'histoire du conflit de lois, v. *supra*, n° 44).

LE DOMAINE DU CONFLIT DE LOIS

345. Conflit de lois et intérêt des États. — La tradition continentale, se réclamant de Savigny, repose sur l'idée selon laquelle, dans le domaine du droit privé, les États n'ont aucun intérêt à faire valoir, de sorte qu'il serait vain de fonder une méthodologie sur la prise en considération d'intérêts gouvernementaux (v. G. Kegel, « The crisis of the conflict of laws », *RCADI*, 1964, t. 112, p. 91). Pareille conception du droit privé est emblématique de la doctrine civiliste, habituée depuis la mise en code du droit civil à envisager le droit privé comme étant politiquement neutre, à l'abri des interférences à caractère public. Elle ne correspond plus, certainement, à la fonction et à la nature actuelles du droit privé, dont l'indifférence à l'égard des politiques interventionnistes de l'État est aujourd'hui difficile à soutenir. Le droit applicable aux relations interindividuelles est fréquemment porteur d'une certaine politique sociale ou économique, impliquant des intérêts sociétaux qui dépassent très largement ceux des seules parties à la relation juridique. L'instrumentalisation du droit de la responsabilité civile au service des politiques économiques de l'État (par exemple en matière de droit de la concurrence, par l'intermédiaire de l'action privée : v. H. Buxbaum, « The private attorney general in a global age : Public interests in private international litigation », 26, *Yale J. Int'l L.*, 219, 2001), introduisant des intérêts collectifs au sein d'un contentieux interindividuel, illustre bien ce brouillage des frontières entre les sphères privée et publique. Aux États-Unis, les situations de conflit de lois impliquant le droit public économique sont ainsi favorisées par l'action du procureur privé (« *private attorney general* », comp. *supra*, n° 77), qui oblige fréquemment les juridictions fédérales américaines à délimiter le domaine spatial du droit public économique fédéral alors même que l'État n'est pas directement partie à l'action. La pratique de ces juridictions suggère alors un rapprochement méthodologique très net entre les exigences de *prescriptive comity* qui conduisent à l'autolimitation du droit fédéral dans les situations internationales, et le règlement des conflits de lois de droit privé. On peut donc penser que l'exercice auquel se livre le juge judiciaire lorsqu'il met en balance des intérêts des États ne diffère pas fondamentalement de l'approche fonctionnelle qui fonde l'analyse des intérêts gouvernementaux, ou plus subtilement, les règles de conflit bilatérales. L'importance respective des intérêts étatiques en jeu peut être mesurée à travers des critères se rapportant à la signification des liens entre la loi et la situation litigieuse, sans qu'il soit nécessaire à cet égard d'apporter un jugement politique qui serait distinct d'une évaluation de proximité eu égard aux finalités poursuivies. Ce constat suggère qu'il est possible de répondre aux objections généralement opposées à ce que le juge judiciaire procède à la pesée des intérêts gouvernementaux dans le contentieux international de droit économique. Au demeurant, l'essor contemporain des lois de police, qui infléchissent le fonctionnement normal de la règle de conflit, témoigne de l'embarras méthodologique auquel conduit le refoulement des intérêts étatiques par la démarche conflictuelle (v. ainsi A. Bucher, « L'ordre public et le but social des lois », *RCADI*, 1993, t. 239, p. 9). Il en va de même de l'apparition d'« îlots » de droit public au sein de domaines relevant traditionnellement des techniques de droit privé (J. Héron, « Publicisation d'un droit et détermination de la méthode de règlement (l'exemple de la protection des mineurs et des procédures collectives) », *Trav. Com. fr. DIP*, 1990-1991, p. 65). Accepter la part des intérêts étatiques dans le droit privé, ce serait accepter aussi d'investir la règle de conflit d'une fonction régulatrice qu'elle tend aujourd'hui à perdre au profit d'autres méthodes de gouvernement (on dira aujourd'hui, « gouvernance ») des relations privées transfrontières, y compris au regard de l'unification du droit substantiel (sur la fonction de régulation économique et politique dont se trouve désormais investie la règle de conflit uniforme au plan européen, v. H. Muir Watt, « Aspects économiques du droit international privé », préc., n°s 206 et s.).

Conflit de lois et rapports de droit public. — La même conception du droit privé comme un espace politiquement neutre, séparé de la sphère publique, rendait naguère impensable d'étendre le champ des conflits de lois aux rapports de droit public, c'est-à-dire impliquant directement un État en tant que partie à la relation juridique. Au demeurant, les tribunaux se déclaraient dépourvus du pouvoir juridictionnel d'entendre une action intentée par un État étranger et fondée directement sur son droit public ; la crainte de voir les tribunaux du for se mettre au service d'intérêts antagonistes d'un État étranger, comme la conviction de l'inaptitude du juge judiciaire à procéder à la pesée d'intérêts d'ordre politique, fondent cette position de repli (*supra*, n°s 107 et s.).

Hans Baade (« The Operation of Foreign Public Law », 30, *Tex Int'l L. Rev.*, 429, spéc. p. 495) attribue ainsi l'exclusion du droit public du champ du conflit de lois à quatre facteurs : 1 / Les premières théories modernes du conflit de lois à s'être développées après l'émergence (tardive en dépit de son pedigree romaniste) de la distinction académique entre droit public et droit privé au XIXe siècle, sont le fait de juristes privatistes qui leur ont accolé le qualificatif « privé » par habitude de pensée. 2 / La formulation initiale du principe l'attribuait, selon Lord Campbell, aux nécessités de « la liberté des échanges », autrement dit, aux exigences de l'industrie de la contrebande et de ses assureurs anglais. 3 / La conceptualisation de la loi dans l'ombre de la contrainte rendait difficile l'accueil d'un droit public étranger par le souverain territorial. 4 / La propension des juges à s'abstenir de trancher des questions perçues comme politiques.

Cependant, la multiplication de contentieux entre personnes privées mettant en cause l'extraterritorialité du droit public économique (dans le champ de la concurrence ou des marchés financiers : v. par exemple, H. Muir Watt, « L'affaire Lloyd's : globalisation des marchés et contentieux contractuel », *Rev. crit. DIP*, 2003. 509), rend difficile désormais de maintenir le « tabou du droit public » (bien qu'outre-Atlantique, certains en souhaiteraient la ré-institution : W. Dodge, « Extraterritoriality and conflict-of-laws theory : An argument for judicial unilateralism », 39, *Harv. Int'l L. J.*, 101, 1998 ; P. McConnaughy, « Reviving the public law taboo in international conflict of laws », 35, *Stan. J. Int'l L.*, 255, 1999).

Les contrats administratifs à caractère international. — V. *supra*, n° 116-1.

Droit international public et droit public : quels mythes fondateurs ? — Il est généralement admis que le droit public national échappe au champ du conflit de lois, en raison de l'existence d'une compétence exclusive de chaque État souverain pour réguler les domaines qu'il estime vitaux à son existence même d'État souverain (F.-A. Mann, P. Mayer, *op. cit.*). Comment imaginer en effet un conflit de lois au sujet du régime politique et de l'organisation constitutionnelle des pouvoirs dans chacun des États ? Cette exclusivité s'étendrait naturellement au droit public administratif, d'où les conflits de lois seraient également exclus en dépit de la possibilité qu'un même citoyen puisse se trouver dans une relation avec plusieurs États (possédant plusieurs nationalités, cumulant plusieurs droits de vote, ayant conclu plusieurs contrats administratifs...). Ce n'est évidemment pas la nationalité française ou le droit de voter en France ou le régime du contrat administratif français qui est l'objet d'un conflit de lois concurrentes ; simplement, il peut y avoir cumul ou superposition de plusieurs relations impliquant chacun un État exerçant une compétence exclusive. L'exclusivité signifie donc que la relation entre l'État en cause et l'individu ne peut être déterminée que par cet État, même si un même individu peut faire l'objet d'attributions multiples de nationalités par d'autres États, concurremment et d'ailleurs sans que cette forme de concurrence des droits publics reçoive la moindre solution spontanée ; elle se traduit pour chacun par la détermination unilatérale du régime applicable.

Mais faut-il croire encore à l'existence d'une attribution exclusive de compétences par le droit international public ? Le doute s'insinue à ce dernier égard lorsqu'on observe le caractère à la fois relatif dans le temps et évolutif dans l'espace des champs matériels ainsi réservés et fédérés sous la notion de souveraineté étatique ; les variations en matière d'immunités juridictionnelles attestent de l'élasticité de cette dernière. Un auteur a récemment démontré que l'unilatéralité de la détermination du domaine du droit administratif national tenait aux besoins de cohésion de la matière administrative bien plutôt qu'à une répartition qui serait effectuée par le droit international public (M. Laazouzi, *Les contrats administratifs à caractère international*, préc.). Or, dès lors que la distinction des sphères publique et privée (telle du moins que tracée dans la tradition civiliste) est sans doute vouée au déclin en raison des transformations affectant l'État lui-même et ses formes d'intervention, on peut se demander si la fonction répartitrice attribuée au droit international public en matière de droit public ne participe pas plutôt des mythes fondateurs du droit international privé (au même titre que ceux de l'expansion progressive du droit international public dans les sphères réservées au droit interne, ou encore de la séparation des champs disciplinaires, débusqués par Alex Mills, « The Private History of International Law », 55, *Int. Comp. Law Quarterly* 1 (2006)).

Renvois : sur la question des conflits de lois devant les autorités administratives indépendantes, v. *infra*, n° 592 ; sur les lois de police et de droit public étrangères, v. *supra*, n°s 111 et s., *infra*, n° 552 ; sur la méthode de prise en considération, v. *infra*, n° 436-1 ; sur les mythes fondateurs, v. *supra*, n° 8 ; sur les perspectives d'avenir de la discipline découlant des changements ainsi observés, depuis la première édition de cet ouvrage, dans cet « état des questions », v. *infra*, n°s 582-1 et s.

Chapitre 2

LES GRANDES OPPOSITIONS MÉTHODOLOGIQUES

346. L'histoire méthodologique du droit international privé est celle d'un remarquable chassé-croisé, dans le temps et dans l'espace, entre les deux démarches dont Savigny a formalisé l'opposition au XIXe siècle. La première invite en effet à partir de la loi elle-même pour définir, en fonction de ses propres finalités ou visées politiques, son champ dans l'espace, tandis que la seconde prend pour point de départ la situation ou la question litigieuse pour découvrir ensuite, compte tenu des liens qu'elle comporte avec différents ressorts législatifs et eu égard à l'ensemble des intérêts en jeu, la loi qui semble pouvoir la régir de la façon la plus appropriée.

Ces deux méthodologies se prévalent chacune, selon les lieux et les époques, de principes ou de valeurs induits de théories ou d'idéologies elles-mêmes relatives plus généralement à la nature du droit. Universalisme ou particularisme, territorialisme ou personnalisme, réalisme ou dogmatisme, intérêts étatiques ou intérêts privés, servent tour à tour la cause de l'une ou de l'autre, dans un caractéristique mouvement pendulaire. Sur les décombres de l'universalisme, la seconde moitié du XXe siècle a ainsi été marquée par l'émergence, en Europe, d'une forme très sophistiquée du bilatéralisme, particulariste et privatiste ; outre-Atlantique, un important renouveau néo-statutiste a conduit au contraire, et par réaction contre le territorialisme dogmatique qui s'y était développé à partir des idées importées de l'École hollandaise, à rechercher la solution des conflits dans les visées politiques des lois. Aujourd'hui, le bilan de la révolution réaliste américaine tend à se réduire à la formulation de solutions qu'aurait pu apporter l'affinement du raisonnement conflictuel, lequel n'est pas dépourvu au demeurant d'une forte dimension fonctionnaliste. Parallèlement, en Europe, l'incidence conjuguée de la communautarisation du droit, de la globalisation économique et de l'essor des droits de l'homme entraîne de nouvelles mutations, notamment sous la forme du retour d'une certaine tendance unilatéraliste.

C'est ainsi que, développée à partir de l'œuvre de Savigny, la méthode conflictuelle a progressivement détrôné la théorie des statuts pour acquérir une place dominante en Europe continentale dès la première moitié du XXe siècle (sect. 1). Au cours de la seconde moitié de ce siècle, elle a cependant été confrontée à nouveau au défi du fonctionnalisme néo-statutiste, venu d'outre-Atlantique (sect. 2).

SECTION 1
La méthode conflictuelle classique

347. L'origine de la méthode conflictuelle classique, telle qu'elle se dessine encore aujourd'hui dans la tradition de l'Europe continentale, réside dans l'œuvre de Savigny, notamment dans le tome VIII de son *Traité de droit romain* [1], paru en 1849, dont l'importance fut telle que l'on évoqua à son propos une véritable « révolution copernicienne ». Se dégageant de l'idée selon laquelle l'accueil de la loi étrangère ne doit être qu'exceptionnelle, admise par l'effet d'une bienveillance (*comitas*) à l'égard du législateur étranger [2], Savigny y soutenait en effet que l'application des lois étrangères s'imposait naturellement dans les pays unis par une communauté de droit [3]. Afin de déterminer les cas dans lesquels cette application devait jouer, Savigny dégagea une méthode spécifique fondée sur la recherche du siège – la localisation, dit-on aujourd'hui – des rapports de droit : il faut « assigner à chaque classe de rapports de droit un siège déterminé [...]. Rechercher pour chaque rapport de droit le domaine du droit auquel ce rapport appartient de sa nature (où ce rapport de droit à son siège) [4] ».

348. La méthode repose d'abord sur la classification, ou la recherche de la nature du rapport de droit afin de l'intégrer au sein d'une

1. *System des heutigen römischen Rechts, traité de droit romain*, t. VIII, 1849, trad. Guenoux, 1856 (rééd. Éd. Panthéon-Assas, 2002, avant-propos H. Synvet).
2. C'était là l'idée défendue par la doctrine hollandaise (P. Voet, 1619-1677 ; U. Huber, 1636-1694 ; J. Voet, 1647-1714) et importée plus tard aux États-Unis par Story (*Commentaries on the Conflict of Laws*, 1835).
3. V. *infra* n°s 382 et s. ; n°s 491 et s.
4. *Traité de droit romain*, préc., T. VIII, § CCCLX, p. 109.

catégorie prédéterminée (ex. : la catégorie délits), pour procéder ensuite, en considération des besoins spécifiques induits de cette nature, à sa localisation selon son élément le plus caractéristique (ex. : le lieu de survenance du délit) dans le ressort d'un législateur donné. Entre le cas concret et la solution de droit matériel qu'il est appelé à recevoir, s'interpose ainsi un double degré d'abstraction. L'intermédiation, d'une part, de la catégorie de rattachement (dans laquelle est classé le rapport de droit, ou plutôt la question de droit qu'il soulève), d'autre part, de l'ordre juridique désigné par le facteur de rattachement (dans lequel on puisera la règle de droit substantiel applicable), est caractéristique de la neutralité ou du caractère « aveugle » de la règle de conflit bilatérale qu'on allait lui prêter, ou lui reprocher, par la suite.

349. Pareille démarche était présentée par Savigny comme équivalente – quoique sans aucun doute préférable – au statutisme qu'elle devait très largement détrôner, et qui se fondait sur la recherche de la portée – personnelle ou territoriale – des statuts en conflit. Au demeurant, la jurisprudence française interprétant le nouvel article 3 du Code civil formulé en termes statutistes, n'en marqua la distinction que très tardivement [1]. L'équivalence ainsi relevée entre les deux méthodes concurrentes tenait à la communauté de droit qui unissait les lois en présence et devait disparaître plus tard, avec l'extension de la méthodologie savignienne à un contexte international culturellement hétérogène et la découverte corrélative du conflit de systèmes [2]. Il était indifférent en effet, dans un contexte de communauté juridique, de dire qu'un rapport délictuel a son siège dans le ressort du lieu de survenance du délit, ou de dire que la loi de ce lieu vise à régir tous les délits qui surviennent sur son territoire. L'histoire démontra cependant que cette dernière approche était de nature à favoriser l'emprise sur le règlement des conflits de lois d'idéologies politiques, qu'il s'agisse du territorialisme de d'Argentré (1519-1590) et de l'école hollandaise (Ulrich Huber : 1636-1694) ou du personnalisme de Mancini (1817-1888), qui allait bientôt déferler sur l'Europe au nom du principe des nationalités.

1. En dépit de la bilatéralisation précoce de la règle de conflit inscrite à l'art. 3, al. 3 par la Cour de Paris (v. Paris, 13 juin 1814, *Busqueta*, *S.*, 1814. 2. 393 ; *GA*, n° 1). La Cour de cassation la suivra sur ce point en 1860 avec l'arrêt *Bulkley* (Civ., 28 févr. 1860, *S.*, 1860. I. 210, *DP*, 1860. 1. 57, *GA*, n° 4 et *supra*, n° 252). Cependant, avec ce dernier arrêt, « la nationalité s'est trouvée tout simplement "enchâssée" dans la vieille théorie des statuts » (B. Ancel, « Destinées de l'article 3 du Code civil », in *Mélanges en l'honneur de P. Lagarde*, p. 1, spéc. p. 5). L'analyse du même auteur situe dans l'arrêt *Rivière* de 1953 (Cass. civ., 17 avr. 1953, *Rev. crit. DIP*, 1953. 412, note Batiffol ; *JDI*, 1953. 860, note Plaisant ; *JCP*, 1953. II. 7863, note Buchet ; *RabelsZ*, 1955. 520, note Francescakis ; *GA*, n° 26) le changement de paradigme consistant en la prédominance du modèle savignien dans la jurisprudence.

2. V. *infra*, n° 434.

350. Par contraste – et il est important de le comprendre, pour bien mesurer la portée du débat qui allait opposer, plus tard, les tenants européens du conflictualisme savignien aux néo-statutistes américains – le lien qui unit, chez Savigny, le classement d'un rapport de droit dans une catégorie et la détermination de l'élément de rattachement qui sert à le localiser dans un ressort législatif donné, est d'ordre fonctionnel et non pas dogmatique. C'est ainsi par exemple que si le lieu de survenance du délit est retenu pour localiser le rapport délictuel en vue de déterminer la loi applicable, c'est au regard d'une analyse des intérêts que met en jeu un rapport délictuel : prévisibilité des comportements, exigences de sécurité, ou même, plus conceptuellement, adéquation aux exigences de la justice commutative [1]. Il est vrai en revanche, que la méthode de Savigny comporte des prémisses épistémologiques propres à la tradition romaniste. À cet égard, notamment, elle présuppose une séparation étanche entre le droit public et le droit privé, attribue un caractère naturel à la systématisation justinienne et assimile la fonction du droit privé à la protection de la sphère de liberté individuelle. Neutre à l'égard de l'issue concrète du litige et innocente devant les visées politiques des législateurs, elle devint par la vision même du droit dont elle était le reflet, la cible naturelle de la pensée réaliste contemporaine.

351. Les tensions qui affectèrent inéluctablement la méthodologie savignienne dès la fin du XIXe siècle, avec la découverte des conflits de systèmes que provoqua son emploi en dehors de toute communauté de droit [2] et le reflux unilatéraliste qui pointait alors, finirent par se résoudre dans une orientation particulariste et privatiste de la méthode, ne conservant de la doctrine de Savigny que l'idée – fondatrice – du lien fonctionnel entre la catégorie de rattachement et le système juridique où devait être puisée la loi applicable au litige.

Précédant une doctrine progressivement acquise à l'idée selon laquelle la règle de conflit est une simple « recette », de valeur toute relative, incorporant sous le contrôle du juge les ingrédients nécessaires au règlement satisfaisant des intérêts privés en jeu, la jurisprudence française accomplit de son côté une œuvre de création remarquable à partir des termes embryonnaires l'article 3 du Code civil, qu'elle bilatéralisa [3] avant d'en déduire toute une série de rattachements [4].

1. V. *infra*, n°s 982 et s.
2. Conflits de qualifications, renvoi : v. *infra* n°s 380 et s. et 492 et s.
3. Paris, 13 juin 1834, *Busqueta*, *S.*, 1814. 2. 393, *GA*, n° 1.
4. Capacité : *Busqueta*, 1814 et *Lizardi*, 1861. Successions immobilières : *Stewart*, 1837. Successions mobilières : *Forgo*, 1878 et *Labedan*, 1939. Contrats : *American Trading*, 1910 et *Messageries maritimes*, 1950. Régimes matrimoniaux : *Zelcer*, 1935. Responsabilité délictuelle : *Lautour*, 1948. Filiation : *Verdier*, 1949. Effets du mariage : *Rivière*, 1953…

Le législateur lui-même accentua ensuite la relativité intrinsèque de la méthode bilatéraliste en introduisant en matière de filiation des rattachements alternatifs, permettant de choisir entre plusieurs la solution substantielle la plus favorable [1]. Parallèlement, le droit conventionnel ainsi que les très nombreuses codifications opérées dans d'autres pays, firent une place croissante au principe de la loi des liens les plus étroits, soit en en autorisant une appréciation judiciaire au cas par cas, soit en assortissant la règle de conflit de mécanismes d'auto-correction, telles les clauses d'exception. Le « principe de proximité », porté successivement, des deux côtés de l'Atlantique, par les doctrines de Cavers [2], de Morris [3] ou de P. Lagarde [4], trouva sa consécration positive dans la célèbre section 6 du *Second Restatement* américain sur les conflits de lois (*most-significant-relationship*) ou dans l'article 4-1 de la Convention de Rome sur la loi applicable aux obligations contractuelles (Règlement Rome I, art. 4-3), ainsi que dans de nombreuses codifications contemporaines du droit international privé.

352. Cette admission généralisée de la valeur très relative des rattachements, élaborés pour le compte de chaque État au service de valeurs de pur droit privé, s'accompagna dans le même temps d'un recul de la méthode bilatéraliste parmi d'autres méthodes possibles de détermination de la loi applicable – notamment avec l'essor des lois de police, lois dont l'impérativité exige qu'elles s'appliquent de façon immédiate, sans l'intermédiation de la règle de conflit. De fait, il devenait difficile, devant les mutations profondes affectant le rôle de l'État comme la fonction du droit dans un environnement mondial à la fois compétitif et hétérogène, de postuler encore la fongibilité des différentes lois nationales, la neutralité du droit privé ou encore l'innocence de la règle de conflit. Au point que telles transformations pourraient sembler de nature à accréditer certains arguments de la « révolution » fonctionnaliste.

1. Art. 311-16 et s. du Code civil issus de la loi du 3 janvier 1972, sur le destin desquels, v. *infra*, n°s 768 et s.
2. « The Choice of Law Process », 1965.
3. « The Proper Law of the Tort », *Harv. Law Rev.*, 1951. 882.
4. « Le principe de proximité dans le droit international privé contemporain », *RCADI*, 1986, t. 196, p. 9.

SECTION 2
Le défi du néo-statutisme fonctionnaliste

353. C'est en effet contre la méthode conflictuelle classique, à laquelle fut notamment reproché son excès de dogmatisme et de mécanicité, que s'est affirmé le courant néo-statutiste dont se réclament les doctrines nord-américaines contemporaines, et auxquelles on associe principalement la théorie dite des « intérêts gouvernementaux » de Brainerd Currie (1912-1965). Ce courant, lui-même porté par le mouvement réaliste qui toucha l'ensemble de la matière juridique aux États-Unis, se caractérise par un raisonnement à la fois téléologique et conséquentialiste, fondé essentiellement sur la recherche du champ spatial des normes à départager (souvent des « *statutes* » dérogeant au fonds commun de la *common law*) en fonction des finalités poursuivies. La méthode relève donc d'une démarche unilatéraliste, néostatutaire, qui tend à focaliser davantage sur la réalisation des intérêts des États que sur la satisfaction des intérêts privés. Se voulant en harmonie avec les modes traditionnels d'interprétation judiciaire de la *common law*, cette approche implique que le conflit de lois soit tranché *de novo* pour chaque question de droit soulevée par la situation litigieuse, sans le secours de la qualification, tandis que les normes à départager sont considérées dans leur contenu concret et au regard des politiques qui les sous-tendent, et non à travers leur appartenance à un ordre normatif national. Cette méthodologie exige alors de vérifier si les liens qu'entretiennent ces règles avec la situation litigieuse sont de nature ou non à réaliser en l'espèce les politiques législatives qu'elles véhiculent [1].

354. Après la première consécration judiciaire, dans l'arrêt *Babcock v. Jackson* [2], d'une méthodologie clairement destinée à détrôner la *lex loci delicti* en matière de responsabilité extra-contractuelle, la nécessité se fit cependant rapidement sentir de systématiser une jurisprudence foisonnante et passablement chaotique. C'est ainsi que, dans l'affaire *Neu-*

1. C'est pour cette raison qu'au regard d'une analyse fonctionnaliste, l'impérativité d'une disposition donnée est nécessairement variable en fonction de la proximité entre l'État qui l'édicte et la situation litigieuse (v. en ce sens : G. P. Romano, « Le choix des Principes UNIDROIT par les contractants à l'épreuve des dispositions impératives », *JDI*, 2007. 473).

2. Court of Appeals of New York, 1963, 12 NY 2d 473 ; *Rev. crit. DIP*, 1964. 284, note J.-G. Castel.

meier v. Kuehner en 1972 [1], la *Court of Appeals of New York* procéda à la formulation d'une série de « principes de préférence » de portée très étroite, suggérant la voie à suivre en cas de conflit de lois affectant l'action du passager bénévole (lorsque l'une des lois en présence contient un « *guest statute* » protégeant le défendeur, alors que l'autre poursuit une politique de compensation du passager-victime). Ces principes font apparaître que l'apport essentiel de la méthodologie fonctionnaliste par rapport à l'état correspondant du droit positif comparé en Europe à la même époque, était double. En premier lieu, cette méthode repose sur une distinction, difficile mais éclairante, entre les règles de droit qui façonnent directement les comportements individuels (*conduct-regulating rules*) et celles qui fournissent une règle de décision pour le seul juge, lorsqu'il s'agit pour lui de répartir les risques entre les parties une fois l'accident survenu (*loss-allocating rules*). Pareille distinction affleure aujourd'hui en Europe, notamment dans le droit conventionnel et européen, lorsqu'un sort différent est fait aux règles de conduite et de sécurité, d'une part, au régime de la responsabilité, d'autre part.

355. Le second apport provient d'une autre distinction, tirée de la configuration des conflits de lois. Ainsi, il y a « faux conflit » lorsque la politique d'un seul État gagnerait à être appliquée en l'espèce, le conflit de lois se résolvant en quelque sorte naturellement par la simple interprétation de normes en présence, sans qu'il y ait besoin de recourir à un critère départiteur extérieur à elles. Tel est le cas, selon les principes *Neumeier*, lorsque conducteur et passager résident dans le même État. On trouve la même solution aujourd'hui, à la portée plus étendue, dans le Règlement Rome II, art. 4. 2. En revanche, les « vrais conflits » mettant en présence plusieurs normes revendiquant simultanément la réalisation de leurs politiques en l'espèce, sont, comme dans toute démarche unilatéraliste, insolubles ; ils exigent de mettre en œuvre un critère départiteur, qu'il s'agisse de l'application de la loi du for (Brainerd Currie), de la loi territoriale (arrêt *Neumeier*), ou encore de la loi la meilleure et la plus juste (D. Cavers, puis R. A. Leflar, ressuscitant sans le savoir la recherche du *potior et utilior* par Maître Aldricus, 1170-1200).

356. Le clivage méthodologique est cependant à relativiser. D'un côté, en effet, la tradition savignienne, qui évolue aujourd'hui dans un sens de plus en plus flexible, a toujours comporté une dimension fonctionnelle. De fait, c'est en réalité le dogmatisme des théories territorialistes héritées de la doctrine hollandaise que rejette le courant réaliste,

1. Court of Appeals of New York, 1972, 31 NY 2d 121.

sans nécessairement s'apercevoir que la version du bilatéralisme qui s'est notamment perpétuée dans le Premier *Restatement*, publié sous la plume de Beale en 1935, n'avait qu'un rapport très superficiel avec la méthodologie savignienne [1] ; le véritable sens de la recherche du siège naturel du rapport de droit implique en effet l'analyse des intérêts que cherchent à satisfaire les diverses catégories des règles du droit privé : conceptualisation ne rime pas nécessairement avec mécanicité. D'un autre côté, les méthodologies américaines, diffusées dès les années 1970 par le biais de la Conférence de La Haye, ont certainement eu un rôle déterminant dans le sens de l'affinement et de l'assouplissement des règles de conflit de type savignien, tant dans la définition plus précise des catégories que dans le choix des rattachements, souvent formulés en cascade, par « regroupement des points de contact », ou encore assortis de clauses d'exception.

ÉTAT DES QUESTIONS

B. G. — **Sur le pluralisme des méthodes :** B. Audit, « Le droit international privé en quête d'universalité », *RCADI*, 2003, t. 305, p. 13 ; H. Batiffol, « Le pluralisme des méthodes en droit international privé », *RCADI*, 1973, t. 139, p. 79 et s. ; F. Deby-Gérard, *Le rôle de la règle de conflit dans le règlement des rapports internationaux*, Dalloz, 1973, préf. B. Goldman ; S. Francq, « Unilatéralisme *versus* bilatéralisme : une opposition ontologique ou un débat dépassé ? Quelques considérations de droit européen sur un couple en crise perpétuelle », *in* T. Azzi, O. Boskovic (dir.), *Quel avenir pour la théorie générale des conflits de lois ?*, Bruylant, 2015, p. 49 ; Ph. Francescakis, *La théorie du renvoi et les conflits de systèmes en droit international privé*, Paris, 1958 ; H. Gaudemet-Tallon, « Le pluralisme en droit international privé : Richesses et faiblesses », *RCADI*, 2005, t. 312, p. 13 ; P. Picone, « Les méthodes de coordination entre ordres juridiques en droit international privé », *RCADI*, 2000, t. 276, p. 13 et s. ; P. Mayer, « Le phénomène de la coordination des ordres juridiques étatiques en droit privé », *RCADI*, 2007, t. 327, p. 9 et s.

Sur l'éclectisme méthodologique « postmoderne » : E. Jayme, « Identité culturelle et intégration : le droit international privé postmoderne », *RCADI*, 1995, t. 251, p. 13 ; G. Salamé, *Le devenir de la famille en droit international privé. Une perspective postmoderne*, PUAM, 2006, préf. H. Muir Watt.

Sur la théorie des statuts et les méthodologies néo-statutaires : B. Ancel et H. Muir Watt, « Du statut prohibitif (droit savant et tendances régressives) », in *Études à la mémoire du professeur Bruno Oppetit*, Litec, 2009, p. 7 ; « Du conflit des lois différentes dans des États différents », in *Mélanges dédiés à la mémoire du doyen Jacques Héron*, LGDJ, 2008, p. 1 ; B. Audit, « Le caractère fonctionnel de la règle de conflit (Sur

1. Laquelle n'a d'ailleurs aucun mal, par le biais de la qualification, à confirmer l'intérêt de l'État du domicile ou de la nationalité commune des parties, ou à régler des questions de capacité survenues à l'occasion d'un délit soumis à la *lex loci delicti*.

la crise des conflits de lois) », *RCADI*, 1984, t. 186, p. 219 et s. ; A. Bucher, « L'ordre public et le but social des lois en droit international privé », *RCADI*, 1993, t. 239, p. 9 ; P. Gothot, « Le renouveau de la tendance unilatéraliste en droit international privé », *Rev. crit. DIP*, 1971. 1 ; B. Hanotiau, *Le droit international privé américain*, LGDJ, 1979 ; G. Kegel, « The crisis of the conflict of laws », *RCADI*, 1964, t. 112, p. 91 et s. ; A. Lainé, *Droit international privé*, p. 45 et s. ; G.P. Romano, *L'Unilateralismo nel diritto internazionale private moderno*, Schultess, 2014 ; S. Symeonides, « The American Choice of Law Revolution in the Courts : Today and Tomorrow », *RCADI*, 2002, t. 298, p. 13.

Sur le principe contemporain de proximité : T. Ballarino et G. P. Romano, « Le principe de proximité chez Paul Lagarde », in *Mélanges en l'honneur de P. Lagarde*, Dalloz, 2005, p. 37 ; M. Fallon, « Le principe de proximité dans le droit de l'Union européenne », in *Mélanges en l'honneur de P. Lagarde*, Dalloz, 2005, p. 241 ; P. Lagarde, « Le principe de proximité dans le droit international privé contemporain », *RCADI*, 1986, t. 196, p. 9 ; J. H. C. Morris, « The proper law of a tort », *Harv. Law Rev.*, 1951. 881.

HISTOIRE EUROPÉENNE

357. (V. la bibliographie générale citée *supra*, *sub* § 342). L'œuvre de Savigny étant généralement présentée comme marquant un point de rupture dans l'histoire européenne (ou la saga ?) du droit international privé (sur la portée prêtée à l'œuvre de Savigny au nom du « savignisme », v. P. Gothot, « Simples réflexions à propos de la saga des conflits de lois », in *Mélanges en l'honneur de P. Lagarde*, Dalloz, 2005, p. 343), il est légitime de séparer cette histoire en deux périodes, pré-savignienne et post-savignienne, avant de s'interroger sur les destinées contemporaines de la méthodologie qui en est issue.

1 / Les constructions pré-savigniennes

357-1. La genèse. — L'époque romaine, pour diverses causes, ne connaît pas à proprement parler le problème du conflit de lois. Soit parce que l'étranger n'est pas reconnu comme sujet de droit ; alors, seul peut être connu et appliqué le droit de la Cité. Soit en raison de la confusion entretenue entre le conflit de juridictions et le conflit de lois : chaque juridiction se contente d'appliquer son propre droit. Soit compte tenu de la généralisation du domaine d'application du droit romain : son extension progressive fait disparaître le conflit de lois, puisque seul le droit romain est applicable. Au cours du Haut Moyen Âge (Ve s.), les barbares envahissent le monde romain et apportent leurs propres lois. Dès lors, sur le même territoire, coexistent plusieurs systèmes juridiques. Mais chacun est soumis à sa loi nationale ; c'est le système de la personnalité des lois. Il n'y a donc pas à proprement parler de conflit de lois, car on ne peut pas appliquer à un individu une loi autre que celle du groupe auquel il appartient. Mais si le rattachement tiré de l'appartenance à un groupe ne peut être concurrencé par aucun autre, que se passe-t-il en présence d'un rapport entre des personnes vivant sous des lois différentes ? Le système est très mal connu, reposant pour l'essentiel sur une application distributive des lois en présence. Au IXe siècle, les barbares se sont fixés géographiquement : la population se stabilise sur un territoire déterminé. Les particularismes de groupe s'estompent (mariages mixtes) ; les lois elles-mêmes tendent à fusionner. Alors apparaissent avec la féodalité des coutumes dont le champ d'application dépend non plus des personnes qui y sont soumises, mais du territoire sur lequel elles s'appliquent. La loi de la seigneurie s'applique ainsi à tous les biens situés sur le territoire, à toutes les personnes qui y habitent, à tous les actes qui y sont conclus : c'est le système féodal de la territorialité des lois. Il n'y a toujours pas de conflit de lois à proprement parler, car les lois étrangères n'ont aucune aptitude à s'appliquer à l'intérieur des limites de la seigneurie. Ainsi, si un problème se pose, il est toujours résolu en même temps que le conflit de juridictions : le juge saisi applique sa propre loi. C'est toujours au Moyen Âge, mais plus tardivement, que les conflits de lois firent leur apparition à proprement parler. Ils naissent véritablement en Italie, dans les prospères villes marchandes du Nord, au XIe siècle, la féodalité y étant ancrée moins profondément qu'en France. De nombreuses cités acquièrent leur indépendance, sont régies par des statuts municipaux distincts. En présence des conflits de lois que font naître les relations entre commerçants de cités distinctes, ces derniers ont compris l'intérêt d'accepter, dans leur cité et dans l'espoir de réciprocité, l'application des règles juridiques des cités voisines. Apparaît l'idée qu'une loi étrangère peut être accueillie devant les autorités du for. Cet accueil est d'autant plus facile que les divergences entre les statuts des différentes villes italiennes ne sont pas trop profondes, car développées à partir du socle du droit romain. C'est dans ce contexte que prend naissance la théorie des conflits de lois. Écoles italienne, française et hollandaise viennent se compléter pour poser les fondations de la méthode conflictuelle née de la théorie des statuts.

357-2. L'école italienne (XIIIe-XVe s.). — Deux écoles apparaissent successivement : les glossateurs (v. sur les glossateurs, F.-X. Testu, « Les glossateurs. Regards d'un civiliste », *RTD civ.*, 1993. 279 ; et sur leur méthode, M. Boulet-Sautel, « La méthode de la glose », *Ann. hist. fac. dr.*, 1985, n° 2, p. 21) et les post-glossateurs (pour lesquels, v. spéc. : B. Ancel, « Le commentaire de Bartole *ad legem Cunctos populos* sur la glose *Quod si bononiensis* mis en français », in *Mélanges en l'honneur d'A. Lefebvre-Teillard*, Panthéon-Assas, 2010, p. 53).

Les glossateurs. — À partir du XIe siècle, le droit romain, redécouvert dans les Écoles, y fait l'objet d'études. La méthode utilisée pour étudier les textes romains est celle de la glose, c'est-à-dire le commentaire de texte, mot à mot. Elle donnera son nom à l'école des glossateurs. Cette école connaît un grand succès ; aussi, lorsque les conflits de lois apparaissent et qu'il faut les résoudre, c'est tout naturellement à la glose des textes romains que l'on fera appel. Ainsi, la véritable origine de l'école italienne des glossateurs se trouve dans la « Grande Glose » d'Accurse, écrite en 1228 en marge de la première Constitution de Justinien. Le texte commençait par ces mots : « *Cunctos populos quos nostrae clementiae regit imperium… volumus* » (« Nous voulons… que tous les peuples qui sont soumis à l'empire de notre clémence »). Accurse développe la glose suivante : « Argument. Que si un Bolonais est cité en justice à Modène, il ne doit pas être jugé selon les statuts de Modène auxquels il n'est pas soumis, puisqu'il est dit : "… que l'autorité de notre clémence régit". Où l'on voit que ce texte suppose que l'empereur ne régit pas tous les peuples… » Le statut ne lie donc que les sujets qui y sont soumis, et l'étranger ne se verra pas nécessairement appliquer la *lex fori.* Sans doute le lien établi entre cette affirmation et le texte romain était-il en réalité très discutable. Mais avec le recul du temps, peu importe aujourd'hui : Accurse saisit là l'occasion d'affirmer un principe de conflit de lois, à propos d'un problème de champ d'application des lois dans l'espace.

Les post-glossateurs. — Cette glose va servir de base aux successeurs des premiers grands glossateurs, les post-glossateurs (Bartole, 1314-1357 ; Balde, 1327-1400). Poursuivant la tâche entreprise, les post-glossateurs vont dégager plusieurs catégories de rattachement et des principes de solution, dont certains nous gouvernent encore. Ils parvinrent ainsi à distinguer la procédure du fond du droit (la procédure étant soumise à la *lex fori*, le fond relevant de la « loi locale »), à opposer le statut personnel et le statut réel : les statuts (lois) personnels sont ceux relatifs aux personnes ; ils régissent les sujets, où qu'ils soient ; les statuts (lois) réels sont ceux relatifs aux choses ; ils s'appliquent seulement aux choses situées sur le territoire. Les délits sont soumis à la loi du lieu de leur survenance (*lex loci delicti*). Une distinction est faite entre les statuts favorables et les statuts odieux, admettant que le juge puisse refuser l'application de ces derniers (exception d'ordre public). Le problème du conflit de lois est dès lors posé ; l'application de la loi étrangère est admise ; les premières règles de rattachement apparaissent.

357-3. L'école française (XVIe siècle). — Cette école est dominée par deux grands noms : Dumoulin, qui découvre le problème de la qualification et d'Argentré, qui introduit la méthode dogmatique.

Charles Dumoulin (1500-1566). — Alors que Dumoulin a étudié le conflit des coutumes dans plusieurs ouvrages (v. B. Ancel, « Les conclusions sur les Statuts et Coutumes locaux de Du Moulin traduites en français », *Rev. crit. DIP* 2011. 21), c'est pour la consultation qu'il donna en 1525 aux époux de Ganey qu'il est demeuré célèbre (v. B. Ancel et H. Muir Watt, « Annotations sur la Consultation 53 de Du Moulin traduite en français », in *Mélanges en l'honneur de J. Foyer*, Économica, 2007, p. 1). Le problème relevait des régimes matrimoniaux : Dumoulin se prononce en faveur de l'application de la Coutume de Paris à l'ensemble du patrimoine des époux, parce que ces derniers, en fixant leur premier domicile matrimonial dans le ressort de la Coutume de Paris, avaient manifesté tacitement leur intention de lui soumettre leur régime matrimonial. Le raisonnement développé était alors le suivant : Dumoulin considère le régime matrimonial de droit commun comme un contrat tacite ; il le fait donc entrer dans la catégorie « contrat » ; il en déduit la compétence de la loi d'autonomie (loi choisie par les parties). Ainsi : il découvre le procédé de la qualification (systématisé plus tard par Bartin). En outre : à la différence des post-glossateurs, il ne part plus du statut (réel, personnel), mais de la situation juridique elle-même pour la qualifier (contrat tacite) et en déduire la loi applicable. Le raisonnement moderne est en germe.

Bertrand d'Argentré (1519-1590). — Alors que l'œuvre de Dumoulin parachève en quelque sorte la construction érigée par l'École italienne, celle de d'Argentré marque la rupture avec cette dernière, en posant le principe de la territorialité des coutumes. Il est essentiellement connu pour sa glose sous l'article 218 de la Coutume de Bretagne, Glose « *De statutis personalibus et realibus* ». Partant de l'idée qu'il faut appliquer la coutume de Bretagne le plus souvent possible afin de défendre l'organisation foncière locale, il va systématiser la grande distinction du statut personnel et du statut réel. Mais en réalité, il hypertrophie le statut réel puisqu'il pose qu'en principe toutes les coutumes sont réelles. Dans cette perspective, la coutume réelle est territoriale (le juge applique sa propre loi) ;

quant à la coutume personnelle, catégorie résiduelle, elle est extra-territoriale (soumise à la loi du domicile). C'est un *système* de conflit de lois, même si les solutions sont déséquilibrées.

357-4. L'école hollandaise (XVIIe siècle). — Le système précédemment dégagé fut transposé plus tard au plan proprement international par l'École hollandaise, qui, mue par un objectif analogue de défense du territoire (du fait de l'indépendance nouvellement acquise des Pays-Bas, en 1579), part d'une définition de la loi comme expression de la souveraineté territoriale. L'exceptionnelle extra-territorialité du statut personnel sera radicalement supprimée, et avec elle l'universalisme lié au champ d'influence de l'Église romaine – pour être remplacée cependant par la reconnaissance des droits acquis à l'étranger au titre de la courtoisie internationale (*comitas*). Principalement représentée par Ch. Rodenberg (1618-1668), P. Voet (1619-1677), J. Voet (1647-1714), et U. Huber (1636-1694), l'orientation nouvelle de la matière s'exprime on ne peut mieux dans les axiomes posés par U. Huber dans les *Leçons d'introduction au droit romain et contemporain* (1689) : 1. Les lois de chaque État ont autorité dans les limites d'un territoire et obligent tous ses sujets, mais pas au-delà ; 2. Sont réputés sujets d'un État tous ceux qui se trouvent à l'intérieur de ses frontières, qu'ils y demeurent à titre permanent ou à titre temporaire ; 3. Les autorités des États, par courtoisie, font en sorte que les lois de chaque peuple, après avoir été appliquées dans les limites de son territoire, conservent leur effet en tout lieu, sous la réserve que ni les autres États, ni leurs sujets n'en subissent aucune atteinte dans leur pouvoir et dans leur droit (v. B. Ancel, H. Muir Watt, « Du conflit des lois différentes dans des États différents », in *Mélanges dédiés à la mémoire du doyen J. Héron*, LGDJ, 2008, p. 1 et s.). Plus tard, dans le contexte de la récente indépendance des États-Unis, Joseph Story (*Commentaries on the Conflict of Laws*, 1835) sera séduit par une doctrine désormais associée au protestantisme, qu'il utilisera pour régler les violents conflits de lois qui opposaient les États fédérés au sujet du statut des esclaves (v. sur cette importation, J. Paul, « Comity in International law », 32, *Harv. Int'l Law Rev.*, 1 [1991]). La doctrine retraversera ensuite l'Atlantique pour s'incarner dans la théorie des *Vested Rights* de Dicey (*The Conflict of Laws*, 1896).

357-5. Les destinées du statutisme. — Le territorialisme de d'Argentré allait trouver, trois siècles plus tard, son pendant dans le personnalisme du grand internationaliste italien Mancini (1817-1888 : v. sa leçon inaugurale à l'Université de Turin en 1851, *Della nazionalità come fondamento del diritto delle genti*, rééd. Giappichelli, Turin, 2000, préf. A. Miele ; puis son rapport à l'Institut de droit international, « De l'utilité de rendre obligatoires pour tous les États, sous la forme d'un ou de plusieurs traités internationaux, un certain nombre de règles générales du droit international privé pour assurer la décision uniforme des conflits entre les différentes législations civiles et criminelles », *JDI*, 1874. 221 et 285). Fondée sur le « principe des nationalités » induit du droit des gens, sa doctrine conduisait à l'hypertrophie inverse de la loi nationale dans les conflits impliquant désormais les lois d'États souverains (v. sur le personnalisme de Mancini, B. Ancel, « Destinées de l'article 3 du Code civil », in *Mélanges en l'honneur de P. Lagarde*, Dalloz, 2005, p. 1 ; B. Ancel et Y. Lequette, *Grands arrêts*, nos 1-5 ; B. Audit, « Le droit international privé en quête d'universalité », *RCADI*, 2003, t. 305, 13, spéc. p. 191 et s. ; R. Redslob, « Le principe des nationalités », *RCADI*, 1931, t. 37, p. 1). Si pareille doctrine connut un succès considérable en Europe auprès des souverainetés naissantes, c'est d'Allemagne que vint le coup de grâce porté au statutisme. Prônant une méthodologie lex-foriste fondée sur les politiques et intérêts de l'État du for, curieusement évocatrice de celle que soutiendra Ehrenzweig un siècle plus tard à l'occasion de la révolution fonctionnaliste américaine, C. G. von Wächter (« Über die Collision der Privatrechtsgestze vershiedener Staaten », *Archiv für die zivilisiche Praxis*, 1941, t. 24, p. 230) dénonça tout à la fois le statutisme et la théorie des droits acquis qui émergeait outre-Atlantique (sur Wachter : v. Nadelmann, « Wachter's Essay on the Collision of Private Laws of Different States », 13, *Am. J. Comp. L.*, 414, 1963). Il revint alors à Savigny de conceptualiser, en opposition avec le statutisme, les bases de la méthode du conflit de lois, qui allait connaître une primauté proche de l'exclusivisme pendant l'ensemble du XXe siècle (fût-ce progressivement : sur l'emprise du statutisme sur la jurisprudence française jusqu'au milieu du XXe siècle, v. B. Ancel, « Destinées de l'article 3 du Code civil », préc.).

2 / *Le développement post-savignien des systèmes doctrinaux*

Une remarquable effervescence doctrinale œuvra au XXe siècle à l'affinement et à l'affermissement progressif des traits de la méthode savignienne. Les courants se partagent en affluents multiples, qui se recoupent, s'entrecroisent ou s'éloignent, entre universalisme et particularisme ; nationalisme et internationalisme ; personnalisme et territorialisme ; dogmatisme et pragmatisme. En France, trois grands théoriciens se partagent l'avant-scène pendant la première moitié du siècle, auxquels succéda un courant multiforme plus attentif à la jurisprudence et au droit comparé.

357-6. Antoine Pillet (1857-1926). — Professeur à la Faculté de droit de Paris, ses œuvres essentielles sont les *Principes de droit international privé* (1903) et le *Traité pratique de droit international privé* (1923). À l'origine professeur de droit international public, il ne s'intéressera que tardivement au droit international privé. Mais la profondeur de sa réflexion l'amènera alors à la construction d'un véritable système de droit international privé. En raison de sa formation première, Pillet fut amené à considérer le conflit de lois comme un conflit entre États, un conflit de souverainetés : si l'on choisit une loi, on limite la compétence d'un État au profit d'un autre. Par conséquent, en déterminant la loi applicable, il convient de sacrifier le moins possible les intérêts respectifs des États en présence. Pour y parvenir, Pillet part de l'idée selon laquelle les lois présentent un double caractère, de permanence et de généralité, de sorte qu'il faudra sacrifier l'un ou l'autre de ces caractères, selon les circonstances. Il s'agit ainsi de procéder à une répartition des lois en fonction de leur but social : certaines ont une fonction de protection individuelle ; la permanence de la loi l'emporte, qui doit suivre l'individu où qu'il soit. Tel sera le cas par exemple dans le domaine de la protection des mineurs par un régime d'incapacité. S'il suffit au mineur de franchir les frontières d'un pays pour accomplir des actes jugés dangereux, l'objectif de la loi est manqué. On sacrifie alors sa généralité, en soumettant les étrangers à leur loi nationale (permanente). D'autres lois au contraire ont une fonction de garantie sociale : la généralité de la loi l'emporte, qui s'applique à tous ceux qui habitent sur le territoire. Ainsi en sera-t-il par exemple de la loi sur les inscriptions hypothécaires, qui doit de toute nécessité trouver une application générale sur le territoire ; si les étrangers n'y étaient pas soumis, l'acquéreur d'un immeuble n'aurait aucune certitude de connaître exactement les charges grevant son bien. De façon remarquable, les doctrines néo-statutistes américaines prennent très souvent les traits de la pensée de Pillet, se rejoignant le plus fidèlement dans la doctrine du « comparative impairment » (principe du moindre sacrifice) de W. F. Baxter (« Choice of Law and the Federal System », 16, *Stan. L. Rev.*, 1 [1963]). Certains auteurs européens contemporains proposent pareillement un système néo-statutiste fondé sur la recherche du but social des lois (A. Bucher, « L'ordre public et le but social des lois », *RCADI*, 1989, t. 239). Sur Pillet, v. spéc. les hommages de Niboyet et A. de La Pradelle, in *Mélanges A. Pillet*, Sirey, 1929.

357-7. Étienne Bartin (1860-1948). — D'abord professeur de droit civil (il fut l'un des continuateurs du traité d'Aubry et Rau), il enseigna ensuite le droit international privé à Paris (succédant à la chaire de Pillet). Ses ouvrages essentiels sont les *Études de droit international privé* (1897-1899) et les *Principes de droit international privé selon la loi et la jurisprudence françaises* (1930-1935). Lui aussi fut très marqué par sa formation première, ici de civiliste. En témoigne ainsi la Préface des *Principes* : « J'ai occupé, de 1898 à 1926, une chaire de droit civil… quand j'ai demandé, en 1926, à occuper celle de droit international privé à la Faculté de Paris, j'ai eu et je devais avoir l'impression que je ne changeais pas d'enseignement. » Il ajoute d'ailleurs dans son ouvrage, par une formule demeurée célèbre : « le droit international privé n'est qu'une projection du droit civil interne sur le plan international ». L'œuvre de Bartin est d'une importance toute particulière dans la mise en place des traits classiques de la méthode bilatéraliste (qualifiée de « barto-savignienne » : B. Ancel, article préc., n. 3). Il faut se souvenir que l'étude du droit international privé n'est introduite dans le programme de licence qu'en 1880. De sorte qu'en 1897, lorsque Bartin commence à publier ses *Études*, c'est face à un quasi-vide doctrinal en France en la matière (Niboyet vient de naître, 1886 ; Pillet et Weiss, qui précèdent Bartin à la chaire de droit international privé, ne publieront qu'en 1903 et 1912 leurs ouvrages). Bartin fait donc œuvre de pionnier dans la doctrine française moderne de droit international privé. Se démarquant de la pensée de Savigny fondée sur la communauté de droit, son œuvre est particulariste, et nationaliste par conviction. Ce particularisme s'exprime ainsi dans sa théorie des qualifications, véritable systématisation de la matière (v. *infra*, n° 380), mais aussi dans la solution des conflits de lois qu'il propose, par analyse des règles du droit interne ; il y a ainsi un lien intime entre les institutions de droit interne et les règles de conflit qui leur sont appliquées. Sur E. Bartin, v. E. du Pontavice, « Éloge d'Étienne Bartin », in *Annales de la Fac. de droit et de sc. pol. de Clermont*, 1966, p. 189 et s. ; « L'œuvre d'Étienne Bartin », *ibid.*, 1968, p. 5 et s.

357-8. Jean-Paulin Niboyet (1886-1952). — Professeur à la Faculté de droit de Paris, élève de Pillet, Niboyet se détachera progressivement de son maître. Ses œuvres : *Manuel de droit international privé*, en collaboration avec Pillet (1924) ; *Traité de droit international privé* (6 t., dont le premier est paru en 1938). Son influence fut très grande à l'époque, tant cet homme de convictions fut doté d'un fort rayonnement. Selon les traits saillants de sa pensée, le conflit de lois met en présence d'un conflit de souverainetés nationales ; la loi française doit l'emporter en principe sur la loi étrangère devant les tribunaux ; la territorialité est la règle, l'extra-territorialité l'exception. Adhérant à l'unilatéralisme à l'occasion de sa réflexion sur le renvoi (note sous l'arrêt *Birchall*, Req., 10 mai 1939, *S.*,

1942. I. 73), sa doctrine est aussi fortement politique : l'objectif de la règle de conflit française doit être la défense des intérêts français. Sur J.-P. Niboyet, v. P. Louis-Lucas, « J.-P. Niboyet », *JDI*, 1952. 6 ; P. Lerebours-Pigeonnière, « L'œuvre de J.-P. Niboyet », *Rev. crit. DIP*, 1952. 401 ; Ph. Francescakis, « Permanence de l'œuvre de Niboyet », *Rev. hell. dr. int. priv.*, 1952. 228 et s. (repr. in *La pensée des autres en droit international privé*, p. 443).

3 / La période contemporaine

357-9. La doctrine française contemporaine. Celle-ci est marquée par de grands noms, tels Paul Lerebours-Pigeonnière (décédé en 1954), Jacques Maury (décédé en 1981), Phocion Francescakis (français de plume, pour l'essentiel de son œuvre, décédé en 1992) et surtout Henri Batiffol (décédé en 1989). Abandonnant le dogmatisme caractéristique des auteurs précédents, ces auteurs ont en commun un esprit à la fois pragmatique, attentif à la jurisprudence, et internationaliste, tourné vers le droit comparé. Ils finissent de forger la technique de la méthode conflictuelle classique et marquent le passage de la perspective publiciste, répartititrice de souverainetés législatives, qui primait au cours de la première moitié du siècle, vers une conception résolument privatiste du conflit de lois (Maury, Francescakis). Loin de l'isolationnisme des premiers particularistes, ils constatent que si chaque État a ses propres solutions de conflit de lois, enracinées dans sa culture juridique, il importe dans le même temps d'assurer la coordination de ces divers systèmes (Lerebours-Pigeonnière, Batiffol). Au demeurant, cette ouverture s'accompagne d'une internationalisation croissante des sources de la matière (traités), tandis que progresse l'observation des systèmes juridiques étrangers (*Dritte Schule* : K. Zweigert, « Die Dritte Schule im internationalen Privatrecht », in *Festschrift für Leo Raape*, Hambourg, 1948, p. 35 ; H. Batiffol, « Les apports du droit comparé au droit international privé », *Livre du centenaire de la Société de législation comparée*, 1969, p. 131, repr. in *Choix d'articles*, p. 113. Et, dans cette perspective : E. Rabel, *Conflict of Laws. A Comparative Study*, t. I-IV, Ann Arbor, 1945-1958). Pareille orientation se poursuit dans l'œuvre des auteurs actuels, marquée du sceau du pluralisme, de la flexibilité, et de la quête d'universalité dans un environnement désormais globalisé. Il est au demeurant impossible de faire abstraction de l'influence de la doctrine étrangère, que ce soit à travers le fonctionnalisme venu d'outre-Atlantique (*supra*, n° 353) ; le normativisme venu de la doctrine italienne (*supra*, n° 326) ; ou encore, le réalisme internationaliste de W. Wengler (v. par ex. sur les questions préalables, *infra*, n°s 504 et s.).

Sur H. Batiffol, v. P. Gothot, « La place d'Henri Batiffol dans la doctrine », *Trav. Com. fr. DIP*, 1991-1992, p. 21 et s. ; Y. Lequette, « L'influence de l'œuvre d'Henri Batiffol sur la jurisprudence française », *ibid.*, p. 32 et s. ; H. Muir Watt, v° *Batiffol* in *European Encyclopedia of Private International Law*, Edward Elgar, 2017 ; R. Drago, « Notice sur la vie et les travaux de H. Batiffol », *Académie des sciences morales et politiques, séance du lundi 6 juillet 1992, Institut de France*, 1992, n° 5, p. 5 et s. ; E. Wyler, « Henri Batiffol face aux conceptions classique et moderne du droit », *JDI*, 2004. 109. Sur J. Maury, v. Ph. Francescakis, « Une lecture demeurée fondamentale : les règles générales des conflits de lois de Jacques Maury », *Rev. crit. DIP*, 1982. 3 et s. (repr. in *La pensée des autres en droit international privé*, p. 393 et s.). Sur W. Wengler (1907-1995),

v. Ph. Francescakis, compte rendu de : *Multitudo legum – Ius unum, Mélanges en l'honneur de Wilhelm Wengler*, reproduit in *La pensée des autres en droit international privé*, p. 339. Sur Ph. Francescakis, v. P. Gothot, « Phocion Francescakis et *La pensée des autres* », *Rev. crit. DIP*, 1987. 711.

4 / Les destinées actuelles de la méthode savignienne

357-10. La prééminence du bilatéralisme « barto-savignienne » (expression de B. Ancel, « Les destinées de l'article 3 du Code civil », préc.) n'a pas empêché quelques assauts épars au nom de l'unilatéralisme. À la différence de l'unilatéralisme de Niboyet, fondé sur la nécessité de respecter la souveraineté étrangère à travers la volonté d'application de sa loi, la subtile doctrine de l'auteur italien R. Quadri (1907-1976) visait à assurer la cohérence de la vie internationale des particuliers, en donnant effet aux prévisions qu'ils ont pu former quant à l'applicabilité d'une loi déterminée à leurs propres activités (*Lezioni di diritto internazionale privato*, 5e éd., Naples, 1969 ; sur cette doctrine, v. P. Gothot, « Le renouveau de la tendance unilatéraliste », *Rev. crit. DIP*, 1971. 1, spéc. p. 17 et s.). L'absence de positivité de la méthode unilatéraliste, qualifiée par P. Gothot de plus grand défaut qui puisse affecter une théorie (*ibid.*, p. 209), a été démentie de façon spectaculaire par le législateur français dans la loi du 11 juillet 1975 en matière de divorce, qui consacra une règle de conflit unilatérale dans l'article 310 du Code civil (devenu art. 309 ; v. *infra*, nos 756 et s.). De fait, la tentation unilatéraliste est permanente dans la mise en œuvre de la règle bilatérale, notamment à l'occasion de l'interprétation de la référence qu'opère cette dernière à la loi désignée. Le renvoi, le renvoi de qualification, la question préalable, en sont les illustrations les plus notables (v. *infra*, nos 492, 499, 504).

Aujourd'hui, la tradition bilatéraliste d'héritage savignien semble s'être dissoute pour l'essentiel dans le principe de proximité, puissante formulation doctrinale qui tend à la fois à décrire le fondement du conflit de lois (attribuer à chaque rapport de droit la loi du lieu de son siège naturel, devenue la loi des liens les plus étroits) et à indiquer une méthode de règlement (P. Lagarde, « Le principe de proximité dans le droit international privé contemporain », *RCADI*, 1986, t. 196, p. 9). Sous ce dernier rapport, en droit positif comparé, il donne lieu à un principe flexible de solution, qui investit le juge d'un important pouvoir d'appréciation, le plus souvent encadré par des présomptions ou des directives de solution (comme dans l'article 4 de la Convention de Rome, et dans l'article 4 du Règlement Rome I, ou dans la section 6 du Second *Restatement* : v. *infra*, nos 900 et s.). Comme le siège naturel du rapport de droit, la proximité est clairement composée de considérations autres que géographiques ou quantitatives, mais le contenu et la finalité des règles matérielles en conflit en semblent exclus (v. P. Lagarde, Cours préc., p. 118). La proximité n'est donc que l'expression à la fois condensée et décharnée du lien fonctionnel qui relie la question de droit litigieuse et le rattachement retenu, dans la méthode savignienne. En dépit de cette modernisation – et de ce qui est également sans aucun doute une hybridation – de la méthodologie traditionnelle, celle-ci semble faire l'objet d'une désaffection progressive, au profit du pluralisme de méthodes alternatives.

Pareille désaffection tiendrait au caractère clos du champ dans lequel elle enferme le conflit de lois, où chaque for est représenté comme un « microcosme dépositaire des seules solutions justes en ce qui concerne le choix de la loi applicable » (P. Picone, « Les méthodes de coordination entre ordres juridiques en droit international privé », *RCADI*, 1999, t. 276, p. 13, p. 39). Cette posture, nombriliste en somme, dérive de la « conviction, à l'origine universaliste, que tout ordre juridique est automatiquement en mesure de désigner la loi de l'État où se trouve le siège naturel du rapport de droit ». Selon le même auteur, une erreur fréquente de perspective doctrinale consiste à vouloir ramener les choix méthodologiques du droit international privé à un paradigme unique, celui de la méthode « traditionnelle » fondée sur la recherche de l'harmonie internationale (« absolutisation » de la règle bilatérale de conflit, p. 56), alors que sont en jeu des approches et des finalités très différentes qui empêcheraient désormais de reconstruire en termes unitaires la théorie générale du droit international privé. La diversité ainsi constatée est liée en grande partie à la problématisation variable des conflits internationaux de normes et partant, au choix également diversifié des techniques aptes à les résoudre. Sur la fragmentation de l'ordre international dont l'état actuel du droit international privé peut être pris comme le reflet, G. Teubner et A. Fischer-Lescano, « Regime-collisions : The Vain Search for Legal Unity in the Fragmentation of Global Law », 25 *Mich. J. Int'L.*, 999 (2004).

357-11. La résurgence contemporaine du statutisme. — Selon les enseignements de Savigny, la communauté de droit assurait la convergence des points de vue des lois en conflit et par conséquent la fongibilité des raisonnements statutiste et bilatéraliste (sur ce point, v. B. Ancel, « Destinées de l'article 3 du Code civil », in *Mélanges en l'honneur de P. Lagarde*, Dalloz, 2005, p. 1). Sa représentation de l'ordre international se conformait à l'idéal universaliste. Mais lorsque l'évolution divergente des droits a imposé un schéma particulariste, en ce sens que chaque État déterminait – selon des conceptions propres mais à l'égard des autres – le champ d'application des lois dans l'espace, le règlement conflictualiste opéra en vase clos, c'est-à-dire qu'il fut mis en œuvre pour le compte de chacun, sans se soucier de la réalisation effective de la loi désignée (sur le vase clos dans lequel raisonne le bilatéralisme, et dont sont évacués les « vrais » conflits, v. P. Gothot, « Le renouveau de la tendance unilatéraliste », *Rev. crit. DIP*, 1971. 1, spéc. p. 2 ; D. Boden, *L'ordre public : limite et condition de la tolérance. Recherches sur le pluralisme juridique*, Paris 1, 2002, spéc. n°s 400 et s. ; P. Picone, « Les méthodes de coordination entre ordres juridiques en droit international privé », *RCADI*, 1999, t. 276, p. 13, spéc. p. 39). Pareil refoulement était de nature à engendrer un décalage inévitable entre le règlement du conflit et les revendications des divers statuts, privés désormais de tout titre d'application spécifique (sur les déformations imposées à la méthode savignienne sous le schéma particulariste par le modèle barto-savignien, v. B. Ancel, *op. cit.* ; P. Gothot, « Simples réflexions à propos de la saga des conflits de lois », préc., p. 343). Le souci d'endiguer les rapports boiteux a induit alors au sein de la méthode bilatéraliste divers aménagements au titre de la « coordination des systèmes » qui étaient en réalité autant de concessions à l'unilatéralisme destinées à rétablir l'emprise du règlement du conflit sur le monde réel (v. *infra*, n°s 390 et s. ; 501 et s. ; 504 et s.). Toutefois, de tels aménagements faisaient place bien moins à des statuts individualisés à raison de leur contenu qu'à la compétence d'un ordre juridique envisagé dans sa globalité ; il en va ainsi du renvoi, des questions préalables ou encore de la qualification *lege causae.* Ils n'étaient donc pas en mesure d'éliminer la tension qui subsistait du fait des revendications insatisfaites des dispositions impératives, à contenu prohibitif notamment. Il n'est guère surprenant, par conséquent, que celles-ci aient fini par trouver expression, du moins dans le champ patrimonial, sous la forme exorbitante des « lois d'application immédiate ». La formulation contemporaine de celles-ci, dans l'article 9 du Règlement Rome I, fait directement écho à la méthodologie statutiste dans la mesure où elle autorise l'application des statuts prohibitifs. En matière de statut personnel, la même tension se traduit par des techniques variées et parfois moins visibles de gestion des « vrais » conflits (v. n° 358). Sur l'histoire et le devenir des « statuts prohibitifs », v. B. Ancel et H. Muir Watt, « Du statut prohibitif », in *Études à la mémoire du professeur Bruno Oppetit*, Litec, 2009, p. 7.

Quoi qu'il en soit du sort actuel du bilatéralisme (v. *infra*, n°s 517 et s.), l'incidence du contexte historique et politique tant sur la conception du conflit de lois que sur les choix méthodologiques est patente, et explique en grande partie les mutations cycliques qui caractérisent l'ensemble de la discipline. On lit avec intérêt les lignes consacrées à cette incidence par Ph. Francescakis (*La pensée des autres en droit international privé*, p. 460). La doctrine de Savigny est ainsi le reflet du libéralisme des classes ascendantes d'une Allemagne convertie à l'économie machiniste ; la pensée de Mancini traduit l'individualisme de la bourgeoise européenne s'affirmant après 1789 ; le repli territorialiste de Niboyet est celui de l'essor nationaliste d'entre les deux guerres mondiales. Aujourd'hui, d'autres idéologies politiques, d'inspiration libérale, qui vont des droits de l'homme à l'analyse économique du droit, font sentir leur influence sur les doctrines des conflits de lois et y introduisent au demeurant leurs propres doutes (sur le parallélisme entre les divers courants se dessinant au sein de l'analyse économique des conflits de lois et les oppositions méthodologiques traditionnelles, v. R. Michaels, « Two economists, three opinions ? Economic model for private international law », in *An Economic Analysis of Private International Law*, J. Basedow et T. Kono (dir.), Mohr Siebeck, 2006, p. 143).

357-12. Les dimensions politiques contemporaines du conflit de lois. — Alors que la neutralité répartitrice du droit des conflits de lois (ce dernier étant naguère décrit comme un « saut dans l'inconnu ») n'est plus guère d'actualité face à l'essor de règles de conflit « engagées », sa prétendue innocence par rapport au champ politique constitue un mythe plus tenace (v. par ex. la vision de P. Mayer, « Le phénomène de la coordination des ordres juridiques étatiques en droit privé », *RCADI*, 2007, t. 327, spéc. p. 187 et s.). L'explication de cette ténacité réside dans les liens d'appartenance (depuis le tournant positiviste dans la pensée juridique internationaliste : v. *supra*, n° 340) du droit international privé par rapport au droit privé, auquel est généralement prêté un caractère a-politique. Et s'il est certes difficile de soutenir que le législateur contemporain a encore pour guide la raison naturelle dans le champ des relations privées, le juge judiciaire est encore représenté comme devant trancher les litiges, sinon plus comme un automate, du moins dans un espace sanctuarisé, où seuls seraient en cause des intérêts individuels et privés. Cette position va parfois jusqu'à la négation de l'impact économique (ou de la « structure incitative ») des règles juridiques dont l'admission reviendrait, curieusement, à adopter une posture d'asservissement au marché. Il est pourtant difficile de soutenir l'innocence politique et économique de tous les conflits de lois, à l'image de ceux survenus dans les affaires *Laval* et *Viking* (v. *infra*, n° 946-1 ; n° 1013-2), et qui opposent au sein de l'Union européenne le droit de grève (ou l'action industrielle plus généralement) des salariés et la liberté économique de l'employeur (à l'occasion de la prestation transfrontière d'un service impliquant le détachement de travailleurs). De tels conflits mettent indiscutablement en jeu des intérêts politiques, dont le règlement au plan transnational par un juge judiciaire étranger (partiellement ou totalement, comme dans l'affaire *Viking*) par rapport aux intérêts en jeu pose de vraies questions de légitimité. Celles-ci entourent au demeurant tout raisonnement judiciaire impliquant une mise en balance de valeurs concurrentes – qu'ils s'agissent de libertés économiques ou de droits fondamentaux. Dans ce cas, le choix législatif de consacrer la fondamentalité des valeurs invoquées de part et d'autre est acquis, mais leur entrée en conflit dans un cas concret requiert du juge d'arbitrer une question politique : faut-il privilégier le droit de grève sur la liberté de circulation de l'employeur, et selon quels aménagements précis faut-il les faire cohabiter ? À cet égard, l'effet horizontal des droits de l'homme est nécessairement source de re-politisation du raisonnement judiciaire (sur la question de la résorption de la politique dans le droit des droits de l'homme, v. Justine Lacroix, *La Pensée française à l'épreuve de l'Europe*, Grasset, 2009 ; S. Moyne, *The Last Utopia : Human Rights in History*, Harv. Univ. Press, 2012).

357-13. Vers un renouveau transdisciplinaire des conflits de lois ? La théorie sociologique des systèmes voit la transformation de la société à l'ère contemporaine (celle de la modernité crépusculaire) dans la multiplication et la spécialisation de systèmes de communication, ou de rationalités autonomes et potentiellement contradictoires. À ce titre, par exemple, la science, comme le droit, sont des rationalités autonomes, poursuivant chacune son parcours propre. Elles entretiendraient cependant des relations qui, du moins selon Gunter Teubner, se prêteraient à une théorie de conflit de lois. Celle-ci serait la seule façon de constituer un « constitutionnalisme global », car aucune valeur d'ordre substantiel ne peut prétendre à l'universalité (ou à la globalité). La seule obligation universelle serait donc d'accepter d'être partie du réseau. V. : G. Teubner, *Constitutional Fragments : Societal Constitutionalism in Globalization*, OUP, 2011, p. 152 ; H. Muir Watt, « Conflicts of Laws Unbounded : The Case for a Legal-Pluralist Revival », *Transnational Legal Theory*, 2016. 313. Comp. aussi, prônant un renouveau de la théorie du conflit de lois à travers l'emprunt à d'autres disciplines, K. Knop, R. Michaels, Ralf and A. Riles (dir.), *Transdisciplinary Conflict of Laws, Law and Contemporary Problems*, vol. 71, n. 3, 2008.

LE NÉO-STATUTISME FONCTIONNALISTE AMÉRICAIN

358. La révolution méthodologique. — Cette révolution (souvent décrite à son tour comme « copernicienne », pour évoquer un tournant de l'envergure de celle accomplie par l'œuvre de Savigny ; sur la formulation d'origine, visant Savigny, v. P. Neuhaus, « Savigny und die Rechtsfindung aus der Natur der Sache », *RabelsZ.*, 1949. 364, spéc. p. 366), dont le fonctionnalisme contemporain est l'aboutissement, participe au courant du *legal realism*, qui bouleversa le paysage doctrinal américain dès les années 1920, en réaction contre le dogmatisme et le formalisme présent dans les méthodes d'interprétation constitutionnelle de la Cour suprême (v. F. Michaut, *L'école de la sociological jurisprudence et le mouvement réaliste américain. Le rôle du juge et la théorie du droit*, thèse, Paris X – Nanterre, 1985). Gagnant progressivement le droit des conflits de lois, il prit pour cible le premier *Restatement* des conflits de lois, publié en 1935 sous l'égide de *l'American*

Law Institute et la plume de Beale, et fortement imprégné du territorialisme qui avait marqué l'émergence du droit international privé chez Story (*Commentaries*, 1834), lui-même influencé par les idées de l'école hollandaise (sur le parallélisme de l'impact du protestantisme et de la recherche d'indépendance politique entre l'école hollandaise et la jeune république américaine, v. J. Paul, « Comity in International Law », 32, *Harv. Int. Law Journ.*, 1, 1991). La seule différence théorique entre les *Commentaries* de Story et le *Restatement* de Beale un siècle plus tard, réside dans l'élimination du concept, aux connotations politiques ou de discrétion judiciaire, de « Comity » pour fonder l'accueil des lois étrangères devant les organes de l'État du for, en faveur de la théorie plus dogmatique des droits acquis. Il était facile aux *legal realists*, menés en l'occurrence par W. W. Cook (1873-1943) et David Cavers (1902-1986), de démontrer aussi bien l'excessive rigidité des règles de conflit déduites du territorialisme que le caractère artificiel des justifications tirées des droits acquis. Convaincu que le droit n'existe pas à l'état de concepts mais se concrétise dans la décision judiciaire (« dans l'action, et non dans les livres ! »), Cavers prône une approche casuistique, plus en harmonie avec les méthodes de la *common law*, consistant à choisir dans chaque espèce la solution la plus à même d'atteindre la justice entre les parties dans chaque cas. Plus tard il reviendra sur cette position décisionniste, défendant dans son monumental *The Choice-of-Law Process*, 1965, des « principes de préférence » affinés et élaborés de façon inductive. Pareillement, le *Second Restatement*, rédigé sous la plume de Reese et publié en 1969, choisit la voie de la synthèse entre les méthodes anciennes et les doctrines révolutionnaires, proposant pareillement une méthodologie flexible et raisonnée, fondée sur la recherche de la loi « des liens les plus significatifs ».

L'œuvre de Currie. — Entre-temps, exerçant une influence déterminante sur la pratique judiciaire, l'œuvre de Brainerd Currie (1912-1965) constitua l'impulsion d'un renversement de perspective – exactement l'inverse de celui qui s'accomplissait en même temps en Europe continentale – vers une version résolument publiciste, néo-statutiste, du règlement du conflit de lois, fondée sur la considération des « intérêts gouvernementaux » ou étatiques. Les intérêts privés ne sont pas ignorés, mais selon Currie sont « subsumés » sous ceux des États ; assurer la réalisation des politiques législatives, c'est donc assurer l'épanouissement des intérêts privés arbitrés démocratiquement par les divers législateurs. La démarche de Currie a déclenché un important courant doctrinal résolument conséquentialiste, préparant le terrain aux analyses économiques qui tendent actuellement à émerger dans le contexte de la mondialisation. Par ailleurs, prenant comme point de départ l'interprétation de la volonté d'application de la loi du for, sa doctrine est également largement responsable du lex forisme qui s'est répandu à l'heure actuelle dans la pratique judiciaire américaine dans les conflits impliquant les États fédérés.

Origines constitutionnelles. — Les origines de la doctrine de Currie sont d'ordre constitutionnel et l'esprit de sa méthode profondément imprégné de fédéralisme. La Cour suprême fédérale s'était en effet prononcée dès les années 1930 sur le champ constitutionnellement admissible de la loi du for (*Alaska Packers Assn v. Industrial Accident Comm'n of California*, 1935, 294 us 532, 55 S. Ct. 518). Dans un cas où il était reproché à la Californie d'avoir appliqué sa propre loi sur la réparation des accidents de travail, alors que le contrat de travail était soumis à la loi plus restrictive de l'Alaska où se déroulait le travail, la Cour estima qu'il n'y avait aucun abus au regard du *Due Process*, ni aucune obligation de reconnaissance mutuelle de la loi de l'Alaska (*Full Faith and Credit*) puisqu'il y avait des liens suffisants avec la Californie justifiant l'intérêt de cet État à appliquer sa loi. Cette jurisprudence a inspiré à Paul Freund en 1940 l'idée que les conflits de lois pourraient trouver une solution constitutionnelle. Plus tard, Currie allait ériger la notion d'intérêt étatique ou gouvernemental en une théorie des conflits de lois (*Selected Essays on the Conflict of Laws,* 1963). Toutefois, en dépit de l'emploi persistant par la Cour du langage des intérêts gouvernementaux, il est pratiquement certain qu'elle n'a jamais eu l'intention de consacrer la théorie doctrinale de Currie. Plutôt, elle semble entendre la notion de « contact ou agrégation de contacts de nature à créer un intérêt gouvernemental » dans le sens d'une proximité purement arithmétique et non fonctionnelle, et se borne à imposer des limites au demeurant très légères à l'application de la loi du for (v. très critiqué : *Sun Oil Co v. Wortman,* 1988, 486 US 717, S. Ct. 2117). Sur le poids du fédéralisme dans la pensée de Currie, v. Y.-E. Lebos, *Renouvellement de la théorie du conflit de lois dans un contexte fédéral,* LGDJ, 2010, préf. H. Muir Watt ; J. Heymann, *Le droit international privé à l'épreuve du fédéralisme européen,* Économica, 2010, préf. H. Muir Watt.

L'identification des politiques étatiques. — La mise en œuvre de la méthodologie de Currie donne lieu à des difficultés diverses. Tout d'abord, l'identification même des politiques législatives se heurte au problème du « *public choice* ». Selon cette théorie, qui a exercé une emprise considérable sur la théorie politique aux États-Unis, la volonté du législateur en tant que réalité monolithique n'existe pas, le processus législatif résultant de l'équilibre entre groupes de pression. Derrière l'adoption d'une loi, il n'y aurait donc pas nécessairement une politique cohérente, mais bien plutôt l'expression des intérêts d'un ou de plusieurs groupes. L'intérêt gouvernemental serait un mythe. À le supposer trouvable, cependant, il est pour le moins manipulable (pour une attaque en règle contre ce concept, v. L. Brilmayer, « The role of substantive and choice of law policies in the formation and application of choice of law rules », *RCADI,* 1995, t. 252, p. 9 ; pour une défense : H. H. Kaye, « A defense of Currie's governmental interest analysis », *RCADI,* 1989, t. 215, p. 9). Ainsi, des cas qui semblent présenter un schéma factuel symétrique à celui du faux conflit relevé dans l'affaire *Babcock,* se trouvent disqualifiés de la catégorie des faux conflits du fait de l'intérêt de l'État du for en tant que « *justice administering state* » à appliquer sa propre loi (par ex. : *Kell v. Henderson,* 263 NYS 2d 647, 1965).

Vrais conflits. — La distinction entre vrais et faux conflits est sans doute l'apport essentiel de la théorie fonctionnaliste (S. Symeonides, « The American Choice of Law Revolution in the Courts: Today and Tomorrow », *RCADI,* 2002, t. 298, p. 13, spéc. p. 44-45). Mais le règlement des vrais conflits est le point le plus sensible, attirant des critiques acerbes soulignant l'inanité d'une théorie inapte à résoudre les conflits qu'elle identifiait. Pour Currie, imprégné par des considérations fédérales, la fonction du juge étatique lui interdisait de peser sur les politiques des divers États. Le vrai conflit devait donc se résoudre par l'application de la loi du for. Tout au plus concédait-il qu'avant de conclure au caractère insoluble du conflit, il fallait revisiter les lois en présence pour les interpréter de la façon la plus désintéressée possible. Sur ce point, d'autres écoles ont tenté d'améliorer ses propositions. Ainsi, Baxter a cru contourner la difficulté relative à la fonction du juge en proposant la solution du moindre sacrifice (*comparative impairment*) selon un schéma très proche de celui de Pillet (sacrifier les objectifs « externes », non « internes », de la règle : « Choice of law and the federal system », 16, *Stan. L. R.*, 1, 1963, p. 18). La théorie de la *better law* de Leflar (« Conflicts law : More on choice-influencing considerations », 54, *Calif. L. Rev.*, 1584) a quant à elle connu un succès judiciaire non négligeable, de même que la préférence systématique pour la loi du for (« forum-favoritism », chez Ehrenzweig, *Private International Law*, 1967) ou le principe de la loi la plus progressiste ou la plus favorable à la victime (R. Weintraub, *Commentary on the Conflict of Laws*, 1986, 3e éd, p. 360, position modifiée dans les éditions ultérieures en faveur d'une approche conséquentialiste proche de celle de Baxter : v. 4e éd. 2001, p. 356). Selon une démarche très sophistiquée, A. von Mehren propose que soit formulée pour le compte de chaque État impliqué dans un conflit une règle matérielle intégrant des politiques spécifiquement interétatiques, qui serait de nature à réduire les cas de vrai conflit (« Special substantive rules for multistate problems: Their role and significance in contemporary choice of law methodology », 88, *Harv. L. R.*, 298, 1974).

Cas « non pourvus » (ou « conflits inversés », pour reprendre la terminologie de S. Symeonides, Cours précité, p. 272-273). Par ailleurs, il existe une controverse doctrinale concernant l'existence d'une catégorie intermédiaire de conflits, qui ne seraient ni vrais ni faux mais simplement « non pourvus » (*unprovided-for*). Intimement liés à l'interprétation personnaliste du champ des lois, ces cas « orphelins » apparaissent lorsque les parties résident dans des États différents (*split-domicile cases*), le défendeur relevant d'un État qui poursuit une politique de protection des victimes, de sorte qu'il est perçu comme n'ayant aucun intérêt à la réaliser à l'égard d'une victime venue d'ailleurs, tandis que la victime réside dans un État qui ne la protège pas (comp. *Neumeier*, préc.). Le vide qui semble alors se profiler est clairement lié au postulat personnaliste de Currie : l'intérêt de chaque État s'étend à ses propres résidents. Un auteur a cependant contesté l'existence d'une telle catégorie, démontrant qu'il suffit, pour que la lacune disparaisse, d'aborder le cas en réintégrant les éléments d'extranéité dans le raisonnement. Dans cette hypothèse, si le demandeur-victime ne peut certes se prévaloir de la règle plus généreuse de la loi du lieu de résidence du défendeur dont la politique n'est pas impliquée, il peut néanmoins obtenir réparation sur le fondement de la loi de sa propre résidence. En effet, la politique poursuivie par la règle restrictive que connaît celle-ci n'est pas non plus impliquée dès lors que le défendeur n'est pas domicilié dans le ressort de cet État (P. Kramer, « The myth of the "Unprovided-For" Case », 75, *Va. L. Rev.*, 1045, 1989). Habile, cette démonstration est clairement liée à la circonstance, emblématique des conflits entre États fédérés, où une règle restrictive, jugée inapplicable ici, vient se superposer à un principe général de réparation commun aux États en conflit.

Intérêts gouvernementaux et méthodologie conflictuelle. — G. Kegel (Cours préc.) a situé l'opposition méthodologique entre conflictualisme et fonctionnalisme sur le terrain de la nature des intérêts prêtés aux lois en conflit. Pour lui, se faisant porte-parole du bilatéralisme continental, le droit privé n'étant pas porteur d'intérêts étatiques, aucune méthodologie viable ne saurait être fondée sur ces derniers. Toutefois, cette opposition est à nuancer. Ainsi, la doctrine de Batiffol s'est construite sur l'« échec de Mancini » et à partir de l'idée selon laquelle « la loi est faite pour une collectivité et non pour des individus » (*Aspects philosophiques du droit international privé*, Dalloz, 1956, n° 92). D'un autre côté, pour Currie, si les intérêts privés n'étaient pas au centre de sa méthodologie, c'est parce qu'ils sont « subsumés sous les intérêts des États ». Définir le champ de la loi de façon à permettre à celle-ci de réaliser au mieux ses objectifs politiques, c'est donc laisser précisément s'épanouir les choix contenus dans ces derniers au profit des intérêts particuliers.

La question de la discrimination. — Currie supposait que l'intérêt d'un État portait naturellement sur le sort des propres résidents de celui-ci, pratiquant ainsi une forme de personnalisme néostatutaire (sauf pour les règles de comportement, applicables comme « datum » local ou territorial). C'est sans doute sur ce point que la théorie des qualifications propre à la tradition savigniano-bartinienne (v. *infra*, n°s 379 et s.) aurait pu être secourable, car elle a le mérite de souligner que les mêmes facteurs de rattachement ne revêtent pas un caractère significatif dans tout les cas, tout dépendant de la nature de la question posée (la loi personnelle a sans doute moins de titres à régir un délit qu'une question de statut familial). Quoi qu'il en soit, une doctrine constitutionnaliste soutient aujourd'hui que la Constitution fédérale impose la territorialité des lois, et reproche au critère personnel d'être discriminatoire. Pressentant cette critique, Currie lui-même avait déjà répondu que sa doctrine était fondée non pas sur l'indifférence à l'égard des citoyens venus d'ailleurs mais sur le respect de la sphère des autres États fédérés, légiférant eux aussi pour leurs propres citoyens : le personnalisme serait bien imposé, non interdit, par le fédéralisme. Cependant, comme le fait remarquer Lea Brilmayer (« The Role of Substantive and Choice of Law Policies in the Formation and Application of Choice of Law Rules », préc.), c'est bien moins le personnalisme en soi qui est gênant, que l'identification d'un intérêt étatique dans le seul cas où il s'agit de favoriser ses propres citoyens. Il est difficile en effet d'expliquer pourquoi une politique favorable aux victimes d'accidents n'inclurait pas les victimes étrangères. Il ne semble pas cependant qu'une telle orientation (qui est parfois, mais pas toujours, consacrée par la pratique judiciaire) ait été voulu par Currie lui-même (v. H. H. Kaye, « A defense... », préc.). Sur la question de la discrimination en droit de l'Union, v. *infra*, n° 1202.

Devenir de la méthode de Currie. — À certains égards, la théorie des intérêts gouvernementaux de Currie apparaît comme une méthodologie périmée. Élaborée dans un contexte normatif bien particulier, elle a servi pour l'essentiel à gérer des conflits impliquant d'anciennes restrictions à la responsabilité civile (immunité entre époux, plafonnement de la réparation en cas d'accidents corporels...), qui n'ont guère survécu à l'auteur lui-même. Au demeurant, elle n'est plus guère identifiable à l'état pur, les juridictions ayant elles-mêmes suivi des voies plus pragmatiques (v. S. Symeonides, Cours préc.), tandis que la doctrine s'intéresse davantage aujourd'hui aux conflits intra-fédéraux impliquant des valeurs morales ou encore, à l'impact de la Constitution fédérale sur des conflits d'ordre économique (sur l'état de la question sur ce double terrain, v. H. Muir Watt, « Aspects économiques du droit international privé », préc., p. 193 et s.). Ce n'est pas à dire cependant qu'un renouvellement de la méthodologie de Currie soit inconcevable dans l'ère de la globalisation (v. le colloque organisé par l'Université de Pennsylvanie, « Current debates in the conflict of laws » et en particulier, « Towards a cosmopolitan vision of conflict of laws: Redefining governemental interests in a global age », 153, *U. Pa L. Rev.*, 1819, 2005).

Où en sont les méthodologies américaines aujourd'hui ? — Le débat s'ouvre sur le besoin d'un troisième *Restatement* en matière de conflit de lois, allégé de sa composante juridictionnelle et faisant place aux conflits de droit public économique dans l'arène internationale (S. Symeonides : « A New Conflicts Restatement: Why Not? », *Journal PIL*, 2009. 383). V. aussi, illustrant la difficulté qu'a la tradition anglo-américaine à suivre une méthodologie de conflit de lois en présence de dispositions législatives, particulièrement lorsqu'elles indiquent leur propre champ d'application spatiale, M. Keyes, « Statutes, Choice of Law and the Role of Forum Choice », *Journ. PIL*, 2008. 1, plaidant pour la soumission des *statutes* au conflit de lois.

Spécificité du contexte international. — S'agissant du champ d'application des lois (essentiellement de régulation économique) fédérales dans l'arène internationale, l'approche fonctionnaliste, développée pendant plusieurs décennies par la cour d'appel du 2e circuit, semble aujourd'hui en net recul devant la Cour suprême, qui a affirmé son attachement au principe de territorialité, à l'occasion d'une action fondée sur l'article 10-b) du *Securities Exchange Act* 1934 (*Morrison v. National Australia Bank*, 24 juin 2010). Il est vrai cependant, qu'en l'espèce, les actions litigieuses avaient été acquises par des investisseurs australiens sur le marché australien – la solution, sinon le raisonnement, se justifiait donc également en termes fonctionnalistes.

Vrais conflits de droit public. — Si le droit public est essentiellement territorial, peut-il y avoir de « vrais » conflits de droit public ? Les exemples manquaient en droit positif. Récemment, une illustration (en matière délictuelle, dans un cas de responsabilité d'une banque, mettant en jeu les lois israélienne et new yorkaise) a été trouvée (Symeonidès, « Choice of Law in the American Courts in 2013 : Twenty-Seventh Annual Survey », *62 American Journal of Comparative Law* (*2014*), p. 39) : *Licci ex rel. Licci v. Lebanese Canadian Bank*, *SAL* (*Licci II*), F. 3d, 2013 WL 5700963 (2d Cir. 2013) appliquant, non pas la loi du lieu de réalisation du dommage, mais la loi du lieu du fait générateur au motif que cette dernière avait un intérêt supérieur à s'appliquer. Il s'agirait donc d'un faux conflit. Cependant cela n'est vrai que dans le cas où cette loi contient une norme de conduite plus exigeante que la loi du dommage et que le comportement du défendeur ne porte atteinte qu'à la première.

Sous-titre II

LA MÉTHODE CLASSIQUE DE RÉSOLUTION DU CONFLIT DE LOIS

359. Classiquement, la neutralité prêtée à la règle de conflit bilatérale dans sa fonction répartitrice des compétences législatives conduit à l'appréhender comme une sorte de panneau indicateur, se contentant de signaler l'ordre juridique au sein duquel sera recherchée la solution du litige, en toute indifférence à l'égard de son résultat concret. Les diverses étapes de sa mise en œuvre sont alors perçues comme revêtant un caractère mécanique, ou du moins comme obéissant aux exigences inexorables – bien que diversement interprétées – du respect des souverainetés qu'elles répartissent. La règle de conflit épuisant sa fonction dans la désignation du droit compétent, l'application concrète des règles substantielles de celui-ci ne relèverait plus même du droit international privé, à la seule exception de l'irréductible prise en considération de l'ordre public.

À partir du milieu du XXe siècle, pourvue d'un nouveau fondement de droit privé, la règle de conflit bilatérale a cependant été représentée d'une manière quelque peu différente, envisagée plutôt comme une « recette » dont le déroulement progressif impliquerait de la part du juge, à chaque stade, un contrôle qualitatif sur le résultat obtenu, tant dans sa teneur intrinsèque qu'à travers son aptitude à s'insérer harmonieusement dans l'ordre juridique du for [1]. L'application concrète du droit désigné intégrerait alors la sphère d'action de la règle de conflit, qui gagnerait à la fois en complexité et en souplesse.

Dans cette perspective, il ne suffit sans doute plus de constater que le bilatéralisme connaît un certain déclin, au profit de nouvelles incursions de la méthodologie statutaire ; il est également devenu apparent, à regarder de très près, que, comme l'évolution qui le précède, pareil infléchissement était déjà inscrit en germe dans chacune des trois étapes qui jalonnent la mise en œuvre de la règle de conflit de lois. Celles-ci

1. Ph. Francescakis, *La théorie du renvoi et les conflits de systèmes en droit international privé*, préc., n° 50.

consistent d'abord à s'assurer de son intervention (chap. 1er), ensuite à surveiller l'application du droit désigné (chap. 2), enfin à déterminer, le cas échéant, la portée de la référence ainsi faite à ce dernier (chap. 3).

Chapitre premier

L'INTERVENTION DE LA RÈGLE DE CONFLIT

Le jeu de la règle de conflit suppose résolues trois sortes de difficultés. La première, qui oblige à en définir le statut procédural, consiste à déterminer si l'application de la règle de conflit s'impose au juge et aux parties (sect. 1). En admettant que le conflit de lois doive être tranché, il faudra dès lors identifier la règle de conflit apte à le faire, en fonction de la nature de la question posée (sect. 2). Il restera ensuite à vérifier la façon dont elle réalise concrètement la désignation d'un droit déterminé, dans le cas où diverses circonstances de fait ou de droit en empêcheraient la réalisation immédiate (sect. 3).

SECTION 1
L'applicabilité de la règle de conflit

Quelle qu'en soit la désignation exacte, variable selon les auteurs [1], la question ici examinée peut être exposée dans les termes suivants : en présence d'un litige affecté d'un élément d'extranéité, le juge est-il obligé d'appliquer d'office une règle de conflit alors même que les parties n'en auraient pas réclamé la mise en œuvre ? C'est à travers l'office du juge que le problème se trouve ainsi posé (§ I). Par ailleurs, les parties en litige peuvent-elles déroger à ce règlement normal du conflit de lois, en renonçant à l'application de la règle de conflit ou de la loi qu'elle

1. Application d'office de la loi étrangère, mise en cause de la loi étrangère, applicabilité de la loi étrangère, application d'office de la règle de conflit…

désigne ? C'est alors le pouvoir des parties qui conditionne – d'une autre manière – l'applicabilité de la règle de conflit (§ II).

I | L'office du juge

360. La question de l'office du juge consiste à déterminer si ce dernier a le devoir d'appliquer de son propre mouvement la règle de conflit alors même que les parties ne l'auraient pas invoquée devant lui. Autre façon de la poser : le juge doit-il tenir compte de cet élément de fait – l'extranéité – découvert dans le dossier, mais que les parties n'ont pas spécialement allégué au soutien de leurs prétentions [1] ?

Présentée de la sorte, la question peut être encore précisée, par élimination d'autres hypothèses ne soulevant quant à elles guère de difficulté.

C'est ainsi que si les éléments de fait révélés aux juges du fond ne font aucunement apparaître le caractère international de la relation litigieuse, celle-ci se présentera comme une affaire de pur droit interne. L'article 7, alinéa 1er CPC interdisant au juge de « fonder sa décision sur des faits qui ne sont pas dans le débat », ce dernier ne pourra donc pas se prévaloir d'un élément d'extranéité que la seule lecture du dossier ne révélerait pas même. En conséquence, le grief tiré de la non-application de la règle de conflit ne sera pas recevable devant la Cour de cassation [2].

À l'opposé, si les parties – ou l'une d'elles – soulèvent le conflit de lois devant les juges du fond, ceux-ci devront faire application de la règle de conflit. Tel est le cas bien sûr lorsque la contestation porte sur ce point [3] ; tel est désormais le cas également lorsque la compétence d'une loi étrangère est invoquée devant les juges du fond, qui seront dès lors tenus de mettre en œuvre la règle de conflit pouvant y conduire [4]. Il

1. Ex. : soit une action en recherche de paternité ; les pièces de la procédure, et notamment l'assignation, révèlent la nationalité étrangère de la mère ; les parties fondent cependant leur argumentation sur le seul droit interne. Le juge doit-il alors se contenter de statuer en application du Code civil français, ou doit-il prendre en considération, de son propre chef, cet élément d'extranéité (le fait), pour appliquer la règle de conflit (le droit) ? (v. sur ce point les références citées *infra*, note 554).

2. Cass. civ. 1re, 11 juill. 1961, *Bertoncini*, *Rev. crit. DIP*, 1962. 124, note H. Batiffol ; *JDI*, 1963. 132, note B. Goldman ; *GA*, n° 34. Comp. Cass. civ. 1re, 13 oct. 1998, *Rev. crit. DIP*, 1999. 281, note B. A.

3. V. ainsi, Cass. civ. 1re, 1er juill. 1997, n° 95-16678, *inédit*, cassant la décision fondée sur la loi française « sans se prononcer sur la loi compétente pour régir les rapports contractuels litigieux, alors que la contestation portait notamment sur ce point ».

4. Cass. civ. 1re, 25 janv. 2005, *Rev. crit. DIP*, 2005. 300, note B. Ancel ; *D.*, 2005. 1210, note N. Bouche ; *Defrénois*, 2005, art. 38182, p. 1040, note M. Revillard ; *Droit & Patrimoine*, n° 142, novembre 2005, p. 107, obs. M.-E. Ancel.

s'agira alors de vérifier, comme pour toute autre règle de droit, que les conditions d'application en sont effectivement réunies, la Cour de cassation rappelant à l'occasion la nécessité de faire application en de telles circonstances de la règle de conflit pertinente [1], en procédant si nécessaire à la requalification de la question litigieuse [2]. Délimitée de la sorte, la question de l'office du juge a fait l'objet d'une évolution jurisprudentielle dont la cohérence n'est sans doute pas la caractéristique essentielle. Il est à prévoir au demeurant que le droit international privé de l'Union en infléchisse l'évolution, au moins de façon incidente [3]. Pour l'heure, on rappellera que cette évolution s'est effectuée en diverses étapes, délimitant progressivement l'office du juge (A) et précisant les éléments entourant sa mise en œuvre (B).

A / LA DÉLIMITATION DE L'OFFICE DU JUGE

Sur cette question essentielle, la jurisprudence a fait l'objet d'une instabilité chronique, qui semble apaisée aujourd'hui. Dans ces circonstances, l'analyse des évolutions jurisprudentielles précédera celle du système actuel.

1 / Évolutions jurisprudentielles

361. C'est la jurisprudence *Bisbal* qui a longtemps servi de guide en ce domaine, par addition de deux décisions dont la première laissa son nom au système de solution ainsi échafaudé.

Dans l'affaire *Bisbal*, deux époux de nationalité espagnole demandaient aux tribunaux français de prononcer la conversion de leur séparation de corps en divorce. Les juges du fond admirent le prononcé du divorce en application du seul droit français, sans relever le conflit de lois que les parties n'avaient pas soulevé devant eux. La solution était en elle-même assez remarquable, la règle de conflit française en vigueur à l'époque désignant la loi nationale commune des époux, c'est-à-dire

1. V. ainsi, à propos de la Convention de Rome du 19 juin 1980 sur la loi applicable aux obligations contractuelles : Cass. civ. 1re, 9 déc. 2003, *Bull. civ. I*, n° 251, *RDC*, 2004/3, p. 769, obs. D. Bureau ; Cass. civ. 1re, 31 mai 2005, *Rev. crit. DIP*, 2005. 465, note P. Lagarde ; *RDC*, 2005/4, p. 1185, obs. D. Bureau. V. cepdt. : Cass. civ. 3e, 16 janvier 2013, *Rev. crit. DIP* 2013. 620, note D. Bureau.

2. Cass. civ. 1re, 23 janv. 2007, *Bull. civ. I*, n° 31, p. 27, censurant la cour d'appel pour avoir appliqué la loi anglaise de la procédure collective aux droits du cessionnaire d'un contrat, alors que la Convention de Rome (art. 12, § 2) soumet la cessibilité de la créance à la loi du contrat cédé.

3. V. *infra*, n° 376 *in fine* ; 1189.

la loi espagnole, qui prohibait le divorce. D'où l'intérêt du pourvoi, précisément placé sur le terrain de l'office du juge en relevant qu'il « importait peu que les parties n'aient pas soulevé ce conflit devant les juges, ceux-ci, qui avaient tous les éléments utiles pour constater la nationalité des époux, ayant l'obligation de suppléer d'office un tel moyen touchant à l'ordre public ». La Cour de cassation rejeta cependant le pourvoi dans les termes suivants : « Attendu que les règles françaises de conflit de lois, en tant du moins qu'elles prescrivent l'application d'une loi étrangère, n'ont pas un caractère d'ordre public, en ce sens qu'il appartient aux parties d'en réclamer l'application, et qu'on ne peut reprocher aux juges du fond de ne pas appliquer d'office la loi étrangère et de faire, en ce cas, appel à la loi interne française laquelle a vocation à régir tous les rapports de droit privé [1]. » La règle de conflit qui prescrit l'application de la loi étrangère n'étant pas une règle d'ordre public, les parties devaient donc en demander l'application au juge ; à défaut, le juge n'aurait pas l'obligation d'en faire application, de sorte qu'on ne pourrait le sanctionner pour avoir fait application de la *lex fori*.

Peu de temps après, l'arrêt *Compagnie algérienne de crédit et de banque* [2] vint apporter une importante précision à ce système de solution. À cette occasion, la Cour de cassation releva en effet qu'il était cependant « loisible à la cour d'appel de procéder à la recherche... du droit libanais compétent ».

Aux termes de la jurisprudence *Bisbal* ainsi élaborée, le juge pouvait donc procéder à l'application d'office de la règle de conflit, même si les parties ne le lui demandaient pas. Il n'y était pas obligé, mais il ne lui était pas interdit de le faire.

362. Pareille solution fit l'objet de nombreuses critiques, qui mirent notamment l'accent sur la fragilité de ses fondements : double nature – d'ordre public ou non – de la règle de conflit, selon qu'elle prescrirait ou non l'application d'une loi étrangère ; caractère facultatif de la règle de conflit dont les parties devraient réclamer l'application, mais que le juge pourrait cependant mettre en œuvre spontanément. Au premier rang de la contestation doctrinale, H. Motulsky fit ainsi valoir avec force qu'une règle de droit pouvait certes être impérative ou supplétive, mais

1. Cass. civ. 1re, 12 mai 1959, *Bisbal*, *Rev. crit. DIP*, 1960. 62, note H. Batiffol ; *JDI*, 1960. 810, note J.-B. Sialelli ; *D.*, 1960. 610, note Ph. Malaurie ; *JCP*, 1960. II. 11733, note H. Motulsky ; *GA*, n° 32.

2. Cass. civ. 1re, 2 mars 1960, *Rev. crit. DIP*, 1960. 97, note H. Batiffol ; *JDI*, 1961. 408, note B. Goldman ; *JCP*, 1960. II. 11734, note H. Motulsky ; *GA*, n° 33.

qu'elle était toujours obligatoire pour le juge, à moins de ne pas être une règle de droit[1].

S'ajoutant à l'incertitude de ses fondements, ses conséquences pratiques furent également contestées[2] : risque de *forum shopping* interne, différents tribunaux saisis de litiges identiques pouvant ou non appliquer d'office la règle de conflit à leur convenance, d'où le possible choix d'un tribunal en fonction de sa politique en ce domaine ; profonde méconnaissance du principe d'égalité des citoyens devant la justice, la Cour de cassation laissant se développer sur le territoire français des solutions divergentes, sans possibilité même de rétablir l'unité.

363. Le revirement était donc attendu. Annoncé par un certain nombre de décisions dont l'interprétation laissait à penser que les jours de la jurisprudence *Bisbal* étaient comptés, il se traduisit par deux arrêts, en date des 11 et 18 octobre 1988.

La configuration procédurale du premier fut on ne peut plus propice à l'expression du revirement : les juges du fond s'étaient prononcés par application de la seule loi française, dans une action en recherche de paternité naturelle opposant deux Algériens. Le pourvoi contre cette décision étant lui-même uniquement fondé sur la loi française, la Cour de cassation censura cette décision, par un moyen relevé d'office révélant l'ampleur du changement : après avoir visé l'article 311-14 C. civ. et l'article 12 du [N]CPC, elle estima qu'en « se déterminant ainsi, sans rechercher d'office quelle suite devait être donnée à l'action en application de la loi algérienne, la cour d'appel a[vait] violé les textes susvisés[3] ». De manière on ne peut plus explicite, la Cour de cassation faisait donc cette fois l'obligation aux juges du fond d'appliquer d'office la règle de conflit, même si les parties ne s'étaient pas prévalues de cette dernière devant eux.

La seconde décision, intervenue en matière de succession mobilière, confirma ce revirement dans les mêmes termes[4].

À la lumière de ce revirement, l'affirmation était donc claire : le juge devait appliquer d'office la règle de conflit, même si les parties ne le lui

1. Note sous l'arrêt *Bisbal*, précitée, *JCP*, 1960. II. 11733.

2. Au-delà même des circonstances concrètes de l'arrêt *Bisbal*, autorisant le divorce d'époux espagnols alors que leur loi nationale prohibait le divorce.

3. Cass. civ. 1re, 11 oct. 1988, *Rebouh*, *Rev. crit. DIP*, 1989. 368 et chron. Y. Lequette, p. 277 ; *JDI*, 1989. 349, note D. Alexandre et chron. D. Bureau, 1990, p. 317 ; *Rép. Defrénois*, 1989. 310, obs. J. Massip ; *GA*, n° 74.

4. Cass. civ. 1re, 18 oct. 1988, *Schule*, *Rev. crit. DIP*, 1989. 368 et chron. Y. Lequette, p. 277 ; *JDI*, 1989. 349, note D. Alexandre et chron. D. Bureau, 1990, p. 317 ; *JCP*, 1989. II. 21259, note J. Prévault ; *GA*, n° 75.

demandaient pas, dès lors qu'un élément d'extranéité était révélé dans le débat. L'affirmation était de surcroît générale : peu importait la source (conventionnelle, jurisprudentielle, législative) ou la nature (bilatérale, unilatérale, à coloration matérielle) de la règle de conflit ; peu importait également le résultat de sa mise en œuvre, qu'elle aboutisse ou non à la désignation d'une loi étrangère ; peu importait enfin la nature (disponible ou non) des droits litigieux. La solution fut généralement approuvée par la doctrine, satisfaite de la vigueur nouvelle donnée à la règle de conflit par une unité de régime… qui ne fut cependant qu'éphémère.

364. Un changement intervint en effet rapidement, résultant d'une nouvelle intervention de la Cour de cassation, annoncée alors que l'on poursuivait encore l'analyse du précédent revirement [1]. Aux termes de cette décision [2], lorsque les parties n'ont pas invoqué « d'autres lois que celles spécialement tirées du droit français en une matière qui n'était soumise à aucune convention internationale et où [les parties] avaient la libre disposition de [leurs droits] », il ne saurait être reproché aux juges du fond de ne pas avoir procédé d'office à la recherche de la loi applicable au fond. Autrement dit, le principe redevenait celui de l'application facultative de la règle de conflit par le juge, mais il s'accompagnait désormais de deux exceptions : lorsque la matière litigieuse était soumise à une convention internationale, ou lorsque les parties n'avaient pas la libre disposition de leurs droits.

La solution ainsi exprimée a fait l'objet de nombreuses critiques. Au regard du principe ainsi exhumé tout d'abord, pour les raisons précédemment évoquées ; de la singularité des exceptions ensuite, qui ne méritaient pas davantage d'approbation, si ce n'est celle tirée du tempérament ainsi apporté à un principe critiquable. Le sort particulier réservé aux règles de conflit portées par une convention internationale était en effet difficilement explicable : une fois en vigueur, les traités doivent être appliqués comme n'importe quelle autre norme, leur supériorité ne concernant que les questions de hiérarchie, non pas de mise en œuvre. Quant à la référence aux matières dans lesquelles les parties n'ont pas la libre disposition de leurs droits, elle procédait à tout le moins d'une confusion entre l'office du juge et le pouvoir des parties, à supposer d'ailleurs possible la transposition de cette notion en droit international privé : s'il est vrai en effet que là où les parties n'ont pas la disponibilité de leurs droits, l'application de la règle de conflit

1. J. Lemontey, Intervention, *Trav. Com. fr. DIP*, 1990-1991, p. 32.

2. Cass. civ. 1re, 4 déc. 1990, *Coveco*, *Rev. crit. DIP*, 1991. 558, note M.-L. Niboyet-Hoegy ; *JDI*, 1991. 371, note D. Bureau ; *GA*, n° 76.

s'impose au juge, la libre disposition d'un droit ne confère en revanche à son titulaire que la faculté d'y renoncer ; de sorte qu'à défaut de renonciation par les parties, la règle de droit devrait également s'imposer au juge.

En dépit de ces réserves, la solution ainsi exprimée fut réaffirmée à plusieurs reprises [1]. Le seul motif de satisfaction procédait du constat que les exceptions devaient peu à peu vider le principe de l'essentiel de son contenu : les matières où les parties ont la libre disposition de leurs droits étant pour une large part les matières contractuelles, le développement des traités en ce domaine réduisait le principe à une peau de chagrin... jusqu'à l'intervention de derniers (?) atermoiements qui reflètent pour l'heure le système jurisprudentiel actuel.

2 / Jurisprudence actuelle

365. Après un dernier retournement, la solution semble actuellement reposer exclusivement sur le critère de la libre disposition des droits, abandonnant tout particularisme lié à la présence d'une convention internationale.

C'est ainsi que la Cour de cassation a tout d'abord estimé que les juges n'étaient plus tenus d'appliquer d'office une règle de conflit issue d'une convention internationale dès lors que les droits des parties étaient disponibles [2]. De sorte que là où les parties ont la libre disposition de leurs droits, l'obligation du juge aurait désormais totalement disparu [3], hormis l'hypothèse dans laquelle elles auraient invoqué la loi étrangère ou la règle de conflit elle-même [4].

Par un arrêt du même jour, la Cour de cassation réaffirma en outre qu'il « incombe au juge français, pour les droits indisponibles, de mettre

1. Cass. civ. 1re, 10 déc. 1991, *Sarkis*, *Rev. crit. DIP*, 1992. 313, note H. Muir Watt ; Cass. civ. 1re, 18 déc. 1990, *Soc. Menegatti*, *JCP*, 1992. II. 21824, note D. Ammar.

2. Cass. civ. 1re, 26 mai 1999, *Mutuelle du Mans*, *Rev. crit. DIP*, 1999. 707, 1re esp., note H. Muir Watt ; *Gaz. Pal.*, 1er-2 mars 2000, p. 39, obs. M.-L. Niboyet ; *GA*, n° 77. Et depuis, v. not. Cass. civ. 1re, 28 févr. 2006, *Droit & Patrimoine*, décembre 2006, p. 76, obs. M.-E. Ancel.

3. V. très clairement : Cass. civ. 1re, 28 nov. 2006, *Bull. civ. I*, n° 522, p. 462 : « S'agissant de droits disponibles, le moyen tiré de l'application du droit étranger ne peut être présenté pour la première fois devant la Cour de cassation. »

4. V. *supra*, n° 360. Aj., dans des hypothèses où les droits en cause étaient disponibles, le soin tout particulier employé à relever que la loi étrangère ou la règle de conflit était invoquée devant les juges du fond : Cass. com., 28 juin 2005, *Itraco*, *Rev. crit. DIP*, 2005. 645, note B. Ancel et H. Muir Watt ; *D.*, 2005. 2853, note N. Bouche ; *Droit & Patrimoine*, novembre 2005, p. 107, obs. M.-E. Ancel ; *Gaz. Pal.*, 24-25 février 2006, p. 20, obs. M.-L. Niboyet ; Cass. civ. 1re, 28 juin 2005, *Bull. civ. I*, n° 289, *Gaz. Pal.*, préc. ; Cass. civ. 1re, 14 juin 2005, *Bull. civ. I*, n° 244.

en application la règle de conflit de lois [1] ». La solution, reprise plusieurs fois depuis lors [2], n'est autre que celle qui résultait de l'arrêt *Coveco*, amputée de toute référence aux conventions internationales : l'obligation du juge subsiste seulement à l'égard des droits indisponibles. Le moyen tiré de la méconnaissance de la règle de conflit peut alors être invoqué pour la première fois en cassation, la censure de la Cour régulatrice s'exerçant au visa de l'article 3 du Code civil, le cas échéant conjointement avec la règle de conflit spéciale – législative ou conventionnelle – violée [3].

366. Cette nouvelle ligne jurisprudentielle repose donc sur une clé de répartition exclusivement fondée sur la libre disponibilité des droits. Répartition qui, découpée à la serpe, pourrait opposer les matières patrimoniales (disponibles) aux matières extra-patrimoniales (indisponibles), alors même que la nouvelle loi française instituant un divorce purement conventionnel (nouvel article 229-1 du Code civil) est de nature à brouiller les pistes sur ce point [4]. Au-delà, il faut cependant avouer qu'en dépit de travaux doctrinaux destinés à en éclairer le sens, la notion de libre disposition des droits n'en laisse pas moins demeurer quelques zones d'ombre, ce qui ne saurait étonner à propos d'un concept naguère qualifié de « bouteille à l'encre » par ceux-là même qui en furent les promoteurs [5].

1. Cass. civ. 1re, 26 mai 1999, *Belaid*, *Rev. crit. DIP*, 1999. 707, 2e esp., note H. Muir Watt ; *JCP*, 1999. II. 10192, note F. Mélin ; *Defrénois*, 1999. 1261, obs. J. Massip, *GA*, n° 78.

2. Cass. civ. 1re, 14 juin 2005, *Bull. civ. I*, n° 243, p. 206 ; *Defrénois*, 2005, art. 38278, p. 1851, obs. J. Massip ; Cass. civ. 1re, 22 nov. 2005, *Bull. civ. I*, n° 429, p. 359 et *Bull. civ. I*, n° 432, p. 361, *Dr. famille*, 2006/2, Comm. 41, p. 36-37, obs. V. Larribau-Terneyre ; Cass. civ. 1re, 7 juin 2006, *Bull. civ. I*, n° 228, p. 252. Sur ce que cette obligation s'étend à la règle de conflit étrangère en cas de renvoi, v. Cass. civ. 1re, 21 mars 2000, *Ballestrero* et *infra*, n° 440. La question de l'office du juge se pose en revanche s'agissant de la clause d'exception assortissant certains rattachements (par ex., art. 4-2, Règlement Rome I ; article 4-3, Règlement Rome II). Dès lors que le conflit de lois est dans le débat, l'obligation du juge semble inclure l'appréciation de l'adéquation du rattachement de principe à l'égard des faits (v. *infra*, nos 899 et 902).

3. V. ainsi, pour des illustrations récentes : Cass. civ. 1re, 20 févr. 2007, pourvoi n° 06-16059, inédit (art. 3 et 311-14 C. civ.) ; Cass. civ. 1re, 10 mai 2007, pourvoi n° 05-16569, inédit (art. 3 C. civ.) ; Cass. civ. 1re, 22 mai 2007, pourvoi n° 06-15551, inédit (art. 3 C. civ. et art. 9, Convention franco-marocaine du 9 août 1981).

4. Le divorce serait-il devenu disponible ? (v. P. Hammje, « Le divorce par consentement mutuel extrajudiciaire et le droit international privé. Les aléas d'un divorce sans for », *Rev. crit. DIP*, 2017, spéc. § 20, soulignant que le rôle de conseil des avocats sera déterminant pour soulever l'internationalité de la situation, au risque d'engager leur responsabilité en cas de manquement qui conduirait à une inefficacité ultérieure du divorce à l'étranger par exemple. Le rôle du notaire lors du dépôt de la convention au rang des minutes soulève au demeurant la même question : lui appartiendra-t-il de vérifier par exemple si la loi choisie par les parties est bien la bonne ?).

5. V. J. Lemontey, *Trav. Com. fr. DIP*, 1990-1991, p. 32, où il est de surcroît précisé que le recours à ce concept « permet au juge de dire ce qu'il veut dire ».

À supposer levée cette difficulté [1], il faudra d'ailleurs en résoudre d'autres, à l'image de celles susceptibles d'apparaître par exemple dans l'hypothèse où coexisteraient au sein d'un même litige des droits disponibles et indisponibles. À ces difficultés pratiques s'ajoute enfin une interrogation d'ordre théorique, fondamentale : en quoi la nature des droits litigieux est-elle de nature à guider à ce point l'office du juge ? Revenant à la pensée de H. Motulsky, la théorie juridique oblige à reconnaître qu'une règle de droit est toujours obligatoire pour le juge, de sorte que l'application d'office de la règle de conflit devrait toujours s'imposer à lui, quitte à accepter que les parties dérogent ensuite aux droits dont elles ont la libre disposition au regard de la loi ainsi désignée [2].

Sans doute inspirée par des considérations d'économie procédurale, cette jurisprudence nouvelle trouve-t-elle à son soutien des arguments de nature pratique qui pourraient la justifier ? Dans cette perspective, la simplification de la tâche des juges et la crainte de la multiplication des pourvois sont assez fréquemment avancés au soutien de la solution. Au-delà même des critiques qui persistent cependant à l'accompagner – risque de *forum shopping* interne, inégalité entre les justiciables – il pourrait encore être avancé que si l'on parvenait plutôt à fonder la solution sur une ligne claire – application en toute hypothèse de la règle de conflit par les juges du fond – assurant à la jurisprudence une stabilité attendue de longue date, le nombre de pourvois inutiles pourrait aussi bien diminuer [3]. Les efforts pourraient tendre alors à élaborer un régime

1. Ce qui est loin d'être le cas, semble-t-il ; v. ainsi : Cass. civ. 1re, 20 juin 2006 (*JDI*, 2007. 125, note H. Gaudemet-Tallon ; *D.*, 2007. 1710, note P. Courbe, *Rev. crit. DIP*, 2007. 383, note B. Ancel), imposant l'application d'office de la règle de conflit en matière de succession immobilière ; les droits successoraux étant des droits à la libre disposition des parties (v. H. Gaudemet-Tallon, note préc., spéc. p. 128 ; *GA*, nos 74-78, p. 678), faudrait-il en conclure que la Cour de cassation entend revenir à la jurisprudence *Rebouh-Schule*, imposant en toute hypothèse l'application de la règle de conflit ? Rien n'est moins sûr, si l'on compare cette décision à celle du 28 novembre 2006 (préc.), maintenant explicitement la référence au critère de la libre disposition des droits ; de sorte que la solution retenue s'explique peut-être davantage par l'incertaine représentation que la Cour de cassation se fait de la matière successorale (v. déjà, estimant manifestement que la matière est de celle dans laquelle les parties n'ont pas libre disposition de leurs droits : J. Lemontey et J.-P. Rémery, *Rapport de la Cour de cassation 1993*, p. 82-84).

2. Pour ce qui est de la recherche de la teneur de la loi étrangère (*infra*, n° 436-2), dont elle fait le prolongement de l'impérativité de la règle de conflit, la jurisprudence la plus récente ne se réfère plus systématiquement à l'indisponibilité des droits litigieux, plaçant l'obligation du juge sous la seule égide de l'article 3 du Code civil. Même si la seule question de la recherche de la loi étrangère est directement concernée, la disparition de toute considération relative à l'indisponibilité des droits litigieux pourrait signifier que l'obligation du juge de trancher le conflit de lois dans ce cas tend désormais à perdre son statut d'exception, le renforcement de l'office du juge en matière de droits disponibles confirmant qu'il ne resterait plus, dans ce dernier champ, que des dérogations étroitement définies au principe général de l'impérativité de la règle de conflit à l'égard du juge.

3. Sur l'emploi d'autres techniques destinées à éviter le développement de pourvois dilatoires, et spécialement sur la technique de la substitution de motifs, v. *GA*, p. 688, et les réf.

cohérent pour l'établissement du contenu de la loi étrangère, qui n'excluerait d'ailleurs pas de tenir compte des coûts y afférant [1].

B / LA MISE EN ŒUVRE DE L'OFFICE DU JUGE

Dans l'hypothèse où il a décidé de l'application d'office de la règle de conflit, le juge devra tenir compte d'un certain nombre d'éléments de nature processuelle. En outre, l'incidence du droit substantiel pourra encore venir perturber le système de solution précédemment évoqué, à travers le jeu de l'équivalence.

1 / L'incidence du droit processuel

367. C'est de diverses manières que le droit processuel marque de son empreinte l'office du juge, au-delà même du devoir qui est le sien de trancher le litige conformément aux règles de droit qui lui sont applicables (art. 12, al. 1 CPC).

Quant à la prise en considération de l'élément d'extranéité, tout d'abord, s'il est interdit au juge de « fonder sa décision sur des faits qui ne sont pas dans le débat » (art. 7, al. 1 CPC), l'article 8 CPC, l'autorise en revanche à « inviter les parties à fournir les explications de fait qu'il estime nécessaire à la solution du litige » ; de sorte que ce dernier texte pourrait être utilement employé pour servir à préciser tel ou tel élément de fait, spécialement en considération de son extranéité éventuelle.

En toute hypothèse, certaines règles de procédure contraindront d'ailleurs les parties à faire état d'éléments d'extranéité. C'est ainsi que dans l'assignation ou la requête, devront nécessairement figurer diverses précisions, parmi lesquelles la nationalité et le domicile, qui pourront suffire à révéler l'extranéité de la situation litigieuse [2].

368. Enfin, l'application d'office de la règle de conflit par le juge est soumise aux exigences du principe de la contradiction portées par l'article 16 CPC. La Cour de cassation a ainsi estimé que « le juge français ne peut faire application d'un texte de loi étranger qu'il a invoqué

1. V. *infra*, n°s 440 et s.
2. V. art. 56, 57, 59, 648 CPC. Comp. Cass. civ. 1re, 20 févr. 2007, pourvoi n° 06-16059, inédit, censurant les juges du fond pour ne pas avoir relevé d'office le conflit de lois résultant, dans un contentieux relatif à l'établissement de la filiation (art. 311-14 C. civ.), de la nationalité étrangère de la mère, révélée par l'assignation.

d'office qu'après avoir invité les parties à s'expliquer contradictoirement sur son application et son interprétation [1] ». Réciproquement, il fut d'ailleurs jugé ultérieurement que les juges du fond avaient violé le principe de la contradiction en « substituant d'office la loi française à la loi espagnole dont l'application n'était pas discutée par les parties, sans inviter celles-ci à présenter leurs observations [2] ».

En dépit d'une décision nettement en retrait à l'égard de telles exigences [3], la Cour de cassation est, semble-t-il, revenue à une acception plus stricte du respect de la contradiction, que les juges du fond aient fait application d'office d'une règle de conflit [4] ou d'une règle matérielle portée par une Convention internationale [5].

2 / L'incidence du droit substantiel

369. Réapparu depuis peu dans le domaine des conflits de lois [6], le jeu de l'équivalence pourrait à son tour venir en perturber le règlement normal. Ainsi, « l'équivalence entre la loi appliquée et celle désignée par la règle de conflit – en ce sens que la situation de fait constatée par le juge aurait les mêmes conséquences juridiques en vertu de ces deux lois – justifie la décision qui fait application d'une loi autre que la loi compétente [7] ».

En dépit des difficultés relatives à la détermination du seuil de l'équivalence, ce procédé est considéré par la Cour de cassation comme un moyen propice à justifier « la décision qui fait application d'une autre loi (le plus souvent française) au lieu de la loi normalement compétente [8] ». Ainsi conçue comme un moyen d'assouplir l'obligation du juge

1. Cass. civ. 1re, 4 avr. 1978, *Rev. crit. DIP*, 1979. 88, 2e esp., note P. Hébraud ; *RTD civ.*, 1979. 419, obs. J. Normand. Et dans le même sens, Cass. civ. 1re, 6 déc. 1977, même réf.

2. Cass. civ. 1re, 16 juin 1992, *Rev. crit. DIP*, 1993. 34, note F. Ameli.

3. Cass. civ. 1re, 11 juin 1996, *D.*, 1997. 3, note F. Monéger ; *Rev. crit. DIP*, 1997. 291, note Y. Lequette.

4. Cass. civ. 1re, 2 déc. 1997, *Bull. civ. I*, n° 336 ; Cass. civ. 1re, 6 déc. 2005, *Bull. civ. I*, n° 469, *Droit & Patrimoine*, décembre 2006, p. 79, obs. M.-E. Ancel.

5. Cass. civ. 1re, 2 oct. 2001, *Bull. civ. I*, n° 237, p. 150 ; *D.*, 2001, AJ, p. 3195 ; A. Sinay-Cytermann, « L'application d'office de la Convention de Vienne relative à la vente internationale de marchandises et le respect du principe du contradictoire », *Gaz. Pal.*, 2003, 1, p. 234 et s.

6. V. déjà : Cass. civ. 1re, 11 juill. 1988, *Rev. crit. DIP*, 1989. 81, note P.-Y. Gautier ; Cass. civ. 1re, 16 févr. 1994, *Rev. crit. DIP*, 1994. 341, note H. Muir Watt. Et, dans le domaine des conflits de juridictions, v. *supra*, n° 280.

7. Cass. civ. 1re, 13 avr. 1999, *Rev. crit. DIP*, 1999. 698, note B. Ancel et H. Muir Watt ; *JCP*, 2000. II. 10261, note G. Légier ; *Gaz. Pal.*, 2000, 1er-2 mars 2000, p. 42, obs. M.-L. Niboyet ; *D.*, 2000. 268, note E. Agostini ; *JDI*, 2000. 315, note B. Fauvarque-Cosson.

8. *BICC*, n° 627 du 15 octobre 2005, n° 1941.

d'appliquer la règle de conflit, la théorie de l'équivalence a dès lors été employée à diverses reprises en jurisprudence pour sauver des décisions ne s'étant qu'imparfaitement conformées aux directives gouvernant l'office du juge [1].

Le rôle du procédé se ressent par ailleurs des vicissitudes affectant la charge de la preuve de la loi étrangère [2]. Lorsque, dans le domaine des droits disponibles, celui qui invoquait la loi étrangère avait la charge de prouver que celle-ci avait un contenu différent de celui de la loi du for, l'équivalence – voire l'identité – entre les deux lois en présence était présumée, sauf précisément à la partie intéressée de démontrer le contraire. Désormais, les cartes se brouillent sur le terrain de la charge de la preuve, et le juge assume très largement lui-même la connaissance de la loi étrangère applicable. Ainsi s'explique qu'aux termes d'un arrêt récent, la Cour de cassation a pu estimer que l'équivalence entre la loi allemande applicable à un délit transfrontière et la loi française aurait dû être justifiée par la cour d'appel, laquelle avait estimé pouvoir faire application de cette dernière loi dès lors simplement que le défendeur n'apportait pas la preuve que la loi allemande présentait un contenu différent [3].

II | Le pouvoir des parties

Les parties peuvent-elles demander au juge l'application d'une loi différente de celle désignée par la règle de conflit ? Cette manifestation de volonté, prenant la forme d'un *accord procédural*, éclaire d'une autre manière le problème de l'applicabilité de la règle de conflit par le juge, qui pourrait être cette fois paralysée par anticipation en raison du pouvoir ainsi octroyé aux parties. Dans cette perspective, l'analyse de la licéité de l'accord procédural (A) précédera celle de son régime (B).

1. V. ainsi : Cass. civ. 1re, 3 avr. 2001, *Rev. crit. DIP*, 2001. 513, note H. Muir Watt ; T. Habu Groud, « L'exception d'équivalence dans la méthode des conflits de lois », *Gaz. Pal.*, 12-13 déc. 2001, p. 22 ; Cass. civ. 1re, 11 janv. 2005, *D.*, 2005. 2924, note J.-G. Mahinga ; *Rev. crit. DIP*, 2006. 85, note M. Scherer ; *JDI*, 2006. 955, note S. Godechot ; *Gaz. Pal.*, 24-26 févr. 2006, p. 21, note M.-L. Niboyet.

2. Sur lesquelles, v. *infra*, nos 436-2 et s.

3. Cass. civ. 1re, 23 janv. 2007, *D.*, 2007. 1244, note N. Bouche ; *Rev. crit. DIP*, 2007. 760, note O. Boskovic ; *D.*, 2008. 876, obs. H. Synvet.

A / LA LICÉITÉ DE L'ACCORD PROCÉDURAL

370. La licéité de l'accord procédural semble désormais bien ancrée dans la jurisprudence. C'est ainsi qu'un arrêt avait naguère pu décider que « pour les droits dont les parties ont la libre disposition, celles-ci peuvent demander l'application d'une loi différente de celle désignée par la règle de conflit [1] ». Plus récemment, d'autres décisions ont pu admettre que « pour les droits dont elles ont la libre disposition, les parties peuvent s'accorder pour demander l'application de la loi française du for, malgré l'existence d'une convention internationale désignant la loi compétente [2] », étant entendu qu'en toute hypothèse, l'accord ne pourra lier que ceux pouvant être considérés comme y étant parties [3].

Réservé à l'hypothèse dans laquelle les parties ont la libre disposition de leurs droits, l'accord procédural permet donc de dispenser le juge de déclencher le jeu de la règle de conflit normalement applicable, l'origine conventionnelle de cette dernière étant indifférente sur ce point. Mais lorsque les parties ont la libre disposition de leurs droits, le juge n'est pas obligé d'appliquer d'office la règle de conflit ; de sorte que la plupart du temps, il suffirait sans doute aux parties de ne pas s'en prévaloir pour que la *lex fori* s'impose, sans même les obliger pour ce faire à passer par l'artifice d'un accord procédural. Celui-ci n'a en effet de sens véritable que dans le contexte d'un système qui oblige le juge du fond à trancher le conflit de lois. En présence d'une simple faculté du juge, l'accord procédural n'aura donc d'utilité réelle que dans l'hypothèse suivante : les parties ayant la libre disposition de leurs droits, le juge userait de la faculté qu'il conserve de faire application de la règle de conflit ; les plaideurs en étant avisés choisiraient alors de se placer sur le terrain de la *lex fori* [4]. À moins que l'accord procédural ne leur permette – comme il est parfois suggéré – non seulement de revenir à la *lex fori*, mais encore de désigner une loi étrangère autre que celle qui serait résultée de la

1. Cass. civ. 1re, 19 avr. 1988, *Roho*, *Rev. crit. DIP*, 1989. 68, note H. Batiffol ; *D.*, 1998, somm. p. 345, obs. B. Audit.

2. Cass. civ. 1re, 6 mai 1997, *Rev. crit. DIP*, 1997. 514, note B. Fauvarque-Cosson ; *JDI*, 1997. 804, note D. Bureau ; *GA*, n° 84. Aj., dans le même sens, Cass. civ. 1re, 1er juill. 1997, *Rev. crit. DIP*, 1998. 60, 2e esp., note P. Mayer ; *D.*, 1999. 274, note J. Massip.

3. Sur ce point, v. Cass. civ. 1re, 22 févr. 2005, *Rev. crit. DIP*, 2005. 304, note P. Lagarde.

4. Comp., conduisant à séparer la question du prononcé du divorce (droit indisponible) de celle des conséquences pécuniaires pouvant en résulter (droit disponible) et admettant le jeu de l'accord procédural au sujet des secondes : Cass. civ. 1re, 11 mars 2009, *JCP G*, 2009, n° 36, 190, note F. Boulanger ; *D.*, 2009. 2084, note A. Devers.

mise en œuvre de la règle de conflit. Cette dernière serait donc doublée, dans les matières où les parties ont la libre disposition de leurs droits, d'une autre règle de conflit conduisant dans un litige donné au choix de la loi désignée par les parties... Non encore exploitée par la jurisprudence, une telle voie paraît cependant particulièrement hasardeuse.

371. En dépit de la licéité affirmée de l'accord procédural, celui-ci ne repose d'ailleurs que sur d'incertains fondements. Les dispositions de l'article 12, alinéa 3 CPC [1] étant apparues à certains auteurs et à certaines décisions [2], de nature à supporter l'accord procédural, la référence – d'ailleurs contestée – à ces dispositions n'est plus évoquée en jurisprudence. Au-delà, on rappellera qu'en toute hypothèse, sa licéité de principe repose sur la notion – désormais cardinale – de libre disposition des droits dont la clarté est sans doute loin d'être la qualité première.

De sorte qu'à nouveau, délaissant les incertains sentiers de la justification théorique, il est assez fréquemment avancé que c'est en raison de ses avantages pratiques que l'accord procédural aurait été consacré. Ces derniers sont pourtant loin d'être avérés : destiné à corriger la rigidité de la règle de conflit normalement applicable, l'accord procédural participe certes d'un mouvement plus général en faveur du développement du rôle de la volonté privée dans le règlement des conflits de lois ; il est cependant loin d'être certain que la jurisprudence puisse ainsi s'aventurer seule sur ce terrain, spécialement dans l'hypothèse où la règle de conflit serait portée par une convention internationale. Censé permettre l'économie de recherches longues et coûteuses sur la loi applicable, il présuppose de surcroît qu'aucune des parties ne prendra la peine de vérifier le contenu d'une loi étrangère ayant vocation à s'appliquer, alors même que cette dernière lui permettrait peut-être de gagner le procès dans lequel elle est engagée...

B / LE RÉGIME DE L'ACCORD PROCÉDURAL

372. Le régime de l'accord procédural entraîne à son tour vers d'incertaines réponses. Au sujet de la forme qu'il doit revêtir, tout d'abord : après avoir exigé un accord exprès [3], la Cour de cassation s'est

1. « Toutefois [le juge] ne peut changer la dénomination ou le fondement juridique lorsque les parties, en vertu d'un accord exprès et pour les droits dont elles ont la libre disposition, l'ont lié par les qualifications et points de droit auxquels elles entendent limiter le débat. »
2. Cass. civ. 1re, 19 avr. 1988, préc.
3. Cass. civ. 1re, 19 avr. 1988, préc.

en effet contentée de la simple convergence des conclusions des parties invoquant une autre loi que celle qui était normalement désignée par la règle de conflit [1]. Les dernières évolutions de la jurisprudence en matière de preuve de la loi étrangère [2] pourraient cependant conduire à une conception moins tolérante de l'accord procédural [3].

Le système juridique au sein duquel la libre disposition des droits se doit d'être appréciée nourrit des discussions comparables : certains estiment en effet que le système de référence devrait être celui de la *lex fori*, tandis que d'autres renvoient à la *lex causae*. La jurisprudence n'a quant à elle pas pris explicitement parti dans ce débat, bien qu'en pratique, elle se soit conformée systématiquement aux seuls enseignements de la *lex fori*.

C'est enfin la portée de l'accord procédural qui a pu être discutée : les parties peuvent-elles se contenter d'évincer la règle de conflit, ou peuvent-elles aller jusqu'à désigner une autre loi étrangère ? Dans sa dernière expression, la Cour de cassation semble – prudemment – n'autoriser qu'un retour à « la loi française du for [4] ».

373. S'agissant de l'applicabilité de la règle de conflit – au cœur du raisonnement conflictuel –, on pourra finalement s'étonner des évolutions saccadées de la jurisprudence comme de l'incertitude des fondements censés la soutenir. Une vision plus exigeante aurait pourtant pu conduire à un tout autre système de solution : généralisant le devoir du juge d'appliquer en toutes circonstances la règle de conflit, il serait demeuré possible aux parties de déroger aux dispositions contenues dans la loi ainsi désignée, dans l'exacte mesure où cette dernière l'aurait admis.

ÉTAT DES QUESTIONS

B. G. — J.-P. Ancel, « Le juge français et la mise en œuvre du droit étranger », in *Rapport de la Cour de cassation 1997*, La Documentation française, 1998, p. 33 ; J.-M. Bischoff, *La compétence du droit français dans le règlement des conflits de lois*, LGDJ, 1959, préf. A. Weill ; « Rapport introductif à la table ronde sur le régime de la loi

1. Cass. civ. 1re, 6 mai 1997, préc. ; Cass. civ. 1re, 1er juill. 1997, préc.
2. V. *infra*, n° 438.
3. En ce sens, v. B. Ancel et H. Muir Watt, *Rev. crit. DIP*, 2005, p. 657. Comp., en matière interne, Cass. civ. 2e, 14 sept. 2006, *Bull. civ. II*, n° 217 ; *Procédures*, 2006, comm. 229, obs. R. Perrot : « Une simple concordance des conclusions échangées de part et d'autre ne constitu[e] pas l'accord exprès qui pourrait, selon l'article 12 du nouveau code de procédure civile, lier le juge par des points de droit auxquels les parties auraient entendu limiter le débat. »
4. Cass. civ. 1re, 6 mai 1997, préc. ; Cass. civ. 1re, 1er juill. 1997, préc.

étrangère en France après les arrêts des 11 et 18 octobre 1988 », *Trav. Com. fr. DIP*, 1990-1991, p. 19 ; G. Bolard, « Les tribulations de la loi étrangère devant le juge français », in *Études en l'honneur de A. Ponsard*, Litec, 2003, p. 103 ; A. Bolze, « L'application de la loi étrangère par le juge français : le point de vue d'un processualiste », *D.*, 2001, chron. p. 1818 ; « Cent ans d'application de la loi étrangère par le juge français », in *Écrits rédigés en l'honneur de J. Foyer*, Économica, 2008, p. 87 et s ; D. Bureau, « L'application d'office de la loi étrangère. Essai de synthèse », *JDI*, 1990. 317 ; « L'accord procédural à l'épreuve », *Rev. crit. DIP*, 1996. 587 ; C. David, *La loi étrangère devant le juge du fond*, Dalloz, 1964, préf. H. Batiffol ; T. de Boer, « Facultative choice of law : The procedural status of choice-of-law rules and foreign law », *RCADI*, 1996, t. 257, p. 223 ; P. de Vareilles-Sommières, « Glossaire de l'application judiciaire de la loi étrangère », in *Études offertes à J. Normand*, Litec, 2003, p. 485 ; B. Fauvarque-Cosson, *Libre disponibilité des droits et conflits de lois*, LGDJ, 1996, préf. Y. Lequette ; « Le juge français et le droit étranger », *D.*, 2000, chron. p. 125 ; « L'accord procédural à l'épreuve du temps », in *Mélanges en l'honneur de P. Lagarde*, Dalloz, 2005, p. 263 ; J. Lemontey et J.-P. Rémery, « La loi étrangère dans la jurisprudence actuelle de la Cour de cassation », in *Rapport de la Cour de cassation 1993*, La Documentation française, 1994, p. 81 ; H. Gaudemet-Tallon, « De nouvelles fonctions pour l'équivalence en droit international privé ? », in *Mélanges en l'honneur de P. Lagarde*, Dalloz, 2005, p. 303 ; T. Habu Groud, « L'exception d'équivalence dans la méthode des conflits de lois », *Gaz. Pal.*, 12-13 déc. 2001, p. 22 ; M.-N. Jobard-Bachellier, « De la distinction nécessaire entre l'accord procédural interne et l'accord procédural international, en présence même d'éléments d'extranéité », *Gaz. Pal.*, 12-13 déc. 2001, p. 13 ; G. Lardeux, « La reconnaissance du statut de règle de droit à la règle de conflit de lois », *D.*, 2003, chron. p. 1513 ; Y. Lequette, « L'abandon de la jurisprudence *Bisbal* », *Rev. crit. DIP*, 1989. 277 ; J. Maury, « La condition de la loi étrangère en droit français », *Trav. Com. fr. DIP*, 1948-1952, p. 97 ; P. Mayer, « L'office du juge dans le règlement des conflits de lois », *Trav. Com. fr. DIP*, 1975-1977, 233 ; « Le juge et la loi étrangère », *Rev. suisse dr. internat. et europ.*, 1991. 481 ; H. Muir Watt, « Sur l'actualité de la jurisprudence Roho : de la licéité de l'accord procédural en matière de conflit de lois », *Justices*, 1997, n° 6, p. 264 ; « Les péripéties internationales de l'article 12 du nouveau Code de procédure civile ou la définition contemporaine du conflit de lois dans l'espace », in *Mélanges en l'honneur de C. Gavalda*, Dalloz, 2001, p. 235 et s. ; *Rép. dr. internat.*, V° « Loi étrangère » ; H. Motulsky, « L'office du juge et la loi étrangère », in *Mélanges offerts à J. Maury*, Dalloz-Sirey, 1960, I, p. 337 ; « L'évolution récente de la condition de la loi étrangère en France », in *Mélanges offerts à R. Savatier*, Dalloz, 1961, p. 651 ; M.-L. Niboyet-Hoegy, « La mise en œuvre du droit international privé conventionnel », in *Mélanges en l'honneur de R. Perrot*, Dalloz, 1996, p. 313 ; « Office du juge et déclenchement du mécanisme conflictuel », *in* T. Azzi, O. Boskovic (dir.), *Quel avenir pour la théorie générale des conflits de lois ?*, *op. cit.*, p. 19 et s. ; A. Ponsard, « L'office du juge et l'application du droit étranger », *Rev. crit. DIP*, 1990. 607 ; A. Verdot, « L'applicabilité de la règle de conflit de lois d'origine conventionnelle en question », *D.*, 2006, chron. p. 260 ; Cl. Witz (dir.), *Application du droit étranger par le juge national : Allemagne, France, Belgique, Suisse*, vol. 15, Société de législation comparée, « Droit comparé et européen », 2014 ; *Les Problèmes actuels posés par l'application des lois étrangères* (*Actes du colloque austro-franco-germano-suisse de droit international privé comparé des 22 et 23 mai 1986*), LGDJ, 1988.

HISTOIRE DES MÉTHODES

374. La critique de la simple faculté offerte au juge de faire application d'office de la règle de conflit selon son bon vouloir trouverait dans l'histoire un écho assourdi. On méditera ainsi, avec H. Lévy-Ullmann, sur « le passage de l'impressionnisme au rationalisme, de l'effort rationnel dressé en face de l'instinct, par substitution notamment à la méthode proposée par Aldricus, en vertu de laquelle le juge tranche le conflit selon ce qui lui paraît le meilleur et le plus utile, de celle qui, selon Accurse, repose sur la glose, appel à la raison » (*Les fondements de la doctrine universaliste en matière de conflits de lois*, Paris, Les Cours de Droit, 1935-1935, spéc. p. 21). Où l'on voit se réinstaller une forme nouvelle d'impressionnisme, la rigidité de la règle de conflit étant évincée au profit de solutions jugées meilleures ou plus simples à mettre en œuvre. C'est là toute la différence entre un système de droit international privé et une collection de solutions d'espèce… Dogmatisme contre pragmatisme. À supposer toutefois que les principes dits dogmatiques ne s'accompagnent d'aucune considération d'ordre pratique, ce qui est très loin d'être avéré.

HISTOIRE DES IDÉES

375. Sur l'arrêt *Bisbal*. — On s'accorde généralement à reconnaître que l'arrêt *Bisbal* « emprunta sa motivation à une formule du traité élémentaire de M. Batiffol qui ne se voulait elle-même qu'une synthèse de la jurisprudence antérieure » (*GA*, n°s 32-34, spéc. p. 287). Le doyen Batiffol lui-même avait ainsi écrit à propos de cette solution : « L'arrêt *Bisbal*, le premier, l'a affirmé[e] clairement. La Cour de cassation pourrait répondre que cette affirmation était implicitement contenue dans les arrêts antérieurs. Elle y était si bien contenue que les auteurs avaient précisément dégagé de la jurisprudence cette solution. Les auteurs avaient écrits et moi-même entre autres, que, en jurisprudence, la règle de conflit de lois n'était pas considérée comme d'ordre public dans la mesure où elle donnait compétence à la loi étrangère » (*Nationalisme et internationalisme en droit international privé*, Cours IHEI, 1963-1964, 2 fasc. ronéotyp., spéc. p. 116). Il est vrai qu'en 1951 encore, J. Maury (« La condition de la loi étrangère en droit français », *Trav. Com. fr. DIP*, 1948-1952, p. 96 et spéc. p. 112) pouvait affirmer – références à l'appui – que le juge « n'est tenu d'appliquer la loi étrangère que si les parties ou l'une d'elles le demande, il n'est pas obligé de l'appliquer d'office (V. Batiffol, *Traité élémentaire*, n° 336 ; Niboyet, *Traité*, t. III, n° 1054) ». Dans le fil de sa communication, l'auteur fut cependant amené à revenir sur « l'obligation ou l'absence d'obligation d'appliquer d'office la loi étrangère, c'est-à-dire de faire ou non jouer obligatoirement la règle de conflit du for », ce qui le conduisit à poser la question suivante : « Croit-on qu'il soit bon de permettre à des magistrats français – systématiquement, s'ils le veulent – de prononcer, par application de la loi française, le divorce d'époux italiens ? » (*op. cit.*, p. 116). Interrogation d'autant plus remarquable qu'elle reposait sur des faits identiques à ceux de l'arrêt *Bisbal*, hormis la nationalité (italienne et non espagnole) des parties, sans d'ailleurs que l'hypothèse d'école n'en soit fondamentalement modifiée. Or, à la suite de cette Communication, le doyen Batiffol s'interrogea en ces termes : « cet exemple doit nous faire réfléchir sur le prétendu bien-fondé de la règle que j'ai cru pouvoir énoncer, comme beaucoup d'autres, à savoir que le juge français n'applique pas la loi étrangère d'office. Cette application d'office de la loi étrangère, jusqu'ici a paru en effet inutile, peu souhaitable, mais à l'examen, l'exemple que vous donnez paraît montrer qu'elle est peut-être dangereuse dans sa généralité et, sur ce point, vous nous avez conduits à réfléchir » (*op. cit.*, p. 129). Est-ce à dire que la reproduction dans l'arrêt *Bisbal* de la formulation contenue dans le *Traité* de Batiffol ne correspondait plus en réalité à la pensée de son auteur ? On serait d'autant plus enclin à le penser que dans les éditions du *Traité* postérieures à 1951, le doyen Batiffol précisait qu'il « serait assurément choquant... que des époux italiens demandent le divorce en France par application de la loi française, sans que le juge puisse leur opposer l'interdiction notoire du divorce par leur loi personnelle » (*Traité*, 3e éd. 1954, n° 336, p. 392). L'arrêt *Bisbal* ne serait-il ainsi que l'expression d'une mauvaise interprétation de cette doctrine éminente ? Rien n'est moins sûr, comme le relevait le doyen Batiffol lui-même : « J'admettais implicitement que, si le juge n'est pas obligé de soulever d'office l'application de la loi étrangère, il peut le faire. Ce qui est bien en effet ce qui a été décidé par la Cour de cassation. Mais je reconnais que je n'avais pas été jusqu'à affirmer que le juge aurait l'obligation de soulever d'office la compétence de la loi étrangère quand elle n'aurait pas été invoquée par les parties. De sorte que l'arrêt *Bisbal* peut être présenté comme entièrement conforme à ce que les commentateurs avaient décidé auparavant » (*Nationalisme et internationalisme en droit international privé*, préc., p. 117). Comment comprendre alors, dans de telles circonstances, la critique de l'arrêt *Bisbal* par l'éminent auteur ? Par un aveu d'humilité, tout à fait exemplaire : « On se demandera pourquoi le problème a été examiné après l'arrêt *Bisbal* au lieu de l'avoir été avant, notamment par le signataire de ces lignes. L'exemple est assez remarquable de la nécessité d'un cas concret et d'une décision de la jurisprudence pour rendre palpables aux commentateurs les conséquences de positions déterminées. Maury avait soulevé le problème il y a plusieurs années déjà, il a fallu l'arrêt rapporté pour obliger à le regarder en face » (H. Batiffol, note sous Civ. 1re, 12 mai 1959, *Rev. crit. DIP*, 1960. 62, *in fine*).

Sur les arrêts *Schule* et *Rebouh*. — Rendus tous deux sous la présidence d'André Ponsard, l'influence directe de celui-ci est manifeste (v. A. Ponsard, « La pratique judiciaire de la Cour de cassation », in *Les problèmes actuels posés par l'application des lois étrangères*, LGDJ, 1988, p. 34 et spéc. p. 37 ; « Vérité et Justice (La vérité et le procès). Rapport français », in *La vérité et le droit*, Trav. Assoc. Capitant, t. XXXVIII, 1987, Économica, 1989, p. 673 ; « L'office du juge et l'application du droit étranger », *Rev. crit. DIP*, 1990. 607. Et, sur la mesure de cette influence : J. Lemontey, J.-P. Ancel, « André Ponsard, un internationaliste à la Cour de cassation », in *Études en l'honneur de A. Ponsard*, Litec, 2003, p. 207). L'influence indirecte – mais non moins importante – est sans doute celle de Motulsky, qui mena inlassablement le combat doctrinal en faveur de l'obligation pour le juge d'appliquer d'office la règle de conflit (v. not. : « L'office du juge et la loi étrangère », in *Mélanges Maury*, 1960, I, p. 337 ; « L'évolution récente de la condition de la loi étrangère en France », in *Mélanges Savatier*, 1961, p. 651). La vision des principes directeurs du procès défendue par Motulsky – qui contribua à leur élaboration même dans le nouveau Code de procédure civile – est tout entière consacrée dans les arrêts des 11 et 18 octobre 1988.

Sur l'arrêt *Coveco*. — Imposer au juge l'application d'office de la règle de conflit dans les matières où les parties n'ont pas la libre disposition de leurs droits recueillait le soutien d'un important courant doctrinal (H. Batiffol, *Rev. crit. DIP*, 1960. 62 ; H. Batiffol, P. Lagarde, *Traité*, n° 329, p. 384 ; Y. Loussouarn, P. Bourel, n° 241, p. 377 ; D. Holleaux, J. Foyer, G. de La Pradelle, n° 395, p. 221 ; B. Audit, *D.*, 1987, somm., p. 345 ; H. Gaudemet-Tallon, *JDI*, 1987. 927). Encore fallait-il bien comprendre la signification d'un tel système de solution : procédant « par élagage de ce que la solution avait de plus choquant » (*GA*, 1re éd. p. 461), ce tempérament aux principes posés par la jurisprudence *Bisbal* n'était pas essentiellement proposé en tant que tel, pour sa valeur intrinsèque, mais parce qu'il permettait de limiter la portée d'un système jugé très critiquable. Il y avait donc davantage de résignation que de réelle approbation dans l'admission d'un tel palliatif. Aussi bien, si l'on pouvait s'en contenter – comme médiocre mais efficace moyen de limiter la jurisprudence *Bisbal* – avant le revirement opéré par les arrêts *Rebouh* et *Schule*, une telle proposition paraissait frappée de caducité après ces derniers. La formule de l'arrêt *Coveco*, plus nettement encore qu'en son temps celle de l'arrêt *Bisbal*, apparaît donc en singulier décalage avec la pensée de la doctrine qui s'y référait.

THÉORIE JURIDIQUE

376. Sur la conception sous-jacente du droit international privé. — Non applicable d'office, susceptible de renonciation de la part des parties en litige, se dessine une vision particulière de la règle de conflit. Est-ce là reconnaître que, consciente de ses imperfections, elle accepterait alors de s'effacer ? Le système est en réalité bien différent de celui – actuellement en vogue – des clauses d'exception : ne serait-ce que parce qu'il accepte l'effacement de la règle de conflit avant même que celle-ci ne soit encore enclenchée. Ce qui pourrait en outre apparaître comme la marque d'une certaine modestie du droit international privé français, est de surcroît tourné vers un tout autre dessein : l'application privilégiée de la *lex fori*, celle de la loi étrangère n'étant concédée qu'en seconde main. Reste alors à se demander si une telle conception demeure compatible avec la conception générale du droit international privé classiquement prônée, qui postulant l'égalité des lois en présence (H. Batiffol, *Aspects philosophiques du droit international privé*, p. 102 et s.), ne résiste qu'assez difficilement à ces diverses manifestations de préférence envers la *lex fori*. Le rapport précité de la Cour de cassation de 1993 renvoie bien davantage à l'entrée de considérations d'économie de la justice dans la gestion du contentieux international d'intérêt privé, infléchissant au besoin la fonction classiquement attribuée à la règle de conflit de lois.

Sur la libre disposition des droits. — Les contours de la notion demeurent encore mal assurés, en dépit des travaux consacrés à les cerner au sujet de la renonciation des droits (v. not. Travaux de l'Association H. Capitant, *Les renonciations au bénéfice de la loi en droit privé*, t. XIII, 1963), de l'arbitrabilité (v. not. B. Oppetit, « L'arbitrabilité en matière de brevets d'invention après la loi du 13 juillet 1978 », *Rev. arb.*, 1979. 83) ou du conflit de lois (B. Fauvarque-Cosson, *Libre disponibilité des droits et conflits de lois*, LGDJ, 1996, préf. Y. Lequette). La notion serait-elle parfaitement délimitée qu'il conviendrait encore de s'interroger sur ses fonctions : disposer de ses droits justifie-t-il que le juge soit investi d'une mission particulière au stade de l'application de la règle de droit, beaucoup moins exigeante qu'en présence de droits non disponibles ? Est-ce autoriser les parties à imposer au juge de méconnaître la règle de conflit normalement applicable ? Est-ce consacrer la volonté des parties au profit de la désignation de n'importe quelle règle de droit ? Il est incontestable que désormais des considérations d'économie procédurale s'introduisent au sein de l'office du juge, conduisant à distinguer sous cet angle les contentieux purement commerciaux et les autres. De telles considérations pourraient être envisageables, du moins si le critère de distinction permettait de réallouer des ressources judiciaires aux affaires dont le règlement juridictionnel revêt un intérêt pour le public, à la différence de celles qui visent au simple ajustement d'intérêts privés. Dans le même temps, il importe cependant que ne soient pas perdues de vue les exigences d'une administration cohérente et juste du conflit de lois. Une voie moyenne consisterait alors à cantonner la portée de l'économie procédurale sur le terrain de la charge de la preuve de la loi étrangère, lorsque des intérêts purement privés sont en cause (v. *infra*, n° 440).

Au-delà de ces débats classiques, une question est venue récemment se poser en des termes renouvelés, notamment à l'occasion de l'examen du règlement du 20 décembre 2010 mettant en œuvre une coopération renforcée dans le domaine de la loi applicable au divorce et à la séparation de corps : la faculté de choix offerte aux parties dans des matières naguère réputées indisponibles est-elle de nature à produire effet sur le terrain de l'applicabilité de la règle de conflit ? Alors même que cette question procédurale relève de la compétence des États-membres, il est difficile de ne pas voir que l'option de compétence est de nature à influer au moins indirectement sur son régime processuel (v. P. Lagarde, *obs. Rev. crit. DIP* 2010. 357). La question demeure cependant complexe et fait l'objet de réponses partagées en doctrine. Si c'est bien la nature des droits qui dicte le régime, et non l'inverse, on pourrait certes estimer que la matière du divorce devrait conduire à l'application d'office de la règle de conflit, celle-ci autorisant alors – mais ensuite seulement – un certain choix de loi. La solution permettrait de surcroît de dépasser les particularités nationales de mise en œuvre des règles de droit international privé contenues dans un règlement européen. Il n'en demeure pas moins surprenant de considérer comme indisponible un droit dont les parties, à partir du choix de loi qui leur est offert, disposent bien d'une certaine manière. De ce point de vue, l'introduction en France d'un divorce par consentement mutuel pourrait cependant inciter à reconsidérer la question (v. *infra*, n°s 753-1 et s.).

TECHNIQUE JURIDIQUE

377. Sur le caractère facultatif de la règle de conflit, affirmé par l'arrêt *Bisbal* dans les termes suivants : « Les règles françaises de conflit de lois, en tant du moins qu'elles prescrivent l'application d'une loi étrangère, n'ont pas un caractère d'ordre public, en ce sens qu'il appartient aux partie d'en réclamer l'application ». La formule repose sur une acception de la notion de règle facultative qui n'est pas même conforme au système mis en place par la jurisprudence *Bisbal*. La règle facultative est en effet celle dont la mise en œuvre dépend, non pas du juge, mais des parties. Il s'agit des « prérogatives », règles de droit qui n'entrent en jeu que sur l'initiative des parties et dont le plaideur doit donc nécessairement demander l'application. Mais cette conception de la règle facultative n'est que très imparfaitement transposable à la règle de conflit, car c'est uniquement en raison de l'avantage qu'elles procurent aux parties que de telles règles doivent être revendiquées pour être appliquées ; or, la règle de conflit ne confère, en elle-même, aucun avantage aux parties : elle se contente de désigner la loi applicable. À supposer insuffisant ce premier constat, on pourra faire valoir de surcroît que cette transposition de la notion de règles facultatives est incompatible avec l'arrêt CACB, offrant au juge la faculté d'appliquer sur sa seule initiative la règle de conflit : s'il s'agissait vraiment d'une faculté offerte au plaideur, le juge ne devrait jamais pouvoir la mettre en œuvre spontanément. Il faudrait toujours que les plaideurs le lui demandent.

Sur *l'estoppel.* — Le mécanisme de *l'estoppel* est parfois invoqué pour expliquer l'irrecevabilité du moyen tiré pour la première fois devant la Cour de cassation de l'applicabilité de la loi étrangère, en tant qu'il stigmatise l'attitude contradictoire adoptée par un plaideur au détriment de l'adversaire en cours d'instance. Mais ce qui relève spécifiquement de *l'estoppel*, par rapport à d'autres types de comportements incohérents ou de mauvaise foi, c'est le fait que l'argument juridique contradictoire tend à aller à l'encontre d'une représentation adoptée dans la réalité, en dehors du prétoire. C'est précisément le cas lorsque la nullité de la procédure arbitrale est invoquée par celui qui en a pris l'initiative et qui y a participé activement (v. Cass. civ. 1re, 6 juill. 2005, *Golshani*, *Rev. crit. DIP*, 2006. 602, note H. Muir Watt, *JDI*, 2006. 608, note M. Behar-Touchais, *Rev. arb.*, 2005. 993, note L. Pinsolle), ou l'irrégularité d'un jugement de divorce par l'époux qui en a recherché activement le prononcé (Cass. civ. 1re, 19 janv. 1983, *Conlon*, *Rev. crit. DIP*, 1984. 492, note P. Mayer, *JDI*, 1984. 898, note G. Wiederkehr). En revanche, le changement d'argumentaire au sein même du prétoire ressortit au champ de l'obligation de concentration des moyens. Aux termes de l'arrêt *Cesareo* de l'Assemblée plénière du 7 juillet 2006 (*D.*, 2006. 2135, note L. Weiller, *JCP*, 2006.II.10070, note G. Wiederkehr ; *RTDciv.*, 2006. 825, obs. R. Perrot ; *JCP*, 2006.I.183, obs. S. Amrani-Mekki), « *il incombe au demandeur de présenter dès l'instance relative à la première demande l'ensemble des moyens qu'il estime de nature à fonder celle-ci* ». Élargissant les critères de l'autorité de chose jugée, de façon à faire prévaloir l'unicité du résultat concrètement recherché sur la diversité des moyens juridiques invocables, la Cour de cassation oblige les plaideurs à concentrer en une seule instance l'ensemble des moyens tendant à une même finalité. En effet, le comportement qui est stigmatisé n'est pas le fait que les moyens successivement invoqués soient théoriquement contradictoires (par exemple, plaider sur le fondement de la loi française puis de la loi étrangère). C'est au contraire le fait pour le plaideur d'avoir omis – délibérément, afin de se réserver l'occasion d'une nouvelle « arme » dilatoire, ou par simple négligence – à l'occasion de la première instance, d'invoquer un moyen qu'il avait parfaitement la possibilité de faire valoir dès l'origine, fût-ce à titre subsidiaire. Cela dit, il est certain que l'estoppel et l'obligation de concentration des moyens partagent un double fondement à la fois moral et économique. Ils visent en effet tous deux à la fois à empêcher la déloyauté procédurale et à répondre aux exigences de l'économie procédurale. Au demeurant, il n'est pas inintéressant de relever qu'en droit anglais, dont nous vient l'inspiration d'ordre équitable de « la règle de l'estoppel », l'autorité de chose jugée n'a pas un fondement distinct de celui-ci, dont elle constitue tout simplement l'une des variantes.

Sur l'office du juge et les conventions unifiantes. — Lorsqu'est applicable une « convention unifiante » (une convention internationale portant des règles de droit substantiel applicables en matière internationale, généralement pour une catégorie de contrats donnée : par exemple, la Convention de Vienne du 11 avril 1980 sur la vente internationale de marchandises, dite CVIM, ou la Convention de Genève du 19 mai 1956 sur le transport maritime de marchandises, dite CMR), l'office du juge présente une certaine spécificité par rapport à l'hypothèse où le litige relève d'une règle de conflit de lois de source conventionnelle. Dans ce dernier cas, l'origine internationale de la règle de conflit n'a aucun impact sur le régime procédural de cette dernière (depuis Cass. civ. 1re, 26 mai 1999, *Mutuelle du Mans*, préc.) ; elle est soumise au régime de la règle de conflit de droit commun, en vertu duquel l'obligation du juge du fond de la mettre en œuvre d'office est tributaire de la seule nature indisponible des droits litigieux (v. *supra*, n° 365). En revanche, il ressort de la jurisprudence de la Cour de cassation que lorsque le litige relève du champ d'une convention unifiante (établissements des parties dans deux État-contractants différents pour la CVIM ; transport effectué entre deux ports situés dans des État-contractants pour la CMR), celle-ci est toujours applicable d'office par les juges du fond. La Convention constitue en effet le droit français substantiel dans le champ qu'elle s'assigne. Ensuite, l'instrument en question peut régler comme il l'entend sa propre force obligatoire à l'égard des parties. Ainsi, la CMR interdit toute dérogation à ses propres dispositions (art. 41), ce qui exclut de voir dans le silence des parties un accord procédural (Cass. com. 17 mars 1992, *Rev. crit. DIP*, 1993. 462, note J.-P. Rémery ; plus récemment, Cass. com., 30 juin 2009, *Bull. IV*, 2009, n° 91). En revanche (en dehors de son article 12), la CVIM se reconnaît un caractère supplétif (art. 6), permettant aux parties de l'écarter par un choix de loi ou par des stipulations contractuelles contraires. Par l'effet d'un glissement de raisonnement, les juges du fond se voient parfois dispensés de l'application d'office, au motif que le silence commun des parties sur l'applicabilité de l'instrument vaut accord procédural (Cass. civ. 1re, 26 juin 2001, *Rev. crit.DIP*, 2002. 93, note H. Muir Watt, *D.*, 2001. 3607, note Cl. Witz ; puis, affirmant l'applicabilité d'office mais admettant l'accord tacite contraire, Cass. civ. 1re, 25 oct. 2005, *Rev. crit. DIP*, 2006. 373, note D. Bureau, *D.*, 2007. 530, note Cl. Witz). Reposant sur un mécanisme de *opt-out*, la CVIM relève de ce fait du *opt-in*. Comp. Cass. com., 3 février 2009, *JDI*, 2010. 496, note J.-M. Jacquet.

Sur l'incidence des principes directeurs du procès. — V. H. Muir Watt, « Les péripéties internationales de l'article 12 CPC ou la définition contemporaine du conflit de lois dans l'espace », in *Mélanges en l'honneur de C. Gavalda*, Dalloz, 2001, p. 235 et s. La grande question est ici celle de la confrontation de l'ensemble jurisprudentiel édifié aux principes directeurs du procès tels qu'ils sont exprimés au sein du CPC. Il est vrai que certains ont pu estimer que « les rédacteurs des décrets de 1971 et 1973, repris dans le nouveau Code, et ceux du Code lui-même, n'ont pas eu, en général, en vue les litiges de droit international privé » (P. Mayer, « L'office du juge dans le règlement des conflits de lois », *Trav. Com. fr. DIP*, 1975-1977, spéc. p. 235). Ce qui est possible, sans pour autant que l'on puisse en déduire que les principes directeurs n'ont pas vocation à appréhender toute forme de litige, fût-il international. À supposer admis le principe d'une telle application – dont la jurisprudence a d'ailleurs parfois témoigné – l'interprétation de plusieurs des dispositions figurant au sein des principes directeurs se décline alors sous des formes variées.

— Art. 12, alinéa 1er. De prime abord, le revirement de la jurisprudence *Bisbal* semblait conforme aux dispositions – fondamentales – exprimées à l'article 12, alinéa 1er CPC, aux termes desquelles : « Le juge tranche le litige conformément aux règles de droit qui lui sont applicables ». Le texte, visé par les arrêts des 11 et 18 octobre 1988, avait d'ailleurs vu sa formulation renforcée par le chapeau de ces décisions, relevant que « le juge doit trancher le litige conformément aux règles de droit qui lui sont applicables ». Dès lors, comme le juge doit trancher le litige conformément aux règles de droit qui lui sont applicables, il doit appliquer la règle de conflit même si les parties ne lui demandent pas. Il est vrai que cette simple lecture – lecture simpliste pour certains – des principes directeurs n'est pas unanimement partagée, l'article 12, alinéa 1er devant composer avec les autres dispositions l'entourant.

— Art. 12, alinéa 2. Aux termes de ce texte, le juge « doit donner ou restituer leur exacte qualification aux faits et actes litigieux sans s'arrêter à la dénomination que les parties en avaient proposée ». Inexactement qualifiée d'interne, la situation devrait-elle alors être requalifiée d'internationale par le juge ? Selon l'interprétation la plus récente – et non la moins controversée – de ces dispositions, si l'art. 12 CPC oblige le juge à donner ou restituer leur exacte qualification aux faits et actes litigieux invoqués par les parties au soutien de leurs prétentions, il ne lui fait pas obligation, sauf règles particulières, de changer la dénomination ou le fondement juridique de leurs demandes (C. cass., ass. plén., 21 déc. 2007, *BICC*, n° 680, 15 avril 2008, rapp. D. Loriferne, avis R. de Gouttes ; *JCP*, 2008.II.10006, note L. Weiller ; O. Deshayes, *D.*, 2008, chron. p. 1102). Le particularisme des règles de conflit (serait-on là en présence de « règles particulières » ?) y a résisté (v. par ex. : Cass. civ. 1re, 9 janvier 2008, *JDI*, 2008. 1051, note P. Courbe).

— Art. 12, alinéa 3 (ancien). Lorsque les parties sollicitent l'application d'une règle de droit, est-il réellement du devoir du juge de rechercher la règle de droit qu'il estime adéquate ? Autrement dit, si les parties se fondent sur telle règle du C. civ. français, le juge doit-il faire intervenir la règle de conflit pertinente en l'espèce ? Dans cette hypothèse, est-ce une simple faculté ou un devoir pour le juge ? Certains estiment qu'il ne s'agit que d'une simple faculté, invoquant pour ce faire l'article 12, alinéa 3 CPC, selon lequel : « Le juge peut relever d'office les moyens de pur droit, quel que soit le fondement juridique invoqué par les parties. » Dire que le juge peut, ce serait donc dire qu'il n'est pas tenu d'une obligation en ce domaine. À ceci près cependant que ces dispositions ont été annulées par le Conseil d'État (12 oct. 1979, *D.*, 1979, 606, note Bénabent ; *JCP*, 1980. II. 19288, concl. Franck et note Boré ; *Gaz. Pal.*, 1980, 1, 6, note Julien). Devant l'incertitude d'un tel fondement, il est préférable de découvrir en de telles circonstances un véritable devoir du juge : car refuser de faire application de la règle de droit adéquate (la règle de conflit) revient à violer la loi ; ce refus d'application de la loi équivaut à sa fausse application, indiscutablement sanctionnée quant à elle par la Cour de cassation. Dès lors, si la Cour de cassation doit faire respecter l'obligation d'appliquer la règle de conflit adéquate, c'est parce qu'à défaut, on autoriserait le juge à méconnaître impunément la loi, à appliquer le droit interne là où les conditions d'application de la règle de conflit étaient réunies.

— Art. 7, alinéa 2. La discussion ne s'arrête pas là cependant, car si la règle de conflit est une règle de droit, l'élément d'extranéité, qui en conditionne l'application, est du fait. Alors, si les parties n'invoquent pas spécialement ce fait au soutien de leur prétention, c'est-à-dire s'ils ne se fondent pas expressément sur la nationalité étrangère, le domicile à l'étranger..., au soutien de l'application d'une règle de droit, quelle doit être l'attitude du juge ? Pour répondre à cette question, certains invoquent alors l'art. 7, al. 2 CPC : « Parmi les éléments du débat, le juge peut prendre en considération même les faits que les parties n'auraient pas spécialement invoqués au soutien de leurs prétentions ». Un raisonnement comparable au précédent est alors développé en ces termes : le texte énonçant que le juge « peut », et « pouvoir n'étant pas devoir, le juge français n'est pas obligé de relever d'office les éléments d'extranéité non invoqués par les parties dont il a connaissance et qui commandent l'application de la règle de conflit ». Une telle lecture apparaît cependant discutable : comment imposer au juge de trancher le litige conformément à la règle de droit qui lui est applicable (art. 12), tout en ne lui offrant qu'une simple faculté dans la recherche des faits qui la conditionne (art. 7, al. 2) ? Il n'y a cohérence entre les articles 12 et 7 que si l'on admet que les deux textes sont indissociables : l'article 7 est au service de l'article 12. Aussi lorsque le texte de l'article 7 confère au juge un pouvoir, on peut en réalité y découvrir la marque d'une aptitude et non l'expression d'une simple éventualité. Devant appliquer le droit, lui est donc confié le pouvoir (la puissance, non le loisir) de prendre en considération parmi les éléments du débat les faits qui en conditionnent l'application.

— Art. 12, alinéa 3 (dans sa rédaction actuelle). C'est à propos de l'accord procédural qu'est parfois invoqué ce texte, rédigé de la manière suivante : « Toutefois, il [le juge] ne peut changer la dénomination ou le fondement juridique lorsque les parties, en vertu d'un accord exprès et pour les droits dont elles ont la libre disposition, l'ont lié par les qualifications et points de droit auxquels elles entendent limiter le débat. » Certains arrêts s'y sont en effet référés explicitement en la matière (Cass. civ. 1re, 19 avr. 1988, *Rev. crit. DIP*, 1989. 69, note H. Batiffol ; *D.*, 1988, Somm. 345, obs. B. Audit ; Cass. civ. 1re, 6 déc. 1988, *RGAT*, 1989. 569, obs. F. Chapuisat ; Cass. civ. 1re, 27 oct. 1992, *Bull. civ. I*, n° 261) tandis qu'un certain nombre d'auteurs estime qu'il est apte à lui servir de fondement (B. Audit, n° 260 ; H. Batiffol, P. Lagarde, n° 330 ; B. Fauvarque-Cosson, *Libre disponibilité des droits et conflits de lois*, préc.). On peut cependant douter de la réelle aptitude de ce texte à fournir de la sorte le support juridique adéquat de l'accord procédural. D'une part, parce que la latitude ainsi conférée aux plaideurs ne saurait être comprise comme autorisant ces derniers à contraindre la juridiction saisie à violer la loi par fausse application : or, appliquer une autre loi que celle désignée par la règle de conflit, c'est contraindre le juge à méconnaître cette dernière. D'autre part, parce que la convention des plaideurs a pour objet, au regard du texte même, les droits subjectifs litigieux, et qu'aucun droit subjectif n'est à proprement parler porté par la règle de conflit.

— *Conclusion*. Avec prudence, la Cour de cassation paraît ne plus viser désormais les textes précités, abandonnant les rigueurs du CPC au profit d'instruments plus malléables : principes du droit international privé ou inépuisable article 3 du Code civil.

Sur l'équivalence. — Le juge qui ne tranche pas le conflit de lois alors qu'il y était tenu (droits indisponibles ou offre de preuve par l'une des parties) est à l'abri de la cassation dès lors que le conflit est un faux conflit, du fait de l'équivalence des lois en présence. « Pas de différence, pas d'intérêt » : le demandeur au pourvoi est perçu comme étant dépourvu d'intérêt à critiquer l'arrêt d'appel ayant fait application d'une loi incompétente. Il s'agit d'une technique de cantonnement des pourvois liée à l'affermissement des devoirs du juge, analogue à celle consacrée en matière de jugements étrangers, avant la suppression du contrôle de la conformité de la loi appliquée à la règle de conflit du for (v. *supra*, n° 263). Fondée sur une loi inapplicable, la décision du juge du fond pourrait ainsi être « sauvée » de la cassation dès lors qu'il est démontré par le défendeur au pourvoi que la rectification de l'erreur de droit international privé serait sans portée sur la solution retenue. Mais la mise en œuvre de cette technique soulève plusieurs questions. La jurisprudence précitée de la Cour de cassation fait porter la comparaison, comme en matière de jugements étrangers, sur leurs « conséquences juridiques » respectives, *in concreto*. Il n'est pas forcément facile, cependant, de faire abstraction dans cette appréciation de leur teneur abstraite (v. M. Scherer, obs. *Rev. crit. DIP*, 2006. 85). Par ailleurs, qui apprécie l'équivalence ? L'utilité même du mécanisme d'endiguement des pourvois postulerait que la Cour régulatrice puisse intervenir elle-même *ex post*. Or, la Cour de cassation ne connaissant pas la loi étrangère, le constat de parenté des lois appartient souverainement au juge du fond lui-même. On peut aussi se demander s'il est réellement indifférent d'appliquer la *lex fori* ou une loi étrangère au motif que les conséquences juridiques résultant de leur mise en œuvre respective sont identiques. Pour en être certain, il faudrait au moins que l'on parvienne à une même équivalence quant au régime de la loi étrangère et de la loi française devant les tribunaux, ce qui n'est pas assuré, au stade de leur interprétation par exemple (v. *infra*, n° 443). La portée du contrôle de l'équivalence sera d'ailleurs pour le moins limitée si la juridiction du fond a statué sur le fondement de la loi française et que le pourvoi lui reproche de n'avoir pas appliqué un droit étranger : la Cour de cassation n'interprétant pas les lois étrangères et les juges du fond ne l'ayant par hypothèse pas fait en une telle espèce, on voit mal de quelle manière on pourrait alors parvenir à se prononcer sur l'identité des résultats. Ainsi, le constat de l'équivalence n'est pas celui, *ex post*, de la Cour régulatrice elle-même, appelée à rattraper l'erreur du juge du fond au nom de considérations d'économie procédurale et au vu de l'inutilité pratique d'une nouvelle procédure menée sur le fondement de la loi compétente. En effet, il faut que la cour d'appel ait elle-même justifié, en vertu d'une motivation adéquate, l'équivalence de la loi incompétente qu'elle décide néanmoins d'appliquer. La raison semble tenir au fait que la Cour de cassation se refuse à connaître du contenu de la loi étrangère, de sorte qu'elle ne peut elle-même en apprécier l'existence lorsque le faux conflit est invoqué devant elle. Mais on voit assez mal l'intérêt concret qu'aurait une cour d'appel, ayant tranché le conflit de lois et pris connaissance au fond de la loi normalement applicable, d'en appliquer délibérément une autre, de sorte que les conditions dont la Cour de cassation entoure l'exception d'équivalence se réalisent rarement. L'utilité pratique pour le juge du fond de l'exception ainsi conçue s'illustre sans doute de la façon la plus convaincante en cas d'incertitude sur le rattachement applicable ; afin de s'assurer contre la censure, le juge du fond vérifie que toutes les lois potentiellement applicables consacreraient un résultat similaire (v. par ex., Cass. civ. 1re, 13 avril 1999, précité, où la cour d'appel avait vérifié la responsabilité du défendeur sur le fondement « des codes civils belge et français », peut-être en raison d'un doute sur l'applicabilité de la Convention de La Haye de 1971 sur les accidents de la circulation routière à un incident impliquant un cheval). La multiplication de rattachements souples ou assortis de clauses d'exception pourrait donc donner une certaine actualité à cette hypothèse (v. ainsi, dans cette perspective, sur les difficultés posées au regard de l'office du juge par la détermination des rattachements dans le cas de la règle de conflit combinatoire de l'article 6 de la Convention de Rome, F. Jault-Seseke, « L'office du juge dans l'application de la règle de conflit de lois en matière de contrat de travail », *Rev. crit. DIP*, 2005. 253 ; plus généralement sur l'office du juge dans la mise en œuvre de la clause d'exception, v. P. Rémy Corlay, « Mise en œuvre et régime procédural de la clause d'exception dans le conflit de lois », *Rev. crit. DIP*, 2003. 37 et s. Encore faut-il déterminer à partir de quel seuil et selon quel paramètre de similitude le juge du fond est autorisé à conclure à l'équivalence exigée (sur les différentes conceptions possibles de l'équivalence, v. H. Gaudemet-Tallon, « De nouvelles fonctions pour l'équivalence en droit international privé ? », in *Mélanges P. Lagarde*, 2005, p. 303 et s.). La Cour de cassation a avancé une définition qui oriente (comme naguère en matière de jugements étrangers, v. Cass. civ. 1re, 29 juillet 1929, *Drichemont*, *Rev. dr. int.*, 1931. 334 ; *JDI*, 1930. 377 ; DH, 1929. 458 ; S, 1930.1.30) vers la considération *in concreto* des résultats atteints dans le cas d'espèce, respectivement en application de la loi appliquée et de la loi normalement applicable. Ainsi, selon Cass. civ. 1re, 13 avril 1999 (précité), la situation de fait constatée par le juge du fond doit avoir « les mêmes conséquences juridiques en vertu de ces deux lois ». Toutefois, la question du degré de similitude attendu demeure encore posée.

Sur la conception de la règle de conflit véhiculée par cette intrusion de l'équivalence, où le conflit de lois est réduit à l'hypothèse d'une simple confrontation d'intérêts privés : v. B. Ancel et H. Muir Watt, note préc., spéc. p. 706-707.

Sur le rôle de l'équivalence au stade de la coordination des systèmes juridiques, v. S. Godechot-Patris, « Retour sur la notion d'équivalence au service de la coordination des systèmes », *Rev. crit. DIP*, 2010. 271.

Sur la vocation générale subsidiaire de la *lex fori* (M. Santa-Croce, *La vocation générale subsidiaire de la loi du juge saisi dans le règlement des conflits de lois*, thèse dact., Paris, 1975 ; J.-M. Bischoff, *La compétence du droit français dans le règlement des conflits de lois*, LGDJ, 1959, préf. A. Weill ; P. Louis-Lucas, « Existe-t-il une compétence générale du droit français pour le règlement des conflits de lois ? », *Rev. crit. DIP*, 1959. 405). — Deux conceptions s'opposent ici : la première est celle de la plénitude de la compétence de la loi française, la vocation de principe appartenant alors à la *lex fori* ; cette conception n'est pas compatible avec la règle de conflit de facture classique, dont la bilatéralité suppose l'égale vocation des lois en présence. La seconde est celle de la vocation générale subsidiaire de la *lex fori* : celle-ci n'aura vocation à s'appliquer qu'en cas de défaillance du mécanisme conflictuel (impossibilité de désigner la loi applicable : ex. de la règle de conflit fondée sur la nationalité, inapplicable à un apatride ; impossibilité d'appliquer la loi désignée parce que sa teneur ne peut être établie, ou parce que son contenu heurte les conceptions fondamentales de l'ordre juridique français). En dépit des apparences, il n'est pas certain que l'idée d'une plénitude de compétence de la loi française soit totalement absente du droit international privé contemporain.

SOCIOLOGIE

378. Sociologie juridique. — Parfois invoquée en ce domaine : aux termes d'une observation attentive du phénomène de l'immigration étrangère, on a pu relever que pour admettre le revirement de la jurisprudence *Bisbal*, il « faudrait être sûr de la valeur de l'opportunité de nos règles de compétence législative », un tel abandon paraissant « inséparable d'une révision de nos règles de conflit » (C. Labrusse, « La compétence et l'application des lois nationales face au phénomène de l'immigration étrangère », *Trav. Com. fr. DIP*, 1975-77, p. 11 et spéc. p. 130). L'argument prouve cependant un peu trop : à le suivre en effet, le juge ne devrait jamais appliquer les règles de conflit estimées inadaptées. C'est dire que l'arrêt *Bisbal* seul demeurerait, amputé de la solution posée à l'origine par l'arrêt *CACB* : non seulement l'obligation devrait disparaître, mais également la faculté. Par ailleurs, l'inadaptation de quelques règles de conflit impose-t-elle leur application facultative généralisée ?

Sur l'accord procédural. — Les parties ne s'étant prévalues que de la loi française, certaines décisions ont estimé que leurs conclusions convergentes pourraient s'analyser en un accord procédural sur l'application de la *lex fori*. Ce qui présuppose une volonté des parties en ce sens. Le litige international ne met-il cependant en présence que des plaideurs avisés, conseillés par de grands cabinets passés maîtres dans l'art et les subtilités du droit international privé ?

Sociologie judiciaire. — Il est parfois avancé, au soutien de l'application facultative par le juge de la règle de conflit, que la solution permettrait de ne pas encombrer la Cour de cassation de pourvois reprochant aux juges du fond de n'avoir pas examiné le litige à la lumière d'autres règles que celles invoquées par les parties. La réaffirmation d'un tel principe par l'arrêt *Coveco* ne paraît avoir cependant que très médiocrement contribué à l'essoufflement du contentieux. Il n'est, pour en être persuadé, qu'à examiner les tables des revues spécialisées en droit international privé depuis 1990…

SECTION 2
L'identification de la règle de conflit

379. À supposer que le conflit de lois doive être tranché par le juge, il est encore nécessaire de préciser en vertu de quelle règle de rattachement un tel devoir pourra être accompli. La difficulté trouve ici son origine dans le fait que la règle de conflit bilatérale – syncrétique et indirecte – se saisit d'une catégorie [1] qu'elle situe dans le ressort d'un

1. Initialement l'une des grandes classifications romaines (personnes, biens, obligations, procédure), désormais des regroupements plus affinés qui reflètent l'identification de nouvelles catégories d'intérêts en droit interne (la légitimation, les effets de l'adoption…).

ordre juridique identifié en fonction d'une certaine relation de proximité avec la situation dont résulte la question litigieuse ; c'est ainsi par exemple que, selon le Règlement « Rome II », la loi applicable à la responsabilité extra-contractuelle est en principe celle du lieu de réalisation du dommage (art. 4·1). Pour savoir si une question de droit substantiel donnée (ex. : la victime d'un accident peut-elle agir en responsabilité contre son époux ? [1]) trouve sa réponse dans la loi ainsi désignée, il importe dès lors de la qualifier, c'est-à-dire de déterminer si elle relève ou non de la catégorie de rattachement correspondante (en l'occurrence, la question de l'immunité intra-conjugale est-elle encore délictuelle ou concerne-t-elle l'organisation des rapports entre époux ?).

380. S'agissant de qualification, chacun sait que déterminer la nature juridique de la cause de la demande pour définir le corps de droit applicable représente une opération juridique récurrente en droit interne [2] : il importera par exemple de savoir si telle opération litigieuse est civile ou commerciale, si tel comportement est ou non redevable d'une sanction pénale, etc.

La qualification revêt cependant une certaine spécificité lorsqu'elle est menée au regard de la règle de conflit de lois, aussi bien en raison de l'architecture particulière de celle-ci qu'à cause de la diversité des institutions et de la place très variable qu'elles occupent dans les classifications juridiques internes. Il est vrai que l'essor contemporain de règles de conflit de source supranationale, notamment européenne, est de nature à rétablir une certaine uniformité des catégories. Cependant, c'est dans le contexte du droit international d'origine nationale que l'existence même du « problème des qualifications » en droit international privé a été découverte de façon quasi simultanée à la fin du XIXe siècle, par Kahn en Allemagne (1891) et Bartin en France (1897) [3], étant directement liée à l'extension de la méthode savignienne par la doctrine bilatéraliste publiciste qu'ils représentaient. Sans doute, écrivait Bartin, « comme le veut Savigny, la détermination de la loi applicable à un rapport de droit dépend, en fin de compte, de la nature de ce rap-

1. Tiré de la jurisprudence américaine, cet exemple illustre parfaitement le caractère fonctionnel de la qualification et permet de situer l'opposition méthodologique entre conflictualisme et fonctionnalisme : v. *supra*, n° 358.

2. Et même obligatoire pour le juge, au regard de l'article 12, al. 2 CPC, aux termes duquel « il doit donner ou restituer leur exacte qualification aux faits et actes litigieux sans s'arrêter à la dénomination que les parties en auraient proposée ».

3. Sur l'absence vraisemblable de spontanéité de la découverte de Bartin, v. D. Boden, *L'ordre public : limite et condition de la tolérance. Recherches sur le pluralisme juridique*, thèse, Paris 1, 2001, n° 490.

port [...] mais Savigny suppose que la nature de ce rapport n'est douteuse pour personne[1]... ». Ce postulat n'étant pas vérifié, et une divergence pouvant apparaître sur ce point entre la conception du for et celle que retient la loi désignée en fonction de celle-ci, les deux auteurs découvrirent alors que la délimitation statutaire des lois d'après la définition que chacune se fait de son champ dans l'espace ne conduisait pas nécessairement, comme l'enseignait Savigny, au même résultat que celui obtenu par la localisation des rapports de droit d'après la nature que leur prête l'ordre juridique du for. Dans l'exemple précité, la loi délictuelle désignée par la règle de conflit du for en fonction de l'idée que se fait celle-ci de la recevabilité de l'action de l'époux, peut ainsi considérer quant à elle que pareille question ne revêt pas une nature délictuelle mais relève de la catégorie statut personnel. Par là même, le rêve universaliste s'effondrait : l'uniformité du règlement d'un même conflit de lois devant les fors des divers États, eussent-ils ostensiblement la même règle de conflit, devint une « impossibilité[2] ».

381. La difficulté particulière mise en exergue par Kahn et Bartin concernait le choix de la loi devant fournir la qualification du rapport de droit litigieux. Mais une série d'autres questions fut rapidement identifiée, suscitant une littérature aussi abondante qu'elle traduisait des oppositions doctrinales irréductibles. Celles-ci, auxquelles le droit positif demeura relativement indifférent, s'expliquent par les connexions très intimes qui relient la question de la qualification à celle de la fonction de la règle de conflit bilatérale, qui était alors elle-même en proie à d'importantes mutations conceptuelles. Plus radicalement, certaines positions traduisent la présence d'une forte tentation unilatéraliste, que la prédominance de la règle de conflit bilatérale depuis la dissolution de la communauté de droit n'est jamais parvenue à refouler tout à fait ; à cet égard les remous actuels dont fait l'objet la méthodologie traditionnelle sont sans doute de nature à y réintroduire une plus forte dose de statutisme.

Transposé sur le terrain pratique, le débat relatif à la qualification oblige à répondre à quatre questions : Comment qualifier une question située au carrefour de plusieurs catégories juridiques (§ I) ? Comment procéder lorsque le contentieux met en cause une institution inconnue du droit du for (§ II) ? Laquelle, de la loi du for ou de la loi désignée, doit l'emporter en cas de divergence sur la nature du rapport de droit

1. Bartin, *Études*, p. 76.
2. Bartin, « De l'impossibilité d'arriver à la suppression définitive des conflits de lois », *JDI*, 1897. 225 et s., 466 et s., 720 et s.

litigieux pour procéder à sa qualification (§ III) ? Quel est d'ailleurs l'objet précis de l'opération de qualification : les faits litigieux, les questions de droit qui s'en évincent, ou les règles de droit substantiel applicables (§ IV) ?

I | Le conflit de catégories

382. La méthodologie du conflit de lois proposée par Savigny emprunta les catégories de rattachement aux grandes divisions du droit privé héritées du droit romain, affinant par là même celles qui, déjà, commandaient la théorie des statuts et se retrouvèrent, en France, dans la distinction tripartite, encore rudimentaire, de l'article 3 du Code civil. Sous l'impulsion d'abord de la jurisprudence, ensuite du législateur interne, enfin des instruments internationaux, les grandes catégories initiales se sont progressivement spécialisées et multipliées au fur et à mesure que les intérêts pris en charge par le droit privé se sont diversifiés. Aujourd'hui, le nombre de règles de conflit spéciales est considérable et le champ de chacune corrélativement réduit. Il n'en reste pas moins que l'une des caractéristiques de la méthode conflictuelle reste la nature indéfinie des catégories, lesquelles réunissent des questions fonctionnellement analogues en vue de la détermination de la loi applicable. Ainsi, chaque catégorie prend en charge des groupes d'intérêts qui, d'une part, sont suffisamment proches pour justifier que s'exerce à leur égard la vocation d'un même ordre juridique, identifié selon des liens qui revêtent un caractère également significatif pour l'ensemble, et, d'autre part, sont reliés entre eux par des rapports de connexité ou complémentarité rendant inopportune leur soumission à des lois multiples [1].

383. Mais le découpage des catégories se fait généralement dans l'abstrait (pour une élaboration inductive des règles de conflit, il faut regarder outre-Atlantique, du côté du fonctionnalisme contemporain) et en considération des questions qui se trouvent au centre de chacune d'elles. C'est au regard de ces dernières qu'est recherchée une adéquation fonctionnelle entre la catégorie et le rattachement. Par exemple, pour toutes sortes de raisons tenant au besoin d'effectivité et de prévisibilité du droit applicable, le droit international privé français antérieur à

1. Sur les difficultés d'adaptation résultant de la dissociation de questions connexes, v. *infra*, n° 486.

l'entrée en vigueur du Règlement UE n° 650/2012 soumettait les successions à la loi de la situation du bien [1]. Cependant, le caractère incontestable de la solution lorsqu'elle a trait au cœur de la catégorie, s'estompe à ses confins : les difficultés commencent lorsque la question de droit litigieux présente simultanément des liens avec d'autres catégories. L'affaire *Campbell-Johnston* [2] l'illustre : le régime de la donation entre époux est-il encore une question successorale ou relève-t-il de la loi des effets du mariage, voire du régime matrimonial ?

384. Il importe donc d'interpréter la règle de conflit pour déterminer si la question litigieuse relève de la catégorie correspondante – ou, plus précisément, il faut interpréter toutes les règles de conflit susceptibles de prendre en charge le point litigieux, de façon à en déterminer les champs respectifs. Les difficultés apparaissent en effet en présence de questions qui, s'éloignant du noyau de l'une ou l'autre catégorie, mettent simultanément en jeu plusieurs types d'intérêts, de sorte qu'aucune qualification ne s'impose à titre exclusif ; elles sont souvent celles qui, par là même, engendrent des difficultés d'adaptation lors de la mise en œuvre de la loi désignée [3]. À cet égard, plusieurs directives d'interprétation s'induisent de la pratique judiciaire.

— En premier lieu, il importe de tenir compte de l'adéquation des divers facteurs de rattachement aux besoins pris en charge par la catégorie. Ainsi, le choix par l'arrêt *Campbell-Johnston* [4] de la loi des effets du mariage plutôt que de la loi successorale pour régir les donations mobilières entre époux s'explique par l'inadaptation d'un rattachement fondé sur la loi du dernier domicile du défunt à des questions ayant vocation à être déterminées du vivant du disposant [5]. On voit donc que si le choix du facteur de rattachement est fonction des besoins de la catégorie, les contours de celle-ci sont également conditionnés par le facteur de rattachement.

— En deuxième lieu, il est opportun de respecter le plus possible les liaisons systématiques qui peuvent relier la question litigieuse aux questions connexes. Le souci de ne pas disloquer des questions indivisibles ressort par exemple très clairement du deuxième arrêt *Patiño*, dans lequel la Cour de cassation a énoncé que la mise en œuvre de la nullité,

1. Ce lieu est interprété différemment pour les immeubles et les meubles, ceux-ci étant localisés au dernier domicile du défunt. V. *infra*, n° 837.
2. Cass. civ., 15 févr. 1966, *Rev. crit. DIP*, 1966. 273, note H. Batiffol ; *JDI*, 1967. 95, note B. Goldman ; *D.*, 1966. 370, note Ph. Malaurie, *Rec. gén. lois*, 1966. 637, note G. Droz, *GA*, n° 42.
3. V. *infra*, n°s 474 et s.
4. Préc.
5. B. Ancel et Y. Lequette, *GA*, p. 380, § 5.

et notamment la prescription de l'action destinée à la faire valoir, « forment avec l'incapacité originaire et sa sanction un ensemble indissociable soumis à une loi unique [1] ».

— En troisième lieu, à l'occasion de l'interprétation des catégories, celles-ci sont définies avec souplesse, et ne représentent pas nécessairement la projection pure et simple du droit interne, comme l'enseignait cependant Bartin [2]. Ainsi, la qualification du for peut s'aligner sur une qualification étrangère majoritaire, si une telle concession est justifiée par l'intérêt d'un règlement harmonieux. À cet égard, il peut même arriver que la qualification internationale, plus sensible aux équilibres en jeu au sein d'une matière déterminée, préfigure une modification du droit interne ; c'est ainsi par exemple que l'arrêt *Silvia* rattacha la démence de fait au statut personnel, et non au régime des actes juridiques, bien avant la réforme du 3 janvier 1968 [3].

II | L'institution inconnue

385. Une autre difficulté vient éprouver la souplesse des catégories de rattachement, lorsque la prétention donnant lieu au conflit de lois s'appuie sur une institution inconnue du droit du for, de sorte qu'aucune catégorie de celui-ci n'est naturellement prédestinée à l'accueillir. L'attention a été attirée très tôt sur cette situation à travers l'exemple de « la quarte du conjoint pauvre », objet du célèbre arrêt *Bartholo* à partir duquel Bartin a conceptualisé le problème des qualifications [4]. Le litige opposait la veuve d'un ressortissant maltais, propriétaire d'immeubles en Algérie, aux héritiers de ce dernier. La demanderesse réclamait ainsi le bénéfice de droits réservés au conjoint survivant par le Code Rohan, en vigueur à Malte, mais inconnus du droit du for algérien (appliquant le droit français). Comment qualifier sa prétention, configurée selon les modalités d'une loi étrangère ? L'enjeu de la qualification était de taille : si la « quarte » réclamée relevait du régime matrimonial, la veuve y avait droit, car les époux, mariés sans contrat, avaient établi leur premier domicile matrimonial à Malte ; le Code Rohan était donc applicable à

1. Cass. civ. 1re, 15 mai 1963, *Rev. crit. DIP*, 1964. 506, note P. Lagarde, *JDI*, 1963. 996, note Ph. Malaurie, *JCP*, 1963. II. 13366, note H. Motulsky, *GA*, n° 38-39.

2. *Principes*, § 225.

3. Cass. civ., 25 juin 1957, *Rev. crit. DIP*, 1957. 680, note Batiffol, *GA*, n° 29.

4. Alger, 24 déc. 1889, *JDI*, 1891. 1171, qui fait l'objet de l'analyse de Bartin, *JDI*, 1897. 227 (lequel y découvrit à tort toutefois un problème de conflit de qualifications).

ce titre. Si elle revêtait en revanche une nature successorale, la veuve en était privée, car le droit français alors applicable en Algérie, lieu de la situation des immeubles successoraux, ne la consacrait pas.

De telles situations illustrent la nécessité d'élargir ou d'assouplir les catégories afin de faciliter l'insertion dans la vie juridique du for des situations configurées selon des lois différentes. Elles montrent aussi que la consultation du contenu du droit étranger s'impose à ce stade, afin de comprendre le sens de l'institution invoquée et de l'introduire dans la catégorie appropriée du for. Ainsi, après une analyse du sens et de la structure des dispositions du Code Rohan, la Cour d'Alger décida que la quarte du conjoint pauvre relevait, lorsqu'elle devait prendre place parmi les institutions du droit français, plutôt du régime matrimonial que des successions.

386. Il ne s'agit pas en revanche de suivre nécessairement la qualification retenue par le système étranger : selon la célèbre image de Raape, l'étoffe juridique étrangère est analysée en vue de son classement dans les tiroirs du for [1]. Mais l'accueil de la prétention étrangère dans une catégorie du for suppose néanmoins que puisse être trouvée une certaine équivalence avec les institutions homologues du for, au vu desquelles la catégorie s'est construite. Cette recherche d'une correspondance minimum implique un jugement de valeur. Par exemple, contrairement au droit international privé anglais, qui refusa pendant longtemps l'accès à ses catégories aux mariages polygamiques (rendant par là même irrecevable toute prétention fondée sur un tel mariage devant le for anglais), le droit français en admit l'équivalence avec l'institution du droit interne au regard duquel la catégorie avait été conçue – quitte à régler des problèmes d'adaptation par la suite, lorsqu'une union conjugale autrement configurée devait s'insérer dans la vie juridique du for, au regard de la loi successorale, par exemple [2].

387. Mais il arrive aussi qu'aucun terrain d'entente ne puisse être trouvé. En dépit de l'introduction récente de la fiducie en droit français [3], c'est encore aujourd'hui le cas du *trust* face aux catégories du droit civil. Si cette institution anglo-américaine sert bien diverses finalités imparties à l'une ou l'autre institution du droit français, ses fonctions multiples expliquent en revanche qu'il ne puisse pas non plus s'y réduire.

1. L. Raape, « Les rapports entre parents et enfants comme point de départ d'une explication pratique d'anciens et nouveaux problèmes de droit international privé », *RCADI*, 1934. IV. 405, p. 521 : « L'État étranger caractérise ses règles, l'État du for les classe. »
2. V. *infra*, n° 845.
3. L. du 19 février 2007 instituant la fiducie (v. art. 2011-2031 C. civ.) ; v. *infra*, n° 706.

Aussi bien, les tentatives des juridictions de tradition civiliste d'assimiler fonctionnellement le *trust* dans une catégorie du for (contrat, succession...) s'étant révélées insatisfaisantes, la Convention de La Haye du 1er juillet 1985 relative à la loi applicable au *trust* et à sa reconnaissance, a préféré construire de toutes pièces une catégorie autonome, ayant vocation à cohabiter avec les catégories existantes du for sans s'y fondre. Pareille voie mérite l'approbation ; elle n'est pas cependant non plus sans engendrer des difficultés d'adaptation redoutables, lorsque le trust créé sous sa loi propre est appelé à fonctionner concomitamment avec des institutions du for [1].

III | Le conflit de qualifications

388. La question la plus débattue dans la doctrine de la première moitié du XXe siècle fut de savoir selon quelle loi il convenait de déterminer la nature – toute contingente – du rapport de droit litigieux. Elle se pose pratiquement en présence d'un conflit dit de qualifications, dans le cas où la loi désignée en fonction de l'interprétation de la catégorie du for ne partage pas avec cette dernière la même qualification.

Les écrits de Bartin et de Kahn évoquent divers exemples tirés d'institutions qui revêtent dans leur système d'origine une nature juridique différente de celle que leur attribue le for, de sorte que le juge se trouve confronté à un dilemme dès lors qu'elles relèvent de la loi désignée. Par exemple, au regard de l'article 992 (abrogé) du Code civil néerlandais, le testament olographe (rédigé entièrement de la main du testateur, sans autre forme) relève du statut personnel. Si le juge français doit statuer sur la validité du testament olographe d'un citoyen français rédigé aux Pays-Bas, il interrogera pourtant la loi néerlandaise, loi du lieu de l'acte, sur la validité en la forme de cet acte, puisque, pour lui, les modalités de rédaction du testament relèvent de la catégorie « forme ». La loi néerlandaise applicable à la forme tiendra en revanche la possibilité de rédiger le testament olographe pour une question de fond, qu'elle soumettra quant à elle à la loi française. Laquelle de ces qualifications retenir dès lors pour résoudre le conflit de lois ? Ou encore, la loi américaine applicable selon le for allemand à une lettre de change souscrite aux États-Unis, tient pour procédurale – et partant, soumise à la loi du for saisi – la question de la prescription de l'action

1. V. *infra*, n° 697.

fondée sur cette dernière, que la règle de conflit allemande lui confie pourtant au titre d'une analyse qui en fait une question de fond [1]. À nouveau, que faire si la loi identifiée par l'ordre juridique du for comme étant celle du siège de ce rapport, ne partage pas l'analyse qui en a été initialement proposée ?

389. Si l'on excepte la proposition formée par Rabel [2] de transcender les conceptions nationales et particularistes au moyen d'une analyse comparatiste pour parvenir à des catégories universelles, et dont on admet aujourd'hui qu'en dehors d'une intervention concertée des États – à vrai dire de plus en plus fréquente aujourd'hui –, elle revêt un caractère utopique [3], le choix de la qualification met en présence la loi du for et la loi désignée ou *lex causae*.

Si la qualification du for prévaut, elle façonnera elle-même le règlement du conflit en n'acceptant d'accueillir la loi étrangère que conformément à ses propres vues, au risque de dénaturer celle-ci. Ainsi, dans l'exemple précité du testament olographe, une fois désignée la loi néerlandaise sur le fondement de la qualification appropriée aux yeux du for, cette loi sera sollicitée pour se prononcer sur la validité du testament olographe, sans qu'il soit tenu compte de la façon dont elle-même conçoit la nature et la place des dispositions applicables au sein de son propre ordonnancement juridique. Peu importe en somme que la question classée « forme » par le juge du for reçoive une réponse tirée des dispositions néerlandaises classées sous la rubrique « statut personnel ».

390. Mais la qualification pourrait également être demandée à la loi désignée (*lex causae*), dès lors que l'on admet que sa désignation pour régir le fond du rapport juridique n'a aucun sens si elle-même ne se reconnaît pas dans le fondement de celle-ci. Serait-il par exemple cohérent de faire régir la validité formelle du testament par des dispositions conçues selon la loi ainsi désignée comme réservées au statut personnel, d'autant que saisi du même litige, le juge néerlandais ne ferait pas application de l'article 992 de son Code civil ? Le souci de respecter l'intégrité de la loi étrangère conduit alors à douter de la légitimité de régler le litige sur le fondement de ce texte.

1. Discuté par Kahn, l'exemple est tiré de la jurisprudence du *Reichsgericht*, qui avait tenu l'action pour imprescriptible sur le fondement d'une qualification *lege causae* (RG, 8 mai 1880, *RGZ* 2, 13 et 23 janv. 1882, *RGZ* 7, 21 ; RG, 18 mai 1889, *RGZ* 24, 283). Sous l'influence, semble-t-il, d'une analyse critique de Kahn, le *Reichgericht* est revenu sur cette solution adoptant une qualification *lege fori* qui conduisit plus tard à imposer néanmoins la prescription étrangère : RG, 6 juill. 1934, *RGZ* 145, 121 et *JDI*, 1935. 1190.
2. E. Rabel, « Le problème de la qualification », *Rev. crit. DIP*, 1933. 1.
3. Pour un essai, v. P.-Y. Gautier, *L'union libre en droit international privé*, thèse, Paris 1, 1986.

Cette dernière perspective, d'obédience unilatéraliste, est généralement alliée en doctrine à la conviction selon laquelle l'objet de la qualification est constitué, au sein du système étranger, par des règles juridiques, dont il s'agit de définir alors le champ spatial. En l'occurrence, la qualification *lege causae* revient en réalité à se demander si l'article 992 du Code néerlandais englobe dans son champ spatial le testament rédigé aux Pays-Bas par un citoyen étranger. Replacée cependant dans le contexte de la règle de conflit bilatérale, elle va conduire à constater que le système étranger désigné en fonction de la qualification du for n'estime pas compétente sa propre loi pour régir le rapport litigieux qu'elle qualifie autrement, et à déboucher ainsi sur une lacune – voire un « renvoi de qualifications », par lequel la loi néerlandaise n'ayant aucune solution à proposer au titre de la « forme » de l'acte renverra vers la loi (française) qu'elle estime applicable au statut personnel [1]. On voit donc que si la qualification *lege causae* se voit généralement reprocher de créer un cercle vicieux, en ce qu'elle revient à demander à une loi qui n'est pas encore identifiée au regard de la règle de conflit du for de fournir le critère qui permettra de la désigner, la véritable difficulté provient plutôt du fait qu'elle est mal ajustée au point de départ du raisonnement que constitue la règle de conflit bilatérale.

391. C'est la raison pour laquelle la qualification *lege fori*, prônée déjà par Kahn et Bartin, l'a emporté tant en doctrine qu'en droit positif comparé. En France, la Cour de cassation en a admis le principe dans le grand arrêt *Caraslanis* [2], dans le cas où était contestée la validité d'un mariage célébré en la forme civile en France entre un ressortissant grec et une Française. Assigné en divorce, le mari soulevait la nullité du mariage au regard de la loi grecque, applicable au statut personnel des époux, qui exigeait une cérémonie religieuse au titre de la validité au fond du mariage. Le cas de figure illustrait imparfaitement le conflit de qualifications tel que dégagé par les auteurs classiques, car la loi grecque n'était pas interrogée par la règle de conflit du for relative à la forme du mariage, soumise à la *lex loci celebrationis* française. Ce n'est qu'à l'occasion de sa mise en œuvre pour régir la validité de cette union au fond qu'elle revendiquait également à ce dernier titre de régir la cérémonie religieuse. En réalité, l'exemple ne fait qu'accentuer les liens intimes entre qualification *lege causae* et unilatéralisme, en représentant le conflit de lois comme né de la revendication simultanée d'un même rapport par

1. Sur le renvoi de qualifications, v. *infra*, n° 515.

2. Cass. civ. 1re, 22 juin 1955, *Rev. crit. DIP*, 1955. 723, note Batiffol, *D.*, 1956. 73, note Chavrier, *Journal des juristes hellènes*, 1956. 217, note Francescakis, *GA*, n° 27.

deux lois retenant chacune une conception différente de son propre champ spatial. Il aurait suffi de répondre, dans une perspective bilatéraliste, que la question des modalités de la cérémonie était soumise à la loi française, dont il ne pouvait par hypothèse résulter aucun conflit de qualification. Restituant à ce dernier toute sa dimension méthodologique, la Cour de cassation a cependant saisi l'occasion de se prononcer pour la première fois sur la loi devant présider à la qualification : « La question de savoir si un élément de la célébration du mariage appartient à la catégorie des règles de forme ou à celles des règles de fond doit être tranchée par les juges français suivant les conceptions du droit français, selon lesquelles le caractère religieux ou laïc du mariage est une question de forme. » La qualification devant s'effectuer *lege fori*, l'union des époux *Caraslanis* était donc valable au regard des juridictions françaises auxquelles était soumise la cause du divorce, même s'il devait être tenu pour nul en Grèce.

392. La justification essentielle de cette solution est tirée du contrôle qualitatif que l'ordre juridique du for est amené à exercer, sous peine d'incohérence, sur la place qu'occupent les lois étrangères dans le règlement du conflit de lois. En effet, l'accueil des lois étrangères s'est toujours accompagné de leur évaluation qualitative préalable [1]. Ainsi, pour les statutistes, cet accueil était subordonné à la conformité des statuts étrangers au droit romain. Or, celui-ci ayant le contenu que voulait bien lui donner l'interprète, le contrôle préfigurait la qualification *lege fori.* Et si Savigny devait faire ensuite de la communauté juridique la condition explicite du conflit de lois, il était naturel qu'avec l'expansion géopolitique du champ de ce dernier, le même contrôle soit mené au nom du seul ordre juridique du for, marquant par là même les limites de sa tolérance à l'égard des lois étrangères. Cette fonction de la qualification *lege fori* [2] la rapproche sensiblement de l'exception d'ordre public, et confirme qu'en dépit d'apparences assez généralement entretenues, la règle de conflit repose sur une évaluation directe et concrète des rapports qu'elle régit, dont la qualification *lege fori* est une pièce essentielle.

1. Ph. Francescakis, « Droit naturel et droit international privé », in *Mélanges offerts à J. Maury*, t. I, p. 113.
2. Admettre ou non d'attribuer le régime du mariage à l'union polygamique, à travers l'accueil réservé à ce dernier par la catégorie du for : v. *infra*, n° 748.

IV | L'objet de la qualification

393. Si Kahn et Bartin relevèrent la contradiction qui, en dehors d'une communauté de droit, consiste à présupposer la nature d'un rapport de droit faisant précisément l'objet d'une appréciation divergente, ils ne s'aperçurent pas en revanche, qu'un rapport de vie n'est pas non plus juridique tant qu'une loi ne s'y est pas appliquée. La déconstruction de la notion de rapport de droit engendra alors, dans les premières décennies du XXe siècle, deux courants antagonistes, qui s'emparèrent chacun de l'une ou l'autre composante du rapport de droit, lui-même représenté comme le résultat de l'application d'une règle de droit à des faits de vie.

Ainsi, prenant acte du cloisonnement et de l'exclusivisme des ordres juridiques, l'école normativiste italienne concevait l'objet du rattachement comme constitué de faits nus, dépourvus de tout signalement préalable quant à leur nature juridique. Il revenait alors à la règle de conflit de lois, conçue de façon parfaitement instrumentale, de mettre en contact ces faits avec les règles de droit substantiel qui, en leur apportant leur sanction, leur conféreraient la juridicité tout en définissant leur place parmi les institutions environnantes. Il fut cependant objecté à une telle analyse que cette dernière opération, second « moment » de la qualification, ne se distinguait pas alors véritablement de la qualification *lege causae* des règles de droit, qu'il s'agissait ni plus ni moins de délimiter dans l'espace.

394. Une importante doctrine allemande s'attacha dès lors à démontrer que la qualification devait porter sur les règles identifiées comme applicables au sein du droit étranger désigné, sous peine de méconnaître les liaisons d'ordre téléologique qui, au sein du système concerné, leur conféraient tout leur sens. Les raisons mêmes qui conduisaient à assigner un objet juridique à la qualification impliquaient nécessairement que celle-ci se fasse *lege causae* ou par référence au contexte dont ces règles seraient originaires. Toutefois, à l'argument de l'intégrité du droit désigné, on opposa le risque d'incohérence né de cumuls et de lacunes qu'engendre nécessairement tout refus de la règle de conflit du for de départager les lois en présence dès la désignation de la loi applicable. Dans le célèbre exemple, discuté par Kahn et soumis à plusieurs reprises au *Reichsgericht*, de la prescription de l'action fondée sur une lettre de change soumise au fond au droit américain, la qualification de la règle de prescription américaine conduit ainsi, en raison de la nature procédurale que se reconnaît celle-ci, à l'imprescriptibilité de l'action devant le for allemand[1]. Au demeurant, le déclin progressif d'une conception publiciste et répartitrice de la règle de conflit de lois au profit d'une représentation privatiste et régulatrice d'intérêts privés, contribua largement à déplacer l'attention du respect de l'intégrité de la loi désignée vers les exigences du règlement de conflit du for. Utilisé plus qu'appliqué au sein de celui-ci, le droit étranger s'effaça en tant qu'objet de la qualification lorsque il fut accepté que la règle de conflit ne répartissait pas dans l'espace des situations homogènes, mais qu'elle commandait un règlement lui-même hybride, orchestré par l'ordre du for dans la poursuite de finalités définies par celui-ci.

395. La doctrine française contemporaine emprunte une voie intermédiaire, qui consiste à voir l'objet de la qualification dans la *question de droit* soumise au juge. Celle-ci est l'analogue du concept de cause de la demande développé par Motulsky en droit interne, en ce qu'il représente le lien établi par le plaideur entre les faits allégués et la prétention formulée en justice. À la différence de la qualification *lege causae* des règles, la qualification *lege fori* de la question de droit – parfois appelée « projet[2] » – restitue à la règle de conflit bilatérale la maîtrise de l'insertion des règles étrangères au sein de l'ordre juridique du for, tout en permettant à ce dernier d'accueillir dans ces catégories des prétentions formulées selon des institutions inconnues ou différentes. Quelque peu paradoxalement, il y a convergence sur ce point entre le dernier état de la doctrine bilatéraliste européenne et la méthodologie fonctionnaliste américaine, qui retient pareillement la question de droit ou « *issue* » comme point de départ du raisonnement.

395-1. Aujourd'hui, cependant, la multiplication de règles de conflit uniformes de source conventionnelle ou européenne, définissant chacune son champ d'application, est de nature à modifier la donne. L'opération de qualification consiste à vérifier l'applicabilité de l'une ou l'autre d'entre elles, dont le champ est généralement défini, d'une part, par exclusion de matières voisines (le Règlement Rome II s'applique à la responsabilité civile, mais non, par exemple, aux obligations non contractuelles découlant de relations de famille ou du droit des sociétés : article 1-2) et, d'autre part, par inclusion d'une liste de questions juridiques dans le domaine de la loi applicable (la loi désignée par le même

1. V. *supra*, n° 388, en note.

2. B. Ancel, *Les conflits de qualifications à l'épreuve de la donation entre époux*, Dalloz, 1977, n°s 212 et s.

Règlement s'applique, par exemple, aux conditions de la responsabilité, à l'évaluation du dommage et à la responsabilité du fait d'autrui : article 15). En somme, la définition de la catégorie (« responsabilité civile ») dépend exclusivement de la conception que se fait l'instrument uniforme (le Règlement Rome II) de son propre champ d'application [1]. Par ailleurs, dans des conditions qui tendent à restaurer une certaine communauté de droit à travers des concepts faisant l'objet de définitions autonomes s'imposant à tous, l'enjeu du choix entre la question de droit ou la règle applicable comme objet de la qualification, se réduit. Il en va exactement de même de l'opposition entre la qualification *lege fori* ou *lege causae* et, plus largement, de l'écart entre la démarche unilatéraliste, consistant à partir de la règle à qualifier et à en délimiter le domaine, et la méthode conflictuelle, qui cherche à faire entrer une question de droit dans une catégorie. Lorsque celle-ci se conçoit de la même façon partout, rien n'oblige à prendre parti sur ces différents points de méthode.

ÉTAT DES QUESTIONS

B. G. — **Les précurseurs** : R. Ago, « Règles générales de conflit de lois », *RCADI*, 1936-IV, t. 58, 243 ; E.Bartin : « De l'impossibilité d'arriver à la suppression définitive des conflits de lois », *JDI*, 1897. 225 et s., 466 et s., 720 et s. ; W.-E. Beckett, « The question of classification », *BYIL*, 1934. 46 ; F. Kahn, « Gesetzekollisionen. Ein Beitrag zur Lehre des internationale Privatsrecht », *Jherings Jahrbücher*, 1891. 1 ; « Bedeutung der Rechtsvergleichung mit Bezug auf das internationale Privatsrecht », *ZIR*, 1900. 97 ; E.-G. Lorenzen, « The theory of qualification and the conflict of laws », *Columbia law Review*, 1920. 247 ; P. Louis-Lucas, « Qualification et répartition », *Rev. crit. DIP*, 1957. 153 ; L. Raape, « Les rapports entre parents et enfants comme point de départ d'une explication pratique d'anciens et nouveaux problèmes de droit international privé », *RCADI*, 1934. IV. 405 ; E. Rabel, « Le problème de la qualification », *Rev. crit. DIP*, 1933. 1 ; *The Conflict of Laws : A Comparative Study*, Michigan Legal Studies, Ann Arbour, 2e éd. 1956 ; W. Wengler, « Réflexions sur la technique des qualifications en droit international privé », *Rev. crit. DIP*, 1954. 661.

La doctrine contemporaine : B. Ancel, *Les conflits de qualifications à l'épreuve de la donation entre époux*, Dalloz, 1977, préf. H. Batiffol ; « L'objet de la qualification », *JDI*, 1980. 227 ; *Rép. dr. internat.*, V° « Qualification » ; B. Audit, « Qualification et droit international privé », *Droits*, 1993, vol. 18, p. 46 ; J.-L. Elhoueiss, « Retour sur la qualification *lege causae* en droit international privé », *JDI*, 2005. 280 ; C. Forsyth, « Characterisation

1. En cas de pluralité d'instruments, cette démarche unilatéraliste peut laisser apparaître des lacunes (conflits négatifs). Par exemple, les obligations contractuelles résultant des tractations menées avant la conclusion du contrat sont exclues tout à la fois des Règlements Rome I et Rome II : v. P. Lagarde, « Rapport de synthèse », in *Le Règlement communautaire « Rome II » sur la loi applicable aux obligations non contractuelles*, Litec, CREDIMI, 2007, p. 201, spéc. p. 203.

Revisited : An Essay in the Theory and Practice of the English Courts », *LQR*, 1977. 141 ; Ph. Francescakis, *La Théorie du renvoi et les conflits de systèmes en droit international privé*, Sirey, 1958 ; S. Godechot, *L'Articulation du trust et du droit des successions*, Éd. Panthéon-Assas, 2004, préf. Y. Lequette ; S. Lemaire, « La qualification », *in* T. Azzi, O. Boskovic (dir.), *Quel avenir pour la théorie générale des conflits de lois ?*, *op. cit.*, p. 35 et s. ; M. Minois, *Recherche sur la qualification en droit international privé des obligations*, thèse, univ. Paris-Descartes, 2016 ; H. Muir Watt, *La Fonction de la règle de conflit de lois*, thèse, Paris 2, 1985 ; F. Rigaux, *La Théorie des qualifications*, Larcier, 1956.

QUALIFICATION ET FONCTION DE LA RÈGLE DE CONFLIT

396. La façon dont sont conçus le critère et l'objet de la qualification est étroitement liée à la fonction attribuée à la règle de conflit de lois, vérifiant ainsi le constat de P. Gothot selon lequel « entre la fonction de la règle de droit international privé et sa structure existe évidemment un lien si étroit qu'on ne peut garder la structure si la fonction vient à changer » (« Le renouveau de la tendance unilatéraliste », *Rev. crit. DIP*, 1971. 1, p. 35). Ainsi, la conception « instrumentale » de la règle de conflit, qui prévalait sous des variantes diverses dans les premières décennies du XXe siècle, conduisait à voir dans l'objet du rattachement soit des faits bruts qualifiés *lege fori* (1), soit des règles qualifiées *lege causae* ou dans leur contexte (2). L'avènement dans la seconde moitié du XXe siècle de la règle de conflit régulatrice d'intérêts privés a conduit en revanche à démasquer le postulat de neutralité du règlement du conflit que recelait la première approche et à rejeter les vestiges d'unilatéralisme identifiés dans la seconde, de façon à construire un objet de la qualification suffisamment malléable pour être mis au service d'un règlement à finalité substantielle, orchestré par le seul ordre juridique du for (3).

1 / Fonction instrumentale et qualification lege fori *des faits bruts.* Très tôt, l'internationaliste italien Roberto Ago a pris position, au nom d'une conception normativiste de l'ordre juridique, en faveur de la qualification *lege fori* des faits purs (« Règles générales de conflit de lois », *RCADI*, 1936, IV, p. 243 ; à propos du normativisme, v. *supra*, n° 326). Le cloisonnement normatif des ordres juridiques, qui conduit à écarter comme inconcevable l'idée que les lois puissent être délimitées par une règle étrangère aussi bien que celle aux termes de laquelle elles s'appliqueraient en vertu de leur autorité propre devant les organes du for (la règle de conflit, nécessairement bilatérale, est donc « productrice de normes », incorporant en les juridicisant les dispositions du droit désigné), exclut pareillement de considérer les « rapports de la vie réelle » comme revêtant une juridicité ou une qualification juridique antérieures à celles que leur confère l'ordre du for. La qualification porte donc nécessairement sur des « faits bruts », dont la répartition parmi les catégories du for se fera cependant en fonction de la nature des règles qui leur auraient été applicables, dans l'ordre juridique du for, en l'absence d'extranéité. Cette première démarche, qui concerne ainsi l'interprétation de la règle de conflit du for, sera nécessairement suivie selon l'auteur par un second « moment » de la qualification, qui relève à son tour de l'interprétation de la loi désignée. À celle-ci, la règle de conflit présente à la loi désignée des faits bruts, dont elle ne préjuge pas la juridicité ; il importe alors de déterminer l'étendue concrète des règles applicables. Ce second moment de la qualification, dont Ago ne précise pas le critère, a été dénoncé comme inconsistant (F. Rigaux, *La théorie des qualifications*, préc., n° 129) : pour qu'il revête une quelconque signification, il faudrait en effet que la qualification soit menée *lege causae*, contredisant par là même le postulat de départ du raisonnement.

2 / Fonction répartitrice et qualification des règles lege causae *ou dans leur contexte.* La tradition publiciste, qui voyait dans la règle de conflit de lois une règle de répartition des compétences législatives, a parfois conduit à assimiler ces dernières à des blocs de règles, dont il s'agirait, à travers l'opération de qualification, de délimiter le champ dans l'espace. Pareil postulat est implicite dans la plaidoirie la plus puissante en faveur de la qualification *lege causae* des règles, qui est celle de Wolff (*Private International Law*, Oxford, 1re éd. 1945, 2e éd. 1950 ; comp. déjà Despagnet, « Des conflits de lois relatifs à la qualification des rapports juridiques », *JDI*, 1898. 253). Pour cet auteur, l'opération de qualification est d'abord un problème d'interprétation, consistant à identifier des règles de droit substantiel regroupées dans une catégorie de rattachement. Or, si chaque catégorie a un « noyau » ferme et stable, la périphérie demeure imprécise, certaines règles remplissant des fonctions multiples. Ce dernier constat, qui témoigne de l'influence de l'*Interessenjurisprudenz*, conduisit Wolff à préconiser de retenir la qualification du système dont la règle est tirée. À l'argument du cercle vicieux qui lui fut immédiatement opposé, il a répondu qu'il suffisait de reformuler la règle de conflit pour que l'inconséquence logique disparaisse. Par exemple, la règle qui soumet la succession mobilière à la loi du dernier domicile du défunt requiert de définir ce qui compose la catégorie « succession ». Or, cette dernière définition peut être demandée sans contradiction à la *lex causae* dès lors que la même règle est aménagée de la façon suivante : « lorsqu'une personne meurt, le juge applique toutes les règles en vigueur à son dernier domicile qui, selon la loi de cet État, se rapportent à la succession mobilière » (*op. cit.*, 2e éd., p. 156). Il n'en reste pas moins que pareille reformulation cache à peine un raisonnement statutaire, dont l'intégration au sein de la méthode bilatéraliste demeure malaisée. Par ailleurs, le risque de lacunes ou de cumuls qui apparaît du fait du refus de la règle de conflit de départager dès le départ les règles simultanément applicables (supposons que la loi du dernier domicile ne contienne aucune réponse qu'elle considère comme relevant du droit des successions et qui serait de nature à résoudre la question litigieuse en l'espèce, qu'elle attribue par exemple au droit des régimes matrimoniaux), doit être résolu par le procédé de l'adaptation des lois en présence (v. *infra*, nos 474 et s.), lequel cependant « ne concerne pas le droit international privé, mais relève de la juste interprétation des règles de droit matériel interne » (p. 166). Le problème est donc repoussé…

Le même souci de replacer les règles étrangères dans leur contexte d'origine pour ne pas les altérer, très présent déjà dans la doctrine allemande à travers les écrits, contemporains de ceux de Wolff, de Raape, Melchior, et Lewald, est également à l'origine de la réflexion plus récente de Wengler, qui adhère pourtant aussi, comme ses prédécesseurs, à la qualification *lege fori* (« Réflexions sur la technique des qualifications en droit international privé », *Rev. crit. DIP*, 1954. 661). Reprenant la distinction entre les règles qui forment le noyau d'une catégorie et celles qui ne tirent leur signification que de leurs liaisons avec ces règles nucléaires, Wengler démontre que ce n'est qu'en les replaçant dans leur contexte qu'il est possible de déterminer leur appartenance à tel ensemble téléologique. « C'est leur connexité téléologique, leur liaison avec d'autres règles du point de vue de la politique législative qui est décisive pour la qualification de ces règles » (p. 669).

Ainsi, si le juge allemand applique la loi française, conformément à sa règle de conflit, au régime des biens de deux époux français, ce juge ne doit pas méconnaître l'unité téléologique des règles qui composent cette catégorie du point de vue de la loi française. Par exemple, si l'incapacité contractuelle de la femme mariée se rattache au regard de cette dernière à l'organisation du régime matrimonial, cette règle doit recevoir application, indépendamment de la qualification qu'en retient la loi du for allemand. Si Wengler s'efforce alors de préciser que les conceptions de la *lex causae* ne sont consultées qu'afin d'éclairer l'opération de qualification menée au titre de la loi du for, il est difficile de voir comment la position de la loi étrangère pourrait ne pas se révéler déterminante. De fait, l'approche de Wengler comporte naturellement le risque d'une « superposition de catégories » – autrement dit du cumul familier au raisonnement statutaire. Mais pareille perspective n'effraie pas l'auteur, qui envisage lui aussi le recours à l'adaptation dans ce cas. Il suffirait ainsi que la règle de conflit s'exprime sous une forme conditionnelle...

3 / La qualification lege fori *du projet au regard de la fonction régulatrice d'intérêts privés.* La conception de l'objet de la qualification comme une question de droit (P. Mayer, *Droit international privé*, 1re éd., n° 150) ou « projet » (B. Ancel, *Les conflits de qualifications à l'épreuve de la donation entre époux*, préc., nos 212 et s.) est présentée comme seule conforme à la mission contemporaine de la règle de conflit bilatérale, en tant qu'elle assure l'insertion cohérente des règles étrangères dans l'ordre juridique du for. En effet, la règle de conflit doit remplir pleinement sa fonction de surveillance ou de « colligation » des lois étrangères, lorsqu'elles prennent place dans l'ordre juridique du for. Il importe que ces dernières puissent « s'insérer comme un maillon dans l'enchaînement des situations internes » (B. Ancel, *op. cit.*, n° 160). Or, qualifiées *lege causae* ou à tout le moins dans leur contexte, les règles de droit étranger revendiquent par hypothèse une place qui échappe à la maîtrise de la loi du for. Par ailleurs, les faits bruts, au contraire, ne contiennent aucune indication quant à leur nature particulière (*ibid.*, n° 177). Entre les deux, le « projet » représente le lien entre les faits allégués et la prétention juridique qu'ils appuient. Si celle-ci peut être fondée sur une règle juridique, le projet se distingue cependant de l'application hypothétique de la règle de droit étranger, parfois proposée par la doctrine allemande pour contourner l'argument du cercle vicieux, en ce qu'il est l'œuvre d'un particulier. Il ne correspond donc pas à la règle de droit invoquée par celui-ci, qui n'a jamais qu'une fonction descriptive, mais à l'éclairage que confère aux faits la sanction réclamée (*ibid.*, n° 222). Pareille représentation de l'objet de la qualification permet de répondre à la difficulté soulevée par l'invocation erronée par un plaideur d'une règle inapplicable, et, surtout, autorise à accueillir dans les catégories du for des prétentions épousant des institutions étrangères inconnues, qui imposent d'assouplir les contours des catégories empruntées au droit interne (*ibid.*, nos 239 et 249).

QUALIFICATION ET SENS DE LA RÉFÉRENCE À LA LOI DÉSIGNÉE

397. Objet et étendue de la référence. — Des termes du conflit de qualifications défini au texte, il apparaît que, tout comme le renvoi, les questions préalables et les autres manifestations du conflit de systèmes (v. *infra*, n° 434), ce conflit oblige à déterminer l'objet et l'étendue de la référence faite par la règle de conflit à la loi désignée. D'une part, la question est de savoir si cette référence concerne ses seules règles substantielles, mises à contribution de façon en quelque sorte désincarnée et dans les termes définis par l'ordre juridique du for, ou s'il importe de respecter l'intégrité de cette loi, en recherchant notamment la position que les organes du système dont elle relève adopteraient dans le cas concret – en l'occurrence à l'égard de la classification du rapport litigieux parmi ses institutions de droit interne. D'autre part, il importe de déterminer si la règle de conflit de lois a épuisé sa fonction en désignant l'ordre juridique étranger, ou si la qualification du for continue à influencer le choix des règles étrangères au sein de ce dernier. Il est généralement admis aujourd'hui par la doctrine bilatéraliste privatiste que la réponse est dictée par la fonction spécifique de la règle de conflit du for, laquelle convoque les lois internes au service du traitement satisfaisant des intérêts privés en cause. Il en résulte le cas échéant un règlement hybride, propre à répondre aux besoins des situations hétérogènes, qui ne correspond pas nécessairement à celui que consacreraient dans une situation purement interne les diverses lois mises à contribution. Ainsi, si la règle du for désigne la loi américaine comme applicable à la prescription d'une action contractuelle, elle demande en réalité à cette dernière une réponse à la fois concrète et désincarnée. Ce qui lui importe, c'est la durée de la prescription en droit américain, indépendamment du point de savoir dans quelle catégorie cette institution est classée selon ce droit, qui n'est que partiellement appliqué. Dans cette conception, le sens et la portée de la référence sont très différents de ceux qui avaient cours au sein d'une vision répartitrice de la règle de conflit, laquelle raisonnait comme si des situations homogènes étaient réparties entre lois exclusivement applicables. Le droit désigné s'appliquait alors en tenant compte notamment de ses propres classifications et critères d'applicabilité spatiale. Apparemment dépassée, cette dernière conception resurgit au titre du renvoi, qui sera souvent l'effet d'un conflit de qualifications (v. Y. Lequette, « Le renvoi de qualifications », in *Mélanges dédiées à D. Holleaux*, p. 249 ; sur le traitement du renvoi de qualifications par Bartin, v. D. Boden, *op. cit.*, n° 492 et les notes 1168 et 1169). Où la prescription de l'action contractuelle devient alors à nouveau problématique… (v. *infra*, n° 515).

Le paradoxe de Burckhardt. — Les liens entre le problème des qualifications et le renvoi apparaissent au sein du « paradoxe de Burckhardt » (« Über die Allgemeingültigkeit des internationalen Privatsrecht », in *Festgabe Eugen Huber*, Bern, Verlag von Ferd, Wyss, 1919, p. 261, spéc. p. 279, n. 18). Souvent rapproché du problème des qualifications, le paradoxe de Burckhardt ne s'y réduit pas pourtant (D. Boden, *op. cit.*, n° 499). Fondé en effet sur la prémisse unilatéraliste de l'indissociabilité entre la loi substantielle et les règles qui délimitent son champ spatial, le paradoxe réside dans le fait que la désignation qu'opère la règle de conflit du for à partir d'une catégorie donnée (« conditions de validité du mariage ») porte à faux lorsqu'elle désigne une loi étrangère dont la substance – désignée pourtant formellement par la même catégorie – est différente. La même difficulté apparaît en cas de renvoi, car il est pareillement inadmissible d'appliquer la loi désignée en dehors du champ d'application qu'elle s'est donnée. En réalité, comme il a été démontré (par D. Boden, *op. cit.*, n°s 503 et 504), le paradoxe naît de l'enchevêtrement d'un raisonnement moniste-bilatéraliste (la règle de conflit désigne des lois substantielles indépendamment de leur champ d'application) et d'une perspective unilatéraliste-pluraliste (l'indissociabilité des règles de comportement et des règles qui en délimitent le champ d'application).

Qualification en sous-ordre. — Dans un cas identifié par Bartin comme la « qualification en sous-ordre », la compétence de la *lex causae* s'impose. Cette qualification est celle qui ne commande pas la loi applicable au regard de la règle de conflit du for, mais affecte seulement l'applicabilité d'un corps de règles à l'intérieur de la loi désignée. Par exemple, la loi délictuelle déterminera si le cas litigieux relève de la responsabilité pour faute ou de la responsabilité objective. C'est bien pour cette raison que la formulation de l'attendu principal du grand arrêt Lautour (Cass. civ., 25 mai 1948, préc.) est critiquable : en énonçant que « la loi compétente pour régir la responsabilité civile extra-contractuelle de la personne qui a l'usage, le contrôle et la direction d'une chose, en cas de dommage causé par cette chose à un tiers, est la loi du lieu où le délit a été commis », la Cour de cassation semblait ériger en catégorie de rattachement une distinction de droit matériel, qui appartient en réalité, en sous-ordre, à la seule loi désignée. Mais ce dernier exemple illustre bien en même temps l'interaction qui peut exister entre l'introduction de régimes spéciaux en droit interne et la formulation de la règle de conflit. Par exemple, déterminer si un contrat est un contrat de consommation constitue une qualification en sous-ordre lorsque la catégorie de rattachement « contrats » est formulée de façon indifférenciée, mais devient une qualification principale menée *lege fori* (ou selon les conceptions autonomes du droit conventionnel ou européen) dès lors qu'une règle de conflit distincte leur est consacrée (v. art. 5 Convention de Rome / art. 6 Règlement Rome I). Une confusion classique à cet égard apparaît en ce qui concerne la distinction des meubles et immeubles en matière de biens. La règle de conflit soumet indifféremment ceux-ci à la *lex rei sitae*, de sorte que la distinction entre meubles et immeubles que ferait le cas échéant cette loi pour déterminer le régime des biens est donc une simple qualification en sous-ordre, à mener *lege causae*. Cependant, en matière successorale, la même distinction est intégrée à la règle de conflit de lois elle-même et doit donc être empruntée, contrairement à ce qu'enseignait Bartin, à la loi du for sous peine de cercle vicieux (v. TriB. Gr. inst. Seine, 12 janv. 1966, *Stroganoff-Scherbatoff*, *Rev. crit. DIP*, 1967. 120, note Y. Loussouarn ; comp. aussi, retenant la qualification *lege fori* d'un immeuble par destination pour déterminer la compétence juridictionnelle, indépendamment de la qualification suisse du lieu de situation, Cass. (Ass. plén.), 15 avr. 1988 (affaire des *Fresques de Casenoves*), *Rev. crit. DIP*, 1989. 100, note G. Droz).

HORIZONS COMPARATISTES

398. Rabel et la méthode comparatiste. — E. Rabel pensait que les difficultés liées aux conflits de qualifications pouvaient être surmontées en élaborant des catégories universelles à partir du droit comparé (« Le problème de la qualification », *Rev. crit. DIP*, 1933. 1 ; *The Conflict of Laws : A Comparative Study*, Michigan Legal Studies, Ann Arbour, 2e éd. 1956). Sa proposition, qui postule la possibilité de dégager des notions suffisamment générales ou neutres par rapport à un droit déterminé pour qu'elles puissent s'adapter à tous les droits internes en intégrant les rapports les plus variés, est généralement jugée utopique en raison de l'irréductibilité des différences affectant les conceptions nationales. Ou, plus précisément, le recours à une conception commune universellement acceptable est de nature à engendrer en aval des « irritants juridiques » (selon l'expression de G. Teubner, « Legal irritants : Good faith in British law or how unifying law ends up in new divergences », *Modern Law Review*, 1998, vol. 61, p. 11) conduisant à des problèmes d'adaptation dans la mise en œuvre concrète de la loi ainsi désignée « de haut ». Comme l'écrit I. Fadlallah (*La famille légitime en droit international privé*, Dalloz, 1977, préf. H. Batiffol, n° 24), « au fur et à mesure que l'on abandonne les grands ensembles – tel le mariage – pour se préoccuper d'institutions de détail, la situation de fait et son effet juridique apparaissent de plus en plus liés : peut-on qualifier la quarte du conjoint pauvre par la seule situation de fait de veuve ?... Les successions, les régimes matrimoniaux et les aliments ont, entre autres, comme fonction sociale d'assurer à l'époux survivant des moyens de subsistance. Le choix du moyen n'est pas indifférent... » La rupture de la communauté juridique oblige précisément à renoncer à construire des catégories communes ! Il n'en reste pas moins qu'aujourd'hui, droit conventionnel et droit de l'Union européenne tendent à donner largement raison à Rabel, que ce soit au moyen de catégories conventionnelles communes (v. la définition de la catégorie « trust » à l'article 2 de la Convention de La Haye du 1er juillet 1985 relative à la loi applicable au trust et à sa reconnaissance), de définitions autonomes élaborées par la Cour de justice (par exemple, définissant le mariage au sens du droit européen comme l'union de deux personnes de sexe différent, exclusif du partenariat homosexuel, CJCE, 31 mai 2001, aff. C-122/99, *D. et Royaume de Suède*, *Rec.*, 2001, I-4319 ; et interdisant de recourir à la loi du for pour définir les concepts d'époux ou de relations maritales au regard du Règlement n° 1612/68, CJCE, 17 avril 1986, aff. C-59/85, *Reed*, *Rec.*, 1986-1283), ou encore du « cadre commun de référence » envisagé sous l'égide de la Commission en vue de rendre plus cohérent l'acquis communautaire. Reste que la recherche d'interprétations communes ne résiste pas toujours aux réflexes nationaux (v. ainsi, à propos de la Convention de Vienne sur la vente internationale de marchandises, F. Ferrari, « Tendance insulariste et lex forisme malgré un droit uniforme de la vente », *Rev. crit. DIP* 2013. 323).

Droit de l'Union européenne et qualification. — En outre, le développement de la production normative d'origine européenne conduit vers de nouvelles interrogations (évoquées *supra* n° 395-1). Désormais, la qualification n'aurait-elle pas ainsi pour fonction supplémentaire de procéder à la répartition des questions de droit entre différents textes que le risque de chevauchement n'épargne pas toujours (v. par ex. : S. Bollée, « À la croisée des Règlements Rome I et Rome II : la rupture des négociations contractuelles », *D.*, 2008. 2161) ? Par ailleurs, la qualification adoptée par la Cour de justice en interprétation de l'un de ces instruments vaudra-t-elle inéluctablement au sujet d'un autre ? Tout spécialement, ce qui est affirmé en matière de conflit de juridictions (Bruxelles I) vaut-il nécessairement au sujet du conflit de lois (Rome I ou II) ? À ce sujet, v. not. *infra*, n° 959 et, plus généralement, T. Azzi, « Bruxelles I, Rome I, Rome II : regard sur la qualification en droit international privé communautaire », *D.*, 2009. 1621 ; M. Minois, *Recherche sur la qualification en droit international privé des obligations*, préc., 2016. Il est vrai cependant que, lorsqu'il s'agit de l'interprétation de la Convention/Règlement de Bruxelles, les définitions autonomes sont moins le fruit du droit comparé que celui d'une interprétation téléologique de l'instrument à appliquer (pour des exemples, v. *infra*, nos 880 et s.). Le succès indiscutable de ce phénomène n'a cependant pas supprimé le problème des irritants juridiques (M. Audit, « L'interprétation autonome du droit international privé communautaire », *JDI*, 2004. 789).

Qualification et fonctionnalisme américain. — Le caractère extrêmement conceptuel de l'activité doctrinale consacrée au problème de la qualification en Europe continentale explique en partie le succès, outre-Atlantique, des voies alternatives de raisonnement, de nature réaliste et anti-formaliste. Une des caractéristiques de l'approche fonctionnaliste (sur laquelle, v. *supra*, n°s 353 et s.) est en effet d'aborder les conflits de lois *issue by issue*, c'est-à-dire de rejeter les catégories de rattachement syncrétiques et, contournant l'opération de qualification, de déterminer au regard de chaque question de droit la règle la plus appropriée (ou la plus intéressée à en pourvoir le règlement). L'influence de cette approche peut être retrouvée au demeurant dans une décision anglaise célèbre (*Sayers v. International Drilling Co* [1971], 1 WLR 1176) où la difficulté de qualifier une défense (contractuelle) à une action en responsabilité (délictuelle), a conduit Lord Denning à mettre en œuvre directement le principe de proximité afin d'éviter d'opérer une qualification et de scinder le droit applicable. Mais pareil évitement de la qualification est en réalité un leurre. La méthodologie fonctionnaliste ne peut en effet éviter de tenir compte du type d'intérêts pris en charge par une règle de droit interne donnée, en vue de déterminer le lien dont la réalisation fonde l'intérêt de l'État à intervenir dans le règlement de la situation litigieuse (sur ce point, H. Muir Watt, *La fonction de la règle de conflit de lois*, n°s 30 et s.). L'analyse de la jurisprudence américaine effectuée par S. Symeonides (« The American choice of law revolution in the courts : Today and tomorrow », *RCADI*, 2002, t. 298, p. 13 et s.) montre qu'en fin de compte, l'apport réel de la révolution méthodologique réside essentiellement dans la formulation très affinée de règles de rattachement. Dans de très nombreux cas dans lesquels la méthode conflictuelle a été rejetée en faveur d'une approche fonctionnaliste, *issue by issue*, une qualification plus adéquate de la question litigieuse aurait permis en effet de faire l'économie d'un examen laborieux des politiques et intérêts dans chaque cas. Ainsi, A. Von Mehren lui-même observe qu'en matière d'immunité entre époux, la qualification sert d'instrument d'analyse fonctionnaliste, permettant d'appliquer la loi personnelle plutôt que la loi du délit, mais considère, curieusement, que le recours à la qualification représente un outil « clandestin » du fonctionnalisme (« Une esquisse de l'évolution du droit international privé aux États-Unis », *JDI*, 1973. 116, p. 182). Un exemple analogue est donné par W. Reese (« General course on private international law », *RCADI*, 1976, t. 150, p. 54), critiquant l'application par la jurisprudence de la loi du siège du trust, qui était le rattachement dégagé pour régir la validité intrinsèque de celui-ci (lorsque l'*issue* était la *perpetuities rule*), à un contentieux qui revêtait une dimension essentiellement successorale et présentant par conséquent des liens plus étroits avec un autre État.

L'impression de « déjà vu » que l'on éprouve à l'examen des résultats concrets atteints par les tribunaux américains en application de la méthodologie fonctionnaliste tient sans doute à l'état particulier du droit des conflits aux États-Unis avant la « révolution » méthodologique (v. pour cette explication, Kahn-Freund, « Delictual liability and conflict of laws », *RCADI*, 1968, t. 124, p. 112 ; B. Audit, « Le caractère fonctionnel de la règle de conflit (Sur la "crise" des conflits de lois) », *RCADI*, 1985, t. 186, p. 219). On aurait tort en effet d'assimiler les règles de conflit d'inspiration territorialiste établies par Beale dans le *Premier Restatement* (1935) à celles qui, à la même époque en Europe, étaient le fruit de la tradition savignienne. Au demeurant, Savigny lui-même critiquait les solutions territorialistes (*Traité*, t. VIII, p. 131 : « Le lieu où le rapport de droit prend naissance juridiquement parlant, ne nous est révélé que par une étude approfondie de la nature individuelle de chaque rapport de droit et la question du lieu ainsi posée, loin de nous aider dans cette recherche, ne peut que nous gêner »). Aux États-Unis, les catégories de rattachement étaient empruntées essentiellement aux divisions procédurales de la *common law*, tandis que les facteurs de rattachement correspondants revêtaient un caractère géographique, lequel résultait de la conviction que la souveraineté législative s'arrête à la frontière : la loi applicable est donc la loi du lieu du dernier événement donnant naissance à un droit. Il en est résulté un système de règles de conflit artificiel et mécanique, auxquelles manquait précisément le bénéfice d'une réflexion concernant l'adéquation fonctionnelle entre une certaine catégorie de questions et la loi appelée à les régir. Pareille réflexion, fondamentale en revanche dans la tradition savignienne, permet dans le cadre de cette dernière d'ajuster les politiques en jeu à l'intensité de l'intérêt des États à les réaliser. Découvrir ainsi que l'immunité entre époux revêt un caractère personnel plutôt que délictuel n'a donc rien d'une surprise !

La théorie anti-conceptuelle européenne : qualification et adaptation. — Selon la théorie anti-conceptuelle de la qualification proposée par Neuner et reprise par l'internationaliste belge F. Rigaux (F. Rigaux, *La théorie des qualifications*, Bruxelles, Larcier, 1956, n°s 120 et s. ; F. Rigaux et M. Fallon, *Droit international privé*, n°s 716 et s. ; D. Cocteau-Senn, *op. cit.*, n°s 421 et s.), la véritable difficulté qui transparaît à travers le problème des qualifications est bien moins la désignation des ordres juridiques compétents que la détermination du domaine des règles concurremment applicables, lequel ne peut être identifié par la seule référence aux catégories de rattachement. Celles-ci se bornent à désigner des « matières » de droit privé sans contenu précis. En effet, les enseignements de l'*Interessenjurisprudenz* conduisent à admettre la pluralité d'intérêts que chaque règle de droit prend en charge, de sorte qu'il est irréaliste d'en retenir une qualification préétablie ou exclusive. Par exemple, comment affirmer *ex cathedra* que la prescription est un moyen de fond ou une exception de procédure, alors que la vérité est plus nuancée et dépend largement du contexte ? Ainsi, alors même que la règle de conflit attribue les questions de procédure à la loi du for et les questions de fond à une loi étrangère, les domaines respectifs de ces deux lois ne peuvent être délimités *a priori* à l'égard de la prescription, qui revêt une dimension à la fois processuelle et substantielle. Il importe donc d'interpréter la règle de conflit du for pour déterminer l'équilibre voulu par son auteur entre les intérêts multiples et complexes pris en charge par une institution juridique donnée, sachant que la méthode de qualification conceptuelle critiquée est de nature à entraîner une rupture de cet équilibre par l'attribution à des lois différentes de questions de droit connexes régies par des règles interdépendantes (sur les problèmes d'adaptation qui s'ensuivent, v. *infra*, n°s 486 et s.). En somme, la problématique de la qualification se dissoudrait dans l'adaptation téléologique des dispositions matérielles en concours, voire de la règle de conflit elle-même. Pareille approche tend à repousser la difficulté en aval. Cependant, les liens qui apparaissent ainsi entre le choix de la méthode de qualification et la nécessité de l'adaptation sont de nature à démontrer l'opportunité d'un certain assouplissement de la mise en œuvre de l'opération de qualification en cas de « vrai » conflit de qualifications, lorsque l'appartenance de la question litigieuse à une catégorie donnée ne s'impose pas sans réserve (v. en ce sens, B. Audit, « Le caractère fonctionnel de la règle de conflit de lois », *RCADI*, 1984, t. 186, p. 223 et s.). On retrouve alors l'idée de qualification conditionnelle préconisée par Wengler.

Pour une réflexion sur la catégorisation en droit privé, qui n'est pas nécessairement « formaliste » au sens qu'elle exclurait la recherche de valeurs et de contexte, v. H. Dagan, « Legal realism and the taxonomy of private law », *Tel Aviv University Legal Working Paper Series*, n° 38, 2006 ; P. Cane, « The Anatomy of Private Law Theory », 25, *Oxford Journ. Legal Studies*, 203, 2005.

Renvois : Sur la qualification préalable à la détermination de la compétence juridictionnelle, v. *infra*, n° 880 ; sur la qualification comme instrument de fraude, v. *infra*, n° 429 ; sur le renvoi de qualifications, v. *infra*, n° 515.

SECTION 3
La concrétisation de la règle de conflit

399. La règle de conflit bilatérale rattache une catégorie de questions juridiques à un ordre juridique – celui qui est jugé présenter la vocation la plus forte à régir ces dernières – au moyen d'un élément de la situation litigieuse considéré comme le plus apte à représenter cette vocation. Ce « facteur de rattachement » est en quelque sorte un condensé des considérations, finalistes ou valoristes, qui conduisent à identifier pour cette catégorie, par une localisation commune dans l'espace, la loi la plus appropriée. À ce titre, il peut aussi bien représenter : un attribut de la personne (nationalité, domicile ou résidence), dès lors que la catégorie, constituée de l'état et la capacité, des droits de la personnalité, ou des relations familiales, exige que la loi applicable comporte une certaine permanence et soit en phase avec l'identité culturelle du sujet ; la situation physique d'une chose, perçue comme la source naturelle d'un statut réel local et opposable des biens matériels ; un accord de volontés, dans la mesure où, comme en matière contractuelle, la volonté a également un rôle à jouer en droit interne ; le lieu d'un acte ou d'un fait juridique, si l'on considère que le régime juridique le plus adéquat est celui que fournit la loi dont les organes sont impliqués, ou qui est le plus prévisible pour les parties (lieu de célébration ou d'enregistrement d'un acte de mariage ou de partenariat ; lieu du délit).

Parfois, en dépit de l'adéquation ainsi recherchée entre la catégorie et le rattachement, un incident de parcours empêche cependant la règle de conflit de réaliser dans l'immédiat sa fonction localisatrice. La concrétisation immédiate de la règle de conflit se heurte soit à la défaillance ou à la surdétermination du facteur de rattachement (§ I), soit à un changement dans le temps de la règle de conflit (§ II), soit à une modification affectant la situation litigieuse elle-même (§ III).

I | La défaillance ou la surdétermination du facteur de rattachement

400. Il arrive que le support factuel du facteur de rattachement retenu par la règle de conflit de lois ne permette pas, accidentellement, de localiser la question de droit litigieuse dans un ordre juridique, soit parce qu'il fait défaut, soit au contraire parce qu'il se démultiplie en se concrétisant dans plusieurs ressorts à la fois. Dans le contexte d'une règle bilatérale, de tels accidents représentent une impasse qui doit trouver une nouvelle issue dans l'interprétation de la règle de conflit elle-même. La nécessité de régler ce double accident tient au fait que la règle bilatérale évolue en quelque sorte dans un espace clos, qui exige, sous peine de paralysie, que le rattachement se concrétise effectivement, et en un seul ressort. La situation est en effet différente dans le cadre d'un raisonnement unilatéraliste. En effet, au regard de la détermination, nécessairement unilatérale, de la compétence juridictionnelle, le défaut de réalisation de la connexion juridictionnelle dans le ressort du for entraîne tout simplement l'incompétence des tribunaux locaux, tandis que sa démultiplication conduit à une concurrence de fors compétents [1]. Il en va de même de la règle de conflit unilatérale ou de la règle d'applicabilité d'un instrument international ou européen, où la concrétisation multiple du facteur de rattachement, comme sa non-concrétisation dans le ressort du for, laissent place au jeu des règles des autres États.

Dans un contexte bilatéraliste, quelques exemples non exhaustifs suffiront à illustrer l'hypothèse de la défaillance (A) puis de la surdétermination (B) du facteur de rattachement.

A / DÉFAILLANCE

401. Lorsque la règle de conflit présuppose l'existence d'un élément factuel, support du facteur de rattachement, qui s'avère accidentellement

1. Pour des exemples, v. *infra*, n° 971.

défaillant, le juge ou l'interprète doit rechercher le rattachement subsidiaire le plus apte à réaliser les finalités de la règle de conflit, sauf si celle-ci intègre délibérément le risque de défaillance en s'organisant selon une « échelle de Kegel [1] ». Généralement, le recours à la loi du for en sa vocation subsidiaire n'est qu'un pis-aller.

402. En matière de *statut personnel*, l'exemple le plus classique concerne la défaillance du rattachement fondé sur la nationalité d'une personne. L'absence de toute nationalité (apatridie) oblige à recourir à un rattachement subsidiaire en vue de déterminer la loi personnelle de l'intéressé [2]. Consacrée par l'article 12, § 1 de la Convention de New York du 28 septembre 1954 relative au statut des apatrides, la vocation de la loi du domicile ou du milieu d'intégration de l'intéressé convient alors particulièrement à cette hypothèse, où la vocation intégrative de la règle de conflit devient primordiale.

Il arrive également que la défaillance de la règle de conflit tienne non à l'absence de nationalité de la personne, mais à l'absence de la personne dont la nationalité est visée. C'est le cas du rattachement de l'établissement de filiation à la nationalité de la mère de l'enfant, en vertu de l'article 311-14 du Code civil, lequel postule – c'est même la raison d'être du rattachement – que la mère de l'enfant soit connue (*mater semper certa est*). Si elle ne l'est pas, au regard du même texte, la loi personnelle de l'enfant s'appliquera alors.

La référence à un attribut commun, tel la nationalité commune, le domicile ou la résidence habituelle des parties, pour régir un lien de famille, oblige à intégrer le risque de défaillance du rattachement principal, qui se réalise chaque fois que la situation de l'un des intéressés se singularise ou se modifie. La technique des rattachements en cascade ou subsidiaires a été employée dans ce cas par la jurisprudence *Rivière* [3] en matière de divorce et d'effets du mariage, qui désigne successivement la loi nationale commune des époux, à défaut celle du domicile commun,

1. Du nom de G. Kegel, qui a systématisé dans son célèbre cours à l'Académie de droit international de La Haye cette technique ; v. déjà le système mis en place par l'arrêt *Rivière*, Cass. civ., 17 avril 1953, *Rev. crit. DIP*, 1953. 412, note Batiffol ; *JDI*, 1953. 860, note Plaisant ; *JCP*, 1953. II. 7863, note Buchet ; *RabelsZ.* 1955. 520, note Francescakis ; *GA*, n° 26 : le divorce étant à l'époque soumis à la loi nationale des époux, la Cour de cassation affirma qu'il serait régi par la loi du lieu de leur domicile en cas d'époux de nationalité différente.

2. Il en va de même, par assimilation, de la condition de réfugié (défini selon la Convention de Genève du 28 juillet 1951 sur le statut des réfugiés, comme « toute personne qui, craignant avec raison d'être persécutée du fait de sa race, de sa religion ou de sa nationalité, de son appartenance à un certain groupe social ou de ses options politiques, se trouve hors du pays dont elle a la nationalité et qui ne veut ou, du fait de cette crainte, ne peut se réclamer de la protection de ce pays »).

3. Préc.

et à défaut celle du for[1]. Il arrive au demeurant qu'à la place d'une hiérarchie, plusieurs rattachements se substituent à l'absence d'attribut personnel commun aux deux parties et soient offerts simultanément, dans le cadre d'une règle de conflit alternative. Ainsi, l'article 311-17 du Code civil valide la reconnaissance d'enfant si cette validité est admise soit par la loi personnelle de l'auteur soit par celle de l'enfant, dès lors que la loi personnelle ne leur est pas commune[2].

403. Dans le *domaine des obligations et des biens*, l'hypothèse la plus fréquente de la défaillance du facteur de rattachement se réalise lorsqu'il est fait référence à la loi en vigueur dans un lieu déterminé (*lex rei sitae*, lieu du délit, lieu d'exécution d'une prestation contractuelle) et que celui-ci se trouve dans un espace sans souveraineté, comme la haute mer (en matière délictuelle : l'abordage) ou l'espace extra-atmosphérique (pour les biens : les satellites, câbles sous-marins de télécommunication, épaves en eaux extraterritoriales), ou encore dans un espace indéterminé (pour le contrat de travail : les prestations du pilote de ligne). Dans ce cas, on lui assigne généralement un rattachement subsidiaire (lieu d'embauche[3], État adjacent[4]), parfois fondé sur une localisation fictive (pour les biens, lieu d'enregistrement du bien ; loi nationale du premier occupant[5] ; en cas de cyberdélit, le lieu vers lequel le site litigieux est « focalisé[6] ») permettant de l'assortir d'un régime juridique approprié.

404. Dans le *champ contractuel*, la référence à la volonté des parties, qui a pu ne pas s'exprimer, est toujours assortie d'un rattachement supplétif – même si, pendant longtemps, on a en pu occulter l'existence en

1. Cass. civ. 1re, 15 mai 1961, *Tarwid*, *D.*, 1961. 437, note G. Holleaux ; *Rev. crit. DIP*, 1961. 547, note H. Batiffol ; *JDI*, 1961. 734, note B. Goldman. Repris pour la seule désunion par la règle de conflit unilatérale de l'article 310 (devenu 309) du Code civil, le rattachement subsidiaire à la loi du domicile français commun des époux (309-2) sert désormais non pas à combler une lacune, mais à étendre le champ de la loi française (v. *infra*, nos 756 et s.). Dans ce même contexte, en revanche, la loi du for est appelée à résoudre un conflit négatif issu du désintérêt des lois étrangères.

2. V. *infra*, n° 771.

3. V. par exemple, en matière de contrat de travail, l'article 8-3 du Règlement Rome I sur la loi applicable aux obligations contractuelles, qui se réfère alors au lieu de l'établissement d'embauche, comme lorsque le lieu habituel du travail est indéterminé, v. *infra*, n° 938.

4. Sur le terrain des conflits de juridictions, un arrêt de la Cour de justice de 2002 (C-37/00 *Herbert Weber c/ Universal Odgen Services Ltd*) a précisé que le lieu d'exécution d'une prestation accomplie dans une installation flottante au-dessus du plateau continental, était réputé se situer sur le territoire de l'État-membre adjacent, dont les ressources naturelles étaient exploitées ou explorées.

5. Sur les localisations fictives, v. L. d'Avout, *Sur les solutions de conflits de lois en droit des biens*, Économica, 2006, préf. H. Synvet, p. 470, et *infra*, n° 646. Le recours fréquent à de telles fictions plaide, en matière de biens, contre la recherche d'un régime juridique objectif de la chose attaché au lieu de sa situation.

6. V. *infra*, n° 1017.

faisant appel dans ce cas à la volonté implicite voire hypothétique des contractants[1]. Le statut du rattachement du régime matrimonial au premier domicile matrimonial en l'absence de choix des époux, a fait l'objet d'une mutation analogue[2]. Aujourd'hui, méfiante à l'égard de toute volonté qui, n'étant pas expresse, ne résulterait pas « de façon certaine des dispositions du contrat, ou des circonstances de la cause », la Convention de Rome sur la loi applicable aux obligations contractuelles désigne la loi ayant les liens les plus étroits avec le contrat, présumée être celle de l'établissement de la partie qui fournit la prestation caractéristique (art. 4, § 2), sauf preuve contraire résultant de l'ensemble des circonstances (art. 4, § 5). À défaut du choix de la loi, l'article 4 du Règlement Rome I cantonne quant à lui la référence à la présomption et aux liens les plus étroits dans un rôle très subsidiaire, préférant retenir, à titre principal, des rattachements objectifs pour les contrats les plus courants. Que ce soit dans la Convention ou le Règlement, qui soumettent le contrat de travail à la loi du lieu d'exécution habituelle du travail[3], il a fallu régler l'hypothèse du salarié exerçant ses fonctions en dehors de tout lieu habituel (comme le pilote de ligne) et prévoir dans ce cas un rattachement subsidiaire à la loi du lieu de l'établissement d'embauche.

B / SURDÉTERMINATION

405. Parfois, accidentellement, le support du facteur de rattachement se décline dans des lieux multiples. L'une des solutions parfois envisagée est de conférer un choix au demandeur, dès lors que chacune des concrétisations de la règle de conflit peut être considérée comme revêtue d'une valeur localisatrice identique[4]. Les vraies difficultés se trouvent dans deux situations spécifiques.

406. La détermination de la loi nationale en cas de double nationalité de l'intéressé est controversée aujourd'hui. Le principe traditionnel

1. V. *infra*, n°s 899 et s.
2. V. *infra*, n° 809.
3. La première en raison d'une règle de conflit combinatoire qui fait place à la volonté.
4. En matière de compétence juridictionnelle, v., en interprétation de l'art. 5-3 Conv. Bruxelles : CJCE, 30 nov. 1976, *Mines de Potasses d'Alsace*, aff. 21/76, *Rev. crit. DIP*, 1977. 568, note P. Bourel ; *D.*, 1977. 614, note G. Droz ; *JDI*, 1977. 728, note A. Huet ; *Rev. jurid. de l'environnement*, 1977. 323, note A. C. Kiss (« L'expression "lieu où le fait dommageable s'est produit" doit être entendue en ce sens qu'elle vise à la fois le lieu où le dommage est survenu et le lieu de l'événement causal. Il en résulte que le défendeur peut-être attrait, au choix du demandeur, devant le tribunal soit du lieu où le dommage est survenu, soit du lieu de l'événement causal qui est à l'origine de ce dommage »).

de solution, consacré par l'article 3 de la Convention de La Haye du 12 mai 1930, fait prévaloir systématiquement la nationalité du for si elle est concernée, et, dans l'hypothèse plus rare du conflit entre deux nationalités tierces, la plus effective d'entre elles [1]. Plus récemment, une voie alternative est apparue dans la doctrine et la jurisprudence, selon laquelle la nationalité à prendre en considération, y compris lorsque celle du for est en cause, serait tributaire des finalités propres de la règle applicable [2]. Ainsi, en matière de statut personnel, il serait envisageable de faire prévaloir la nationalité étrangère plus effective sur celle du for dans la mesure où un tel choix permettrait de donner une expression plus fidèle aux vocations recognitive et intégrative de la règle de conflit de lois.

Au-delà des controverses nées de cette solution nouvellement proposée, le droit européen est venu bouleverser dans une certaine mesure le règlement traditionnel du conflit de nationalités ainsi que sa variante fonctionnelle, en obligeant à raisonner, dans les situations intra-européennes, en termes de liberté de circulation. Ainsi, l'arrêt *Garcia Avello* de la Cour de justice a décidé, sur le fondement des articles 12 (art. 18 TFUE, non-discrimination) et 17 (art. 20 TFUE, citoyenneté européenne) du traité CE, que le nom d'un enfant possédant les nationalités belge et espagnole, né et résidant en Belgique, devait être déterminé par la loi espagnole, qui ne correspondait pourtant ni à la nationalité du for, ni à la plus effective [3] ! La liberté de circulation n'étant en cause que de façon virtuelle en l'occurrence, il semble résulter de cet arrêt que la seule existence de la double nationalité suffirait à rendre la situation internationale et justiciable du droit européen, lequel exige alors de conférer au bi-national un régime tiré de la liberté de circulation auquel n'accède pas un mono-national.

407. Délits plurilocalisés. — Le rattachement de la responsabilité extra-contractuelle à *la lex loci delicti* soulève classiquement des difficultés devant les délits géographiquement dispersés. Par certains aspects, la jurisprudence française pourrait être interprétée comme ayant instauré un système de choix conditionné du demandeur, entre la loi du lieu du dommage et celui du fait générateur : en cas de dissociation de ces lieux, le choix initial du demandeur de fonder son action sur l'une

1. Solution consacrée par CIJ, 6 avr. 1955, *Nottebohm*, *Rec.*, 1955, p. 4.

2. Cass. civ. 1re, 22 juill. 1987, *Dujaque*, sur lequel, P. Lagarde, « Vers une approche fonctionnelle du conflit de nationalités (à propos notamment de l'arrêt *Dujaque* de la première Chambre civile du 22 juillet 1987) », *Rev. crit. DIP*, 1988. 29.

3. *Garcia Avello*, C-148/02.

de ces lois qu'ils désignent semble en effet ne devoir être remis en cause par le juge saisi du conflit de lois que s'il existe une plus grande proximité avec l'autre [1]. Le Règlement Rome II contourne cette difficulté particulière en désignant directement la loi du lieu du dommage, lequel peut lui-même s'avérer multiple cependant, comme l'illustre le cas des délits de presse [2].

ÉTAT DES QUESTIONS

B. G. — L. d'Avout, *Sur les solutions du conflit de lois en droit des biens,* Économica, 2006, préf. H. Synvet ; J.-P. Laborde, *La pluralité du point de rattachement dans l'application de la règle de conflit,* thèse, Bordeaux, 1981 ; H. Fulchiron, « La place de la volonté individuelle dans le droit français de la nationalité », *Trav. Com. fr. DIP,* 1999-2000, p. 175 ; P. Lagarde, « Vers une approche fonctionnelle du conflit de nationalités (à propos notamment de l'arrêt *Dujaque* de la première Chambre civile du 22 juillet 1987) », *Rev. crit. DIP,* 1988. 29 ; Y. Lequette, « La nationalité française dévaluée », in *Mélanges en hommage à F. Terré,* Dalloz, 1999, p. 349 ; E. Perez Vera, « Citoyenneté de l'Union européenne, nationalité et condition des étrangers », *RCADI,* 1996, vol. 261, p. 243 ; V. Constantinesco, « Nationalité et citoyenneté à l'épreuve du droit européen », in *Mélanges J. Charpentier,* Pedone, 2008, p. 267 ; E. Pataut, « Citoyenneté de l'Union européenne et nationalité étatique », *RTD eur.* 2010. 617

CONFLITS DE NATIONALITÉS

408. Le rattachement de l'état des personnes à la loi nationale soulève la double difficulté classique des conflits positifs et négatifs de nationalités, liée à l'existence d'une compétence exclusive de chaque État pour déterminer unilatéralement ses propres ressortissants (v. *supra,* n° 69). Un même individu peut se trouver titulaire de deux ou plusieurs nationalités unilatéralement conférées, comme il peut se retrouver sans aucune nationalité s'il ne remplit les conditions d'octroi de la nationalité d'aucun État. Les mêmes inconvénients ne se retrouvent en matière de domicile que si la détermination de celui-ci est tributaire du droit de chaque État potentiellement concerné (comme dans la théorie de la vice-nationalité de Niboyet) et non à une appréciation menée au regard d'une définition posée par le droit du juge saisi – même si, à l'inverse et à la différence de la nationalité, le caractère fonctionnel du concept explique qu'un même individu puisse avoir une pluralité de domiciles devant le même juge à des moments différents (mais jamais pour les besoins de l'application d'une même règle de droit).

Le conflit négatif conduisant à l'absence de toute nationalité est une anomalie au regard du droit international, à laquelle les États sont tenus d'apporter des solutions (ne

1. V. *infra,* n°s 985 et s., avec les incertitudes que recèlent les décisions les plus récentes. Sur le conflit de nationalités, v. *infra,* n° 408.

2. Exclus du domaine du Règlement. Comp. au regard de la détermination de la compétence juridictionnelle, *infra,* n° 972.

serait-ce que par un régime d'assimilation d'accueil et d'assimilation des apatrides). En effet, les instruments internationaux de protection des droits fondamentaux proclament le droit de tout individu à une nationalité (art. 15, Décl. universelle des droits de l'homme ; art. 7 Convention de New York sur les droits de l'enfant du 26 janvier 1990) – même si les modalités d'opposabilité de ce droit attendent d'être clairement dégagées. À ce dernier égard, le refus arbitraire d'un État d'accorder la nationalité peut être attentatoire au droit au respect de la vie privée et familiale (art. 8 CEDH : Com. EDH, 12 janv. 1999, section IV, n° 314114/96, *Karasbev*).

Le statut du conflit positif qui conduit à la double nationalité est idéologiquement plus chargé (P. Lagarde, « Vers une approche fonctionnelle du conflit de nationalités (à propos notamment de l'arrêt *Dujaque* de la première Chambre civile du 22 juillet 1987) », préc. ; Y. Lequette, « La nationalité française dévaluée », préc.). L'acception ou le rejet de la double nationalité est lié à la conception de la nation et de la consistance du lien de nationalité, selon qu'il revêt une dimension utilitaire ou sentimentale. Les attitudes des États à l'égard de la possession ou de l'acquisition par un ressortissant d'une autre nationalité sont au demeurant très différentes en droit comparé, selon qu'il s'agit, par le refus de la double nationalité, de prévenir un conflit de loyautés, ou au contraire, à travers une indifférence à l'égard des autres liens d'appartenance de l'individu, de manifester la conviction de la force d'attraction de la communauté nationale (H. Fulchiron, « La place de la volonté individuelle dans le droit français de la nationalité », *Trav. Com. fr. DIP*, 1999-2000, p. 175, spéc. p. 189). La position de la communauté des États semble avoir évolué. Alors que la Convention du Conseil de l'Europe 6 mai 1963 était destinée à réduire les cas de double appartenance, celle du 14 mai 1997 sur la nationalité laisse chaque État libre de décider des conséquences qui découlent dans son droit interne de la possession par une ressortissant d'une autre nationalité.

Cependant, la citoyenneté européenne influe sur la survenance d'un conflit négatif de nationalités, en contraignant l'exercice par les États-membres de leur compétence pour déterminer leurs ressortissants (ou du moins, pour déterminer dans quelles conditions cette dernière qualité peut être perdue) : CJUE, 2 mars 2010, *Rottmann*, C-135/08, *supra*, n°s 2, 11). Au-delà de l'affaire *Garcia Avello* (préc., § 406), le droit de l'Union européenne marque d'ailleurs profondément de son empreinte la résolution de ce conflit : ainsi, dans l'affaire *Hadadi*, alors que le divorce d'un couple résidant en France, ayant la double nationalité française et hongroise avait été prononcé par un juge hongrois, le juge français a été estimé ne pas pouvoir tenir compte de la seule nationalité française dans une instance engagée en France où se posait la question de la reconnaissance du jugement hongrois (CJUE, 16 juillet 2009, aff. C-168/08, *Rev. crit. DIP*, 2010. 184, note C. Brière ; *JDI*, 2010. 157, note L. d'Avout ; *RTD eur.* 2010. 617, chron. E. Pataut ; 769, note P. Lagarde). Ultérieurement, dans une affaire *Kahcevi* et *Inan*, alors qu'étaient en présence la nationalité d'un État-membre (Pays-Bas) et celle d'un État-tiers (Turquie), la Cour de justice a estimé que les Pays-Bas ne pouvaient empêcher un individu de se prévaloir de sa nationalité étrangère au soutien d'un droit particulier (CJUE, 29 mars 2012, aff. C-7/10 et C-9/10, *Rev. crit. DIP* 202. 917, note E. Pataut).

QUESTION PRÉALABLE DE NATIONALITÉ ÉTRANGÈRE

409. Un conflit de lois de droit privé peut exiger de trancher une question préalable relevant du droit étranger de la nationalité (par exemple, la loi applicable à la filiation d'un enfant dépend de la nationalité de la mère au moment de la naissance ; cette question peut au demeurant apparaître lors de la mise en œuvre de la règle de conflit étrangère, à l'occasion d'un renvoi vers la loi nationale, comme dans l'affaire *Ballestrero* : Cass. civ. 1re, 21 mars 2000, *Rev. crit. DIP*, 2000. 399, note B. Ancel ; *D.*, 2000. 539, note F. Boulanger ; *JCP*, 2000. II. 10443, note T. Vignal ; *JDI*, 2001. 505, note M. Revillard ; *infra*, nos 495 et 853). Inversement, au demeurant, la nationalité peut être tributaire de la solution préalable d'un conflit de lois de droit privé (par exemple, la nationalité ou l'extranéité d'un individu peut dépendre de l'établissement d'un rapport de filiation : v. Francescakis, « Les questions préalables de statut personnel dans le droit de la nationalité », *RabelsZ*, 1958. 466). Dans le premier cas, la loi applicable à la question préalable de nationalité est nécessairement celle de l'État impliqué ; la nationalité d'un individu ne peut être déterminée unilatéralement que par référence à la loi de l'État qui la confère. Dans l'hypothèse inverse, la règle de conflit de l'État impliqué dans le rapport principal s'impose également ; c'est au regard des conceptions que se fait cet État des rapports de famille qu'il convient de déterminer si l'individu en cause a ou non sa nationalité.

II | Le changement dans le temps de la règle de conflit

410. L'expression « conflit transitoire international » vise la modification dans le temps de règles de conflit, et insiste sur l'aspect temporel de la difficulté, qui naît de la succession temporelle de deux règles du for [1]. À dire vrai, d'autres expressions sont également employées en doctrine pour en rendre compte : conflit dans le temps de règles de conflit de lois dans l'espace ; conflit transitoire de droit international privé du for ; succession de règles de conflit du for ; droit transitoire des règles de conflits de lois… peu importe, dès lors que le problème posé est toujours le même. Celui-ci n'étant susceptible d'apparaître que dans des circonstances bien particulières, finalement assez peu fréquemment réunies en droit français, c'est la mesure de ce conflit qu'il conviendra tout d'abord d'effectuer (A), avant de rechercher les moyens de le résoudre (B).

A / LA MESURE DU CONFLIT

411. La question du conflit transitoire international ne s'est posée qu'assez récemment en droit international privé français, en raison du

1. Sur le changement de la loi étrangère désignée, parfois appelé « conflit international transitoire », v. *infra*, nos 508 et s. Sur le conflit mobile, résultant de la concrétisation successive d'un rattachement dans l'espace, v. *infra*, nos 418 et s.

particularisme des sources de la matière. La méthode conflictuelle ayant en effet été longtemps élaborée pour l'essentiel par la jurisprudence, ses revirements – dont la datation précise n'est d'ailleurs pas toujours assurée – échappèrent largement aux questions de droit transitoire [1]. Et, en marge du débat engendré par le pouvoir offert à la Cour de cassation de moduler dans le temps les revirements de jurisprudence [2], on se contentera de relever que la solution pourrait alors imposer à la Haute Juridiction de résoudre par elle-même le problème en même temps qu'elle l'aurait fait advenir.

Le seul développement du droit écrit – davantage propice à l'éclosion de conflits de lois dans le temps – ne suffit pas d'ailleurs à donner naissance aux difficultés de méthode particulières qu'engendre le conflit transitoire international. Celui-ci pourra en effet se résoudre dans nombre de cas par la simple application de dispositions transitoires spécialement attachées aux normes de droit international privé, d'origine conventionnelle [3], européenne [4] ou législative [5].

412. Ce n'est donc qu'à une double condition que peuvent s'épanouir les difficultés propres au conflit transitoire international : un changement de règle de conflit résultant d'une intervention législative [6] ;

1. V. la célèbre formule de P. Roubier : « C'est en effet une règle certaine de notre droit français qu'il ne peut y avoir de conflit entre des jurisprudences successives : une jurisprudence nouvelle s'applique toujours dans tous les procès nouveaux, sans que l'on prenne en considération la date à laquelle les faits du procès se sont produits, et quand bien même ces faits seraient antérieurs au changement de jurisprudence » (*Le droit transitoire*, Dalloz et Sirey, 2e éd. 1960, spéc. no 7, p. 24-25).

2. V. à ce sujet les propositions du groupe de travail présidé par N. Molfessis : *Les revirements de jurisprudence. Rapport remis à M. le Premier président Guy Canivet*, Litec, 2005. Et, dans cette voie : C. cass. ass. plén., 21 déc. 2006, *D.*, 2007. 835, note P. Morvan ; *JCP*, 2007.II.10040, note E. Dreyer, 1011, note X. Lagarde ; *RTD civ.*, 2007. 72, obs. P. Deumier, 168, obs. Ph. Théry.

3. V. par ex. : art. 21 Conv. La Haye du 14 mars 1978 sur la loi applicable aux régimes matrimoniaux (« La Convention ne s'applique, dans chaque États-contractant, qu'aux époux qui se sont mariés ou qui désignent la loi applicable à leur régime matrimonial après son entrée en vigueur pour cet État ») ; art. 17 Conv. Rome sur la loi applicable aux obligations contractuelles (« La Convention s'applique dans un États-contractant aux contrats conclus après son entrée en vigueur pour cet État »).

4. V. par ex. : art. 66 Règlement Bruxelles I (pose en principe que « les dispositions du présent Règlement ne sont applicables qu'aux actions judiciaires intentées et aux actes authentiques reçus postérieurement à son entrée en vigueur », et précise ensuite qu'en certains cas « si l'action dans l'État-membre d'origine a été intentée avant la date d'entrée en vigueur du présent Règlement, les décisions rendues après cette date sont reconnues et exécutées conformément aux dispositions du chapitre III »).

5. V. par ex. : art. 3 L. 6 février 2001 sur l'adoption internationale (sur l'application des dispositions contenues à l'art. 370-3 C. civ.) : « Les dispositions de [l'art. 370-3, al. 2 C. civ.] s'appliquent aux procédures engagées à compter de l'entrée en vigueur de la loi no 2001-111 du 6 février 2001. »

6. *Lato sensu*, englobant ainsi le droit écrit d'origine nationale, européenne ou internationale.

l'absence de dispositions transitoires visant expressément la norme de droit international privé modifiée.

Cette double caractéristique limite donc assez singulièrement le champ de la problématique ; ce n'est pas dire pour autant que de telles circonstances ne puissent être réunies. Tel fut notamment le cas après les lois du 3 janvier 1972 sur la filiation et du 11 juillet 1975 sur le divorce, ces importantes réformes du droit civil de la famille s'étant alors accompagnées de modifications des règles de conflit elles-mêmes.

Au lendemain de ces réformes, le problème du conflit transitoire international pouvait donc se poser. Un exemple, tiré du droit de la filiation, permet d'en mesurer les termes : la mère allemande d'un enfant né en 1971 conteste cinq ans plus tard la paternité de son mari français, avec lequel elle est domiciliée en France. Le tribunal français, saisi du litige, doit-il appliquer la règle de conflit jurisprudentielle antérieure à l'entrée en vigueur de la loi de 1972, ou la règle de conflit légale issue de celle-ci ? Le problème se pose effectivement car ces deux règles de conflit sont différentes : la règle de conflit ancienne désignait la loi du domicile commun des époux (loi française en l'espèce), tandis que la règle de conflit nouvelle (art. 311-14 C. civ.) désigne la loi nationale de la mère (loi allemande en l'espèce).

B / LA RÉSOLUTION DU CONFLIT

413. Pour résoudre le conflit transitoire international, le principe de l'application des règles du droit transitoire interne est aujourd'hui largement admis. De manière générale, la modification d'une règle de conflit se présente en effet de la même manière que la modification d'une règle substantielle : les deux font naître un conflit de lois dans le temps au sein de l'ordre juridique du for, de sorte qu'il n'est pas illogique de se référer aux mêmes principes de solution. La résolution de ces deux types de conflits de lois dans le temps obéit d'ailleurs aux mêmes impératifs – maintien de l'unité de la législation et sécurité des parties.

414. Une fois admis le principe de l'application des règles du droit transitoire interne, une difficulté reste cependant à résoudre : l'hésitation est en effet possible entre les principes généraux du droit transitoire [1] et les règles spéciales de droit transitoire, liées à telle ou telle loi nouvelle [2].

1. Tels qu'issus de l'art. 2 C. civ. et de son interprétation jurisprudentielle.

2. V. par ex. les dispositions transitoires spéciales contenues aux articles 23 et 24 de la loi du 11 juillet 1975 en matière de divorce, ou aux articles 12 et 13 de la loi du 3 janvier 1972 sur la filiation.

En faveur de la règle transitoire spéciale, certains arguments peuvent être avancés, au premier rang desquels figure la règle d'interprétation selon laquelle il est défendu de distinguer là où la loi ne distingue pas (*Ubi lex non distinguit, nec nos distinguere debemus*). Il en résulterait que lorsque les textes comportent des dispositions transitoires spéciales, celles-ci seraient valables pour toutes les dispositions que la loi contient, qu'il s'agisse de règles de droit civil interne ou de règles de droit international privé.

En faveur des règles générales du droit transitoire, la nature particulière des règles de conflit peut être cependant avancée. Selon les canons de la méthode conflictuelle classique, ces dernières sont en effet indifférentes au contenu de la loi qu'elles désignent, alors que les dispositions transitoires spéciales ont été élaborées en contemplation des dispositions substantielles élaborées par la loi nouvelle. C'est ainsi par exemple que la loi de 1972 se voit reconnaître un domaine d'application important parce qu'elle est une loi de vérité et d'égalité des filiations : pour satisfaire du mieux possible à ces objectifs, les règles de droit transitoire spéciales lui assignent donc un domaine d'application étendu. Or, lorsqu'il s'agit de droit international privé, la nouvelle règle de conflit portée à l'article 311-14 C. civ. pourrait parfaitement désigner une loi qui remplirait moins bien ces objectifs que celle désignée par l'ancienne règle de conflit. Il n'y a donc pas de raison de transposer en principe les règles transitoires spéciales aux dispositions de droit international privé. L'application des règles générales du droit transitoire en ce domaine est d'ailleurs approuvée par la doctrine dominante.

L'argument ne vaut cependant que pour les règles de conflit de facture classique, de sorte que le développement de règles de conflit prenant en charge des intérêts d'ordre matériel pourrait logiquement s'accompagner d'une modification de ce principe de solution : dès lors que des objectifs matériels seraient également servis par les règles du droit civil et les règles du droit international privé, rien ne s'opposerait plus à étendre aux secondes les dispositions transitoires spéciales normalement réservées aux premières [1].

415. C'est en faveur de l'application des principes généraux du droit transitoire que s'est orienté le droit positif. Dans une décision rendue en matière de divorce, la Cour de cassation s'est en effet prononcée dans les termes suivants : « L'article 24 L. 11. 07. 75 pose seulement des règles transitoires spéciales de la loi interne, et ne régit pas la règle de conflit,

1. Sur la matérialisation de la règle de conflit, v. *infra*, n°s 524 et s.

laquelle demeure déterminée par les principes généraux du droit transitoire [1]. »

Par une décision plus récente, la Cour de cassation s'est cependant fondée – en matière de filiation – sur les règles spéciales de la loi de 1972 et non sur les principes généraux du droit transitoire [2]. Il ne semble pas cependant que l'on puisse y découvrir le signe d'un revirement de jurisprudence, notamment en raison de la coïncidence en l'espèce des règles spéciales et des principes généraux du droit transitoire.

ÉTAT DES QUESTIONS

B. G. — B. Ancel, *Rép. dr. internat.*, V° « Conflits de lois dans le temps » ; H. Batiffol, « Conflits de lois dans l'espace et conflits de lois dans le temps », in *Mélanges Ripert*, 1950, t. 1, p. 292 ; « Sur l'application des règles de conflit dans le temps du droit étranger », in *Festchrift für Murad Ferid*, Münich, 1978, p. 25 ; P. Courbe, *Les objectifs temporels des règles de droit international privé*, Puf, 1981 ; C. Gavalda, *Les conflits de lois dans le temps en droit international privé*, Sirey, 1955 ; A. Giardina, « Les lois étrangères rétroactives en matière de mariage et de régimes matrimoniaux », *Rev. crit. DIP*, 1972. 401 ; J. Héron, « L'application dans le temps des règles de conflit », *Rev. crit. DIP*, 1987. 305 ; P. Lagarde, « Le droit transitoire des règles de conflit après les réformes récentes du droit de la famille », *Trav. Com. fr. DIP*, 1977-1979, p. 89 ; P. Roubier, « Les conflits de lois dans le temps en droit international privé », *Rev. dr. int.*, 1931. 38 ; I. Szaszy, « Les conflits de lois dans le temps », *RCADI*, 1934. I, p. 145.

L'APPLICATION ANTICIPÉE DES RÈGLES CONVENTIONNELLES

416. À diverses reprises, les tribunaux français n'ont pas hésité à faire application de règles de droit international privé contenues dans des traités internationaux, alors même que ceux-ci n'étaient pas encore entrés en vigueur en France. Plusieurs conventions ont ainsi été employées comme instrument d'interprétation du droit positif (Paris, 19 mars 1965, *Banque Ottomane*, *Rev. crit. DIP*, 1967. 85, note P. Lagarde ; *JDI*, 1966. 117, note B. Goldman. Comp. Paris, 3 oct. 1984, *Banque Ottomane*, *Rev. crit. DIP*, 1985. 526, note H. Synvet ; *JDI*, 1986. 156, note B. Goldman) ou comme le reflet de « *principes communément acceptés qui ont reçu l'approbation formelle du législateur lorsqu'il a autorisé l'approbation de la convention* » (Paris, 27 nov. 1986, *Rev. crit. DIP*, 1988. 314, note A. Lyon-Caen). En d'autres circonstances, c'est de manière rétroactive, en méconnaissance des dispositions transitoires de la Convention que celle-ci a également pu être appliquée, sur la base d'un accord procédural des parties (Grenoble, 13 sept. 1995, *Rev. crit. DIP*, 1996. 666, note D. Pardoël ; *JDI*, 1996. 948, note C. Witz) ou sans autre forme d'explication (Versailles, 6 févr. 1991, *D.*, 1992. 174, note J.-D. Mondolini ;

1. Cass. civ. 1re, 13 janv. 1982, *Rev. crit. DIP*, 1982. 551, note H. Batiffol ; *GA*, n° 62.
2. Cass. civ. 1re, 9 juin 1996, *Rev. crit. DIP*, 1997. 291, note Y. Lequette ; *D.*, 1997. 3, note F. Monéger.

Rev. crit. DIP, 1991. 745, note P. Lagarde ; *JDI*, 1992. 125, note J. Foyer ; *RTD eur.*, 1992. 529, obs. H. Gaudemet-Tallon).

LE REVIREMENT DE JURISPRUDENCE

417. En droit international privé comme en toute autre matière, l'identification d'un revirement de jurisprudence peut laisser place à quelques hésitations, parfois même entretenues par la Cour de cassation elle-même. V. ainsi, en matière d'application d'office de la règle de conflit, là où la doctrine unanime avait cru déceler le signe de revirements successifs : J. Lemontey et J.-P. Rémery, « La loi étrangère dans la jurisprudence actuelle de la Cour de cassation », in *Rapport de la Cour de cassation 1993*, p. 81 et s. (Après avoir présenté la série d'arrêts intervenus entre 1988 et 1992, les deux magistrats font le constat suivant : « Une lecture sereine de cette séquence doit conduire à la conclusion que la jurisprudence actuelle de la Cour de cassation demeure en continuité avec celle analysée par le président Ponsard ! ») En d'autres hypothèses, le revirement apparaîtra au contraire d'autant plus nettement qu'il aura préalablement été annoncé par un *obiter dictum*, au sein d'un arrêt n'ayant pas à trancher directement la question qui fera ultérieurement l'objet du revirement (v. ainsi : Cass. civ. 1re, 8 janv. 1963, *Rev. crit. DIP*, 1963. 109, note G. H., annonçant la suppression du pouvoir de révision qui sera consacré par l'arrêt *Munzer*, Cass. civ. 1re, 7 janv. 1964, *Rev. crit. DIP*, 1964. 344, note H. Batiffol ; *JDI*, 1964. 302, note B. Goldman ; *JCP*, 1964. II. 13590, note M. Ancel ; *GA*, n° 41).

III | L'incidence de la modification de la situation juridique

Le facteur de rattachement a pour support un élément de fait de la situation litigieuse, qui, dans le cas où celle-ci a une vocation durable, est fréquemment susceptible de se concrétiser dans plusieurs ordres juridiques successifs, en se modifiant dans le temps et/ou en se déplaçant dans l'espace : un meuble se déplace d'un État à l'autre ; un individu change de nationalité. Il peut arriver aussi qu'une évolution affectant la situation litigieuse fasse ressortir celle-ci à une nouvelle catégorie de rattachement : un immeuble entre dans la composition de l'actif d'une société civile constituée à cet effet et dont les parts revêtent un caractère mobilier ; une fresque, immeuble par destination, prend une nature mobilière du fait de son arrachement.

Lorsque la situation en cours tisse ainsi de nouveaux liens avec un ordre juridique autre que celui que désignait la règle de conflit à l'origine, il importe d'en déterminer l'incidence sur l'identification de la loi applicable : un droit réel acquis sur le meuble déplacé est-il régi par la loi du lieu de situation initiale ou par la loi nouvelle ? La vente des parts de la société civile immobilière doit-elle être envisagée, du point de vue de la loi applicable, comme de nature mobilière ou immobilière ?

La réponse peut être différente selon que la modification affectant la configuration de la situation litigieuse, qu'elle soit ou non volontaire, correspond à une réalité durable, ou est intervenue dans le seul but de provoquer l'applicabilité d'une loi donnée. Dans le premier cas, il s'agit de ce que Bartin a appelé de façon imagée le « conflit mobile [1] » (A), dans le second cas, on est en présence d'une fraude à la loi (B).

A / MODIFICATION RÉELLE : LE CONFLIT MOBILE

418. Incident de mise en œuvre de la règle de conflit, le conflit mobile naît de la concrétisation successive dans le ressort de plusieurs ordres juridiques du facteur de rattachement, lorsque le support de fait est mobile (dans l'espace) ou variable (dans le temps). Par exemple, en cas de déplacement transfrontière du bien dont on cherche à déterminer le régime, ou de changement de nationalité d'un individu dont la capacité est contestée, le simple jeu du rattachement met respectivement en présence deux lois réelles ou deux lois personnelles, qu'il faudra départager, soit en appliquant l'une au profit de l'autre [2], soit en morcelant leur domaine d'intervention [3].

Les diverses solutions admises en droit positif comparé et conventionnel étant réfractaires à la systématisation, des directives générales de solution sont fréquemment recherchées dans le droit transitoire des règles de conflit, dès lors qu'on y voit un problème de succession de normes dans le temps, ou dans des considérations spécifiques aux conflits de lois dans l'espace, si le conflit mobile est appréhendé plutôt comme le fait pour un rapport de vie de traverser le ressort de plusieurs ordres juridiques. En réalité, il est difficile d'échapper au constat, déjà fait par Savigny, de l'imbrication dans ce conflit de l'espace et du temps [4]. À cet égard, le conflit mobile partage la nature hybride de la

1. *Principes*, t. I, § 15, p. 29.

2. Ainsi, aux termes de l'article 311-14 C. civ., l'établissement de la filiation est régi par la loi de la nationalité de la mère au moment de la naissance de l'enfant.

3. Ainsi, le Protocole de La Haye du 23 novembre 2007 (et, par référence, le Règlement CE n° 4/2009 sur les obligations alimentaires) désigne la loi de la résidence habituelle du créancier. Aux termes de l'article 3-2, en cas de changement de la résidence habituelle du créancier, la loi de l'État de la nouvelle résidence habituelle s'applique à partir du moment où le changement est survenu.

4. *Traité de droit romain*, t. VIII, trad. Guénoux, § 344.

théorie des droits acquis – telle qu'elle s'exprime dans l'ordre public atténué ou dans le conflit de systèmes dans le temps –, à laquelle il est au demeurant parfois assimilé. Dès lors, la doctrine contemporaine tend à y voir une question d'interprétation de chaque règle de conflit à la lumière de ses finalités ou fondements propres.

Cette approche fonctionnelle dicte le domaine du conflit mobile (1), le critère servant à départager les lois en présence (2) et le traitement qu'appellent les difficultés d'adaptation que ne manque pas de susciter l'application successive de deux lois différentes (3).

1 / Le domaine du conflit mobile

419. Postulant un facteur de rattachement susceptible de concrétisations successives dans des ordres juridiques différents, le conflit mobile affecte essentiellement la détermination de la loi applicable à des rapports personnels ou réels mobiliers à vocation durable, qui tendent généralement à être assortis d'un rattachement susceptible d'actualisation ou de variation dans l'espace. À cet égard, dans le cas de règles de conflit à rattachements hiérarchisés, il peut arriver que le conflit mobile résulte non pas d'une nouvelle concrétisation d'un même facteur de rattachement mais du déclenchement d'un facteur de rattachement subsidiaire. Par exemple, les effets du mariage de deux époux de nationalité commune, régis par la loi de cette dernière, seront soumis à la loi de leur domicile commun à partir du moment où l'un d'eux changera de nationalité [1]. En revanche, le conflit mobile est par définition exclu si la règle de conflit fait appel à un élément fixe (immeuble [2]) ou instantané (célébration du mariage ; survenance du délit) [3].

420. Au-delà de cette restriction naturelle du champ du conflit mobile, on peut hésiter à y inclure les cas où le facteur de rattachement est potentiellement mobile ou variable, mais où l'incidence d'une modification de celui-ci est expressément neutralisée par une précision temporelle dans la règle de conflit elle-même, qui tend à faire prévaloir l'une ou l'autre de ses concrétisations dans le temps, sans faire coexister les lois désignées. Des exemples classiques peuvent être trouvés dans l'article 311-14 du Code civil, qui désigne la loi de la nationalité de la

1. Sur ce rattachement, v. *infra*, n° 729.
2. Dans le cas des immeubles, cependant, une situation voisine peut survenir lorsque le territoire sur lequel l'immeuble est situé fait l'objet d'un changement de souveraineté (v. *infra*, n° 433).
3. L'exclusion de la variabilité du rattachement dans le temps n'en empêche pas la pluri-concrétisation dans l'espace (v. *infra*, n°s 405 et s.).

mère au moment de la naissance de l'enfant, de façon à exclure tout impact du changement ultérieur de nationalité sur l'identification de la loi applicable, ou dans l'article 6-2 (*a*) de la Convention de Rome sur la loi applicable aux obligations contractuelles, qui maintient la compétence de la loi du lieu habituel d'exécution du travail, « même si [le salarié] est détaché à titre temporaire dans un autre pays [1] ». On dit alors que le conflit mobile est « supprimé » ; dans ce cas, la valeur localisatrice du rattachement initial est en effet considérée comme étant de nature à survivre au changement affectant la situation de fait. Destiné à assurer la stabilité de la relation en cause, ce maintien forcé de la loi initialement applicable n'est pas nécessairement très convaincant, dès lors du moins que le choix du rattachement est fondé sur l'étroitesse des liens entre la loi désignée et la situation litigieuse. Au demeurant, dans les deux exemples cités, le maintien de la loi ancienne est assorti de correctifs qui sont en réalité de nature à réinvestir la concrétisation actuelle du rattachement de sa valeur localisatrice [2].

421. Inversement, il se peut que la concrétisation nouvelle efface rétroactivement la connexion. Une telle situation peut se présenter dès lors que le changement affectant les faits litigieux est de nature à les faire entrer dans le champ d'une loi de police émanant d'un ordre juridique autre que celui désigné par la règle de conflit. Il est sans doute possible d'analyser ainsi la jurisprudence *Kantoor de Mas* [3], qui consiste à mettre en œuvre la loi de police, devenue applicable du fait du déplacement du bien, comme si elle l'avait été dès l'origine. Cette jurisprudence encourt cependant la critique en ce qu'elle consacre une solution contraire au besoin de sécurité juridique qui sous-tend la matière des biens [4] ; il est peu fréquent au demeurant que les finalités de la loi de police exigent qu'elle se substitue dès l'origine à l'application de la norme issue de la règle de conflit normalement applicable. C'est ainsi que dans le cas du déplacement transfrontière du salarié, la Directive du 16 décembre 1996 sur les travailleurs détachés dans le cadre d'une

1. La rédaction étant modifiée, mais non la solution du conflit mobile, dans le texte correspondant du Règlement Rome I.

2. Tels les mécanismes dérogatoires de l'article 311-15 C. civ. ou l'ordre public de proximité en matière d'établissement de la filiation, quand la mère réside en France avec l'enfant. En matière de contrat de travail, la directive du 16 décembre 1996 sur les travailleurs détachés dans le cadre d'une prestation de services rectifie pareillement le tir en rendant applicable la loi du pays de détachement, du moins dans les rapports intra-communautaires.

3. Req. 24 mai 1933 (*S.*, 1935. I. 253, note Batiffol, *Rev. crit. DIP*, 1934. 142, note J.-P. N.) aux termes duquel « la loi française est seule applicable aux droits réels dont sont l'objet les biens mobiliers situés en France ».

4. V. *infra*, n°s 665 et s.

prestation de services, fonde l'application immédiate de la loi locale (d'un État-membre) dans certaines de ses dispositions protectrices du salarié [1]. Mais il va de soi que la loi de police locale applicable à ce dernier titre ne confère la protection exigée que pour la période du détachement. Il en résulte un conflit mobile qui exige de départager la loi du contrat et la loi du détachement en déterminant le point de départ de celui-ci.

422. La question de la compatibilité du conflit mobile avec les rattachements volontaires demeure quant à elle discutée [2]. En matière de régimes matrimoniaux, le principe d'immutabilité du régime a longtemps conduit à figer au moment du mariage le choix éventuel des parties portant sur la loi applicable. Mais l'article 6 de la Convention de La Haye du 14 mars 1978 autorise désormais la modification par les parties de leur choix initial (même au profit d'époux mariés avant son entrée en vigueur). Par ailleurs, en matière contractuelle, l'article 3, § 2 de la Convention de Rome sur la loi applicable aux obligations contractuelles permet le choix de la loi applicable à tout moment ; il en va désormais de même à l'art. 3, § 2 du Règlement Rome I. La question est débattue dans les deux cas de savoir si le nouveau choix emporte effacement automatique de la loi ancienne. Si pareille interprétation semble s'imposer dans le cas de l'article 6 de la Convention sur les régimes matrimoniaux, il semble néanmoins difficile de ne pas admettre le conflit mobile sur la seule question de l'opposabilité du choix aux tiers [3]. En matière contractuelle, il est raisonnable de supposer qu'un choix de loi effectué en cours de contrat est destiné à effacer *inter partes* le choix ou le rattachement anciens, mais rien n'exclut que les contractants décident eux-mêmes que leur choix ne vaut que pour l'avenir, créant ainsi un conflit mobile. En toute hypothèse, l'article 3, § 2 de la Convention de Rome réserve expressément les droits des tiers (*id.*, à l'art. 3, § 2 du Règlement Rome I).

2 / Les directives de solution

423. La véritable difficulté consiste à organiser l'application successive de plusieurs lois à une situation qui se déploie dans le temps. Le

1. Ce qui ne va pas sans difficulté : v. *infra*, n° 944.

2. Sur le cas très particulier des sociétés, où la question du conflit mobile est absorbée par d'autres problématiques, v. *infra*, n°s 1053 et s.

3. La difficulté vient de ce que l'article 1397-4 du Code civil issu du 28 octobre 1997 prévoit que le changement prend effet entre les parties à compter de l'acte de désignation. Ce texte est parfois considéré comme écartant la rétroactivité de principe de choix. Mais sa finalité est d'ordre publicitaire, de sorte qu'il ne règle pas un problème de conflit mobile mais indique seulement la date à

conflit mobile est ainsi admis à jouer, par exemple, à l'égard des effets d'un statut personnel tel le mariage, le partenariat ou la filiation, ou en matière réelle, à l'égard des droits constitués sur un bien mobile. Il importe donc de déterminer le critère permettant de départager les champs respectivement attribués à la loi ancienne (par exemple, de l'ancienne nationalité des époux, ou du lieu de situation initiale d'un bien) et à la loi nouvelle (celle de la nationalité commune nouvellement acquise ou du lieu de situation actuelle). Formulé en ces termes, le conflit mobile présente une analogie apparente avec le conflit interne des lois dans le temps, qui a conduit, sous l'influence de Batiffol, à préconiser la transposition au conflit mobile des principes généraux du droit transitoire interne, tels que systématisés en France par Roubier. Pareille approche conduit, dans la plupart des cas, à appliquer la loi « nouvelle » aux faits survenus depuis le changement de statut [1].

424. Toutefois, cette directive de solution est aujourd'hui fragilisée. D'abord, parce que le droit transitoire tend à s'affranchir des principes généraux induits d'un point de départ – l'état de déploiement de la situation juridique acquise, en cours ou future – jugé désormais méthodologiquement erroné [2]. Ensuite et surtout, parce que la jurisprudence elle-même a attiré l'attention sur la spécificité des intérêts en jeu dans le conflit mobile, qui ne met aucunement en cause un impératif de cohérence d'une législation unique, mais tend à départager deux lois qui coexistent dans l'espace [3]. Le conflit mobile en est venu progressivement à être envisagé comme une question d'interprétation de la règle de conflit dont le facteur de rattachement s'est concrétisé successivement dans le ressort de deux ordres juridiques différents, en fonction des finalités poursuivies dans chaque domaine.

L'infléchissement est d'abord devenu apparent en présence de règles de conflit « engagées ». En 1949, en matière d'établissement de la filiation, l'arrêt *Verdier* a ainsi permis à l'enfant dont la loi nationale avait changé en cours d'instance, de choisir celle des deux lois successivement désignées par la règle de conflit (dans sa teneur antérieure à l'entrée en vigueur de l'article 311-14 du Code civil) qui lui était la plus favorable.

laquelle la désignation prend effet entre les parties (par opposition aux tiers, auxquels le changement n'est opposable que trois mois plus tard).

1. C'est ainsi par exemple que les effets futurs d'une sûreté prise sur un bien déplacé seront régis par la loi de la situation actuelle dès le passage de la frontière.

2. V. ainsi, en faveur d'une solution fondée plutôt sur une analyse structurale de la loi nouvelle : J. Héron, « Étude structurale de l'application de la loi dans le temps (à partir du droit civil) », *RTD civ.*, 1985. 277.

3. J. Foyer, *Filiation illégitime et changement de la loi applicable*, 1964, n°s 22 et s.

Une solution analogue fut illustrée aussi par la Convention de La Haye du 5 octobre 1961 sur les conflits de lois en matière de forme des dispositions testamentaires, qui prévoit à son article 1er la concrétisation alternative de divers facteurs de rattachement mobiles et eux-mêmes alternatifs, afin de favoriser la validité formelle de l'acte.

En revanche, lorsque la règle de conflit tend seulement à donner effet à la loi qui entretient les liens les étroits avec la question litigieuse, indépendamment de son contenu, l'actualisation du rattachement s'impose afin d'en conserver la valeur localisatrice. La loi nouvelle trouvera alors application pour les effets d'une situation qui se produisent depuis la concrétisation actuelle du facteur de rattachement, tout en respectant les droits acquis sous l'empire de la loi ancienne. La perte de la nationalité commune au sein d'un couple, par exemple, rattachera ainsi l'obligation alimentaire à la loi du domicile commun à partir de cette date [1]. Fréquemment, en matière de statut personnel, acquisition et effets futurs d'une situation relèvent d'ailleurs de catégories de rattachement différentes, de sorte que l'acquisition d'un état sera en toute hypothèse à l'abri d'un changement ultérieur de la loi régissant les effets, si celle-ci ne la reconnaît pas [2]. Le conflit mobile affecte alors le seul déroulement des effets de la situation, qui seront départagés en fonction de la concrétisation du facteur de rattachement au moment où ils sont invoqués.

3 / Les difficultés de mise en œuvre

425. Quel que soit le critère de solution retenu, diverses difficultés de mise en œuvre entourent nécessairement le choix concret entre les lois en présence.

Les premières concernent la détermination précise du moment à partir duquel la concrétisation du facteur de rattachement est réputée modifiée. Elles apparaissent dans les situations où cette concrétisation est elle-même incertaine dans le temps. Par exemple, si des époux

1. Cass. civ., 19 févr. 1963, *Chemouni*, *Rev. crit. DIP*, 1963. 559, note G. H., *JDI*, 1963. 986, note A. Ponsard, *Rec. gén. lois*, 1963. 315, note G. Droz, *GA*, n° 30-31. Une solution analogue est consacrée à l'article 4-2 de la Convention sur la loi applicable aux obligations alimentaires, qui dispose que le changement de la résidence habituelle du créancier, qui détermine la loi applicable, emporte application de la loi de la nouvelle résidence à partir du moment où le changement est survenu.

2. L'arrêt *Chemouni*, précité, précise clairement que la qualité d'époux résultant d'un mariage contracté valablement à l'étranger d'après la loi compétente est « définitivement acquise » alors même que la loi nouvelle régissant les effets du mariage après la concrétisation nouvelle du facteur de rattachement ne reconnaît pas la polygamie. Sur le traitement de la question préalable, v. *infra*, nos 504 et s., et la substitution, v. *infra*, nos 478 et s.

perdent leur nationalité commune initiale, et que le facteur de rattachement change entre la date du mariage et une instance en divorce, c'est à la date d'introduction de celle-ci que se déterminera la loi applicable [1]. Mais si le changement se produit en cours d'instance ? Les conditions de la désunion sont-elles acquises au regard de la loi applicable en fonction de la situation des époux au moment de l'introduction de l'instance, ou se déterminent-elles à la date où le juge statue ? Si cette dernière option a la préférence de certains auteurs, au motif que le divorce doit être régi par la loi de la communauté d'appartenance actuelle des époux, la jurisprudence semble se référer au moment de l'introduction de l'instance, sans doute parce que l'importante dimension procédurale du divorce signifie que changer la loi applicable reviendrait à anéantir la procédure engagée [2]. Un problème analogue se pose en vue de la détermination de la loi applicable au contrat de travail dans le cas du salarié détaché. On sait qu'au regard de l'article 6, § 2 de la Convention de Rome (art. 8, § 2, Règlement Rome I), l'application de la loi du lieu de l'exécution habituelle du travail n'est pas affectée par un simple détachement temporaire, de sorte qu'il importe de déterminer le moment au-delà duquel il n'y a plus détachement mais modification de la relation du travail [3]. Inversement, la directive précitée de 1996 sur le détachement rend immédiatement applicables certaines dispositions de l'État-membre vers lequel le travailleur est déplacé, obligeant donc à déterminer, à l'inverse, le moment à partir duquel il y a un véritablement détachement et non de simples prestations occasionnelles en dehors du lieu habituel. À nouveau, la réponse ne peut venir que de l'interprétation de la règle de conflit. Il est ainsi précisé désormais dans le Préambule du Règlement Rome I [4] que l'accomplissement du travail dans un autre pays devrait être considéré comme temporaire lorsque le travailleur est censé reprendre son travail dans le pays d'origine après l'accomplissement de sa tâche à l'étranger, la conclusion d'un nouveau contrat avec l'employeur originaire étant sur ce point indifférente. La règle de conflit s'aligne donc sur la continuité de la relation de travail sous-jacente, qu'elle cherche à sauvegarder.

1. Par exemple, sous l'empire de l'article 310 (devenu 309) du Code civil, v. Cass. civ. 1re, 17 juill. 1980, *JDI*, 1981. 75, note M. Simon-Depitre, *JCP*, 1982. II. 19717, note P. Courbe ; 11 janv. 1983, *JCP*, 1983. II. 19939, concl. Gulphe.

2. V. Cass. civ., 25 févr. 1947, *Ghattas*, *Rev. crit. DIP*, 1947. 444, note Niboyet, Cass. civ., 30 oct. 1967, *Yechilzuke*, *Rev. crit. DIP*, 1969. 479, note J. Foyer. Sur cette jurisprudence, v. P. Courbe, « Divorce et conflit mobile », in *Mélanges Holleaux*, p. 69.

3. Cass. soc., 30 juin 1993, *Carrefour*, *Rev. crit. DIP*, 1994. 323, note M.-A. Moreau (v. aussi, *infra*, n° 944).

4. Considérant (36).

426. La solution du conflit mobile soulève également des questions complexes lorsque le changement du rattachement se produit en cours d'acquisition d'une situation, dont les éléments constitutifs chevauchent en quelque sorte deux ordres juridiques. Le meilleur exemple est celui de la prescription acquisitive. Il se peut en effet qu'un bien se déplace dans plusieurs territoires entre les mains du possesseur *a non domino*, alors que le délai au terme duquel le possesseur est investi de la propriété du bien varie selon les diverses lois territoriales. Le bien peut quitter un territoire sans que le possesseur en ait acquis la propriété : la possession déjà accomplie compte-t-elle en vue du calcul du délai restant à courir dans l'État de la situation actuelle ? Il arrive que la loi nouvelle accepte de prendre en considération, au titre d'une adaptation, la durée de la possession qui s'est déroulée sous l'empire de la loi ancienne [1], même si la solution du conflit mobile conduit théoriquement à considérer qu'elle n'attache pas d'effets juridiques aux faits survenus avant le changement du rattachement, sur un autre territoire. Par ailleurs, l'application de la loi de la situation actuelle conduit à reconnaître un droit de propriété créé sous l'empire de la loi du territoire où le bien se trouve, même momentanément. Pratiquement, il suffit donc que le bien acquis *a non domino* transite par un pays où la possession emporte transfert instantané de la propriété pour que le titre ainsi acquis doive être reconnu – même si la loi du ressort où le bien est introduit ultérieurement ne consacre pas un tel titre, et même si le bien est sorti de ce dernier État pour y être réintroduit plus tard [2]. L'exploitation du « double conflit mobile » peut servir ainsi à consolider, voire même à créer, un titre autrement vulnérable ou inexistant [3], et se prête dès lors particulièrement au blanchiment de biens culturels volés. La célèbre affaire anglaise *Winkworth v. Christies* l'illustre bien : des œuvres d'art volées en Angleterre furent vendues en Italie, où l'acquéreur de bonne foi en acquit instantanément la propriété ; réintroduites par la suite en Angleterre pour être revendues par ce dernier, le titre de propriété créé par le droit italien a prévalu devant les juridictions anglaises sur la revendication de l'ancien propriétaire, qui l'aurait emporté si le bien était resté sur le territoire anglais [4].

1. V. *infra*, n° 670.

2. Rappr. : Cass. civ. 1re, 3 février 2010, *Rev. crit. DIP* 2010. 485, note C. Cohen ; *JCP* 2010, 284, note L. d'Avout ; *JDI* 2010. 1272, note Th. Vignal.

3. Hypothèse du « sauvetage par changement de statut », identifiée par la doctrine allemande (*Heilung durch Statutenweschel*), qui peut être rapprochée du cas symétrique de la « résurrection » par le biais du conflit mobile (*Wiedererweckungstheorie*).

4. [1980], ch. 496 ; 2 WLR 937 ; 1 All ER 1121, ch. D. Conjugué à la transformation de la nature du bien ainsi déplacé et transféré *a non domino* (immeuble par destination devenu meuble du fait de son arrachement), le même effet a été recherché dans l'affaire des *fresques de la Chapelle de Casen-*

427. La troisième difficulté est celle de la transposition [1]. En droit des biens, l'exemple classique est illustré par la jurisprudence *Kantoor de Maas* [2]. Dès lors que la loi du for, loi de la situation actuelle, n'accepte d'attacher des effets qu'aux situations configurées selon des modalités identiques à celles du for, la continuité entre les deux lois successivement applicables est très largement compromise, de même que la fluidité de la situation qui passe de l'empire de l'une à l'autre. L'application de la loi nouvelle ressemble alors fortement à une application rétroactive, atteignant pratiquement l'acquisition même des droits, qui devrait normalement lui échapper. Aussi est-ce en vue de contourner les effets pervers du conflit mobile que le rattachement des droits réels mobiliers à la loi du lieu de situation tend à s'infléchir à l'heure actuelle en faveur d'un rattachement qui assure la permanence de leur régime dans l'espace [3]. En matière de statut personnel et de relations de famille, l'exemple du mariage polygamique montre en revanche que l'équivalence est plus facilement admise entre institutions hétérogènes. C'est ainsi que dans l'affaire *Chemouni* [4], la loi française était devenue applicable par l'effet d'un conflit mobile aux effets personnels d'un mariage polygamique ; la Cour de cassation tint alors la validité du mariage pour acquise, la loi française étant en revanche applicable à la créance alimentaire de l'épouse à compter du changement de rattachement. Des interrogations similaires sont encore apparues au sujet de la transposition de partenariats de droit étranger conçus selon des modèles différents de celui du droit français, lorsque celui-ci devient applicable à la faveur d'un conflit mobile lié au changement de la loi personnelle des époux [5].

B / MODIFICATION ARTIFICIELLE : LA FRAUDE À LA LOI

Lorsqu'un rapport juridique a été artificiellement modifié dans le but d'échapper aux prévisions de la loi normalement applicable, la théorie de la fraude à la loi est susceptible d'être mise en œuvre pour sanctionner la manœuvre accomplie. Après avoir présenté la notion de fraude à la loi (1), on en examinera la sanction (2).

oves : v. Cass. (Ass. plén.), 15 avr. 1988, *Rev. crit. DIP*, 1989. 100, note G. Droz (se prononçant cependant sur l'incompétence des juridictions françaises). Sur le nouveau régime des biens culturels, v. *infra*, n° 670.

1. Sur laquelle, v *infra*, n° 483.
2. Préc.
3. *Infra*, n° 670.
4. Cass. civ., 19 févr. 1963, *Chemouni*, préc.
5. V. *infra*, n° 740.

1 / La notion de fraude à la loi

428. La fraude à la loi est plus rare aujourd'hui que la fraude à la compétence juridictionnelle, qui consiste plutôt à se déplacer en vue d'obtenir ailleurs la consécration judiciaire de ce qui est interdit chez soi. L'avantage recherché à travers l'interposition d'un jugement est tout à la fois d'écarter le contrôle de la loi appliquée et d'atténuer l'ordre public [1]. Or, le caractère frauduleux d'un tel déplacement est difficile à caractériser lorsqu'il consiste à exercer un choix, une liberté ou une option conférés ou reconnus par le droit du for [2]. Du temps cependant où la loi appliquée était encore l'objet d'un contrôle, la notion de fraude à la loi est ressortie assez nettement des termes d'un arrêt rendu par la Cour de cassation : il y a fraude à la loi lorsque « les parties ont volontairement modifié un rapport de droit dans le seul but de le soustraire à la loi normalement compétente [3] ». Trois éléments doivent donc être réunis : un élément matériel, un élément légal, un élément moral.

429. L'élément matériel suppose qu'une composante de la règle de conflit puisse varier en fonction de la volonté des parties. Tel sera le cas par exemple si la règle de conflit désigne la loi nationale de l'individu ou son domicile, ou la loi de situation d'un meuble : il est en effet possible de changer de nationalité ou de domicile, ou de déplacer un meuble d'un État vers un autre. Mais le moyen utilisé doit être en lui-même licite : si tel n'est pas le cas, le recours à la fraude sera en effet inutile, en présence d'une violation pure et simple de la loi. En dehors de cette dernière hypothèse, la fraude prendra donc appui sur la modification volontaire d'un élément quelconque de la règle de conflit. Le plus souvent, elle sera organisée à partir d'une modification de l'élément de rattachement, tel le changement de nationalité en matière de statut personnel, où la règle de conflit se fonde précisément sur la nationalité du sujet. Mais la modification de la catégorie même de rattachement n'est pas à exclure ; ainsi le changement de la nature d'un bien (d'immeuble à meuble), peut parfaitement être à l'origine d'une fraude [4].

430. L'élément légal est constitué par la disposition à laquelle le fraudeur tente d'échapper : interdiction de divorcer, de priver sa descendance de tout droit dans la succession… Dans cette perspective, c'est le

1. Sur le régime des jugements étrangers, v. *supra*, n°s 263 et s. ; 267.
2. La question de la répudiation musulmane illustre cette difficulté (v. *supra*, n° 268 ; *infra* 761).
3. Cass. civ. 1re, 17 mai 1983, *Soc. Lafarge*, *Rev. crit. DIP*, 1985. 346, note B. Ancel.
4. V. l'affaire *Caron*, *infra*, n° 435.

plus souvent à une disposition impérative de la loi française que le fraudeur tentera d'échapper. Mais la fraude à la loi étrangère est également concevable : dès lors qu'il y a fraude à la loi lorsque l'on entend se soustraire à la loi normalement compétente, cette dernière pourra être aussi bien française qu'étrangère. Dans ce dernier cas, la manœuvre pourrait d'ailleurs aussi bien apparaître comme une fraude à la règle de conflit française. En toute hypothèse, la fraude à la loi étrangère est une fraude, qui doit être sanctionnée en tant que telle.

431. L'élément moral exprime quant à lui l'intention frauduleuse. Cet élément est essentiel car la modification volontaire d'un rapport de droit, par des moyens licites, n'est pas en soi répréhensible : chacun peut en effet changer de nationalité, déplacer un meuble, céder un immeuble à une société. Pour qu'il en soit autrement, il faut donc que la démarche entreprise soit inspirée par un dessein frauduleux, dans le seul but d'échapper à la loi normalement applicable. Ici comme ailleurs, la difficulté essentielle tourne autour de la preuve de cette intention, qui résultera le plus souvent des circonstances elles-mêmes : concomitance des différentes étapes de la manœuvre frauduleuse, particularité du montage exclusivement destiné à évincer le jeu normal des dispositions applicables. Il arrive aussi qu'une situation frauduleusement créée à l'origine acquière une effectivité, exclusive de fraude, par la suite [1]. Il convient donc de se placer au moment où l'opposabilité de la situation est contestée pour en apprécier l'existence [2].

2 / La sanction de la fraude

432. Selon une formule devenue classique, la fraude a pour sanction de principe sa propre inefficacité [3]. Pour la mettre en œuvre, il convient de distinguer entre le moyen de la fraude (ex. : changement de nationalité) et la situation constituée grâce à la fraude (remariage).

S'agissant du moyen de la fraude, la sanction sera son inopposabilité : on ne tiendra pas compte de la nouvelle nationalité, de la nouvelle situation du meuble…

1. V. par ex, l'affaire *Moatti* (Cass. civ. 1re, 15 juin 1982, *Rev. crit. DIP*, 1983. 300, note J.-M. Bischoff ; *JDI*, 1983. 595, note R. Lehmann), où la nullité initiale du mariage religieux d'époux syriens en Italie a été « couverte » par l'effectivité acquise par la suite.

2. V. M.-N. Jobard-Bachellier, *L'apparence en droit international privé*, LGDJ, 1984, préf. P. Lagarde, p. 58. Sur l'incidence du passage du temps sur l'existence de la fraude, v. B. Audit, *La fraude à la loi*, Dalloz, 1974, préf. Y. Loussouarn, n° 36.

3. V. J. Vidal, *Essai d'une théorie générale de la fraude en droit français*, Dalloz, 1957, not. p. 372.

Quant à la situation constituée grâce à la fraude, la sanction ne peut être l'inopposabilité : le risque serait par exemple de déclarer le second mariage inopposable au second époux, mais opposable aux autres ! Corrélativement, le cas de la gestation pour autrui illustre d'une autre manière le caractère problématique de la sanction de la fraude par l'inopposabilité d'un droit acquis ailleurs lorsque l'intérêt d'un tiers est en jeu : l'inopposabilité jouant ici contre l'intérêt de l'enfant, l'adéquation même du mécanisme de la fraude demeure en effet discutée [1]. La sanction sera donc variable, en fonction de ce qui est demandé, pour que la manœuvre frauduleuse soit inefficace (nullité du second mariage, réduction de la libéralité) ; et cette sanction sera appréciée en fonction de la loi normalement applicable, qui retrouve alors son emprise.

ÉTAT DES QUESTIONS

B. G. — **Sur le conflit mobile** : B. Ancel, V° « Conflits de lois dans le temps », *Rép. dr. internat.*, 2e éd. ; M. Cigoj, « Les droits acquis, les conflits mobiles et la rétroactivité à la lumière des conventions de La Haye », *Rev. crit. DIP*, 1978. 1 ; P. Courbe, *Les objectifs temporels des règles de droit international privé*, Puf, 1981 ; « Divorce et conflit mobile », in *Mélanges Holleaux*, Paris, 1990, p. 69 ; L. d'Avout, *Sur les solutions du conflit de lois en droit des biens*, Économica, 2006, préf. H. Synvet, nos 324 et s. ; M. K. Fahmy, *Le conflit mobile de lois en droit international privé*, Éd. Univ. du Caire, 1951 (dir. Niboyet) ; J. Foyer, *Filiation illégitime et changement de la loi applicable*, Dalloz, 1964, préf. H. Batiffol ; F. Rigaux, « Le conflit mobile en droit international privé », *RCADI*, 1966, t. 117, p. 329 ; « Les situations juridiques individuelles dans un système de relativité générale », *RCADI*, 1989, t. 213, p. 9 ; J.-P. Laborde, *La pluralité du point de rattachement dans l'application de la règle de conflit*, thèse, Bordeaux, 1981 ; M. Souleau-Bertrand, *Le conflit mobile*, Dalloz, 2005, préf. P. Lagarde ; C. Wasserstein Fassberg, « On time and place in choice of law for property », *ICQL*, 2002. 385.

— **Sur la fraude** : P. Arminjon, « La fraude à la loi en droit international privé », *JDI*, 1920. 409, 1921. 63 ; B. Audit, *La fraude à la loi*, Dalloz, 1974, préf. Y. Loussouarn ; *J.-cl. dr. int.*, fasc. 535 ; *Dictionnaire de la culture juridique*, V° « Fraude », Puf, 2003 ; E. Cornut, « Théorie critique de la fraude à la loi (Étude de droit international privé de la famille) », *Defrénois*, 2006, préf. H. Fulchiron ; G. de La Pradelle, « La fraude à la loi », *Trav. Com. fr. DIP*, 1972-1973, p. 116 ; G. Maridakis, « Réflexions sur la question de la fraude à la loi d'après le droit international privé », in *Mélanges offerts à J. Maury*, Dalloz & Sirey, t. 1, 1960, p. 231 ; J. Maury, *L'éviction de la loi normalement compétente : l'ordre public et la fraude à la loi*, Valladolid, 1952 ; J.-P. Niboyet, « La fraude à la loi en droit international privé », *Rev. dr. int. lég. comp.*, 1926. 503 ; J. Perroud, « La fraude à la loi en droit international privé », *JDI*, 1926. 19 ; P. de Vareilles-Sommières,

1. V. *infra*, nos 581 ; 780 ; 795-1. Ce cas relève autant d'une fraude au jugement que d'une fraude à la loi ; mais le problème des effets de la sanction à l'égard de l'enfant se pose dans les mêmes termes.

Rép. dr. internat., V° « Fraude à la loi » ; S. Clavel, « La place de la fraude en droit international privé contemporain », *Trav. Com. fr. DIP*, 2010-2012, p. 255.

DÉCLINER LA MOBILITÉ

433. Mobilité et conflit de lois. — La mobilité est parfois présentée comme étant le postulat même du droit international privé (F. Rigaux, « Le conflit mobile en droit international privé », *RCADI*, 1966, t. 117, p. 329 ; « Les situations juridiques individuelles dans un système de relativité générale », *RCADI*, 1989, t. 213, p. 9, spéc. p. 155 et s.). Sans doute l'est-elle, en effet, à condition cependant de comprendre la mobilité comme l'introduction dans une situation juridique interne d'un élément d'extranéité qui soit de nature à mettre en cause une loi étrangère – auquel cas, la mobilité coïncide avec l'existence même d'un conflit de lois. Ainsi, elle prendrait la forme aussi bien de la rencontre transfrontière de partenaires de nationalité différente, de la délocalisation des activités d'une entreprise et l'embauche de main-d'œuvre locale, ou encore d'un accident de la circulation survenu sur un lieu de vacances étranger. Le conflit de lois naît de la transformation d'une situation homogène en situation hétérogène (sur cette distinction, v. F. Rigaux, « Les situations juridiques individuelles… », préc., p. 156). La mobilité prise en compte à travers le conflit mobile – et qui commande un régime particulier – représente cependant un phénomène plus spécifique, qui n'est pas la diversité spatiale en soi (v. M. Souleau-Bertrand, *Le conflit mobile*, Dalloz, 2005, préf. P. Lagarde, n° 1), mais un changement qui se superpose à la seule extranéité du facteur de rattachement. Elle comporte ainsi, nécessairement, un élément de temporalité (M. Souleau-Bertrand, *ibid.*), indissociable de la vocation durable de la situation sur laquelle elle se greffe. Certes, la distinction est subtile ; par exemple, dans le cas paradigmatique du bien affecté d'un gage qui se déplace d'un pays à l'autre, le conflit mobile est lié directement à l'introduction d'un élément d'internationalité dans une situation homogène : il semble donc coïncider avec la seule apparition du conflit de lois, à travers la mise en cause de la loi en vigueur au lieu où se trouve désormais le bien. À regarder de plus près cependant, la mobilité affectant le facteur de rattachement est une réalité distincte de l'accession initiale de la situation à l'internationalité, même si elle ne devient apparente qu'à cet instant. En effet, si la détermination de la loi applicable à ce bien en déplacement implique de mettre en œuvre le raisonnement spécifique réservé au conflit mobile, et non l'application indifférenciée de la *lex situs* étrangère, c'est parce que la vie du bien antérieure à l'accession de la situation à l'internationalité est prise en compte par la règle de conflit de lois qui désigne la *lex rei sitae* (sur l'évolution affectant ce rattachement dans le droit positif contemporain, v. *infra*, n°s 654 et s.). Le déplacement du bien intervient à un moment où le gage est déjà constitué, de sorte que la règle de conflit met rétrospectivement en cause, au titre même du conflit de lois, la loi du lieu de situation initiale de celui-ci. Par contraste, dans l'hypothèse d'un accident survenu en dehors de l'État du domicile de la victime, il y a simple conflit de lois et non conflit mobile. Le facteur de rattachement étant lui-même le reflet de l'instantanéité du rapport délictuel, le déplacement de l'intéressé (ou du véhicule dans lequel il circule) d'un pays à l'autre engendre un simple conflit de lois et non un conflit mobile.

Mobilité métaphorique et globalisation. — Liée à l'instantanéité des échanges dématérialisés et à la perméabilisation des frontières, la globalisation économique est elle-même essentiellement un phénomène de mobilité – celle de l'information, des capitaux, des biens et des services. Engendrant par ce biais une mise en concurrence des systèmes juridiques, elle conduit à une transformation profonde de la nature du droit – d'outil de régulation en produit offert sur un marché globalisé. Mais par une intéressante interaction, le droit étatique contribue lui-même à favoriser la mobilité constitutive du marché dont il fait l'objet. Conférant aux parties la liberté de choisir la loi applicable à leurs échanges, mais aussi le for compétent pour l'appliquer, les États les autorisent par là même à « voter avec leurs pieds », c'est-à-dire à exercer une mobilité métaphorique par laquelle elles peuvent échapper impunément aux régimes impératifs autrement applicables (v. H. Muir Watt, « Aspects économiques du droit international privé », *RCADI*, 2004, t. 307, p. 29 et s.).

Mobilité intra-européenne et reconnaissance mutuelle. — Certaines manifestations spécifiques de la mobilité des personnes et des choses comportent des conséquences méthodologiques particulières, en ce sens qu'elles déclenchent des régimes dérogatoires par rapport au conflit de lois. Ainsi, la mobilité transfrontière des produits et des services garantie par le droit européen appelle la mise en œuvre de la méthode de reconnaissance mutuelle, qui revient à maintenir ces derniers sous le régime juridique posé par l'État d'origine (sous l'angle des standards de qualité, des autorisations administratives à fournir certaines prestations, etc.) – en somme à évincer la loi de l'État d'accueil. Il reste cependant à déterminer la mesure dans laquelle la reconnaissance mutuelle est de nature à modifier le jeu du conflit de lois – et du conflit mobile – en matière de droit privé (v. *infra*, n° 539). De la même façon, la politique européenne de faveur à l'égard de la mobilité transfrontière des sociétés s'exprime désormais par l'éviction, au nom de la liberté d'établissement, de toute emprise de la loi de l'État d'accueil sur le régime juridique de la personne morale (v. *infra*, n°s 1057 et s.). Quant à la mobilité des personnes physiques, l'analyse est plus complexe, du fait de l'évolution des compétences de l'Union en matière personnelle et familiale. En effet, son rôle semble s'effacer en faveur de la citoyenneté en tant que critère d'application d'un statut composé d'un ensemble de droits et de libertés, dont la liberté de circulation elle-même (v. sur le statut d'intégration, L. Azoulai, « La citoyenneté européenne, un statut d'intégration sociale », in *Mélanges Jean-Paul Jacqué. Chemins d'Europe*, Dalloz, 2010. 1).

Sur ce que la mobilité institutionnalisée modifie la donne en ce qui concerne la définition de la fraude au sein de l'espace européen (v. *infra*, not. n°s 435 ; 1130 ; 1185 ; 1201).

Conflit mobile et changement de souveraineté. — Une situation purement statique ou homogène peut néanmoins donner lieu à un conflit de lois lorsqu'en l'absence de toute modification intrinsèque affectant les éléments de fait de cette situation, un territoire donné fait l'objet d'un changement de souveraineté. À beaucoup d'égards, le conflit est analogue à celui d'un conflit mobile provoqué par le changement du support de l'élément de rattachement. L'exemple classique est l'annexion d'un État indépendant ou, inversement, l'accession à l'indépendance d'un territoire jusqu'à alors subordonné ou colonisé. Le droit positif est cependant insuffisamment fourni pour en induire un principe de solution générale. Dans l'affaire *CCRMA* (Cass. civ. 1re, 30 mars 1971, *Rev. crit. DIP*,

1971. 451, note P. Lagarde, *JDI*, 1972. 834, note Y. Loussouarn, *JCP*, 1972. II. 17101, note B. Oppetit, *GA*, n° 50), le changement de souveraineté affectant le pays du siège d'une société commerciale (accession de l'Algérie à l'indépendance) a été jugé emporter soumission de la société à la loi nouvelle, sauf pour les actionnaires et les organes sociaux à opter pour son maintien sous l'empire de la loi française en transférant le siège en France. Le conflit mobile par changement de souveraineté a donc été contourné au moyen d'une option analogue à celle qui était offerte aux personnes physiques dans des conditions comparables. Parfois, c'est le refus du conflit mobile qui engendre la difficulté liée au changement de souveraineté. La question est classique en matière de régimes matrimoniaux, où la « pétrification » de la loi applicable dans son état antérieur à un changement de régime politique a parfois été utilisée, dans le cas de réfugiés politiques contraints – par l'ancienne règle de conflit jurisprudentielle – de rester éternellement sous l'empire de la loi de leur ancien domicile matrimonial. Mais ce maintien artificiel en vie d'un régime juridique qui n'est plus en vigueur n'est guère satisfaisant ; il était bien plus simple de réintroduire le conflit mobile (ou même le renvoi ! Sur le contenu de la nouvelle règle de conflit issue de la Convention de La Haye du 14 mars 1978, v. *infra*, n°s 812 et s.).

Conflit mobile et fraude à la loi. — Liés tous deux au phénomène de la mobilité, la fraude à la loi et le conflit mobile entretiennent des relations étroites, au point que la fraude est parfois identifiée à la création d'un faux conflit mobile, du moins quand elle porte sur le changement du seul facteur de rattachement (Batiffol et Lagarde, *Droit international privé*, n° 371), tandis qu'il est généralement admis qu'ils ont les mêmes domaines de survenance possible (v. B. Audit, *Droit international privé*, 3e éd., n° 233). Pareille assimilation est sujette à caution cependant, car la fraude ne peut concerner que les rattachements dont la définition même laisse place à une manipulation volontaire. Il en résulte deux sortes de différences. En premier lieu, sont exclus par définition du champ de la fraude les rattachements qui intègrent une exigence d'effectivité, comme le domicile. Il n'est donc pas utile d'invoquer la fraude pour déjouer une déclaration de domicile artificiel ou simulé : il suffit de constater que celui-ci n'existe pas parce qu'ineffectif. En revanche, le changement – par définition effectif – de domicile peut évidemment donner lieu à un conflit mobile (M. Souleau-Bertrand, *op. cit.*, n°s 100 et s.). En second lieu, cependant, lorsque le facteur de rattachement intègre délibérément un élément volontaire, il peut y avoir le cas échéant conflit mobile (*ibid.*, n°s 128 et s.), mais la fraude est par définition exclue, dès lors qu'elle se caractérise par la volonté d'obtenir l'application d'une loi donnée. Ainsi, le changement volontaire de la loi applicable au régime matrimonial peut donner lieu, le cas échéant, à un conflit mobile (sur les discussions que soulève à cet égard l'article 1397-4 du Code civil issu de la loi du 28 oct. 1997, v. *ibid.*, n° 529), mais le choix étant directement autorisé par la règle de conflit ne peut être frauduleux.

MOBILITÉ DES SITUATIONS ET CONFLITS DE SYSTÈMES DANS LE TEMPS

434. Conflit de systèmes. — Une autre manifestation de l'infléchissement méthodologique qu'impriment au conflit de lois certaines manifestations de la mobilité concerne le phénomène controversé du « conflit de systèmes ». Sont ainsi visées les situations antérieurement constituées sans lien avec le for, et qui ne viennent à la connaissance de celui-ci qu'en raison de l'acquisition ultérieure d'une connexion juridictionnelle ; autrement dit, le phénomène est lié à la mobilité de la situation considérée, qui passe de l'empire d'un système de conflit de lois à un autre. Dans ce genre d'hypothèse, il a été proposé que le juge fasse application, non pas de la règle de conflit du for, mais de la règle de conflit étrangère avec laquelle la situation présenterait un lien plus caractérisé. Le problème peut être exposé à partir d'un exemple jurisprudentiel (C. app., Rabat, 24 oct. 1950, *Machet*, *Rev. crit. DIP*, 1952.89, note Ph. Francescakis ; *JDI*, 1951. 898, note B. Goldman ; *GA*, n° 23), dont le commentaire proposé par Francescakis a permis de systématiser les termes : une Française et un Italien se marient en 1918 en France, sans faire de contrat de mariage. Par son mariage, la femme acquiert la nationalité italienne. Les époux vivent deux ans en France, puis s'installent au Maroc (alors protectorat français) où ils exploitent un commerce. Un litige survient, relatif à leur régime matrimonial : la femme prétend être mariée sous le régime légal français de la communauté, le mari sous le régime italien de la séparation des biens. Un tribunal marocain est saisi du litige. En application des principes jusque-là exposés, le raisonnement aurait dû être le suivant : le tribunal marocain, compétemment saisi, aurait appliqué la règle de conflit marocaine ; c'est-à-dire l'article 15 du Dahir (Décret du roi du Maroc) de 1913 sur la condition civile des français et des étrangers : « En l'absence de contrat, les effets du mariage sur les biens des époux sont régis par la loi nationale du mari au moment du mariage. » Et cette règle de conflit marocaine (règle de conflit du for) désignant la loi italienne, le régime matrimonial aurait été celui de la séparation des biens. La Cour de Rabat a cependant raisonné autrement. Elle a estimé que la règle de conflit du for était applicable aux seules situations juridiques nées sur son territoire. En revanche, la règle de conflit marocaine ne pouvait régir des situations déjà nées et acquises dans un autre pays. Les effets du mariage, à l'égard des biens des époux, devant être déterminés à l'époque même de la célébration du mariage, le régime matrimonial des époux était donc déjà acquis et fixé avant l'arrivée des époux au Maroc. Le juge marocain n'avait pas à appliquer à cette situation la règle de conflit marocaine, mais la règle de conflit française. Celle-ci désignait en l'espèce la loi du premier domicile des époux, c'est-à-dire la loi française, aux termes de laquelle le régime matrimonial était celui de la communauté des biens. À partir de cet exemple, le problème peut être systématisé de la manière suivante : une situation est née dans un pays étranger, et y a produit certains effets ; puis, pour des raisons contingentes, elle est portée devant les tribunaux du for. Le fait que cette situation n'ait eu de la sorte qu'un contact passager avec l'ordre juridique du for ne justifie-t-il pas que soit évincée la règle de conflit du for, au profit de la règle de conflit de l'ordre juridique avec lequel la situation entretient des liens plus étroits ? C'est une réponse positive qu'apporte à cette question la théorie des conflits de systèmes, en raison des avantages qu'elle est censée procurer, essentiellement liés au respect de la prévisibilité des solutions à l'égard des parties : ces dernières seraient en effet en droit de s'attendre à ce que leur situation soit régie par le système juridique sous l'empire duquel elles ont cru acquérir leurs droits, et non par le système du for avec lequel la situation litigieuse n'a pas d'attache sérieuse.

Au-delà de l'arrêt *Machet*, diverses illustrations de cette théorie ont été fournies par les célèbres affaires *Patiño* (Paris, 7 juill. 1954, *Rev. crit. DIP*, 1954. 552, note Ph. Francescakis ; *JDI*, 1955. 636, note A. Ponsard), *Banque Ottomane* (Paris, 19 mars 1965, *Rev. crit. DIP*, 1967. 85, note P. Lagarde ; *JDI*, 1966. 118, note B. Goldman) et *Schwebel* (Court of Appeals d'Ontario, 4 nov. 1963, *Rev. crit. DIP*, 1965. 321, note W. Wengler).

D'autres décisions sont cependant venues depuis lors en briser l'élan. D'abord, dans des hypothèses où les conditions de sa mise en œuvre paraissaient réunies, la Cour de cassation s'est refusée à en tenir compte ; refus du moins implicite, en ce sens qu'elle s'est contentée de faire application de la règle de conflit du for, de la règle de conflit française (v. ainsi Cass. civ. 1re, 11 juill. 1977, *Giroux*, *Rev. crit. DIP*, 1978. 149, note B. Audit ; Cass. civ. 1re, 15 juin 1982, *Moatti*, *Rev. crit. DIP*, 1983. 300, note J.-M. Bischoff ; *JDI*, 1983. 595, note R. Lehmann ; Cass. civ. 1re, 2 oct. 1984, *Favreau*, *Rev. crit. DIP*, 1986. 91, note M.-N. Jobard-Bachellier ; *JDI*, 1985. 495, note B. Audit). Plus encore, de manière explicite cette fois, la théorie a été rejetée par un second arrêt *Banque Ottomane* (Paris, 3 oct. 1984, *Rev. crit. DIP*, 85. 526, note H. Synvet ; *JDI*, 1986. 156, note B. Goldman), dont le refus a été très clairement exprimé : « Selon les règles du droit international privé français auxquelles seules peut se référer le juge français dès lors qu'il se reconnaît compétent pour statuer sur le litige dont il est saisi… » Il est vrai qu'au-delà même de ses difficultés de mise en œuvre, les fondements de cette théorie n'étaient pas incontestables, notamment en ce qu'ils présupposent l'admission de conflits de règles de conflit. Selon la théorie des conflits de systèmes, il y aurait en effet des hypothèses dans lesquelles le juge pourrait ne pas appliquer sa propre règle de conflit. C'est donc dire qu'une hésitation serait possible entre sa propre règle de conflit et une règle de conflit étrangère. De sorte que le juge devrait, avant toute chose, résoudre le conflit qui oppose sa propre règle de conflit aux règles de conflit des autres pays. Autrement dit : le juge n'aurait pas seulement à résoudre un conflit de lois, mais aussi – et préalablement – un conflit de règles de conflit ; mais pour trancher ce conflit de règles de conflit, il faudrait alors disposer d'un instrument, d'une seconde règle de conflit à la deuxième puissance. Il faudrait ainsi résoudre deux conflits au lieu d'un, ce qui conduit en réalité à une impasse. En effet, la règle de conflit à la 2e puissance serait donnée par le for. Mais le système étranger pourrait également connaître une seconde méta-règle de conflit, dont le contenu serait différent. Pour trancher ce conflit, il faudrait donc que le for établisse une règle de conflit à la troisième puissance… et ainsi de suite, à l'infini.

Généralement rejetée sur la base de tels fondements, la théorie des conflits de système pourrait cependant resurgir, à travers une explication désormais recherchée du côté des droits fondamentaux et de l'exigence de reconnaissance des relations personnelles en mal de stabilité transfrontière (v. *infra*, n°s 575 et s.).

Conflit mobile et conflit de systèmes. — Les liens entre le conflit mobile et le conflit de systèmes dans le temps résident ainsi dans le fait qu'une situation individuelle mobile « traverse » deux sphères juridiques, de sorte que les deux problématiques sont parfois assimilées pour cette raison, le conflit mobile constituant alors une « seconde dimension » du conflit de systèmes (v. F. Rigaux, « Le conflit mobile », préc., p. 356 ; « Les situations juridiques individuelles… », préc. p. 155 et s. ; comp. Wengler, note préc., *Rev. crit. DIP*, 1965. 321 et « Nouvelles réflexions sur les questions préalables », *Rev. crit. DIP*, 1966. 165, p. 187). Toutefois, la caractéristique essentielle des conflits de systèmes tient à ce que la constitution initiale de la situation individuelle n'est précisément pas conforme à la règle de conflit du for, alors que le conflit mobile est bien le *produit* de celle-ci. C'est au demeurant pour cette raison même que la tentative classique de rapprocher le conflit mobile du problème de la protection des droits acquis avant le changement du droit applicable (v. par ex, Pillet, *Principes*, p. 524) ne convainc pas non plus : la solution du conflit mobile ne peut être trouvée dans le respect des droits acquis si ceux-ci sont eux-mêmes tributaires de la règle de conflit. La coïncidence n'est garantie que si la situation revêt à l'origine une nature homogène ou purement interne (sur la notion de situation homogène et sa signification au regard de la problématique de la mobilité, v. F. Rigaux, « Les situations juridiques individuelles... », préc., p. 156).

Le conflit mobile rencontre le conflit de systèmes selon une toute autre variante à travers la théorie de l'ordre juridique de référence (sur laquelle, v. *infra*, n° 581), appliquée au droit des biens (v. Louis d'Avout, *op. cit.*, p. 336 et s.). Il est proposé sur ce dernier fondement de considérer que le changement de statut opéré par le passage de la frontière d'un bien meuble consiste en une modification naturelle de l'ordre juridique de référence, qui ne s'accompagne pas nécessairement d'une succession mécanique de lois substantielles. Le nouvel ordre juridique de référence peut donc choisir, selon une forme d'autolimitation, de respecter les droits réels constitués selon la loi de leur source. L'avantage de cette approche est d'autoriser un traitement souple du conflit mobile, par exemple sur le terrain du double conflit mobile (*Heilung durch Statutenweschel*) ou encore de la transposition, évoqués dans le texte.

Statutenwechsel. — La doctrine allemande regroupe sous le concept transversal de « changement de statut » toutes les incidences du temps sur le conflit de lois (conflit mobile, changement de compétence juridictionnelle, annexion et droit transitoire de la règle de conflit), envisagées à travers la problématique commune de la rétroactivité (v. sur l'ensemble M. Souleau-Bertrand, *op. cit.*, n° 275 ; sur l'examen de l'incidence du *Statutenwechsel* en droit des biens, v. L. d'Avout, *op. cit.*, n°s 333 et s.). La solution est organisée en fonction de l'état d'évolution des faits, selon qu'ils sont achevés (situations acquises et ayant épuisé leurs effets, qui restent sous l'empire de la loi ancienne), ouverts (situations durables en cours, tels les effets du mariage ou les relations parents-enfants, qui se voient appliquer la loi nouvelle) ou mixtes (situations relevant essentiellement du statut réel, au sujet desquelles la loi nouvelle est d'application immédiate : c'est un cas de « fausse rétroactivité »). Chez Wengler, le *Statutenwechsel* s'entend également du conflit de systèmes dans le temps (v. F. Rigaux, « Une imposante synthèse allemande en droit international privé. Le traité du Pr Wilhelm Wengler », *Rev. crit. DIP*, 1982. 245, p. 266).

Renvois. — Sur les problèmes de substitution et de transposition, qui apparaissent en cas de conflit mobile, v. *infra*, n°s 476 et s. ; sur le conflit de systèmes dans le temps, v. *infra*, n° 572.

MOBILITÉ ET PRATIQUES FRAUDULEUSES

435. Deux mariages... — Cass., 18 mars 1878, *Princesse de Bauffremont*, *GA*, n° 6. La comtesse de Caraman-Chimay, belge d'origine, était devenue française par son mariage avec le prince de Bauffremont, lui-même français. Désirant divorcer pour épouser le prince Bibesco, sujet roumain, elle obtint de la Cour de Paris la séparation de corps. Las, cela ne lui suffisait pas pour épouser Bibesco, puisqu'il lui fallait préalablement divorcer. Or la loi française, applicable en vertu de la règle de conflit française (désignant la loi nationale des époux) n'admettait pas alors le divorce. Elle s'installa alors dans le duché de Saxe-Altenbourg, dont elle obtint la nationalité. Heureuse coïncidence : sa nouvelle loi nationale considérait comme divorcés les catholiques séparés de corps. De sorte qu'ainsi libérée de ses liens conjugaux, elle put épouser le prince Bibesco. C'était compter sans le prince de Bauffremont, lequel se considérait comme toujours marié avec celle qui ne prétendait plus être cependant que son ex-épouse. Opinion d'autant moins singulière qu'elle fut partagée par la Cour de cassation, relevant notamment qu'en décidant « que des actes ainsi faits en fraude de la loi française et au mépris d'engagements antérieurement contractés en France n'étaient pas opposables au prince de Bauffremont, l'arrêt attaqué a statué conformément au principe de la loi française sur l'indissolubilité du mariage ». Traditionnellement citée en exemple en matière de fraude, cette affaire pourrait cependant être un peu moins caractéristique qu'il n'y paraît (v. B. Audit, *La fraude à la loi*, spéc. n°s 199 et s.).

... et un enterrement. — Aix, 9 mars 1982, *Caron*, *Rev. crit. DIP*, 1983. 282, note G. Droz, maintenu par Cass. civ. 1re, 20 mars 1985, *Rev. crit. DIP*, 1986. 66, note Y. Lequette, *JCP*, 1986.II.20630, note F. Boulanger, *JDI*, 1987. 80, 1re esp., note M.L. Niboyet-Hoegy. J.-C. Caron, de nationalité française d'origine mais devenu américain par naturalisation, décède en 1977. Domicilié alors aux îles Vierges américaines et laissant deux enfants (Aimery et Leslie), il était notamment propriétaire d'un immeuble sur la côte d'Azur. Préférant sa secrétaire, Mme Odell, à ses enfants, il avait rédigé un testament par lequel il lui laissait la moitié de son patrimoine, l'autre moitié devant être transmise à un établissement médical. S'il s'en était tenu à ces dispositions, sa volonté n'aurait pu être respectée : pour l'immeuble situé sur la côte d'Azur, la règle de conflit en matière de succession immobilière désignait en effet la *lex rei sitae*, loi française en l'occurrence. Les enfants auraient alors pu faire valoir les droits successoraux que leur reconnaît la loi française sur cet immeuble, puisque le droit successoral français consacre la réserve héréditaire (portion de la succession que la loi réserve à certains héritiers et qui ne peut être entamée par les libéralités consenties par le défunt). La loi française, loi normalement applicable en vertu de la règle de conflit aurait donc fait échec aux dispositions testamentaires de J.-C. Caron. Celui-ci en était sans doute informé, mais fermement décidé à transmettre envers et contre tous l'immeuble à sa secrétaire, il effectua le montage suivant : il constitua avec sa secrétaire et l'époux de celle-ci (!) une société de droit américain dont il détenait les deux tiers des actions ; puis il remit les actions dont il était titulaire à un *trustee*, en précisant qu'à son décès, ces actions reviendraient aux époux Odell ; il vendit enfin l'appartement à la société, ce qui constituait là son seul actif. Ainsi l'immeuble était désormais représenté par des parts de société, considérées par le droit français comme des meubles. Or, en matière de succession mobilière, la règle de conflit désignait la loi du dernier domicile du défunt, c'est-à-dire la loi en vigueur aux Îles Vierges, qui ignore la réserve au profit des descendants. Pareil stratagème ne sut trouver grâce devant les tribunaux français, qui, relevant une manipulation consistant à modifier l'élément de rattachement constitué à l'origine par la nature immobilière du bien situé en France, devenu ensuite bien meuble pour écarter l'application de la loi successorale française prévoyant la réserve, réduisirent finalement la libéralité à hauteur de la réserve.

Violation de la règle de conflit et manipulation de la règle de conflit. — Le plus souvent, la pratique révélera davantage une véritable violation de la règle qu'une manipulation frauduleuse de celle-ci. Ainsi, deux personnes incapables de se marier selon leur loi personnelle pourront être tentées de s'unir dans un pays étranger dont la loi les y autorise : ce mariage sera valable dans cet État, et sans doute dans un certain nombre d'autres (en violation de leur loi personnelle, cependant). Et ce résultat sera sans doute plus facilement obtenu qu'au terme d'un changement de nationalité exclusivement destiné à autoriser ce résultat. Sur cette distinction, v. B. Audit, *La fraude à la loi*, préc. ; *Droit international privé*, n° 238.

Fraude à la loi étrangère. — P. Louis-Lucas, « La fraude à la loi étrangère », *Rev. crit. DIP*, 1962. 1 ; P. Spiteri, « La fraude à la loi étrangère », *Ann. Fac. dr. Toulouse*, t. XV, fasc. 2, 1967, p. 37. Rationnellement concevable, la fraude à la loi étrangère pourrait cependant être amenée à composer avec le statut particulier de la règle de conflit française, tel que progressivement forgé par la jurisprudence (v. *supra*, n°s 360 et s.). Peut-il en effet y avoir fraude à la loi étrangère dans les matières où les parties ont la libre disposition de leurs droits ? Si ces dernières n'invoquent pas le conflit de lois devant le juge, celui-ci ne sera pas obligé de déclencher le mécanisme conflictuel, de sorte que la fraude – à la supposer concevable – serait alors parfaitement tolérée dès lors qu'elle aurait eu vocation à conduire à la désignation de la loi française ; c'est à un résultat comparable que parviendraient d'ailleurs les parties au moyen d'un accord procédural. Ce n'est donc qu'en cas de désaccord entre elles, au moment du litige, que l'hypothèse de la fraude peut être envisagée, dans une perspective assez largement théorique il est vrai.

Fraude et autonomie de la volonté. — La fraude est-elle concevable dans les matières – en constante extension – où les parties disposent de la faculté de choisir la loi applicable ? Autonomie de la volonté et fraude à la loi paraissent incompatibles au stade de l'exercice du choix ; la fraude ne semble envisageable qu'en amont, dans l'hypothèse où les parties se placeraient artificiellement dans une situation les autorisant à bénéficier librement du principe d'autonomie (ex. : internationalisation frauduleuse du contrat) ; là encore, les difficultés de preuve demeureront cependant importantes.

Fraude et droit de l'Union européenne. — La fraude devient insaisissable dans un contexte de mobilité institutionnalisée. Comme on a eu l'occasion de le voir à plusieurs reprises et dans des domaines très différents, il est difficile d'instituer une faculté de choix, une option de compétence, voire une prime à la mobilité puis de reprocher au bénéficiaire de s'en prévaloir. L'affaire *Centros* l'illustre de façon emblématique, alors même que la Cour y réserve la fraude (CJCE, 9 mars 1999, *Centros*, aff. C-212/97, *Rec.*, 1999, I-1459, concl. La Pergola, *Rev. soc.*, 1999. 386, note G. Parléani ; *Bull. Joly*, 1999. 705, note J.-Ph. Dom ; *D.*, 1999. 550, note M. Menjucq ; *JCP E*, 1999, 1285, obs. Y. Reinhard ; *JDI*, 2000. 482, obs. M. Luby ; aj. T. Ballarino, « Les règles de conflit sur les sociétés commerciales à l'épreuve du droit d'établissement. Remarques sur deux arrêts récents de la Cour de justice des Communautés européennes », *Rev. crit. DIP*, 2003. 373). Dans cette affaire, des ressortissants danois avaient décidé de créer au Royaume-Uni une SARL sans activité commerciale, sans capital libéré, avec deux parts sociales et un siège localisé dans cet État au domicile d'un de leurs amis. Souhaitant obtenir au Danemark l'immatriculation d'une succursale qui aurait permis à la société d'y exercer l'intégralité de son activité, la direction générale danoise du commerce et des sociétés refusa l'immatriculation de la succursale. C'est ce refus qui fut condamné par la Cour de justice, en des termes incitant fermement les opérateurs du commerce international à se livrer au *law shopping* intra-européen : il leur est en effet parfaitement loisible de choisir pour constituer leur société la législation la moins contraignante, quitte à exercer ensuite la totalité de leur activité sur le territoire d'un autre État, sous réserve d'une fraude dont la réalisation paraît toute théorique en raison de la façon dont elle semble comprise par les autorités européennes. Pour les suites de cette jurisprudence en matière de droit des sociétés, v. *infra*, n°s 1057 et s.

Fraude et conflit interpersonnel. — Le changement de nationalité n'est pas le seul moyen de modifier délibérément son statut personnel. Le changement peut intervenir, par exemple, au moyen d'un changement de religion au titre du conflit interpersonnel au sein d'un État confessionnel : v. Cass. civ. 1re, 24 sept. 2002, *Rev. crit. DIP*, 2003. 271, note B. Bourdelois.

Chapitre 2

L'APPLICATION DU DROIT DÉSIGNÉ

436. La seule désignation d'un ordre juridique donné ne permet pas de tenir le problème du conflit de lois pour épuisé, du moins si l'on considère que la règle de conflit a pour fonction de pourvoir un rapport de droit privé d'un règlement substantiel. Dans cette dernière perspective, l'application concrète de la loi désignée revêt en effet autant d'importance que la détermination de son applicabilité abstraite. Or, lorsque cette loi n'est pas celle du for, des difficultés spécifiques apparaissent à cet égard, qui sont liées à l'extranéité de son origine, de son contenu ou de son architecture propre. Il importe donc de se préoccuper de la connaissance et de l'interprétation de la loi étrangère (sect. 1), de son éviction si elle se révèle incompatible avec les valeurs du for (sect. 2), ou de son adaptation si elle ne s'insère pas de façon cohérente dans l'ordre juridique d'accueil (sect. 3).

ÉTAT DES QUESTIONS

B. G. — **Sur la prise en considération** : P. Kinsch, *Le fait du prince étranger*, LGDJ, 1993, préface J.-M Bischoff ; D. Boden, *L'ordre public : limite et condition de la tolérance. Recherche sur le pluralisme juridique*, thèse Paris 1, 2002 ; E. Fohrer-Dedeurwaerder, *La prise en considération des normes étrangères*, LGDJ, 2008, préf. B. Audit.

436-1. Application et prise en considération. — Technique distincte d'introduction du droit étranger dans le raisonnement juridique du juge du for, la prise en considération trouve une actualité inattendue dans le nouveau droit international privé européen (Règlement Rome I, article 9-3 ; Règlement Rome II, article 17). Elle consiste à intégrer une norme étrangère dans le présupposé de la règle substantielle applicable qui en détermine seule les effets (v. P. Mayer et V. Heuzé, *Droit international privé*, 11e éd., n° 144). Elle concerne aussi bien les lois que les décisions étrangères (Cass. com., 4 oct. 2005, *Rev. crit. DIP*, 2006. 405, note H. Muir Watt ; *JDI*, 2006. 601, note G. Cuniberti.

Cass. civ. 1re, 11 juillet 2006, *Rev. crit. DIP*, 2007. 414, note H. Muir Watt ; *JDI*, 2007. 554, note E. Fohrer-Dedeurwaerder. Pour un exemple récent concernant une loi de police étrangère, v. CJUE, 18 octobre 2016, *Nikiforidis*, aff. C-135/15, *JCP*, 2017. 124, note S. Lemaire, L. Perreau-Saussine ; *JDI*, 2017. 197, note E. Fohrer-Dedeurwaerder ; *Rev. crit. DIP*, 2017, note D. Bureau et H. Muir Watt). La régularité ou l'applicabilité de la norme prise en considération n'est pas une condition de sa mise en œuvre. Ce qui est en revanche commun dans tous les cas de prise en considération est que la loi ou le jugement étranger ne déploie pas ses effets juridiques propres, mais constitue une condition d'application d'une norme du for, dont dépend seul l'effet juridique recherché. La normativité de l'événement législatif ou judiciaire étranger n'est pas en cause. La doctrine allemande y avait déjà vu une « *application incidente* » ou « *application indirecte* » de la loi étrangère, avant qu'à leur tour les premiers fonctionnalistes américains y découvrent la justification de la référence par le juge du for aux règles de conduite étrangères, considérées comme un fait local étranger (« *local datum* »). Indifférente à la nature (publique ou privée, abstraite ou concrète) de la norme étrangère, elle n'est véritablement utile que lorsqu'elle n'est pas interchangeable avec les autres méthodes d'applicabilité des normes étrangères, à savoir en présence de normes *qui ne peuvent pénétrer l'ordre juridique for en tant que telles*. L'emploi contemporain de la technique de la prise en considération en matière de droit public administratif, qui y est dépourvu d'effet normatif direct, l'illustre bien (Cass. soc., 24 oct. 2004, *Rev. crit. DIP*, 2005. 64, note L. d'Avout). Si la prise en considération peut certes concerner des lois ou des jugements étrangers qui seraient par ailleurs applicables selon des méthodes qui leur laisseraient déployer leur normativité dans l'ordre juridique du for selon leurs propres termes (ou, si l'on veut, qui pourraient servir de base de déduction au juge du for dans sa décision), la mise en œuvre de cette technique neutralise incontestablement cette normativité en choisissant délibérément de conserver la maîtrise tant de ses conditions d'entrée que des effets déployés dans l'ordre juridique du for. L'applicabilité ou la régularité de la norme étrangère dans son propre ordre juridique au regard des critères ordinaires du for est en principe indifférente. Intégrée parmi les conditions d'application d'une règle du for, la norme prise en considération est transformée en simple événement législatif ou judiciaire. Ainsi, la vraie spécificité de la prise en considération est qu'elle permet de donner un effet médiat à une norme qui, effective certes dans son ordre d'origine, ne remplit pas les conditions d'efficacité posées par l'ordre juridique d'accueil, soit parce qu'elle est structurellement dépourvue des caractéristiques appropriées pour régir un rapport de droit privé, soit parce qu'elle est irrégulière (jugement étranger) ou inapplicable selon les critères de rattachement du for (loi étrangère).

Pour autant, la disqualification de la norme étrangère en simple fait ne signifie pas la neutralité ou la passivité de la règle du for qui l'accueille. Il n'y a là qu'illusion d'optique ou ambivalence sémantique. Bien au contraire, la règle du for conserve la maîtrise des conditions de l'accueil selon ses objectifs propres. Si, parfois, il s'agit bien de déterminer si tel événement a eu lieu (par exemple, lorsqu'en matière contractuelle, la loi étrangère constitue un cas de fait du prince ou force majeure : v. *infra*, n° 914 s.), la norme d'accueil ne renonce pas pour autant à définir les caractéristiques que cet événement doit réunir pour que des effets juridiques lui soient attachés (ici, les conditions de la force majeure selon la loi applicable). Dans d'autres cas, on voit plus clairement que la prise en considération implique un jugement de valeur. Dans ce dernier cas, cependant, d'autres techniques peuvent remplir une fonction analogue de « tri sélectif » ; il en va ainsi, par exemple, de la définition uniforme d'une catégorie juridique au regard de règles du droit dérivé de l'Union (sur la définition de la « mère » au sens du congé maternité régi par le droit dérivé de l'Union européenne, excluant la mère d'intention d'un enfant né de la gestation pour autrui, v. CJUE, 18 mars 2014, aff. C-363/12, *JCP*, 2014, 769, note K. Garcia). Dans chacun des cas, rien n'empêcherait, techniquement, de faire de la catégorie à travers laquelle la norme étrangère est prise en considération une question préalable au sens du conflit de lois. La prise en considération présente donc une réelle versatilité, qui est bien illustrée lorsqu'en en compare les applications retenues selon l'appartenance de la norme étrangère à différentes branches du droit :

— Prise en considération et droit privé. Rien ne s'oppose techniquement à la vocation du mécanisme de la prise en considération à porter sur des normes de droit privé. On peut toujours reformuler une règle de droit international privé pour transformer une application incidente en application directe et *vice versa*, et cela dans le domaine du droit privé ou du droit public. Cette possibilité existe à l'égard des jugements aussi bien qu'en ce qui concerne les normes de portée générale, sans qu'il y ait lieu, là encore, de les distinguer. Par exemple, dans le cas de l'adoption prononcée à l'étranger et prise en considération par l'article 370-5 du Code civil, il aurait été tout à fait possible de reformuler la règle de conflit en prévoyant tout simplement que les effets de l'adoption sont soumis à la loi du for. Le jugement étranger ne régirait donc que le seul prononcé du lien. La substitution à laquelle procède l'article 370-5 demeurerait nécessaire en raison de la dualité du régime de l'adoption en droit interne, mais s'opérerait au sein de la règle de conflit applicable aux effets, une fois le lien d'adoption prononcé à l'étranger reconnu, et n'apparaîtrait plus par conséquent comme une prise en considération. De même, on pourrait très bien reformuler aussi en règle de conflit alternative l'article 311-17 du Code civil pour soumettre les diverses lois étrangères visées à un processus d'application directe. Il suffirait alors de soumettre les effets de la reconnaissance de paternité, une fois sa validité acquise au regard de l'une ou l'autre des lois en présence, à la loi du for. Une démonstration analogue pourrait être menée à l'égard des questions préalables, desquelles la prise en considération est parfois rapprochée (sur ce point, *infra*, n° 505). Ainsi, sans doute, peut-on trouver de très nombreux exemples en droit positif de la versatilité de la technique de la prise en considération, laquelle peut même être utilisée alors que la norme prise en considération aurait pu déployer ses effets selon une méthode d'applicabilité « standard ». C'est en ce sens que l'on peut comprendre la difficulté de distinguer prise en considération et application de la loi de police étrangère en matière contractuelle lorsqu'elle prévoit la même sanction civile que la *lex contractus* (v. *infra*, n° 915). Dans cette hypothèse, l'utilité même de la notion de prise en considération est à nouveau discutable. Dans la mesure où d'autres méthodes d'applicabilité du droit privé étranger existent, la prise en considération ne représente alors qu'une façon inutile d'assurer cette applicabilité. Ainsi, si le recours à la prise en considération s'explique par la volonté d'éviter d'importer la sanction prévue par la loi étrangère, il suffit de rétrécir la catégorie de rattachement pour l'exclure et la soumettre à la loi du for. Il est donc toujours loisible à un législateur de se servir de la technique de la prise en considération pour accueillir indirectement dans l'ordre juridique du for toutes sortes de normes, y compris lorsqu'elles auraient vocation à y déployer directement un effet normatif.

— **Prise en considération et droit public**. De prime abord, la prise en considération est en revanche utile en droit public (v. *supra*, n° 115), tant que le droit public étranger reste affecté d'un « tabou » faisant obstacle à son intégration dans l'ordre juridique du for. Accueillir incidemment une règle de droit public étranger permet à l'État du for, en préservant la maîtrise du processus d'application, de protéger sa souveraineté. Dans ce cas, on pourrait dire que le jour où le tabou sera levé, il ne sera plus nécessaire de se servir de la voie médiate de la prise en considération. Cependant, une telle analyse ne vaut que pour des règles dont la structure leur permettrait de régir directement les rapports entre acteurs privés, et qui seraient donc, sauf le « tabou », applicables. Par exemple, l'admission d'actions privées délictuelles (de *private attorney general*) fondées sur l'atteinte au droit de la concurrence tend à lever le « tabou » du droit public en ce domaine, puisque les particuliers sont précisément incités à l'invoquer. Mais les règles de la concurrence sont-elles structurellement aptes à régir un rapport de droit privé ? La violation du droit économique est cause de nullité du contrat ou faute génératrice de responsabilité, que la norme violée soit de droit interne, de droit étranger ou de droit européen ; celle-ci n'a pas pour fonction en revanche de déterminer directement les obligations entre acteurs privés. Le noyau du droit public est constitué de règles qui ne sont pas techniquement susceptibles de régir directement un rapport de droit privé, mais seulement de l'affecter de façon médiate. Le « tabou » du droit public n'a donc rien à voir ici avec le recours à la prise en considération, qui reste en toute hypothèse nécessaire pour assurer la jonction entre deux types de règles structurellement différentes. C'est précisément cette fonction d'importation de l'inexportable qui est la raison d'être de l'effet indirect des événements normatifs étrangers. Un excellent exemple de cette prise en considération des règles de droit public disqualifiées en simples faits est fourni par l'article 17 du Règlement Rome II sur la loi applicable aux obligations non contractuelles : « *Pour évaluer le comportement de la personne dont la responsabilité est invoquée, il est tenu compte, en tant qu'élément de fait et pour autant que de besoin des règles de sécurité et de comportement en vigueur au lieu et au jour de la survenance du fait qui a entraîné la responsabilité* ». Une intéressante question est de savoir ce que recouvre cette dernière catégorie, et si ce n'est pas en réalité une façon de renommer un « vrai » conflit de lois de droit public, dont la territorialité présumée l'aurait préservé jusqu'ici : v. sur cette question dans l'analyse fonctionnaliste (*supra* n° 358) et en droit administratif (*supra* n° 345).

— **Prise en considération et lois de police étrangères.** Les limites clairement posées par l'article 9 § 3 du Règlement Rome I à l'application des lois de police étrangères valent-elles aussi bien pour leur simple prise en considération ? À cette question, la Cour de justice répond, dans son arrêt *République hellénique c/ G. Nikiforidis*, préc., que « l'article 9 du Règlement Rome I doit être interprété comme excluant que le juge du for puisse appliquer, en tant que règles juridiques, des lois de police autres que celles de l'État du for ou de l'État dans lequel les obligations découlant du contrat doivent être ou ont été exécutées ». En revanche, l'article 9 ne s'opposerait pas à « la prise en compte, en tant qu'élément de fait » (autrement dit, à la prise en considération) de lois de police autres que celles expressément visées par le texte, dans la mesure du moins où « une règle matérielle du droit applicable au contrat, en vertu des dispositions du même règlement, la prévoit » (pt. 51). L'explication d'une telle extension de la prise en considération des lois de police étrangères résiderait dans le fait que le Règlement Rome I a pour fonction d'harmoniser les règles de conflit de lois en ce qui concerne les obligations contractuelles et non les règles matérielles de droit des contrats. Dès lors, dans la mesure « où ces dernières prévoient que le juge du for prenne en considération, comme un élément de fait, une loi de police appartenant à l'ordre juridique d'un État autre que l'État du for ou que l'État d'exécution des prestations contractuelles, l'article 9 dudit règlement ne peut faire obstacle à ce que la juridiction saisie tienne compte de cet élément de fait » (pt. 52). Ainsi, la question de la prise en considération des lois de police ne relèverait ni du droit international privé ni, partant, du Règlement Rome I. À cet égard, on concèdera volontiers que la prise en considération ne relève pas, à proprement parler, d'un mécanisme *d'application* de la loi étrangère : par hypothèse, une *lex contractus* aura été d'ores et déjà désignée, et c'est au stade de l'application de cette dernière que pourra être *prise en considération* la loi de police étrangère, en tant qu'élément de fait. C'est bien là d'ailleurs le trait distinctif de l'application et de la prise en considération des lois de police étrangères. Pareille interprétation prend cependant quelque liberté avec la lettre même du texte, comme en témoigne la simple comparaison entre les deux paragraphes de l'article 9 consacrés à la mise en œuvre des lois de police : « Les dispositions du présent règlement ne pourront porter atteinte à *l'application* des lois de police du juge saisi » (§ 2, sur les lois de police du for) ; « Il pourra *également être donné effet* aux lois de police du pays dans lequel...] (§ 3, sur les lois de police étrangère). En outre, introduire une telle distinction entre ce qui relève de l'harmonisation des conflits de lois (l'application de la loi étrangère) et ce qui relève du droit matériel (la prise en considération) laissera place à une certaine incohérence au sein du droit international privé de l'Union européenne lui-même. Il suffit pour en être persuadé de quitter Rome I pour Rome II, dont l'article 17 est ainsi rédigé : « Pour évaluer le comportement de la personne dont la responsabilité est invoquée, il est tenu compte en tant qu'élément de fait et pour autant que de besoin des règles de sécurité et de comportement en vigueur au lieu et au jour de la survenance du fait qui a entraîné la responsabilité » (comp. *infra*, n° 1009-1).

— **Prise en considération et droit pénal**. Alors même qu'à titre de principe, les lois pénales étrangères ne sont pas applicables par des juridictions nationales (v. D. Rebut, *Droit pénal international*, Précis Dalloz, 2e éd. 2015, spéc. n° 28), la technique de la prise en considération trouve ici une vocation naturelle à prospérer, comme en témoigne une intéressante décision du Tribunal de la fonction publique de l'Union européenne (TFPUE, 14 oct. 2010, *Rev. crit. DIP*, 2011. 371, note P. Lagarde). Un agent contractuel de la Commission européenne, belgo-marocain, est engagé avec une personne de même sexe dans un partenariat enregistré, et demande le bénéfice d'une prestation sociale prévue par le statut des fonctionnaires de l'Union, étendue aux agents contractuels. Pour bénéficier de cette prestation, il faut cependant que « le couple n'ait pas accès au mariage civil dans un État-membre ». Or, le droit belge ouvre le mariage aux personnes de même sexe (L. 13 févr. 2003), tandis que le Code pénal marocain incrimine lourdement l'homosexualité (art. 489). Pour le Tribunal, il ne convenait pas de se borner à constater que, selon la loi belge applicable, ce couple homosexuel pouvait contracter mariage ; il était nécessaire de prendre en considération le Code pénal marocain, qui, par la menace qu'il faisait peser sur un des membres du couple, rendait illusoire l'accès au mariage. La décision est d'autant plus remarquable que, dans un contexte légèrement différent, les tribunaux français ont estimé qu'au nom de l'ordre public international, le mariage entre un Français et un Marocain était possible et devait être célébré en France (Chambéry, 22 octobre 2013, *JCP* 2013, 1233, obs. F. Boulanger ; *D.*, 2013. 2576, note H. Fulchiron. Et, sur pourvoi : Cass. civ. 1re, 28 janvier 2015, *LPA*, 27 février 2015, n° 42, p. 6, note V. Legrand ; *JCP*, 2015. 318, note L. Gannagé ; *D.*, 2015. 464, note H. Fulchiron ; *RTD civ.*, 2015. 91, obs. P. Deumier ; *JDI*, 2015. 597, note J. Guillaumé, S. Godechot-Patris ; 613, note Th. Vignal ; 622, note B. Mathieu ; *Rev. crit. DIP*, 2015, 400, notes : D. Boden, S. Bollée, B. Haftel, P. Hammje, P. de Vareilles-Sommières. Sur la question, v. *infra*, n° 751).

— Prise en considération d'une règle étrangère : quand le domaine de la règle est un fait. Une illustration intéressante est fournie par un arrêt de la Cour suprême du Royaume-Uni, au sujet d'une action délictuelle intentée en Angleterre par un groupe de ressortissants civils irakiens contre le gouvernement britannique, en raison de dommages collatéraux liés aux interventions militaires (v. C. suprême du Royaume Uni, 12 mai 2016, [2016] UKSC 25, *Rev. crit. DIP*, 2016. 657, note H. Muir Watt). Les parties s'accordant sur l'applicabilité de la loi irakienne en tant que loi du délit, il s'agissait de savoir si l'action était ou non prescrite en vertu de cette loi. La prescription relevant de la loi du délit, la loi irakienne (déclarée applicable à ce titre sur un fondement qui n'est pas précisé ici, mais en tout cas avec l'accord des parties) régissait donc le délai dans lequel l'action devait être intentée en l'espèce. Selon l'article 232 du Code civil irakien, la prescription est de trois ans à compter de la connaissance par le demandeur à la fois du dommage et de son auteur. Or, plus de trois ans s'étant écoulés depuis les faits dont – comme l'observe le juge (rigueur de juriste ou humour déplacé ?) – les victimes s'étaient nécessairement aperçues, le gouvernement britannique opposait la prescription acquise selon la loi irakienne applicable. Toutefois, selon l'article 435 du même code, le cours de la prescription est suspendu si le demandeur est empêché d'intenter l'action, jusqu'à la cessation de l'empêchement. Or, selon un texte imposé par la Coalition en Irak, en vigueur dans l'ordre juridique irakien (*Coalition Provisional Authority Order* 17), les forces de la coalition bénéficiaient d'une immunité devant les tribunaux irakiens qui paralysait le jeu de l'action délictuelle en Irak. Le cours de la prescription avait-il été suspendu par ce texte ?

Selon la Cour (sous la plume de Lord Sumption) : « la question, correctement posée, est de savoir si ce texte, fût-il une règle de droit irakien, est un fait (un empêchement) au regard de l'article 435 du Code civil du même pays ». Le raisonnement est le suivant : le texte de droit irakien applicable invite à considérer tout fait empêchant d'intenter l'action, que ce fait soit celui du Prince ou non. À cet égard, lorsque l'empêchement invoqué est le résultat d'une règle de droit (en l'occurrence l'Ordre 17), il s'agit d'un cas familier de prise en considération, ou d'application incidente. Or, au regard de la prise en considération, la nature juridique de celle-ci ou le domaine qu'elle s'assigne sont indifférentes dès lors que, concrètement ou effectivement, elle produit le résultat (l'impossibilité d'agir) visé par la règle principale. La règle juridique (l'Ordre 17) est donc un simple fait dont il s'agit de se demander s'il est de nature à remplir les conditions de l'empêchement de l'article 435. Cependant, poursuit Lord Sumption, la règle de droit irakien, envisagée ainsi comme un fait, a clairement été *conçue pour des procédures irakiennes*. Il faut donc opérer une *transposition* lorsqu'elle est amenée à s'appliquer dans le contexte d'une procédure judiciaire non irakienne. La transposition exigée ici – une forme d'adaptation d'une règle posée dans un contexte et applicable dans un autre – conduit à considérer que la règle prise en considération ne se voulait pas applicable à une procédure anglaise. On comprend donc que ce n'est pas le domaine de l'Ordre 17 *en tant que règle de droit applicable* qui est en cause, au sens où il y aurait lieu de s'interroger sur son champ d'application devant des juridictions autres que celles de l'Irak. C'est dire que la cause de suspension du cours de prescription réside dans des faits qui sont spécifiques à l'Irak et sans aucune portée devant les tribunaux britanniques.

SECTION 1
Le régime de la loi étrangère désignée par la règle de conflit

436-2. Lorsque la mise en œuvre de la règle de conflit aboutit à la désignation de la *lex fori*, la solution du litige n'offre plus guère de difficulté aux yeux de l'internationaliste sur le terrain procédural, le juge saisi n'ayant qu'à faire application de son propre droit pour trancher le litige. C'est là une issue possible du mécanisme conflictuel, mais qui n'est évidemment pas la seule, en raison du caractère bilatéral de la règle de conflit classique. En conséquence, une loi étrangère peut être aussi bien désignée, dont l'origine soulève alors un certain nombre de questions : puisque pour appliquer la loi étrangère, il faut la connaître, peut-on imposer au juge cette connaissance du droit étranger, ou est-ce aux parties d'en établir la teneur ? et, en toute hypothèse, selon quels moyens est-il concevable d'en déterminer le contenu ? En outre, l'interprétation par le juge d'une loi autre que la sienne est à même de susciter de nouvelles interrogations, essentiellement orientées vers la distribution des pouvoirs respectifs des juges du fond et de la Cour de cassation.

En ce domaine, les réponses pourraient sans doute être formulées à partir de présupposés de nature théorique, fondés sur l'analyse de la loi étrangère elle-même. Le statut de cette dernière pouvant – de manière dogmatique – conduire à l'assimiler à du droit ou à du fait, il ne resterait plus alors qu'à en déduire le régime, mécaniquement issu d'une telle qualification : du droit ? le juge devrait connaître la loi étrangère (*jura novit curia*) et la Cour de cassation en contrôler l'interprétation ; du fait ? la charge de la preuve pèserait sur les parties tandis que l'interprétation donnée par les juges du fond de la loi étrangère resterait souveraine.

Le droit international privé français a cependant renoncé à tout dogmatisme lié à l'essence du droit étranger. Et même l'affirmation récente par la Cour de cassation de la juridicité de la loi étrangère [1] ne semble pas avoir imposé au droit positif un total alignement sur le régime de la *lex fori* : la loi étrangère serait-elle du droit, elle n'en demeure pas moins du droit étranger, ce dernier caractère pouvant expliquer – sinon justifier – le particularisme de son statut.

De sorte que ce sont essentiellement des considérations de nature pragmatique qui semblent guider la jurisprudence en ce domaine, aussi bien du point de vue de la connaissance de la loi étrangère (§ I) que de son interprétation (§ II).

I | La connaissance de la loi étrangère

Naguère posée en termes de charge de la preuve de la loi étrangère – ce qui paraît préjuger sa nature factuelle et disqualifier le rôle du juge – la question peut l'être de manière plus neutre sous l'angle de la connaissance d'un droit autre que celui du for. Ainsi formulée, elle invite à déterminer qui, du juge ou des parties, doit en établir la teneur aussi bien que les conséquences susceptibles de résulter de la défaillance des recherches entreprises. En quête de réponses, le statut procédural de la loi étrangère a décrit des circonvolutions jurisprudentielles comparables à celles dont l'applicabilité de la règle de conflit a pu faire l'objet [2], le régime de ces deux séries de questions ayant d'ailleurs au fil du temps été plus ou moins directement lié. S'il paraît aujourd'hui difficile – et d'ailleurs largement dépourvu d'intérêt – d'exposer dans le détail l'ensemble des décisions intervenues en ce domaine depuis plus d'un siècle, il n'en demeure pas moins que la compréhension du régime actuel (B) passe par la présentation schématique des évolutions passées (A).

1. Cass. civ. 1re, 13 janv. 1993, *Coucke, Rev. crit. DIP*, 1994. 78, note B. Ancel.
2. V. *supra*, nos 361 et s.

A / LES ÉVOLUTIONS DU DROIT POSITIF

Pour élaborer le statut procédural de la loi étrangère, plusieurs systèmes de solution étaient concevables (1), dont la jurisprudence s'est plus ou moins inspirée au cours de différentes étapes (2).

1 / Les systèmes concevables

437. S'agissant de la charge de la connaissance de la loi étrangère, il est tout d'abord concevable de la faire peser sur les épaules du juge, avec d'ailleurs quelques nuances, selon qu'on lui impose un tel devoir en toute hypothèse, seulement s'il est contraint en amont de faire application d'office de la règle de conflit, ou encore s'il en fait application pour quelque cause que ce soit (devoir ou simple pouvoir). D'une autre manière, il peut être estimé que c'est aux parties d'établir la teneur de la loi étrangère : partie dont la prétention est soumise à la loi étrangère ou partie qui invoque la loi étrangère.

L'attribution de cette charge commande très largement les conséquences de la défaillance des recherches entreprises. Ainsi, lorsque la connaissance de la loi étrangère est considérée comme un devoir du juge, l'échec de ce dernier ne saurait être directement imputé à l'une des parties au procès. De sorte que la défaillance ne devrait être qu'exceptionnelle et ne pourrait conduire en toute hypothèse qu'à l'application de la *lex fori* prise en sa vocation subsidiaire.

Si c'est en revanche à la partie dont la prétention est soumise à la loi étrangère qu'il appartient d'en rapporter le contenu, sa défaillance doit alors provoquer le rejet de sa prétention, à moins qu'il n'ait été placé dans l'impossibilité d'y parvenir, ce qui laisserait place à l'application subsidiaire de la *lex fori*. Si c'est enfin à la partie qui l'invoque d'en établir la teneur, les deux solutions seront vraisemblablement équivalentes : cette partie n'aura sans doute invoqué la loi étrangère que si elle y avait intérêt, ce qui ne se comprend guère que si cette loi étrangère produit un résultat différent de celui auquel conduirait l'application de la loi française. De sorte qu'en de telles circonstances, l'intervention subsidiaire de la *lex fori* équivaudra sans doute en pratique à un rejet de sa prétention.

2 / Les systèmes jurisprudentiels

438. Dans un premier temps, la jurisprudence estima que c'était à la partie qui avait émis une prétention en justice d'établir le contenu de la loi étrangère applicable à celle-ci. Affirmée par le célèbre arrêt *Lautour*[1], la solution fut ensuite affinée par l'arrêt *Thinet*[2], qui précisa notamment les conséquences pouvant résulter du défaut d'établissement de la teneur du droit étranger : le défaut de preuve des dispositions « spécialement invoquées » entraînait le rejet de la prétention, tandis qu'en cas de défaillance de la loi étrangère « dans son contenu général », la loi française se voyait appliquée dans sa vocation subsidiaire.

Le système ainsi mis en place comportait cependant de redoutables difficultés de mise en œuvre, essentiellement placées sur le terrain de la distinction – parfois subtile – entre prétention distincte et simple contestation de la prétention opposée ; subtilité d'ailleurs assez largement exploitée par la jurisprudence elle-même[3]. En outre, elle portait en germe un risque singulier : la charge pesant sur l'auteur de la prétention, son adversaire pouvait être tenté de solliciter l'application du droit étranger de façon purement dilatoire.

439. Dans un second temps, le régime procédural de la loi étrangère fut largement placé dans le sillage de la jurisprudence relative à l'application d'office de la règle de conflit[4].

C'est ainsi que dans les hypothèses où l'application d'office de la règle de conflit ne s'imposait pas au juge, il fut estimé que ce serait désormais à celui qui avait invoqué la loi étrangère d'en établir le contenu[5] ; plus précisément, la Cour de cassation en vint à affirmer que dans les matières où les parties avaient la libre disposition de leurs droits, il appartenait à la partie prétendant que la mise en œuvre du droit étranger désigné par la règle de conflit conduirait à un résultat différent de celui obtenu en application du droit français de démontrer l'existence

1. Cass. civ., 25 mai 1948, *Rev. crit. DIP*, 1949. 89, note H. Batiffol ; *D.*, 1948. 357, note P. L.-P. ; *S.*, 1949. 1. 21, note J.-P. Niboyet ; *JCP*, 1948. II. 4532, note M. Vasseur ; *GA*, n° 19.

2. Cass. civ. 1re, 24 janv. 1984, *Soc. Thinet*, *Rev. crit. DIP*, 1985. 89, note P. Lagarde ; *JDI*, 1984. 874, note J.-M. Bischoff.

3. Sur cette casuistique, v. par ex. : Cass. civ. 1re, 21 juill. 1987, *Sfez*, *Rev. crit. DIP*, 1988. 329, note B. Ancel ; Cass. civ. 1re, 21 juin 1988, *Soc. Balenciaga*, *Rev. crit. DIP*, 1989. 55, note B. Ancel ; Cass. com., 2 mars 1993, *Soc. Alkhalaf*, *Rev. crit. DIP*, 1993. 632, note H. Muir Watt ; Cass. civ. 1re, 16 févr. 1994, *Rev. crit. DIP*, 1994. 341, note H. Muir Watt.

4. De ce système, seules les arêtes les plus vives seront ici évoquées, étant cependant précisé qu'au cours de cette période, quelques décisions ne s'y inséraient que très imparfaitement et que des nuances séparèrent progressivement la Première Chambre civile et la Chambre commerciale de la Cour de cassation.

5. Cass. civ. 1re, 5 nov. 1991, *Masson*, *Rev. crit. DIP*, 1992. 314, note H. Muir Watt ; *JDI*, 1992. 357, note M.-A. Moreau : « *Il incombe à la partie qui prétend qu'un contrat est soumis à la loi étrangère d'établir le contenu de celle-ci* ».

de cette différence par la preuve du contenu de la loi étrangère [1]. En ce domaine, le critère de l'intérêt se substituait donc à celui de la prétention issu du système *Lautour-Thinet* [2], le juge n'ayant l'obligation de trancher le conflit de lois qu'en cas de différence démontrée du contenu de la loi étrangère.

Dans les hypothèses où l'application d'office de la règle de conflit s'imposait au juge, il en allait tout autrement. S'agissant tout d'abord des cas dans lesquels la règle de conflit résultait d'une convention internationale, l'analyse de la jurisprudence laissait à penser que c'est sur le juge que pesait la charge d'établir le contenu de la loi étrangère [3]. C'est ensuite en termes comparables que fut formulée la solution en présence de droits dont les parties n'avaient pas la libre disposition, l'application de la loi étrangère désignée pour les régir imposant alors au juge français d'en rechercher la teneur [4].

Dans la construction de ce système – dont seuls les traits saillants ont été esquissés – une hypothèse demeurait cependant incertaine : celle dans laquelle le juge, bien que n'étant pas obligé d'appliquer d'office la règle de conflit, aurait cependant usé de la faculté dont il disposait à cet égard. La cohérence de l'ensemble édifié semblait devoir faire pencher la balance vers un devoir du juge, afin de mener jusqu'à son terme le raisonnement fondé sur le lien entre désignation et recherche de la teneur du droit étranger [5].

Quant aux conséquences du défaut de connaissance de la loi étrangère, elles consistaient dans le maintien de la solution progressivement dégagée, selon laquelle lorsque la défaillance était fondée sur une impossibilité objective (guerre civile dans le pays dont le droit est applicable,

1. Cass. com., 16 nov. 1993, *Soc. Amerford, Rev. crit. DIP*, 1994. 332, note P. Lagarde ; *JDI*, 1994. 98, note J.-B. Donnier ; *GA*, n° 82. Cass. civ. 1re, 11 juin 1996, *Soc. Agora, Rev. crit. DIP*, 1997. 65, note P. Lagarde ; *JDI*, 1996. 941, 2e esp., note D. Bureau.

2. Si une partie invoque une loi étrangère, c'est en effet parce qu'elle y a intérêt ; et elle n'y aura intérêt que si le contenu du droit étranger est différent de celui du droit français.

3. V. ainsi Cass. civ. 1re, 14 mai 1996, *Faouzi, JDI*, 1996. 941, note D. Bureau : « Attendu que l'application de la loi étrangère désignée par un traité international s'impose au juge français » ; et, *a contrario*, Cass. civ., 11 juin 1996, *Soc. Agora*, préc. : « S'agissant de droits non disponibles et non régis par un traité international, il incombe à la partie qui prétend qu'un droit étranger est applicable d'établir la différence de son contenu par rapport au droit français. »

4. Cass. civ. 1re, 1er juill. 1997, *Driss Abdou, Rev. crit. DIP*, 1998. 60, note P. Mayer ; Cass. civ. 1re, 26 mai 1999, *Rev. crit. DIP*, 1999. 707, 2e esp., note H. Muir Watt ; *JCP*, 1999. II. 10192, note F. Mélin. Et déjà, Cass. civ. 1re, 18 nov. 1992, *Rev. crit. DIP*, 1993. 276, note B. Ancel ; *JDI*, 1993. 309, note Y. Lequette.

5. V. ainsi, pouvant être interprété en ce sens : Cass. civ. 1re, 5 oct. 1994, *Rev. crit. DIP*, 1995. 60, note D. Bureau. Et, plus nettement : Cass. civ. 1re, 27 janv. 1998, *JCP*, 1998. II. 10098, note H. Muir Watt.

par ex.), il convenait d'assurer l'exécution de la règle de conflit par équivalent, l'application de la *lex fori* apparaissant alors comme la moins mauvaise des solutions.

Lorsque aucune impossibilité objective d'accéder à la connaissance de la loi étrangère n'était démontrée et que la charge de la preuve pesait sur la partie invoquant la loi étrangère, « le droit français s'appliqu[ait] en raison de sa vocation subsidiaire [1] » ; lorsqu'il appartenait au juge d'en établir la teneur, l'hypothèse ne devait être qu'exceptionnelle, la défaillance du juge étant vraisemblablement réductible pour l'essentiel au cas d'impossibilité objective de parvenir à l'établissement du contenu de la loi étrangère.

B / LES SOLUTIONS ACTUELLES

La jurisprudence récente est venue une fois encore modifier les principes de solution régissant la matière (1), tout en laissant intacts les différents moyens susceptibles d'être mis en œuvre pour établir la teneur du droit étranger (2).

1 / Les principes

440. Dans sa dernière (?) évolution, la jurisprudence est venue réaffirmer – du moins partiellement – de nouveaux principes de solution à travers deux décisions d'autant plus remarquables qu'elles furent prononcées le même jour par deux formations différentes de la Cour de cassation [2].

Aux termes de ces décisions : « Il incombe au juge français qui reconnaît applicable un droit étranger, d'en rechercher, soit d'office soit à la demande d'une partie qui l'invoque, la teneur, avec le concours des parties et personnellement s'il y a lieu, et de donner à la question litigieuse une solution conforme au droit positif étranger. »

L'affirmation est importante : non pas sans doute à l'égard des litiges portant sur des droits dont les parties n'avaient pas la libre dispo-

1. Cass. com., 16 nov. 1993, *Soc. Amerford*, préc.

2. Cass. civ. 1re, 28 juin 2005, *Aubin* ; Cass. com., 28 juin 2005, *Soc. Itraco*. Sur ces décisions, v. *BICC*, n° 627 du 15 octobre 2005, nos 1941 et 1997 ; *Rev. crit. DIP*, 2005. 645, note B. Ancel et H. Muir Watt ; *D.*, 2005. 2853, note N. Bouche ; *Droit & Patrimoine*, n° 142, nov. 2005, p. 108, obs. M.-E. Ancel ; *Gaz. Pal.*, 24-25 févr. 2006, p. 20, note M.-L. Niboyet ; *LPA*, n° 258, 28 déc. 2005, p. 16, note J.-G. Mahinga ; *GA*, n° 83.

sition, le système précédent laissant déjà largement la question de la recherche de la teneur du droit étranger entre les mains du juge. Elle l'est bien davantage en revanche en présence de droits disponibles : dans cette hypothèse, le système *Masson-Amerford* est en effet totalement caduc [1]. Indépendamment de la question de l'office du juge au stade de l'application de la règle de conflit, c'est désormais à ce dernier qu'incombe personnellement la recherche de la teneur du droit étranger, avec le concours des parties. Que les droits litigieux soient ou non disponibles, les juges ont donc l'obligation de rechercher – en sollicitant, le cas échéant, la contribution des plaideurs – le contenu du droit étranger estimé applicable ; là est bien l'essentiel de l'évolution [2].

Cette dernière offre assurément différents motifs de satisfaction : en ce qu'elle unifie la jurisprudence au sein de la Cour de cassation ; en ce qu'elle estompe fort heureusement l'incertaine *summa divisio* fondée sur le caractère disponible ou indisponible des droits litigieux ; en ce qu'elle conduit au constat « réconfortant de voir les juges du fond à nouveau au service de la règle de droit, fût-elle de conflit de lois [3] » : une fois activée la règle de conflit [4], le juge devra en assurer le parfait aboutissement en recherchant la teneur du droit étranger qu'elle désigne en donnant « à la question litigieuse une solution conforme au droit positif

1. Il l'était sans doute déjà partiellement pour la Première Chambre civile, dont l'interprétation de certains arrêts pouvait laisser à penser qu'elle tendait alors à confier au juge la tâche de l'établissement du contenu du droit étranger désigné, que les droits litigieux soient disponibles ou non : Cass. civ. 1re, 18 sept. 2002, *Rev. crit. DIP*, 2003. 86, note H. Muir Watt ; *D.*, 2003. 1513, note G. Lardeux ; *JDI*, 2003. 107, note H. Péroz. Cass. civ. 1re, 28 janv. 2003, *Rev. crit. DIP*, 2003. 462, note B. Ancel ; Cass. civ. 1re, 13 nov. 2003, *Rev. crit. DIP*, 2004. 95, note B. Ancel ; *JDI*, 2004. 520, note F. Mélin ; Cass. civ. 1re, 25 janv. 2005, *Rev. crit. DIP*, 2005. 300, note B. Ancel ; *D.*, 2005. 1210, note N. Bouche ; *Defrénois*, 2005, art. 38182, p. 1040, note M. Revillard ; *Droit & Patrimoine*, n° 142, nov. 2005, p. 107, obs. M.-E. Ancel.

2. Le renvoi opéré par la règle de conflit étrangère à une autre loi semble inclus dans l'obligation du juge de faire application de la règle de conflit. Ainsi, la Cour régulatrice a posé qu'il appartient au juge français « dans l'usage de la règle française de conflit de lois d'appliquer, au besoin d'office, la loi (étrangère) de conflit ainsi désignée et donc la loi à laquelle celle-ci fait renvoi » (Cass. civ. 1re, 21 mars 2000, *Ballestrero*, *Rev. crit. DIP*, 2000. 399, note B. Ancel ; *D.*, 2000. 539, note F. Boulanger ; *JCP*, 2000.II.10443, note Th. Vignal ; *Defrénois*, 2000. 1157 et *JDI*, 2001. 505, note M. Revillard ; *Dr. fam.*, 2000, n° 70, note E. Fongaro). Ce dernier arrêt portant sur la « matière » successorale dont la nature serait indisponible, il n'est pas aisé de savoir si l'obligation de mettre en œuvre la règle de conflit étrangère est tributaire de la nature de la règle de conflit ou de la seule circonstance qu'une fois la règle de conflit du for mise en œuvre, d'office ou à la demande des parties, elle doit l'être de façon complète, y compris jusqu'au renvoi. Mais cette dernière interprétation est en harmonie avec la jurisprudence *Aubin / Itraco* (Cass. civ. 1re et Cass. com., 28 juin 2008, préc.) qui impose au juge d'aller jusqu'au bout de l'application de la loi étrangère une fois la règle de conflit dans le débat, indépendamment de la nature de celle-ci.

3. M.-E. Ancel, obs. préc., spéc. p. 109.

4. Selon les modalités – qui demeurent quant à elles variables – exposées *supra*, nos 365 et s.

étranger [1] ». En contrepartie, il est vrai que le système ainsi instauré par la Cour de cassation l'expose au risque d'une multiplication des pourvois tirés de la recherche insuffisante de la loi étrangère [2]. Dans cette perspective, le maintien de la jurisprudence *Masson-Amerford* aurait pourtant permis – à condition toutefois de la combiner avec l'obligation du juge d'attirer l'attention des parties sur l'existence du conflit de lois [3] – de répondre à certaines considérations d'économie procédurale. En présence de ces données contradictoires, la Cour de cassation a cette fois tranché de la manière la plus ambitieuse.

441. Les conséquences du défaut de connaissance de la loi étrangère ont quant à elles été récemment réaffirmées en ces termes par la Cour de cassation, tenant également pour indifférente sur ce terrain la nature disponible ou indisponible du contentieux : « Si le juge français qui reconnaît applicable une loi étrangère se heurte à l'impossibilité d'obtenir la preuve de son contenu, il peut, même en matière de droits indisponibles, faire application de la loi française, à titre subsidiaire [4]. »

En l'espèce, les juges du fond avaient estimé que la loi biélorusse était applicable au litige ; mais en dépit des démarches faites auprès des autorités compétentes – et notamment au regard des éléments transmis par le service des affaires européennes et internationales du ministère de la Justice – et eu égard à la carence des parties, la teneur du droit étranger n'avait pu être établie, de sorte que la loi française avait été appliquée au litige en sa vocation subsidiaire. Le rejet du pourvoi laisse apparaître la nécessité pour les juges du fond de justifier assez précisément des raisons ayant empêché de parvenir à l'établissement du contenu de la loi étrangère.

La Cour de cassation marque ainsi nettement sa détermination à exercer son contrôle sur ce point, dont les exigences seront sans doute précisées au fil des espèces [5].

1. Ce qui impose de préciser les dispositions de la loi étrangère sur lesquelles la décision est fondée. V. ainsi Cass. civ. 1re, 6 févr. 2007, *Bull. civ. I*, n° 50, p. 44 ; *Droit & Patrimoine*, n° 165, déc. 2007, p. 76, obs. M.-E. Ancel. Comp. Cass. soc., 11 janvier 2007, *Dr. soc.*, 2007. 638, note F. Jault-Seseke ; *JCP S*, 2007, n° 1238, note N. Nord ; *Rev. crit. DIP*, 2008. 591, note L. Sinopoli.

2. Pour une illustration, v. ainsi : Cass. civ. 1re, 21 nov. 2012, *Bull. Joly sociétés*, 2013. 226, note B. Dondero.

3. V. *supra*, n° 366.

4. Cass. civ. 1re, 21 nov. 2006, *Rev. crit. DIP*, 2007. 575, note H. Muir Watt ; *D.*, 2007, Pan. 1751, obs. P. Courbe.

5. V. déjà, sur le contrôle exercé par la Cour de cassation : Cass. civ. 1re, 22 févr. 2000, *Rev. crit. DIP*, 2000. 778, note B. Ancel et H. Muir Watt ; Cass. civ. 1re, 6 mars 2001, *Rev. crit. DIP*, 2001. 335, note H. Muir Watt ; *JDI*, 2002. 171, note M. Raimon.

2 / Les moyens

442. Les variations relatives à la détermination des principes de solution régissant la matière n'ont été que d'une faible incidence sur la détermination des moyens pouvant servir à établir en pratique la teneur de la loi étrangère, laquelle doit être comprise comme correspondant à « toutes les sources du droit positif étranger » : textes législatifs, mais aussi jurisprudence, coutumes, conventions collectives [1].

Le renforcement du rôle du juge dans l'établissement du contenu de la loi étrangère n'exclut pas qu'il puisse solliciter le concours des parties [2]. Or, en ce domaine, les certificats de coutume occupent encore une place privilégiée. Il s'agit d'attestations, établies à la demande d'une partie par des juristes ayant (de préférence) une connaissance approfondie du système juridique en cause, rémunérés par le plaideur ayant sollicité leur concours. D'où le reproche de partialité qui leur est parfois adressé. Mais les juges du fond apprécient souverainement la valeur probante des certificats qui sont versés aux débats [3].

En toute hypothèse, la preuve par une version certifiée d'un texte de loi ou d'une décision de justice étrangère présente une garantie supérieure d'impartialité, du seul fait qu'elle n'a pas été spécialement établie en vue du litige. Rien ne permet cependant d'affirmer, en l'absence de vérification, qu'elle présente l'exact reflet du droit positif étranger. À cet égard, l'absence de contestation spontanée de l'actualité ou de l'exactitude de la représentation du droit positif étranger qui en résulte ne dispense pas le juge saisi de vérifier les sources invoquées, en provoquant sur ce point un débat contradictoire [4].

Libre de recourir aux moyens dont les parties peuvent également faire usage, le juge du fond dispose également de moyens spécifiques en

1. Cass. civ. 1re, 1er juill. 1997, *Soc. Africatours*, *Rev. crit. DIP*, 1998. 292, note H. Muir Watt ; *D.*, 1998. 104, note M. Menjucq ; *JDI*, 1998. 100, note I. Barrière-Brousse ; *JCP*, 1998. II. note B. Fillion-Dufouleur ; pour l'appel à la jurisprudence, Cass. civ. 1re, 14 févr. 2006, *Brianti*, *Rev. crit. DIP*, 2006. 833, note S. Bollée ; pour l'inclusion des conventions collectives, Cass. civ. 1re, 5 nov. 1991, *Masson*, précité.

2. V. pour une illustration d'une solution classique, Cass. civ. 1re, 30 janv. 2007, *Lamore*, *Bull. civ. I*, n° 44, p. 37, énonçant que « le juge qui déclare applicable un droit étranger, devant alors en rechercher la teneur, peut à cette fin recourir au concours des parties… ».

3. Cass. civ. 1re, 30 janv. 2007, *Lamore*, précité.

4. Cass. civ. 1re, 23 janv. 2007, *Bull. civ. I*, n° 31, p. 27, censurant au vu de l'article 3 du Code civil un arrêt qui s'était référé à l'affidavit d'un solicitor anglais, lequel ne s'était pas prononcé de façon spécifique sur la question litigieuse. Comp. en revanche, Cass. civ. 1re, 30 janv. 2007, *Lamore*, préc., approuvant les juges du fond d'avoir, dans leur appréciation souveraine de la valeur probante d'un certificat de coutume, amplement motivé le crédit qu'ils lui accordaient.

vue de déterminer la teneur de la loi étrangère ou de vérifier la consistance de ce qui a pu être avancé par les parties à ce sujet. Ainsi peut-il par exemple faire état de connaissances personnelles[1].

Par ailleurs on relèvera que dans le but de faciliter la recherche du juge, la Convention du Conseil de l'Europe, signée à Londres le 7 juin 1968, organise un système d'entraide internationale, afin de rendre plus facile l'obtention par les autorités judiciaires d'informations relatives aux droits d'un État-contractant. Assez peu utilisée en pratique[2], cette Convention pourrait cependant s'avérer d'un emploi plus fréquent en raison de l'extension récente de la mission du juge en ce domaine, à moins que le développement du Réseau judiciaire européen[3] ne permette à l'avenir de s'en dispenser au sein de l'Espace judiciaire européen.

II | L'interprétation de la loi étrangère

Une fois établi le contenu de la loi étrangère applicable, il convient d'en déterminer le sens abstrait aussi bien que la portée au regard des circonstances du litige. Dans la détermination du régime de cet exercice d'interprétation, la jurisprudence semble cette fois faire preuve d'une plus grande stabilité. Traditionnellement, le contrôle exercé sur l'application de la loi étrangère revêt en effet un caractère limité : souveraine (A), l'appréciation donnée par les juges du fond quant au sens à donner aux dispositions d'un droit étranger ne peut être contestée devant la Cour de cassation, en dehors de l'hypothèse d'une dénaturation ou d'un vice de motivation (B).

A / L'INTERPRÉTATION SOUVERAINE DE LA LOI ÉTRANGÈRE

443. L'irrecevabilité du moyen tiré de la fausse interprétation de la loi étrangère s'est assez tôt imposée en jurisprudence[4] et n'a été qu'ex-

1. Cass. civ. 1re, 2 mars 1960, *Rev. crit. DIP*, 1960. 97, note H. B. ; *JDI*, 1961. 408, note B. G.
2. F. Mélin, « La Convention européenne dans le domaine de l'information sur le droit étranger : constat d'un échec », *LPA*, 27 sept. 1999, n° 192, p. 9.
3. Institué par la décision du Conseil n° 2001/470/CE du 28 mai 2001 et modifié par la Décision n° 568/2009/CE du Parlement européen et du Conseil du 18 juin 2009, le Réseau donne aux « points de contact » nationaux qui le composent diverses missions, de nature à favoriser notamment l'échange de connaissances sur les droits nationaux des États-membres.
4. V. ainsi, Cass. civ., 25 sept. 1829, *S.*, 1930. 1. 151.

ceptionnellement démentie depuis lors [1]. Avec constance sont donc affirmés le pouvoir souverain des juges du fond en ce domaine et, en contrepoint, l'absence de contrôle par la Cour de cassation sur l'application ou l'interprétation de la loi étrangère [2]. Au soutien de cette solution, d'ailleurs approuvée par la doctrine majoritaire, divers arguments sont traditionnellement proposés.

Parmi les premiers, de nature théorique, il est ainsi fréquemment avancé qu'il n'entrerait pas dans la mission de la Cour de cassation d'assurer l'unité d'interprétation de la loi étrangère : d'abord parce que si sa fonction disciplinaire lui impose de censurer le juge du fond qui ne remplit pas ses devoirs, tel ne serait pas le cas en matière de loi étrangère, faute d'obligation pour le juge de la connaître ; ensuite parce que sa fonction juridique – assurer l'unité du droit dans son interprétation en France – ne tendrait qu'au maintien de la seule unité du droit français. Pareils arguments ne sont pas cependant incontestables, comme pourraient l'attester les avancées de l'office du juge au sujet de la connaissance de la loi étrangère d'une part, l'équivalente injustice pouvant résulter des divergences d'interprétation au sujet d'un texte français ou d'une même loi étrangère, d'autre part.

Aussi bien, les arguments pratiques sont fréquemment estimés prépondérants en ce domaine, l'encombrement du rôle tenant parfois lieu d'argument absolu. Il n'est pas certain cependant que la gestion du nombre de pourvois soit un justificatif suffisamment pertinent pour restreindre le contrôle de la Cour de cassation. D'autres considérations pragmatiques sont il est vrai également invoquées, liées notamment au fait que, la Cour de cassation risquant de donner de la loi étrangère une interprétation erronée [3], son prestige à l'étranger pourrait en être corrélativement atteint ; l'argument n'est pas non plus sans réponse, tant il est possible de penser que son prestige ne sera pas mieux assuré à l'étranger lorsqu'il sera constaté que la Cour de cassation laisse sans sanction l'interprétation erronée de la loi étrangère donnée par les juges du fond.

1. V. cep. Cass. crim., 17 mai 1989, *Rev. crit. DIP*, 1989. 511, note B. Ancel ; mais, affirmant ultérieurement que l'interprétation de la loi étrangère échappe au contrôle de la Cour de cassation : Cass. crim., 12 nov. 1997, *Bull. crim.*, n° 383, p. 1286.

2. V. par ex. Cass. civ. 1re, 17 mai et 16 juin 1993, *Rev. crit. DIP*, 1994. 505, note G. Légier ; Cass. civ. 1re, 23 mars 1994, *Rev. crit. DIP*, 1994. 545, note D. Bureau ; Cass. civ. 1re, 26 mai 1999, *Rev. crit. DIP*, 1999. 713, note H. Muir Watt.

3. Le développement des moyens d'accès à la connaissance des lois étrangères – coopératifs ou technologiques – diminue en toute hypothèse la portée de cet argument.

La jurisprudence la plus récente persiste cependant à affirmer l'absence de contrôle de la Cour de cassation en ce domaine [1], en dépit du caractère assez incertain des arguments censés soutenir la solution et des dernières évolutions de l'office du juge à l'égard de la loi étrangère. La solidarité que ces dernières tendent à instaurer entre la mise en œuvre de la règle de conflit et l'application du droit désigné [2] aurait pourtant dû la rendre particulièrement vulnérable.

B / LE CONTRÔLE DE LA COUR DE CASSATION

444. Afin d'atténuer les inconvénients les plus manifestes de la jurisprudence affirmant à titre de principe le pouvoir d'interprétation souverain des juges du fond, la Cour de cassation a accepté d'exercer un contrôle fondé sur la dénaturation de la loi étrangère. Emprunté au domaine des contrats, ce contrôle de la dénaturation de documents clairs rapportant la teneur de la loi étrangère fut consacré par l'arrêt *Montefiore*, au visa de l'article 1134 C. civ. [3]. Ainsi fondée, la solution semble dès lors reposer sur la technique du contrôle général de dénaturation – transposée du domaine contractuel [4] – pour méconnaissance du sens clair et précis d'un texte. Ce n'est pas la loi étrangère en tant que telle qui est alors susceptible de dénaturation, mais le document qui la constate, soumis au juge ; et c'est seulement si ce document est clair et précis que sa dénaturation est possible [5].

445. Le caractère documentaire de ce contrôle ne doit cependant pas être compris comme empêchant d'étendre la censure à la méconnaissance de sources non écrites. Bien que la Cour de cassation ait manifesté, peu de temps après l'arrêt *Montefiore*, une hostilité remarquée à

1. V. ainsi Cass. civ. 1re, 20 déc. 2000, *Bull. civ. I*, n° 336, p. 217 ; Cass. civ. 1re, 3 juin 2003, *Bull. civ. I*, n° 133, p. 105 ; Cass. civ. 1re, 30 sept. 2003, *JDI*, 2005. 124, 1re esp., note G. Légier ; Cass. civ. 1re, 7 juin 2006, n° 05-14649, inédit ; Cass. civ. 1re, 17 déc. 2008, *Rev. crit. DIP*, 2009. 53, 2e esp., note H. Muir Watt.

2. V. *supra*, n° 440.

3. Cass. civ. 1re, 21 nov. 1961, *Rev. crit. DIP*, 1962. 329, note P. Lagarde ; *JDI*, 1962. 686, note B. Goldman ; *JCP*, 1962. II. 12521, note P. Louis-Lucas ; *D.*, 1963. 37, note P. F., et chron. Ph. Francescakis, p. 7 ; *GA*, n° 36.

4. V. Cass. civ., 15 avr. 1872, *DP*, 1872. 1. 176 ; *S.*, 1872. 1. 232 ; *GA jurispr. civ.*, t. 2, n° 161 : « Vu l'article 1134 C. civ. ; Attendu [...] qu'il n'est pas permis aux juges, lorsque les termes de ces conventions sont clairs et précis, de dénaturer les obligations qui en résultent et de modifier les stipulations qu'elles renferment. »

5. V. les termes mêmes de l'arrêt *Montefiore*, reprochant à l'arrêt attaqué d'avoir « méconnu et dénaturé le sens clair et précis d'un document législatif ».

l'encontre de la dénaturation de la jurisprudence étrangère [1], cette restriction semblait alors résulter d'une confusion entre le document écrit – énonçant la teneur d'une solution d'origine législative, jurisprudentielle ou coutumière – et les sources écrites – la loi – auxquelles il serait abusif de réduire *a priori* l'ordonnancement juridique étranger. Cette restriction a d'ailleurs été progressivement écartée [2], tandis que fut ultérieurement abandonné le visa de l'article 1134 au profit de celui de l'article 3 du Code civil [3].

Détachant ainsi la question de celle du régime de la dénaturation en matière contractuelle, la jurisprudence semble désormais s'orienter vers un contrôle renforcé de la loi étrangère, porté au-delà de ses frontières initiales [4]. Le visa de l'article 3 incite à relier ce renforcement à l'accession de la loi étrangère au statut de règle de droit, à moins que ce ne soit inversement la nouvelle rigueur du contrôle qui vienne elle-même consolider ce statut.

446. C'est de surcroît par le biais du contrôle des motifs que la Cour de cassation pourrait désormais exercer sa censure de la manière la plus efficace. Si l'est admis en effet que les juges du fond peuvent être censurés pour ne pas avoir énoncé clairement l'interprétation donnée au texte étranger [5], les obligations pesant sur eux en matière de recherche de la teneur de la loi étrangère devraient renforcer la portée du contrôle des motifs ; la Cour de cassation aura en effet à s'assurer que les documents rapportant le contenu du droit étranger sont le fruit d'investigations complètes : ainsi, dans l'hypothèse où l'interprétation retenue résulterait par exemple d'un énoncé législatif ou d'un certificat de coutume, cet élément devra avoir été confronté aux autres sources qui, au sein du système juridique étranger, seraient susceptibles d'en préciser le sens ou, en cas de doute, d'en corroborer la véracité. De sorte que dans le cas où le demandeur au pourvoi ferait état devant la Cour de cassation de

1. V. la célèbre affaire *Hocke* : Cass. com., 4 mars 1963, *JDI*, 1964. 806, note B. Goldman ; *JCP*, 1963. II. 13376, note P. Lescot ; P. Lagarde, « Les interprétations divergentes d'une loi uniforme donnent-elles lieu à un conflit de lois ? », *Rev. crit. DIP*, 1964. 235.

2. V. ainsi Cass. civ., 2 févr. 1982, *Olivier*, *Rev. crit. DIP*, 1982. 706, note P. Mayer ; *JDI*, 1982. 690, note H. Muir Watt ; *JCP*, 1982. II. 19749, concl. Gulphe ; Cass. civ. 1re, 19 mars 1991, *Buzyn*, *Rev. crit. DIP*, 1992. 88, note H. Muir Watt.

3. Cass. civ. 1re, 1er juill. 1997, *Soc. Africatours*, préc.

4. Dans la jurisprudence récente, v. Cass. soc., 8 févr. 2005, n° 02-46959, inédit ; Cass. civ. 1re, 6 déc. 2005, *Soc. Nestlé France*, *Rev. crit. DIP*, 2006. 428, note E. Pataut ; Cass. civ. 1re, 14 févr. 2006, *Brianti*, *Rev. crit. DIP*, 2006. 833, note S. Bollée ; Cass. civ. 1re, 22 oct. 2008, *Rev. crit. DIP*, 2009. 53, 2e esp., note H. Muir Watt ; Cass. civ. 1re, 24 septembre 2014, *JDI*, 2015. 114, note F. Mélin.

5. V. déjà Cass. civ. 1re, 10 oct. 1978, *Rev. crit. DIP*, 1979. 775, note P. Courbe.

l'omission des juges du fond de tenir compte d'une source de droit étranger, ce n'est que si la décision de ces derniers présentait une justification formelle sur ce point qu'une interprétation erronée resterait sans sanction au regard du contrôle des motifs [1].

ÉTAT DES QUESTIONS

B. G. (v. *supra*, sous n° 373). — B. Ancel, « Le transfert international des informations nécessaires à l'administration du droit privé », in *Mélanges en l'honneur de Y. Loussouarn*, Dalloz, 1994, p. 4 ; G. Appert, « Du rôle de la Cour de cassation dans l'application des lois étrangères ou indigènes », *Rev. dr. int. priv.*, 1913. 338 ; H. Batiffol, *Aspects philosophiques du droit international privé*, Dalloz, 1956, rééd. 2002, présentation Y. Lequette ; J. Foyer, « Loi française et loi étrangère », in *La loi. Bilan et perspectives*, dir. C. Puigelier, Économica, 2005, p. 75 et s. ; J. Carbonnier, « Loi étrangère et jurisprudence étrangère », *JDI*, 1935. 473 ; A. Colin, « Du recours en cassation pour violation de la loi étrangère », *JDI*, 1890. 794 ; E. Fohrer-Dedeurwaerder, *J.-cl. dr. int.*, fasc. 539-20 ; Ph. Francescakis, « La loi étrangère à la Cour de cassation », *D.*, 1963, chron., p. 8 ; M.-N. Jobard-Bachellier, « Manque de base légale et application de la loi étrangère », in *La cour de cassation et l'élaboration du droit*, dir. N. Molfessis, Économica, 2004, p. 97 ; P. Louis-Lucas, « Existe-t-il une compétence générale du droit français pour le règlement des conflits de lois ? », *Rev. crit. DIP*, 1959. 405 ; Y. Loussouarn, « Le contrôle par la Cour de cassation de l'application des lois étrangères », *Trav. Com. fr. DIP*, 1962-1964, p. 133 et s. ; F. Mélin, « La Convention européenne dans le domaine de l'information sur le droit étranger : constat d'un échec », *LPA*, 27 septembre 1999, n° 192, p. 9 ; *La connaissance de la loi étrangère par les juges du fond*, PUAM, 2002, préf. P. de Vareilles-Sommières ; H. Muir Watt, V° « Loi étrangère », *Rép. dr. internat.*, 2e éd. ; J.-P. Niboyet, « Qu'est-ce que la loi étrangère aux yeux des juges d'un pays déterminé ? », *Rev. dr. int. et législ. comp.*, 1928. 753 ; M. Nicod, « Un droit venu d'ailleurs : la loi étrangère désignée par la règle de conflit », in *Mélanges en l'honneur de Ph. Jestaz*, Dalloz, 2006, p. 417 ; P. R. H. Webb et F. M. Auburn, « La présomption d'identité de la loi étrangère et de la loi du for en l'absence de preuve », *JDI*, 1978. 272 ; Cl. Witz (dir.), *Application du droit étranger par le juge national : Allemagne, France, Belgique, Suisse, op. cit.* ; I. Zajtay, *Contribution à l'étude de la condition de la loi étrangère en droit international privé français*, Pédone, 1958 ; « Le traitement du droit étranger dans le procès civil. Étude de droit comparé », *Riv. dir. int. priv. e proc.*, 1968. 233 ; « L'application du droit étranger : science et fictions », *RIDC*, 1977. 49.

THÉORIE JURIDIQUE

447. L'explication théorique du statut de la loi étrangère. — Comment expliquer qu'un juge puisse faire application d'une loi autre que celle de l'ordre juridique auquel il

1. En ce que les juges du fond doivent en outre préciser les dispositions de la loi étrangère sur lesquelles ils se fondent, v. Cass. civ. 1re, 6 févr. 2007, *Bull. civ. I*, n° 50, p. 44 ; *Droit & Patrimoine*, n° 165, déc. 2007, p. 76, obs. M.-E. Ancel.

appartient ? Que le juge applique la *lex fori* est en effet normal, puisqu'il s'agit là du droit de l'ordre juridique dont il dépend ; mais peut-on comprendre qu'il se soumette à l'impératif d'un ordre juridique étranger ? Et, d'une autre manière, la loi étrangère appliquée peut-elle être considérée comme une règle de droit au même titre que les règles du for ? C'est à ces questions que la doctrine s'est efforcée de répondre, pour tenter d'expliquer, de manière théorique, le statut de la loi étrangère ; dans cette perspective, diverses orientations ont pu être suivies.

1 / Une première explication, venue de la tradition de *common law*, est connue sous le nom de théorie des droits acquis ou *vested rights* (v. *infra*, n° 570). Selon cette conception, le juge est empêché, en tant qu'organe de la souveraineté du for, de faire application de la loi des souverains étrangers dans son ressort territorial. En revanche, rien n'empêche le souverain local – qui y est même fortement incité au vu de considérations de justice individuelle – d'autoriser qu'il soit donné effet devant ses organes à des droits subjectifs nés sous l'empire d'une loi territoriale étrangère et se présentant à lui comme des faits accomplis – des droits déjà acquis à l'étranger dans la configuration que leur confère la loi locale. Pareille théorie, qui est le pendant du principe de territorialité, revient tout à la fois à admettre l'application (présentée comme indirecte) des lois étrangères, à leur conférer une condition procédurale (de fait) et à formuler des rattachements territoriaux. En réalité, le raisonnement ainsi déployé prépare tout simplement le terrain pour l'idée, qui en est venue à s'imposer progressivement, selon laquelle le consentement du souverain local à l'application des lois étrangères, à travers sa règle de conflit de lois, dispense de toute autre justification.

2 / Une autre explication s'est exprimée dans la tradition continentale à travers la théorie de la réception, d'ailleurs entendue sous des formes diverses. Le point de départ de l'analyse repose moins sur la territorialité brute que sur l'affirmation de l'exclusivisme des ordres juridiques. Selon une formule célèbre de R. Ago : « L'ordre juridique est exclusif dans le sens qu'il exclut le caractère juridique de ce qui ne rentre pas en lui-même » (R. Ago, « Règles générales des conflits de lois », *RCADI*, t. 58 (1936-IV), p. 243 et spéc. p. 302). Il en résulte que le droit étranger, privé de toute valeur juridique en raison de son extranéité, n'accède à la normativité que s'il est intégré au sein de l'ordre juridique interne. C'est ainsi qu'en désignant une loi étrangère, la règle de conflit du for aurait pour effet de la recevoir dans son ordre juridique. Au point que la question de savoir à quel titre le juge appliquera le droit étranger ne se pose pas véritablement, le juge appliquant, non pas le droit étranger en tant que tel, mais des règles incorporées au système juridique du for. Ce phénomène de réception est envisagé de deux manières différentes :

Réception matérielle. — Selon cette conception, la règle étrangère est purement et simplement nationalisée. L'ordre juridique du for est ainsi réputé contenir une règle du for dont le contenu est identique à celui de la règle étrangère désignée par la règle de conflit. Autrement dit, on considère que la loi du for adopte, pour les besoins de la cause, une règle semblable à celle que contient la règle étrangère. Cette théorie n'est pas cependant sans inconvénient : si la loi étrangère est purement nationalisée, elle sera interprétée en fonction des concepts du for, de sorte qu'elle risque en réalité d'être totalement dénaturée.

Réception formelle. — Selon cette conception, la règle étrangère s'incorpore dans le système du for, en conservant le sens et la valeur que lui attribue le système pour lequel elle a été créée, ce qui permet cette fois d'interpréter la loi étrangère selon les concepts étrangers.

La critique de ces théories peut d'abord être formulée à partir des présupposés sur lesquels elle repose, pour contester le postulat de l'exclusivisme des ordre juridiques (v. ainsi P. Mayer, V. Heuzé, *Droit international privé*, n° 85) ou au moins sa représentation trop tranchée (v. ainsi S. Romano, *L'ordre juridique*, Dalloz, 1975, spéc. p. 106-17, n. 1 : « Le principe que tout ordre originaire est toujours exclusif doit s'entendre en ce sens qu'il *peut*, mais non qu'il *doit nécessairement* nier la valeur juridique de tout autre »). Une autre critique repose sur le caractère fictif évident de ces théories : aucun ordre juridique ne peut incorporer les normes étrangères devenues applicables en vertu de la règle de conflit du for. Si tel était le cas, chaque droit national absorberait l'ensemble des systèmes juridiques du monde ! L'ordre juridique français aurait ainsi incorporé les règles de l'ordre juridique italien, anglais, russe... qui eux-mêmes auraient intégré les règles de l'ordre juridique allemand, américain... Tout serait alors dans tout, et réciproquement. Ces théories sont de surcroît contraires au sens profond du droit international privé. Celui-ci est en effet fondé sur la reconnaissance réciproque des États et de leur ordre juridique : si la règle de conflit désigne un droit étranger, c'est parce que l'on en reconnaît l'existence, alors que la thèse de la réception supprime – en théorie – le droit étranger. Elles conduisent enfin à une vision extrêmement contingente du phénomène juridique : qu'est ce que le droit, si l'on considère que ce qui est juridique ici ne l'est pas là (v. B. Oppetit, « Le droit hors de la loi », *Droits*, 1989/10, p. 47 et spéc. p. 49) ?

3 / Selon une troisième explication, le droit étranger subirait en réalité l'attraction du fait. S'il n'est qu'assez rarement exprimé de manière expresse que la loi étrangère n'est pas du droit, il est assez souvent constaté en revanche qu'elle est traitée comme un point de fait dans le procès. Le juge, déterminant la teneur et le sens de la loi étrangère, accomplirait une opération différente de celle qui lui incombe dans la détermination de sa propre loi : il ne rechercherait que ce qui est admis « en fait » à l'étranger ; non ce qui doit être, mais ce qui est. La raison de cette différence proviendrait de ce que le juge est extérieur au système juridique étranger, qu'il observerait ainsi du dehors, comme un simple fait. Mais il y a là davantage une justification du statut procédural de la loi étrangère devant le juge du for (qui la constate mais ne contribue pas à son développement), qu'une véritable réponse à la difficulté qu'il y a à expliquer comment le juge du for en arrive à trancher un litige par référence à une loi qui n'est pas la sienne. Dans ce cas, en effet, même si la loi étrangère est observée comme un fait, quant à son contenu, elle constitue bien le fondement du raisonnement du juge dans le procès, où elle occupe bien par conséquent la fonction du droit.

Ces débats se trouvent dans une grande mesure apaisés aujourd'hui. D'une part, parce que l'application par le juge d'une règle de droit étranger n'implique pas d'importer l'expression de la souveraineté étrangère, dès lors que cette règle est perçue comme une proposition rationnelle, dépouillée en tant que telle et vis-à-vis des organes du for de tout « élément impératif » (H. Batiffol, *Aspects philosophiques du droit international privé*, Dalloz, 1956, rééd. 2002, présentation Y. Lequette, spéc. n°s 50 et s., p. 110 et s.). D'autre part, parce que la règle de conflit elle-même sert de norme d'habilitation, dictant au juge du for de faire de la loi étrangère la base de son raisonnement : « en ordonnant l'application de la loi étrangère, l'impératif de la règle de conflit soumet le litige à l'impératif de la loi applicable » (H. Motulsky, « L'application de la loi étrangère par le juge français », in *Mélanges offerts à J. Maury*, Dalloz & Sirey, 1960, t. 1, p. 337, spéc. p. 361).

448. L'explication de l'interprétation souveraine des juges du fond : raison d'autorité ou autorité de la raison ? — L'explication de l'absence de contrôle par la Cour de cassation de l'interprétation de la loi étrangère donnée par les juges du fond, est parfois placée sous l'autorité de Marty. Celui-ci estimait pourtant qu'au moins « si l'on se place à un point de vue strictement logique et juridique, la Cour de cassation devrait contrôler la constatation et l'interprétation de la loi étrangère ; la raison en est que la loi étrangère, lorsqu'elle est applicable en France, possède à l'égal de la loi française, le caractère de règle de droit » (G. Marty, *La distinction du fait et du droit. Essai sur le pouvoir de contrôle de la Cour de cassation sur les juges du fait*, Sirey, 1929, préf. C. Cézar-Bru, spéc. n° 89, p. 150-151). Quant à l'argument pratique, aujourd'hui tenu pour insurmontable (v. ainsi J. Lemontey, *Trav. Com. fr. DIP*, 1990-1991, p. 42-43 : « À la période d'inflation que nous subissons pour les pourvois et ne serait-ce que pour cette raison là, il n'est pas question d'accueillir les pourvois fondés sur une violation, une mauvaise application de la loi étrangère. Nous sommes déjà au bord de l'asphyxie, alors si on y ajoute le suicide en plus, on va à l'échec »), il n'était pas davantage ignoré par G. Marty, qui y avait répondu en ces termes (en 1929…) : « Il nous semble que l'on a beaucoup exagéré la difficulté que présenterait pour la Cour de cassation un tel contrôle : en effet, le développement des moyens d'information et des études de droit comparé, nous paraît mettre la Cour en situation d'exercer avec la collaboration des parties un contrôle utile sur la constatation et l'interprétation de la loi étrangère » (*op. cit.*, n° 97, p. 164). Conclusion : « Nous sommes ainsi amenés à conclure que la Cour de cassation devrait contrôler la constatation et l'interprétation des lois étrangères et réprimer leur violation » (*op. cit.*, n° 97, p. 166).

TECHNIQUE JURIDIQUE

449. Notion de loi étrangère. — *Brevitatis causa*, l'expression « loi étrangère » vise en réalité le droit positif de l'ordre juridique désigné par le droit international privé du for. Il s'agit donc du droit en vigueur dans cet ordre juridique (conformément à son propre droit transitoire, *infra*, n°s 507 et s.), composé de sources internationales (traités), législatives, judiciaires, coutumières (v. Cass. civ. 1re, 1er juill. 1997, *Soc. Africatours* ; 14 févr. 2006, *Brianti* ; 5 nov. 1991, *Masson*, cités au texte). En cas de conflit de sources au sein du système étranger, c'est la conception de la hiérarchie des normes prévalant dans ce système qui en déterminera l'application (Cass. civ. 1re, 1er févr. 1972, *Rev. crit. DIP*, 1973. 313, note G. Droz ; *D.*, 1973. 59, note P. Lagarde).

En matière de rapports de travail, ces sources comprennent aussi, le cas échéant, les conventions collectives (Cass. civ. 1re, 5 nov. 1991, *Masson*, préc.). Comp., toutefois, en droit européen illustré par l'arrêt *Laval*, CJCE, aff. C-341/05, la particularité de la condition procédurale de la loi étrangère telle que consacrée par la directive 96/71 du 16 décembre 1996 concernant le détachement des travailleurs dans le cadre d'une prestation de services, au regard de laquelle la « loi » désignée en vertu de la directive est définie (art. 3, § 1er) comme ne recouvrant que : 1. les « dispositions législatives, réglementaires ou administratives » ; 2. « des conventions collectives [...] déclarées d'application générale », c'est-à-dire « qui doivent être respectées par toutes les entreprises » concernées, même si elles n'ont pas participé à la négociation (§ 8) ; 3. les conventions dont l'État a décidé l'application à l'ensemble des entreprises d'un secteur ou à l'ensemble du territoire national ; de sorte que le juge saisi ne pourra pas prendre en considération une disposition coutumière ou une pratique des acteurs sociaux effectivement appliquée à l'étranger sans possibilité pour les opérateurs de s'en dégager (v. sur ce point M. Fallon, « Le détachement européen des travailleurs, à la croisée de deux logiques conflictualistes », *Rev. crit. DIP*, 2008. 781).

450. Application et interprétation de la loi étrangère au regard de l'office du juge. — Le renforcement progressif de l'obligation des juges du fond de rechercher le contenu de la loi étrangère a-t-il vocation à affecter l'étendue du contrôle exercé par la Cour de cassation sur le sens qui lui est donné ? Deux arrêts, rendus dans des cas où la détermination de l'extranéité conditionnant l'attribution de la nationalité française exigeait de prendre en considération la loi personnelle étrangère (sur la prise en considération, v. *supra*, n° 463-1), attestent une certaine difficulté à calibrer ce contrôle, qui doit concilier le devoir rigoureux d'investigation du juge du fond et la souveraineté de l'appréciation qu'il exerce (v. Cass civ. 1re, 22 oct. et 17 déc. 2008, préc.). Toute la difficulté vient de ce que recherche et interprétation de la loi étrangère ne sont pas deux opérations intellectuellement distinctes, comme le voudrait le régime procédural actuel de la loi étrangère. En effet, la connaissance de la loi étrangère, qui implique l'appréhension de l'ensemble des sources étrangères, y compris interprétatives, se distingue difficilement de son interprétation, qui n'est en réalité que la reproduction la plus fidèle possible de la solution qui serait appliquée au sein de l'ordre juridique étranger, compte tenu de l'ensemble de ces sources. Par conséquent, les moyens tant matériels qu'intellectuels que doit mettre en œuvre la cour régulatrice afin de s'assurer que la connaissance de la loi étrangère est complète, ne diffèrent pas de ceux qu'il faudrait employer si elle acceptait d'en vérifier l'interprétation. C'est pourquoi la distinction est également trop subtile pour être viable entre l'hypothèse d'une recherche non aboutie ou incomplète du droit étranger par le juge du fond qui, en l'absence de justification, encourt la censure sur le terrain de la dénaturation, et celle où une interprétation inexacte est donnée en raison d'une exclusion délibérée mais erronée de certaines sources, qui échappe à la critique au nom de l'appréciation souveraine du juge du fond.

451. Preuve de la loi étrangère et prise en considération d'un jugement étranger. — La « loi étrangère » étant composée de l'ensemble des sources du droit positif étranger (v. *supra*, n° 442 ; n° 449), la jurisprudence étrangère doit être consultée – tout au moins dans la mesure (statistiquement vraisemblable) où elle constitue une source de droit ou d'interprétation de la loi au sein du système étranger lui-même. Mais il se peut que la question litigieuse soumise au juge du for ait déjà été tranchée, à titre principal ou incident, par un jugement émanant des organes du pays sont la loi est applicable. Dans ce cas, la distinction est délicate entre l'efficacité substantielle ou, le cas échéant, l'autorité (positive) de chose jugée attachée à ce jugement (v. *supra*, nos 248 et s.), qui conduit à trancher le litige selon la méthode du conflit de juridictions, et la simple prise en considération de ce même jugement en tant qu'élément d'information destiné à établir le contenu de la loi étrangère désignée au titre du conflit de lois. L'arrêt *Brianti* (Cass. civ. 1re, 14 févr. 2006, cité au texte, *supra* note 43 ; v. déjà, Paris, 23 janv. 1990, *Ép. Odell*, *Rev. crit. DIP*, 1991. 92, note Y. Lequette ; *JDI*, 1990. 994, note M.-L. Niboyet ; *JCP*, 1991. II. 21637, note M. Béhar-Touchais) illustre bien cette ambiguïté, qui n'est pas sans rappeler l'utilisation par la jurisprudence, en matière de statut personnel, de la « force probante » d'un jugement émanant du pays de la loi nationale de l'intéressé, en vue de reconnaître un changement de statut (v. *supra*, n° 252). Par la suite, restreignant la portée de l'effet de fait, v. Cass. civ. 1re, 22 mars 2012, *JCP*, 2012, 669, note T. Azzi ; *Rev. crit. DIP*, 2012. 894, note S. Bollée.

PRATIQUE JUDICIAIRE

452. Sur la connaissance de la loi étrangère, les évolutions jurisprudentielles sont plus nombreuses et diversifiées encore que sur le terrain voisin de l'application d'office de la règle de conflit. De sorte que par une sorte d'autolimitation estimée salutaire, *l'état des questions* s'est ici délibérément refusé à en suivre les méandres successifs, dont il est loin d'être avéré que la connaissance servirait mieux l'intelligence de la matière. Il est vrai d'ailleurs qu'en ce domaine, « si solide qu'en paraisse le mérite au jour de sa consécration, la dernière solution de la Cour de cassation n'est pas assurée de sa pérennité » (*GA*, n° 82-83, p. 732). S'il est donc malheureusement nécessaire de courir après le dernier arrêt pour tenter de présenter une vision aussi exacte que possible du droit positif, il ne l'est pas sans doute de s'épuiser davantage à remonter le cours puissant qu'ont progressivement contribué à former les innombrables décisions en provenance de la Cour de cassation depuis l'arrêt *Lautour*. Néanmoins, en l'état de la jurisprudence qui connaît une relative stabilisation depuis les arrêts *Aubin* / *Itraco* précités, il n'est pas inutile de tenter de préciser la voie d'une consolidation possible. Une première lecture de l'arrêt *Itraco* (qui concerne le régime de la loi étrangère en cas de droits disponibles) consiste à faire dépendre l'office du juge du fond de la seule invocation par l'une des parties de la loi étrangère ; le conflit de lois allégué, le juge doit assumer la charge de l'établissement de la loi étrangère et le défaut de coopération des parties (*supra*, nos 440, 441). Il a ainsi été suggéré d'interpréter cet arrêt à la lumière d'un courant qui avait fait son apparition antérieurement (v. B. Ancel et H. Muir Watt, *Rev. crit. DIP*, 2005. 654). Il s'agirait alors de subordonner l'obligation de recherche du juge à la représentation par la partie qui invoque la loi étrangère d'un intérêt à ce que le conflit de lois soit tranché, sans pour autant exiger la preuve complète de la teneur de la loi étrangère. Autrement, dit, la partie qui invoque la loi étrangère doit à tout le moins alléguer le contenu de celle-ci, de façon à ce que le juge du fond puisse comprendre en quoi, à supposer effectuée la recherche de sa teneur, elle serait de nature à fonder le moyen invoqué. En cas d'allégation insuffisante du contenu de la loi étrangère, le juge n'aurait aucune obligation de trancher le conflit de lois et statuerait sur le fondement de la vocation (universelle et non pas subsidiaire) de la loi du for. Certes, pareille lecture implique un retour sur le terrain quasi probatoire que l'abandon de la jurisprudence *Amerford* avait sans doute pour objet d'éviter. Mais exiger le concours des parties à ce stade liminaire, avant que le juge ne soit saisi du conflit de lois, plutôt qu'une fois son office déclenché, simplifierait la question de la sanction du défaut de coopération de leur part.

La mise en œuvre d'une règle de conflit unilatérale semble de surcroît imposer des devoirs particuliers au juge du for ; v. ainsi, dans le cadre de l'art. 309 C. civ., et reprochant aux juges du fond de n'avoir pas recherché « avant d'appliquer le droit français, si la loi allemande ne se reconnaissait pas compétente » : Cass. civ. 1re, 4 juin 2009, *JDI*, 2010. 485, not. E. Fohrer-Dedeurwaerder.

453. Sur la juridicité de la loi étrangère. — Très remarquable affirmation de la Cour de cassation selon laquelle la loi étrangère est une règle de droit (Cass. civ. 1re, 13 janv. 1993, cité au texte), dérogeant ainsi à l'économie de moyens dont elle use d'ordinaire. Plus encore, cette affirmation revêt une portée philosophique dont la Cour de cassation française se garde traditionnellement : alors en effet que bien des occasions eussent été favorables à une telle prise de position, il fallut attendre que les bougies de son bicentenaire soient éteintes pour qu'elle ose délivrer son message. Ce faisant, elle prend position dans un débat théorique de grande ampleur, avec raison semble-t-il, tant les frontières de la juridicité ne sauraient s'arrêter à la loi, d'une part, à la loi française d'autre part.

DROIT COMPARÉ

454. Le développement des études comparatives devrait évidemment servir à la meilleure connaissance du droit étranger. Le développement de l'Internet aussi, qui facilite grandement les recherches en ce domaine. Au-delà des sites étrangers parfois comparables à ce qu'est aujourd'hui *Legifrance* pour le droit français (http://www.legifrance.gouv.fr), on signalera tout particulièrement le site du Réseau judiciaire européen en matière civile et commerciale (http://ec.europa.eu/civiljustice) et celui du Groupement d'intérêt public Juriscope (http://www.juriscope.org).

DISCONTINUITÉ DES ORDRES JURIDIQUES ET POUVOIRS DU JUGE

455. Jointe au cloisonnement institutionnel des ordres juridiques étatiques, la discontinuité des pouvoirs du juge judiciaire d'un système à l'autre soulève des questions complexes lors de la mise en œuvre du droit étranger désigné par la règle de conflit du for. Dans quelle mesure la règle de conflit peut-elle servir de vecteur d'un pouvoir juridictionnel inédit au profit du juge du for (v. sur la question, Ph. Théry, *Pouvoir juridictionnel et compétence (étude de droit international privé)*, thèse, Paris 2, 1981, nº 94 ; H. Muir Watt, *La fonction de la règle de conflit de lois*, thèse, Paris 2, 1985, nos 262 et s. ; P. Callé, *L'acte public en droit international privé*, Économica, 2004, préf. P. Mayer ; C. G. van der Plas, « The limits of the judicial function and the conflict of laws », *Netherlands Int'l law Rev.*, 2006, t. III, p. 439, évoquant le concept allemand de « *wesenseigene Zuständigkeit* » qui renvoie au problème de savoir si la mesure exigée du juge du for s'ajuste à la fonction que lui définit sa propre loi). La difficulté est en réalité double. D'une part, la question est de savoir comment le juge doit mettre en œuvre le droit étranger désigné lorsque l'application concrète de celui-ci suppose l'exercice d'un pouvoir dont le juge du for n'est pas investi dans son propre système. D'autre part, à supposer même que l'exception d'inconstitutionnalité (ou d'illicéité internationale) soit recevable dans son propre droit interne, le juge du for peut-il exercer un contrôle de la constitutionnalité de la loi étrangère ?

— L'exercice de pouvoirs inédits. — Lorsque la *lex causae* confie au juge, en matière contentieuse, un pouvoir modérateur dont sa propre loi ne l'investit pas, ou prévoit, en dehors de tout contentieux, l'intervention d'une autorité dans un cas non envisagé par l'ordre juridique du for, faut-il reconnaître à la règle de conflit une fonction en quelque sorte médiatrice de pouvoirs nouveaux ? La réponse semble devoir être positive *a priori*, mais requiert d'interpréter les exigences de la souveraineté du for en matière de procédure. D'une part, en effet, en matière juridictionnelle, on admet aujourd'hui que le pouvoir du juge appelé à trancher un litige régi par une loi étrangère comprend celui de mettre en œuvre la loi applicable alors même que son contenu diffère de celui du for. D'autre part, l'évolution contemporaine du conflit d'autorités tend à faire admettre que la compétence liée de l'organe public du for ne l'empêche pas de mettre ses pouvoirs au service de la réalisation d'une loi étrangère. Par ailleurs, il est accepté aussi désormais que les cas d'intervention des autorités publiques peuvent résulter de la *lex causae*, lorsque celle-ci, applicable à la validité ou à l'opposabilité d'un acte juridique exige que ce dernier soit dressé par un organe public (v. *infra*, n° 586). Tout au plus des adaptations s'imposent-elles le cas échéant, lorsque l'organe désigné par la *lex causae* n'a aucun équivalent organique dans l'ordre juridique du for (ex. : autorisation de la Couronne) ; un équivalent fonctionnel suffira (P. Callé, *op. cit.*, n°s 180 et s.). Toutefois, dans les deux cas, la limite imposée par la souveraineté du for semble tenir à la nature des pouvoirs conférés à l'organe, administratif ou judiciaire, par la loi étrangère. Ceux-ci ne peuvent se réaliser s'ils sont incompatibles avec l'organisation institutionnelle du for : le juge français peut sans doute difficilement devenir le tuteur direct de l'incapable (même si des adaptations peuvent encore être trouvées : Y. Lequette, *Protection familiale et protection étatique des incapables*, Dalloz, 1976, n°s 230 et s.) ; en revanche, rien ne semble empêcher qu'il exerce un pouvoir équitable si la loi étrangère le lui confie.

Le même phénomène d'adaptation est prévu par le droit dérivé européen dans le cas où le juge du for est investi d'un pouvoir inédit par la loi du contrat ou du délit, en matière de sanction de la violation d'une obligation régie par une loi étrangère (v. Règlement Rome I, art.12 -1 c) : « dans les limites des pouvoirs attribués à la juridiction saisie par son droit procédural, les conséquences de l'inexécution totale ou partielle de ces obligations, y compris l'évaluation du dommage dans la mesure où des règles de droit la gouvernent » ; comp. pareillement Règlement Rome II, art. 15-d) ou encore par un jugement étranger exécutoire dans le pays du for (Règlement Bruxelles I révisé, art. 54 : 1. « Si une décision comporte une mesure ou une injonction qui est inconnue dans le droit de l'État-membre requis, cette mesure ou injonction est adaptée autant que possible à une mesure ou une injonction connue dans le droit dudit État-membre ayant des effets équivalents et poursuivant des objectifs et des intérêts similaires »).

— Le contrôle de la constitutionnalité de la loi étrangère. — L'internationaliste allemand Neumayer soutenait, au regard d'une conception normativiste du droit applicable, que le juge du for devait vérifier en toute hypothèse la « légalité objective » étrangère, sans référence à la position que prendraient les organes judiciaires de celui-ci (v. déclarant des actes du gouvernement basque comme étant *ultra vires*, c'est-à-dire invalides au regard de principes constitutionnels anglais, *KB*, mai-juin 1937, rapporté au *JDI*, 1938.

602, note Elkin). En ce qu'elle fait abstraction de l'organisation institutionnelle étrangère, qui pourrait laisser la loi inconstitutionnelle en vigueur, pareille conception est largement rejetée aujourd'hui (v. W. Goldschmidt, « Système et philosophie du droit international privé », *Rev. crit. DIP*, 1956, p. 228 et s., opposant à l'approche normativiste une vision « ontologique » du droit désigné, qui conduit à rechercher « l'usage juridique étranger, cimenté sur une conception réaliste et vitaliste du droit »). Le débat se reporte alors vers la question de savoir si le juge du for doit/peut exercer le contrôle que confère l'ordre juridique étranger à un organe homologue. Les auteurs anglais répondent par l'affirmative, y voyant une obligation imposée au juge du for au nom de la *foreign court theory* : « le juge saisi doit appliquer [la loi désignée] dans toutes ses dispositions, et doit statuer comme s'il siégeait dans le pays dont la loi est applicable. Si celle-ci permet au juge d'apprécier la validité des actes de l'État étranger, il n'y a aucune raison d'interdire au juge anglais de se prévaloir de cette permission » (Mann, « The sacrosanctity of the foreign act of state », *LQR*, 1943. 157, p. 157 ; Wolff, *Private International Law*, 2e éd., p. 214 ; Lipstein, « General principles of private international law », *RCADI*, 1972, t. 135, p. 189). La jurisprudence anglaise elle-même est toutefois ambiguë (v. H. Muir Watt, *La fonction de la règle de conflit de lois*, thèse, Paris 2, 1985, n° 269). Une opinion analogue semble avoir cours en Italie, en vertu du « *rinvio ricettizio* », proche de la *foreign court theory* (v. Trib. Rome, 13 sept. 1954, obs. de Nova, *Rev. crit. DIP*, 1958, p. 519). La doctrine française s'est également prononcée en faveur de l'exercice du contrôle de constitutionnalité lorsque celui-ci appartient au juge judiciaire étranger, mais la justification était à nouveau d'ordre normativiste : lorsque, dans le système étranger, il existe deux normes contradictoires, il s'agit simplement de déterminer, par référence à la hiérarchie des sources qui y a cours, laquelle représente la réalité positive étrangère (Niboyet, *Traité*, t. III, n° 980 ; Maury, « Règles générales des conflits de lois », *RCADI*, 1936, t. 57, p. 395). Seulement, à la différence de l'enseignement de Neumayer, ce contrôle ne doit s'exercer que si les organes judiciaires étrangers en sont effectivement investis : on voit donc que c'est bien moins la validité en soi de la norme étrangère applicable qui intéresse la règle de conflit du for que son effectivité. Du point de vue des juridictions étrangères appliquant le droit français, l'introduction en France de la « question prioritaire de constitutionnalité » depuis le 1er mars 2010 est de nature à soulever des interrogations sur ce dernier point. Mais la spécificité de la procédure, qui exige l'intervention du Conseil constitutionnel sur saisine de la Cour de cassation ou du Conseil d'État (loi organique art. 61-1) et n'investit donc pas le juge judiciaire du pouvoir autonome d'écarter la loi inconstitutionnelle dans un litige déterminé (à la différence de l'exception d'inconstitutionnalité à l'américaine, par exemple), semble exclure que l'appréciation de constitutionnalité puisse être portée par un juge étranger.

La question du pouvoir du juge du for en matière de contrôle de la licéité internationale de la loi interne étrangère (c'est-à-dire de sa conformité à un traité international) est d'ordre différent. Traditionnellement, du point de vue du droit international public, pareil contrôle est toujours une obligation pour le juge interne ayant son fondement dans l'ordre international (F.A.Mann, « International delinquencies before municipal courts », *LQR*, 1954. 217), tandis que les auteurs privatistes tendent plutôt à y voir un aspect du contrôle de la constitutionnalité du droit étranger, à régler en fonction de la hiérarchie des sources au sein de l'ordre juridique désigné (v. Niboyet, *Traité*, t. III, n° 981). Pour les premiers, la licéité internationale serait une condition de l'applicabilité de la norme étrangère, alors que pour les seconds, le problème est celui du sens de la référence par la règle de conflit à la loi étrangère, et se règle en termes d'effectivité du droit applicable. Aujourd'hui, la position publiciste semble l'emporter en droit positif, du moins lorsque est en cause la violation d'un droit fondamental consacré par la Convention européenne des droits de l'homme. En effet, celle-ci jouit aujourd'hui d'une autorité indirecte, en ce sens que non seulement les lois internes et les jugements rendus sur leur fondement par les organes d'un État-contractant doivent être conformes à ses dispositions, mais aussi que les mêmes organes violent indirectement ces derniers en donnant effet à une loi étrangère non conforme – peu important que ce soit ou non la loi d'un autre État-contractant (v. Cass. civ. 1re, 31 janv. 1990, *Pistre, Rev. crit. DIP*, 1990. 519, note E. Poisson-Drocourt ; *JCP*, 1991. II. 21635, note H. Muir Watt ; *D.*, 1991. 105, note F. Boulanger ; *Gaz. Pal.*, 1990. 2. 481, note B. Sturlèse ; *Defrénois*, 1990. 961, obs. J. Massip ; *GA*, n° 67-69 ; 1er juin 1994, *Rev. crit. DIP*, 1995. 103, note J. Deprez ; *Defrénois*, 1995. 310, obs. J. Massip ; sur la notion d'effet indirect de la Convention et la portée de la jurisprudence *Pelligrini* de la Cour de Strasbourg, *supra*, n° 285).

Le problème du contrôle de la conformité de la loi des autres États-membres au droit de l'Union européenne se pose dans des termes encore différents. Supposons que, devant le juge français, la loi désignée pour régir un contentieux de responsabilité du fait des produits soit la loi de transposition d'un autre État-membre et que celle-ci lui paraisse non conforme à la directive de 1985. Le juge national étant juge européen de droit commun, faut-il admettre qu'il puisse écarter la loi étrangère contraire au titre d'une exception de non-conformité européenne (sur cette problématique, v. not. J. Basedow, « Recherches sur la formation de l'ordre public européen dans la jurisprudence », in *Mélanges en l'honneur de P. Lagarde*, Dalloz, 2005, p. 55 ; S. Poillot-Peruzzetto, « Ordre public et loi de police dans l'ordre communautaire », *Trav. Com. fr. DIP*, 2002-2004, p. 65) ? Rappr., dans le contexte comparable de la directive du 18 décembre 1986 relative aux agents commerciaux indépendants et pour un raisonnement mené en termes de lois de police : CJUE, 17 oct. 2013, aff. C-184/12, *JCP* 2013, 1287, note C. Nourissat ; *D.* 2013. 60, note L. d'Avout ; *RDC*, 2013. 80, obs. P. Deumier.

SECTION 2
L'éviction de la loi étrangère

La loi étrangère désignée par la règle de conflit du for peut contenir des dispositions qui heurtent des valeurs fondamentales de l'ordre juridique du juge saisi, au point que celui-ci se refusera à les appliquer ; il écartera alors la loi étrangère parce qu'elle est contraire à l'ordre public, au sens du droit international privé[1]. C'est ainsi par exemple qu'un

1. Contraire à l'ordre public international, dit-on également par contraction.

étranger ne sera pas admis à se marier en France sous la forme polygamique, alors même que sa loi nationale, compétente en vertu de la règle de conflit française, l'y autoriserait. Ce mécanisme résulte de ce que l'on désigne sous les termes d'exception d'ordre public.

Trois étapes marquent sa mise en œuvre : en premier lieu, le juge examinera le contenu de la loi étrangère normalement applicable, les données factuelles de la situation litigieuse ainsi que les conséquences qui résulteraient concrètement de l'application de la loi désignée à l'espèce dont il est saisi. Il confrontera ensuite le résultat ainsi obtenu aux exigence de son ordre public international. Il décidera enfin s'il laisse ou non s'appliquer la loi étrangère. Ces trois phases, d'examen (§ I), de confrontation (§ II), de décision (§ III), seront étudiées successivement.

I | Phase d'examen

Pour déclencher l'exception d'ordre public, le juge doit tout d'abord procéder à divers examens, dont le résultat conditionnera la mise en œuvre du mécanisme. Dans cette perspective, il sera conduit à examiner la loi étrangère (A), aussi bien que la situation litigieuse (B).

A / L'EXAMEN DE LA LOI ÉTRANGÈRE

Au cours de cette première phase, c'est à un examen préalable et approfondi de la loi étrangère que doit se livrer le juge.

1 / Un examen préalable

456. L'exception d'ordre public ne fonctionne *qu'après* désignation de la loi compétente. Cette affirmation paraît aujourd'hui s'imposer tout naturellement : l'exception d'ordre public étant une cause *d'éviction* de la loi étrangère, on comprend aisément que le juge doive préalablement examiner la loi étrangère. L'idée contraire selon laquelle la notion d'ordre public aurait constitué une catégorie autonome de rattachement permettant de justifier l'application de la *lex fori* avant même la désignation d'une loi étrangère n'est plus guère soutenue dans la période contemporaine ; certaines décisions récentes ont cependant paru s'en inspirer à nouveau, spécialement sous la forte pression des droits fondamentaux [1]. Pour l'heure, la jurisprudence se fonde majoritairement sur le caractère subsidiaire de l'exception d'ordre public. C'est ainsi que la Cour de cassation évoque très fréquemment dans ses motifs, au titre de l'exception d'ordre public « la substitution de la loi française à la loi *normalement* compétente ». Cette formule présuppose donc enclenché le jeu normal de la règle de conflit, conduisant le cas échéant à la désignation d'une loi étrangère dont il faudra alors examiner le contenu.

2 / Un examen approfondi

457. Il peut certes arriver qu'une loi étrangère en elle-même, dans sa seule abstraction, heurte les conceptions en vigueur dans l'ordre juridique au sein duquel elle aurait dû recevoir application. Tel serait le cas par exemple, au regard de l'ordre juridique français, de lois qui consacreraient la discrimination raciale ou l'esclavage [2].

Au-delà, c'est surtout le résultat de l'application concrète de la loi étrangère à un litige déterminé qui doit être pris en considération. C'est ainsi que les tribunaux français peuvent appliquer des lois étrangères contraires à certaines conceptions de l'ordre juridique français, s'ils constatent que dans l'espèce considérée, l'application de cette loi étrangère aboutira à un résultat pratiquement équivalent à celui qui serait résulté de l'application de la loi française. Tel serait par exemple le cas d'une loi étrangère admettant la polygamie, alors que les époux entendent se marier sous la forme monogamique : *in abstracto*, cette loi est sans doute contraire à l'ordre public, mais elle ne l'est pas dans son application concrète aux données du litige [3].

1. V. ainsi, par ex. Paris, 14 juin 1994, *Rev. crit. DIP*, 1995. 308, note Y. Lequette ; Cass. civ. 1re, 24 févr. 1998, *Rev. crit. DIP*, 1998. 637, note G. A. L. Droz ; *JDI*, 1998. 730, note E. Kerckhove ; *JCP*, 1998. II. 10175, note Th. Vignal ; Cass. soc., 10 mai 2006, *JCP*, 2006. II. 10121, note S. Bollée ; *RDC*, 2006. 1260, obs. P. Deumier ; *D.*, 2006. 1400, obs. P. Guiomard ; *Rev. crit. DIP*, 2006. 856, note P. Hammje et E. Pataut ; *JDI*, 2007. 531, note J.-M. Jacquet ; *D.*, 2007, Pan., 1752, obs. P. Courbe. Et, plus généralement, v. P. Hammje, « L'ordre public de rattachement », *Trav. Com. fr. DIP*, 2006-2008, p. 153 et s. Sur la mutation méthodologique que tendent à induire les droits fondamentaux, v. *infra*, n° 575.

2. Pour des ex., heureusement anciens : Trib. civ. Pontoise, 6 août 1844, *JDI*, 1885. 296 ; Paris, 9 janv. 1939, *Gaz. Pal.*, 1939. I. 556.

3. Le célèbre rejet par une jurisprudence anglaise traditionnelle du mariage « potentiellement polygamique » résulte du refus d'apprécier les exigences de l'ordre public *in concreto*, sans doute parce qu'il est impossible de savoir si une union initialement monogamique sera ou non transformée ultérieurement en situation polygamique. Cependant, certains droits consacrant la polygamie admettent la possibilité pour leurs ressortissants d'adhérer au moment de la célébration du premier mariage à un statut monogamique. Lorsqu'une telle option a été exercée, l'union est alors tenue pour monogamique (depuis *Huissain v. Hussain* [1983], Fam. 26 (CA)).

458. La réciproque est d'ailleurs concevable, bien que de manière beaucoup plus exceptionnelle : une loi étrangère qui ne serait pas abstraitement contraire à l'ordre public, pourrait ainsi se révéler comme telle dans certaines circonstances, comme l'illustre le célèbre arrêt *Patiño* [1]. Dans cette affaire, la loi nationale commune d'époux boliviens ignorait la séparation de corps et subordonnait le divorce à son admission par la loi du lieu de célébration du mariage (Espagne) ; en tant que telle, la loi bolivienne n'était donc pas contraire à l'ordre public car elle prévoyait une possibilité de rupture de l'union (divorce). Quant à la loi espagnole, il en allait de même, dès lors qu'elle prohibait le divorce, mais admettait la séparation de corps. Mais en conséquence de la combinaison de ces deux lois, les époux ne pouvaient ni divorcer (le divorce n'était admis que si la loi du lieu de célébration l'admettait, or, l'Espagne l'interdisait), ni demander la séparation de corps (la loi nationale commune des époux l'interdisait). C'est en de telles circonstances que les tribunaux français firent jouer l'exception d'ordre public pour prononcer la séparation de corps, par substitution de la loi française aux droits étrangers normalement compétents. Cette hypothèse se rapproche cependant singulièrement de la mise en œuvre de l'adaptation [2].

B / L'EXAMEN DE LA SITUATION LITIGIEUSE

Dans cette phase, l'examen de la configuration de la situation litigieuse s'impose tout d'abord, conduisant à distinguer selon qu'il s'agit de donner effet à une situation créée à l'étranger ou de créer une situation en France. Sous un autre aspect, cet examen est cependant plus controversé, s'agissant du lien que devrait éventuellement entretenir la relation avec le for pour nuancer le jeu de l'exception.

1 / L'examen de la configuration de la situation litigieuse

459. Cet examen se justifie dès lors qu'il est traditionnellement admis que les exigences de l'ordre public sont moindres lorsqu'il s'agit de donner effet en France à une situation créée à l'étranger que lorsqu'il s'agit de créer la même situation en France. On évoque traditionnellement à ce sujet l'effet atténué de l'ordre public – par opposition à son

1. Cass. civ., 15 mai 1963, *Rev. crit. DIP*, 1964. 532, note P. Lagarde ; *JDI*, 1963. 1016, note Ph. Malaurie ; *JCP*, 1963. II. 13365, note H. Motulsky ; *GA*, n° 38.

2. V. *infra*, n°s 474 et s.

effet plein, devant jouer au stade de la création des droits –, alors même qu'il est ici moins question d'un effet de l'ordre public que de l'examen des conditions dans lesquelles l'exception peut être déclenchée : cette dernière le sera moins facilement s'il s'agit de donner effet à une situation créée à l'étranger que s'il s'agit de la créer en France. Le domaine d'intervention privilégié de l'effet atténué de l'ordre public sera en conséquence situé sur le terrain des conflits de juridictions, lors du contrôle de décisions prononcées à l'étranger [1] ; il peut cependant se développer également en matière de conflits de lois dans le cas où une situation se serait créée sans l'intervention décisionnelle d'une autorité (mariage, répudiation).

460. L'intensité variable de l'ordre public se laissa découvrir dans l'affaire *Bulkley*, lorsque les tribunaux français admirent qu'une Anglaise régulièrement divorcée en Angleterre pouvait se remarier en France, alors même que la loi française du 8 mai 1816 prohibait à l'époque le divorce [2]. Si elle avait voulu divorcer en France, en application de la loi anglaise désignée par la règle de conflit française, l'ordre public s'y serait pourtant opposé ; mais ayant déjà divorcé et voulant seulement se remarier en France, il fut estimé que l'effet de la situation – divorce – créée à l'étranger était davantage tolérable.

La solution trouva sa formulation de principe dans le célèbre arrêt Rivière : « La réaction à l'encontre d'une disposition contraire à l'ordre public n'est pas la même suivant qu'elle met obstacle à l'acquisition d'un droit en France ou suivant qu'il s'agit de laisser se produire en France les effets d'un droit acquis sans fraude à l'étranger et en conformité de la loi ayant compétence en vertu du droit international privé français [3]. »

461. En toute hypothèse, l'effet atténué de l'ordre public ne joue que sous réserve d'un certain nombre de nuances. Ainsi, ce n'est pas parce que la situation est née à l'étranger qu'elle devra inéluctablement produire ses effets en France ; même en ce cas, le caractère par trop choquant de la situation litigieuse pourra parfois conduire à mettre en œuvre l'exception d'ordre public [4]. En outre, tous les effets d'un droit acquis à l'étranger ne seront pas nécessairement admis en France. Un

1. V. *supra*, n° 268.
2. Cass. civ., 28 févr. 1860, *S.*, 1860. 1. 210 ; *DP*, 1860. 1. 57 ; *GA*, n° 4.
3. Cass. civ., 17 avr. 1953, *Rev. crit. DIP*, 1953. 412, note Batiffol ; *JDI*, 1953. 860, note Plaisant ; *JCP*, 1953. II. 7863, note Buchet ; *RabelsZ.*, 1955. 520, note Francescakis ; *GA*, n° 26.
4. V. ainsi, à propos d'une répudiation prononcée à l'étranger : Cass. civ. 1re, 17 févr. 2004, *Rev. crit. DIP*, 2004. 423, 1re esp., note P. Hammje ; *JDI*, 2004. 1200, 1re esp., note L. Gannagé ; *D.*, 2004. 824, 1re esp., concl. Cavarroc et chron. P. Courbe, p. 815 ; *JCP*, 2004. II. 10128, 1re esp., note H. Fulchiron ; *Defrénois*, 2004. 812, obs. J. Massip ; *GA*, n° 64.

tri est parfois estimé nécessaire, entre ce qui heurte plus ou moins les conceptions du for. Ainsi, en matière de mariage polygamique, l'ordre public ne s'opposera pas à ce que certains des effets d'un tel mariage prononcé à l'étranger soient demandés en France [1]. Certains effets, mais non pas tous : ordre public atténué ne signifie pas absence totale de réaction, de sorte que l'ordre juridique français pourra refuser de laisser se produire certains effets de la situation née à l'étranger [2].

2 / L'examen du lien entre la relation litigieuse et le for

462. Cet aspect de l'exception d'ordre public est beaucoup plus discuté. L'idée est la suivante : certaines situations, éloignées du for, pourraient être régies par des lois étrangères choquant les conceptions du for, sans que celui-ci en soit perturbé, en raison précisément de cet éloignement. En revanche, l'application de la même loi étrangère devrait être refusée, au nom de l'ordre public, lorsque la situation litigieuse présenterait un lien tangible avec le for. Ainsi, qu'un enfant étranger se voit privé du droit de revendiquer sa filiation en application de la loi nationale de la mère (étrangère) pourrait ne pas heurter l'ordre public [3] ; mais qu'un enfant français se voit privé du droit de revendiquer sa filiation en application de la loi nationale de la mère, étrangère au moment de sa naissance, heurterait au contraire l'ordre public [4].

C'est de la doctrine allemande que provient l'analyse de cette condition de déclenchement de l'exception d'ordre public. Vers la fin du XIXe siècle, il avait ainsi été estimé que l'éviction de la loi étrangère au profit de celle du for ne devait se produire que sous la condition préalable de l'existence d'un lien suffisant entre la situation soumise au juge et le for. Ce lien s'exprime à travers la notion *d'Inlandsbeziehung* (lien avec le territoire) ; transposée dans le droit international privé français contemporain en termes d'ordre public de proximité (pour faire intervenir l'ordre public au cas où la situation entretient un lien avec le for) ou d'ordre public d'éloignement (pour ne pas faire intervenir l'ordre

1. V. ainsi, pour une demande d'aliments : Cass. civ., 28 janv. 1958, *Chemouni*, *Rev. crit. DIP*, 1958. 110, note Jambu-Merlin ; *D.*, 1958. 265, note Lenoan ; *JCP*, 1958. II. 10488, note Louis-Lucas ; *JDI*, 1958. 776, note Ponsard ; *GA*, n° 30.

2. V. ainsi, à l'encontre d'une législation étrangère permettant au mari polygame d'imposer à sa première femme non consentante la venue d'une seconde épouse au domicile conjugal sur le territoire français : TGI Versailles, 31 mars 1965, *JDI*, 1966. 97, note Ponsard.

3. Cass. civ. 1re, 10 mai 2006, *D.*, 2006. 2890, note G. Kessler, G. Salamé ; *JCP*, 2006.II.1165, note T. Azzi ; *Dr. fam.*, 2006, note M. Farge.

4. Cass. civ. 1re, 10 février 1993, *Rev. crit. DIP*, 1993. 620, note J. Foyer ; *JDI*, 1994. 124, note I. Barrière-Brousse.

public à une situation éloignée du for), la notion demeure l'objet d'appréciations variables. À l'objection selon laquelle une loi ou institution aux effets choquants ne l'est pas moins du seul fait que la situation litigieuse n'a pas de lien significatif avec le for, il est répondu que la condition de proximité serait le reflet légitime du respect de l'altérité. À ceux qui y voient un détournement de la fonction de l'exception d'ordre public, qui serait essentiellement utilisée en de telles circonstances pour corriger le jeu de règles de conflit estimées particulièrement inadaptées, l'on réplique parfois qu'il y aurait là plutôt la marque inexorable de droits fondamentaux, dont le champ dans l'espace se dessinerait par ce biais [1].

463. Indépendamment de ces controverses, la jurisprudence française n'a jamais posé à titre de principe que l'éviction de la loi étrangère par l'exception d'ordre public était nécessairement subordonnée au constat par les juges de l'existence d'un lien entre la situation qui lui était soumise et le for lui-même. Certaines décisions se sont néanmoins engagées dans cette voie, en relevant, au cas par cas, l'existence (ou l'absence) de connexions avec l'État du for. Ainsi, à propos de la création de droits en France, tout d'abord, il a été décidé que la loi espagnole prohibant le divorce « est contraire à la conception française de l'ordre public international qui impose la faculté, *pour un Français domicilié en France,* de demander le divorce [2] ». De manière comparable, mais en matière de filiation cette fois, la Cour de cassation a jugé que si les lois (ici, la loi tunisienne de la mère) ignorant la recherche de paternité naturelle ne sont pas en principe contraires à l'ordre public international, il en était cependant autrement « lorsque ces lois ont pour effet de priver *un enfant français ou résidant habituellement en France* du droit d'établir sa filiation [3] ». À propos de l'effet en France de droits acquis à l'étranger, ensuite, c'est encore ce lien avec le territoire qui a été récemment invoqué pour refuser d'accueillir des répudiations intervenues à l'étranger entre des époux, certes non français, mais dont il fut expressément relevé

1. À supposer toutefois que les droits fondamentaux puissent être ainsi exposés à un tel relativisme, ce qui est tout de même loin d'être avéré. V. ainsi L. Gannagé, « L'ordre public international à l'épreuve du relativisme des valeurs », *Trav. Com. fr. DIP*, 2006-2008, p. 205 et s.

2. Cass. civ. 1re, 1er avr. 1981, *JDI*, 1981. 812, note D. Alexandre ; *D.*, 1982.IR.69, obs. B. Audit.

3. Cass. civ. 1re, 10 févr. 1993, *Parretti*, *Rev. crit. DIP*, 1993. 620, note J. Foyer ; *D.*, 1993. 66, note J. Massip ; *JDI*, 1994. 124, note I. Barrière-Brousse. Comp. Paris, 13 janv. 2000, *D.*, 2000. 889, note Aubert ; *JCP*, 2001. I. 293, obs. Rubellin-Devichi. Illustrant en revanche l'ordre public d'éloignement – l'aspect négatif de la proximité – refusant de faire jouer l'ordre public en l'absence de liens significatifs avec la France, v. Cass. civ. 1re, 10 mai 2006, *D.*, 2006. 2890, note Kessler et G. Salamé ; *JCP*, 2006. II. 10164, note T. Azzi.

qu'ils « étaient domiciliés sur le territoire français [1] » ; à ce sujet, l'exigence d'un tel lien a d'ailleurs été récemment réaffirmé par la Cour de cassation [2], alors que son abandon avait parfois été décelé en d'autres circonstances [3].

II | Phase de confrontation

Au cours de cette deuxième phase, le juge va confronter la loi étrangère ainsi que les circonstances concrètes de son application à la situation litigieuse avec les exigences de son ordre public international. Il s'agit donc de déterminer, pour le juge du for, le seuil de tolérance : ce qui est admissible et ce qui ne l'est pas. Dans cette perspective, c'est naturellement l'ordre juridique du for qui va déterminer les valeurs constitutives de l'ordre public international (A). Ce contenu est cependant variable, pouvant changer entre la naissance d'une situation et le litige qu'elle occasionne par la suite ; la difficulté qui en résulte sera alors tranchée par application du principe de l'actualité de l'ordre public (B).

A / LE CONTENU DE L'ORDRE PUBLIC INTERNATIONAL

Dire que le contenu de l'ordre public international doit être recherché au sein de l'ordre juridique du for ne suffit pas pour en cerner précisément les contours. Pour ce faire, une double démarche doit en effet être entreprise, pour examiner d'abord ce que n'est pas l'ordre public international, et étudier ensuite ce que recouvre la notion.

1 / Ce que n'est pas l'ordre public international

464. Il paraît tout d'abord assez évident que l'on n'évincera pas une loi étrangère au seul motif qu'elle différerait de la *lex fori* ; encore

1. Cass. civ. 1re, 17 févr. 2004, préc. V. plus récemment, écartant un jugement marocain au nom du droit aux aliments d'un enfant de nationalité et résidence françaises, Cass. civ. 1re, 14 oct. 2009, *Rev. crit. DIP*, 2010. 361 note N. Joubert.

2. Cass. civ. 1re, 23 octobre 2013 (2 arrêts), n° 12-21344 ; n° 12-25802.

3. V. ainsi l'interprétation parfois proposée de : Cass. civ. 1re, 26 octobre 2011, *JDI* 2012. 176, note J. Guillaumé. L'interprétation demeure cependant assez incertaine dans la mesure où, alors même que la Cour de cassation ne mentionne pas dans sa décision *l'Inlandsbeziehung* pour déclencher l'exception d'ordre public, l'arrêt d'appel avait quant à lui relevé en l'espèce que l'enfant était né et avait été élevé en France… en sorte que la précision ne s'imposait sans doute plus, dans l'exacte mesure des limites tracées par le pourvoi (rappr. en ce sens, F. Monéger, *Rev. crit. DIP*, 2014, spéc. p. 254).

faudra-t-il en effet qu'elle apparaisse radicalement incompatible avec des conceptions fondamentales du for. À défaut, c'est le principe même de l'application de la loi étrangère – et sans doute, au-delà, de la méthode conflictuelle – qui serait remis en cause.

Ensuite, ce n'est pas parce qu'une disposition en vigueur dans l'ordre juridique du for est d'ordre public au sens du droit interne que dans son domaine, toute loi étrangère devra être évincée. C'est ainsi par exemple que les dispositions relatives à l'état et à la capacité des personnes sont presque toujours d'ordre public interne, au sens où les individus ne peuvent y déroger par convention, alors qu'en droit international privé, le rattachement du statut personnel à la loi nationale aura souvent pour conséquence l'application d'une loi étrangère.

Le caractère d'ordre public interne d'une loi ne s'oppose donc pas – en tant que tel – à l'application d'une loi étrangère. En revanche, on voit mal comment, dans un domaine où les lois du for ne sont pas d'ordre public interne, la loi étrangère pourrait être écartée au nom de l'ordre public international : si, dans l'ordre interne, les parties peuvent déroger à cette loi, pourquoi une loi étrangère qui lui serait contraire devrait-elle être écartée au nom de l'ordre public international ?

2 / Ce que recouvre l'ordre public international

465. À défaut d'une définition générale de l'ordre public international, c'est aux tribunaux qu'il appartient d'en rechercher le contenu au cas par cas ; c'est d'ailleurs là une caractéristique largement partagée avec l'ordre public interne. Du moins peut-on tenter d'en dessiner les lignes directrices, par examen de la jurisprudence et des systématisations doctrinales élaborées pour en cerner les contours. Dans cette perspective, l'ordre public international englobe tout d'abord des principes fondamentaux, « expression de la morale et de la justice objective [1] », assez universellement partagés et conduisant par exemple au rejet d'une loi étrangère qui priverait un individu de ses droits pour raison raciale. C'est de ce premier cercle que peut être rapproché le célèbre arrêt *Lautour*, évoquant des « principes de justice universelle considérés dans l'opinion française comme doués de valeur internationale absolue [2] ». Ces principes fondamentaux trouvent aujourd'hui leur expression au

1. P. Lerebours-Pigeonnière, *Précis de droit international privé*, Dalloz, 6e éd. 1954, spéc. n° 270, p. 293.
2. Cass. civ., 25 mai 1948, *Rev. crit. DIP*, 1949. 89, note H. Batiffol ; *D.*, 1948. 357, note P. L.-P. ; *S.*, 1949. 1. 21, note J.-P. Niboyet ; *JCP*, 1948. II. 4532, note M. Vasseur ; *GA*, n° 19.

sein de la catégorie des droits fondamentaux – tels que déclinés notamment par la Convention européenne des droits de l'homme ou par la Charte de l'Union européenne dans la mise en œuvre du droit dérivé – dont l'influence croissante est désormais d'une singulière actualité, en droit international privé comme ailleurs. À ce dernier égard, il semble bien que, du moins dans les rapports intra-européens, les États-membres n'ont plus l'entière maîtrise du contenu de leur ordre public, alors même que cette institution était longtemps considérée comme le lieu d'expression d'une culture – d'un exceptionnalisme ? – spécifiquement nationale. D'une part, en effet, une série de décisions de la Cour de justice a imposé, positivement, des contours impératifs à l'ordre public des États-membres, tenus désormais de protéger certaines valeurs en s'opposant à des lois étrangères non conformes. D'autre part, la mise en œuvre de l'ordre public national s'accompagne en toute hypothèse de l'exigence de proportionnalité, dès lors que sa prise en compte serait elle-même de nature à porter atteinte à une valeur concurrente [1].

466. En outre, l'ordre public international recouvre également les fondements politiques ou sociaux de la civilisation française – qui conduiraient à refuser par exemple l'application d'une loi étrangère admettant la polygamie ; ou même simplement une certaine politique législative [2] exprimée par la loi française, qui pouvait naguère conduire à refuser l'application de lois étrangères admettant le divorce par consentement mutuel avant la réforme de la matière en 1975. Que l'on ne s'y trompe pas cependant : plus ou moins directement exprimées, ce sont toujours des valeurs estimées essentielles par l'ordre juridique du for, y compris au regard de ses engagements internationaux, qu'il s'agit de protéger : valeurs partagées ou non par d'autres États, fondatrices de la société du for ou justifiant à tout le moins certains choix législatifs [3],

1. Les exemples de pareille évolution de l'ordre public sont plus nombreux en matière de reconnaissance des jugements, où la Cour exerce depuis plus longtemps un pouvoir d'interprétation du droit dérivé. Cependant, le phénomène est identique. Un arrêt *Trade Agency* de 2012 (aff. C-619/10, déjà étudié *supra*, n° 774-1) permet d'illustrer les deux propositions énoncées au texte. D'une part, la Cour tout en se défendant de définir l'ordre public des États-membres exerce néanmoins un contrôle des limites de celui-ci (pt. 49) ; d'autre part, elle rappelle que les droits fondamentaux ne sont pas des prérogatives absolues mais induisent une vérification de la proportionnalité des atteintes qui leur sont portées (pt. 55). Ce dernier point explique une souplesse dans la méthodologie des droits fondamentaux qui les rapproche en réalité de l'appréciation de la conformité d'une norme étrangère à l'ordre public plus traditionnel.

2. H. Batiffol, P. Lagarde, *Droit international privé*, LGDJ, t. I, 7e éd. 1981, spéc. n° 359, p. 416. Comp. 8e éd., n° 363.

3. Les législations sur le divorce, le mariage, la filiation par ex., ne sont que le reflet de certaines valeurs voulues par la société française à un moment donné et reflétant une certaine conception de la famille.

de nature substantielle ou procédurale. À ce titre, l'ordre public trace le seuil de tolérance de l'ordre juridique du for à l'égard des institutions qui lui sont substantiellement étrangères [1].

466-1. Sous cet aspect, la référence à des « principes essentiels du droit français » dans la jurisprudence récente [2], pourrait bien – en raison même du flou entourant cette expression – constituer une formule de synthèse des deux approches précédemment évoquées [3].

B / L'ACTUALITÉ DE L'ORDRE PUBLIC INTERNATIONAL

467. Ce qui choquait hier ne choque plus nécessairement aujourd'hui... Ainsi, une loi étrangère pourrait parfaitement être considérée comme contraire aux exigences de l'ordre public international à une certaine époque, puis ne plus l'être par la suite en raison de l'évolution des conceptions en vigueur dans l'ordre juridique du for. Plus rarement sans doute, l'évolution inverse pourrait d'ailleurs aussi bien s'opérer.

L'ordre public sera alors pris dans sa teneur au moment où le juge statue : c'est le principe de l'actualité de l'ordre public international, qui en montre le contenu variable.

Par le passé, la matière du divorce en témoignait de manière exemplaire. À l'époque où le droit français ignorait le divorce, les lois étrangères l'admettant étaient alors estimées contraires à l'ordre public international. Puis le droit français admit le divorce, mais pour des causes limitées : les lois étrangères l'admettant plus largement, notamment par consentement mutuel furent alors écartées au nom de l'exception d'ordre public. La loi française de 1975 ayant introduit le divorce par consentement mutuel, les lois étrangères admettant ce cas de divorce ne sont désormais plus contraires à l'ordre public. De sorte que ce n'est plus guère que sur le terrain des lois étrangères autorisant la répudiation unilatérale de l'un des époux que l'exception d'ordre public joue désormais en ce domaine [4]. Plus récemment, la matière du mariage a pu attester un phénomène analogue. Le mariage de personnes de même sexe,

1. D. Boden, *L'Ordre public : limite et condition de la tolérance. Recherches sur le pluralisme juridique*, thèse, Paris 1, 2002.

2. V. ainsi : Cass. civ. 1re, 8 juillet 2010, *Rev. crit. DIP* 2010. 747, note P. Hammje ; *JDI* 2011. 119, note S. Bollée. Cass. civ. 1re, 4 nov. 2010, n° 09-15302. Cass. civ. 1re, 6 avril 2011 (2 arrêts), *Rev. crit. DIP* 2011. 722, note P. Hammje.

3. En ce sens, v. spéc. F. Monéger, G. Pluyette, « *Exequatur* et principes essentiels du droit français », in *Mélanges à la mémoire de P. Courbe*, Dalloz, 2012, p. 447 s., et spéc. p. 453 (avec les réf.).

4. V. ainsi, dans la jurisprudence récente, Cass. civ. 1re, 23 octobre 2013 (2 arrêts), n° 12-21344 ; n° 12-25802.

jugé naguère contraire au principe de l'hétérosexualité de l'union conjugale et justifiant le rejet de lois étrangères plus libérales, est désormais intégré dans l'ordre juridique du for. Le contenu de l'ordre public s'en trouve modifié ; il ne peut plus évidemment s'opposer à des lois étrangères au contenu analogue, tandis que la Cour de cassation a même eu l'occasion de rejeter une loi plus restrictive [1]. Enfin, aujourd'hui, les exemples de tensions culturelles affectant des questions de société et susceptibles de déclencher l'exception d'ordre public tiennent aux avancées des biotechnologiques et relèvent ainsi du domaine de la bioéthique [2] : il en va ainsi des divers débats sur la gestation pour autrui. Sur ce point, l'ordre juridique français est moins permissif que d'autres et s'oppose ainsi à présent à l'application, ou aux effets, en France, de statuts plus libéraux [3].

III | La phase de décision

468. Dans ce dernier temps, si le juge estime que la loi étrangère est contraire à son ordre public, l'exception produira ses effets : un effet négatif sur lequel il n'est guère besoin d'insister, la loi étrangère normalement applicable étant tout simplement évincée, totalement ou dans les seules dispositions estimées choquantes si elles sont séparables (effet d'éviction) ; un effet positif, conséquence logique du précédent puisqu'il faut alors trouver un droit apte à le remplacer (effet de substitution).

Ainsi, il y aura substitution de la *lex fori* à la loi étrangère évincée par le jeu de l'exception d'ordre public. La difficulté consiste seulement à déterminer l'étendue de cette substitution : doit elle être limitée à la seule disposition dont le contenu est jugé inadmissible, ou faut-il au contraire procéder à une substitution intégrale de la *lex fori* à la loi étrangère ? Pour répondre à cette question, on estime généralement que la substitution doit être limitée à ce qui est seulement indispensable pour en éviter les conséquences estimées choquantes, comme en témoigne par

1. Cass. civ. 1re, 28 janvier 2015, *LPA*, 27 février 2015, n° 42, p. 6, note V. Legrand ; *JCP*, 2015. 318, note L. Gannagé ; *D.*, 2015. 464, note H. Fulchiron ; *RTD civ.*, 2015. 91, obs. P. Deumier ; *JDI*, 2015. 597, note J. Guillaumé, S. Godechot-Patris ; 613, note Th. Vignal ; 622, note B. Mathieu ; *Rev. crit. DIP*, 2015. 400, notes : D. Boden, S. Bollée, B. Haftel, P. Hammje, P. de Vareilles-Sommières ; *infra*, n° 751.

2. V. pour des aspects de droit international privé, E. Supiot, *Les tests génétiques : contribution à une étude juridique*, PUAM, 2014.

3. Sur la gestation pour autrui, v. *infra*, not., n° 780.

exemple l'arrêt *Fayeulle* [1] : dans un litige survenu en matière de filiation naturelle, la loi allemande fut jugée contraire à l'ordre public international en ce qui concernait l'admissibilité des modes de preuve quant à l'établissement de la filiation naturelle ; la loi française ne fut cependant substituée à la loi allemande que pour cette question, de sorte qu'au regard des effets de la filiation, la loi allemande fut appliquée. L'exception d'ordre public entraîne donc en principe le seul rejet d'une disposition particulière du droit étranger et non celui du droit étranger considéré dans son ensemble.

ÉTAT DES QUESTIONS

B. G. — J. Basedow, « Recherches sur la formation de l'ordre public européen dans la jurisprudence », in *Mélanges en l'honneur de P. Lagarde*, Dalloz, 2005, p. 55 ; D. Boden, *L'ordre public : limite et condition de la tolérance. Recherches sur le pluralisme juridique*, thèse dactyl., Paris 1, 2002 ; A. Bucher, « L'ordre public et le but social des lois en droit international privé », *RCADI*, 1993, t. 239, p. 9 ; A. Chapelle, *Les fonctions de l'ordre public en droit international privé*, thèse, Paris 2, 1979 ; F. Despagnet, « L'ordre public en droit international privé », *JDI*, 1889. 5 ; P. Fedozzi, « Quelques considérations sur l'idée d'ordre public international », *JDI*, 1897. 69 ; M. Forteau, « L'ordre public transnational ou réellement international », *JDI*, 2011. 3 ; J. Foyer, « Remarques sur l'évolution de l'exception d'ordre public international depuis la thèse de Paul Lagarde », in *Mélanges en l'honneur de P. Lagarde*, Dalloz, 2005, p. 285 ; Ph. Francescakis, « Y a-t-il du nouveau en matière d'ordre public ? », *Trav. Com. fr. DIP*, 1966-1969, p. 149 ; P. Gannagé, « Vers un ordre public personnel dans le droit international privé de la famille », in *Mélanges dédiés à L. Boyer*, Presses Univ. sciences soc. Toulouse, 1996, p. 209 ; J. Guillaumé, « Ordre public plein, ordre public atténué, ordre public de proximité : quelle rationalité dans le choix des juges ? », in *Mélanges à la mémoire de P. Courbe*, Dalloz, 2012, p. 295 et s. ; P. Hammje, « L'ordre public de rattachement », *Trav. Com. fr. DIP*, 2006-2008, p. 153 et s. ; M.-N. Jobard-Bachellier, F.-X. Train, *J.-cl. dr. int.*, fasc. 534-1, 534-2 ; N. Joubert, *La notion de liens suffisants avec l'ordre juridique* (*Inlandsbeziehung*) *en droit international privé*, Litec, 2007, préf. P. Lagarde ; P. Kinsch, « La sauvegarde de certaines politiques législatives, cas d'intervention de l'ordre public international ? », in *Mélanges H. Gaudemet-Tallon*, Dalloz, 2008, p. 447 et s. ; P. Lagarde, *Recherches sur l'ordre public en droit international privé*, LGDJ, 1959, préf. H. Batiffol ; « La théorie de l'ordre public international face à la polygamie et à la répudiation », in *Hommage à F. Rigaux*, Bruylant, 1993, p. 263 ; « Public policy », *International Encyclopedia of Comparative Law*, vol. III, Private International Law, chap. 11 ; *Rép. dr. internat.*, V° « Ordre public » ; R. Libchaber, « L'exception d'ordre public en droit international privé », in *L'ordre public à la fin du XXe siècle*, Dalloz, « Thèmes et commentaires », 1996, p. 65 ; P. Louis-Lucas,

1. Cass. civ., 8 nov. 1943, *Rev. crit. DIP*, 1946. 273 ; *D.*, 1944. 65, note R. Savatier ; *JCP*, 1944. II. 2522, note P. L.-P.

« Remarques sur l'ordre public », *Rev. crit. DIP*, 1933. 393 ; A. Marzal, « La cosmologie juridique de la Cour de justice de l'Union européenne illuminée par le droit international privé (de l'utilité nouvelle des notions d'ordre public et de loi de police) », *Archives de philosophie du droit*, 58 (2015), p. 267 ; J. Maury, *L'Éviction de la loi normalement compétente : l'ordre public et la fraude à la loi*, Valladolid, 1952 ; « L'ordre public en droit international privé français et en droit international privé allemand : convergences et divergences », *Rev. crit. DIP*, 1954. 7 ; N. Nord, « Ordre public international et appréciation de la proximité par le juge », in *Mélanges en l'honneur du doyen G. Wiederkehr*, Dalloz, 2009, p. 581 et s. ; S. Poillot-Peruzzetto, « Ordre public et loi de police dans l'ordre communautaire », *Trav. Com. fr. DIP*, 2002-2004, p. 65 ; B. Rémy, *Exception d'ordre public et mécanisme des lois de police en droit international privé*, Dalloz, 2008, préf. P. Mayer ; H. Rolin, « Vers un ordre public réellement international », in *Hommage d'une génération de juristes au Président Basdevant*, Pedone, 1960, p. 441 ; D. Sindres, « Vers la disparition de l'ordre public de proximité ? », *JDI* 2012. 887 ; F. Sudre, « Existe-t-il un ordre public européen ? », in *Quelle Europe pour les droits de l'homme ?*, Bruxelles, Bruylant, 1996, p. 39 ; P. de Vareilles-Sommières, « L'ordre public », *in* T. Azzi, O. Boskovic (dir.), *Quel avenir pour la théorie générale des conflits de lois ?*, *op. cit.*, p. 171 ; « L'exception d'ordre public et la régularité substantielle internationale de la loi étrangère », *RCADI* 2015, t. 371 ; S. Vrellis, « Quelques réflexions sur l'influence des droits fondamentaux en droit international privé », *RIDC*, 2017. 47. *Rapport annuel de la Cour de cassation*, année 2013 (Étude : L'ordre public ; C.R. par J. Guillaumé, *D.*, 2014. 2121).

Sur les droits de l'homme : S. Abou, *Culture et droits de l'homme*, Leçons prononcées au Collège de France, mai 1990, Penin, Presses de l'Université Saint-Joseph, 2002 ; L. d'Avout, « Droits fondamentaux et coordination des ordres juridiques en droit privé », in *Les droits fondamentaux : charnières entre ordres et systèmes juridiques*, dir. E. Dubout, S. Touzé, Pedone, 2010, p. 165 et s. ; D. Cohen, « La Convention européenne des droits de l'homme et le droit international privé français », *Rev. crit. DIP*, 1989. 451 ; P. Courbe, « Le droit international privé et les difficultés d'insertion de la Convention dans le système français », in *Quelle Europe pour les droits de l'homme*, Bruxelles, Bruylant, 1996, p. 249 et s. ; E. Fohrer, *L'incidence de la Convention européenne des droits de l'homme sur l'ordre public international français*, Bruxelles, Bruylant, 1999 ; J. Foyer, « Droits internationaux de l'homme et ordre public international », in *Mélanges R. Goy*, Publ. de l'Université de Rouen, n° 251, 1998, p. 333 et s. ; L. Gannagé, « Le relativisme des droits de l'homme dans l'espace méditerranéen », *RIDC*, 2005. 101 ; « À propos de l'absolutisme des droits fondamentaux », in *Mélanges H. Gaudemet-Tallon*, Dalloz, 2008, p. 265 et s. ; « L'ordre public international à l'épreuve du relativisme des valeurs », *Trav. Com. fr. DIP*, 2006-2008, p. 205 et s. ; « Les méthodes du droit international privé à l'épreuve des conflits de cultures », *RCADI*, 2013, t. 357, p. 223 et s. ; B. Goldman, « La protection internationale des droits de l'homme et l'ordre public international dans le fonctionnement de la règle de conflit de lois », in *René Cassin amicorum discipulorumque liber*, t. 1, 1969, p. 449 et s. ; P. Hammje, *La contribution des principes généraux du droit à la formation du droit international privé*, thèse, Paris 1, 1994 ; « Droits fondamentaux et ordre public », *Rev. crit. DIP*, 1997. 1 ; Y. Lequette, « Le droit international privé et les droits fondamentaux », in *Droit et libertés fondamentaux*, Dalloz, 22e éd. 2016 ; P. Lerebours-Pigeonnière, « La Déclaration universelle des droits de l'homme et le droit international privé français », in *Études offertes à G. Ripert*, 1950, p. 255 et s. ; P. Mayer, « La Convention européenne des droits de l'homme et l'application des normes étrangères », *Rev. crit. DIP*, 1991. 651 ; G. Salamé, *Le devenir de la famille en droit international privé*, PUAM, 2006, préf. H. Muir Watt.

THÉORIE JURIDIQUE

469. Ordre public, pluralisme et unilatéralisme. — En tant qu'exception à l'application d'une norme étrangère, intervenant au terme d'une confrontation des effets de celle-ci aux valeurs protégées par l'ordre juridique du for dont il dessine le seuil de tolérance dans chaque cas, l'ordre public s'oppose conceptuellement à l'impérativité (et à l'illicéité), qui emprunte un raisonnement exclusif et a-prioristique. Il a été démontré (par D. Boden, *L'ordre public : limite et condition de la tolérance*, préc., n°s 400 et s.) que chacune de ces deux démarches s'inscrivait méthodologiquement et épistémologiquement au sein de deux pensées théoriques différentes. Selon cet auteur, en tant qu'elle est avant tout respectueuse de l'altérité, l'exception d'ordre public prend place dans une pensée pluraliste, dont l'expression la plus fidèle en droit international privé serait l'unilatéralisme. Par contraste, espace clos fermé sur lui-même (sur ce point, v. *supra*, n°s 333 et 344), le bilatéralisme userait naturellement de l'exclusivité à titre défensif. Pour cet auteur, le problème de l'ordre public serait né de l'inaptitude des théories savigniennes et manciniennes à rendre compte de la technique de droit positif que l'on appelle aujourd'hui l'exception d'ordre public, ou *Vorbehaltsklausel* (*op. cit.*, n° 505), c'est-à-dire, « de la vaine tentative de formuler une technique typiquement pluraliste-unilatéraliste dans les termes inadéquats du monisme-bilatéralisme » (n° 509).

469-1. Ordre public et lois de police. — Il a été proposé (B. Rémy, *Exception d'ordre public et mécanisme des lois de police en droit international privé*, Dalloz, « Nouvelle bibliothèque des thèses », 2008, préf. P. Mayer) de redessiner les rapports entre l'exception d'ordre public et le mécanisme des lois de police. La première se verrait confier la défense de valeurs appréhendées à travers le prisme de l'intérêt privé, tandis que les lois de police correspondraient à la poursuite d'objectifs à caractère étatique. Cette dernière catégorie serait donc seule apte à prendre à charge ces « politiques législatives » dont la sauvegarde a été parfois – avant que la notion de lois de police ait connu son essor contemporain – confiée à l'exception d'ordre public (notamment par Lerebours-Pigeonnière et Batiffol). Distincts par la nature des intérêts qu'ils auraient respectivement pour fonction de protéger, en revanche, ces deux mécanismes dérogatoires ne seraient pas caractérisés, selon l'auteur, par la différence méthodologique ou de démarche qui leur est généralement prêtée, l'immédiateté de l'application des lois de police important bien moins que la nécessité de s'assurer que la finalité sociétale poursuivie soit effectivement réalisée dans les cas où elle est fonctionnellement requise. En soi, et tant que l'on reste, comme le fait résolument l'auteur, dans les confins d'un bilatéralisme de principe, pareille réassignation des rôles des deux mécanismes d'éviction des règles de rattachement ou de reconnaissance des normes étrangères ne peut guère que susciter l'adhésion, tant il semble naturel en effet d'associer la poursuite d'une politique ou finalité législative impérative au phénomène des lois d'application nécessaire plutôt qu'à l'exception d'ordre public, au contenu indéterminé, mouvant et valoriste. À l'aune du droit positif, la distinction est cependant parfois délicate à établir, comme en témoignent par exemple les décisions tendant à donner un caractère d'ordre public international aux dispositions contenues à l'art. 16-7 C. civ. (Cass. civ. 1re, 6 avril 2011 (2 arrêts), *Rev. crit. DIP* 2011. 722, note P. Hammje).

ÉTHIQUE ET SOCIOLOGIE

470. Culture et contexte. — En droit international privé comme en droit interne, l'ordre public peut se définir le cas échéant par ses modalités d'intervention mais ne se laisse jamais qu'imparfaitement saisir par son contenu. Phénomène sociologique, évolutif, il est d'essence culturelle et contextuelle. Sans doute se manifeste-t-il davantage en droit des personnes et de la famille qu'en droit patrimonial ; il est vrai que les différences culturelles y sont plus sensibles. À travers l'exception d'ordre public, le droit international privé de la famille laisse alors apparaître des évolutions comparables à celles qui ont pu être observées en droit civil, marquées par le passage d'un ordre public de direction de la famille à un ordre public de protection des individus qui la composent : en jurisprudence, c'est moins en effet la protection de la famille qui se dessine que la promotion des droits de l'enfant, de la femme, de l'égalité des sexes… (Sur ce mouvement, v. plus généralement J. Hauser, « L'ordre public dans les relations de famille. Rapport français », in *Trav. Assoc. H. Capitant, L'ordre public*, t. XLIX/1998, LGDJ, 2001, p. 475). S'il est désormais également vecteur des exigences des droits fondamentaux en ce domaine, ces derniers affectent aussi très radicalement le champ de la procédure, essentiellement en matière d'effets des jugements (v. *supra*, nos 275 et s.).

Contexte et essentialisme. — L'insaisissabilité de l'ordre public tient aussi à l'incidence qu'exerce sur son contenu le contexte dans lequel il est appelé à jouer. Le seuil de tolérance qu'il exprime varie ainsi selon le degré de confiance attaché à l'origine de la norme à appliquer. À ce dernier égard, l'ordre public colonial, et désormais l'ordre public intra-européen, se signalent par un sentiment de communauté plus fort que lorsqu'il se confronte à des lois tierces (sur ces manifestations régionales de communautés de principes, v. D. Boden, *op. cit.*, nos 279 et s.). Dans ce dernier cas, l'essor contemporain des droits de l'homme, qui s'intègrent désormais dans les valeurs protégées des communautés qui y souscrivent, risque d'ailleurs d'induire une radicalisation du contenu de l'ordre public, qui, se transformant en seuil d'intolérance laissera désormais peu de place à la relativité culturelle dont l'ordre public atténué était traditionnellement l'emblème (sur ce risque de radicalisation, v. H. Muir Watt, « Les modèles familiaux à l'épreuve de la mondialisation (aspects de droit international privé) », *APD*, 2001, t. 45, p. 271). À ce titre, le débat que suscite l'essentialisation du contenu de l'ordre public sous l'effet des droits de l'homme rejoint bien entendu celui qui, sous des variantes diverses chez les comparatistes, les internationalistes-publicistes et les philosophes, entoure la portée même de tels droits. Si droits de l'homme il y a, ne sont-ils pas nécessairement universels ? À quoi il sera parfois répondu que le concept même en est culturellement conditionné (sur ce débat, v. par ex. A. Papaux et E. Wyler, *L'éthique du droit international*, Puf, « Que sais-je ? », 1997 ; U. Baxi, « The colonialist heritage », *in* Legrand et Munday (dir.), *Comparative Legal Studies : Traditions and Transitions*, Cambridge, 2003 ; sur sa portée pour le droit international privé, v. H. Muir Watt, « New challenges in public and private international legal theory », *in* Van Hoeke (dir.), *Epistemology and Methodology of Com-*

parative Law, Hart, 2004, p. 271 ; *adde* L. Gannagé, « L'ordre public international à l'épreuve du relativisme des valeurs », préc.). V. également *infra* n° 472.

ORDRE PUBLIC ET DROITS FONDAMENTAUX

471. Au cours de la période contemporaine, le débat s'est porté sur la question de savoir si les droits de l'homme s'affirmaient par voie d'impérativité (v. empruntant cette voie, Paris, 14 juin 1994, *Rev. crit. DIP*, 1995. 308, note Y. Lequette. Comp. Civ. 1re, 24 févr. 1998, *Rev. crit. DIP*, 1998. 637, note G. A. L. Droz ; *JDI*, 1998. 730, note E. Kerckhove ; *JCP*, 1998. II. 10175, note T. Vignal ; Cass. soc., 10 mai 2006, *JCP*, 2006. II. 10121, note S. Bollée ; *RDC*, 2006. 1260, obs. P. Deumier ; *D.*, 2006. 1400, obs. P. Guiomard ; *Rev. crit. DIP*, 2006. 856, note P. Hammje et E. Pataut ; *JDI*, 2007. 531, note J.-M. Jacquet ; *D.*, 2007, Pan., 1752, obs. P. Courbe), ou s'ils intègraient l'instrument plus souple et plus contextuel de l'ordre public – à moins que ce faisant, ils ne travestissent ce dernier à leur tour (v. sur l'ensemble, P. Hammje, « Droits fondamentaux et ordre public », *Rev. crit. DIP*, 1997. 1 et s. rappelant que le même débat a eu lieu en Allemagne au sujet des modalités d'intervention des droits consacrés par la Constitution fédérale ; aj. « L'ordre public de rattachement », *Trav. Com. fr. DIP*, 2006-2008, p. 153 et s. Sur la possible intégration des droits fondamentaux dans l'*Inlansbeziehung*, v. N. Joubert, *La notion de liens suffisants avec l'ordre juridique*, préc., n° 206). S'ils devaient emprunter la voie de l'ordre public-correctif, de préférence à l'impérativité, ils donneraient substance à cet « ordre public réellement international » dont le grand arrêt *Lautour* consacrait l'existence à travers les « principes de justice universelle considérés dans l'opinion française comme doués de valeur internationale absolue » (Cass. civ., 25 mai 1948, *GA*, n° 19). Pourtant, l'affirmation du caractère exclusivement national de l'ordre public est longtemps demeurée prépondérante en doctrine. À tel point que selon Niboyet, la notion même d'ordre public international, « qui évoque l'idée d'un ordre commun aux nations [...] est le contraire d'un ordre public » (*Traité*, t. III, n° 1025). Le contraire fut pourtant affirmé également, « dans les cas où les nations civilisées s'unissent en une sorte de croisade destinée à faire prévaloir en tout lieu certains principes jugés par elles nécessaires au bien de l'humanité » (A. Pillet, *Principes*, n° 200, p. 397). Dans le contexte contemporain, les droits fondamentaux invitent à découvrir le signe d'un ordre public réellement international... sinon universel.

À ce dernier égard, cependant, la jurisprudence française vérifie la compatibilité d'une loi étrangère avec les droits fondamentaux consacrés par la CEDH, alors même que le droit étranger en cause est celui d'un État non partie à la Convention (Cass. civ. 1re, 31 janv. 1990, *Rev. crit. DIP*, 1990. 519, note E. Poisson-Drocourt ; *JCP*, 1991. II. 21635, note H. Muir Watt ; *D.*, 1991. 105, note F. Boulanger ; *Rép. Defrénois*, 1990. 961, obs. J. Massip ; *GA*, n° 68). Cette solution semble imposée par la jurisprudence de la Cour européenne elle-même (sur l'incidence de l'arrêt *Pellegrini* en matière d'effet des jugements, v. *supra*, n° 285). Il s'agit moins de conférer une portée universelle aux droits consacrés par la Convention, au sens où il s'agirait de les imposer aux États-tiers, que de considérer qu'un État-contractant qui s'est engagé à les protéger se rend complice de leur violation indirecte en omettant de les mettre en œuvre dans tous les cas dont sont saisis ses organes. La difficulté demeure cependant de déterminer, une fois cette obligation acquise, les exigences d'application dans l'espace de ces droits et leur portée dans des cas où la situation dont les autorités du for ont à connaître s'est constituée en dehors du ressort territorial de la Convention.

Intégré au sein de l'ordre public international au sens du droit français, le recours à la Convention européenne des droits de l'homme est-il toujours nécessaire ? On peut en douter (v. sur ce point, G. Salamé, *Le devenir de la famille en droit international privé*, préc., n°s 746 et s.). Le juge craindrait-il d'affirmer seul des valeurs de son ordre juridique, par l'entremise d'une exception pourtant destinée à les préserver au sein de ce dernier ? Estime-t-on que la réaction sera mieux acceptée si elle ne lui est pas propre ? Peut-être : il n'empêche que dans la plupart des cas, l'ordre public international aurait pu faire l'affaire sans s'appuyer sur la Convention, en s'alimentant par exemple aux principes généraux du droit. En Allemagne, ce même débat apparaît à travers la question du caractère adéquat de la protection constitutionnelle des valeurs consacrées simultanément par la Convention (P. Hammje, *op. cit.*). Qui plus est, l'évaluation de la proportionnalité se retrouve dans le caractère souple de l'appréciation de l'ordre public. En revanche, même si les nombreuses analogies tendent à accréditer l'idée que la protection des droits fondamentaux peut se faire de façon adéquate par le biais de l'ordre public national, celui-ci ne peut s'affirmer que pour autant qu'il est compatible avec les droits fondamentaux de source(s) européenne(s). Or, sur certains points, il peut y avoir un conflit frontal. Celui-ci est illustré par les nombreux cas où un droit national poursuivant des objectifs d'ordre public a été jugé être en violation du principe de non-discrimination ou de la protection de la vie privée, par exemple (v. CEDH *X c. Autriche*, *Requête n° 19010/07 du 19 février 2013*, en matière d'adoption co-parentale d'un enfant par deux adoptantes de même sexe). Ce point, déjà souligné au texte, sera repris à l'occasion de l'analyse des traits spécifiques des conflits de lois au sein de l'Union européenne (*infra*, n° 1179).

Quoi qu'il en soit, la question des rapports entre l'ordre public et les droits fondamentaux se complique aujourd'hui du fait que, dans le champ du droit dérivé de l'Union, l'applicabilité de la CEDH est dédoublée par celle de la Charte de l'Union, qui contient certains droits nouveaux, ou en retient en tout cas une formulation plus contemporaine (par ex, Titre IV sur la solidarité). Si l'applicabilité horizontale de la Charte laisse de nombreuses questions ouvertes, la Cour de justice en retient une définition extensive de son champ (V. l'arrêt *Åklagaren* du 26 février 2013, C-617/10 (pt 21) qui utilise le critère de « l'applicabilité du droit de l'Union » plutôt que celui de « mise en œuvre » retenu par l'article 51-1de la Charte).

ORDRE PUBLIC ET LIENS AVEC LE FOR

472. Inlandsbeziehung. — Le caractère relatif ou indérogeable en matière internationale des valeurs fondamentales du for fait l'objet d'un débat qui, né en rapport avec l'ordre public atténué, a été réalimenté par l'ordre public de proximité, puis les droits de l'homme (comp. *supra*, n° 470). Y a-t-il paradoxe à reconnaître la relativité de valeurs qualifiées par ailleurs d'essentielles, ou est-ce au contraire manquer de respect à l'égard de l'altérité que de ne pas doser la vocation de valeurs culturelles du for ? À cet égard, le droit international privé emprunte les termes de la controverse qui oppose, en philosophie du droit, Rorty à Dworkin. Un éclairage possible consiste à introduire des considérations de proximité dans le jeu de l'exception d'ordre public à travers le prisme de l'*Inlandsbeziehung* (v. N. Joubert, *La notion de liens suffisants avec l'ordre juridique* (*Inlandsbeziehung*) *en droit international privé*, Litec, 2007, vol. 29, préf. Paul Lagarde). Ce dernier mécanisme, qui est à la fois publiciste et unilatéraliste, recouvre une délimitation de la vocation de l'État du for à imprimer ses propres conceptions à une situation internationale entretenant par hypothèse des liens substantiels avec un autre ordre juridique dont la loi a été reconnue applicable *a priori*. L'intervention des droits fondamentaux au nom de l'ordre public de l'État du for serait alors tributaire de l'intensité des liens qu'entretient celui-ci avec la situation litigieuse, sachant que l'assise de l'ordre juridique de référence – État ou ensemble fédéré d'États – doit être alignée sur la portée spatiale de la norme dont est issue la valeur ainsi protégée (de la sorte, les liens qui justifient l'éviction d'une loi étrangère au nom d'un droit consacré par la CEDH doivent être vérifiés par rapport au territoire de l'ensemble des État-contractants, et non seulement par rapport à celui du for). Si de tels liens n'existent pas, l'intrusion des valeurs de l'État du for serait injustifiée. Le terme *Inlandsbeziehung* semble avoir été utilisé pour la première fois par Niedner en 1899, alors que le concept de liens commandant la mise en œuvre de l'exception d'ordre public était présent sous des formes diverses chez Gebhard, Von Bar et Zitelmann, et plus tard chez Lewald, Melchior et Nussbaum (sur la filiation doctrinale du concept et sa signification, v. D. Boden, *L'ordre public, limite et condition de la tolérance*, préc., n°s 642 et 684, n. 56, 1016, 1416 ; N. Joubert, *op. cit.*, n° 173 ; P. Lagarde, « Public policy » préc., n°s 26 et s.). On en attribue pourtant généralement la paternité à Kahn, qui le désignait sous l'expression « *lokale Anknüpfung* » (*Abhandlungen zum internationalen Privatrecht*, Munich et Leipzig, 1928, t. 1, p. 161-254). Cependant, pour ce dernier auteur, l'ordre public n'est pas une exception au rattachement, mais plutôt l'application d'une disposition du for sur le fondement d'une règle de conflit unilatérale. Dans cette conception, l'*Inlandsbeziehung* est un rattachement subsidiaire, qui s'apparente davantage à une clause spéciale d'ordre public qu'à l'exception d'ordre public de proximité telle qu'elle s'exprime dans la jurisprudence française, laquelle s'incarne plus fidèlement dans la conception de Zitelmann (D. Boden, *op. cit.*, n. 1416 ; N. Joubert, *op. cit.*, n° 174).

Clauses spéciales d'ordre public. — Afin de réduire les incertitudes liées au mécanisme de l'exception, certains textes législatifs étrangers définissent les hypothèses dans lesquelles la loi du for devra s'appliquer à l'encontre de la loi étrangère, au moyen de clauses spéciales d'ordre public (v. ainsi en Allemagne, art. 13, § 2 EGBGB ; en Autriche, art. 17, § 2 L. 15 juin 1978 ; aux Pays-Bas, art. 3, § 2 L. 7 septembre 1989). Ces clauses définissent généralement le contenu de l'ordre public du for et le lien requis avec ce dernier pour provoquer l'éviction de la loi étrangère (V. Vallindas, « Le principe de l'élasticité de la réserve d'ordre public et les réserves spécialisées », *Rev. hellén. dr. int.*, 1950. 270 ; P. Lagarde, « Public policy », *Int. Encycl. Comp. Law*, vol. III, chap. 7, n°s 29 et s.). En France, il avait été proposé de transposer cette technique, par exemple pour priver un étranger admis à y séjourner (lien avec le territoire) de se prévaloir en France de son statut polygamique (contenu de l'ordre public) ou pour déclarer sans effet en France, sauf à la demande de la femme, la répudiation d'une femme y ayant sa résidence habituelle (P. Lagarde, « La théorie de l'ordre public à l'épreuve de la polygamie et de la répudiation. L'expérience française », in *Mélanges F. Rigaux*, 1993, p. 263 et s.) ; la jurisprudence la plus récente en matière de répudiation semble bien s'engager dans cette voie. Le Code belge de droit international privé offre quant à lui une illustration du traitement codifié de la répudiation. Ainsi, l'article 57 exprime un principe de non-reconnaissance, assorti d'une exception étroite formulée en termes d'éloignement. « Ce texte est à interpréter comme donnant corps, d'une part à l'ordre public de proximité dont il constitue une clause spéciale…, d'autre part aux valeurs fondamentales du for à travers le principe d'égalité » (v. F. Rigaux et M. Fallon, *Droit international privé*, n° 12. 95). Davantage que l'ordre public de proximité, la clause spéciale d'ordre public correspond à la conception du « *lokale Anknüpfung* » prônée par Kahn.

Ordre public de proximité. — Dissociée des droits fondamentaux, la notion de proximité, attachée à l'exception d'ordre public, est purement instrumentale, en ce sens que cette dernière, ainsi qualifiée, remplit une fonction essentiellement correctrice. Elle permet en effet de remédier aux défauts jugés les plus manifestes de notre règle de conflit de lois (divorce, filiation) ou la trop grande bienveillance de nos règles de conflit de juridictions. Dans d'autres hypothèses, elle vise à corriger le jeu de l'effet atténué de l'ordre public (répudiation). Où l'on voit bien qu'elle n'est jamais à proprement parler inéluctable : dans le premier cas, la modification des règles de conflit de lois ou de juridictions serait sans doute plus adaptée. Dans le second, il suffirait de reconnaître que l'effet atténué ne conduit pas nécessairement à abdiquer tout contrôle sur la situation née à l'étranger (spécialement lorsque – le développement des moyens de transport aidant – c'est l'effet atténué de l'ordre public qui est lui-même instrumentalisé : le temps d'un voyage à l'étranger, la situation prohibée par l'ordre juridique français y sera acquise, et il ne restera plus alors qu'à lui faire produire effet en France ; l'ordre public de proximité a permis de déjouer ce projet). L'effort étant sans doute estimé trop important, l'ordre public de proximité a encore de beaux jours devant lui… (Sur l'ensemble, v. P. Courbe, « L'ordre public de proximité », in *Mélanges en l'honneur de P. Lagarde*, Dalloz 2004, p. 227).

Proximité et proportionnalité. — On peut se demander si le contrôle de proportionnalité qui accompagne nécessairement la mise en œuvre des droits fondamentaux n'implique pas lui-même une appréciation de proximité dans les situations transfrontières. Autrement dit, il faut se demander si une mesure nationale qui porte atteinte à une valeur protégée, met en œuvre les moyens les moins contraignants pour réaliser le but (légitime) poursuivi et s'ils sont proportionnés à celui-ci. En matière internationale, on peut facilement imaginer que l'étroitesse relative des liens entre la mesure litigieuse et la situation visée entre dans ce dernier test. Pour cette idée s'agissant des libertés de circulation, v. A. Marzal Yetano, *La Dynamique du principe de proportionnalité*, éd. Institut de Varenne, 2014.

Sur le lien entre le statut de la compétence indirecte et l'intensité d'intervention de l'ordre public en matière de jugements étrangers, la réduction des cas d'exclusivité ouvrant la possibilité de reconnaître des situations constituées à l'étranger mais comportant des liens étroits avec le ressort du for, v. *supra*, n° 281.

TECHNIQUE JURIDIQUE

473. Ordre public et office du juge. — On sait que l'indisponibilité des droits continue largement à commander l'office du juge, alors tenu de trancher le conflit de lois (v. *supra*, n° 365). La jurisprudence admet (Cass. civ. 1re, 6 déc. 2005, *D.*, 2006, panor., 1497, obs. P. Courbe et F. Jault-Seseke ; *Droit & Patrimoine*, n° 154, décembre 2006, chron. M.-E. Ancel) que les obligations qui en résultent s'appliquent à l'intégralité du processus conflictuel, y compris la mise en œuvre de l'exception d'ordre public, qui lui incombe ainsi de son propre mouvement. Que le juge, gardien des valeurs protégées par l'ordre public, ait le devoir de vérifier qu'il n'y est pas porté atteinte dans le cas d'espèce, ne peut être qu'approuvé. En revanche, que ce devoir dépende de la nature des droits en cause paraît plus étrange. Sans doute les zones de sensibilité dans le champ des droits disponibles risquent-elles d'être moins nombreuses. Mais le fait que le litige porte sur un droit disponible n'exclut pas nécessairement, sauf à confondre ordre public et impérativité, que l'application concrète d'une loi étrangère puisse atteindre une valeur protégée. Aussi disponible que soit la matière contractuelle, l'application d'une norme étrangère admettant la corruption serait tout aussi choquante.

Ordre public et séparation de pouvoirs. — L'exception d'ordre public recouvre le principe de légalité. Celui-ci doit donc être opposé à une norme étrangère qui tendrait à donner une portée juridique à un acte administratif annulé dans l'État du for (Cass. civ. 1re, 28 févr. 2006, *Rev. crit. DIP*, 2006. 847, note M. Audit). Cependant, si le juge administratif ne s'est pas encore prononcé, le juge civil (de l'*exequatur*) ne le peut pas, car il est lui-même incompétent, en vertu de la séparation des ordres de juridictions, pour procéder au contrôle de la légalité de l'acte (v. sur ce point, les obs. de M. Audit, note précitée).

Effet réflexe. — Le juge du for n'a pas à tenir compte en principe de l'ordre public étranger. Il est parfois avancé cependant que ce dernier pourrait être pris en considération dans l'hypothèse d'un droit acquis à l'étranger en vertu de l'ordre public local. Ex. classique : à une époque où leur loi nationale commune interdisait le mariage entre personnes de religions différentes, deux Polonais n'appartenant pas à la même confession se marient en Belgique ; les autorités belges célèbrent ce mariage en application de la loi belge, celle-ci évinçant au nom de l'ordre public belge la loi polonaise normalement applicable. Les époux viennent ensuite s'installer en France et entendent se prévaloir des effets de leur mariage : celui-ci peut-il être considéré comme valable en France ? Première tendance : ne pas tenir compte de l'ordre public étranger ; la loi compétente aux yeux du juge français est la loi polonaise ; elle a été évincée par le jeu de l'ordre public belge, dont le juge français n'a pas à tenir compte ; le mariage ayant été prononcé selon une loi qui n'est pas compétente à ses yeux, il n'est donc pas valable (Bartin, *Principes*, § 95). Seconde tendance : le mariage doit être considéré comme valable, non pas d'ailleurs par simple application de l'ordre public étranger, mais plutôt en raison de la coïncidence entre ce dernier et l'ordre public français ; il conviendrait donc d'admettre, selon l'expression de Pillet, cet effet-réflexe de l'ordre public (Pillet, *De l'ordre public en droit international privé*, Grenoble, 1890, p. 82 et s. ; *Principes*, n° 217). Sur la notion d'effet-réflexe en matière de compétence juridictionnelle, v. *supra*, n° 282.

SECTION 3
L'adaptation

474. Une même situation internationale peut receler plusieurs questions de droit, soumises en raison de la pluralité des catégories de rattachement à des lois différentes : déterminer les droits de la veuve d'un étranger décédé laissant des immeubles en France pourra par exemple nécessiter d'interroger successivement la loi applicable au régime matrimonial et à la succession ; et si la validité du mariage est contestée, la loi régissant les conditions de forme et de fond de ce dernier auront également à contribuer au règlement concret de la situation ; de même que si les biens étaient constitués en trust, la loi applicable à celui-ci devrait être consultée.

Pareille cohabitation de règles tirées de systèmes juridiques différents, régissant chacune une question se trouvant dans une relation d'interconnexion par rapport à d'autres, peut cependant créer des frictions et des tensions lorsqu'elles présupposent des conceptions divergentes des institutions en cause (mariage, succession...). Refoulées au stade de la qualification au nom de la primauté des conceptions du for [1], ces difficultés réapparaissent en aval, à l'occasion de l'application concrète des règles matérielles puisées dans les ordres juridiques désignés. Elles représentent la problématique de l'adaptation ou *Anpassung*, à laquelle la doctrine allemande a consacré une réflexion particulièrement nourrie.

475. Cette problématique est étrangère aux situations de pur droit interne, où les diverses règles émanant du même législateur et ayant vocation à régir des questions connexes sont élaborées les unes en fonction des autres et se conditionnent mutuellement. Le dépeçage des situations auquel conduit le droit international privé méconnaît en revanche inévitablement ces liens d'interdépendance. Pour emprunter l'image proposée par Wengler, l'assemblage de règles qui se produit au sein du règlement du conflit de lois est analogue à celui des diverses pièces détachées d'une bicyclette, fabriquées dans des usines – et éventuellement au moyen de machines et selon des normes de qualité – différentes [2]. À l'instar de l'ouvrier-assembleur qui doit veiller à ce que l'ensemble fonc-

1. V. *supra*, n° 391.
2. W. Wengler, « The general principles of private international law », *RCADI*, 1964, t. 104, p. 273, spéc. p. 407.

tionne harmonieusement, le juge chargé du règlement du conflit de lois a pour office d'aplanir les difficultés qui peuvent en résulter. Il procédera donc à des ajustements, parfois sous la forme de concessions consenties par les lois matérielles, parfois au moyen d'une correction apportée au rattachement lui-même, pour éviter des impasses ou des incohérences, sources d'injustices. Ainsi considérée, l'adaptation est généralement associée à deux formes spécifiques d'ajustement, la *substitution* et la *transposition*, dont le contenu précis et la relation réciproque font toutefois l'objet d'avis divergents en doctrine. Elles ont certainement en commun de rétablir la fluidité du règlement du conflit de lois lorsque deux lois à structure ou à contenu apparemment incompatibles doivent se prononcer *successivement* au sujet d'un même rapport de droit revêtant une certaine permanence (§ I). Mais elles n'épuisent pas à elles seules l'ensemble des cas d'adaptation auxquels est confrontée la pratique. La cohérence du règlement du conflit peut également être menacée lorsque plusieurs lois sont appelées à y contribuer *simultanément* (§ II).

I | L'adaptation résultant de l'application successive des lois

476. Les difficultés que l'on désigne généralement sous les termes de substitution et de transposition naissent toutes deux de l'éclatement d'une même situation juridique entre plusieurs lois qui doivent se prononcer successivement, soit sur ses seuls effets lorsqu'en raison d'un conflit mobile elles sont désignées l'une après l'autre, soit sur ses conditions puis ses effets lorsque la règle de conflit de lois les dissocie. Ces difficultés supposent que la situation en cause a vocation à se déployer dans la durée et qu'un défaut de communauté entre les lois applicables menace d'en inhiber ou d'en paralyser la continuité. C'est bien parce que ce type de friction revêt un caractère accidentel, tenant au découpage opéré par le règlement du conflit de lois et non à la politique prohibitive délibérée d'une loi qui serait exclusivement applicable, que l'on s'efforce de rétablir la fluidité de la communication entre les règles proposées de part et d'autre en faisant « comme si » une corrélation existait néanmoins. L'ajustement opéré tend ainsi à rétablir la continuité d'un rapport juridique appelé à évoluer dans un environnement hétérogène. Il n'est pas toujours possible pour le juge d'utiliser un tel artifice, qui suppose tout de même un minimum d'équivalence entre les lois en présence.

477. La substitution autorise ainsi à tenir pour remplie au regard de la loi qui régit un effet déterminé, une condition de réalisation de celui-ci, dénommée concept préjudiciel, qui prend généralement la forme de l'existence d'un rapport juridique, concrétisé sous l'empire d'une loi différente. La transposition permet en revanche d'attacher les effets prévus par une loi à une situation créée sous l'empire d'une autre, soit en raison d'un conflit mobile affectant la loi applicable aux effets, soit en raison à nouveau de la dissociation entre cette dernière et la loi applicable aux conditions qui les commandent. La différence entre ces deux situations est cependant très relative, car dès lors que deux rattachements différents sont retenus pour les conditions et les effets d'une institution, il est évident que la loi désignée pour régir les effets en conditionnera la réalisation à son existence même : la cause du problème de la substitution, comme celle de la transposition, réside bien dans la structure de la règle de conflit du for. C'est pourquoi les deux mécanismes sont parfois assimilés [1] : ils peuvent apparaître comme les deux faces d'une même médaille, selon que l'on part de l'effet recherché (la loi régissant celui-ci en subordonne l'application à l'existence d'une situation préalable) ou du rapport juridique lui-même, créé selon une loi déterminée et dont il s'agira de déterminer les effets selon une loi distincte. L'assimilation est d'autant plus tentante qu'ils reposent tous deux sur une appréciation d'équivalence entre les lois que l'on s'efforce de coordonner, et que, dans beaucoup de cas, les deux problématiques seront en réalité superposées.

La différenciation entre substitution et transposition permet cependant d'attirer l'attention sur deux aspects distincts de la coordination opérée. Dans le cas de la substitution, cette coordination passe par une interprétation du concept préjudiciel visé par la loi applicable à l'effet recherché, qui est destinée à déterminer le seuil des concessions qu'elle est prête à admettre pour que cet effet s'attache à une situation constituée dans des conditions autres que celles résultant de son droit interne (A). En revanche, la transposition suppose de faire vivre concrètement une situation, constituée sous l'empire d'une loi autre que la loi nouvelle appelée par la suite à en régir les effets. L'ajustement exigé de celle-ci n'est plus alors d'ordre conceptuel mais de nature matérielle ou technique (B).

1. Comp. D. Holleaux, J. Foyer, G. de la Pradelle, *Droit international privé*, n° 622, estimant que ces problèmes se posent dans les mêmes termes ; *contra*, M. Souleau-Bertrand, *Le conflit mobile*, n° 650, qui y voit deux problématiques nettement distinctes.

A / LA SUBSTITUTION

478. La substitution implique l'interprétation du concept préjudiciel retenu par la règle de droit substantiel applicable à l'effet recherché, afin de déterminer si ce concept est suffisamment proche de celui qui a présidé à la création de la situation pour autoriser la coordination des lois en présence, nonobstant la divergence qui les sépare. La démarche intellectuelle ressemble à celle qu'exige la qualification, à ceci près que le concept matériel dont il s'agit de déterminer le seuil de tolérance est emprunté à la règle substantielle applicable et ne représente pas une catégorie de rattachement. Le meilleur exemple est fourni par le droit positif, s'agissant des effets successoraux d'un mariage polygamique [1] : un étranger polygame décède, laissant deux veuves qui revendiquent chacune des droits sur des immeubles sis en France ; la succession immobilière est régie par la loi française, tandis que les conditions de validité au fond du mariage sont régies par la loi personnelle des époux [2]. Cette répartition des questions de droit impliquées dans le règlement de la succession entre les règles de conflit en présence ne suffit pas à l'évidence à résoudre le litige, qui implique de répondre concrètement à la prétention des deux veuves. Une fois désignées les diverses lois applicables, il importe donc de les assembler, compte tenu du fait que la création et les effets du mariage litigieux sont éclatés entre deux ordres juridiques, qui retiennent des conceptions très diverses de l'institution en cause. Ainsi, à supposer que la loi personnelle autorise la polygamie et tienne les deux unions pour valables, il importe, pour savoir si les demanderesses peuvent néanmoins venir à la succession, de déterminer si l'union polygamique est un mariage au sens où l'entend la loi successorale française lorsqu'elle définit les droits du conjoint survivant.

479. Une réponse positive suppose de tenir pour équivalentes la situation visée par la loi applicable à l'effet recherché (un mariage postulé monogamique), et celle créée sous l'empire de la loi personnelle étrangère divergente (l'union polygamique), envisagée cependant *in concreto* [3]. Ce problème, qui concerne l'interprétation du concept préjudiciel (« mariage ») dans la règle substantielle applicable à la question

1. Cass. civ. 1re, 3 janv. 1980, *Benddedouche. Rev. crit. DIP*, 1980. 331, note H. Batiffol ; *JDI*, 1980. 327, note M. Simon-Depitre ; *D.*, 1980. 549, note E. Poisson-Drocourt, *GA*, n° 61.

2. Laquelle est déterminée par la règle du conflit du for, même si la loi applicable à l'effet successoral revendiqué est une loi étrangère comportant sa propre règle de conflit : sur la théorie des questions préalables, v. *infra*, n° 504.

3. Si l'étranger s'était marié une seule fois alors même que sa loi personnelle autorise la polygamie, aucune difficulté ne se poserait en effet.

principale (ici, la vocation successorale des veuves), se pose chaque fois que la concrétisation du concept visé se réalise, du fait du jeu du conflit de lois, sous l'empire d'une loi qui en retient une conception différente. Les illustrations en sont nombreuses : la loi régissant la situation préjudicielle autorise le mariage homosexuel, ou l'adoption en présence d'enfants légitimes [1], ou encore refuse l'établissement de la filiation naturelle [2], alors qu'à l'inverse la loi régissant l'effet recherché (succession, octroi d'aliments, légitimation…) présuppose, respectivement, que le mariage unit des personnes de sexe différent, ou que l'adoption ne concerne que des couples sans enfants, ou encore que la filiation naturelle puisse être judiciairement établie.

Si, comme dans l'affaire *Benddedouche*, la loi régissant la question principale est prête à renoncer à certaines exigences relevant de sa propre conception de l'institution en cause (ici, le caractère monogamique du mariage) dès lors qu'il existe néanmoins une équivalence globale ou essentielle avec la situation configurée selon la loi étrangère (l'union polygamique présente une analogie suffisante avec le mariage connu du droit du for), celle-ci pourra déployer l'effet recherché.

480. La détermination du seuil à partir duquel le juge-assembleur peut tenir pour équivalente la concrétisation de la situation préjudicielle sous l'empire d'une loi étrangère et la conception qu'en retient le droit applicable à la question principale (qui sera souvent, mais pas toujours, le droit du for) est cependant délicate. La substitution suppose ainsi démontrée l'existence d'un « fonds commun suffisant [3] », lequel relève d'une appréciation judiciaire de ce qui constitue l'essence même d'une institution donnée. Si les paramètres de cette appréciation ne sont pas plus saisissables que ceux qui définissent le seuil de tolérance tracé par l'ordre public à l'égard des institutions étrangères, il suffit de relever que le droit positif fournit de nombreuses illustrations de l'échec de la substitution, en cas de disparité trop importante entre les deux droits en présence.

Ainsi, l'arrêt *Ponnoucannamalle* avait jugé que l'adoption intervenue conformément à une loi étrangère en présence d'enfants légitimes de

1. Req. 21 avr. 1931, *Ponnoucannamale, Rev. crit. DIP*, 1932. 526, rapp. Pilon, note Niboyet, refusant l'effet successoral sur le fondement de l'ancien article 344 du Code civil ; comp. pour une adoption de droit russe : Paris, 10 juill. 1946, *de Loriol, Rev. crit. DIP*, 1947. 142, concl. Freche, note Batiffol ; comp. D. Cocteau-Senn, *Dépeçage et coordination dans le règlement des conflits de lois*, thèse dactyl., Paris 1, 2001, n°s 199 et s.

2. Cass. civ. 1re, 10 mars 1993, *Rev. crit. DIP*, 1993. 456, note B. Ancel ; 3 juin 1998, *Makhlouf, Rev. crit. DIP*, 1998. 652, note B. Ancel.

3. Req., 24 mai 1933, *S.*, 1935. I. 257, note Batiffol (au sujet d'un gage constitué sur une automobile en Allemagne, laquelle fut par la suite introduite en France).

l'adoptant ne pouvait tenir lieu, pour cette dernière raison, de lien de filiation aux fins de la mise en œuvre des effets successoraux de la loi française [1]. Alors même que l'équivalence serait aujourd'hui admise dans ce cas en raison de l'évolution du droit interne de l'adoption, il a encore été jugé plus récemment qu'une « adoption-protection » du droit malien ne pouvait, faute d'affecter la filiation du mineur, être assimilée à une adoption simple aux fins de sa transcription à l'état civil [2]. L'arrêt *Ferrari* a pareillement refusé la conversion en divorce selon la loi française d'une séparation de corps prononcée en Italie, en raison du caractère non contentieux de celle-ci, que présupposait la règle française [3]. La substitution a également été refusée au regard de l'article 906, al. 2 du Code civil, qui exige pour la validité du legs la capacité de recevoir, laquelle suppose à son tour que le légataire soit conçu au jour du décès, dans le cas d'une fondation allemande à constituer, en dépit de la rétroactivité attachée à la reconnaissance de sa personnalité par la loi de son siège [4]. Enfin, l'altérité du trust, qui conduit à l'échec de l'opération de qualification proprement dite [5], explique pareillement la vanité des efforts de recherche d'équivalence au stade de la mise en œuvre de la loi régissant l'effet (souvent successoral) invoqué [6].

481. Ces exemples soulèvent la question de l'objet de l'appréciation d'équivalence. L'institution étrangère objet de la substitution doit-elle être « prédisposée » à déployer l'effet recherché, en ce sens qu'elle devrait emporter des conséquences analogues à celles que lui attache la loi applicable à celles-ci, ou suffit-il que l'équivalence se vérifie à l'égard des conditions de constitution de la situation selon la loi étrangère ? Certains arrêts, dont l'orientation a été approuvée en doctrine [7], semblent suggérer que l'équivalence porte à la fois sur la configuration de l'institution étrangère du point de vue de sa formation (l'union entre époux multiples est-elle un mariage ?) mais également sur ses effets, afin de vérifier que dans l'ordre juridique étranger, le rapport en question

1. Req., 21 avril 1931, préc.
2. Paris, 4 juin 1998, *Rev. crit. DIP*, 1999. 108, note H. Muir Watt ; rappr. sur ce point l'article 370-5 Code civil.
3. Civ., 6 juill. 1922, *Ferrari*, *Rev. crit. DIP*, 1922-1923, p. 444, note Pillet ; *GA*, n° 12. Comp. la jurisprudence suisse citée par Lewald, *RCADI*, 1939, n° 58, où le Tribunal fédéral considère inapplicable à une demande en divorce la règle suisse favorisant la conciliation des époux qui les obligeait à attendre trois ans après la séparation de corps, au motif que celle-ci, prononcée en Italie, ne l'a pas été en vue d'une telle conciliation mais seulement parce que le droit italien ignore le divorce.
4. Paris, 26 juin 1981, *Fondation Eckensberger*, *Rev. crit. DIP*, 1982. 537, note B. Ancel.
5. V. *infra*, n°s 688 et s.
6. V. *infra*, n° 698.
7. P. Mayer, *Cours inédit*, cité par M. Souleau-Bertrand, *Le conflit mobile*, préc., n°s 686 et s.

aurait été de nature à déployer une conséquence analogue à celle qui est réclamée devant le juge du for [1]. Selon cette solution, la substitution sera par exemple paralysée et la légitimité putative refusée dès lors que, dans le droit applicable à la validité formelle du mariage, une union célébrée religieusement sans intervention de l'officier de l'état civil est insusceptible de produire un effet putatif, alors même que l'enfant serait tenu pour légitime selon la loi applicable à la filiation [2]. De même, si un mariage posthume n'entraîne aucun effet successoral *ab intestat* dans l'ordre juridique d'origine, la veuve devra être écartée de la succession au regard de la loi régissant celle-ci, même si elle était successible selon cette loi [3].

Pareille extension donnée à la loi régissant la constitution de la situation pour se prononcer sur les effets de celui-ci est cependant discutable. Peu importe en effet que la loi régissant la constitution de la situation litigieuse n'octroie pas l'effet prévu par la loi régissant celui-ci, car elle n'est pas consultée sur ce point. Tel est au demeurant la solution admise dans l'arrêt *Makhlouf*, où un enfant a pu faire établir sa filiation légitime au regard de la loi algérienne sur la base d'un mariage que le droit français applicable à sa validité formelle tenait pour inexistant [4].

482. Dans certains cas enfin, la substitution se suffira à elle-même : le rapport juridique étranger, une fois assimilé, déploiera alors ses effets sans autre ajustement de la loi régissant ceux-ci. Dans un cas tel que l'affaire *Makhlouf*, par exemple, étant admis qu'en dépit de l'inexistence du mariage des parents au regard de la loi régissant la formation de celui-ci, l'enfant est légitime au regard de la loi applicable à la filiation, aucune autre adaptation des dispositions de celle-ci ne s'avère nécessaire.

Dans d'autres hypothèses, en revanche, la poursuite concrète du rapport juridique ainsi accueilli sous l'empire de la loi des effets, exigera de faire porter sur cette dernière des correctifs, qui relèvent de la transposition.

1. V. par exemple, au sujet d'une adoption de droit allemand, Paris, 10 mars 1985, *JDI*, 1985. 915, note H. Gaudemet-Tallon.

2. V. Cass. civ. 1re, 16 juill. 1998, *Zvoristeanu*, *Rev. crit. DIP*, 1999. 509, note Y. Lequette ; *JDI*, 1999. 125, note P. Courbe ; *D.*, 1999. 51, note B. Fauvarque-Cosson ; *Som. comm.*, p. 196, obs. Th. Granet, p. 294, obs. B. Audit ; *JCP*, 1999. II. 10032, note H. Muir Watt.

3. Sur cet exemple, v. F. Rigaux, « Les situations individuelles dans un système de relativité générale », *RCADI*, 1989, t. 213, p. 166 et s.

4. Préc., *supra*, n° 479, en note.

B / LA TRANSPOSITION

483. La transposition consiste en une adaptation des dispositions concrètes de la loi régissant les effets d'un rapport constitué sous l'empire d'une loi différente. Une source fréquente de la transposition résulte du conflit mobile, mais la difficulté apparaît également en cas de dissociation entre les conditions et les effets d'une institution sur le terrain du conflit de lois. Il s'agit donc de faire régir par une loi différente les effets d'une situation configurée en fonction de la conception de l'institution que retient la loi applicable à sa validité. Il pourra s'agir de la loi nouvelle en cas de conflit mobile, ou tout simplement de la loi régissant spécifiquement les effets invoqués. Dans ce dernier cas, on semble retrouver l'hypothèse de la substitution. Toutefois, la transposition n'a pas pour objet l'interprétation du concept préjudiciel de la loi des effets mais la mise en œuvre concrète de celle-ci, une fois accueilli parmi les conditions d'application de cette loi le rapport autrement configuré. Ainsi, dans l'affaire *Benddedouche*, une fois établi que le mariage polygamique présentait une équivalence suffisante avec le concept préjudiciel « mariage » visé par le droit français, il fallut appliquer les dispositions successorales de celui-ci en les adaptant à l'institution importée, de façon à donner effet à la vocation simultanée des deux veuves. Pareille transposition de l'institution étrangère sous l'empire de la loi d'accueil consista en l'occurrence à diviser en deux la part du conjoint survivant [1].

484. Le droit positif fournit de nombreux autres exemples d'ajustements analogues de la loi nouvelle ou de la loi des effets. Ainsi, il est désormais admis qu'une adoption étrangère prononcée selon une loi qui connaît un régime différent de celui du droit français interne, est substituée dans l'une ou l'autre catégorie d'adoption du droit français dès lors qu'elle présente un certain nombre de caractéristiques jugées essentielles. Elle se verra par exemple accueillie dans la catégorie « adoption plénière » du droit français dès lors qu'elle « rompt de manière complète et irrévocable le lien de filiation préexistant », alors même qu'elle présenterait d'autres aspects hétérogènes, telle la révocabilité du consentement des adoptants. La transposition est alors imposée par le texte de l'article 370-5 du Code civil, qui prévoit que ses effets sont ceux que

1. En l'occurrence, les veuves durent se partager le quart alloué en usufruit au conjoint survivant ; au regard du nouvel article 757 du Code civil, en présence de descendants issus des [trois !] époux, elles se diviseraient l'usufruit de l'ensemble des biens ou le quart alloué en pleine propriété.

la loi française attache à l'adoption plénière. L'institution étrangère vit désormais sous l'empire exclusif de la loi d'accueil, supprimant ainsi le problème de la gestion sur le territoire français d'une pluralité de statuts divergents – mais au risque d'une multiplication de situations boiteuses [1] : une adoption révocable – et révoquée – dans son pays d'origine, pourra ainsi devenir irrévocable au regard de l'ordre juridique français [2].

L'application exclusive de la loi française des effets ne met pas fin cependant à toute difficulté, de sorte que d'autres ajustements, parfois très délicats, pourront se révéler nécessaires. Ainsi, si l'adoption étrangère a été prononcée au profit de deux partenaires non mariés, la loi française, qui présuppose que les adoptants sont mariés (art. 346 du Code civil), devra attacher des effets à une situation inédite. De même, consacrée avant que la polygamie ne devienne un obstacle à l'acquisition volontaire de la nationalité française [3], la solution donnée dans l'affaire *Chemouni* [4] au conflit mobile engendré par le changement de nationalité d'un étranger polygame, a conduit à soumettre les effets personnels du mariage à la loi nouvelle à compter de ce changement : la loi française a donc vocation à se prononcer sur l'obligation de fidélité entre époux ou la dissolution de l'union polygamique, ce qui exige des ajustements très étendus au titre de la transposition.

485. Ces exemples suggèrent, *a contrario*, que lorsque la substitution est refusée, l'institution étrangère ne peut vivre dans l'ordre juridique du for que conformément à la loi étrangère régissant d'ordinaire ses effets. Il en va ainsi, par exemple, de « l'adoption-protection » du droit malien, jugée ne pas atteindre le seuil de l'adoption simple du droit du for, qui déploiera en France les seuls effets du transfert de l'autorité parentale [5]. Il en va de même de l'article 78, al. 2 de la loi de droit international privé suisse, prévoyant que si une adoption prononcée à l'étranger ne correspond pas à l'idée que s'en fait le droit suisse, la compétence de la loi d'origine sera maintenue en ce qui concerne ses effets.

Aucune coordination n'est alors possible entre l'institution étrangère et les dispositions régissant les effets de l'adoption dans l'État d'accueil ; c'est ainsi par exemple, que le transfert d'autorité parentale prononcé

1. V. *infra*, n° 775.
2. Cass. civ. 1re, 18 mai 2005, *Rev. crit. DIP*, 2005. 483, note H. Muir Watt, rendu en application de l'article 26-2 de la Convention de La Haye du 29 mai 1993, qui conduit sur ce point au même résultat que l'article 370-5 du Code civil.
3. V. *infra*, n° 748.
4. Cass. civ., 19 févr. 1963, *Rev. crit. DIP*, 1963. 559, note G. H. ; *JDI*, 1963. 986, note A. Ponsard ; *Rec. gén. lois*, 1963. 315, note G. Droz.
5. Paris, 4 juin 1998, préc.

au Mali ne pourra être transcrit à l'état civil [1]. Cette situation peut conduire à une forme de paralysie fonctionnelle de l'institution étrangère, privée de courroie de transmission dans l'État du for. À ce dernier égard, le *trust* créée selon un droit de *common law* et appelé à déployer des effets de dévolution et d'administration de la succession sur des immeubles situés dans un État de tradition juridique civiliste fournit un exemple très intéressant. Alors même que cette institution étrangère se voit parfois remplacer par une autre relevant de la loi des effets (par exemple, le *trustee* est assimilé à l'exécuteur testamentaire) [2], la mise en œuvre concrète de celle-ci s'avère en réalité impossible en raison de divergences structurales trop fortes entre les deux droits en matière de succession. La transposition semble devoir plutôt prendre la forme d'une abstention de la loi successorale appelée à régir les effets du trust, qui accepterait de tenir pour équivalents aux résultats recherchés par cette dernière, ceux déjà obtenus au titre du trust [3]. En réalité, pareille abstention suggère que dans les cas les plus graves, la transposition ne peut fonctionner, et la correction s'impose de la règle de conflit elle-même. L'hypothèse relève alors de l'adaptation de la règle de rattachement.

II | L'adaptation résultant de l'application simultanée des lois

486. Parfois, la difficulté consiste plutôt à articuler des règles de source différente, simultanément applicables aux divers aspects connexes d'une même situation juridique. La construction des catégories de rattachement doit faire en sorte de ne pas disloquer des questions indivisibles : c'est là l'un des enseignements du deuxième arrêt *Patiño*, dans lequel la Cour de cassation a énoncé que la mise en œuvre de la nullité, et notamment la prescription de l'action destinée à la faire valoir, « forment avec l'incapacité originaire et sa sanction un ensemble indissociable soumis à une loi unique [4] ». Une difficulté d'ordre logique résulte

1. *Ibid.*
2. V. *infra*, n° 698.
3. S. Godechot, *L'articulation du trust et du droit des successions*, Éd. Panthéon-Assas, 2004, préf. Y. Lequette, spéc. n° 267.
4. Cass. civ. 1re, 15 mai 1963, *Rev. crit. DIP*, 1964. 506, note P. Lagarde ; *JDI*, 1963. 996, note Ph. Malaurie ; *JCP*, 1963. II. 13366, note H. Motulsky ; *GA*, n° 38-39.

parfois cependant de la conjugaison des deux droits en présence : l'hypothèse classique est celle des co-mourants, successibles réciproques, de nationalité ou de domicile différents, dont les lois personnelles ou successorales respectives règlent le problème de l'ordre des décès de façon incompatible. Le problème est lié à l'application distributive de deux lois à une question qui ne peut être réglée que de façon commune, comme dans le cas de tout empêchement bilatéral [1]. Plus souvent, les tensions liées à une mauvaise coordination du contenu matériel des lois en présence conduisent d'une autre manière à un résultat concret logiquement acceptable, mais injuste ou incohérent ; pareille conséquence révèle que la structure des catégories est insuffisamment respectueuse des liens d'interdépendance reliant deux grandes catégories de règles au sein des ordres juridiques en présence, de sorte que c'est l'inadéquation du règlement de conflit qu'il s'agit en réalité de corriger. L'adaptation rendue nécessaire par l'incompatibilité des pièces détachées peut ainsi exiger, au-delà des ajustements à apporter au contenu matériel des règles en cause (comme dans le cas de la transposition), la modification du rattachement lui-même.

487. La rectification de la règle de conflit menée au nom de l'adaptation ne saurait cependant être sans limite ; elle exige notamment de faire la part entre la nécessaire hétérogénéité du règlement concret obtenu par emprunt aux diverses lois internes, dont aucun ne s'y retrouvera nécessairement, et le véritable dysfonctionnement de la règle de conflit de lois. Diverses illustrations concrètes des difficultés liées à la coordination des lois simultanément applicables à un même rapport de droit semblent montrer que le paramètre de l'ajustement – à la fois la condition de son déclenchement et la voie qu'il emprunte – réside dans la confrontation entre le résultat atteint par l'application conjuguée des deux lois, qui se signalera par un résultat perçu comme injuste ou incohérent, et celui que consacre l'une ou l'autre individuellement dès lors qu'on lui confie le règlement d'ensemble du rapport [2]. Si chacune des lois, dans une situation de pur droit interne et selon les techniques qui lui sont propres, protège le conjoint survivant, sauvegarde les droits de l'héritier mineur ou prévoit une voie de sortie d'une union conjugale en échec, il y aura dysfonctionnement du règlement du conflit de lois dès lors que, dans une situation internationale, leur application conjuguée aboutirait à priver le conjoint survivant de ses droits, à porter atteinte à

1. V. *infra*, n° 724, en matière de mariage.
2. Y. Lequette, « Ensembles législatifs et droit international privé des successions », *Trav. Com. fr. DIP*, 1983-1984, p. 163.

la protection du mineur, ou à rendre les époux prisonniers de leur mariage.

Tel est tout d'abord l'enseignement de la célèbre affaire *Ghattas*[1], dans laquelle la loi libanaise (des communautés gréco-catholiques) applicable à la désunion d'un couple franco-libanais, ignorait le divorce demandé, mais tenait en l'occurrence ce même mariage, valable selon le droit français applicable à sa formation, pour nul. Les deux lois en présence, prises chacune globalement, permettait aux époux de mettre fin à leur union, tandis que la scission des catégories, et l'application partielle de l'une ou l'autre loi, non consultée sur la question connexe qui conditionnait sa réponse, était source de distorsion. Le remède trouvé par la Cour de cassation consista à faire application de la seule loi française, qui consacrait la validité du mariage, à sa dissolution.

Dans un domaine analogue, pareille démarche trouve un écho dans l'affaire *Makhlouf*[2], où la loi algérienne applicable à la filiation de l'enfant interdisait l'établissement de la filiation naturelle, mais tenait pour légitime l'enfant né d'un mariage vicié (en l'occurrence, célébré en France selon la coutume islamique, sans intervention de l'officier de l'état civil), tandis que la loi française applicable à la validité formelle du mariage tenait celui-ci pour inexistant, mais autorisait l'établissement de la filiation naturelle. L'adaptation opérée prit la forme d'une correction du rattachement, assurant l'application intégrale de la loi algérienne – qui était, à la différence de l'arrêt *Ghattas*, la loi des effets et non celle de la validité du mariage.

Il a été suggéré à cet égard que dans le choix de celle des deux lois qui prévaudra dans sa globalité, l'adaptation devrait prendre la voie de la perturbation minimum[3], en ce sens qu'elle devrait par exemple conduire à préférer l'application de la loi assurant les fins de la prétention sans modifier la cause de la demande : la loi française dans l'affaire *Ghattas* l'emporterait ainsi car Mme Ghattas avait demandé le divorce ; dans l'affaire *Makhlouf*, la compétence globale de la loi algérienne évitait quant à elle d'obliger la demanderesse à agir en déclaration d'inexistence du mariage et en établissement subséquent de la paternité naturelle[4].

1. Cass. civ. 25 févr. 1947, *Rev. crit. DIP*, 1947. 444, note Niboyet ; *D.*, 1947. 161, note P. L.-P.
2. Cass. civ. 1re, 3 juin 1998, préc.
3. V. H. J. Sonnenberger (dir.), *Müchener Kommentar zum Bürgerlichen Gesetzbuch*, Band 10, 3e éd. 1998, n° 540, ainsi que la discussion sur les autres critères envisageables dans D. Cocteau-Senn, *op. cit.*, n°s 384 et s.
4. B. Ancel, obs., *Rev. crit. DIP*, 1998, p. 653.

488. Une autre illustration très classique d'incohérences nées de la coordination de deux lois simultanément applicables à des questions connexes vient de la combinaison de la loi successorale et de la loi régissant le régime matrimonial pour déterminer les droits du conjoint survivant [1]. Ainsi, très généralement, les systèmes nationaux établissent la part successorale du conjoint survivant en fonction des droits qu'il peut faire valoir lors de la liquidation du régime matrimonial et réciproquement, afin de maintenir un équilibre global dans les rapports patrimoniaux familiaux. Cette interdépendance entre les deux matières caractérise ce qui a été nommé les « liaisons systématiques » entre les deux catégories de droits [2]. Lorsqu'en droit international privé les deux catégories sont soumises à des lois différentes, ces liaisons systématiques sont cependant rompues, de sorte qu'il peut s'ensuivre des résultats incohérents qu'aucune des deux lois n'aurait consacrés si elle avait été applicable à l'ensemble des droits tirés tant du régime matrimonial que de la succession. C'est ainsi que dans le cas d'une veuve dont le premier domicile matrimonial était en Angleterre, son conjoint étant décédé domicilié en France en y laissant un patrimoine mobilier, la combinaison des deux lois successivement applicables en vertu des règles de conflit naguère établies par la jurisprudence française lui réserve un sort très défavorable, car la loi anglaise applicable au régime matrimonial ne lui accorde que des droits successoraux, tandis que la loi française, généreuse sur le premier terrain où elle n'est pas consultée, l'est bien moins en termes de droits successoraux. Afin de rétablir l'équilibre, l'adaptation devra alors porter sur le rattachement lui-même ; il a ainsi été proposé d'appliquer la loi du régime matrimonial, qui est de nature à engendrer davantage d'attentes durant la vie du couple, à l'ensemble de la situation pécuniaire de la veuve [3].

Dans le même ordre d'idées, il arrive fréquemment que la mise en œuvre d'un *trust* testamentaire régi par la loi (de *common law*) du domicile du défunt et appelé à prendre effet sur un immeuble sis en France, se heurte aux dispositions du droit français du lieu de l'immeuble relatives à la réserve. Les tribunaux font parfois prévaloir la loi du *trust*, assurant de cette façon la centralisation du règlement successoral [4]. Dans ce cas, c'est à nouveau le rattachement même de la dévolution successorale – autrement dit, l'intérêt de l'État du lieu de l'immeuble à

1. V. également, *infra*, n° 845.
2. J. Héron, *Le morcellement des successions internationales*, Économica, 1986, préf. P. Mayer.
3. Sur les solutions possibles, v. Y. Lequette, « Ensembles législatifs et droit international privé des successions », préc.
4. V. l'analyse de la jurisprudence menée par S. Godechot, *op. cit.*, n°s 418 et s.

imposer sa solution – qui est revu. L'adaptation ne devrait pas cependant autoriser à contrecarrer systématiquement la réserve imposée par la loi successorale française. Notamment, en suivant la directive énoncée ci-dessus, l'adaptation ne devrait intervenir que dans la mesure où la conjugaison des lois applicables est de nature à aboutir à un résultat qu'aucune d'elles n'accepte. Ainsi, s'agissant du *trust* successoral, la modification du rattachement s'imposerait chaque fois que – et seulement si – la loi du *trust*, appliquée à l'ensemble de la dévolution et l'administration de la succession, conduirait au même résultat que la loi successorale du for. Il serait ainsi concevable d'écarter la compétence de la loi successorale française en présence d'un *trust* testamentaire constitué au profit d'un mineur anglais réservataire : il y a en effet une étroite correspondance entre la situation du mineur anglais investi de la seule propriété équitable dans le cas du *trust*, et le droit français, qui admet que le mineur est propriétaire de l'immeuble successoral mais n'en a pas la libre disposition sans représentant légal [1].

ÉTAT DES QUESTIONS

B. G. — H. Batiffol, « Réflexions sur la coordination des systèmes nationaux », *RCADI*, 1967, t. 120, p. 165 et s. ; G. Cansacchi, « Le choix et l'adaptation de la règle étrangère dans le conflit de lois », *RCADI*, 1953, t. 83, p. 79 ; D. Cocteau-Senn, *Dépeçage et coordination dans le règlement des conflits de lois*, thèse dactyl., Paris 1, 2001 ; S. Godechot, *L'articulation du trust et du droit des successions*, Éd. Panthéon-Assas, 2004, préf. Y. Lequette ; P. Graulich, *Introduction à l'étude du droit international privé*, Liège, 1978, n°s 45 et s. ; Y. Lequette, « Ensembles législatifs et droit international privé des successions », *Trav. Com. fr. DIP*, 1984, p. 163 ; H. Lewald, « Règles générales de conflits de lois, contribution à la technique du droit international privé », *RCADI*, 1939, t. 69, p. 1, spéc. 126 ; L. Raape, « Les rapports entre parents et enfants comme point de départ d'une explication pratique d'anciens et nouveaux problèmes de droit international privé », *RCADI*, 1943, t. 50, p. 401, spéc. p. 511 ; W. Wengler, « The general principles of private international law », *RCADI*, 1964, t. 104, p. 273, spéc. p. 405 et s.

SUBSTITUTION

489. La portée de la substitution. — Si les autres manifestations de l'adaptation sont étroitement tributaires du contenu concret des lois applicables dans chaque cas, de sorte que les modalités qu'elle emprunte dans une espèce déterminée n'ont guère vocation à déployer une autorité de chose jugée en dehors de l'espèce au sujet de laquelle elle intervient, la substitution pose une difficulté spécifique. Le sens donné au concept préjudiciel visé par la règle applicable à un effet donné, vaut-il au regard d'effets différents, soumis

1. *Ibid.*

le cas échéant à des lois différentes ? Par exemple, l'union polygamique des époux *Benddedouche* ayant été jugé valoir « mariage » au regard de la loi successorale française, le vaut-elle également pour l'ensemble des autres effets, personnels et patrimoniaux du mariage ? Indiscutablement, il est inopportun de faire varier le statut conjugal au gré des espèces. Pour l'éviter, il faudrait admettre que l'interprétation du concept préjudiciel se fasse moins dans la dépendance fonctionnelle de la règle applicable à la question principale qu'au regard de la conception de l'institution dans l'ordre juridique d'accueil, pris globalement. Plutôt que de se demander si les objectifs spécifiques au droit des successions sont atteints ou frustrés lorsque le bénéfice en est étendu à une union conjugale configurée selon une loi étrangère, il s'agirait d'assimiler cette dernière au regard de l'ensemble des intérêts que l'ordre juridique d'accueil confie à l'institution du mariage. Cette position, qui est de nature à renforcer l'exigence de l'appréciation portée sur l'équivalence des institutions, est également de nature à exercer un impact sur l'objet de cette appréciation, objet de controverses doctrinales et de flottements en droit positif (D. Cocteau-Senn, *op. cit.*, n° 266). La « prédisposition » du rapport étranger à déployer l'effet précis recherché selon sa loi d'origine deviendrait sans doute indifférente, mais il semble alors difficile de ne pas rechercher plus globalement la place qu'occupe cette institution au sein de l'ordre juridique étranger, compte tenu de l'ensemble de ses effets. La position de la jurisprudence semble varier sur ce point selon les matières. Relative en matière de mariage, l'appréciation de l'équivalence revêtirait un caractère plus absolu en matière d'adoption (*ibid.*, n° 270). À cet égard, un arrêt de la Cour de Paris (10 mars 1985, *JDI*, 1985. 915, note H. Gaudemet-Tallon) fournit une illustration intéressante de cette approche, en énonçant au sujet d'une adoption de droit allemand que celle-ci présentait avec l'adoption plénière de droit français, au-delà de certaines différences jugées non significatives, « *des équivalences d'ordre fondamental* »... « *tant en ce qui concerne la conception qui inspire les deux institutions... que l'esprit qui en gouverne les effets* ».

Substitution et prise en considération. — Les deux concepts sont parfois assimilés, (particulièrement en ce qui concerne les jugements étrangers : v. E. Fohrer-Dedeurwaerder, *La prise en considération des normes étrangères*, préc.). Coordinatrices, les deux techniques servent bien à introduire des situations étrangères dans l'ordre du for en les accueillant dans des catégories visées par celui-ci (ou en tout cas par le droit substantiel applicable), mais elles ne tendent pas aux même fins. La substitution consiste à vérifier si, sur le plan du droit matériel, une situation juridique créée en vertu d'une loi étrangère est suffisamment proche ou équivalente d'un concept (mariage, adoption) visé par la loi applicable à l'effet recherché (droits successoraux) pour que celui-ci puisse se réaliser nonobstant l'absence d'unicité de la loi applicable. La démarche présuppose donc la juridicité de la situation étrangère et une identité formelle entre les concepts utilisés par les lois du for et étrangère. L'adoption telle que la connaît la loi étrangère présente-t-elle des caractéristiques fonctionnelles analogues à celle de l'adoption française ?

En revanche, la prise en considération d'un événement normatif étranger (effet de fait du jugement étranger ou de la loi étrangère prise comme *datum*) appréhende directement celui-ci comme un fait en faisant abstraction de sa juridicité. Il n'y a aucune identité formelle à relever entre les concepts utilisés par la loi étrangère et la loi (du for) applicable, précisément parce que la situation créée sous l'empire de la loi étrangère n'est pas appréhendée dans sa dimension juridique. Il ne s'agit pas de se demander si un mariage (régi par la loi étrangère) est un mariage (au sens de la loi applicable aux effets), mais si la situation créée en vertu de la loi étrangère (souvent par l'effet d'un jugement étranger) présente les caractéristiques factuelles d'une catégorie visée par la loi applicable. La meilleure illustration reste la caractérisation d'un événement législatif étranger comme un cas de force majeure selon la loi applicable aux effets du contrat (comp. pour des exemples en matière de jugement étranger, *supra*, n° 251). Néanmoins, l'avènement des définitions autonomes de droit dérivé européen complique quelque peu l'analyse sur ce point, en brouillant la distinction entre substitution et prise en considération à l'occasion des questions préalables. V. *supra*, n° 398.

ADAPTATION

490. Adaptation et *trust*. — Les modalités d'introduction du *trust* testamentaire dans l'ordre juridique français à la faveur d'une succession internationale sont de plusieurs ordres possibles (v. les développements très approfondis de S. Godechot, *L'articulation du trust et du droit des successions*, Éd. Panthéon-Assas, 2004, préf. Y. Lequette). Elles impliquent toutes un jugement relatif au caractère commensurable de l'institution étrangère et de celles connues du for (v. également *infra*, n°s 690 et s.). La qualification suppose d'accueillir cette institution, ou du moins les projets ou questions de droit s'y rapportant, dans une catégorie de rattachement postulant des fonctionnalités similaires. Même si jurisprudence et doctrine y consacrent des ressources intellectuelles considérables (v. l'ensemble des développements consacrés aux tentatives de qualification du *trust* par S. Godechot, *op. cit.*, titre I, *Des ressources de la qualification*, n°s 13 et s.), il ne semble pas que le *trust* puisse être absorbé dans une catégorie préexistante du droit international privé français, puisqu'une telle opération se ferait nécessairement au détriment de ses fonctionnalités multiples. Si le trust testamentaire réalise bien une libéralité à cause de mort, sa finalité successorale n'est pas exclusive de celle d'une bonne gestion des biens successoraux, notamment en présence de bénéficiaires mineurs. C'est pourquoi la démarche proposée par la Convention de La Haye de 1985 est sans doute la seule acceptable, qui consiste à créer une catégorie autonome, ce qui permettra d'établir la validité du *trust* indépendamment de la loi applicable à l'effet (successoral) recherché.

Pareille démarche évite du même coup les problèmes de transposition, qui impliquent de faire régir une institution étrangère par une loi qui l'ignore. Or, s'agissant du *trust*, la transposition se heurte aux différences essentielles qu'il révèle avec les fondements et la structure du droit français des biens (H. Motulsky, « De l'impossibilité juridique de constituer un trust anglo-saxon sous l'empire de la loi française », *Rev. crit. DIP*, 1948. 451) – sauf à considérer, de *lege lata*, que le *trust* est un avatar de la fiducie, ce que semble impliquer au demeurant la définition du *trust* donnée par l'article 2 de la Convention de La Haye du 1er juillet 1985 (H. van Loon, « The Hague Convention of 1st July 1985 on the law applicable to trusts and on their recognition », in *Trust et Fiducie*, Montchrestien, « Grands Colloques », 2005, p. 19, spéc. p. 23 ; *contra* cependant R. Family, *L'acte de fiducie, étude de droit interne et de droit international privé*, thèse, Paris 2, 2000, n° 569). Si par conséquent le *trust* est reconnu valable selon sa loi propre, c'est son articulation avec les institutions successorales françaises à l'occasion de son insertion dans une succession régie par la loi française, qui va soulever la question de la *substitution*.

Ce type d'articulation, qui se réalisera généralement à la faveur d'un conflit mobile ou d'une question préalable dissociant les lois applicables à la validité et aux effets d'un rapport de droit déterminé, ne peut être menée à bien que si l'institution étrangère reconnue valable est équivalente à l'institution qui constitue le postulat ou la condition d'application de la règle substantielle applicable à l'effet invoqué. Il a été démontré que la démarche intellectuelle qu'implique l'insertion du *trust* valablement créé sous l'empire d'une loi étrangère dans une succession régie par la loi française revêt une certaine spécificité (S. Godechot, *op. cit.*, n°s 267 et s.). Jusqu'ici, les effets de la substitution sont passés par la recherche au sein de la loi successorale française de mécanismes équivalents à ceux qui sont mis en œuvre par le *trust*. Ainsi, G. A. L. Droz a tenté d'opérer l'insertion en rapprochant le *trustee* du légataire universel et de l'exécuteur testamentaire ensaisiné en droit français (note sous TGI Paris, 22 avr. 1976, *Rev. crit. DIP*, 1977. 324). Cependant, ces tentatives se heurtent tout à la fois à l'autonomie du patrimoine du *trust* et à l'étendue des pouvoirs du *trustee*. Identifiée par S. Godechot (*op. cit.*, n°s 274 et s.), la cause de l'échec est double. D'une part, le *trust* ne se confond pas avec le règlement successoral ; la tâche du *trustee*, qui ne s'identifie pas au *personal representative* investi par voie judiciaire, n'est pas d'administrer la succession, dont l'actif ne lui est transmis qu'après la purge du passif. D'autre part, il y a une erreur patente de méthode à soumettre les effets du *trust* à la loi successorale. Celle-ci n'est pas applicable aux effets du *trust* ; il s'agit seulement de s'interroger sur l'effectivité du *trust* en assurant l'entrée en possession du *trustee*. La problématique que postule la reconnaissance du *trust* est celle de son « adjonction » aux institutions successorales françaises au sein desquelles il importe de procéder aux adaptations nécessaires à en assurer l'effectivité (S. Godechot, *op. cit.*, n°s 288 et s.). Or, lorsque le jeu de l'équivalence porte sur la prémisse de la règle invoquée, comme dans le cas *Bendeddouche*, l'objectif poursuivi est de faire produire un effet à une institution étrangère par application de la norme du for. Mais dans le cas de l'insertion du *trust* parmi les institutions du for, l'équivalence concerne plutôt ses conséquences, qu'il s'agit précisément au contraire de soustraire à l'application de la loi du for en montrant que le résultat poursuivi par celle-ci est déjà atteint. L'exemple cité au texte l'illustre : dès lors que le *trust* constitué en présence de réservataires ne fait que réaliser la même répartition du capital et de l'usufruit que l'article 1094-1 du Code civil, il semble légitime de refuser à l'héritier réservataire le droit d'agir en réduction de ce même *trust* (*ibid.*, n° 398). On peut pareillement admettre que le *grant of probate* intervenu en Angleterre rend inutile la procédure de l'envoi en possession en faveur du *personal representative* (*ibid.*). L'adaptation ne prend pas la forme d'une substitution rendue nécessaire par la dissociation des lois applicables à la validité et des effets du *trust*, mais cherche à assurer l'effectivité du *trust* dans un environnement hétérogène sur le fondement de l'équivalence des résultats. Dans ce cas, elle peut impliquer une éviction de la loi normalement applicable, c'est-à-dire que l'adaptation portera sur le rattachement de la règle de conflit successorale.

Adaptation et adoption. — Si l'adoption offre un exemple récurrent d'adaptation, c'est que le lien adoptif, à la différence de la filiation par le sang, est une pure création de la loi, affectée par conséquent d'une grande diversité en droit comparé. Selon la célèbre formule de Raape, « mariage vaut mariage et [...] parenté matrimoniale vaut parenté matrimoniale [...] adoption ne vaut pas nécessairement adoption » (« Les rapports entre parents et enfants comme point de départ d'une explication pratique d'anciens et nouveaux problèmes de droit international privé », préc., spéc. p. 51). La source légale de l'adoption explique aussi la spécificité des difficultés liées à la dissociation, pour les besoins de la loi applicable, des conditions de prononcé et des « effets » de l'adoption. En effet, lorsque la dissociation porte sur la validité et les divers effets du mariage, cette dernière catégorie (ou série de catégories, car le règlement de conflit est désormais fortement spécialisé : v. *infra*, n°s 729 et s.) suppose acquise une certaine définition partagée du lien conjugal. En revanche, on inclut généralement parmi les « effets » de l'adoption divers aspects de cette institution qui relèvent en réalité de la définition même du lien, tels sa révocabilité, son impact sur les liens entre l'enfant et sa famille par le sang, etc. Ces aspects sont concernés par la substitution organisée par l'article 370-5 du Code civil, laquelle imposera une certaine déformation aux institutions étrangères différentes. La transposition du rapport étranger ainsi assimilé sous l'empire du droit français exigera alors l'application de ce dernier aux effets externes du lien adoptif (effets alimentaires, successoraux, sur le nom de l'enfant, etc.), moyennant le cas échéant son adaptation sur tous ces points à une situation concrète configurée différemment (comme dans l'exemple donné au texte, on peut imaginer que deux partenaires homosexuels aient adopté un enfant à l'étranger conformément à leurs lois personnelles, et que les divers effets cités soient adaptés pour en tenir compte).

Adaptation et légitimité putative. — Rapprochée dans le texte du cas d'adaptation illustré par l'arrêt *Ghattas*, l'affaire *Makhlouf* est intéressante en ce qu'elle illustre également une hypothèse de substitution dans le cas où la loi applicable à la question principale n'est pas la loi du for (Cass. civ. 1re, 3 juin 1998, *Benali c/ Makhlouf*, *Rev. crit. DIP*, 1998. 652, note B. Ancel). Un enfant né et résidant en France agit en recherche de paternité naturelle, soumise en vertu de l'article 311-14 du Code civil à la loi algérienne de la mère. Mais la loi algérienne refuse tout établissement de paternité naturelle (comp. le refus de légitimer l'enfant lorsque la loi applicable à la filiation, ici la loi tunisienne, ignore la filiation naturelle : Cass. civ. 1re, 10 mars 1993, *Rev. crit. DIP*, 1993. 456, note B. Ancel). Retour à la loi française en vertu de l'ordre public de proximité (sur lequel, v. *supra*, n° 462 ; n° 472) ? Non, plutôt opération de substitution. L'article 40 du Code algérien de la famille attache – notamment – la filiation légitime à l'existence d'un « mariage vicié ». Or, en l'occurrence, le défendeur et la mère de l'enfant avait accompli une célébration du mariage sur le territoire français conformément à la coutume islamique, sans intervention de l'officier de l'état civil. Ce mariage, nul selon la loi locale (que l'ordre juridique algérien aurait tenue pour applicable à la validité formelle du mariage) a été jugé équivaloir au « mariage vicié », concept préjudiciel de la loi algérienne régissant la filiation, et donc de nature à conférer une légitimité putative.

La solution ainsi consacrée semble impliquer l'éviction de la loi française normalement compétente pour régir la validité du mariage (et selon l'arrêt *Moreau*, la putativité : Cass., 6 mars 1956, *Rev. crit. DIP*, 1956. 305, note Ph. Francescakis, *D.*, 1958. 709, note H. Batiffol, *JCP*, 1956. II. 9549, note A. Weill, *GA*, n° 28 ; reprise par Cass. civ. 1re, 16 juill. 1998, *Zvoristeanu*, *Rev. crit. DIP*, 1999. 509, note Y. Lequette, *JDI*, 1999. 125, note P. Courbe, *D.*, 1999. 51, note B. Fauvarque-Cosson, *Som. comm.*, p. 196, obs. T. Granet, p. 294, obs. B. Audit, *JCP*, 1999. II. 10032, note H. Muir Watt). Mais l'arrêt *Makhlouf* pourrait également signifier que la putativité relève désormais de la loi applicable à la filiation, conformément sur ce point aux vœux de la doctrine (v. notamment la note d'Y. Lequette, précitée) et à l'évolution du droit positif interne, qui détache désormais le bénéficie de la légitimité de la putativité en cas de nullité du mariage (v. l'article 202 C. civ. issu de la loi du 3 janvier 1972). Or, dès lors que la qualité de la filiation en cas de nullité du mariage relève de la loi applicable à la filiation, il est inutile d'interroger la loi applicable à la validité du mariage sur la « prédisposition » de celui-ci à autoriser la putativité en cas de nullité. Sur ce point, v. les développements clairvoyants de W. Wengler, *Rev. crit. DIP*, 1966, p. 202.

Renvois. — Sur l'adaptation et la théorie anti-conceptuelle de la qualification, v. *supra*, n° 398 ; sur la discontinuité internationale des organes étatiques et le besoin corrélatif d'adaptation, v. *supra*, n° 455 ; sur le trust et la fiducie, v. *infra*, n°s 688 et s. ; sur les partenariats civils qui ont pu poser des difficultés d'adaptation par le passé, v. *infra*, n°s 735 et s. ; sur l'adaptation des jugements étrangers, qui requièrent parfois une « traduction » dans l'ordre du for, v. *supra*, n° 262 ; 321.

Chapitre 3

LA PORTÉE DE LA RÉFÉRENCE AU DROIT DÉSIGNÉ

491. La désignation du droit applicable en fonction des catégories du for doit-elle laisser une place à la volonté d'application de la loi étrangère, à travers la propre règle de conflit de celle-ci ? La découverte selon laquelle l'identification du siège des rapports de droit, loin de s'imposer au vu d'un ordre naturel et universel, variait d'un système à l'autre a soulevé, en même temps que le conflit de qualifications [1], le problème de savoir dans quelle mesure la désignation d'un ordre juridique étranger implique de tenir compte de ses propres règles relatives à l'applicabilité des lois dans l'espace. À cette question, qui oblige à déterminer le sens et la portée de la référence au droit étranger, la réponse est délicate.

De prime abord, le respect de l'intégrité de la loi désignée telle qu'elle se définit à travers ses propres critères d'applicabilité n'est pas à l'ordre du jour dans la perspective contemporaine de la méthodologie bilatéraliste, dont le souci n'est pas de répartir dans l'espace des situations homogènes entre lois exclusivement applicables, mais plutôt de combiner les ingrédients d'origine diverse au sein d'une « recette » à finalité matérielle axée sur la satisfaction des intérêts privés en jeu.

Toutefois, divers signes irritants de la vitalité de la tendance unilatéraliste persistent à rappeler que la loi étrangère, fût-elle désignée en fonction de sa seule utilité au sein du règlement orchestré par le for, possède néanmoins une autorité propre, qui ne saurait être méconnue sans priver cette désignation de toute signification réelle. La portée de cette idée concerne au demeurant le respect à accorder à l'ensemble des critères d'applicabilité de la loi désignée, comprenant aussi bien son droit transitoire que le règlement des conflits internes ou les paramètres d'autolimitation dans l'espace dont peuvent être assorties ses règles de droit

1. V. *supra*, n° 388.

substantiel. Longtemps controversés dans leur fondement et leur mise en œuvre, ces indices de malaise méthodologique revêtent aujourd'hui une portée toute autre au regard de la montée en puissance des démarches néo-statutaires [1].

À cet égard, la plus connue et la plus tenace des tentations unilatéralistes au sein de la méthode bilatérale s'est incarnée dans le mécanisme du renvoi, qui traduit l'idée selon laquelle les propres limites spatiales du droit étranger font partie intégrante de celui-ci, de sorte que ce ne serait pas appliquer ce droit que de les méconnaître (sect. 1). Moins médiatique, la théorie des questions préalables emprunte pourtant un fondement de prime abord aussi séduisant : comment demander à une loi étrangère donnée de régir l'effet d'une situation dont, en vertu de sa propre règle de conflit de lois, elle ne reconnaîtrait pas l'existence ? (sect. 2). Moins controversée que les deux précédentes, la question du conflit transitoire de droit étranger laisse quant à elle plus facilement la place à la règle étrangère de conflit dans le temps (sect. 3).

SECTION 1
Le renvoi

Y a-t-il un sens à appliquer une loi étrangère qui s'estime incompétente ? Si la loi anglaise désignée par la règle de conflit française pour régir la capacité d'un individu de nationalité britannique domicilié en France estime quant à elle que cette question doit être régie par la loi française du domicile, est-il ainsi acceptable de dissocier la référence à la loi matérielle anglaise de la mise en œuvre de ses propres dispositions de droit international privé [2] ?

Issu de la diversité des facteurs de rattachement retenus de part et d'autre, le terme évocateur « renvoi » recouvre la référence que fait à son tour la loi anglaise, déclinant sa compétence, vers une autre loi, en

1. Sur lesquelles v. *supra*, n° 357-11.

2. Cet exemple très classique est illustré par l'arrêt *Birchall* (Cass. civ., 10 mai 1939, *S.*, 1942. I. 73, note Niboyet, concernant le divorce de deux époux anglais domiciliés en France), où le renvoi conduisit à l'application de la loi du for française. Saisies d'un cas identique, les juridictions anglaises auraient appliqué pareillement la loi française, par mimétisme de ce que feraient les tribunaux français, en vertu de la théorie du « double renvoi » (v. *Re Annesley* [1926], chap. 692, désormais très critiqué cependant : v. *infra*, n° 515).

l'occurrence la loi du for français. Comme pour toutes les questions qui mettent en cause le sens et la portée de la désignation de la loi étrangère [1], la diversité des positions doctrinales relatives au renvoi s'explique par les liens qu'entretient ce dernier avec la façon dont est perçue la fonction de la règle de conflit (§ I). Se distanciant par rapport à ces constructions doctrinales, le droit international privé commun positif consacre l'obligatoriété de principe du renvoi, lui trouvant des applications nouvelles alors même que le droit conventionnel en réduit progressivement le champ (§ II). Ces tensions, qui font apparaître le débat traditionnel comme quelque peu dépassé, incitent à voir dans le renvoi une manifestation ponctuelle de la reconnaissance par le for de certaines situations configurées par un ordre juridique étranger, indépendamment de la loi applicable (§ III).

I | Le débat théorique

492. Né de la découverte jurisprudentielle selon laquelle la loi désignée pouvait ne pas accepter sa compétence [2], le débat doctrinal originaire emprunta ses arguments – qu'ils soient hostiles ou favorables au renvoi – à la fonction de la règle de conflit, perçue comme répartitrice des souverainetés législatives dans l'espace. Le refus de Bartin d'admettre l'incidence de la règle de conflit étrangère tenait ainsi, au même titre que la qualification *lege fori* [3], à la primauté nécessaire de la conception retenue par le législateur du for quant au champ des compétences étatiques. Niboyet parvint quant à lui à la solution inverse, au nom cette fois du respect de la souveraineté étrangère. Le tournant unilatéraliste pris par ce dernier auteur devant le renvoi effectué de la loi anglaise vers la loi du for français dans l'arrêt *Birchall* [4] souligne toutefois que cette opposition n'était pas exactement symétrique. Alors que l'hostilité de Bartin à l'égard du renvoi s'expliquait par le refus de céder à la représentation différente de l'ordre international que traduit la règle de conflit étrangère, chez Niboyet, la prise en compte de la règle de conflit de la loi désignée tendait à éviter d'imposer à celle-ci de s'appliquer contre son propre gré ; mais le conflit négatif mis en évidence par

1. Sur le problème des qualifications, v. *supra*, n°s 380 et s.
2. V. *infra*, n° 495.
3. V. *supra*, n° 391.
4. Préc.

ce renvoi-vérification appelait les méthodes de solution propres à l'unilatéralisme – lesquelles ne coïncident avec l'application de la règle de conflit étrangère que dans le cas du renvoi au premier degré ou renvoi-retour, illustré par l'arrêt *Birchall*.

493. Les arguments des deux camps se renouvelèrent en même temps que se modifia, vers le milieu du XXe siècle, la perception de la fonction de la règle de conflit. Se détachant progressivement du conflit de souverainetés, elle se voyait désormais confier la mission de localiser au mieux les rapports individuels dans la perspective d'un règlement satisfaisant des intérêts privés en jeu. Or, parmi les composantes de celui-ci, figurait au premier chef « l'harmonie internationale des solutions », dont la rupture est porteuse de discontinuité et d'imprévisibilité dans la vie internationale des particuliers. À défaut des solutions universelles que développait parallèlement la Conférence de La Haye, le mieux que pût faire unilatéralement chaque for était donc de développer des mécanismes de coordination pour réduire les effets pervers de la diversité des rattachements. Le célèbre « rocher de bronze » de Raape [1] venait convaincre ainsi des bienfaits du renvoi-transmission ou *rinvio altrove* vers la loi d'un État-tiers afin d'assurer l'alignement de tous les fors impliqués par la chaîne des désignations [2]. Qu'il prît la forme d'un prolongement naturel de la règle de conflit du for ou d'un « règlement subsidiaire » au cas où celle-ci, n'atteignant pas spontanément l'harmonie internationale, se devait d'être corrigée, le renvoi occupa alors pour la première fois une place centrale et naturelle au sein de la méthodologie bilatéraliste.

494. Le consensus à peine établi fut toutefois rapidement ébranlé par une nouvelle rupture de paradigme, que concrétisa la parution en 1958 de *La théorie du renvoi* de Phocion Francescakis [3]. La perte pro-

1. Un exemple célèbre imaginé par Raape est opposé aux adversaires du renvoi tel un « rocher de bronze » : deux ressortissants suisses, oncle et nièce, domiciliés à Moscou, s'y marient. Les règles de conflit soviétique et suisse désignent la loi russe, qui valide le mariage. Mais en l'absence de renvoi, un for allemand appliquerait le droit suisse de la nationalité commune, qui l'annulerait. Accepter le renvoi de la loi suisse, qui décline sa compétence, en faveur de la loi russe permettrait de rétablir l'harmonie des décisions par alignement sur la solution majoritaire (dont on peut noter qu'elle est également celle des États les plus proches de la situation et, ici, celle qui valide le mariage). Sur l'exemple, v. Maury, « Règles générales de conflits de lois », *RCADI*, 1936, t. 57, p. 325, spéc. p. 548.

2. Cette figure a été consacrée sous l'influence de Meijers (« La question du renvoi », *Bull. inst. jur. int.*, 1938. 191) à l'article 2 de la Convention de La Haye du 15 juin 1955 (non entrée en vigueur), destinée à résoudre le conflit entre loi nationale et loi du domicile, qui oblige les État-contractants à accepter en tant que for tiers la convergence atteinte entre les règles de conflit des États du domicile et de la nationalité de l'intéressé.

3. Ph. Francescakis, *La théorie du renvoi et les conflits de systèmes en droit international privé*, Sirey, 1958.

gressive de la neutralité de la règle de conflit purement coordinatrice, sous la pression d'une conception plus substantiviste de sa fonction, conduisit à subordonner la recherche de l'harmonie internationale des solutions à la réalisation d'autres valeurs et politiques qui engageaient le droit matériel. Le renvoi devint un simple expédient, disponible au sein de la « recette » que constituait désormais la règle de conflit bilatérale. La fragmentation croissante des catégories contribua à mettre fin à l'idée, qu'accréditait encore la conception coordinatrice de Batiffol, que la règle de conflit de lois procédait à une répartition dans l'espace de situations homogènes. Au contraire, il paraissait dès lors établi que celle-ci utilisait les dispositions matérielles des lois étrangères désignées au service de ses finalités propres, le cas échéant au détriment de l'intégrité du système étranger. À ce dernier égard, la perspective très normativiste dans laquelle le bilatéralisme privatiste s'est développé dans la doctrine continentale était de nature à favoriser l'assimilation de l'objet de la référence de la règle de conflit aux règles substantielles abstraites du système étranger, dans l'indifférence du point de vue concret qu'adopteraient ses organes en l'espèce par application de leur propre système de droit international privé. Au regard de cette conception, le règlement du conflit devient dès lors par essence hybride, en ce sens qu'en conjuguant des règles prises dans les divers ordres juridiques, aucun de ces derniers ne s'y reconnaîtra nécessairement. Tout au plus la « recette » pourrait-elle, le cas échéant et à titre d'expédient, tenir compte de la règle de conflit étrangère lorsque la finalité recherchée exigerait de privilégier l'uniformité des solutions.

II | Le droit positif

495. Apparemment peu sensible à cette valse doctrinale, la jurisprudence française affiche en ce domaine une remarquable sérénité, et ce depuis la découverte du renvoi qui lui est généralement attribuée[1]. L'arrêt *Forgo* fit ainsi figure de précurseur, en appliquant la loi française

1. Même s'il est vrai que quelques précédents embryonnaires semblent avoir existé dans l'Ancien droit et en droit comparé. Sur ce point, v. Niboyet, « Froland, les conflits de qualifications et la question du renvoi », *Rev. crit. DIP*, 1926. 1 ; en Angleterre, v. *Collier v. Rivaz* [1841], 2 Curt. 855, rendu dans des circonstances proches de celles de l'arrêt *Forgo*.

à la succession mobilière d'un ressortissant bavarois non admis au domicile en France, au motif qu'elle était applicable au regard de la loi bavaroise désignée par la règle de conflit du for [1]. La carrière du renvoi a été depuis lors jalonnée par une série de grands arrêts, qui le transformèrent en principe d'application générale et obligatoire, que ce soit sous forme du renvoi-retour vers la loi française (le plus souvent dénommé : renvoi au premier degré), ou même du renvoi-transmission vers une loi tierce (renvoi au second degré, selon son appellation traditionnelle par la doctrine française, alors même qu'un renvoi au second degré pourrait parfaitement conduire à un retour vers la *lex fori*) [2]. Comme en témoignage de cette stabilité jurisprudentielle, et plus d'un siècle après l'arrêt *Forgo*, la vitalité du mécanisme fut encore confirmée par l'arrêt *Ballestrero*, qui en consacra pour la première fois le jeu en matière de successions immobilières [3].

496. Une importante exception au domaine du renvoi vint en confirmer son statut de principe. Lorsque la règle de conflit donne effet à la volonté des parties (contrats, régimes matrimoniaux), il est en effet présumé, au nom du bon sens ou de l'intention vraisemblable des intéressés, que leur choix porte sur les seules règles matérielles de la loi choisie [4]. En revanche, dans le domaine de la validité formelle du

1. Cass. Req., 22 févr. 1882, *S.*, 1882. 1. 393, note Labbé, *GA*, 7-8. La loi bavaroise, compétente au titre du domicile de droit du défunt, désignait comme applicable la loi du domicile de fait en matière de statut personnel et la loi du lieu de situation en matière réelle. Comme le relève la Chambre des Requêtes, les deux rattachements désignaient la loi française, de sorte qu'il n'y avait pas lieu de rechercher si, selon la loi bavaroise, la matière des successions *ab intestat* relevait du statut personnel ou du statut réel. Cette dernière observation atteste une conscience au moins implicite d'un éventuel conflit (et d'un renvoi) de qualifications en l'occurrence (v. *infra*, n° 499).

2. V. Cass. Req., 9 mars 1910, *Soulié*, *DP*, 1912. 1. 262, rapp. Denis, *S.*, 1913. 1. 105, note E. A., *JDI*, 1910. 888, *Rev. dr. int.*, 1910. 870 ; 7 nov. 1933, *S.*, 1934. 1. 321, note Audinet, *Rev. crit. DIP*, 1934. 440, note Niboyet ; Cass. civ., 7 mars 1938, *de Marchi*, *Rev. crit. DIP*, 1938. 472, note Batiffol, *GA*, n° 16 ; Cass. civ. 1re, 21 mars 2000, *Ballestrero*, *Rev. crit. DIP*, 2000. 399, note B. Ancel, *D.*, 2000. 539, note F. Boulanger, *JCP*, 2000. II. 10443, note Th. Vignal, *Defrénois*, 2000. 1157, *JDI*, 2001. 505, note M. Revillard ; comp. Cass. civ. 1re, 21 sept. 2005, *Kenny*, *Rev. crit. DIP*, 2006. 100, note H. Muir Watt.

3. Cass. civ. 1re, 21 mars 2000, préc. ; depuis, Cass. civ. 1re, 20 juin 2006, *Wildenstein*, *JDI*, 2007. 125, note H. Gaudemet-Tallon ; *D.*, 2007. 1710, note P. Courbe. Comp. Cass. civ. 1re, 11 février 2009, *Riley*, *JCP*, 2009.II.10068, note F. Boulanger ; *Gaz. Pal.*, 4 avril 2009, p. 14, note D. Sindres ; *D.*, 2009. 1658, note G. Lardeux ; *JDI*, 2009. 567, note H. Péroz ; *Rev. crit. DIP*, 2009. 512, note B. Ancel.

4. Cass. civ. 1re, 1er févr. 1972, *Gouthertz*, *Rev. crit. DIP*, 1972. 644, note G. Wiederkehr, *JDI*, 1972. 594, note Ph. Kahn, *JCP*, 1972. II. 17096, concl. Gegout, *Defrénois*, 1972. 1033, note Ph. Malaurie, *GA*, n° 51 (régimes matrimoniaux) ; Cass. civ. 1re, 11 mars 1997, *Mobil North Sea*, *Rev. crit. DIP*, 1997. 702, note B. Ancel, *JDI*, 1997. 789, note M. Santa-Croce, *D.*, 1998. 406, note E. Agostini (contrats). Cependant, en l'absence de choix exprès de la loi applicable, le régime des rattachements supplétifs soulève plus d'hésitations. Dès lors en effet que ceux-ci représentent la localisation objective du rapport et non une volonté implicite, il est plus difficile de justifier à leur égard un régime dérogatoire sous l'angle de l'exclusion du renvoi.

mariage où le caractère impératif généralement attribué au rattachement à la *lex loci celebrationis* semblait jusqu'alors exclure le renvoi, la Cour de cassation vint en étendre le champ en admettant qu'il puisse jouer *in favorem* [1]. On en conclut généralement que le renvoi avait aussi sa place désormais au sein des règles de conflit « engagées », tel l'article 311-16 du Code civil [2], qui tendent à favoriser la validité d'une situation au moyen de rattachements alternatifs. Reste l'incertitude liée à une certaine jurisprudence des juges du fond, qui exclut le renvoi dans le jeu de la règle de conflit législative issue de l'article 311-14 du Code civil, au motif que celui-ci contient une désignation directe et impérative de la loi applicable [3].

497. Parallèlement, le régime du renvoi gagna progressivement en précision. Il résultait déjà de l'arrêt *Forgo* que la mise en œuvre de la règle de conflit étrangère impliquait l'interprétation *lege cause* des concepts utilisés par celle-ci : le domicile visé par la règle de conflit bavaroise est naturellement le domicile de fait au sens où l'entend cette dernière, et non le domicile de droit visé par la règle de conflit du for qui valut à la loi bavaroise sa désignation initiale. En conséquence, le concept étranger faisant ainsi partie intégrante du sens de la loi bavaroise, son interprétation devait être naturellement soumise au même régime que celle de la loi matérielle étrangère et échapper au contrôle de la Cour de cassation [4]. En revanche, en tant que la règle de conflit étrangère participe directement au règlement du conflit de lois devant le juge du for, celui-ci est bien tenu de la rechercher d'office, dès lors que,

1. Cass. civ. 1re, 15 juin 1982, *Moatti, Rev. crit. DIP*, 1983. 300, note J.-M. Bischoff ; *JDI*, 1983. 595, note R. Lehmann.
2. Abrogé par l'Ord. n° 2005-759 du 4 juill. 2005.
3. Paris, 11 mai 1976, *D.*, 1976. 633 note J. Massip, *Rev. crit. DIP*, 1977. 109, note I. Fadlallah, *JDI*, 1977. 656, note J. Foyer ; comp. Lyon, 31 oct. 1979, *JDI*, 1981. 54, note J. Foyer, *Rev. crit. DIP*, 1980. 558, note B. Ancel. Mais la jurisprudence des juges du fond n'est pas univoque. L'exclusion était fondée sur la crainte de voir le nouveau rattachement législatif privé de toute sa portée en raison de l'isolement du rattachement de l'établissement de la filiation à la loi de la mère en droit comparé, qui était de nature à conduire systématiquement au renvoi chaque fois que la mère était étrangère. Cet isolement est moins marqué aujourd'hui, tout au moins en matière de filiation naturelle (comp. par ex., nouv. EGBGB, art. 20 ; Code *DIP* belge, art. 62), de sorte que le renvoi, appelé à jouer moins, semble devoir y retrouver l'application généralisée qu'appelle son statut de principe. V., interprétant l'arrêt *Leppert* (Cass. civ. 1re, 3 mars 1987) en faveur de la réaffirmation du renvoi en ce domaine : *GA*, n° 73.
4. Cass. civ., 7 mars 1938, *de Marchi*, préc. En revanche, le renvoi ne peut emporter emprunt du régime procédural de la règle de conflit étrangère sous l'angle de l'office du juge : Cass. civ. 1re, 11 juin 1996, *Soc. Agora Sopha, Rev. crit. DIP*, 1997. 65, note P. Lagarde ; *JDI*, 1996. 941, note D. Bureau.

de sa propre initiative ou à celle des parties, la compétence de la loi étrangère est établie[1].

498. Les justifications induites de la jurisprudence sont essentiellement pragmatiques. La figure la plus fréquente du renvoi-retour (renvoi au premier degré), est ainsi clairement perçue comme étant de nature à favoriser la qualité du règlement matériel en assurant la coïncidence des compétences judiciaire et législative. S'il est certes toujours plus facile pour le juge d'appliquer la loi du for, l'identité des compétences revêt une importance pratique plus significative lorsque la gestion de la situation litigieuse exige la mise en œuvre de pouvoirs institutionnels, comme dans le cas de la mise en place d'une tutelle[2].

Moins fréquent, le renvoi-transmission (renvoi au second degré)[3] vers la loi d'un État-tiers échappe davantage à la systématisation. L'arrêt *Moatti*[4] a ainsi fait jouer le renvoi au second degré *in validatem* pour maintenir la validité d'un mariage célébré un demi-siècle auparavant en violation des formes de la *lex celebrationis*. Et l'arrêt *Ballestrero* en a consacré remarquablement le principe en matière de succession immobilière, bien que pratiquement, l'utilité réelle du renvoi dans ce domaine semblait alors être de déjouer les effets pervers du morcellement des masses immobilières en autorisant un renvoi-retour vers la loi du for[5].

499. Plus généralement, le statut de principe attribué au renvoi demeure problématique en raison des liens troubles qu'il entretient avec le conflit de qualifications[6]. Lorsqu'une divergence de rattachements se greffe sur un tel conflit, les principes de solution doivent-ils demeurer dictés par celui-ci, de sorte que la qualification *lege fori*, excluant d'interroger la loi étrangère sur l'étendue de ses propres catégories, interdirait par là même de la consulter sur l'applicabilité de sa loi dans l'espace ? Dans ce cas de figure, le renvoi résultant d'un conflit de qualifications a

1. Cass. civ. 1re, 21 mars 2000, *Ballestrero*, préc.
2. Cass. civ. 1re, 21 sept. 2005, *Kenny*, *Rev. crit. DIP*, 2006. 100, note H. Muir Watt.
3. Sur cette appellation, v. *supra*, n° 495.
4. Cass. civ. 1re, 15 juin 1982, préc.
5. Cass. civ. 1re, 21 mars 2000, préc. et l'importante note de B. Ancel, *Rev. crit. DIP*, 2000. 399. De fait, le bienfait du renvoi est ici d'autoriser la prise en considération d'immeubles sis à l'étranger dans la masse de calcul de la quotité disponible consacrée par la loi française. De ce point de vue, l'arrêt *Wildenstein* (Cass. civ. 1re, 20 juin 2006, préc.) semble marquer un certain retrait, en reprochant à la cour d'appel d'avoir omis d'« appliquer, au besoin d'office, la règle de conflit de lois donnant compétence en matière de succession immobilière à la loi étrangère du lieu de situation des immeubles et rechercher *si cette loi ne renvoyait pas à la loi française du dernier domicile du défunt* ». V. depuis, n'admettant le renvoi opéré par la loi de situation de l'immeuble que s'il assure l'unité de la succession et l'application d'une même loi aux meubles et aux immeubles : Cass. civ. 1re, 11 février 2009, préc.
6. Y. Lequette, « Le renvoi de qualifications », in *Mélanges dédiés à D. Holleaux*, p. 249.

certes été écarté par la Cour de cassation dans l'affaire *Mobil North Sea*, dans une hypothèse où était en jeu la prescription d'une action contractuelle, qui relevait de la catégorie procédurale pour la loi anglaise applicable au fond [1]. Cependant, le renvoi issu du conflit de rattachements étant exclu en toute hypothèse en matière contractuelle, cet arrêt ne peut être interprété comme condamnant le renvoi de qualifications de façon générale. La difficulté demeure donc sur ce point. En effet, en dehors de la matière contractuelle, il serait d'autant moins aisé de comprendre la condamnation du renvoi lorsqu'il résulte d'un conflit de qualifications et son admission en cas de divergence de rattachements que le passage d'un cas à l'autre est insensible et peut tenir à la seule définition de la catégorie de rattachement [2].

500. Quoi qu'il en soit de ces contradictions affectant le droit international privé commun, le renvoi connaît une désaffection certaine en droit européen et conventionnel sous sa forme classique – ce qui n'exclut pas cependant une réapparition sous une forme nouvelle [3]. La justification classique de l'exclusion du renvoi du champ du droit international privé unifié réside dans l'effet utile de la règle de conflit uniforme à vocation universelle : il ne servirait à rien d'unifier si le rattachement choisi devait céder chaque fois que la loi désignée est la loi d'un État non contractant ayant une règle de conflit différente. Pareille considération

1. Cass. civ. 1re, 11 mars 1997, *Rev. crit. DIP*, 1997. 702, note B. Ancel ; *JDI*, 1997. 789, note M. Santa Croce ; *D.*, 1998. 406, note E. Agostini.

2. Par exemple, la mise en œuvre de la règle de conflit successorale du for exige de distinguer, *lege fori*, entre la masse immobilière, régie par la *lex rei sitae*, et les meubles héréditaires, soumis à la loi du dernier domicile du défunt. Si la loi du lieu de l'immeuble renvoie à la loi personnelle du défunt sans modifier la qualification, le renvoi est admis (v. *Ballestrero*, préc.). En revanche, lorsque la même loi désignée au titre de la succession considère la question litigieuse comme relevant du statut personnel, il n'y aura pas de substitution de la catégorie étrangère du fait du conflit de qualifications, de sorte que le renvoi ne jouera pas. Entre les deux hypothèses, l'hésitation est permise : si la loi étrangère désignée au titre de la succession immobilière, sans sortir de la catégorie successorale, tient le bien en question pour mobilier et lui attribue un autre rattachement, on peut aussi bien y voir un conflit de qualifications et exclure le renvoi, qu'admettre que cette modification de la qualification en sous-ordre correspond à une simple divergence de rattachement.

3. L'exclusion est soit explicite (art. 24 Règlement Rome I sur la loi applicable aux obligations contractuelles ; art. 24 Règlement Rome II sur la loi applicable aux obligations non contractuelles) ; soit implicite (v. ainsi la formulation retenue à cette fin par plusieurs Conventions de La Haye évoquant la « *loi interne* » désignée par la règle de conflit : Conv. 15 juin 1955 sur la loi applicable aux ventes internationales ; Conv. 4 mai 1971 sur la loi applicable en matière d'accidents de la circulation routière…). Cependant, comp. la solution originale de la Conv. de La Haye du 14 mars 1978, excluant sur ce modèle le renvoi au 1er degré, mais admettant le renvoi au 2^d^ degré (art. 4, al. 2.2). V. également l'art. 34 Règlement « Successions », admettant sous certaines limites le renvoi pour favoriser l'harmonisation internationale des solutions. Et plus généralement, sur l'introduction d'un renvoi de compétence juridictionnelle, v. *infra*, n°s 515 ; 1129.

explique que, lorsque le renvoi permet au contraire d'assurer l'harmonie internationale, il y soit encore fait appel [1]. On y perçoit également l'idée, qui n'est pas sans paradoxe dans un contexte d'uniformisation internationale, que plus les rattachements conventionnels sont sophistiqués et spécialisés, plus ils doivent l'emporter sur le souci d'assurer la coordination avec la position des État-tiers [2]. Le renvoi conserve cependant ses partisans modernes [3], en dépit de son déclin dans les textes internationaux, et défend sa place dans les interstices de ces derniers ; le cas des atteintes aux droits de la personnalité, non couvertes par le Règlement Rome II, en fournit un excellent exemple [4]. Mais c'est sans doute la conviction analogue de la supériorité qualitative du rattachement législatif qui peut justifier l'exclusion générale du renvoi dans diverses codifications nationales récentes [5], bien que celles-ci soient porteuses plus généralement d'un remarquable éclectisme qui fait varier la place du renvoi selon les domaines et les intérêts en jeu [6].

III | Les significations possibles

501. La conviction répandue selon laquelle il n'existe aucune réponse théorique univoque à la question du renvoi incite à une relecture de sa place et de sa signification au sein de la théorie générale des conflits

1. Comp. les exemples cités *supra*, n° 498.
2. Sur l'intéressante question de savoir comment comprendre la notion d'États-tiers dans le cadre du Règlement « successions », qui réintroduit le renvoi, v. A. Bonomi et P. Wautelet, *Le droit européen des successions. Commentaire du Règlement n° 605/2012 du 4 juillet 2012*, Bruylant, 2e éd. 2015.
3. Chr. Forsythe, « Certainty v. Uniformity : Renvoi in the context of moveable property », *Journ. PIL* 2010. 637 ; David Alexander Hughes, « The Insolubility of Renvoi and its Consequences », *Journ. PIL* 2010.195 ; E. Agostini, « Le mécanisme du renvoi », *Rev. crit. DIP* 2013. 545.
4. Supposons que la loi délictuelle désignée par la règle de conflit de droit commun français, en cas de délit complexe, retienne elle-même un rattachement personnel ; ce renvoi serait donc suivi, le cas échéant jusqu'au second degré si la loi personnelle en retient elle-même une qualification délictuelle et un rattachement d'ordre territorialiste. Par ailleurs, dès lors que celui-ci ouvre une option (du type de celle que reconnaît le droit commun français, la question se pose si celle-ci est bien un renvoi).
5. V. par ex., le refus général du renvoi par l'article 3080 du Code civil du Québec et par l'article 32 du Code civil grec.
6. L'article 16 du Code belge exclut le renvoi en principe, sous réserve cependant de dispositions particulières ; en Allemagne, l'article 4 EGBGB l'admet dans la mesure de sa conformité aux objectifs de la règle de conflit du for ; la loi suisse de droit international privé admet le renvoi au premier degré en matière d'état civil (art. 14) et au second degré dans divers domaines telles les successions (art. 91) ; la loi italienne issue de la réforme du 31 mai 1995, revenant sur l'interdiction législative antérieure, admet le renvoi selon des modalités variables et fonctionnelles.

de lois. L'ensemble de ces incertitudes relatives à la portée de la désignation de la loi étrangère, assortie ou non de ses propres critères d'applicabilité spatiale, s'explique en effet par la diversité des conceptions du respect jugé dû « à la manière d'être originaire et effective des valeurs juridiques étrangères [1] », elle-même très liée aux mutations affectant la méthode du conflit de lois en général. Seulement, au regard de l'évolution méthodologique contemporaine, la prise en considération de la règle de conflit étrangère peut revêtir deux significations possibles.

502. Selon la première, le renvoi, outil d'harmonie internationale dans la conception bilatéraliste classique, semble se justifier essentiellement dans les domaines où le règlement du conflit tend à assurer la permanence d'une situation juridique, ou à donner effet à la vocation prépondérante d'une loi déterminée. Le premier objectif se retrouve en matière de statut personnel, où l'alignement du for sur la position d'un autre évite d'introduire une rupture dans la vie personnelle de celui-ci. Dans cette optique, le renvoi au second degré de l'arrêt *Moatti* pourrait signifier moins la poursuite de la validité en soi du mariage litigieux que la volonté du for de s'aligner sur la position commune des autres lois en présence, conférant une autorité positive au rocher de bronze de Raape. Le second cas est bien illustré en matière de statut réel, notamment en matière de succession, où le renvoi est de nature à garantir l'unicité et la cohérence du règlement organisé par l'ordre juridique désigné, comme dans les arrêts *Ballestrero* ou *Riley.* Mais sans doute l'emprunt de la règle de conflit étrangère est-il insuffisant dans ces cas à garantir l'harmonie réelle, dès lors qu'il n'englobe pas l'ensemble du positionnement concret de l'ordre juridique étranger relatif au point litigieux. Aussi bien la théorie de l'ordre juridique compétent de P. Picone propose-t-elle, s'agissant des mêmes rapports de longue durée aux rattachements forts, d'étendre la référence à la loi désignée au produit, anticipé ou effectif, de l'ensemble des règles commandant la reconnaissance des situations étrangères. L'article 65 de la loi italienne de droit international privé de 1995 semble consacrer cette approche [2]. Le renvoi, admis dans des domaines spécifiques, serait alors une manifestation parmi d'autres de la vocation privilégiée attribuée à un ordre juridique étranger

1. P. Picone, « Les méthodes de coordination entre ordres juridiques en droit international privé », préc., p. 42.

2. Ce texte conditionne la reconnaissance des décisions étrangères en matière de statut personnel, des droits de la personnalité et des rapports de famille à la circonstance qu'elles aient été prononcées par les autorités de l'ordre juridique désignée par les règles étrangères de conflit ou, qu'émanant d'États-tiers, elles y produisent des effets.

par la règle de conflit du for, pour façonner une situation donnée à travers l'ensemble de ses règles d'accueil des normes étrangères.

503. L'essor récent de la méthode de reconnaissance unilatérale portant sur les situations façonnées par une loi étrangère [1] suggère cependant une interprétation légèrement différente, en ce que, se rapprochant davantage de la théorie des droits acquis – postulat territorialiste en moins – elle tend à accentuer l'extranéité de l'acquisition de la situation en cause par rapport à la sphère d'intérêts du for, sans nécessairement exiger que soit identifié au préalable un système dominant qui aurait présidé à la création de celle-ci. Le renvoi est alors le signe – sans doute le seul signe admissible dans un système bilatéraliste et clos [2] – d'une abstention du for à lui imposer ses propres critères d'accueil [3]. Cette expression particulière de l'unilatéralisme, sous la forme de la reconnaissance de ce qui existe déjà ailleurs, est sans doute celle qui est la plus en phase avec l'essor contemporain des droits fondamentaux, qui commandent notamment d'accueillir une situation personnelle ou familiale revêtant une effectivité en dehors de l'État du for [4]. Pareillement, la méthode dite de « l'ordre juridique compétent », évocatrice de la version anglaise du renvoi ou « foreign court theory », consiste en une abstention de l'ordre du for d'imposer sa propre vision du règlement de conflit de lois devant celle d'un autre, plus légitime ou plus armé pour imprimer sa forme à une relation, qui sera ensuite reconnue comme telle [5].

SECTION 2
Les questions préalables

504. Comment justifier de faire régir l'effet d'une situation juridique (par exemple, un effet successoral) par une loi au regard de laquelle la situation source en cause (par exemple, le mariage ou la filiation) n'a

1. V. *infra*, n°s 569 et s.
2. À moins de conférer une forme alternative ou facultative aux rattachements du for. Sur la règle alternative comme technique de validation, v. P. Lagarde, « Reconnaissance, mode d'emploi », in *Mélanges en l'honneur de H. Gaudemet-Tallon*, Dalloz, 2008, p. 479.
3. À nouveau, l'arrêt *Moatti* peut être lu comme une manifestation d'un tel « conflit de systèmes dans le temps ». Cette lecture est confortée par la forme alternative que cet arrêt parvient à conférer à la règle de conflit relative à la validité en la forme du mariage – alors que, jusque-là, la *lex loci celebrationis* n'avait pas revêtu un caractère facultatif.
4. V. *infra*, n° 576.
5. V. *infra*, n°s 581-1 et s.

pas été valablement constituée au regard de ses propres règles de conflit de lois ? Accorder, au nom de la loi désignée pour régir la succession, un droit successoral au titre du mariage ou de la filiation, alors que cette loi ne reconnaît pas au demandeur la qualité de conjoint survivant ou d'enfant, peut apparaître comme un non-sens, qui revient à dénaturer le sens de la loi étrangère désignée.

La réponse à cette difficulté, qui conduit à apprécier la validité de la situation source au regard de la règle de conflit de l'ordre juridique étranger applicable à l'effet invoqué, a été systématisée dans la doctrine allemande [1], dont les idées, quoique relayées avec autorité en dehors de l'Allemagne [2], sont cependant restées très controversées et n'ont exercé qu'une faible influence sur le droit positif comparé [3]. Cette problématique, désignée comme celle de la « question préalable » (*incidental question, Vorfrage*), entretient pourtant des liens très étroits avec la substitution [4], qui conduit pareillement à s'assurer de la cohérence entre la loi régissant l'effet invoqué à titre principal et la loi applicable à la situation qu'elle présuppose sur le terrain distinct du droit substantiel ou de l'équivalence des institutions en cause.

505. Comme pour le renvoi, le traitement qu'il convient de réserver à la question préalable est tributaire de la signification donnée à la désignation de la loi étrangère. Ou bien le droit applicable est interrogé dans la seule teneur de ses règles abstraites, qui viendront ensuite s'insérer dans le règlement du conflit de lois dans les termes posés par le seul ordre juridique du for, ou bien ce droit est consulté tel qu'il s'appliquerait au cas d'espèce, à travers la position concrète, réelle ou supposée, de ses tribunaux, y compris dans la solution qu'ils donneraient au conflit de lois. La théorie des questions préalables se rattache à cette dernière idée en tant qu'elle conduit à donner effet à la règle de conflit de l'ordre juridique désigné pour régir la validité de la situation source. Comme l'écrit Wengler, si la loi successorale doit définir les successibles, elle doit

1. Melchior, *Die Grundlagen des deutschen internationalen Privatrechts*, 1932, « Vorfrage », p. 245. Wengler, « Die Vorfrage im Kollisionsrecht », *RabelsZ*, 1934. 148. La doctrine fondatrice de ce dernier auteur a elle-même évolué : v. ses « Nouvelles réflexions sur les questions préalables », *Rev. crit. DIP*, 1966. 165, avec les obs. introductives du Comité de rédaction.

2. V. notamment P. Lagarde, « La règle de conflit applicable aux questions préalables », *Rev. crit. DIP*, 1960. 459.

3. L'application de la règle de conflit étrangère a été rejetée en France par Cass. civ. 1re, 22 avr. 1986, *Djenangi*, *JDI*, 1986. 1025, note A. Sinay-Cytermann ; *JCP*, 1988. II. 20878, note E. Agostini ; *Rev. crit. DIP*, 1988. 302, note J.-M. Bischoff.

4. V. *supra*, nos 478 et s.

aussi déterminer la loi applicable lorsque les relations de parenté sont affectées d'extranéité [1].

Les fondements de ce raisonnement ne sont pas univoques, toutefois. La justification essentielle de l'intervention de la règle de conflit étrangère, qui se retrouve en matière de renvoi [2] ou de substitution [3], est de ne pas déformer la loi étrangère désignée [4]. C'est l'harmonie dite matérielle de celle-ci qui est en cause, en ce sens qu'il serait incohérent d'imputer les effets d'un mariage valable à la loi désignée alors que celle-ci en refuserait la validité si elle devait se prononcer à titre principal. À cet argument, il est généralement répondu cependant que rien ne justifie de faire prévaloir l'harmonie matérielle de l'ordre juridique désigné sur la cohérence de l'ordre du for, qui pourrait se trouver dans l'obligation de consacrer tantôt la validité, tantôt la nullité d'un même mariage au gré de la loi applicable à l'effet invoqué ; à quoi s'ajoute l'observation qu'en toute hypothèse, au regard du conflit de lois, le régime d'une relation donnée n'est pas imputable à un ordre juridique de référence qui régirait à titre exclusif une situation homogène, mais résulte de l'insertion de cette loi dans un règlement complexe orchestré par le seul droit international privé du for.

506. Pour répondre cette double objection, un autre argument plus évocateur du respect dû aux droits acquis consiste à démontrer que la question préalable soulevée à l'occasion de la mise en œuvre de la loi étrangère régissant la question principale est à ce titre doublement distanciée par rapport à la sphère d'intérêts de l'ordre juridique du for, de sorte que l'interférence des critères de validité posés par celle-ci serait injustifiée [5]. L'applicabilité de la règle de conflit étrangère serait donc en réalité la réponse à un conflit de systèmes. Si l'idée selon laquelle le système de conflit de lois du for n'a pas une vocation universelle et comporte lui-même des limites spatio-temporelles est séduisante, il semble peu opportun cependant d'ériger en paramètre de son intervention la configuration procédurale de la question litigieuse, selon qu'elle

1. Cette loi n'est pas nécessairement « appliquée » dans l'ordre du for, mais y est plutôt prise en considération, de façon indirecte, pour vérifier l'existence et le contenu de la situation juridique préalable à l'intérieur de l'ordre juridique étranger, qui sert ainsi d'« ordre juridique de référence » (P. Picone, « Les méthodes de coordination entre ordres juridiques en droit international privé », *RCADI*, 1999, t. 276, p. 218).

2. *Supra*, n° 492.

3. *Supra*, n° 478.

4. Le problème de la cohérence de la loi désignée se pose en réalité dans des termes similaires, en l'absence de question préalable, chaque fois que la règle de conflit du for dissocie l'existence et les effets d'une situation juridique (v. *infra*, n° 476).

5. V. P. Lagarde, art. préc.

est soulevée à titre préalable ou en tant que question principale. Si cette dernière objection est généralement jugée déterminante, le vrai débat pourrait bien cependant se situer ailleurs. Comme le renvoi, la théorie des questions préalables peut en effet être rattachée à deux problématiques voisines mais distinctes.

La première est liée à la fonction de la règle de conflit bilatérale et oblige à déterminer si celle-ci désigne toujours des règles abstraites destinée à prendre place dans un règlement d'ordre substantiel qui reste indifférent à la position concrète qu'adopteraient les organes des systèmes auxquelles elles sont empruntées, ou si, parfois, c'est bien cette position concrète qui est accueillie dans l'ordre du for.

La seconde prend acte de ce que, parfois, la reconnaissance d'une situation configurée par une loi étrangère s'impose, parce que la règle de conflit du for n'a pas de légitimité à imposer *ex post* ses critères de validité [1] ; ou parce que la situation constituée à l'étranger a été de nature à fonder des prévisions individuelles analogues à celles qui justifient l'accueil libéral des jugements étrangers [2] ; ou bien encore parce que l'ordre du for est tenu d'accorder une protection particulière à cette situation en raison des intérêts en jeu (il s'agit par exemple d'une relation de famille protégée par l'article 12 de la Convention européenne des droits de l'homme) [3]. Bien que précédant largement l'essor de l'idée de reconnaissance liée aux droits fondamentaux, le dernier état de la doctrine de Wengler relative aux questions préalables n'en est pas si éloigné, puisque cet auteur admettait que la reconnaissance des effets des rapports juridiques de longue durée (*Dauerrechtverhältnis*), fragilisés par leurs liens multiples, devait être facilitée, notamment en mettant en œuvre à leur usage des rattachements spéciaux d'ordre alternatif [4].

1. Tel est le cas de l'arrêt *Schwebel* rendu par la cour d'appel de l'Ontario, 4 nov. 1963, *Rev. crit. DIP*, 1965. 325, note Wengler. La Cour y a admis la validité d'un mariage contracté au Canada entre des époux domiciliés au Canada, alors que la capacité matrimoniale de la femme était tributaire des effets d'un divorce rabbinique obtenu antérieurement en Italie et nul selon la loi italienne. La reconnaissance du divorce par le juge canadien a été fondée sur le fait que celui-ci produisait ses effets dans l'ordre juridique israélien du domicile de la femme à la date du nouveau mariage. Généralement, ce cas est présenté comme une (rare) illustration de la théorie des questions préalables. Il s'agit plutôt soit de consulter la loi du domicile, considérée comme ayant une compétence prépondérante en tant qu'ordre juridique de référence, sur son positionnement concret relatif à la question de validité soulevée à titre préalable, soit plus largement de donner effet à une situation de longue durée qui semble avoir suscité chez les intéressés la conviction de sa validité, même si elle ne s'est pas constituée conformément à la règle de conflit (ou d'accueil des décisions) du for – lequel n'avait, à l'époque des faits, aucun titre à imposer son point de vue.

2. Lorsque la question préalable a fait l'objet d'un jugement étranger, la vérification de sa conformité à la règle de conflit du for est désormais supprimée (v. *supra*, n° 263).

3. Sur les exigences des droits fondamentaux, v. *infra*, n° 576.

4. W. Wengler, « Nouvelles réflexions sur les questions préalables », préc., p. 179 et s.

506-1. Bien entendu, dans les rapports intra-européens, comme en matière de qualification [1], l'essor des définitions autonomes élaborées par la Cour de justice ou le cas échéant posées par les textes dans de nombreux domaines à l'occasion de la mise en œuvre du droit dérivé dans les situations internationales, modifie quelque peu la donne : en amont de la loi applicable à la question préalable, il faudra satisfaire à la condition de la définition commune. Par exemple, le bénéfice du congé parental au regard du droit de l'Union est filtré d'abord par une définition de la parentalité [2], et ensuite seulement, par le règlement du conflit de lois.

SECTION 3
Le conflit transitoire de droit étranger

507. Le conflit international transitoire naît de la succession dans le temps de dispositions législatives [3] dans le système juridique étranger jugé compétent. Par exemple, à l'occasion d'un litige en matière de succession immobilière, portant sur les droits du conjoint survivant, la loi successorale, *lex rei sitae*, pourrait avoir fait l'objet d'une réforme législative, modifiant les droits du conjoint, de sorte qu'il serait nécessaire de déterminer s'il doit être fait application des anciennes ou des nouvelles dispositions. Pour dénouer ce conflit, on peut cependant hésiter à rechercher la solution à partir des règles de la loi successorale elle-même ou de la loi du for. À titre de principe, c'est vers l'application des dispositions transitoires de la *lex causae* que le droit positif s'est progressivement orienté (§ I), sous réserve de quelques tempéraments, avérés ou souhaités (§ II).

1. Sur la qualification et les définitions autonomes, v. *supra*, n° 398.
2. Ainsi, la CJUE a dit pour droit que la directive sur les travailleuses enceintes n'incluait pas – ou du moins n'imposait pas d'inclure – une mère commanditaire d'un enfant né d'une gestation pour autrui (affaires C-167/12 *C. D. / S.T.* et C-363/12, *Z. / A Government Department and the Board of Management of a Community School*, *JCP*, 2014, 769, note K. Garcia). Plus généralement sur l'interaction entre les questions préalables et les définitions autonomes, v. S. Corneloup, « Les questions préalables au statut personnel dans le fonctionnement des règlements européens de droit international privé », *Trav. Com. fr. DIP*, 2010-2012, p. 189.
3. Ou jurisprudentielles, tout au moins si le droit désigné n'admet pas la rétroactivité systématique des revirements – elle-même généralement liée à la négation du statut de la jurisprudence comme source de droit. Pour des éléments de droit comparé, v. *Les revirements de jurisprudence*, Rapport du groupe de travail présidé par N. Molfessis, Litec, 2005, p. 53 et s.

I | Principe

508. C'est à partir des dispositions transitoires de la *lex causae* que la Cour de cassation a clairement entendu rechercher le principe de solution du conflit international transitoire, dans une décision rendue en matière de filiation et en présence d'un changement au sein de la loi allemande désignée par la règle de conflit française. Aux termes de cet arrêt *Leppert*, il fut en effet décidé que « l'article 311-14... a entendu déterminer le droit applicable en considération de la nationalité de la mère ; en cas de modification ultérieure de la loi étrangère désignée, c'est à cette loi qu'il appartient de résoudre le conflit de lois dans le temps [1] ».

Diverses justifications ont été avancées pour soutenir cette solution qui recueille l'adhésion d'une doctrine dominante, et dont la force de conviction est étroitement liée aux caractéristiques traditionnellement attachées à la méthode conflictuelle classique. Ainsi est-il fréquemment souligné que la mise en œuvre correcte de la loi étrangère – telle qu'elle est et non pas tel que le système juridique du for voudrait qu'elle soit – suppose que soient respectés les critères d'applicabilité que formule à son sujet le législateur étranger. En outre, la règle de conflit désignant non une règle particulière mais un système juridique étranger envisagé dans la globalité, c'est au sein de celui-ci et d'après ses propres paramètres que devrait être recherchée la disposition applicable.

II | Tempéraments

509. Au principe de l'application des dispositions transitoires de la *lex causae*, divers tempéraments ont été opposés de longue date, dont le droit positif rend assez inégalement compte.

C'est ainsi qu'il avait été autrefois proposé que la rétroactivité de la loi étrangère serait à elle seule contraire à l'ordre public international. Cette affirmation n'est cependant plus reprise aujourd'hui, la rétroactivité d'une loi n'étant pas, en tant que telle, contraire à l'ordre public

1. Cass. civ. 1re, 3 mars 1987, *Leppert*, *Rev. crit. DIP*, 1988. 695, note M. Simon-Depitre ; *JCP*, 1989. II. 21209, note E. Agostini ; *GA*, n° 73. Réaffirmant, au visa de l'article 3, la solution de l'arrêt *Leppert*, v. Cass. civ. 1re, 17 décembre 2008, *Rev. crit. DIP*, 2009. 59, note D. Sindres, *D.*, 2009. 1558, obs. P. Courbe, dans un cas où le droit marocain, modifié par le nouveau code du statut personnel de 2004, avait été désigné par la convention bilatérale franco-marocaine du 1er août 1981.

international comme suffit à en convaincre l'existence en France, comme dans bien d'autres États d'ailleurs, de lois rétroactives.

Il n'en demeure pas moins que dans certaines circonstances particulières, une loi rétroactive pourrait conduire à heurter l'ordre public international. Selon une décision rendue par la Cour de Paris, « la rétroactivité d'une loi étrangère ne saurait, par elle-même, être regardée comme se heurtant en France à l'exception d'ordre public international en dehors du cas très spécial où la mesure rétroactive pourrait apparaître intolérable en raison de considérations particulières, par exemple d'ordre politique ou racial qui l'auraient dictée, cette mesure en pareil cas, se trouvant en définitive écartée, non pas en tant que rétroactive, mais à cause de son fondement ou de son contenu [1] ». L'exception d'ordre public ne conduirait d'ailleurs pas en ce cas à l'application de la *lex fori*, mais à l'application de la loi ancienne étrangère, dès lors que c'est seulement la disposition rétroactive étrangère qui heurterait l'ordre public.

510. En d'autres circonstances, il a parfois été avancé que les dispositions transitoires de la *lex causae* pourraient être également évincées : selon la théorie de la pétrification (*Versteinerung*), l'application rétroactive d'une nouvelle loi étrangère, imposée par le droit transitoire de la *lex causae*, devrait être écartée lorsqu'au moment de l'entrée en vigueur de la loi nouvelle, la situation litigieuse a perdu tout lien avec le pays où elle est née [2]. Cette théorie repose cependant sur un évident paradoxe, justement pointé en doctrine : pour éviter l'application d'une loi nouvelle n'entretenant plus de liens avec la situation, serait alors appliquée une loi ancienne qui n'est plus en vigueur nulle part [3]. Curieux remède contre l'inopportune exclusion du conflit mobile !

Adoptant à ce sujet une position médiane, la jurisprudence s'est le plus souvent contentée de faire application des dispositions transitoires du droit étranger, fussent-elles rétroactives [4], n'acceptant la théorie de la pétrification que par interprétation de la Convention de Genève du 28 juillet 1951 sur les réfugiés, dont l'article 12, § 2 prévoit que « les droits précédemment acquis par les réfugiés et découlant du statut personnel, et notamment ceux qui résultent du mariage, seront respectés

1. Paris, 2 juill. 1954, *Lamet*, *Rev. crit. DIP*, 1954. 810, note H. Batiffol ; *JDI*, 1955. 142, note A. Ponsard.
2. Sur l'application de la théorie de la pétrification en matière de régimes matrimoniaux, v. *infra*, n° 830.
3. P. Mayer, V. Heuzé, n° 249, p. 177.
4. V. ainsi Paris, 2 juill. 1954, *Lamet*, préc.

par tout État-contractant [1] ». Dans une affaire récente, où la Convention de Genève du 28 juillet 1951 sur les réfugiés n'était pas applicable [2], la Cour de cassation a cependant affirmé – au seul visa de l'article 3 C. civ. « que les lois nouvelles du pays d'origine sont sans incidence sur le régime matrimonial d'époux qui, ayant eu le statut de réfugiés, ont ensuite acquis une autre nationalité » de sorte que l'acquisition de la nationalité française par les époux « ne les avait pas privés des droits acquis résultant de leur statut matrimonial d'origine [3] ». Affirmation remarquable d'une pétrification détachée de son assise conventionnelle, mais que les solutions nouvelles issues de la Convention de La Haye du 14 mars 1978 sur la loi applicable aux régimes matrimoniaux pourraient rapidement priver d'objet en admettant la mutabilité du régime [4].

511. De manière plus radicale, il fut autrefois proposé par quelques auteurs que le conflit transitoire affectant le droit matériel étranger aurait dû être résolu par application des règles du droit transitoire du for [5]. Si cette idée n'est plus guère soutenue aujourd'hui, ce n'est pas dire pour autant que la vocation de la *lex fori* à résoudre le litige ait été complètement abandonnée.

Plus récemment, il a en effet été estimé que la solution du problème devait être recherchée dans la *lex fori* : non plus par application des règles de droit transitoire du for, mais par interprétation de la règle de conflit du for. L'idée de départ de telles propositions repose sur le constat selon lequel le conflit né du changement des règles applicables doit être résolu comme un litige international, de sorte que c'est dans son propre système de droit international privé que le juge devrait trouver la solution, par interprétation de la règle de conflit du for, d'ailleurs exprimée selon diverses tendances. Selon ce courant, en effet, la référence de la règle de conflit du for contiendrait une précision temporelle,

1. V. ainsi Cass. civ. 1re, 1er décembre 1969, *Panayotti, Rev. crit. DIP*, 1970. 95, note P. Lagarde ; *JDI*, 1970. 306, note A. Ponsard.

2. Comp., en cette même hypothèse : Cass. civ. 1re, 18 sept. 2002, *Defrénois*, 2003, p. 24, note M. Revillard ; *D.*, 2003. 1251, note G. Khairallah ; *Rev. crit. DIP*, 2003. 92, note G. Droz ; *JCP*, 2003. I. 111, n° 8, obs. G. Wiederkehr ; *LPA*, 7 juin 2004, n° 133, note P. Courbe ; M. Josselin-Gall, « Loi applicable au régime matrimonial légal des réfugiés : une orientation surprenante de la Cour de cassation », *JCP, éd. N*, 2003, p. 1533.

3. Cass. civ. 1re, 28 nov. 2006, *Rev. crit. DIP*, 2007. 397, note P. Lagarde, *LPA*, 2007, n° 151, p. 26, obs. P. Courbe, rendu dans la même affaire et cassant Paris, 22 sept. 2004, *D.*, 2005. 1195, obs. P. Courbe.

4. Pour autant du moins que les deux époux soient encore vivants. Sur la mutabilité du régime matrimonial, v. *infra*, nos 805 ; 810 ; 815-3 ; 823.

5. Sur la présentation de ces théories, v. not. C. Gavalda, *Les conflits de lois en droit international privé*, Sirey, 1955, préf. H. Batiffol, spéc. 287 et s.

dont la portée dépasserait la concrétisation successive du facteur de rattachement pour atteindre les changements affectant la loi étrangère elle-même [1]. Ce rattachement pourrait être explicite (ex., l'art. 311-14 C. civ. : la filiation est régie par la loi personnelle de la mère au jour de la naissance de l'enfant) ou implicite (ex., la règle locus *regit actum*, qui viserait la loi en vigueur au lieu et au moment de la passation de l'acte). Confrontée à une hypothèse dans laquelle aurait pu être expérimentée cette proposition, la jurisprudence a cependant refusé de s'y engager ; c'est ainsi que dans l'arrêt *Leppert* [2] la précision temporelle intégrée dans la règle de conflit fut jugée inapte à résoudre le type de difficulté ici envisagé : l'article 311-14 C. civ., visant la loi personnelle de la mère au jour de la naissance de l'enfant, ne vise pas la loi en vigueur à cette époque, mais la nationalité de la mère à cette époque. Autrement dit, la précision d'ordre temporel ne concerne pas le changement de loi dans le temps, mais le changement de nationalité dans le temps ou conflit mobile.

En vertu d'une autre tendance [3], c'est à partir des objectifs poursuivis par la règle de conflit que devrait être recherchée la solution du conflit transitoire. C'est ainsi par exemple que la règle *locus regit actum* s'expliquerait par une idée de faveur à l'égard de la validité de l'acte. De sorte que cet objectif empêcherait l'application d'une loi étrangère imposant rétroactivement de nouvelles exigences de forme : le conflit de lois dans le temps sera alors tranché en faveur de la loi qui permet au mieux d'assurer l'objectif de la règle de conflit [4]. Ce système de solution ne s'intègre cependant qu'assez difficilement au schéma traditionnellement dessiné de la méthode conflictuelle classique, utilisant une règle de conflit neutre, indifférente au contenu de la loi qu'elle désigne. Dans le même temps – en contrepoint –, une certaine matérialisation de la règle de conflit résultant de l'intégration en son sein d'objectifs d'ordre matériel, pourrait alors fournir autant d'arguments à son soutien : tel pourrait être précisément le cas au sujet de la règle *locus regit actum*, dont

1. Francescakis, *La théorie du renvoi et les conflits de systèmes en droit international privé*, Sirey, 1958, p. 190.

2. Préc.

3. P. Graulich, *Rép. dr. internat.*, 1re éd., V° « Conflits de lois dans le temps », nos 111 et s. ; P. Courbe, *Les objectifs temporels des règles de droit international privé*, PUF, 1981, nos 130 et s. ; H. Muir Watt, *La fonction de la règle de conflit de lois*, thèse, Paris 2, 1985, spéc. nos 352 et s.

4. Dans cette perspective, on notera que ces deux courants doctrinaux ne conduisent pas nécessairement au même résultat. Ainsi, s'il s'agit de déterminer le rattachement temporel de la règle *locus regit actum*, il conviendra de faire application de la loi en vigueur au moment de l'acte, alors que si l'on s'efforce de raisonner à partir des objectifs de la règle de conflit, on appliquera celle de la loi ancienne ou de la loi nouvelle qui sera la plus favorable à la validité de l'acte.

l'interprétation jurisprudentielle manifeste effectivement une certaine faveur à la validité de l'acte [1].

ÉTAT DES QUESTIONS

B. G. — Institut de droit international, « La prise en compte du droit international privé étranger », *Annuaire*, vol. 68-II (1999), 370 ; *Rev. crit. DIP*, 2000. 135.

Sur le conflit transitoire de droit étranger : v. *supra*, B. G. sous le n° 415.

Sur le renvoi : E. Agostini, *L'application des règles de conflit étrangères et les conflits de systèmes en droit international privé*, thèse, Bordeaux, 1975 ; « Le mécanisme du renvoi », *Rev. crit. DIP* 2013. 545 ; H. Batiffol, *Aspects philosophiques du droit international privé*, 1956, n°s 142 et s. ; « Réflexions sur la coordination des systèmes nationaux », *RCADI*, 1967, t. 120, p. 164 ; P. Courbe, « Retour sur le renvoi », in *Écrits en l'honneur de J. Foyer*, Économica, 2008, p. 241 et s. ; J. Derruppé, « Plaidoyer pour le renvoi », *Trav. Com. fr. DIP*, 1964-1966, p. 181 ; J. Foyer, « Requiem pour le renvoi », *Trav. Com. fr. DIP*, 1979-1980, p. 105 ; Ph. Francescakis, *La théorie du renvoi et les conflits de systèmes en droit international privé*, Sirey, 1958 ; J.-M. Jacquet, « La fonction supranationale de la règle de conflit de lois », *RCADI*, 2001, t. 292, p. 147 ; W.J. Kassir, « Le renvoi en droit international privé – technique de dialogue entre les cultures juridiques », *RCADI*, 2015, vol. 377 ; L. Kramer, « Return of the renvoi », 66, *NYU Law Rev.*, 979 [1991] ; Y. Lequette, *Rép. dr. internat.*, V° «Renvoi » ; « Le renvoi de qualifications », in *Mélanges dédiés à D. Holleaux*, Litec, 1990, p. 249 ; P. Lerebours-Pigeonnière, « Observations sur la question du renvoi », *JDI*, 1924. 877 ; H. Lewald, « La théorie du renvoi », *RCADI*, 1929, t. 29, p. 515 ; P. Louis-Lucas, « Vue simplifiée du renvoi », *Rev. crit. DIP*, 1964. 1 ; J.-P. Niboyet « Froland, les conflits de qualifications et la question du renvoi », *Rev. crit. DIP*, 1926. 1 ; L. Perreau-Saussine, « Le renvoi », in T. Azzi, O. Boskovic (dir.), *Quel avenir pour la théorie générale des conflits de lois ?*, *op. cit.*, p. 139 et s. ; P. Picone, « Les méthodes de coordination entre ordres juridiques en droit international privé », *RCADI*, 2000, t. 276, p. 13, spéc. p. 44 et s. ; M. Philonenko, « L'affaire Forgo », *JDI*, 1932. 281 ; G. P. Romano, *Le dilemme du renvoi en droit international privé. La thèse, l'antithèse et la recherche d'une synthèse*, Schultess, 2014, préf. B. Ancel (et le C.R. par S. Corneloup, *Rev. crit. DIP*, 2016. 809) ; R. Sfeir, *Aspects contemporains du renvoi en droit international privé comparé*, Bruylant, 2010, préf. J. Foyer.

Sur les questions préalables : E. Agostini, « Les questions préalables en droit international privé », in *Droit international et droit communautaire, Actes du Colloque de Paris des 5-6 avril 1990*, 1991, p. 25 ; D. Cocteau-Senn, *Dépeçage et coordination dans le règlement des conflits de lois*, thèse dactyl., Paris 1, 2001 ; S. Corneloup, « Les questions préalables de statut personnel dans le fonctionnement des règlements européens de droit international privé », *Trav. Com. fr. DIP*, 2010-2012, p. 189 ; Ph. Francescakis, « Les questions préalables de statut personnel dans le droit de la nationalité », *RabelsZ*, 1958. 466 ; P. Lagarde, « La règle de conflit applicable aux questions préalables », *Rev. crit. DIP*,

1. Sur la matérialisation de la règle de conflit, v. *infra*, n°s 524 et s.

1960. 459 ; « Observations sur l'articulation des questions de statut personnel et des questions alimentaires dans l'application des conventions de droit international privé », in *Mélanges en l'honneur d'A. von Overbeck*, 1990, p. 511 ; *Rép. dr. internat.*, V° « Question préalable » ; P. Louis-Lucas, « Qualification et répartition », *Rev. crit. DIP*, 1957. 158 ; A. Makarov, « Les cas d'application des règles de conflit étrangères », *Rev. crit. DIP*, 1955. 431 ; P. Picone, *Saggio sulla struttura formale del problema delle questioni preliminari nel diritto internazionale privato*, Naples, 1971 ; « Les méthodes de coordination entre ordres juridiques en droit international privé », *RCADI*, 2000, t. 276, p. 13, spéc. p. 211 ; S. Sana-Chaillé de Néré, « Les questions préalables », *in* T. Azzi, O. Boskovic (dir.), *Quel avenir pour la théorie générale des conflits de lois ?*, *op. cit.*, p. 123 s. ; M.-H. Van Hoogstraten, « Le droit international privé néerlandais et la question préalable », in *Mélanges offerts à R. D. Kollewijn et J.Offerhaus*, 1962, p. 209 ; W. Wengler, « Nouvelles réflexions sur les questions préalables », *Rev. crit. DIP*, 1966. 165.

L'OBJET DE LA DÉSIGNATION : ORDRE JURIDIQUE OU RÈGLES SUBSTANTIELLES ?

512. L'impact méthodologique de la distinction entre ordre juridique et règles de droit substantiel a constitué l'un des apports de la doctrine fonctionnaliste américaine, dont on sait qu'elle rejette la règle de conflit catégorique et « *jurisdiction-selecting* » en faveur d'une approche casuistique ou « *issue-by-issue* » qui tend à trancher les conflits entre deux règles individualisées porteuses d'intérêts étatiques opposés (v. *supra*, n° 353). La même distinction a servi à expliquer les rapports entre la méthode conflictuelle et les lois de police, applicables à titre individuel et de façon dérogatoire. Le signe distinctif de ces dernières résiderait dans le fait qu'elles forceraient la compétence de l'ordre juridique dont elles relèvent (P. Mayer, « Les lois de police étrangères », *JDI*, 1981. 277). Mais au sein même de la méthode conflictuelle existent d'autres débats relatifs à l'identification de l'objet de la désignation, qui empruntent des termes similaires.

En premier lieu, la règle de conflit désigne-t-elle le point de vue normatif concret du droit applicable tel qu'il se matérialiserait dans une décision de ses organes s'ils étaient saisis d'un problème identique, auquel cas le droit applicable est envisagé comme un ordre juridique composé de règles substantielles internes et de règles de droit international privé tant sous l'angle du conflit de lois que du conflit de juridictions, ou se contente-t-elle de se référer à des normes abstraites, assorties ou non le cas échéant de critères d'applicabilité ? On sait que pour P. Picone, ces deux approches coexistent, la première représentant la méthode de l'« ordre juridique de référence ». Elles représentent des « degrés différents de respect de la manière d'être originaires et effective des valeurs juridiques étrangères » (Picone, « Les méthodes de coordination entre ordres juridiques en droit international privé », préc., p. 42). Dans les cas intéressant notamment les rapports de longue durée où il importe d'éviter de créer des situations boiteuses (*ibid.*, p. 123), la référence à la loi étrangère comprend le point de vue concret de l'ordre juridique compétent envisagé globalement. La méthode de référence à l'ordre juridique compétent repose ainsi sur « une évaluation d'ordre fonctionnel relative au déroulement actuel ou futur des situations juridiques » (*ibid.*, p. 119). Dans ce contexte, l'ordre juridique est entendu comme « un système normatif unitaire et global » et la problématique du conflit de lois est l'affrontement entre deux points de vue concrets (*ibid.*, p. 122). La portée de la théorie dépasse celle qu'impliquent aussi bien l'admission du renvoi que la *foreign court theory*, qui se déroulent sur le seul terrain du conflit de lois. Dans la perspective proposée, la reconnaissance des jugements et des actes publics étrangers ne fait pas l'objet d'un régime distinct du conflit de lois : la règle de conflit est elle-même le vecteur de cette reconnaissance dans la mesure où il suffit que l'acte produise des effets au sein de l'ordre juridique compétent pour être accueilli de la même façon au for. L'article 65 de la loi italienne de droit international privé de 1995 (qui conditionne la reconnaissance de décisions étrangères en matière d'état des personnes à la condition qu'elles aient été rendues dans l'État dont la loi est applicable selon la règle de conflit du for ou qu'elles produisent des effets dans cet État) en fournit une bonne illustration (*ibid.*, p. 134).

En second lieu, la question de l'objet de la référence au droit applicable oblige à déterminer le moment auquel s'épuise la fonction de la règle de conflit bilatérale. Sous cet angle, les conflits internes (régionaux ou interpersonnels) survenant à l'intérieur du système étranger nous intéressent particulièrement ici dans la mesure où ils obligent à déterminer le statut des critères d'applicabilité assortissant le droit étranger : le conflit interne revêt ainsi une ressemblance au moins superficielle avec le problème du renvoi. Il en va de même des règles autolimitées au sein de l'ordre juridique étranger (et du droit transitoire de la loi étrangère). En somme, la difficulté est de savoir si le choix de la règle applicable à l'intérieur du système désigné est encore une question de droit international privé, ou si elle appartient exclusivement à l'ordre juridique désigné.

La réponse est liée à nouveau à la fonction que l'on attribue à la règle de conflit. Si celle-ci est perçue comme répartissant des situations homogènes entre des lois qui se déploient à leur égard de façon exclusive, on aura tendance à dire que cette fonction s'épuise dans la désignation d'un ensemble normatif indifférencié, auquel il appartiendra de déterminer, selon ses critères propres, la règle individuelle applicable. En revanche, dès lors que l'on estime que la règle de conflit ne se désintéresse pas du sort concret du rapport juridique international, on en prolongera l'emprise jusqu'à l'identification concrète de la règle appropriée au sein de la loi étrangère (v. sur ce point, P. Graulich, *Introduction à l'étude du droit international privé*, Liège, 1978, p. 125 : « La situation juridique étant rattachée (principalement, mais non exclusivement) à l'ordre juridique étranger, c'est effectivement une norme de droit étranger qui la régira. Mais les exigences de l'ordre juridique du for dans l'élaboration d'un ordre juridique international imposent que la norme étrangère substantielle ne soit pas désignée, en principe, par les règles étrangères [de choix de règles] ») ; une idée analogue tirée de ce que, devant le for d'un État-tiers, le problème soulevé par le conflit interne étranger n'est pas interne au droit désigné mais relève du droit international privé du for, avait déjà été formulée par Ago (« Règles générales de conflits de lois », *RCADI*, 1936, t. 58, p. 58). Aucune réponse univoque ne s'induit ni de la pratique, ni de la doctrine (v. H. Muir Watt, *La fonction de la règle de conflit de lois*, préc., n° 384). En règle générale, toutefois, on admet que la désignation du droit étranger comprend ses critères d'applicabilité de portée interne, et ceci que l'on admette ou non la prise en considération de la règle étrangère de conflit de lois. Le champ dans l'espace de la règle étrangère est donc respecté dès lors que la même question d'applicabilité se pose de façon identique devant les tribunaux de l'ordre juridique désigné dans une situation dépourvue d'extranéité.

SYSTÈMES PLURILÉGISLATIFS

513. Dans le cas où le droit désigné est un système plurilégislatif, au sens où plusieurs sous-ensembles de règles coexistent dans le même ressort et s'appliquent soit à des régions différentes, soit à des populations identifiées selon un critère ethnique ou confessionnel, la question se pose de savoir si la règle de conflit du for désigne directement le sous-ensemble applicable, ou si elle est relayée sur ce point par les paramètres de l'ordre juridique étranger, désigné dans sa globalité (sur les différentes figures du conflit interne, v. K. Florey, « Choosing tribal law : Why state choice-of-Law principles should apply to disputes with tribal contacts », 55, *Am. U. L. Rev.*, 1627, 2006 ; Ph. Francescakis, « Problèmes de droit international privé de l'Afrique noire indépendante », *RCADI*, 1964, t. 112, p. 269 ; P. Gannagé, « Droit intercommunautaire et droit international privé », *JDI*, 1983. 479 ; K. Kreuzer, « Les conflits de lois inter-allemands après l'unification de l'Allemagne », *Rev. crit. DIP*, 1993. 1 ; I. Szaszy, « Le conflit de lois interpersonnel dans les pays en voie de développement », *RCADI*, 1973, t. 138, p. 81 ; et plus récemment, V. Parisot, *Les conflits internes de lois*, IRJS Ed., 2013, 2 vol., préf. P. Lagarde, proposant de tenir compte de la nature, localisatrice d'intérêts ou non, de la règle de conflit du for. Aj., du même auteur : « Les classifications des conflits internes de lois à l'épreuve de leur solution », *Rev. crit. DIP*, 2014. 469). Le problème est réglé le plus souvent en termes pragmatiques. D'un côté, lorsque le rattachement du for est apte à désigner directement l'unité subordonnée compétente, il est généralement admis à opérer cette désignation au sein du système étranger (par exemple, lorsque un système comportant des sous-unités territoriales est désigné à raison du domicile ou la résidence : v. pour la pratique de la Conférence de La Haye en matière de conflits internes, l'article 17 de la Convention du 14 mars 1978 sur la loi applicable aux régimes matrimoniaux ; comp. la désignation apparemment directe du droit écossais dans l'arrêt *Mobil North Sea*, Cass. civ. 1re, 11 mars 1997, préc. n° 499).

D'un autre côté, la solution étrangère du conflit interne prévaut nécessairement dès lors que le rattachement du for est inapte à départager les sous-ensembles locaux. C'est le cas lorsque l'ordre juridique plurilégislatif est désigné à raison de la nationalité d'un individu, alors que par hypothèse ce critère est impuissant, dans un système de division territoriale des compétences, à aller jusqu'à désigner la loi applicable, ou encore lorsque le droit étranger est un système inter-personnel comportant des critères d'appartenance confessionnelle (v. encore la Convention de La Haye sur les régimes matrimoniaux, art. 16, § 1). Il importe de souligner que pareille utilisation de la règle de conflit interne étrangère n'est pas un renvoi mais l'une des réponses possibles dans le cas où le conflit international impliquant le système plurilégislatif étranger dans son ensemble, se dédouble d'un conflit interne au sein de celui-ci. La règle de conflit étrangère sert ici à titre ancillaire pour départager les divers sous-ensembles législatifs du système désigné, mais ne remet pas en cause le rattachement du for (cependant, cette dernière distinction est-elle toujours si nette ? v. *infra*, n° 515).

Il arrive toutefois que le système désigné, tout plurilégislatif qu'il soit, ne comporte aucun critère uniforme propre à départager les sous-ensembles législatifs, chaque unité territoriale comportant ses propres règles de conflit, qui sont souvent à usage aussi bien interne qu'international. C'est le cas du Royaume-Uni, du Canada et des États fédérés des États-Unis, mais non de l'Australie ou de l'Espagne. Dans le premier cas, il convient sans doute de procéder comme si l'unité territoriale était souveraine du point de vue du conflit de lois, ce qui revient à désigner directement le sous-ensemble compétent (v. H. Muir Watt, « L'expérience du Royaume-Uni », *in* P. de Vareilles-Sommières (dir.), *Le droit privé européen*, Économica, 1998, p. 233). Mais la difficulté se pose à nouveau de mettre en œuvre le rattachement à la nationalité en matière de statut personnel, alors que, par définition, aucun sous-ensemble territorial ne peut être désigné au moyen de ce critère. Sans doute faut-il interpréter la règle de conflit du for dans ce cas, pour dégager un rattachement subsidiaire (par exemple, recourir au domicile si la nationalité ne peut désigner la loi applicable, à l'image de la solution subsidiaire utilisée en cas d'apatridie). C'est la solution retenue par la Conférence de La Haye (v. l'article 16, § 2 de la Convention de La Haye du 14 mars 1978 sur la loi applicable aux régimes matrimoniaux).

LES RÈGLES AUTOLIMITÉES

514. Les règles autolimitées (sur lesquelles, R. De Nova, « Conflits de lois et normes fixant leur propre domaine d'application », in *Mélanges offerts à Jacques Maury*, 1960, t. I, p. 377 ; K. Lipstein, « Les normes fixant leur propre domaine d'application : les expériences anglaises et américaines », *Trav. Com. fr. DIP*, 1977-1979, p. 188 ; P. Kinsch, « L'autolimitation implicite des normes de droit privé matériel », *Rev. crit. DIP*, 2003. 403) sont celles qui fixent leur propre application dans l'espace selon un critère qui n'a pas pour autant pour fonction de déterminer leur applicabilité internationale – ou, par référence à la distinction évoquée plus haut, la compétence de l'ordre juridique qui les contient (v. sur ce point, P. Mayer, « Les lois de police étrangères », *JDI*, 1981. 277). Leur application effective suppose d'une part que cet ordre juridique soit préalablement reconnu compétent, d'autre part, que les faits de l'espèce tombent dans le champ qu'elles s'assignent au sein de celui-ci. Par exemple, la loi anglaise de 1971 (*Carriage of Goods by Sea Act*) est autolimitée en ce sens qu'au sein de la loi anglaise applicable le cas échéant au contrat de transport maritime de marchandises, elle ne régit que les cas où le chargement se fait en Angleterre à destination de l'étranger, et non les autres, qui tombent sous le coup du droit commun des contrats (comp. la discussion développée à propos de l'article 16 de la loi française du 18 juin 1966 – abrogé par l'ordonnance n° 2010-1307 du 28 octobre 2010 —, aux termes duquel « *Le présent titre* [relatif au transport de marchandises] *est applicable aux transports, effectués au départ ou à destination d'un port français…* » : J.-P. Rémery, « Remarques sur le droit applicable au contrat international de transport maritime de marchandises », in *Mélanges offerts à P. Bonassies*, Éd. Moreux, 2001, p. 277 et s., et spéc. p. 283 et s.). En principe, il n'y a aucune raison pour le juge saisi de ne pas respecter la délimitation du champ de la règle à l'intérieur de l'ordre juridique désigné. En réalité, en dépit de la confusion que peut induire l'emploi d'un paramètre d'ordre géographique ou spatial, lequel la rapproche à première vue du renvoi ou du conflit interne, elle n'a pas une nature différente des autres critères qui déclenchent, en sous-ordre, l'applicabilité d'un régime spécial. Par exemple, au sein du droit français applicable au contrat, peuvent se trouver des régimes distincts applicables aux rapports de consommation, à la vente maritime, etc., dont le contenu n'est pas adapté à d'autres rapports que ceux qu'ils visent spécifiquement (sur la distinction entre les règles autolimitées et les lois de police, v. *infra*, n° 564).

LE RENVOI : FIGURES DIVERSES

515. Renvoi-vérification. — P. Picone souligne à juste titre la différence séparant le renvoi, qui consiste à mettre bout à bout la règle de conflit du for et la règle de conflit étrangère, et la vérification unilatéraliste de la volonté d'application de la loi étrangère, selon sa propre règle de conflit (P. Picone, « Les méthodes de coordination entre ordres juridiques en droit international privé », préc., p. 45). Cette différence est apparente dans la position adoptée par Niboyet, évoquée au texte, l'auteur adhérant, dans sa note précitée sous l'arrêt *Birchall*, au seul « renvoi-vérification » destiné à empêcher la dénaturation de la loi étrangère. Elle a été exploitée par la doctrine italienne à l'ombre de l'interdiction générale du renvoi posée par l'article 30 des anciennes dispositions préliminaires du Code civil. Celles-ci ont été interprétées comme laissant néanmoins place au « renvoi-vérification » (v. Quadri, « Critica del c. d. problema del rinvio », in *Studi critici di diritto internazionale. Diritto internationale privato*, vol. I, Milan, 1958, p. 355 ; Sperduti, « Théorie du droit international privé », *RCADI*, 1967, t. 122, p. 173 et s.).

Renvoi conditionné. — Dans certains cas, il arrive que la mise en œuvre du renvoi soit conditionnée à ce que la règle de conflit étrangère retienne un rattachement déterminé. Par exemple, l'article 7 de la directive 88/357 sur l'assurance directe (non-vie) admet que les parties puissent choisir la loi applicable à condition que cette possibilité de choix soit admise par la loi du lieu de situation du risque. En Belgique, le Code de droit international privé consacre la même technique en matière de succession immobilière, le renvoi étant admis à la loi du pays de la dernière résidence habituelle du défunt (F. Rigaux et M. Fallon, *Droit international privé*, n° 616). De même, lorsque le renvoi *in favorem* est admis au sein de la règle de conflit alternative, la prise en considération du rattachement étranger est subordonnée à la circonstance que le droit matériel qu'il désigne consacre un résultat concret plus favorable que celles déjà désignées par la règle du for. La jurisprudence française a adopté une solution comparable en matière de succession immobilière, où le renvoi n'a été admis que s'il assurait l'unité de la succession et l'application d'une même loi aux meubles et aux immeubles (Cass. civ. 1re, 11 février 2009, préc.).

Double renvoi. — La *foreign court theory*, parfois appelée théorie du « double renvoi » est une figure connue du droit international privé anglais, aux termes de laquelle la désignation d'une loi étrangère signifie que le for saisi doit imiter le règlement du conflit de lois qu'adopterait le juge du système désigné, y compris dans sa position sur le renvoi. Par exemple, dans *re Annesley* (cité *supra*, sous n° 491), le juge anglais saisi d'une question successorale soumise selon sa règle de conflit à la loi du domicile de fait (français) de l'intéressé, se met à la place du juge français pour imiter le raisonnement qu'adopterait ce dernier s'il était saisi d'un cas identique. Constatant ainsi que dans le même cas, la règle de conflit du juge français désignerait la loi anglaise du domicile de droit, mais que ce juge accepterait lui-même le renvoi de la loi anglaise vers la loi française du domicile de fait, c'est cette dernière loi qui est appliquée. Cette approche, qui encourt le fameux risque du *circulus inextricabilis* si le juge du système désigné procède lui aussi par imitation, est étroitement liée à la perception du conflit de lois en termes de droit acquis : le for de jugement donne effet au droit acquis tel qu'il serait configuré par les organes du souverain territorial, en empruntant à l'identique le raisonnement de ceux-ci

(v. H. Muir Watt, « Quelques remarques sur la théorie anglo-américaine des droits acquis », *Rev. crit. DIP*, 1986. 425 ; sur la distinction entre for du raisonnement et de jugement, G. A. L. Droz, « Regards sur le droit international privé comparé », *RCADI*, 1991, t. 229, p. 9, spéc., p. 351 et s.). Aujourd'hui, la positivité du double renvoi en Angleterre est sujette à caution. Un arrêt récent de la Haute Cour d'Australie, qui revêt une valeur persuasive devant le juge anglais, a ainsi épousé une approche flexible et fonctionnelle à l'égard du renvoi, ramené à sa dimension « simple » et suggérant qu'il est avant tout un problème d'interprétation finaliste et contextuel de la règle de conflit de lois (*Neilson v. Overseas Projects Corps of Victoria Ltd* [2005], HCA 54, 221 ALR 213).

Renvoi de compétence. — Dans la doctrine bilatéraliste classique, le renvoi sert à atteindre l'harmonie internationale des décisions, de façon à rendre indifférente l'identité du for compétent et déjouer ainsi le *forum shopping*. Mais même si la préoccupation à laquelle il tend ainsi à répondre se situe sur le terrain juridictionnel, le renvoi concernait jusqu'ici exclusivement le conflit de lois. Toutefois, une forme de « renvoi de compétence » existe bien dans le cadre de la pratique du *forum non conveniens*, qui implique que la juridiction saisie renonce à exercer sa compétence au profit d'un for alternatif, dont le défendeur aura préalablement démontré qu'il est bien disponible (ou est préalablement saisi). Dans la pratique américaine, ce renvoi peut même être conditionnel, en ce sens que la renonciation du for à exercer sa compétence est subordonnée soit à ce que le for alternatif se déclare bien compétent (dans l'affaire de l'accident de *Charm el Cheikh*, 377 F. Supp. 2d 810 [C.D. Cal., 2005] et pour les suites françaises de l'affaire : Paris, 6 mars 2008, *JCP*, 2008.II.10115, note C. Bruneau ; P. Courbe, *D.*, 2008, chron. p. 1452 ; *JDI*, 2009. 171, note G. Cuniberti ; *Gaz. Pal.*, 21 février 2009, n° 52, p. 48, note M.-L. Niboyet ; Cass. civ. 2e, 30 août 2009, *JCP*, 2009, nos 31-35, 162, p. 19, note M. Attal (v. *supra*, n° 157)) soit à ce que ce for mette en œuvre une certaine procédure ou consacre une solution donnée (dans l'affaire *Bhopal*, 634 F. Supp. 842 [SDNY, 1986], sur lequel, *supra*, n° 134). Par ailleurs, diverses formes de renvoi juridictionnel apparaissent en droit international privé européen, où elles sont le signe d'un certain dialogue judiciaire (v. *supra*, nos 156 ; 157 ; *infra*, nos 798 ; 853 ; 1200).

Renvoi de qualifications. — V. Y. Lequette, « Le renvoi de qualifications », préc. Le renvoi, tel que traditionnellement envisagé, est un renvoi de rattachements : il naît de la différence entre le facteur de rattachement retenu par la règle de conflit française et par la règle de conflit étrangère. Dans cette perspective, il est ainsi affirmé que la différence des rattachements engendre le renvoi (par prise en considération de la règle de conflit étrangère), tandis que la différence du contenu des catégories engendre un conflit de qualifications (résolu par la *lex fori*). Les divergences de qualifications peuvent cependant donner lieu elles aussi à des conflits négatifs. Ex. : rupture en Allemagne d'une promesse de mariage entre deux Français. Selon le droit français, la qualification de la question de droit est délictuelle, ce qui conduira à l'application de la loi allemande (*lex loci delicti*). Mais le droit allemand y verra une question de statut personnel, soumise à la loi nationale, loi française. Le conflit naît donc de la divergence des qualifications (promesse : délit ou statut personnel), non pas des rattachements (pour les délits comme pour le statut personnel, les règles de conflit française et allemande sont identiques).

Doit-on alors admettre le renvoi de qualifications ? La question demeure discutée en doctrine. *Contra* : sa mise en œuvre conduirait à une exception au principe de la qualification *lege fori* que rien ne saurait justifier ; dans l'exemple précité, la qualification conduit à la désignation du droit applicable et doit donc s'effectuer selon la loi du for. *Pro* : la qualification *lege fori* conduit à l'identification de la règle de conflit applicable ; si celle-ci aboutit à la désignation de la loi étrangère, elle ne doit s'appliquer que dans la mesure où elle accepte sa propre compétence : en fonction non seulement du rattachement retenu, mais aussi de la qualification proposée. La Cour de cassation s'est cependant refusée à faire jouer le renvoi de qualifications, dans un domaine, il est vrai, où le renvoi est exclu (Cass. civ. 1re, 18 oct. 1989, *Rev. crit. DIP*, 1990. 712, note J. Foyer ; Cass. civ. 1re, 11 mars 1997, *Rev. crit. DIP*, 1997. 702, note B. Ancel ; *JDI*, 1997. 798, note M. Santa-Croce ; *D.*, 1998. 406, note E. Agostini, rejetant le pourvoi formé contre Paris, 3 mars 1994, *Rev. crit. DIP*, 1994. 532, note B. Ancel ; *JDI*, 1995. 607, note G. Légier ; *D.*, 1994, somm. 355, obs. B. Audit ; *JCP*, 1995. II. 22367, note H. Muir Watt).

Renvoi et conflit interne. — Qu'est-ce au juste qu'un « renvoi de droit international privé » ? Ce dernier terme est employé par un arrêt intéressant (Cass. civ. 1re, 21 sept. 2005, *Kenny*, *Rev. crit. DIP*, 2006. 100, note H. Muir Watt), qui avait à se prononcer sur un cas – un véritable cas d'école, à vrai dire logiquement insoluble – où la distinction s'estompe entre le renvoi, qui implique la mise en œuvre de la règle de droit international privé étrangère, et le règlement d'un conflit interne au sein du système désigné. La difficulté apparaît lorsque la règle de conflit du for désigne la loi de la nationalité, qui est elle-même un système complexe (fédéral) dépourvu d'une règle de conflit commune, et que l'intéressé est domicilié dans un État-tiers. Décortiquons ! Par hypothèse, le rattachement à la nationalité est impuissant à identifier la loi de droit privé applicable au sein du système complexe désigné, puisque la « loi nationale » est précisément multiple. Dans ce cas, il est généralement prôné d'avoir recours au relais de la règle de conflit étrangère, qui, conçue pour fonctionner dans un contexte de conflits entre droits des unités territoriales, sera en effet fréquemment le domicile ou la résidence habituelle. Mais que faire si l'intéressé a son domicile dans un État-tiers, c'est-à-dire, que du point de vue de ce dernier système, le conflit est également international ? C'était le cas dans l'espèce soumise à la Cour de cassation, où il s'agissait de mettre en place une tutelle concernant une ressortissante canadienne domiciliée en France. La règle de conflit française désignait la « loi canadienne », mais celle-ci est à la fois multiple et non pourvue d'une règle de conflit fédérale (que celle-ci soit de portée interne ou internationale). Or, en l'absence de règle de conflit centralisée dans le système plurilégislatif désigné, il ne peut y avoir de renvoi, sauf à pouvoir identifier la province ou unité territoriale dont la règle de conflit puisse servir d'instrument de coordination. En l'occurrence, approuvé par la Cour de cassation, le tribunal semble avoir pris comme point de référence la règle de conflit de la Nouvelle-Écosse, dont on peut supposer que l'intéressée était originaire, se référant à l'héritage commun des provinces de *common law*, qui retiennent en principe le rattachement au domicile, assorti d'un correctif en faveur de la loi des liens les plus étroits (comp. aussi art. 3085 et 3082 Code civil du Québec). Une telle démarche avait certes l'avantage de reconstituer fictivement le chaînon manquant pour pouvoir désigner indirectement, par le truchement du renvoi, la loi française du domicile de l'intéressée (dont il aurait fallu vérifier au demeurant si cette loi, désignée par la règle de conflit étrangère, était bien celle du domicile au sens des catégories de la Nouvelle-Écosse). Mais rien ne justifiait *a priori*, sauf une sorte d'unilatéralisme en sous-ordre, cette désignation par défaut de la loi du lieu de naissance ou du domicile d'origine de l'intéressée, au sein du système canadien. Il aurait été plus opportun de mettre en œuvre directement, au titre de l'interprétation de la règle de conflit du for, le rattachement subsidiaire au domicile, comme dans les autres cas (apatridie, par ex.) où le rattachement à la nationalité conduit à une impasse.

Renvoi-prise en considération. V. C. suprême du Royaume Uni, 12 mai 2016, [2016] UKSC 25, *Rev. crit. DIP*, 2016. 657, note H. Muir Watt, *supra*, n° 436-1.

LES QUESTIONS PRÉALABLES

516. Questions préalables et ordre juridique de référence. — Sur la méthode dite de l'ordre juridique compétent ou de référence évoquée au texte, v. *infra* n° 581-1. Elle a été élaborée par P. Picone (« Les méthodes de coordination entre ordres juridiques en droit international privé », *RCADI*, t. 276, (1999), p. 13), mais n'est pas sans évoquer la *foreign court theory* (*supra*). Dans l'optique de la méthode de l'ordre juridique de référence, la présentation classique du problème des questions préalables comme un problème de concours entre deux règles de conflit (celle du for et celle de la loi désignée) analogue au renvoi, est à revoir (P. Picone, *op. cit.*, p. 209). Ses termes doivent être reconstruits comme tendant à vérifier « si, et dans quel cas, il est possible d'attacher des effets juridiques ultérieurs à une situation juridique boiteuse qui est valablement existante et efficace dans l'ordre juridique du for, et non dans celui de la loi applicable à la question préalable » (*ibid.*, p. 216). Pour P. Picone, la question préalable met donc en présence un conflit entre ordres juridiques considérés en bloc, dans leur fonctionnement global et ne conduit aucunement à déterminer dans l'abstrait la loi applicable (*ibid.*, p. 217). La difficulté résulte en effet de ce que la situation juridique n'existe valablement que dans l'un des deux ordres juridiques. Dans le cas où la méthode de référence s'impose, il importe de vérifier l'existence de cette situation dans l'ordre juridique étranger.

Questions préalables de droit public étranger ou européen. — L'interaction entre questions préalables et droit public étranger est visible surtout dans le champ de la nationalité (v. sur ce point *supra*, n° 11). Si la question principale est régie par le droit public européen, le règlement d'un conflit de lois préalable de droit privé est plus problématique. Ainsi, le Règlement 1408/71 du Conseil du 14 juin 1971 en matière de sécurité sociale, qui suppose définis les membres de la famille du travailleur, désigne à cet effet « la législation au titre de laquelle les prestations sont servies ». Il semble que cette référence comprend les règles de conflit de cet État (v. en ce sens F. Rigaux et M. Fallon, *Droit international privé*, n° 637, et par analogie, CJCE, aff. C-434/93 du 6 juin 1995, *Bozkurt*, *Rec.*, 1995, I-1475). Sur le jeu des définitions autonomes se superposant à celui du conflit de lois de droit privé dans la détermination de la question préalable, v. *supra*, n° 506-1.

Renvois. — sur les règles autolimitées, v. *infra*, n° 564 ; sur les questions préalables et le conflit mobile, v. *supra*, n° 434 ; sur la reconnaissance unilatérale des situations étrangères, v. *infra*, n° 569, sur la méthode de l'ordre juridique compétent v. *infra*, n°s 581 et s.

Sous-titre III

LE DÉPASSEMENT DE LA MÉTHODE CONFLICTUELLE CLASSIQUE

517. En Europe continentale, la méthode savignienne tend aujourd'hui à perdre la préséance qu'elle avait acquise au cours du XXe siècle, au point d'entraîner même quelques changements de perspective. C'est ainsi que l'essor des lois de police, naguère perçu comme un simple phénomène dérogatoire tant que la méthode conflictuelle classique était encore dominante, peut être rétrospectivement compris comme le signe annonciateur d'une mutation méthodologique plus profonde. Celle-ci est tout d'abord le fait de facteurs spécifiques à la règle de conflit bilatérale, dont les vertus – de neutralité et d'innocence – ne lui permettent guère de répondre à l'incursion de politiques de régulation sociale et économique dans le champ traditionnel du droit privé. Mais la marginalisation progressive de la méthodologie classique tient également aux transformations de l'environnement dans lequel les conflits de lois se nouent. Au plan mondial, ceux-ci subissent tout à la fois l'empreinte de la globalisation des rapports économiques, qui tend à accroître la mobilité et partant la liberté des acteurs, et l'impact des droits de l'homme, qui à l'inverse infléchit autoritairement de nombreuses solutions traditionnelles en imposant l'accueil de situations juridiques créées en dehors des frontières de l'État du for au nom du respect de la vie privée ou de la continuité de la vie familiale. Dans les rapports intra-européens, les conflits de lois doivent de surcroît composer désormais avec les exigences économiques du marché intérieur, comprises comme étant de nature à faire apparaître tout écart de la règle nationale par rapport au principe d'origine comme une entrave à la libre circulation des produits et des services. Quant à l'émergence d'un droit matériel de l'Union européenne, elle s'accompagne, dans les rapports avec les pays-tiers, d'un unilatéralisme analogue à celui que pratique le droit fédéral américain.

Confronté au cumul de ces différents facteurs, le conflit de lois ne pouvait sans doute demeurer soumis à une méthodologie développée sous l'empire d'un contexte juridique, social et économique largement différent de celui que le XXIe siècle laisse aujourd'hui percevoir. Certaines évolutions furent d'ailleurs perceptibles dès le milieu du XXe siècle, tandis que d'autres ne sont encore qu'en germe aujourd'hui [1].

Pour rendre compte de l'ensemble de ces mutations qui se conjuguent pour détrôner la méthode classique du conflit de lois, on retracera l'évolution à partir de l'altération de la règle de conflit bilatérale (chap. 1er), jusqu'à l'essor de procédés de réglementation concurrents (chap. 2) ; à la lumière de ces développements, des perspectives d'avenir seront ensuite esquissées (chap. 3).

1. Ces changements sont-ils constitutifs d'une « révolution » européenne, comme le pensent certains observateurs outre-Atlantique (Ralph Michaels, « The New European Choice-of-Law Revolution », 82 *Tulane Law Review*, 1607, 2008) ? Si les changements sont profonds et multiples, ils s'expliquent par des causes diverses et débouchent sur des méthodes disparates, de sorte qu'il manque sans doute les éléments fédérateurs qui ont porté la cause fonctionnaliste aux États-Unis dans les années 1960-1970. Certains ont certes en commun de remettre en cause la méthode conflictuelle au profit de raisonnements unilatéralistes (lois de police ; méthodes de reconnaissance et d'anticipation ; reconnaissance mutuelle), mais d'autres conduisent au contraire à réinvestir le bilatéralisme, hissé au niveau européen, d'une nouvelle fonction d'ordre constitutionnel, la mutation concernant ses prémisses privatistes plutôt que sa forme.

Chapitre premier

LES PHÉNOMÈNES D'ALTÉRATION DE LA MÉTHODE CONFLICTUELLE CLASSIQUE

Les traits de la méthode conflictuelle classique, représentée comme un procédé de règlement abstrait, syncrétique et indirect, se sont progressivement altérés. La règle de conflit bilatérale sur laquelle elle repose a perdu successivement au cours de la seconde moitié du XXe siècle la certitude, la neutralité, l'impérativité et l'innocence qui la caractérisaient jusqu'alors. Ainsi, dans certains cas, la valeur même du rattachement susceptible d'être proposé s'est vue affecter d'une certaine relativité, qui s'exprime en contemplation de son contenu ou des correctifs susceptibles d'en accompagner la mise en œuvre (sect. 1). En d'autres hypothèses, la règle de conflit a été investie de la réalisation d'objectifs matériels dans une mesure l'éloignant assez sensiblement de ses fonctions originaires (sect. 2). Dans le prolongement de ces deux objectifs dont il est parfois même le vecteur, le développement du rôle de la volonté participe évidemment d'un même mouvement, encore rehaussé par l'extension croissante de son domaine (sect. 3). Enfin, plus récemment, les finalités économiques du marché intérieur pourraient aller jusqu'à commander désormais que le champ transfrontière des lois respecte le principe d'origine, au risque d'entraîner par là même une certaine instrumentalisation de la règle de conflit (sect. 4).

SECTION 1
La relativisation des rattachements

Dans une perspective classique, le rattachement sur lequel repose la règle de conflit est général, rigide, prédéterminé. La règle qui en résulte est alors persuadée de sa propre valeur, comme de la qualité du rattachement qu'elle adopte en déterminant précisément celui-ci : la loi nationale en matière de statut personnel, la *lex loci delicti* en matière délictuelle... C'est vers davantage de relativité qu'oriente aujourd'hui l'examen de la méthode conflictuelle et des instruments qu'elle utilise, aussi bien au stade de l'élaboration de la règle de conflit (§ I) qu'à celui de sa mise en œuvre (§ II).

I | Lors de l'élaboration de la règle de conflit

518. Selon la méthode conflictuelle classique telle qu'elle s'est construite à partir de la pensée de Savigny, la loi applicable à un rapport de droit procède de la localisation du siège de ce rapport, déterminé à partir de sa nature même, celle-ci étant largement induite des catégories du droit civil de tradition romaniste. Face cependant au risque d'abstraction que comportait la transposition des analyses et des classifications de droit civil interne, et à la tendance à la rigidité que favorisait la détermination sur ce dernier fondement d'un facteur de rattachement unique pour chaque catégorie, une autre méthode s'est progressivement développée, aux termes de laquelle un rapport de droit doit être régi par la loi du pays avec lequel il entretient les liens les plus étroits : telle est l'expression d'un principe de proximité dont le droit contemporain serait très largement inspiré [1]. Il témoigne de la présence de préoccupations plus concrètes ou sociologiques dans le choix des rattachements. Par exemple, la résidence habituelle prise comme le centre de vie de l'individu tend à remplacer le rattachement à la nationalité en matière de statut personnel dans les conventions internationales ; le concept de prestation caractéristique a fait son chemin dans le droit conventionnel

1. P. Lagarde, « Le principe de proximité dans le droit international privé contemporain. Cours général de droit international privé », *RCADI*, t. 196, 1986-I.

et européen des contrats, en vue d'assurer le rattachement de l'accord des parties à sa sphère socio-économique ; en droit international privé français, l'établissement de la filiation a été soumis dès 1972 à la loi nationale de la mère, présumée correspondre au pivot affectif de la vie de l'enfant.

519. Ce passage de l'abstrait au concret s'accompagne d'une relativisation des rattachements. Un peu comme si toute règle de conflit méthodologiquement correcte devait désormais douter de sa propre valeur. Cette perte de certitude peut ainsi s'effectuer de diverses manières : par l'abandon d'un rattachement unique au profit d'une pluralité de rattachements [1], par l'adoption d'un rattachement de principe et de tempéraments destinés à tenir compte de liens plus étroits avec un autre pays [2], par l'alternative posée dans la définition même du rattachement [3] ou même encore par la confusion pure et simple de la règle de conflit avec le principe de proximité [4]. Dans toutes ces hypothèses, l'assouplissement est donc manifeste, marqué par l'abandon d'un système fondé sur le simple énoncé d'un rattachement exclusif et rigide.

520. Produisant des effets comparables, l'hyper-spécialisation des règles de conflit témoigne d'une même relativisation des rattachements. Là où naguère existait une règle de conflit générale, couvrant le domaine d'une catégorie largement entendue, s'est fréquemment substituée une diversité de règles de conflit au domaine expressément limité, relativisant d'autant le rattachement ordinaire. Dans cette perspective, le domaine de la responsabilité délictuelle paraît tout particulièrement exemplaire. Là où régnait naguère sans partage la jurisprudence *Lautour* [5], affirmant de manière générale la compétence de la *lex loci delicti*, les solutions se sont aujourd'hui diversifiées, sous l'emprise du droit conventionnel et

1. Sur la méthode du groupement des points de contact dans les Conventions de La Haye sur la responsabilité extra-contractuelle, v. *infra*, n°s 996 et s.

2. V. la Convention de La Haye de 1978 sur la loi applicable aux contrats d'intermédiaires et à la représentation.

3. Cass. civ. 1re, 14 janv. 1997, *Soc. Gordon and Breach*, *D.*, 1997. 177, note M. Santa-Croce ; *JCP*, 1997. II. 22903, note H. Muir Watt ; *Rev. crit. DIP*, 1997. 504, note J.-M. Bischoff : « La loi applicable à la responsabilité extra-contractuelle est celle de l'État du lieu où le fait dommageable s'est produit ; que ce lieu s'entend aussi bien de celui du fait générateur du dommage que du lieu de réalisation de ce dernier. »

4. Convention de La Haye du 1er juillet 1985 sur la loi applicable au trust et à sa reconnaissance, art. 7. 1 : « Le trust est régi par la loi avec laquelle il présente les liens les plus étroits » ; elle se contente ensuite d'énoncer quelques indices susceptibles d'être retenus.

5. Cass. civ., 25 mai 1948, *Rev. crit. DIP*, 1949. 89, note H. Batiffol ; *D.*, 1948. 357, note P. L.-P. ; *S.*, 1949. 1. 21, note J.-P. Niboyet ; *JCP*, 1948. II. 4532, note M. Vasseur ; *GA*, n° 19.

du droit européen, pour affirmer des solutions propres en matière d'accidents de la circulation routière [1], de responsabilité du fait des produits [2], de concurrence déloyale [3], d'atteinte à l'environnement [4], aux droits de propriété intellectuelle [5], tout en autorisant même parfois les parties à soumettre l'obligation non contractuelle à la loi qu'elles choisissent [6]. Il en résulte une très nette relativisation du rattachement à la *lex loci delicti*, au point qu'il n'est plus même certain que la responsabilité délictuelle puisse toujours être considérée comme une catégorie homogène [7].

II | Lors de la mise en œuvre de la règle de conflit (les clauses d'exception)

521. Le mécanisme de la clause d'exception permet au juge saisi d'un litige d'écarter la loi normalement applicable au profit de celle présentant des liens plus étroits avec la situation qui lui est soumise. C'est là une autre manifestation du principe de proximité, procédant de l'idée selon laquelle la règle de conflit ayant vocation à jouer à titre de principe peut ne pas être nécessairement la mieux adaptée aux données particulières du litige, puisqu'elle ne parviendra pas inéluctablement à la désignation de la loi la plus proche des circonstances de la cause ; d'où la nécessité de prévoir la possibilité d'y déroger, précisément en faveur de cette dernière.

522. Ainsi considérée, la clause d'exception aura essentiellement vocation à intervenir lorsque la règle de conflit à laquelle elle déroge vise elle-même à désigner la loi la plus proche de la situation litigieuse et n'y parvient pas en raison du particularisme des circonstances de la cause. La doctrine se montre cependant partagée à son sujet, entre ceux qui vantent la souplesse ainsi instillée au sein du système conflictuel et ceux qui dénoncent l'imprévisibilité qu'elle risque d'y introduire. Dans

1. Convention de La Haye du 4 mai 1971 sur la loi applicable en matière d'accidents de la circulation routière.
2. Convention de La Haye du 2 octobre 1973 sur la loi applicable à la responsabilité du fait des produits.
3. Règlement Rome II, art. 6.
4. Règlement Rome II, art. 7.
5. Règlement Rome II, art. 8.
6. Règlement Rome II, art. 14.
7. Sur cette analyse, v. P. Bourel, « Du rattachement de quelques délits spéciaux en droit international privé », *RCADI*, 1989. II. 253 (t. 214), et *infra*, n°s 980 et s.

ce débat, différents facteurs méritent d'être pris en considération : ainsi, le domaine d'intervention de la clause d'exception pourrait être à tout le moins restreint aux hypothèses dans lesquelles la certitude et la prévisibilité des solutions « ne méritent pas une primauté absolue sur toute autre considération [1] ». En outre, les conditions du déclenchement de la clause d'exception devraient être suffisamment restrictives pour ne pas remettre en cause systématiquement la règle de conflit applicable à titre de principe. Enfin, il conviendrait en toute hypothèse de s'assurer préalablement que les avantages attendus de la clause d'exception sont supérieurs aux inconvénients pouvant en résulter.

522-1. Jusqu'ici, les interventions de la Cour de justice n'ont pas encore permis de faire taire l'ensemble des débats occasionnés par l'utilisation de cette clause d'exception. Mécanisme de proximité ou véhicule de considérations matérielles ; occasion d'affiner le rattachement ou licence d'y déroger *in concreto* ; soutien à la prévisibilité ou mécanisme d'adaptabilité de la règle de conflit aux circonstances ? Il y va de ses fondements mêmes et de l'équilibre d'ensemble de la règle de conflit qu'elle tend à corriger [2]. La Cour reste prudente, tant en ce qui concerne l'exception affectant le rattachement général du contrat [3] que dans le cas spécifique du contrat de travail, objet de controverses importantes et d'une jurisprudence croissante [4].

523. Au-delà de ces débats, la clause d'exception s'est progressivement développée au sein du droit international privé contemporain, limitée à certaines questions particulières [5] ou même introduite à titre

1. P. Lagarde, « Le principe de proximité dans le droit international privé contemporain. Cours général de droit international privé », *RCADI*, t. 196, 1986-I, spéc. p. 116.

2. E. Pataut, note sous CJUE 12 septembre 2013 *Anton Schleker* C-64/12, *Rev. crit. DIP* 2014. 159 ; sur cet arrêt, aj. : *JDI*, 2014. 165, note C. Brière ; *RDT*, 2013. 785, obs. F. Jault-Seseke.

3. V. s'agissant du premier arrêt préjudiciel sur la Convention de Rome, CJCE, 6 oct. 2009, aff. C-133/08, *JCP G*, 2009, n° 50, 550, note L. d'Avout, L. Perreau-Saussine, *JDI*, 2010. 183, note C. Legros ; *D.*, 2010. 236, note F. Jault-Seseke ; *Rev. crit. DIP*, 2010. 199, note P. Lagarde ; la mise en œuvre de cette disposition s'est d'ailleurs révélée assez décevante dans la jurisprudence française, témoignant d'applications pour le moins discutables de la clause d'exception inscrite dans la Convention de Rome V. la jurisprudence citée *infra*, n° 538-1.

4. Sur l'article 6 de la Convention de Rome (CJUE, 15 mars 2011, *Koelzsch* aff. C-29/10, *Europe* 2011. 205, obs. L. Idot ; *Rev. crit. DIP*, 2011. 447, note F. Jault-Seseke ; *RTD civ.* 2011. 314, obs P. Rémy-Corlay ; *D.* 2011. Pan. 2438, obs. L. d'Avout ; *JDI* 2012. 187, note C. Brière. CJUE, *Voogsgerd* 15 décembre 2011, aff. C-384/10, *Europe* 2012. n° 114, obs. L. Idot ; *Rev. crit.DIP* 2012. 648, note H. Muir Watt ; *RDT* 2012. 115, note F. Jault-Seseke ; *Dr. Soc.* 2012. 315, note P. Chaumette ; Chr. V. Parisot, *JDI* 2012. 597). CJUE, 12 septembre 2013 *Anton Schleker* C-64/12, préc. Pour le débat spécifique au droit du travail, v. *infra*, n° 944.

5. V. ainsi en matière de responsabilité extra-contractuelle, la loi allemande du 21 mai 1999, art. 41 : « S'il existe avec le droit d'un État un lien considérablement plus étroit qu'avec le droit qui serait applicable en vertu des articles 38 à 40, § 2, le droit de cet État est applicable » (*Rev. crit. DIP*, 1999. 871).

de correctif général[1]. En France, elle ne s'est d'abord manifestée de manière explicite qu'en matière contractuelle, à travers les articles 4. 5 et 6. 2 de la Convention de Rome, pour écarter les présomptions posées par ces deux textes en faveur de l'application de telle ou telle loi « lorsqu'il résulte de l'ensemble des circonstances que le contrat [art. 4. 5 ; de travail, art. 6. 2] présente des liens plus étroits avec un autre pays ». Désormais, le domaine de la clause d'exception s'est cependant étendu, de la matière contractuelle où elle demeure (Règlement Rome I, art. 4-3 ; 8-4), à la responsabilité extra-contractuelle (Règlement Rome II, art. 4-3) et aux quasi-contrats (Règlement Rome II, art. 10-4 ; 11-4).

SECTION 2
La matérialisation de la règle de conflit

524. La neutralité de la règle de conflit a longtemps fait figure de postulat. Ce dernier est le legs de la fonction répartitrice de souverainetés qui lui était traditionnellement impartie, laquelle induisait une conception objective, quasi procédurale, des critères mis en œuvre pour départager les lois en conflit. Il a survécu cependant à la privatisation des fondements de la règle de conflit, car les exigences de proximité qu'elle intégrait alors accentuaient la qualité des liens entre la question litigieuse et la loi désignée sans autoriser pour autant une incursion dans la teneur matérielle de celle-ci. Neutre, la règle de conflit l'était parce qu'elle n'avait d'autre fonction que de conduire à la désignation de telle ou telle loi, indépendamment du contenu de celle-ci ; seule l'intensité du lien avec un État dictait alors le rattachement. Ainsi, par exemple, si la loi applicable en matière de responsabilité délictuelle devait être la *lex loci delicti*, c'est seulement parce que l'on estimait que c'est celle qui présentait les liens les plus significatifs avec la situation litigieuse, et non parce que cette loi aurait pu engendrer un résultat favorable à l'une des parties. Autrement dit, la règle de conflit n'avait pas alors pour objet de donner elle-même une solution à la question de droit posée, mais seule-

1. V. ainsi la loi fédérale suisse sur le droit international privé du 18 décembre 1987, art. 15 : « Le droit désigné par la présente loi n'est exceptionnellement pas applicable si, au regard de l'ensemble des circonstances, il est manifeste que la cause n'a qu'un lien très lâche avec ce droit et qu'elle se trouve dans une relation beaucoup plus étroite avec un autre droit » (*Rev. crit. DIP*, 1988. 411).

ment de désigner la loi au sein de laquelle la réponse de droit substantiel – quelle qu'elle soit – serait découverte.

525. Cette neutralité de la règle de conflit ne fait plus cependant aujourd'hui figure de dogme intangible. Le tournant privatiste a fait apparaître au demeurant qu'en dépit de l'apparente objectivité des rattachements, la règle de conflit était une « recette » entre les mains du juge, impliquant de sa part un contrôle qualitatif à tous les stades de sa mise en œuvre [1]. Plus encore, certaines règles de conflit se sont résolument orientées vers la recherche d'un résultat substantiel déterminé. Autrement dit, des considérations d'ordre matériel sont désormais prises en compte dans la désignation de la loi applicable. On évoque alors à ce sujet le concept – naguère hérétique – de règle de conflit à coloration matérielle, ou à finalité matérielle. Ces règles vont permettre de parvenir à un résultat jugé souhaitable ; elles ne sont pas neutres, mais visent à réaliser une politique, notamment de faveur à la validité d'un acte ou aux intérêts bien compris d'une personne – l'enfant le plus souvent –, déterminée à l'avance.

Assez rarement dégagées par la jurisprudence [2], les règles de conflit à coloration matérielle trouvent essentiellement leur origine, en droit comparé, dans les lois et codifications récentes et dans les conventions internationales. Ces textes permettent de déterminer, en premier lieu, les procédés par lesquels la règle de conflit peut intégrer la prise en considération d'un résultat déterminé (§ I). Ce faisant, il en résulte une altération de la physionomie de la règle de conflit, à tel point que l'on peut parfois hésiter sur la nature de la règle de droit international privé prenant en considération ces finalités matérielles (§ II).

I | Les moyens de matérialisation des règles de conflit

Alors que la règle de conflit de facture classique désigne une loi unique, les règles de conflit à coloration matérielle en désignent plusieurs, tenant compte de surcroît de la teneur des lois en présence. C'est

1. Ph. Francescakis, *La théorie du renvoi et les conflits de systèmes en droit international privé*, Sirey, 1958, n° 49.

2. En dehors cependant de l'interprétation judiciaire de la maxime *locus regit actum*, à laquelle l'arrêt *Charlie Chaplin* a conféré un caractère facultatif de nature à favoriser la validité formelle des actes juridiques (y compris en dehors du champ des successions, où il était déjà admis) : Cass. civ. 1re, 28 mai 1963, *Rev. crit. DIP*, 1964. 513, note Y. Loussouarn ; *JDI*, 1963. 1004, note B. Goldman ; *JCP*, 1963. II. 13347, note Ph. Malaurie ; *D.*, 1963. 677, note G. Droz ; *GA*, n° 40. Pour l'idée de

essentiellement cette pluralité de rattachements qui permet de comprendre la manière dont la règle de conflit intègre des préoccupations matérielles dans la recherche d'un résultat. Cette pluralité des rattachements sera d'abord décrite (A) ; on en mesurera ensuite l'éventail (B).

A / LA PLURALITÉ DES RATTACHEMENTS

526. En vue de parvenir à un résultat déterminé, la règle de conflit va désigner plusieurs lois. Pour le comprendre, il est possible de distinguer selon que ces lois s'appliquent de manière alternative ou cumulative.

Les règles de conflit alternatives expriment un souci de faveur pour un résultat déterminé. Pour ce faire, la règle offre une option de législation : parmi les différentes lois désignées, on retiendra celle qui permet de parvenir à la solution recherchée. En multipliant les rattachements, elle promeut naturellement le résultat escompté, car celui-ci se réalisera dès que l'une de ces lois le permettra. Quelques exemples permettent d'illustrer cette première catégorie. Il résulte ainsi de l'article 311-17 C. civ. que « la reconnaissance volontaire de paternité ou de maternité est valable si elle a été faite en conformité, soit de la loi personnelle de son auteur, soit de la loi personnelle de l'enfant ». Le résultat recherché est ici la reconnaissance d'un enfant naturel, tandis que le moyen utilisé pour parvenir à ce résultat repose sur la pluralité des rattachements. Il suffira qu'une des lois ainsi désignée permette la reconnaissance de l'enfant naturel pour que le résultat recherché soit atteint [1]. De même, l'article 1er de la Convention de La Haye du 5 octobre 1961 sur les conflits de lois en matière de forme des dispositions testamentaires prévoit une série de rattachements alternatifs (lieu du testament ; nationa-

faveur dans la solution jurisprudentielle du conflit mobile en matière d'établissement de la filiation, v. *supra*, n° 424 et *infra*, n° 768.

1. De même, aux termes de l'ancien art. 311-16, al. 1 C. civ., « le mariage emporte légitimation lorsque, au jour où l'union a été célébrée, cette conséquence est admise, soit par la loi régissant les effets du mariage, soit par la loi personnelle de l'un des époux, soit par la loi personnelle de l'enfant » (abrogé par l'ord. n° 2005-759 du 4 juillet 2005). Le résultat recherché, car estimé souhaitable, était donc la légitimation par mariage, tandis que le moyen utilisé pour parvenir à ce résultat reposait sur la pluralité des rattachements : si une des lois désignée conduisait à admettre que le mariage emporte légitimation, il en allait ainsi. De manière comparable, l'art. 311-18 C. civ. (abrogé par la loi n° 2009-61 du 16 janvier 2009) prévoyait que « l'action à fins de subsides est régie, au choix de l'enfant, soit par la loi de sa résidence habituelle, soit par la loi de la résidence habituelle du débiteur ». Le résultat recherché visant à accueillir l'action à fins de subsides, la pluralité de rattachement était mise au service de cet objectif : l'enfant pouvait choisir parmi les lois désignées celle lui permettant de bénéficier de l'action à fins de subsides.

lité, domicile ou résidence habituelle du testateur, soit au moment du testament soit au moment du décès ; lieu des immeubles pour les successions immobilières), aux fins d'assurer le plus largement possible la validité en la forme des testaments.

527. En présence de règles de conflit cumulatives, c'est au contraire l'hostilité à l'encontre d'une solution donnée qui se manifeste. Pour que celle-ci soit consacrée en effet, il faudra satisfaire aux conditions de toutes les législations désignées. Le résultat, défavorablement considéré, n'est donc atteint que si toutes les lois désignées l'admettent. La formulation explicite d'une politique de défaveur est cependant rare. Une intéressante décision rendue par la Cour de cassation belge [1], sur le fondement de l'article 3, § 3 du Code civil belge, permet d'illustrer cette catégorie. Aux termes de cette décision en effet, en cas d'époux de nationalité différente, le divorce n'est possible que s'il est prévu par les deux lois respectives des conjoints au motif qu'il « ne se conçoit pas que le lien matrimonial soit rompu à l'égard de l'un des époux et subsiste à l'égard de l'autre. » La même difficulté avait été résolue deux ans plus tôt en France, dans l'arrêt *Rivière*, par l'élaboration d'un rattachement subsidiaire en faveur du domicile commun des époux de nationalité mixte [2]. Mais cette dernière solution procède d'une localisation neutre de la situation des époux dans le ressort de l'ordre présentant avec elle les liens les plus étroits et n'impliquait aucun jugement de valeur sur le fond. Par contraste, la solution de la jurisprudence belge se fondait sur une défaveur à l'encontre du divorce, exprimée à travers cette pluralité de rattachements ; c'est seulement si les deux lois en présence admettaient le divorce que celui-ci était possible [3].

528. Encore convient-il de préciser que la distinction des règles de conflit alternatives et cumulatives est essentiellement dotée de vertus pédagogiques, car en réalité, il n'y a pas d'opposition véritable entre elles : elles ne sont que les deux faces d'une même réalité, qui peut

1. C. cass., 16 février 1955, *Rossi*, *JDI*, 1955. 930, note Philonenko ; *Rev. crit. DIP*, 1955. 143, concl. Hayoit de Termicourt, note Rigaud.

2. Cass. civ. 1re, 17 avr. 1953, *Rev. crit. DIP*, 1953. 412, note Batiffol ; *JDI*, 1953. 860, note Plaisant ; *JCP*, 1953. II. 7863, note Buchet ; *RabelsZ*, 1955. 520, note Francescakis ; *GA*, n° 26.

3. Avant l'entrée en vigueur du Règlement n° 1259/2010 du 20 décembre 2010, l'article 55 du Code belge de droit international privé rattachait la désunion à la loi de la résidence habituelle commune, assortie de rattachements subsidiaires en l'absence d'une telle résidence commune et tempérée par une option encadrée de compétence (pouvant le cas échéant favoriser le divorce). Le droit international privé français résultait quant à lui de l'article 309 du Code civil et exprimait une faveur au divorce au moyen d'une règle de conflit unilatérale étendant de manière extensive le champ du droit interne français, lui-même de contenu libéral (v. *infra*, n° 757).

toujours s'exprimer de manière alternative ou cumulative. C'est ainsi par exemple qu'au regard de l'art. 311-17 C. civ., pour celui qui soutient que la reconnaissance est valide, la règle est alternative : il suffit qu'il démontre que la reconnaissance est valide selon la loi personnelle de l'auteur, *ou* selon la loi personnelle de l'enfant ; mais pour celui qui conteste la validité de la reconnaissance, la règle est cumulative : il devra démontrer que la reconnaissance n'est valide, *ni* selon la loi de l'auteur, *ni* selon la loi de l'enfant. Il en va d'ailleurs de même de la règle formulée par l'arrêt *Rossi*, cumulative pour l'époux qui demande le divorce, puisqu'il devra démontrer que le divorce est admis par sa loi nationale et par celle de son conjoint, mais alternative pour l'époux qui s'oppose au divorce, puisqu'il lui suffira de démontrer que l'une des lois en présence n'admet pas le divorce. Toute règle de conflit alternative est donc en même temps cumulative, et réciproquement, ce qui n'est après tout que l'expression de la logique : la faveur pour une solution implique nécessairement la défaveur pour la solution contraire.

B / L'ÉVENTAIL DES RATTACHEMENTS

529. L'éventail des rattachements proposés est variable, d'un point de vue qualitatif et quantitatif.

Sous le premier aspect, le nombre des rattachements proposés est en effet très variable selon les circonstances : deux à l'art. 311-17 C. civ. [1], quatre à l'ancien art. 311-16, alinéa 1 C. civ. [2]... jusqu'à huit au sein de la Convention de La Haye du 5 octobre 1961 sur les conflits de lois en matière de forme des dispositions testamentaires [3]. L'idée soutenant cette diversité des rattachements est simple à comprendre : plus la faveur est grande, plus le nombre des rattachements sera élevé.

Sous le second aspect, la diversité est encore de mise. Parfois en effet, tous les rattachements sont placés sur le même plan, laissés à l'appréciation du juge (ancien 311-16, al. 1 C. civ.) ou des parties (ancien 311-16, al. 2 C. civ.). En d'autres hypothèses, le législateur détermine

1. Loi personnelle de l'auteur ou de l'enfant.
2. Loi des effets du mariage ; loi personnelle de l'un des époux ; loi personnelle de l'enfant.
3. Art. 1 : « Une disposition testamentaire est valable quant à la forme si celle-ci correspond à la loi interne : a) du lieu où le testateur a disposé, ou b) d'une nationalité possédée par le testateur, soit au moment où il a disposé, soit au moment de son décès, ou c) d'un lieu dans lequel le testateur avait son domicile, soit au moment où il a disposé, soit au moment de son décès, ou d) du lieu dans lequel le testateur avait sa résidence habituelle, soit au moment où il a disposé, soit au moment de son décès, ou e) pour les immeubles, du lieu de leur situation. »

leur ordre de consultation (rattachements en cascade) ; tel est le cas par exemple au sein de la Convention de La Haye du 2 octobre 1973 sur la loi applicable aux obligations alimentaires [1] où l'application successive de différentes règles de conflit permet d'arriver au résultat recherché, de sorte que si l'une n'y parvient pas, une autre prendra le relais.

II | La nature des règles de conflit à coloration matérielle

530. En raison de leur coloration matérielle, ces règles sont elles réellement des règles de conflit ? La diversité même des techniques de matérialisation utilisée laisse entrevoir dès ce stade qu'il n'y a sans doute pas de réponse unitaire à cette question. La matérialisation de la règle de conflit conduit en effet parfois au maintien de la nature conflictuelle de la règle, tandis qu'en d'autres hypothèses, elle en entraîne la disparition.

Si l'on prend l'exemple de la formulation employée par l'ancienne règle de conflit prétorienne relative à la forme des testaments et destinée à favoriser leur validité, qui accordait « au testateur un droit d'option entre les formes admises par sa loi nationale et celles qui sont exigées par la loi où il se trouve [2] », on constate qu'à travers le choix du testateur, la solution (validité ou non du testament) demeurait fournie par la loi désignée et non par la règle de conflit elle-même. Si l'on était par conséquent toujours en présence d'une règle de conflit, celle-ci revêtait cependant une coloration matérielle significative : le choix offert au testateur était de nature à favoriser le résultat recherché, c'est-à-dire « faciliter les actes accomplis soit par les Français à l'étranger, soit par les étrangers en France ». De sorte que l'on pouvait y découvrir une règle hybride,

1. Art. 4 : « La loi interne de la résidence habituelle du créancier d'aliments régit les obligations alimentaires » ; art. 5 : « La loi nationale commune s'applique lorsque le créancier ne peut obtenir d'aliments du débiteur en vertu de la loi visée à l'article 4 » ; art. 6 : « La loi interne de l'autorité saisie s'applique lorsque le créancier ne peut obtenir d'aliments du débiteur en vertu des lois visées aux articles 4 et 5. » Cette disposition est destinée à être remplacée par un nouveau texte s'inscrivant dans une entreprise de modernisation du droit international privé dans le champ des aliments, qui tend plutôt à favoriser l'application subsidiaire de la loi du for lorsque la loi de la résidence habituelle du créancier ne lui octroie pas d'aliments (v. le Protocole sur la loi applicable aux obligations alimentaires du 23 nov. 2007, article 4, intégré par référence au Règlement CE n° 4/2009 du 18 déc. 2008, article 15 ; *infra*, n° 788).

2. Cass. civ., 20 juill. 1909, *Viditz*, *Rev. crit. DIP*, 1909. 900, et *JDI*, 1909. 1097, concl. Baudoin, *DP*, 1911. 1. 185, note Politis ; sur le sort de cette règle de conflit jurisprudentielle, v. *infra*, n°s 843 et s.

intermédiaire entre la règle de conflit classique et la règle matérielle ; et dans cette voie, l'élargissement de l'éventail des lois susceptibles d'être interrogées accentuera le caractère matériel de la règle, sans supprimer pour autant son caractère conflictuel [1]. Plus récemment, le Protocole de La Haye du 23 novembre 2007 sur la loi applicable aux obligations alimentaires conduit aux mêmes conclusions : l'application successive des rattachements énoncés est censée permettre de parvenir au résultat recherché – l'octroi d'aliments – en vertu de l'une ou l'autre des lois ainsi désignées [2].

531. En d'autres hypothèses, il est en revanche possible de conclure à la disparition de la nature conflictuelle de la règle. Tel est le cas lorsque la désignation de la loi étrangère n'est plus l'effet juridique de la règle, mais entre au contraire dans son présupposé ; l'effet juridique de la règle sera alors le résultat lui-même, le résultat matériel, et il s'agira pour cette raison de règles matérielles. Différents exemples l'attestent. Ainsi, l'article 311-17 C. civ. peut être compris de la manière suivante : « si une reconnaissance a été établie conformément à la loi personnelle de l'auteur ou à celle de l'enfant (présupposé), alors la reconnaissance est valable (effet juridique) [3] ». Quant aux dispositions précitées de la Convention de La Haye sur la forme testamentaire, elles peuvent être présentées selon le même schéma : « Si le testament a été accompli selon les formes de telle ou telle loi (présupposé), alors il est valable (effet juridique). » La différence avec la règle prétorienne précitée est subtile.

Ici il apparaît cependant que la règle de droit international privé énonce elle-même la solution de la question de droit, tout en la subordonnant au contenu d'une ou plusieurs autres règles substantielles. Celles-ci sont d'ailleurs simplement prises en considération dans le résultat qu'elles consacrent, et non pas réellement appliquées. Le résultat recherché est obtenu non pas par application de la loi désignée, mais par application de la règle de droit international privé elle-même, dont l'effet juridique prévoit ce résultat [4]. Il s'ensuit notamment qu'au cas où

1. Pour un autre exemple de règle de conflit alternative, v. l'article 311-18 C. civ. relatif à l'action à fin de subsides (abrogé par L. n° 2009-61, 16 janv. 2009), précisant que devait être appliquée, au choix de l'enfant, sa loi de résidence habituelle ou la loi de la résidence habituelle du débiteur.

2. V. le mécanisme institué aux art. 3 et 4 du Protocole.

3. V. cepdt, parfois interprété (B. Audit, L. d'Avout, *Droit international privé*, n° 168, p. 149) comme affirmant le caractère de règle de conflit de l'article 311-17 C. civ. et l'assortissant du régime procédural correspondant : Cass. civ. 1re, 14 avril 2010, n° 09-14335.

4. Ainsi, en matière de testament, il résultera des termes de la Convention de La Haye que s'il est valable, ce sera non pas par application de la loi dont la forme est respectée (d'ailleurs, le testament peut être conforme à plusieurs de ces lois), mais bien par application de la règle de droit international privé dont l'effet prévoit ce résultat (la disposition testamentaire est valable). La règle prétorienne

aucune des lois auxquelles il est fait référence ne valide le rapport juridique en question, la nullité résulte directement de cette règle elle-même. C'est donc bien celle-ci, et non l'une ou l'autre de ces lois consultées, qui régit par conséquent le régime de la nullité.

SECTION 3
Le développement du rôle de la volonté

532. Naguère réservée à la matière contractuelle, la possibilité offerte aux parties de faire un choix de loi applicable est désormais en pleine extension, au point de déborder assez largement son domaine d'origine [1]. Le droit international privé comparé, conventionnel et dérivé, atteste en effet le rôle croissant dont se voit désormais investi le choix non contentieux des parties dans la détermination de la loi applicable, même dans des domaines où, en droit interne, les droits subjectifs sont réputés indisponibles. La volonté se manifeste en effet dans des domaines aussi divers que la filiation [2], les effets du mariage [3], les successions [4], le divorce [5] ou la responsabilité délictuelle [6]. L'ampleur du choix offert aux parties est d'ailleurs variable : liberté totale [7], option de législation [8], simple faculté de désigner la *lex fori* [9].

issue de l'arrêt *Viditz*, à l'inverse, désigne la loi choisie par le testateur, qui régit donc bien à elle seule la question de la forme.

1. Une telle évolution n'est pas sans danger dans des situations asymétriques et appelle à ce titre des sauvegardes. Sur celles qui ont été imaginées en matière contractuelle pour protéger la partie faible, v. *infra*, n°s 924 et s.
2. Art. 311-16 C. civ.
3. Art. 14 (2) de la loi allemande du 25 juillet 1986 portant réforme du droit international privé, *Rev. crit. DIP*, 1987. 170 ; art. 9. 2 C. civ. espagnol, réd. L. 15 octobre 1990, *Rev. crit. DIP*, 1991. 634.
4. Art. 5 Convention de La Haye sur la loi applicable aux successions à cause de mort ; art. 22 Règlement « Successions ».
5. V. à ce sujet l'art. 5 du Règlement n° 1259/2010 du 20 décembre 2010 sur le droit applicable et la compétence en matière de divorce (v. *infra*, n° 758-2).
6. Règlement Rome II, art. 14.
7. Règlement Rome II, art. 14.
8. Art. 311-18 C. civ. (abrogé, L. 16 juin 2009) qui, en matière d'action à fins de subsides permettait à l'enfant de choisir entre la loi de sa résidence habituelle et celle de la résidence habituelle du débiteur. Des exemples plus actuels sont apportés par le récent droit international européen : le règlement sur les successions internationales ouvre une option (*electio juris*) en faveur de la nationalité de l'intéressé, qui peut donc écarter le rattachement de principe à la loi de sa résidence habituelle (v. *infra*, n° 842-1) ; le Règlement « Rome III » sur le divorce permet aux époux de choisir l'un parmi plusieurs rattachements qui s'appliquent normalement « en cascade » (v. *infra*, n° 758-2).
9. V. en matière d'actes illicites, l'art. 132 de la loi fédérale suisse sur le droit international privé du 18 décembre 1987, *Rev. crit. DIP*, 1988. 409.

Parfois, comme au regard du Règlement Rome II sur la loi applicable aux obligations extra-contractuelles, ce choix est libre [1] ; parfois, comme dans le cas de l'*electio iuris* consacrée par la Convention de La Haye du 14 mars 1978 sur la loi applicable aux régimes matrimoniaux et désormais par le Règlement n° 2016/1104 [2], il est canalisé, ouvrant une option entre deux ou plusieurs droits nationaux déterminés, ayant chacun *a priori* une vocation raisonnable à régir le rapport juridique en cause ; le procédé se rapproche alors des règles de conflit alternatives. Dans les deux cas, la solution est perçue comme de nature à améliorer la prévisibilité juridique et à réduire les coûts de transaction liés à d'éventuels litiges sur la détermination de la loi applicable. Elle témoigne d'une reconnaissance progressive de la signification très relative des rattachements induits de simples considérations de proximité, où les intérêts des parties et l'administration économique de la justice viennent en première ligne, par opposition aux cas où la règle de conflit est instrumentalisée au service d'une politique de régulation impérative ou exprime des valeurs fondamentales auxquelles il serait inconcevable de déroger.

533. La volonté des parties – dont le domaine est ainsi étendu – se voit reconnaître diverses fonctions. Les premières paraissent de nature à pouvoir demeurer dans le schéma de la méthode conflictuelle, dont elles viseraient simplement à corriger certains défauts. Il pourrait ainsi s'agir de remédier aux insuffisances d'une règle de conflit dont le résultat n'entretiendrait que peu de relation objective avec une situation juridique concrètement considérée ; ou de dépasser l'opposition entre rattachements estimés d'égale valeur – tels le domicile et la nationalité en matière de statut personnel – en laissant la solution entre les mains des parties. Dans les deux cas, la solution est perçue comme de nature à améliorer la prévisibilité juridique, tout en corrigeant la rigidité des rattachements traditionnels.

Dans une autre fonction – beaucoup plus éloignée de la méthode conflictuelle classique – la volonté permettrait au contraire de traduire au plan international des objectifs de droit substantiel, afin de favoriser un résultat déterminé ou de transposer aux relations internationales la liberté dont les individus jouissent dans les relations internes.

Contrairement aux apparences, ces deux types de fonction se réduisent cependant à la seconde d'entre elles. En réalité, la volonté des parties oriente toujours vers le choix d'une solution substantielle :

1. V. art. 14, préc., et *infra*, n° 1007.
2. V. *infra*, n°s 808 et 815-1, respectivement.

peut-on en effet penser qu'en matière de divorce par exemple, le choix de loi offert aux époux serait uniquement fondé sur la recherche de sécurité et de prévisibilité juridiques ? Peu importe aux époux souhaitant divorcer que telle ou telle loi soit plus proche de leur situation ; c'est exclusivement à raison de son contenu que le choix d'une loi s'exercera.

Section 4
L'incidence des libertés économiques

534. Le mode d'intervention des libertés économiques sur le fondement des articles 34 et 36 TFUE (28 et 49 du traité CE) est négatif, en ce que ces textes commandent de disqualifier toute disposition nationale dont l'application aurait pour effet de rendre la circulation sur le marché intérieur d'un produit ou d'un service plus contraignante que sur le marché interne. Le pays d'accueil doit donc tenir pour équivalentes ses propres exigences, mises à l'écart, et celles de la loi d'origine, déjà respectées. À la manière du principe de respect des droits acquis, la reconnaissance mutuelle prolonge dans l'État d'importation l'efficacité de la loi d'origine en disqualifiant ses propres dispositions. La justification économique de cette répartition territoriale de compétences réside dans le maintien de l'avantage concurrentiel des produits et services circulant sur le marché intérieur. Mais si l'on conçoit parfaitement que cette équivalence soit imposée dans le champ des exigences de droit public (autorisations, agréments, qualifications professionnelles, standards de qualité), il reste à savoir si les libertés économiques ont également pour effet d'infléchir le règlement des conflits de lois de droit privé, à l'instar soit d'une « règle de conflit cachée », au profit de la loi d'origine du fournisseur du service, soit plus modestement d'une « exception de reconnaissance mutuelle » dans les rapports économiques transfrontières. Pareille question oblige à rechercher dans quels cas l'application d'une règle de droit privé peut être considérée comme restreignant l'accès d'un opérateur au marché de l'État d'accueil.

535. À cet égard, la question de savoir si la mise en jeu d'une responsabilité extra-contractuelle du fait des dommages causés par un produit ou à l'occasion d'une prestation de service transfrontière peut constituer une entrave à la liberté des opérateurs a fait l'objet de discussions particulièrement vives. Dans ce contexte, la question est en effet de savoir si l'État d'accueil est dans l'obligation de reconnaître le régime de responsabilité applicable dans l'État de l'établissement du prestataire, qui bénéficierait alors d'une immunité devant toute règle plus sévère. Il porterait alors en quelque sorte avec lui, partout dans la Communauté, un statut répondant à un critère personnaliste : on reconnaît par là même les interrogations que suscite le personnalisme néostatutaire de Currie, dans le contexte nord-américain.

De prime abord, la réponse semble devoir être négative, au regard des exigences des libertés économiques sur le fondement du traité sur le fonctionnement de l'Union européenne. Admettre en effet que le régime d'une responsabilité encourue à l'occasion de la prestation transfrontière d'un service entrave la liberté du prestataire, conduirait à concevoir la responsabilité comme faisant en quelque sorte partie intégrante du service fourni, dont elle constituerait l'accessoire indissociable. Or, si une telle analyse est concevable, en ce qui concerne les conséquences de l'inexécution du contrat, à l'égard des consommateurs d'un produit ou d'un service, dès lors que le prix du produit est fonction des garanties offertes, elle paraît absurde à l'égard des dommages qui échappent à une qualification purement contractuelle, aussi bien qu'à l'endroit des tiers subissant un dommage à l'occasion de l'exercice du service dans le pays d'accueil et dont le droit à réparation ne peut aucunement être assimilé au prix du produit fourni. Autrement dit, selon la formule de Jurgen Basedow, la liberté économique n'implique pas celle de faire circuler des produits ou services dommageables [1]. Cependant, il faut admettre que le sens de la clause « marché intérieur » de la directive commerce électronique semble bien indiquer la solution contraire [2]. La Cour de justice l'a entendu ainsi, en tout cas, dans son arrêt *eDate Advertising* [3], dans

1. « Der kollisonrechtlichte Gehalt der produktfreiheiten im europäischen Binnemarket : *favor offerentis* », *RabelsZ.*, 1995. 1.

2. Directive 2000/31 « commerce électronique » ; la directive 2006/123 relative aux services dans le marché intérieur (sous la forme de « la libre prestation de services »). La clause « marché intérieur » (art. 3) étend le jeu du principe d'origine à un ensemble de domaines de droit substantiel dénommés « domaine coordonné » et incluant le droit privé de la responsabilité délictuelle. La difficulté tient au fait que, ce faisant, d'autres dispositions de la directive come des considérants affirment ne pas affecter le conflit de lois.

3. CJUE *eDate Advertising GmbH contre X (C-509/09) (et Olivier Martinez et Robert Martinez contre MGN Limited (C-161/10)*, aff. jointes*)*, *JCP* 2012, 28, note S. Francq ; *JDI* 2012, 198, note G. Guiziou ; *D.*, 2012.1279, note T. Azzi ; *D.*, 2012.1285, note S. Bollée, B. Haftel ; *Rev. crit. DIP* 2012.389, note H. Muir Watt. Statuant pour la première fois sur l'interprétation de la clause « marché intérieur » de la directive commerce électronique, la Cour de Luxembourg induit du texte une exception de libre circulation, se désolidarisant des conclusions de l'avocat général Cruz Villalón, qui prônait la « neutralité » de la directive pour le droit international privé.

une hypothèse où était invoquée à l'encontre de l'application de la loi d'origine une atteinte par voie électronique aux droits de la personnalité au regard de la loi du lieu de cette atteinte. Ainsi, selon la Cour, (§67), « l'article 3 de la directive s'oppose, sous réserve des dérogations autorisées selon les conditions prévues à cet article 3, paragraphe 4, à ce que le prestataire d'un service du commerce électronique soit soumis à des exigences plus strictes que celles prévues par le droit matériel en vigueur dans l'État-membre d'établissement dudit prestataire ». Si la mise en œuvre du principe d'origine n'implique pas l'introduction formelle d'une véritable règle de conflit de lois, elle impose néanmoins une exception de reconnaissance mutuelle, qui semble donc s'opposer à l'application d'une loi étrangère plus sévère (*in concreto*) pour le prestataire que celle de sa loi d'origine.

536. Selon la lecture ainsi retenue de la clause marché intérieur, le droit de la responsabilité civile du pays d'origine devient lui-même un avantage comparatif dont le respect s'impose aux autorités du pays d'accueil. En somme, le droit d'accéder au marché de l'État d'accueil sans perdre son avantage compétitif implique celui de faire abstraction par la suite de l'environnement juridique du pays dans lequel l'activité s'exerce, entre autres sous l'angle de la responsabilité à l'égard des tiers. Le prestataire se trouve exempté de toute obligation lui incombant au titre du droit du pays d'accueil, une fois l'accès au marché acquis, ce qui est un non-sens. Économiquement, une telle solution est d'ailleurs de nature à inciter les législations à s'engager dans une redoutable course vers le bas. On peut souhaiter qu'une telle interprétation reste limitée aux cas où une clause « marché intérieur » inclut explicitement les règles de responsabilité civile dans le champ de la reconnaissance mutuelle. En dehors de cette hypothèse, y compris dans le champ d'application de la directive « services » de 2006 [1], l'impact du principe d'origine semble devoir se limiter aux règles nationales de droit public. Sur ce terrain, cet impact est d'ailleurs remarquable, en ce qu'il implique que soit donné un effet extraterritorial aux lois de droit public de l'État d'origine. Il reste cependant moins controversé, en raison de la territorialité de la plupart de celles qui seraient susceptibles d'affecter la circulation d'un produit ou d'un service. En réalité, la reconnaissance mutuelle impose à l'État d'accueil une autolimitation dans l'extension de son droit public aux situations conformes à l'État d'origine, mais n'en modifie pas autrement le champ d'application. Le rapprochement avec les anciennes théories territorialistes des droits acquis est frappant : cette dernière notion

1. Directive 2006/123 relative aux services dans le marché intérieur (sur laquelle, v. *infra*, n° 539).

sert une nouvelle fois de vecteur dans l'État du for aux effets de lois étrangères normalement inapplicables – soit parce qu'elles sont étrangères, soit parce qu'elles sont de droit public.

ÉTAT DES QUESTIONS

B. G. — **Sur la matérialisation de la règle de conflit :** A. Bucher, « Sur les règles de rattachement à caractère substantiel », in *Liber Amicorum A. F.Schnitzer*, Genève, 1979, p. 37 ; H. Gaudemet-Tallon, « L'utilisation des règles de conflit à caractère substantiel dans les Conventions internationales (l'exemple des Conventions de La Haye) », in *Mélanges en l'honneur de Y. Loussouarn*, 1994, p. 181 ; M. Jorge, *Les règles de conflit alternatives*, thèse, Paris 1, 1988 ; G. Kisch, « La loi la plus favorable », in *Festschrift für M. Gutzwiller*, réimpr. Vaduz, 1977, p. 373 ; Y. Loussouarn, « La règle de conflit est-elle une règle neutre ? », *Trav. Com. fr. DIP*, 1980-1981, t. 2, p. 47 ; « L'évolution de la règle de conflit de lois », *Trav. Com. fr. DIP, Journée du cinquantenaire*, 1988, p. 80 ; P. M. Patocchi, *Règles de rattachement localisatrices et règles de rattachement à caractère substantiel*, Genève, Georg, 1985 ; F. Soirat, *Les règles de rattachement à caractère substantiel*, thèse, Paris 1, 1995.

Sur la place acquise par la volonté individuelle dans les conflits de lois : H. Batiffol, « Le rôle de la volonté en droit international privé », *Arch. phil. droit*, 1957, p. 71 ; D. Bureau, « L'influence de la volonté individuelle sur les conflits de lois », in *Mélanges en hommage à F. Terré*, Dalloz, Puf, *J.-Cl.*, 1999, p. 285 et s. ; J.-Y. Carlier, *Autonomie de la volonté et statut personnel*, Bruylant, 1992 ; C. Cohen, *Les Normes permissives en droit international privé. Étude critique*, thèse, Université Panthéon-Assas (Paris 2), 2015 ; P. Gannagé, « La pénétration de l'autonomie de la volonté dans le droit international privé de la famille », *Rev. crit. DIP*, 1992. 425 ; V. Heuzé, « La volonté en droit international privé », *Droits*, n° 28, 1999, p. 113 ; A. Marzal Yetano, « The Constitutionalisation of Party Autonomy in European Family Law », *Journ. PIL*, 2010. 155 ; M.-E. Mathieu, *L'*electio juris *en droit international privé. Aperçu de droit comparé*, thèse dactyl., Paris 2, 1998 ; H. Muir Watt, « Le principe d'autonomie entre libéralisme et néolibéralisme », in *La matière civile et commerciale : socle d'un code européen de droit international privé*, M. Fallon, P. Lagarde, S. Poillot-Peruzzetto (dir.), Dalloz, 2008, p. 77 ; « "Party Autonomy" in international contracts : from the makings of a myth to the requirements of global governance », *ERCL* 2010. 1 ; P. Picone, « Les méthodes de coordination entre ordres juridiques en droit international privé », *RCADI*, 2000, t. 276, p. 13 ; T. Vignal, *La part de la volonté dans les règles de conflit de lois hors des contrats*, thèse dactyl., Paris 2, 1993 ; A. E. Von Overbeck, « L'irrésistible extension de l'autonomie de la volonté en droit international privé », in *Hommage à F. Rigaux*, Bruylant, 1993, p. 619.

Sur les clauses d'exception : P. Berlioz, « La clause d'exception », *in* T. Azzi, O. Boskovic (dir.), *Quel avenir pour la théorie générale des conflits de lois ?, op. cit.*, p. 189 et s. ; C. E. Dubler, *Les clauses d'exception en droit international privé*, Études suisses de droit international, vol. 35, Genève, Georg, 1983 ; N. Joubert, *La Notion de liens suffisants avec l'ordre juridique* (*Inlandsbeziehung*) *en droit international privé*, Litec, 2007, vol. 29, préf. P. Lagarde ; F. Knoepfler, « Utilité et danger d'une clause d'exception en droit international privé », in *Hommage à R. Jeanprêtre*, Neuchâtel, 1982, p. 113 ; P. Lagarde, « Le principe de proximité dans le droit international privé contemporain. Cours général de droit international privé », *RCADI*, t. 196, 1986-I, p. 9 et s., et spéc. p. 97 et s. ; P. Rémy-Corlay, *Étude critique de la clause d'exception dans les conflits de lois*, thèse dactyl., Poitiers, 1997 ; et, du même auteur, « Mise en œuvre et régime procédural de la clause d'exception dans les conflits de lois », *Rev. crit. DIP*, 2003. 37.

Sur l'incidence des libertés économiques sur les conflits de lois : J. Basedow, « Der kollisonrechtlichte Gehalt der produktfreiheiten im europäischen Binnemarket : favor offerentis », *RabelsZ*, 1995. 1 ; M. Fallon, « Les conflits de lois et de juridictions dans un espace économique intégré – L'expérience de la Communauté européenne », *RCADI*, 1995, vol. 253, p. 279 ; « Les relations entre les règles fondamentales et les règles de conflit », in *Les conflits de lois et le système juridique communautaire*, Dalloz, *Actes et Commentaires*, 2004, p. 31 ; V. Heuzé, « De la compétence de la loi du pays d'origine en matière contractuelle ou l'anti-droit européen », in *Mélanges en l'honneur de P. Lagarde*, Dalloz, 2005, p. 393 ; M.-N. Jobard-Bachellier, « L'acquis communautaire du droit international privé des conflits de lois », *in* J.-S. Bergé et M.-L. Niboyet (dir.), *La réception du droit communautaire en droit privé des États-membres*, Bruxelles, Bruylant, 2003, p. 185-206 ; M. Laazouzi, « La clause marché intérieur », *in* T. Azzi, O. Boskovic (dir.), *Quel avenir pour la théorie générale des conflits de lois ?*, *op. cit.*, p. 205 ; H. Muir Watt, « L'entrave à la prestation transfrontière de service », in *Études offertes à J. Béguin*, Litec, 2005, p. 545 ; L. Radicati di Brozolo, « Libre circulation dans la CE et règles de conflit », *Rev. crit DIP*, 1993. 401 ; F. Rigaux, « La méthode des conflits de lois en droit européen », in *Mélanges Dutoit*, Genève, Droz, 2002, p. 243-256 ; H. D. Tebbens, « Les conflits de lois en matière de publicité déloyale à l'épreuve du droit communautaire », *Rev. crit. DIP*, 1994. 451 ; M. Wilderspin et X. Lewis, « Les relations entre le droit communautaire et les règles de conflit de lois des États-membres », *Rev. crit. DIP*, 2002. 1 ; plus généralement, l'ensemble des contributions dans *Les conflits de lois et le système juridique communautaire*, Dalloz, *Actes et Commentaires*, 2004. Aj. en d'autres langues : H. Jessurun d'Oliveira, « The EU and a metamorphosis of private international law », in *Mélanges North*, Oxford, Univ. Press, 2002, p. 111-136 ; T. Kadner Graziano, *Gemeineuropaïsches Internationales Privatrecht*, Tübingen, Mohr, 2002, 687 p. ; C. Kohler, « Der europäische Justizraum für Zivilsachen und das Gemeinschaftskollisionsrecht », *IPRax*, 2003, p. 401-411 ; H. Muir Watt, « Choice of law in integrated and interconnected markets: A matter of political economy », *Col. J. eur. L.*, 2003, p. 383-410 ; P. Picone, *Diritto internazionale privato e diritto comunitario*, CEDAM, 2004 ; G. Rossolillo, *Mutuo riconoscimento e tecniche conflittuali*, Padoue, CEDAM, 2002 ; G. Spindler, « Herkunftslandprinzip und Kollisionsrecht-Binenmarktintegration ohne Harmonisierung ? », *RabelsZ.*, 2002, p. 633-709. V. également les références citées *supra*, n° 52.

Sur la dimension économique du droit international privé : F. Garcimartin Alferez, « Regulatory Competition : A Private International Law Approach », 8, *Eur. Journ. Law & Econ.*, 251 ; H. Muir Watt, « Aspects économiques du droit international privé », *RCADI*, 2004, t. 307, p. 29 ; « La fonction économique du droit international privé », *Rev. int. dr. éco.*, 2010/1, p. 103 s. ; L. Ribstein, « From efficiency to politics in contractual choice of law », 37, *Ga. L. Rev.*, 363 (2003) ; *Conflits de lois et régulation économique*, dir.

M. Audit, H. Muir Watt, E. Pataut, LGDJ 2008 ; J. Carrascosa Gonzalez, « Règle de conflit et théorie économique », *Rev. crit. DIP* 2012. 521.

LES RÈGLES DE CONFLIT À COLORATION MATÉRIELLE

537. L'analyse structurale de la règle de droit, instrument théorique d'analyse des règles de conflit à coloration matérielle. Selon une analyse systématisée en France par H. Motulsky (*Principes d'une réalisation méthodique du droit privé*, Sirey, 1948, préf. P. Roubier, réimpr. Dalloz, 1991), toute règle de droit présente un caractère hypothétique ; c'est-à-dire qu'elle peut être énoncée de la façon suivante : « Si tel événement se produit, telle conséquence juridique en résulte. » C'est ainsi par exemple que l'art. 1382 C. civ., aux termes duquel « tout fait quelconque de l'homme qui cause à autrui un dommage, oblige celui par la faute duquel il est arrivé, à le réparer » peut être présenté ainsi : « Si un fait quelconque de l'homme cause à autrui un dommage, celui par la faute duquel il est arrivé à l'obligation de le réparer. » La règle pose donc une hypothèse (si...), et la réalisation de cette hypothèse entraîne une conséquence juridique, définie dans la deuxième proposition de la règle de droit (alors...). Dans toute règle de droit, il y aurait ainsi deux propositions : l'hypothèse, ou le présupposé (si...), et l'effet ou la conséquence juridique (alors...).

Il revient à la doctrine internationaliste d'avoir su déduire les conséquences logiques de la structure hypothétique de la règle de droit dans le domaine des conflits de lois (P. Mayer, *La distinction entre règles et décisions et le droit international privé*, Dalloz, 1973, préf. H. Batiffol). Selon cette analyse, la structure de la règle de conflit serait en effet la suivante : « Si le juge doit résoudre une question de droit de tel type, il doit appliquer la loi désignée par tel élément. » C'est ainsi par exemple que l'article 311-14 C. civ. (« La filiation est régie par la loi personnelle de la mère au jour de la naissance de l'enfant ») pourrait se lire de la manière suivante : « Si le juge (ou plus généralement l'organe étatique) doit résoudre une question relative à l'établissement d'une filiation, il doit appliquer la loi de la nationalité de la mère » (P. Mayer, V. Heuzé, *Droit international privé*, n° 114). Le présupposé de la règle de conflit définit ainsi la catégorie de question de droit à laquelle est attaché un critère de rattachement (établissement de la filiation), tandis que sa conséquence juridique énonce le critère de rattachement retenu (nationalité de la mère). L'hypothèse est une catégorie juridique, la conséquence est son attribution à un ordre juridique déterminé. Finalement, l'application de la loi désignée sera donc ordonnée par la conséquence juridique de la règle de conflit, de la même façon par exemple que l'attribution de dommages-intérêts serait ordonnée par la conséquence juridique de l'article 1382 C. civ. La transposition de cette analyse structurale aux règles de conflit à coloration matérielle conduit, comme le montre le texte, à des résultats nuancés.

Conséquences méthodologiques de la matérialisation des règles de conflit. — En raison de leur nature particulière, certaines conséquences d'ordre méthodologique ne peuvent manquer de produire leurs effets au stade de l'application de ces règles.

— Ainsi, pour la résolution des conflits transitoires internationaux, il a été proposé précédemment de faire application des principes généraux du droit transitoire interne, et non des règles spéciales, car celles-ci sont liées à la teneur substantielle de la loi et la règle de conflit de facture classique est indifférente au résultat substantiel (v. *supra*, n° 415).

Un tel motif ne jouant plus pour les règles de conflit à coloration matérielle, il n'y aurait plus d'obstacle à faire application cette fois des règles transitoires spéciales.

— Par ailleurs, puisque la loi est choisie en fonction de sa teneur, le renvoi doit sans doute être exclu. Sauf peut être le renvoi *in favorem*, vers une loi qui conduirait à l'obtention du résultat recherché ? La solution ne s'impose pas même cependant, dès lors que le caractère limité des rattachements proposés montre les limites exprimées par le législateur français en faveur de la solution recherchée.

LA CLAUSE D'EXCEPTION

538. Aspects théoriques. — Règle de conflit et clause d'exception témoignent de deux conceptions sensiblement différentes de la règle de droit, et au-delà même, du raisonnement juridique. Règle générale, abstraite, rigide, prédéterminée pour la première, conduisant à un raisonnement de type syllogistique. Règle concrète, souple, au résultat variable selon les circonstances pour la seconde, dont la mise en œuvre repose sur une casuistique et un raisonnement de type conséquentialiste. Envisagé d'une autre manière, c'était là toute la différence qui séparait naguère les méthodes d'un juge continental et d'un juge de *common law*...

En outre, la jurisprudence semble – curieusement – se refuser à assortir ses propres règles d'une clause d'exception, alors même qu'elle les a créées de toutes pièces. L'occasion lui a cependant été fournie de le faire à diverses reprises, spécialement en matière délictuelle (v. *infra*, n° 983). En revanche, lorsque la règle écrite accepte elle-même de s'effacer en faveur de la désignation d'une loi plus proche, la jurisprudence ne craint pas alors de faire une application très lâche de la clause d'exception. Curieuses dialectiques du principe et de l'exception (sur laquelle v. de manière générale : H. Batiffol, *Problèmes de base de philosophie du droit*, LGDJ, 1979, spéc. p. 254 et s.), du pouvoir législatif et de l'autorité judiciaire.

La clause d'exception est parfois rapprochée de l'*Inlandsbeziehung*, dans lequel on est tenté de voir un simple synonyme du principe de proximité, correcteur du jeu de la règle de conflit. Mais un auteur (N. Joubert, *La notion de liens suffisants avec l'ordre juridique* (*Inlandsbeziehung*) *en droit international privé*, Litec, 2007, vol. 29, préf. P. Lagarde) met en garde contre une telle assimilation : l'*Inlandsbeziehung* doit être distingué impérativement de la clause d'exception, que ce soit en matière de conflits de lois ou, sous la forme du *forum non conveniens*, sur le terrain de la compétence juridictionnelle. En effet, reposant sur une évaluation comparative des titres de compétence de deux lois ou de deux tribunaux, la clause d'exception vise à déterminer la loi présentant les liens les plus étroits avec la situation litigieuse, ou encore le for le plus approprié pour en connaître. En revanche, l'*Inlandsbeziehung*, qui s'insère dans une démarche de type unilatéraliste et publiciste, est un mécanisme binaire de confirmation ou d'éviction, en ce sens que, soit les liens avec l'ordre juridique du for sont suffisants et le titre de celui-ci sera admis, soit ces liens sont jugés insuffisants et sa vocation sera évincée sans qu'aucune solution alternative ne vienne s'y substituer. Ainsi, l'*Inlandsbeziehung* sert de « critère ponctuel de pondération des compétences juridictionnelle et législative », dans les cas où il tend à neutraliser une compétence exorbitante (tel le for du patrimoine du droit allemand ou encore le privilège de nationalité française) ainsi que dans le jeu de l'ordre public dit de proximité. Mais la recherche de liens suffisants peut aussi remplir un rôle de consolidation, réservé cette fois-ci au champ juridictionnel et illustré, tant par le droit des immunités juridictionnelles qu'en matière de compétence, par le concept américain de *minimum contacts* (pour la compétence directe) ou de « liens caractérisés » (pour la compétence indirecte).

538-1. Clause d'exception et ordre public. — Il n'est pas dépourvu d'intérêt de rapprocher l'exception d'ordre public du mécanisme des clauses d'exception, spécialement lorsque la première n'est pas indifférente à l'idée de proximité (v. *supra*, n°s 462 et 472 sur l'ordre public de proximité et les clauses spéciales d'ordre public). Dans cette perspective, il est parfois estimé que l'ordre public de proximité interviendrait *a posteriori*, alors que la clause d'exception jouerait *a priori* dans la définition de la loi applicable (J. Foyer, « Droits internationaux de l'homme et ordre public international », in *Mélanges R. Goy*, Publ. de l'Université de Rouen, 1998, p. 333 et s., spéc. p. 336). Des différences plus profondes les séparent cependant, surtout si l'on admet que les deux mécanismes tendent en réalité à remettre en cause la loi normalement désignée par la règle de conflit. Première différence : la loi évincée au nom de l'ordre public l'est en raison de son contenu, tandis que c'est en raison de son éloignement qu'elle sera évincée par le jeu de la clause d'exception. Deuxième différence : alors que l'ordre public de proximité se contente d'un lien avec le territoire du for, la clause d'exception conduit à la désignation de la loi entretenant les liens les plus étroits avec le litige. Troisième différence : la clause d'exception conduit à la désignation de n'importe quelle loi (dès lors qu'elle entretient les liens les plus étroits avec le litige) ; l'exception d'ordre public conduit normalement à l'application de la *lex fori* dans sa vocation subsidiaire... Ces différences sont donc assez sensibles d'un point de vue théorique ; la pratique invite en revanche à se demander si, dans certaines hypothèses, les deux procédés ne seraient pas interchangeables.

1 / L'ordre public peut-il remplacer la clause d'exception ? Lorsque la loi espagnole prohibant le divorce est estimée « contraire à la conception française de l'ordre public international qui impose la faculté, *pour un Français domicilié en France*, de demander le divorce » (Cass. civ. 1re, 1er avr. 1981, *JDI*, 1981. 812, note D. Alexandre), ou lorsque la loi tunisienne de la mère est estimée contraire à l'ordre public dès lors qu'elle a « pour effet de priver *un enfant français ou résidant habituellement en France* du droit d'établir sa filiation » (Cass. civ. 1re, 10 févr. 1993, *Rev. crit. DIP*, 1993. 620, note J. Foyer), s'agit-il réellement de faire jouer le mécanisme de l'exception d'ordre public ? Dans ces deux affaires au moins, il aurait sans doute été plus exact d'invoquer les liens plus étroits avec la France pour faire directement application de la loi française... Mais comme la clause d'exception n'est pas admise comme principe correcteur de la règle de conflit, les tribunaux ont utilisé – en la déformant – la seule technique à leur disposition : l'exception d'ordre public ; le juge n'ayant pas le pouvoir de critiquer ouvertement une règle de conflit d'origine législative dont la mise en œuvre conduit pourtant à la désignation d'une loi n'entretenant que peu de liens avec la situation litigieuse, il en désamorce les effets en usant de la technique plus policée de l'exception d'ordre public...

2 / La clause d'exception peut-elle remplacer l'exception d'ordre public ? C'est la question que l'on pourrait se poser si la clause d'exception se montrait sensible à des considérations d'ordre substantiel. Mais c'est alors la nature même de la clause d'exception qui est en cause. Proximité indifférente aux considérations de droit matériel, ou faveur pour l'une des parties ? C'est en effet ce que paraît imposer l'esprit même de la clause d'exception, destinée à permettre de revenir aux principes qui sous-tendent la règle de conflit normalement mise en œuvre lorsque l'application de cette dernière au cas d'espèce ne permet pas – de manière extraordinaire – de les atteindre. Plus généralement, l'utilisation de la clause d'exception pour des considérations tirées de la teneur matérielle des règles en conflit paraît tout simplement constituer un véritable détournement du mécanisme (P. Lagarde, « Le principe de proximité dans le droit international privé contemporain », préc., spéc. p. 123). Ainsi, dans le cadre général de l'article 4 de la Convention de Rome et, dans une moindre mesure, de l'article 4 du Règlement Rome I, il est présumé que le contrat présente les liens les plus étroits avec le pays désigné – de manière plus ou moins précise selon les instruments – par un rattachement objectif ; ce n'est donc que si ce rattachement objectif ne parvient pas – exceptionnellement – à la désignation de la loi présentant les liens les plus étroits avec le contrat qu'il conviendra de déroger à cette règle de conflit normalement applicable, en faveur précisément de la loi la plus proche (v. ainsi M.-A. Moreau, note sous Paris, 7 juin 1996, *Rev. crit. DIP*, 1997. 55 ; E. Pataut, *Principe de souveraineté et conflits de juridictions* (*Étude de droit international privé*), LGDJ, 1999, préface P. Lagarde, spéc. p. 153. Comp., plus généralement, en ce que le mécanisme de la clause d'exception ne doit pas être utilisé en vue d'atteindre un résultat matériel déterminé, C. E. Dubler, *Les clauses d'exception en droit international privé*, préc., spéc. n° 115, p. 99 ; P. Lagarde, « Le principe de proximité dans le droit international privé contemporain. Cours général de droit international privé », préc., spéc. p. 122 et s. ; comp. Chukwuma Samuel Adesina Okoli & Gabriel Omoshemine Arishe, « The Operation of the escape Clauses in the Rome Convention, Rome I and Rome II Regulations », *Journ PIL*, 2012.513).

538-2. Le cas particulier du contrat du travail : À partir de telles prémisses, on comprend alors que ce n'est que si les principes qui sous-tendent le rattachement objectif étaient inspirés par une idée de faveur que la clause d'exception permettrait d'orienter vers une loi plus favorable, selon un mécanisme comparable. Or, le fondement du rattachement de l'article 6 de la Convention de Rome (art. 8 du Règlement Rome I) est précisément objet de débat ; les conditions de mise en œuvre de la clause d'exception donnant lieu à leur tour à des hésitations prétoriennes. Très tôt, une décision de la Cour de cassation laissait à penser que c'est peut-être seulement pour faire application de la loi française estimée plus favorable que le mécanisme de la clause d'exception aurait été déclenché au profit d'un salarié (Cass. soc., 23 mars 2005, *RDC*, 2005. 1181, obs. D. Bureau ; *LPA* 2006, n° 66, p. 6, note F. Jault-Seseke). Dans le même sens, pour certains auteurs, la mise en œuvre de la clause d'exception prévue à l'article 6 de la Convention de Rome (art. 8, Règlement Rome I) devrait d'ailleurs permettre à la loi la plus favorable de l'emporter systématiquement (J. Déprez, « Évolutions récentes des solutions de conflits de lois en matière de contrat de travail international », in *Mélanges en l'honneur de H. Blaise*, Économica, 1995, p. 165 et s. et spéc. p. 171 ; « Rattachements rigides et pouvoir d'appréciation du juge dans la détermination de la loi applicable au contrat de travail (art. 3, 6 et 7 de la Convention de Rome du 19 juin 1980) », *Dr. social*, 1995, p. 323 et s. ; A. Sinay-Cytermann, « La protection du salarié en droit international du travail », in *Mélanges en l'honneur d'Hélène Sinay*, Peter Lang, 1994, p. 315 et s.). La clause d'exception pourrait ainsi être utilisée pour faire obstacle aux lois étrangères qui n'assureraient pas aux salariés une protection suffisante : à travers ce mécanisme – normalement destiné à permettre de découvrir des liens plus étroits avec un autre pays que celui désigné par la règle de conflit – c'est donc en réalité une meilleure protection du travailleur que l'on rechercherait (comp., la formule nuancée de P. Lagarde, « Le nouveau droit international privé des contrats après l'entrée en vigueur de la Convention de Rome du 19 juin 1980 », préc., et spéc. p. 320, où il est estimé que la clause d'exception « permettra d'éviter les conséquences préjudiciables au travailleur, illustrées par la jurisprudence française de ces dernières années, d'un rattachement rigide du contrat à la loi du lieu d'exécution »). Plutôt que de rejeter par le biais de l'exception d'ordre public une loi étrangère insuffisamment protectrice, l'utilisation du mécanisme de la clause d'exception permettrait alors de revenir à un résultat comparable. Pourtant en matière de contrat de travail, il semble bien que le rattachement objectif n'est pas un rattachement de faveur, mais « un rattachement de proximité, la convention [de Rome] essayant de déterminer le pays avec lequel le contrat de travail a les liens les plus étroits » (P. Lagarde, « Le nouveau droit international privé des contrats après l'entrée en vigueur de la Convention de Rome du 19 juin 1980 », préc., et spéc. p. 318). Il en ressort donc une identité dans le mécanisme comme dans les principes inspirant les clauses d'exception de l'article 4. 5 et de l'article 6. 2 de la Convention de Rome (art. 4-3 et 5-4 du Règlement Rome I), simplement destinées à rechercher en toute hypothèse – et indépendamment de son résultat concret – la loi entretenant les liens les plus étroits avec le contrat.

Si la jurisprudence de la Cour de justice évoquée au texte (*supra*, n° 522-1) est perçue comme prudente, elle semble vouloir encadrer le jeu de la clause d'exception par des paramètres objectifs. Cette position a été critiquée à son tour : « à partir du moment où le poids de ce rattachement objectif est susceptible d'être discuté en raison de liens avec un autre pays, l'éviction complète de toute considération de protection apparaît peut-être un peu radicale. En d'autres termes, et à condition de la faire explicitement, il n'apparaît pas impossible d'intégrer à la fois des considérations localisatrices et des considérations substantielles dans le fonctionnement même de la clause d'exception » (E. Pataut, note préc.). À suivre, donc…

538-3. La jurisprudence française sur la clause d'exception. — Au-delà de la décision précitée révélant une utilisation de la clause d'exception à des fins matérielles (Cass. soc., 23 mars 2005), la jurisprudence française intervenue en application de la clause d'exception contenue dans la Convention de Rome témoigne de considérations extérieures au jeu normal de la clause, d'utilisations inutiles ou incertaines, en toute hypothèse assez mal maîtrisées (Versailles, 6 févr. 1991, *D.*, 1992. 174, note J.-D. Mondolini ; *Rev. crit. DIP*, 1991. 745, note P. Lagarde ; *JDI*, 1992. 125, note J. Foyer ; *RTD eur.*, 1992. 529, obs. H. Gaudemet-Tallon, en matière de cautionnement ; Cass. com., 4 mars 2003, *Rev. crit. DIP*, 2003. 285, note P. Lagarde ; *RDC*, 2003. 140, obs. Ph. Delebecque, en matière de transport maritime. Et, en matière de contrat de travail : Paris, 7 juin 1996, *Rev. crit. DIP*, 1997. 55, note M.-A. Moreau ; *JDI*, 1997. 429, note B. Saintourens. V. encore, Cass. com., 19 déc. 2006, *Bull. civ. IV*, n° 255 ; *RDC*, 2007. 467, obs. P. Deumier ; *LPA*, 2007, n° 151, p. 27, obs. F. Jault-Seseke ; *D.*, 2007, Pan., 1755, obs. P. Courbe ; *Rev. crit. DIP*, 2007. 592. note P. Lagarde ; *D.*, 2007. 2566, obs. S. Bollée.

Comp., Cass. civ. 1re, 22 mai 2007, *Rev. crit. DIP*, 2007. 592, note P. Lagarde). Au point que dans l'une des rares espèces ayant semblé la mettre opportunément en œuvre, il n'est pas même certain qu'il y ait été réellement fait référence (TGI Poitiers, 22 déc. 1999, *Rev. crit. DIP*, 1999. 670, note P. Rémy-Corlay). La jurisprudence la plus récente semble au demeurant s'orienter vers une interprétation plus mesurée des dispositions relatives à la clause d'exception ; v. ainsi : Cass. com., 8 mars 2001, *RDBF*, mai-juin 2011, p. 55, obs. D. Legeais ; *JDI*, 2011. 579, note J. Morel-Maroger. Cass. soc., 28 mars 2012, *Rev. crit. DIP*, 2012. 587, note S. Corneloup. Aj. : Cass. com., 10 février 2015, n° 12-13052, *D.*, 2015. 1294, obs. H. Kenfack ; 2036, obs. L. d'Avout. Cass. civ. 1re, 16 septembre 2015, *JCP G*, 2015, 1188, note P. Berlioz ; *JCP E*, 2015, 1587, note C. Kleiner, D. Porcheron ; *D.*, 2015, 2356, note L. Abadie, J. Lasserre ; *RLDA*, 2015, 110, note O. Boskovic ; *JDI*, 2016. 901, note F.-X. Morisset ; *Rev. crit. DIP*, 2016. 132, note D. Bureau, H. Muir Watt.

PRINCIPE D'ORIGINE, EXCEPTION DE RECONNAISSANCE MUTUELLE
ET CONFLITS DE LOIS

539. La directive 2000/31 « commerce électronique ». — Cet instrument se donne pour objectif d'assurer « un réel espace sans frontières intérieures pour les services de la société de l'information » (considérant 3). La clause « marché intérieur » (art. 3) prévoit que, dans le domaine « coordonné », le principe d'origine s'applique en ce sens que l'État d'accueil, vers lequel sont dirigés les services (essentiellement l'État de résidence du destinataire), *ne peut pas restreindre la liberté de circulation de ces services* « pour des raisons relevant du domaine coordonné ». Ce domaine est défini à l'article 2 (*h*) comme comprenant les exigences relatives à l'accès à une activité en ligne (telles les qualifications, autorisations ou notifications) ou à son exercice (telles les dispositions relatives au comportement d'un prestataire, à la qualité ou au contenu du service « y compris en matière de publicité et de contrat », ou à la responsabilité du prestataire). Dans ce domaine coordonné, l'État d'accueil ne peut imposer ses propres exigences à un service transfrontière que dans les conditions très strictes définies à l'article 3, § 4, à savoir, l'ordre public, la santé publique, la sécurité publique ou la protection des consommateurs. L'article 3, § 3 précise cependant que la clause « marché intérieur » ne s'applique pas aux matières énoncées à l'annexe, lesquelles comprennent l'autonomie des parties en matière internationale et la protection des consommateurs (v. l'immense liste de directives sur la protection des consommateurs citée au considérant § 11). On voit donc que l'exclusion de la loi de l'État d'accueil, et corrélativement l'emprise exclusive de la loi d'origine, concernent les questions qui restent dans le domaine coordonné, à savoir, les exigences relatives à l'accès à une activité (telles les qualifications, autorisations ou notifications) ou à son exercice (telles les dispositions relatives au comportement d'un prestataire, à la qualité ou au contenu du service « y compris en matière de publicité et de contrat », *ou à la responsabilité du prestataire*). Or, on comprend très bien que l'État d'accueil ne puisse pas – sauf motif exceptionnel d'ordre public – soumettre un prestataire de services à une exigence d'autorisation, ou de qualification professionnelle, dès lors que ce prestataire exerce légalement ses activités dans son pays d'origine. C'est là l'effet ordinaire de l'élimination des restrictions aux échanges dans les rapports intracommunautaires.

Beaucoup plus significative est l'extension de la compétence de la loi d'origine aux exigences relatives aux contrats et à la responsabilité du prestataire. Il s'agit en effet de dispositions de droit privé, qui sont incluses pour la première fois dans le champ d'une clause « marché intérieur ». Cela veut-il dire que les conflits de lois en matière de contrats et de responsabilité délictuelle sont désormais soumis au principe d'origine, c'est-à-dire à un principe spécifique de règlement des conflits de lois ? L'article 17 de la loi française de 2004 le laisse déjà entendre, en tant qu'il indique (art. 17) que les activités de commerce électronique sont soumises à la loi de l'État d'établissement du prestataire (sur ce texte, v. not. : Ph. Stoffel-Munck, « La réforme des contrats du commerce électronique », *Comm. com. électr.*, étude 30, p. 44 ; *JCP, éd. E*, 2004, p. 1428 ; O. Cachard, « Définition du commerce électronique et loi applicable », *Comm. com. électr.*, 2004, étude 31, p. 53 ; J. Huet, « Encore une modification du Code civil pour adapter le droit des contrats à l'électronique », *JCP*, 2004. I. 178, spéc. n° 3 ; D. Bureau, « À la pointe de la modernité ? Le contrat électronique international », *RDC*, 2005/2, p. 450 et s.). Mais la directive précise, assez mystérieusement, qu'elle n'établit pas de « règles additionnelles de droit international privé » (art. 1er, § 4)... La doctrine était divisée sur l'interprétation de ce texte, indiscutablement obscur. Pour comprendre la signification du terme « additionnelles », il est utile de se reporter à l'histoire législative du texte (v. M. Fallon et J. Meeusen, « Le commerce électronique, la directive 2000/31 et le droit international privé », *Rev. crit. DIP*, 2002. 483). La présence de ce terme semble liée au fait que, dans les propositions initiales de la Commission, le jeu du principe d'origine en matière de contrats électroniques était subordonné à l'applicabilité de la loi d'origine en vertu des règles de droit international privé (autant dire que le principe d'origine n'a aucune signification propre...) et non en matière délictuelle. La précision apportée consisterait donc à dire que, même en matière délictuelle, le principe d'origine ne devrait pas infléchir la règle de conflit. Il faut bien admettre que le sens en est obscur. Ainsi qu'il est indiqué au texte, la Cour de justice a donc tranché dans le sens d'une exception de reconnaissance mutuelle dans son arrêt *eDate* (préc.). Sur l'incidence de la reconnaissance mutuelle sur les conflits de lois, v. également, *infra*, n° 1138.

La directive 2006/123 relative aux services dans le marché intérieur appelle-t-elle la même analyse ? La réponse est sans doute négative. Il y est expressément indiqué, en effet, à l'article 17-15 que ce qui s'appelle désormais « la libre prestation de services » ne concerne pas « les dispositions relatives aux obligations contractuelles et non contractuelles, y compris la forme des contrats, déterminées conformément aux règles du droit international privé ». Celui-ci continue donc à fonctionner, indemne. Sur les raisons pour lesquelles l'extension du principe d'origine à la responsabilité délictuelle encourue à l'occasion d'une prestation transfrontière de service risquait d'engendrer des conséquences perverses sur le régime de la responsabilité, v. M. Wilderspin et X. Lewis, « Les relations entre le droit communautaire et les règles de conflits de lois des États-membres », *Rev. crit. DIP*, 2002. 1 ; H. Muir Watt, « L'entrave à la prestation transfrontière de service », in *Études offertes à J. Béguin*, Litec, 2005, p. 545 ; V. Heuzé, « De la compétence de la loi du pays d'origine en matière contractuelle ou l'anti-droit européen », in *Mélanges en l'honneur de P. Lagarde*, Dalloz, 2005, p. 393. Sur les difficultés provoquées par le détachement des salariés à l'occasion d'une telle prestation, v. *infra*, n° 945.

CONFLITS DE LOIS ET FÉDÉRALISME EUROPÉEN

539-1. Nouvelles figures de conflits de lois : les conflits diagonaux. — Poursuivant dans la voie ouverte par les travaux de Christian Joerges (« On the Legitimacy of Europeanising Europe's Private Law : Considerations on a Law of Justi(ce)fication (*justum facere*) for the EU Multi-Level System », *EUI Working Paper*, n° 2003/3 ; comp. Ch. Schmid, « Diagonal Competence Conflicts between European Competition Law and National Regulation », 1 *European Review of Private Law*, 155, 2000), Jérémy Heymann a vu dans l'intersection du fédéralisme et des conflits de lois le point d'émergence, dans l'Union européenne, d'une nouvelle configuration de conflit de lois à dimension constitutionnelle (*Le droit international privé à l'épreuve du fédéralisme*, Économica, 2010) sur laquelle la jurisprudence *Courage* de la Cour de Luxembourg (aff. C-453/99, 2001) a d'abord attiré l'attention des auteurs allemands cités. Ainsi, dans cette affaire, l'effectivité du droit de l'Union (ici le droit de la concurrence) exige qu'il y ait des sanctions appropriées dans les rapports verticaux entre acteurs économiques privés en cas de violation de ce droit, mais l'Union n'a aucune compétence pour les dicter puisqu'elle doit respecter l'autonomie procédurale des États. Or, une telle sanction peut ne pas être disponible dans le droit national applicable à l'action de droit privé (ici le droit anglais qui s'opposait en l'occurrence à la recevabilité d'une action en dommages-intérêts). Situés ainsi sur la faille entre la compétence externe de l'Union et l'applicabilité au fond du droit national appelé à mettre en œuvre le droit de celle-ci, ces conflits ne peuvent être résolus verticalement au moyen de la primauté du droit européen, ni horizontalement comme un conflit de lois classique. En réalité, selon l'auteur, qui puise à cet égard des instruments d'analyse dans les doctrines fonctionnalistes américaines nées dans un contexte fédéral (v. *supra*, n°s 337 et s.), le conflit diagonal traduit une « vraie » collision de pouvoirs ou d'autorités s'exerçant à des niveaux différents au sein de la structure fédérale. Au-delà de cet exemple, de tels conflits apparaissent dans des domaines comme le droit des sociétés, où la liberté de circulation consacrée par le droit de l'Union entre en collision avec les rattachements que seuls les États-membres ont compétence pour déterminer (v. *infra*, n° 1057 et s.). Ainsi, encore, dans le champ de la mobilité des personnes et du nom de l'enfant (v. *infra*, n° 576 ; n° 624), l'arrêt *Grunkin & Paul* (C-353/06) illustre un vrai conflit diagonal puisqu'il met en présence d'une situation relevant d'une double sphère de compétences, celui du droit de l'Union, qui impose la liberté de circuler et celui des États-membres qui déterminent le nom des personnes mobiles (en revanche, l'arrêt *Garcia Avello* (C-148/02, *infra*, n° 576, n° 624), mettant en cause une situation purement interne, ne donne lieu qu'à un faux conflit, relevant de la seule compétence nationale belge). Une méthode satisfaisante de règlement de ces conflits reste pour l'heure à trouver car elle passe nécessairement par une réflexion politique ou constitutionnelle sur la répartition des compétences au sein d'une union d'États.

Chapitre 2

LES PROCÉDÉS CONCURRENTS DE LA MÉTHODE CONFLICTUELLE CLASSIQUE

540. L'infléchissement de la règle de conflit bilatérale ne rend pas compte de la profondeur des mutations méthodologiques qui sont actuellement en cours. La méthode conflictuelle elle-même se voit en effet concurrencée par des procédés alternatifs de règlement des conflits de lois. De tels procédés ne sont pas nécessairement nouveaux ; ce qui change, en revanche, c'est leur accession progressive à un statut méthodologique paritaire, alors qu'ils ont longtemps été représentés comme dérogatoires – et donc d'application exceptionnelle – par rapport à la règle de conflit bilatérale. La transformation tient bien moins à l'inaptitude intrinsèque de la méthode conflictuelle à remplir la fonction qui était la sienne dans un contexte représenté comme constitué pour l'essentiel d'intérêts privés, qu'au réaménagement de l'espace normatif international dans lequel les relations individuelles prennent place. Trois pôles tendent ainsi à émerger, qui reflètent tout à la fois – et non sans tensions – l'essor du libéralisme économique sur le plan mondial, le rôle changeant de l'État dans une société civile globalisante, et la puissance contemporaine du discours de la protection internationale des droits de l'homme.

Au rebours du postulat fondateur du conflit de lois, au regard duquel le règlement le plus adéquat d'un rapport transnational devait provenir d'emprunts, soigneusement articulés, à chacun des droits nationaux concernés, le premier pôle est constitué par l'essor de règles matérielles spécifiques aux rapports internationaux. Celles-ci ont essentiellement pour fonction de faciliter les échanges commerciaux et remplissent à ce titre un rôle d'appoint de la volonté individuelle (sect. 1). Mais le libéralisme requiert en même temps un encadrement du marché, qui s'exprime sous la forme de lois de régulation sociale et économique dotées d'impérativité internationale, et dont l'efficacité passe nécessairement par une méthodologie néostatutaire (sect. 2). Enfin, le droit fondamental au respect de la vie privée et familiale, appuyé le cas échéant par les exigences des libertés de circulation des personnes au plan européen, pourraient conduire à reconnaître unilatéralement les situations constituées à l'étranger (sect. 3).

SECTION 1
Les règles matérielles

540-1. Dans le domaine du droit international privé, les règles matérielles sont des règles propres aux rapports internationaux, qui énoncent directement la solution applicable au fond. Cette définition marque leur spécificité d'un double point de vue : à l'égard des règles de droit interne, puisqu'elles sont propres aux rapports internationaux et retiennent à l'égard de ces derniers une solution différenciée ; mais aussi à l'égard des règles de conflit, dès lors qu'elles donnent directement une solution au fond [1]. Toute la difficulté est alors d'organiser cette coexistence au sein d'un même ordre juridique en des termes harmonieux.

Que les règles matérielles constituent un *mode* particulier de réglementation des relations internationales n'est guère contestable. Dans cette mesure, la concurrence avec la méthode conflictuelle n'est pas alors frontalement engagée, l'originalité des règles matérielles n'étant à ce stade perceptible qu'au regard du contenu même de la norme qui sera finalement appliquée ; pareil constat pourrait d'ailleurs expliquer que l'étude de ces règles matérielles n'ait été entreprise qu'assez tardivement par la doctrine française de droit international privé, qui estima longtemps qu'elles ne relevaient pas de sa matière (mais du droit de la vente, des transports...). Dans cette perspective, l'étude des règles matérielles n'est alors que purement descriptive, simplement destinée à en relever l'existence à travers l'exposé de leurs diverses origines (§ I).

1. C'est ainsi par exemple qu'au sujet de la vente, coexistent au sein de l'ordre juridique français : des règles matérielles, propres à la vente internationale de marchandises, contenues dans la Convention de Vienne du 11 avril 1980 ; des règles de conflit en matière de vente internationale (Convention de La Haye du 15 juin 1955) ; des règles propres aux ventes internes, essentiellement contenues dans le Code civil (art. 1582 et s.).

Que les règles matérielles soulèvent un quelconque particularisme d'ordre *méthodologique* est en revanche beaucoup plus discuté [1]. Selon certains en effet, leur application demeurerait tributaire de leur désignation par le biais d'une règle de conflit, tandis que d'autres nuancent davantage une telle affirmation, au constat de la réalité observée. À tout le moins, ce problème directement posé en termes de concurrence méthodologique devra donc être ensuite étudié (§ II).

I | Les règles matérielles du point de vue de leur origine

Ces règles, spécialement édictées pour gouverner les relations internationales, tirent leur existence soit de sources nationales (A), soit de sources internationales (B).

A / SOURCES NATIONALES

541. La loi. — Le législateur national édicte parfois des règles ayant pour objet spécifique les relations internationales. Longtemps cité en exemple, le Code de commerce international Tchécoslovaque de 1963 (loi sur les rapports juridiques dans les relations commerciales internationales) contenait ainsi un corps de règles spécialement destiné à donner directement au fond la solution aux problèmes nés des opérations internationales qu'il régissait. Le droit français connaît également des règles matérielles d'origine législative, dont la portée demeure cependant beaucoup plus restreinte. Tel est le cas par exemple de certaines des dispositions contenues à l'art. L. 1231-5 (ancien art. L. 122-14-8) C. trav., visant la situation d'un salarié recruté par une société française, puis mis à disposition d'une filiale étrangère [2]. S'il est licencié par la

1. Sur cette distinction entre mode et méthode à propos des règles matérielles, v. tout spécialement B. Audit, « Le caractère fonctionnel de la règle de conflit », *RCADI*, 1984, t. 186, p. 221 et s., et spéc. p. 255.

2. « Lorsqu'un salarié engagé par une société mère a été mis à la disposition d'une filiale étrangère et qu'un contrat de travail a été conclu avec cette dernière, la société mère assure son rapatriement en cas de licenciement par la filiale et lui procure un nouvel emploi compatible avec l'importance de ses précédentes fonctions en son sein. Si la société mère entend néanmoins licencier ce salarié, les dispositions du présent titre sont applicables. Le temps passé par le salarié au service de la filiale est alors pris en compte pour le calcul du préavis et de l'indemnité de licenciement.»

filiale étrangère, le texte impose à la société mère française de rapatrier le salarié et de le reclasser dans un poste de travail équivalent. Le caractère international de la situation est donc pris en considération, tandis que le texte donne directement une solution au problème juridiquement soulevé par un tel licenciement[1].

542. La jurisprudence. — Le droit français offre quelques exemples de règles matérielles d'origine prétorienne, essentiellement en matière d'arbitrage[2]. Tel est le cas notamment au sujet de l'aptitude de l'État à compromettre en matière internationale. En droit interne, par combinaison des art. 83 et 1004 du C. proc. civ., l'État français ne pouvait pas compromettre dans les litiges où il était partie[3]. Mais en matière internationale, les inconvénients d'une telle prohibition se manifestèrent avec une particulière acuité. Pour y remédier, la solution fut un temps recherchée par l'entremise de la méthode conflictuelle[4] : le célèbre arrêt *San Carlo* décida ainsi que la question relevait de la loi du contrat, loi italienne en l'espèce, admettant la validité de la clause compromissoire ; la loi italienne n'étant pas jugée contraire à l'ordre public international, la clause fut donc estimée valable. Reste que l'aptitude de l'État à compromettre demeurait tributaire du contenu de la loi désignée. Aussi bien, franchissant un pas supplémentaire, la Cour de cassation en vint par la suite à édicter une règle matérielle jugée plus propice à la résolution du problème et formulée en ces termes : « La règle prohibitive interne édictée pour les contrats internes, n'est pas applicable à un contrat passé pour les besoins et dans des conditions conformes aux usages du commerce international[5]. » Par cet arrêt *Galakis*, la Cour de cassation donnait donc ici directement une solution à la question de droit posée, par la formulation d'une règle matérielle dont la teneur était la suivante : l'État peut compromettre en matière internationale. L'arbitrage s'est d'ailleurs révélé tout particulièrement propose à l'édiction de règles matérielles par les tribunaux français, de l'affirmation de l'autonomie

1. Comp., pour une analyse de ces dispositions en termes de loi de police : E. Pataut, « Le licenciement dans les groupes internationaux de sociétés », *Rev. dr. trav.*, 2011. 14.

2. V. cependant en matière contractuelle, pour l'affirmation de la licéité de la clause-or dans les contrats internationaux : Cass. civ., 21 juin 1950, *Messageries maritimes*, *Rev. crit. DIP*, 1950. 609, note H. Batiffol ; *D.*, 1951. 749, note J. Hamel ; *S.*, 1952. 1. 1, note J.-P. Niboyet ; *JCP*, 1950. II. 5812, note J.-Ph. Lévy ; *GA*, n° 22.

3. V. aujourd'hui, art. 2060 C. civ.

4. Cass. civ. 1re, 14 avr. 1964, *San Carlo*, *Rev. crit. DIP*, 1966. 68, note H. Batiffol ; *JDI*, 1965. 645, note B. Goldman ; *D.*, 1964. 637, note J. Robert ; *JCP*, 1965. II. 14406, obs. R. L.

5. Cass. civ. 1re, 2 mai 1966, *Galakis*, *Rev. crit. DIP*, 1967. 553, note B. Goldman ; *JDI*, 1966. 648, note P. Level ; *D.*, 1966. 575, note J. Robert ; *GA*, n° 44.

de la clause compromissoire [1] à celle d'un principe de validité de la clause d'arbitrage [2].

B / SOURCES INTERNATIONALES

543. Les Conventions internationales constituent la source privilégiée des règles matérielles, édictant une réglementation particulière pour certaines opérations internationales. C'est le cas par exemple en matière de transport [3], de vente [4], de crédit-bail international [5] ou d'affacturage international [6].

Les usages du commerce international jouent également un rôle important dans la pratique des relations économiques internationales. Leur codification est parfois mise en œuvre, notamment sous les auspices de la Chambre de commerce internationale [7]. Il arrive que les États acceptent de reconnaître une normativité – au moins déléguée – aux pratiques commerciales spontanées, ou à celles qui se sont développées à travers l'arbitrage privé international. Dans ce cas, un organe étatique acceptera de régler un contentieux contractuel par référence à ces normes professionnelles ou savantes, ou de donner effet aux sentences arbitrales qui s'y seraient référées. La reconnaissance de la juridicité de ce droit spontané – la *lex mercatoria* –, de ces règles matérielles créées sans intervention étatique, demeure cependant depuis une cinquantaine d'année au cœur d'une importante controverse doctrinale [8].

1. Cass. civ. 1re, 7 mai 1963, *Gosset, D.*, 1963. 545, note J. Robert ; *Rev. crit. DIP*, 1963. 615, note H. Motulsky ; *JCP*, 1963. II. 13405, note B. Goldman ; *JDI*, 1964. 83, note J.-D. Bredin ; *Rev. arb.*, 1963. 60, note Ph. Francescakis.

2. Cass. civ. 1re, 5 janv. 1999, *Zanzi, Rev. arb.*, 1999. 260, note Ph. Fouchard ; *Rev. crit. DIP*, 1999. 546, note D. Bureau ; *RTD com.*, 1999. 380, note E. Loquin ; *JDI*, 1999. 784, note S. Poillot-Peruzzetto.

3. Règles de Hambourg de 1978 sur les transports de marchandises par mer ; Convention de Varsovie de 1929 sur le transport aérien ; Convention de Genève de 1956 sur le transport international par route de marchandises.

4. Convention de Vienne de 1980 sur la vente internationale de marchandises.

5. Convention d'Ottawa du 28 mai 1988.

6. Convention d'Ottawa du 28 mai 1988.

7. Incoterms ; Règles et usances relatifs au crédit documentaire. La Convention de Vienne précitée tend également dans une certaine mesure à codifier des pratiques existantes.

8. Sur le débat engagé à l'occasion de l'adoption du Règlement « Rome I » sur la loi applicable aux obligations contractuelles, v. *infra*, n° 896.

II | Les règles matérielles du point de vue de la méthode

544. Pour bien comprendre les difficultés d'ordre méthodologique que soulèvent les règles matérielles, il importe de bien mesurer les termes du problème, à partir des données générales tirées de la coexistence des règles de droit au sein de tout ordre juridique.

En présence d'un litige, le juge doit en effet choisir entre plusieurs règles de droit, afin d'appliquer celle qui convient le mieux pour résoudre le procès dont il est saisi. Cela est vrai pour les litiges purement internes, l'ordre juridique du for étant composé d'un ensemble de règles dont le domaine d'application est précisément défini. Ainsi devra-t-il choisir entre l'application du droit administratif, du droit commercial, du droit civil... puis plus précisément, si ce dernier est retenu, du droit des obligations en général, de la vente en particulier, jusqu'aux règles spéciales relatives à la garantie des vices cachés, par exemple.

Face à un litige international, le problème est le même, mais davantage de règles s'offrent au juge : dispositions substantielles internes, règles de conflit, règles matérielles propres aux relations internationales. Le problème est donc de déterminer laquelle de ces règles est applicable.

Entre règles de droit interne par leur objet et règles de droit international privé (règle de conflit ou règle matérielle), il est à dire vrai assez facile de choisir : ces règles n'ont évidemment pas en effet le même domaine d'application. Les premières visent des relations purement internes, tandis que les autres n'entrent en action que si la relation est marquée d'un élément d'extranéité. C'est ainsi par exemple qu'un accident de la circulation, survenu en France, entre deux conducteurs français sera sans conteste régi par les dispositions de la loi du 5 juillet 1985, tandis que le même accident, survenu en Espagne, nécessitera en raison de l'élément d'extranéité qu'il comporte la mise en œuvre d'une règle de droit international privé (règle de conflit contenue dans la Convention de La Haye de 1971).

545. La solution est cependant plus délicate lorsque l'on envisage les rapports qu'entretiennent règles matérielles et règles de conflit : *a priori*, les deux ont en effet été conçues pour régir des relations internationales, de sorte que le choix est alors moins facile. Faut-il ici découvrir la réponse en termes d'articulation des règles en présence, l'application de la règle matérielle s'effectuant à la suite de sa désignation par une règle de conflit ? Ou en termes d'indépendance, la règle matérielle étant applicable sans nécessairement passer par le recours préalable d'une règle de conflit ? Si l'on raisonne par exemple sur la question de la capacité pour l'État français de compromettre, doit-on ainsi vérifier que, par application d'une règle de conflit, le droit français est compétent, pour faire jouer ensuite cette règle matérielle de droit français aux termes de laquelle l'État peut compromettre dans les relations internationales ? Ou doit-on au contraire se contenter de constater que dans l'ordre juridique du for, la question posée trouve une réponse dans une règle matérielle qu'il suffit d'appliquer ?

Ainsi formulée, la question est en réalité complexe, la doctrine se montrant de surcroît assez divisée sur ce point. D'autant qu'il est sans doute difficile d'y apporter une réponse unique, la diversité même des règles matérielles – de par leur origine – laissant à penser que la réponse peut être variable, et parfois même fluctuante. Pour savoir quels rapports entretiennent les règles matérielles avec la règle de conflit, une distinction est du moins possible entre règles matérielles d'origine nationale (A) et internationale (B).

A / RÈGLES MATÉRIELLES D'ORIGINE NATIONALE

546. L'application des règles matérielles ne parvient pas toujours à se détacher du jeu préalable de la règle de conflit. Tel était le cas par exemple, dans le Code de commerce international Tchécoslovaque, dont l'article 3 prévoyait que l'application du Code était subordonnée à la désignation préalable de l'ordre juridique Tchécoslovaque par l'entremise d'une règle de conflit.

En d'autres hypothèses, c'est encore au terme d'un raisonnement de type conflictuel que la règle demeure parfois appliquée. C'est ainsi qu'un arrêt a pu écarter l'application de l'article L. 122-14-8 C. trav. (actuel art. L. 1231-5) alors que le contrat relatif à l'affectation du salarié à l'étranger était soumis à une loi étrangère [1], ce qui a d'ailleurs pu être interprété comme une transformation de la nature juridique de la règle, perdant celle de règle matérielle de droit international privé pour devenir simple disposition de droit interne [2]. La jurisprudence a cependant évolué sur ce point, la Cour de cassation estimant désormais que

1. Cass. soc., 30 juin 1993, *Rev. crit. DIP*, 1994. 323, note M.-A. Moreau ; *JCPE*, 1993. II. 563, note Ph. Coursier.

2. V. M.-A. Moreau, note préc. ; la règle demeure cependant spécialement adaptée au contrat de travail international.

« l'obligation de reclassement à la charge de la société mère ne concernant que les relations entre celle-ci et le salarié qu'elle met à disposition, peu importe que le contrat conclu entre ce dernier et la filiale ait été soumis au droit étranger [1] ».

Dans un tout autre domaine, il a pu être relevé par exemple que les articles 646-1 et 683 et s. CPC, relatifs aux notifications internationales, ne s'appliqueraient que si la loi française était désignée pour régir la procédure dans laquelle interviendraient les actes à notifier [2].

En d'autres hypothèses, les règles matérielles s'appliquent cependant indépendamment de toute règle de conflit. Tel est notamment le cas des règles matérielles d'origine jurisprudentielle, ce qui pourrait notamment s'expliquer par le constat que ces règles, essentiellement développées dans le domaine des relations économiques internationales, n'ont pas en réalité le même domaine d'application que les règles de conflit : alors que ces dernières entrent en jeu en présence de n'importe quel élément d'extranéité, les secondes n'interviendraient qu'en présence d'une internationalité qualifiée, dans les situations mettant en cause les intérêts du commerce international.

B / RÈGLES MATÉRIELLES D'ORIGINE INTERNATIONALE

547. Pour les règles matérielles prenant leur source dans le droit conventionnel, la réponse est variable en fonction des Conventions, qui déterminent elles-mêmes leur propre champ d'application. En témoignent par exemple les dispositions contenues à ce sujet dans la Convention de Vienne sur la vente internationale de marchandises dans les termes suivants : « La présente convention s'applique aux contrats de vente de marchandises entre des parties ayant leur établissement dans des États différents : a) lorsque ces États sont des État-contractants ; ou b) lorsque les règles de droit international privé mènent à l'application de la loi d'un État-contractant [3]. » Seule la première branche de l'alter-

1. Cass. soc., 30 mars 2011, *Bull. Joly sociétés*, 2011. 519, note G. Auzero.
2. B. Ancel, Y. Lequette, *GA*, spéc. p. 399.
3. Art. 1er. Sur les problèmes méthodologiques soulevés par l'application de cette Convention, v. not. : Cass. com., 17 déc. 1996, *Rev. crit. DIP*, 1997. 72, note J.-P. Rémery ; *D.*, 1997. 337, note Cl. Witz. Cass. civ. 1re, 26 juin 2001, *Société Muller École et Bureau*, *Rev. crit. DIP*, 2002. 93, note H. Muir Watt ; *D.*, 2001. 3607, note Cl. Witz ; *RTD com.*, 2001. 1052, obs. J.-M. Jacquet ; *LPA*, 8 févr. 2002, n° 29, p. 17, note A. Malan. Cass. civ. 1re, 25 oct. 2005, *RLDC*, 2005, n° 22, p. 8, obs. C. Le Gallou ; *RDC*, 2006. 515, obs. P. Deumier ; *Rev. crit. DIP*, 2006. 373, note D. Bureau. Cass. com. 3 février 2009, *JDI* 2010. 496, note J.-M. Jacquet.

native révèle alors l'abandon de la méthode conflictuelle lors de la mise en œuvre des règles matérielles contenues dans la Convention de Vienne. On trouve une disposition analogue dans la Convention de Genève du 19 mai 1956, relative aux contrats de transport international de marchandises par route, dite « CMR », qui dispose en son article 1er que cet instrument s'applique « lorsque le lieu de la prise en charge de la marchandise et le lieu prévu pour la livraison [...] sont situés dans deux pays différents dont l'un au moins est un pays contractant [1] ».

La méthode conflictuelle peut être cependant plus radicalement évincée au stade de la désignation de ce droit matériel, comme l'illustrent par exemple les termes de la loi uniforme sur la vente internationale de marchandises du 1er juillet 1964 (à laquelle la Convention de Vienne s'est désormais substituée), affirmant que « les règles du droit international privé sont exclues pour l'application de la présente loi, sauf dans les cas où celle-ci en dispose autrement » (art. 1er) ; elle se voulait donc applicable dès lors que le juge saisi relevait d'un État ayant adopté la loi uniforme [2].

Quant au droit spontané, il est très généralement appliqué indépendamment de la méthode conflictuelle, en raison de la liberté de l'arbitre quant aux procédés de détermination du droit applicable, et d'une constante d'ordre sociologique aux termes de laquelle l'arbitre n'est saisi que de litiges mettant en jeu les intérêts du commerce international.

ÉTAT DES QUESTIONS

B. G. — **Sur les aspects méthodologiques** : H. Batiffol, « Le pluralisme des méthodes en droit international privé », *RCADI*, t. 139 (1973-II), p. 75 ; H. Bauer, « Les traités et les règles de droit international privé matériel », *Rev. crit. DIP*, 1966. 537 ; F. Deby-Gérard, *Le rôle de la règle de conflit dans le règlement des rapports internationaux*, Dalloz, 1973, préf. B. Goldman ; V. Espinassous, *L'uniformisation du droit substantiel et le conflit de lois*, LGDJ, 2010, préf. P. Mayer ; B. Goldman, « Règles de conflit, règles d'application immédiate et règles matérielles dans l'arbitrage commercial international », *Trav. Com. fr. DIP*, 1966-1969, p. 119 ; P. Kinsch, « L'autolimitation des normes de droit

1. Comp. la Convention des Nations unies sur le contrat de transport international de marchandises effectué entièrement ou partiellement par mer [dite « Règles de Rotterdam »] du 11 décembre 2008, qui contient une approche comparable en son article 5.

2. Étant précisé que les juges des autres États pouvaient également en faire application, à condition cette fois que leur règle de conflit désigne un État ayant adopté la LUVI. Dans cette configuration, v. par ex. : Cass. civ. 1re, 23 mars 1994, *Rev. crit. DIP*, 1994. 545, note D. Bureau ; Cass. civ. 1re, 6 févr. 1996, *Rev. crit. DIP*, 1996. 460, 2e espèce, note D. Bureau ; *JDI*, 1996. 670, 2e espèce, note Ph. Kahn.

privé matériel », *Rev. crit. DIP*, 2003. 403 ; P. Lalive, « Tendances et méthodes en droit international privé », *RCADI*, t. 155 (1977. II), p. 1 ; E. Loquin, « Les règles matérielles du droit du commerce international », *Rev. arb.*, 2005. 443 ; « Les règles matérielles internationales », *RCADI*, t. 322, 2006 ; Y. Loussouarn, « Cours général de droit international privé », *RCADI*, t. 139 (1973-II), p. 269 ; B. Oppetit, « Le développement des règles matérielles », *Trav. Com. fr. DIP, Journée du cinquantenaire*, 1988, p. 121 ; A. Von Overbeck, « Les règles de droit international privé matériel », in *Mélanges Kollewijn et Offerhaus*, Leyde, 1962, p. 362 ; M. Simon-Depitre, « Les règles matérielles dans le conflit de lois », *Rev. crit. DIP*, 1974. 591 ; F. Soirat, *Les règles de rattachement à caractère substantiel*, thèse dactyl., Paris 1, 1995.

Sur les *leges mercatoriae* : D. Bureau, *Les sources informelles du droit dans les relations privées internationales*, thèse dactyl., Paris 2, 1992 ; *Dictionnaire de la culture juridique*, Lamy-Puf, dir. D. Alland et S. Rials, V. « *Lex mercatoria* » ; P. Deumier, *Le droit spontané*, Économica, 2002, préf. J.-M. Jacquet ; B. Goldman, « Frontières du droit et "*lex mercatoria*" », *APD*, t. 9, 1964, p. 177 ; « La *lex mercatoria* dans les contrats et l'arbitrage internationaux : réalités et perspectives », *JDI*, 1979. 475 ; « Nouvelles réflexions sur la *lex mercatoria* », in *Études de droit international en l'honneur de P. Lalive*, Helbing & Lichtenhahn, 1993, p. 241 ; P. Lagarde « Approche critique de la *lex mercatoria* », in *Études offertes à Berthold Goldman*, Litec, 1982, p. 123 ; E. Loquin, « Où en est la *lex mercatoria* ? », in *Mélanges en l'honneur de Ph. Kahn*, Litec, 2000, p. 23 ; F. Osman, *Les principes généraux de la lex mercatoria. Contribution à l'étude d'un ordre juridique anational*, LGDJ, 1992, préf. E. Loquin ; I. Strenger, « La notion de *lexmercatoria* en droit du commerce international », *RCADI*, t. 227, 1991.

NOTION

548. Règle matérielle internationale et règle substantielle interne. — La règle matérielle énonce normalement pour une situation juridique internationale une solution de fond différente de celle que retient l'ordre juridique au sujet de relations purement internes. C'est là même sa raison d'être, née du particularisme de la situation internationale, tel qu'il ne se satisferait pas de la simple application d'une règle édictée en contemplation de rapports purement internes. Soit. Mais que deviendrait alors la règle matérielle si la même solution venait ensuite à être adoptée pour les situations purement internes ? La situation n'est pas inédite. Ainsi en est-il de la règle de l'autonomie matérielle de la clause compromissoire qui, d'abord édictée pour le seul arbitrage international (Cass. civ. 1re, 7 mai 1963, *Gosset*, *D.*, 1963. 545, note J. Robert ; *Rev. crit. DIP*, 1963. 615, note H. Motulsky ; *JCP*, 1963. II. 13405, note B. Goldman ; *JDI*, 1964. 83, note J.-D. Bredin ; *Rev. arb.*, 1963. 60, note Ph. Francescakis), a été ensuite transposée à l'arbitrage interne (Cass. civ. 1re, 4 avr. 2002 et Cass. com., 9 avr. 2002, *Rev. arb.*, 2003. 103, note P. Didier) avant d'être finalement consacrée de manière indifférenciée par le législateur (v. art. 1447 CPC, réd. D. n° 2011-48 du 13 janvier 2011). Rien n'empêche certes de toujours évoquer l'existence d'une règle matérielle au sujet de la matière internationale ; reste tout de même que son particularisme est alors quelque peu atténué.

Règle matérielle internationale et loi de police. — Dès lors que certaines règles matérielles sont appliquées sans avoir été préalablement désignées par une règle de conflit, peut-on en déduire qu'en contemplation de telle ou telle règle, c'est la qualification de loi de police qui devrait alors s'imposer ? Parfois proposée en doctrine (v. not. Ph. Francescakis, *Trav. Com. fr. DIP*, 1966-1969, p. 145, sous la communication de B. Goldman, « Règles de conflit, règles d'application immédiate et règles matérielles dans l'arbitrage commercial international » ; comp., plus récemment, à propos de l'art. 1231-5 C. trav. : E. Pataut, « Le licenciement dans les groupes internationaux de sociétés », *Rev. dr. trav.*, 2011. 14), la thèse semble pourtant négliger les quelques différences susceptibles de séparer les deux catégories de normes. La première tient à leur domaine : les règles matérielles n'ont vocation à s'appliquer qu'aux situations internationales, tandis que les lois de police régissent aussi bien ces dernières que les situations internes. La seconde tient à leurs objectifs : les règles matérielles sont essentiellement érigées pour les besoins du commerce international et la satisfaction des intérêts privés qu'ils mettent en présence, alors que les lois de police sont celles dont « l'observation est nécessaire pour la sauvegarde de l'organisation politique, sociale et économique du pays » (Ph. Francescakis, *Trav. Com. fr. DIP*, 1966-1969, « Y a-t-il du nouveau en matière d'ordre public ? », p. 149 et s., spéc. p. 165). Mais les développements récents de ces deux catégorie rendent fragile une telle distinction. Sur le premier point, il a en effet été indiqué que la solution portée par certaines règles matérielles avait parfois été transposée aux relations de pur droit interne (v. *supra*, sur l'autonomie de la clause compromissoire). Sur le second point, il faut relever que certaines lois de police poursuivent désormais un but de protection individuelle (protection du consommateur par ex.) ; de sorte que pour maintenir la distinction évoquée, il faudrait cette fois considérer que derrière la protection individuelle, c'est en réalité la protection d'intérêts étatiques qui serait visée (intérêt économique, la relance de la consommation). Sur cette difficulté de qualification, à propos de la L. n° 2015-990 du 6 août 2015 (art. 285), v. M. Laazouzi, *RDC*, 2016. 276.

DOMAINE

549. C'est traditionnellement dans le champ des relations économiques internationales que se sont développées les règles matérielles. L'explication généralement fournie tient au fait que c'est exclusivement en ce domaine que les rapports juridiques manifesteraient un réel particularisme imposant l'élaboration d'un régime qui leur soit spécialement adapté : un contrat international ne serait pas de même nature qu'un contrat interne, tandis qu'un mariage international serait en tout point comparable à un mariage interne. La réalité est sans doute plus nuancée. D'une part, parce que certains contrats internationaux ne paraissent pas tant éloignés de modèles contractuels de pur droit interne. D'autre part, parce que les règles matérielles pourraient aussi bien (moins fréquemment sans doute) éclore en d'autres domaines, jusqu'au droit de la famille : sur une analyse en ces termes du droit de prélèvement successoral énoncé à l'article 2 de la loi du 14 juillet 1819 (désormais déclaré contraire à la Constitution : Décision n° 2011-159 QPC du 05 août 2011 ; M. Attal, « Les conséquences en droit international privé de l'inconstitutionnalité du droit de prélèvement », *JCP* 2011, 1139 ; *LPA* 27 octobre 2011 n° 214, p. 18, note L. d'Avout ; *JDI* 2012.135 note S. Godechot-Patris ; *Rev. crit. DIP* 2013.457, note B. Ancel ; *AJ Famille* 2011.440, note B. Haftel), v. not. P. Mayer, V. Heuzé, *Droit international privé*, n° 812 ; sur la discussion à propos de l'article 146-1 C. civ. relatif au mariage par procuration, v. L. Gannagé, note sous Cass. civ. 1re, 15 juill. 1999, *Rev. crit. DIP*, 2000. 207 ; sur le nouvel art. 202-1 C. civ., v. D. Bureau, « Le mariage international pour tous à l'aune de la diversité », in *Mélanges en l'honneur du professeur B. Audit*, LGDJ, 2014, tiré à part, spéc. n° 28, et *infra*, n° 723.

TECHNIQUE JURIDIQUE

550. Sur la mise en œuvre des règles matérielles. — Le relais de la règle de conflit est parfois jugé indispensable à l'application d'une règle matérielle ; ainsi, est-il parfois estimé que « s'il existe dans la loi du for une règle substantielle propre aux relations internationales, elle ne doit pas être systématiquement appliquée ; il faut d'abord s'assurer qu'elle a compétence parce que la règle de conflit de lois la désigne » (P. Mayer, V. Heuzé, *Droit international privé*, n° 136). Certes, le juge français, lorsqu'il fait application de règles matérielles, paraît ne pas le faire au terme d'un raisonnement de type conflictuel. Mais ce ne serait là qu'une apparence, l'application de la règle matérielle supposant toujours l'intervention d'une règle de compétence législative. Autrement dit, l'application de la règle matérielle résulterait de sa désignation par une règle de conflit spéciale, qui pourrait s'énoncer de la manière suivante : « en toute matière où existe une règle française propre aux relations internationales, cette règle doit être appliquée par le juge français, à l'exclusion de toute règle étrangère » (*ibid.*). Une question demeure cependant : cette règle de conflit spéciale, dont l'unique objet serait de conduire à la désignation des règles matérielles de la *lex fori*, permet-elle de résoudre la question du choix posée au juge ? Pour en être persuadé, il faudrait démontrer que cette règle de conflit spéciale a vocation à être prioritaire par rapports aux autres règles de conflit (générales), qui peuvent, elles, désigner n'importe quelle règle substantielle, fut-elle étrangère. Or cette préférence de la règle de conflit spéciale sur la règle de conflit générale est d'une justification délicate, dès lors que les deux ont vocation à s'appliquer pour régir une situation internationale, et que la seconde règle n'est d'ailleurs spéciale que par son effet alors que ses conditions d'intervention sont identiques. Aussi le recours à cette règle de conflit spéciale paraît essentiellement utilisé pour rendre compte *a posteriori* des solutions de la jurisprudence française, tout en maintenant l'ensemble de la construction sous l'emprise de la méthode conflictuelle. La solution pourrait passer par la détermination du champ d'application respectivement attribué aux règles en présence, alors que les analyses traditionnelles raisonnent comme si le domaine des règles de conflit et des règles matérielles était défini à partir d'un critère unique, l'extranéité. Or, l'apparence unitaire de l'internationalité recouvre peut-être deux aspects différents : une internationalité conflictuelle et une internationalité matérielle. L'expérimentation est possible à partir de la matière où sont apparues en majorité les règles matérielles : les relations économiques internationales, invitant à rechercher le critère permettant de fixer le domaine respectif des règles en présence. Apparaît alors d'une part une internationalité conflictuelle, fondée sur un critère juridique : est internationale la situation qui, par ses éléments de fait, intéresse plusieurs systèmes juridiques ; la présence de n'importe quel élément d'extranéité suffit à la rendre internationale. Une telle situation déclenche un conflit de lois et impose donc le recours à une règle de conflit pour le résoudre. Mais d'autre part, il est également possible de tenir compte d'une internationalité matérielle fondée sur un critère économique. Plus étroit que le critère juridique, il ne prend pas en compte n'importe quel élément d'extranéité, mais s'exprime à travers l'idée de mise en cause des intérêts du commerce international : « est internationale la situation qui, impliquant un mouvement de biens, de services ou de paiement par-dessus les frontières, ou intéressant l'économie de deux pays au moins, met en cause les intérêts du commerce international ».

Sur la base de tels critères, la répartition devient possible : certaines situations, qui comportent un élément d'extranéité, quel qu'il soit, entraînent l'application d'une règle de conflit ; d'autres, qui mettent en jeu les intérêts du commerce international, entraînent l'application d'une règle matérielle. Le champ d'application de ces règles n'étant pas identiques, l'application de l'une ou l'autre s'explique. Ainsi se justifie l'indépendance des règles matérielles par rapport aux règles de conflit : chacune s'applique aux situations relevant de son domaine. Enfin, comme le critère juridique est plus large que le critère économique, la règle de conflit peut intervenir en second rang, à défaut de règle matérielle. On concédera cependant que pareil raisonnement est loin d'évacuer toute difficulté, l'application de la définition même de l'internationalité matérielle aux situations concrètes laissant encore subsister quelques incertitudes.

Sur la mise en œuvre des règles de la *lex mercatoria*. — Devant les arbitres, il a parfois été suggéré que les règles de la *lex mercatoria* n'auraient vocation à s'appliquer qu'au terme d'un raisonnement de type conflictuel (v. ainsi B. Goldman, *Trav. Com. fr. DIP, Journée du cinquantenaire*, 1988, p. 137 ; F. Osman, *Les principes généraux de la* lex mercatoria, LGDJ, 1992, préf. E. Loquin, spéc. p. 359 et s.). Le raisonnement est cependant en porte-à-faux avec la théorie même du *New Law Merchant*, généralement présentée comme l'un des éléments de la crise des conflits de lois ; en outre l'examen de la pratique arbitrale comme des présupposés théoriques d'une telle analyse (la localisation des rapports juridiques internationaux au sein d'un tiers-ordre juridique) conduisent à l'abandon de cette thèse (v. not. D. Bureau, *Les sources informelles du droit dans les relations privées internationales*, préc., spéc. n°s 898 et s. ; *Dictionnaire de la culture juridique*, dir. D. Alland et S. Rials, puf, 2003, V[o] « *Lex mercatoria* »), à l'égard de laquelle les promoteurs mêmes de la *lex mercatoria* avaient d'ailleurs formulé les plus expresses réserves (v. ainsi B. Goldman, « La *lex mercatoria* dans les contrats et l'arbitrage internationaux : réalité et perspectives », *Trav. Com. fr. DIP*, 1977-1979, p. 221 et s., et spéc. p. 234 ; intervention in *Colloque de Bâle sur la loi régissant les obligations contractuelles*, éd. F.-E. Klein et F. Vischer, Helbing et Lichtenhanh, Bâle et Francfort-sur-le-Main, 1983, p. 137). Quant à la thèse de son application par le juge étatique, au terme d'un raisonnement conflictuel ayant abouti à la désignation du droit étatique compétent qui admettrait l'application par délégation de ces *leges mercatoriae* (v. P. Lagarde, « Approche critique de la *lex mercatoria* », in *Études offertes à B. Goldman*, Litec, 1982, p. 125 et s., et spéc. p. 143), elle pourrait être discutée (v. D. Bureau, *op. cit.*) au nom d'une conception pluraliste des sources du droit (les usages, même d'origine internationale, peuvent s'inscrire en tant que tels parmi les sources du droit d'un système juridique) et de la nature même de ces règles (des règles matérielles) ; les rares applications de *leges mercatoriae* par les juridictions étatiques paraissent d'ailleurs faire l'économie d'un raisonnement de type conflictuel (v. ainsi : Cass. com., 14 octobre 1981, *D.*, 1982. 301, note M. Vasseur ; *JCP*, 1982. II. 19815, note C. Gavalda et J. Stoufflet ; Cass. com., 7 oct. 1987, *JCP*, 1988. II. 20298, note J. Stoufflet. Comp. Trib. com. Nantes, 11 juill. 1991, *JDI*, 1993. 330, note Ph. Leboulanger ; Montpellier, 3 déc. 2002, *JDI*, 2004.888, note S. Poillot-Peruzzetto). Sur les codes de conduite et autres manifestations du pluralisme juridique, v. *supra*, n° 54-1, et *infra*, n° 1024-1.

Lois uniformes, droit harmonisé, et conventions d'unification. — Les instruments conventionnels ou européens portant lois uniformes (droit substantiel uniforme), harmonisation du droit substantiel, ou unification des règles de conflit de lois, ne sont pas sans susciter d'importants débats concernant leur propre applicabilité spatiale, laquelle emprunte des méthodes diverses (sur le droit européen, v. S. Francq, *L'applicabilité du droit communautaire dérivé au regard des méthodes de droit international privé*, Bruylant, 2005, préf. M. Fallon ; sur l'applicabilité des instruments de droit savant, v. C. Kessedjian, « Un exercice de rénovation des sources du droit des contrats du commerce international : les Principes proposés par l'Unidroit », *Rev. crit. DIP*, 1995. 641 ; G. P. Romano, « Le choix des principes Unidroit par les contractants à l'épreuve des dispositions impératives », *JDI*, 2007. 473 ; B. Audit, « Le choix des principes d'Unidroit comme loi du contrat et le droit international privé », in *Mélanges en l'honneur de C. Jauffret-Spinosi*, Dalloz, 2013, p. 13 ; comp. sur l'applicabilité spatiale des Règlements unifiant les règles de conflit de juridictions intra-européennes, *supra*, n° 124). Tandis que le droit européen dérivé semble revendiquer unilatéralement un champ défini de façon finaliste (*Ingmar*, CJCE, 9 nov. 2000, aff. C-381/98, *Rec.*, 2000. I-9305, *Rev. crit. DIP*, 2000. 112, note L. Idot ; *JDI*, 2001. 517, note J.-M. Jacquet), la Convention de Vienne du 11 avril 1980 sur la vente internationale de marchandises emploie concurremment la technique conflictuelle, faisant dépendre son applicabilité, à défaut pour les parties d'être établies dans deux État-contractants différents (art. 1-1-*a*), de la désignation du droit d'un État-contractant par la règle de conflit du for saisi (art. 1-1-*b*). Par ailleurs, l'interprétation de tels instruments par les organes nationaux, comme la détermination de leur statut juridique dans l'ordre interne ne sont pas dépourvues de difficultés. Dans une perspective dualiste (que n'empêche nullement, dans les systèmes dits « monistes », l'existence de clauses constitutionnelles d'incorporation, tel l'article 55 de la Constitution française, qui dispensent d'une loi nationale de transposition ou *enabling act*), les divergences d'interprétation des lois uniformes tiennent au fait que celles-ci se bornent à créer une obligation à la charge des États d'introduire dans leurs ordres internes un énoncé normatif donné, lequel se mue alors en règle étatique autonome directement applicable devant les organes nationaux (K. Parrot, *L'interprétation des conventions de droit international privé*, Dalloz, 2006, préf. P. Lagarde).

PHILOSOPHIE DU DROIT

551. Globalisation et pluralisme normatif. — L'état contemporain de l'ordre international de droit privé, transformé par ce qu'on dénomme le « processus de globalisation », se caractérise par un pluralisme normatif fait de l'émergence de sous-ensembles juridiques spécialisés et diversifiés (tel que le droit du commerce international, le gouvernement des entreprises, la protection de l'environnement et le principe de précaution, ou encore les droits de l'homme), chacun obéissant à ses propres principes et institutions et souvent en tension les uns avec les autres (comp. G. Teubner, « Global private regimes : Neospontaneous law and dual constitution of autonomous sectors in world society ? », *in* K.-H. Ladeur (dir.), *Public Governance in the Age of Globalization*, 2004, p. 71 ; O. Perez, *Ecological Sensitivity and Global Legal Pluralism : Rethinking the Trade and Environment Conflict*, Oxford and Portland, Oregon, Hart Publishing, 2004 et le compte rendu d'E. Cirkovic « Global legal pluralism and multipolar conflicts », 7, *German Law Journal*, 12, 2006). Enjeu et défi d'un « droit transnational », la coexistence d'intérêts, de discours et de sources multiples implique une rupture avec la conception traditionnelle du droit international. En effet, développés en marge des principes traditionnels de ce droit et dans l'indifférence des activités normatives menées dans les secteurs voisins, les sous-systèmes spécialisés se trouvent fréquemment en conflit avec des modes de régulation interétatiques. Le droit international est peu équipé pour résoudre ces conflits multipolaires, qui impliquent des modes de gouvernance variés, des objectifs politiques contradictoires et des acteurs tant publics que privés (v. outre les auteurs cités, H. Muir Watt, « New challenges in public and private international law », *in* M. Van Hoeke (dir.), *Epistemology and Methodology of Comparative Law*, Hart Publishing, 2004, p. 271 ; « Globalisation and comparative law », in *Ox. Handbook Comparative Law*, ed. M. Reimann et R. Zimmermann, 2006, p. 579). Comp. aussi sur le pluralisme des sources du droit international privé, *supra*, n°s 43 et s. ; *infra*, n°s 582-9 et s.

Substantivisme et cosmopolitisme dans la doctrine américaine. — Caractérisée par son éclectisme, la doctrine américaine connaît au moins deux écoles qui cherchent à tenir compte dans le règlement des conflits de lois des besoins spécifiques de la transationalité. Il s'agit alors soit d'élaborer des normes substantielles spécifiques (A. T. von Mehren, « Special substantive rules for multistate problems : Their role and significance in contemporary choice of law methodology », 88, *Harv. L. Rev.*, 347, 371 (1974) ; F. K. Juenger, « American conflicts scholarship and the new law merchant », 28, *Vand. J. Transnat'l L.*, 487, 496 (1995) ; G. B. Dinwoodie, « A new copyright order : Why national courts should create global norms », 149, *U. Pa. L. Rev.*, 469, 542-80 (2000)), soit de tenir compte des affiliations multiples des situations internationales dans une perspective proprement cosmopolite (v. P. S. Berman, « Towards a cosmopolitan vision of the conflict of laws : Redefining governmental interests in a global era », 153, *U. Pa. L. Rev.*, 1819 (2005) ; G. Shreve, « Conflict altruism », in *Law and Justice in a Multistate World, Essays in Honor of A. T. von Mehren*, Transnational Publishers, 2002).

***Lex mercatoria*, principe d'autonomie et disponibilité des lois étatiques.** — Sur le débat suscité par le refus du Règlement Rome I d'autoriser le choix par les parties d'un droit non étatique pour régir leur contrat international, v. *infra*, n° 916. De manière plus générale, sur la *lex mercatoria* dans le contexte des sources étatiques, *supra*, n° 54. Sur la façon dont l'essor des droits non étatiques tend à reconfigurer l'espace transnational (ou « au-delà de l'État »), *infra*, n°s 582-9 et s.

SECTION 2
Les lois d'application immédiate

Longtemps représentée comme dérogatoire par rapport à la méthode conflictuelle, la méthodologie néostatutaire propre aux lois dite d'application immédiate [1] est le reflet de la place croissante qu'occupe la régulation économique et sociale dans l'ordre juridique interne [2]. Il est vite apparu en effet que la réalisation des politiques interventionnistes dont elle est le vecteur ne pouvait dépendre, dans les rapports transfrontières, d'une méthodologie abstraite et d'inspiration privatiste (§ I). Toutefois, une telle évolution dans les rapports entre les intérêts privés et ceux des États n'est pas nécessairement univoque. Au point que, dans un contexte de globalisation économique, la place que confère l'idéologie libérale à la volonté individuelle induit même une inversion des rapports entre régulation et marché (§ II).

I | Les lois particulièrement impératives

552. Le phénomène des lois dites de police [3], revêtues d'une impérativité particulière dans les relations internationales et revendiquant une application immédiate et dérogatoire, avait déjà été identifié par Savi-

1. L'expression « lois d'application immédiate » a été inventée par Ph. Francescakis pour souligner la spécificité méthodologique de la catégorie visée (« Quelques précisions sur les "lois d'application immédiate" et leurs rapports avec les règles de conflits de lois », *Rev. crit. DIP*, 1966. 1, spéc. p. 13).

2. V. également, sur le régime international du droit public économique étranger, *supra*, n° 111 ; sur les lois de police en matière contractuelle, v. *infra*, n°s 909 et s.

3. L'expression « lois de police », qu'emploie la Cour de cassation, met l'accent sur le contenu de ces lois. Cette expression figure à l'article 3, § 1 du Code civil, selon lequel les « lois de police et de sûreté » obligent « tous ceux qui habitent le territoire ». La catégorie visée a longtemps été comprise comme recouvrant essentiellement la loi pénale et la loi civile délictuelle, bien avant l'apparition des lois d'organisation sociale et économique ou des lois impératives de droit privé qui répondent aujourd'hui à la même appellation. La définition du champ d'application des lois ainsi visées s'est assouplie, la condition d'habitation du territoire cédant à la pure territorialité des faits ou des événements – sauf à renaître à la période contemporaine pour ce qui est des lois de police de droit privé protectrices d'intérêts catégoriels.

gny [1]. Plus tard, il reçut sous la plume de Phocion Francescakis l'appellation de « lois d'application immédiate » dans un article célèbre [2], qui en pointait l'essor en matière sociale et économique après la deuxième guerre mondiale. Selon la définition proposée par cet auteur, et reprise un demi-siècle plus tard par la Cour de justice, « est constitutive d'une loi de police la disposition nationale dont l'observation a été jugée cruciale pour la sauvegarde de l'organisation politique, sociale ou économique de l'État, au point d'en imposer le respect à toute personne se trouvant sur le territoire ou à tout rapport juridique localisé dans celui-ci [3] ». Ces lois sont la traduction dans l'ordre international des effets du rôle interventionniste de l'État sur les relations interindividuelles et de la réduction corrélative de la liberté contractuelle. L'appellation « lois d'application immédiate » revêt en revanche une signification essentiellement méthodologique. C'est moins la nature ou le contenu spécifique d'une certaine catégorie de lois qui est alors en cause, que la technique dérogatoire qu'elles empruntent, dans un

1. Le concept de lois de police marquait chez Savigny les limites de la communauté de droit (*Traité de droit romain*, t. VIII, § 349). Ainsi, pour le grand auteur, certaines catégories de lois ne participent pas en raison de leur nature spéciale (en tant qu'elles sont fondées sur des motifs politiques, économiques, moraux) à ce grand échange de lois entre les différents États sur le fondement de la communauté de droit. Sous le rapport de ces dernières, chaque État doit être considéré comme absolument isolé, le juge devant appliquer la loi du for. Parmi ces catégories (l'autre étant celle des institutions inconnues), figurent les lois absolues (impératives) dont le motif et le but sont « en dehors du domaine du droit conçu abstractivement » (c'est-à-dire, ne relevant pas du droit privé matériel justinien, dévoué à la protection du domaine de la volonté libre, attribut de la personne), de sorte qu'elles ne sont pas uniquement faite dans l'intérêt des personnes titulaires de ces droits (v. la traduction et l'analyse de D. Boden, *L'ordre public : limite et condition de la tolérance. Recherches sur le pluralisme juridique*, thèse, Paris 1, 2002, p. 563).

2. « Quelques précisions sur les "lois d'application immédiate" et leurs rapports avec les règles de conflits de lois », préc.

3. CJCE, *Arblade*, aff. C-369/96 et C-376/96 du 23 nov. 1999, *Rec.*, I-8453, *Rev. crit. DIP*, 2000. 710, note M. Fallon ; *JDI*, 2000. 493, note M. Luby. Comp. de même, la définition de l'article 9, § 1 du Règlement « Rome I » relatif à la loi applicable aux obligations contractuelles : « Une loi de police est une disposition impérative dont le respect est jugé crucial par un pays pour la sauvegarde de ses intérêts publics, tels que son organisation politique, sociale ou économique, au point d'en exiger l'application à toute situation entrant dans son champ d'application, quelle que soit par ailleurs la loi applicable au contrat d'après le présent Règlement. » Dans une affaire antérieure à l'entrée en vigueur de ce texte, la Cour de cassation a défini la loi de police au regard de l'article 3 de la Convention de Rome comme celle « dont l'observation est nécessaire pour la sauvegarde de l'organisation sociale et économique du pays au point de régir impérativement la situation quelle que soit la loi applicable » (Cass. com. 13 juillet 2010, *JCP* 2010, 972, note D. Bureau, L. d'Avout ; *Rev. crit. DIP* 2010. 720, Rapp. A. Potocki ; *JDI* 2011. 91, note F. Jault-Seseke ; *RDC* 2011. 217, obs. P. Deumier). Cette formulation fait ressortir le fait que la qualification de loi de police est tributaire non pas de sa seule fonction politique, économique ou sociale, propre à toute disposition législative, mais aussi de l'intensité particulière avec laquelle elle entend imposer la politique qu'elle véhicule.

contexte où la méthode bilatéraliste reste de principe. Ce caractère dérogatoire semble d'ailleurs impliquer en toute hypothèse la mise en œuvre d'une « règle de doute » au stade de leur identification : à défaut de pouvoir incontestablement rattacher une disposition à la catégorie des lois de police, le doute sur son existence même en tant que telle devrait alors profiter à la règle de conflit [1].

La célèbre affaire de la *Compagnie internationale des wagons-lits* permet d'illustrer ce phénomène [2]. Cette société, dont le siège social est à Bruxelles, possédait plusieurs établissements en France ; conformément aux textes en vigueur en France (ordonnance du 22 février 1945), elle y avait institué des comités d'établissement pour le personnel de ses établissements, mais n'avait pas créé de comité central d'entreprise, également prévu par l'ordonnance. Le Syndicat général du personnel revendiqua donc auprès de l'Administration française la création de ce Comité central d'entreprise. Devant le refus de l'Administration française, les tribunaux furent saisis. En application de la méthode conflictuelle classique, le raisonnement aurait alors dû se développer de la manière suivante : le problème à résoudre relevant de la définition du rôle des salariés dans la vie de la société, il concernait l'organisation, le fonctionnement de cette dernière ; la règle de conflit en matière sociétaire désignant la loi du siège social, c'est donc par application de la loi belge que le litige aurait dû être tranché. Ce n'est cependant pas de cette manière que raisonna le Conseil d'État, en affirmant que « la circonstance qu'une entreprise employant en France plus de 50 salariés a son siège social à l'étranger ne saurait la faire échapper à l'application de la législation sur les comités d'entreprise ». Sans utiliser la règle de conflit, il fut fait application immédiate de l'ordonnance de 1945.

553. Sont ainsi d'application immédiate les lois qui, assorties explicitement ou implicitement de critères d'applicabilité spatiale propres, revendiquent un champ d'application sans tolérer l'intermédiation de la règle de conflit de lois, [3]. C'est pourquoi, dans un contexte méthodologique fonctionnaliste ou unilatéraliste, le concept même de loi de police ou d'application immédiate est inutile [4]. Ce n'est que dans le contexte

1. En ce sens, v. D. Bureau, L. d'Avout, note préc. sous Cass. com., 13 juillet 2010.

2. CE, 29 juin 1973, *Rev. crit. DIP*, 1974. 344, concl. Questiaux ; *JDI*, 1975. 538, note M. Simon-Depitre ; *Dr. soc.*, 1976. 50, obs. J. Savatier ; *Rev. soc.*, 1976. 663, note J.-L. Bismuth ; Ph. Francescakis, « Loi d'application immédiate et droit du travail », *Rev. crit. DIP*, 1974. 273 ; *GA*, n° 53.

3. Et tout particulièrement la loi d'autonomie à laquelle elles ont eu pour fonction d'apporter un contrepoids.

4. On pourrait ainsi très bien imaginer que l'applicabilité spatiale des droits soit déterminée exclusivement selon une méthode téléologique, de sorte que la question du conflit de lois se poserait exclusivement en termes de pesée d'intérêts législatifs, en fonction des liens entretenus entre chaque loi et le litige au regard des politiques poursuivies. Dans ce cas de figure, la loi de police ne serait

d'une méthodologie fondée sur une règle de rattachement qu'elles présentent un caractère dérogatoire. Elles imposent en effet leur applicabilité alors même qu'elles n'appartiennent pas à l'ordre juridique désigné par la règle de conflit (la loi d'autonomie, généralement) [1]. On s'accorde par ailleurs à admettre que le champ d'application revendiqué est bien déterminé selon une démarche fonctionnaliste, au regard des finalités ou politiques poursuivies, de nature à justifier l'impérativité particulière dont ces règles sont dotées [2]. Par exemple, une interdiction d'exporter des biens culturels doit frapper l'ensemble des contrats qui impliquent qu'un tel bien quitte le territoire national, sous peine de subvertir la finalité poursuivie, laquelle commande l'application générale et uniforme de l'interdiction [3]. Dans le cadre des rapports intra-européens, une telle revendication d'application de toute loi de police nationale qui alourdirait les contraintes applicables à un prestataire de services exerçant son activité en dehors de son pays d'origine est cependant soumise à un double contrôle d'intérêt général et de proportionnalité [4].

554. En réalité, même dans un contexte conflictualiste, le caractère dérogatoire de la loi d'application immédiate peut simplement signifier l'inadéquation fonctionnelle du rattachement retenu par la règle de conflit de lois. C'est le cas pour la plupart des lois d'application immédiate de « seconde génération » qui, s'éloignant de la définition de Francescakis [5], poursuivent des finalités de droit privé et se veulent applicables selon un critère personnaliste. Sous cet angle, c'est moins la

pas alors une catégorie à part. Le tri difficile des lois qui sont ou ne sont pas de police n'aurait plus lieu d'être. En revanche, les difficultés se déplaceraient sur le terrain de la détermination de l'intensité de la volonté d'application de chacune. Ce qui n'est autre que la méthode fonctionnaliste ou d'« analyse des intérêts » : v. *supra*, n°s 353 et s.

1. Rien n'impose alors, en théorie, de traiter différemment les lois d'application immédiate du for et celles qui émanent d'États étrangers. Sur les difficultés entourant le statut des lois de police étrangères, notamment au regard du Règlement Rome I, voir *infra*, n° 563, 914 et s.

2. Il est vrai que la difficulté d'identifier les lois internationalement impératives rejoint celle qui, dans les méthodologies fonctionnalistes, affecte la détermination des politiques législatives et de leur champ d'application dans l'espace. Sur cette difficulté, v. *infra*, n° 563.

3. Réciproquement, il a été considéré par exemple que la règle limitant le droit de payer en espèces (art. L. 112-6 C. mon. fin.) ne s'appliquait qu'aux paiements réalisés en France (CE, 9e et 10e ss.-sect. réun., 10 mai 2012, *D.*, 2012. 2289, note C. Kleiner).

4. V. not. : CJCE, 23 nov. 1999, *Arblade*, aff. C. 369/96, *Rev. crit. DIP*, 2000. 710, note M. Fallon ; *JDI*, 2000. 493, obs. M. Luby ; CJCE, 15 mars 2001, *Mazzoleni*, aff. C. 165/98, *Rev. crit. DIP*, 2001. 495, note E. Pataut ; *JDI*, 2002. 584, obs. M. Luby ; CJCE, 25 oct. 2001, *Finalarte*, aff. C. 49/98, *JDI*, 2002. 584, obs. M. Luby ; CJCE, 24 janv. 2002, *Portugaia Construçoes*, aff. C. 164/99, *D.*, 2003. 3303, note C. Minet ; *JDI*, 2003. 613, obs. M. Luby (aj., sur cet arrêt et le précédent : *D.*, 2003. 3028, chron. de jurispr. par le Centre du droit de l'entreprise de l'Université R. Schumann de Strasbourg).

5. Sur le sens des lois porteuses d'« intérêts publics » visées à l'art. 9 du Règlement Rome I, v. *infra*, n° 911-3.

méthodologie bilatéraliste qui est en cause que le contenu inadapté du rattachement traditionnellement retenu. C'est précisément la raison pour laquelle cette technique s'est essentiellement développée dans le champ de la loi d'autonomie [1], laquelle est depuis un certain temps en décalage avec les restrictions que subit la liberté des parties en droit interne comparé, notamment en présence d'une politique de protection catégorielle du contractant réputé faible. Ainsi, à l'occasion de l'élaboration du Règlement Rome I, il a été un temps envisagé de supprimer toute possibilité de choix de la loi applicable dans les contrats de consommation visés à l'article 5 et conclus avec un consommateur résidant sur le territoire communautaire, qui auraient été soumis à la loi de l'État-membre de la résidence habituelle de l'intéressé. Cette modification du rattachement, éliminant tout choix des parties [2], aurait été de nature à supprimer l'intérêt de recourir à la méthode dérogatoire des lois de police pour assurer plein effet aux dispositions impératives protectrices de la loi de la résidence habituelle du consommateur. Comme le montre au demeurant ce dernier exemple, l'existence d'une communauté de droit, comme celle que représente le droit matériel de l'Union européenne, peut favoriser l'émergence d'un rattachement bilatéral, personnel ou territorial, apte à permettre la réalisation des finalités des lois de police en fonction de leurs liens avec la situation concrète ; à ce titre, la technique est évocatrice de la méthodologie des statuts.

555. Pareille reformulation bilatérale d'un rattachement regroupant des lois impératives est cependant plus difficile à concevoir en l'absence d'un terrain d'entente sur la hiérarchie des valeurs à protéger. Ainsi, le droit matériel de l'Union européenne affirme unilatéralement son champ spatial à l'égard de la loi des pays-tiers. Très directement, l'article 3, § 5 de la proposition de Règlement Rome I, avait prévu en ce sens que « le choix par les parties de la loi d'un État non membre ne peut pas porter atteinte à l'application des dispositions impératives du droit communautaire lorsqu'elles seraient applicables au cas d'espèce [3] », et aurait en conséquence été de nature à transformer tout le droit dérivé européen en loi de police vis-à-vis des pays-tiers, comme le donnait à penser déjà

1. Sur l'expansion des lois de police en dehors du champ contractuel et sa signification méthodologique, v. *infra*, n° 561.

2. V. la Convention de Rome sur la loi applicable aux obligations contractuelles du 19 juin 1980 (art. 5). Le rôle de la volonté en matière de contrats de consommateur a été conservé, sous certaines limites, par le Règlement Rome I (art. 6).

3. Du moins aux termes de la Proposition d'origine, en date du 15 décembre 2005.

la jurisprudence *Ingmar*[1] ; d'autant qu'il n'existe aucun contrôle de la proportionnalité de la prétention d'une loi de police d'origine européenne à s'appliquer dans les rapports avec les pays-tiers. La situation aurait alors été analogue à celle qui, dans le cadre fédéral américain, confine le contrôle constitutionnel du champ d'application des lois au nom du *Due Process* ou du *Full Faith and Credit* aux rapports internes aux États-Unis. À ceci près que la jurisprudence de la Cour suprême fédérale américaine s'est engagée récemment dans la voie du « *positive Comity* », modérant la vocation dans l'espace international des lois de police fédérales[2]. La propension du droit européen à étendre unilatéralement son propre champ d'application, qui se dédouble d'une conception très extensive de la compétence juridictionnelle des juges européens[3], en aurait été d'autant plus préoccupante. Finalement, le texte définitif du Règlement Rome I s'est orienté vers une solution moins hégémonique aux termes de laquelle : « Lorsque tous les autres éléments de la situation sont localisés, au moment de ce choix, dans un ou plusieurs États-membres, le choix par les parties d'une autre loi applicable que celle d'un État-membre ne porte pas atteinte, le cas échéant, à l'application des dispositions du droit communautaire auxquelles il n'est pas permis de déroger par accord, et telles que mises en œuvre par l'État-membre du for » (art. 3, § 4).

II | Les lois semi-impératives

556. En évoquant la semi-impérativité des lois, on n'entend pas décrire ici une autre catégorie de lois d'application immédiate ; de manière bien différente, il s'agit plutôt de mettre en perspective leur impérativité sous l'influence – réelle ou métaphorique – de la volonté des particuliers. À cet égard, l'essor contemporain de la liberté individuelle se manifeste d'abord dans le rôle croissant concédé au choix par les parties de la loi applicable, en dehors de la matière contractuelle[4].

1. *Ingmar*, aff. C-381/98, 9 nov. 2000, *Rev. crit. DIP*, 2001. 107, note L. Idot ; *JDI*, 2001. 511, note J.-M. Jacquet.

2. *Empagram*, 542 US 155, 2004, délimitant le champ spatial du droit antritrust fédéral dans le cas d'un cartel global. Dans le champ de la régulation boursière, l'approche de la même Cour en termes d'auto-limitation du champ de la loi fédérale a pris la forme, plus surprenante, d'un retour à la territorialité (v. l'arrêt *Morrison* du 24 juin 2010 ; *infra*, n° 923).

3. *Owusu*, aff. C-281/02, 1er mars 2005, v. *supra*, n° 178.

4. V. *supra*, nos 532 et s.

Mais c'est dans ce dernier domaine que la liberté dont elles jouissent déjà du fait de l'effet conjugué des clauses de loi applicable et de for compétent acquiert une portée accrue du fait de la libéralisation des échanges et de la circulation des capitaux, induisant une certaine privatisation des choix politiques des États.

La globalisation économique est en effet de nature à transformer les rapports entre impérativité étatique et volonté privée. Jusqu'ici, comme l'attestent au demeurant les instruments conventionnels et européens en matière de loi applicable aux contrats, le concept de loi de police a servi à contrecarrer la liberté des parties dans la détermination de la loi applicable. La loi de police primait donc, devant le juge du for et le cas échéant devant un juge tiers, sur la loi choisie [1]. Désormais, ce rapport entre l'impérativité des lois de police étatiques et la volonté privée qu'elles encadrent, s'inverse cependant dans une large mesure.

557. En premier lieu, cette inversion des rôles s'explique par la nouvelle mobilité inter-systémique des parties. Le développement des clauses de choix de for – étatique ou arbitral – dans des domaines régis par des lois de police, joint à un régime progressivement plus libéral de circulation des décisions, tend aujourd'hui à modifier en profondeur les rapports entre la volonté des parties et les lois internationalement impératives. De l'évolution récente du droit positif comparé semble émerger, au moment même où le contentieux international privé met de plus en plus fréquemment en jeu des conflits de réglementations économiques, un phénomène de dilution de l'impérativité de ces dernières – devenues, selon le terme d'un auteur, d'application seulement « semi-nécessaire [2] ». Succédant à la libéralisation du régime des clauses attributives de juridiction, l'arbitrabilité de contentieux relevant de réglementations économiques a été l'impulsion décisive de cette évolution, en affranchissant la mobilité juridictionnelle des parties des limites tenant à l'impérativité des règles applicables au fond. Bien entendu, la possibilité d'éluder une loi impérative en changeant de for n'a rien de nouveau : c'est même l'un des moteurs essentiels du *forum shopping*. Mais la libéralisation récente du régime des clauses de choix du for – elle-même le fruit d'un phénomène concurrentiel – intègre plus délibérément la donne compétitive, en légitimant la disqualification des lois de police qui auraient pu s'appliquer devant le for évincé. En effet, dès lors que la

1. V. par ex., l'art. 7 de la Convention de Rome sur la loi applicable aux obligations contractuelles, et l'article 9 du Règlement Rome I (*infra*, n° 915-1).

2. L. Radicati di Brozolo, « Mondialisation, juridiction, arbitrage : vers des lois "semi-nécessaires" », *Rev. crit. DIP*, 2003. 1.

présence de réglementations impératives ne fait plus obstacle à l'efficacité du choix d'un for étranger [1] ou arbitral [2], et que la méconnaissance de la loi de police du for n'entrave pas systématiquement la circulation de la décision du juge choisi [3], on relève une réduction significative de l'impact effectif de certaines règles de droit économique pourtant réputées insusceptibles de dérogation lorsqu'elles sont mises en œuvre directement par les autorités du for.

558. En second lieu, l'analyse économique des conflits de lois révèle assez largement une augmentation de la part de l'autonomie de la volonté dans le règlement des conflits de droits, redécouvrant les vertus du choix contractuel de la loi applicable au nom de l'efficience économique. Certains auteurs sont même allés plus loin encore dans la « reprivatisation du droit international privé » : plusieurs études proposent ainsi de permettre à l'entreprise débitrice de choisir le régime juridique applicable en matière bancaire, d'émission de valeurs mobilières ou de faillite, tandis que d'autres proposent de lever les contraintes étatiques qui freinent le jeu de la compétition en matière de protection de l'environnement ou de régulation de la concurrence. Pareille approche peut

1. V. ainsi Cass. civ. 1re, 22 oct. 2008, *JCP*, 2008.II.10187, note L. d'Avout ; *D.*, 2009. 200, note F. Jault-Seseke ; *JDI*, 2009. 599, note M.-N. Jobard-Bachellier, F.-X. Train ; *RDC*, 2009. 691, obs. E. Treppoz ; *D.*, 2009. 2385, obs. S. Bollée ; A. Huet, *D.*, 2009, chron., 684 ; D. Bureau, H. Muir Watt, *Rev. crit. DIP*, 2009. 1 ; Aj. : H. Gaudemet-Tallon, « La clause attributive de juridiction, un moyen d'échapper aux lois de police ? », in *Liber amicorum K. Siehr*, 2010, p. 707 et s. Dans le même sens, v. les décisions américaines rendues dans l'affaire *Lloyd's* (v. H. Muir Watt, *Rev. crit. DIP*, 2002. 59) *Contra* : OLG München, URT. V.17.5.2006, EWIR, 2006. 621, note R. Emde ; IHR, 2006. 166, note K.-H. Thume ; *IPRax*, 2007. 322, note G. Rühl (et, confirmant la solution : BGH, 5 septembre 2012, VII ZR 25/12) ; Cour de justice fédérale d'Allemagne, *Rev. crit. DIP*, 2013. 890, note F. Jault-Seseke.

2. V. ainsi, Paris, 19 mai 1993, *Rev. arb.*, 1993. 645, note Ch. Jarrosson ; *JDI*, 1993. 957, note L. Idot. Et, plus récemment, Cass. civ. 1re, 5 janvier 1999, *Rev. arb.*, 2001. 805, chron. Y. Derains ; Cass. civ. 1re, 8 juillet 2010, *Rev. crit. DIP*, 2010. 743, note D. Bureau, H. Muir Watt ; *D.*, 2010. 2284, note M. Audit, O. Cuperlier.

3. Cela ne signifie pas que tout contrôle de la sentence disparaît, notamment au regard de l'ordre public du pays d'accueil, mais plutôt que cet ordre public, qui tend à recouvrir des valeurs perçues comme essentielles, n'intègre pas systématiquement toutes les lois de police du for (v. appliquant le critère de « l'illicéité qui crève les yeux » : Paris, 18 nov. 2004, *Thalès*, *Rev. crit. DIP*, 2006. 104, note S. Bollée, *JDI*, 2005. 357, note A. Mourre, L. Radicati di Brozolo, « "L'illicéité qui crève les yeux" : critère du contrôle des sentences au regard de l'ordre public international (à propos de l'arrêt *Thalès* de la cour d'appel de Paris) », *Rev. arb.*, 2005. 529 ; *RTD com.*, 2005. 263, obs E. Loquin, *D.*, 2005. 3058, obs. T. Clay, *JCP*, 2005. II. 10038, note G. Chabot ; *Gaz. Pal.*, 21-22 oct. 2005, n° 9, chron. C. Seraglini ; Paris, 24 nov. 2005, *Rev. arb.*, 2006. 717, note S. Bollée). Cass. civ. 1re, 4 juin 2008, *Cytec*, *Rev. arb.*, 2008. 473, note I. Fadlallah ; *RTD com.*, 2008. 518, obs. E. Loquin ; *D.*, 2008. pan., 2566, obs. S. Bollée. Sur de récentes évolutions jurisprudentielles en ce domaine, dans le sens d'un renforcement du contrôle, v. cepdt Th. Clay, *D.* 2013. 2946-2947, et les décisions citées ; aj. Paris, 26 février 2013, *Rev. arb.*, 2014. 82, note P. Duprey, Cl. Fouchard ; mais, revenant à un contrôle minimum : Cass. civ. 1re, 12 février 2014, *Rev. arb.*, 2014. 389, note D. Vidal.

être analysée comme offrant une confirmation des tendances déjà relevées en matière de conflits de juridictions ; l'extension du principe d'autonomie à ces domaines déjà reconnus arbitrables ou justiciables de compétences étrangères, peut sembler en effet en constituer le prolongement logique. Poursuivant l'inversion des rapports entre la volonté privée et l'impérativité des lois étatiques, ce courant doctrinal repose essentiellement sur la conviction, empruntée à l'analyse économique du fédéralisme, des bienfaits de la concurrence entre les différents législateurs locaux que l'exercice par les parties de leur faculté de libre choix mettrait en compétition.

559. En l'absence de la soupape que représente le contrôle même atténué de la décision étrangère ou arbitrale, l'efficacité des vertus régulatrices du marché suppose cependant que les lois en cause présentent une réelle fongibilité. En effet, la principale difficulté que soulève le libre cours de la concurrence législative dans les domaines envisagés concerne la divergence des finalités mêmes des législations en compétition. Ainsi, en matière de faillite, les divers droits sont profondément divisés quant aux objectifs à atteindre. Aux oppositions relatives au traitement des difficultés financières des entreprises, qui expliquent la mesure très variable des ressources consacrées à leur redressement, s'ajoutent les conceptions très différentes des catégories d'intérêts sociaux et économiques à privilégier en cas de liquidation. Une démonstration analogue relative aux finalités variables des diverses régulations économiques peut être faite dans les nombreux autres domaines où l'on se propose pourtant de confier la régulation des rapports internationaux au seul marché. La fongibilité, condition de la libre concurrence législative, manque le plus souvent, de sorte que tout projet fondé sur la reconnaissance mutuelle s'avère illusoire.

560. Néanmoins, on peut sans doute s'attendre progressivement sinon à une expansion de la loi d'autonomie dans les domaines soumis à des réglementations de police telle que le préconise le courant doctrinal analysé ci-dessus, du moins à une restriction de l'impérativité internationale dans le domaine économique. À l'image de la dilution de l'ordre public en matière de circulation des décisions, la qualification de loi de police n'assortirait à terme que les politiques dont la réalisation ne peut en aucun cas être confiée au marché. Sauf en effet à encourager une fuite permanente vers la justice privée ou étrangère de façon à bénéficier d'une conception moins agressive des exigences de la police économique, un certain ajustement paraît inévitable. L'injection en ce domaine d'une importante dose d'autonomie à travers la libéralisation du régime de circulation de décisions, parviendrait ainsi à contrebalancer l'inflation contemporaine des lois de police ou du moins, l'abus de la qualification judiciaire de ces lois. Il s'agit là d'une forme d'équilibre ou d'autorégulation induite par le marché, qui ne ferait pas disparaître les impérativités nationales mais en modérerait la prétention à s'appliquer aux rapports internationaux.

ÉTAT DES QUESTIONS

B. G. — **Sur les lois d'application immédiate, du for, étrangères et européennes** : L. d'Avout, « Les lois de police », *in* T. Azzi, O. Boskovic (dir.), *Quel avenir pour la théorie générale des conflits de lois ?*, *op. cit.*, p. 91 ; A. Audolant, « Les lois de police en droit international privé : une force super-impérative ? », in *La force normative. Naissance d'un concept*, C. Thibierge *et alii*, LGDJ, 2009, p. 309 et s. ; L. Bernardeau, « Droit communautaire et lois de police », *JCP*, 2001. I. 328 ; R. de Nova, « Conflits de lois et normes fixant leur propre domaine d'application », in *Mélanges offerts à Jacques Maury*, 1960, t. I, p. 377 ; M. Fallon, « Les règles d'applicabilité en droit international privé », in *Mélanges R. van der Elst*, Némésis, 1986, p. 286 ; Ph. Francescakis, « Quelques précisions sur les lois d'application immédiate et leurs rapports avec les règles de conflit de lois », *Rev. crit. DIP*, 1966. 1 ; « Y a-t-il du nouveau en matière d'ordre public ? », *Trav. Com. fr. DIP*, 1971, p. 149 ; V° « *Conflits de lois* (*Principes généraux*) », *Rép. dr. internat.*, 1re éd., n° 137 ; H. Gaudemet-Tallon, « De nouvelles fonctions pour l'équivalence en droit international privé ? », in *Mélanges en l'honneur de P. Lagarde*, 2005, p. 303 ; P. Graulich, « Règles de conflit et règles d'application immédiate », in *Mélanges Jean Dabin*, 1963, p. 629 ; M.-N. Jobard-Bachellier, F.-X. Train, *Juriscl. dr. internat.*, fasc. 534-1, 534-2 ; L. Idot, « L'incidence de l'ordre communautaire sur le droit international privé », *LPA*, n° 248, 12 déc. 2002 ; O. Lando, « Mandatory rules and ordre public », in *Harmonisation of Substantive and International Private Law*, dir. Ole Lando, Ulrich Magnis, Monika Novak-Stief, Peter Lang, 2003, p. 99 ; K. Lipstein, « Les normes fixant leur propre domaine d'application : les expériences anglaises et américaines », *Trav. Com. fr. DIP*, 1977-1979, p. 188 ; A. Marzal, « La cosmologie juridique de la Cour de justice de l'Union européenne illuminée par le droit international privé (de l'utilité nouvelle des notions d'ordre public et de loi de police) », art. préc. ; P. Mayer, « Les lois de police étrangères », *JDI*, 1981. 277 ; « La protection de la partie faible en droit international privé », in *La Protection de la partie faible dans les rapports contractuels*, LGDJ, 1996, p. 525 ; C. Nourissat, « Retour sur les lois de police dans l'ordre international », *RLDA*, oct. 2013, p. 56 ; A. Nuyts, « L'application des lois de police dans l'espace (Réflexions au départ du droit belge de la distribution commerciale et du droit communautaire) », *Rev. crit. DIP*, 1999. 31 ; E. Pataut, « Lois de police et ordre juridique communautaire », *in* A. Fuchs, H. Muir Watt, E. Pataut, *Les conflits de lois et le système juridique communautaire*, Dalloz, Thèmes et commentaires, 2004, p. 117 ; S. Poillot-Peruzzetto, « Ordre public et loi de police dans l'ordre communautaire », *Trav. Com. fr. DIP*, 2002-2004, p. 65 ; B. Rémy, *Exception d'ordre public et mécanisme des lois de police en* *droit international privé*, Dalloz, 2008, préf. P. Mayer ; G. Sperduti, « Les lois d'application nécessaire en tant que lois d'ordre public », *Rev. crit. DIP*, 1977. 257 ; P. de Vareilles-Sommières, « Lois de police et politiques législatives », *Rev. crit. DIP*, 2011. 207.

Sur les rapports changeants entre impérativité et volonté : H. Muir Watt et L. G. Radicati di Brozolo, « Party autonomy and mandatory rules in a global world », 6, *International Law Forum Droit international*, 88, mai 2004 ; L. G. Radicati di Brozolo, « Mondialisation, juridiction, arbitrage : vers des lois "semi-nécessaires" », *Rev. crit. DIP*, 2003. 1 ; H. Muir Watt, « Aspects économiques du droit international privé », *RCADI*, 2005, t. 307, p. 29, spéc. n°s 72 et s. ; « "Party Autonomy" in international contracts: from the makings of a myth to the requirements of global governance », *European Review of Contract Law* 2010.1.

Sur le concept d'impérativité : D. Boden, *L'ordre public : limite et condition de la tolérance. Recherches sur le pluralisme juridique*, thèse, Paris 1, 2002.

THÉORIE JURIDIQUE

561. La place conquise par le fonctionnalisme. — Les lois d'application immédiate sont identifiées plus facilement par l'entorse qu'elles impliquent à la règle de conflit bilatérale que par leur spécificité intrinsèque. Comme l'illustrent divers exemples tirés du droit positif français ou européen (la loi de transposition de la directive sur les agents commerciaux ; la loi de 1975 sur la sous-traitance), il est très difficile d'identifier les lois de police au seul vu de leur contenu ; la distance entre elles et d'autres dispositions substantielles revêtant seulement une impérativité interne est souvent présentée comme une simple question de degré, non de nature (Y. Loussouarn, « Cours général de droit international privé », *RCADI*, 1973, t. II, spéc. p. 328). Au regard d'une analyse fonctionnaliste, cette difficulté n'est guère étonnante ; il n'y a en réalité que des degrés variables d'intensité dans la volonté des normes à s'appliquer, en fonction des liens entre la situation litigieuse et l'État auteur de la norme (comp. P.-G. Romano, « Le choix des Principes Unidroit par les contractants à l'épreuve des dispositions impératives », *JDI*, 2007. 473). C'est pour cette raison que l'on peut dire qu'elles sont celles qui portent des politiques sociétales *au point de vouloir s'appliquer à l'exclusion de toutes les autres* (v. en ce sens, Cass. com. 13 juillet 2010, cité *supra* n° 552). Objet d'une percée spectaculaire dans l'article 7 de la Convention de Rome, elles ont longtemps été perçues comme le corollaire du principe d'autonomie en matière contractuelle, où l'existence d'une telle dérogation à l'applicabilité de la loi choisie était perçue comme la conséquence naturelle de l'essor de régulations économiques contraignantes posant des règles de conduite susceptibles d'interférer dans les rapports inter-individuels (v. *infra*, n° 564). Dans ce champ spécifique identifié comme étant de droit public, on admettait l'existence de politiques étatiques impératives, dont la caractéristique est, d'une part, de revêtir une forme prohibitive, en ce sens qu'elles sont invoquées pour faire obstacle à la validité ou à l'exécution du contrat (v. aujourd'hui l'article 9 § 3 du Règlement Rome I), d'autre part, de nécessiter la mise en œuvre d'un raisonnement fonctionnaliste, au regard duquel leur champ dans l'espace est directement tributaire de leur finalité. De la sorte, leur intérêt à imprimer une interdiction à des faits donnés dépend du point de savoir si, eu égard aux liens qu'entretient avec ces derniers l'État dont elles émanent, leur application serait de nature ou non à promouvoir la politique économique ou sociale sous-tendant la sanction dont elles sont porteuses. L'utilité de généraliser une méthodologie fonctionnaliste en ce domaine consisterait à dispenser de définir l'internationalité du contrat ou à interdire le choix de normes non étatiques, puisqu'en toute hypothèse, les politiques vitales des États, identifiées en relation avec les faits litigieux, seraient sauvegardées (v. H. Muir Watt, « Le principe d'autonomie entre libéralisme et néolibéralisme », in *La matière civile et commerciale : socle d'un code européen de droit international privé ?*, Dalloz, 2008).

L'extension récente du concept de lois d'application immédiate en dehors du champ contractuel par le Règlement CE n° 864/2007 dit Rome II (dont l'article 16, intitulé « Dispositions impératives dérogatoires », énonce : « *Les dispositions du présent règlement ne portent pas atteinte à l'application des dispositions de la loi du for qui régissent impérativement la situation, quelle que soit la loi applicable à l'obligation non contractuelle* »), signale à cet égard une nouvelle rupture méthodologique. Certes, l'apparition des lois de police (limitées à celles du for) en matière d'obligations extra-contractuelles pourrait s'expliquer par l'introduction de la liberté de choix par les parties de la loi applicable dans certains cas par l'article 14 § 1 (dans des conditions restrictives toutefois, lorsque les parties ne sont pas toutes deux commerçantes). En effet, dans ce champ, jusqu'ici, on prêtait aux rattachements construits sur le fondement de l'article 3 § 1 du Code civil l'aptitude à capter au mieux les divers intérêts, publics ou privés, que le conflit des lois délictuelles mettait en jeu. La mise à l'écart de la règle de conflit par les parties crée donc le risque que l'un de ces intérêts soit ignoré, rendant nécessaire la mise en place d'un mécanisme dérogatoire en faveur des lois de police exclues. Il est d'ailleurs significatif à cet égard qu'aucun choix n'est donné aux parties dans les cas où l'on confie à la règle de conflit la prise en charge d'intérêts sociétaux (concurrence ; propriété intellectuelle).

Toutefois, la rupture est peut-être plus importante que ne le laisse entendre cette explication tirée de l'introduction du libre choix de la loi applicable. L'architecture de la matière contractuelle étant constituée en effet par la liberté de choix, il a été facile de maintenir l'illusion, en droit international privé, que les règles impératives présentaient des caractéristiques très spécifiques par rapport à la généralité des dispositions composant le droit contractuel normalement applicable (sur la prétendue neutralité du droit des contrats, le débat sur ce point et l'apport de l'analyse économique du droit, v. H. Muir Watt, « Aspects économiques du droit international privé », *RCADI*, t. 307, p. 29, spéc. p. 79 et s.), de sorte que le raisonnement fonctionnaliste qu'elles appellent pouvait conserver un caractère dérogatoire par rapport à la méthode conflictuelle s'exprimant (de façon à vrai dire fort particulière) à travers le choix par les parties de la loi applicable. Par ailleurs, le tandem principe de liberté / application exceptionnelle des lois de police exprimait bien l'idée qu'une sphère d'autonomie était concédée aux acteurs privés par l'État libéral, qui garantissait leur liberté dans des limites impératives destinées à encadrer les marchés (Rappr., sous cet aspect, B. Oppetit, « La liberté contractuelle à l'épreuve du droit de la concurrence », *Rev. sc. morales & pol.*, 1995, n° 3, p. 241 et s., et spéc. p. 248). S'il n'est pas toujours aisé d'identifier ces dernières ni d'en définir le champ d'application, elles répondent toutes néanmoins à la même fonctionnalité et se détachent en tout cas sur un fond constitué par la liberté de choix.

En matière délictuelle, en revanche, l'applicabilité des lois de police n'est pas cantonnée aux cas où les parties ont exercé, ou sont autorisées à exercer, leur autonomie.

L'article 16 du Règlement, relatif aux « *dispositions impératives dérogatoires* », est d'application générale et donc susceptible de corriger l'ensemble des rattachements prévus par le Règlement. On peut regretter dans ces conditions que la restriction du correctif des lois de police à celles du seul for lui confère un caractère foncièrement déséquilibré. En effet, en l'absence d'un schéma implicite fondé sur la liberté de choix analogue à celui qui domine en matière contractuelle, l'ouverture faite aux dispositions dérogeant à la règle de conflit devrait obliger à examiner l'ensemble des lois présumées intéressées, pour identifier les politiques poursuivies et leur champ respectif d'application dans l'espace. La recherche des statuts dérogatoires ne se présente plus en effet dans ce contexte comme une exception, mais comme la voie d'une méthodologie fonctionnelle dont on ne voit guère ce qui pourrait en freiner la vocation. Dès lors qu'elle n'est pas liée à la présence de la volonté privée, l'apparition des lois de police ne peut être que liée au choix d'un rattachement insuffisamment attentif à la dimension publiciste du droit de la responsabilité civile (resté dans le sillage de l'article 3, al. 1er du Code civil). Notamment, la compétence de la loi du lieu du dommage subi – traduisant l'exigence d'un rééquilibrage des intérêts privés en cause beaucoup plus que la nécessité sociale de sanctionner un comportement préjudiciable à autrui – risque de retirer aux règles de la responsabilité non contractuelle une bonne part de leur fonction régulatoire. Or parmi ces règles d'intérêt commun, ou public ou collectif, il en est qui perdraient toute raison d'être si elles n'étaient pas appliquées aux cas que revendiquent leur fonction « ordopolitique ». Le rôle correcteur des lois de police ici est donc analogue à celui qu'appelle le recours à la volonté des parties : dans l'un et l'autre cas, le règlement du conflit de lois fait une place insuffisante aux intérêts étatiques, ou aux statuts prohibitifs qui les portent, au nom d'un schéma bilatéraliste et privatiste du conflit de lois (sur la place faite aux intérêts étatiques dans le Règlement Rome II, v. H. Muir Watt, « Rome II et les intérêts gouvernementaux : pour une lecture fonctionnaliste du nouveau règlement du conflit de lois en matière délictuelle », in *Le Règlement communautaire Rome II sur la loi applicable aux obligations non contractuelles*, S. Corneloup, N. Joubert (dir.), Litec, 2008, p. 129). Les lois de police ne se signalant plus par aucun critère distinctif particulier – même celui, approximatif, des limites apportées au marché –, leur présence porte en germe la généralisation du fonctionnalisme, en ce sens qu'il faut désormais sonder les politiques poursuivies par l'ensemble des lois en conflit. Il ne faut pas s'en étonner : pareille évolution a sa source dans la publicisation de la matière délictuelle, lieu d'expression d'intérêts sociétaux.

En effet, déjà en matière contractuelle, les lois portant des politiques impératives occupent une place importante et peut-être même croissante, du moins à en croire la jurisprudence française et européenne récente. Elles se sont probablement aussi déplacées de l'économie réelle vers la finance, ou des secteurs primaires et secondaires vers le secteur tertiaire. Ce constat est pareillement à relier à l'émergence d'une fonction de régulation confiée au droit privé, lequel est désormais impliqué dans la mise en œuvre d'objectifs collectifs dépassant dans un cas donné la seule relation intersubjective (sur cette fonction, v. l'ouvrage collectif, F. Cafaggi et H. Muir Watt (dir.), *The Making of European Private Law : Regulatory Strategies and Governance*, Sellier, 2008, 1er volume : *Making European Private Law : Governance Design*, 2008, 2e volume : 2009 ; et sur ses conséquences en droit international privé, v. *Conflits de lois et régulation économique*, M. Audit, H. Muir Watt et E. Pataut (dir.), LGDJ, 2008).

561-1. Droit public ou droit privé ? — À côté des lois de police tendant à l'organisation économique et sociale de l'État (droit de la concurrence, contrôle des changes…), il existerait une seconde catégorie de lois d'application immédiate de pur droit privé (par exemple, lois réglementant la formation et le contenu du contrat de consommation), comportant un rattachement personnel (résidence habituelle du consommateur) et un champ d'application extraterritorial, en ce sens qu'une fois reconnues applicables, elles régissent l'ensemble de l'activité visée, même si celle-ci est dispersée sur plusieurs territoires (sur ce dernier point en particulier, v. A. Nuyts, « L'application des lois de police dans l'espace (Réflexions au départ du droit belge de la distribution commerciale et du droit communautaire) », *Rev. crit. DIP*, 1999. 31, spéc. p. 54 et s. ; sur les deux catégories de lois de police, P. Mayer, « La protection de la partie faible en droit international privé », in *La protection de la partie faible dans les rapports contractuels*, LGDJ, 1996, p. 522 et s. ; v. aussi A. Bonomi, *Le norme imperative nel diritto internazionale privato*, Zurich, Schultess, 1998, soutenant, pour distinguer les lois d'application immédiate des lois de droit public, que la loi de police ne supplanterait la loi applicable qu'en cas de vrai conflit de solutions, à l'instar de l'ordre public. Il y aurait là un facteur de différenciation par rapport aux normes de droit public). En réalité, la qualification « lois de police » de cette catégorie de lois protectrices sert bien davantage à signaler l'inadéquation du rattachement qu'elle évince (ici la loi d'autonomie) qu'à exprimer une caractéristique intrinsèque aux lois concernées ; à cet égard, leur applicabilité immédiate est tout simplement l'effet d'un raisonnement de type fonctionnaliste, utilisé à titre correctif. L'étiquette lois de police paraît mieux adaptée aux lois internationalement impératives prenant en charge des intérêts étatiques, qui interfèrent nécessairement dans le régime du rapport de droit privé (par exemple, le droit de la concurrence régira impérativement toute entente affectant le marché régulé), indépendamment de l'adéquation du rattachement normal, et moyennant la technique de la prise en considération (sur laquelle, v. *supra*, n° 436-1). C'est en ce sens que l'on peut comprendre l'arrêt de la Cour de cassation du 16 mars 2010, rendu au visa de l'article 7-1 de la Convention de Rome (sur lequel, v. *infra*, n°s 563 et 915).

Cette distinction permettrait-elle de clore le débat relatif aux rapports entre les articles 5 et 7 de la Convention de Rome, désormais les articles 6 et 9 du Règlement Rome I sur la loi applicable aux obligations contractuelles (v. *infra*, n° 957), dont le premier fonde l'application immédiate des dispositions de droit privé protectrices du consommateur et le second, la prise en considération des « intérêts publics » comportant des liens étroits avec le litige ? La conclusion aux termes de laquelle le second ne serait pas destiné à corriger le rattachement des règles contractuelles de droit privé, mais serait limité aux lois relatives à l'organisation économique ou sociale de l'État, pourrait trouver sa confirmation dans l'évolution ultérieure de ces textes. L'article 9 § 1 du Règlement Rome I définit en effet la loi de police dans des termes publicistes, comme étant « une disposition impérative dont le respect est jugé crucial par un pays pour la sauvegarde de ses intérêts publics tels que son organisation politique, sociale ou économique ». Toutefois, il n'est pas absolument certain que la distinction entre les lois protectrices de droit privé et les lois d'organisation socio-économique soit totalement convaincante. Par exemple, au-delà de la finalité de protection de la partie faible (droit privé), le droit de la consommation peut être lu comme destiné à donner confiance au consommateur et relancer l'économie tout entière (droit public). Telle est d'ailleurs l'analyse du Règlement Rome I proposée par une doctrine particulièrement autorisée (C. Hahn, « La liberté de choix dans les instruments communautaires récents Rome I et Rome II ; l'autonomie de la volonté entre intérêt privé et intérêt général », *Trav. Com. fr. DIP*, 2006-2008, p. 187 et s., et spéc. p. 196). Au demeurant, sous l'empire de la Convention de Rome, dans ce sens, v. Cass. civ. 1re, 23 mai 2006, *D.*, 2006, Cahier aff., p. 2798, obs. M. Audit, *RDC*, 2006. 153, obs. P. Deumier, *Rev. crit. DIP*, 2007. 85, note D. Cocteau-Senn ; *JDI*, 2007. 537, note A. Sinay-Cytermann ; *D.*, 2007, Pan., 1754, obs. P. Courbe.

EXISTE-T-IL DES LOIS D'APPLICATION IMMÉDIATE EN DEHORS DU DOMAINE CONTRACTUEL ?

562. Les lois de police ont-elles pour fonction exclusive de limiter la volonté des parties ? Il existe pourtant des lois de police qui influent impérativement sur le régime des rapports de droit privé dans des domaines autres que le contrat. Les normes d'hygiène applicables à la fabrication des produits ou les règles de sécurité affectant l'utilisation du réseau routier sont analogues à celles qui, en matière contractuelle, relèvent de l'article 7 de la Convention de Rome (v. l'article 9 du Règlement Rome I). Normes de droit public inaptes à fonder à titre autonome la solution d'un litige de droit privé, leur mode d'intervention est celui de la prise en considération en tant que *datum* territorial, à travers des concepts de droit substantiel de la loi applicable (notamment celui de la faute : v. ainsi l'article 7 de la Convention de La Haye de 1971 sur la loi applicable aux accidents de la circulation routière, l'article 9 de la Convention de La Haye sur la loi applicable à la responsabilité du fait des produits, l'article 17 du Règlement Rome II sur la loi applicable aux obligations extra-contractuelles : v. *infra*, n° 1008). Il en va au demeurant pareillement en matière contractuelle, où les lois de police de droit public ayant vocation à influer sur le régime du contrat sont essentiellement, sinon exclusivement, celles qui, en vigueur au lieu d'exécution, doivent être prises en considération à travers le concept de force majeure (v. P. Kinsch, *Le fait du prince étranger*, LGDJ, 1994, préf. J.-M. Bischoff, nos 243 et s.). Corrélativement, on peut penser que tant que la loi applicable n'est pas tributaire du choix des parties, la catégorie des lois de police de droit privé n'a pas lieu d'être ; la présence de telles lois serait plutôt simplement le signe d'une inadéquation fonctionnelle du rattachement retenu (comp., sur l'application à titre de loi d'application immédiate de la législation française concernant l'indemnisation des victimes d'infraction par les commissions d'indemnisation des victimes d'infraction : Cass. civ. 2e, 3 juin 2004, *Rev. crit. DIP*, 2004. 750, note D. Bureau ; Cass. civ. 2e, 25 janv. 2007, *JDI*, 2007. 943, note G. Légier ; *Rev. crit. DIP*, 2008. 596, note M. Laazouzi. V. cependant, Cass. civ. 2e, 3 juin 2010, *Rev. crit. DIP*, 2010. 706, note M. Laazouzi), lorsqu'elle ne serait pas simplement explicable – sinon justifiable – par économie de raisonnement (v. Cass. com., 8 janv. 2002, *Rev. crit. DIP*, 2002. 328, note D. Bureau). Dans cette perspective, la présence des lois de police au sein du Règlement Rome II sur la loi applicable aux obligations non contractuelles (art. 16) trouverait une explication – au moins partielle – dans l'intrusion de la volonté en ce domaine (comp. *supra*, n° 561). Reste alors à justifier pourquoi le correctif est amené à jouer en dehors du domaine laissé à la volonté. Et la même explication vaut-elle pour la référence aux lois de police dans les récents Règlements européens relatifs aux régimes matrimoniaux et aux partenariats enregistrés ? Le débat est ouvert !

TECHNIQUE JURIDIQUE

563. Lois de police du for. — L'identification des lois de police continue à poser des difficultés dans la jurisprudence nationale récente, avec une tendance à l'inflation qui s'inscrit dans le sillage tracé par la Cour de justice dans l'arrêt *Ingmar*, préc. Il n'est pas certain que le rappel par le nouvel article 9 du Règlement Rome I du caractère public des intérêts en jeu puisse réellement contribuer à en définir le champ ; l'indétermination de la distinction des intérêts publics et privés rend ainsi difficile de savoir si les lois protectrices d'une catégorie de contractants sont des lois de police ou non. La jurisprudence française (sur laquelle v. *infra*, n° 911) a connu des hésitations aiguës au sujet de des dispositions de la loi du 31 décembre 1975 protectrices du sous-traitant, qu'une décision controversée de la chambre mixte de la Cour de cassation du 30 novembre 2007 a fini par ranger dans cette catégorie (au sujet de l'action directe du sous-traitant : Cass. ch. mixte, 30 nov. 2007, *JCP G*, 2008, II, 10000, note L. d'Avout ; *JCP E* 2008, 1201, note P. Berlioz ; *D.*, 2008. 753, note W. Boyault, S. Lemaire ; *D.*, 2008. 1510, obs. P. Courbe ; *RDC* 2008. 508, obs. P. Deumier ; *D.*, 2008, pan. 2564, obs. S. Bollée ; *JDI*, 2008. 1079, note L. Perreau-Saussine ; *Rev. crit. DIP*, 2009. 728, note M.-É. Ancel. Comp., au regard des dispositions de l'art. 13-1 L. 1975, destinées à préserver l'efficacité de cette action : Cass. com., 27 avril 2011, *D.*, 2011.1654, note Y.-E. Le Bos ; *Rev. crit. DIP*, 2011. 624, rapp. A. Maîtrepierre, note M.-É. Ancel ; *RDC* 2011. 1294, obs. J.-B. Racine ; *JDI* 2012. 148, note P. de Vareilles-Sommières ; *D.*, 2011. 2438, obs. L. d'Avout. Et, dans cette même affaire, Cass. com., 20 avril 2017, n° 15-16922). Elles sont également apparues au sujet de l'article 132-8 du Code de commerce qui accorde une action « directe » en paiement au transporteur de marchandises (après diverses hésitations, la question a cependant été tranchée par la Cour de cassation, rejetant la qualification de loi de police : Cass. com., 13 juillet 2010, *JCP* 2010, 972, note D. Bureau, L. d'Avout ; *Rev. crit. DIP* 2010. 720, rapp. A. Potocki ; *JDI* 2011. 91, note F. Jault-Seseke ; *RDC* 2011. 217, obs. P. Deumier). Ces catégories de contractants ne faisant pas l'objet de règles de protection spécifiques au sein du Règlement Rome I, appellent-elles réellement un régime dérogatoire à ce titre sous l'empire de l'article 9 ? Par ailleurs, l'utilité d'étendre la qualification de lois de police reste discutable dès lors qu'en toute hypothèse les clauses de choix de for sont licites et susceptibles par conséquent de désactiver l'impérativité de la loi ainsi déclarée impérative devant le juge du for.

Outre les hésitations relatives à l'identification des politiques impératives, deux autres questions s'avèrent problématiques :

— la première concerne la définition du champ d'application d'une loi dont on n'a pas préalablement défini l'objectif social ou économique. Cette difficulté est au cœur de toute méthodologie fonctionnaliste. Une loi n'est pas impérative ou non *in abstracto* ; elle peut en revanche vouloir s'appliquer à raison des liens qu'elle entretient avec la situation litigieuse et qui revêtent une importance particulière en fonction des politiques poursuivies. L'action directe du sous-traitant n'est pas intrinsèquement (ou abstraction faite du contexte) impérative ; si elle est destinée à protéger celui-ci en tant que partie faible, elle ne dictera sa propre application devant le juge français que si l'établissement du sous-traitant est en France ; si elle tend à soutenir le marché de la construction en France, elle s'imposera lorsque l'immeuble y est situé, etc. ;

— la seconde concerne le contrôle de compatibilité européenne d'une loi protectrice du marché ou d'une catégorie de contractants nationaux. Par exemple, potentiellement, la protection des sous-traitants établis en France pourrait représenter soit une entrave à la liberté économique de ceux qui supportent la charge d'une action en paiement, soit une discrimination à l'égard d'opérateurs étrangers qui, au regard de la définition du champ d'application de la loi de police, n'en bénéficieraient pas. Le caractère dérogatoire, d'une part, protectionniste, d'autre part, des lois de police en matière économique, les rend congénitalement suspectes dans un contexte fédéralisant fondé sur la confiance mutuelle.

Lois de police étrangères. — L'article 7 § 1 de la Convention de Rome sur la loi applicable aux obligations contractuelles autorisait à « donner effet » aux lois de police étrangères. La disposition était controversée, au point qu'elle n'était applicable ni en Allemagne ni au Royaume-Uni qui ont souscrit à la réserve autorisée par la Convention. Elle y était perçue soit comme une menace pour la liberté contractuelle, puisque conférant au juge un pouvoir peu canalisé d'écarter la loi des parties, soit comme inutile, recouvrant des hypothèses de prise en considération de *datum* territorial à travers des concepts de droit matériel, telle la force majeure ou la cause illicite (v. Cass. com., 16 mars 2010, *JCP*, 2010, 530, note D. Bureau, L. d'Avout ; *RDC*, 2010. 1385, obs. P. Deumier ; *JDI*, 2011. 98, note A. Marchand ; et, sur renvoi, Poitiers, 29 novembre 2011, *RDC*, 2012. 1335, obs. P. Deumier. V. *infra*, n° 915). Dans le Règlement Rome I, la portée de la disposition est sensiblement réduite, l'art. 9 § 3 ne prévoyant que la possibilité de « donner effet » aux lois de police étrangères du pays dans lequel les obligations contractuelles sont exécutées, et dans la mesure où ces lois de police rendent l'inexécution illégale (v. Paris, 25 février 2015, *D.*, 2015. 1260, note M. Winkler, A. Lacombe ; 2031, obs. L. d'Avout ; *Actes pratiques et ingénierie sociétaire*, mai juin 2015, Idée nouvelle, 3, obs. Y. Beckers, N. Demigneux). Toutefois, la Cour de justice a jugé (*République hellénique c/ G. Nikiforidis*, aff. C-135/15., préc. *supra*, n° 436-1), que cette restriction n'empêche pas « la prise en compte, en tant qu'élément de fait » (autrement dit, la prise en considération) de lois de police autres que celles expressément visées par le texte, dans la mesure du moins où « une règle matérielle du droit applicable au contrat, en vertu des dispositions du même règlement, la prévoit » (pt. 51). Cette précision n'est cependant pas de nature à clarifier le sens de la restriction visée à l'article 9 § 3, au regard de la distinction (qui semblait acquise au regard de l'article 7 § 1 de la Convention de Rome, entre « donner effet » et « appliquer » les lois de police étrangères ; v. également *infra*, n° 922, et *supra*, n° 436-1).

La restriction introduite par le Règlement Rome I paraît en tout cas regrettable. En effet, le « tabou » du droit public (sur son impact en matière de lois de police, v. P. Mayer, « Les lois de police étrangères », *JDI*, 1981. 277, spéc. p. 311) cède progressivement devant l'idée que donner effet aux lois de droit public d'un autre État n'est pas forcément prêter la main à des intérêts antagonistes. Dans le domaine économique, il est même possible de déceler des champs de régulation où les États poursuivent des intérêts communs, de sorte que l'accueil de lois étrangères, ou tout au moins la considération des intérêts des autres États impliqués à l'occasion de la mise en œuvre de la loi du for, peut soit promouvoir une valeur partagée par la communauté des États, soit encourager la réciprocité dans un esprit coopératif. Hannah Buxbaum (« Transnational Regulatory Litigation », 46, *Va. J. Int'l L.*, 251, 2006) identifie à cet égard trois champs concernés par les contentieux nationaux privés comportant une forte dimension publique (les ententes à portée globale ; les émissions de valeurs sur des marchés financiers interconnectés ; la fraude fiscale). Ils sont l'occasion, aux États-Unis, du renouveau de la notion de *comity* (en matière d'antritrust, v. le très important arrêt *Empagram* de la Cour suprême fédérale : 542 us 155, 2004, délimitant le champ spatial du droit antritrust fédéral dans le cas d'un cartel global). On pourrait y ajouter d'autres domaines, comme celui de la coopération internationale en matière de restitution de biens culturels. L'identification de politiques partagées parmi les lois de police nationales doit d'autant moins surprendre qu'en ce domaine, la coopération entre autorités de marché indépendantes chargées d'administrer le droit public économique, est déjà très avancée (v. *supra*, n° 592). Certaines autres législations nationales admettent l'application des lois de police étrangères comportant un lien étroit avec le litige (Convention de Mexico, art. 11 ; Code civil du Québec, art. 3079 ; loi fédérale suisse DIP, art. 19).

LOIS D'APPLICATION IMMÉDIATE ET RÈGLES AUTOLIMITÉES

564. Si la loi de police comporte au moins implicitement une définition du champ spatial dans lequel elle revendique impérativement de s'appliquer, la règle dite « autolimitée » s'en distingue notamment en ce qu'à l'inverse, elle ne veut pas s'appliquer en dehors des limites qu'elle trace (R. De Nova, « Conflits de lois et normes fixant leur propre domaine d'application », in *Mélanges offerts à Jacques Maury*, 1960, t. I, p. 377 ; K. Lipstein, « Les normes fixant leur propre domaine d'application : les expériences anglaises et américaines », *Trav. Com. fr. DIP*, 1977-1979. 188). La distinction ne peut en réalité être comprise que dans le contexte de la méthode conflictualiste. La loi de police est alors celle qui revendique un champ d'application exorbitant, dérogatoire par rapport à celui qu'assigne la règle de conflit de lois à l'ordre juridique dont elle relève (la loi de police n'appartient pas à la loi normalement applicable). Inversement, la règle autolimitée, ressortissant bien à l'ordre juridique normalement applicable, n'occupe à l'intérieur de celui-ci qu'un espace restreint, laissant au droit commun le soin de régler les questions qui tombent en dehors de son champ d'application. Par exemple, est autolimitée la loi anglaise de 1971 (*Carriage of Goods by Sea Act*) qui, au sein de la loi anglaise applicable au contrat de transport maritime de marchandises, ne régit que les cas où le chargement se fait en Angleterre à destination de l'étranger, et non les autres (comp. au sujet de l'article 16 de la loi française du 18 juin 1966 [abrogé par l'ordonnance n° 2010-1307 du 28 octobre 2010], prévoyant que « *Le présent titre* [relatif au transport de marchandises] *est applicable aux transports, effectués au départ ou à destination d'un port français…* » : J.-P. Rémery, « Remarque sur le droit applicable au contrat international de transport maritime de marchandises », in *Mélanges offerts à P. Bonasssies*, Éd. Moreux, 2001, p. 277 et s., et spéc. p. 283 et s.). En principe, il n'y a aucune raison pour le juge saisi de ne pas respecter la délimitation du champ de la règle, à l'intérieur de l'ordre juridique désigné. En réalité, en dépit de la confusion que peut induire l'emploi d'un paramètre d'ordre géographique ou spatial, elle ne diffère pas de nature par rapport aux autres critères qui déclenchent, en sous-ordre, l'applicabilité d'un régime spécial. Par exemple, au sein du droit français applicable au contrat, peuvent se trouver des régimes distincts applicables aux rapports de consommation, à la vente maritime, etc., dont le contenu n'est pas adapté à d'autres rapports que ceux qu'ils visent spécifiquement.

Dans le cadre d'une analyse fonctionnaliste, la distinction entre les lois de police, qui revendiquent positivement un domaine exorbitant, et les lois autolimitées, qui refusent, en creux, d'occuper toute la place qui revient à l'ordre juridique auquel elles appartiennent, n'a guère lieu d'être, car cette méthode se fonde directement sur la recherche de la volonté d'application de règles individualisées, en se passant précisément de l'étape intermédiaire de la désignation syncrétique d'un ordre juridique dont il faudrait ensuite les extraire. Une règle qui exclut le rapport litigieux de son champ d'application n'est clairement pas « intéressée » (v. sur cette méthodologie, *supra*, n° 353). Pour un exemple récent de l'abstention autorestrictive d'une loi de police fédérale (*Sarbanes-Oxley Act* 2002 dans ses dispositions sur le *whistle-blowing*) à s'appliquer à une situation homogène étrangère pour ne pas se mêler indûment d'une relation de travail extérieure à l'État du for, v. *Carnero v. Boston Scientific Corp*, 433 F.3d 1 (Isty Cir., 2006), *certif. denied*, 126 S Ct. 2973 (US 2006).

En revanche, les choses ne sont pas si simples dans le cas redoutable des cas orphelins ou non pourvus (« *unprovided-for* »), qui mettent en présence d'un conflit négatif de règles. Supposons, pour reprendre les circonstances de l'affaire *Neumeier* (v. *supra*, n° 354) que la loi de New York, loi de la résidence du défendeur, n'ait pas d'intérêt à étendre le bénéfice de sa politique d'indemnisation à une victime résidant dans l'Ontario. Faut-il admettre pour autant que le défendeur new-yorkais puisse se prévaloir de l'immunité que confère au conducteur bénévole le *guest-statute* de ce dernier État, qui était également le lieu de l'accident ? Le résultat paraît également incongru. Pour P. Kramer (« The myth of the "unprovided-for" case », 75, *Va. L. Rev.*, 1045, 1989), la solution consiste à rechercher le champ spatial du *guest-statute* de l'Ontario. Destiné à protéger les assureurs locaux ou à encourager le transport bénévole dans un pays où le transport public est coûteux (admettons-le : l'analyse de la finalité politique du *guest-statute* est des plus difficiles et varie selon les décisions), il n'a aucune raison de s'appliquer dans le cas d'un conducteur new-yorkais assuré à New York. En revanche, selon l'auteur, en l'état de l'inapplicabilité de la règle spéciale prohibitive, le droit commun de la responsabilité redevient applicable. En d'autres termes, il n'y a pas de cas non pourvu dès lors que l'on analyse le *guest-statute* comme une règle autolimitée.

LOIS D'APPLICATION IMMÉDIATE ET CONVENTIONS INTERNATIONALES

565. Une loi de police du for peut-elle l'emporter sur une règle de conflit contenue dans une Convention internationale ? La hiérarchie des normes paraît de prime abord l'interdire, alors même que la jurisprudence semble parfois prendre quelque liberté avec le principe de la supériorité du traité sur la loi interne (v. not. : Cass. civ. 1re, 3 juin 2004, *Rev. crit. DIP*, 2004, 750, note D. Bureau ; et, sur l'ensemble, L. Gannagé, *La hiérarchie des normes et les méthodes du droit international privé*, LGDJ, 2001, préf. Y. Lequette, spéc. p. 274 et s.). Encore pourrait-on préciser : si la Convention internationale prévoit elle-même le jeu des lois de police (ex. : art. 7 Convention de Rome sur la loi applicable aux obligations contractuelles ; art. 9, Règlement Rome I ; art. 16, Règlement Rome II), l'application de ces dernières paraît inéluctable. Doit-il alors en aller autrement en cas de silence de la Convention ? C'est en faveur de l'application des règles conventionnelles que se prononce le plus souvent la doctrine (L. Gannagé, *op. cit., loc. cit.* ; K. Parrot, *L'interprétation des conventions de droit international privé*, Dalloz, 2006, préf. P. Lagarde, spéc. p. 455 et s.), alors que l'exception d'ordre public pourrait quant à elle être invoquée même lorsque la loi étrangère serait applicable en vertu d'un traité et que celui-ci aurait conservé le silence sur ce mécanisme (Batiffol et Lagarde, t. I, n° 357, p. 573). Pourquoi cette différence ? Peut-être parce qu'à travers le jeu de l'exception d'ordre public, une chance aura au moins été donnée à la loi étrangère de s'appliquer…

SUR LE RÉGIME EUROPÉEN DES LOIS D'APPLICATION IMMÉDIATE

566. Comme toute réglementation juridique, une loi de police de l'État d'accueil peut constituer une entrave à la libre circulation de produits ou de services venant d'ailleurs. Poursuivant par définition un intérêt général, une telle loi est cependant susceptible de bénéficier de l'exception d'intérêt général, à condition cependant de ne pas constituer une double charge pour le prestataire étranger et d'employer les moyens les moins contraignants possibles pour réaliser la politique recherchée. Aussi bien, la Cour de justice n'a-t-elle pas hésité à appliquer ce double test de proportionnalité à des lois de police opposées par les autorités de l'État d'accueil à l'activité de prestataires provenant d'autres États-membres – essentiellement en leur qualité d'employeurs de salariés détachés sur le territoire de l'État d'accueil (CJCE, aff. C-43/93 *Van der Elst*, C-369 et 379/96 *Arblade*, C-113/89 *Rush Portuguesa*, C-165/98 *Mazzoleni* ; sur cette jurisprudence, v. E. Pataut, « Lois de police et ordre juridique communautaire », *in* A. Fuchs, H. Muir Watt, E. Pataut, *Les conflits de lois et le système juridique communautaire*, Dalloz, « Thèmes et commentaires », 2004, p. 117). L'une des difficultés rencontrée à cette occasion était la méthode d'appréciation de l'équivalence – constitutive d'une double charge – des obligations ou des prestations déjà effectuées par l'employeur dans son pays d'origine et celles exigées de lui dans le pays d'accueil. La Cour opte pour une méthode d'appréciation globale, au regard de l'ensemble des prestations dues au salarié, au-delà du seul montant du salaire.

Plus précisément, l'influence du droit européen semble aujourd'hui se manifester de diverses manières à l'égard des lois de police :

— En ce qui concerne la notion même, tout d'abord, la définition classique des lois de police proposée dans l'arrêt *Arblade* (CJCE, 23 nov. 1999, préc.) et empruntée pour l'essentiel à Francescakis semble désormais dépassée comme l'atteste l'arrêt *Ingmar* (CJCE, 9 nov. 2000, *Rev. crit. DIP*, 2001. 107, note L. Idot ; *JDI*, 2001. 511, note J.-M. Jacquet). Dans cette affaire, la société Ingmar, établie au Royaume-Uni, avait conclu un contrat avec la société Eaton, établie en Californie. La société Ingmar était désignée comme l'agent commercial d'Eaton au Royaume-Uni, le contrat étant régi par la loi de Californie. Le litige portant sur la réclamation de sommes dues en raison de la cessation du contrat d'agence, la question se posait alors de savoir si elle devait être résolue en application de la seule loi californienne. Telle ne fut pas la position de la

CJCE : « Les articles 17 et 18 de la directive du 18 décembre 1986, relative à la coordination des droits des États-membres concernant les agents commerciaux indépendants, qui garantissent certains droits à l'agent commercial après la cessation du contrat d'agence, doivent trouver application dès lors que l'agent commercial a exercé son activité dans un État-membre et alors même que le commettant est établi dans un pays-tiers et que, en vertu d'une clause du contrat, ce dernier est régi par la loi de ce pays. » Du raisonnement suivi par la Cour en l'espèce pour parvenir à cette solution, il risque de résulter que toutes les directives de rapprochement des législations pourraient être érigées en lois de police (v. cependant : CJCE, 10 déc. 2002, aff. C-491/01, *Rev. crit. DIP*, 2003. 536, note M.-N. Jobard-Bachellier, J.S. Bergé) ; notamment parce qu'elles satisfont par hypothèse aux objectifs européens de rapprochement des législations, en ce qu'elles sont destinées à éviter les distorsions de concurrence. Où l'on mesure ainsi l'éloignement de cette approche et de celle qui présidait classiquement à retenir la qualification de loi de police : loi nécessaire à l'organisation d'un État, alors que ce sont ici des objectifs européens qui présideraient à la qualification ? Loi nécessaire en raison de son contenu, alors que c'est l'objectif poursuivi, en termes de concurrence, qui importerait ici (il s'agirait d'une loi de police non parce qu'elle protège l'agent commercial, mais parce que l'harmonisation évite la distorsion de concurrence entre États). En toute hypothèse, c'est à une réponse radicalement différente qu'est parvenue très peu de temps après la Cour de cassation française dans des circonstances de fait pourtant très proches (Cass. com., 28 nov. 2000, *JDI*, 2001. 511, note J.-M. Jacquet) : « La loi du 25 juin 1991, codifiée dans les articles L. 134-1 s. C. com., loi protectrice d'ordre interne, applicable à tous les contrats en cours à la date du 1er janvier 1994, n'est pas une loi de police applicable dans l'ordre international. » En outre, on pourra estimer qu'en dépit de la formulation adoptée par la Cour de justice, ce sont les lois de transposition (observées en tenant compte des objectifs poursuivis par la directive européenne) et non pas la directive elle-même qui devraient être analysées en termes de loi de police.

— En ce qui concerne la mise en œuvre des lois de police nationales, la jurisprudence précitée de la CJCE (*Arblade, Mazzoleni, Finalarte, Portugaia Construçoes*, v. *supra*, n° 553) invite à d'autres réflexions. Dès lors en effet que la qualification de loi de police ne fait pas échapper la règle nationale au contrôle européen, celui exercé par la Cour s'exercera sur la disposition en cause, les autorités de l'État-membre d'accueil devant établir que leur législation satisfait à certaines conditions ; cela va donc entraîner une comparaison des lois en présence, au point que si la loi d'origine est aussi protectrice que la loi d'accueil, l'application de cette dernière serait inutile et contraire aux objectifs du traité. Le principe même d'une telle comparaison, jugé nécessaire pour autoriser le cas échéant l'application d'une loi de police, conduit alors à se demander dans quelle mesure il s'agit toujours de lois d'application *immédiate*. En outre, le mécanisme introduit certaines divergences dans la mise en œuvre des lois de police : si c'est la loi d'un pays-tiers qui est en concurrence avec une loi de police (nationale ou européenne), cette dernière sera en effet appliquée en tant que telle, sans autre raisonnement que celui tiré de sa nature même. Mais si c'est la loi d'un pays membre qui est en concurrence avec la même loi de police, alors il faudra comparer les objectifs de la loi de police et ceux de l'autre législation en cause, sans que l'on soit assuré de l'application de la première. Où se confirme le caractère contingent de la notion de loi de police, telle qu'appréhendée par le droit européen.

Au-delà de la définition désormais proposée des lois de police dans le Règlement Rome I (art. 9 § 1), et de l'affirmation nouvelle de leur application en matière extra-contractuelle (art. 16, Règlement Rome II), les textes européens innovent encore d'une autre manière. Entre les dispositions *simplement* impératives, applicables aux contrats de droit interne et les dispositions *internationalement* impératives régissant les contrats internationaux, une nouvelle catégorie est en effet venue s'insérer, brouillant quelque peu les frontières. Il s'agit là de dispositions que l'on pourrait qualifier de « *communautairement* » impératives, telles que les décrit l'article 3 § 4 du Règlement Rome I : « Lorsque tous les autres éléments de la situation sont localisés, au moment de ce choix, dans un ou plusieurs États-membres, le choix par les parties d'une autre loi applicable que celle d'un État-membre ne porte pas atteinte, le cas échéant, à l'application des dispositions du droit communautaire auxquelles il n'est pas permis de déroger par accord, et telles que mises en œuvre par l'État-membre du for ». Il est alors deux manières concevables de comprendre cet article : voir dans les dispositions « communautaires » évoquées au texte des dispositions internationalement impératives, applicables à ceux des contrats internationaux dont les rattachements ne dépassent pas le territoire des États-membres ; y découvrir des dispositions simplement impératives, applicables à des contrats considérés – en contemplation d'un espace européen unique – comme des contrats purement internes.

En ce qui concerne l'éventualité du jeu des lois de police nationales alors que les législations en présence résultent de la transposition d'une directive, v. CJUE, *Unamar*, aff. C-184/12 du 17 octobre 2013, *D.*, 2014. 60, note L. d'Avout ; *JCP* 2013, 1287, note C. Nourissat ; *RDC*, 2014. 80, obs. P. Deumier. Dans cette affaire, mettant à nouveau en cause la directive de 1986 sur les agents commerciaux, la question se posait dans les termes suivants : le juge d'un État-membre peut-il appliquer sa propre loi de transposition de la directive, en tant que loi de police, à l'encontre de la loi d'un autre État-membre ayant lui-même correctement transposé la directive, mais en des termes différents et moins favorables au demandeur ? Réponse positive de la Cour, mais « uniquement si la juridiction saisie constate de façon circonstanciée que, dans le cadre de cette transposition, le législateur du for a jugé crucial, au sein de l'ordre juridique concerné, d'accorder à l'agent commercial une protection allant au-delà de celle prévue par ladite directive, en tenant compte à cet égard de la nature et de l'objet de telles dispositions impératives ». En dépit de la communauté d'objectifs qu'elles tendent à faire prévaloir, les directives d'harmonisation minimales laissent donc toute leur place aux mécanismes du droit international privé, ne réalisant en de telles circonstances qu'une très relative fongibilité entre les législations concernées. On notera en outre que, dans l'hypothèse où le litige serait factuellement ancré au sein de l'Union européenne mais où la loi d'un État-tiers aurait été conventionnellement choisie par les parties, c'est à partir des dispositions de l'art. 3 § 4 du Règlement Rome I que le raisonnement devrait alors être mené (sur la discussion, v. L. d'Avout, note préc.).

L'EMPRISE DE LA VOLONTÉ SUR LA PORTÉE DES LOIS DE POLICE

567. Le recours aux clauses de choix de for dans le champ des réglementations économiques impératives permet le jeu de la compétition entre elles. Conformément au modèle libéral du fédéralisme économique, la compétition se substitue à la régulation sur le plan transnational, tout en remplissant (mieux ?) le rôle généralement imparti à celle-ci. Notamment, lorsqu'un État légifère trop restrictivement, les parties s'arrangeront pour fuir ses fors – et donc sa réglementation. Pour reconquérir une clientèle susceptible de voter ainsi « avec ses pieds », le même État peut alléger les contraintes réglementaires, contribuant ainsi à l'efficience économique globale. En somme, en autorisant les clauses de choix de for, les États semblent se soumettre à une forme spontanée d'autorégulation – un ajustement du niveau de contraintes auxquelles sont soumis les rapports économiques à la faveur du marché, activé par le jeu de la volonté privée. En effet, comme l'enseigne le modèle libéral, la clé de ce phénomène d'autorégulation réside dans la discipline exercée sur les États du fait de la faculté d'*exit* des parties, qui disposent de la faculté d'éluder des régimes de police en se déplaçant, sinon physiquement du moins métaphoriquement, en dehors de leur champ d'application. La détermination de l'intensité des contraintes applicables revient ainsi au seul marché, qui sert en quelque sorte de filtre au conflit de lois économiques. C'est en ce sens que peuvent être lues les évolutions les plus récentes du droit positif comparé, qui tendent à alléger le contrôle exercé par l'État ayant renoncé à exercer sa compétence directe, sur la décision rendue par le juge élu. De ce fait, les parties jouissent d'une liberté nouvelle sur le plan de la compétence juridictionnelle, qui leur confie une certaine maîtrise du champ d'application des lois de police dans l'espace (v. cep., en faveur d'un développement des devoirs de l'arbitre au sujet de l'application des lois de police : C. Seraglini, *Lois de police et justice arbitrale internationale*, Dalloz, 2001, préf. P. Mayer. Comp. Y. Derains, « Les normes d'application immédiate dans la jurisprudence arbitrale internationale », in *Études offertes à B. Goldman*, Litec, 1983, p. 29 ; P. Mayer, « L'interférence des lois de police », in *L'apport de la jurisprudence arbitrale*, ICC Publ., 1986, 31).

La gradation de l'impérativité. — Y aurait-il désormais une nouvelle catégorie de lois « relativement impératives » (comme le prétend Mathias Lehmann, « Liberating the Individual From Battles Between States: Justifying Party Autonomy in Conflicts of Laws », 41 *Vand. J. Transnat'l L.* 381, 2008) ? S'il a déjà été observé que les lois de police tendent à devenir « semi-impératives » ou « désactivées » devant des fors étrangers (v. L. Radicati di Brozolo, *op. cit.*, et *infra*, n° 916), il est douteux en revanche qu'il y ait la moindre révolution méthodologique à identifier dans le champ contractuel une catégorie de lois à impérativité variable qui seraient impératives en droit interne et perdraient cette impérativité dans les rapports internationaux. D'une part, en effet, on sait que l'orthodoxie bilatéraliste tient toutes les lois de droit privé pour fongibles et donc dépourvues de vocation dérogatoire dans l'ordre international où elles attendent d'être désignées ou activées par une règle de conflit de lois ; c'est à titre exceptionnel que certaines d'entre elles, dénommées lois de police, revendiqueraient leur applicabilité immédiate. D'autre part, si l'on se fonde en revanche sur une approche fonctionnaliste du conflit de lois selon laquelle toute loi exprime une politique législative dont la réalisation suppose que lui soit attribué un champ dans l'espace, toutes les lois sont porteuses d'une impérativité à géométrie variable, selon le degré d'implication de cette politique dans chaque espèce.

LA COURSE VERS LE BAS ET LA FONCTION DE MARQUE

568. De nombreux auteurs, notamment nord-américains, proposent à l'heure actuelle que dans des domaines lourdement réglementés comme la faillite, ou l'émission de valeurs mobilières, les intéressés (débiteur, société émettrice) puissent choisir la loi applicable selon un principe dénommé « reconnaissance mobile » qui serait de nature à y introduire une compétition inter-systémique (S. Choi et A. Guzmann, « Portable recognition : Rethinking the international reach of securities regulation », 17, *S. Cal. L. Rev.*, 903, 1998 ; R. Rasmussen, « Resolving transnational insolvencies through private ordering », 98, *Mich. L. R.*, 2252, 2000). L'intérêt principal de ces thèses réside dans la réponse qu'elles tentent d'apporter au problème de la « course vers le bas », qui leur est immanquablement opposé lorsqu'ils proposent d'introduire la volonté privée dans des domaines où les législateurs poursuivent des politiques interventionnistes. Par analogie avec le marché des produits, les partisans de la compétition législative dans ces divers champs économiques invoquent la « fonction de marque » que rempliraient les lois plus sévères, évitant ainsi à cette concurrence de basculer dans la course vers le laxisme. Ainsi, si les sociétés émettant des valeurs étaient admises à choisir la réglementation boursière applicable, certaines accepteraient d'assumer le coût d'une réglementation sévère afin d'afficher une marque de qualité auprès d'un marché d'investisseurs prudents (*risk-averse*), tandis que d'autres choisiraient délibérément les lois les plus laxistes, offrant en contrepartie des prix corrélativement bas, à l'adresse d'une clientèle plus friande de risque. Les législateurs seraient appelés à leur tour à rechercher un équilibre qui serait de nature à attirer des investisseurs dans le champ de leur loi. L'éventail de produits variés qui en résulterait, correspondant aux vœux d'une clientèle d'investisseurs diversifiée et mobile, tendrait à l'efficience globale. On peut bien sûr rester sceptique, la compétition risquant néanmoins de basculer vers le bas en présence d'asymétries d'information, ou d'une inégale mobilité des intéressés, comme l'illustre déjà amplement l'expérience du droit des sociétés en Europe, ou de la régulation de la sécurité du travail ou encore de l'environnement dans les pays en développement (v. H. Muir Watt, « Aspects économiques du droit international privé », *RCADI*, 2004, t. 309, p. 29, spéc. p. 172, n°s 128 et s.). Il n'en reste pas moins que la fonction de marque semble se confirmer dans le champ des marchés financiers (v. H. Jackson et E. Pan, « Regulatory Competition in International Securities Markets: Evidence from Europe in 1999 », *Business Lawyer*, févr. 2001, p. 653).

SECTION 3
La reconnaissance des situations étrangères

569. La notion de reconnaissance est parfois employée lors de l'application de la règle de conflit bilatérale, surtout lorsqu'est en cause l'acquisition de droits ou la création d'un statut selon une loi étrangère. Ainsi, il est courant d'évoquer la reconnaissance d'un statut en matière personnelle, ou d'un droit réel sur un bien, sans que la vérification des conditions de validité ou d'acquisition selon la loi applicable revête cependant une quelconque spécificité d'ordre méthodologique. La reconnaissance peut également évoquer l'accueil d'une institution inconnue, comme dans l'exemple de la Convention de La Haye du 1er juillet 1985 sur la loi applicable au trust et à sa reconnaissance, qui vise à accueillir cette institution parmi les catégories du for, mais sans influer davantage sur la méthode d'appréciation de sa validité [1].

La reconnaissance comporte en revanche une signification méthodologique propre lorsqu'elle porte sur des jugements étrangers consacrant un droit ou un statut donné, dans la mesure où ils sont accueillis à des conditions plus libérales que celles qui présideraient à leur création devant les autorités du for, du fait notamment de l'effacement de la condition de leur conformité à la règle de conflit du for. Mais l'explication généralement proposée de ce libéralisme réside dans la circonstance qu'une décision a été prononcée, qui, en raison des prévisions qu'elle suscite, a vocation, sauf fraude, à être tenue pour efficace [2].

Ce clivage méthodologique qui avait jusqu'à présent séparé le régime des règles, soumises au conflit de lois, et celui des décisions, assujetties à la méthode de la reconnaissance, pourrait cependant être aujourd'hui fragilisé, à la mesure d'un certain recul de la règle de conflit bilatérale dans des cas où aucune décision individuelle n'aurait été rendue. Au point que l'atteinte la plus importante au bilatéralisme procède aujourd'hui de l'idée selon laquelle certaines situations constituées à l'étranger, en dehors de tout jugement, devraient être accueillies alors même qu'elles ne sont pas conformes à la règle de conflit du for. Si les antécédents d'un tel courant de pensée sont identifiables dans les variantes très diverses de la notion de droits acquis (§ I), l'émergence de cette méthodologie à forte dimension unilatéraliste tient à l'heure actuelle à des facteurs spécifiques, liés notamment à la restructuration des systèmes de droit contemporains autour du respect de la personne (§ II).

I | Les antécédents : la protection internationale des droits acquis

La protection des droits acquis est une thématique récurrente du droit international privé comparé, où elle a connu une carrière pour le

1. Le souci de reconnaître des situations créées à l'étranger peut cependant conduire à infléchir dans une certaine mesure la méthode du conflit de lois lorsqu'il conduit à formuler une règle de conflit alternative favorisant la validité, par exemple d'un acte créateur d'état (v. *supra*, nos 530 et s.).

2. V. *supra*, no 276.

moins mouvementée. Il est sans doute utile de distinguer à cet égard la théorie des « conflits de systèmes dans le temps », qui, sous divers avatars, tend à asseoir une méthodologie unilatérale dérogatoire par rapport au conflit de lois (B), des diverses percées plus épisodiques ou ponctuelles de la même idée, qui restent au contraire intégrées à ce dernier (A).

A / LES MANIFESTATIONS PONCTUELLES ET PACIFIQUES DE LA RECONNAISSANCE UNILATÉRALE

570. La théorie anglo-américaine des *vested rights*, empruntée à l'école hollandaise des statuts, par Story dans ses *Commentaries* de 1834 et Dicey dans son *Digest* de 1896, ramène l'ensemble du droit des conflits de lois à une question d'efficacité des droits acquis en dehors du ressort du for, lesquels s'imposeraient à ce dernier comme des faits territoriaux accomplis sans qu'il y ait lieu, du moins ostensiblement, de faire application de la loi d'un souverain étranger. Cette théorie rend compte cependant du statut de la loi étrangère devant le juge du for bien davantage qu'elle n'indique un critère de solution du conflit de lois, lequel était alors fourni implicitement mais nécessairement par le principe de territorialité. Au demeurant, un siècle plus tard, Beale introduisit à l'identique, dans le premier *Restatement* américain du droit des conflits de lois, les solutions territorialistes de Story, tout en rejetant le support théorique des droits acquis (et le *Comity* l'accompagnant). On peut seulement relever que si les rattachements territoriaux ont fini par s'intégrer à un système de conflit à teneur bilatéraliste, l'appel à la protection des droits constitués dans un ressort étranger, au moins ostensiblement sans l'aide de la règle de conflit du for, est nécessairement le reflet de l'approche statutiste qui a présidé à la naissance du concept.

C'est pourquoi, plaquée ensuite sur la règle de conflit bilatérale dans sa version continentale et bilatérale [1], elle y offrait moins une méthode de solution qu'une description *a posteriori* du fonctionnement de celle-ci. Redondante en effet dans l'espace clos constitué par les rattachements bilatéraux du for, la notion de droits acquis a connu alors une relative désaffection, correspondant à l'essor de la doctrine privatiste du conflit de lois et à la pacification des difficultés liées au conflit de souverainetés. Tout au plus la préoccupation du respect des légitimes

1. Pillet, « La théorie générale des droits acquis », *RCADI*, 1925, t. 8, p. 489.

prévisions des individus se trouvait-elle apprivoisée dans les fondements mêmes de la règle de conflit bilatérale.

571. Des percées épisodiques de la version unilatéraliste des droits acquis étaient néanmoins visibles au sein même de la méthodologie bilatérale, à l'image de l'arrêt *Rivière* s'y référant pour justifier l'atténuation des exigences de l'ordre public en présence de droits acquis à l'étranger sans fraude et en conformité avec la règle de conflit du for [1]. Si la condition de la régularité de l'acquisition en diminuait singulièrement la portée méthodologique, il n'en reste pas moins que la libéralisation du contrôle de l'ordre public issu de l'arrêt *Rivière* découle alors de la circonstance qu'une situation juridique a été créée en dehors de la sphère d'intérêts immédiats du for, elle-même délimitée par le champ de la compétence française directe (et indirectement exclusive). Consacrée en présence d'un jugement étranger, cette libéralisation des exigences du for est généralement justifiée par le fait que celles-ci ne peuvent légitimement bouleverser des prévisions que cristallise l'intervention d'une autorité étrangère raisonnablement liée à la situation des parties. Elle portait ainsi en germe l'extension de la portée d'une méthodologie propre à protéger les prévisions individuelles, même dans les cas où aucun jugement n'avait été rendu. C'est ainsi en effet que d'autres manifestations plus souterraines de l'unilatéralisme, comme le renvoi au second degré, les questions préalables ou même parfois le conflit mobile, ont continué à véhiculer l'idée selon laquelle la règle de conflit du for devait parfois céder devant les droits acquis à l'étranger dans certaines conditions d'éloignement géographique et temporel par rapport au for saisi, en considération de la fragilité particulière des situations individuelles à rattachement multiple et pour empêcher la formation de rapports boiteux. En matière de jugements étrangers, la récente suppression du contrôle de la conformité de la loi appliquée par le juge étranger à la règle de conflit du for participe de la même tendance [2].

B / LE CONFLIT DE SYSTÈMES DANS LE TEMPS ET SES AVATARS

572. Progressivement, de ces percées ponctuelles de l'unilatéralisme fédérées sous la bannière des droits acquis, émergea une méthodologie

1. Cass. civ., 17 avr. 1953, *Rev. crit. DIP*, 1953. 412, note Batiffol ; *JDI*, 1953. 860, note Plaisant, *JCP*, 1953. II. 7863, note Buchet ; *RabelsZ.*, 1955. 520, note Francescakis ; *GA*, n° 26.
2. V. *supra*, n° 263.

dérogatoire, concurrençant l'application de la règle bilatérale du for. On appela alors « conflit de systèmes dans le temps [1] » celui que soulève une situation individuelle constituée sous l'empire d'une législation autre que celle désignée par la règle de conflit du for, et qui, venue tardivement à la connaissance du for à la faveur d'un changement générateur d'une attache juridictionnelle, se serait consolidée en dehors de lui par l'effet du temps écoulé. Le respect des prévisions des parties relatives notamment à la validité d'un état personnel, telles qu'elles ont pu se former dans des circonstances qui ne laissaient pas anticiper l'intervention de la loi désignée par la règle de conflit du for, ont conduit les juridictions de fond, parfois, à renoncer à appliquer celle-ci [2]. Comme l'observait Francescakis, dont les observations sous l'arrêt *Patiño* ont entretenu la pérennité de la théorie, ce cas traduit le sentiment des juges que lorsqu'une situation est « l'affaire » d'un État étranger, il est illégitime de la mesurer à l'aune des conceptions du for. Divers textes ont par la suite repris cette idée à leur compte [3].

573. Dans certains cas, la situation litigieuse sera en effet homogène ou interne à un État donné, à l'origine, avant d'acquérir une connexion juridictionnelle avec le for. Les liens sont alors apparents entre le conflit de systèmes dans le temps et le conflit mobile, parfois rassemblés tous deux sous l'égide de la non-rétroactivité [4]. Cependant, le retrait de la règle du for peut sembler aussi justifié dans des cas où la situation était hétérogène dès l'origine, en ce sens qu'elle entretenait des liens avec plusieurs États, mais que ceux-ci convergeaient à en reconnaître la validité – faisant apparaître les liens entre le conflit de systèmes et le renvoi au second degré. L'arrêt *Moatti*, dans lequel un mariage rabbinique nul en vertu de la *lex loci celebrationis*, a été « sauvé » par le renvoi validant à

1. La paternité de cette théorie revient à Meijers (« La question du renvoi », *Bull. Instit. jur. int.*, 1938, p. 191) et à Francescakis (*La théorie du renvoi et les conflits de systèmes en droit international privé*, Sirey, 1958). V. *supra*, n° 434.

2. Rabat, 24 oct. 1950, *Machet*, *JDI*, 1951. 894, note B. Goldman, *Rev. crit. DIP*, 1952. 89, note Ph. Francescakis, *GA* n° 23 ; Paris, 7 juill. 1954, *Patiño*, *Rev. crit. DIP*, 1954. 552, note Ph. Francescakis, *JDI*, 1955. 636, note A. Ponsard, *JCP*, 1954. II. 8342 ; Paris, 19 mars 1965, *Banque Ottomane*, *Rev. crit. DIP*, 1967. 85, note P. Lagarde, *JDI*, 1966. 118, note B. Goldman ; cour d'appel de l'Ontario, 4 nov. 1963, *Schwebel*, *Rev. crit. DIP*, 1965. 321, note W. Wengler ; Paris, 21 janv. 1981, *Moatti*, *Rev. crit. DIP*, 1982. 297, note G. Légier et J. Mestre. La Cour de cassation reste plus en retrait, cependant (v. *supra*, n° 434).

3. Par exemple, l'article 7 de la Convention interaméricaine sur les règles générales de droit international privé prévoit que « les relations juridiques valablement constituées dans un États-contractant, en conformité de toutes les lois auxquelles elles se rattachent au moment de cette constitution, sont reconnues dans les autres État-contractants pourvu qu'elles ne soient pas contraires à leurs principes d'ordre public ».

4. Sur le concept de *Statutenwechsel*, v. *supra*, n° 434.

la loi syrienne de la nationalité commune des parties à cette date, peut ainsi s'expliquer de ces deux façons.

En l'absence même d'une telle convergence, il se peut en outre que la conviction des parties quant à la validité d'un rapport donné au regard d'une loi donnée ait été raisonnable, ou même, tout simplement, que l'interférence tardive de la règle de conflit du for paraisse injuste. Dans ces cas, le souci de l'interprète est de compenser la vulnérabilité particulière d'une situation plurilocalisée en réservant l'accueil le plus libéral possible aux droits perçus comme acquis dans l'esprit des parties – du moins avant la naissance du conflit. L'affaire *Schwebel*[1] illustre ainsi le souci des juges de consolider un rapport internationalement mobile et de ce fait particulièrement fragile, et atteste la présence sous-jacente d'un raisonnement unilatéraliste tendant davantage à mettre en exergue l'absence de titre d'intervention de la règle de conflit du for qu'à attribuer compétence à un système de droit international privé étranger. De même, la validité des résolutions de l'assemblée d'actionnaires dans l'affaire *Banque ottomane* avait résulté du refus d'appliquer la règle de conflit du for qui conduisait à la nullité, par une sorte de « prescription dans l'espace[2] ». Pour la Cour de Paris, « le droit international privé de chaque pays n'a pouvoir de se prononcer que sur les situations juridiques qui ont affecté sa sphère d'intérêts ; il s'ensuit que le système de conflit du for n'a pas à intervenir à l'égard de situations qui se sont établies à l'étranger, s'y sont développées et y ont épuisé leurs effets alors qu'elles ne présentaient aucun lien avec l'ordre juridique du for[3] ». Dans ce type de situation, explique Wengler, la règle désignée doit être écartée dès lors qu'elle ne remplit pas sa fonction de règle de conduite à l'égard des parties, en raison de la dispersion des rattachements et la diversité des appréciations potentielles de différents fors[4].

574. À ces hypothèses diverses, correspondent des représentations variables des contours du droit acquis. Une première optique consiste à assigner des limites spatiales au système de conflit du for. Cet exercice oblige cependant, sinon à élaborer des « rattachements des rattachements », du moins à identifier « l'ordre juridique de référence », dont il s'agira de reconnaître l'emprise prépondérante sur la situation individuelle. C'est donc progressivement l'extranéité géographique et tempo-

1. Cour d'appel de l'Ontario, 4 nov. 1963, préc.
2. Francescakis, *op. cit.*, n° 212.
3. Paris, 19 mars 1965, préc.
4. W. Wengler, « Nouvelles réflexions sur les "questions préalables" », *Rev. crit. DIP*, 1966. 165, p. 189.

relle de celle-ci qui a été mise en exergue pour justifier son intangibilité plutôt que le fait de sa constitution selon un droit déterminé, comme l'illustre bien le motif précité de la Cour de Paris. Mais la difficulté de définir les conditions de cette extranéité, qui, en réalité, n'est pas forcément exclusive de certains liens géographiques avec le for ni du fait que la situation n'a pas épuisé l'ensemble de ses effets, explique l'émergence d'une version purement subjective du droit acquis, empruntée à la théorie de l'apparence. Au regard de celle-ci, l'essentiel, pour justifier l'effacement de la règle de conflit du for, est l'existence d'une situation régulière dans l'esprit des parties, du moins si leur conviction s'est formée dans des conditions raisonnables correspondant à celles de l'erreur commune. Ainsi, lorsque la situation a évolué de telle sorte que ce qui paraissait acquis – ou pouvait raisonnablement le paraître – pour les intéressés à un moment donné du processus de formation de celle-ci se trouve remis en cause par l'intervention inopinée du critère d'acquisition du for, il y aurait lieu d'écarter celui-ci pour valider l'apparence contraire [1].

II | L'émergence d'une méthode spécifique : la protection de la personne

575. Aujourd'hui, le caractère dérogatoire de la protection unilatérale des situations acquises à l'étranger tend à s'effacer en faveur de l'affirmation d'une méthode spécifique de reconnaissance des rapports relevant de l'état des personnes. Ces derniers tendent en effet à faire l'objet d'une protection particulière, sous l'influence d'une série de facteurs qui ont en commun de conférer une valeur fondamentale aux droits liés à la personne, autour de laquelle les systèmes juridiques tendent aujourd'hui à se restructurer [2]. Cette prééminence de la personne, qui est de nature à transcender le clivage entre le droit privé et les libertés publiques en droit interne, se traduit en droit international privé par un potentiel retour en force du statutisme [3]. Elle oblige à prendre acte du risque accru d'écartèlement des situations individuelles

1. M.-N. Jobard-Bachellier, *L'apparence en droit international privé*, LGDJ, 1984, p. 58.
2. M. Hunter-Hénin, *Pour une redéfinition du statut personnel*, PUAM, 2004 ; comp. les conclusions de l'av. gén. Jacobs dans l'affaire *Standesamt Stadt Niebüll* (aff. C-96/04).
3. Sur ce que le statut personnel est investi à ce titre d'une fonction proprement constitutive de la personne, v. M. Hunter-Hénin, « Droits des personnes et droits de l'homme : combinaison ou confrontation ? », *Rev. crit. DIP*, 2006. 743.

dans un monde de mobilité accélérée, pour imposer l'accueil de celles-ci dans les conditions dans lesquelles elles ont été acquises ailleurs, sans interférence de la règle de conflit du for.

Naturellement, pareil projet de libre circulation des situations individuelles n'échappe pas au défi qui attend toute méthodologie fondée sur la protection unilatérale des droits acquis. Notamment, il n'est pas toujours aisé de déterminer si celle-ci découle du respect dû à un ordre juridique de référence, identifié diversement par le principe d'origine ou le rattachement statutiste de l'individu à son centre de vie, ou si c'est la seule consolidation d'une situation individuelle dans le temps qui commande de libéraliser les barrières à l'entrée dans l'ordre du for. Les mêmes ambiguïtés ont longtemps affecté l'accueil des jugements étrangers, qui ont représenté jusqu'ici la forme la plus aboutie de la reconnaissance des situations acquises [1]. L'extension de la méthodologie aux hypothèses où, en l'absence de jugement, les prévisions individuelles se sont néanmoins concrétisées sur un droit déterminé [2], se heurte inévitablement à une tension analogue. Si celle-ci affecte incontestablement son champ et ses modalités de réalisation (B), la méthode de la reconnaissance s'induit avec constance d'un certain nombre de fondements à valeur supérieure (A).

A / FONDEMENTS PARA-CONSTITUTIONNELS OU CONVENTIONNELS

576. Deux fondements issus de l'ordre international et communautaire ont semblé conduire à un certain infléchissement méthodologique en matière personnelle et familiale.

1. Si la disparition de la condition de conformité à la règle de conflit du for dans ce dernier contexte (v. *supra*, n° 263) peut laisser penser à première vue que l'extranéité de l'acquisition, elle-même concrétisée par l'intervention d'un organe étranger, importe désormais plus que l'identité de l'ordre juridique en vertu duquel la situation a été consacrée, la condition de compétence indirecte du juge étranger, du moins telle que formulée en droit positif, indique au contraire que l'ordre du for ne renonce pas à contrôler les conditions dans lesquelles cette constitution est intervenue (v. *supra*, nos 264 et s.).

2. Sur la prise en considération de cette hypothèse, v., très clairement, l'art. 9 L. néerlandaise de droit international privé du 19 mai 2011 : « Lorsque des effets juridiques sont attachés à un fait par un État étranger concerné en application de la loi désignée par son droit international privé, ces mêmes effets peuvent être reconnus à ce fait aux Pays-Bas, même par dérogation à la loi applicable en vertu du droit international privé néerlandais, dans la mesure où le refus de reconnaître de tels effets constituerait une violation inacceptable de la confiance justifiée des parties ou de la sécurité juridique » (*Rev. crit. DIP* 2012, p. 675).

Le premier est l'article 8 de la Convention européenne de sauvegarde des droits de l'homme et des libertés individuelles, qui impose le respect de la vie familiale. La Cour de Strasbourg a fait découler de ce texte des « obligations positives » à la charge des États [1], qui revêtent une portée significative pour le droit international privé, tant en matière de conflit de lois que sur le terrain de la condition des étrangers, en ce qu'elles impliquent de veiller à la continuité transfrontière des situations individuelles [2]. Protégeant également la vie privée, l'article 8 a une portée analogue en matière d'état individuel des personnes, comme l'illustre l'exemple de l'obligation de l'État d'accueil d'accepter, le cas échéant en violation de sa propre règle de conflit, le changement de sexe du transsexuel étranger [3] ou encore une adoption plénière prononcée à l'étranger [4]. De pareils fondements commandent directement le champ de la reconnaissance, qui s'impose en vertu d'une lecture téléologique de ces dispositions, dans le cas de l'état des personnes et des relations de famille constituées en dehors du ressort du for.

L'impact des droits fondamentaux semble être relayé dans une mesure importante par le droit de l'Union européenne. Celui-ci offre en effet plusieurs fondements desquels pourrait s'induire une obligation de l'État d'accueil de ne pas opposer sa propre règle de rattachement à la reconnaissance d'une situation acquise dans un autre État-membre [5].

1. *Gül v. Switzerland*, n° 53/1995/559/645, du 22 janvier 1996.

2. Par exemple, il y a violation de l'article 8 dans le fait pour un État d'obliger des membres d'une même famille à résider dans différents pays, empêchant l'entretien de contacts réguliers (*Berrehab c/ Pays-Bas*, CEDH n° 10730/84 du 21 juin 1988). Sur l'ensemble de la question de l'influence des droits de l'homme sur le droit international privé, v. F. Marchadier, *Les objectifs généraux du droit international privé à l'épreuve de la Convention européenne des droits de l'homme*, Bruylant, 2007, préf. J.-P. Marguénaud. Au regard de l'art. 8, v. plus spécialement : A. Dionisi-Peyrusse, « La conformité à l'article 8 de la CEDH des refus de reconnaissance des situations familiales créées à l'étranger au nom de l'ordre public international », in *Mélanges à la mémoire de P. Courbe*, Dalloz, 2012, p. 157 et s.

3. Cass, Ass. plén., 11 déc. 1992 (2e esp.), *JCP*, 1993. II. 21991, concl. av. gén. Jéol, note Méméteau ; *RTD civ.*, 1993. 97, obs. Hauser ; *Grands arrêts jurispr. civ.*, n° 27, rendu à la suite de l'arrêt CEDH, 25 mars 1992, condamnant la France pour non-respect de la vie privée des transsexuels. V. *infra*, n° 626.

4. CEDH, 28 juin 2007, *Wagner*, *AJDA*, 2007. 1920, obs. J.-F. Flauss ; *D.*, 2007. 2700, note F. Marchadier ; *RTD civ.*, 2007. 738, obs. J.-P. Marguénaud ; *Rev. crit. DIP*, 2007. 738, note P. Kinsch ; *JDI*, 2008. 183, note L. d'Avout ; *JDI*, 2008. 810, obs. A. Dressayre. On peut observer que le jeu de l'ordre public atténué a pu permettre de réaliser un résultat analogue, dans le cas d'un couple homosexuel demandant le partage de l'autorité parentale à l'égard de l'enfant biologique de l'une adopté par l'autre : v. Cass. civ. 1re, 8 juillet 2010, *JCP* 2010, 1173, note H. Fulchiron ; *Rev. crit. DIP*, 2010. 747, note P. Hammje ; *JDI*, 2011. 119, note S. Bollée.

5. V. P. Lagarde, « Développements futurs du droit international privé dans une Europe en voie d'unification : quelques conjectures », *Rabels Z.*, 68 (2003), 225 ; R. Baratta, « Problematic elements of an implicit rule providing for mutual recognition of personal and family status in the EC », *IPRax*, 2007, p. 4.

Ainsi, notamment, la jurisprudence de la Cour de Luxembourg implique clairement que la liberté de circulation des personnes consacrée par l'article 18 (1) du traité CE (art. 21 TFUE) comme un attribut de la citoyenneté européenne, semble impliquer la libre circulation – ou la reconnaissance mutuelle – du statut personnel des bénéficiaires et de leurs relations de famille[1]. Tout au moins, les situations boiteuses seraient de nature à y porter atteinte[2]. La portée que revêt la liberté de circulation pour le droit international privé est par ailleurs consolidée par l'interdiction de discrimination, qui depuis l'arrêt *Garcia Avello*, empêche les autorités d'un État-membre de refuser l'application de la loi nationale d'un autre, même si elle n'est pas désignée par la règle de conflit du for[3]. Cependant, ce dernier fondement emporte bien moins la conviction que le précédent, particulièrement dans le dernier cas évoqué, où un enfant double national a pu ainsi bénéficier devant les autorités de l'État-membre dont il avait la nationalité du nom conféré par l'État de son autre nationalité, alors qu'il vivait effectivement dans le premier. Plus convaincant, l'arrêt *Grunkin & Paul* ne se sert que de l'article 18 dans le cas d'un conflit de lois relatif au nom d'un enfant (sans double nationalité cette fois-ci) résidant effectivement ailleurs que dans l'État de sa nationalité[4]. Cette jurisprudence, qui tend à conférer

1. *Konstantidinis* (aff. C-168/91, *Rec.*, I-1991). Les autorités allemandes du lieu d'exercice de sa profession de masseur ont voulu lui imposer, à l'occasion de son mariage, la translittération prévue par normes recommandées par Organisation Internationale de Normalisation. La CJCE a admis que la translittération pouvait constituer une entrave au droit d'établissement (risque de déformation et de confusion auprès de la clientèle potentielle).

2. V. CJCE C-60/00 *Carpenter* [2002], *Rec.*, I-6279 : l'expulsion de la femme est un obstacle opposé par l'État d'origine empêchant l'exercice de la liberté de circulation du mari. De même, CJCE C-109/01 *Akrich* [2003], *Rec.*, 9607 : l'article 8 CEDH impose le droit de rejoindre son conjoint si le mariage n'est pas simulé.

3. CJCE, *Garcia Avello*, 2 oct. 2003, C-148/02, *Rev. crit. DIP*, 2004. 184, note P. Lagarde ; *JDI*, 2004. 582, obs. M. Luby et 1219, note S. Poillot-Peruzzetto ; *D.*, 2004. 1476, note M. Audit ; *JCP*, 2004. I. 111, obs. I. Marmisse ; *RTD civ.*, 2004. 62, obs. J. Hauser ; *RTD eur.*, 2004. 559, obs. A. Iliopoulou, et *infra*, n° 624.

4. Dans l'affaire *Grunkin & Paul*, les autorités allemandes ont imposé à un enfant allemand né et résidant au Danemark, le choix du nom de l'un ou l'autre parent conformément à sa loi nationale allemande applicable selon la règle de conflit allemande, alors que l'enfant réclamait, au nom du principe de non-discrimination de l'article 12 CE, le bénéfice du double nom sous lequel il était inscrit au Danemark. La Cour s'est déclarée incompétente pour répondre à la question préjudicielle en tant qu'elle était posée par une autorité agissant à titre administratif (aff. C-96/04). Les conclusions de l'avocat général Jacobs allaient cependant dans le sens de l'idée que ce refus des autorités allemandes était attentatoire à la liberté de circulation du citoyen européen. La question a été posée à nouveau à la Cour dans la même affaire (aff. C-353/06). Elle y a répondu par une décision du 14 octobre 2008 (*Europe* 2008, comm. n° 431, obs. L. Idot ; *JDI*, 2009. 203, note L. d'Avout ; *D.*, 2009. 845, note F. Boulanger ; *Rev. crit. DIP*, 2009. 80, note P. Lagarde ; *JCP*, 2009.II.10071, note A. Devers). Refusant de décliner sa compétence, la CJCE a cette fois estimé que l'art. 18 CE (art. 21 TFUE) s'opposait, « dans des conditions telles que celles de l'affaire au principal, à ce que les autori-

à la loi d'origine la fonction d'un « ordre juridique de référence », en ce que l'état concret créé par elle s'imposera ensuite dans l'ensemble de l'Union européenne, fait cependant apparaître une certaine ambiguïté relative à la méthodologie sous-jacente.

B / CHAMP ET MODALITÉS DE LA RECONNAISSANCE

577. Comme la protection des droits acquis, les nouveaux fondements para-constitutionnels de la reconnaissance tendent à faire s'aligner la position de l'ordre juridique du for sur une situation de fait constituée en dehors de lui-même [1]. La caractéristique commune de ces approches induites de droits ou de libertés fondamentaux est d'étendre le champ de la méthode d'efficacité actuellement réservée aux décisions, aux situations constituées en l'absence de l'intervention d'un organe décisionnel. Toutefois, elles semblent revêtir deux variantes, dont seule la seconde revêt une véritable spécificité.

578. Certains cas se réclamant de la reconnaissance de situations acquises postulent un contrôle de l'origine de celles-ci. La méthode consiste donc à accueillir le point de vue concret d'un ordre juridique étranger identifié au moyen d'un critère généralement libéral ou formulé de façon plus ou moins lâche (principe d'origine, mais aussi lieu d'accomplissement de formalités d'enregistrement d'un mariage ou d'un partenariat, par exemple), qui aurait imprimé sa marque à un acte individuel. Dès lors que ce contrôle de la source existe, l'originalité de la méthode de reconnaissance par rapport au bilatéralisme classique consiste simplement à accepter de tenir compte de la position de l'ordre juridique source, envisagé concrètement ou globalement, c'est-à-dire à travers la position anticipée ou virtuelle de ses organes à l'égard de la validité de la situation en cause, même si aucune décision n'a été effectivement prise par eux [2]. L'approche est donc celle de « l'ordre juridique

tés d'un État-membre, en appliquant le droit national, refusent de reconnaître le nom patronymique d'un enfant tel qu'il a été déterminé et enregistré dans un autre État-membre où cet enfant est né et réside depuis lors et qui, à l'instar de ses parents, ne possède que la nationalité du premier État-membre ». Cet arrêt fournit une illustration plus convaincante de la méthode de reconnaissance unilatérale en matière de nom patronymique (sur l'analyse de la problématique comme un « conflit diagonal », v. *supra*, n° 539-1).

1. V. à ce sujet Y. Lequette, in *Libertés et Droits fondamentaux*, Dalloz, 19e édition, 2013, n° 241, évoquant à ce propos une politique du « fait accompli ».

2. V. à cet égard, Ch. Pamboukis, « La renaissance-métamorphose de la méthode de reconnaissance », *Rev. crit. DIP*, 2008. 513, suggérant de voir le fondement et le critère de la reconnaissance des situations consacrées dans un « principe de relevance » impliquant un contrôle de la qualité des liens entre une situation donnée et l'État d'origine.

de référence » systématisée par P. Picone [1], qui suppose d'identifier des rattachements forts justifiant que la référence faite à la loi étrangère dépasse les seules règles abstraites de celle-ci.

On en trouve diverses illustrations en droit positif, par exemple, dans l'article 9-1 de la Convention de La Haye du 14 mars 1978 sur la célébration et la reconnaissance de la validité des mariages, tenant le mariage pour valable s'il l'est ou le devient selon le droit de l'État du lieu de célébration ; dans l'article 77 de la loi fédérale suisse de droit international privé subordonnant la validité d'une adoption internationale à sa reconnaissance dans le pays des adoptants ou de l'enfant adoptif. L'article 65 de la loi de réforme italienne de 1995 relève de la même méthodologie, en ce qu'il conditionne la reconnaissance des décisions étrangères relatives à la capacité des personnes ainsi qu'à l'existence des rapports de famille ou de droits de la personnalité au fait qu'elles aient été prononcées, ou tout simplement reconnues, dans l'État désigné par la règle de conflit du for. Dans le même esprit, la Convention CIEC sur la reconnaissance des décisions constatant un changement de sexe, signée à Vienne le 12 septembre 2000, dispose que « les décisions judiciaires ou administratives définitives constatant le changement de sexe d'une personne prise par les autorités compétentes d'un État-contractant sont reconnues dans les autres État-contractants lorsque, au jour de la demande, l'intéressé était ressortissant de l'État où a été prise la décision ou y avait sa résidence habituelle [2] » (art. 1er).

578-1. L'orientation qui semble se dessiner sur le fondement du droit fondamental au respect de la vie familiale, tend en revanche à imposer la reconnaissance du fait lui-même tel que constitué sous l'empire d'une loi étrangère, tout en renonçant à la mise en œuvre préalable d'un critère de rattachement. Par exemple, en application de cette idée, le mariage de deux Français de même sexe célébré à Bruxelles serait reconnu en France, dès lors du moins que la situation revêt une certaine effectivité, sans tenir compte de son absence de conformité à la loi personnelle commune normalement applicable devant le juge du for [3].

1. P. Picone, « La méthode de référence à l'ordre juridique compétent en droit international privé », *RCADI*, 1986, t. 197, p. 229.

2. La formulation alternative de cette règle est également, en soi, destinée à promouvoir la reconnaissance (P. Lagarde « La reconnaissance mode d'emploi », in *Mélanges H. Gaudemet-Tallon*, Dalloz, 2008, p. 479).

3. Exemple envisagé par P. Lagarde « La reconnaissance mode d'emploi », préc., spéc. n° 9. Sur les solutions résultant désormais de la loi française du 17 mai 2013 ouvrant le mariage aux couples de personnes de même sexe, v. *infra*, n° 467 ; 723.

Il importe toutefois de distinguer à nouveau, en vue d'identifier les cas où cette reconnaissance représente réellement une innovation méthodologique. À cet égard, on peut s'interroger sur le rôle qu'il convient de reconnaître à l'intervention non décisionnelle d'une autorité. À l'heure actuelle, une puissante tendance doctrinale suggère en effet d'élargir le champ de la méthode d'efficacité pour englober les situations « cristallisées » à l'occasion de l'action d'un organe non juridictionnel à laquelle la loi substantielle applicable attache des effets d'opposabilité (enregistrement d'une déclaration de cessation de paiements auprès du greffe du tribunal de la faillite ; immatriculation d'une société ; répudiation unilatérale) [1].

Mais le régime des actes publics étrangers permet déjà d'attacher l'effet recherché à l'intervention de l'organe public étranger, sans qu'il soit nécessaire de se départir de la méthode du conflit de lois [2]. De sorte que le seul intérêt réel de déplacer le curseur qui a séparé jusqu'ici le champ de cette dernière de celui de la reconnaissance et de refouler la règle de conflit pour accueillir la situation étrangère telle qu'elle s'est constituée, semble concerner la voie procédurale de l'efficacité. Comme le montre l'exemple de l'accueil de la situation de cessation des paiements créée aux États-Unis à la faveur de l'action purement administrative du greffe du tribunal des faillites [3], l'enjeu du choix de méthode réside alors dans l'accès de la situation acquise à la voie de l'*exequatur*. Toutefois, cette procédure, contentieuse et trop lourde en droit commun, n'est pas nécessairement adaptée aux besoins de l'efficacité internationale d'une formalité, de sorte qu'il serait sans doute opportun de développer une action déclaratoire simplifiée, qui ne nécessiterait aucune modification fondamentale des critères de l'acte décisionnel [4]. En toute hypothèse, ainsi qu'il a été justement observé [5], appliquer à une telle situation la méthode de reconnaissance signifie nécessairement que cette reconnaissance porte sur les règles que met en œuvre l'organe public, puisqu'en l'absence de tout contenu décisionnel, son acte est une coquille vide. Or, si le paramètre de reconnaissance est, comme il est par

1. P. Mayer, « Les méthodes de reconnaissance en droit international privé », in *Mélanges en l'honneur de P. Lagarde*, p. 547.
2. V. *infra*, n° 584.
3. Paris, 2 avril 1998, *Rev. crit. DIP*, 1999. 102, note Ch. Pamboukis, cassé par Cass. civ. 1re, 17 oct. 2000, *Rev. crit. DIP*, 2001. 121, notes distinctes J.-P. Rémery et H. Muir Watt ; *JDI*, 2001. 859, note G. Cuniberti ; *Gaz. Pal.*, 2001. 111, jurispr. p. 814, note M.-L. Niboyet.
4. Sur les voies d'efficacité des instruments, *supra*, n° 614.
5. S. Bollée, « L'extension du domaine de la méthode de reconnaissance unilatérale », *Rev. crit. DIP*, 2007. 307.

ailleurs proposé, la conformité de la situation ainsi créée à la *lex auctoris*, on aboutit davantage à la reformulation d'une règle de conflit d'autorités qu'à une véritable innovation d'ordre méthodologique.

579. Pour que le renouvellement de la méthode de reconnaissance ait une signification spécifique, celle-ci doit se situer nécessairement dans l'effacement du conflit de lois devant une situation personnelle ou familiale à vocation durable, qui peut être présentée devant le for comme acquise à l'étranger, indépendamment du point de savoir si elle s'est ou non « cristallisée » à l'occasion de l'action d'une autorité. En effet, l'intérêt de s'attacher à l'intervention d'une autorité pourrait être de faciliter la démonstration de la légitimité des prévisions individuelles, sans concerner le critère de déclenchement de la méthode. Dès lors que le fondement de la reconnaissance réside dans le droit de l'individu concerné de ne pas se voir opposer un obstacle par l'État d'accueil à la continuité de son état ou de sa situation familiale, il n'y a aucune raison de conférer une valeur déterminante à l'intervention d'une autorité étrangère ; tout au plus a-t-elle une fonction probatoire. La reconnaissance porterait alors sur la situation configurée par des règles substantielles étrangères alors même que celles-ci ne sont pas désignées par la règle de conflit du for. À cet égard, en cas de discontinuité des institutions (par exemple, partenariats de teneur différente), le fondement invoqué – droit fondamental au respect de la vie privée ou familiale ou liberté de circulation du citoyen européen – semble postuler que la reconnaissance porte sur la situation étrangère telle qu'elle existe à l'étranger, sans transposition déformante [1].

On aboutit alors purement et simplement à un retour au statutisme personnaliste, du moins pour ce qui est de la validité des situations durables dont il est plaidé devant le for qu'elles ont acquis, en dehors de lui, une consistance suffisante pour qu'il soit illégitime de les bouleverser. À cet égard, il se peut que la récente suppression de la condition de conformité des jugements étrangers à la règle de conflit du for [2] soit à envisager dans la même perspective, en tant que participant d'une percée plus générale de la méthodologie unilatéraliste.

579-1. Au regard de l'ordre juridique français, la méthode de la reconnaissance des situations semble pour l'heure inspirer davantage la

1. Par exemple, le droit international privé anglais transforme les partenariats enregistrés à l'étranger en *Civil Partnerships* s'ils sont invoqués en Angleterre. Les partenaires pourraient-ils invoquer le droit de la continuité de la vie familiale s'ils ne bénéficiaient pas de la plénitude des effets de l'institution d'origine dans l'État d'accueil ?

2. V. *supra*, n°s 263 et 280.

doctrine et les juges « apatrides » (de Strasbourg ou de Luxembourg) que la Cour de cassation [1] ou le législateur [2]. Le caractère par trop radical d'une méthode de reconnaissance affirmée à titre de principe en vue d'accueillir au sein de l'ordre juridique du for des situations acquises à l'étranger en de telles circonstances pourrait d'ailleurs être atténué par le jeu d'une simple exception de reconnaissance, laissant fonctionner en un premier temps les mécanismes classiques du droit international privé et n'intervenant plus, le cas échéant, que pour corriger une solution dont le résultat concret, au cas d'espèce, contredirait incontestablement un droit fondamental [3]. Il n'est pas à exclure en effet qu'en un premier temps, le mécanisme conflictuel classique suffise à assurer par lui-même l'objectif poursuivi [4]. En sorte que ce n'est qu'en cas d'échec de la règle de conflit que l'exception de reconnaissance – fondée sur la prééminence des droits fondamentaux en cause concrètement évaluée au terme d'un contrôle de proportionnalité [5] – pourrait produire son effet. Le mécanisme pourrait ainsi parvenir à établir un certain équilibre entre l'ordre public local et les droits fondamentaux [6].

ÉTAT DES QUESTIONS

B. G. — **Sur les diverses doctrines des droits acquis** : A. Ferrer-Correia, « La doctrine des droits acquis dans un système de règles de conflit bilatérales », in *Mélanges en l'honneur de W. Wengler*, Berlin, 1973, t. 2, p. 285 et s. ; Ph. Francescakis, *La théorie du renvoi*

1. V. not. Cass. civ. 2e, 14 février 2007, *JDI*, 2007. 933, note B. Bourdelois. On peut observer en outre que l'accueil réservé au partage de l'autorité parentale au sein d'un couple de lesbiennes s'était fait par l'intermédiaire de l'ordre public atténué : v. Cass. civ. 1re, 8 juillet 2010, *JCP* 2010, 1173, note H. Fulchiron ; *Rev. crit. DIP*, 2010. 747, note P. Hammje ; *JDI*, 2011. 119, note S. Bollée.

2. V. spéc. l'art. 515-7-1 C. civ., issu de L. 12 mai 2009, et posant une règle de conflit dans une matière (les partenariats enregistrés) pourtant jugée propice au jeu de la reconnaissance. V. également les dispositions du nouvel art. 202-1 C. civ. en matière de mariage entre personnes du même sexe.

3. En ce sens, v. L. d'Avout, *JDI*, 2008, spéc. p. 198.

4. V. not. P. Mayer, « La reconnaissance : notions et méthodes », in *La reconnaissance des situations en droit international privé*, Éd. A. Pedone, 2013, dir. P. Lagarde, p. 27 et., et spéc. p. 31, évoquant à cet égard les dispositions précitées de l'article 9 de la loi néerlandaise de droit international privé.

5. Sur lequel v. : H. Muir Watt, « La reconnaissance entre philosophie politique et droit international privé : un rendez-vous manqué ? », in *La reconnaissance des situations en droit international privé*, p. 85 et s., et spéc. p. 91 et s.

6. Rappr., dans cette perspective : CJUE, 22 décembre 2010, aff. C-208/09, *Sayn-Wittgenstein*, *JDI* 2011. 639, note J. Heymann ; *RTD eur.* 2011. 571, obs. E. Pataut ; *RTD civ.* 2011. 98, obs. J. Hauser (en considération de la possibilité pour les États de justifier d'une entrave au nom de l'ordre public, et en invoquant des considérations nationales objectives et proportionnées, la Cour accepte l'entrave à la liberté de circulation qui résultait du refus de l'Autriche de reconnaître un état civil établi en Allemagne, l'interdiction du port de titres nobiliaires en Autriche visant à assurer l'égalité entre citoyens et à maintenir la forme républicaine de l'État). V. ég. : CJUE, 12 mai 2011, aff. C-391/09, *Runevic-Vardyn*, *RTD civ.* 2011. 507, obs. J. Hauser ; *RTD eur.* 2011. 571, obs. E. Pataut. Et CEDH,

et les conflits de systèmes en droit international privé, Sirey, 1958 ; P. Gothot, « Le renouveau de la tendance unilatéraliste », *Rev. crit. DIP*, 1971. 1, 209, 415 ; H. Muir Watt, « Quelques remarques sur la théorie anglo-américaine des droits acquis », *Rev. crit. DIP*, 1986. 425 ; J.-P. Niboyet, « L'universalité des règles de solution des conflits est-elle réalisable sur la base de la territorialité ? », *Rev. crit. DIP*, 1950. 509 ; J. Paul, « Comity in International law », 32, *Harv. Int'l L. J.*, 1, 1991 ; E. Pataut, « Le renouveau de la théorie des droits acquis », *Trav. Com. fr. DIP*, 2006-2007 ; P. Picone, « La méthode de référence à l'ordre juridique compétent en droit international privé », *RCADI*, 1986, t. 197, p. 229 ; « Les méthodes de coordination entre ordres juridiques en droit international privé », *RCADI*, 1999, t. 276, p. 13 ; A. Pillet, « La théorie générale des droits acquis », *RCADI*, 1925, t. 8, p. 496.

Sur les modes d'intervention des droits de l'homme : L. d'Avout, « Droits fondamentaux et coordination des ordres juridiques en droit privé », in *Les droits fondamentaux, charnières entre ordres et systèmes juridiques*, E. Dubout, S. Touzé (dir.), Pédone, 2010, p. 159 et s. ; L. Gannagé, *La hiérarchie des normes et les méthodes de droit international privé. Étude de droit international privé de la famille*, LGDJ, 2001, préf. Y. Lequette ; « Le droit international privé à l'épreuve de la hiérarchie des normes (L'exemple du droit de la famille) », *Rev. crit. DIP*, 2001. 1 ; P. Hammje, « Droit fondamentaux et ordre public », *Rev. crit. DIP*, 1997. 1 ; F. Marchadier, *Les objectifs généraux du droit international privé à l'épreuve de la Convention européenne des droits de l'homme*, Bruylant, 2007, préf. J.-P. Marguénaud. V. aussi les références citées *supra*, n° 53.

Sur la nouvelle méthode de la reconnaissance : L. d'Avout, « La reconnaissance dans le champ des conflits de lois », *Trav. Com. fr. DIP*, 2014-2016 ; R. Baratta, « Problematic elements of an implicit rule providing for mutual recognition of personal and family status in the EC », *IPRax*, 2007, p. 4 ; « La reconnaissance internationale des situations juridiques personnelles et familiales », *RCADI*, t. 348, 2011 ; S. Bollée, « L'extension du domaine de la méthode de reconnaissance unilatérale », *Rev. crit. DIP*, 2007. 307 ; E. Bonifay, *Le principe de reconnaissance mutuelle et le droit international privé*, thèse, Univ. Aix-Marseille, 2015 ; M. Buschbaum, « La reconnaissance des situations juridiques fondées sur les actes d'état civil ? Réflexions critiques sur l'abandon de la méthode résultant des conflits de lois », *D.*, 2011. 1094 ; A. Bucher, « La famille en droit international privé », *RCADI*, 2000, t. 283, p. 13 ; « La dimension sociale du droit international privé », *RCADI*, t. 341, 2009 ; E. Jayme et C. Kohler, « Anerkennungspinzip statt IPR ? », *IPRax*, 2001. 501 ; M. Hunter-Hénin, « Droit des personnes et droits de l'homme : combinaison ou confrontation ? », *Rev. crit. DIP*, 2006. 743 ; E. Jayme, « Identité culturelle et intégration : le droit international privé postmoderne », *RCADI*, 1995, t. 251, p. 9 ; M.-N. Jobard-Bachellier, *L'apparence en droit international privé*, LGDJ, 1984, préf. P. Lagarde ; P. Lagarde, « Développements futurs du droit international privé dans une Europe en voie d'unification : quelques conjectures », *RabelsZ.*, 68 (2003), 225 ; « La reconnaissance, mode d'emploi », in *Mélanges en l'honneur de H. Gaudemet-Tallon*, Dalloz, 2008, p. 479 et s. ; « La méthode de la reconnaissance est-elle l'avenir du droit international privé ? », *RCADI*, 2015, t. 371 ; P. Mayer, « Les méthodes de reconnaissance

4 octobre 2012, *Harroudj c. France*, *D.*, 2012. 2947, note P. Hammje ; *RTD civ.* 2012. 705, obs. J.-P. Marguénaud ; *Rev. crit. DIP* 2013. 146, note S. Corneloup.

en droit international privé », in *Mélanges en l'honneur de P. Lagarde*, 2005, p. 547 ; H. Muir Watt, « La rencontre dans l'espace de figures hybrides (variations autour du conflit international de décisions) », *Rev. gén. proc.*, 1998. 711 et 1999. 291 ; « Droits fondamentaux et reconnaissance en droit international privé », *Journal européen des droits de l'homme*, 2013. 411 ; Ch. Pamboukis, « La renaissance-métamorphose de la méthode de reconnaissance », *Rev. crit. DIP*, 2008. 513 ; R. Plender « Quo vadis ? Nouvelles orientations des règles sur la libre circulation des personnes suivant l'affaire *Akrich* », *CDE*, 2004. 261 ; G.-P. Romano, « La bilatéralité éclipsée par l'autorité », *Rev. crit. DIP*, 2006. 457 ; Th. Vignal, « Ordre public et reconnaissance », in *Mélanges à la mémoire de P. Courbe*, Dalloz, 2012, p. 527 et s. ; W. Wengler, « Nouvelles réflexions sur les "questions préalables" », *Rev. crit. DIP*, 1966. 165. Aj. : *La reconnaissance des situations en droit international privé*, dir. P. Lagarde, Ed. A. Pedone, 2013.

PHILOSOPHIE DU DROIT

580. Droits acquis et retrait du droit. — Une lecture postmoderne du désengagement du droit sous la pression de la mondialisation a été proposée (par G. Salamé, *Le devenir de la famille en droit international privé. Une perspective postmoderne*, PUAM, 2006, préf. H. Muir Watt, p. 54 et s.), à partir de la tendance présente chez certains auteurs à prôner, au nom des droits de l'homme, la reconnaissance de situations non formalisées par le droit. Pareil alignement du droit devant la « brutalité du fait » se concilie mal cependant avec le refus postmoderne d'une lecture objective de la réalité, qui oppose le fait brut à l'éphémère, l'expérimental, l'immatériel. Ce paradoxe apparaît dans le domaine même qui semble le plus en phase avec la postmodernité, à savoir la bio-éthique, où les situations acquises à l'étranger en violation de la règle de conflit du for, à la suite du tourisme procréatif validé par la liberté européenne de circulation des personnes (ou « *right to travel* » : sur le débat identique aux États-Unis, v. M. Rosen, « Extraterritorality and political heterogeneity in american federalism », *Univ. Penn L. R.*, 2002. 855), semblent devoir s'imposer - dans leur réalité brute - aux autorités du for, sous peine notamment d'attenter à l'intérêt de l'enfant. Au fond, cette posture démissionnaire du droit discernée derrière les droits de l'homme est de nature à accroître, en dehors du domaine économique déjà évoqué, l'emprise de la volonté individuelle sur les réglementations étatiques (relevant au demeurant la même tendance en droit interne de la bioéthique, v. M. Hunter-Hénin, *Pour une redéfinition du statut personnel*, PUAM, 2004, préf. H. Muir Watt, p. 753).

580-1. Aspects de philosophie politique. Quelle est la signification de la reconnaissance au sens de la philosophie politique, porteuse de dignité individuelle et d'identité de groupe, pour le droit international privé ? (v. H. Muir Watt, « Fundamental Rights and Recognition in Private international law », *Journ. européen des droits de l'homme* 2013. 411). La question se pose dans la mesure où, comme on l'a vu, celui-ci abrite des discussions méthodologiques contemporaines sous le même vocable. Partie intégrante du vocabulaire classique de la discipline, il sert également désormais à désigner une méthodologie particulière (v. *supra*, n° 238 ; *infra*, n° 1120 s.).

Curieusement, cependant, le droit international privé est peu touché par le débat sur la reconnaissance qui agite par ailleurs l'ensemble des sciences sociales (V. Nancy Fraser in « Rethinking Recognition », in *New Left Review*, n° 3, mai-juin 2000 ; pour le débat Fraser/Honneth, v. *Recognition or Redistribution? A Political-Philosophical Exchange* (Verso 2003), par Axel Honneth et Nancy Fraser ; pour des éléments plus approfondis sur le débat sous-jacent, v. H. Muir Watt, *op. cit.*). Seul le droit international public, qui entretient une relation fluide avec la philosophie, semble s'être engagé dans cette discussion de façon délibérée (E. Jouannet, *Qu'est-ce qu'une société international juste ? Le droit international entre développement et reconnaissance ?* Pédone, 2012, p. 167). Il est certain que la graduelle refondation de la pensée constitutionnelle européenne sur le concept de dignité humaine (dans le sillage de Robert Alexy « A Theory of Constitutional Rights » traduction J. Rivers, Oxford University Press, 2002), puise en réalité à des sources voisines (v. sur le lien entre la dignité et les droits fondamentaux dans la pensée constitutionnaliste européenne, Jacco Bomhoff, *Two Discourses of Balancing*, préc.).

L'indifférence du droit international privé est doublement paradoxale.

— D'une part, la controverse sur la légitimité de la différenciation des groupes à raison de considérations d'identité naît dans un contexte de multiculturalisme au sein d'une communauté politique. Or, transposée dans les rapports internationaux, la discipline du conflit de lois a précisément pour objet de gérer la tension entre le besoin de cohésion sociale et la nécessité de faire place à l'altérité. À cet égard, l'ensemble du droit international privé des personnes et de la famille constitue une tentative, variable selon l'arrière-plan culturel, d'ajuster le curseur entre ces deux objectifs. Le lien est donc très étroit entre la reconnaissance au sens de la philosophie politique et la fonction du droit international privé des personnes.

— D'autre part, les manifestations initiales de la nouvelle méthodologie dans le champ du droit international privé ont coïncidé avec l'irruption des droits fondamentaux au sein du conflit de lois et de juridictions. L'arrêt *Wagner* de la Cour européenne des droits de l'homme est emblématique de cette confluence (*Wagner et J.M.W.L. C Luxembourg*, 28 juin 2007 (*requête n° 76240/01*), cité *supra*, n° 576). Au nom de la protection de la vie privée et familiale, la Cour se place dans la perspective de la « réalité sociale » de la situation, pour exiger que les liens personnels consacrés irrégulièrement selon la loi du for, produisent néanmoins leur plein effet. Or, cette démarche participant à la quête de la dignité humaine (V. J. Bomhoff, *op. cit.*), il semble bien y avoir une passerelle naturelle entre le phénomène de la reconnaissance au sens du droit international privé et celui dont se recommande une certaine philosophie politique.

DROITS FONDAMENTAUX

580-2. Champ d'application. — Dès lors que les droits fondamentaux induisent un tournant méthodologique en matière de conflit de lois, diverses questions surgissent aussitôt, relativement à leur champ d'application. La première concerne leur effet « horizontal », à savoir leur invocabilité dans des rapports entre individus ou acteurs privés (et pas seulement dans les rapports entre l'individu et l'État). La seconde (indépendamment de la réponse donnée à la première) concerne leur champ dans l'espace : quelles sont les personnes ou les situations qui relèvent de la juridiction d'un État-contractant ? Cette dernière interrogation se dédouble d'une autre, plus spécifique, qui vient plutôt des débats constitutionnels américains et qui concerne la vocation des droits fondamentaux à revêtir une dimension extraterritoriale. L'ensemble manque de méthode et de fondement conceptuel cohérent.

Un auteur, Jacco Bomhoff (« The Reach of Rights », 71 *Law and Contemp. Prob.*, 2008, p. 39), démontre qu'il existe une problématique commune, ignorée jusqu'ici, entre trois séries de cas, traités doctrinalement et judiciairement comme des difficultés distinctes, intéressant d'une part, les conflits de lois, d'autre part, les questions de la portée spatiale des droits fondamentaux, enfin, les problèmes de « *state action* » (ou, pour nous, d'« effet horizontal » des instruments internationaux de protection des droits) relatifs à l'imputabilité à l'État de violations de tels droits. Le rapprochement des décisions judiciaires, aussi bien de la Cour européenne des droits de l'homme que des juridictions fédérales américaines, révèle en effet un discours similaire dans les trois cas, s'exprimant notamment en termes de territorialité ou d'universalité, et des débats parallèles, essentiellement sur le caractère autonome ou non de la question préalable de seuil ou de compétence par rapport à celle, de fond, relative à l'interprétation des droits en cause. Leur rapprochement permettrait de dégager des questions centrales communes.

Au sein de cette réflexion, on peut se demander si certains droits ne revêtent pas nécessairement une *fonction transnationale dérivée.* Autrement dit, lorsque le droit à une vie familiale impose la reconnaissance d'une adoption étrangère à l'encontre de la règle de conflit du for dans l'affaire *Wagner* (citée au texte), il ne s'agit pas de prendre parti pour ou contre le droit à l'adoption, mais de garantir la continuité d'une relation de famille quelle qu'elle soit. Par ailleurs, la dimension de reconnaissance des situations acquises par l'État récepteur semble aller de pair avec l'obligation ou, en tout cas, la propension de l'État émetteur à assurer par anticipation que sa décision sera accueillie ailleurs.

Proportionnalité. — Le principe de proportionnalité peut-il fournir une méthode de solution des conflits de lois ? Omniprésent désormais dans les raisonnements de droit substantiel, ce principe s'exprime aussi, naturellement, en matière transfrontière, lorsque le règlement d'un conflit de lois est tributaire de l'équilibre à trouver entre deux valeurs fondamentales (pour une illustration, v. les affaires *Laval* et *Viking* en matière de conflits collectifs de travail transfrontières, *infra*, n° 946-1). Un auteur va plus loin, en proposant de fonder un « principe de relevance » des situations acquises sur la valeur de proportionnalité (Ch. Pamboukis, « La renaissance-métamorphose de la méthode de reconnaissance », *Rev. crit. DIP*, 2008. 513). L'idée fait son chemin (v. ainsi, H. Muir Watt, « La reconnaissance entre philosophie politique et droit international privé : un rendez-vous manqué ? », in *La reconnaissance des situations en droit international privé*, préc., p. 85 et s., et spéc. p. 91 et s. Et, plus généralement, A. Marzal Yetano, *La dynamique du principe de proportionnalité. Essai dans le contexte des libertés de circulation du droit de l'Union européenne*, préc.).

Non-discrimination. — Certaines décisions judiciaires, avançant sur la voie de la nouvelle méthode de reconnaissance unilatérale des situations constituées à l'étranger, suggèrent que l'exigence de reconnaissance trouverait son fondement dans la prohibition de la discrimination. Un tel usage de la discrimination en matière de droit international privé, qui a déjà donné lieu à un débat stérile au cœur des méthodologies fonctionnalistes américaines (v. *supra*, n° 358) est très discutable. Il détourne l'attention de ce qui constitue un fondement bien plus convaincant, à savoir la protection de la personne dans les situations transfrontières, tout en condamnant implicitement la gestion de la diversité qui est au cœur même du droit international privé, et qui implique la différenciation des régimes juridiques applicables à des situations à rattachements multiples (v. H. Muir Watt, « European Federalism and the New Unilateralism », 82 *Tulane Law Review*, 1983, 2008).

Sur l'extraterritorialité des droits fondamentaux. — Par une décision remarquée, rendue par une cour très divisée (*Boumédienne v. Bush* (128 Sup. Ct 2229) (US 2008), la Cour suprême des États-Unis a étendu le bénéfice du droit constitutionnellement garanti à l'*Habeas corpus* à des prisonniers étrangers détenus dans le camp de Guantanamo (qui n'est pas juridiquement sous souveraineté américaine). Cette jurisprudence, qui fait prévaloir des considérations d'effectivité sur des critères plus formels dans l'interprétation de la Constitution, rompt avec une tradition plus frileuse en ce qui concerne l'application extraterritoriale – c'est-à-dire à des situations se déroulant en dehors des États-Unis – des droits constitutionnels. Sur ce dernier point, le débat rebondit aujourd'hui sur le terrain de la prohibition constitutionnelle de l'esclavage, ou plus généralement sur les raisons qui conduisent à limiter territorialement les garanties constitutionnelles : v. Kal Raustiala : *Does the Constitution Follow the Flag? The Evolution of Territoriality in American Law*, OUP 2011.

ASPECTS MÉTHODOLOGIQUES

581. **La reconnaissance est-elle une méthode ?** — Une objection fréquemment entendue est que la reconnaissance ne règle pas la question des conflits de lois relatifs aux effets des situations acquises. Or, qualifier la reconnaissance de méthode ne signifie pas que le conflit de lois serait nécessairement devenu totalement redondant, ni qu'appliquée à l'existence d'un lien, la question des effets ne se poserait plus. Tout dépend, d'une part, du champ d'application qu'il est décidé d'accorder à la loi régissant la relation à l'origine (prolonge-t-elle son champ d'application aux effets de celle-ci dans l'ordre juridique du for ?). Ceci est une question récurrente qui se pose chaque fois que la substitution d'une institution du for à une institution étrangère est désarticulée (comme dans le cas de l'adoption étrangère, où il est difficile de déterminer si l'incidence de l'adoption sur les liens familiaux fait partie intégrante de sa définition ou seulement de ses effets). D'autre part, s'il s'agit de reconnaître la possession d'état (en quelque sorte) d'un statut irrégulièrement constitué, la question de la loi applicable aux effets se pose nécessairement. Au demeurant, cette double nécessité représente le double écueil sur lesquels est venue s'achopper naguère la théorie des droits acquis.

581-1. **La méthode de reconnaissance : quelle spécificité ?** — Comme la protection des droits acquis, les nouveaux fondements para-constitutionnels de la reconnaissance tendent à faire s'aligner la position de l'ordre juridique du for sur une situation de fait constituée en dehors de lui-même. La caractéristique commune de ces approches induites de droits ou de libertés fondamentaux est d'étendre le champ de la méthode de reconnaissance actuellement réservée aux décisions, aux situations constituées en l'absence de l'intervention d'un organe décisionnel.

La méthode souffre d'une certaine ambiguïté dans la portée et la signification qu'on lui prête. Si l'on passe en revue les divers fondements possibles (énoncés par L. d'Avout, obs. *JDI*, 2009. 205), il est douteux que le respect des situations acquises puisse constituer une justification en soi, sans référence aux valeurs qui sont ainsi protégées ; il semble bien par ailleurs que la primauté qu'acquiert le milieu de vie en tant que rattachement par rapport à la nationalité, tout comme la prévalence donnée à la circulation des actes administratifs, ne sont autre chose que le symptôme ou l'effet des objectifs poursuivis et n'en constituent pas à titre autonome. Restent donc les « contradictions intolérables » affectant divers aspects de la personnalité ou de la vie privée : la piste conduit bien aux droits fondamentaux, en ce qu'ils imposent la permanence ou la continuité des droits des personnes ou entités mobiles. Le débat semble concerner les cinq points suivants :

1. L'exigence d'un rattachement. — Certaines solutions continuent à maintenir l'exigence d'un rattachement. C'est le cas, par exemple, de l'article 9-1 de la Convention de La Haye du 14 mars 1978 sur la célébration et la reconnaissance de la validité des mariages, tenant le mariage pour valable s'il l'est ou le devient selon le droit de l'État du lieu de célébration. De manière comparable, la Convention de la Commission internationale de l'état civil (CIEC) sur la reconnaissance des décisions constatant un changement de sexe, signée à Vienne le 12 septembre 2000, dispose que « les décisions judiciaires ou administratives définitives constatant le changement de sexe d'une personne prise par les autorités compétentes d'un État-contractant sont reconnues dans les autres État-contractants lorsque, au jour de la demande, l'intéressé était ressortissant de l'État où a été prise la décision ou y avait sa résidence habituelle » (art. 1er). D'autres impliquent en revanche de renoncer à la mise en œuvre préalable d'un critère de rattachement. Par exemple, en application de cette idée, le mariage de deux ressortissants masculins d'un État ignorant le mariage homosexuel célébré à Bruxelles serait reconnu dans un autre État, dès lors du moins que la situation revêt une certaine effectivité, sans tenir compte de son absence de conformité à la loi personnelle commune normalement applicable devant le juge du for. Difficile à interpréter à bien des égards, l'arrêt *Garcia Avello* (*supra*, n° 576) offre l'exemple de la reconnaissance d'une situation configurée par une loi étrangère (le nom de l'enfant tel que conçu par la loi espagnole) sans qu'elle ait été préalablement constatée par une autorité, du seul fait des liens de l'enfant avec ce pays dont il avait la nationalité et à l'encontre de la position du droit du for belge.

2. Quel est l'objet de la reconnaissance ? — Lorsqu'un principe supérieur (la mobilité des personnes physiques ou morales ; le respect de la vie privée ; la continuité d'une relation familiale...) commande au juge du for de mettre de côté sa règle de conflit de lois afin d'accueillir un état de droit consacré à l'étranger (un nom patronymique ; une société commerciale ; un changement d'état civil ; une adoption...), la reconnaissance porte-t-elle sur l'acte public qui les concrétise ou les règles de droit étrangères qui les régissent dans l'État d'origine ? La question est sans doute mal posée, du moins si le champ de la reconnaissance est destiné à concerner les cas où l'autorité publique est intervenue pour « cristalliser » le droit applicable sans pour autant exercer un pouvoir décisionnel propre. Car l'effet de titre des actes publics étrangers (sur lequel v. *infra*, n° 598) n'exclut pas le conflit de lois. Dans un tel cas, la reconnaissance ne porte pas sur l'acte public lui-même, lequel est dépourvu de substance décisionnelle ou normative propre, mais sur les règles substantielles applicables, qui subordonnent elles-mêmes la validité ou l'opposabilité du rapport de droit résultant de leur mise en œuvre à l'intervention d'une autorité. Cette analyse pose à nouveau la question de la voie procédurale de l'efficacité de la « situation » constituée des règles ainsi concrétisées (v. *supra*, n° 289). Celle-ci pourrait prendre la forme d'une action déclaratoire distincte de l'*exequatur* (v. D. Holleaux, obs. *Rev. crit. DIP*, 1979. 110 ; à propos des actes publics, v. P. Callé, *op. cit.* ; *adde* dans le même sens, v. S. Bollée, *Rev. crit. DIP*, 2007, p. 350).

3. Reconnaissance des situations et reconnaissance des décisions. — La primauté des droits fondamentaux qui conduit à mettre à l'écart la règle de conflit de lois a évidemment vocation à jouer à l'égard des autres règles de droit international privé lorsqu'elles en entravent la mise en œuvre. Or, dès lors que l'on assimile la méthode de reconnaissance aux cas où le for doit effacer ses propres règles d'accueil de normes étrangères pour faire place au jeu d'un principe supérieur, la reconnaissance, entendue comme une expression de l'unilatéralisme, peut porter indifféremment sur des règles abstraites ou sur une décision étrangère. Ainsi, dans l'hypothèse de l'adoption (arrêt *Wagner*), la règle de conflit du for luxembourgeois qui a été mise à l'écart l'a été en tant qu'elle faisait partie des conditions de reconnaissance des jugements étrangers de ce for. Dans ce cas, la reconnaissance porte bien sur le jugement d'adoption étranger. Il en va de même, sans qu'il soit fait appel expressément à l'idée de reconnaissance, de l'arrêt qui permet l'octroi de l'*exequatur* à une décision américaine partageant l'autorité parentale au sein d'un couple homosexuel : Cass. civ. 1re, 8 juillet 2010, préc. *supra*, nos 281 ; 579-1.

4. Reconnaissance des situations et intervention d'une autorité. — Il semble bien que, dès lors que la méthode de reconnaissance a pour fondement les exigences d'un droit fondamental et comme démarche l'unilatéralisme, il n'y a aucune raison de principe de ne pas l'étendre à une situation constituée sous l'empire d'une loi étrangère en l'absence de toute intervention d'une autorité cristallisante, dès lors qu'elle est clairement configurée selon cette loi. La vraie difficulté ici – à laquelle s'était heurté l'unilatéralisme de Quadri – est d'ordre pragmatique, car sans autorité cristallisante, il est très difficile de déterminer le seuil à partir duquel l'irruption d'un autre droit, désigné par la règle de conflit du for, serait attentatoire à une véritable continuité génératrice d'attentes (des intéressés ou des tiers). Il faudrait imaginer des circonstances dans lesquelles se serait établie une possession d'état (d'enfant, de porteur de nom, d'époux, d'homme ou de femme ou même de société commerciale), conforme à une loi donnée, que la règle de conflit du for n'aurait pas de légitimité à bouleverser. On songe, par exemple, à l'affaire *Banque ottomane*, où le renvoi a précisément été utilisé pour « sauver » une situation constituée effectivement sous l'empire d'une loi étrangère (mais en l'occurrence, la société a été bien été enregistrée en Turquie, cristallisant ainsi son existence par un acte public).

5. Reconnaissance et anticipation. — Il est fort probable que l'expansion de cette méthodologie s'accompagnerait en droit positif de la mise en œuvre, par l'organe chargé de créer une relation à l'origine, d'une méthode de désignation ajustée à l'exigence de reconnaissance, en ce sens qu'il s'assurera de l'effectivité de sa décision au lieu où elle est destinée à se réaliser. Pareil infléchissement de la méthode de désignation sous la pression de celle de la reconnaissance est déjà visible dans divers domaines. Par exemple, en matière d'adoption internationale (Convention de La Haye de 1993, entrée en vigueur en 1995) ou en matière de protection des majeurs (Convention de La Haye de 2000, entrée en vigueur en 2009). Dans les deux cas, la coopération entre autorités centrales tend à assurer que toute décision ou mesure prise par l'autorité compétente et ayant vocation à produire son effet dans un autre État ne soit pas adoptée sans le « feu vert » de ce dernier.

Cette recherche anticipée de l'accord des autorités du lieu de la réalisation effective d'une mesure apparaît ainsi en quelque sorte comme le corollaire de l'obligation de l'État d'accueil de reconnaître la situation créée par l'État d'origine. Le récent arrêt de la Cour de Luxembourg *Grunkin & Paul* de 2009 (*supra*, n° 576) opère semblablement une corrélation entre les obligations de l'État d'origine, chargé de créer une situation juridique durable, et celles de l'État d'accueil, investi de l'obligation de reconnaissance. C'est la voie qu'aurait empruntée l'Inde dans la régulation de la gestation pour autrui à destination de l'étranger (S. Bollée, « La gestation pour autrui en droit international privé », *Trav Com fr DIP* 2014, séance du 25 mars, à paraître). Sur un tout autre terrain, la Convention de La Haye sur le choix de for adopte également cette technique s'agissant de la validité de la clause, élevant cette question au niveau du conflit de systèmes (v. *infra*, n° 874).

THÉORIE JURIDIQUE

582. Droits acquis et méthode de l'ordre juridique compétent. — Appliquée à des situations configurées selon une loi étrangère, la méthode de la reconnaissance peut sembler, de prime abord, présenter une certaine proximité avec celle dite de « l'ordre juridique compétent » proposé par P. Picone (« Les méthodes de coordination entre ordres juridiques en droit international privé », *RCADI*, t. 276 (1999), p. 13), elle-même étroitement apparentée à la théorie anglaise des droits acquis en ce qu'elle propose de tenir compte dans certains cas – notamment lorsque la règle de conflit utilise un rattachement fort, comme en matière de statut personnel ou d'immeubles (ce sont les deux attributs de la souveraineté, les deux orientations incontestables du statutisme) – du point de vue global et concret de l'ordre juridique désigné. Cela implique de reconstituer la position que prendrait à l'égard du rapport en cause un organe du système étranger désigné (sous cet angle, le rapprochement s'impose avec la *foreign court theory*, elle-même sécrétée par la théorie des droits acquis : sur ce point, v. H. Muir Watt, « Quelques remarques sur la théorie anglo-américaine des droits acquis », *Rev. crit. DIP*, 1986. 425).

P. Picone présente la « méthode de l'ordre juridique compétent » comme une méthode concurrente de celle fondée sur la règle de conflit bilatérale classique (sur les hypothèses de concours et de conflit, au sens étroit, entre les diverses méthodes, v. p. 209 et s. et p. 232 et s.). Lorsque l'État d'accueil met en œuvre cette méthode, c'est en vue de faire prévaloir le point de vue global et concret d'un ordre juridique considéré comme ayant une vocation prioritaire à régir une situation déterminée. La distinction fondamentale ne sépare pas les situations créées par les organes du for et les autres, déjà constituées à l'étranger et devant lesquelles la règle de conflit du for s'efface, mais les cas où l'ordre juridique du for est ou non l'ordre juridique prioritaire. Dans le cas où il ne l'est pas, il s'alignera sur la perspective de l'ordre étranger compétent « considéré en bloc, en tant que système normatif unitaire et global », en considérant « toutes les techniques de droit international privé utilisées par cet ordre juridique, et surtout [les] procédés de reconnaissance des jugements étrangers » (p. 124). Au regard de cette méthode, par conséquent, la reconnaissance, en tant qu'elle implique l'effacement de la règle de conflit du for, peut être appelée à jouer à l'égard d'une situation que les organes du for sont directement appelés à créer. Dans la terminologie, distincte, de G. A. L. Droz, cette hypothèse correspond à la dissociation entre le for de jugement et celui du raisonnement, en ce sens que le for saisi empruntera le raisonnement que mettrait en œuvre un organe de l'ordre juridique compétent (« Regards sur le droit international privé contemporain », *RCADI*, t. 229 (1999) p. 9 ; A. Bucher, « Le for de raisonnement », in *Liber amicorum Georges A. L. Droz*, Kluwer Law International, 1996, p. 41). La théorie anglaise du renvoi ou « *foreign court theory* », issue de la doctrine des droits acquis, ne dit pas autre chose.

Destinée à éviter la création de situations boiteuses, pareille démarche permet de tenir compte de l'évolution future d'un rapport de droit au sein d'un ordre juridique étranger notamment lorsque le rapport de droit comporte un degré élevé d'extranéité et a vocation à évoluer ailleurs (ou que le point de vue du système étranger compte particulièrement pour d'autres raisons, comme en matière d'adoption où le droit international privé anglais subordonne le prononcé de l'adoption à sa reconnaissance par l'État dont l'enfant est originaire ; la même méthode est utilisée par la Convention de La Haye du 29 mai 1993 sur la protection des enfants et la coopération en matière d'adoption internationale, sur la méthodologie de laquelle, v. H. Muir Watt, *Trav. Com. fr. DIP*, 1993-1995, p. 49). Concurrente de la méthodologie classique du conflit de lois, la méthode de l'ordre juridique compétent diffère cependant de celle qui, évoquée au texte, tend à émerger à l'heure actuelle sous la forme de la reconnaissance unilatérale des situations acquises – précisément en l'absence de toute prémisse unilatéraliste.

La méthode de la reconnaissance et les frontières du conflit de lois. — La méthodologie bilatéraliste postule la vocation concurrente des divers ordres juridiques liés à la question litigieuse pour fournir la règle applicable à celle-ci. Le recours à un critère extérieur pour les départager constitue donc d'une certaine façon une attribution de compétence, même si elle est faite en vase clos et pour le seul compte de l'ordre du for. Si les jugements étrangers sont accueillis désormais sans vérifier leur conformité à cette attribution de compétence (sur le déclin de cette vérification en droit commun et sa disparition en droit européen, v. *supra*, nos 263, 270, 280), c'est parce que, selon l'explication systématisée par P. Mayer (*La distinction des règles et des décisions et le droit international privé*, Paris, Dalloz, 1973, et sur la portée de cette doctrine, *supra*, n° 24), le prononcé d'un jugement transforme les données du problème de l'accueil des normes étrangères. L'existence d'une décision met en présence non plus d'une problématique de choix entre plusieurs normes virtuellement applicables, mais devant l'alternative accueil/refus d'une norme individualisée. Sauf l'anomalie que représente le conflit de décisions, il n'y a plus de concurrence entre plusieurs normes possibles. Seule en scène, déjà concrétisée, la norme individuelle a une vocation immédiate à être reconnue, sauf s'il existe de bonnes raisons de la refuser (ordre public, fraude...).

Or, la méthode de la reconnaissance unilatérale des situations vient brouiller le critère de distinction entre les situations de concurrence abstraite mettant en présence des corps de règles générales qui appellent un critère départiteur extérieur, et la vocation immédiate d'une norme individualisée. Comme l'observe S. Bollée (« L'extension du domaine de la méthode de reconnaissance unilatérale », *Rev. crit. DIP*, 2007. 307), cette distinction est le fruit non d'une donnée naturelle mais d'un parti pris méthodologique, qui postule que les lois non concrétisées par des décisions n'ont qu'une vocation virtuelle, qui attend la mise en œuvre d'un critère départiteur pour se réaliser. Dès lors en effet qu'on fait l'économie du rattachement *a priori*, on admet que des normes abstraites non concrétisées par une décision puissent néanmoins présenter une vocation à la reconnaissance immédiate. Plus encore, le « faux » conflit d'ordre purement platonique qui oppose des ensembles de règles virtuellement applicables se transforme en une situation de « vraie » concurrence, à l'image du conflit de décisions (v. sur ce point et pour les exemples qui suivent, P. Lagarde, « La reconnaissance mode d'emploi », in *Mélanges Gaudemet-Tallon*, p. 497 et s.). Que faire, par exemple, si une situation cristallisée à l'extérieur du for appelle la reconnaissance alors qu'a été prononcé par le juge d'un État également proche un jugement qui l'annule ? La difficulté est familière à l'unilatéralisme, sans que le paramètre de priorité ne soit clairement dégagé (effectivité, priorité chronologique, loi du for…). Longtemps objet de spéculation abstraite dans ce dernier contexte, la question a été envisagée par les droits qui acceptent de reconnaître libéralement les partenariats enregistrés ailleurs et qui sont confrontés par conséquent au sort des enregistrements multiples. Par exemple, la loi allemande donne priorité au dernier en date (17 *b*, § 3 EGBGB). Le projet CIEC sur le partenariat enregistré a choisi au contraire de cumuler les effets de l'état civil des différents partenariats successifs. Mais les conflits peuvent être bien plus difficiles. P. Lagarde donne ainsi l'exemple de la filiation de l'enfant né d'une mère porteuse, enregistré dans deux États différents respectivement comme enfant de la mère porteuse et enfant de la mère commanditaire. Dès lors que la question de l'établissement de la filiation n'est pas tranchée par référence à un critère extérieur (difficile à mettre en œuvre, il faut le reconnaître, dans le cas de l'article 311-14 du Code civil, qui se sert précisément du rattachement à la loi personnelle de la mère…), les situations spontanément créées entrent en « vrai » conflit.

Reconnaissance unilatérale et effets des jugements. — Les manifestations récentes du déplacement du seuil du conflit de lois conduisent à s'interroger sur la signification de la suppression par la Cour de cassation de la condition de conformité du jugement étranger à la règle de conflit du for (Cass. civ. 1re, 20 févr. 2007, *supra*, n° 263). Ces manifestations ont certainement comme point commun de représenter un effacement de la règle de conflit du for. Les unes semblent s'expliquer par l'apparition d'institutions faiblement internationalisées, comme le partenariat, qui encourraient le risque d'être paralysées si elles étaient soumises à un régime conçu pour des situations juridiques plus largement connues, comme le mariage. Pour elles, la dérogation souvent prônée à la méthode conflictuelle a une vocation essentiellement temporaire, en ce sens qu'il faut supposer qu'un rattachement bilatéral sera disponible dès que la catégorie aura été généralisée en droit comparé. C'est chose faite pour le droit français, désormais : v. l'art. L. 515-7-1 C. civ., *infra*, nos 735 et s. Mais, ainsi qu'il est indiqué au texte, les autres phénomènes néo-statutaires doivent retenir l'attention plus longtemps car ils semblent davantage porteurs d'une mutation aux conséquences plus profondes. Il s'agit alors de fonder le respect d'une situation acquise ailleurs sur divers droits fondamentaux – respect de la vie privée, droit à une vie familiale normale, citoyenneté européenne et exigences de la libre circulation des personnes. Mais là encore, sans doute, faut-il distinguer. Dans certains cas, il ne s'agit que de reformuler un rattachement validant, généralement alternatif. Dans d'autres hypothèses, participant plus clairement d'une démarche unilatéraliste, la reconnaissance ne semble conditionnée ni au respect d'un rattachement particulier ni, à la différence de la théorie du conflit de systèmes, à une quelconque condition d'éloignement : il suffit que la situation soit préalablement constituée selon la loi qui a bien voulu s'y appliquer.

C'est à ce dernier courant qu'il serait concevable de rattacher l'arrêt précité du 20 février 2007, qui fait pareillement disparaître l'emprise du rattachement du for en l'absence de toute exigence de distance entre l'ordre du for et la situation litigieuse. Il s'en différencie en revanche en ce que la règle de conflit renonce ici à empêcher l'accueil des situations acquises sans distinguer selon que des droits fondamentaux sont ou non en cause, comme si ces derniers – à l'instar du régime du statut personnel dans l'histoire – commandaient à eux seuls l'orientation du droit commun. À moins que cet élément incite à cantonner la portée de l'arrêt au réaménagement de l'économie interne du régime de l'effet des jugements, qui pourrait justifier à elle seule la disparition du contrôle de la loi appliquée, sans pour autant modifier le seuil de la méthode du conflit de lois (v. *supra*, n° 280).

Droits acquis et droits fondamentaux. — La réapparition d'un raisonnement unilatéraliste fondé tout à la fois sur l'affirmation du champ spatial de la loi du for et sur la reconnaissance libérale des situations constituées en dehors de celui-ci est intervenue initialement, on le sait, à l'occasion de la reconnaissance des jugements étrangers, à travers l'atténuation des exigences de l'ordre public, et le relâchement de l'emprise de la règle de conflit bilatérale sur les situations constituées à l'étranger. Ensuite, et en quelque sorte inversement, dans l'instance directe devant les juges du for, l'exception d'ordre public a servi à imposer certaines valeurs jugées essentielles à l'encontre de la loi désignée par la règle de conflit, dès lors que la situation offrait des liens étroits avec l'ordre juridique du for. La modulation des exigences de l'ordre public en fonction de la proximité des liens entre la situation litigieuse et le for coïncidait avec l'essor des droits de l'homme issus de la Convention européenne qui oblige chaque État-contractant à leur donner effet au profit de toute personne « relevant de sa juridiction » ; l'ordre public dit « de proximité », leur servirait de vecteur. Ainsi, a été imposé en France au nom du droit au respect de la vie privée (art. 8 CEDH) et à l'absence de discrimination (art. 12 CEDH), le changement d'état civil d'un transsexuel étranger résidant en France, pourtant non conforme au statut personnel de l'intéressé (Paris, 14 juin 1994, *Rev. crit. DIP*, 1995. 308, note Y. Lequette. Mais : Cass. Ass. plén., 11 déc. 1992, *JCP*, 1993. II. 21991, concl. Jéol, note G. Mémeteau, *RTD civ.*, 1993. 325, obs. J. Hauser ; comp. CEDH, 25 mars 1992, *D.*, 1993. 101, note J.-P. Marguénaud, *JCP*, 1992. II. 21955, note T. Garé ; et *infra*, n° 626). C'est pareillement au nom de l'égalité des époux consacrée par l'article 5 du Protocole 7 à la Convention européenne des droits de l'homme, que la Cour de cassation a interdit la reconnaissance de répudiations unilatérales à l'encontre de femmes musulmanes domiciliées en France (Cass. civ. 1re, 17 févr. 2004 (2 arrêts), *Rev. crit. DIP*, 2004. 423, note P. Hammje, *JDI*, 2004. 867, note G. Cuniberti et *infra*, n° 761). Plus récemment encore, dans un cas d'esclavage domestique impliquant des parties qui n'avaient cette fois-ci aucun lien substantiel avec la France, la valeur fondamentale du droit violé a permis de fonder la compétence des tribunaux français, en présence d'un risque de déni de justice, pour mettre en œuvre la protection recherchée (Cass. soc., 10 mai 2006, *Rev. crit. DIP*, 2006. 856, note P. Hammje et E. Pataut, *JCP*, 2006. II. 10121, note S. Bollée, *D.*, 2006. 1400, note P. Guiomard, *RDC*, 2006. 1260, obs. P. Deumier ; *JDI*, 2007. 531, note J.-M. Jacquet ; *D.*, 2007, Pan., 1752, obs. P. Courbe). Ce dernier cas, illustrant le mécanisme controversé de « l'ordre public de rattachement » (sur lequel v. P. Hammje, *Trav. Com fr. DIP*, 2006-2008, p. 153 et s.), semble confirmer une progressive mutation méthodologique. Alors en effet qu'ils représentèrent initialement un mécanisme d'éviction de la loi désignée par la règle de conflit bilatérale, les droits fondamentaux semblent désormais donner l'impulsion plus largement à une méthodologie statutaire, du moins dans l'hypothèse de la création de rapports de famille et dans des champs où s'expriment de fortes divergences législatives. Divers domaines (partenariats ; mariage homosexuel ; adoption) attestent désormais de l'émergence d'une nouvelle dichotomie, qui conduit à créer des situations sous l'empire du droit du for et à reconnaître libéralement des situations acquises à l'étranger. Sur cette évolution, qui représente l'un des traits spécifiques du droit international privé européen, v. *infra*, n° 1145.

Effacement de la règle de conflit *Pflichtenkonflikt*. — Le souci de remédier aux situations plurilocalisées boiteuses est central dans la doctrine de Wengler, apparaissant à travers les solutions qu'il propose à l'ensemble des situations relevant de la problématique de la rétroactivité et des questions préalables (v. *supra*, n° 504). Cet auteur rappelle qu'une « situation » existe dès qu'il y a un for prêt à la sanctionner (v. : « La situation des droits », *Rev. crit. DIP*, 1957. 185 et 409), de sorte qu'un rapport boiteux n'est pas un rapport imparfaitement réalisé mais la concurrence de sanctions contradictoires. Dans une telle situation d'incertitude, la règle de conflit du for ne peut remplir la fonction de fournir à l'intention des justiciables une règle de comportement individuel (v. : « Remarques sur les "questions préalables" », *Rev. crit. DIP*, 1966. 165, spéc. p. 189 ; comp. cepdt. les observations dubitatives de Motulsky, *Rev. crit. DIP*, 1951. 386, au sujet de la proposition faite par Wengler de fonder une orientation méthodologique sur la structure de l'acte juridictionnel en droit international privé). Il importe donc qu'elle s'abstienne d'imposer un critère de rattachement, s'effaçant devant les convictions des parties (à les supposer identifiables et convergentes). Le cas échéant, le for saisi devra élaborer une solution purement équitable, sans critère préétabli. Dans cette conception, on voit que la condition d'effacement de la règle de conflit du for est celle, positive, de l'attente des parties relative à la validité d'un rapport ou d'un état donné, et non l'éloignement de celui-ci par rapport au for. Elle se rapproche ainsi davantage de l'exception d'ignorance ou de la reconnaissance des liens de famille sur le fondement des droits fondamentaux, suggérant qu'il existe une passerelle naturelle entre ces approches et les avatars plus anciens du conflit de lois dans le temps.

Droits acquis et reconnaissance mutuelle. — Très naturellement, un rapprochement est souvent fait entre la reconnaissance mutuelle et la méthodologie des droits acquis, dont le mode d'intervention se présente pareillement de façon négative (v. G. Rossolillo, *Mutuo riconoscimento e techniche conflittuali*, Padoue, CEDAM, 2002 ; R. Michaels, « EU law as private international law? Reconceptualising the country-of-origin principle as vested-rights theory », 2, *Journal of Private International Law*, 2006. 195). Il se peut au demeurant que la récurrence périodique du raisonnement fondé sur les droits acquis accompagne l'essor cyclique du libéralisme économique (R. Michaels, *op. cit.*). Le rapprochement tient au fait que la liberté économique est invoquée alors que le produit ou le service a déjà été mis sur le marché d'origine et se voit opposer une condition supplémentaire à l'occasion de l'accession au marché du pays d'accueil ; celle-ci est écartée au nom de l'intangibilité du droit – celui d'accéder au marché – conféré par la loi d'origine. Le produit circule avec sa composition juridique d'origine « acquise ».

En même temps, ce rapprochement permet de souligner que la mise en œuvre de la liberté d'accéder au marché du pays d'accueil n'en résulte pas moins, nécessairement, de la mise en œuvre d'un critère d'acquisition, qui suppose en outre identifiée la loi d'origine ou de référence et précisé son champ. À cet égard, les théories des droits acquis postulaient la territorialité des lois ; ce n'est qu'à cette condition qu'elles pouvaient maintenir la fiction qu'elles opéraient sur le seul terrain de la circulation des droits individuels, acquis comme de simples faits dans les pays étrangers, tout en s'abstenant d'importer la loi du souverain territorial étranger dans l'État du for. Cette fois-ci, l'analogie avec le principe d'origine suggère que celui-ci a vocation à concerner les règles de droit public (essentiellement les autorisations et agréments pour les services et les standards de qualité pour les produits), qui sont de portée territoriale. L'extraterritorialité sied mal en revanche tant avec l'idée d'un droit « naturellement » acquis comme un fait en dehors de toute intervention préalable d'un rattachement personnaliste, qu'avec la reconnaissance mutuelle (sur ce point, qu'illustre l'arrêt de la CJCE *Alpine Investments* en présence d'une loi de police extraterritoriale protectrice des investisseurs, v. H. Muir Watt, « Aspects économiques du droit international privé », *RCADI*, 2004, t. 307, p. 20, spéc. p. 191, n°s 148 et s. Pour des analogies entre le principe d'origine et le personnalisme des statuts, M. Hellner, « The Country-of-Origin Principle in the E-Commerce Directive. A conflict with the conflict of laws? », *in* A. Fuchs, H. Muir Watt, E. Pataut (dir.), *Les conflits de lois et le système juridique communautaire*, Paris, Dalloz, p. 205, spéc. p. 224).

Chapitre 3

PERSPECTIVES D'AVENIR

582-1. La physionomie moderne du droit des conflits de lois a émergé vers la fin du XIXe siècle, en même temps que le droit interétatique. Sous le vocable « droit international [1] », ses deux branches, publique et privée, ont cohabité jusqu'à récemment dans une relative indifférence mutuelle. L'une s'occupait des rapports noués entre entités souveraines dans leurs dimensions externes ; l'autre, des relations entre personnes privées tiraillées entre les différents ordres internes. La première avoisinait la matière, plus politique, des relations internationales et empruntait à la diplomatie ou la science politique ; la seconde projetait sur l'économie et la société une vision enracinée dans le droit privé. La centralité de l'État était cependant incontestée des deux côtés de la division, qui y trouvait au demeurant son fondement. Seuls quelques points de rencontre, tels les droits fondamentaux, l'extraterritorialité, l'immunité juridictionnelle, voire quelques passerelles à travers « le tabou » du droit public étranger, suggéraient que la frontière entre les deux était moins étanche qu'elle ne le paraissait. Au demeurant, c'est bien là que se sont nichées les tensions qui, mettant les méthodes classiques à l'épreuve, expliquent certains des réassemblages actuellement en cours.

582-2. Au-delà cependant, se pose plus fondamentalement la question du devenir du droit international privé commun [2], au cœur duquel se place le conflit de lois. Les raisons en sont liées tout à la fois à la transformation des structures et des modes d'intervention de l'État, et à l'avènement en dehors du cadre de celui-ci de normativités multiples. Les secousses que subissent par contrecoup les conceptions établies du

1. Le terme « droit international » est dû à Bentham ; le terme « privé » a été ajouté par Story (v. *supra*, n° 7).
2. La théorisation du droit spécial de l'Union est proposée *infra*, n°s 1120 et s.

droit lui-même sont particulièrement visibles lorsqu'on se place dans la perspective, qui se veut surplombante, du conflit de lois. Aujourd'hui, chacun des éléments constitutifs du champ de cette discipline devient insaisissable, dès lors que le modèle dogmatique [1] auquel ils empruntent persiste à voir dans l'État la source exclusive du droit, à reposer sur la distinction du droit privé et du droit public, et à dissocier les ordres juridiques international et interne [2]. Au regard de ces caractéristiques, seules les normes nationales de droit privé peuvent donner lieu à un conflit de lois ; seules, elles peuvent également le résoudre.

582-3. C'est à ce dernier titre que la théorisation courante de l'objet et de la fonction du droit des conflits de lois rencontre désormais de sérieuses limites, aussi bien au regard de sa valeur descriptive ou explicative, qu'en tant qu'elle propose des outils de solution procédant d'une certaine conception de l'ordre international [3]. Ce n'est pas à dire que cette théorie soit restée statique, ni même que le droit international privé en devenir puisse être totalement supplanté par de nouveaux courants. D'autant que divers modèles se sont succédés – et dans une large mesure, coexistent aujourd'hui – même s'ils se présentent toujours comme autant de manières de conceptualiser le rapport entre le droit public et le droit privé, et entre l'individu et le souverain [4]. Mais l'écran que représente l'État lui-même entre l'ordre interne et l'ordre international étant devenu poreux, de nouvelles configurations de conflits apparaissent à l'occasion de l'exercice des compétences étatiques extraterritoriales (sect. 1). Par ailleurs, l'équation originaire fondée sur l'exclusivité du droit de l'État-nation est faussée par l'essor de l'autorité transnationale

1. Le modèle est dogmatique en ce sens que si la croyance dans le caractère scientifique de la discipline n'a guère plus cours, les prémisses de sa définition, que sont l'État, la distinction du privé et du public et la dissociation des dimensions interne et externe de la souveraineté, sont tenues pour incontestables dans leur principe.

2. La définition de l'objet de la discipline du conflit de lois telle qu'elle s'est construite ainsi dans l'espace entre droit international public et droit national privé a induit une certaine conception de sa fonction. Ainsi, en se bornant à déterminer vers quel système national de droit privé se tourner pour résoudre une question juridique affectée d'extranéité, elle viserait seulement à neutraliser, dans l'intérêt de la prévisibilité juridique, les effets néfastes de la disparité des lois en présence ; l'absence de toute ambition d'apporter une solution au fond, mais seulement de gérer les conséquences de cette pluralité de réponses possibles, est à l'origine du mythe de sa neutralité (son impartialité politique à l'égard des lois en cause, et son indifférence à l'égard du résultat concret).

3. L'ordre revêt ici le double sens de vertu et d'institution.

4. Le modèle coopératif voit dans le droit du conflit de lois un instrument de coordination de ces dernières, dans l'intérêt de l'ordre et de la prévisibilité dans l'espace international. La version conflictuelle souligne les aspérités de celui-ci, y introduit un prisme politique, et remplace tout projet unificateur par une incitation à l'auto-limitation raisonnable. Le paradigme concurrentiel prend acte de l'offre de produits législatifs et multiplie ou régule les outils de choix des individus.

non étatique, comportant une part de souveraineté privée (sect. 2). Devant ce décalage radical entre l'ordre international tel que le construit le droit du conflit de lois et le désordre qu'il laisse s'installer, il convient de s'interroger sur l'avenir d'une théorie transversale de la coordination juridique (sect. 3).

SECTION 1
La séparation de l'ordre national et international

582-4. Le droit international privé gomma les concepts politiques de souveraineté étatique ou de territorialité du pouvoir au cours du XXe siècle, au profit de ses dimensions de droit privé [1]. Les conséquences économiques et sociales d'un tel effacement du conflit de lois furent à l'origine de la désaffection dont la discipline fit l'objet en présence d'enjeux liés à la globalisation – les flux de populations ; le statut des terres ; la responsabilité des groupes de société multinationaux – et de son dépassement par d'autres approches disciplinaires. À l'égard de tels enjeux, le pouvoir étatique tel qu'il s'exerce en dehors du territoire se réintroduit cependant désormais au centre de l'équation, induisant une porosité croissante entre les branches publique et privée du droit international ; ces changements affectent chacune d'elles. Tandis que la première a étendu son champ au-delà de la répartition des compétences étatiques pour consacrer des valeurs propres à la communauté des États, la seconde a pareillement assorti le conflit de lois de tempéraments tenant au respect de valeurs transcendantes. La rencontre s'est faite ainsi largement par le canal des droits fondamentaux [2]. Par leur biais, en effet, les normes de droit international public investissent l'ordre public national, s'infiltrent dans les codes de conduite contractuels, ou pénètrent le sanctuaire de l'arbitrage d'investissement [3]. Le conflit de lois, de son

1. V. *supra*, n°s 338 et s.

2. Certaines des manifestations les plus spectaculaires de cette rencontre concernent le conflit de juridictions tout autant que le conflit de lois. S'agissant du *Alien Tort Statute*, notamment, on ne sait s'il faut raisonner comme en présence du droit substantiel ou si le caractère juridictionnel de l'objet de ce texte lui confère une spécificité (v. *passim*). Dans l'un ou l'autre cas, dans le cadre de cette loi, un contentieux régi par le droit privé peut être perçu comme ayant pour enjeu l'extraterritorialité ou le rapport entre souverains.

3. V. W. Mattli et Th. Dietz, *International Arbitration and Global Governance. Contending Theories and Evidence*, Oxford University Press 2014, et les diverses contributions relatives à l'irruption des droits fondamentaux dans ce contexte.

côté, intègre les obligations positives qu'assument les États à l'égard des personnes qui se trouvent dans leur juridiction, et explore ainsi les limites de la territorialité du pouvoir étatique.

582-5. L'enchevêtrement du droit international public et des droits privés nationaux s'est réalisé par une sorte de croisement de destinataires. Ainsi, l'irruption de l'individu en tant que destinataire de normes de droit international public a induit réciproquement l'invocabilité horizontale des obligations des États dans le domaine des droits privés nationaux. Cette interpénétration des ordres juridiques est d'ailleurs rendue plus complexe encore par la montée en puissance des systèmes régionaux de droits fondamentaux, qui, comme dans le cas de l'Europe, peuvent se superposer et parfois se contredire. Certains de ces droits présentent une vocation spécifiquement transfrontière, comme l'illustre notamment le droit à la protection de la vie privée, garantissant de façon spécifique la continuité des relations personnelles qui se développent en dehors de l'État d'origine. Dans tous les cas, la présence d'un tel droit individuel déclenche un contrôle de proportionnalité, lequel entraîne par lui-même d'importants effets méthodologiques susceptibles de se déployer sans référence aux méthodes classiques du droit international privé.

582-6. C'est en vue d'appréhender cette dimension qu'il a été proposé de dessiner un nouveau champ disciplinaire, fait du droit des « relations étrangères de l'État » (*foreign relations law*), et destiné à allouer les « pouvoirs externes des États vis à vis des individus et en rapport avec le droit international public [1] ». Au centre de ce projet figure donc l'interférence de la souveraineté dans la vie des particuliers en dehors du ressort de l'État. Si la « fonction allocatrice » est empruntée au droit du conflit de lois, le projet consistant à créer une nouvelle discipline procède au contraire du constat de l'impuissance de celui-ci à y procéder. Il s'agit en effet de dépasser l'acquis – le binaire territorialité/extraterritorialité et la présomption en faveur de la première en matière de droit public – hérité du paradigme westphalien des relations entre les États et individus se trouvant à l'extérieur de son ressort (que celui-ci soit défini par un critère territorial, ou par un élément personnel comme la nationalité ou le domicile).

582-7. Ainsi, divers cas, traités en des termes variés par les juridictions de différents pays, soulèvent tous la question des limites du pou-

1. V. Campbell McClachlan, « The allocative function of foreign relations law », *British Yearbook of International Law*, Oxford University Press 2012, accessible à http://bybil.oxfordjournals.org/content/early/2012/10/10/bybil.brs003

voir étatique à l'égard d'individus dans des situations transnationales. Ils attirent l'attention sur l'incidence que peut avoir la mise en œuvre d'une politique étrangère sur des droits individuels ; à leur tour, ceux-ci ont vocation, de façon croissante, à en constituer des limites. Les enjeux peuvent être de toutes sortes : droit à une enquête publique de mères de soldats tués lors d'une occupation militaire étrangère [1] ; réparation civile délictuelle contre l'État d'origine pour complicité dans des actes de torture commis à l'étranger [2] ; étendue du pouvoir juridictionnel de ce même État d'origine à l'égard des faits intervenus en cas d'occupation d'un territoire étranger [3] ; ou encore responsabilité de celui-là à l'égard de son propre citoyen pris dans les filets d'une justice militaire ou criminelle étrangère [4] ; contrôle de la légalité internationale d'une sanction prise par une organisation supranationale à l'égard d'un ressortissant de l'État du for national [5]. Dans tous ces cas, l'approche judiciaire adoptée – le cas échéant à l'encontre du pouvoir exécutif ou des prérogatives de celui-ci en matière de relations externes –, semblerait témoigner d'un processus de constitutionnalisation graduelle du champ transnational jadis occupé soit par le seul conflit de lois, soit par le droit international public.

582-8. Pareille observation peut être mise en relation avec une réflexion contemporaine sur les relations entre le droit international privé, la question de la portée des droits fondamentaux (dans l'espace et aussi à l'égard de la sphère privée) et les obligations positives des États [6]. Il s'agit là en réalité de trois façons différentes d'aborder un même problème. Pourtant, il n'existe aucune cohérence méthodologique entre elles ; plus encore, des questions de même type peuvent recevoir un traitement variable selon le raisonnement appliqué. En outre, et d'un point de vue plus conceptuel, la notion d'extraterritorialité est utilisée pour décrire – parfois même pour déterminer le régime – des situations de nature très différente : atteinte à la liberté d'expression de ceux qui revendiquent leur droit d'entendre un chercheur exclu du territoire

1. *R (Gentle) v Prime Minister* [2008] UKHL 20, [2008] 1 AC 1356, 140 ILR 624.
2. *Habib v Commonwealth of Australia* [2010] FCAFC 12, 183 FCR 62.
3. R (Smith) v Oxfordshire Assistant Deputy Coroner [2010] UKSC 29, [2011] 1 AC 1.
4. *Khadr v Canada (Prime Minister)* 2010 SCC 3, [2010] 1 SCR 44.
5. *Ahmed v H M Treasury* [2010] UKSC 2, [2010] 2 AC 534.
6. J.A. Bomhoff, « The Reach of Rights : "The Foreign" and "the Private" in Conflict-of-Laws, State-Action, and Fundamental-Rights Cases with Foreign Elements », 71-*Law & contemp. Probs.* 39 (2008), juxtaposant : (1) des cas impliquant des droits fondamentaux et comportant des éléments d'extranéité ; (2) des cas impliquant des droits fondamentaux et la vie privée ; (3) des cas de droit privé comportant des éléments d'extranéité, et poursuivant alors une exploration des relations qu'entretiennent les droits fondamentaux avec l'étranger et le privé.

national[1] ; extradition d'un individu qui risque la peine de mort à l'étranger[2] ; réparation des dommages causés en dehors de l'État du for par la filiale d'un groupe rattaché à celui-ci par le siège de la société mère[3]. En réponse à de telles questions, il conviendrait alors non seulement de rétablir l'interconnexion entre ces diverses problématiques, mais également d'en explorer l'influence mutuelle. Ainsi est-il proposé, par exemple, de délaisser le raisonnement complexe des obligations positives des États, pour se poser directement la question du domaine spatial de la responsabilité de ces derniers. Si la méthodologie est empruntée au conflit de lois, celui-ci se voit régénéré par l'introduction d'éléments venus du droit international public et centrés sur le déploiement international de la souveraineté à l'égard des individus.

SECTION 2
Le phénomène de l'autorité transnationale non étatique

582-9. La réapparition du pouvoir étatique dans l'équation du conflit de lois n'est pas un simple retour en arrière. Un changement de paradigme comme celui-ci laisse toujours subsister des éléments de l'ancien ainsi que les germes du nouveau. Ici, le retour du pouvoir de l'État s'accompagne d'une transformation parallèle et apparemment contraire de l'économie et du politique. D'une part, le domaine du marché s'étend désormais jusqu'à atteindre le territoire même de certains États qui n'ont de souverain que le nom, tandis que « l'entreprise-monde » investit le pouvoir politique[4] ; d'autre part, la multiplication des identités et des allégeances induit une « négation progressive de la

1. *Kleindienst v. Mandel*, 408 U.S. 753 (1972), concluant à une violation du Premier Amendement de la Constitution du fait du refus d'entrée au territoire d'un universitaire belge, qui empêchait le public de l'écouter.
2. CEDH *Soering c. Royaume Uni*, 161 (ser. A) 35-36 (1989).
3. Cour suprême des États-Unis, *Kiobel*, v. *supra*, n° 63.
4. J.-Ph. Robé, *Le temps du monde de l'entreprise. Globalisation et mutation du système juridique*, Dalloz, « À droit ouvert », 2016, constatant qu'en s'internationalisant, les grandes entreprises deviennent des systèmes de pouvoir qui échappent au contrôle des États. Comment mettre alors en place une « constitutionnalisation » de leur pouvoir ?

capacité de contrôle de l'État et de sa légitimité[1] ». Les conséquences de cette double orientation pour le droit international privé sont potentiellement très radicales, ici encore.

582-10. Elles mettent en effet en jeu l'identification des « lois » en conflit. La théorie du conflit de lois a opposé jusqu'ici une forte résistance à l'inclusion des normes non étatiques. Pareil étato-centrisme n'est pas surprenant car il est le même que celui de la théorie du droit classique, laquelle ne compte les normes coutumières parmi ses « sources » que lorsqu'elles ont été adoubées d'une façon ou d'une autre par le législateur ou le juge. Au demeurant, la traduction méthodologique du statut subordonné de normes non étatiques est, en droit interne comme en droit international privé, la technique de la « prise en considération », qui permet dans l'un ou l'autre contexte de donner effet à des normes extérieures à l'État mais « *relevants* » pour celui-ci comme s'ils étaient des faits[2]. La coutume menaçait autant le régime législatif post-révolutionnaire que les différents ordres privés transnationaux remettent en cause aujourd'hui la suprématie du droit étatique. En réalité, le recours à ce procédé signale que le conflit de lois n'est pas prêt à prendre en charge un phénomène normatif hétérogène.

582-11. C'est pourquoi l'essor de l'autorité non étatique confronte le droit international privé, dans son état actuel, à une série de difficultés significatives. Les unes relèvent cependant encore d'une utilisation (plus ou moins) judicieuse de ses propres méthodes. C'est ainsi que la « souveraineté privée » des grandes entreprises multinationales ayant conquis une liberté économique sans obligations corrélatives, peut trouver une régulation adéquate dans les moyens du droit privé, soutenu par un régime idoine de conflit de lois. Plus difficile pour ce dernier est la gestion des revendications identitaires en dehors de l'État, car l'appréhension des normes des communautés politiques infra-étatiques ou transnationales oblige à repenser la notion de « lois » en conflit. Enfin, l'impulsion néolibérale donnée aux contrats internationaux et, dans leur sillage, à l'arbitrage commercial international, a pour effet de déréguler le marché des produits judiciaires et de déplacer les leviers de la régulation hors de la portée des conflits de lois.

1. B. Badie et M.-C. Smouts, *Le retournement du monde. Sociologie de la scène internationale*, Presses de la Fondation nationale des sciences politiques, 1992, relevant la négation progressive de la capacité de contrôle de l'État et de sa légitimité devant la multiplication des espaces de références (églises, mafias…), qui conduisent à remettre en cause l'allégeance à l'État.

2. V. sur cette technique qui implique la « dégradation » du droit en fait, *supra*, n° 436-1.

582-12. La souveraineté privée. L'accession des entreprises de droit privé à une puissance économique et politique équivalente à celle des États s'accompagne de la revendication d'une souveraineté privée. Celle-ci revêt cependant au moins deux significations distinctes. La première est celle de l'autonomie, au sens d'une liberté à l'égard des contraintes du droit (à l'égard de l'État de droit ou de la *rule of law*), sauf celles d'obligations contractuelles librement assumées. Le droit international privé a joué un rôle premier dans cette libération, en acceptant la désactivation des impérativités locales susceptibles de limiter la liberté contractuelle [1] ; en soutenant également le cloisonnement juridique du groupe de sociétés ; en assurant enfin le rattachement de la responsabilité à la loi du lieu du dommage, c'est-à-dire de l'activité industrielle dommageable de la filiale locale du groupe [2]. Sur aucun de ces points, la position du droit international privé n'est immuable, cependant.

582-13. La seconde signification juridique que peut revêtir la souveraineté privée est celle de la vocation à émettre ses propres normes. L'entreprise-monde se veut également législateur : la prolifération des codes de conduite des entreprises l'atteste. À son tour, cette activité se déploie dans deux contextes différents au regard du droit international privé. L'un concerne la gouvernance interne de l'entreprise, et les rapports avec ses propres salariés. L'autre, son environnement externe, composé de contractants participant à des chaînes contractuelles au soutien de la production et de la diffusion de produits ; de communautés locales susceptibles d'être affectées par son activité ; ou encore de consommateurs dans l'État d'origine ou ailleurs. Ceux-ci constituent à l'heure actuelle, à défaut de syndicats transnationaux, le plus puissant levier économique pour faire respecter des codes unilatéralement affichés [3]. Juridiquement, la mise en œuvre de ces derniers passe nécessairement par des mécanismes d'opposabilité ; ceux-ci empruntent, selon les cas, la voie de l'obligation quasi contractuelle, de la prise en considération dans l'appréciation de la faute délictuelle, ou de l'estoppel.

582-14. Les communautés infra ou trans-étatiques. S'agissant des formes de normativité infra ou trans-étatique répondant à l'idée de com-

1. *Supra*, n° 556.
2. Sur l'ensemble de ces questions, v. *infra*, n°s 1063 et s.
3. Pour des applications intéressantes, v. les affaires *Nike* et *Total* (*supra*, n° 54-1 ; *infra*, n°s 916, 1024-5 ; 1101).

munauté [1], il s'agira souvent de pratiques que le droit occidental légicentrique tient pour « coutumières » ; la difficulté pour le droit international privé sera tout à la fois celle de l'adéquation de ses propres rattachements, calqués sur les attributs de l'État (localisation dans un territoire ; allégeance par la seule nationalité ou le domicile), et celle de la légitimité des normes qui, selon des critères propres, exercent une emprise sur les activités en conflit, ou la revendiquent en tout cas. À l'heure actuelle, la réponse du droit international privé consiste à les traiter comme des conflits dits internes. Méthodologiquement, il s'agit alors soit de s'aligner sur le rattachement du pays pluri-législatif en question, soit de suivre la règle de conflit du for elle-même jusqu'au dernier ordre juridique autonome. Ce dernier choix, qui implique de rendre transparentes les frontières de l'État, est de nature à engendrer une tension extrême quand la communauté désignée en sous-ordre par le rattachement du for n'est pas celle qui a compétence selon le droit constitutionnel de l'État territorial (soit que celui-ci utilise un critère différent, soit que son existence n'y est pas consacrée) [2].

582-15. Tandis que l'interprétation téléologique de la règle de conflit du for, selon qu'elle « localise » directement ou non des intérêts [3], permet de justifier que le critère de répartition local ne soit pas consulté, il faut alors accepter dans ce cas qu'elle puisse être également porteuse de reconnaissance d'une communauté infra-nationale ne trouvant pas son expression au sein de la collectivité politique étrangère à laquelle elle appartient. Inversement, suivre le rattachement du for jusqu'au bout peut conduire à méconnaître un critère de gestion de la diversité culturelle qui revêt une importance essentielle dans l'équilibre politique local. Un tel pas ne peut être franchi, à ce double égard, en dehors d'une réflexion sur la légitimité du for étranger à l'accomplir ; il aura en effet une incidence au moins symbolique sur la façon dont une communauté donnée se perçoit et est perçue. Or, à force d'aseptiser la règle de conflit

1. T. Fischer, « A Nuanced Approach to the Privatization Debate », 5 *Law & Ethics of Human Rights*, art. 2, (2011), distinguant deux modèles d'ordres normatifs non étatiques (ou « privatisés »), différents par leurs ontologies, le rôle accordé à des mécanismes coopératifs, et le type d'institutions de gouvernance.

2. V. *supra*, n° 513. Si l'ordre juridique complexe, désigné par la nationalité, se sert lui-même du domicile, et que celui-ci est en dehors de son ressort, il y a lieu à renvoi.

3. Sur ces conflits, v. V. Parisot, *Les conflits internes de lois*, Bibliothèque de l'Institut de Recherche Juridique de la Sorbonne – André Tunc, t. 46, 2013, 2 volumes, proposant de régler de façon unitaire l'ensemble des conflits internes (interpersonnels ou interlocaux ; et parmi ces derniers, les conflits interfédéraux des conflits interrégionaux), selon que la règle de conflit a ou non une fonction « directement localisatrice d'intérêts » ; aj., du même auteur : « Les classifications des conflits internes de lois à l'épreuve de leur solution », *Rev. crit. DIP*, 2014. 469.

par assimilation de ses objectifs à ceux du droit privé, les outils et méthodes finissent par manquer [1].

582-16. Un conflit politique analogue fait surface dans l'arbitrage international d'investissement, où l'absence d'alignement de l'État et des communautés locales qui en refusent la souveraineté ou en contestent la représentativité, se pose désormais de façon aiguë [2]. Ainsi, il peut arriver que des terres à l'égard desquelles un groupe revendique un droit de propriété coutumier, soient vendues à un investisseur par l'État d'accueil. En cas de contestation, celui-ci est alors pris entre le marteau et l'enclume puisque le respect des engagements à l'égard de l'un implique nécessairement la violation des autres. La protection qu'accorde le droit des investissements contre l'expropriation se heurte alors à la reconnaissance qu'accorde par ailleurs le droit international public à l'identité culturelle des peuples [3].

582-17. **Les pôles normatifs privés**. — D'autres champs normatifs présentent une ontologie très différente de celle qui peut être qualifiée de communautaire [4]. Leur composition a des bases plus éphémères, moins relationnelles que contractuelles. Ils se conçoivent comme un ensemble de règles à respecter, et non pas comme un « monde normatif » à habiter ; exprimant des préférences communes plutôt que des liens identitaires, ils visent plus à ordonner qu'à conférer un sens. Il en va ainsi de la *lex mercatoria*, de « l'ordre juridique » sportif, du droit des marchés financiers ou du droit des investissements internationaux. Ils comportent généralement une instance de régulation et de règlement des différends qui leur confèrent une autonomie fonctionnelle. Il suffit alors d'une pratique suffisamment dense, débouchant sur la création d'un corpus de principes spécifiques, voire parfois une institutionnalisation propre, pour fonder également une revendication de normativité à caractère juridique.

582-18. L'exemple emblématique est celui de la *lex mercatoria*, telle que développée par l'arbitrage commercial international [5]. À l'égard de

1. Au-delà du droit, les autres sciences sociales s'interrogent sur les composantes de l'autorité, lorsqu'elle traverse les frontières. V. Max del Mar, Roger Cotterrell (dir.), *Authority in Transnational Legal Theory Theorising Across Disciplines, Elgar Studies in Legal Theory*, Edward Elgar Publishing, 2016.

2. V. H. Muir Watt, « The contested legitimacy of investment arbitration and the human rights ordeal: the missing link », *in* W. Mattli & Th. Dietz, *op. cit.*

3. E Jouannet, *Le droit international de la reconnaissance*, Pédone, 2013. Le droit international privé est désormais affecté par cette même perspective philosophique.

4. T. Fischer, *op. cit.*

5. Le statut international de l'arbitrage est difficile à expliquer par référence à la force obligatoire agrégée de l'ensemble des contrats qui contiennent des clauses compromissoires ; le champ donne lieu à une institutionnalisation propre.

sa force normative, le Règlement Rome I reste silencieux et ses considérants prudents [1], tandis que ses rapports avec l'ordre juridique étatique font partie des grandes questions philosophiques du droit transnational ou global [2]. La technique juridique du conflit de lois offre à nouveau les ressources de la prise en considération pour gérer les effets d'une normativité hétérogène. Mais cette technique ne règle que le problème formel supposé par l'entrée de cette dernière dans l'ordre juridique du for lorsque celui-ci se perçoit comme exclusif ; pas plus que d'autres procédés répondant à cette dernière fonction, elle ne règle cependant sur un plan systématique les questions de champ d'application et de critères de règlement des conflits. La multiplication au-delà de l'État d'instances décisionnelles fonctionnellement spécialisées dans l'application d'un ensemble de normes techniques – ce qui, en droit international public est désigné sous le vocable « fragmentation » – risque d'amplifier les tensions qu'engendre, déjà, l'expansion de l'arbitrage.

582-19. Ces tensions s'expriment par des « points de pression », qui font l'objet de l'attention de divers courants de réflexion théoriques relatifs à l'élaboration du droit transnational ou global et y sont diversement conceptualisés [3]. Cependant, à partir de contextes très divers tels que l'arbitrage d'investissement, l'activité des agences de notation, ou l'élaboration des codes de conduite des entreprises multinationales, s'induit l'observation commune selon laquelle la pression exercée sur un maillon faible au sein d'un enchaînement très complexe d'institutions et d'acteurs interdépendants peut provoquer des effets imprévisibles, en

1. V. *infra*, n° 896.
2. V. E. Gaillard, *Aspects philosophiques de l'arbitrage international*, ADI-POCHE, 2008. ; J. Paulssen, *The idea of arbitration*, Oxford University Press 2014.
3. Du point de vue d'une analyse institutionnelle, ils apparaissent comme des espaces de respiration qui permettent à l'ensemble de « tenir » (K. Pistor, « Contesting Property Rights: Towards an Integrated Theory of Institutional and System Change », *Global Jurist* : vol. 11 : Iss. 2 (Frontiers), Article 6 (http://www.bepress.com/gj/vol11/iss2/art6) ; dès lors, par exemple, que l'arbitrage d'investissement intègre des droits fondamentaux, leur mise en tension exige des concessions. La perspective d'une théorie des systèmes ou encore des « acteurs-réseaux », porte sur l'environnement dans lequel des fonctions se transforment, et à son tour transforme les acteurs qui en sont investis et pour lesquelles ils n'étaient pas prévus, avec des conséquences imprévisibles d'ordre systémique (G. Teubner, « Self-Constitutionalizing TNCs ? On the Linkage of "Private" and "Public" Corporate Codes of Conduct », in *Gralf-Peter Calliess* (Hrsg.) ; « Governing Transnational Corporations – Public and Private Perspectives », 17 *Indiana Journal of Global Legal Studies*, 2010 ; sur la théorie des acteurs-réseaux, v. B. Latour, *Nous n'avons jamais été modernes. Essai d'anthropologie symétrique*, Paris, La Découverte, « Poche/Sciences humaines et sociales », 2006, éd. originale, 1991) ; un bon exemple est celui de la place prise par les agences de notation à l'égard de la dette souveraine, qui leur donne une suprématie sur les marchés (B. Frydmann, A. van Waeyenberge, *Gouverner par les standards et les indicateurs. De Hume aux rankings*, Bruylant, 2014).

déplaçant ailleurs les fragilités. Le schéma ainsi proposé est également de nature, plus généralement, à rendre intelligibles les évolutions affectant le droit au-delà de l'État, dans ses points de contact avec le droit international privé.

582-20. Des stratégies comportementales complexes favorisées tant par les évolutions des technologies et des structures institutionnelles que par les orientations économiques et sociétales, éprouvent jusqu'à la limite le conflit de lois et ses outils d'ordre public ou de fraude. Citoyens ou acteurs économiques, dotés de mobilité ou de liberté de choix, intègrent désormais la multiplicité de centres décisionnels dans le monde afin de les jouer les uns contre les autres. Le vocabulaire pour décrire ces stratégies est péjoratif [1], mais d'autant plus impuissant à les condamner ou à les empêcher que le marché des services juridictionnels et des lois est institutionnalisé par les États mêmes dont la loi est évincée. Le conflit de lois cédant à la pression de la pratique, il n'est donc nullement surprenant que l'injonction et l'exécution judiciaire, investies désormais de la fonction de régulation qu'il n'est plus à même d'assumer, disent le tout dernier mot du droit [2].

SECTION 3
Redessiner le conflit de lois ?

582-21. Le décalage entre la construction conceptuelle et la réalité politique est désormais si tangible, cependant, qu'il convient de se demander si la discipline peut – sous les aspects ici décrits du moins –

1. Fraude à la loi, *forum shopping*, « *gaming the system* », *U-turns*, contournement, trous noirs, mécanismes contractuels de neutralisation ou de désactivation des impérativités.

2. Une illustration emblématique de ce phénomène, signalant la défaillance du conflit de lois dans son rôle d'apaisement ou tout au moins de coordination, est l'affaire *Chevron* (v. *supra*, n° 122-1). Le contentieux, qui portait sur les effets environnementaux des activités extractives du groupe défendeur, s'est développé à partir d'un « vrai » conflit de systèmes nationaux sur le terrain de l'accès au juge. L'étape suivante a opposé l'ordre national ayant émis le jugement de condamnation et le droit international public, par le canal de l'arbitrage d'investissement. Une tentative de faire cesser cette dernière procédure s'est engagée par le biais du pouvoir injonctif des juges de l'État du défendeur. Enfin, les procédures d'exécution du jugement d'origine dans les États-tiers ont été neutralisées par jeu du RICO ; le trust judiciaire, capteur de profits inéquitables, sert ici d'outil majeur. Dans cet imbroglio d'ordres juridiques, le dernier mot dépend du déploiement d'une technologie juridique et judiciaire de *claw-back*, contre-mesure analogue à celle qu'on a pu voir en œuvre, par exemple, dans le droit de prélèvement en matière successorale, l'ordre de retour nonobstant dans le domaine de l'enlèvement de l'enfant, ou encore l'injonction *anti-suit* et ses avatars, mise en jeu en cas de collision de régulations économiques.

survivre au renouvellement de ses éléments constitutifs. Plus encore, il importe de vérifier si, ainsi redéfinie, il y a encore une place pour une méthodologie transversale encadrant la rencontre du droit et les rapports transnationaux. En effet, il resterait à l'articuler soit avec des champs transversaux concurrents, tels les droits fondamentaux, soit avec les multiples systèmes normatifs plus spécialisés qui définissent leur domaine à l'aide – le cas échéant – de leurs propres instances de décision (arbitrage international ; transports ; marchés de capitaux ; internet...).

582-22. La première raison de penser qu'une telle voie vaut la peine d'être explorée tient au risque, identifié en droit international public, qu'à la faveur de luttes d'influence, la multiplicité de régimes spéciaux et fragmentés recherchant chacun l'autonomie, fasse perdre de vue une vision d'ensemble [1]. En effet, il faut sans doute accepter que le cumul de régimes revendiquant tous unilatéralement la suprématie sur un domaine ou à l'égard d'un groupe donné, constitue le reflet de la multiplicité contemporaine des allégeances politiques, des revendications identitaires, et des champs sociaux fonctionnels [2]. Toutefois, la superposition de normes à géométrie variable ne constitue une méthode de régulation crédible que dans la mesure où elle ne dégénère pas en conflit irréductible. La gouvernance de l'ensemble suppose une perspective plus large que celle de chacun des systèmes spéciaux, constituée d'une méthodologie transversale ainsi que des choix politiques [3] afin d'en déterminer les critères d'applicabilité respectifs et d'en arbitrer les éventuelles antinomies.

582-23. La seconde raison est que ni les droits de l'homme, ni les divers champs normatifs spéciaux ne peuvent se dispenser d'une réflexion sur leur propre coordination avec d'autres ensembles, sous peine de sombrer dans le désordre et l'hégémonie de la force [4]. Ainsi, il est aussi important que d'un côté, les droits fondamentaux concèdent

1. M Koskenniemi, *The Politics of International Law* (Hart Publishing, 2011), p. 359.

2. V. A. Fischer-Lescano & G. Teubner, « *Regime-Collisions: The Vain Search for Legal Unity in the Fragmentation of Global Law* », 25 *Michigan Law Journal of International Law* 999, 1014-17 (2004). La signature même du paradigme westphalien révèle l'instauration d'une allégeance unitaire à l'égard de l'État-nation (v. H Spruyt, *The Sovereign State and its Competitors: An Analysis of Systems Change*, Princeton University Press, 1996).

3. La difficulté est largement connue du droit international privé à travers les limites de l'unilatéralisme ou du néo-statutisme. En effet, en faisant place au pluralisme et en accommodant des normes d'origine et nature diverses (publiques, privées, techniques, fondamentales), ces méthodologies renoncent en même temps à résoudre les « vrais conflits » (v. *supra*, n° 333).

4. L'enjeu pour chacun de ces régimes est existentiel, car sur le marché comme dans la cité, toute position dominante menace la diversité et à terme la liberté.

une certaine modulation de leur intensité, que, de l'autre, les systèmes de règlement privé tel l'arbitrage d'investissement international acceptent de les intégrer dans leurs processus décisionnels propres, fondés formellement sur le seul contrat. Que ces divers outils d'adaptation mutuelle prennent des noms différents, en droit (proportionnalité, courtoisie internationale, prise en considération, dialogue judiciaire, poursuite du raisonnable [1], reconnaissance...) ou au regard des sciences sociales (polyarchie délibérative ou *overlapping consensus* [2], *relevance* [3], *running code* [4], ou, une nouvelle fois, reconnaissance...), peu importe. La discipline du conflit de lois – qui reste sans doute à renommer à cet égard – recouvre de ce point de vue un ensemble de réflexions, d'expertises et de savoirs techniques qui peuvent utilement éclairer et contribuer à l'articulation de systèmes hétérogènes [5].

582-24. Ces deux séries de considérations peuvent être reliées à un projet plus large, consistant à « pourvoir le conflits de lois d'une constitution [6] ». Celle-ci tendrait notamment à assurer que la compétence normative (législative ou juridictionnelle) s'exerce bien en harmonie avec la responsabilité de la communauté qui l'exerce. Elle est fondée sur l'idée que les valeurs et processus de la démocratie qui président à la prise de décision au sein des communautés politiques, ne peuvent s'arrêter à la frontière des États ; ils doivent donc nécessairement s'étendre aux effets des décisions politiques en dehors des seules frontières nationales. En effet, l'exercice du pouvoir normatif engendre des externalités pour des communautés qui sont affectées, alors que celles-ci n'ont aucune voix dans le processus décisionnel. Le voisinage de deux États ayant fait des choix politiques contraires peut, en imposant à l'un les effets d'un choix politique contraire pris dans l'autre, représenter une distorsion dans les mécanismes démocratiques. Une problématique analogue peut se trou-

1. Sur le terrain juridictionnel, le concept correspondant est la poursuite du raisonnable ou le *forum non conveniens* (v. *supra*, n° 176).

2. J. Cohen et C. Sabel, « Directly-Deliberative Polyarchy », (1997) 3 *European Law Journal* 314.

3. Santi Romano, *L'ordre juridique*, trad. P. François et P. Gothot (Dalloz, 1975).

4. Calliess Gralf-Peter, Peer Zumbansen, *Rough Consensus and Running Code, A Theory of Transnational Private Law*, Hart Publishing, 2010 (compte rendu *Rev. crit. DIP* 2011. 493).

5. Tandis que les exemples cités plus haut tendent à montrer soit le dépassement ou l'absorption par d'autres disciplines, le conflit de lois a été proposé comme méta-méthodologie dans plusieurs contextes très différents. La position la plus répandue à cet égard consiste à investir la règle de conflit d'un fondement para-constitutionnel et d'une fonction supra-nationale, pour répartir les ordres juridiques divers (v. la bibliographie citée dans l'état des questions).

6. J. A. Bomhoff, « A Constitution for the Conflict of Laws? », in *Private International Law as Global Governance* (dir. H. Muir Watt, D. Fernandez Arroyo), Oxford University Press, 2014, p. 270.

ver dans la rencontre entre des exigences supranationales et des arbitrages politiques locaux.

582-25. Un exemple, pris dans les conflits horizontaux entre lois nationales, concerne l'équilibre trouvé entre des intérêts industriels locaux et la protection de l'environnement. Le droit international privé peut alors se charger d'assurer l'ajustement [1] en redonnant la voix à la communauté affectée. La voie adéquate pourrait être celle de l'application de la loi propre de celle-ci. Les conflits « diagonaux » mettant en jeu les effets de la loi fédérale ou de l'Union dans des situations par ailleurs transnationales, peuvent être illustrés quant à eux par les tensions entre la liberté des fournisseurs transnationaux de services et le seuil de protection des salariés par le droit local. Ici, de façon similaire, l'équation doit faire place à celui-ci, au titre de la proportionnalité et de la subsidiarité, qui fonctionnent à la manière d'un règlement flexible de conflit de lois [2]. En permettant de vérifier de façon transversale les équilibres trouvés entre les différents intérêts en cause, la discipline pourrait retrouver alors un rôle qui lui soit propre.

ÉTAT DES QUESTIONS

THÉORIE DU DROIT AU-DELÀ DE L'ÉTAT

582-26. De nombreuses théories du droit au-delà de l'État (ou de l'autorité transnationale) touchent de très près des questions de conflit de normes. Peu s'intéressent directement au droit international privé, sans doute parce que celui-ci est trop enraciné dans un paradigme étatiste (v. faisant cette observation et rejetant par conséquent tout rôle « méta-régulatoire » pour le droit des conflits de lois, J. Bomhoff, A. Meuwese, *in* « The Meta-Regulation of Transnational Private Regulation » (2011) 38 *Journal of Law and Society* 138).

Une grande partie de la littérature sur le droit global tendant à doter le monde d'une constitution ou à en organiser la gouvernance, vient du droit international public ou du constitutionalisme global : v. A. von Bogdandy, P. Dann, M. Goldmann, « Developing the Publicness of Public International Law: Towards a Legal Framework for Global Governance Activities » (2008) 9(11) *German Law Journal* 1375 ; J. Black, « Constructing and Contesting Legitimacy and Accountability in Polycentric Regulatory Regimes » 2 *Regulation and Governance* 137 (2008) ; C. Schwöbel, « The Appeal of the Project of

1. H. Muir Watt, « Private International Law Beyond The Schism », (2011) 2(3) *Transnational Legal Theory* 347-427.

2. Sur la subsidiarité dans ce rôle, v. A. Mills, *The Confluence of Public and Private International Law : Justice, Pluralism and Subsidiarity in the International Constitutional Ordering of Private Law* (Cambridge University Press, 2009).

Global Constitutionalism to Public International Lawyers » (2012) 13(1) *German Law Journal* 1 ; J. Dunod, J. Trachtman (dir.), *Ruling the World ? Constitutionalism, International law and Global Governance* (Cambridge University Press, 2009) ; J. Klabbers, A. Peters, G. Ulfstein, *The Constitutionalization of International Law* (Oxford University Press, 2009).

Au sein de ce courant, diverses théories tentent d'analyser les ressorts de pouvoir sur le plan international, notamment à travers le rôle de l'expertise : B. Hall, T. Biersteker, *The Emergence of Private Authority in Global Governance*, Cambridge University Press, 2002 ; R. Domingo, *The New Global Law*, Cambridge University Press, 2010 ; T. Büthe, W. Mattli, *The New Global Rulers: Privatization of Regulation in the World Economy*, Princeton University Press, 2011 ; T. Risse, *Governance Without a State ? Policies and Politics in Areas of Limited Statehood*, Columbia University Press, 2011.

Un courant distinct s'interroge sur le pouvoir des indices et des méthodes quantitatives et en analyse les failles méthodologiques : K. E. Davis, A. Fischer, B. Kingsbury, S. Engle Merry (dir.), *Governance by Indicators : Global Power through Quantifications and Rankings*, Oxford University Press, 2012 ; B. Frydman et A. van Waeyenberge, *Gouverner par les standards et les indicateurs. De Hume aux rankings* (Bruylant, 2014). En effet, c'est bien une autorité normative sans gouvernement qui s'incarne ici, orientant fermement mais invisiblement les marchés financiers ou les politiques de développement vers les résultats voulus par les auteurs des « indicateurs » et classements, désormais pratiqués quotidiennement par des institutions publiques (dont la Banque Mondiale) et privées dans l'espace global. Ces nouveaux instruments de mesure connaissent un essor spectaculaire et exercent une incidence potentielle sur l'exercice et la distribution du pouvoir dans ce contexte. Ils concurrencent le droit international privé dans la mesure où ils prétendent se substituer aux outils juridiques plus traditionnels pour régir les activités qui se déploient au-delà de l'État.

Davantage en harmonie avec les modes de pensée du droit des conflits de lois, les théories pluralistes offrent également des conceptualisations diverses des nouvelles formes de normativité au-delà de l'État et de leur impact sur celui-ci : v. F. Cafaggi, « New Foundations of Transnational Private Regulation », *Journal of Law and Society* (Special Issue : The Challenge of Transnational Private Regulation : Conceptual and Constitutional Debates), vol. 38, 2011 ; B. Frydmann, « Comment penser le droit global? », *Working Papers du Centre Perelman de Philosophie du Droit*, 2012/01, http://www.philodroit.be ; H. Shepel, *The Constitution of Private Governance*, Hart Publishing (2005) ; Roger Cotterell, « Transnational Communities and the Concept of Law », *Ratio Juris.* vol. 21, 1[er] mars 2008 (1–18) ; Brian Tamanaha, « Core Elements of Legal Pluralism », in *The Response of the Law to the Expression of Cultural Diversity* (ed. M.C. Foblets), Bruyland Publishers (2009) ; G. Teubner, « The Two Faces of Janus : Rethinking Legal Pluralism », (1992) 13 *Cardozo Law Review* 1443 ; D. von Daniels, *The Concept of Law from a Transnational Perspective*, 2010, Ashgate Publishing ; G. P. Calliess, et P. Zumbansen, 2010. *Rough Consensus and Running Code: A Theory of Transnational Private Law*, 2010, Hart Publishing ; G. Shaffer, T. Halliday, « With, Within, and Beyond the State : The Promise and Limits of Transnational Legal Ordering » (December 8, 2016), *UC Irvine School of Law Research Paper* n° 2016-59, Consultable sur SSRN : https://ssrn.com/abstract=2882851 ; C. Thornhill, « The Future of the State », *in* P. Kjaer,

G. Teubner et A. Febbrajo (dir.), *The Financial Crisis in Constitutional Perspective. The Dark Side of Functional Differentiation* (Hart Publishing, 2011).

LA PLACE DU CONFLIT DE LOIS AU-DELÀ DE L'ÉTAT

582-27. Au sein de cette littérature, certains courants envisagent cependant les conflits entre normes de sources multiples non étatiques, transnationales ou infranationales, et concluent au renouvellement, par la transformation, de la règle de conflit de lois. L'impression de déjà-vu – dans les conceptions qui confiaient à cette dernière une fonction de répartition de souverainetés au début du XXe siècle – n'est que fugitive, cependant, car les ordres juridiques qu'il s'agirait ici de délimiter occupent des positions très diverses dans la constellation du droit international. Par conséquent, l'articulation envisagée de normes multiples ne peut bien évidemment prendre la forme d'un rattachement de type géographique. Les visions de l'ordre post-westphalien qui sous-tendent ces courants sont également très diverses. C'est ainsi que ces derniers peuvent être présentés suivant la perspective empruntée :

Perspective constitutionnaliste : A. Menéndez, « United they Diverge? From Conflicts of Law to Constitutional Theory » (2011) 2(2) *Transnational Legal Theory* 167–92 ; F. Rödl, « Democratic Juridification without Statisation: Law of Conflict of Laws Instead of a World State » (2011) 2(2) *Transnational Legal Theory* 193–213 ; P. Kjaer, « The Political Foundations of Conflicts Law » (2011) 2(2) *Transnational Legal Theory* 227–42. C. Joerges, « The Idea of a Three-Dimensional Conflicts Law as Constitutional Form », *in* Joerges and Petersmann (dir.), *Constitutionalism, Multilevel Trade Governance and International Economic Law* (n 8) 413 ; C. Joerges, P. Kjaer, T. Ralli, « A New Type of Conflicts Law as Constitutional Form in the Postnational Constellation » (2011) 2(2) *Transnational Legal Theory* 153–65 ; C Whytock, « Domestic Courts and Global Governance » (2009) 84 *Tulane Law Review* 67 ; H. Buxbaum, « Transnational Regulatory Litigation » (2006) 46 *Virginia Journal of International Law* 251.

Perspective pluraliste : J. Basedow, « The Law of Open Societies – Private Ordering and Public Regulation of International Relations », *RCADI* 2012, tome 360, 2013 ; A. Fischer-Lescano et G. Teubner, « Regime-Collisions: The Vain Search for Legal Unity in the Fragmentation of Global Law », 25 *Michigan Journal of International Law* 999 (2004) ; R. Wai, « The Interlegality of Transnational Private Law », 71 *Law and Contemporary Problems* 107 (2008) ; R. Michaels, « The Re-State-ment of Non-State Law : The State, Choice of Law and the Challenge of Legal Pluralism », 51 *Wayne Law Review* 1209 (2005) ; R. Wai, « The Interlegality of Transnational Private Law » (2008) 71 *Law and Contemporary Problems* 107.

Perspective économique : A. Guzmann, « Choice of Law : New Foundations » (2002) 90 *Georgetown Law Journal* 883.

Perspective philosophique : M. Herberg, « Global Governance and Conflict of Laws from a Foucauldian Perspective : The Power/Knowledge Nexus Revisited » (2011) 2(2) *Transnational Legal Theory* 243–69 (et le compte rendu *Rev. crit. DIP* 2012. 244) ; *Arch. phil. droit*, 2013, *L'entreprise dans tous ses États*, avec diverses contributions sur l'impact de la globalisation sur l'entreprise (par ex. J. Ph. Robé, « *Les multinationales* *vecteur d'un nouveau constitutionnalisme* » ; comp. déjà, G. Teubner, « Self-Constitutionalizing TNCs ? On the Linkage of "Private" and "Public" Corporate Codes of Conduct », in Gralf-Peter Calliess (dir.) ; « Governing Transnational Corporations – Public and Private *Perspectives* », *Indiana Journal of Global Legal Studies,* 17, 2010).

Perspective sociologique : P. Berman, « The Globalization of Jurisdiction » (2002) 151 *University of Pennsylvania Law Review* 311, 444 ; G. Teubner, « Self-Constitutionalizing TNCs ? On the Linkage of "Private" and "Public" Corporate Codes of Conduct », préc.

Perspective interdisciplinaire : K. Knop, R. Michaels et A. Riles, « Foreword : Transdisciplinary Conflict of Laws » (2008) 71 *Law and Contemporary Problems* 1 ; des mêmes auteurs, « From Multiculturalism to Technique : Feminism, Culture, and the Conflict of Laws Style », 64 *Stan. L. Rev.* 589 (2012).

Perspective de critique politique : A Cutler, *Private Power and Global Authority* (Cambridge University Press, 2003) ; H. Muir Watt, « Private International Law Beyond The Schism », (2011) 2(3) *Transnational Legal Theory* 347–427 ; R. Wai, « Transnational Private Litigation and Transnational Governance », *in* P. Mueller, M. Lederer (dir.), *Criticizing Global Governance* (Palgrave Macmillan, 2005) 243, S. Sassen, *Losing Control ? Sovereignty in an Age of Globalization* (Columbia University Press, 1996).

Perspective des droits de l'homme : J. Bomhoff, « The Reach of Rights » (2008) 71 *Law and Contemporary Problems* 73 ; R. Wai, « Conflicts and Comity in Transnational Governance : Private International Law as Mechanism and Metaphor for Transnational Social Regulation through Plural Legal Regimes », *in* C. Joerges et E.-U. Petersmann (dir.), *Constitutionalism, Multilevel Trade Governance and International Economic Law* (Hart Publishing, 2011) 240 ; C. Scott, R. Wai, « Transnational Governance of Corporate Conduct through the Migration of Human Rights Norms : The Potential Contribution of Transnational "Private" Litigation », *in* C. Joerges, P. Sand, G. Teubner (dir.), *Transnational Governance and Constitutionalism* (Hart Publishing, 2004) 287-319.

Perspective de gouvernance globale : K. E. Davis, A. Fischer, B. Kingsbury, S. Engle Merry (dir.), *Governance by Indicators : Global Power through Quantifications and Rankings*, Oxford University Press, 2012 ; B. Frydman et A. Van Waeyenberge, *Gouverner par les standards et les indicateurs. De Hume aux rankings* (Bruylant, 2014) ; et spécifiquement sur « peer governance » : A. Mills, *The Confluence of Public and Private International Law: Justice, Pluralism and Subsidiarity in the International Constitutional Ordering of Private Law* (Cambridge University Press. 2009) ; A. Mills, « Variable Geometry, Peer Governance, and the Public International Perspective on Private International Law », PILAGG, 2012.

Perspective des sources du droit du commerce international : C. Devaux, *La Fabrique du droit du commerce international. Réguler les risques de capture,* thèse, Sciences po Paris, 2016.

Perspective épistémologique : Le droit international privé est d'une certaine façon au cœur de la tourmente induite par les crises successives des marchés des capitaux globalisés. L'impuissance des supports juridiques de ceux-ci (essentiellement le droit privé des obligations et ses prolongements en matière de conflit de lois) à assurer la discipline des marchés, patente en matière financière en raison du caractère spectaculaire et brutal de ses répercussions systémiques, explique l'apparition, à côté du droit privé des obligations, d'outils constitutifs d'une méthode de pilotage des marchés désignée par le vocable « régulation ». Celle-ci introduit des modèles normatifs plus empiriques, dont le dessin épouse directement la fonction. C'est en effet parce qu'ils sont inspirés des sciences sociales que les passeurs dans le champ du droit, axiologique et axiomatique, du langage, instrumental et politique, de la régulation, s'annoncent comme les « nouveaux réalistes ». Les schémas d'intelligibilité prônés à ce titre sont ceux qui sous-tendent les disciplines dernières nées du droit économique, tel le droit de la concurrence ou de la consommation, où se conjuguent interdépendance, hétérarchie, empirisme et contextualité. Sur le terrain épistémologique, ils impliquent une approche holistique des marchés au regard de laquelle importe avant tout le caractère systémique des éléments interconnectés, rompant ainsi avec l'individualisme méthodologique.

TITRE III

Conflits d'autorités

583. Les difficultés spécifiques qu'engendrent l'élaboration et la circulation internationale d'actes émanant d'organes publics non juridictionnels ont été identifiées par Niboyet, sous l'appellation de « conflits d'autorités [1] ». Sous la plume de cet auteur, l'adage *auctor regit actum* exprimait alors l'idée que l'autorité publique, exerçant des pouvoirs attribués, ne pouvait jamais mettre en œuvre que sa propre loi : « Aucun conflit de lois n'est possible parce que toute autorité publique, habilitée à faire certains actes, ne peut jamais les faire que selon ses propres lois. » Progressivement, cependant, l'évolution de la jurisprudence française dans des hypothèses impliquant précisément l'exercice de pouvoirs liés, et la place qui a été faite dans ce contexte à la loi étrangère, ont conduit à mettre en doute l'impossibilité pour l'organe public de mettre en œuvre une loi étrangère. La période contemporaine a de surcroît conduit à renouveler d'une certaine manière le débat, avec l'apparition d'autorités indépendantes de régulation des marchés, instituées pour veiller au respect de lois de police économique locales et confrontées désormais au problème de l'interconnexion et de l'extraterritorialité de ces dernières dans un monde dépourvu de frontières.

Par ailleurs, l'attention de la doctrine a porté sur la méthode d'accueil des actes publics étrangers, dont la spécificité est liée à l'absence de pouvoir décisionnel de l'autorité instrumentante. En effet, dès lors que celle-ci ne porte aucune appréciation sur le fond de l'acte, les conflits d'autorités se distinguent des conflits de juridictions en ce qu'ils ne soulèvent aucun problème de compétence internationale décisionnelle, ni de reconnaissance au sens où ce concept s'applique au contenu normatif d'un jugement. Corrélativement, le régime d'efficacité des actes publics est soumis dans une plus large mesure au conflit de

1. *Cours de droit international privé*, Paris, Sirey, 1946, n° 651.

lois [1]. Il n'en reste pas moins que la délimitation du fond par rapport à la procédure demeure parfois délicate, tandis qu'on ne peut ignorer que, malgré son absence de contenu normatif, l'instrument déploie tous les effets qui s'attachent à la qualité publique de l'autorité qui l'émet.

583-1. De telles spécificités, assez récemment explorées en profondeur [2], sont désormais d'autant plus importantes à examiner que quatre facteurs confèrent une actualité particulière aux actes publics en matière internationale. D'une part, en effet, on observe en droit comparé une tendance au déplacement de la compétence pour prendre certains actes, naguère confiée aux seules juridictions, vers des officiers publics ; le cas de l'émergence du divorce purement administratif est emblématique à cet égard [3]. D'autre part, une partie importante du contentieux contemporain en matière de statut des personnes, souvent lié à l'avancée des biotechnologies, se cristallise dans des problèmes de reconnaissance internationale d'actes de l'état civil (celui des enfants issus d'une gestation pour autrui ou d'une procréation médicalement assistée ; des personnes de même sexe mariés dans un pays et non dans un autre ; celui des transsexuels…) [4]. Par ailleurs, l'acte public connaît désormais un essor remarquable dans le droit dérivé européen, ou la technique de la titrisation ou de la certification (jugements sous le régime du Règlement Bruxelles I *bis* et plusieurs de ses Règlements satellites ; certificat successoral dans le nouveau Règlement successions) est utilisée pour assurer la continuité internationale des relations, statuts ou droits [5]. Enfin, le caractère de plus en plus complexe de la réglementation de l'Union européenne en matière d'immigration et de droit d'asile (Règlements Dublin I, II et III) éclaire aussi sur les difficultés aiguës relatives à la preuve de l'état civil de personnes appartenant à des populations déplacées [6]. Ces facteurs incitent à envisager l'activité internationale des autorités publiques, d'abord sous l'angle des conditions d'exercice de leurs pouvoirs dans les rapports internationaux (chap. 1er), ensuite du point de vue de la circulation internationale des actes publics (chap. 2).

1. Sur la distinction de la reconnaissance et du conflit de lois, v. *supra*, nos 24, 238, 328, 596 et s.
2. Ch. Pamboukis, *L'acte public étranger en droit international privé*, LGDJ, 1993, préf. P. Lagarde ; P. Callé, *L'acte public en droit international privé*, Économica, 2004, préf. P. Mayer.
3. V. *infra*, n° 766-1.
4. V. *infra*, n° 795-1 et déjà, *supra*, n° 764.
5. V. *supra*, n° 311 et *infra*, n° 839.
6. V. *supra*, n° 3.

Chapitre premier

LES CONDITIONS D'EXERCICE DES POUVOIRS DES ORGANES PUBLICS

Le legs de Niboyet a consisté à attirer l'attention sur l'emprise nécessaire de la loi organique quant à l'activité de l'autorité publique qu'elle institue. Mais une telle conclusion, incontestable, signifie-t-elle réellement qu'un notaire français ne peut pas exercer ses pouvoirs attribués au service d'une loi étrangère ? Il s'ensuivrait que cet officier public ne pourrait pas, par exemple, faire application de la loi allemande autorisant le changement notarié de régime matrimonial, ni dresser un acte authentique de reconnaissance de paternité exigé par la loi allemande applicable. La pratique notariale admet pourtant sans difficulté que de tels actes soient instrumentés en France [1]. Au demeurant, en matière gracieuse, le juge agit pareillement dans le cadre de pouvoirs liés, et peut parfaitement mettre en œuvre une loi étrangère, en prononçant par exemple une adoption conformément à la règle de conflit de l'article 370-3 du Code civil.

Il n'en reste pas moins que le caractère attribué des pouvoirs de l'autorité publique imprime au régime de l'instrument en matière internationale une spécificité réelle par rapport à celui des jugements. C'est ainsi que la question de l'intervention de l'autorité publique se trouve dans la dépendance de la loi applicable au fond : à la différence du prononcé d'un jugement, qui suppose préalablement déterminée la compétence internationale du juge, l'élaboration d'un acte public soulève d'abord une question de conflit de lois (sect. 1). En outre, la mise en

1. Ce constat n'empêche pas d'observer la tendance du droit international privé contemporain, notamment de source européenne, à faire converger la compétence des autorités (qu'elles soient juridictionnelles ou administratives) pour des raisons pragmatiques. Le règlement européen sur les successions internationales en fournit une bonne illustration (v. *infra*, n° 852). Mais dans ce cas, l'autorité publique, compétente le cas échéant selon la loi de procédure d'un État-membre, est traitée à tous égards comme une autorité juridictionnelle, sa présence n'induisant aucune conséquence méthodologique particulière.

œuvre de la loi applicable par l'autorité dont l'intervention est ainsi prévue ne peut se faire que dans le respect des exigences de la loi organique ; il importe donc de rechercher les exigences à cet égard du principe *auctor regit actum* (sect. 2). Enfin, à la différence de ceux du juge, les pouvoirs de l'autorité sont nécessairement corrélés avec la loi substantielle du for, de sorte que l'équivalence fonctionnelle entre les autorités des divers États n'est pas nécessairement acquise (sect. 3).

SECTION 1
La primauté du conflit de lois

584. En l'absence de fonction décisionnelle de l'autorité publique, l'élaboration d'un instrument public dans une situation présentant des éléments d'extranéité ne soulève pas de problème de compétence juridictionnelle ou décisionnelle internationale analogue à celui que pose le prononcé d'un jugement. On ne se demande pas, par exemple, quel est le notaire internationalement compétent pour instrumenter une reconnaissance d'enfant naturel ou, désormais, pour enregistrer un divorce sus signature privée. D'abord parce qu'on ne peut pas dire *a priori*, sans connaître la loi applicable à l'effet recherché (validité en la forme ou opposabilité de l'acte), si l'intervention d'un notaire est exigée ou non ; ensuite parce que si la loi applicable prévoit une telle intervention, aucun notaire n'a de titre privilégié pour dresser l'acte : tous ont en effet une vocation équivalente pour recevoir n'importe quel acte privé, à condition d'instrumenter dans leur propre ressort [1]. De même, dans le cas d'une autorité ayant une compétence interne limitée, il suffit que les conditions de la compétence interne soient réunies pour que la compétence internationale en découle naturellement. Ainsi, le conservateur du ressort dans lequel est situé l'immeuble a compétence pour inscrire une hypothèque prise sur celui-ci, alors même qu'elle a été « passée en pays

1. Il semble bien qu'il en aille ainsi dans le cas de la nouvelle loi française instituant un acte de divorce sous signature privé (nouvel art. 229-1 Code civ.), car le Règlement Bruxelles II *bis* n'est pas applicable à un divorce purement conventionnel (v. *infra*, n° 753-1). Le notaire, autorité compétente pour recevoir l'acte, se borne à contrôler, à l'occasion du dépôt de l'acte privé, le respect des exigences formelles applicables à ce dernier, sans exercer de pouvoir décisionnel. La circulaire interprétative du 26 janvier 2017 précise à cet égard que « les notaires […] ont vocation à recevoir tout acte, émanant des parties françaises comme étrangères, qu'elles soient domiciliées en France ou à l'étranger dès lors que le droit français s'applique à leur divorce ».

étranger » (dans les conditions restrictives de l'article 2417 du Code civil). Mais pour savoir au départ si l'inscription de l'hypothèque est requise, il faut là encore interroger la loi applicable à l'effet recherché (ici la publicité et l'opposabilité du titre qui en découle).

585. En réalité, la démarche spécifique aux conflits de juridictions, qui consiste à déterminer l'autorité internationalement compétente avant de s'interroger sur la loi applicable, se trouve inversée en matière d'actes publics non décisionnels. L'exigence d'une intervention de l'autorité y dépend en effet de la loi applicable ; l'acte public apparaît alors comme l'une des conditions de réalisation de la règle de droit applicable au fond. L'hypothèse concrète est celle où la loi régissant un rapport juridique exige l'intervention d'une autorité publique en vue de sa validité ou de son opposabilité. Par exemple, la loi applicable à la reconnaissance volontaire de paternité au regard de l'article 311-17 du Code civil exige que celle-ci intervienne par acte authentique. Ou encore, la loi applicable à la liquidation anticipée d'un régime matrimonial requiert l'intervention d'un notaire [1]. De même, la loi française, *lex rei sitae*, applicable à la validité d'un contrat de constitution d'hypothèque sur un immeuble situé en France exige qu'il soit passé en la forme authentique selon les modalités spécifiques de l'article 2416 du Code civil [2].

586. Dans tous ces cas, tant que la loi applicable à l'effet recherché n'est pas déterminée, aucune question de compétence internationale de l'officier public ne se pose, puisque le principe même de l'intervention d'une autorité n'est pas acquis. Dès lors en revanche que l'exigence d'un instrument public est posée par la loi applicable à l'effet (validité, opposabilité) recherché, le seul problème est de vérifier le respect des conditions posées par celle-ci. Or, si la loi applicable exige l'intervention d'un officier public, celui-ci n'est pas nécessairement, sauf exception (comme dans le cas de l'article 2417 du Code civil), un organe du for. Il suffit alors que l'organe qui est effectivement intervenu présente des garanties équivalentes à celles dont ce dernier peut se prévaloir [3].

1. Hypothèse illustrée par Cass. civ. 1re, 23 mai 2006, *Rev. crit. DIP*, 2006. 841, note M. Revillard.
2. Ensuite, l'inscription de cet acte auprès du conservateur des hypothèques se fera selon les modes de l'article 2426 du Code civil, applicable à son opposabilité.
3. V. acceptant que la présence d'un *notary public* américain assure la protection du consentement des époux de façon équivalente à celle garantie par un notaire français, Cass. civ. 1re, 23 mai 2006, préc. Le problème de l'équivalence apparaît ainsi au sujet de la substitution d'une autorité du for (v. *infra*, n° 590) ou de l'efficacité de l'acte d'un organe étranger statuant au nom d'un ordre juridique autre que celui de la loi applicable (v. *infra*, nos 593 et s.).

Section 2
Les exigences de la loi organique

587. Loin d'exiger une coïncidence complète des compétences, le principe *auctor regit actum* oblige seulement au respect par les autorités publiques de leurs propres règles organiques. À l'instar des juridictions statuant en matière gracieuse, elles peuvent dès lors parfaitement mettre en œuvre une loi étrangère dans la limite de leurs pouvoirs attribués. La question est donc de déterminer lesquelles, parmi les règles prévues par la *lex auctoris*, traduisent des exigences organiques qui s'imposent à l'activité de tout organe public et celles qui peuvent être écartées au profit des dispositions de forme et de fond de la loi étrangère applicable. Pour y répondre, on a justement fait valoir que les règles procédurales s'imposant à l'autorité publique (comme au juge), sont celles qu'impose le respect de la souveraineté de l'État dont elle dépend [1] ; le conflit de lois relatif à la substance des droits ou à la validité de l'acte en la forme reprend en revanche son empire dès lors qu'une loi étrangère peut être appliquée sans y porter atteinte, la qualification procédurale étant ainsi réservée aux seules règles qui participent au service public de la justice. Par exemple, le notaire, partiellement dépositaire de la souveraineté locale, ne peut que respecter le droit du notariat de l'État qui l'a institué, y compris relativement à la langue de rédaction des actes notariés ; en revanche, rien ne l'empêche de rédiger un contrat de mariage postérieurement au mariage si la loi applicable au régime matrimonial le permet, indépendamment du contenu sur ce point de la loi locale. Reste alors à justifier comment une autorité française peut jouer le rôle qui incombe selon la loi applicable au fond à un organe étranger. C'est à nouveau le problème de l'équivalence ou de la substituabilité fonctionnelle des autorités.

1. P. Callé, *op. cit.*, n°s 74 et s.

SECTION 3
La substitution d'autorités

588. Toute application d'une loi étrangère par un organe public français suppose admise la substituabilité internationale des autorités en cause. Alors que la fongibilité des organes juridictionnels est acquise en principe, le fait que l'autorité publique agisse dans les limites de pouvoirs attribués oblige en revanche à vérifier dans chaque cas l'adéquation fonctionnelle de l'organe du for à la tâche qui résulte de la loi étrangère.

La dissociation même des conflits de juridictions et des conflits de lois repose en effet sur l'admission que le juge, investi du pouvoir de trancher les litiges, peut statuer sur tout contentieux entretenant des liens suffisamment étroits avec son ressort, indépendamment du fait que le règlement du conflit dépend d'une loi étrangère ; la différence éventuelle de teneur entre la loi du for et la loi étrangère applicable n'entrave donc en rien l'exercice de son pouvoir juridictionnel, qui consiste à trancher des litiges, indifféremment : le juge français prononcera un divorce ou annulera un contrat alors même que sa décision résultera de l'application d'une loi étrangère différente de la sienne propre.

En revanche, les autorités publiques ne sont investies d'aucune mission générale, mais ont pour charge d'instrumenter des actes spécifiques dont la nécessité est prévue par le droit substantiel. En dehors de la matière contentieuse, l'étendue exacte des pouvoirs de l'auteur est dès lors tributaire d'une analyse du droit substantiel interne de l'autorité substituée. La fongibilité d'organes, acquise en ce qui concerne les juridictions des différents pays, ne va donc pas de soi en raison de la corrélation entre les cas d'intervention de l'organe et la loi du fond. L'organe du for n'est pas en effet nécessairement adéquat pour effectuer la tâche prévue par la loi étrangère applicable au fond. Il en va ainsi lorsque l'autorité publique dont l'intervention est requise par la loi étrangère applicable n'existe pas dans l'ordre juridique français (rescrit du prince) ; il en va de même si ce dernier ignore l'institution juridique au service de laquelle l'intervention de l'organe est prévue (*trust*). On a ainsi pu estimer qu'une « exception d'impossibilité d'application » marque les limites de la substitution dans ce cas, et justifie l'irrecevabilité de la demande fondée sur la loi étrangère [1].

1. P. Callé, *L'acte public en droit international privé*, préc.

ÉTAT DES QUESTIONS

B. G. — P. Callé, *L'acte public en droit international privé*, Économica, 2004, préf. P. Mayer ; G. A. L. Droz, « L'activité notariale internationale », *RCADI*, 1999, t. 280, p. 9 ; C. Pamboukis, *L'acte public étranger en droit international privé*, LGDJ, 1993, préf. P. Lagarde.

LOI ORGANIQUE ET FORME DES ACTES

589. Le résultat pratique de la distinction entre les formalités de procédure, qui traduisent une exigence de souveraineté, et les règles de forme ou de fond, qui relèvent du conflit de lois, est parfois surprenant. Ainsi, la loi française, *lex auctoris*, impose à l'officier de l'état civil français de célébrer le mariage en faisant lecture des articles 212 et s. du Code civil (v. art. 75 C. civ.), alors même que les effets du mariage seraient soumis à une loi étrangère et ces dispositions inapplicables au fond ! Toujours est-il que si le précepte *auctor regit actum* ne doit pas être entendu comme imposant à toute autorité publique l'application de sa propre loi substantielle, on comprend mieux les rapports entre la *lex auctoris* et la *lex loci actus* en matière de forme. Comme le relève P. Callé, et contrairement en effet à ce que pensait Niboyet, la règle *auctor regit actum* ne se substitue pas, pour les actes publics, à la règle *locus regit actum*. Même en cas de coïncidence entre la loi applicable à la forme et la loi de l'organe, le raisonnement se décompose : on se demande d'abord si la *lex loci* applicable à la forme exige l'intervention d'une autorité pour la validité en la forme ; ensuite, il appartient à l'organe compétent de respecter les formes de la *lex auctoris*. Cette analyse montre toute son utilité soit en cas de dissociation entre la loi de la forme et la loi de l'organe, comme le permet le caractère facultatif du rattachement de la forme des actes à la loi locale, soit lorsque l'intervention de l'organe est elle-même constitutive d'une condition de fond. Par exemple, le notaire français doit pouvoir rédiger un contrat de mariage postérieurement au mariage conformément à la loi étrangère applicable au régime matrimonial, tout en respectant les exigences qui définissent son office selon la loi française exclusivement applicable.

LES DIFFICULTÉS DE LA SUBSTITUTION D'AUTORITÉS

590. Peu fréquentes en matière de conflits de juridictions en raison de la nature indifférenciée du pouvoir des juridictions pour trancher tout contentieux d'intérêt privé, les difficultés entourant la substitution d'organes publics peuvent être de trois sortes.

1 / *Autorité inconnue.* Ainsi, en premier lieu, l'autorité publique dont l'intervention est requise par la loi étrangère applicable peut ne pas exister dans l'ordre juridique français. Comme on a pu le démontrer, lorsque la loi prévoit l'intervention d'un organe public, il s'agit toujours d'un organe *déterminé* (P. Callé, *op. cit.*, n° 167). Par exemple, si la loi applicable à la légitimation d'un enfant naturel prévoit le rescrit du prince, c'est-à-dire l'intervention du chef de l'État dont relève cette loi, l'application de cette loi à un enfant résidant en France peut poser problème en raison du caractère spécifique de la désignation de l'organe : il n'existe pas de Reine des Pays-Bas en France ! Sous peine de paralyser le processus de légitimation, il faut alors substituer une autorité française équivalente. On admet généralement que l'équivalence recherchée à cet égard est d'ordre fonctionnel et non organique. Ainsi, dans ce cas, le pouvoir de légitimation appartenant en France à l'autorité judiciaire et non au président de la République, c'est la première qui devrait pouvoir procéder à la mise en œuvre de la loi étrangère applicable.

2 / *La forme de l'hypothèque conventionnelle.* Une deuxième source de difficultés tient à l'attribution par l'État du for d'un monopole à ses propres autorités. Par exemple, aux termes de l'article 2147 du Code civil, seul un notaire français peut valablement recevoir une hypothèque sur un immeuble situé en France (sauf traité ou compétence consulaire). Une telle situation, qui semble résulter d'une erreur historique, est critiquable (v. A.-M. de Matos, *RLDC*, juillet-août 2004, p. 69 et *infra*, n° 662). En effet, la *lex rei sitae*, compétente pour régir les contrats de constitution d'hypothèque sur des immeubles situés en France, s'applique aux modalités de forme *ad validitatem* et exige à ce titre la rédaction d'un acte notarié. Mais on voit mal ce qui s'opposerait à la substitution d'un organe étranger au notaire français dès lors qu'il présente des garanties équivalentes de nature à protéger les intérêts que la loi française cherche à protéger. Il s'agirait alors de vérifier les garanties d'authenticité revêtues par un instrument public étranger (v. *infra*, n° 610). Cette démarche est parfaitement admise dans d'autres domaines. Par exemple, si la loi française applicable à l'établissement de la filiation attache des effets à la reconnaissance d'enfant naturel par acte notarié, il suffit de rechercher si l'instrument dressé par un organe public étranger présente une équivalence avec un acte notarié français sur le plan de l'authenticité, peu important que les effets que lui fait produire la *lex auctoris*, compétente pour poser les règles de fonctionnement de l'organe mais non pour régir le fond, soient différents de ceux résultant de la loi française applicable (v. par ex, TGI Seine, 24 oct. 1960, *Rev. crit. DIP*, 1962. 507, note Francescakis, faisant produire à un acte public allemand, jugé présenter des garanties d'authenticité équivalentes, les effets d'une reconnaissance notariée française). Le problème est au demeurant exactement le même dans la situation inverse, où il s'agit de substituer un organe français à l'autorité prévue par la loi étrangère. Il faut admettre pareillement l'équivalence des organes dès lors que les pouvoirs de l'autorité du for substituée sont de nature à assurer la protection des intérêts que la loi étrangère entend protéger en exigeant l'intervention d'un organe public. Si une telle équivalence existe, rien ne s'oppose à ce que l'organe substitué mette en œuvre la loi étrangère de fond.

3 / *Absence de pouvoirs de l'autorité substituée.* La troisième difficulté concerne la coordination des lois, lorsque l'organe français substitué ne tient pas de sa loi de procédure les pouvoirs que suppose la mise en œuvre de la loi étrangère. Dans certains cas, la difficulté est d'ordre technique. Si la loi étrangère applicable impose le déploiement de moyens matériels (par exemple, s'agissant des autorités juridictionnelles, une mission de surveillance de l'exécution en nature d'une obligation de faire), l'organe du for peut ne pas disposer des moyens nécessaires pour y parvenir. Plus fréquemment, la difficulté vient du fait que la loi étrangère exige l'accomplissement d'un acte qui dépasse les pouvoirs attribués de l'autorité du for. Tel serait sans doute le cas d'un organe appelé à prononcer une adoption alors que la *lex auctoris* ignore cette institution, ou, dans un exemple souvent cité du droit international privé anglais, du juge appelé à calculer la dot d'une jeune femme grecque alors que son propre système ne connaît aucune institution analogue. En ce cas, une « exception d'impossibilité d'application » marque les limites de la substitution, et justifie l'irrecevabilité de la demande fondée sur la loi étrangère (P. Callé, *op. cit.*, n°s 237 et s.). Seule l'urgence, comme en matière de protection des mineurs lorsque la loi applicable s'avère techniquement impossible à appliquer, justifierait le recours subsidiaire à la loi du for.

LES ATTRIBUTIONS NOTARIALES DES CONSULS

591. Réglementées par de nombreux textes remontant à l'ordonnance sur la Marine d'août 1681, les fonctions notariales des consuls français à l'étranger permettent à ceux-ci, pour ne prendre qu'un exemple parmi tant d'autres, d'instrumenter un pacs auquel est partie une personne de nationalité française, ou de recevoir les actes prévus en cas de rupture (art. 515-3, dernier alinéa et 515-7 C. civ.). Mais ces attributions notariales ont été supprimées dans les pays de l'Union européenne (sur l'état de la question, v. *Rép. min.*, *JO déb.*, *Sénat*, du 3 nov. 2005, p. 2841 et M. Revillard, *Droit international privé et communautaire : pratique notariale*, n°s 850 et s.).

LA COOPÉRATION TRANSNATIONALE D'AUTORITÉS DE RÉGULATION

592. Un nouveau courant de littérature, déjà très développé outre-Atlantique (*global administrative law* ou *transnational regulatory governance*) s'intéresse à l'établissement de réseaux transnationaux d'organes de régulation infra-étatique, créateurs de normes plus ou moins contraignantes, et présentés comme un élément essentiel du nouvel ordre mondial (v. pour une approche d'ensemble, B. Kingsbury, N. Krisch, R. Stewart, J. Wiener (dir.), « The emergence of global administrative law », *in* 68, *Law and Contemporary Problems*, 2005, n°s 3 et 4). De tels réseaux seraient le signe de la transformation profonde de la souveraineté dans un monde en perte de frontières, où le contrôle d'un territoire compte bien moins que la maîtrise des moyens par lesquels sont appréhendés les flux et activités essentiels à la prospérité de la société et de son économie. Si, pour l'essentiel, cette littérature nouvelle concerne, dans une vision publiciste ou administrativiste, la question du déficit démocratique affectant cette nouvelle activité normative informelle transnationale, et s'efforce de rechercher les principes de gouvernance qui auraient vocation à en rendre l'exercice acceptable (transparence, obligation de rendre compte, etc.), la question se pose également de savoir, lorsque de telles autorités (notamment de concurrence, ou des marchés financiers) disposent d'une activité décisionnelle (généralement sous la forme d'une autorisation *ex ante*, par exemple, d'une opération de fusion ou d'une émission publique de valeurs mobilières), si elles peuvent tenir compte de lois étrangères. Sur ce point, les publications d'origine européenne ne sont pas en reste (v. I. Stibbe, *Les autorités administratives indépendantes et le droit du commerce international*, thèse, Paris 2, 2001 ; pour des difficultés particulières affectant le contentieux de la coopération d'autorités dans le système français, v. S. et V. Corneloup, « Le contentieux de la coopération des autorités centrales dans le cadre des conventions de La Haye. Compétence administrative ou judiciaire ? », *Rev. crit. DIP*, 2000. 641). Si l'association nécessaire des compétences a pu être soutenue (v. I. Fadlallah, « Point de vue sur l'affaire Péchiney : la localisation du délit d'initié », *Rev. crit. DIP*, 1996. 623), d'autres auteurs relèvent une tendance des autorités de régulation à faire place au contenu des lois de police étrangères ayant une vocation concurrente à régir l'opération qu'elles sont appelées à autoriser (v. relevant à cet égard un phénomène de « lois de police atténuées » : X. Boucobza, *L'acquisition internationale de société*, LGDJ, 1998, préf. Ph. Fouchard ; A. Tenenbaum, « La compétence internationale des autorités de surveillance des marchés financiers en matière d'offre publique », *Rev. crit. DIP*, 2006. 557).

Chapitre 2

LA CIRCULATION DES ACTES PUBLICS ÉTRANGERS

593. La détermination des conditions de l'efficacité en France des actes publics étrangers soulève plusieurs questions distinctes. Ces actes sont en effet extrêmement divers et l'intervention de l'autorité publique dans leur élaboration n'a pas toujours la même portée. Parfois, comme dans le cas d'un divorce administratif (distinct du divorce sous signature privée du droit français), son action revêt un caractère décisionnel à l'instar d'un acte juridictionnel, auquel sera alors assimilé l'acte public au regard de la méthode de la reconnaissance [1]. Parfois, pour reprendre la terminologie de Motulsky, l'intervention n'est pas au contraire « volitive » mais simplement « réceptive » ; dans ce cas, l'autorité publique n'a aucune activité normative, se bornant à authentifier un acte juridique privé, lequel reste soumis au conflit de lois. C'est l'hypothèse classique d'une reconnaissance notariée de dette ou d'enfant naturel ; le droit dérivé européen en fournit des exemples nouveaux dans la mesure où il confie désormais au « certificat » une fonction significative dans la réalisation des objectifs du droit international privé [2]. En revanche, l'instrument public réceptif qui renferme cet acte juridique privé pourra bénéficier à certaines conditions de l'efficacité procédurale propre qui assortit les actes authentiques français, à savoir une force probante renforcée et la force exécutoire. Dans ce dernier cas, l'instrument sera admis à l'*exequatur*, sans préjuger de la validité du *negotium* qu'il contient. Il semble en aller ainsi au regard de l'article 46 du Règlement Bruxelles II *bis*, des effets dans d'autres États-membres du divorce sous signature privée du droit français, pour lequel le notaire n'intervient que pour enregistrer l'acte. Enfin, il arrive que l'intervention de l'autorité

1. V. *supra*, n° 234.
2. V. sur ce phénomène, Ch. Kohler, M. Buschbaum, « La reconnaissance des actes authentiques dans les successions », *Rev. crit. DIP* 2010.629 ; J Fitchen, « Authentic instruments and European PIL in civil and commercial matters: time to break new ground? », *Journ. PIL* 2011.33.

publique étrangère ne réunisse pas les conditions nécessaires à sa qualification d'instrument public et n'atteigne pas ainsi le seuil de l'*exequatur.* C'est le cas notamment lorsqu'elle se borne à enregistrer un acte privé sans en authentifier le contenu, comme en matière de formalités de publicité. L'efficacité d'une telle intervention sera tributaire du respect des seules conditions posées par la loi applicable à l'effet recherché.

On voit donc que les effets des actes publics étrangers se distribuent entre la reconnaissance d'efficacité, pour ce qui concerne leur éventuel contenu normatif ainsi que pour les effets proprement procéduraux de l'instrument, et le conflit de lois, relativement à la validité du *negotium* renfermé dans un instrument public ou encore à l'efficacité d'une simple formalité n'atteignant pas le seuil de l'*exequatur.* La répartition précise de ces méthodes fait l'objet d'une jurisprudence riche mais fluctuante et de débats importants dans la doctrine récente. C'est en tenant compte de l'apport de l'ensemble de cette réflexion qu'on distinguera ici les effets attachés au contenu substantiel de l'acte (sect. 1) et ceux qui s'attachent à l'intervention formelle d'un organe public (sect. 2).

SECTION 1
Les effets attachés au contenu de l'acte

Lorsque, sans trancher un litige, l'autorité publique exerce néanmoins un pouvoir décisionnel – le plus souvent en s'appropriant un acte de volonté privé – l'acte est naturellement soumis, comme en matière de jugements, à la méthode de la reconnaissance. Toutefois, le cas des actes émanant d'une autorité non juridictionnelle soulève des difficultés spécifiques car il n'est pas toujours facile de discriminer l'acte décisionnel soumis à la méthode de la reconnaissance des interventions purement réceptives, non normatives, d'une autorité publique (§ I). Lorsqu'en revanche, l'organe public étranger n'exerce aucun pouvoir normatif, se bornant à recevoir un acte juridique privé (*negotium*) en lui conférant une forme authentique, le contenu substantiel de l'acte reste de facture privée ; la détermination de ses effets pose donc un simple problème de conflit de lois relatif à la validité de l'acte et non un problème de reconnaissance d'une norme (§ II).

I | Le champ de la méthode de la reconnaissance

594. La détermination du champ de la méthode de la reconnaissance par rapport à celui du conflit de lois a fait l'objet de débats doctrinaux considérables. Leur domaine privilégié en est le régime des actes notariés intervenant en matière de statut personnel : un acte notarié qui commande la validité de la reconnaissance d'enfant naturel selon la loi applicable au rapport de filiation relève-t-il de la méthode de la reconnaissance en tant qu'acte « quasi public » de nature constitutive ? Soutenue par un courant doctrinal récent, la Cour de cassation maintient en de telles circonstances le *negotium* sous l'égide du conflit de lois [1]. Ainsi, dans le cas de la reconnaissance d'un enfant naturel faite devant une autorité publique allemande, l'*exequatur*, accordé à l'acte instrumentaire, a été jugé ne pas préjuger de la validité du *negotium*, laquelle est présumée tant que sa nullité n'a pas été judiciairement constatée par une action distincte, au regard de la loi applicable à l'établissement de la filiation [2].

595. Dans ce cas, il est vrai que les effets de l'intervention de l'organe sur la validité ou sur l'opposabilité de la reconnaissance sont directement imputables à la règle de droit applicable et ne doivent rien à l'appréciation portée par l'officier public sur le contenu de l'acte privé. L'intervention non normative de l'organe instrumentant ne produit donc pas un effet décisionnel mais un effet de titre. L'efficacité de l'acte public – son effet de titre – requiert dès lors de vérifier si celui-ci a été accompli conformément aux exigences de la loi applicable. La reconnaissance est à la fois inutile, car le *negotium* est présumé valable [3] et dépourvue de sens, car l'acte ainsi reçu n'est pas normatif. Il est vrai cependant que le Règlement Bruxelles II *bis* brouille quelque peu les pistes sur ce point, en disposant que les actes authentiques reçus et exécutoires dans un État-membre sont *reconnus* et rendus exécutoires dans les mêmes conditions que les jugements contentieux (art. 46). Il semble y avoir là une maladresse de rédaction ; le Règlement Bruxelles I (art. 57 ; v. art. 58 Règlement Bruxelles I *bis*) ne vise quant à lui que la force exécutoire, et

1. Cass. civ. 1re, 12 janv. 1994, *Rev. crit. DIP*, 1994. 557, note Ch. Pamboukis ; Cass. civ. 1re, 4 oct. 2005, *Rev. crit. DIP*, 2006. 422, note P. Callé.
2. Sur la validité du *negotium*, v. *infra*, n° 596.
3. V. *infra*, n° 596.

non la reconnaissance, des actes publics émanant des autres États-membres [1].

II | Le conflit de lois relatif au *negotium*

Lorsque l'intervention de l'autorité n'est pas volitive mais purement réceptive, il n'y a aucune décision à reconnaître. L'acte reçu demeure au fond l'acte juridique privé ou *negotium*, dont les effets relèvent de la loi applicable en vertu de la règle de conflit de lois du for (A). Lorsque cette loi fait de l'intervention d'une autorité publique une condition de la validité formelle ou de l'opposabilité de l'acte juridique privé, un tel effet, dénommé effet de titre, se produira dès lors que les exigences de cette loi seront satisfaites (B).

A / LA VALIDITÉ AU FOND DU *NEGOTIUM*

596. Les actes privés, dépourvus de valeur normative, posent seulement une question de validité au regard de la loi applicable. Or, le *negotium* est présumé valable, comme tout acte juridique privé, tant qu'il n'a pas été annulé. La partie qui en conteste la validité peut certes porter une action en nullité devant le juge internationalement compétent (for de l'obligation dans le cas d'une reconnaissance authentique de dette, for de la succession dans le cas d'un testament notarié, for compétent pour connaître de l'établissement d'une filiation dans le cas d'une reconnaissance de paternité devant un officier public...). Mais tant qu'une telle action n'a pas abouti, il est à la fois redondant et dépourvu de sens de demander la reconnaissance de l'acte juridique privé. Redondant, car cet acte est présumé valable ; dépourvu de sens, car la reconnaissance ne peut porter sur un acte qui n'est pas normatif.

597. En revanche, l'instrument public étranger qui renferme l'acte peut être revêtu de l'*exequatur*. Celui-ci est nécessaire pour que l'instrument soit reconnu exécutoire dans l'État du for. Mais l'*exequatur* de l'instrument ne préjuge aucunement de la validité de l'acte juridique privé (*negotium*) qu'il contient [2]. Il se peut au demeurant que le *negotium*

1. V. *infra*, n° 613.
2. Cass. civ. 1re, 4 oct. 2005, préc.

soit annulé alors même que l'instrument a été déclaré exécutoire. Cette situation, qui semble désormais être celle du divorce sous signature privée du droit français lorsqu'il est appelé à circuler dans l'espace judiciaire européen, rendrait souhaitable que le juge de l'*exequatur* puisse statuer au fond, sur une demande connexe en ce sens, sur la validité de l'acte juridique privé. Cependant, alors qu'en droit international privé commun la jurisprudence admet l'extension de l'instance contentieuse en *exequatur* à des demandes connexes au fond, la généralisation de cette solution se heurte à la nature gracieuse de l'instance en droit européen [1].

B / L'EFFET DE TITRE

598. L'acte public non décisionnel, dépourvu de valeur normative propre, n'est qu'un titre auquel une règle de droit attache certains effets substantiels, comme la validité en la forme ou l'opposabilité de l'acte juridique privé. L'effet ainsi attaché au titre, c'est-à-dire à la qualité publique de l'autorité qui reçoit ou enregistre l'acte, est dénommé, depuis Bartin, « l'effet de titre ». L'effet de titre est bien plus fréquent pour les actes publics émanant d'autorités non juridictionnelles que pour les jugements, dont il s'agira généralement d'invoquer directement l'efficacité substantielle. Le meilleur exemple en est fourni par les formalités de publicité ou encore les actes notariés *ad validatem*. L'effet de titre relève nécessairement de la loi applicable au *negotium*, qui peut ainsi en subordonner la validité ou l'opposabilité au respect de certaines formes, dont l'intervention d'une autorité publique. Celle-ci agissant en dehors de toute marge normative propre, le rayonnement de l'acte est donc directement imputable à la loi qu'elle met en œuvre.

599. L'accueil de l'effet de titre des actes publics étrangers dans l'ordre juridique du for passe donc par le conflit de lois. Par exemple, la loi applicable à l'opposabilité d'un contrat de mariage peut la subordonner à l'enregistrement de l'acte devant une autorité publique. Il suffit alors de vérifier que la condition posée par la loi applicable a bien été remplie. Cette vérification peut naturellement comporter celle de la compétence interne et des pouvoirs de l'autorité étrangère ayant reçu l'acte. Il importe cependant de souligner qu'il ne s'agit aucunement de vérifier la compétence internationale de l'autorité en tant que condition de régularité d'un acte décisionnel, mais seulement de vérifier le respect des

1. V. *supra*, n° 294 et *infra*, n° 613.

conditions auxquelles la loi applicable subordonne l'effet recherché. C'est pourquoi cette vérification se fera conformément à la seule *lex auctoris.* La même démarche s'impose pour déterminer l'accueil à réserver en France à l'immatriculation d'une société sur un registre, à la déclaration du débiteur en cessation de paiements, ou à une répudiation reçue par une autorité religieuse étrangère.

ÉTAT DES QUESTIONS

B. G. — **Sur les aspects méthodologiques des actes publics étrangers** : P. Callé, *L'Acte public en droit international privé*, Économica, 2004, préf. P. Mayer ; « L'acte authentique établi à l'étranger. Validité et exécution », *Rev. crit. DIP*, 2005. 377 ; R. Crône, « La réception d'un acte authentique étranger en France », in *Mélanges en l'honneur de M. Revillard*, Defrénois, 2007, p. 77 ; M. Goré, « L'acte authentique en droit international privé », *Trav. Com. fr. DIP*, 1998-1999, p. 23 ; A. Huet, « Un titre exécutoire européen parmi d'autres : l'acte authentique », in *Mélanges en l'honneur de M. Revillard*, Defrénois, 2007, p. 183 ; H. Motulsky, « Les actes de juridictions gracieuses en droit international privé », *Trav. Com. fr. DIP*, 1948-1952, p. 13 ; H. Muir Watt, « La rencontre dans l'espace de figures hybrides (variations autour du conflit international de décisions) », *Rev. gén. proc.*, 1998. 711 et s. et 1999. 291 et s. ; C. Pamboukis, *L'acte public étranger en droit international privé*, LGDJ, 1993, préf. P. Lagarde ; « Les actes publics et la méthode de reconnaissance », in *La reconnaissance des situations en droit international privé*, Ed. A. Pedone, 2013, p. 133 et s. ; E. Pataut, « La reconnaissance des actes publics dans les règlements européens de droit international privé », in *La reconnaissance des situations en droit international privé*, préc., p. 147 et s.

Sur les mesures de publicité : S. Corneloup, *La publicité des situations juridiques. Une approche franco-allemande du droit interne et du droit international privé*, LGDJ, 2003, préface P. Lagarde.

LE SEUIL DU CONFLIT DE LOIS : DÉBATS DOCTRINAUX

600. Motulsky avait le premier proposé de distinguer, au sein des jugements gracieux et en fonction de leur nature juridictionnelle ou non, les actes purement réceptifs des actes volitifs (« Les actes de juridictions gracieuses en droit international privé », *Trav. Com. fr. DIP*, 1948-1952, p. 13). Ces derniers devaient être assimilés, du point de vue de leur régime d'efficacité, aux jugements contentieux ; le jugement d'adoption en est sans doute le meilleur exemple. Les actes réceptifs, à l'image par exemple de la réception par une autorité judiciaire d'une reconnaissance d'enfant naturel, relevaient au contraire du régime des actes publics (ce qui impliquait, selon l'auteur, de leur accorder une reconnaissance *de plano*). L'apport essentiel de Motulsky a consisté à montrer que le juge ne prend pas toujours de véritable décision, son rôle pouvant le cas échéant être assimilé à celui de témoin privilégié d'un accord privé, et que cette spécificité était de nature à rejaillir sur le régime d'efficacité de l'acte. Mais les travaux de Motulsky ne tenaient pas compte de la situation inverse, où un officier public ou organe administratif, ne se bornant pas à recevoir l'acte juridique privé (*negotium*), est l'auteur d'un acte volitif ou décisionnel, en tant qu'il s'en approprie le contenu. Tel est le cas d'un divorce par consentement mutuel homologué par un organe administratif.

C'est à l'occasion du refus par le tribunal de grande instance de Paris d'admettre à l'*exequatur* un contrat de mariage enregistré devant un officier public suédois à des fins de publicité (TGI Paris, 12 janv. 1978, *Rev. crit. DIP*, 1979. 102, note D. Holleaux), que Dominique Holleaux proposa, pour déterminer le champ respectif du conflit de lois et de la méthode de la reconnaissance, de substituer à la considération de la nature juridictionnelle ou non de l'acte, la recherche de l'identité de l'auteur du *negotium*. Lorsque l'auteur est l'autorité publique, qu'elle soit juge ou autorité administrative, son rôle décisionnel justifie que son acte soit soumis au régime d'efficacité élaboré pour les jugements contentieux. En revanche, dans d'autres cas, elle émet un simple instrument, qui se borne à incorporer la volonté privée, laquelle demeure le véritable auteur de l'acte. Dans ce cas, le *negotium* reste sous l'emprise du conflit de lois. L'instrument public lui-même, indépendamment de son contenu, reste cependant justiciable de l'*exequatur*, à la condition toutefois que l'autorité publique ait joué un certain « rôle moteur » dans l'élaboration de l'acte – ce qui n'était pas le cas dans l'hypothèse du contrat de mariage suédois. À défaut, les effets de l'intervention non motrice de l'autorité publique étrangère demeurent entièrement soumis au conflit de lois.

Mais même parmi les actes réceptifs et susceptibles d'être déclarés exécutoires, un auteur (C. Pamboukis) a plus récemment proposé de distinguer, en faisant apparaître une nouvelle catégorie doctrinale d'actes « quasi publics » composée d'instruments réceptifs qui, parce que nécessaires à la constitution ou la validité d'un rapport juridique privé, absorberaient en quelque sorte ce dernier pour l'attirer vers la méthode de reconnaissance des décisions, comme s'ils revêtaient un caractère (semi-)normatif (C. Pamboukis, *L'acte public étranger en droit international privé*, LGDJ, 1993, préf. P. Lagarde ; « L'acte quasi public en droit international privé », *Rev. crit. DIP*, 1993. 565). Lorsque l'activité réceptrice de l'organe est constitutive du rapport juridique privé – ce qui serait essentiellement le cas, selon l'auteur, en matière de statut personnel – on pourrait considérer que l'enveloppe publique absorbe le contenu du *negotium* pour soumettre l'acte entier au régime de la reconnaissance. Pour l'auteur, ce serait le cas d'une reconnaissance notariée d'enfant naturel, dont le caractère constitutif l'attirerait vers le régime des décisions. En revanche, lorsque l'acte est purement déclaratif, le *negotium*, qui a alors pour auteur les seules parties privées, resterait assujetti au conflit de lois.

P. Callé doute quant à lui, plus radicalement, de la réalité de la distinction entre les fonctions volitives et réceptives de l'organe public, prenant l'exemple de la célébration du mariage par l'officier de l'état civil pour démontrer que, dans cet acte qualifié de réceptif (quoique constitutif), il est difficile de ne pas voir une certaine volition. On ne comprend guère en effet pourquoi le juge exerçant sa fonction gracieuse à l'occasion du divorce par consentement mutuel serait considéré de son côté comme auteur d'un acte de volition, si l'officier de l'état civil ne l'est pas. Pour cet auteur, l'erreur a été de partir de la nature – volitive ou réceptive – de l'acte et non des effets qu'on cherche à lui faire produire. Ceux-ci peuvent être, pour l'auteur, soit substantiels soit procéduraux. Cette dernière catégorie, régie par la loi du for, comprend la force probante et la force exécutoire de l'acte (v. *infra*, n°s 603 et s.). Les effets substantiels visent, selon les cas, l'efficacité substantielle par laquelle l'état de droit entre les parties se trouve modifié, et le simple effet de titre. Afin de départager les deux hypothèses, M. Callé propose une approche « normativiste » qui conduit à rechercher si l'autorité a ou non un pouvoir propre, normateur. Concrètement, dans le premier cas, la modification de la situation substantielle prend sa source dans l'appréciation portée par l'organe public lui-même, qui revêt ainsi un caractère décisionnel. Lorsque l'autorité dispose d'un tel pouvoir normateur propre, la méthode de reconnaissance s'impose. C'est le cas de tous les jugements, contentieux ou gracieux. En revanche, si l'autorité ne dispose pas de pouvoir normateur propre, son intervention n'est qu'une condition d'application de la règle de droit ; l'effet recherché est directement attribuable à celle-ci et reste donc tributaire du conflit de lois (sur l'effet de titre, v. *infra*, n° 601). Le droit positif est, dans l'ensemble, conforme à cette orientation. À ce titre, cependant, le divorce sous signature privée du droit français, à l'égard duquel le notaire ne joue aucun rôle décisionnel, introduit une complication supplémentaire car le bénéfice de cette institution suppose l'applicabilité préalable du droit français.

L'EFFET DE TITRE

601. Critère de l'effet de pur titre. — Comment identifier les actes publics non juridictionnels produisant un pur effet de titre soumis au conflit de lois, par rapport aux actes décisionnels ou « normateurs » ? Un critère d'ordre très pratique a pu être proposé à cette fin (P. Callé, *op. cit.*), consistant à se référer aux modalités de critique de l'acte public. Si cet acte a réalisé un nouvel état de droit, se superposant à la règle générale, c'est cette nouvelle norme qu'il s'agit de critiquer. Ainsi, on demande la réformation d'un jugement en démontrant que le juge a fait une appréciation erronée de la règle de droit. En revanche, en l'absence de véritable décision, seule peut être contestée l'applicabilité de la règle de droit, l'appréciation de cette dernière par l'autorité publique n'étant pas en cause. Par exemple, la validité d'une vente notariée est remise en cause en démontrant qu'elle ne remplit pas les conditions de l'article 1108 du Code civil (1128 depuis l'Ord. du 10 février 2016) ; il serait superfétatoire de critiquer l'appréciation qu'a eue le notaire de la validité de la vente. Son intervention répond donc à la définition de l'effet de titre.

Dissociation de la loi applicable et de l'origine de l'organe. — Il peut arriver que la loi applicable à l'effet de titre exige l'intervention d'une autorité publique mais que l'organe auquel les parties se sont effectivement adressées ne relève pas du même pays. Par exemple, la loi applicable à l'opposabilité d'un acte de vente ou constitutif d'une sûreté exige qu'une publicité ait été accomplie, mais les parties ont enregistré leur contrat devant un organe d'un autre pays. Dans ce cas, rien n'empêche de tenir l'effet prévu par la loi applicable pour acquis dès lors que l'autorité étrangère effectivement saisie présente des garanties équivalentes du point de vue de l'information des tiers à celles qui s'attachent à l'intervention de l'autorité du for. La méthode d'accueil de l'effet de titre dans ce cas est la prise en considération de l'acte public étranger, admise sur le fondement de l'équivalence. Ce cas est bien illustré par Cass. civ. 1re, 23 mai 2006, *Rev. crit. DIP*, 2006. 841, note M. Revillard, où la loi (française) applicable à la liquidation anticipée du régime matrimonial exigeait l'intervention d'un notaire, et que le *notary public* américain auquel les époux ont fait appel a été jugé présenter des garanties équivalentes de protection de leur consentement. L'analogie entre le notaire et le *notary public* est cependant rien moins qu'évidente (P. Callé, *op. cit.*, n° 575). C'est donc que, fonctionnellement, le *notary* américain présentait des garanties jugées adéquates au regard de la règle applicable, bien qu'inférieures à celle de l'officier public français.

Effet de titre et publicité. — Cette analyse s'applique à l'intervention d'une autorité publique à des fins de publicité. Il semble bien que la seule voie d'accession d'une formalité de publicité à l'efficacité internationale soit celle de sa prise en considération lors de la mise en œuvre de la loi applicable à l'opposabilité de l'acte. Il arrivera bien entendu que pareille vérification porte également sur les conditions de substitution d'une autorité étrangère à celle de l'ordre juridique dont relève la loi applicable (v. *supra*, n° 590). Sur ce point, il est intéressant de confronter les conclusions de M. Callé et celles de Mme Corneloup (*La publicité des situations juridiques. Une approche franco-allemande du droit interne et du droit international privé*, LGDJ, 2003, préface P. Lagarde), qui coïncident sur l'essentiel, tout en se séparant sur les nuances. Ainsi encore, s'agissant des formalités de constitution d'une société, la méthode préconisée par M. Callé conduit à rechercher la loi applicable à la constitution, puis, si celle-ci exige une formalité d'immatriculation, à vérifier que celle-ci a été remplie dans les conditions voulues par cette loi.

Effet de titre et répudiation unilatérale de droit musulman. — Le rôle parfois purement réceptif de volonté privée joué par l'autorité religieuse étrangère a conduit Mme El Husseini-Begdache à y voir un acte quasi public, ce qui lui permet de proposer la dissociation du régime international de la désunion elle-même, objet d'une réception constitutive, et de ses effets patrimoniaux, qui relèveraient de la fonction déclarative de l'acte (*Le droit international privé français et la répudiation islamique*, LGDJ, 2002, préface J. Foyer). De son côté, M. Callé voit dans l'intervention de l'autorité une manifestation de l'effet de titre de l'acte public étranger, soumis par conséquent au conflit de lois. Le juge français requis se bornerait alors à vérifier la compatibilité de l'acte à la loi applicable – loi française si les époux sont domiciliés en France. Pareille position aurait eu l'avantage, comme le souligne l'auteur, de dissoudre les contentieux pour lesquels se sont développées, avec plus ou moins de bonheur, les notions d'ordre public international et de fraude (n° 563).

Effet de titre et cessation des paiements. — La Cour de cassation semble retenir une conception élargie du champ de la méthode de la reconnaissance, y soumettant des cas qui relèvent de l'effet de titre. Il en va ainsi d'une déclaration de cessation des paiements déposée au greffe d'un tribunal étranger (Cass. civ. 1re, 17 oct. 2000, *Rev. crit. DIP*, 2001. 121, notes H. Muir Watt et J.-P. Rémery). Censurant un arrêt de la Cour de Paris qui avait refusé de la revêtir de l'*exequatur* en raison du rôle insuffisamment moteur de l'autorité étrangère, la cour régulatrice a invité à voir une décision aux fins de l'article 509 CPC dans « toute intervention du juge qui produit des effets à l'égard des personnes ou sur les biens, droits ou obligations ». En réalité, l'effet recherché en France était l'effet substantiel que la loi américaine attache à la formalité accomplie, à savoir la suspension des poursuites. S'agissant ainsi de l'effet de titre de l'acte étranger, une démarche plus appropriée aurait consisté à interroger la loi applicable sur les conditions auxquelles elle subordonnait l'opposabilité de la déclaration du débiteur et tenir l'effet recherché – ici l'opposabilité de la déclaration privée – pour acquis dès lors que l'intervention de l'autorité étrangère répondait bien aux exigences qu'elle posait. La voie choisie par la Cour de cassation semble avoir été dictée par un objectif purement pratique ; en dehors de l'instance en *exequatur*, il n'existe pas de voie procédurale permettant de constater l'effet de titre. La création d'une action spécifique d'ordre déclaratoire éviterait un tel détour.

Effet de titre et certificat successoral. — La Convention de La Haye du 2 octobre 1973, à laquelle emprunte le règlement européen sur les successions internationales, prévoit que les autorités de la résidence habituelle du défunt peuvent délivrer un certificat d'héritier, qui établit dans les autres État-contractants la qualité et les pouvoirs des personnes habilitées à administrer la succession (v. *infra*, n°s 852 et s.). Sur le Règlement n° 650/2012 en matière de successions, v. *infra*, n° 839 et s.

L'ACTE PUBLIC DÉCISIONNEL

602. Conditions de reconnaissance spécifiques à l'acte public décisionnel. — Les actes émis par des autorités administratives exerçant un pouvoir d'appréciation ou « normateur » propre, à l'instar d'un divorce thaïlandais ou japonais, sont bien assimilés par la jurisprudence aux jugements au regard de la méthode de la reconnaissance, car la catégorie des jugements répond à une définition purement fonctionnelle (v. *supra*, n°s 240 et s.). Dans ce cas, l'impact de l'intervention de l'organe sur l'état de droit entre les parties – ici, sur la survie du lien conjugal – dépend de l'exercice d'un pouvoir d'appréciation propre et ce n'est pas seulement un effet de plein droit qui lui est attaché par la loi applicable, de sorte que celle-ci s'efface devant la méthode de la reconnaissance. Mais cette jurisprudence soulève la question de savoir si les conditions de régularité auxquelles est subordonnée la reconnaissance en France de ces actes publics décisionnels mais non juridictionnels sont les mêmes que pour les jugements.

En effet, dans le cas des actes publics à caractère décisionnel, la méthode de la reconnaissance doit être ajustée aux caractéristiques spécifiques de l'acte public, en raison des pouvoirs liés de l'autorité. Puisque l'autorité prend une véritable décision, il est légitime tout d'abord de vérifier sa compétence internationale au regard de la vérification du lien substantiel de l'arrêt *Simitch*. En matière de divorce administratif, bien avant la suppression du contrôle de la loi appliquée pour l'ensemble des jugements étrangers (v. *supra*, n°s 263, 280), la jurisprudence attestait d'une certaine contraction entre la condition de compétence internationale de l'autorité et celle de la compétence de la loi appliquée (TGI Paris, 10 mai 1990, *Rev. crit. DIP*, 1991. 391 note H. Muir Watt ; 17 oct. 1991, *Rev. crit. DIP*, 1992. 508, note H. Muir Watt). On a souligné la redondance de ce dernier contrôle, étant donné que l'organe appliquera nécessairement sa propre loi (C. Pamboukis, *L'acte public étranger en droit international privé*, préc. spéc. n°s 352 et s.). En réalité, toutefois, dès lors que l'acte public revêt un caractère décisionnel, il n'y a aucune raison particulière de le soumettre à un régime différent de celui des jugements contentieux. Seulement, la condition de la conformité de la loi appliquée à la règle du for ne se justifiant guère pour les autres décisions, c'est naturellement ici, où elle est difficile à mettre en œuvre, qu'elle a disparu en premier.

Une fois la compétence internationale vérifiée, la question est débattue de savoir si le respect des pouvoirs propres de l'autorité doit être contrôlé au regard de la *lex auctoris* (v. sur ce point les réserves formulées par P. Mayer dans sa préface à la thèse de P. Callé). En réalité il faut distinguer les conditions de régularité internationale de la décision des conditions de recevabilité de la demande de reconnaissance. Au regard de la régularité internationale de la décision, la vérification des pouvoirs de l'autorité importe peu, car l'excès de pouvoir de l'autorité instrumentante est couvert sur le plan international par la force obligatoire attachée à l'acte par l'ordre juridique d'origine – de la même façon en effet que l'est l'incompétence interne du juge étranger (*supra*, n° 276). Toutefois, la recevabilité de la demande d'efficacité suppose de démontrer que l'acte en question est bien une décision. L'autorité instrumentante doit donc être dotée d'un pouvoir décisionnel au regard de son ordre juridique d'origine. La condition d'un acte émanant d'une autorité dotée d'un pouvoir décisionnel « n'est rien d'autre que la traduction plus précise de l'exigence d'une décision » (P. Callé, n° 501). Une autre spécificité des conditions de reconnaissance des actes publics concerne les exigences de l'ordre public procédural, notamment du fait que le respect des droits de la défense n'a aucun sens lorsque l'intervention de l'autorité n'est pas contentieuse (pour les répudiations musulmanes, v. R. El Husseini-Begdache, *Le droit international privé français et la répudiation islamique*, préc., spéc. n° 213, et l'article sous le même titre, *Rev. crit. DIP*, 1999. 427). Cependant, des exigences de transparence ou d'accès non discriminatoire à l'organe, qui s'imposent à tout processus affectant le domaine public, sont incontestablement applicables à l'activité de l'organe administratif.

SECTION 2
Les effets attachés à l'intervention d'un organe public

603. S'agissant du régime de l'*instrumentum*, l'efficacité propre de l'instrument public étranger varie selon qu'il s'agit de lui reconnaître force exécutoire (§ I), ou d'en déterminer la valeur probante (§ II).

I | Force exécutoire

Pour qu'un instrument public étranger déploie en France une force exécutoire, il faut en principe qu'il y soit revêtu de l'*exequatur*, en raison du cloisonnement territorial du pouvoir étatique de contrainte [1]. Cependant, en droit européen, le Règlement Bruxelles *bis* supprime cette exigence [2]. Il existait déjà une exception, notable, sous la forme du titre

1. V. *supra*, n°s 74 et s.
2. V. *supra*, n° 320-1 s. V. également, sur l'importance prise par les « certificats de circulation » dans le droit de l'Union, *infra*, n°s 1142 ; 1147.

exécutoire européen, témoignant en matière d'actes publics du décloisonnement progressif des souverainetés étatiques au sein de l'espace judiciaire commun (A). En droit international privé commun, il y a encore lieu de définir le domaine de l'*exequatur*, auquel n'accèdent que des instruments qui, reçus par des officiers publics, répondent à certains critères (B) et de préciser les conditions auxquelles est alors subordonné son octroi (C).

A / L'EXCEPTION À L'EXIGENCE D'*EXEQUATUR* : LE TITRE EXÉCUTOIRE EUROPÉEN

603-1. Le Règlement CE n° 805/2004 portant création d'un titre exécutoire européen pour les créances incontestées[1] fait bénéficier de plein droit ces dernières de la force exécutoire sur le territoire des autres États-membres, sur délivrance dans le pays d'origine d'un certificat en attestant la conformité à certaines conditions. Est incluse dans la catégorie des créances incontestées la créance expressément reconnue dans un acte authentique (art. 3-1-*d*), lequel est défini à l'article 4-3 selon les critères dégagés par la Cour de justice pour les besoins d'application de l'article 50 de la Convention de Bruxelles/article 58 du Règlement Bruxelles I *bis*[2]. À défaut d'autre précision du texte, le caractère incontesté de la créance semble acquis dès lors que l'acte mentionne la somme due par le débiteur (par exemple, un contrat de bail notarié indiquant le montant des loyers). La seule authenticité de l'acte dressé dans une situation non contentieuse semble donc valoir reconnaissance expresse. Pour bénéficier de la force exécutoire de plein droit dans les autres États-membres, il suffit alors que l'acte soit exécutoire dans son État d'origine.

À la différence des hypothèses où la créance n'a fait l'objet que d'une reconnaissance tacite ou d'une absence d'opposition de la part du débiteur, qui concernent les procédures judiciaires, les actes authentiques échappent aux exigences minimales de procédure visées à l'article 6-1-*c* relatives à l'information du défendeur. Le certificat peut être obtenu auprès de l'autorité désignée par l'État-membre d'origine, dont rien n'exclut que ce soit l'officier public ayant dressé l'acte. Dans le cas de la France, la compétence pour délivrer le certificat semble revenir au président de la chambre des notaires, déjà désigné par l'article 509-3 CPC

1. V. *supra*, n° 311-1.
2. V. *infra*, n° 605.

pour octroyer l'*exequatur* aux actes authentiques au regard du Règlement Bruxelles I [1].

604. Dans le cas des créances incontestées résultant d'une procédure judiciaire, la délivrance d'un certificat en vertu du Règlement n° 805/2004 supprime toute contestation ultérieure de la reconnaissance de la décision dans l'État-membre requis [2]. En revanche, s'agissant des actes publics, pour lesquels la notion de reconnaissance est dépourvue de sens, la délivrance du certificat n'affecte aucunement la possibilité de contester ultérieurement la validité de l'acte juridique privé ou *negotium* qu'il contient. L'inconvénient, qui se retrouve à l'identique en matière d'*exequatur* des actes authentiques étrangers [3], est de créer le risque, faute pour l'autorité de contrôle de pouvoir vérifier le respect de la loi applicable au fond, que l'acte juridique privé soit annulé au fond alors que l'instrument public est déjà internationalement exécutoire.

B / LE SEUIL DE L'*EXEQUATUR* EN DROIT COMMUN

605. L'*exequatur* n'est accordé qu'aux actes dressés par une autorité publique étrangère. La condition, qui apparaît en droit international privé commun à la lecture de l'article 509 CPC (qui inclut dans le champ de la force exécutoire, outre les jugements, « les actes reçus par les officiers publics »), a pour effet d'exclure du champ de l'*exequatur* divers actes privés qui partagent pourtant certains attributs des actes publics. La vraie difficulté que pose la détermination des actes susceptibles d'être revêtus de la formule exécutoire est liée au fait que la catégorie même des actes authentiques exécutoires est spécifique aux pays du notariat latin. Dans cette tradition, la force exécutoire attachée à l'acte authentique correspond à la présence de garanties liées à l'intervention d'une autorité ayant reçu une délégation partielle de souveraineté de l'État. C'est pourquoi le caractère exécutoire de l'acte dans le pays d'origine ne suffit pas pour autant à assurer l'accès à la force exécutoire dans l'État du for.

606. Toutefois, la seule présence d'une autorité publique ne suffit pas non plus à fonder l'accès de l'acte ainsi dressé à l'*exequatur*. Certaines interventions de l'autorité publique restent de simples formalités,

1. Il est vrai que l'article 509-3 CPC ne vise que les demandes (de certification) fondées sur le Règlement Bruxelles I. L'autre solution envisageable serait de confier cette fonction au notaire instrumentant lui-même.

2. V. *supra*, n° 315.

3. V. *infra*, nos 605 ; 613.

redevables de la seule méthode du conflit de lois. Le simple enregistrement d'un acte à des fins d'opposabilité auprès de l'officier chargé d'un registre public, par exemple, n'accède pas à l'*exequatur*[1]. L'authenticité qui justifie qu'un acte soit revêtu de la force exécutoire suppose que l'autorité instrumentante ne se borne pas à l'enregistrer en y apposant sa signature, mais qu'elle participe plus activement à l'élaboration de l'acte, notamment en prenant connaissance de son contenu. La signature du *notary public*, qui ne prend pas connaissance du contenu de l'acte, ne suffit donc pas à établir une équivalence entre cette intervention et celle requise par le droit français, par exemple, en vue de protéger la caution hypothécaire[2].

C / LES CONDITIONS DE L'*EXEQUATUR* EN DROIT COMMUN

607. La fonction de l'*exequatur* de l'acte public, limitée à l'efficacité procédurale de l'instrument, commande directement les conditions de son efficacité dans l'État du for. À la différence de l'acte décisionnel, l'*exequatur* de l'instrument ne préjuge pas de la validité de l'acte juridique qu'il contient. En pratique, le seul obstacle qui puisse empêcher la circulation des actes authentiques étrangers est leur contrariété à l'ordre public de fond. L'hypothèse n'est pas de réalisation très courante ; on cite ainsi le cas où l'acte serait une reconnaissance notariée de dettes de jeu. Les autres conditions de régularité internationale des décisions, concernant la compétence internationale de l'autorité saisie ou l'équité procédurale dans un contexte contentieux, n'ont pas de sens en ce qui concerne le seul instrument.

1. TGI Paris, 12 janv. 1978, *Rev. crit. DIP*, 1979. 102, note D. Holleaux ; v. cep. Cass. civ. 1re, 17 oct. 2000, *Rev. crit. DIP*, 2001. 121, notes J.-P. Rémery et H. Muir Watt.

2. V. par ex, dans le cas d'un acte comportant l'apostille d'un *notary public* australien, Cass. civ. 1re, 14 avril 2016, *Rev. crit. DIP*, 2017. 55, note S. Godechot-Patris ; *JCP*, 2016. 782, note P. Callé ; *JCP N*, 2016. 1209, note M. Farge et F. Hébert ; *JCP N*, 2016. 1290 note M. Devisme ; *JDI*, 2017. 156, note E. Fongaro : « Dès lors qu'il est constaté au vu de la traduction du certificat dressé par le notary public australien que celui-ci avait simplement apostillé la procuration à l'effet de constituer hypothèque, reçue du notaire français, cet acte ne revêt pas les solennités requises en France pour un acte authentique, la forme suivie n'étant pas équivalente à celle du droit français quant à la protection de la caution hypothécaire » ; comp. dans le même sens, s'agissant d'un *notary* américain, Hoge Raad, 21 nov. 1952, *Rev. crit. DIP*, 1958. 512, note Ph. Francescakis, *JDI* 1955. 896, obs. L. I. de Winter.

II | Force probante

608. La Cour de cassation semble soumettre la force probante d'un acte public étranger à la loi du lieu de l'acte [1]. En raison de sa nature procédurale, la détermination de la force probante des modes de preuve semble devoir relever pourtant, de prime abord, de la seule loi du for. En effet, la force probante concerne le pouvoir d'appréciation du juge et met ainsi directement en cause le fonctionnement du service public de la justice [2], de sorte que, lorsque l'instrument probatoire invoqué est un acte public étranger, il revient en principe au droit du for de définir les conditions de son efficacité procédurale. Dans ce cas, il ne s'agit pas de résoudre un conflit de lois relatif à la force probante d'un acte étranger, mais d'en vérifier la conformité aux exigences auxquelles la loi du for subordonne la foi due aux instruments publics étrangers.

609. Pour autant, les conditions qui commandent l'efficacité probatoire de l'instrument étranger n'excluent pas toute référence à la loi étrangère du lieu où l'acte a été instrumenté. Tout d'abord, en effet, l'autorité publique instrumentante agit nécessairement dans les cas et formes définis par la loi qui l'a instituée ; la compétence de cette autorité et le respect des solennités requises sont donc appréciés par référence à la *lex auctoris*. Cependant, il ne s'agit pas de faire rayonner en France, en vertu de la méthode du conflit de lois, la force probante dont jouit l'instrument étranger régulièrement dressé selon sa propre loi, mais de vérifier qu'il remplit les conditions qui justifient qu'une force probante lui soit attachée en vertu de la loi du for. Le caractère administratif de l'autorité instrumentante conduit en somme à requalifier la règle *locus regit actum*, qui régit la forme des actes, en condition d'efficacité de l'instrument litigieux [3].

1. V. censurant un arrêt d'appel pour défaut de recherche du contenu de la loi allemande « applicable à la force probante des mentions d'un acte notarié dressé en Allemagne » : Cass. civ. 1re, 28 juin 2005, *Aubin*, *Rev. crit. DIP*, 2005. 645, note B. Ancel et H. Muir Watt, *D.*, 2005. 2853, note N. Bouche et *D.*, 2006, p. 1498, obs. P. Courbe et F. Jault-Seseke, *Droit & Patrimoine*, novembre 2005, p. 107, obs. M.-E. Ancel, *Gaz. Pal.*, 24-25 févr. 2006, p. 20, obs. M.-L. Niboyet, *LPA*, 28 déc. 2005, note J.-G. Mahinga.

2. V. *supra*, n° 195.

3. En matière d'actes de l'état civil (sur la force probante desquels v. *infra*, n° 617), telle est pourtant l'interprétation qu'avait retenue la Cour de cassation de l'alinéa premier de l'article 47 du Code civil, selon lequel tout acte de l'état civil (des Français et des étrangers) établi en pays étranger fait foi s'il a été rédigé dans les formes usitées dans ce pays : Cass. civ. 1re, 14 juin 1983, *Suhami*, *Rev. crit. DIP*, 1984. 316, note B. Ancel.

Un auteur a proposé la répartition suivante (dans l'hypothèse de l'entraide judiciaire en matière de concurrence) [1] : le statut juridique de la pièce procédurale est en principe dicté par la loi ayant présidé à l'élaboration de la pièce. La *lex fori* du pays requis configure ainsi l'information, le document communiqué ; cette configuration juridique devrait accompagner le document lorsque celui-ci franchit les frontières et est exploité dans une autre procédure. Cela étant dit, des réserves et tempéraments tirés des exigences de la *lex fori* actuelle peuvent amenuiser la valeur du principe. De fait, la force probante ne devrait pas être préétablie et figée à l'étranger ; elle devrait pouvoir – conformément aux enseignements du droit commun – être actualisée dans la procédure nouvelle. En revanche et par principe, les restrictions à l'usage du document devraient, pour des raisons d'harmonie internationale et de faveur à la coopération internationale, demeurer intactes (on pense notamment aux restrictions inhérentes à l'emploi des pièces probantes dans les procédures étrangères qui devraient s'imposer encore, une fois la transmission effectuée).

610. En second lieu, à supposer que l'acte invoqué ait été instrumenté dans le respect des conditions posées par la *lex auctoris*, il faut aussi que celles-ci soient de nature à en garantir l'authenticité dans des conditions qui justifient qu'une valeur probatoire renforcée lui soit prêtée dans l'État du for. En effet, au vu de la considérable diversité des techniques d'établissement des actes en droit comparé, la foi due aux instruments publics étrangers en France est subordonnée à la condition qu'ils présentent des garanties d'authenticité analogues à celles qui assortissent les actes authentiques français. Ainsi, un acte public étranger fait foi dès lors qu'il présente des garanties équivalentes à celles qui, au regard de l'article 1317 du Code civil (1369 depuis l'Ord. du 10 février 2016), en justifient l'efficacité probatoire particulière. Dressé par une autorité publique compétente selon la loi locale et dans le respect des solennités requises, ses mentions doivent aussi avoir été constatées par l'autorité compétente *ex propriis sensibus*. Cette dernière condition participe de la définition même de l'acte authentique selon le droit français et n'est pas nécessairement exigée par la loi étrangère [2]. En l'absence de cette garantie constitutive d'authenticité, l'acte étranger ne pourra pas être admis à l'efficacité probatoire en tant qu'acte public en France.

611. Dans le cas particulier d'actes de l'état civil dressés à l'étranger et invoqués en France en vue de leur transcription sans *exequatur* sur

1. L. d'Avout, note sous Cass. com. 20 janv. 2015, *Rev. crit. DIP*, 2016. 521.
2. Comp. l'arrêt *Suhami*, préc.

les registres français de l'état civil [1], l'article 47 du Code civil [2] dispose que dès lors qu'ils sont rédigés selon les formes usitées dans le pays étranger, ils font foi « sauf si d'autres actes ou pièces détenus, des données extérieures ou des éléments tirés de l'acte lui-même établissent, le cas échéant après toutes vérifications utiles, que cet acte est irrégulier, falsifié ou que les faits qui y sont déclarés ne correspondent pas à la réalité [3] ». Si la Cour de cassation avait un temps, avec l'arrêt *Durassow* [4], assimilé sous le rapport des modes de contestation de leur véracité, les instruments étrangers et les actes authentiques du for sur le fondement du texte ancien [5], en revanche, l'augmentation de la fraude à l'état civil, qui consiste à invoquer des instruments étrangers falsifiés ou inexacts soit en vue de l'établissement de la filiation attributive de nationalité française [6], soit de faire accéder l'intéressé au bénéfice de certaines prestations sociales, par exemple, d'un régime de retraite [7], l'avait conduite, à partir de 1986, à admettre que la véracité de l'acte étranger relevait de l'appréciation souveraine des juges du fond, qui pouvaient écarter la présomption de l'article 47 lorsqu'ils estimaient que les faits énoncés dans l'acte, erronés, frauduleux ou inexacts, ne suffisaient pas à établir l'état de la personne [8]. La nouvelle rédaction de l'article 47 issue de la

1. À propos de l'incidence d'une obligation de déclaration de naissance imposée par la loi française, sur la force probante au regard du droit de la nationalité française d'un acte de naissance étranger, v. les obs. de Ch. Bidaud-Garon, *Rev. crit. DIP*, 2009, p. 473.

2. Réd. L. 26 nov. 2003 (mod. L. 14 nov. 2006).

3. La loi de 2003 a institué une procédure très lourde de vérification des actes étrangers suspectés de fraude (art. 47, § 2-4), qui a été allégée par la loi du 24 juillet 2006 : v. sur ce point, les obs. D. Carreau, P. Lagarde, H. Synvet, « Cahiers de l'Actualité », *Rép. dr. internat.*, 2007-1, p. 12. En cas de doute sur la véracité de l'acte invoqué, il appartient désormais à l'autorité française d'effectuer les vérifications nécessaires auprès de l'autorité étrangère compétente. Comme le font remarquer les observations précitées, la chose est plus facile à dire qu'à faire !

4. Cass. civ. 1re, 9 janv. 1974, *Gaz. Pal.*, 1974. 380, note J. Viatte, *JDI*, 1975. 257, note A. Huet, admettant que la preuve de la naissance en France était rapportée par un acte de l'état civil russe dressé valablement selon les formes locales ; en l'occurrence, ni la validité ni l'authenticité de l'acte n'étaient cependant contestées (sur la nullité probable d'un tel acte portant sur un fait d'état civil survenu en France, v. C. Bidaud-Garon, « La force probante des actes de l'état civil étrangers après la loi du 26 novembre 2003 », *Rev. crit. DIP*, 2006. 49, et spéc. p. 57).

5. L'ancienne version de l'article 47 disposait simplement que « tout acte de l'état civil des Français et des étrangers, fait en pays étranger, fera foi, s'il a été rédigé dans les formes usitées dans le dit pays ».

6. Cass. civ. 1re, 24 oct. 2000, *Rev. crit. DIP*, 2001. 332, note B. A. ; Cass. civ. 1re, 2 mai 2001, *Kone*, *Rev. crit. DIP*, 2002. 71, note P. Lagarde.

7. V. illustrant l'hypothèse d'un acte rectificatif vieillissant l'intéressé de dix ans, Cass. civ. 1re, 29 nov. 1994, *Bousmaha*, *Rev. crit. DIP*, 1994. 543, note G. Droz ; Cass. soc., 26 févr. 1996, *Ouchajaa*, *Rev. crit. DIP*, 1996. 473, note G. Droz.

8. V. notamment : Cass. civ. 1re, 12 nov. 1986, *Rev. crit. DIP*, 1987. 557, note E. Poisson-Drocourt, *D.*, 1987. 157, note J. Massip, *JDI*, 1987. 322, note H. Gaudemet-Tallon ; Cass. crim., 17 juill. 1991, *Rev. crit. DIP*, 1992. 762, affirmant qu'aucun texte légal français ne donne force probante irréfragable aux actes de l'état civil des pays étrangers ; Cass. civ. 1re, 29 nov. 1994, *Rev. crit. DIP*, 1995. 543,

loi du 26 novembre 2003 conforte cette tendance. Un régime similaire, qui postule la force probante de principe des actes dressés dans les autres État-contractants, sous réserve de la contestation de leur véridicité, prévaut en droit européen ; la Cour de justice a en effet admis, dans le cas où le droit aux prestations sociales était tributaire de l'âge d'un travailleur migrant ressortissant d'un État-membre, que les actes de l'état civil émanant d'un pays de l'Union européenne faisaient foi dans les autres États-membres à moins qu'existent des indices de nature à faire soupçonner leur inexactitude [1].

ÉTAT DES QUESTIONS

B. G. — **Sur les effets des actes publics étrangers :** P. Callé, *L'acte public en droit international privé*, Économica, 2005, préf. P. Mayer ; aj. les références citées *supra*, sous le n° 599.

Sur les actes de l'état civil : C. Bidaud-Garon, « La force probante des actes de l'état civil étranger après la loi du 26 novembre 2003 », *Rev. crit. DIP*, 2006. 49 ; G. Droz, *Rép. dr. internat.*, v. « Actes de l'état civil » ; I. Guyon-Renard, « La fraude en matière d'état civil dans les États-membres de la CIEC », *Rev. crit. DIP*, 1996. 541 ; M. Revillard, *Rép. dr. internat.*, V° « Consul » ; M. Buschbaum, « La reconnaissance de situations juridiques fondées sur les actes d'état civil ? Réflexions critiques sur l'abandon des la méthode résultant des conflits de lois », *D.*, 2011. 1094 ; C. Pamboukis, « Les actes publics et la méthode de reconnaissance », in *La reconnaissance des situations en droit international privé*, Ed. A. Pedone, 2013, p. 133 et s. ; E. Pataut, « La reconnaissance des actes publics dans les règlements européens de droit international privé », in *La reconnaissance des situations en droit international privé*, préc., p. 147 et s.

LE SEUIL DE L'*EXEQUATUR* DES INSTRUMENTS

612. La définition de l'acte public admis à *exequatur*. — En l'absence d'institution notariale, un État peut habiliter des particuliers à exercer une fonction publique d'authentification analogue à celle de l'officier public, en entourant son exercice de diverses garanties. En visant « *toute autre autorité habilitée* » à authentifier un acte, la Cour de justice a expressément tenu compte de cette hypothèse dans son arrêt *Unibank* (CJCE, 17 juin

note G. Droz, *Defrénois*, 1995. 718, note J. Massip ; 24 oct. 2000, préc. ; 2 mai 2001, *Kone*, préc. ; comp. Cass. crim., 15 oct. 1986, *Rev. crit. DIP*, 1987. 731, note M. Revillard. V. cependant, réagissant contre une méfiance excessive des juges du fond à l'égard d'un acte de l'état civil étranger invoqué en vue d'établir la nationalité française, en l'absence d'autres indices de fraude, Cass. civ. 1re, 17 déc. 2008, *Rev. crit. DIP*, 2009. 740, note Ch. Bidaud-Garon.

1. V. CJCE, 2 déc. 1997, Dafeki, Rev. crit. DIP, 1998. 329, note G. Droz, jugeant que « les juridictions nationales d'un État-membre sont tenues de respecter les certificats et actes analogues relatifs à l'état des personnes qui émanent des autorités compétentes des autres États-membres, à moins que leur exactitude ne soit sérieusement ébranlée par des indices concrets se rapportant au cas individuel en cause ».

1999, *Rev. crit. DIP*, 2000. 245, note G. Droz ; *JDI*, 2000. 539, obs. A. Huet). Ainsi, tandis que la signature d'un simple particulier en qualité de témoin ne suffit pas à ériger un acte privé en instrument authentique (comme dans l'affaire *Unibank*, préc.), il a été jugé en revanche qu'un courtier commercial, rattaché à un ordre professionnel et soumis à ce titre à des contraintes équivalentes à celles qui pèsent sur l'officier public, pouvait dresser un instrument au sens de l'article 50 (Aix, 2 mars 2000, *Rev. crit. DIP*, 2001. 168, note G. Légier). Le cas du *notary* américain, simple particulier habilité par l'État à authentifier un document, est délicat. La disqualification des actes sur lesquels il appose sa signature de la catégorie des actes authentiques tient au rôle passif de celui-ci plutôt qu'à l'absence d'habilitation étatique de l'organe signataire.

De même, une transaction non judiciaire ne peut revêtir la formule exécutoire alors même que la loi du for lui reconnaît l'autorité de chose décidée et donc l'aptitude à mettre fin au renouvellement du procès (comp. l'article 2052 CPC : « *Les transactions ont, entre les parties, l'autorité de la chose jugée en dernier ressort* »). La Cour de cassation a ainsi exclu une transaction privée du champ de l'article 50 de la Convention de Bruxelles dans son arrêt *Soc. Virani* (Cass. civ. 1re, 11 févr. 1997, *Rev. crit. DIP*, 1998. 326, note P. Mayer ; *JDI*, 1997. 1026, note M.-L. Niboyet-Hoegy). Cela signifie qu'en cas de conflit avec un jugement étranger rendu postérieurement sur le même litige, celui-ci sera déclaré exécutoire alors même qu'invoquée en cours d'instance, la transaction aurait pu le cas échéant y mettre fin en raison de son autorité de chose décidée. En revanche, comme l'avait également admis la Cour de justice dans un arrêt *Solo Kleinmotoren* (CJCE, 2 juin 1994, *JDI*, 1995. 466, obs. A. Huet, *Cah. dr. eur.*, 1995. 209, note H. Tagaras), la transaction reçue par un juge, tout en ne revêtant pas un caractère juridictionnel, peut accéder à l'*exequatur* en tant qu'instrument public (étant précisé que la question se pose alors de la portée de la formule exécutoire, qui se limite ou non à la seule enveloppe instrumentaire en fonction de la nature de l'activité, réceptrice ou décisionnelle, de l'organe juridictionnel saisi). Exequaturée, elle l'emportera en cas de conflit avec un jugement postérieur.

Le « rôle moteur » de l'autorité instrumentante. — L'instrument public est l'acte qui, sans contenir une décision de l'autorité instrumentante, comporte une certaine participation motrice de sa part. L'illustration positive la plus célèbre de la distinction selon que l'autorité a ou non un rôle moteur est le cas du contrat de mariage, tantôt reçu par un notaire étranger et exequaturé (TGI Seine, 25 janv. 1967, *Lévy*, *Rev. crit. DIP*, 1967. 563, note H. Batiffol : contrat de mariage reçu par un notaire à Santiago du Chili), tantôt enregistré au greffe d'un tribunal étranger et exclu du domaine de l'*exequatur* (TGI Paris, 12 janv. 1978, *Rev. crit. DIP*, 1979. 102, note D. Holleaux). Tandis que le notaire avait authentifié le contenu de l'acte, dans ce dernier cas, l'action en *exequatur* a été jugé irrecevable car le dépôt au greffe est une formalité qui ne confère ni un caractère juridictionnel ni un caractère authentique à l'acte. Reprenant l'analyse proposée par Dominique Holleaux dans sa note célèbre sous cette dernière décision, la Cour de Paris définit ainsi l'acte public susceptible d'*exequatur* : « Si certains actes de l'autorité publique étrangère, judiciaire ou non judiciaire, sont susceptibles d'exequatur bien que celle-ci n'ait exercé aucun pouvoir décisionnel et se soit contentée de recevoir un acte privé et d'émettre un instrument, c'est à la condition nécessaire que celle-ci ait joué un certain rôle moteur dans l'élaboration de l'acte et ne se soit pas bornée à l'enregistrer, par apposition de nom et signature sur la déclaration de la partie elle-même, sans s'en approprier les éléments ne serait-ce qu'en lui donnant forme » (Paris, 2 avr. 1998, *Rev. crit. DIP*, 1999. 102, note C. Pamboukis). Typiquement, l'autorité dotée d'un rôle moteur prend connaissance du contenu de l'acte, contrôle la date et vérifie l'identité, voire même la capacité des parties. Il est vrai que, pour des raisons qui sont sans doute particulières au contexte de la faillite internationale, cette définition n'a pas été retenue par la Cour de cassation, qui a censuré l'arrêt sur ce point (v. Cass. civ. 1re, 17 oct. 2000, *Rev. crit. DIP*, 2001. 121, notes J.-P. Rémery et H. Muir Watt).

Même ainsi définie, l'identification de ce rôle moteur de l'autorité ne va pas sans difficultés. Distincte de la volition, elle semble se confondre en réalité avec l'intervention *ad validitatem* de l'autorité publique, la notion d'instrument public se réduisant alors aux hypothèses où l'acte public confère la force exécutoire aux *negotia* privés. Mais comme cela a été justement relevé (P. Callé, *op. cit.*, n° 349), certains actes publics non décisionnels ne sont pas non plus de simples vecteurs de la force exécutoire des actes privés. Il en est ainsi, par exemple, de l'immatriculation d'une société, qui conditionne l'octroi de la personnalité morale, sans pour autant constituer de la part de l'autorité publique un acte décisionnel. On sait que, pour cet auteur, qui doute de la réalité de la distinction entre les fonctions volitives et réceptives de l'organe public, la source des confusions actuelles a été de partir de la nature – volitive ou réceptive – de l'acte et non de ses effets (v. *supra*, n° 600). Mais si l'analyse qu'il propose ainsi permet de surmonter la difficulté de distinguer les actes réceptifs des actes volitifs ou décisionnels, il reste à séparer les actes instrumentaires, réceptifs, qui sont susceptibles d'*exequatur* et ceux qui n'atteignent pas ce seuil en raison de l'insuffisance de rôle moteur de l'autorité publique. Dans ce cas, le critère de l'acte authentique retenu par le droit européen, qui consiste à recherche si l'authentification a porté sur le contenu de l'acte, paraît le plus sûr et le plus convaincant.

Origine étatique des normes : L'exigence selon laquelle l'acte accédant à l'*exequatur* doit avoir été instrumenté par une autorité publique tend à montrer que le bénéfice de la force exécutoire est réservé aux normes, c'est-à-dire aux actes imputables à un État. C'est en tout cas l'explication donnée par P. Mayer (note *Rev. crit. DIP*, 1998. 326). Cette explication rend surprenant le régime d'efficacité des sentences arbitrales, qui accèdent pourtant à l'*exequatur* tout en n'étant pas, selon les critères qui prévalent en matière d'actes publics, des normes susceptibles d'être rattachées à un ordre juridique étatique. Il a été démontré à cet égard qu'une fiction d'assimilation des sentences aux normes étatiques permettait d'expliquer ce régime, qui s'imposerait pour des raisons d'opportunité (v. *supra*, n° 241).

FONCTION DE L'*EXEQUATUR* DE L'INSTRUMENT

613. L'utilité de l'apposition de la formule exécutoire sur l'acte public étranger est identique à celle de l'authenticité d'un acte public dressé par un officier public de l'État du for. L'acte étranger exequaturé servira par exemple à obtenir l'exécution d'une créance ou à inscrire une sûreté. Par une certaine déformation de la fonction de l'action en *exequatur*, celle-ci est parfois utilisée aussi pour obtenir un titre opposable à toutes fins utiles, en l'absence de toute procédure purement déclaratoire (v. *supra*, n° 288).

L'octroi de la force exécutoire à l'instrument étranger n'affecte aucunement la validité du *negotium*, acte juridique privé, qu'il renferme. On sait que celui-ci reste soumis au conflit de lois et est présumé valable comme tout acte juridique privé tant que sa nullité n'a pas été constatée conformément à la loi applicable. Le revers de la médaille est que le *negotium* peut être annulé par le juge internationalement compétent pour le faire alors même que l'instrument a reçu l'*exequatur* (sur le cas de la transaction, v. *supra*, n° 612). Dans un tel cas, il est sans doute judicieux de considérer que, privé de son support, l'instrument public étranger, ou du moins, l'*exequatur* qui lui a été accordé, est affecté de caducité. Afin de parer cependant au risque de voir l'enveloppe circuler sans son contenu, il serait souhaitable que le juge de l'*exequatur*, appelé à déclarer exécutoire l'instrument-enveloppe, puisse le cas échéant connaître d'une contestation relative à la validité du *negotium* au fond. Un certain nombre d'obstacles procéduraux peuvent s'y opposer, cependant. Il faut en effet que le juge du for soit internationalement compétent, que le litige au fond ne relève pas de la compétence exclusive d'une autre juridiction sur le plan interne, et que la procédure applicable lui permette de connaître de demandes accessoires. Envisageable en droit commun où l'instance en *exequatur* est contentieuse et la compétence du juge de l'*exequatur* étendue à des demandes additionnelles, pareille possibilité est exclue en raison de la spécificité de la procédure d'*exequatur* en droit européen (v. *supra*, n°s 306 et s.).

La transcription des actes étrangers de l'état civil. — Le droit commun n'exige plus l'*exequatur* à cette fin (du moins si la régularité paraît *a priori* certaine : *Instruction gén. état civ.*, n° 585). C'est pourquoi le contentieux relatif au statut d'un enfant né d'une gestation pour autrui valablement effectuée à l'étranger s'est cristallisé à l'occasion de la transcription d'actes de l'état civil dressés à l'étranger en exécution d'un jugement établissant le lien de filiation entre l'enfant et les parents d'intention. Le jugement produisant en France son efficacité ou autorité de plein droit, c'est à l'occasion de la transcription que la question de sa contrariété éventuelle à l'ordre public est venue à l'attention des autorités françaises. Dans une large mesure, cette situation reproduit à l'identique le contentieux qui avait eu lieu voici une vingtaine d'années au sujet des actes d'état civil d'enfants adoptés, établis par une autorité dans le pays d'origine, et indiquant une filiation biologique et un lieu de naissance fictifs. Elle soulève la question délicate de l'intérêt à agir du ministère public, au regard de l'article 336 du Code civil (« La filiation légalement établie peut être contestée par le ministère public si des indices tirés des actes eux-mêmes la rendent invraisemblable ou en cas de fraude à la loi »). Dès lors notamment qu'aucune invraisemblance n'affecte l'acte (les parents d'intention, ou l'un d'eux, sont au demeurant souvent les parents biologiques de l'enfant), le fondement de l'intervention du ministère public ne peut être que la fraude. Or, celle-ci ne se laisse pas démonter aisément dans ce dernier cas.

Pareillement, au regard du Règlement Bruxelles II *bis*, art. 21. 2, aucune procédure n'est requise pour la mise à jour des actes de l'état civil d'un État-membre sur la base d'une décision insusceptible de recours rendue dans un autre État-membre en matière de désunion conjugale.

CONDITIONS DE L'*EXEQUATUR* DE L'INSTRUMENT

614. Le contrôle de la compétence interne de l'autorité instrumentante. — Lorsque l'effet de titre du seul instrument public étranger est recherché, le contrôle de la compétence internationale de l'autorité instrumentante n'a pas de sens, parce que celle-ci n'est l'auteur d'aucune norme qui puisse être imputée à un ordre juridique. Mais l'absence de toute condition de compétence internationale de l'autorité instrumentante conditionnant l'efficacité procédurale de l'instrument public étranger ne signifie pas que sa compétence interne échappe à tout contrôle. Seulement, l'incompétence de l'autorité aura un impact non pas sur l'efficacité de l'instrument mais sur la validité du *negotium*. En effet, la vérification de sa compétence territoriale peut s'imposer dans la mesure où le respect par l'autorité de ses propres règles internes fait partie des conditions d'application de la règle de droit substantiel qui prévoit le principe de son intervention. À ce titre, le contrôle est nécessairement mené au regard des critères de la seule *lex auctoris*, car il ne s'agit pas d'une condition de régularité internationale de l'instrument public mais d'une condition de mise en œuvre de la loi applicable à l'acte juridique privé dont la validité ou l'opposabilité requiert l'intervention de l'officier public : « Le contrôle de la compétence de l'autorité, ainsi que du respect des pouvoirs qui lui ont été dévolus, ne sont donc que des conditions nécessaires à l'application de la loi désignée par la règle de conflit » (P. Callé, *op. cit.*, n° 536). Il faudrait admettre ainsi qu'est nul un contrat passé *ad validitatem* devant un notaire étranger ayant agi en dehors de son ressort territorial (*ibid.*). (Sur le contrôle des pouvoirs attribués de l'autorité dans le cas de la reconnaissance d'un acte public à caractère décisionnel, v. *supra*, n° 602).

LES VOIES D'EFFICACITÉ DES INSTRUMENTS

615. La multiplication des textes, notamment de source européenne, régissant l'efficacité des actes publics étrangers et prévoyant des procédures spécifiques met souvent devant un choix difficile quant à la procédure à suivre pour obtenir l'*exequatur*. Dispensant de l'*exequatur*, le Règlement portant titre exécutoire européen tient pour incontestée, et donc bénéficiant du régime de circulation sans frontières qu'il instaure, toute créance expressément reconnue dans un acte authentique (art. 3 *d*). Le Règlement Bruxelles I *bis* dispense d'*exequatur* les actes relevant de la matière civile et commerciale. Cela étant, l'exigence d'*exequatur* subsiste par ailleurs. Pour les actes émanant d'un État-tiers (non membre de l'Union européenne), l'article 509 CPC soumet les actes publics étrangers à une procédure contentieuse. Pour ce qui est de la matière familiale, le Règlement Bruxelles II *bis* prévoit que cette procédure se déroule nécessairement devant une juridiction (art. 29), alors même que le Règlement Bruxelles I prévoyait à l'époque que la requête pouvait être présentée à une « autre autorité » compétente. La coexistence de ces textes donne parfois des résultats surprenants : par exemple, un acte authentique constatant un bail emphytéotique dressé par un notaire hollandais peut être déclaré exécutoire en Belgique, alors même qu'aucun juge hollandais ne serait compétent pour ordonner l'exécution d'un bail similaire conclu par acte sous seing privé. Par ailleurs, la diversité des procédures, qui peuvent concerner un même acte simultanément, semble devoir conduire à une application distributive des différents instruments pour un même acte (v. Paris 22 févr. 1990, *D.*, 1990. IR. 108) !

LA FORCE PROBANTE DE L'INSTRUMENT

616. Force probante d'instruments publics étrangers et preuve du *negotium* privé. — La question de la valeur probante des instruments probatoires étrangers, qui pose un problème d'efficacité en France des actes publics étrangers (B. Ancel, note sous Cass. civ. 1re, 14 juin 1983, *Suhami*, *Rev. crit. DIP*, 1984, p. 321), n'est pas toujours bien distinguée de la preuve du *negotium* – l'acte juridique privé qui en fait l'objet –, dont les modes de preuve admissibles relèvent de la règle de conflit dualiste de l'arrêt *Isaac* (Cass. civ. 1re, 24 févr. 1959, *Isaac*, *Rev. crit. DIP*, 1959. 368, note Y. L., *D.*, 1959. 485, note Ph. Malaurie, *JDI*, 1959. 1144, note J.-B. Sialelli ; 12 févr. 1963, *Ruffini*, *D.*, 1963. 325, note G. Holleaux, *Rev. crit. DIP*, 1964. 121, note P. Lagarde ; 25 nov. 1981, *Rezki*, *Rev. crit. DIP*, 1982. 701, note B. Ancel ; 5 janv. 1999, *Ollanescu*, *Rev. crit. DIP*, 1999. 293, note A. Huet). Selon cette jurisprudence, le juge français accueille les modes de preuve de la loi du for, mais les parties peuvent se prévaloir des règles de preuve du lieu d'accomplissement de l'acte. Ainsi, si la loi du for exige, pour établir l'existence d'un acte juridique privé, une preuve préconstituée, le demandeur à la preuve pourra le cas échéant se prévaloir du régime plus libéral du lieu de l'acte. On peut d'ailleurs s'interroger sur la nature réelle de la règle issue de la jurisprudence *Isaac*, dont il a été suggéré qu'elle s'apparenterait à une règle matérielle du droit du for ordonnant la prise en considération de la loi étrangère dans le seul cas où la loi du for exige une preuve préconstituée (P. Callé, *op. cit.*, n° 393, n. 2) ; selon cette conception, la détermination des modes de preuve admissibles relèverait en effet de la compétence exclusive de la loi du for au même titre que la force probante. Quoi qu'il en soit, la référence subsidiaire à la loi du lieu de l'acte pour déterminer les modes de preuve admissibles du *negotium* se distingue de la question, qui se pose une fois réglée celle des modes de preuve admissibles et relève de la règle d'efficacité de l'arrêt *Suhami*, de la valeur à accorder à un instrument public établi conformément à la *lex auctoris* étrangère. Comme l'écrit B. Ancel (note précitée, p. 321) si on devait laisser le régime dualiste de la preuve du *negotium* aspirer la question de la force probante des actes publics étrangers, « il serait en vérité indifférent que le mode de preuve utilisé soit un témoignage, une écriture privée ou un acte authentique. La qualification du mode de preuve n'importerait guère, seul compterait le pouvoir de forcer la conviction des juges attribué par la loi étrangère applicable ». Mais c'est précisément une telle conséquence qui peut se heurter à la compétence exclusive de la loi du for pour régir les modes de fonctionnement de la justice (v. *supra*, n° 608).

La contestation d'authenticité d'un acte public étranger. — Il est bien entendu inadmissible qu'un État accomplisse un acte d'autorité à l'égard d'un autre (v. *supra*, nos 86 et s.). Le seuil de l'interdiction est cependant délicat à tracer. Lorsque le juge du for annule le mariage dressé à l'étranger entre deux ressortissants du for, pour des raisons tenant à leur capacité matrimoniale, l'annulation revêt une portée globale, en ce sens qu'elle affecte l'instrument lui-même, qui semble alors atteint de caducité par accessoire. La même interdiction n'empêche pas non plus de constater une irrégularité de forme en application de la *lex loci* même si les formes revêtent un caractère organique. Dans ce cas, la nullité affecte pareillement l'ensemble de l'acte juridique, et l'instrument dressé par l'autorité publique tombe pour irrégularité formelle. Est-ce donc le jugement de valeur portant sur l'acte émis au nom de la souveraineté étrangère qui est interdit ? Il ne le semble pas non plus, car le juge du for peut prononcer la nullité de l'acte en cas d'omission négligente par l'organe public étranger d'une formalité requise par la loi organique. Pareillement, rien ne l'empêche de refuser effet sur son territoire à un acte public étranger dont il a été démontré qu'il manque d'authenticité.

En revanche, la contestation de la validité de l'*instrumentum* pour défaut de sincérité de l'officier public étranger tend à remettre en cause la présomption de véracité qui s'attache à l'activité de l'officier public en tant qu'il est délégataire de la souveraineté étrangère. L'hypothèse ne consiste plus à relever l'omission d'une mention exigée par la loi de la forme, mais à contester l'authenticité même de celle qui figure effectivement sur l'acte. Or, dès lors que les formes imposées par la loi organique ont été respectées, la sincérité de l'instrument public étranger ne peut être mise en doute qu'au moyen d'un acte d'autorité, pour lequel la compétence appartient exclusivement à l'État qui a investi l'organe. La Cour de cassation a ainsi décidé que le juge du for est dépourvu du pouvoir juridictionnel d'annuler un acte notarié étranger du fait de la fraude du notaire (Cass. civ. 1re, 20 mars 2001, *Rev. crit. DIP*, 2001. 697, note H. Muir Watt) ; l'action en inscription de faux est donc irrecevable. Le respect de la compétence exclusive de l'État étranger interdit aussi bien l'annulation de l'instrument que la prise de mesures en marge de l'acte faux ou l'émission d'une injonction à l'officier public dépositaire de l'acte litigieux. Seule est envisageable dans ce cas une action en inopposabilité ou dénégatoire d'efficacité, dont la forme n'impliquerait aucun blâme à l'égard de l'autorité étrangère (Cass. civ. 1re, 20 mars 2001, préc.). Dans son grand cours de La Haye, Fedozzi suggérait que seule est permise la mise en œuvre *incidente* de la loi organique étrangère, comme lorsqu'il s'agit de tirer les conséquences du non-respect de cette loi sur la validité de l'acte authentique (« De l'efficacité extraterritoriale des lois et actes de droit public », *RCADI*, 1929, t. 27, p. 211). En revanche, dès lors qu'il s'agit d'émettre un ordre à l'égard du dépositaire de l'acte, délégataire de la souveraineté étrangère, comme dans le cas de l'inscription de faux, le seuil de l'interdiction se trouve franchi.

616-1. Les certificats du droit dérivé de l'Union : l'expansion de la force probante. — Omniprésent dans le droit dérivé européen, le certificat établi par l'autorité de l'État d'origine déploie une force probante particulière dans l'État d'accueil. C'est là sa raison d'être, facilitant par là même l'administration du droit privé (par exemple, des successions) ou judiciaire (par exemple, de la circulation des jugements). L'officier public (tel le notaire, ou l'agent d'exécution) de l'État d'accueil est déchargé de la recherche ou la vérification *ab initio* au regard de lois étrangères de la qualité d'un héritier, des pouvoirs d'un exécuteur, ou plus généralement, du statut d'une créance. Au lieu de mettre en œuvre une loi étrangère, il suffit de faire confiance au certificat, sauf contestation de sa valeur probante. L'article 63 du règlement Successions prévoit ainsi : « 1. Le certificat est destiné à être utilisé par les héritiers, les légataires ayant des droits directs à la succession et les exécuteurs testamentaires ou les administrateurs de la succession qui, dans un autre État-membre, doivent respectivement invoquer leur qualité ou exercer leurs droits en tant qu'héritiers ou légataires, et/ou leurs pouvoirs en tant qu'exécuteurs testamentaires ou administrateurs de la succession ». À cet égard, le paragraphe 2 de cet article établit les différentes finalités dans lesquelles il peut être invoqué en pratique. Selon le considérant 71, ce certificat « ne devrait pas être, en tant que tel, un titre exécutoire mais devrait avoir une force probante et il devrait être présumé attester fidèlement de l'existence d'éléments qui ont été établis en vertu de la loi applicable à la succession ou en vertu de toute autre loi applicable à des éléments spécifiques, tels que la validité au fond des dispositions à cause de mort ». Comme les actes de l'état civil, on voit bien cependant que, dès lors que le certificat sert à établir, quoique de façon précaire, la qualité d'héritier, la force probante recouvre davantage que de simples faits établis selon la loi applicable pour recouvrir l'opération même de celle-ci.

La contestation de la force probante – ou de l'efficacité substantielle précaire – du certificat est cependant possible. Devant l'autorité émettrice elle en empêche la délivrance (art. 67). Ensuite, une fois délivrée, les articles 71-73 prévoient des cas de rectification ou de suspension de ses effets. Parfois, cette contestation peut porter sur la véracité d'un fait. Comp. s'agissant du certificat prévu par l'article 54 du Règlement Bruxelles I, sur le pouvoir du juge requis de vérifier la véracité des faits attestés par le certificat relatif à la notification du défendeur CJUE *Trade Agency*, 6 septembre 2012, aff. C-619/10, préc.

ACTES DE L'ÉTAT CIVIL

617. La définition de l'authenticité. — L'arrêt *Suhami* (Cass. civ. 1re, 14 juin 1983, préc.) définit l'acte de l'état civil comme étant « un écrit dans lequel l'autorité publique étrangère constate d'une manière authentique un événement dont dépend l'état de plusieurs personnes ». Cette définition introduit dans la qualification même de l'acte visé par la présomption de force probante de l'article 47 C. civ., la condition de son authenticité, qui doit être vérifiée dans la loi étrangère, selon les paramètres posés par la loi du for. Dans l'arrêt *Suhami*, elle a conduit à disqualifier, et donc à priver de la foi due aux actes de l'état civil français, un certificat émis par le bureau de l'état civil turc en 1976 et portant sur des événements anciens de plus d'un siècle, indépendamment de la force probante que lui concédait le droit turc. Celle-ci est indifférente, car la loi locale n'est pas consultée sur la force probante de l'instrument, mais uniquement sur les conditions dans lesquelles l'autorité publique étrangère a procédé à l'authentification dont il s'agit de se prévaloir en France.

La portée de l'article 47 du Code civil. — La signification de l'article 47 est discutée. Il n'est pas absolument clair de déterminer s'il pose une règle de conflit de lois soumettant la force probante de l'acte étranger à la loi locale, s'il met en œuvre une méthode de reconnaissance des actes étrangers assimilés au regard de leur force probante, sous condition de leur authenticité, aux actes de l'état civil dressés en France, ou s'il laisse place à un régime spécifique d'ordre matériel (sur la variété des méthodes envisagées, v. C. Bidaud-Garon, « La force probante des actes de l'état civil étrangers après la loi du 26 novembre 2003 », *Rev. crit. DIP*, 2006. 49, p. 52).

Portée de la nouvelle rédaction de l'article 47 du Code civil. — La loi du 26 novembre 2003, qui traque dans le cadre de la maîtrise de l'immigration les fraudes au droit de la nationalité ou aux droits sociaux au moyen d'actes d'état civil falsifiés, avait modifié la rédaction de l'article 47 du Code civil en y ajoutant plusieurs nouveaux alinéas organisant les conditions de contestation et de vérification de la force probante présumée de l'acte étranger d'état civil devant les autorités administratives. Celles-ci ont été modifiées à leur tour par la loi du 14 novembre 2006.

En réalité, l'intensité de la force probante des actes publics étrangers, qu'il s'agisse de l'acte initial ou de l'acte rectifié, n'est pas en cause. C'est là une illusion d'optique que favorise la méthode de l'équivalence, laquelle requiert en revanche de vérifier que l'authentification par l'autorité étrangère a bien porté sur les éléments dont l'intéressé cherche à se prévaloir en France. Ce n'est pas la force probante mais la qualification préalable de l'acte étranger en tant qu'acte authentique qui est écartée lorsqu'il consigne des événements que l'autorité étrangère n'a pu constater *propriis sensibus*, ou qu'il contient des contradictions indicatives d'erreur ou d'insincérité.

Actes rectificatifs de l'état civil. — La force probante du jugement étranger rectificatif est régie par l'article 47 au même titre que l'acte initial. Il existe une Convention relative aux décisions de rectification d'actes de l'état civil du 10 septembre 1964 élaborée sous l'égide de la Commission internationale de l'état civil (en vigueur entre la France, l'Allemagne, le Luxembourg, les Pays-Bas, la Suisse et la Turquie), qui rend exécutoire sans formalité dans les autres État-contractants une décision de rectification obtenue dans l'un d'eux. Mais cette Convention ne règle pas la question de la force probante qui doit lui être accordée. La question est d'autant plus importante qu'est fréquente la rectification frauduleuse d'actes de l'état civil.

Rectification d'actes étrangers de l'état civil. — Bien entendu, les autorités du for sont dépourvues de pouvoir juridictionnel pour accéder directement à une demande de rectification de l'état civil d'un individu, ressortissant étranger, établi par un acte public étranger (*Instr. gén. état civil*, n°s 182-3 et 503). Toutefois, dès lors que l'acte étranger a donné lieu à une inscription française, celle-ci peut être rectifiée. La rectification est même obligatoire dans le cas des transsexuels, qui ont droit, sur le fondement de la Convention européenne des droits de l'homme et dès lors qu'ils sont domiciliés en France, à ce que leur ancienne identité sexuelle soit effacée des documents publics français (Cass. Ass. plén., 11 déc. 1992, *JCP*, 1993. II. 21991, concl. Jéol, note Méméteau et *infra*, n° 626). Lorsque le transsexualisme n'est pas admis dans le pays d'origine de l'intéressé, on crée par là même une discordance avec l'acte originaire (G. A. L. Droz, *Rép. dr. internat.*, V° « Actes de l'état civil », n° 79).

Force probante des actes de l'état civil et adoption internationale. — S'agissant de la force probante des actes étrangers de l'état civil, l'exigence d'équivalence des garanties offertes par l'authenticité conduit parfois à disqualifier certains actes portant sur l'état civil d'un enfant ayant fait l'objet d'une adoption internationale. Il arrive que, selon la loi étrangère du lieu de prononcé de l'adoption, l'enfant adopté se voit attribuer par l'autorité publique un acte de naissance reconstitué comportant la mention d'un lieu de naissance fictif – souvent le lieu de domicile des adoptants – afin d'effacer les traces de l'origine adoptive de sa nouvelle filiation. Or, un acte comportant la mention d'un lieu de naissance fictif se heurte aux exigences impératives de l'article 354 du Code civil, dont le respect s'impose à tous les actes transcrits sur les registres français de l'état civil. L'ordre public de l'état civil interdit que soit occultée, sinon la réalité de la filiation par le sang de l'enfant adoptif, du moins celle des faits entourant sa naissance. L'officier de l'état civil français ne peut transcrire sur les registres français de l'état civil un tel acte, ne répondant pas aux conditions posées par sa *lex auctoris* (Cass. civ. 1re, 12 nov. 1986 (2 arrêts), *Rev. crit. DIP*, 1987. 557, note E. Poisson-Drocourt [acte roumain] ; 18 juill. 2000, *Rev. crit. DIP*, 2001. 349, note H. Muir Watt [acte polonais]). L'acte tenant lieu d'acte de naissance de l'enfant adopté à l'étranger est bien l'acte de transcription de la seule décision étrangère d'adoption, et non le nouvel acte de naissance dressé à l'étranger après le jugement (*Instr. gén. de l'état civil*, n° 491).

Comme on vient de faire observer (*supra* n° 613), ces difficultés se reproduisent à nouveau aujourd'hui dans des termes analogues s'agissant de la transcription d'actes d'état civil d'enfants nés à l'étranger d'une gestation pour autrui.

LA RECONNAISSANCE DE SITUATIONS VALIDÉES PAR UNE AUTORITÉ PUBLIQUE

618. Dans le cas de la célébration du mariage, le lien matrimonial créé à la suite de l'intervention d'un officier public est reconnu, sous réserve de l'annulation du *negotium*. L'intervention de l'autorité célébrante produit donc un effet de titre. Cette intervention est prévue par la loi applicable à la forme du mariage, qui sera en principe en même temps la *lex auctoris*, régissant l'activité organique de cette autorité. Les effets à donner à cette intervention restent soumis au conflit de lois et la *lex auctoris* n'a donc aucune autonomie réelle pour déterminer la création de la situation subjective. Cependant, la détermination de la méthode à appliquer en cas de création ou de modification de liens de famille en présence d'une autorité publique étrangère n'exerçant aucun pouvoir décisionnel, donne lieu à débat aujourd'hui. En effet, parfois, l'intervention d'une autorité publique semble déclencher la méthode de la reconnaissance, alors même que son rôle se borne en réalité à assurer la validité formelle ou l'opposabilité d'un rapport de droit dont le fond est normalement redevable du conflit de lois. C'est alors la seule *situation* qui serait reconnue (v. P. Mayer, « Les méthodes de la reconnaissance en droit international privé », in *Mélanges en hommage à P. Lagarde*, p. 547, spéc. p. 556). Dans ce cas, la règle de conflit de lois semble s'en remettre à la *lex auctoris* pour déterminer l'effet au fond de l'acte-formalité. Il est sans doute possible de voir dans l'effacement de la règle de conflit du for le signe d'une mutation méthodologique plus profonde dans l'hypothèse de la création de rapports de famille (v. G. P. Romano, « La bilatéralité éclipsée par l'autorité. Développements récents en matière d'état des personnes », *Rev. crit. DIP*, 2006. 457). Sur l'ensemble de cette question, qui donne lieu à un débat doctrinal important, v. *supra*, n°s 575 et s.

*Index général**

* Les nombres en gras renvoient aux numéros de paragraphes – et non aux pages – inclus dans le présent volume.

THÉMIS

Collection fondée par Maurice Duverger

DROIT

Direction : Catherine Labrusse-Riou – Didier Truchet

AMBROISE-CASTÉROT Coralie, BONFILS Philippe, *Procédure pénale*, 2011, 1re éd.
AMRANI MEKKI Soraya, STRICKLER Yves, *Procédure civile*, 2014, 1re éd.
ATIAS Christian, *Philosophie du droit*, 2016, 3e éd.
AUBY Jean-Bernard, AUBY Jean-François, NOGUELLOU Rozen, *Droit des collectivités locales*, 2015, 6e éd.
BELLESCIZE Diane de, FRANCESCHINI Laurence, *Droit de la communication*, 2011, 2e éd.
BERGE Jean-Sylvestre, ROBIN-OLIVIER Sophie, *Droit européen*, 2011, 2e éd.
BERGEL Jean-Louis, *Méthodologie juridique*, 2016, 2e éd.
BRACONNIER Stéphane, *Droit public de l'économie*, 2015, 1re éd
BRACONNIER Stéphane, *Droit des services publics*, 2007, 2e éd.
BURDEAU François (†), *Histoire du droit administratif*, 1995, 1re éd.
BUREAU Dominique, MUIR WATT Horatia, *Droit international privé*
Tome I : *Partie générale*, 2017, 4e éd.
Tome II : *Partie spéciale*, 2017, 4e éd.
CADIET Loïc, NORMAND Jacques, AMRANI MEKKI Soraya, *Théorie générale du procès*, 2013, 2e éd.
CHEVALLIER Jacques, *Science administrative*, 2013, 5e éd.
COLLET Martin, *Droit fiscal*, 2017, 6e éd.
COLLET Martin, COLLIN Pierre, *Procédures fiscales. Contrôle, contentieux et recouvrement de l'impôt*, 2017, 3e éd.
CONSTANTINESCO Vlad, PIERRE-CAPS Stéphane, *Droit constitutionnel*, 2016, 7e éd.
DAËL Serge, COURRÈGES Anne, *Contentieux administratif*, 2013, 4e éd.
DAËL Serge, SAISON Johanne, TÜRK Pauline, *Exercices pratiques de contentieux administratif*, 2008, 2e éd.
DESGORCES Richard, AUBRY Hélène, NAUDIN Estelle, *Les grandes décisions de la jurisprudence civile*, 2011, 1re éd.
DORD Olivier, *Droit de la fonction publique*, 2017, 3e éd.
DOUAT Étienne, BADIN Xavier, *Finances publiques*, 2006, 3e éd.
DRAGO Guillaume, *Contentieux constitutionnel français*, 2016, 4e éd.
FABRE-MAGNAN Muriel, *Droit des obligations*
Tome I : *Contrat et engagement unilatéral*, 2016, 4e éd.
Tome II : *Responsabilité civile et quasi-contrats*, 2013, 3e éd.
FABRE-MAGNAN Muriel, BRUNET François, *Introduction générale au droit*, 2017, 1re éd.
FROMONT Michel, *Droit administratif des États européens*, 2006, 1re éd.
GIUDICELLI-DELAGE Geneviève (dir.), *Droit pénal des affaires en Europe*, 2006, 1re éd.
GUETTIER Christophe, *Droit administratif des biens*, 2008, 1re éd.
GUETTIER Christophe, *Droit des contrats administratifs*, 2011, 3e éd.
HENNION Sylvie, LE BARBIER-LE BRIS Muriel, DEL SOL Marion, *Droit social européen et international*, 2010, 1re éd., 2013, 2e éd.

HUET André, KOERING-JOULIN Renée, *Droit pénal international*, 2005, 3e éd.
JAULT-SESEKE Fabienne, CORNELOUP Sabine, BARBOU DES PLACES Ségolène, *Droit de la nationalité et des étrangers*, 2015, 1re éd.
KALFLECHE Grégory, *Droit de l'urbanisme*, 2012,1re éd.
KARPENSCHIF Michaël, NOURISSAT Cyril (dir.), *Les grands arrêts de la jurisprudence de l'Union européenne*, 2016, 3e éd.
KESSEDJIAN Catherine, *Droit du commerce international*, 2013, 1re éd.
LABORDE Jean-Pierre, *Droit de la sécurité sociale*, 2005, 1re éd.
LACHAUME Jean-François, PAULIAT Hélène, BRACONNIER Stéphane, DEFFIGIER Clotilde, *Droit administratif. Les grandes décisions de la jurisprudence*, 2014, 16e éd.
LAUDE Anne, MATHIEU Bertrand, TABUTEAU Didier, *Droit de la santé*, 2013, 3e éd.
LEPAGE Agathe, MATSOPOULOU Haritini, *Droit pénal spécial*, 2015, 1re éd.
LOKIEC Pascal, *Droit du travail*
Tome I : *Les relations individuelles de travail*, 2011, 1re éd.
Tome II : *Les relations collectives de travail*, 2011, 1re éd.
MAILLARD DESGRÉES DU LOÛ, *Institutions administratives*, 2012, 2e éd.
MARINO Laure, *Droit de la propriété intellectuelle*, 2013, 1re éd.
MATHIEU-IZORCHE Marie-Laure, *Le raisonnement juridique*, 2001, 1re éd.
MATHIEU Marie-Laure, *Logique et raisonnement juridique*, 2015, 1re éd.
MORET-BAILLY Joël, TRUCHET Didier, *Droit des déontologies*, 2016, 1re éd.
PELLET Rémi, *Droit financier public. Monnaies, banques centrales, dettes publiques*, 2014, 1re éd.
PELLET Rémi, SKZRYERBAK Arnaud, *Droit de la protection sociale*, 2017, 1re éd.
PERTEK Jacques, *Droit des institutions de l'Union européenne*, 2016, 5e éd.
PICOD Yves, *Droit des sûretés*, 2016, 3e éd.
PIEDELIEVRE Stéphane, *Droit de l'exécution*, 2009, 1re éd.
RACINE Jean-Baptiste, *Droit de l'arbitrage*, 2016, 1re éd.
RIVIER Raphaële, *Droit international public*, 2013, 2e éd.
RIVERO Jean, MOUTOUH Hugues, *Libertés publiques*
Tome I, 2003, 9e éd.
Tome II, 2003, 7e éd.
ROCHFELD Judith, *Les grandes notions du droit privé*, 2013, 2e éd.
SIMON Gérald (dir.), *Droit du sport*, 2012, 1re éd.
STRICKLER Yves, *Les biens*, 2006, 1re éd.
SUEUR Philippe, *Histoire du droit public français (XVe-XVIIIe siècle)*
Tome I : *La Constitution monarchique*, 2007, 4e éd.
Tome II : *Affirmation et crise de l'État sous l'Ancien Régime*, 2007, 4e éd.
SUDRE Frédéric, MARGUÉNAUD Jean-Pierre, ANDRIANTSIMBAZOVINA Joël, GOUTTENOIRE Adeline, LEVINET Michel, *Les grands arrêts de la Cour européenne des Droits de l'Homme*, 2015, 8e éd.
TRUCHET Didier, *Droit administratif*, 2015, 6e éd.
VAN LANG Agathe, *Droit de l'environnement*, 2016, 4e éd.
VERGÈS Étienne, VIAL Géraldine, LECLERC Olivier, *Droit de la preuve*, 2015, 1re éd.
VERPEAUX Michel, MONTALIVET Pierre de, ROBLOT-TROIZIER Agnès, VIDAL-NAQUET Ariane, *Droit constitutionnel. Les grandes décisions de la jurisprudence*, 2011, 1re éd.
WIJFFELS Alain, *Introduction historique au droit. France, Allemagne, Angleterre*, 2014, 2e éd.

ESSAIS

VAUTROT-SCHWARZ Charles, *La police administrative*, 2014, 1re éd.
DUBREUIL Charles-André, *L'évolution du droit administratif en France et en Russie*, 2016, 1re éd.

Cet ouvrage a été mis en page par

<pixellence>

Imprimé en France
par la Nouvelle Imprimerie Laballery
rue Louis Blériot 58500 Clamecy
septembre 2017 - N° 709072

La Nouvelle Imprimerie Laballery est titulaire de la marque Imprim'Vert®